대한민국
2025
재계 지도

읽기만 해도 투자의 맥이 잡히는

대한민국 2025 재계 지도

더밸류뉴스 특별취재팀 지음
| 대표 저자 이민주 |

머리말

결국,
대기업집단에
올라타야 한다

대한민국은 '대기업집단 공화국'이다.

당신이 한국 땅에 발을 딛고 지내는 이상 대기업집단의 영향권에서 절대 벗어날 수 없다는 의미다. 이 사실은 주변을 둘러보면 곧바로 확인할 수 있다. 당신이 아침에 일어나 사무실로 출근해 근무하고, 다시 집으로 퇴근할 때까지 접하거나 사용하거나 목격하는 것들을 곰곰이 생각해보면 대기업집단의 제품이거나 서비스가 대부분이다.

이른 아침 삼성전자 갤럭시폰 알람 소리에 눈을 뜬다. 기지개를 켜고 일어나 LG전자 양문형 시그니처 냉장고에서 롯데칠성 주스를 꺼내 마신다. 현대건설 힐스테이트 아파트 문을 나서면 쿠팡이 배달한 물건이 놓여 있다. 현대자동차 쏘나타를 타고 출근한 후, 네이버에 접속해 이메일을 확인하고 카카오톡으로 업무 내용을 주고받는다. 저마다 다르겠지만 우리 삶에 대기업집단의 상품과 서비스가 깊숙이 침투해 있다. 또 취업준비생(취준생)들이 가장 취업하고 싶어 하는 직장이 대기업집단이며, 당신이 창업하게 된다면 가장 먼저 뚫고 싶은 거래처가 대기업집단이다.

이 사실은 수치로도 증명된다. 2022년 기준 30대 대기업집단의 수출액은 약 586조 4,000억 원으로, 한국 전체 수출액의 절반을 넘어섰다(62.3%). 같은 기간 자산 규모(2,373조 원)도 한국 GDP의 60%를 넘었다(64.5%). 또 한국 주식시장 시가총액의 약 70%를 삼성, SK, 현대차, LG의 '재계 빅4'가 차지하고 있다. 한국에서 살아가는 이상 대기업집단에 올라타는 것이 재정적 풍요를 누릴 수 있는 지름길임을 알 수 있다.

그렇다면 우리가 대기업집단에 올라탈 방법은 없는 걸까?

여기에 대한 대답은 "있다"이다. 대기업집단에 취업하지 않아도, 대기업집단을 거래처로 확보하지 않아도 대기업집단에 올라탈 방법이 있다. 그것은 바로 주식시장이다. 대기업집단은 당신의 재산 증식에 꼭 필요한 유망 종목을 풍부하게 보유하고 있다. 한국의 대기업집단을 두고 시민단체와 우리 사회 일각에서 도덕이나 법의 잣대로 평가해왔지만, 이와 무관하게 한국의 대기업집단의 영향력은 가파르게 커지고 있다. 이 사실을 일찌감치 파악한 개인들은 주식시장에서 소리소문없이 재산을 불려왔다. 그런 측면에서 〈더밸류뉴스〉 특별취재팀 기자들이 독자 여러분께 하고 싶은 말은 단 두 문장으로 요약된다.

'대기업집단에 올라타라. 기왕이면 대기업집단에 소속된 유망주(有望株)에 올라타라.'

〈더밸류뉴스〉 특별취재팀은 2년여에 걸쳐 이 책을 기획하고 집필했다. 당신이 관심을 가져야 할 대기업집단의 지배구조, 계열사 현황, 그리고 향후 고수익이 기대되는 후보 종목을 한눈에 확인할 수 있도록 다양한 그래픽과 함께 구성했다.

이 책에 수록된 대기업집단은 공정거래위원회(이하 공정위)가 발표한 '2024 공시대상기업집단'을 모집단으로 했다. '2024 공시대상기업집단' 1~50위를 원칙으로 하되, 향후 공시대상기업집단에서 제외될 것이 확실시되는 곳, 동일인(대기업집단을 사실상 지배하는 주체)이 불분명한 곳, 주식시장에서 존재감이 미미한 곳 등은 제외했다. 여기에다 50위권 밖에 있지만 주식시장 참여자들 사이에서 관심이 높은 곳을 추가했다. 두나무, 하이브가 여기에 해당한다.

KB, 하나, 신한, 우리 등 4대 금융지주사는 공정위 대기업집단에 포함돼 있지 않지만 이 책에는 수록했다. 공정위가 대기업집단을 선정하는 이유는 경제력 집중 방지와 공정경쟁 촉진에 필요한 감독과 규제를 하기 위해서인데, 4대 금융지주사는 금융감독원이 감독하고 있어 공정위 대기업집단에서 제외된다. 다시 말해, 4대 금융지주사는 공정위 대기업집단에 들어가지 않지만, 한국 경제와 재계에 미치는 영향이 크기 때문에 포함시켰다.

별(★) 표시는 주목하라. 주식 투자자들을 위해 〈더밸류뉴스〉만의 기준으로 유망 기업은 별 3개, 모멘텀 기업은 별 2개, 관망 기업은 별 1개로 구분해 표기했다. 상세한 평가는 각 기업을 소개하며 함께 설명해두었다.

유망 기업(★★★)은 해당 대기업집단 상장사 가운데 중장기적 성장이 기대되는 기업이다. 유망 기업 평가의 기준은 현재 대비 성장성이며, 여기에다 글로벌 시장에서 성과를 내고 있거나 글로벌 시장 진출 가능성이 있는지, 오너(지배주주) 자체가 든든한 곳이 있는지, 국민연금이 지분을 보유하고 있는지 등을 살펴봤다. 밸류에이션(Valuation, 가치 평가)은 반영하지 않았다. 가치 평가는 수시로 변하기 때문이다. 모멘텀 기업(★★)은 국내외 사모펀드나 기업 사냥꾼의 관심이 될 만한 촉매(Catalysis)가 있거나 자산가치를 풍부하게 보유하고 있는 기업이다. 한국 주식시장의 역사를 돌이켜보면 부동산, 증권(주식), 현금 등 자산가치를 풍부하고 보유하고 있거나 오너 지분이 낮은 상태에서 주가가 급등한 사례가 있다. 관망 기업(★)은 신사업을 시작했지만, 시장이 아직 열리지 않아 미래를 예측하기 어려운 종목이다. AI(인공지능), 가상화폐, 뇌 과학 등 성장 가능성을 고려하면 관심을 가져볼 만하다. 단, 이 기업들에 대한 별(★) 표기는 종목 추천이 아니다. 이 평가를 참고용 자료로 활용하되, 모든 투자 결정은 투자자의 판단 아래 신중하게 이뤄져야 한다.

이 책이 독자 여러분께 대기업집단에 대한 정확한 시각과 투자 인사이트를 제공하는 지침서가 되기를 바란다. 급변하는 경제, 비즈니스 환경에서 미래를 준비하는 작은 길잡이 역할을 한다면 더할 나위 없이 기쁠 것이다. 이제 대기업집단의 미래를 파악하고, 그 안에서 기회를 포착하는 것은 선택이 아니라 필수다.

당신의 행복한 성공 투자와 인생을 기원하며…

— 2025년 4월, 더밸류뉴스 특별취재팀 일동

차례

머리말 결국, 대기업집단에 올라타야 한다 … 004

CHAPTER 1 왜 '대기업집단'인가

한국 경제의 '너무 큰 당신' 대기업집단 … 016
한국의 대기업집단, 어떻게 성장하고 살아남았나 … 032
유망 종목은 당신 '눈앞'에 있다_ 대기업집단에 올라타는 법 … 041
중후장대(重厚長大) '제조' 가고, 날렵한 'ICT·유통물류' 뜬다 … 046

CHAPTER 2 제조 기업
대량생산으로 한국 경제 이끄는 '기업 표준'

01 삼성그룹 "재계 1위, 향후 30년 더 간다" 전망 나오는 이유 … 060
삼성그룹, 언제까지 '재계 1위' 유지할 수 있을까
삼성전자에 이재용 일가 지분이 낮은 이유
삼성의 차세대 먹거리, 삼성바이오로직스·삼성물산
|잠깐!| '지주사' 주식 가치는 왜 항상 저평가될까? | 지주사 주식의 특징

02 SK그룹 하이닉스 등 '빅 M&A' 3차례 성공하며 '재계 2위' … 088
잇따른 'M&A'로 성장한 SK그룹, 바이오·AI·이차전지로 '질적 도약' 나선다
SK하이닉스 'HBM 경쟁력 선두', SK바이오팜 '혁신 신약 엑스코프리 성과'

03 현대자동차그룹 '와해성 기술' 전기차 시대에도 글로벌 '자동차 빅3'   104

전기차 대전환의 파고 속에도, '존재감' 더 강해졌다
실타래처럼 얽힌 '지배구조 개선', 현대차 뇌관 될까

04 LG그룹 이차전지 · AI(인공지능) · 바이오 신사업 나선 재계 '빅4'   118

LG그룹, '전자'가 끌고 '엔솔'이 밀며 미래 대응한다
'큰 그림' LG에너지솔루션 · LG이노텍, 그러나 '주주 가치'가 먼저다

05 포스코그룹 반세기 정치 외풍에도 '이차전지' 신사업 성과 내는 3가지 비결   134

'철강 명가'에서 '이차전지 강자'로, 포스코그룹의 진화
'성지석 외풍'에도 최상단 기술기업으로 성장, 포스코퓨처엠이 기대되는 이유

06 한화그룹 육해공 넘어 우주까지, '한국의 록히드 마틴' 성큼   148

'다이너마이트'의 요람에서, 방산 · 우주 기술의 요체로 도약을 꿈꾼다
한화오션 · 에어로스페이스 · 시스템, '국가대표 방산 체인' 관심 ↑

07 GS그룹 가족 경영으로 재계 9위, 신사업 성과 가시화 언제쯤?   164

GS그룹의 고민, "신성장 동력 찾아라"
가족기업에서 영속기업으로, 새로운 먹거리 발굴이 관건

08 CJ그룹 '문화'를 새 먹거리로 실험 나선 식음료 키 플레이어   176

'문화'를 주력 사업으로, 글로벌 콘텐츠 강자 노린다
CJ프레시웨이, 성장 산업에 올라탄 식자재 1위 기업

09 LS그룹 AI로 '전력 전선' 본업 호황, 이차전지 신사업도 뜬다   192

몸집 불린 LS그룹, '전력케이블' 너머 '이차전지' 시장 노린다
AI로 전력 수요 증가하며 LS일렉트릭 · 가온전선 · LS마린솔루션 호황

10 두산그룹 'B2C→B2B', 사업 DNA 바꾼 국내 최장수 기업   210

'업의 본질' 바꾸며 B2B로, 수주업 리스크 이겨낼까
구조조정 후유증과 수주 리스크, '신뢰 회복'이 먼저다

11 셀트리온그룹 통합법인 출범했지만, 바이오 시장 '흐림'   226

바이오 전문 기업으로 '10대 대기업집단' 진입할 수 있을까
서정진 회장의 복귀, 셀트리온 부활의 신호탄 될까

12 에쓰오일 아람코의 안정성이 그대로, '단일 정유업' 유일 대기업집단 ... 238
국내 유일의 해외 자본 정유사, 석유화학 기업으로 탈바꿈
'원유 수급 안정성', '고배당주' 장점, '정유주' 한계 넘을 수 있을까
| 잠깐! | 유가(정유주) 예측, 왜 어려울까? | 정유·유화산업의 특징

13 하림그룹 수직 계열화로 '한국판 카길' 도전하는 국내 1위 닭고기 그룹 ... 254
'한국판 카길'의 씨앗 차곡차곡 뿌린다
후계 구도 정리 수순, 6,000억 투자 '동북아 식품 허브' 본격화

14 영풍그룹 '주식시장의 숨은 진주' 고려아연 거느린 글로벌 1위 비철금속 제련그룹 ... 268
고려아연, 부산물로 '은'과 '금' 생산하는 글로벌 1위 비철금속 제련기업
온산산단 입주 계기 사세 불린 고려아연, 경영권 갈등 '불씨' 된 이유

15 효성그룹 구조조정, 그룹 분리로 제2 도약 나서는 스판덱스 '글로벌 넘버원' ... 282
'화학 섬유' 원천기술 보유한 키 플레이어, 다시 비상할 수 있을까
그룹 분리 마무리, 조현준 회장 경영능력 시험대

16 KT&G그룹 'K-담배'로 한국 넘어 글로벌 시장 '쑥쑥' ... 296
부동의 담배 시장 점유율 1위, '고배당 성장주' 신화 이어질까
'시장 정체·수익성 저하·승계'는 개선점, 고배당주 찾는다면 '맑음'

17 KCC그룹 "건자재 기업 아닙니다. 글로벌 실리콘 '린치핀'입니다" ... 310
'도료·건자재·실리콘' 바탕으로 첨단 산업 향해 '날갯짓' 할까
KCC글라스, 정몽익 회장 독자 경영… '현대차·기아' 힘입어 성장 가속

18 코오롱그룹 패션 너머 '바이오', '자동차 유통' 키 플레이어 워밍업 ... 322
1970년대 '리즈 시절', '바이오 신약'으로 되찾을 수 있을까
'오너 외아들' 이규호 부회장 승진이 의미하는 것

19 OCI그룹 '폴리실리콘'으로 태양광 너머 반도체 소재까지 넘본다 ... 334
태양광 시장을 이끌던 폴리실리콘 키 플레이어, 새 기회 엿본다
SGC에너지, '열병합 발전'으로 안정적 수익모델

20 세아그룹 글로벌 시장 성과 내는 국내 최대 '강관, 특수강' 대기업집단 ... 348
포스코 제외, 국내 최대 순수 철강 대기업집단
세아제강지주·세아제강, 글로벌 시장 성과 ↑
| 잠깐! | 철강주를 움직이는 양대 변수, 환율과 원재료 가격

21 LX그룹 출범 3년 만에 재계 40위권 진입, '캐시카우' 확보 워밍업 362
LX의 몸집 불리기, '내실 다지기'로 안정성 키울 수 있을까
'승부사' 구본준 회장의 '빌드업', 극적 성장 가능할까

22 금호석유화학 그룹 탄소나노튜브(CNT) 신사업 나서는 국내 최대 순수 석유화학 그룹 374
최대 '순수' 석유화학 그룹, 신성장 동력으로 매출 안정성 확보할까
'조카의 난', '유화주' 한계 딛고 가치 상승 가능할까

23 동원그룹 M&A가 끌고 신사업이 밀어 '종합 소비재 그룹'으로 워밍업 388
탄탄한 '참치 사업' 딛고, 물류·이차전지까지 거머쥘까
대주주 비율 높은 '동원산업', 스타키스트 주목

CHAPTER 3 수주 기업
건물 짓고 배 만드는 '중후장대' 산업

01 HD현대그룹 기술 기업으로 변신 도모하는 '글로벌 1위 조선사' 404
조선·정유·산업기계 '3박자', 그룹 매출 '70조 클럽' 진입
30여 년 만에 오너 경영 체제, '경기 변동주' 한계 벗어날까
|잠깐!| 경기 변동주에 어떻게 성공 투자할 것인가 | 조선·해운주의 특징

02 DL그룹 M&A로 확장, SMR로 가속, 'AI 전력' 키 플레이어 워밍업 420
'캡티브 마켓' 없이, 아파트 시장 성장으로 '건설그룹 1위' 도약
건설보다 'DL케미칼' 성과에 미래 먹거리 달려 있다

03 중흥그룹 대우건설 품고, 해외 시장 '앞으로' 지주사 전환 마무리 432
대우건설 인수로 대기업집단 20위로 도약, '건설업계의 다크호스'
중흥토건 중심 지주사 전환, 대우건설 '건설주의 한계' 벗어날까
|잠깐!| 건설주 성공 투자가 어려운 4가지 이유

04 HDC그룹 광운대 역세권 개발로 대변신 나선 '압구정 현대아파트 신화' 444
'압구정 현대아파트 신화', 스마트시티 개발로 재도약 노린다
내수 한계 극복하고 '가격 협상력' 높여야

CHAPTER 4 유통·물류 기업
오프라인 → 온라인 '패러다임 시프트'로 지각 변동

01 롯데그룹 이차전지 소재·바이오 기업으로 사업 다각화 나선 '유통 공룡' — 456
위기의 '뉴 롯데', 배터리 소재·바이오로 반전 꾀한다
지배구조 리스크, 유통·석유화학 침체… 돌파구 찾을까

02 신세계그룹 쿠팡 도전 맞은 오프라인 '키 플레이어' — 470
한국의 '월마트' 명성 되찾을 수 있을까
'계열 분리'에 '인구 절벽'까지, 위기가 기회 될까

03 한진그룹 대한항공-아시아나항공 합병, '메가 항공사'로 도약 — 484
여행객·화물 호황 발판으로 팬데믹 전보다 더 높은 성장세 노린다
대한항공·진에어, '아시아나항공 합병 시너지'로 점프 기대

04 현대백화점그룹 M&A로 글로벌 시장 공략하는 '오프라인 유통 키 플레이어' — 496
유통 부진에도 성과 가시화, 해외 시장 '먹거리'로 다각화 노린다
'형제 경영' 유지… 지누스는 글로벌 시장 성장세, 현대그린푸드는 내수 점유율 ↑

05 쿠팡 창업 11년 만에 대기업집단 진입, 로켓배송이 바꾼 유통 패러다임 — 508
단 11년 만에 대기업집단 진입, 쿠팡의 '로켓 질주' 어디까지?
한국판 아마존' 쿠팡, 가보지 않은 길을 간다

06 SM그룹 M&A로 '쑥쑥' 재계 20위권 눈앞, M&A는 현재 진행형 — 520
M&A로 재계 20위권 눈앞 뒀지만, '그룹 리스크' 극복 과제
얽히고설킨 지배구조, '그룹 안정성' 위해 개선해야

07 이랜드그룹 '이대 앞 2평 신화' 중국 시장 뚫어 제 2 도약 나선다 — 534
2022년부터 연속 흑자행진, 중국 시장에서 '제2 도약' 노린다
제2 도약 이랜드, 안정성 추구한다면 '리츠 주'로 가치 ↑

08 애경그룹(AK홀딩스) '생활용품' 팔아 '항공기' 띄우고 글로벌 'K-뷰티' 도전한다 — 550
'제주항공'으로 재계 진입, '애경케미칼'로 미래 먹거리 찾는다
경영진 위기에도, LCC 시장 재편 속 제주항공 도약 기회

CHAPTER 5 IT · 서비스 기업
스마트폰과 이커머스 뜨며 덩달아 뜬다

01 KT그룹 민영화 20여 년, AI+ICT로 도약 나선 국내 1위 통신사업자 566
국내 1위 통신사업자… IPTV, 초고속인터넷, 유선전화 3개 시장 1위
밀리의서재, 전자책 힘입어 두 자릿수 성장

02 카카오 '자수성가형'으로 가장 높은 순위(15위) 오른 ICT 그룹 580
국내 최초 재계 15위 진입한 'IT 스타트업', '총수 리스크' 흔들
'총수‚ 고행가 리스크에도‚ 카카오 신성장 동력 프리미엄 여전하나

03 네이버 본업 정체에 웹툰, 리셀, AI 전 방위 신사업 나선 'ICT 1세대' 594
'ICT 1세대' 첫 대기업집단, 다시 뜨거워진다
가족 경영 없는 '혁신 DNA' 기업, 네이버가 신사업 주도한다

04 넥슨 선점 우위와 개발 역량으로 일군 '게임의 제왕', 멀티 플랫폼 도전 606
국내 최대 게임그룹, '선점자의 이점' 발판 빠른 다각화 강점
창업주 유고에도 탄탄, 게임주는 '글쎄…'

05 하이브 엔터테인먼트 비즈니스 국내 최초 대기업집단 618
'BTS' 신화 창조한 대기업집단, '포스트 BTS' 노린다
방시혁 의장 체제 굳건, 그러나 투자에 앞서 생각해봐야 할 '3가지'

06 넷마블 '흙수저' 게임사에서 50대 대기업집단으로, 넷마블의 반란 634
게임 발판 삼아 코웨이 인수, 글로벌 공략 '가속 페달'
'코웨이' 중심의 게임회사? 코웨이 글로벌 성장세 ↑

CHAPTER 6 금융 기업
한국 자본주의 발전의 '보이지 않는 혈맥'

01 KB금융그룹 자본력·안정적 사업 포트폴리오 갖춘 국내 1위 금융그룹 648
자기자본·순이익에서 '5대 금융지주사 왕중왕'
'만년 저평가' 금융주, KB금융은 다를까

02 신한금융그룹 믿는 구석 '글로벌 성과'로 '금융사 1위' 노린다 — 662
'금융지주 1위' 놓고 KB금융과 경쟁, '비은행 이익 기여도' 1위
재일교포 자본 신한금융, '리레이팅' 기대 요인 3가지

03 하나금융그룹 비은행 강화, 밸류업으로 도약 준비하는 '금융 빅3' — 674
M&A, 디지털 금융으로 '은행 편중', '넘버 3' 극복할까
하나금융지주, 디지털 플랫폼 혁신으로 KB·신한과의 격차 좁힐까

04 우리금융그룹 '한 지붕 두 가족'에 흔들리는 '기업금융 명가' — 684
'비금융 기여도', '기업대출 하락', 흔들리는 기업금융 명가
합병 20여 년째 '50:50' 인사, '저평가 해소' 갈 길 먼 이유

05 농협 정부가 끌고, 녹색 혁명이 밀어 '재계 10위' 도약 — 698
'재계 빅10' 메머드 조직, 대기업집단 유일 '협동조합'
변화의 중심에 선 농협중앙회, 성장 산업 '종자'에 미래 건다

06 미래에셋그룹 '브로커리지→펀드' 변화 읽고 도약한 '증권 지존' — 710
한국 재계 사상 증권 전문 그룹 최초의 대기업집단
글로벌 성과 두각에도 '금융시장 변동성' 크다

07 DB그룹 '중후장대에 올인' 시행착오 끝내고 제 2 도약 워밍업 — 722
'건설', '제철' 그룹사가 '금융' '반도체' 중심의 그룹사로 변신한 이유
DB손해보험, 성장 산업 올라타 글로벌 시장서 성과 낸다

08 두나무 최단기간 대기업집단 진입한 '블록체인 유니콘' — 736
계열사 12개로 대기업집단에 오른 국내 1위 가상자산 사업자

09 교보생명그룹 지주사 전환으로 저출산 고령화 극복 나선 '생보 맏형' — 742
저출산, 저금리, IFRS17 '3대 도전', 대응 전략은 지주사 전환, 디지털 강화
교보생명보험, 풋옵션 분쟁 일단락으로 지주사 전환 탄력

CHAPTER 1

왜
'대기업집단'인가

한국 경제의
'너무 큰 당신'
대기업집단

여기 1987년부터 2024년까지 37년 동안 한국의 30대 대기업집단(공시대상기업집단)이 어떻게 변화해왔는지 정리한 표가 있다. 1987년부터 기록된 이유는 그해에 공정거래위원회(이하 공정위)가 처음으로 공시대상기업집단을 발표했기 때문이다. 당시 대기업집단 선정 기준은 자산총계 4,000억 원 이상이었고, 이에 해당하는 대기업집단은 모두 32곳이었다. 세월이 흐르면서 기준이 몇 차례 바뀌어, 2024년 공시대상기업집단 선정 기준은 공정자산(비금융사 자산총계+금융사 자본총계) 5조 원 이상이다(이보다 한 단계 높은 상호출자제한집단 기준은 GDP 0.5% 이상이며, 2024년 금액 기준으로 10조 4,000억 원이다). 가장 최근 연도인 2024년 대기업집단 순위를 살펴보자.

- **1위 삼성그룹**(회장 이재용): 1950년대 중반 재계 1위에 올랐고, 이후 70년 넘게 압도적 1위다. 이 기간 변함없이 1위를 유지한 것은 아니다. 삼성은 1950년대 중반 제일제당(현 CJ제일제당)의 성공으로 재계 1위에 처음 올랐다. 고(故) 이병철(1910~1987) 회장이 1953년 제일제당을 설립해 국내 최초로 설탕을 국산화한 것이 계기가 됐다. 그렇지만 고 정주영(1915~2001) 창업 회장이 1976년 '20세기 최대 토목공사'로 불리는 사우디 주베일 항만 공사를 수주한 것을 계기로 '오일 머니'를 벌어들이면서 1979년 현대그룹에 재계 1위를 내줬다. 1980년대 후반에는 대우가 세계 경영에 성공하면서 현대에 이어 대우에도 밀리며 3위를 기록하기도 했다. 삼성이 1위에 다시 오른 것은 현대그룹 분리가 계기가 됐다. 2000년

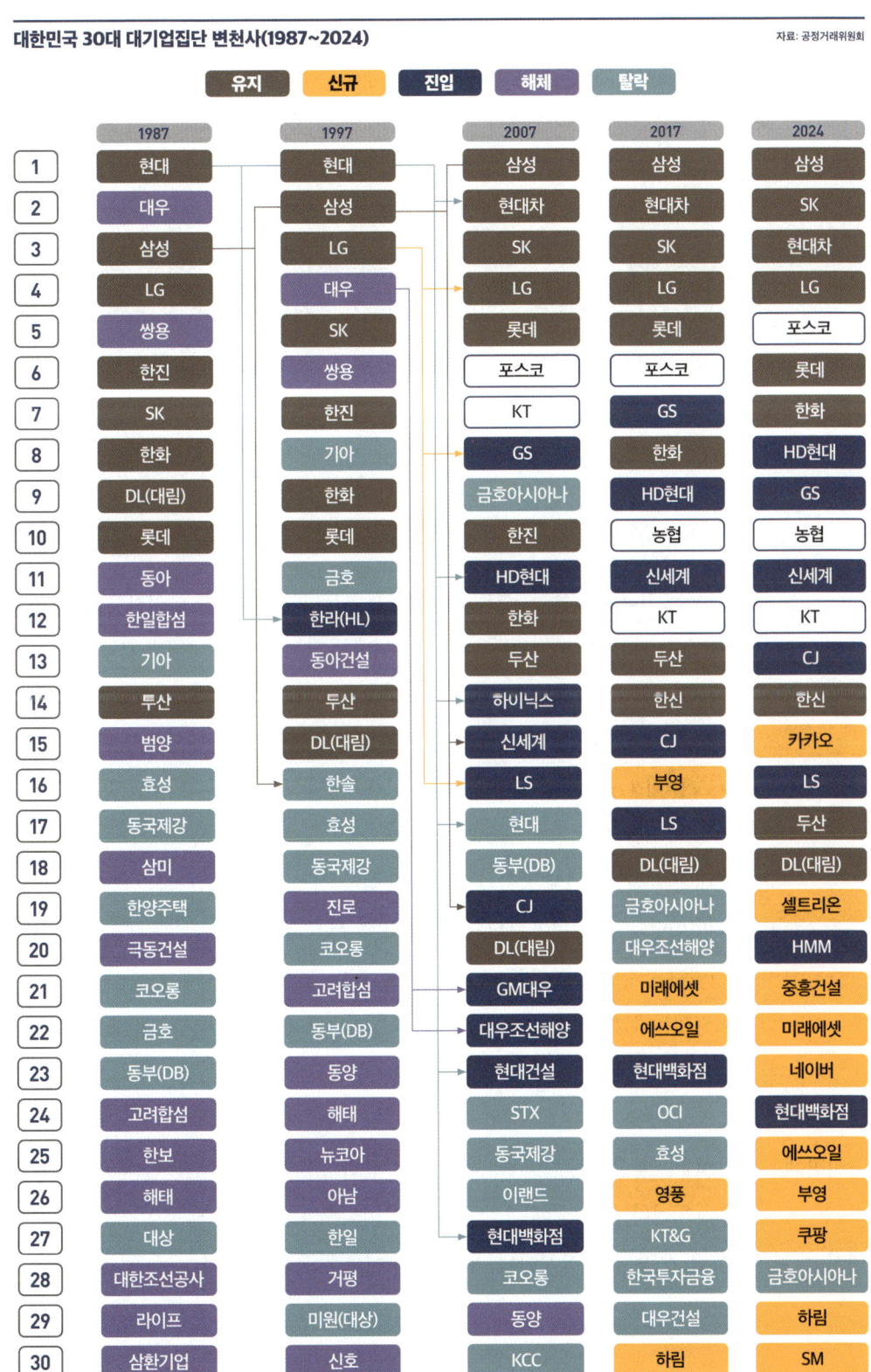

현대그룹에서 이른바 '왕자의 난'이 벌어지며 정몽구 회장이 현대차, 기아차, 현대정공(현대모비스), 인천제철(현대제철), 현대강관(현대하이스코) 등을 이끌고 그해 9월 현대차그룹으로 독립했다. 그러자 2001년 삼성은 재계 1위에 다시 올랐고, 2024년 현재까지 23년째 압도적 1위를 유지하고 있다.

- **2위 SK그룹**(회장 최태원): 고 최종건(1926~1973) 창업 회장이 1953년 수원에서 선경직물(현 SK)을 설립하며 시작됐다. 1980년 대한석유공사(유공, 현 SK이노베이션)를 인수하며 일거에 '빅5'로 뛰어올랐다. 이어 1994년 한국이동통신(현 SK텔레콤) 인수를 계기로 '빅4', 2012년 하이닉스(현 SK하이닉스)를 인수하며 '빅3'에 진입했다. 2022년 현대차를 앞서며 '빅2'로 올라섰다. '빅 M&A'를 3차례 거치며 재계 2위에 올라선 것이다.

- **3위 현대자동차그룹**(회장 정의선): 2000년 9월 현대그룹에서 계열 분리된 첫해인 2001년 재계 5위로 출발했다. 2004년 3위에 올랐고, 2016년 2위에 진입했다. 그러다가 2022년 하이닉스를 인수한 SK그룹에 2위를 내줬다.

- **4위 LG그룹**(회장 구광모): 고 구인회(1907~1969) 창업 회장이 1947년 1월 락희화학(현 LG화학)을 설립하며 시작됐다. 화장품, 치약 등의 생활용품을 생산하며 1950년대 중반 재계 5위에 올랐다. 한국에서 삼성, 삼호, 개풍, 대한전선 다음으로 큰 기업이었다. 1970년대 초반 재계 2위까지 올랐다. 1958년 금성사(현 LG전자)를 설립해 국내 최초로 라디오, TV, 냉장고 등의 국산화에 성공한 것이 계기였다. GS그룹 계열 분리로 2003년 5위까지 밀려났으나 이후 2~4위권을 유지하고 있다.

이밖에 재계 10대 그룹은 포스코(5위), 롯데(6위), 한화(7위), GS(8위), HD현대(9위, 옛 현대중공업그룹), 농협(10위)이다. 20위권에는 신세계, KT, 카카오, LS, CJ, 한진 등이, 30위권에는 네이버, 현대백화점, 쿠팡, 금호아시아나, 부영 등이 이름을 올리고 있다.

반짝하고 사라질 대기업집단, 100년 갈 대기업집단

'2024년 30대 대기업집단' 가운데 공시대상기업집단이 처음 발표된 1987년에도 이름을 올린 곳은 불과 9곳이다. 삼성(1위), SK(2위), 현대차(3위), LG(4위), 롯데(6위), 한화(7위), 한진(14위), 두산(17위), DL(18위)이 그들이다. 한국 재계에 부침이 심했다는 것을 알 수 있다. 한국

2024 공시대상기업집단

자료: 공정거래위원회

순위 2024년	순위 2023년	변동폭	기업집단명	동일인	계열사 수 2024년	계열사 수 2023년
1	1	0	삼성	이재용	63	63
2	2	0	SK	최태원	219	198
3	3	0	현대자동차	정의선	70	60
4	4	0	LG	구광모	60	63
5	5	0	포스코	포스코홀딩스	47	42
6	6	0	롯데	신동빈	96	98
7	7	0	한화	김승연	108	96
8	9	1↑	HD현대	정몽준	29	32
9	8	1↓	GS	허창수	99	95
10	10	0	농협	농협중앙회	54	54
11	11	0	신세계	이명희	53	52
12	12	0	KT	KT	48	50
13	13	0	CJ	이재현	73	76
14	14	0	한진	조원태	34	34
15	15	0	카카오	김범수	128	147
16	16	0	LS	구자은	67	59
17	17	0	두산	박정원	22	21
18	18	0	DL	이해욱	45	41
19	32	13↑	셀트리온	서정진	8	9
20	19	1↓	HMM	HMM(주)	5	5
21	20	1↓	중흥건설	정창선	53	52
22	24	2↑	미래에셋	박현주	30	36
23	23	0	네이버	이해진	54	51
24	21	3↓	현대백화점	정지선	27	28
25	25	0	에쓰오일	에쓰오일	2	2
26	22	4↓	부영	이중근	21	22
27	45	18↑	쿠팡	쿠팡(주)	13	11
28	26	2↓	금호아시아나	박삼구	24	25
29	27	2↓	하림	김홍국	45	50
30	30	0	SM	우오현	58	61

재계 역사를 돌이켜보면, 반짝했다가 사라진 대기업집단의 무덤이 널려 있다.

대기업집단이 한국 경제에 차지하는 비중과 영향력은 절대적이다. 정확히 말하면 '빅4', '빅3', '빅2', '넘버원' 최상위 대기업집단으로 올라갈수록 한국 경제에 미치는 영향력이 가파르게 커진다. 최상위 극소수가 모든 것을 거머쥐는 '승자독식(Winner-Takes-All)' 현상이 한국에서도 전개되고 있다. 대기업집단은 한국 경제에 어느 정도의 영향력을 미치고 있을까?

공정위 등의 자료에 따르면, 2022년 기준 30대 대기업집단의 수출액은 약 586조 4,000억 원으로 한국 전체 수출액(약 940조 원)에서 절반을 넘어선 것으로 추정된다(62%). 2014년까지만 해도 30대 대기업집단이 전체 수출에서 차지하는 비중은 30%가 되지 않았다(28.7%). 그러나 '2015년(29.4%) → 2016년(30.8%) → 2017년(31.5%) → 2018년(32.4%) → 2019년(30.4%) → 2021년(48.5%)'으로 시간이 흐르면서 가파르게 상승했고, 2022년 절반을 넘겼다. 이 추세가 이어진다면 2028년께 60%를 넘어설 것으로 전망된다. 2023년 한국 30대 대기업집단의 합산 매출액은 1,845조 6,750억 원이며 명목 GDP의 76.9%를 차지했다. 같은 기간 30대 대기업집단의 수는 전체 한국 기업 772만 개의 0.1%에도 미치지 않지만, 영향력과 비중은 절대적이다. 상황이 이러하니 경제가 어려울 때마다 대통령이 대기업집단 총수들에게 투자와 일자리를 요청하는 일이 반복되고 있다.

대기업집단의 범위를 삼성, SK, 현대차, LG 등 '빅4'로 좁혀보면 승자독식 현상은 더 두드러진다. 2023년 기준 삼성, 현대, LG, SK 등 4대 대기업집단이 한국 전체 수출에서 차지하는 비중은 40%가량으로 추정된다. 이 가운데 재계 1위 삼성의 영향력은 독보적이다. 2023년 삼성그룹이 한국 전체 수출에서 차지하는 비중이 25%에 달했고, 그중 17.7%는 삼성전자 제품이었다. 한국 전체 수출 중 4분의 1을 삼성이라는 단일 그룹이 담당한 것이다. "삼성(혹은 삼성전자)이 없으면 한국 경제는 어찌 될 것인가?"라는 말이 나오는 것도 과장된 표현이 아니다.

주식시장에서의 대기업집단 위상, 더 커진다

주식시장도 크게 다르지 않다. 한국 주식시장에서 삼성그룹의 상장 계열사 시가총액은 전체 시가총액의 38.45%를 차지한다(2024. 6). 삼성그룹과 SK그룹 2곳을 합하면 51.19%다. '재계 빅2'가 한국 주식시장 시가총액의 절반 이상을 차지하고 있다. 여기에 현대차그룹을 포함하면 60.47%, LG그룹까지 포함하면 69.4%까지 증가한다. 한국 주식시장 시가총액의 약 70%를 4대 대기업집단이 차지하는 것이다.

게다가 이 비중도 가파르게 증가하고 있다. 2008년 5월까지 4대 대기업집단 상장 계열사의 주식시장 비중은 25%였으나, 2014년 5월 절반에 가까운 46%로 증가했고, 2024년 6월에는 69.4%에 도달했다.

이러한 경향은 미국 주식시장도 예외가 아니다. 2000년대 초반만 해도 미국 시장에서 대기업의 비중은 지금보다 낮았지만, 상위 대형 기술기업들이 시장 비중을 확대하고 있다. 애플, 마이크로소프트, 아마존, 알파벳(구글), 엔비디아, 메타(구 페이스북) 등 빅테크 기업들이 S&P 500에서 차지하는 비중은 20%를 넘었으며, 그 추세가 가속화되고 있다.

대기업집단은 한국과 경제 구성원들에게 어떤 결과를 가져다주었을까? 긍정적 측면부터 기술하면, 대기업집단이 성장한 결과 한국의 국격이 격상했다.

- 한국은 전 세계 6위의 국력(Power)을 지닌 것으로 평가되고 있다. 일본(8위)도 제쳤다. 미국 시사주간지 〈유에스 뉴스 앤드 월드 리포트(US NEWS AND WORLD REPORT, USNWR)〉는 '2024 세계에서 가장 강력한 국가' 순위를 2024년 9월 발표했다. 대한민국은 64.3점으로 이 부문 6위에 올랐다. 1위는 직전 해와 동일하게 미국이 차지했다. 이어 2위 중국, 3위 러시아, 4위 영국, 5위 독일 순이었다. 이 밖에 프랑스, 일본, 사우디아라비아, 이스라엘 등이 10위권에 이름을 올렸다. 한국은 국력 세부 항목 중 수출 호조(89.4점), 군사력(87.8점), 경제 영향력(83.8점) 등에서 높은 점수를 받았다. 〈USNWR〉은 해마다 세계 80여 개국을 대상으로 정치, 경제, 군사력을 포함한 국가 영향력 등을 설문 조사해 순위를 발표한다.

- 글로벌 10위권 경제 대국으로 도약했다. 세계은행(World Bank)의 2022년 발표

에 따르면, 한국의 GDP는 1조 6,167억 달러(약 2,164조 원)로 세계 10위를 기록하며 전년 대비 2단계 상승했다. 주요 국가의 GDP 순위는 1위 미국(22조 9,961억 달러), 2위 중국(17조 7,340억 달러), 3위 일본(5조 3,261억 달러), 4위 독일(4조 7,031억 달러), 5위 영국(3조 9,296억 달러), 6위 프랑스(2조 9,670억 달러), 7위 이탈리아(2조 1,840억 달러), 8위 캐나다(1조 9,531억 달러), 9위 스페인(1조 8,210억 달러) 순이었다.

- 인구 5,000만 명 이상 국가 중 1인당 GDP가 3만 달러를 넘는 이른바 '30-50 클럽'에는 미국, 독일, 일본, 영국, 프랑스, 이탈리아, 한국 등 7개국만 속해 있다. 2024년 스위스 국제경영개발대학원(IMD)이 경제 성과, 정부와 비즈니스 효율성, 인프라 등 지표를 종합 분석한 결과, 한국은 이 7개국 중 국가경쟁력 평가에서 미국에 이어 2위를 기록했다.

- 한국은 세계 9대 교역국으로, 2023년 기준 무역액(수출과 수입의 합계)이 1조 달러를 넘어섰다. 원조를 받던 나라에서 원조를 제공하는 나라로 위상이 바뀌었으며, UNCTAD(유엔무역개발회의)가 1964년 설립된 이후 개도국에서 선진국 그룹으로 지위가 격상된 최초의 국가가 됐다. 또한, 글로벌 선진국 모임인 G7 회의에 초청국으로 초대되고 있다.

- 국가신용등급(AA)이 일본(A+)을 넘어섰다. S&P, 무디스, 피치 등 3대 국제신용평가기관 모두 한국의 국가신용등급을 일본보다 높게 평가했다. S&P의 경우, 1990년 한국의 신용등급이 'A+'로 일본(AAA)보다 4단계 낮았으나, 2024년 기준 'AA'로 일본(A+)보다 2단계 높다. 또 물가와 환율 수준을 반영한 국민의 구매력을 나타내는 1인당 경상 GDP(PPP 기준) 기준으로도 한국은 2018년을 기점으로 일본을 추월했다. 당시 한국은 4만 3,001달러, 일본은 4만 2,725달러를 기록했다.

- 제조업 경쟁력에서 일본을 앞질렀다. UNIDO(유엔산업개발기구)의 세계제조업 경쟁력지수(CIP)에서, 1990년 한국은 17위로 일본(2위)보다 한참 뒤처져 있었

다. 그러나 2018년 3위를 기록하며 일본(5위)을 넘어섰다.

이 같은 성과에는 전 국민적인 노력이 있었지만, 대기업의 기여가 결정적이었다. 세계 인구 5명 중 1명이 삼성전자 스마트폰을 사용하고, 전 세계 도로를 한국 자동차가 누비고 있다. 글로벌 TV·냉장고 시장의 절반을 한국 제품이 차지하고 있으며, 2023년 미국 생활가전 시장에서는 삼성전자와 LG전자가 각각 점유율 1, 2위를 차지했다.

불과 한 세대 전만 해도 한국은 일본과 비교할 수 없을 정도로 뒤처져 있었다. 당시 일본은 초강대국 미국과 경쟁하며 압도적인 경제력을 자랑했다. 일제 강점기를 거친 뒤 일본으로부터 산업화 과정을 배워 뒤늦게 출발한 한국의 역사를 감안하면, 오늘날의 한국이 이룬 위상은 말 그대로 상전벽해다. 국격만 격상한 것은 아니다. 한국 사회 구성원들도 그 혜택을 누리고 있다.

- 국민 삶의 수준을 논할 때 가장 중요한 지표로 꼽히는 소득(Income)이 크게 증가했다. 한국은행에 따르면 2023년 한국의 1인당 GNI(국민총소득)는 3만 6,194 달러(약 4,846만 원)로, 인구 5,000만 명 이상 국가 중 미국, 독일, 영국, 프랑스, 이탈리아에 이어 6위를 기록하며 일본을 앞질렀다. 명목 GDP는 1조 8,394억 달러(약 2,462조 원)로 세계 12위를 차지했다.

- 기대수명이 OECD 국가 중 최상위권이다. 2023년 기준 한국인의 기대수명은 83.5세(남성 80.6세, 여성 86.4세)로, '100세 시대'에 근접했다. 이는 1970년 62.3세에서 무려 20세 이상 늘어난 연령으로, 2010년 전후로 80세를 돌파하며 선진국 반열에 올라섰다. 최상의 환경에서 생활했던 조선 시대 왕들의 평균 수명이 47세였음을 고려할 때, 오늘날 한국인의 기대수명은 역사적 맥락에서도 놀라운 발전이다.

- 인터넷 보급률, 실업률, 교통 편의시설 등 다양한 생활 지표에서도 세계 최고 수준을 자랑한다. TV, 냉장고, 자동차는 물론, 가정마다 첨단 가전제품까지 보편화된 모습은 개선된 삶의 질을 잘 드러낸다.

- 대기업집단은 정부의 재정 기반도 든든히 뒷받침하고 있다. 2023년 기준 한국 정부의 세입예산 400조 4,000억 원 중 법인세, 소득세, 부가가치세 등 3대 세수가 차지하는 비중이 45.7%(183조 3,000억 원)에 달한다. 대기업집단이 부를 창출하고 직장인들에게 급여를 지급하며 법인세를 납부한 덕분에 국민 소득이 증가했고, 정부가 복지와 편의시설을 지속적으로 개선할 수 있었다.

1960년대 한국의 1인당 GDP는 89달러로 세계 최빈국 수준이었으며, 위생 역시 열악했다. 폐결핵, 콜레라, 디프테리아, 장티푸스와 같은 질병이 만연해 많은 이들이 목숨을 잃거나 평생 고통을 겪어야 했다. 이는 수백 년 전 이야기가 아니라 불과 60여 년 전 우리가 겪었던 현실이었다.

세계 유일 한국만의 대기업집단, 무엇이 다를까

한국의 대기업집단은 다른 나라에서는 찾기 어려운 특징이 있다. 우리는 일상적으로 대기업집단을 접하므로 이상하다고 여기지 않지만, 해외 경영학자들의 눈에는 대단히 특이하다.

대기업집단이라는 용어를 만든 공정위에 따르면, 대기업집단은 '동일인 중심의 지분 관계로 얽혀 경제적 이해관계를 같이하는 여러 기업들'을 말한다. 동일인이란 대기업집단을 실질적으로 지배하는 주체를 말하며, 일반적으로 개인을 이르지만 법인도 가능하다. 동일인 대신에 지배주주, 오너(Owner), 총수, 사주라는 용어도 쓰이는데, 동일인에 가장 근접한 용어는 지배주주다. '오너'는 통상적으로 과반의 지분을 가진 최대주주를 말하는데, 한국 대기업집단의 동일인 지분은 그 절반에 훨씬 미치지 못한다.

한국 대기업집단의 특징은 소유권과 경영권이 일치하고, 선단(船團)식 경영을 하고 있으며 경영권이 세습된다는 3가지로 요약된다. 하나씩 살펴보자.

첫째, 한국 대기업집단은 지배주주의 가족이 소유권과 경영권을 동시에 갖고 있다는 특징이 있다. 여기서 말하는 가족은 가문 혹은 친인척 구성원을 이른다. 예를 들어, 이재용 회장은 삼성그룹의 지배주주이자 CEO(최고경영자)다. 최태원 SK그룹 회장, 정의선 현대차그룹 회장, 구광모 LG그룹 회장, 신동빈 롯데그룹 회장, 김승연 한화그룹 회장, 정용진 신세계그룹 회장, 이재현 CJ그룹 회장, 박정원 두산그룹 회장도 소유권과 경영권을 동시에 갖고 있다.

　미국의 대기업은 소유권과 경영권이 분리된 경우가 일반적이다. 알파벳(Alphabet) 창업주이자 오너는 세르게이 브린(Sergey Brin)과 래리 페이지(Larry Page)로 이 두 사람이 알파벳 클래스 B 주식(1주당 10표 의결권 행사 가능한 비상장 주식)을 100% 보유하고 있다. 하지만 두 창업주는 알파벳의 CEO가 아니다. 알파벳 CEO는 선다 피차이(Sundar Pichai)로 맥킨지 컨설턴트로 근무하다가 2004년 구글에 합류했다. 월마트(Wal Mart)도 마찬가지다. 최대주주는 월튼 가문(Walton family)으로 월마트 창업주 샘 월튼(Samuel Moore Walton 1918~1992) 후손들이다. 이들은 2022년 기준 월마트 지분 50.85%를 보유하고 있지만, 월마트 경영에는 참여하고 있지 않다. 월마트 CEO는 더그 맥밀런(Doug McMillon)으로 월마트 점원에서 시작해 2014년부터 월마트 CEO로 장기 재임하고 있다.

　엔비디아(젠슨 황), 아마존닷컴(제프 베이조스), 메타(마크 저커버그, 옛 페이스북), 버크셔 해서웨이(워렌 버핏)처럼 지배주주(혹은 창업주)가 경영권을 행사하는 사례가 없지는 않다. 하지만 대부분 '창업 1세대'이며, 시간이 흐르면서 자연스럽게 소유와 경영이 분리된다. 애플이 여기에 해당한다. 애플(Apple)은 스티브 잡스(Steve Jobs, 1955~2011)가 창업해 최대주주로서 지위를 유지했지만, 사망한 이후 전문경영인 팀 쿡(Tim Cook)이 경영을 맡고 있다. 애플 최대주주는 뱅가드그룹(7%)이다. 이어 블랙록(6.66%), 버크셔 해서웨이(5.92%) 순이다(2024. 1). 앞서 언급한 월마트도 애플과 유사한 과정을 거쳐 소유와 경영이 분리됐다.

　둘째, 한국의 대기업집단은 선단식 경영을 한다는 특징이 있다. 다시 말해, 한국 대기업집단은 계열사가 많게는 수백 개에 이르고 사업 분야가 다양하다는 특징이 있다. 계열사들은 외형상 독립돼 있지만, 실질적으로 지배주주 영향력을 받으면서 일관되며 체계적으로 운영된다. 미국이나 일본에 흔한 독립계(Stand-alone) 기업이 한국 재계에는 드물다.

　2024년 공정위 발표에 따르면, 재계 1위 삼성그룹의 계열사는 63개다. 사업 영역을 살펴보면 반도체, 스마트폰, 가전(이상 삼성전자), 이차전지(삼성SDI), 바이오(삼성바이오로직스), SI(시스템통합, 삼성SDS), 보험(삼성생명, 삼성화재), 증권(삼성증권), 카드(삼성카드), 호텔(호텔신라), 급식(삼성웰스토리), 경비(에스원), 교육(멀티캠퍼스), 광고(제일기획) 등이다.

　2024년 대기업집단 가운데 계열사 숫자가 가장 많은 곳은 SK그룹(219)이고, 카카오(128),

한화(108)도 계열사가 100개가 넘는다. 계열사가 50개 이상인 곳은 GS(99개), 롯데(96개), 태영(82개), CJ(73개), 현대차(70개), LS(67개), 보성(65개), 삼성(63), LG(60), 유진(60), SM(58), 효성(57), 농협중앙회(54), 네이버(54), 중앙(54), 원익(54), 신세계(53), 중흥건설(53) 등 18곳이다(대신증권은 계열사가 117개지만 사업 특성상 대부분 펀드인 이유로 제외). 계열사가 가장 적은 곳은 에쓰오일(2개)이고, 10개 미만인 곳은 한국GM(3), 한국항공우주산업(KAI, 4), HMM(5), DN(8), 크래프톤(8), 셀트리온(8)이다.

2024년 대기업집단 82곳의 평균 계열사 수는 37.7개다. 범위를 10대 대기업집단으로 좁히면 계열사 수는 84.5개로 2배 이상 많아진다. 10대 대기업집단의 계열사는 가파르게 증가하는 추세다. 10대 대기업집단의 평균 계열사 수는 2001년 17.1개였지만, 2011년 56.9개를 기록한 뒤 2023년 80.1개, 2024년 84.5개로 증가했다. 계열사가 늘어난 만큼 이들 대기업집단이 영위하는 사업 분야도 다양해지고 있다. 한국 대기업집단이 영위하는 업종은 2001년 KSIC(한국표준산업분류) 중분류 기준 10.1개에서 2011년 41.7개로 4.1배 급증했다.

계열사 많은 한국 대기업집단, '분명한' 강점 있다

계열사를 많이 보유하고 있으면 대기업집단에 어떤 장점이 있을까? 무엇보다도 캡티브 마켓(Captive market, 내부 시장)을 활용해 안정적으로 수익을 낼 수 있다. 캡티브 마켓은 그룹 내부에서 자체적으로 창출되는 시장을 말하며, 예를 들어 어느 계열사가 대기업집단 내부의 다른 계열사 혹은 임직원들에게 상품이나 서비스를 판매하는 것을 말한다. 대기업집단 계열사들은 캡티브 마켓만으로도 BEP(손익분기점)를 거뜬히 넘기고 규모의 경제(Economy of scale)를 구현할 수 있다.

캡티브 마켓에 기반해 대기업집단 계열사가 영위하는 대표 업종으로는 광고, 건설, SI(시스템통합), 골프장, 급식, 호텔, 물류가 있다. 대기업집단 계열사들은 각 산업에서 높은 시장 점유율을 확보하고 있으며, 특히 광고, SI를 비롯한 일부 산업은 대기업집단 계열사가 아니면 수익을 내기 어렵다.

- **광고:** 제일기획(삼성), SK AX(SK), 이노션(현대차), HS애드(LG), 대홍기획(롯데), 오리콤(두산) 등이 있다. 이들 광고 계열사는 내부 수요만으로도 안정적으로 이익을 내고 있다.

- **건설:** 삼성물산(삼성), SK에코플랜트(옛 SK건설), 현대건설, 현대엔지니어링(이상 현대차), 포스코이앤씨(옛, 포스코건설), GS건설(GS), 한화 건설부문(옛 한화건설) 등이 있다.

- **SI(시스템 통합):** 삼성SDS(삼성), SK AX(SK), 현대오토에버(현대차), LG CNS(LG), 롯데정보통신(롯데), 포스코DX(포스코), 한화시스템(한화), 신세계 I&C(신세계) 등이 있다. AI의 등장으로 이들 SI 계열사 가운데 상당수가 AI를 결합한 ICT 기업으로 변신하고 있다.

- **골프장:** 가평베네스트CC, 안성베네스트CC, 동래베네스트CC, 글렌로스CC, 레이크사이드CC(이상 삼성), 해비치 서울, 해비치 제주(이상 현대차), 곤지암CC(LG), 스카이힐 김해, 스카이힐 제주(이상 롯데), 포라이즌(포스코), 남서울CC, 엘리시안 강촌CC(이상 GS), 제주클럽나인브릿지, 헤슬리나인브릿지(이상 CJ), 리더나CC(두산), 웰링턴CC(효성), 아시아나CC, 웨이하이포인트CC(이상 금호석유화학), 블루헤런CC(하이트진로), 제이드팰리스CC, 골든베이CC, 플라자CC(이상 한화), 휘닉스평창CC(보광), 잭니클라우스CC(코오롱), 사우스스프링스CC(DL), 세라지오CC(한라) 등이 있다. 골프장은 비즈니스 회의와 인적 네트워킹 공간으로 활용되고 있다.

- **급식:** 삼성웰스토리(삼성), 현대그린푸드(현대백화점), CJ프레시웨이(CJ), 신세계푸드(신세계), 한화솔루션(한화) 등이 있다.

- **호텔 및 숙박:** 호텔신라(삼성), 호텔롯데(롯데), 호텔해비치(현대차), 그랜드 인터컨티넨탈 서울, 파르나스 호텔(이상 GS건설) 등이 있다.

- **물류:** 삼성전자로지텍(삼성), 현대글로비스(현대차), 롯데글로벌로지스(롯데), 한진택배(한진), 한화로지틱스(한화) 등이 있다. 10대 대기업집단 가운데 9곳이 물류 계열사를 운영하고 있고, 20대 대기업집단 중에서 16곳, 30대 대기업집단 중에서 20곳이 물류 계열사를 운영한다.

캡티브 마켓이 아니더라도 대기업집단 계열사는 이른바 '통행세', '일감 몰아주기' 방식으로 수익을 만들기도 한다. 현대글로비스가 여기에 해당한다. 2010년 기준 이 회사의 지분율을 보면, 정의선 현대자동차그룹 회장(당시 부회장) 일가가 52%(정의선 31.89%, 정몽구 20.29%)의 지분을 보유하고 있었다.

이 회사 매출액은 2001년 1,985억 원에서 10년 후 5조 8,340억 원으로 29배 증가했다. 매출이 급증한 것은 현대차그룹이 이 회사 매출의 89%에 달하는 일감을 몰아줬기 때문이다. 그 이익은 고스란히 지배주주에게 돌아갔다. 경제개혁연구소에 따르면, 정의선 회장이 이 회사에 출자한 것은 2001년과 2002년 각각 15억 원씩 총 30억 원이 전부였다. 그러나 정의선 회장은 2004년에 지분을 일부 매각해 850억 원을 벌었고, 10년 동안 389억 원의 배당금을 받았다. 2022년 정몽구, 정의선 부자는 현대글로비스 지분 10%를 추가 매각해 2,000억 원을 얻었다. 지분을 매각한 이유는 공정거래법 개정으로 총수 일가의 상장사 지분 규제 기준이 30%에서 20%로 강화됐기 때문이다. 2024년 8월 현재 정의선 회장이 보유한 현대글로비스 지분 가치(20%)는 2조 원에 달한다. 30억 원을 출자해서 2조 원에 달하는 부를 축적한 것이다.

둘째, 선단식 경영을 하면 한 계열사가 손실을 내더라도 다른 계열사가 이익을 내면서 리스크를 줄일 수 있다. 주식시장에서의 '달걀을 한 바구니에 담지 않는다'는 격언과 유사하다. 독립계 기업이 특정 분야에만 주력하다가 업황 기복에 따라 경영 안정성이 위협받는 것에 비하면 장점이다.

단점도 있다. 선단식 경영을 하면 상호지급보증이나 출자 등으로 서로 연결된다. 호황기에는 별다른 문제가 없지만, 불황이나 경제 위기가 닥치면 계열사 한곳이 쓰러질 때 연쇄 부도로도 이어질 수 있다. 1990년대 후반 IMF 외환위기가 닥치자 나산, 동방 등을 비롯한 대기업집단들이 한순간에 쓰러진 것이 여기에 해당한다. 그렇지만 이 같은 리스크를 고려해도 대기업집단 계열사로서 가질 수 있는 장점은 매력적이다.

미국에서는 한국과 같은 선단식 경영을 찾기 어렵다. 미국 기업들은 대부분 독립계 기업이다. 독립계 기업은 단일 산업에 집중하는 기업을 이른다. 엔비디아, 아마존, 테슬라, 알파벳, 메타, 마이크로소프트(MS), LVMH(루이비통 모회사) 같은 글로벌 기업들이 급식 사업을 하고, 골프장을 운영하고, 건설사를 운영하고, SI 사업을 한다는 이야기는 들어보지 못했을 것이다. 미국 MS의 계열사는 링크드인(Linkedin), 마인크래프트(Minecraft), 깃허브(GitHub) 등을 포함해 10개 조금 넘는다. 아마존의 계열사도 아마존 코퍼레이션(Amazon Corporation), 아마존 웹서비스(AWS, Amazon Web Services), 킨들(Kindle), 아마존 프라임(Amazon Prime), 아마존 스튜디오(Amazon Studios), 트위치(Twitch), 아마존 뮤직(Amazon Music)을 비롯해 약 20개에 이르지만, 온라인 사업과 연관돼 있다는 공통점을 갖고 있을 뿐, 호텔, 급식, 골프장 같은 사업을 운영하지는 않는다.

실험적인 스타트업을 많이 육성하는 알파벳도 계열사가 20여 개에 불과하다. 알파벳 계열사에는 주력회사 구글을 포함해 구글 클라우드, 크로니클(Chronicle, AI), 카글(Kaggle, 머신러닝), 유튜브, 구글 어시스턴트 인베스트먼트(투자), 베리파이(Verify), 오토노머스 드라이빙(Autonomous driving), 오토노머스 드론 딜리버리(Autonomous drone delivery, 이상 물류), 딥마인드(Deepmind), 캘리코(Calico, 머신러닝) 등이 있다. 알파벳 계열사들을 보면, 캡티브 마켓을 기반으로 돈을 벌겠다는 의도보다 스타트업을 창업해 시장을 개척하겠다는 비즈니스 전략을 배경으로 하고 있다. 한국의 대기업집단 계열사와는 수익 기반이 다르다.

여기서 궁금증이 든다. 미국의 대기업들은 왜 계열사가 적을까? 미국 기업이라고 해서 돈을 쉽게 버는 방법을 모를 리 없다. 이유는 규제와 세제 때문이다. 대표적인 예로 배당에 관한 이중과세제도가 있다. 미국 세법에 따르면, 기업이 배당금을 지급할 때 법인세를 먼저 납부해야 하고, 이를 받은 주주는 다시 소득세를 납부해야 한다. 특히, 기업 간 배당의 경우 지분율이 80% 이상일 때 연결법인으로 인정받아 세제 혜택을 받을 수 있지만, 그렇지 않으면 배당에 대한 세금 부담이 크다. 이 제도는 모회사가 자회사로부터 과도한 배당을 받아 자산을 편취하거나, 복잡한 계열사 구조를 통해 책임을 회피하는 것을 방지하는 역할을 한다. 이러한 이중과세 체계는 기업들이 복잡한 계열사 구조를 만들기보다는 간소화된 지배구조를 유지하도록 유인한다. 따라서 미국 기업들은 단일 사업에 집중하거나, 다각화하더라도 상대적으로 간결한 계열사 구조를 선호하는 경향을 보인다. 미국의 배당에 관한 이중과세제도와 유사한 개념으로 한국에 출자총액제한제도(일명 출총제)가 있었지만,

이 제도는 이명박 대통령 집권기인 2009년 폐지됐다.

셋째, 한국의 대기업집단은 경영권이 세습된다는 특징이 있다. 이는 한국 대기업집단의 가장 큰 특징 중 하나다. 한국의 대기업집단 1위 삼성그룹의 경영권이 '이병철 → 이건희 → 이재용'으로 이어진 것을 보면 쉽게 이해된다. 미국은 그렇지 않다. 빌 게이츠의 자녀는 MS 경영에 참여하지 않는다. 심지어 빌 게이츠가 자녀를 두고 있는지 일반인은 잘 모른다. 뉴스에 보도되지 않기 때문이다. 엔비디아, 아마존닷컴, 메타, 버크셔 해서웨이가 한국과 유사하게 창업주가 경영을 이끌고 있지만, 이 기업들은 세습을 통한 경영 승계와는 거리가 멀다. 미국에서는 창업 1세대가 타계하거나 경영에서 은퇴(隱退)하면 소유와 경영이 분리되는 것이 일반적이다. 버크셔 해서웨이를 이끄는 워렌 버핏(Warren Buffett) 회장은 1930년생으로, 자신의 후계자로 그렉 아벨(Greg Abel) 버크셔 해서웨이 부회장을 지명했다. 버핏 회장에게는 2남 1녀가 있지만 버크셔 해서웨이에 근무하고 있지 않고 경영에도 참여하고 있지 않다.

정리해보자. 한국의 대기업집단은 세계적으로 봐도 드물게 소유권과 경영권이 일치하고, 선단식 경영 방식을 갖고 있으며, 경영권이 세습되는 3가지 특징을 가진다. 과거 일본도 한국 대기업집단과 유사한 기업형태가 있기는 했다. 미쓰비시(三菱), 스미토모(住友), 미쓰이(三井), 야스다(安田)로 대표되는 이른바 자이바츠(財閥, 우리말로 '재벌')가 여기에 해당하는데, 이들은 2차 세계대전 종전 후 미 군정 시기에 해체됐다. 자이바츠가 사라진 이후 일본 재계에는 게이레츠(系列) 형태의 대기업이 주류로 자리 잡았다. 게이레츠는 사장회를 중심으로 상호 주식보유와 네트워크를 통해 그룹을 운영하며, 이는 한국 재벌에서 지배주주(총수 일가)가 직접적 권력을 행사하는 구조와 차별화된다. 이렇듯 한국의 대기업집단은 미국, 일본을 비롯한 선진 자본시장에서 일반적이지 않은 기업 형태다.

한국의 대기업집단이 오늘날에 이르게 된 데는 행운도 따랐다. 한국에 주주 보호를 강력하게 추진할 만한 대항 세력이 성숙하지 않은 것도 도움이 됐다. 다시 말해, 한국은 미국처럼 독점대기업의 저항을 효과적으로 억제할 수 있었던 정치세력이나, 독일처럼 경영진을 견제하는 감독이사 제도를 관철시키는 강력한 노동세력이 존재하지 않았다. 일본이 자이바츠를 해체하면서 가문을 배제한 전후 일본의 미군정 조치 등과 같이 강력한 대항 세력이 한국에 존재하지 않았던 것도 원인이다.

한국 대기업집단의 지배구조에 대해 문제의식이 없던 것은 아니다. 역대 정부는 대기업집단의 문제점을 인식하고 개혁에 나섰지만, 번번이 실패했다. 전두환 정권은 쿠데타로 정권을 잡자마자 1980년 12월 기존의 '물가안정 및 공정거래에 관한 법률'을 '독점 규제 및 공정거래에 관한 법률'로 대체하고 대기업집단의 경제력 집중과 독과점 폐해 규제에 나섰다. 그렇지만 결과적으로 유야무야됐다. 경제력 집중에 대한 직접 규제는 없었고, 불공정거래행위만을 일부 단속했을 뿐이다. 경제가 너무 나빠 대기업집단 개혁에 나섰다가 자칫 경제가 거덜 날 수 있다는 우려가 제기됐기 때문이다.

김영삼 정부도 대기업집단 개혁에 관한 한 '실패한 정부'다. 김영삼 정부는 1993년 대기업집단의 업종 전문화 정책을 추진했다. 10대 대기업집단까지는 주력업종 3개, 11대부터 30대 대기업집단까지 주력업종 2개를 가질 수 있도록 했다. 주력업종에 대해서는 출자총액규제와 은행 대출 규제를 풀어주고, 주력 기업 투자와 부동산 취득 시 주거래은행의 사전 승인을 면제해주는 등 규제를 대폭 완화했다. 하지만 결과는 정반대로 나타났다. 1993~1995년에 대기업집단의 계열사 수는 604개에서 623개로 오히려 증가했다. "대기업을 규제하면 경제가 망가진다"는 여론몰이가 이어졌다. 이 결과 업종 전문화 정책은 당초 의도와는 달리 대기업집단의 경제력 집중을 심화시키는 결과를 가져왔다.

이후 김대중(1988~2003), 노무현(2003~2008), 이명박(2008~2013), 박근혜(2013~2017), 문재인(2017~2022) 정부 또한 대기업집단의 경제력 집중 문제에 관한 한 성과가 부진했다. 즉, 현시점에서 대기업집단의 기업형태가 극적으로 변화될 가능성은 낮아 보인다. 비자금, 차명재산, 횡령, 배임, 탈세, 문어발 같은 갖가지 부작용에도 불구하고 한국 경제에서 대기업집단의 역할과 비중은 갈수록 커지고 있다.

한국의 대기업집단, 어떻게 성장하고 살아남았나

한국의 대기업집단은 세계적으로 보기 드문 구조와 여러 한계를 가지고 있다. 그런데 어떻게 한국 재계의 주류로 자리 잡았을까? 이들은 어떻게 IMF 외환위기와 글로벌 금융위기를 극복하고, 세계 시장에서 글로벌 기업들을 상대로 성과를 냈을까? 이 궁금증을 추적하다 보면 박정희 대통령과 이건희 회장이라는 두 인물이 등장한다. 박정희는 첫 번째 질문에 대한 해답의 실마리를 제공하고, 이건희는 두 번째 질문에 대한 해답의 실마리를 제공한다.

박정희 대통령은 지금의 대기업집단을 세팅한 주인공이다. 1961년부터 1979년까지 18년 동안 최고 통수권자로 지내면서 한국의 대기업집단을 설계하고 키웠다. 그는 1961년 5월 집권 당시 한국 경제를 어떤 방식으로 키워야 하는지에 관한 계획이 없었다. 그런 탓에 자본의 논리에 도덕의 잣대를 들이대기도 하고(부정축재자 재산 환수 등), 한국 경제를 농업 위주의 독자 생존 체제로 만드는 것을 고려하기도 했다. 그렇지만 얼마 지나지 않아 한국 경제를 발전시키는 지름길은 수출이고, 이를 이끌어갈 주체가 대기업이어야 한다는 결론에 도달했다. 이에 관한 일화가 있다.

그해 10월, 그는 국가재건최고회의 의장 자격으로 경기 수원에 있는 선경직물 공장을 깜짝 방문해 최종건 사장을 만났다. 5·16 쿠데타로 집권한 지 막 5개월이 지난 시점이었고, 쿠데타 이후 최초의 기업 방문이었다. 최종건 사장은 기름때가 잔뜩 묻은 작업복 차림으로 직물공장 기계를 손질하다 불시방문한 박정희 의장과 얼떨결에 악수했다. 선경직물은 최종건이 1953년 설립했고, '닭표 안감(인조견)'이 히트 치면서 나름대로 대기업 반열에 올라 있었다.

"최 사장님, 수고가 많습니다. 소문대로 성실한 기업인이시군요."
"국사에 바쁘신데 이곳 시골까지 찾아주셔서 영광입니다."
"최 사장, 수출을 연구하십시오. 우리 정부는 앞으로 수출 진흥 정책을 강력하게 펼칠 것입니다. 외화를 벌어들여야 합니다. 수출 기업들에는 많은 지원이 있을 겁니다."
"잘 알겠습니다. 그 방면으로 노력해보겠습니다."

이 장면은 박정희 정권이 집권 18년 동안 집요하게 진행한 대기업 중심의 수출 드라이브 정책을 알리는 신호탄이었다. 박정희 대통령이 최종건 사장에게 언급한 '강력한 수출 진흥 정책'이란 다름 아닌 '경제개발 5개년 계획'이었다. 이승만 정부와 장면 내각이 만든 경제계획 방안을 수출 주도에 중점을 두고 업그레이드한 것이었다.

경제개발 5개년계획은 1962년 시작돼 1979년 10월 박정희 대통령이 사망할 때까지 17년간 진행했다. 기간은 5년 단위로 1차(1962~66), 2차(1967~71), 3차(1972~76), 4차(1977~81)까지 진행됐다. 4차 경제개발계획 기간이던 1979년 박정희 정권이 끝나자 전두환 정권이 이어받아 1981년 완료했다. 경제개발 방식은 이른바 '향도 자본주의(Guided capitalism)'라고도 하는 '개발 독재(Developmentalistic dictatorship)'였다. 자본주의 체제이기는 하지만 정부가 직접 개입하고 경제를 이끌어가는 방식이다. 박정희 대통령은 이 계획의 실현에 자신의 모든 것을 바쳤다.

경제개발 5개년 계획은 대성공이었다. 이 기간을 거치며 한국은 가난한 농업국가에서 개발도상국으로 거듭났다. 대기업을 키우고 여기에서 창출된 성장의 과실을 중소기업, 자영업자, 근로자에게 나눠주는 이른바 낙수효과(Trickle-down effect) 전략이 빛을 발했다.

경제개발 5개년 계획이 시작되기 전 한국에는 대기업이라고 할 만한 곳은 손에 꼽을 정도였다. 경성방직(1919년 설립), 일신방직(1951), 대한방직(1953), 선경직물(1953)이 사실상 전부였다. 발전소 등 주요 생산시설이 모두 북한에 있었다. 정부 재정도 엉망이었다. 1961년 수출액은 3,000만 달러인 데 반해 수입액은 3억 달러로 10배였으며, 재정 수입의 절반을 대충자금(원조 수입)에 의존했다. 이런 배경에서 경제개발 5개년 계획이 성공한 것이다. 독재 기반의 강력한 리더십, 저렴하고 근면 성실한 인적 자본 등이 맞물린 결과였다.

박정희 정부 경제개발계획과 대기업집단 등장의 짧은 역사

1962년 1월 시작된 제1차 경제개발계획(1962~1966)에서는 당시의 주요 산업 기반이던 농업 발전을 통한 식량 자립, 생산력 증대가 목표였다. 섬유, 합판, 가발 등 노동집약적인 경공업이 집중 우선됐다. 이 시기에는 밀가루(제분), 설탕(제당), 면방을 의미하는 이른바 삼백(三白) 산업과 제지, 식음료 등의 소비재 대기업들이 모습을 드러냈다. 제일제당(1953), 오리온(1956), 빙그레(1967)가 설립됐고, 1963년 삼양식품이 국내 최초 라면인 삼양라면을 내놓았다.

1967년 곧바로 제2차 경제개발계획(1967~71)을 시작했다. 의류업 중심의 수출 주도 전략을 시행했다. 의류업은 당시 한국사회의 풍부한 저임금 노동력을 활용할 수 있는 사업이었다. 1980년대까지 한국의 주력 산업의 하나로 자리매김했고, 1989년 한국의 의류 수출액은 세계 3위를 기록했다. 1969년 7월 경인고속도로, 1970년 7월에 경부고속도로가 준공됐다. 그리고 1972년 1월 제3차 경제개발계획(1972~1976)이 시작됐다.

제3차 경제개발계획 기간은 대기업집단이 한국 재계의 주류로 등장한 분기점으로 기록된다. 이 시기에 대기업집단은 확고한 기반을 구축하게 된다. 두 사건이 계기가 됐다.

첫째, 중화학공업 육성이다. 1973년 1월 12일 박정희는 연두교서를 발표하고 중화학공업 육성 의지를 밝혔다. 대일 국교 정상화를 통해 일본으로부터 받아낸 무상 3억 달러, 유상 2억 달러, 민간상업차관 3억 달러의 총 8억 달러를 자금원으로 조달했다. 제3차 경제개발계획의 핵심은 석유화학(정유 포함), 철강, 조선, 자동차를 비롯한 중화학공업 육성이었다. 1970년대 제조업 투자의 75~80%가 중화학공업에 대한 투자였다. 박정희 정권은 여기에 참여할 대기업을 선정했는데, 이들이 오늘날의 대기업집단으로 성장했다. 중화학공업은 대규모 자본이 투입되고 전후방 연쇄효과가 크기 때문에 여기에 선정된다는 것은 대기업집단으로 도약한다는 것을 의미했다. 정부의 각종 특혜가 주어지는 것은 물론이었다. 이

시기에 사업권을 따낸 곳이 삼성, 현대, LG, 롯데였다.

- **삼성그룹:** 정유사업권을 따내고 계열사 제일모직을 통해 미국 아모코(Amoco), 일본 미쓰이(三井)와 합작으로 1974년 삼성석유화학(현 한화임팩트)을 설립했다.

- **롯데그룹:** 1979년 3월 여수석유화학(현 롯데케미칼)의 정부 지분을 인수했다. 앞서 1973년 여수석유화학은 한국종합화학 출자로 설립됐고, 1976년 호남석유화학을 설립했다.

- **LG그룹:** 해외 정유기업 칼텍스와 합작해 정유사업권을 따내고 1978년 전남 여수에 럭키석유화학(현 GS칼텍스)을 설립했다. 앞서 1966년 4월 제2 정유공장 실수요자에 선정됐고, 1969년 6월 준공식을 가졌다.

- **현대그룹:** 1977년 미국 쉘(Schell)로부터 극동쉘석유를 인수해 극동석유에서 세일석유(현 HD현대오일뱅크)로 사명을 변경했다.

- **SK그룹:** 제3차 경제개발계획 기간은 아니지만, 1980년 대한석유공사(유공)를

한국의 산업 발전사

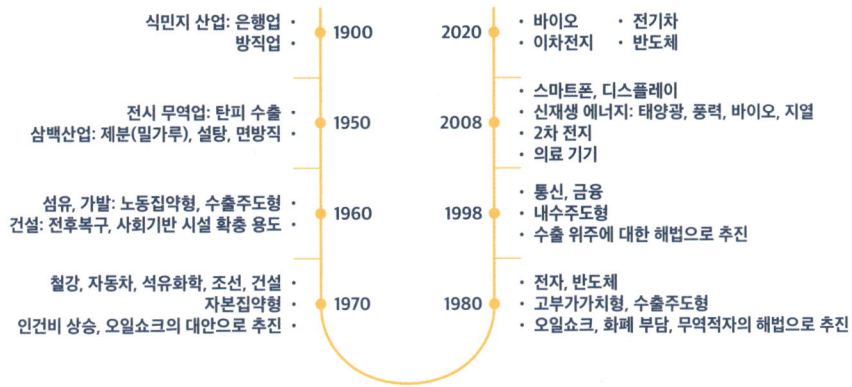

인수했다. SK는 유공을 인수하며 재계 10위권에서 '빅5'로 도약하며 재계 판도를 바꿨다.

둘째, 8·3 사채동결 조치 시행이다. 8·3 사채동결 조치란 1972년 8월 2일 밤 박정희 정부가 국무회의에서 긴급명령권으로 발표한 '경제의 안전과 성장에 관한 긴급명령'을 말한다. 이 조치의 요점은 사채업자의 모든 채권, 채무 관계가 1972년 8월 3일로 사실상 무효가 되고 새로운 계약으로 대체된다는 것으로, 기업들이 사채업자로부터 꿔다 쓴 사채를 사실상 갚지 않아도 된다는 뜻이었다. 자유경제 시장에서는 상상하기 어려운 초헌법적 조치였다. 박정희 정부가 이 같은 조치를 시행하게 된 이유는 1970년대 들어 세계 경제가 나빠지면서 한국 기업들이 고금리 사채로 숨이 넘어갈 지경에 도달했기 때문이다.

한국은행의 1971년 조사에 따르면, 당시 기업의 90% 이상이 연 이자율 40%로 사채를 이용하고 있었다. 한국 기업들이 사채시장에서 자금을 조달한 이유는 그것 말고는 마땅한 자금조달 채널이 없었기 때문이다. 은행을 비롯한 제도권 금융기관은 건실하지 못했고, 비축 자금 자체가 턱없이 부족했다. 주식시장도 원활하지 못해 유상증자, 채권발행도 사실상 막혀 있었다. 상황이 그렇다 보니 이병철 삼성 회장, 정주영 현대그룹 회장도 급여일이 다가오면 서울 명동과 소공동에 있는 사채시장에서 돈을 꾸러 다니는 일이 일상이었다. 이 시기에 명동 사채시장을 주무르던 단사천(1914~2001)이라는 인물은 '현금왕', '밤의 황제'로 불렸는데, 그는 1974년 종합소득세 납부 7위에 오르기도 했다. 이병철 삼성그룹 회장보다 순위가 높았다.

1970년 당시 모 은행의 10억 원 이상의 대출자 명단에는 최종건, 정주영, 이병철, 구자경, 조중훈 등 경제계 주요 인사들의 이름이 즐비했다. 앞서 1969년 10월 제일제당, 제일모직, 한국비료, 금성사, 현대건설, 대한항공, 효성물산 등도 모두 부실기업 판정을 받은 상황이었다. 박정희 대통령은 "이대로 가면 한국 대기업들이 모두 문 닫는다"는 참모들의 보고를 받은 후 사채동결이라는 초헌법적 조치를 결정한 것이다. 한국의 대기업들은 사채를 갚지 않게 되면서 기사회생했다. 이 8·3 조치를 계기로 이른바 '대기업은 절대 망하지 않는다'는 대마불사(大馬不死) 신화가 만들어졌고, 지금의 대기업집단이 한국 재계에 자리 잡는 계기가 됐다.

1~4차 경제개발계획의 목표는 초과 달성했다. 1970년대 초반과 후반의 1, 2차 오일쇼

크, 1979년 10·26 사태와 12·12 쿠데타 같은 정치·경제적 혼란이 컸지만, 한국 경제는 역동적으로 성장했다. 1982년 세계적인 경제 불황으로 대다수 국가가 마이너스 성장을 기록할 때, 한국은 5.3% 실질 성장률을 달성하며 눈부신 성장세를 보였다. 1987~1996년 9년 동안 일자리는 해마다 50만 개씩 늘었다. 1996년의 고용률은 역사상 최고치인 61%에 도달했다.

1960년대부터 1980년대 중반까지 한국은 8.3%라는 놀라운 경제 성장률을 기록했다. 1986년 47억 달러 국제 수지 흑자를 시작으로, 1987년 100억 달러, 1988년 145억 달러로 흑자 규모가 급격히 증가했다. 오늘날 한국 경제의 토대가 만들어진 것이다. 그리고 대기업집단은 이러한 경제적 성과를 이끈 주역으로 널리 인정받게 됐다.

30대 대기업집단의 변천사, '대마불사' 여전히 유효한 이유

1987년은 공정위가 공시대상기업집단(대기업집단)을 처음 발표한 해였다. 공정위는 왜 그 무렵에 공시대상기업집단을 발표했을까? 여기에는 사정이 있다. 무엇보다 역대 정부가 대기업집단에 각종 특혜를 제공하면서 부작용이 너무 커져 규제하지 않으면 안 될 상황에 몰렸기 때문이다. 대기업집단이 정부의 보호막 아래 온실 속 화초처럼 지내며 해외 시장에서 경쟁력을 잃었고, 부의 집중, 빈부격차 등 사회적 부작용을 심화시켰다. 엎친 데 덮친 격으로 해외 선진국들도 한국 정부를 상대로 시장 개방을 요구했다.

정부는 공시대상기업집단들을 대상으로 특혜를 축소하고 경쟁을 유도했다. 출자총액제한제도가 시행된 시기는 1987년 4월이었고, 그 무렵 수입자유화도 시행했다. 수입자유화는 불가피한 선택이었다. 한국은 그때나 지금이나 수출로 먹고사는 나라다. 개도국 시절 한국은 수입 규제를 통해 해외 제품의 유입을 막았다. 미국과 유럽 등 선진국은 냉전 시대 동맹국 지원의 하나로 한국에 개도국 지위를 인정해줬고, 이에 따라 보호무역 조치를 용인했다. 그렇지만 1980년대 후반 냉전체제가 서서히 무너져가던 상황에서 한국 경제가 외형적 성장을 이뤄내자 미국 중심의 해외 선진국들은 시장 개방을 요구하기 시작했다. 한국의 무역 흑자 폭이 커지면서 강도가 더욱 높아졌다. 미국은 자국 시장으로 들어오는 한국산 제품에 고율의 관세를 부과하면서 한국 정부를 압박했다.

정부는 요구를 수용할 수밖에 없었다. 한 나라의 수입 총액 가운데 자유롭게 수입할 수 있는 상품의 수입액이 차지하는 비율을 의미하는 수입 자율화율은 1998년 91.5%에 이르렀다. 농산물 등 일부 제품을 제외하고 모든 공산품이 수입 개방됐다. 1992년 이 수치는 97.7%로 뛰었다. 국내에서 사고파는 거의 모든 품목에 대한 수입이 허용된 것이다. 그러자 품질 좋은 해외 제품이 한국 시장에 쏟아져 들어오기 시작했다. 애국심에 호소하는 것이 더 이상 먹히지 않았다.

대기업들은 처음으로 경제학 교과서에 나오는 '자유 경쟁'의 실체를 맞닥뜨려야 했다. 어떻게 대응했을까? 이들은 한동안 변화의 필요성을 느끼지 못했다. 수십 년에 걸친 '대마불사 마약'에서 벗어나지 못한 탓이었다. 그 결과, 이들 중 일부가 허무하게 무너지기 시작했다. 1997년 1월 한보그룹이, 3월 삼미그룹이 문을 닫았다. 4월 진로그룹, 7월 기아그룹, 10월 쌍방울그룹이 도산했다. 그해 10월 말 미국 신용정보회사 S&P와 무디스가 한국 국가신용등급을 일제히 하향했다. 바로 IMF 외환위기였다.

1997년 11월 21일 밤 10시, 임창열 당시 경제부총리가 정부 세종청사에서 긴급기자회견을 열고 IMF에 구제금융을 요청했다고 공식 발표했다. 외환위기는 기업 도산, 실업, 노숙자 양산, 가족 해체 등 사회적 충격을 가져왔고, 재계 서열 2위 대우그룹을 포함한 대기업들의 붕괴를 불러왔다. 대우그룹은 1967년 김우중 회장이 설립한 이후 급성장해 1995년 24개 계열사를 거느렸으나, 1999년 8월 계열사들의 연쇄 부도로 공중 분해됐다. 이 외에도 이때 한라, 진로, 해태 등 30대 그룹의 절반 이상이 해체되거나 법정관리에 들어가며 한국 경제와 사회는 큰 충격을 감당해야 했다.

기업들은 살아남기 위해 강도 높은 구조조정에 들어갔다. 삼성그룹이 계열사를 65개에서 40개로 줄였고, 현대그룹은 63개에서 30개로 줄였다. LG는 53개를 30개로, SK도 42개사를 20개로 축소해야 했다. 말 그대로 한국의 대기업집단은 살아남기 위해 사투를 벌였다.

그로부터 10년 뒤 2007년으로 가보자. 아래 기업들은 IMF 외환위기를 견뎌낸 대기업집단이다.

삼성(1위), 현대차(2위), SK(3위), LG(4위), 롯데(5위), 포스코(6위), KT(7위), GS(8위), 금호아시아나(9위), 한진(10위), HD현대(11위), 한화(12위), 두산(13위), 하이닉스(14위), 신세계(15위), LS(16위), 현대(17위), 동부(DB 18위), CJ(19위), DL(대림. 20위), GM대우(21위), 대우조선해양(22위), 현대건설(23위), STX(24위), 동국제강(25위), 이

랜드(26위), 현대백화점(27위), 코오롱(28위), 동양(29위), KCC(30위)

무엇이 보이는가? 이때 대기업집단 순위가 오늘날의 2024년 대기업집단 순위와 사실상 큰 차이가 없다는 점을 발견할 수 있다. 다시 말해, 오늘날의 대기업집단은 IMF 외환위기를 극복하고 2007년 무렵에 완성돼 20년 가까이 유지되고 있다.

이게 무엇을 의미하는 걸까? 2007년의 대기업집단 오너들이 대기업집단을 성공적으로 성장시켰다는 의미다. 이 당시의 오너들을 살펴보자. 삼성(이건희), 현대차(정몽구), SK(최태원), LG(구본무), 롯데(신격호)로 다수가 창업주 2세들이다. 이전까지만 해도 오너 2세들은 능력을 의심받고 있었다. 반감도 만만치 않았다. 자신의 힘으로 경영권을 쟁취한 것이 아니라 물려받았기 때문이다. 이는 창업주와 가장 큰 차이점이었다. 이병철, 정주영을 필두로 한 1세대 창업주의 경영 능력을 의심하는 이는 없었다. 자신의 능력으로 무에서 유를 창조했기 때문이다. 이들에게는 위기의 순간에 능력을 발휘해 사업 운명을 바꾸는 대표적인 '명장면'이 있다. 그중 정주영 회장과 관련한 일화가 대표적이다.

1971년 9월의 어느 날, 정주영 회장은 런던에서 선박 건설팅 기업 A&P 애플도어의 찰스 롱바텀 회장을 만났다. 현대중공업 조선소 건립 관련 은행 차관 추천서를 받기 위해서였다. 그러나 롱바텀 회장은 현대의 상환 능력을 의심하며 거절 의사를 밝혔다. 이때 정주영 회장은 바지 주머니에서 500원짜리 지폐를 꺼내며 말했다. "이 지폐에 보이는 거북선은 한국이 1500년대에 만든 철갑선입니다. 영국의 조선 역사보다 300년 앞서 있습니다. 한국의 잠재력을 믿어주십시오." 롱바텀 회장은 지폐를 살펴보며 "당신은 훌륭한 조상을 두었소. 좋은 배를 만들길 응원하겠습니다"라며 추천서를 약속했다. 이 순간은 한국 조선업이 세계 1위로 도약할 수 있는 기틀을 마련한 역사적 순간이었다. 정주영 회장의 기지가 없었다면 오늘날 한국 조선업의 역사는 달라졌을 것이다.

오너 2세대 경영자들에게는 이러한 창업주 세대의 드라마틱한 장면들이 없었고, 따라서 이들이 능력을 의심받는 것은 당연했다. 하지만 오너 2세들 또한 IMF 외환위기라는 전례 없는 위기 속에서 대기업집단을 성장시켰고, '2세 리스크'에 대한 우려를 불식시켰다. 만약 이들이 경영 능력을 보여주지 못했다면, 한국의 대기업집단 체제를 갖추지 못했을 것이다. 그중에서도 이건희 회장은 대기업집단이라는 기업 체제를 한국 사회에 인정받게 한 주인

공이다.

그는 한국 재계 역사에 주목할 만한 성과를 남기며 '오너 2세=미검증 경영자'라는 선입견을 깨는 데 기여했다. 이건희 회장의 대표적인 업적은 '신경영'과 '반도체 사업'의 성공이다. 많은 이들은 그가 처음부터 잘 해냈다고 생각하지만, 실상 그렇지 않다. 신경영과 반도체 사업의 성공은 조직 내부의 관성과 저항을 사력을 다해 극복한 결과였다.

이건희 회장은 1987년 11월, 45세의 나이로 삼성그룹 회장에 취임했다. 하지만 그의 경력은 주로 비핵심 계열사에 국한돼 있었고, 그룹의 핵심인사들 대부분이 그의 리더십을 의심했다. 여기에 교통사고 후유증까지 겹치며 취임 후 몇 년간 삼성에 큰 변화를 만들어내지 못했다.

전환점은 1993년 6월 독일에서 열린 '프랑크푸르트 선언'이었다. 이건희 회장은 주요 임원들에게 "질(質)로 승부하지 않으면 삼성은 망한다"며 전면적인 변화를 주문했다. "마누라와 자식 빼고 다 바꾸자"는 선언 아래, 삼성은 근무 제도 개혁, 생산 혁신, 브랜드 재정비 등 대대적인 혁신에 나섰다. 이때의 불량품 전량 폐기, '라인 스톱제' 도입, 학력 제한 없는 공채 등은 삼성 신경영의 상징이 됐다. 이 혁신은 삼성을 초일류 기업으로 도약시키는 기반이 됐다.

여기서 빼놓을 수 없는 것이 바로 반도체 사업의 성공이다. 반도체는 초기부터 막대한 투자와 함께 위기를 동반했다. 2007년과 2010년, 두 차례의 치킨게임(반도체 가격 폭락)으로 그룹 전체가 흔들리는 위기에도 이건희 회장은 "위기일수록 과감히 투자하라"며 정면 돌파를 선택했다. 그의 결단은 삼성을 글로벌 반도체 1위로 올려놓았고, 한국 반도체 산업의 위상을 세계 최정상으로 끌어올렸다.

정리해보면, 박정희가 대기업집단을 설계하고 육성했다면 이건희 회장은 경영 성과를 내면서 한국의 대기업집단 체제를 완성했다고 볼 수 있다. 박정희와 이건희, 이 두 인물이 없었다면 한국의 대기업집단은 지금의 모습이 아니었을 것이다.

유망 종목은
당신 '눈앞'에 있다
대기업집단에 올라타는 법

이제 본론으로 들어가보자. 지금까지 이 책에서 대기업집단의 생성과 성장 과정, 그리고 성공 비결을 설명한 이유는 아래의 진실을 다시금 알리기 위해서다.

'한국에서 성공하려면, 어떻게든 대기업집단에 올라타야 한다.'

이유는 대기업집단이 한국 경제에 미치는 영향력이 막강하고, 이 흐름이 가까운 미래에 바뀔 가능성이 희박하기 때문이다. 오늘날의 주요 대기업집단은 끔찍했던 IMF 외환위기, 글로벌 금융위기를 이겨냈고, 이제 우리 사회의 모든 영역에 영향을 미치는 핵심으로 자리 잡았다. 대기업집단에 올라타는 직접적인 방법은 대기업의 자제로 태어나거나, 대기업에 취업하거나, 대기업을 거래처로 뚫는 것이다. 다른 방법은 주식시장에 참여하는 것이다.

이미 이 사실을 간파하고 조용히 과실을 누려온 수혜자들이 있었다. 유망한 한국 대기업집단에 투자해 뚜렷한 성과를 낸 일군의 개미 투자자들이다. 이들은 시기적으로 1990년대 후반부터 등장했다.

- 최원호라는 개인 투자자가 있다. 그는 1990년대 초 개인사업에 실패하고 택시기사, 토스트 장사, 서울 동대문에서 옷 장사와 그릇 방문판매를 했다. 그는 훗날 한 방송에 출연해 "아내가 싸준 김밥을 먹으면서 택시 운전을 했다. 시장마다 트럭이 와서 배추, 무를 팔았다. 길에 떨어진 배추를 주워서 김치를 담가 먹

었다"고 밝혔다. 기회가 될 때마다 그릇 팔아 번 돈으로 1995년에 삼성전자 주식을 사 모았다. 당시 삼성전자 주가는 1,000~2,000원대였다. PC 시대가 올 거로 예측하고, 기술주인 삼성전자 주식을 샀다. 돈이 생기는 대로 사 모았다가 5년 후 매각해 1억 5,000만 원을 5억 원으로 만들었다. 3배 이상 수익을 냈다. 이후 2000년 7월 삼성전자 주가가 7,000원대일 때 다시 매수를 시작해 2020년 6월 매도했다. 그는 1995년부터 매수를 시작해 2020년 6월 매도까지 대략 50배를 벌었다고 밝혔다.

- 신철식 전 국무조정실 정책차장은 2004년 삼성전자 주식을 주당 31만 원에 지분해 120억 원의 평가 차익을 거뒀다. 평가 이익은 약 600배에 달한다. 그는 부친 고 신현확(1920~2007) 전 경제부총리가 쌍용산업 사장 시절에 매수한 삼성전자 주식 1만 주를 1973년 상속받았고, 삼성전자가 성장하는 것을 지켜보며 30여 년 넘게 보유하다 매도했다. 삼성전자 주식을 보유한 덕분에 신철식 차장은 2006년 기획예산처 정책홍보관리실장 근무 시절 행정부 공직자 재산 1위 (186억 원)를 기록하기도 했다.

- 김봉수 전 카이스트 교수도 유명하다. 그는 성공한 개인 투자자로 이름이 알려져 있다. 카이스트 교수로 재직하던 2004년 동창회에서 만난 의사 친구가 외제차를 타고 와 모임 술값을 계산하는 것을 보고 충격을 받았다고 한다. 자녀에게 유학자금을 대주기 버겁다는 사실 앞에 자신의 직업(교수)에 대한 회의감마저 느꼈다. 서울대 학부를 졸업하고, 미국 UC 버클리 박사를 거쳐 카이스트 교수 자리에 올라 성공적인 경력을 쌓았음에도 상대적으로 자신이 빈곤하다는 사실이 개탄스러웠다는 것. 그런 그는 해법을 주식 투자에서 찾았다. 첫 6개월 동안 주식책 300여 권을 독파하는 등 주식 공부에 매진했고, '주택 대출, 퇴직금 대출, 누나에게 빌린 돈을 합쳐서' 4억 원으로 주식 투자를 시작했다고 한다. 2006년 무렵 중국의 산업투자 붐에 힘입은 상승장에서 크게 성공했다(F&F, 아이에스동서, 부산방직, 메가스터디교육, 고려신용정보, 동양에스텍 등으로 고수익을 냈다). 2004년 4억 원으로 주식 투자를 시작해, 2014년 100억, 2015년 400억으로 불렸고, 2024년 500억 원가량을 운용하고 있는 것으로 알려져 있다. 그는 2019년 카이스트 교

수직에서 완전히 퇴직한 후 부동산을 사라는 가족과 지인들의 권유에도 대전에서 거주하면서 전업 투자자로 활동 중이다.

아예 주식 투자를 직업으로 선택한 전업투자자 그룹도 우후죽순 생겨났다. 전업투자자는 한국에만 있는 독특한 집단이다. '남산주성' 김태석, '압구정 교주' 조문원 씨 등은 전업 사무실을 두고 주식 투자를 직업으로 갖고 있다. 이들에게는 우리가 눈여겨봐야 할 공통점이 있다.

첫째, 이들이 성공을 거둔 종목들은 대부분 대기업집단 상장사다. 앞서 언급한 최원호 씨와 신철식 전 차장이 고수익을 낸 종목은 다름 아닌 삼성전자였다. 이게 뭘 의미하는 걸까? 한국 경제계에서 대기업집단 계열상장사들이 투자 가치가 높다는 의미다. 당신이 주식 투자에서 안정성과 수익성이라는 두 마리 토끼를 잡으려면 대기업집단에 속해 있는 기업을 노려야 한다. 한국 주식시장에서 대기업집단의 영향력은 절대적이고 갈수록 커지고 있다. 이는 구조적이다. 한국만의 현상이 아니라 미국, EU 등 선진 주식시장에서도 공통적으로 발견된다. 승자독식 때문이다. AI, 로봇 시대가 도래해도 지금과 같은 대기입 위주의 승자독식 현상은 이어질 것이다. 기업이 미래에 살아남으려면 자동화, 단물류 시스템을 도입해야 하는데, 여기에 필요한 천문학적인 투자비를 감당할 수 있는 곳은 대기업집단만 가능하다.

둘째, 성공한 주식 투자자 집단이 등장한 시기를 보면 대부분 1990년대 이후다. 하지만 한국 주식시장은 1956년에 개설됐다. 그렇다면 왜 성공한 투자자들은 1990년대 들어서야 본격적으로 나타났을까?
그 배경에는 1990년대 후반 기업 경영 정보의 투명성 강화와 투자 환경 변화가 있다. 1992년 한국 증시가 외국인에게 개방된 이후, 해외 투자자들은 기업의 경영 정보 공개를 요구했고, 1998년 대우그룹의 분식회계 사건을 계기로 회계 투명성에 대한 사회적 관심도 커졌다. 이에 따라 1999년 한국 정부는 기업회계 기준을 전면 개정하고, 금융감독원 전자공시시스템(DART, 이하 전자공시)을 도입했다.
전자공시 개설로 한국의 주식 투자 환경은 크게 달라졌다. 매출 100억 원 이상 대기업은 사업보고서와 분기보고서 등 경영 현황을 온라인으로 공개하게 됐고, 투자자들은 상장사의 재무제표와 경영 정보를 실시간으로 확인할 수 있게 됐다. 그 결과, 기업 정보에 대한 접근성이 대폭 개선되면서 주식 투자 성공 가능성도 높아졌다. 전자공시 개설 이전에는 일반 투자자가 기업 경영 정보를 얻기 어려웠지만, 이후에는 누구나 쉽게 정보를 확인할 수 있게 되면서 한국 주식시장의 신뢰도와 투자 환경이 개선됐다.

셋째, 이들은 예외 없이 가치투자(Value investing)에 기반해 투자했다. 가치투자는 1992년 외국인에게 한국 주식시장이 개방되면서 한국 주식 투자자들에게 알려졌다. 다시 말해, 외국인들이 한국 주식시장에서 가치투자에 기반해 저평가된 주식을 매입하면서 한국 주식 투자자들도 가치투자를 인식하게 됐다.

외국인에 대한 증시 개방 첫날인 1992년 1월 3일의 풍경은 한국 주식시장 역사의 한 페이지로 남아 있다. 그날 증권거래소 전광판은 온통 빨간색으로 물들었다. 전체 877개 상장 종목 가운데 512개가 가격 제한 폭까지 치솟았다. 외국인이 쓸어 담은 종목은 태광산업, 한국이동통신(현 SK텔레콤), 신영(현 신영와코루), 대한화섬이었다. 이들 주가는 폭등했다. 태광산업 주가는 1991년 1월 증시 개방 당일 5만 원이었다가 다음 달 10만 원을 돌파했다.

이들이 투자한 기업은 PER(주가수익비율)이 5배 이하라는 공통점이 있었다. PER이란 기업의 시가총액을 당기순이익으로 나눈 값으로 낮을수록 저평가된 것이다. 당시 태광산업의 PER은 2~3배였다. 태광산업 주가는 꾸준히 상승해 1995년 70만 원(시가총액 8,000억 원)을 돌파했다. 그러자 한국 주식 투자자들도 가치투자의 개념을 인지하게 됐으며, 가치투자의 관점에서 주식을 분석하기 시작했다. 투자의 대가 워렌 버핏, 세기의 펀드매니저로 불리는 피터 린치(Peter Lynch)와 관련한 서적들이 출판된 것도 이 무렵이다.

가치투자는 "이익을 내는 기업의 주가는 오른다"는 단순한 명제에 기초한 투자법이다. '가치투자의 대가' 워렌 버핏의 비유를 빌려 표현하자면 "1달러 지폐를 40센트에 사는 것"이다. 이 두 가지를 종합하면 가치투자란 이익을 잘 내는 우량한 기업의 주식을 싸게 사는 것으로 정리된다. 이전까지 한국 주식시장에는 작전주, 세력주, 모멘텀 투자가 대부분이었다. 그래서 성공한 투자자 그룹이 나오기 어려웠다. 한국의 상장사들이 IR(Investor Relations)을 시작한 것도 이 무렵이다. 이전까지 한국 상장사들은 IR 개념이 사실상 없었다. 외국인 투자자들이 기업 경영 전략, 배당 계획 등을 문의하면서 IR 활동이 시작됐다.

정리해보면, 1990년대에 전자공시가 개설되고 가치투자가 알려지면서 한국 주식시장에 기업 현황과 재무정보가 공개됐다. 이를 기반으로 한국 대기업집단의 성공 과실을 맛보는 투자자 그룹이 등장했다.

여기서 잠시만. 당신은 이제 국장(한국 주식시장)에 관심을 가져야 한다. 이유는 세 가지다.

첫째, 추세는 한순간에 바뀐다. 한국이든 미국이든 주식시장의 역사를 돌이켜보면 추세가 추세로 드러나는 것은 지나고 나서야 확인됐다. 아래 '한국 주식시장의 역사와 코스피 지수 그래프'를 살펴보라. 새 추세는 이미 시작됐는지도 모른다. 역발상 투자는 언제나 고수익을 냈다.

둘째, 국장은 저평가 상태다. 2025년 예상실적 기준 삼성전자의 PER(Price Earning Ratio)은 11배다(2025. 2. 20). 같은 기준으로 미국 엔비디아는 42배다. 가격(Price)은 결국 가치(Value)에 수렴한다.

셋째, 한국 당국의 밸류업 프로그램이 진행되고 있다. 12시간 주식투자가 가능한 대체거래소가 2025년 2월 4일 출범했다. 2024년 4월 정부는 주가가 낮게 형성된 기업 가치를 끌어올리는 것을 목표로 하는 밸류업 프로그램을 발표했고, 기업들이 참여하고 있다. 기업 거버넌스도 개선되고 있다. 주식투자에 관한 한, 미래를 알기 어려울 때는 대중과 반대로 하는 것이 좋은 결과를 낸다.

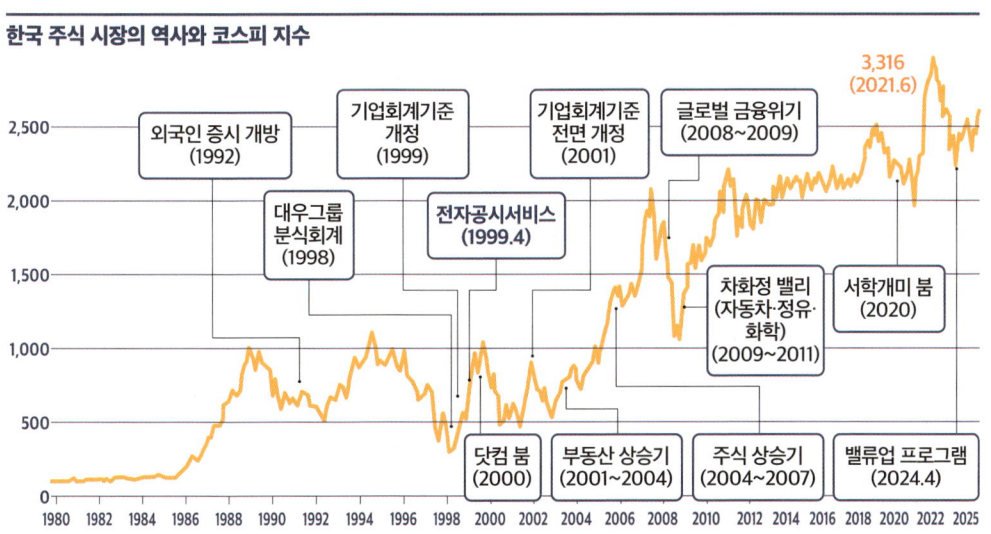

한국 주식 시장의 역사와 코스피 지수

중후장대 重厚長大 '제조' 가고,
날렵한 'ICT·유통물류' 뜬다

주식시장에 참여하는 것은 대기업집단에 올라타는 효과적인 방법이다. 그런데 이쯤 되니 또다른 궁금증이 생긴다. 향후 어떤 대기업집단이 주식시장에서 주목받게 될까? 또 새롭게 뜨는 업종은 무엇일까? 이를 전망해보는 것은 성공 투자에 꼭 필요하다. 이 궁금증을 갖고 이 책을 꼼꼼하게 들여다보라. 눈썰미가 있다면 두 흐름이 보인다.

뜨는 서비스·유통, 공급 과잉의 제조업

첫째, ICT·서비스와 유통·물류 기업의 시대가 오고 있다는 사실이다. 한국 경제는 지금까지 제조 기업이 주도해왔으나 그 비중은 줄어드는 추세고, 그 자리에 ICT·서비스 기업과 유통 기업이 진입했다. 옆 도표는 한국의 1987년, 2007년, 2024년 한국의 업종별 대기업집단 그래프다. 기업을 제조, 수주, 유통·물류, ICT·서비스, 금융 등 5대 업종으로 구분했을 경우 어떻게 변하고 있는지를 잘 보여준다.

 제조업 기반의 대기업이 줄어들고 그 자리를 ICT·서비스업과 유통·물류 대기업이 차지하기 시작했음을 확인할 수 있다. 범위를 2024년 공정위 선정 공시대상기업집단 88곳으로 넓히면 이 같은 사실은 더 분명해진다. 전형적인 사례가 쿠팡, 하이브, 두나무로 이들 기업은 한국 재계 역사에서 진기록을 세웠다.

- 쿠팡은 2010년 김범석 의장이 창업했고, 이제는 온·오프라인을 통틀어 유통 1위다. 창업 11년 만에 대기업집단에 진입했다(2021, 60위).

- 하이브는 한국 재계 역사상 엔터테인먼트 기업으로는 처음으로 대기업집단에 진입했다(2024, 85위).

- 두나무는 한국 재계 역사상 최단기간에 대기업집단 진입 기록을 세웠다. 2012년 송치형 의장이 설립했고, 그로부터 10년만인 2022년 처음으로 공시대상기업집단에 진입했다(44위). 두나무는 외견상 금융 기업이지만 본질적으로 블록체인을 기반으로 하는 ICT 기업이다.

왜 ICT·서비스업과 유통·물류업이 뜨는 걸까?

우선, 제조 기업이 생산하는 제품이 공급 과잉 상태에 이르면서 ICT 서비스·유통 기업이 협상력을 갖기 시작했다. 1990년대 초반까지만 해도 제품이 떨어든 품질에 개의치 않고 팔려나갔지만, 제조 기업의 생산이 과잉되면서 유통 채널이 시장 주도권을 가져갔다. 물론, 제조업이 한국 경제의 핵심 역할을 담당하고 있으며, '한국=제조업 강국'이라는 등식에는 변함없다.

한국 30대 대기업집단의 업종 변화

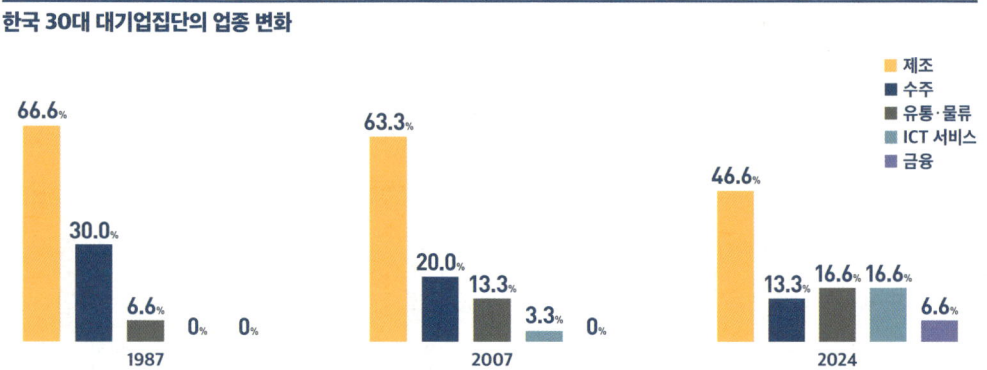

OECD에 따르면, 2020년 한국은 GDP의 27.1%를 제조업을 통해 벌어들였다. 한국보다 제조업 비중이 더 높은 국가는 아일랜드(36.6%)뿐이다. 고용 지표에서도 이를 확인할 수 있다. 세계은행의 산업별 고용률 자료에 따르면, 2019년 한국의 제조업 종사자는 전체 고용의 25%를 차지했다. 국제노동기구(ILO) 기준, OECD 국가 중 제조업 고용 비중이 한국보다 높은 나라는 독일(27%)과 이탈리아(26%)에 불과하다.

지표만 보면 한국은 여전히 제조업 강국이다. 하지만 내부를 들여다보면 현실은 다르다. 공장에서 일하는 근로자 상당수가 외국인이며, 이제는 외국인 노동자 없이는 공장 운영이 어려운 지경에 이르렀다. 3D 업종을 기피하는 한국인들이 공장 일자리를 외면하면서, 사업주들은 '묻지도 따지지도 않고' 그저 일할 사람을 구하는 데 급급하다.

제조 기업의 위축 조짐은 1990년대에 이미 나타나기 시작했다. 그 신호탄이 된 것은 1990년대 초반 이마트를 필두로 한 대형 할인점의 등장이었다. 이마트는 1993년 11월 서울 창동에 국내 최초의 대형 할인점을 열었다. 초기 시행착오도 있었지만, 곧 큰 성공을 거두며 대형 할인점이 전국적으로 확산됐다. 대형 할인점이 자리 잡자, 직격탄을 맞은 것은 역설적으로 한국 기업의 대다수를 차지하는 제조 기업이었다. 유통이 주도권을 쥐기 시작하면서, 이마트가 제조 기업들에 납품가 인하를 요구하기 시작한 것이다.

당시 제조 기업의 생산품은 공급 과잉에 도달해 있었다. 제조 기업들은 처음에는 저항했으나 얼마 지나지 않아 대형 할인점의 거대한 유통 파워를 절감해야 했다. 이는 한국 제조 기업의 기반을 흔들었다. 이마트와 거래하는 제조 기업들은 경쟁적으로 제품 단가를 낮춰야 했다. 미국의 월마트가 제조 기업을 억누르는 현상과 유사한 일이 1990년대 중반 한국에서 벌어진 것이다. 이마트가 성공하자 GS마트, 홈플러스, 롯데마트가 가세했고, 결국 한국 경제계는 제조업 우위의 시대를 마감하고 유통 대기업이 주도하는 시대로 이행됐다.

하지만 대형 할인점의 전성기도 오래가지 못했다. 전자상거래 플랫폼의 등장과 급성장이 유통 산업의 구조를 빠르게 바꿨기 때문이다. 쿠팡을 비롯한 온라인 시장이 급속도로 확장되면서 전통적인 대형 할인점의 역할이 줄어들었고, 유통 산업 재편이 가속화됐다. 분명한 것은 유통·서비스 분야가 축소되기는커녕 오히려 더욱 강화됐다는 점이다.

한 가지가 더 있다. ICT·서비스 기업과 유통·물류 기업은 본질적으로 비즈니스 측면에서 비교우위를 갖고 있다. 이들 기업의 재무제표를 들여다보라. 손익계산서의 매출원가를 구성하는 재료비(Material cost), 노무비(Labor cost), 경비(Overhead cost)의 3대 계정과목 가운

한국의 30대 대기업집단의 업종 추이

2024년						
제조(14)	삼성	SK	현대차	LG	포스코	한화	GS
	CJ	LS	두산	셀트리온	에쓰오일	하림	GM대우
수주(4)	HD현대	DL	중흥	부영			
유통물류(5)	신세계	HMM	롯데	쿠팡	SM	현대백화점	
서비스(5)	KT	한진	카카오	네이버	금호아시아나		
금융(0)							

2007년						
제조(19)	삼성	현대차	SK	LG	포스코	GS	금호아시아나
	한화	두산	하이닉스	LS	현대	CJ	GM대우
	동국제강	코오롱	동양	KCC	이랜드		
수주(6)	HD현대	동부	DL	현대건설	STX	대우조선해양	
유통물류(4)	롯데	한진	신세계	현대백화점			
서비스(1)	KT						
금융(0)							

1987년						
제조(20)	현대	대우	삼성	LG	쌍용	SK	한화
	한일합섬	기아	두산	범양	효성	동국제강	삼미
	코오롱	금호	고려합섬	한보	해태	대상	
수주(9)	DL	동아	한양주택	한양주택	극동건설	동부	대한조선공사
	라이프	삼환기업					
유통물류(2)	한진	롯데					
서비스(1)							
금융(0)							

데 재료비 항목이 없다. 제조 기업이 실물 제품(Goods)을 생산하자면 원재료(Raw materials)를 구입해야 하지만, ICT·서비스 기업과 유통·물류 기업은 실물 제품을 생산하지 않기 때문에 재료비를 투입할 필요가 없다.

이는 어마어마한 강점이다. 제조 기업의 경우 재료비, 노무비, 경비의 3가지 비중이 얼추 '5:3:2'다. 재료비가 가장 높은 비중을 차지한다. 그런데 ICT·서비스 기업과 유통·물류 기업은 바로 그 재료비를 지출하지 않는다. 당연히 수익성이 높을 수밖에 없다.

ICT·서비스와 유통·물류업에 속해 있는 주요 기업의 최근 3년(2021~2023) 연평균 영업이익률 살펴보면, 두나무 71.80%, 하이브 14.02%, 넥슨 29.10%, 크래프톤 38.41% 등이다. 쿠팡은 이 기간 '계획된 적자' 전략에 따라 손실(영업손실률 -1.60%)을 기록했지만, 풀필먼트센터 1곳만 폐쇄해도 곧바로 흑자 전환할 수 있었다. 같은 기간 주요 제조 기업의 영업이익률이 삼성전자(9.25%), SK하이닉스(6.84%), 현대차(6.29%), SK이노베이션(3.73%)인 것과 비교해보면 차이가 드러난다.

여기에다 ICT·서비스 기업은 재고자산(Inventory)이 없다. 회계에서의 재고자산은 판매를 목적으로 보유하고 있는 실물자산을 말하는데, ICT·서비스 기업이 생산하는 것은 비(非)실물 자산이며 이것을 디지털 형태로 소비자에게 제공한다. 재고자산이 없으면 재고자산의 유지, 운송 비용이 들어가지 않는다.

다음으로 신기술이다. AI(인공지능), 블록체인, 메타버스, NFT(Non Fungilbe-Token), 스트리밍 서비스를 비롯한 신기술이 속속 등장하면서 기업 생산성을 높여주고 있다. 신기술은 제조 기업의 생산성을 향상시키지만 ICT·서비스 기업과 유통·물류 기업에 가져다주는 이점과 혁신에 비교하면 미약한 편이다. 이는 직관적으로 이해할 수 있다.

당신은 아침에 침대에 일어나 가장 먼저 무엇을 하는가? 대부분은 스마트폰을 켜고 동영상을 시청하거나 뉴스를 체크할 것이다. 일과를 마치고 잠자리에 들기 전 다시 한번 스마트폰을 열어 게임을 하거나 음악을 감상할 것이다. 게임, 음악, 영화, 뉴스 모두 ICT·서비스 기업이 생산한다. ICT·서비스 기업이 신기술을 받아들이면 소비자의 경험과 만족감을 직접적으로 높여준다. 그렇기에 신기술의 효과는 극대화된다. 반면, 제조기업에서의 신기술은 공정 자동화, 원가 절감을 비롯한 생산 관리(Operation management)에서 구현되며 소비자는 간접적으로 효용성을 체감할 뿐이다. 특히, 팬데믹 기간 동안 소비자 행동이 크게 변화하며 이 흐름이 더욱 뚜렷해졌다. 오프라인 매장 방문이 줄어들고 온라인(앱) 쇼핑이 주류로 자리 잡으면서, 유통 기업들은 디지털 전환을 서두르는 한편, 개인화된 쇼핑 경험과 빠른 배송 서비스를 강화하는 방향으로 전환했다.

세계 시장 성과 내는 한국 기업에 주목하라

둘째, 해외 시장에서 성과를 내는 업종(기업)을 확인해야 한다. 이 궁금증을 해소하려면 확장성(Expandability)을 따져야 한다. 확장성이란 한국 기업의 생산품이 글로벌 시장에서 얼마나 현지화를 거치지 않고도 통할 수 있느냐의 정도다. 확장성이 큰 업종은 글로벌 시장 진출에 용이하다. 반대의 경우도 성립한다.

- 확장성이 가장 강력한 제품은 먹거리(식음료)다. 지구촌 모든 사람들은 호모 사피엔스(Homo sapiens)라는 단일 종족이다. 인류학 연구 결과에 따르면, 현재 지구촌 인구는 80억 명이지만 거슬러 올라가면 불과 300여 명의 북아프리카 공통 조상에서 시작됐다는 연구 결과가 있다. 생리적 반응이 사실상 동일한 셈이다. 쉽게 말해, 한국인 입맛에 맞는 먹거리가 지구촌 각국 사람에게도 통한다는 의미다. 여기에다 한국 식음료 기업이 글로벌 시장에서 성공하기에 우호적인 여건이 성숙했다. 식음료 제품의 성패에는 브랜드가 중요한데, K-브랜드 열풍으로 지구촌 사람들이 한국 먹거리에 호감을 갖기 시작했다. 한국 식음료 기업의 해외 매출 비중이 아직 높은 수준에 도달하지 않았다는 것도 장점이다. 해외 매출 비중이 50%를 넘는 식음료 기업은 삼양식품(69.4%), 오리온(63.7%) 등에 불과하다. 실적 개선이 추가로 가능하다는 것을 암시한다. K-라면, K-푸드 열풍을 타고 있는 삼양식품, 농심, 빙그레, 대상은 주목할 필요가 있다. 대상의 김치 브랜드 '종가'는 2024년 수출액 1,372억 원을 기록하며 사상 최고치를 달성했고, 국내 김치 전체 수출액 57%를 차지했다. 오뚜기도 관심을 가져볼 만하다. 오뚜기는 국내 시장에서 카레(82%), 마요네즈, 케첩 등 소스류(70%) 1위를 차지하고 있지만, 해외 매출 비중이 10%를 넘지 못하고 있다. 오뚜기는 국내 라면 시장에서 1위다. 농심, 삼양식품과 더불어 '빅3'다(이상 2023).

- 게임, 음악, 영화를 필두로 하는 엔터테인먼트 산업도 확장성이 큰 편이다. 게임, 음악, 영화는 호모 사피엔스의 감성과 직관을 자극하며 감성과 직관에는 국경이 없다고 봐도 된다. 이 점에서 하이브, 넥슨이 주목할 만하다.

- 바이오 산업도 확장성이 큰 편이다. 삼성바이오로직스(94.8%), 셀트리온(99.6%), 현대바이오사이언스(97.4%), 메디톡스(61.7%) 등의 해외 매출 비중은 60%가 넘는다. 특히, 메디톡스가 보유한 보툴리눔 톡신 원천 균주(보톡스의 원재료)를 확보한 국가는 한국을 포함해 미국, 프랑스, 독일 4개국뿐이다. 미국에서 보톡스 1병 가격은 한국의 10배 수준이다. 보령바이오파마(0.3%), 휴온스 바이오파마(3%), JW바이오사이언스(3%)는 해외 매출 비중이 극도로 낮은데, 거꾸로 생각해보면 해외 성과 개선 가능성이 높다는 의미도 된다(이상 2024 상반기).

- ICT·금융 산업은 비교적 확장성이 떨어진다. ICT·금융은 특성상 그 나라의 문화적, 제도적 특수성을 반영해야 한다. 다시 말해, 한국의 ICT·금융 기업이 글로벌 시장에서 성과를 내려면 현지의 비즈니스 관행, 규제 리스크, 언어 장벽 등을 넘어야 하는데, 어마어마한 노력이 필요하다. 이런 이유로 KT, 국민은행, 미래에셋, 삼성생명, 현대해상, SK텔레콤, LG유플러스는 해외 매출이 전무하거나 5% 미만이다. 일부 성과를 내는 곳도 있다. KB금융지주의 손자회사 프놈펜 상업은행은 캄보디아에서 손꼽히는 리딩 뱅크로 성과를 내고 있다.

해외 매출 비중이 개선되는 기업도 주목해야 한다. 쉽게 말해, 향후 한국 주식시장에서 주목받을 기업이 어느 곳인지 궁금하다면 해외 매출액이 개선되는 기업을 찾으면 된다. 이유는 단순하다. 한국은 세계에서 손꼽힐 만큼 가파른 속도로 '인구 절벽 국가'로 향하고 있다. 기업이 이 문제에 대응할 사실상 유일한 방법은 해외에서 매출을 늘리는 것뿐이다. 이 관점에서 한국 주요 기업의 해외 매출 현황을 주의 깊게 살펴야 한다. 기업이 어느 업종에 속해 있는지에 따라 해외 매출 비중 편차가 클 수 있다는 점도 유념해야 한다.

한국의 10대 수출 상품 수출액

(2023년, 단위 백만 달러) 자료: 수출통관자료

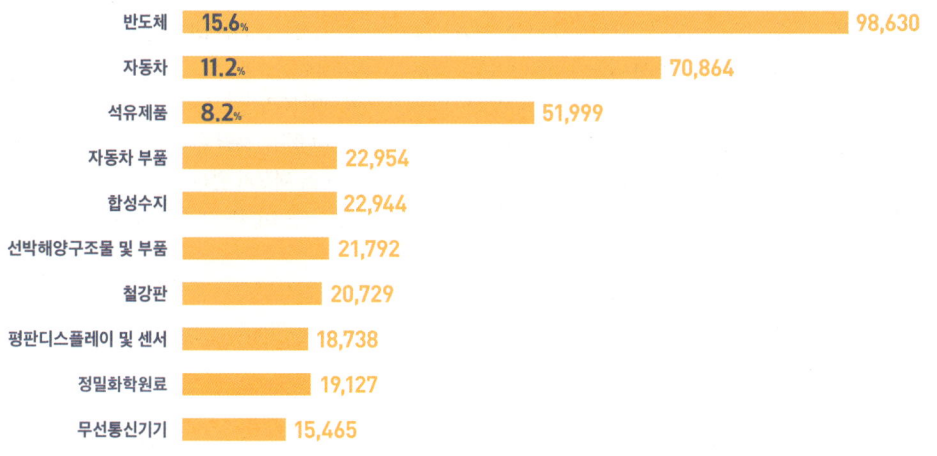

품목	비율	금액
반도체	15.6%	98,630
자동차	11.2%	70,864
석유제품	8.2%	51,999
자동차 부품		22,954
합성수지		22,944
선박해양구조물 및 부품		21,792
철강판		20,729
평판디스플레이 및 센서		18,738
정밀화학원료		19,127
무선통신기기		15,465

국내 20개 주요 F&B 기업 해외 매출 비중

(2023년 각사 식품 사업 기준, 하림은 육계·육가공 부문) 자료: 금융감독원 전자공시

순위	종목명	매출액(억 원)	해외 매출(억 원)	해외 비중(%)
1	삼양식품	1조 1,655	8,093	69.4
2	오리온	2조 9,124	1조 8,547	63.7
3	CJ제일제당	11조 2,644	5조 3,861	47.8
4	농심	3조 4,106	1조 2,500	36.7
5	대상	3조 2,186	1조 385	32.3
6	풀무원	2조 3,299	5,699	24.5
7	롯데웰푸드	3조 3,007	7,913	24
8	롯데칠성	3조 2,247	7,167	22.2
9	SPC삼립	3조 4,333	5,347	15.6
10	삼양사	1조 5,979	2,214	13.9
11	샘표	4,269	544	12.7
12	빙그레	1조 1,953	1,253	10.5
13	오뚜기	3조 4,545	3,325	9.6
14	크라운해태	1조 1,134	833	7.5
15	남양유업	9,968	745	7.5
16	하이트진로	3조 5,202	1,666	6.6
17	사조대림	1조 7,384	973	5.6
18	매일유업	1조 7,830	659	3.7
19	동원F&B	3조 8,584	1,168	3
20	하림	1조 554	84	0.8

잠깐! 이 세상의 모든 기업은 재무제표 기준으로 5가지 가운데 하나!

세상의 모든 기업은 제조, 유통·물류, ICT·서비스, 금융 기업 등 5가지로 분류할 수 있다. 이를 이해하는 것은 매우 중요하다. 또한, 이 5가지 업종의 재무제표는 각각 완전히 '딴 세상'이다.

이 5가지 업종은 동일한 형식의 재무제표를 사용하지만, 업종별 특성에 따라 중요하게 보는 항목과 재무비율이 다르다. 즉, 업종이 다르면 재무제표를 해석하는 방식도 달라야 하며, 경영 현황을 파악하는 데 유용한 재무비율도 업종마다 다르게 적용된다. 그렇다 보니 업종별로 재무제표가 완전히 다른 세계처럼 느껴지는 것이다. 많은 재무제표 활용자들이 기업을 분석하면서 혼란을 겪는 이유도 여기에 있다.

첫째, 금융업은 제조, 수주, 유통·물류, ICT·서비스 기업의 경영에 필요한 자금을 공급하는 역할을 하며, 은행, 증권, 보험이 여기에 속한다. 금융업은 모든 산업의 최후방 산업이며, 금융업이 발전해야 기업이 빌전한다. 금융사의 재무제표는 우리에게 익숙한 제조 기업의 재무제표와 판이하며, 경영 현황을 파악할 때 유용한 재무비율도 판이하다.

금융사의 안정성을 파악할 때는 BIS비율(Bank for International Settlements capital ratio, 자기자본비율), 무수익여신비율, 지급여력비율, 영업용순자본비율을 사용하는 것이 적절하다. 금융사의 안정성을 파악하는 지표로 부채비율을 사용하는 것은 적절하지 않다. 또한, 금융사의 수익성을 파악할 때는 영업이익률과 총자산이익률이 유용하다.

둘째, 제조업은 인간의 눈에 보이는 유형의 제품을 생산한다. 제조 기업은 우리에게 친숙하다. 한국의 상장기업의 70%가량이 제조 기업이고, 우리가 흔히 접하는 현대자동차, 삼성전자, 포스코가 모두 제조 기업이다. 우리가 일상적으로 접하는 재무제표가 실은 제조 기업의 재무제표다.

기업의 안정성을 파악할 때 부채비율을 우선적으로 떠올리는 이유도 이 비율이 제조 기업에 유용한 지표이기 때문이다. 제조 기업의 제조 기업의 안정성을 파악하는 지표로는 부채비율 말고도, 유동성비율, 순이자보상비율이 있다. 제조 기업의 수익성을 파악하는 지표로는 영업이익률과 자기자본이익률이 유용하다.

셋째, 수주업은 물품 제조에 앞서 고객의 선주문(Pre-order)을 필요로 하는 업종을 말하며, 대표적으로 조선업과 건설업이 여기에 속한다.

수주 기업은 인간의 눈에 보이는 무언가를 만들어내는 점에서는 제조 기업이지만 고객의 선주문을 필요로 한다는 특성 때문에 제조 기업과 다른 길을 걷는다. 수주 기업 재무제표의 가장 큰 특징은 선수금이 존재한다는 사실이다. 선수금은 수주 기업이 고객과 제품 제조에 관련된 계약을 맺을 때 받는 계약금을 말한다. 선수금은 부채로 분류되기 때문에 선수금이 증가하면 수주 기업의 부채비율이 높아진다. 그러나 이는 수주 기업에 좋은 신호로 봐야 한다. 그러므로 수주 기업의 경영 안정성을 파악할 때 부채비율을 사용하는 것은 적절하지 않다. 수주 기업의 경영 안정성을 파악할 때 유용한 지표는 유동성비율, 순이자보상비율이다. 수주 기업의 수익성을 파악할 때 유용한 지표는 영업이익률과 자기자본이익률이다.

넷째, 유통·물류업은 제조 기업이 생산한 물품의 판매 활동을 돕는 사업을 하는데, 백화점, 할인점, 홈쇼핑 기업이 여기에 속한다. 유통·물류 기업의 가장 큰 특징은 제조 활동이 없으며, 구매 활동과 판매 활동만 존재한다는 사실이다. 유통·물류 기업은 고객 접근성과 시장 대응성이 뛰어나다는 특징이 있으며, 제조 기업이 만들어낸 제품을 유통·물류 기업이 매입하면 상품(Merchandise)이 된다. 대형 유통사들이

5대 업종별 재무제표의 특징과 적정 재무비율

	금융	제조	수주	유통·물류	IT·서비스
특징	부채(debt)	공장(factory)	디스카운트	스토어(store)	인적 자원
해당 산업	은행, 증권, 보험, 카드, 리스	자동차, 정보기술, 철강 및 금속, 정유 및 유화, 의류, 제약, 음식료, 면방	조선, 건설, 기계, 항공	할인점, 백화점, 해운, 항만, 항공, 육상운송, 택배	교육, 게임, 의료, 관공, 방송 및 콘텐츠, 회계 서비스
대표 기업	KB국민은행 삼성생명 미래에셋증권 KB증권	삼성전자 SK하이닉스 LG전자 포스코	HD현대중공업 DL이앤씨 중흥건설	신세계 이마트 쿠팡 현대백화점	KT 카카오 네이버 하이브
비즈니스 모델	자금 중개	제품(Goods) 판매	제품(Goods) 판매	상품(Merchandise) 판매	무형 서비스 제공
특징	자산의 대부분이 부채	원재료 반제품 제품, 제조 시설 보유, 제조원가명세서 작성	선수금, 제조업의 특수한 형태, 제조 시설 보유, 제조원가명세서 작성	제조 시설 보유하지 않음	재고자산 없음
안정성 지표	BIS비율 무수익여신비율 지급여력비율 영업용순자본비율	유동성비율 순이자보상비율 부채비율	유동성비율 순이자보상비율	영업현금흐름비율 순이자보상비율	유동성비율 순이자보상비율 부채비율
수익성 지표	영업이익률 총자산이익률	영업이익률 자기자본이익률	영업이익률 자기자본이익률	영업이익률 자기자본이익률	영업이익률 자기자본이익률
효율성 지표	판관비율 사업비율	총자산회전율	(누적) 신규수주	유형자산회전율	총자산회전율
착시지표 (무용지표)	부채비율 당좌비율 유동비율		부채비율	유동비율 당좌비율	재고자산회전율

PB(Private Brand) 상품에 공을 들이는 이유도 이러한 특징을 활용해 수익률을 극대화하기 위해서다. 유통·물류 기업의 손익계산서를 보면 기초상품재고액, 당기상품매입원가, 기말제품재고액 같은 유통·물류 기업만의 고유한 계정과목을 볼 수 있다.

유통·물류 기업의 경영 안정성을 파악할 때 유용한 지표는 영업현금흐름비율, 순이자보상비율, 부채비율이다. 또한, 수익성을 파악할 때 유용한 지표는 영업이익률과 자기자본이익률이다.

다섯째, ICT·서비스업이란 고객의 눈에 보이지 않는 무형의 용역을 제공하는 업종을 말하는데, 인류 역사에서 가장 최근에 등장했다. ICT·서비스 기업에 속하는 산업으로는 교육과 게임이 대표적이고, 이밖에 의료, 관광, 방송 및 콘텐츠, 광고, 회계 서비스, 경영 컨설팅, 건축설계업이 있다. ICT·서비스 기업의 재무제표의 가장 큰 특징은 재무상태표에 재고자산이 없다는 점이다. 간혹 ICT·서비스 기업의 재무상태표에 재고자산이 있는 경우도 있는데, 그 액수는 무시해도 좋은 정도로 미미하다.

ICT·서비스 기업의 경영 안정성을 파악할 때 유용한 지표는 유동성 비율, 순이자보상비율, 부채비율이다. 또한, 수익성을 파악할 때 유용한 지표는 영업이익률, 자기자본이익률이다.

결국, 5대 업종은 각각 다른 관점에서 살펴야 한다. 이들은 재무제표의 생김새도 각각 다르고, 경영 현황을 파악할 때 사용해야 할 재무비율(지표)도 각각 다르다. 그런데 우리는 지금까지 제조 기업의 재무제표만 봐왔고, 제조 기업의 재무비율을 모든 기업에 적용할 수 있는 것으로 생각해왔던 것이다. 업종별로 눈여겨봐야 할 재무제표가 따로 있고, 적성한 재무비율도 따로 존재하기 때문에 업종을 공부할 필요가 있다.

CHAPTER 2

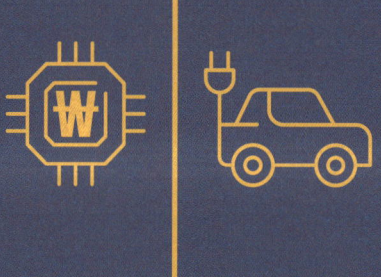

제조 기업

대량생산으로 한국 경제 이끄는 '기업 표준'

01 _____ 삼성그룹

02 _____ SK그룹

03 _____ 현대자동차그룹

04 _____ LG그룹

05 _____ 포스코그룹

06 _____ 한화그룹

07 _____ GS그룹

08 _____ CJ그룹

09 _____ LS그룹

10 _____ 두산그룹

11 _____ 셀트리온그룹

12 _____ 에쓰오일그룹

13 _____ 하림그룹

14 _____ 영풍그룹

15 _____ 효성그룹

16 _____ KT&G그룹

17 _____ KCC그룹

18 _____ 코오롱그룹

19 _____ OCI그룹

20 _____ 세아그룹

21 _____ LX그룹

22 _____ 금호석유화학그룹

23 _____ 동원그룹

01 삼성그룹

**"재계 1위,
향후 30년 더 간다"
전망 나오는
3가지 이유**

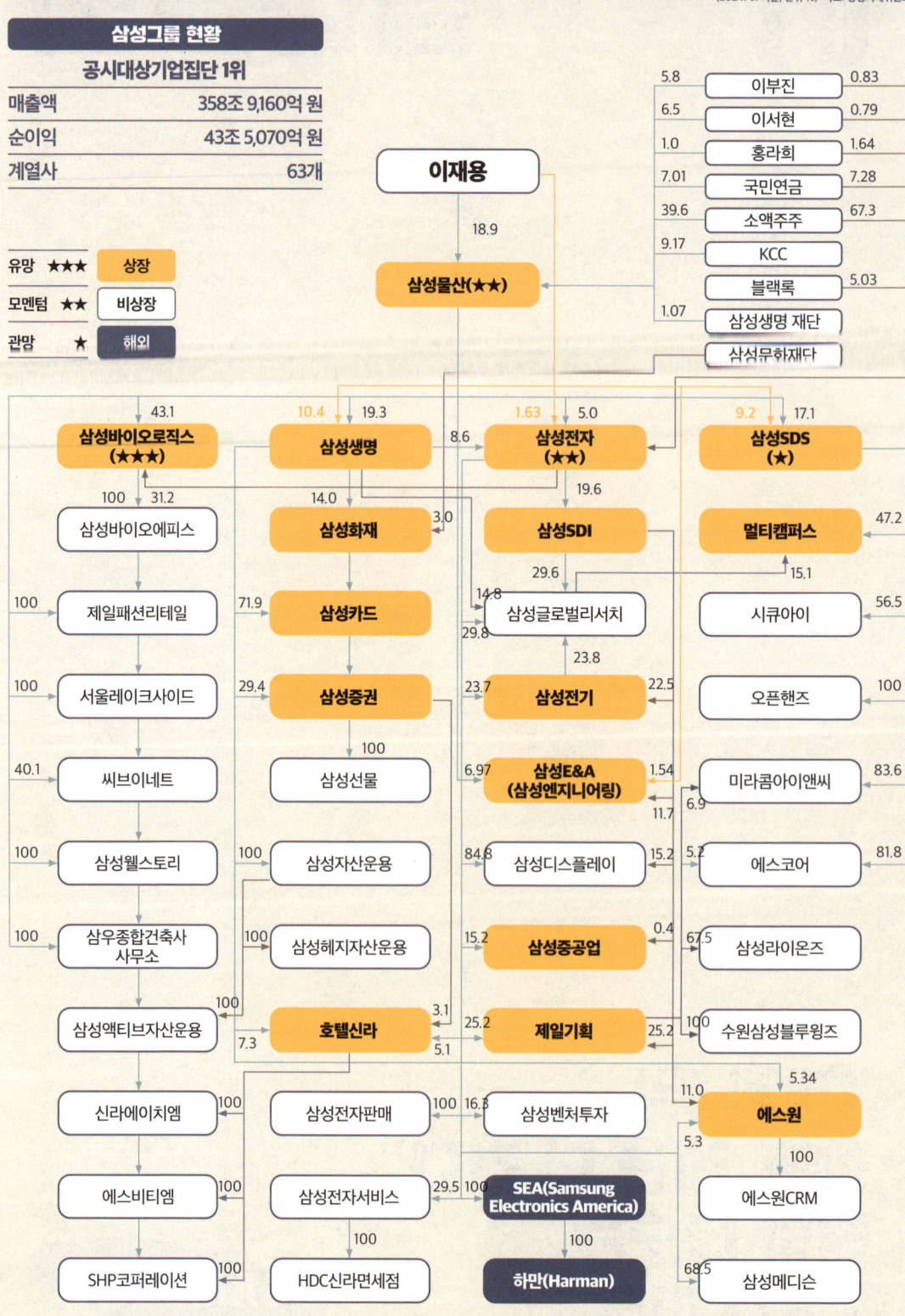

삼성그룹 오너 가계도 및 핵심 관계자 지분 현황

(2024. 6 기준) 자료: 공정거래위원회

이재용 삼성그룹 회장
- 삼성물산 18.90%
- 삼성생명 10.44%
- 삼성전자 1.63%
- 삼성SDS 9.20%
- 삼성엔지니어링 1.5%
- 삼성화재 0.09%

이부진 호텔신라 대표이사
- 삼성물산 5.8%
- 삼성생명 5.76%
- 삼성전자 0.8%

이서현 삼성복지재단 이사장
- 삼성물산 6.5%
- 삼성생명 1.73%
- 삼성전자 0.79%

홍라희 고 이건희 회장 부인
- 삼성물산 1.0%
- 삼성전자 1.64%

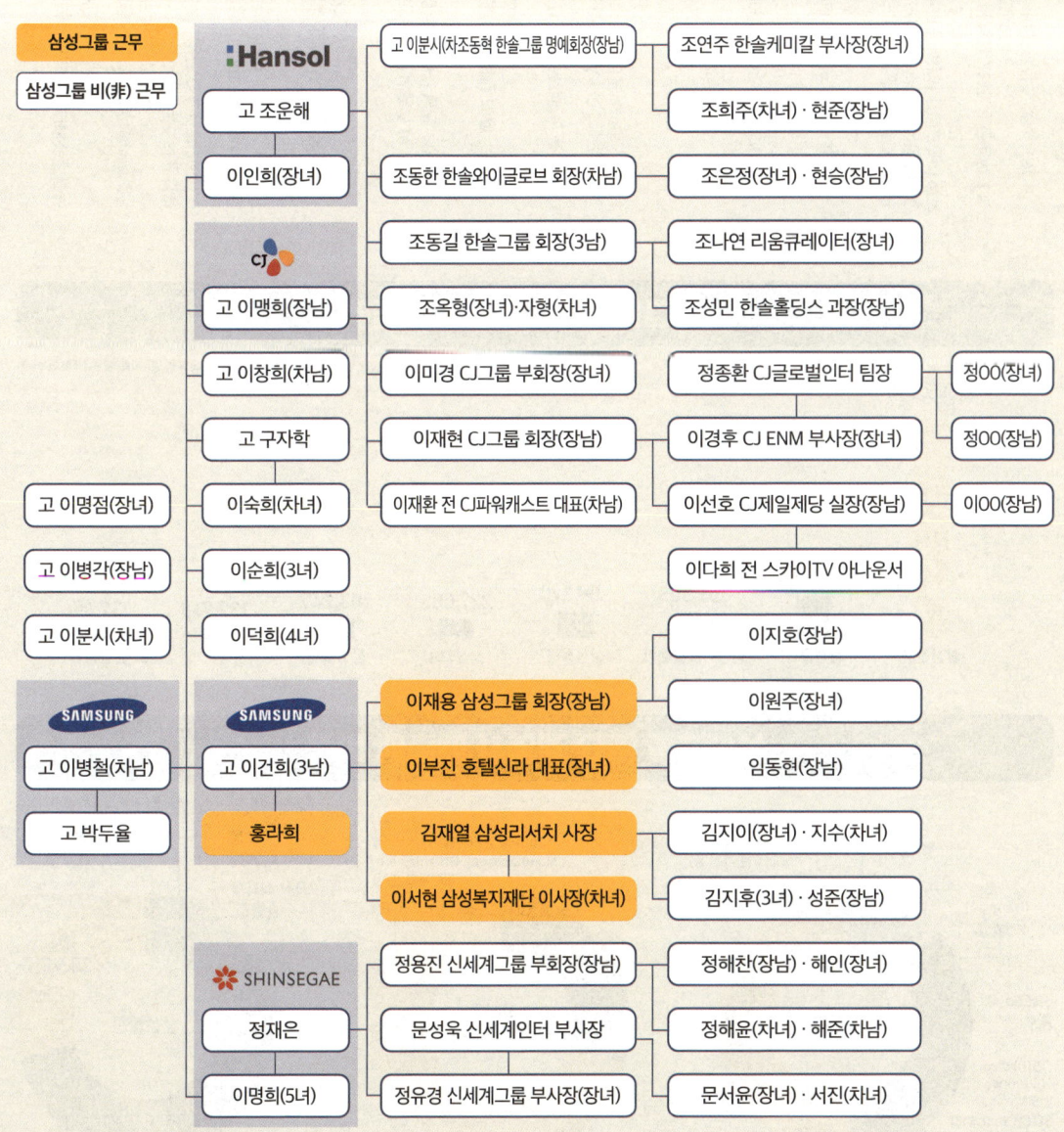

최근 10년 삼성전자 실적 및 삼성그룹 주요 연혁

(K-IFRS 연결 기준) 자료: 삼성전자 사업보고서

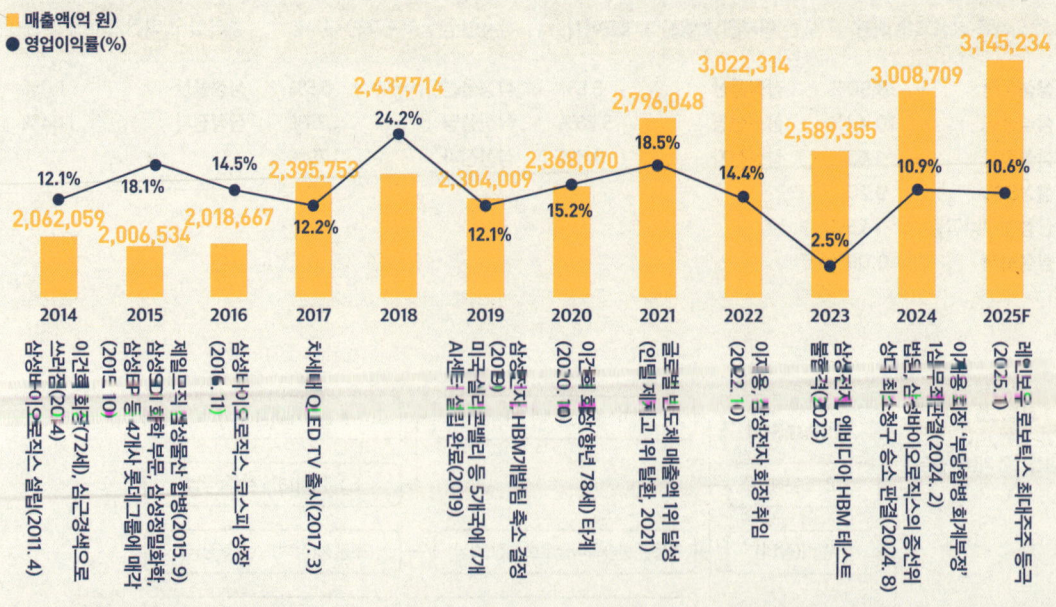

삼성그룹 주요 계열사 매출액

(2023 K-IFRS 연결 기준, 단위 억 원) 자료: 금융감독원 전자공시

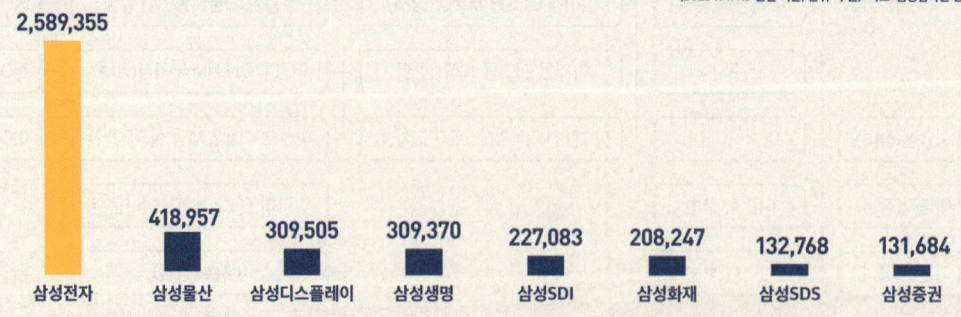

삼성그룹 주요 계열사 매출액 비중

(2024년 상반기 K-IFRS 연결 기준) 자료: 금융감독원 전자공시

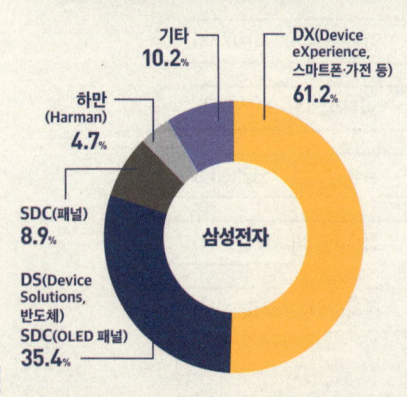

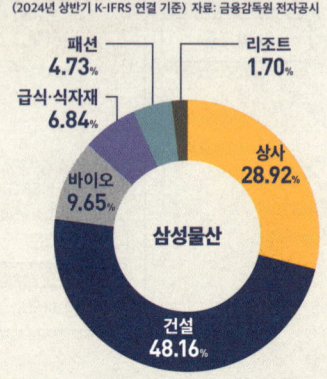

핵심 계열사 경영 현황 및 체크 포인트

삼성전자(★★) `코스피`

● **현황**

글로벌 메모리 반도체 시장 1위 사업자다. D램 메모리(약 40%), 낸드 플래시 메모리(약 30%) 부문에서 1위를 기록하고 있다. 스마트폰 시장에서도 점유율 1위(약 20%)를 기록하고 있다. 매출액 비중은 DX(Digital experience) 61.2%, DS(Device Solutions) 35.4%, SDC(디스플레이) 8.9%, 하만 4.7%, 기타 10.2%다(2024 상반기). 1969년 1월 설립됐고, 1975년 6월 코스피에 상장했다.

✓ **체크 포인트**
1. **반도체 시장**: D램과 낸드 플래시 등 메모리 반도체 분야에서 과점적 위치를 점유하며 안정적인 수익을 창출하고 있다. 과점 체제는 당분간 지속될 가능성이 높다.
2. **HBM 공급망 다변화의 수혜**: 엔비디아가 고대역폭 메모리(HBM) 공급망을 다변화하려는 가운데, 삼성전자가 신규 공급처로 주목받고 있다. 이는 향후 HBM 수요 증가에 따라 긍정적인 영향을 미칠 것으로 보인다.
3. **반도체 기술 초격차**: 삼성전자는 지속적인 연구개발을 통해 반도체 기술에서 경쟁 우위를 유지하고 있으며, 이를 통해 시장 내 주도권을 강화하고 있다.

삼성바이오로직스(★★★) `코스피`

● **현황**

삼성그룹 바이오 계열사로 바이오 의약품 CMO(위탁생산, Contract Manufacturing Organization) 사업을 영위하고 있다. 매출액 비중은 CDMO(Contract Development Manufacturing Organization) 61.5%, 바이오 38.5%다(2024 상반기). 2011년 4월 설립됐고, 2016년 11월 유가증권시장에 상장했다.

✓ **체크 포인트**
1. **신약 개발**: CMO에서 한걸음 더 나아가 바이오 신약 개발에 나서고 있다. 블록버스터 신약 개발에 성공할 경우 바이오 의약품 위탁 생산업자에서 바이오 신약 기업으로 큰 도약이 예상된다.
2. **CMO 경쟁력**: CMO 부문에서 역대급 실적을 기록하고 있고 독보적 경쟁력을 갖고 있다.
3. **글로벌 성장 잠재력**: 매출액 대부분이 해외에서 발생하고 있으며(약 97%), 세계 바이오 시장은 유망한 성장 산업이다.

삼성물산(★★) `코스피`

● **현황**

사실상 삼성그룹의 지주사로 삼성바이오로직스(43.10%), 삼성전자(4.40%), 삼성생명(19.30%), 삼성SDS(17.10%), 삼성E&A(7.00%, 옛 삼성엔지니어링) 지분을 보유하고 있다(2024. 6). 프리미엄 아파트 브랜드 래미안을 보유한 국내 1위 건설사이기도 하다. 매출액 비중은 건설(48.16%), 상사(28.92%), 바이오(9.65%), 급식·식자재(6.84%), 패션(4.73%), 레저·리조트(1.70%) 순이다(2024 상반기). 2015년 9월 제일모직(옛 삼성에버랜드)과 합병했다.

✓ **체크 포인트**
1. **자산 가치**: 보유한 계열사 지분, 부동산, 현금 가치 대비 시가총액이 현저히 저평가돼 있다.
2. **래미안 실적 개선**: 프리미엄 아파트 브랜드 래미안을 보유한 국내 1위 건설사로서 실적이 개선되고 있다.
3. **바이오 및 식음료 부문의 신사업 실적 개선**: 삼성바이오로직스 최대주주(43.1%)이며, 삼성바이오로직스의 바이오 실적이 개선되면 연결 실적에 반영된다. 식음료 부문(급식·식자재 유통 포함)도 매출 비중 6.7%를 기록하며 신사업 부문의 실적 개선이 이루어지고 있다(2023 IFRS 연결). 이는 사업 포트폴리오의 다변화와 안정성 강화에 기여하고 있다.

삼성그룹, 언제까지 '재계 1위' 유지할 수 있을까

삼성그룹은 한국 재계에서 오랜 기간 불변의 1위를 기록하며, 단순히 다른 대기업집단을 앞서는 것을 넘어 '초격차'를 유지해왔다. 이는 삼성전자를 비롯한 주요 계열사들의 글로벌 경쟁력과 안정적인 수익 창출 구조에서 비롯된다. 특히 반도체, 바이오, IT 등 미래 성장 동력에서의 우위는 삼성그룹의 재계 1위 지위를 더욱 공고히 하고 있다. 이로 인해 삼성의 재계 1위가 당분간 흔들리지 않을 것이라는 전망이 우세하다.

그러나 비즈니스의 역사를 돌이켜보면 '영원한 것은 없다.' 삼성그룹도 변화하는 글로벌 비즈니스 환경과 내외부의 도전에 당면해 있다. 반도체 업황의 변동성, 미중 기술 패권 갈등, ESG 경영 강화 등은 삼성그룹에 새로운 시험대가 되고 있다. 이러한 상황에서 삼성그룹의 미래를 어떤 프레임으로 바라봐야 할까?

2001년 이후 현대그룹 제치고 1위, 23년째 '넘버 1'

삼성그룹은 2024년 공정거래위원회(이하 공정위)가 발표한 공시대상기업집단 1위를 기록했다. 2001년 현대그룹을 제치고 1위에 오른 이래 불변의 1위를 기록하고 있다. 그룹 매출액 358조 9,160억 원, 순이익 43조 5,070억 원으로 전년 대비 매출액은 14.29% 감소했으나, 순이익은 16.62% 증가했다(이하 2023 K-IFRS 연결 기준). 계열사는 삼성전자, 삼성물산, 삼성SDI, 삼성바이오로직스, 삼성생명(이상 상장사), 삼성디스플레이, 삼성바이오에피스(이상 비상장사) 등 63개사로 전년과 같았다.

숫자로만 나열돼 있다 보니 감이 오지 않을 수 있는데, 이를 풀어서 쓰면 느낌이 온다. 삼성그룹의 연매출액 358조 9,160억 원은 하루도 빠짐없이 거의 조(兆) 단위 매출액(9,833억 원)을 거둬야 도달할 수 있는 금액이다(1년이 아니라 단 하루다). 이는 대기업집단 2위 SK그룹 매출액(200조 9,620억 원)의 1.8배에 달하며, 2023년 코스닥 상장사(1,600여 개) 합계 매출액 260조 4,556억 원의 1.4배(12월 결산법인 기준)에 이른다. 코스닥 상장사 1,600여 곳이 거둔 매출액을 모두 합쳐도 삼성그룹 매출액의 70%가량에 불과하다는 의미다. 삼성그룹이 한국 경제와 재계에서 어느 정도의 비중과 위상을 차지하고 있는지 짐작할 수 있다.

삼성그룹이 한국 전체 수출에서 차지하는 비중도 25%에 이른다(2023). 한국 전체 수출 중 4분의 1을 삼성이라는 단일 그룹이 담당하고 있는 것이다. 이 중 삼성전자는 한국 전체 수출액의 17.7%를 담당하고 있다. 삼성전자는 미 경제 전문지 〈포춘〉이 선정하는 '2024년 가장 존경받는 기업' 45위에 올랐다. 국내 기업 가운데 50위권에 포함된 곳은 삼성전자가 유일하다.

언뜻 부족할 것이 없어 보이는 지표다. 그렇지만 이 성과들을 하나씩 분석해보면 삼성그룹이 처한 현황과 미래가 엿보인다. 우선, 삼성그룹의 매출액 절대액이 삼성전자라는 단일 기업에서 나오고 있다. 삼성전자의 2023년 매출액은 258조 9,355억 원으로 삼성그룹 전체 매출액의 72%를 차지하고 있다. 삼성전자 매출액은 삼성그룹 계열사 가운데 매출액 2위를 기록하고 있는 삼성물산(41조 8,957억 원)의 6배나 된다. "삼성그룹은 삼성전자(前者)와 삼성후자(後者)로 나뉜다"는 말이 나오는 것도 이 때문이다. 결국, 삼성그룹의 미래가 삼성전자의 미래 업황과 경쟁력에 달려 있다는 추론이 가능하다.

AI · 챗GPT 필수 산업을 통한 제2의 반도체 성장 주목하라

삼성전자는 무슨 사업을 하는가? 삼성전자의 주력 사업은 반도체(Semi-conductor)다. 삼성전자의 매출액에서 DS(Device Solutions, 메모리 시스템, 파운드리 등 반도체 부문)가 차지하는 비중은 해마다 편차가 있지만, 대략 30% 선을 오르내린다. 이밖에 DX(Ditigal Experience, 스마트폰&가전) 60%, 기타(패널, 하만 포함) 10%로 이뤄져 있다. 2021년 이후 이 같은 매출액 비중이 유지되고 있다.

반도체 산업은 과거에도 꾸준히 성장해왔지만, 그 중요성이 더욱 커지고 있다. 챗GPT(초대규모 모델)와 딥시크(DeepSeek, 경량화 모델), 클라우드, 가상현실(VR, Virtual Reality) 등 미래 산업 전반에서 핵심 기술로 자리 잡으며 수요가 급증하고 있기 때문이다. 자율주행차, 스마트 팩토리, 의료기기뿐만 아니라 뇌 과학 분야에서도 신경 신호를 감지하고 데이터를 분석하는 데 활용되며, 최근에는 웨어러블 기기를 넘어 스마트 콘택트렌즈, 생체 삽입형 기기 등 사람과 직접 연결되는 기술에도 적용되고 있다.

반도체의 쓰임새가 산업 전반으로 확장되면서 주요 반도체 기업들의 성장세도 더욱 탄력을 받을 전망이다. 김정호 KAIST 전기 및 전자공학부 교수는 "AI 등 신기술 발전 속도를 맞추려면 지금과는 비교할 수 없을 정도로 많은 반도체가 필요할 것"이라고 전망한다. 특히, 글로벌 반도체 시장을 주도하는 삼성전자의 성장세도 더욱 탄력을 받을 것으로 예상된다.

이처럼 성장이 예고된 반도체 시장에서 삼성전자는 1위 사업자다. 2021년 삼성전자는 반도체 매출 83조 원으로, 인텔(770억 달러, 약 79조 원)을 앞섰다. 이는 2018년 이후 3년 만의 1위 복귀였으며, 업계는 삼성전자가 한동안 시장 지배력을 유지할 것으로 전망했다.

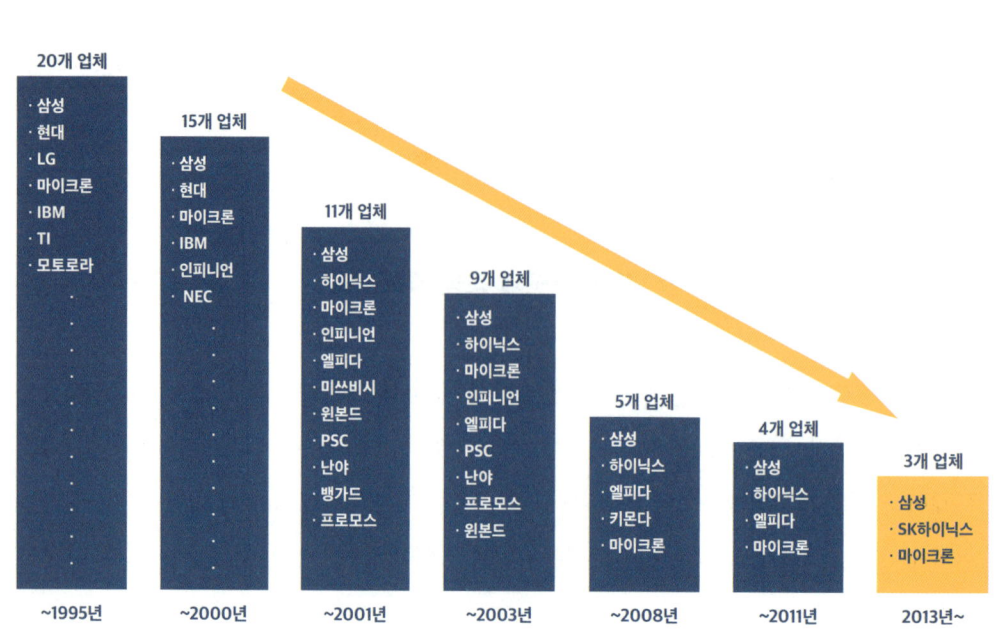

반도체 산업 구조조정의 역사

전문가들이 삼성전자의 우위가 지속될 거라고 예상한 근거는 반도체 산업의 구조적 특성 때문이다. 메모리 반도체 시장은 소수 기업이 주도하는 과점 구조로, 가격 경쟁력이 관건이다. 단 몇 센트의 가격 차이만으로도 고객사가 이탈할 수 있어, 생산 단가 절감이 곧 경쟁력으로 직결된다. 이를 위해서는 규모의 경제(Economy of Scale)를 통해 원가를 낮추는 것이 결정적이다. 삼성전자는 이러한 우위를 유지하기 위해 꾸준히 공격적인 투자를 이어왔다. 예를 들어, 2015년 5월 착공한 경기도 평택 반도체 공장은 2024년 말까지 100조 원 이상을 투자해 세계 최대 규모의 생산 라인을 구축 중이며, 이 전략을 잘 보여주는 사례다.

이러한 천문학적 규모의 투자는 상위 기업만이 감당할 수 있다. 나머지 기업들은 이익을 내지 못해 투자를 이어가지 못하고, 결국 도태될 수밖에 없다. 지난 30여 년간 글로벌 반도체 시장에서 벌어진 구조조정이 이를 잘 보여준다. 현재 메모리 반도체 시장은 삼성전자, SK하이닉스, 마이크론의 3사가 과점하고 있다.

메모리 반도체는 D램과 낸드 플래시로 나뉘는데, 2024년 3분기 기준 삼성전자는 양 부문에서 글로벌 1위 사업자다. 글로벌 D램 시장에서 삼성전자는 점유율 41.1%로 1위를 기록하고 있다. 이어 SK하이닉스(34.4%), 마이크론 테크놀로지(22.2%), 중국 CXMT(창신메모리테크놀로지, 5%)가 뒤쫓고 있다. 낸드 플래시 시장도 삼성전자가 1위(31.4%)이며, 이어 SK하이닉스(20.6%), 마이크론 테크놀로지(15.3%) 순이다.

HBM 기회 놓치며 고전, 2019년 HDM 개발팀 축소

그러나 2023년을 기점으로 이러한 전망에 의문이 제기되기 시작했다. 이는 HBM(High Bandwidth Memory, 고대역폭 메모리) 반도체 시장의 등장 때문이다. HBM은 여러 개의 D램 칩을 수직으로 적층해 만든 고성능 메모리로, AI를 구동하는 데 필수적인 GPU(그래픽 처리 장치)에 탑재되면서 AI 산업의 핵심 소재로 부상했다. HBM은 GPU의 데이터 처리 속도를 극대화하며, 'HBM → GPU → AI 기기'의 형태로 AI 로봇, 자율주행차, 딥러닝 등 다양한 AI 시스템에서 활용된다. AI 산업의 급격한 성장과 함께, GPU 선두 기업인 엔비디아(NVIDIA)의 HBM 수요도 폭발적으로 증가했다. HBM 시장은 2020년을 기점으로 가파른 성장세를 보이고 있다. 2024년 약 141억 달러(약 19조 원)에서 2029년에는 약 377억 달러(약 50조 원)로 확대될 전망이다. HBM은 기존 D램 반도체보다 기술 난도가 높고 가격도 약

4배 비싸다. 이러한 특성 덕분에 HBM은 반도체 기업의 새로운 현금 창출원(Cash cow)으로 주목받고 있다.

　문제는 삼성전자가 HBM 시장에서 고전하고 있다는 점이다. 2024년 기준 글로벌 HBM 시장 점유율은 SK하이닉스가 약 53%로 1위를 차지하고 있으며, 삼성전자는 38%로 뒤처져 있다. 삼성전자는 최대 고객사인 엔비디아에 HBM3와 8-스택 HBM3E를 공급하고 있지만, 공급 물량이 SK하이닉스에 미치지 못하고 있다. 또한, SK하이닉스가 8-스택 HBM3E보다 50% 용량이 큰 12-스택 HBM3E를 엔비디아에 대량 공급하고 있는 데 반해, 삼성전자는 아직 품질 인증 단계에 머물러 있다(2025. 1).

　'글로벌 반도체 1위' 삼성전자가 어쩌다 고객사의 품질 인증 단계에서 발이 묶였을까? 여기에는 이유가 있다. 삼성전자는 2019년 메모리 사업부 내 HBM 개발팀을 대폭 축소했다. 2015년 HBM 개발팀을 신설한 지 4년 만의 일이었다. 개발팀이 축소된 탓에 HBM 연구가 더뎌졌고, HBM 수요 증가에 적절하게 대응하지 못했다. HBM 개발팀 축소는 삼성전자의 치명적인 실수였다. 당시 이 같은 의사결정을 했던 김기남 대표는 2022년 2월 임원 인사에서 해임됐다. 그렇지만 상황은 이미 '엎질러진 물'이 되고 말았다.

　그러면 왜 삼성전자는 HBM 개발팀을 축소했을까? 결과만 보면 이 결정이 '어이없는' 판단이라고 평가할 수 있지만, 그때로 돌아가면 무리한 결정만은 아니었다. 당시 삼성전자는 파운드리(Foundry) 부문을 육성한다는 전략을 수행하고 있었다. 앞서 2017년 5월 12일 삼성전자는 파운드리 부문 육성계획 발표했다. DS(Device Solution, 반도체) 부문 내 시스템 LSI(Large Scale Integration, 대용량집적회로) 사업부의 파운드리 사업팀을 독립 사업부로 승격시키며 비메모리 사업을 집중 육성하겠다는 의도를 드러냈다. 이는 비메모리 반도체 시장의 급성장에 따른 판단이었다.

　실제로 중장기적으로 반도체 경쟁력을 유지하려면 파운드리 기술력 고도화가 필수적이다. 단순한 위탁 생산이 아니라, 자체 생산 역량을 갖추면 원가 절감과 품질 관리가 용이해진다. 특히 HBM4부터는 베이스 다이(로직 다이)의 제조 공정이 더욱 복잡해지면서, 파운드리 업체의 중요성이 한층 커지고 있다. 대표적인 기업이 바로 TSMC다. 삼성전자는 D램 생산부터 로직 다이 생산, 패키징까지 첨단 반도체 솔루션을 제공할 계획이며, 2025년 2나노 공정 양산을 목표로 TSMC와의 본격적인 경쟁을 예고하고 있다.

이 내용을 이해하려면 반도체의 유형을 살펴볼 필요가 있다. 삼성전자를 비롯한 반도체 기업들이 생산하는 반도체는 크게 메모리 반도체와 비메모리 반도체로 나뉜다. 쉽게 말해, 메모리 반도체는 데이터를 저장하는 역할을, 비메모리 반도체는 연산과 추론 등 데이터를 처리하는 역할을 한다. 현재 글로벌 반도체 시장에서 비메모리 반도체(80%)의 시장 규모가 메모리 반도체(20%)보다 훨씬 크다. 이에 따라 삼성전자가 2017년 파운드리(반도체 위탁 생산) 부문을 독립 사업부로 승격한 것은, 메모리 반도체 세계 1위라는 기존 위상을 유지하면서도 TSMC가 장악한 비메모리 시장에서 경쟁력을 확보하기 위한 전략적 선택이었다. TSMC가 로직 IC(위탁 생산) 분야에서 핵심적인 역할을 하는 가운데, 삼성전자는 AI와 HPC(고성능 컴퓨팅)의 발전으로 비메모리 반도체 수요가 급증할 것으로 내다봤다.

파운드리 시장을 확대하려면 기술 개발과 대규모 자본 투자가 필수적이었다. 이에 삼성전자는 한정된 자원을 보다 효율적으로 배분하기 위해, 성장 가능성이 불확실했던 HBM 사업을 축소하고 비메모리 사업에 집중하는 전략을 택했다.

반도체의 유형과 특징

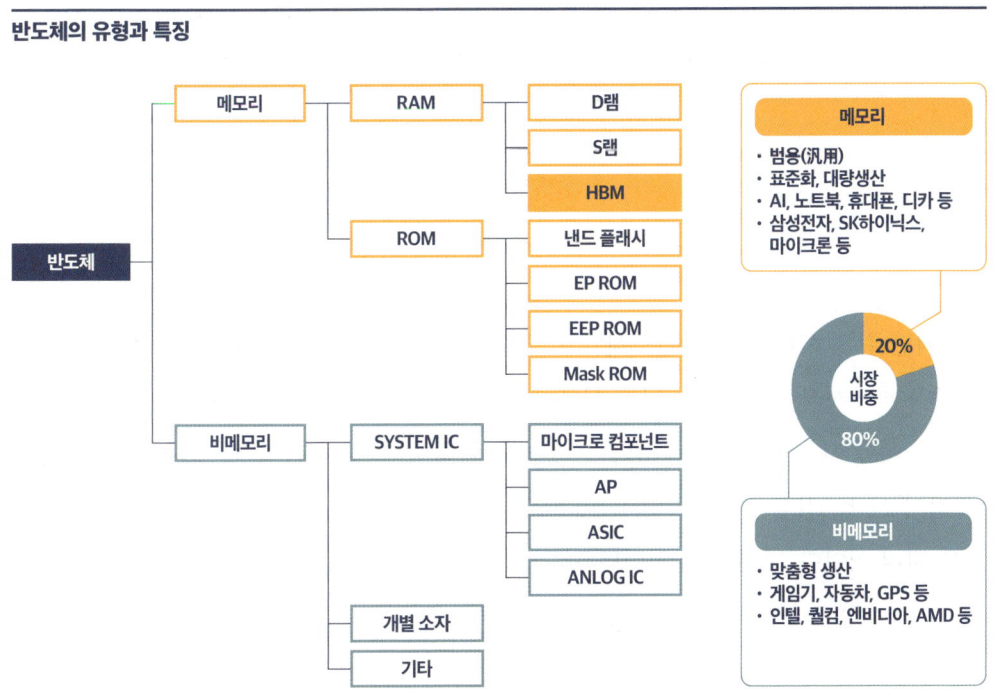

NOTICE | 알고 갑시다!

반도체 산업 생태계

반도체 산업 생태계는 업스트림(Upstream), 다운스트림(Downstream), 전방 산업(End-use Industry) 3가지 부문으로 나뉜다. 반도체 생산에 필요한 소재와 장비를 생산하는 부문이 반도체 업스트림이며, 반도체를 생산하는 부문은 반도체 다운스트림이다. 다운스트림은 다시 IDM(Integrated Design Manufacturer, 설계제조), 파운드리(Foundry, 위탁생산), 팹리스(Fabless, 설계) 등 3가지 형태로 나뉜다.

반도체 산업 생태계

이 가운데 IDM은 반도체 설계와 생산을 동시에 하는 종합 반도체 기업을 말한다. 삼성전자, SK하이닉스, 마이크론 테크놀로지 등의 주력 사업이기도 하다. 파운드리는 설계는 하지 않고 반도체를 위탁 생산하는 부문으로, 주로 비메모리 반도체가 대부분을 차지한다. 이 분야는 현재 TSMC가 세계 시장 점유율 1위다. 팹리스란 반도체 공장이 없이 설계만 하는 기업이다. 글자 그대로 공장(fab)이 없다(less)는 의미로, 대표적으로 퀄컴, 엔비디아 등이 팹리스 업체다.

하지만 같은 시기, 메모리 반도체의 일종인 HBM이 AI 성능을 극대화하는 핵심 반도체로 주목받기 시작했다. 삼성전자도 이를 인식하고 2015년 HBM 개발팀을 신설했지만, 당시에는 비메모리 시장에 비해 성장 가능성이 불확실하다고 판단한 것이다. 그러나 이후 HBM이 AI 및 HPC 기술 확산과 함께 폭발적인 수요 증가를 기록하며, 시장의 주력 제품으로 자리 잡았다. 반면에 SK하이닉스는 삼성전자와 달리 HBM 개발에 집중하면서 글로벌 HBM 시장 점유율 1위를 차지했다.

삼성전자는 'HBM 위기'를 잘 극복할 수 있을까? 이 질문에 대해 낙관론과 비관론이 혼재돼 있다. 낙관론자들은 삼성전자의 그간의 반도체 기술력을 고려할 때 해결 가능하다고 본다. 삼성전자는 그간 세 차례의 '치킨게임'으로 위기를 겪었지만 혁신을 통해 글로벌 1위로 올라섰다.

현재 HBM 시장에서 삼성전자가 SK하이닉스에 밀리는 이유는 간단하다. 정상 제품 비율을 뜻하는 수율(收率) 문제 때문이다. SK하이닉스는 MR-MUF(몰딩과 언더필을 동시에 처리하는 공정)를 통해 안정적인 수율과 대량 생산 체계를 확보하며, 8단 HBM3E에 이어 12단 HBM3E까지 엔비디아에 공급하고 있다. 반면, 삼성전자는 TC-NCF(열압착 비전도성 필름) 공정을 도입했으나, 초기 단계에서 수율 안정성을 확보하는 데 어려움을 겪고 있다. 이로 인해 삼성전자는 현재 8단 HBM3E는 공급 승인을 받았지만, 12단 HBM3E는 엔비디아의 기술 테스트를 통과하지 못했다(2025. 2).

전문가들은 삼성전자가 이른 시간 안에 수율 문제를 해결하고, SK하이닉스를 추월할 가능성이 충분하다고 평가한다. 삼성전자의 TC-NCF 공정은 SK하이닉스의 MR-MUF 공정보다 높은 적층 단수와 향상된 전력 효율을 구현할 가능성이 크다는 특징이 있다. 즉, 기술적으로 SK하이닉스의 HBM 공정보다 더 발전된 방식이지만, 수율 안정성이 발목을 잡고 있다는 것이다. 따라서 삼성전자가 수율 안정화에 집중하는 만큼 HBM 시장에서 경쟁력을 빠르게 회복할 것이라는 전망이 나온다.

무엇보다 삼성전자는 HBM의 핵심 기술 중 하나인 적층(Stacking) 기술에 강점을 보유하고 있다. 적층 기술은 반도체를 수직으로 쌓아 기존 2D(평면) 공정의 한계를 극복하며, 데이터 처리 속도와 전력 효율을 동시에 높이는 필수 기술이다. 삼성전자는 9세대 V낸드 플래시에서 286단 적층 구조를 구현하며 업계 최고 수준의 적층 기술력을 입증했다. HBM 역시 고성능을 구현하기 위해 적층 기술이 핵심 요소로 작용하기 때문에 이를 기반으로 반전을 꾀할 수 있다는 분석이 나온다.

비관론도 있다. 이전에는 '탁월한 리더' 이건희 회장이 있었지만, 지금은 중심을 잡아줄 경영자가 존재하느냐는 의문이다.

1987년 삼성전자가 D램 개발 방식을 결정할 당시 스택(Stack)과 트렌치(Trench) 방식 중 어느 것을 선택해야 할지 내부적으로 논쟁이 있었다. 이건희 회장은 "지하로 파는 것보다 위로 쌓는 것이 더 쉽다"는 간단한 논리로 스택 방식을 선택했고, 이 결과 트렌치 방식을 채택한 일본 도시바를 경쟁에서 밀어냈다. 또 이건희 회장은 1993년 프랑크푸르트 선언과 1995년 애니콜 화형식 등으로도 위기 상황에서의 리더십을 증명했다. 이러한 과거를 떠올리면, 오늘날 삼성전자가 과거처럼 위기를 돌파할 수 있을지에 대한 논란이 나오는 것도 무리는 아니다. 그러나 삼성전자만의 누적된 기술력과 대규모 생산 역량을 바탕으로 HBM 시장에서 다시 경쟁력을 회복할 가능성은 여전히 충분하다.

삼성전자에
이재용 일가 지분이
낮은 이유

'삼성' 하면 초격차, 글로벌 스탠더드가 떠오르지만, 여기에 어울리지 않는 부분이 있다. 바로 지배구조다. 삼성그룹의 지배구조는 여전히 미완성이다. 여기에는 잘 알려지지 않은 사연이 있는데, 삼성그룹의 역사를 살펴봐야 한다.

삼성그룹은 2025년으로 업력(業歷) 87년을 맞았다. 고 이병철(1910~1987) 창업 회장이 1938년 29세의 나이에 대구 부수동(현 대구시 중구 인교동)에서 '삼성상회(三星商會)'를 열며 삼성의 역사를 시작했다. 이 회장은 경남 김해에서의 농지 사업 실패를 계기로 심기일전해 자본금 3만 원(현재 시가 약 4억 원)으로 삼성상회를 설립했다. 초기에는 농산물과 별표국수 등을 판매하며 사업을 시작했다. 장남 고 이맹희(1931~2015)의 회고에 따르면 당시 매출은 꾸준했지만 수익금을 모두 공장 설비에 투자하느라 가족들은 공장 귀퉁이에서 새우잠을 자야 했다고 한다. 1953년에는 제일제당(현 CJ제일제당)을 설립해 국내 최초로 설탕을 국산화하며 사업을 확장했다. 이병철 회장은 자서전 《호암자전》에서 "제일제당으로 큰 수익을 내면서 나는 조선에서 손꼽히는 부자가 됐다"고 회고했다.

이병철 창업 회장이 삼성을 국내 1위로 키웠다면 고 이건희 회장은 삼성을 글로벌 무대의 핵심 중 핵심으로 격상시켰다. 1987년 삼성그룹 회장으로 취임한 이래 1993년 '프랑크푸르트 선언'을 기점으로 이른바 '초격차', '1등주의' 삼성을 완성시켰다. 그 중심에 삼성전자가 있었고, 반도체가 있었다.

삼성전자는 1969년 설립됐다. 이병철 회장이 한국비료의 사카린 밀수로 물의를 빚었던 이른바 '한비사건'으로 경영일선에서 물러났다가 1968년 경영복귀와 함께 전자산업 참여를 밝히면서 설립했다. 다만 이때의 전자산업 진출에 얽힌 이야기는 훗날 큰 성공을 거둔 삼성전자의 지분구조에 적지 않은 영향을 끼쳤다. 이와 관련해 이건희 회장이 직접 밝힌 육성 녹음이 남아 있다.

> "삼성전자(삼성반도체)가 어떤 경위로 해서 오늘날에 이르렀는지는 내가 제일 잘 알 거야. 시작은 1974년 경기 부천에 강모(강기동 박사)라는 사람이 세웠는데(한국반도체) 초기에 자금이 없어서 공장을 세워놓고 문을 닫을 판이었어. 강진구 회장(1974년 당시 삼성전자 대표이사)이 나한테 사자고 했지. 그때 삼성전자는 형편없고 아무것도 아닐 때였어. 가격이 몇십억 원 했는데 삼성전자 재력으로는 완전히 살 수 없어서 내 개인 돈(자금)을 넣어서 샀어. 3~4년 계속 적자가 났지. 삼성전자 경영진과는 아무 관계가 없이 강진구 회장이 혼자 뛴 거야.
>
> 그 회사가 어떤 회사냐. 박정희 대통령 때 박근혜의 서강대 스승이 100억 원이 넘는 돈을 투자했다는 거야. 굉장한 과잉 투자를 해서 겁나서 아무도 못 살 때였지. 우린 그걸 안 사면 통신업에 들어갈 수 없어서 과잉 투자가 되든 안 되든 한번 해보자 해서 샀어. 그때 인수해서 첫해에 10억, 20억 이익 내다가 1982년, 1983년 이때 150억, 200억 이렇게 이익이 나더군. 그때쯤 앞으로 10년은 계속 수익이 날 거라는 예측이 됐지. 2,000억도 투자할 수 있겠다는 생각이 들었어. 그래서 반도체를 할 수 있다고 자신감을 갖고 선대 회장과 내가 정한 거야. 기술이 뭔지, 얼마나 보장되는 건지, 64K가 뭔지도 모르고 시작한 셈이지."

처음에는 한국반도체를 반도체 사업 전망에 근거해 인수한 것이라기보다 통신업 진출의 수단으로 인수했던 것으로 보인다. 반도체 사업의 가치를 알아챈 것은 그로부터 한참 후였다. 하지만 그 시점에는 이미 주가가 많이 올라 추가 지분을 확보할 수 없었다. 비록 이건희 회장이 반도체 산업에 대한 통찰을 갖고 있었다고 해도, 삼성전자 지분이 결정적일 수 있다는 점은 미처 짐작하지 못했다. 이는 훗날 이재용 회장의 미래에 적지 않은 영향을 끼쳤다.

삼성그룹의 지배구조는 '이재용 → 삼성물산(18.9%) → 삼성생명(19.3%)·삼성바이오로직스(43.06%)·삼성전자(5.0%)·삼성SDS(17.1%)'로 이어진다(2024. 6). 다시 말해, 이재용 회장은 삼성그룹의 사실상 지주사 역할을 하는 삼성물산의 최대주주(18.9%)이며, 삼성물산이 보유한 삼성생명, 삼성전자, 삼성SDS 등의 지분을 통해 중간 지주사 구조로 경영권을 행사한다. 삼성생명은 삼성화재(14.0%), 삼성카드(71.9%), 삼성증권(29.4%) 등의 지분을 보유하고 있으며, 삼성전자는 삼성SDI(19.1%), 삼성전기(22.8%), 삼성중공업(15.2%), 제일기획(25.3%) 등의 지분을 보유하고 있다. 삼성SDS는 멀티캠퍼스(27.2%), 시큐아이(56.5%), 오픈핸즈(100%) 등을 자회사로 두고 있다. 한편, 이재용 회장 개인은 삼성전자(1.63%), 삼성생명(10.4%), 삼성SDS(9.2%)의 지분을 보유하고 있다.

겉보기에는 '이재용 회장 → 지주사(삼성물산) → 중간 지주사(삼성생명, 삼성바이오로직스, 삼성전자, 삼성SDS)'로 이어지는 자연스러운 지배구조로 보일 수 있지만, 실제 이재용 회장의 삼성전자 직접 지분율은 1.63%에 불과하다. 대신, 삼성생명(8.51%)과 삼성물산(5.01%)이 보유한 삼성전자 지분을 통해 간접적으로 영향력을 행사할 뿐이다.

삼성그룹이 지금의 지분구조에 도달하는 데도 10여 년이 걸렸다. 2010년대 초반만 해도 삼성그룹은 계열사 간 지분이 얽히고설킨 전형적인 순환출자 구조를 유지하고 있었다. 당시 순환출자 고리는 무려 80여 개에 달했다. 순환출자는 'A → B → C → A'처럼 지분이 순환적으로 이어지는 구조로, 적은 자본으로 그룹 전체를 지배할 수 있는 효과를 불러온다. 이재용 회장은 1994~1995년 고 이건희 회장으로부터 실진 증여금 45억 원을 받은 뒤,

이재용 회장의 삼성그룹 지분 현황 (2024년 6월 기준, 단위 %) 자료: 금융감독원 전자공시

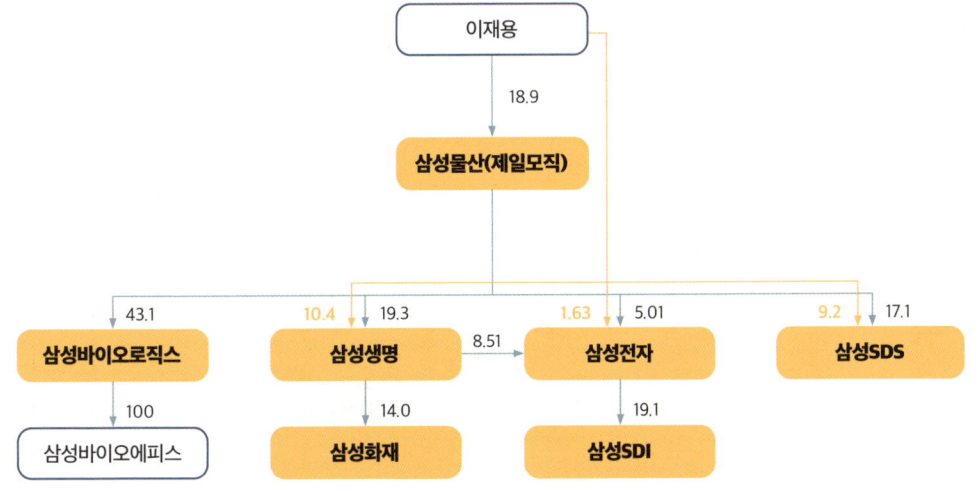

순환출자를 활용해 삼성그룹 계열사에 대한 지배력을 확대했다. 그 결과, 지배구조가 점차 복잡해졌다.

그러나 공정위로부터 지배구조 개선 요구를 받으면서 삼성은 순환출자 해소에 나서야 했다. 이 요구에 대한 결과가 2015년 9월 삼성물산과 제일모직(옛 삼성에버랜드)의 합병이다. 합병 직전 삼성물산은 삼성SDS(17.1%), 삼성전자(4.1%), 삼성테크윈(4.3%), 삼성엔지니어링(7.8%), 삼성정밀화학(5.6%), 제일기획(12.6%), 제일모직(1.4%) 지분을 보유하며 사실상 지주사 역할을 하고 있었다. 하지만 당시 이재용 회장이 삼성물산 지분을 보유하지 않았던 점이 문제가 됐다. 이재용 회장은 제일모직 지분 23.23%를 보유하고 있었고, 이를 기반으로 삼성물산과 제일모직이 합병하면서 현재의 지배구조가 만들어졌다. 합병 이후 이재용 회장은 삼성물산의 최대주주(17.23%)로 올라섰다.

이 합병 문제로 검찰이 기소한 사건이 바로 '이재용 회장 삼성물산 부당합병 재판'이다. 이 재판은 이재용 회장을 포함한 14명을 대상으로 자본시장법상 부정거래행위, 시세조종, 업무상 배임 등의 혐의를 다뤘다. 이재용 회장은 1심 재판부에 이어 2025년 2월 3일 진행된 항소심 공판에서도 무죄를 받으며, '사법 리스크'로부터 벗어난 모양새다.

항소심 결과가 그대로 확정된다면, 이재용 회장은 그룹 지배력 강화를 공고히 하는 동시에 반도체, 바이오, 차세대 IT 기술을 중심으로 한 신사업과 미래 먹거리 산업에 대한 대규모 투자에 나설 가능성이 크다. 이는 삼성이 글로벌 시장에서 더욱 주도적인 역할을 할 기반을 마련할 것으로 보인다.

삼성그룹 지배구조로 예측하는 '미래 성장 동력'

현재 삼성그룹의 지배구조는 순환출자를 개선하는 방향으로 지배구조가 바뀌다 보니 삼성그룹의 삼성전자 지분이 매우 낮다는 특징을 보인다. 삼성전자의 지분을 살펴보면, 최대주주 삼성물산 지분이 5%에 불과하고 이재용 회장의 지분은 1.63%에 불과하다.

2024년 〈포브스〉 선정 세계 부호들의 재산 규모 순위를 살펴보면 1위 베르나르 아르노(2,264억 달러), 2위 제프 베이조스(1,978억 달러), 3위 일론 머스크(1,976억 달러), 4위 마크 저커버그(1,732억 달러), 5위 래리 앨리슨(1,550억 달러), 6위 워렌 버핏(1,375억 달러), 7위 빌 게이츠(1,313억 달러), 8위 래리 페이지(1,259억 달러), 9위 스티브 발머(1,247억 달러), 10위 세르게이브린(1,210억 달러) 순이다. 2024년 블룸버그의 발표에 따르면, 이재용 회장의 재산 규모는 90억 5,000만 달러(한화 약 13조 원)로 이들에 비해 한참 못 미친다. 만약 이재용 회장이 삼성전자 지분을 50% 갖고 있었다면 그는 세계 부호 10위 이내에 진입했을 것이다.

삼성그룹 지배구조의 관건은 삼성물산에 대한 지배력을 어느 정도까지 강화하느냐다. 그래야 이재용 회장은 낮은 지분율을 극복할 수 있다. 이 같은 삼성물산 중심의 지배구조는 반도체, 바이오, AI와 같은 미래 성장 산업에 대한 이재용 회장의 '신사업 집중' 전략과 일치한다. 삼성전자가 주력하고 있는 파운드리 사업과 삼성바이오로직스의 바이오 의약품 위탁 생산(CDMO)은 이재용 회장이 강조하는 차세대 핵심 사업들이다. 특히 삼성물산이 43.06%의 지분을 보유한 삼성바이오로직스는 명분으로 보나 시장의 확대 추이로 보나 그룹의 중장기적인 성장 동력으로서 집중할 가능성이 큰 기업이다. 이재용 회장이 미래 기술 분야를 강조하는 이유는 이러한 신사업들이 삼성그룹의 지속 가능한 성장을 이끌 것이라는 확신 말고도, 그 중심에 삼성물산이 자리 잡고 있다.

이재용 회장이 "자녀 승계는 없을 것"이라고 밝힌 만큼, 과거처럼 경영권 승계를 위한 추가적인 지분 확보는 없을 것으로 보인다. 일각에서 제기됐던 두 동생과의 경영권 분쟁 우려도 이재용 회장의 회장직 취임과 함께 수그러들었다. 현재 이재용 회장의 여동생 이부진 호텔신라 대표는 삼성물산 5.8%, 삼성생명 5.76%, 삼성전자 0.8% 지분을 보유하고 있다. 또 다른 여동생 이서현 삼성복지재단 이사장도 삼성물산 6.5%, 삼성생명 1.73%, 삼성전자 0.79% 지분을 갖고 있다. 결국 이재용 회장은 현재의 지배구조를 안정적으로 유지하는 한편, 삼성물산을 축으로 미래 성장 동력에 집중할 가능성이 크다. 시스템 반도체, 바이오, AI, 그리고 배터리 등 첨단 산업으로 예상되며, 이는 그룹의 성장 방향을 결정하는 중요한 요인이 될 것으로 보인다.

삼성의 차세대 먹거리,
삼성바이오로직스·삼성물산

주식시장을 살펴보자. 삼성그룹에 소속된 상장 계열사로는 17개사가 있다(2024. 6). 삼성물산, 삼성바이오로직스, 삼성생명, 삼성SDI, 삼성SDS, 삼성E&A(옛 삼성엔지니어링), 삼성전기, 삼성전자, 삼성중공업, 삼성증권, 삼성카드, 삼성화재, 멀티캠퍼스, 에스원, 제일기획, 호텔신라, 삼성에프엔위탁관리부동산투자회사(이하 '삼성에프엔')가 그것이다. 만약 당신이 이재용 회장이라면 이 중 어느 계열사를 향후 주력으로 키울 것인가? 그 관점에서 걸러내면 실마리가 잡힌다.

- 삼성생명, 삼성증권, 삼성카드, 삼성화재 같은 금융사는 이재용 회장이 향후 주력으로 키우려는 후보군에는 포함돼 있지 않을 것이다. 금융은 삼성그룹의 본업이 아니다.

- 삼성E&A(건설), 삼성에프엔(부동산), 멀티캠퍼스(교육), 제일기획(광고)도 제외될 것이다. 이들 계열사는 시장 규모가 포화 단계이거나 세계 시장 진출이 쉽지 않다.

- 삼성중공업(조선)도 제외해야 한다. 고 이건희 회장은 "조선업은 우리가 하지 말았어야 할 사업"이라고 말한 적이 있다.

- 삼성SDS는 요즘 뜨는 AI를 신사업으로 추진하고 있지만, AI는 극초기 단계의

시장이다. 한국 주식시장의 역사를 돌이켜보면 신기술로 반짝했다가 사라진 기업들의 무덤이 널려 있다.

- 에스원의 최대주주는 삼성이 아니라 일본 세콤(25.65%)이다. 삼성은 2대 주주다. 삼성SDI가 에스원 지분 11.03%를 보유하고 있다. 삼성그룹의 주력이 될 수 없다.

- 호텔신라는 이부진 사장 몫으로 알려져 있다.

- 삼성전기의 주력 생산품은 반도체 패키지 기판(基板, Circuit board)이지만, 차별화하기가 쉽지 않다.

이렇게 하나씩 걸러내다 보면 남는 곳은 삼성바이오로직스, 삼성SDI, 삼성물산, 삼성전자 4개사로 압축된다.

삼성바이오로직스, 시장 열리고 자본력 풍부

삼성바이오로직스의 강점은 시장이 이미 열려 있고, 산업 생태계가 조성돼 있다는 점이다. 삼성바이오로직스가 속해 있는 글로벌 바이오 의약품 산업은 매년 10% 이상(2019~2023 CAGR 13.1%)의 높은 성장률을 보이고 있는 데다 산업 생태계도 이미 자리 잡혀 있다. 앞서 언급한 삼성SDS 대비 확실한 비교 우위가 있다.

바이오 의약품에 대해 이해하기 위해서는 기본적인 개념을 살펴볼 필요가 있다. 우리는 일상적으로 '바이오 의약품'이라는 용어를 접하지만, 그 정확한 의미를 모르는 경우가 많다. 모든 의약품은 크게 합성 의약품과 바이오 의약품으로 나뉜다.

합성 의약품은 화학적 공정을 통해 비생물성 물질을 합성해 만든 의약품으로, 약국에서 흔히 접하는 해열제, 진통제, 감기약 등이 이에 해당한다. 이러한 의약품은 전통적인 제약사에서 주로 생산한다.

반면, 바이오 의약품은 생물학적 원재료를 기반으로 제조된 의약품으로, 셀트리온의 짐펜트라(Infliximab SC), 트룩시마, 허쥬마 등이 대표적이다. 바이오 의약품은 특정 질환이나 환자의 생체 반응에 맞춰 정교하게 작용하며, 특히 암과 같은 질환에 항체 기반 치료로 탁월한 효과를 보인다. 이는 사람의 몸이 생물학적 구성으로 이루어져 있어 면역계를 활용한 치료에 적합하기 때문이다.

이러한 이유로 의약품 산업의 중심축은 기존의 합성 의약품에서 바이오 의약품으로 빠르게 이동하고 있다. 바이오 의약품은 고부가가치를 지닌 신산업으로 주목받지만 기술적 난도가 높고 임상 3상 허가까지 대규모의 투자와 오랜 시간이 필요하다는 어려움이 따른다.

바이오 의약품의 시초는 1921년 캐나다에서 프레더릭 밴팅(Frederick Banting)과 찰스 베스트(Charles Best)가 동물의 췌장에서 추출한 혈당 호르몬 인슐린(Insulin)을 발견한 데서 시작됐다. 그러나 이는 엄밀히 말해 바이오 의약품은 아니다. 1982년 미국 약학자이자 화학자였던 일라이 릴리(Eli Lilly)가 재조합 DNA 기술로 개발한 인슐린이 승인받으면서 진정한 의미의 첫 바이오 의약품이 탄생했다.

현재 바이오 의약품 산업은 이미 확고한 생태계를 갖추고 있다. 주요 기업으로는 로슈(Roche, 스위스), 사노피(Sanofi, 프랑스), 노보 노르디스크(Novo Nordisk, 덴마크), 암젠(Amgen, 미국), 화이자(Pfizer, 미국), 머크(Merck, 미국), 아브비(AbbVie, 미국), 존슨앤존슨(Johnson &

의약품의 종류

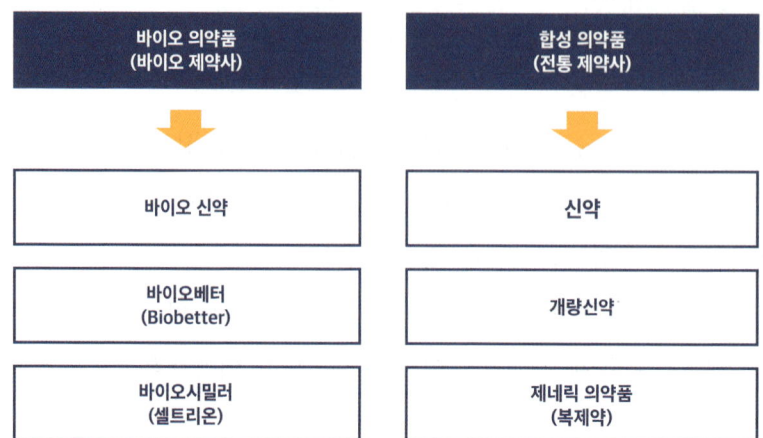

Johnson, 미국), **브리스톨마이어스 스퀴브**(Bristol-Myers Squibb, 미국), **일라이 릴리**(Eli Lilly, 미국) 등이 있으며, 이들은 바이오 의약품 산업의 핵심 기업으로 자리 잡고 있다.

삼성그룹은 바이오를 고부가가치 산업으로 보고 장기간에 걸쳐 주력으로 키우려는 전략을 추진해왔다. 2010년 이건희 회장은 삼성의 5대 신수종 사업으로 LED, 태양전지, 이차전지, 의료기기와 함께 바이오를 선정했다. 이는 반도체 이후 삼성그룹의 미래 먹거리를 찾기 위한 고민 끝에 나온 결과물이었다. 계획대로 진행된다면 이차전지 산업은 삼성SDI가 맡고, 바이오 산업은 삼성바이오로직스가 담당한다. 신수종 사업이 확정되자 삼성그룹은 본격적으로 실행에 나섰고, 그 결과로 2011년 4월 삼성바이오로직스가 설립됐으며, 2012년 2월 삼성바이오에피스가 출범했다.

삼성바이오로직스의 주요 투자 포인트는 주력 사업인 CDMO(Contract Development and Manufacturing Organization, 의약품 위탁 개발 생산) 사업의 확장이다. 삼성바이오로직스는 2025년 1월 JP모건 헬스케어 컨퍼런스에서 ADC(항체-약물 접합체) 등 새로운 바이오 의약품 제조 기술 및 생산 역량 확장 계획을 발표했다. CMO는 바이오 제약사의 의약품을 대신 생산

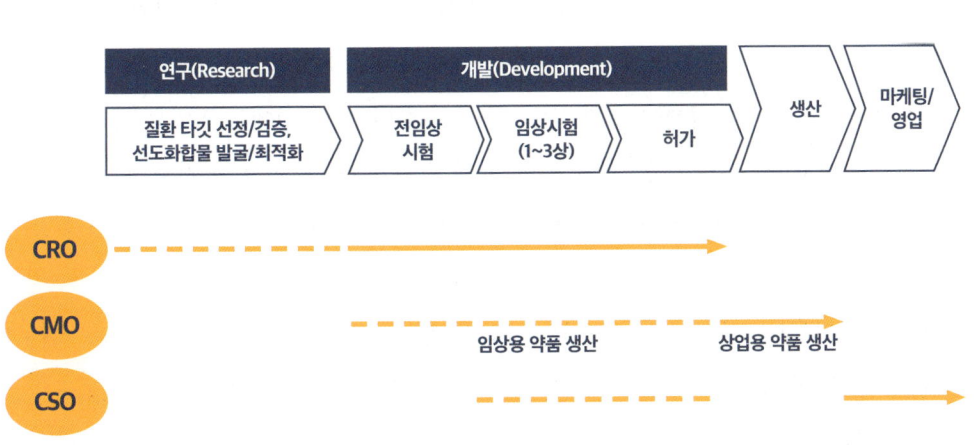

CMO, CSO, CSO의 개념

* CMO(Contract Manufacturing Organization): 의약품 생산 대행
* CRO(Contract Research Organization): 임상시험 대행
* CSO(Contract Sales Organization): 영업 대행

하는 사업으로, 바이오 의약품 생산 설비에 대규모 자본이 필요하기 때문에 탄생했다. 삼성바이오로직스는 세계 최대 CDMO 기업 중 하나로, 글로벌 제약사 상위 20곳 중 17곳과 파트너십을 맺고 있다(2025. 1).

삼성바이오로직스의 영업이익은 2023년 처음으로 1조 원을 돌파하며 1조 1,137억 원을 기록했다. 3공장(18만 리터)과 4공장(25만 6,000리터)은 단일 바이오 의약품 생산 시설 기준으로 세계 최대 생산량을 자랑하며, 글로벌 CMO 시장에서 독보적인 위치를 차지하고 있다. 모더나 백신 위탁 생산 수주 역시 지난 10년간 삼성바이오로직스의 주요 성과 중 하나로 꼽힌다.

삼성바이오로직스의 100% 자회사 삼성바이오에피스도 스텔라라(신약명 우스테키누맙)의 바이오시밀러를 개발했으며, 2024년 7월 FDA 승인을 받고 2025년 2월부터 미국 시장에 출시했다. 이 외에도 총 10개의 바이오시밀러를 확보하며 사업 영역을 확장하고 있다.

삼성바이오로직스는 CDMO 사업에서 창출한 안정적인 수익을 바탕으로 항체-약물 접합체(ADC), 유전자 및 세포 치료제(CGT), mRNA 백신 등 차세대 치료제 개발 역량을 강화하고 있다. 비록 당장은 신약 개발 계획이 없지만, 중장기적으로 종합 바이오 기업으로 성장하겠다는 비전을 갖고 있다. 위탁 생산 과정에서 축적된 기술력을 바탕으로 향후 신약 블록버스터를 개발한다면, 삼성바이오로직스의 위상과 주가는 지금과는 또 다른 국면으로 진입할 가능성이 크다.

삼성바이오로직스가 지금의 위치에 도달하기까지의 과정은 '가시밭길'이었다. 설립 초기에는 CMO 레퍼런스가 없어서 첫 수주를 따내기까지 2년이 걸렸고, 이를 위해 전 세계 바이오 업계 인사들을 초청하는 노력까지 기울여야 했다. 이 과정에서 바이오 사업이 경영권 승계에 활용됐다는 의혹, 분식회계 논란, 검찰의 압수수색과 경영진 기소, 상장폐지 위기 등 크고 작은 위기가 이어졌다. 이 사건들은 이미 잘 알려져 있어 구구절절 설명할 필요조차 없다.

그럼에도 불구하고 삼성그룹은 바이오 사업의 가능성을 믿고 좌고우면하지 않은 채 수조 원을 과감히 투자했다. 삼성바이오로직스가 신약 개발에 필요한 궤도에 진입했다는 평가를 받고 있는 이유다.

삼성물산, 삼성그룹의 사실상 지주사+자산 가치 풍부

삼성물산은 2015년 9월 제일모직(옛 삼성에버랜드)과의 합병으로 사업 부문이 더욱 복잡해졌다. 2024년 기준 매출액 비중은 건설이 46.1%로 가장 크며, 이어 상사(31.7%), 바이오(8.8%), 식음료(6.7%, 급식·식자재 유통 포함), 패션(4.9%), 레저(1.9%) 순이다. 영업이익 비중은 바이오(37.9%)와 건설(36.1%)이 70% 이상을 차지하고 있으며, 이어 상사(12.5%), 패션(6.7%), 식음료(4.5%), 레저(2.3%) 순이다.

지분구조를 살펴보면, 오너 일가가 총 33.24%를 보유하고 있다(2024. 8). 이재용 회장이 18.9%를 보유해 최대주주이며, 이부진 호텔신라 대표가 5.8%, 이서현 이사장이 6.5%, 홍라희 여사가 0.97%, 삼성생명공익재단이 1.07%를 보유하고 있다.

삼성물산의 가장 큰 투자 포인트는 지나치게 저평가돼 있다는 점이다. 먼저 주식 가치를 살펴보자. 삼성물산은 삼성그룹의 사실상 지주사로, 삼성바이오로직스(43.06%), 삼성전자(4.40%), 삼성생명(19.34%), 삼성SDS(17.08%), 삼성E&A(7.00%, 옛 삼성엔지니어링) 지분을 보유하고 있다. 이 지분의 공정가치(시가)는 58조 7,000억 원으로, 삼성물산의 현재 시가총액(26조 1,000억 원)의 2.23배에 달한다. 이는 삼성물산 전체를 26조 1,000억 원에 매입하면, 58조 7,000억 원어치의 자산을 손에 넣게 된다는 의미다.

삼성물산은 부동산 자산도 풍부하다. 에버랜드(21만 7,000평)와 캐러비안베이(3만 6,000평)를 소유하고 있으며, 이 두 회사의 장부가만 해도 1조 7,000억 원에 이른다. 공정가치는 이보다 훨씬 높을 것으로 추정된다. 이밖에 다양한 빌딩과 자가 사옥을 보유하고 있으며, 현금도 1조 1,215억 원을 보유하고 있다.

수익성 또한 양호하다. 삼성물산은 2023년 매출액 41조 8,957억 원, 영업이익 2조 8,702억 원, 당기순이익 2조 7,191억 원을 기록했다. 주가수익비율(PER)은 9.66배로, 국내 시공능력평가 1위 건설사이자 프리미엄 아파트 브랜드 '래미안'을 보유한 기업으로는 상당히 낮은 수준이다. PER이 낮을수록 저평가된 것으로 이는 주목할 만한 점이다. 삼성물산은 자산 가치가 풍부하고 실적도 양호한 저평가 우량주로 평가된다.

문제는 삼성물산이 '항상' 저평가돼왔다는 점이다. 2015년 9월 제일모직과 합병 이후 삼성물산의 주가는 10년 가까이 10만~15만 원대의 박스권에서 벗어나지 못하고 있다. 이렇게 오랜 기간 제자리걸음을 이어가면서 앞으로도 저평가 상태가 지속될 것이라는 전망이 제기되기도 한다.

'무거운 주식' 삼성물산은 언제 꿈틀댈까

삼성물산은 왜 이렇게 저평가돼 있는 걸까? 우리는 그 이유를 알고 있다. 삼성물산은 삼성그룹의 사실상 '지주사'라는 리스크를 안고 있다. 재계 1위 삼성그룹의 사실상 지주사라면 프리미엄을 받아야 하건만 현실은 정반대다. 이재용 회장의 사법 리스크가 미디어에서 다뤄질 때마다 주식시장에서 삼성물산이 거론되곤 했다.

미국계 헤지펀드 엘리엇 매니지먼트(이하 엘리엇) 이슈도 삼성물산의 주가에 부정적이다. 2023년 초 국제상설중재재판소(PCA)는 한국 정부가 엘리엇에 약 1,300억 원을 지급하라고 판정했고, 여기에 맞서 한국 정부는 취소 소송을 제기했다. 앞서 2015년 엘리엇은 삼성그룹 오너 일가의 경영권 승계를 위한 삼성물산과 제일모직 간 합병 과정에서 청와대, 보건복지부가 국민연금에 찬성 투표를 하도록 압력을 행사해 손해를 봤다며 소송을 제기했다. 이밖에 삼성물산이 영위하고 있는 급식, 식자재 유통 부문의 일감 몰아주기 이슈, 아파트 경기 불황도 잠재적 리스크로 평가된다. 그렇지만 이 같은 리스크는 삼성물산의 자체 펀더멘털과는 전혀 무관하다. 주식시장의 역사를 돌이켜보면 기업의 주가는 결국 본질 가치(Intrinsic value)로 수렴하는 것을 확인할 수 있다.

그렇다면 '무거운 주식' 삼성물산은 언제쯤 꿈틀댈까? 우선 생각해볼 수 있는 것은 해외 기업 사냥꾼의 삼성물산 지분 인수다. 2018년 엘리엇이 삼성을 상대로 소송을 제기할 당시 엘리엇이 확보한 삼성물산 지분은 7.12%(1,112만 5,928주)였다. 여기에 들어간 금액은 6,856억 원으로, 삼성물산과 제일모직 합병이 발표되기 전 4.95%(773만 2779주) 지분 매수에 약 4,698억 원, 합병 발표 후 2.17%(339만 3,148주)를 추가 매입하는 데 2,160억 원가량의 자금이 소요됐다. 한국 법무부의 분석에 따르면 엘리엇은 삼성물산 주식 처분 손실을 만회하고도 138억 원의 이익을 거뒀다. 2023년 7월 기준으로 삼성물산 주식 처분으로 6,477억 원을 회수한 것으로 알려졌다. 다만 2015년과 비교해 자산 가치가 더 풍부해졌다는 점을 고려하면 제2의 엘리엇이 나올 가능성은 희박해 보인다.

잠깐! | '지주사' 주식 가치는 왜 항상 저평가될까? _ 지주사 주식의 특징

1. 자산가치와 수익가치 간 괴리
지주사는 보유 자산(자회사 지분 등)의 가치로 평가되지만, 자산가치가 그대로 주가에 반영되지 않는다. 자산을 매각하거나 활용할 계획이 명확하지 않은 경우, 시장에서는 자산가치를 온전히 주가에 반영하지 않는 경향이 있다.

2. 자회사와의 중복 할인(Double Discounting)
지주사가 보유한 자회사 주식이 이미 개별적으로 시장에서 거래되고 있는 경우, 투자자들은 자회사 주식 직접 투자와 지주사 주식 투자를 비교하게 된다. 자회사에 직접 투자하는 것이 더 효율적이라는 인식 때문에 지주사 주식이 저평가되는 경우가 많다.

3. 지배구조의 비효율성
지주사의 주요 수익은 자회사로부터의 배당이 대부분인데, 배당수익률이 낮거나 자회사와의 경영 효율성이 떨어질 경우 시장에서 낮게 평가된다. 특히, 순환출자나 복잡한 지배구조가 얽힌 지주사는 추가적인 불확실성으로 인해 더 저평가될 수 있다.

4. 할인율 적용
시장에서는 지주사가 보유한 자산 가치에 일정한 할인율(통상 30~50%)을 적용하는 경향이 있다. 이는 자산의 유동화 가능성과 경영 전략의 불확실성을 반영한 것이다.

5. 성장성 부족
지주사는 자회사의 경영을 관리하는 역할이 중심이므로, 자체적인 성장 동력을 가지지 못하는 경우가 많다. 성장 가능성이 낮은 기업은 투자자들에게 매력도가 떨어져 주가가 저평가될 가능성이 크다.

6. 투자자들의 관심 부족
자회사가 실적과 성장 가능성을 주도하는 경우, 투자자들은 지주사보다 자회사에 더 관심을 갖게 된다. 특히, 자회사가 개별 상장된 경우, 지주사의 존재는 투자 관점에서 상대적으로 덜 중요해진다.

7. 지주사 규제 및 정책 요인
공정거래법 등 지주사와 관련된 규제들이 지주사 경영을 제한하거나 추가적인 비용을 발생시킬 수 있다. 이로 인해 주식시장은 지주사를 더 보수적으로 평가하는 경향이 있다.

02　SK그룹

**하이닉스 등
'빅 M&A'
3차례 성공하며
'재계 2위'**

SK그룹 지배구조와 지분 현황

(2024년 6월 기준, 단위 %) 자료: 금융감독원 전자공시
※ 리벨리온 등 일부 지분율 기준 2025. 3

SK그룹 현황
공시대상기업집단 2위

매출액	200조 9,620억 원
순이익	6,590억 원
계열사	219개

- 유망 ★★★ / 상장
- 모멘텀 ★★ / 비상장
- 관망 ★ / 해외
- 상장 예정

최태원 지분구조

최태원 → SK㈜ : 17.90

SK㈜ 주주:
- 최기원 6.65
- 최영근 0.20
- 최유진 0.07
- 노소영 0.01
- 최성환 —
- 소액주주 51.99
- 국민연금 7.44
- 처차월 —
- (3.17)

SK㈜ 계열

SK텔레콤 (★) 30.6
- SK브로드밴드 74.4
- SK스토아 100
- SK오앤에스 100
- Sapion Inc 62.5
  - 리벨리온 26.0

SK스퀘어 7.39
- SK하이닉스 (★★★) 20.1
  - SK Hynix Americaaa 100
- 11번가 98.1
- 인크로스 36.1
- 드림어스컴퍼니 (레인콤) 38.7

SKC 40.6
- 미스이케미컬앤드 SKC폴리우레탄 50
- SK솔믹스 100
- ISC 45.0
- SK넥실리스 100
  - Nexilis Management Malaysia 100

SK E&S 5.20 / 31.5 / 90
- 나래에너지서비스 100
- 파주에너지서비스 100
- 부산도시가스 100
- 전남도시가스 100
- 콘텐츠웨이브 36.4

SK이노베이션 36.2
- SK에너지 100
- SK인천 석유화학 100
- SK엔무브 (SK루브리컨츠) 60
- SK온 100
- SK아이이테크놀로지 61.2
- SK실트론 51.0
- SK바이오팜 (★★★) 64.0
  - SK Life Science 100
- SK에코플랜트 (SK건설) 44.5
  - SK오션플랜트 (삼강M&T) 37.6
- SK머티리얼즈 100

SK디스커버리 6.21 / 40.1
- SK가스 72.2
  - SK어드밴스드 45.0
- SK디앤디 31.3
- SK이터닉스 31.1
- SK케미칼 40.9
  - SK바이오사이언스 68.1
- SK네트웍스 34.8 / 40.9
  - SK일렉링크 52.8
  - SK매직 100
  - SK렌터카 100
    - SK렌터카서비스 100

088

SK그룹 오너 가계도와 지분 현황

(2024년 6월 기준, 단위 %) 자료: 금융감독원 전자공시

최태원 SK그룹 회장		최재원 SK그룹 수석 부회장		최창원 SK디스커버리 부회장		최기원 SK행복나눔재단 이사장	
SK	17.90%	SK	0.14%	SK디스커버리	40.18%	SK	6.65%

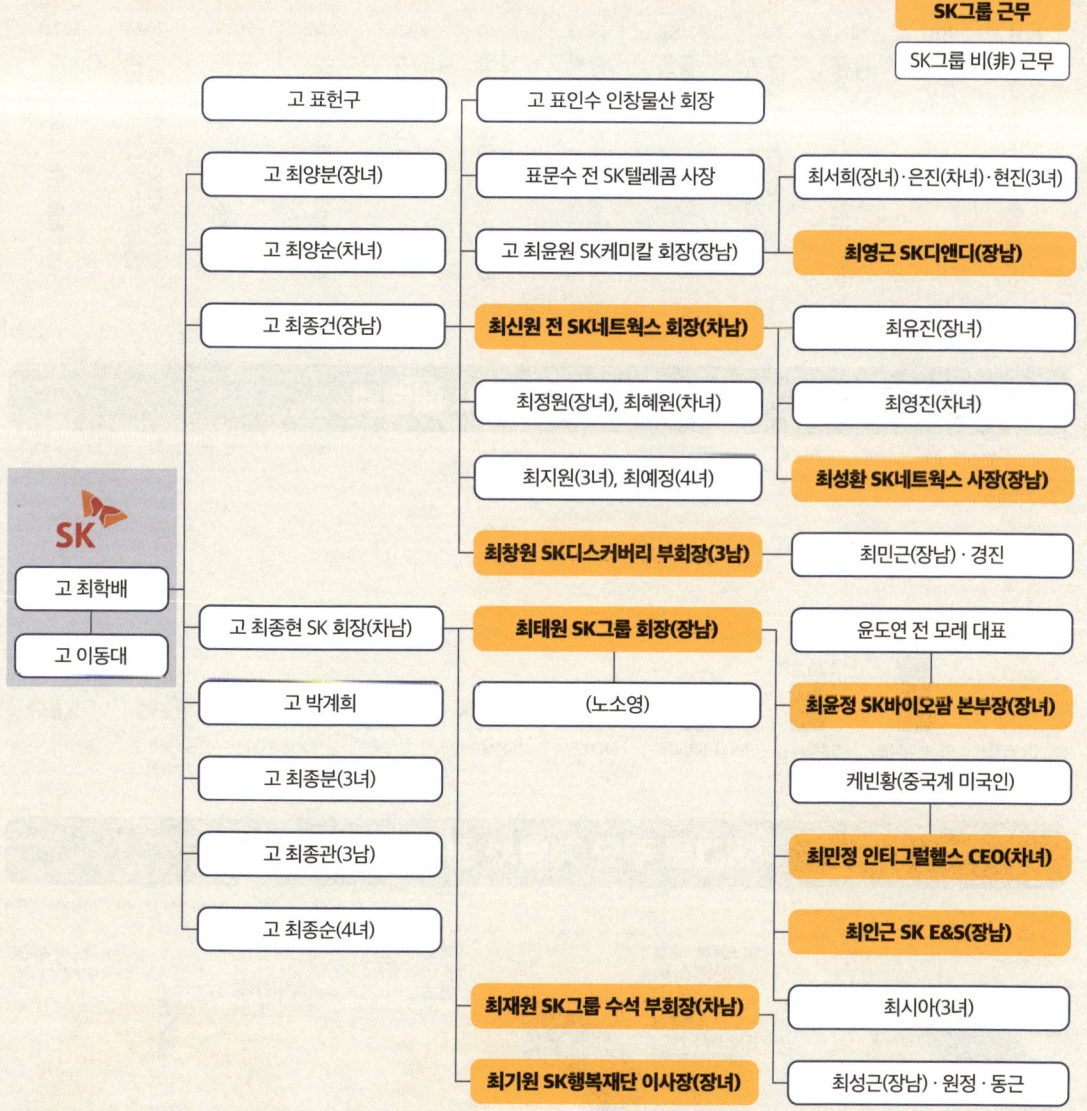

최근 10년 ㈜SK 실적 및 SK그룹 주요 연혁

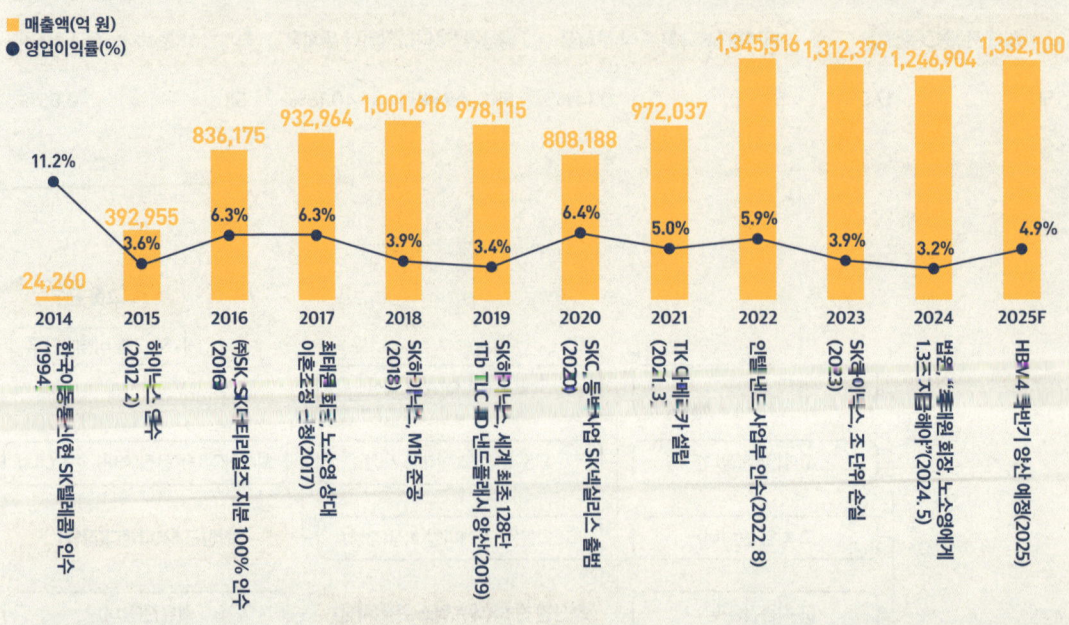

SK그룹 주요 계열사 매출액

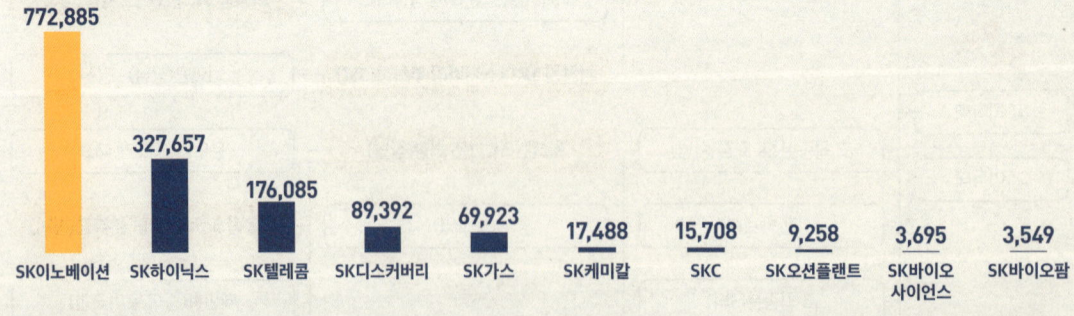

SK그룹 주요 계열사 매출액 비중

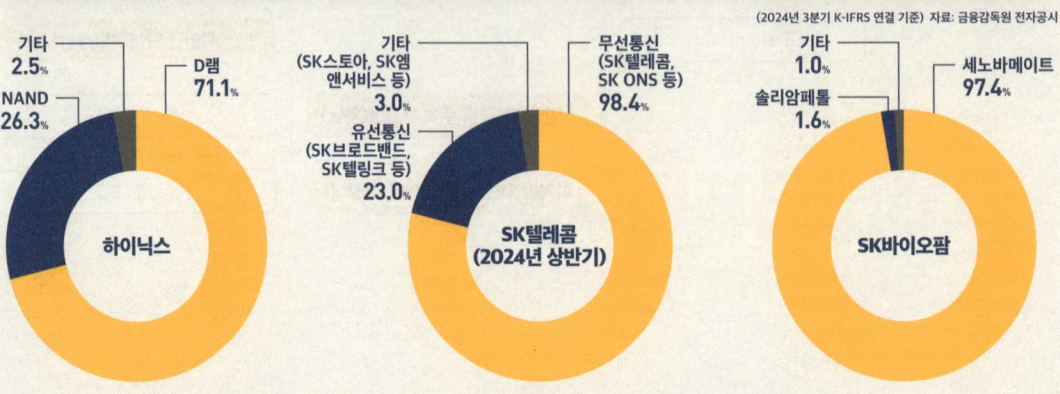

핵심 계열사 경영 현황 및 체크 포인트

SK하이닉스(★★★) — 코스피

● **현황**

글로벌 메모리 반도체 시장의 핵심 사업자로 D램 2위(31%), 낸드 플래시 2위(19%)를 기록하고 있다(2023 K-IFRS 연결). 매출액 비중은 D램 71.7%, 낸드 26.3%, 기타 2.%다(2024 상반기). 1949년 국도건설로 설립됐고, 1983년 현대전자산업으로 사명 변경 후 반도체 사업을 시작했다. 2012년 SK텔레콤이 인수해 SK하이닉스로 사명을 변경했다.

✓ **체크 포인트**

1. **엔비디아 HBM 수혜**: 2013년 세계 최초로 적층형 메모리인 HBM을 개발했고, 현재 엔비디아의 HBM 기준을 통과해 공급하고 있다.
2. **과점적 반도체 사업자**: 삼성전자, 마이크론과 반도체 시장 '빅3'로서 초과 수익을 얻고 있으며, 앞서가는 HBM을 발판으로 과점 체제가 상당 기간 유지될 가능성이 크다.

SK바이오팜(★★★) — 코스피

● **현황**

SK그룹의 바이오 계열사로 2011년 ㈜SK에서 물적 분할해 설립됐다. 최대주주는 ㈜SK(64.0%)이며 미국 현지 법인 SK 라이프사이언스(지분율 100%)를 두고 있다. 매출액 비중은 엑스코프리(XCOPRI, 성분명 세노바메이트^{Cenobamate}) 97.6%, 솔리암페톨 2.4%다. 2023년 4분기 흑자 전환했다.

✓ **체크 포인트**

1. **혁신 신약 개발**: 뇌전증 혁신 신약 '엑스코프리'이 임상을 국내에서 직접 진행했으며, 2019년 11월 미국 FDA로부터 판매 허가를 받았다. 2024년 기준 국내 기업이 독자 개발해 FDA 판매 허가를 받은 신약은 SK바이오팜의 엑스코프리가 유일하다.
2. **오너 자녀 근무**: 최태원 회장이 SK그룹의 차세대 먹거리를 '바이오'로 밀고 있고, 장녀 윤정, 차녀 민정 두 딸이 바이오 관련 기업에 근무한 경력이 있다.
3. **이익을 내는 바이오 기업**: 2023년 4분기 흑자 전환했다. 바이오 기업 중 95%가 이익을 내지 못해 소멸한다는 점에서 유의미하다.

SK텔레콤(★) — 코스피

● **현황**

SK그룹 산하 정보통신기술(ICT) 계열사로 대한민국 최대 이동통신사다. 1984년 한국이동통신으로 설립됐으며, 1994년 공개입찰을 통해 SK그룹에 편입됐다. 주요 사업은 이동통신과 유선통신 및 기타 사업(미디어, 보안, 클라우드 등)으로 나뉘며, 이동통신 사업이 전체 매출의 약 80%를 차지한다.

✓ **체크 포인트**

1. **정체된 이동통신 시장**: 국내 5G 가입자 점유율 1위로 이동통신 시장에서 선도적 위치를 유지하고 있지만, 국내 이동통신 시장은 성숙기에 접어들어 가입자 증가가 제한적이다.
2. **미디어와 콘텐츠 사업의 경쟁 심화**: IPTV(인터넷TV)와 OTT 플랫폼 '웨이브(Wavve)'를 운영 중이며, 넷플릭스, 디즈니+ 등 글로벌 OTT와의 경쟁에서 차별화가 필요하다.
3. **AI, 클라우드 신사업**: AI 개인 비서 서비스 '에이닷'과 엔비디아 협력 기반 AI 데이터센터 구축 등 신기술 분야에서 신성장 동력을 확보하고 있다.

잇따른 'M&A'로 성장한 SK그룹,
바이오 · AI · 이차전지로
'질적 도약' 나선다

2010년대 초반만 해도 SK그룹은 사실상 100% 내수 기업이라는 인식이 강했다. 그룹의 주력 사업인 통신과 정유는 전형적 인프라 산업으로, 이런저런 정부의 규제로 편할 날이 없었다. 시계를 그로부터 10여 년 전으로 더 돌려보자. 당시 정유 사업은 극단적으로 불황과 호황을 오갔고, 섬유 사업은 한국 근로자들의 임금 상승으로 경쟁력을 잃어가고 있었다. 이러한 상황에서 SK그룹은 경천동지할 만한 성과를 이뤄냈다. 세계 시장에서 '빅3' 반도체 기업을 거느리며 재계 2위로 도약한 것이다. 그 비결은 인수합병(M&A)이었다. 다른 기업들이 단 한 번 성공하기도 어려운 대규모 M&A를 무려 세 차례 연속으로 성공시키며 오늘의 성과를 이뤄낸 것이다.

SK하이닉스, 3.4조에 인수해 2024년 순이익만 19조

SK그룹은 2024년 공정위가 발표한 공시대상기업집단 2위를 기록했다. 2022년 현대차그룹을 앞지르며 2위로 한 단계 올라선 뒤 지금까지 유지하고 있다. 2023년 그룹 매출액은 200조 9,620억 원, 순이익 6,590억 원으로 전년 대비 각각 10.36%, 94.06% 감소했다(IFRS 연결). 계열사는 SK하이닉스, SK텔레콤, SK이노베이션(이상 상장사), SK E&S, SK에너지 등 219개사로 전년 대비 21개 늘었다. 크고 작은 M&A 정책이 최근까지도 지속되고 있음을 알 수 있다.

주요 계열사 매출액은 SK이노베이션 77조 2,885억 원, SK하이닉스 32조 7,657억 원,

SK텔레콤 17조 6,085억 원, SK디스커버리 8조 9,392억 원, SK가스 6조 9,923억 원, SK케미칼 1조 7,488억 원, SKC 1조 5,708억 원, SK오션플랜트 9,258억 원, SK바이오사이언스 3,695억 원, SK바이오팜 3,549억 원 순이다(2023). 이 중 3대 핵심 주력사는 SK이노베이션(정유), SK하이닉스(반도체), SK텔레콤(통신)이며, 이들 3사 매출액이 그룹 전체 매출액의 절반을 넘는다(63.5%).

상위 3사는 공통점이 있다. M&A를 통해 SK그룹 계열사로 편입됐다는 점이다. 오늘날 SK그룹의 성장 과정에서 M&A가 얼마나 큰 영향을 미쳤는지를 잘 보여준다.

세 기업 중 가장 최근에 인수된 곳은 SK하이닉스다. 2012년 2월 SK텔레콤은 3조 3,750억 원에 SK하이닉스를 인수했다. 인수 10년 만인 2022년, SK하이닉스는 매출액 44조 6,216억 원, 영업이익 6조 8,094억 원, 당기순이익 2조 2,417억 원을 기록했다. 2022년 영업이익만으로도 인수 금액을 훌쩍 넘어서며, SK하이닉스는 대표적인 M&A 성공 사례로 자리 잡았다. 2024년에는 반도체 업황이 회복되면서 매출액 66조 1,929억 원, 영업이익 23조 4,673억 원, 당기순이익 19조 7,969억 원을 기록했다. 한 해 동안 인수 금액(3조 3,750억 원)의 6배에 달하는 이익을 거둔 셈이니, 그야말로 '대박 M&A'라 할 만하다.

2012년만 해도 SK하이닉스 인수에 대해 부정적인 의견이 적지 않았다. 반도체 업황이 부진했던 데다, 통신·정유 등 기존 SK그룹의 사업과 시너지 효과가 불분명하고, 천문학적인 추가 투자가 필요하다는 점이 주된 이유였다. 그러나 최태원 회장의 판단은 달랐다. 그는 "반도체 시장에서 경쟁자가 줄고 있다(2012년 2월 일본 반도체 기업 엘피다 법정관리 신청). 반도체 산업 특성상 신규 진입자가 뛰어들 가능성은 극도로 낮다. 하이닉스는 지금 실적이 부진하지만, 기술력만큼은 뛰어나다"고 강조하며 과감한 인수를 추진했다. 인수 이후 SK그룹은 2012~2018년에 걸쳐 6년간 53조 원을 SK하이닉스에 투입했다. 이후의 결과는 우리가 잘 알고 있다. SK하이닉스는 글로벌 메모리 반도체 시장에서 삼성전자, 마이크론과 함께 '빅3'로 자리매김했다. 여기에 힘입어 2017년 SK그룹은 LG그룹을 앞지르며 '재계 빅3'로 올라섰고, 2022년에는 현대차그룹도 추월하며 재계 2위로 올라섰다.

SK하이닉스, SK텔레콤, SK이노베이션, '빅3' 모두 M&A로 출발

SK그룹의 'M&A를 통한 확장' 전략은 SK하이닉스 인수 이전에도 두 차례 있었다. 그중 하나가 1994년 한국이동통신의 인수로, 오늘날 SK텔레콤의 출발점이다.

SK그룹(당시 선경그룹)의 한국이동통신 인수 과정은 순탄치 않았다. 1991년 대한텔레콤을 설립해 이듬해 제2이동통신 사업자 공모에 참여했지만, 선정 후 여론 악화로 사업권을 반납해야 했다. 최태원 회장이 노태우 대통령의 사위라는 점이 논란이 돼 1992년 8월 결국 사업권을 반납했다. 문민정부(김영삼 정부) 출범 후, SK그룹은 1994년 3월 공개입찰에서 한국이동통신을 인수하며 다시 기회를 잡았다. SK그룹이 제시한 인수가는 주당 33만 5,000원, 총 4,271억 원으로 경쟁사들을 압도했다. 이후 제2이동통신(신세기통신)을 추가로 인수해 오늘날의 SK텔레콤으로 성장시켰다. SK텔레콤은 국내 통신 시장의 급성장과 함께 점유율 1위를 유지하며, 매년 조(兆) 단위 현금을 SK그룹에 기여하고 있다. SK텔레콤의 최근 5년(2019~2023) 연평균 영업 현금흐름은 4조 9,600억 원이다. 이 막대한 현금은 훗날 SK하이닉스를 인수할 수 있는 '자금줄' 역할을 했다.

또 다른 주요 M&A 사례로 1980년 대한석유공사(유공, 현 SK이노베이션) 인수가 있다. 이 인수는 선경그룹(현 SK그룹)을 재계 '빅5'로 올려놓는 결정적 계기가 됐고, 국내 재계 판도를 바꿨다.

유공 인수 과정은 베일에 싸여 있다. 1979년 유공은 매출액 1조 1,208억 원으로 국내 기업 최초이자 유일하게 매출 1조 원을 넘어선 기업이었다. 반면, 선경그룹 매출은 10분의 1 수준에 불과했다. 이를 두고 '새우가 고래를 삼켰다'는 평가가 나왔다.

선경그룹의 유공 인수 계기는 1980년 10월 정부의 대한석유공사 민영화 발표였다. 당시 대한석유공사는 정부와 미국 걸프가 지분을 절반씩 보유하고 있었다. 정부는 석유공사 매각 조건으로 원유의 안정적 확보 능력, 자금 조달 능력, 산유국 투자 유치 역량, 정유사 경영 관리 능력, 기간산업으로서의 책임성, 산유국과의 교섭 능력 등을 제시했다. 유공 인수전에는 선경, 삼성, 현대, 효성, 대한항공이 관심을 보였다. 걸프의 지분 가치가 9,300만 달러로 평가되면서, 이 자금을 조달할 수 있는 대기업들이 유력한 인수 후보로 거론됐다. 1980년의 9,300만 달러는 2025년 원화로 환산하면 약 13조 원이다. 당시 선경은 자본력에서 뒤처져 있었다. 삼성, 현대, 효성, 대한항공은 재계 10위권 이내에 있었고, SK는 10위권 바깥에 있었다. 하지만 그해 11월 정부는 선경을 유공의 새 주인으로 선정했다. 정부가 오일쇼크를 겪으며 '안정적인 원유 수급'에 더 큰 비중을 둔 것이 이유였다. 앞서 1973년 1차 오일쇼크 때 OPEC는 한국을 석유 금수국으로 지정해 수출량을 50% 삭감하고, 그마

저도 10개월 내 완전히 중단하겠다고 통보했다. 이때 최종현 선경 회장이 비공식 정부 사절로 사우디아라비아를 방문해 원유 공급을 지속할 수 있도록 협상에 성공했다. 정부는 이러한 선경의 역량을 높이 평가했다.

인수 후 대한석유공사는 1982년 유공으로 사명을 변경했다. 정부는 인수조건들을 충족하지 못할 경우 유공의 경영권을 회수한다는 조건을 달았지만, 선경이 이 조건들을 모두 충족시키면서 경영권을 유지할 수 있었다.

양에서 질로, AI, 바이오 등 '신유망사업' 전략이 성패 좌우

SK그룹은 1953년 고 최종건 창업주(1926~1973)가 일제가 남긴 선경직물을 불하받으며 시작됐다. 다시 말해, SK그룹의 출발은 직물 회사다. 1966년 해외통상을 인수한 뒤 일본 섬유 회사 테이진(帝人)과 합작해 '선경화섬'을 설립, 고급 재생섬유로 분류되는 아세테이트 생산을 시작했다. 1969년에는 선경합섬을 설립하며 종합 섬유 기업으로 성장했다. 이후 1980년 대한석유공사 인수, 1994년 한국이동통신 인수, 2012년 하이닉스 인수를 통해 오늘날 대기업집단으로 도약했다.

그러나 현재 SK그룹의 성장 전략은 이전과는 분위기가 사뭇 다르다. 바이오, AI, 이차전지 등 신유망 사업을 M&A를 통해 진행하기보다 '자력'으로 키워 도약하겠다는 전략이 눈에 띈다. 이러한 신사업을 추진하는 주요 계열사로는 SK바이오팜, SK바이오사이언스(이상 바이오), SK텔레콤(AI), SK넥실리스(이차전지 동박) 등이 있다. 향후 SK그룹의 신성장 동력이 이들 계열사에서 나올 가능성이 높다.

- AI 사업을 맡고 있는 SK텔레콤은 글로벌 AI 핵심 기업으로 도약한다는 목표 아래 AI 가치사슬 구축에 박차를 가하고 있다. AI 인프라, AI 서비스, AI 기술 개발 등 다양한 영역에서 글로벌 기업들과 전략적 파트너십을 맺고 대규모 투자를 진행하고 있다. 2024년 7월 미국의 AI 데이터센터 솔루션 기업 스마트 글로벌 홀딩스(SGH)에 2억 달러(약 2,400억 원)를 투자했으며, GPU 클라우드 기업 람다(Lambda)와의 파트너십을 통해 국내에 대규모 엔비디아 GPU 클러스터 구축에 나섰다. 또한, 자회사 사피온코리아가 2024년 8월 IPO를 추진 중이던 AI

- 바이오 사업을 진행하는 계열사는 SK바이오팜과 SK바이오사이언스다. SK바이오팜의 최대주주는 ㈜SK(64.0%)이고, SK바이오사이언스는 최창원 SK디스커버리 부회장의 몫으로 분류되고 있다. 최창원 부회장은 고 최종건 SK그룹 창업 회장의 3남이다.

- SK넥실리스는 2020년 SKC에서 분리 독립해 자회사로 출범했다. 말레이시아 사바주(州)에 이차전지용 동박 공장을 운영하고 있다. 2024년 SK그룹의 사업 재편 과정에서 SK넥실리스 매각설이 제기됐으며, 2024년 11월 박막사업부를 사모펀드 운용사 어펄마캐피탈에 950억 원에 양도했다. 재계 일각에서는 SK그룹이 풍부한 M&A 노하우를 바탕으로 시장에 '양호한 물건'이 나올 경우 SK넥실리스 전체 매각을 통해 자금을 확보한 후 인수에 나설 것이라고 예측하기도 한다. "좋은 물건이 언제 나올지 알 수 없기 때문에 평소 현금을 충분히 확보해야 한다"는 최태원 회장의 평소 지론에 따르면 충분히 가능한 시나리오다.

지배구조 개선해 '제2 소버린 사태' 가능성 낮아

SK그룹은 최태원 회장이 지주사 ㈜SK를 통해 지배한다. 그 밑으로 ㈜SK가 중간 지주사에 해당하는 SK텔레콤(30.6%), SKC(40.6%), SK이노베이션(36.2%), SK디스커버리(40.1%), SK스퀘어(31.5%), SK E&S(90%)에 경영권을 행사한다. ㈜SK의 최대주주는 최태원 회장(17.90%)이고, 여동생 최기원 SK행복나눔재단 이사장(6.58%) 등이 주식을 보유하고 있다. 최태원 회장과 재산분할 소송 중인 노소영 아트센터 나비 관장도 0.01%를 보유하고 있다(이상 2024 2분기). 최태원 회장의 1남 2녀(장녀 최윤정, 차녀 민정, 장남 인근)는 ㈜SK 지분을 보유하고 있지 않다. 최태원 회장 남동생 최재원 SK그룹 수석부회장은 2024년 7월 SK 지분을 전량 매도했다.

장녀 최윤정은 SK바이오팜 사업개발본부장과 2024년 12월 발령받은 SK그룹 신설조직 성장지원 임원을 겸직하고 있다. 2023년 말 정기 임원인사에서 사업개발본부장(부사장)으로 승진해 그룹 내 최연소 임원 기록을 세웠다. 지난 2017년 SK바이오팜 경영전략실 전략팀 선임 매니저(대리)로 입사해 2019년까지 파트장을 지냈다. 중국 베이징국제고, 미국 시카고대 생물학 전공을 마치고 시카고대 뇌과학연구소 연구원, 하버드대 물리화학연구소 연구원 등으로 근무했다. 차녀 최민정은 미국에서 AI 기반 헬스케어 스타트업 '인티그럴헬스(Integral Health)'를 설립해 CEO로 활동하고 있다. 미국 예일대 의학박사 출신의 정신의학 전문가, 버클리캘리포니아대 박사 출신의 AI 전문가 등이 모여 설립했다. 최민정 씨는 중국 베이징대 경영학과를 졸업했고, 2018년 홍이투자에 입사해 글로벌 M&A 업무를 맡았으며, 2019년 SK하이닉스에 대리 직급으로 입사했다. 장남 최인근은 SK E&S 북미법인 패스키 사원으로 근무하고 있다.

SK그룹의 지배구조는 현재 안정적인 모습이지만 처음부터 지금과 같지 않았다. 현 지배구조는 2003년 '소버린 사태'에서 교훈을 얻어 개선된 것이다. 소버린 사태는 2003년 뉴질랜드 소버린 자산운용이 ㈜SK 지분을 매입해 SK그룹과 경영권 분쟁을 벌인 것을 말한다. 2003년 4월 소버린 자산운용은 20여 일 만에 ㈜SK 2대 주주(지분율 16%)로 올라선 뒤 경영진 퇴진을 요구했다. 당시 SK그룹은 순환출자 지배구조로 인해 최태원 회장이 경영권을 잃을 뻔한 위기를 겪었다. 최태원 회장 측은 개인 투자자들을 '가가호호' 방문해 표를 모으고, 자사주를 매각하는 등 수단을 총동원해 표 대결에서 승리해 극적으로 경영권을 지켜냈다. 이 과정에서 SK 주가가 상승하자 소버린은 2005년 7월 차익 실현으로 방향을 바꿔 지분을 매각하고 철수했다. 소버린은 1,768억 원을 투자해 총 9,359억 원의 수익을 거둔 것으로 추정된다(주식 시세 차익 7,558억 원, 누적 배당금 485억 원, 환차익 1,316억). 수익률로 환산하면 429.35%에 이른다.

그러나 경영권 리스크가 완전히 해소된 것은 아니다. 법원이 재산분할금 1조 3,808억 원을 노소영 아트센터 관장에게 지급하라는 판결을 내리면서, 일각에서는 SK그룹의 지배구조가 흔들릴 가능성을 우려하며 '제2의 소버린 사태' 가능성을 제기했다. 다만, 실제 가능성은 크지 않다는 분석이 우세하다. 소버린 사태를 겪으며 SK그룹이 지배구조를 지주사 형태로 개선하고, 기업 분할, 주식 스왑(Swap) 등을 통해 최대주주 및 특수 관계인 지분율을 25% 이상으로 늘렸기 때문이다. 한국 상법상 지분 25% 이상을 갖고 있으면 주주총회 일반 결의요건을 확보하게 돼 지배구조가 안정화됐다고 본다.

SK하이닉스
'HBM 경쟁력 선두',
SK바이오팜
'혁신 신약 엑스코프리 성과'

SK그룹 상장 계열사로는 SK㈜, SKC, SK가스, SK네트웍스, SK디스커버리, SK디앤디, SK바이오사이언스, SK바이오팜, SK스퀘어, SK아이이테크놀로지, SK오션플랜트(옛 삼강엠앤티), SK리츠, SK이터닉스, SK케미칼, SK텔레콤, SK하이닉스, 인크로스, ISC, 드림어스컴퍼니(옛 레인콤), 에스엠코어 등 21개사가 있다. 만약 당신이 최태원 회장이라면 어느 기업을 향후 주력사로 키우려고 할까?

- 최창원 부회장의 몫으로 분류되는 SK디스커버리, SK가스, SK디앤디(부동산개발), SK케미칼, SK바이오사이언스는 논외로 해도 된다. 최창원 부회장은 최태원 회장의 큰아버지 고 최종건 SK 창업 회장의 3남으로, 사촌 동생이다.

- SK네트웍스는 최성환 SK네트웍스 상무의 몫으로 분류된다. 최성환 상무는 최신원 전 SK네트웍스 회장 장남으로 최태원 회장에게는 5촌 조카다.

- SK텔레콤은 통신업계의 내수 시장 한계를 극복하기 위해 AI 사업에 뛰어들었지만, 아직 시장이 열리지 않았다.

- SK아이이테크놀로지(SKIET)는 SK이노베이션의 소재 사업 부문을 물적 분할해 설립됐고, 주요 생산품은 배터리 소재(분리막)다. 세컨드 무버(Second-mover)의

한계를 어떻게 극복하는지가 관건이다.

- ISC는 반도체 테스트 소켓 제조 기업으로 규모가 작고 SK하이닉스 실적과 연계돼 있다는 특징을 갖고 있다. 따라서 투자자라면 ISC를 사느니 SK하이닉스를 사는 게 효과적이다.

- SK이터닉스는 2024년 2월 SK디앤디에서 분할 설립돼 아직은 평가하기에 이르다. 태양광, 풍력, 연료전지 등 신재생에너지 사업과 ESS 사업을 영위하고 있다. 최대주주는 SK디스커버리(31.1%)다. 최창원 부회장 몫으로 분류되고 있다.

- 인크로스, SK오션플랜트, SK위탁관리부동산투자회사는 시장 규모가 크지 않거나 SK그룹 본업에서 벗어나 있다.

- SK케미칼, SK스퀘어는 해외 시장 개척에 한계가 있다.

- SKC는 이차전지 동박 사업을 하는 SK넥실리스의 모회사(100%)다. SK넥실리스는 세계에서 가장 얇고, 넓고, 길게 양산하는 동박 및 FCCL(연성동박적층판)을 생산하고 있다. 동박은 리튬 이온 전지의 음극재 소재로, 지지체로 전류를 흐르게 하는 이동 경로 역할을 맡을 뿐 아니라 배터리에서 발생하는 열을 외부로 방출하는 역할을 한다. SKC는 2024년 11월 SK넥실리스의 박막 사업을 어펄마캐피탈에 950억 원에 양도하는 주식 매매계약을 체결했다.

SK바이오팜, '글로벌 키 플레이어' 가능한 국내 유일 기업

그렇다면 남은 회사는 SK하이닉스와 SK바이오팜이다.

우선 SK바이오팜을 3가지 측면에서 주목할 필요가 있다.
첫째, 최태원 회장이 SK그룹의 차세대 먹거리를 '바이오'로 점찍었다는 점에서다. 최태원 회장은 사석에서 측근들에게 "SK그룹은 반도체로 적어도 10여 년은 보낼 수 있고, 그 다음이 바이오다"라고 말한 것으로 알려졌다. 한국의 대기업집단은 오너 의중에 따라 그룹 전체가 일사불란하게 조직적으로 움직인다. 최 회장의 두 딸이 바이오 관련 사업에 관여하고 있다는 점도 눈여겨봐야 한다. 앞서 언급한 대로 장녀 최윤정 씨는 현재 SK바이오팜 사업개발본부장으로 근무하고 있다. 차녀 최민정 씨도 AI 기반 헬스케어 스타트업(인티그럴 헬스)의 CEO로 근무하고 있다(2025. 1).

둘째, SK바이오팜이 '혁신 신약(오리지널 신약)'을 개발했다는 점이다. 신약 개발은 제약·바이오 산업에서 가장 높은 진입 장벽을 가진 분야다. 기존에 허가된 의약품과 화학구조 또는 본질 조성이 전혀 다른 새로운 물질을 기반으로 개발해야 하기 때문이다. 생약·바이오 기업이 미국 FDA나 한국 식약처에서 신약 승인을 받으려면 막대한 연구개발비와 오랜 기간이 소요된다. 임상 1상, 2상, 3상을 거쳐야 하며, 특히 미국에서 신약이 임상을 통과하는 데 평균 10~15년이 걸리고, 연구개발비도 12억 달러(약 1조 6,000억 원)에 달한다. 실제로 미국 FDA가 승인한 신약은 2022년 30건, 2023년 55건에 불과할 정도로, 신약 개발은 말 그대로 낙타가 바늘귀를 통과하는 것만큼 어렵다.

이처럼 신약 개발의 난도가 높다 보니, 대부분의 국내 제약·바이오 기업들은 개량 신약이나 복제약(제네릭·바이오시밀러) 사업에 집중하는 경우가 많다. 하지만 SK바이오팜은 기존에 없던 혁신 신약(First-in-Class)을 직접 개발하는 전략을 선택했다. 그 결과 SK바이오팜은 국내 최초로 미국 FDA에서 승인받은 중추신경계(CNS) 혁신 신약을 보유한 기업이 됐다. 뇌전증(일명 간질 발작) 치료제 엑스코프리(XCOPRI, 성분명 세노바메이트)가 그 주인공이

SK바이오팜의 엑스코프리 개발 일지 자료: SK바이오팜

2001	2007	2008	2015	2018	2019
후보물질 탐색 시작	미국 FDA 신약 임상시험 신청 승인	임상 1상 시험 완료	임상 2상 시험 완료	임상 3상 시험 완료, 미국 FDA 신약판매허가 신청(NDA)	11월 미국 FDA 신약판매허가

다. 2019년 11월 SK바이오팜은 국내 기업으로서는 처음으로 독자 개발한 신경계 치료제로 FDA 판매 허가를 받았다. 엑스코프리는 글로벌 블록버스터 신약으로 평가받는 빔팻(Vimpat) 대비 '발작 완전 소실(Seizure Free)' 효과가 10배 이상 우수하다는 평가를 받는다. 이는 SK바이오팜이 개량 신약이나 복제약 개발이 아닌 신약 연구개발(R&D)에 집중한 결과다.

셋째, SK바이오팜은 글로벌 바이오 핵심 사업자로 도약할 수 있는 유력한 국내 제약·바이오 기업이다. 뇌전증 치료제 시장 규모는 생각 이상으로 크다. 2022년 기준 10조 원 규모로, 이 가운데 최대 시장 미국이 5조 5,000억 원가량을 차지하고 있다. 미국을 제외한 시장도 4조 5,000억 원가량으로, 향후 성장성이 매우 크다. SK바이오팜은 파트너사를 통해 사실상 전 세계 주요 국가에서 엑스코프리 출시 준비를 완료했다. 또한, 미국 시장 공략을 위해 직판 체제를 구축하며 직접 판매 기반을 다졌다. SK바이오팜의 미국 현지법인 SK라이프사이언스(SK바이오팜 지분율 100%)가 직접 판매를 담당하고 있다. SK바이오팜은 2011년 ㈜SK에서 물적 분할돼 설립됐다. 2023년 4분기에 흑자 전환했다.

SK하이닉스, 엔비디아의 HBM 수혜 기대

SK하이닉스는 삼성전자, 마이크론과 더불어 세계 반도체 시장 '빅3'다. 2023년 글로벌 시장 점유율을 살펴보면, D램 2위(31%), 낸드 플래시 2위(19%)를 기록하고 있다. 1위는 삼성전자이며 D램(45%), 낸드 플래시(36%) 부문에서 모두 선두를 유지하고 있다. SK하이닉스의 매출액 비중은 D램 63%, 낸드 플래시 26%, 기타 11% 순이다. 사실 이것만 해도 SK하이닉스의 존재감이 대단하다는 사실을 알 수 있는데, 2024년 이후 엔비디아의 HBM(고대역폭메모리) 수혜가 더욱 확대되는 분위기다.

SK하이닉스는 엔비디아의 H100 AI 가속기에 HBM3를 공급하며 고대역폭 메모리 시장에서 독보적인 입지를 구축하고 있다. HBM은 고대역폭을 제공하기 위해 메모리 칩을 적층한 구조로 설계되며, 이를 위해 인터포저(Interposer)라는 중간 연결 기판과 1,024개의 정밀한 핀 연결이 필요하다. SK하이닉스는 2013년 세계 최초로 HBM을 개발했고, HBM3 분야에서 주도적 지위를 차지하고 있다. 삼성전자가 2019년 HBM 사업에 대한 투자를 줄인 이후, SK하이닉스가 시장 점유율 확대의 수혜를 누린 결과다.

엔비디아에 대한 삼성전자의 HBM 공급이 쉽지 않은 이유가 있다. 엔비디아가 생산하는 B100 GPU 가격은 3만~4만 달러(약 5,100만 원)로, 여기에 들어가는 HBM(192GB HBM3e) 가격은 약 2,900달러(약 38만 원) 수준으로 추정된다. 엔비디아의 관점에서 보자면, 검증되지 않은 삼성전자나 마이크론의 HBM을 썼다가 제품 불량이 나면 2,900달러만 날리는 게 아니라 3만~4만 달러짜리 GPU를 통째로 날리게 되는 셈이니 거래처 선정에 아주 신중할 수밖에 없다. 삼성전자나 마이크론이 할인된 가격을 제시한다고 하더라도 엔비디아가 쉽게 수용하기 어려운 것도 그 때문이다.

03 현대자동차그룹

**'와해성 기술'
전기차 시대에도
글로벌 '자동차 빅3'**

HYUNDAI
MOTOR GROUP

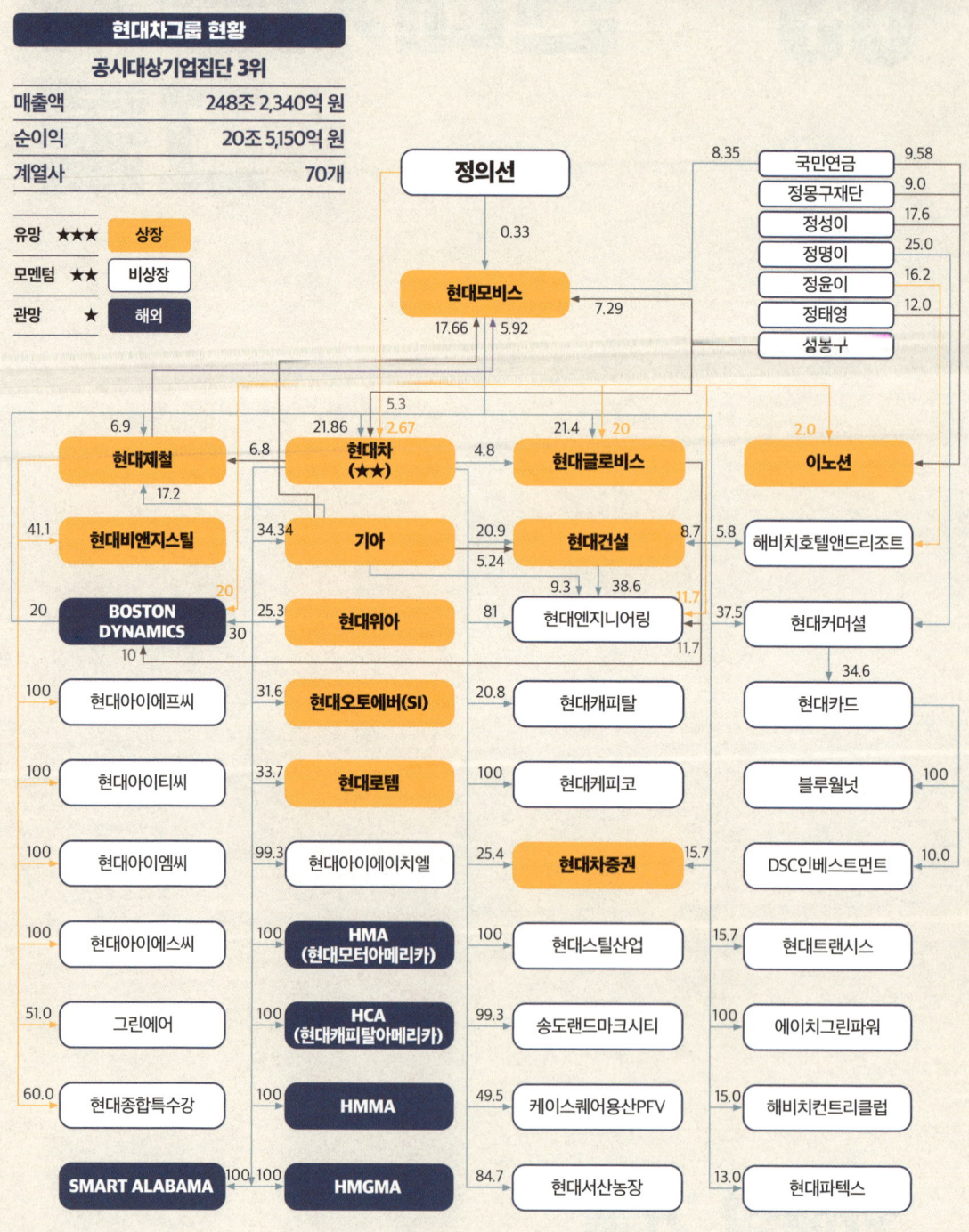

현대차그룹 지배구조 및 지분 현황

(2024년 6월 기준, 단위 %) 자료: 금융감독원 전자공시

정몽구 현대차그룹 명예회장
현대차	5.3%
현대모비스	7.29%

정성이 이노션 고문
이노션	17.6%

정의선 현대차그룹 회장
현대차	2.67%
기아	1.7%
현대모비스	0.33%
이노션	2.0%
현대위아	2.0%
현대글로비스	20.0%
현대엔지니어링	11.7%
서림개발	100%

정명이 현대커머셜 사장
현대커머셜	25%

정윤이 해비치호텔 사장
해비치호텔	16.2%

정태영 현대카드·현대커머셜 대표
현대커머셜	12.0%

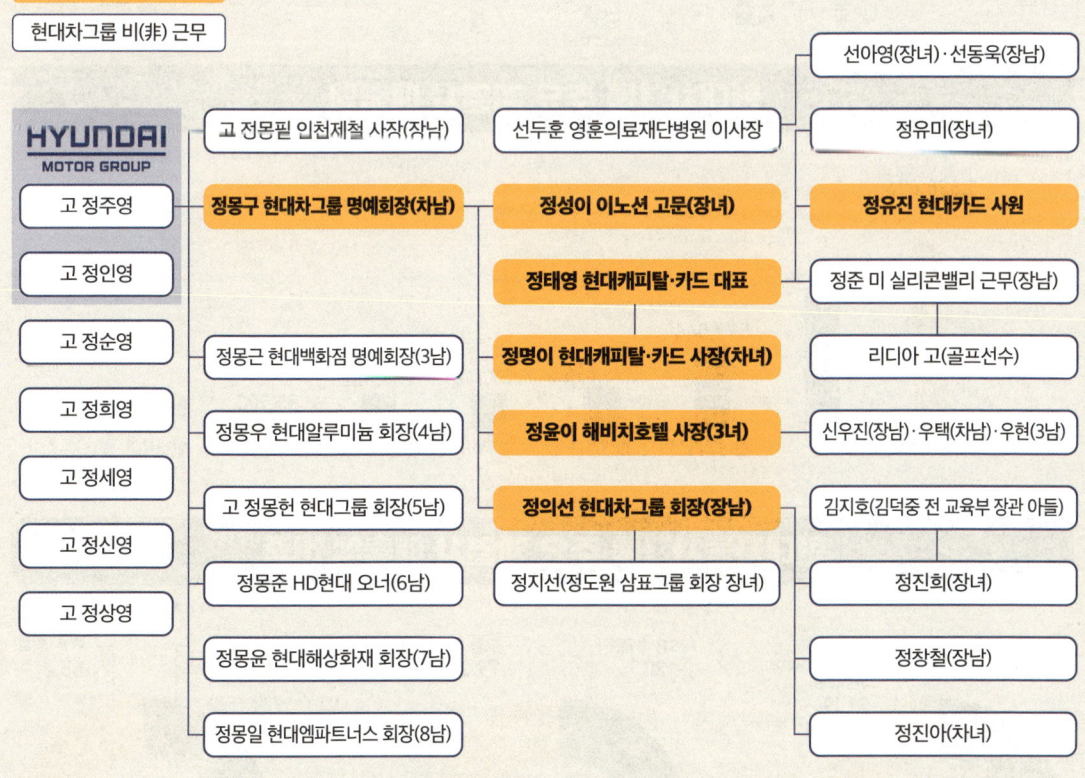

최근 10년 현대자동차 실적 및 현대차그룹 주요 연혁

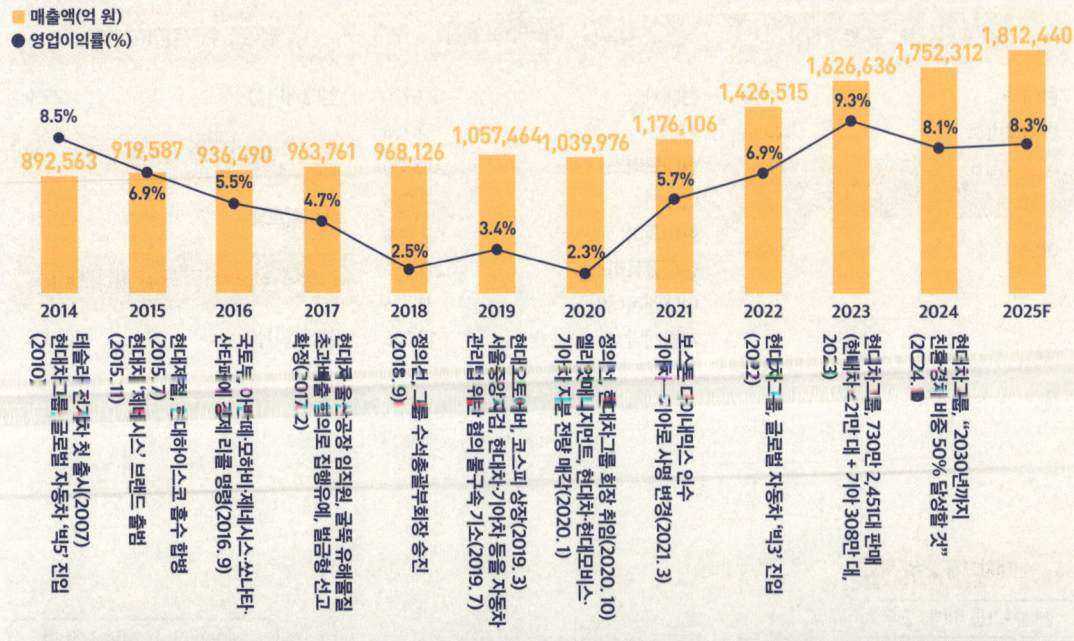

현대차그룹 주요 계열사 매출액

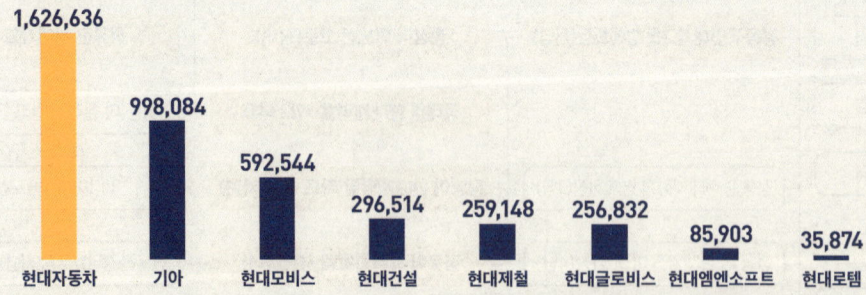

현대자동차그룹 주요 계열사 매출액 비중

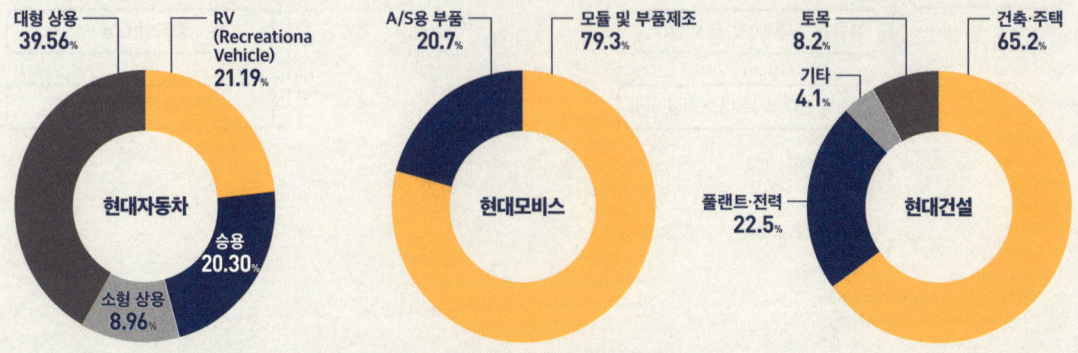

핵심 계열사 경영 현황 및 체크 포인트

현대자동차 (★★) | 코스피

● **현황**
일본 토요타, 독일 폭스바겐과 함께 글로벌 완성차 '빅3'다. 2024년 총 414만 대를 판매했고, 이 가운데 해외 판매는 343만 대다. 기아(308만 대)를 합치면 총 722만 대다. '자동차 시장의 꽃' 미국 자동차 시장에서 제너럴모터스(GM), 토요타, 포드에 이어 '빅4'에 속한다. 1967년 12월에 설립됐고, 1974년 6월 유가증권시장에 상장했다.

✓ **체크 포인트**
1. **신차 모멘텀**: 신차 출시는 매출 증대와 브랜드 경쟁력 강화에 중요한 역할을 한다. 2025년까지 9종의 신형 전기차를 출시하며, 전기차 시장 점유율 확대를 목표로 하고 있다. 최근 출시된 아이오닉6와 제네시스 GV60이 긍정적인 시장 반응을 얻고 있다.
2. **완성차 판매 대수**: 판매 대수는 시장 점유율과 기업 영향력을 결정짓는 핵심 지표다.
3. **전기차 및 자율주행차로의 전환**: 현대차는 2030년까지 전기차 200만 대 판매를 목표로, 미국과 유럽 중심으로 전기차 생산과 판매를 확대하고 있다.

현대모비스 | 코스피

● **현황**
현대자동차그룹의 핵심 자동차 부품사다. 자동차 3대 핵심 모듈(부품 덩어리)인 섀시 모듈(Chassis Module, 제동·조향·현가 등), 칵핏 모듈(Cockpit Module, 운전석 앞의 계기판·에어백 등), 프론트앤모듈(FEM, 차량 앞 헤드램프·라디에이터 등)을 생산한다. 전기모터, 배터리 시스템 등도 생산한다. 현대차그룹의 지주사 성격을 띠고 있다. 1977년 6월 설립됐고, 1989년 9월 유가증권시장에 상장했다.

✓ **체크 포인트**
1. **완성차 판매 대수**: 현대차, 기아의 완성차 판매 대수가 증가하면 현대모비스의 제품 공급도 증가한다.
2. **자율주행 및 미래차 기술 투자**: 자율주행, 스마트센서, 커넥티드카 등 미래차 기술에 적극 투자하고 있으며, 이를 통해 현대차그룹 외 글로벌 완성차 업체에도 부품 공급을 늘리고 있다.

현대제철 | 코스피

● **현황**
포스코와 더불어 고로 방식의 제철소를 운영하는 국내 양대 철강사다. 전기로 방식으로 철강을 생산하다가 2004년 한보철강의 당진제철소를 인수해 고로 방식의 열연강판 생산을 시작했다. 1953년 대한중공업공사로 설립됐고, 1978년 현대그룹에 편입됐다. 2001년 현대자동차그룹에 편입됐다. 2000년 강원산업, 2001년 삼미특수강, 2015년 현대하이스코를 합병했다. 조강 생산량 기준 글로벌 18위 철강사다(2022).

✓ **체크 포인트**
1. **중국 철강사와의 경쟁**: 중국산 철강 제품이 쏟아지면서 현대제철의 실적과 수익성이 악화되고 있다.
2. **건설업황**: 주요 전방 산업 중 하나인 건설업황이 개선되면 현대제철의 실적도 개선된다.

전기차 대전환의 파고 속에도, '존재감' 더 강해졌다

여기 두 장의 사진이 있다. 미국 뉴욕 월스트리트의 똑같은 장소를 13년의 시차를 두고 찍은 사진이다. 왼쪽은 1900년 4월 부활절 아침의 거리 풍경이고, 오른쪽은 그로부터 13년이 지난 똑같은 거리 풍경이다.

왼쪽 사진에 보이는 거리는 온통 마차가 채우고 있다. 그런데 동그라미로 표시된 부분을 자세히 보면 딱 한 대의 내연기관 자동차가 보인다. 그 차는 헨리 포드(Henry Ford, 1863~1947)의 포드 사가 생산한 '포드 T'다. 그런데 오른쪽 사진을 보자. 마차는 온데간데없고 '포드 T'가 거리를 메우고 있다. 불과 10여 년 만에 세상이 천지개벽한 것이다. 마차 산

1900년 4월 부활절의 미국 뉴욕 월스트리트 풍경(왼쪽)과 그로부터 13년이 지난 같은 장소 풍경(오른쪽)

업은 한순간에 몰락했다. 신기술은 이처럼 기업 운명에 결정적인 영향을 미친다.

마차와 내연기관차 이야기를 꺼낸 이유는 테슬라(Tesla)로 대표되는 전기차(Electric Vehicle, EV) 기업의 등장 때문이다. 전기차는 기존 업계에 파괴적 영향을 미치는 와해성 기술(Disruptive Technology)로 평가된다. 이를 뒷받침하듯 테슬라는 2010년 나스닥 상장 이후 2018년 모델3를 안정적으로 대량생산하면서 내연기관차 업체들이 사라질 것이라는 전망을 불러왔다. 그러나 2025년 기준으로 이 전망은 다소 빗나간 상태다. 테슬라는 전기차 시장의 선두주자로 자리 잡았지만, 글로벌 시장은 캐즘(Chasm) 단계에 머물러 있다. 초기 혁신 수용자(Early adopters)를 넘어 대중 시장(Early majority)으로 전기차가 확산되는 과정에서 여전히 인프라 부족, 높은 가격, 긴 충전 시간 등의 문제를 해결하지 못하고 있기 때문이다.

이런 상황에서 현대자동차그룹(이하 현대차그룹)은 2022년 토요타와 폭스바겐에 이어 글로벌 완성차 시장 점유율 '빅3'에 오른 데 이어, 2024년 역대 최대 실적을 기록했다. 내연기관 중심의 포트폴리오를 가진 현대차그룹의 위상이 오히려 점프한 것이다. 그러면 '전기차의 저주'가 현대차그룹을 빗겨간 걸까?

도요타, 폭스바겐과 더불어 글로벌 자동차 '빅3'

현대차그룹은 2024년 공정위가 발표한 공시대상기업집단 3위를 기록했다. 그룹 전체 매출액 248조 8,970억 원, 당기순이익 11조 6,710억 원으로 전년 대비 각각 17.73%, 37.31% 증가했다. 계열사는 현대자동차, 기아, 현대제철, 현대건설, 현대위아(이상 상장사), 현대엔지니어링, 현대캐피탈, 현대카드(이상 비상장사) 등 60개사로 전년 대비 3개 증가했다. 현대차그룹의 핵심 계열사는 당연히 현대자동차다. 현대차그룹 주요 계열사의 매출액은 162조 6,636억 원으로 현대자동차가 가장 많고, 이어 기아 99조 8,084억 원, 현대모비스 59조 2,544억 원, 현대건설 29조 6,514억 원, 현대제철 25조 9,148억 원, 현대글로비스 25조 6,832억 원, 현대위아 8조 5,903억 원, 현대로템 3조 5,874억 원 순이다.

현대차그룹은 글로벌 자동차 시장에서도 키 플레이어다. 한국자동차모빌리티산업협회 조사에 따르면, 2023년 글로벌 자동차 시장에서 현대차그룹(현대차+기아)은 토요타그룹

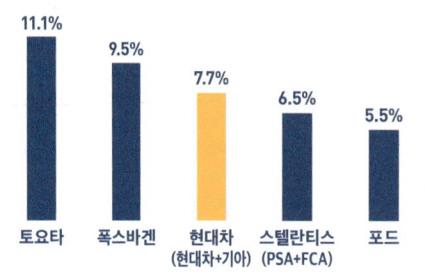

2023년 글로벌 자동차 시장 점유율
(2023년 한국자동차모빌리티산업협회, 단위 %)

- 토요타 11.1%
- 폭스바겐 9.5%
- 현대차(현대차+기아) 7.7%
- 스텔란티스(PSA+FCA) 6.5%
- 포드 5.5%

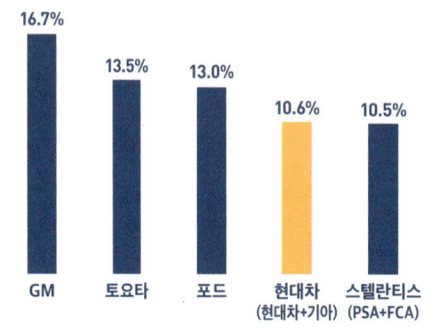

미국 자동차 시장 점유율
(2023년 1~6월 미국 오토모티브뉴스, 단위 %)

- GM 16.7%
- 토요타 13.5%
- 포드 13.0%
- 현대차(현대차+기아) 10.6%
- 스텔란티스(PSA+FCA) 10.5%

(11.1%), 폭스바겐그룹(9.5%)에 이어 3위를 기록했다(7.7%). 그 뒤로 스텔란티스(프랑스 PSA+이탈리아 FCA, 6.5%), 포드(5.5%) 순으로 시장을 점유하고 있다. 이 기간 자동차 판매 대수를 살펴보면, 토요타 약 1,075만 대, 폭스바겐 924만 대, 현대차그룹 730만 대(현대차 422만 대+기아 308만 대)를 기록했다. 현대차그룹은 2000년 글로벌 완성차 '빅10'에 진입한 이래, 2010년 불과 10년 만에 포드를 앞지르며 '빅5'에 진입했다. 이후 2020년 4위, 2021년 5위에 이어 2022년 3위로 2단계 도약하는 성장일로의 길을 걸어왔다.

'자동차 시장의 꽃'으로 불리는 미국 자동차 시장에서도 현대차그룹은 '빅4'다. 미국 〈오토모티브뉴스〉의 2023년 상반기(1~6월) 조사에 따르면, 미국 자동차 시장 1위는 GM(제너럴 모터스, 16.7%)이고, 이어 토요타(13.5%), 포드(13.0%), 현대차(기아 포함) 10.6%, 스텔란티스 10.5% 순이다.

예상보다 더딘 전기차 대중화, 현대차는 '시간' 벌었다

눈여겨볼 부문은 전기차 비중이다. 2023년 현대차그룹이 판매한 자동차 730만 대 가운데 전기차 비중은 4.1%(약 30만 대)로 추정된다. 즉, 전기차 비중이 5%가 채 되지 않는다는 의미다. 그간 현대차의 전기차 판매 대수를 살펴보면, 2020년 10만 9,654대, 2021년 14만 355대, 2022년 21만 5,253대에 이어 2023년에 약 30만 대를 팔았다(기아차 포함 약 45만 대). 지속적인 상승 추세에 있지만 그렇다고 폭발적인 성장세까지는 아니다. 현대차그룹의 전기차 판매 비중이 낮은 것은 전기차 대중화가 당초 예상보다 더디게 진행되고 있기 때문이다. 전기차 키 플레이어 테슬라는 2023년 자동차 판매 대수 180만 8,581대로 전년 대비 37.65% 크게 증가했지만, 내연기관 1위 토요타의 1,123만 대와 비교하면 여전히 격차가 크다. 또한 테슬라가 2030년도 목표치로 내세운 2,000만 대 판매 규모에도 한참 부족한 수치다. 전기차 대중화는 당초 예상보다 왜 더딘 걸까?

우선 가장 큰 걸림돌은 '가격'이다. 자동차 정보 공유 플랫폼 에드먼즈(Edmunds)에 따르면, 2023년 기준 전기차 평균 판매가격은 6만 544달러(약 7,950만 원)로 내연기관 자동차 대비 1만 3,000달러(약 1,700만 원) 정도 비싼 것으로 조사됐다. 여기에 충전 인프라도 걸림돌이다. 장거리 주행이나 도심부 외곽 주행 시 충분한 충전소가 없어서 애를 먹었다는 사례가 여전히 들려온다. 고속충전 시설이 확보된 고급 주택에서 거주하거나, 대형 빌딩으로 출퇴근하는 종사자를 제외하면 일반 소비자에게 여전히 전기차가 내연기관 자동차보다 '내연기관차보다 더 비싸고 더 불편한 이동수단'으로 인식되는 것이다. 전기차가 머지않은 미래에 내연기관 자동차를 대체할 것이라는 사실에는 변함없다. 다만, 그 시점이 정확히 언제인지 아무도 답을 못 내리는 상황이다. 〈블룸버그통신〉은 적어도 2040년께 전기차 비중이 운행 중인 전체 차량의 31%선에 도달할 것으로 전망하기도 했다.

이 같은 전기차의 '느린' 대중화가 현대차그룹에 기회로 작용하고 있다. 현대차그룹의 관점에서는 내연기관 자동차에서 전기차로 연착륙할 수 있는 시간을 벌어주고 있기 때문이다. 실제로 현대차그룹은 내연기관 자동차에 최적화된 구조로 수십 년을 유지해왔다. 이는 전기차로의 전환에 있어 현대차그룹의 약점으로 지적되곤 했다. 가치사슬의 하단에 차량용 철강을 생산하는 현대제철부터 화물 운송을 담당하는 현대글로비스, 자동차 금융 사업을 영위하는 현대캐피탈 등으로 부품, 조립, 운송, 자동차 금융에 이르기까지 수직계열화돼 있다. 이런 수직계열화는 글로벌 완성차 그룹 중에서는 유일한 사례로, 경쟁사 토요타 그룹이 소재 부문을 맡는 아이치제강을 보유하고 있지만, '고로'가 없는 제강소에 불과하다는 점에서 현대차그룹과 그 결이 다르다.

내연기관차가 유일한 선택지일 때 이는 현대차그룹에 강점이었다. 제조부터 판매까지 상당수 생산 부문을 자급하면서 원가 절감과 경쟁력 강화로 지금까지 실적을 낼 수 있었기 때문이다. 실제로 대기업집단 2위 SK그룹(매출액 224조 1,920억 원, 당기순이익 11조 1,000억 원)을 뛰어넘어 매출액 기준으로는 이미 재계 2위를 탈환한 상태다. 대기업집단 지정 기준이 되는 공정자산 총액도 270조 8,060억 원을 기록하며 SK그룹(327조 2,540억 원)과의 격차를 좁혔다.

하지만 주력 자동차를 전기차로 전환하기 위해서는 내연기관 자동차 중심의 현재 가치사슬을 극복해야 한다는 평가다. 현대차그룹도 전기차로의 전환을 빠른 속도로 진행하고 있다. 2023년 아이오닉 5·6, EV6, 니로(Niro), 코나(Kona) 등 전기차 라인업을 확대하는 한편, 51만 대 이상 판매함으로써 전년 대비 13.7% 늘렸다. SNE리서치가 발표한 2024년 1~11월 글로벌 전기차 인도량에 따르면, 현대차그룹이 전기차 판매량은 약 45만 5,000대급 기록해 전년 대비 3.4% 성장률을 기록했다. 아이오닉5, EV 6, 니로 판매량은 전년 동기 대비 감소했지만, EV9의 글로벌 판매량이 확대됐다. 북미 시장에서는 스텔란티스, 포드, GM보다 많은 전기차를 인도했다. 또한, 전기차 시장조사기관 이브이-볼륨스닷컴(EV-Volumes.com)에 따르면, 현대차는 2024년 1분기 세계 전기차 시장에서 총 10만 9,524대(점유율 3.4%)로 1위 BYD(58만 4,714대), 2위 테슬라(38만 6,825대), 3위 BMW(11만 7,204대)에 이어 4위에 오른 것으로 조사됐다. 전기차 브랜드 '아이오닉(현대차)'과 'EV(기아)'를 필두로 글로벌 인지도를 제고하는 한편, 하이브리드 라인업을 지속적으로 강화해 친환경차 판매 확대가 이어지는 것이다. 현대자동차는 프리미엄 브랜드 제네시스를 포함해 2030년까지 전기차 판매 비중을 전체 판매량의 34%로 높이고, 주요 시장인 미국·유럽·한국 내 전기차 판매 비중을 53%까지 확대한다는 방침이다.

전기차로의 전환으로 이른바 '강성 노조' 문제도 자연스럽게 해결될 수 있다. 현대차그룹 노조가 강성이라고 평가받는 이유는 내연기관차 생산 과정에서 대규모 인력(노조원)이 필요하기 때문이다. 다시 말해, 내연기관 자동차는 '프레스샵(차체 생산) → 바디샵(차체 조립) → 페인트샵(도장) → 어셈블리샵(부품 장착·조립)'의 4단계를 거쳐 생산되며, 어셈블리샵 공정에 전체 인력의 80%가 집중돼 있다. 그런데 전기차 부품 수는 내연기관차 부품 수의 3분의 1에 불과하다. 따라서 현대차가 전기차로 전환을 완료하면 어셈블리샵 인력의 3분의 1을 줄일 수 있고, 그 결과로 노조의 힘이 약화될 것이라는 전망이 나오는 것이다. 결국 현대차그룹이 전기차로의 연착륙을 얼마나 순조롭게 진행하느냐에 따라 수익구조는 물론 기업구조의 미래까지도 결정할 것이라는 전망이다. 연착륙이 순조롭게 진행될 경우 10년째

NOTICE | 알고 갑시다!

현대자동차의 역사

현대자동차는 1967년 정주영 창업주가 미국 포드와 합작하는 형태로 설립된 기업이다. 1968년 11월 현대자동차 최초의 자동차인 포드 코티나(Cortina)를 출시했다. 독자 기술이 없던 현대자동차는 1974년 2월 당시 영국의 최대 자동차 회사였던 브리티시 레일랜드(British Leyland)의 부사장으로 재직하던 조지 턴불(George Turnbull)을 영입했다. 일본 미쓰비시 자동차 공업의 기술 협력을 받아 1975년 대한민국 최초 자체 모델인 포니를 생산했다. 이후 1999년 3월 IMF 외환위기로 무너진 기아자동차와 아시아자동차를 인수하며 오늘날의 자동차그룹 형태를 갖추게 됐다. 현대차 경영은 원래 정주영 회장의 동생 정세영이 경영을 맡았다가 1999년 정주영 회장의 지시에 따라 정몽구 회장이 맡게 됐다. 현대차그룹은 2000년 8월, 이른바 '왕자의 난' 이후 정몽구 회장이 현대차, 기아차, 현대정공(현 현대모비스), 인천제철(현 현대제철), 현대강관(이후 현대제철에 합병) 등을 주축으로 현대그룹에서 분가하며 출범했다.

박스권에 있는 현대차 주가도 움직일 가능성이 있다.

미래 모빌리티 혁신의 핵심으로 꼽히는 자율주행차 개발도 현대차그룹의 주요 과제 중 하나다. 이를 위해 현대차그룹은 2021년 6월 미국 로봇 스타트업 보스턴 다이내믹스(Boston Dynamics)를 일본 소프트뱅크로부터 8억 8,000만 달러(약 11조 2,000억 원)에 인수했다. 현대차 30%, 현대모비스 20%, 현대글로비스 10%, 정의선 회장 20% 등 총 80% 지분을 확보하며 그룹 차원에서 대규모 투자를 단행했다. 보스턴 다이내믹스는 자율주행(보행), 인지, 제어 등에서 세계 최고의 기술력을 보유한 기업으로 평가받으며, 로봇 기술과 미래 자동차 산업 간 시너지를 창출할 핵심으로 주목받고 있다. 2025년 1월 CES 2025에서 엔비디아의 AI 개발 플랫폼 '코스모스(Cosmos)' 기반 휴머노이드 로봇 라인업에 보스턴 다이내믹스가 국내 기업으로는 유일하게 협력사로 이름을 올리며 화제가 되기도 했다.

실타래처럼 얽힌 '지배구조 개선', 현대차 뇌관 될까

현대차그룹은 30대 대기업집단 가운데 유일하게 '현대모비스 → 현대차 → 기아 → 현대모비스'로 이어지는 순환출자 문제를 안고 있다. 공정위가 개선을 요구하고 있지만 명확한 개선방안을 찾지 못하고 있다. 한때 현대모비스를 지주사로 개편한다는 이야기도 나왔지만, 현대차그룹 측은 이를 공식 부인했다. 더욱이 정의선 회장이 가진 현대모비스 지분이 0.33%에 불과하다는 측면에서 쉽지 않은 시나리오다(2024. 9).

현대차그룹을 이끄는 정의선 회장은 2020년 10월 회장에 취임했다. 정 회장은 앞서 2018년 9월 그룹 수석총괄부회장에 취임해 현대차그룹을 사실상 이끌어왔다. 그해 부친 정몽구 명예회장이 경영 일선에서 공식 은퇴한 데 따른 것이다. 정 명예회장은 장녀 정성이 이노션 고문, 차녀 정명이 현대커머셜 사장, 3녀 정윤이 해비치호텔앤드리조트 사장, 장남 정의선 회장 등 1남 3녀를 두었다. 정명이 사장의 남편은 정태영 현대카드 대표 겸 현대커머셜 대표다. 2021년 9월 현대캐피탈 대표에서 사임했다. 정명이 사장과 정태영 대표는 현대커머셜, 현대카드의 경영을 맡고 있다.

현대차그룹 주(株), 지배구조 개편 등 불확실성으로 난도 높아

주식시장을 살펴보자. 현대차그룹의 상장 계열사로는 현대자동차, 기아, 현대제철, 현대모비스, 현대건설, 현대글로비스, 현대위아, 현대로템, 현대오토에버, 이노션, 현대비엔지스틸, 현대차증권 등 12개사가 있다. 이 가운데 이노션은 광고회사로 정성이(정몽구 회장 장녀) 고문 몫으로 분류되고 있다.

주식시장 참여자의 관점에서 보면 현대차그룹 관련주는 예측이 쉽지 않다. 전기차 및 자율주행차로의 전환과 맞물려 지배구조 개편 등 다양한 변수와 리스크에 노출돼 있기 때문이다. 우선 현대차그룹은 앞서 말한 대로 지배구조 개편이 주요한 화두로 있다. 공정위의 압박이 거세지면서 현대차그룹은 실타래처럼 얽혀 있는 지배구조를 단순화하고 지주사로 전환해야 하는 상황에 맞닥뜨려 있다. 실적과 별개로 추이를 살펴야 하는 부분이다.

만약 현대차그룹이 현대모비스를 지주사로 상정한다면, 현대모비스의 주가는 눌려 있게 될 가능성이 높다. 현대차 정의선 회장의 관점에서 생각해보면, 현대모비스 주가가 낮을수록 저렴하게 매입할 수 있기 때문이다. 정의선 회장이 현대모비스 지분을 늘리자면 주가가 오르는 것이 반갑지 않을 수 있다.

현대차그룹의 지배구조 개편과 맞물린다면, 현대건설의 주가도 단기적으로 하락할 가능성이 제기된다. 비상장사인 현대엔지니어링이 현대차그룹의 지배구조 개편 시나리오에서 '승계 우회로'로 언급되고 있기 때문이다. 시장에서는 현대엔지니어링이 현대건설과 합병해 우회 상장할 가능성을 주요 시나리오로 보고 있다. 현대엔지니어링보다 현대건설의 기업 가치가 높은 상황에서, 정의선 회장의 지분 가치를 높이기 위해 현대건설의 주가 가치를 낮게 평가해야 할 필요성이 있다는 분석도 나온다.

2024년 3분기 기준, 정의선 회장은 현대엔지니어링의 2대 주주로 11.7%(890만 3,270주)의 지분을 보유하고 있다. 현대엔지니어링의 최대주주는 38.6%(2,933만 주)를 보유한 현대건설이다. 정의선 회장이 보유한 계열사 지분 중 현대엔지니어링은 현대글로비스(20%)에 이어 두 번째로 높은 비중을 차지한다. 다만, 일각에서는 이재용 삼성그룹 회장이 삼성물산과 제일모직 합병 과정에서 송사에 휘말린 사례를 언급하며, 이 방식이 실제로 추진될지는 미지수라는 시각도 있다.

그러나 현대엔지니어링의 기업 가치가 준수해 이 가능성은 여전히 살아 있다. 비상장주식 가치평가 방법을 적용해 계산하면 2023년 현대엔지니어링의 별도 재무제표 기준 현대엔지니어링 지분가치는 약 2조 2,657억 원으로 평가되며, 정의선 회장이 보유한 지분가치는 2,645억 원 수준으로 추정된다. 그런 이유로 지난 2021년 말 현대엔지니어링은 독자 IPO에 나서기도 했다. 당시 정의선 부회장의 보유 지분 534만 1,962주가 매각 대상에 포함됨에 따라 정의선 부회장이 매각을 통해 승계 재원을 마련할 것이라는 관측이 있었다. 하지만 현대엔지니어링 상장은 건설업 불황으로 중단됐다.

뚜렷한 해법이 나오지 않다 보니 현대건설과의 합병설이 끊임없이 제기된다. 이 외에도 정의선 회장 개인 지분(20%)이 있는 보스턴 다이내믹스가 현재 미국 나스닥 상장을 추진 중이다. 상장이 성사될 경우, 정 회장이 보유한 기업 지분가치가 크게 상승해 투자 회수에도 탄력이 붙을 전망이다. 그러나 보스턴 다이내믹스는 2024년 3분기 누적 약 1,689억 원의 손실을 기록하며, 전년 동기 대비 손실 규모를 25% 줄였음에도 불구하고 여전히 자본잠식 우려가 제기되는 상황이다. 이러한 점에서 상장이 성공적인 해결책이 될지는 불투명하나

현대차그룹은 지배구조 개편 이슈와 더불어 전기차와 자율주행차로의 전환이라는 변곡점에 놓여 있다. 이 모든 것들을 한마디로 요약하면 '불확실하다'는 것이다. 불확실성은 주식시장이 가장 피하고 싶어 하는 리스크다. 현대차그룹 계열 상장사 가운데 유망주를 선정하기 어려운 이유가 여기에 있다.

04　LG그룹

이차전지·AI(인공지능)·바이오 신사업 나선 재계 '빅4'

LG그룹 오너 가계도 및 지분 현황

(2024년 6월 기준)

구광모 LG그룹 회장	구본식 LT그룹 회장	김영식 고 구본무 회장 처	구연경 LG복지재단 대표	구본준 LX그룹 회장
㈜LG 15.95%	㈜LG 4.48%	㈜LG 4.20%	㈜LG 2.92%	㈜LG 2.04%

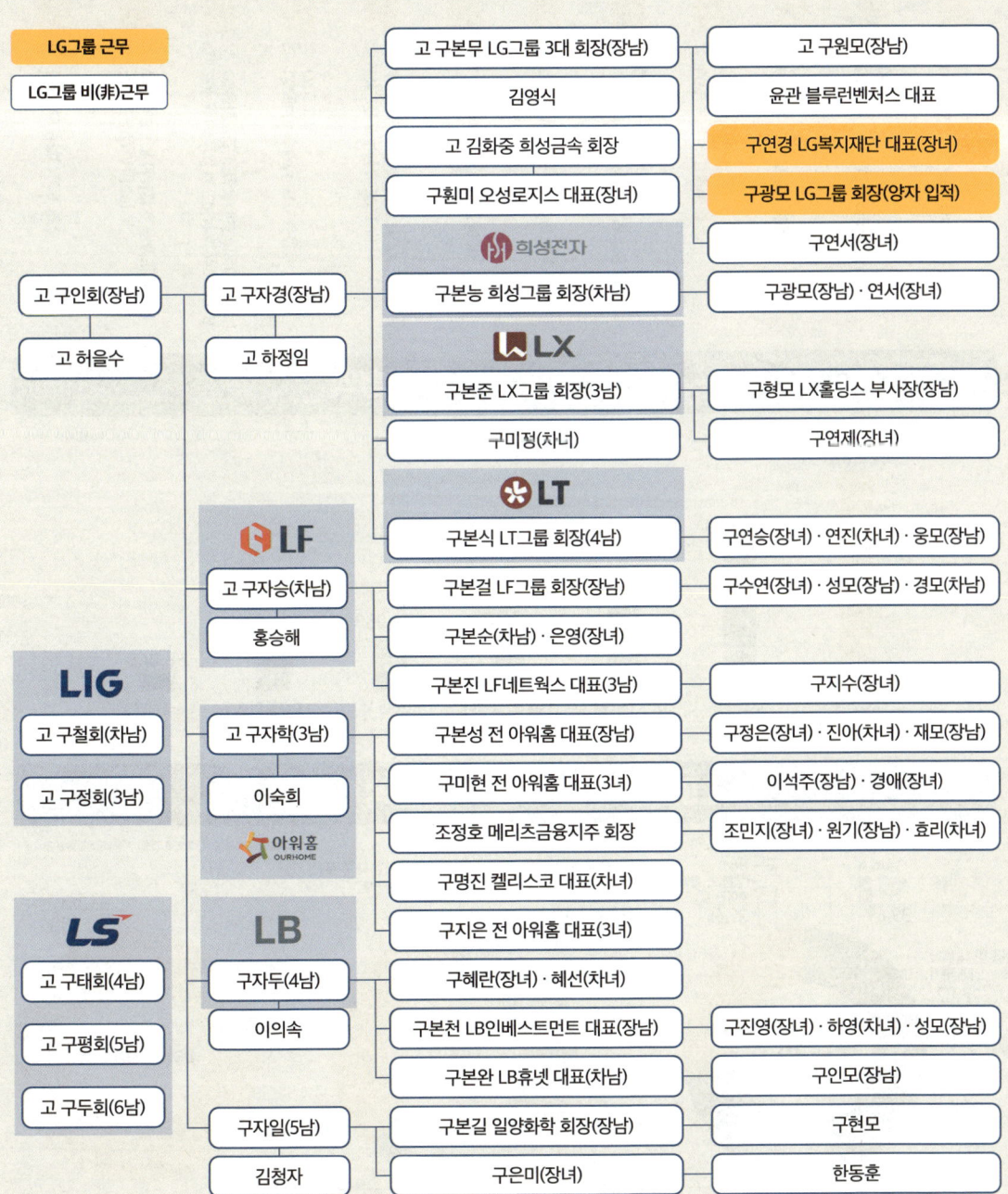

최근 10년 LG전자 실적 및 LG그룹 주요 연혁

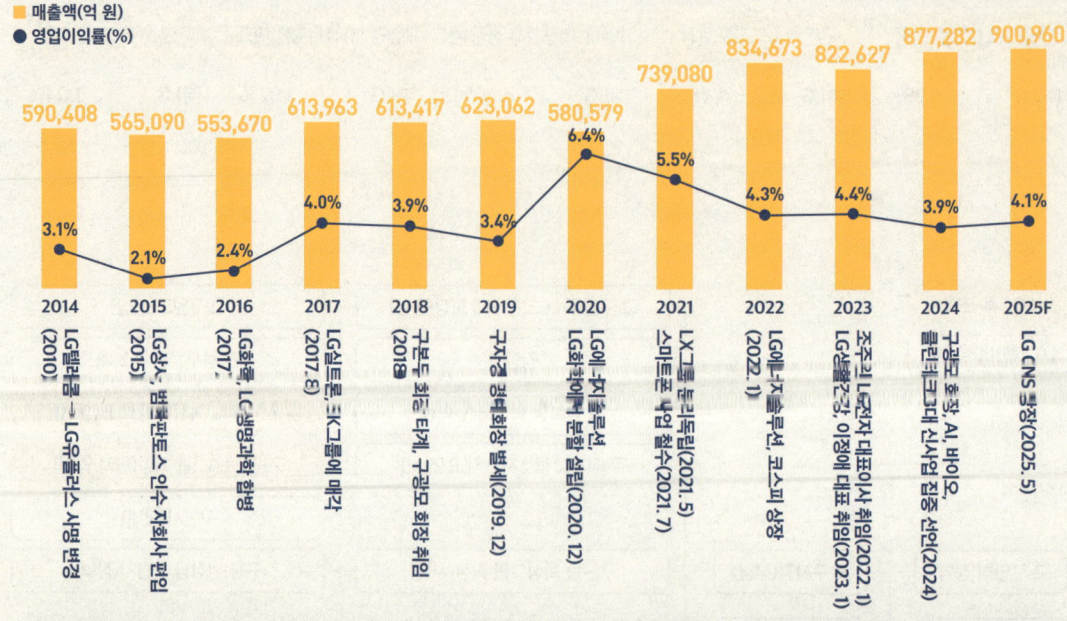

LG그룹 주요 계열사 매출액

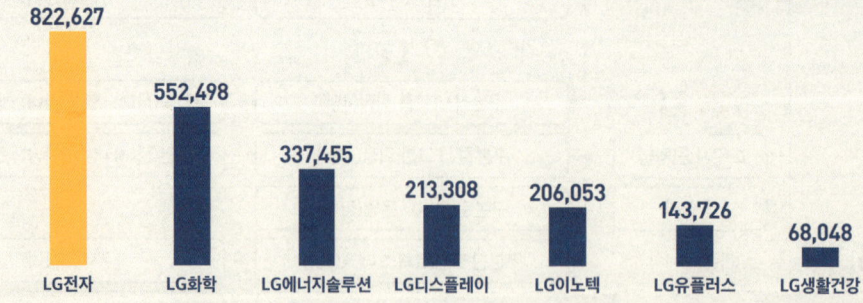

LG그룹 주요 계열사 매출액 비중

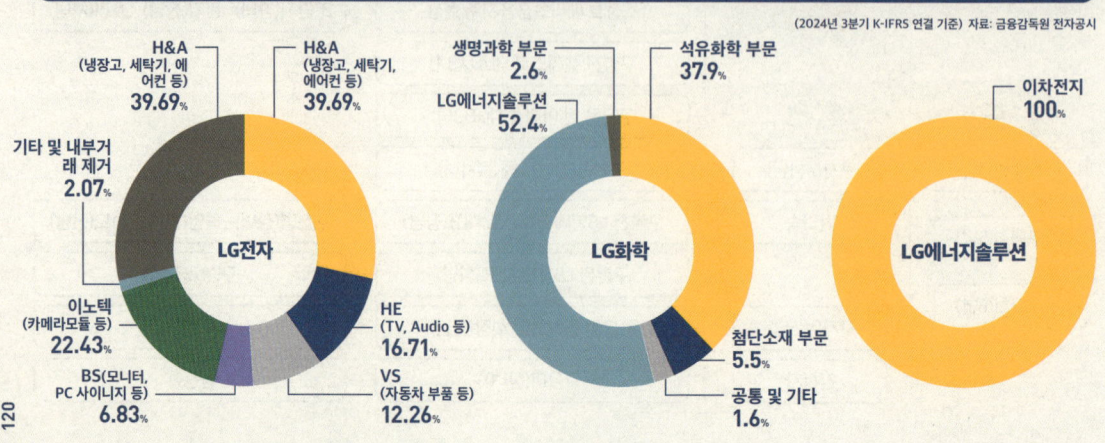

핵심 계열사 경영 현황 및 체크 포인트

LG전자 | 코스피

● 현황
LG그룹의 최대 주력사이자 글로벌 가전 시장의 핵심이다. 백색가전(일명 생활가전)에 강력한 브랜드 파워를 가지고 있으며, 이 부문에서 삼성전자와 경쟁 관계에 있다. 국내 최초로 세탁기(1965), 냉장고(1968), 전자레인지(1981), 에어컨(1990)을 생산했다. 2000년대 초반 피처폰 시대에 '초콜릿폰'으로 인기를 끌며 노키아, 모토롤라, 삼성전자, 소니 에릭슨과 더불어 피처폰 '글로벌 빅5'로 불렸다. 스마트폰 시대 전환 과정에서 시행착오를 겪은 뒤, 2021년 7월 스마트폰 사업에서 철수했다. 1958년 설립됐고, 1969년 유가증권시장에 상장했다.

✓ 체크 포인트
1. **실물 경기**: LG전자의 가전제품은 내구소비재로서 경제 상황에 민감하다. 경기가 호전되면 소비자들의 구매가 증가하고, 경기 침체 시에는 수요가 감소하는 경향이 있다.
2. **사업 포트폴리오 다변화**: LG전자는 전장사업(VS본부)과 냉난방공조(HVAC) 등 B2B 사업을 강화하며 수익 구조를 다변화하고 있다. 특히 전장사업은 2023년 매출 10조 원을 돌파하며, 성장세를 보이고 있다.
3. **플랫폼 기반 서비스 확대**: '스마트 라이프 솔루션 기업'으로의 도약을 목표로 플랫폼 기반 서비스와 신사업을 육성하고 있다. webOS를 통한 콘텐츠 사업 확장과 가전 구독 서비스의 성공 여부가 주목된다.
4. **글로벌 시장 전략**: 미국 등 선진 시장에서의 프리미엄 제품 판매와 신흥 시장에서의 성장 기회를 동시에 모색하고 있다. 특히, 전기차 충전기와 로봇 등 신사업을 통해 새로운 시장을 개척하고 있다.

LG화학 | 코스피

● 현황
국내 석유화학 1위 기업으로 금호석유화학, 롯데케미칼, 한화솔루션과 더불어 석유화학 '빅4'로 평가된다. 세계 시장 점유율 1위인 ABS(Acrylonitrile Butadiene Styrene) 수지를 비롯해 PP(Polypropylene), PVC(Poly vinyl chloride), 합성고무 등을 생산한다. 1947년 락희화학으로 설립됐고, 1995년 LG화학으로 사명을 변경했다. 2000년 현대석유화학의 PVC 사업을 인수했고, 2001년 11월 LG석유화학을 합병했다. 이차전지 부문을 물적 분할해 2020년 12월 LG에너지솔루션을 설립했고, 81.84% 지분을 보유하고 있다.

✓ 체크 포인트
1. **업황**: 석유화학은 업황 기복이 심한 편이다. 글로벌 경기에 따라 LG화학 실적이 영향받는다.
2. **종속회사 LG에너지솔루션 실적**: LG에너지솔루션 실적이 LG화학 연결 실적에 큰 영향을 미친다.

LG에너지솔루션(★) | 코스피

● 현황
LG그룹의 이차전지를 생산하는 계열사이며 테슬라를 비롯한 글로벌 전기차 기업들을 고객사로 확보하고 있다. 1992년 구본무 회장이 유럽 출장 중 영국 원자력연구소(AEA)에서 반복 충전해서 여러 번 쓸 수 있는 이차전지를 처음 접하고 개발에 착수했다. 1997년 노트북 PC 등에 쓰이는 소형전지 시험 생산에 성공했고, 1999년 국내 최초로 리튬 이온 전지 양산에 성공했다. 2020년 12월 LG화학에서 분사했고, 2022년 1월 유가증권시장에 상장했다.

✓ 체크 포인트
1. **전기차 업황**: 이차전지는 전기차에 탑재되며, 전기차 업황에 따라 이차전지 기업의 실적이 영향을 받는다. 미국 정부의 전기차 보조금 정책, EU의 대 중국 이차전지 관세 및 배출규제 등을 확인할 필요가 있다. 전기차 부문의 캐즘은 부정적으로 작용하고 있다.
2. **중국 업체 대비 경쟁력 확보**: 기술력, 가격 경쟁력으로 중국 업체와의 경쟁에서 우위를 확보해야 한다.

LG그룹,
'전자'가 끌고 '엔솔'이 밀며
미래 대응한다

'돌다리도 두드리고 건넌다.' LG그룹의 경영 방식을 설명할 때 흔히 사용되던 표현이다. LG그룹은 1947년 부산에서 락희화학(현 LG화학)으로 시작한 이래 보수적인 경영 방침을 일관되게 유지해왔다. 그러나 2018년 6월 구광모 회장 취임 이후, 이 같은 경영 방식에 변화의 바람이 불기 시작했다. 스마트폰 사업 철수(2021. 7), LG에너지솔루션 상장(2022. 1), LX그룹 분리(2021. 5), 그리고 AI·바이오·클린테크를 지칭하는 이른바 'ABC' 사업 진출 선언(2024. 3)까지, LG는 숨 가쁘게 변신을 시도하고 있다.

이 과정에서 여러 도전에 직면하기도 했고, 새 전략 수립을 시도하기도 했다. 전통적인 보수 경영을 벗어나 과감한 행보를 보여주는 LG그룹의 변화가 어떤 결말을 맺게 될지, 관심이 집중되고 있다.

이차전지, AI, 바이오 등 신사업 시동

LG그룹은 2024년 공정거래위원회가 발표한 공시대상기업집단 순위에서 4위를 기록했다. 삼성, SK, 현대차에 이어 4위를 차지했으며, 이는 2023년과 같은 순위다. LG는 2007년 GS가 분리 독립하면서 대기업집단 순위가 2위에서 4위로 이동한 이후 계속해서 4위를 유지해왔다. 2013년부터 2016년까지 공공기관인 한국전력과 LH가 공시대상기업집단에 포함되면서 일시적으로 6위로 내려갔으나, 이는 자산 가치 하락이 아닌 공시 기준 변경에 따른 결과였다.

    2023년 기준 LG그룹의 매출액은 135조 4,010억 원, 순이익은 2조 1,410억 원으로, 전년 대비 각각 3.65%와 36.24% 감소했다. 매출 감소는 주로 중국 기업들의 저가 공세로 인한 디스플레이 및 화학 부문 매출 하락이 영향을 미친 것으로 분석된다. 계열사 수는 2023년 대비 3개 감소한 총 60개사로, 주요 상장사로는 LG전자, LG생활건강, LG화학, LG에너지솔루션, LG디스플레이, LG이노텍, LG유플러스, LG CNS가 있다. 비상장사에는 코카콜라음료와 팜한농 등이 있다. 주요 계열사의 매출액은 LG전자가 82조 2,627억 원으로 가장 많고, 이어 LG화학 55조 2,498억 원, LG에너지솔루션 33조 7,455억 원, LG디스플레이 21조 3,308억 원, LG이노텍 20조 6,053억 원, LG유플러스 14조 3,726억 원, LG생활건강 6조 8,048억 원 순이다.

    LG그룹의 신성장 동력을 이끄는 핵심 계열사는 LG에너지솔루션이다. LG에너지솔루션은 2024년 10월 창사 이래 첫 비전 공유회를 열고, 2028년까지 매출을 2023년(33조 7,455억 원) 대비 2배 이상 늘려 약 70조 원으로 확대하겠다는 목표를 밝혔다. 2028년 목표 매출은 2023년 LG그룹 전체 매출액의 약 절반에 해당한다. 같은 해 LG에너지솔루션은 그룹 내 매출 3위를 기록했다.

    LG에너지솔루션은 2020년 12월 LG화학의 배터리 사업 부문이 분사해 설립된 이후, 2022년 1월 코스피에 상장했다. 설립된 지 3년 만에 30조 원대의 매출을 기록하며 괄목할 만한 성적표를 받아들였다. 모기업 LG화학은 1947년 락희화학공업사로 설립됐고, 초기에는 화장품 제조와 플라스틱 사업을 영위했다. 국내 최초로 플라스틱 빗과 비눗갑 등 합성수지 제품을 생산했다. 1966년 제2정유공장 실수요자로 선정됐고, 1967년 미국 정유사 칼텍스와 호남정유(현 GS칼텍스)를 합작 설립했다. 당시 박정희 정권은 제3차 경제개발계획의 일환으로 석유화학 공업을 육성하며 대기업의 참여를 유도했고, 그 과정에서 럭키그룹이 선정됐다. 1976년 전남 여천 PVC(폴리염화비닐) 공장을 준공하며 석유화학 산업에 본격 진출했다.

    LG에너지솔루션의 주력 사업은 차량용 이차전지다. 이는 양극재, 음극재, 분리막 등 주요 원재료를 사용해 전극 공정(Electrode Process), 조립 공정(Assembly Process), 검사 과정을 거쳐 생산된다. 30여 년간 축적된 풍부한 노하우를 바탕으로, LG에너지솔루션은 글로벌 이차전지 시장 국내 1위, 글로벌 3위의 강자로 자리매김했다.

LG에너지솔루션은 2024년 3분기 누적 기준 글로벌 전기차 배터리 시장에서 130억 달러의 매출을 기록하며, 중국 BYD(686억 달러), CATL(355억 달러)에 이어 3위를 차지했다. 이는 글로벌 전기차 수요 부진과 신규 경쟁자의 진입으로 전년 대비 매출이 감소한 수치지만, 여전히 시장에서의 위상은 공고하다. 특히 이차전지 산업의 '게임 체인저'로 평가받는 건식 전극 공정(Dry-Coating) 기술을 도입해 고부가가치 배터리 시장에서 우위를 확고히 할 계획이다. 이 기술은 2020년 테슬라가 '배터리 데이'에서 전기차 원가 절감을 위한 핵심 기술로 거론하며 주목받기 시작했다. 당시 테슬라는 건식 전극 공정을 통해 배터리 주행 거리 향상과 생산·투자 비용 절감을 목표로 내세웠다. LG에너지솔루션은 2025년부터 건식 전극 공정을 위한 파일럿 생산 라인을 가동하고, 2028년부터 본격적인 생산에 돌입할 예정이다. 기존 습식 전극 공정을 건식으로 대체하면, 공정 단축과 함께 배터리 가격을 약 20% 절감할 수 있을 것으로 기대된다.

LG그룹의 미래 전략이 LG에너지솔루션에만 국한된 것은 아니다. LG그룹은 2024년 3월 주주총회에서 2028년까지 5년간 AI, 바이오, 클린테크(폐자원 활용 등 환경 친화적 기술, 일명 ABC 사업) 등 미래 성장 동력에만 50조 원 이상을 투자해 미래 시장을 선점하겠다는 계획을 발표했다. 이러한 대규모 투자는 가전과 화학 중심 포트폴리오를 넘어 미래 산업으로 전환하려는 LG그룹의 의지를 잘 드러낸다.

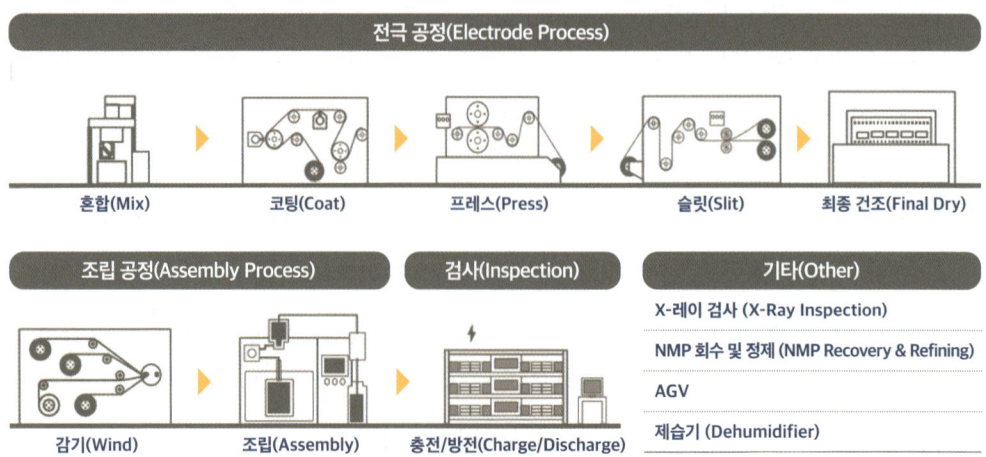

일반적인 배터리 제조 공정 (자료: SK바이오팜)

AI 부문은 2020년에 출범한 LG AI연구원과 LG CNS가 이끈다.

- LG AI연구원은 2021년 12월 3,000억 파라미터 규모의 초거대 AI 모델 '엑사원(EXAONE)'을 공개했다. 2024년 엑사원 3.0과 3.5를 잇따라 오픈 소스로 공개했다. 엑사원은 국내에서 자체 기술로 개발된 모델 중 최초로 오픈 소스로 공개된 사례이자, LG그룹을 대표하는 AI 모델로 자리 잡았다. 엑사원 3.5 32B(320억 파라미터) 모델은 2024년 AI 경쟁력 평가 기관인 에포크 AI(Epoch AI)의 '주목할 만한 AI 모델(Notable AI Model)' 리스트에 포함되기도 했다. 한국 모델이 등재된 것은 2년 만이다. 2024년 12월 공개된 엑사원 3.5는 온디바이스용 초경량 모델(2.4B, 24억 파라미터), 범용 목적의 경량 모델(7.8B, 78억 파라미터), 특화 분야에 활용할 수 있는 고성능 모델(32B, 320억 파라미터) 등 세 가지로 세분화돼 제공된다.

- LG CNS는 엑사원 모델을 기반으로 기업 맞춤형 AI 솔루션 개발을 주도하고 있다. 특히 마케팅 최적화 플랫폼 'MOP'를 고도화하며, AI 기술과 수학적 최적화 알고리즘을 결합해 다양한 산업에 특화된 서비스를 제공하고 있다. LG AI연구원은 LG그룹 내 AI 전문가 양성을 위해 AI 아카데미와 LG AI 대학원 등 AI 전문 교육 과정을 운영 중이며, 연간 5,000명 이상 교육받고 있다.

바이오 부문은 LG화학 생명과학본부가 주도하고 있다.

- LG화학 생명과학본부는 2023년 매출 1조 2,000억 원을 돌파했다. 2024년에는 미국 리듬파마슈티컬스(Rhythm Pharmaceuticals)와 총 4,000억 원 규모의 희귀 비만증 치료제 기술 수출 계약을 체결했다. LG화학은 바이오 사업 강화를 위해 2023년 1월 미국 아베오 파마슈티컬스(AVEO Pharmaceuticals)를 인수했다. 아베오는 임상 개발, 허가, 영업, 마케팅 등 글로벌 항암 시장에 특화된 역량을 보유한 기업이다. LG화학은 아베오 인수를 통해 글로벌 30위 제약사로의 도약을 위한 동력을 확보했다. 미국 항암제 시장에서의 상업화 역량을 빠르게 갖추는 동시에, 세계 최대 의약품 시장인 미국에서 다양한 자체 개발 신약을 출시할 수

있는 교두보를 마련했다.

클린테크 부문에서는 탄소중립과 제품 폐기물 순환체계 구축, 탄소 저감 등을 위해 관련 사업 포트폴리오를 정비하고 있다.

- LG화학은 기존 플라스틱과 동일한 물성을 갖춘 제품을 만들기 위한 재활용 기술 연구개발을 강화하고 있다. 그 일환으로, 연평균 20% 이상의 성장세가 예상되는 생분해성 바이오 소재 플라스틱 분야에서 미국의 곡물 가공 기업 ADM과 조인트벤처를 설립했다. 이를 통해 2025년까지 미국에 7만 5,000톤 규모의 PLA(Poly Lactic Acid, 생분해성 바이오 플라스틱) 공장을 건설하고, 원재료 생산부터 최종 제품까지 통합 양산을 시작할 계획이다.

- LG에너지솔루션은 배터리 교환 시스템(BSS) 사업과 재생에너지 전력망 통합 관리(EA, Energy Aggregation) 등 신사업 확장을 위해 사내 독립기업(CIC)인 쿠루(KooRoo)와 아벨(Avel)을 출범했다. LG에너지솔루션이 배터리 산업에서 오랜 기간 기술과 노하우를 축적해온 만큼, 배터리 교환 및 재생에너지 관련 사업에서도 주도권을 확보한다는 목표를 갖고 있다.

- LG전자는 자회사 하이비차저(HiEV Charger)를 통해 2024년부터 국내에서 전기차 충전기 생산을 본격화했으며, 미국 텍사스주 포트워스에 전기차 충전기 생산 공장을 설립해 미국 시장 공략에 나섰다.

- LG유플러스는 전기차 충전 인프라 구축과 과금 체계 설계를 담당할 'EV충전사업단'을 강화하고 있다.

여기에 로봇 사업도 주목할 필요가 있다. LG전자는 코스닥 기업 로보스타의 최대주주(33.40%)로 있다.

- 로보스타는 2002년 LG전자의 전자, 정보통신사업 부문을 인적 분할해 설립됐

고, 2002년 4월 코스피에 재상장했다. 주력 생산품은 산업용 로봇이다. 공장 물류 이송 자동화를 위한 무인 운반 로봇, 반도체 웨이퍼 반송용 로봇 등을 생산한다. 다만 로보스타는 높은 성장성에도 불구하고 로봇 산업 생태계가 무르익지 않은 탓에 수익구조가 아직 안정적인 편은 아니다. 경쟁사는 현대위아, 현대로보티스, 두산로보틱스 등이다.

3대 주력은 전장, OLED, 배터리

LG그룹이 이차전지(LG에너지솔루션), AI(LG AI연구원, LG CNS), 바이오(LG화학 생명과학본부), 클린테크(LG전자), 로봇 신사업을 육성하려는 배경에는 현재 LG그룹에서 가장 큰 매출액을 차지하고 있는 LG전자의 성장세가 정체돼 있다는 현실이 있다.

 LG전자는 최근 5년(2019~2024) 매출액 연평균 증가율(CAGR)이 한 자릿수(7.04%)에 그쳤다. 5년 평균 영업이익률도 5% 미만 한 자릿수(4.73%)에 그쳤으며, 2020년 이후 지속적으로 낮아지고 있다. 2024년 3분기 기준 매출액 비중은 H&A(Home Appliance & Air Solution, 가전) 39.69%, 이노텍(전자 및 첨단 소재 부품) 22.43%, HE(Home Entertainment, TV 부문) 16.71%, VS(Vehicle component Solutions, 전장) 12.26%, BS(Business Solutions, PC) 6.83%다. VS 부문은 그간 실적을 깎아 먹다가 2023년부터 흑자로 전환했다.

 구광모 회장의 신사업 전략이 어떤 결과를 맺을지 아직은 속단하기 어렵다. LG에너지솔루션이 진행하는 이차전지 신사업이 앞서 설명한 것처럼 전기차 캐즘과 중국 이차전지 기업의 물량 공세 등으로 어려움을 겪고 있기 때문이다. AI 신사업 역시 생태계가 아직 초기 단계에 머물러 있고, 삼성과 SK를 비롯한 주요 대기업집단이 경쟁적으로 진출하면서 향후 전망이 불확실하다. 바이오 신사업 또한 삼성바이오로직스, SK바이오팜, 셀트리온 등 선도기업들이 이미 시장을 선점해 상황을 낙관적으로 보기 어렵다. 하지만 LG그룹이 그간의 보수적인 색채에서 벗어나 과감하고 다양한 변화를 시도하고 있는 것은 긍정적으로 평가할 만하다. 이제 관건은 얼마나 빠른 시일 안에 결과물을 도출해낼 수 있는지에 달려 있다.

'큰 그림',
LG에너지솔루션·LG이노텍,
그러나 '주주 가치'가 먼저다

LG그룹 지배구조는 지주사의 모범으로 평가될 만큼 안정적이다. 대기업집단 가운데 선제적으로 지주사 체제로 전환했기 때문이다. 구광모 회장이 지주사 ㈜LG 최대주주 지분(15.95%)을 확보하고, ㈜LG가 중간 지주사격인 LG화학(33.3%), LG생활건강(34.0%), LG전자(33.7%), LG유플러스(37.7%), LG CNS(50.0%)를 지배하는 구조다.

구광모 회장은 2018년 6월 LG그룹 4대 총수에 취임했다. 그해 5월 구본무 회장이 타계한 직후였다. LG그룹 총수는 '구인회(1907~1969) 창업주 → 구자경(1925~2019) → 구본무(1945~2018) → 구광모 회장'으로 이어졌다. 구광모 회장은 구본능 희성그룹 회장의 장남으로 태어나 구본무 회장 가족에 양자로 입적했다. 구본능 회장은 구본무 회장 바로 아래 남동생이다.

구광모 회장은 LG에너지솔루션 분사, 스마트폰 사업 철수, LX그룹 계열 분리, 합작법인 LG마그나이파워트레인 설립, 로봇·AI 사업 육성 등 굵직한 의사 결정을 통해 LG그룹의 미래를 보여주는 '큰 그림'을 그려왔다는 평가를 받고 있다. 다만, 가족 간 송사와 같은 예기치 않은 과제는 여전히 해결해야 할 숙제로 남아 있다.

LG그룹 공동창업주는 잘 알려져 있는 것처럼 구인회와 허만정(1897~1952)이다. LG그룹은 구인회 공동창업주가 1947년 부산에 락희화학을 설립하면서 시작됐다. 이후 허만정 공동창업주가 자본을 대면서 LG에 참여했다. 구씨와 허씨의 동업은 1947년부터 2004년까지 57년간 이어졌다. 2005년 1월 허씨 일가가 GS그룹으로 독립하며 오랜 동업이 마무리됐다. LG그룹에서 분가한 기업집단으로는 LS, LIG, 아워홈, LF, 희성그룹, LT, LB 등이 있다.

LG그룹 역사에서 가장 큰 아쉬움은 반도체 사업에서의 철수다. 1998년 IMF 외환위기가 닥치자 정부는 '반도체 빅딜'에 나섰고, 전국경제인연합회(현 한국경제인협회)를 앞세워 LG 측에 반도체 사업을 접을 것을 요구했다. 구 회장은 반도체 사업에 끝까지 애착을 보이며 LG반도체를 지키려 했으나 결국 1999년 7월 회사를 현대그룹에 넘기게 됐다. 어렵사리 키워온 반도체 사업을 타의로 남의 손에 넘긴 구 회장이 수 개월간 두문불출했다는 얘기도 전해진다. LG가는 반도체 빅딜을 두고 '빼앗겼다'라는 표현을 한동안 썼다고 한다. 구본무 회장은 경쟁사 삼성그룹이 이후 반도체 사업을 발판 삼아 초일류 기업으로 성장하는 것을 지켜보며 두고두고 아쉬워한 것으로 알려졌다.

이후 LG반도체는 현대전자에 흡수 합병돼 사명을 현대반도체로 바꿨지만, 현대그룹 유동성 위기로 2001년 현대그룹에서 계열 분리되면서 사명을 하이닉스로 변경했다. 이후 11년을 주인 없는 상태로 있다가 2012년 2월 SK그룹에 인수돼 지금의 SK하이닉스가 됐다.

스마트폰 시장 등장에 적절하게 대응하지 못한 것도 아쉬움으로 남는다. 2000년대 초반 이른바 피처폰 시대에 LG전자는 '초콜릿폰'으로 디자인 폰 시대를 주도하며 노키아, 모토롤라, 삼성전자, 소니 에릭슨과 더불어 피처폰 '글로벌 빅5'로 불렸다. 하지만 스티브 잡스가 2007년 6월 아이폰을 내놓으며 휴대폰 시장이 피처폰에서 스마트폰으로 급격히 이동한 '혁신'을 간과했다. 당시 LG전자의 남용 부회장은 '스마트폰이 찻잔 속의 태풍으로 끝날 것"이라는 맥킨지의 컨설팅을 믿고 스마트폰 대응에 소홀했다. 남용 부회장은 당시 한 매체와의 인터뷰에서 "애플이 시장의 이해 없이 멋모르고 휴대폰 시장에 뛰어든다"고 밝혔다. LG전자는 뒤늦게 스마트폰 개발에 뛰어들었지만 고전을 거듭하다 결국 2021년 7월 구광모 회장이 스마트폰 사업 철수를 결정했다. 당시 누적 적자만 5조 원이 넘었다. 삼성이 스마트폰 시대를 간과하고 이건희 회장 주도 아래 스마트폰 개발에 전력 질주해 오늘의 성과를 낸 것과 대조적이었다.

만약 휴대폰 시장의 중심이 스마트폰으로 급변하고 있을 때 LG가 순발력 있게 스마트폰 개발에 나섰더라면 어떻게 됐을까? IMF 외환위기의 '반도체 빅딜' 시기에 LG그룹이 반도체 사업을 접지 않았더라면 어땠을까? 비즈니스 역사에 가정이란 없지만 재계 일각에서는 이 같은 가정을 해보며 LG그룹이 당시 순발력 있게 대응했다면 지금과 많이 달라졌을 것이라고 보고 있다.

LG그룹, 지배구조 모범생에서 '밸류업'으로 진화

주식시장을 살펴보자. LG그룹에 소속된 상장사로는 ㈜LG, LG에너지솔루션, LG전자, LG생활건강, LG디스플레이, LG유플러스, LG이노텍, HS애드(옛 지투알), 로보스타, LG헬로비전 등이 있다.

- LG디스플레이는 만성적자를 개선해야 하는 과제를 안고 있다. 최근 10년(2013~2023) 동안 당기손손실(적자)을 기록한 해(2018~2020년, 2022~2023년)가 그렇지 않은 해와 같다. 그렇다 보니 대규모 유상증자를 진행할 가능성이 크다. 유상증자는 주식 수를 늘려 주가를 희석시키므로 주주에게 좋지 않은 소식이다. 다만, 수익성이 악화된 대형 LCD 사업을 전면 종료하고 OLED 중심으로 사업 재편을 하면서 2024년 2분기에 흑자 전환했다.

- LG전자는 'LG디스플레이 리스크'를 극복해야 하는 과제를 안고 있다. LG전자는 LG디스플레이의 최대주주(37.0%)다. LG전자는 배당금이 적은 편이었으나 2024년 초 배당성향 상향, 연간 최소 배당액 설정, 반기 배당 실시 등 주주 친화 정책을 발표했다. LG전자의 최근 3년(2021~2023) 평균 배당성향(배당총액/당기순이익)은 15.28%로, 2023년 코스피 상장사의 평균 배당성향 39.9%에 미치지 못했다.

- LG생활건강은 한때 프리미엄 화장품으로 중국 코스메틱 시장에서 큰 성과를 냈다. 하지만 코로나19 사태, 중국 내수 시장 침체 등으로 부진해진 실적을 개선해야 하는 과제를 안고 있다. LG생활건강 CEO로 17년 동안(2005. 1~2022. 11) 재임하며 실적 개선과 주가 상승을 주도했던 차석용 부회장 퇴진도 생각해볼 점이다.

- HS애드는 광고회사로 캡티브 마켓(Captive market, 내부 시장)을 기반으로 하고 있다.

- LG유플러스는 SK텔레콤, KT에 이어 '통신 3위'다. 내수 시장 기반인데 국내 인구 절벽 문제로 내수 시장이 축소되는 도전을 해결해야 하는 과제를 안고 있다.

- LG로보스타는 주력 생산품인 산업용 로봇의 시장이 아직 열리지 않아 평가가 이르다. 낮은 한 자릿수 이익률을 개선해야 하는 과제도 안고 있다.

- LG헬로비전은 내수주인 데다 만성 적자를 극복해야 하는 과제를 안고 있다.

- LG이노텍은 광학부품, 전장부품, PCB(인쇄회로기판) 등을 생산하는 종합 전자 부품 기업이다. 매출액 비중은 광학부품(카메라모듈) 84%, 전장부품 8%, 기판 소재 6%, 기타 2%다(2023). 1970년 금성알프스전자로 설립됐고 2008년 상장했다. 매출액 비중이 가장 높은 광학부품은 쉽게 말해 스마트폰에 들어가는 카메라모듈 등의 부품을 말하며, 상당 부분을 미국 애플(아이폰)에 공급하는 것으로 알려졌다. 광학부품 매출액 비중이 압도적(84%)이며, 애플의 스마트폰 판매량에 따라 LG이노텍 주가와 실적이 영향받는다. 문제 해결을 위해 LG이노텍은 자율주행, AI, 반도체 부품 사업을 육성한다는 계획을 밝혔다.

이들을 제외하면 LG에너지솔루션이 남는다. LG에너지솔루션의 배터리 사업 전망은 장기적으로 양호한 편이다.

LG에너지솔루션은 LG화학의 배터리 사업 부문이 분할 설립됐다. 이 과정에서 인적 분할(Spin-off)이 아닌 물적 분할(Split-off)을 선택하면서 기존 LG화학 주주들이 LG에너지솔루션 주식을 배분받지 못했다. 여기에 LG에너지솔루션이 상장되면서 이중 계산(Double Counting) 문제가 발생했다. 이중 계산이란 모기업(LG화학)과 분할된 계열사(LG에너지솔루션)가 모두 상장되면서 기업 가치가 중복 평가되는 현상을 의미한다.

LG에너지솔루션의 상장 방식을 놓고 내부적으로도 고심했던 것으로 알려졌다. LG 측은 "인적 분할을 했다면 LG에너지솔루션은 유상증자 등으로 투자금을 조달해야 했고, 이것이 기존 주주의 지분 희석으로 이어졌다"고 밝혔다. 이어 "배터리 사업은 수조 원 규모의 투자가 필요한 만큼, 대규모 투자 유치가 가능한 물적 분할이 더 적절했다"고 설명했다.

LG에너지솔루션의 가치 고평가 가능성도 제기됐다. 2023년 기준 LG에너지솔루션의 PER(주가수익배수)은 80.86배에 달한다. PER이란 시가총액을 당기순이익으로 나눈 값으로, 일반적으로 낮을수록 저평가된 것으로 해석된다. PER 80.86배는 현재 이익 수준이 유지된다고 가정할 때, 투자자가 원금을 회수하는 데 80.86년이 걸린다는 의미다. 다만, 성장 기업의 경우 이익이 낮아 PER이 높게 형성되는 경우가 많으며, 이는 향후 성장성에 대한 시장의 기대를 반영하기도 하다.

LG에너지솔루션의 성장성을 의심하는 견해는 사실상 없다. 2023년 기준 글로벌 전기차 배터리 시장 점유율은 CATL(35.6%)과 BYD(15.6%)에 이어 3위(14.9%)를 기록 중이다. 배터리 재활용(Recycling) 및 재사용(Reuse) 사업을 추진하고 있으며, 배터리 생애주기 전체를 관리하는 BaaS(Battery-as-a-Service) 모델도 도입할 계획이다.

NOTICE 　　　　　　　　　　　　　　　　　　　　　　　　　　**알고 갑시다!**

물적 분할이란 뭘까

기업 분할은 기업이 사업부 가운데 하나를 떼어내 신규 회사를 설립하는 것을 말하며, 인적 분할과 물적 분할의 2가지 방식이 있다. 인적 분할이란 쉽게 말해 기존 주주가 기존 회사와 신규 회사의 주주가 되는 것을 말한다. 기존 회사의 주주들은 신설 회사의 주식을 일정한 비율대로 나눠 가진다. 그러나 물적 분할은 신규 회사가 기존 회사의 100% 자회사로 설립되는 것을 의미한다. 이 과정에서 기존 주주의 지분에는 변동이 없으며, 기존 주주는 신규 회사의 주주가 될 수 없다. 현금 창출원이 되는 사업 부문이 기존 회사에서 분리되면서, 소액 투자자들은 이를 손해로 인식하는 경향이 있다.

기업의 인적 분할(왼쪽)과 물적 분할(오른쪽)

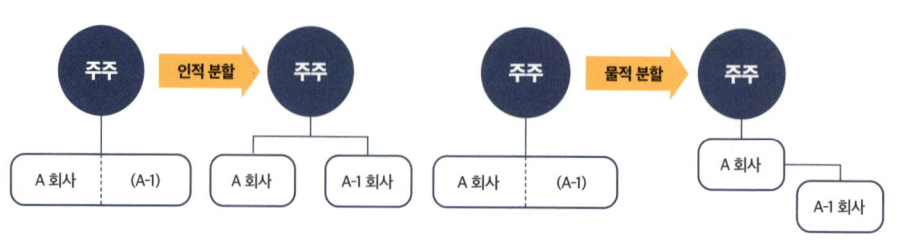

05 포스코그룹

**반세기 정치 외풍에도
'이차전지'
신사업 성과 내는
3가지 비결**

posco

포스코그룹 지배구조 및 지분 현황

(2024년 6월 기준, 단위 %) 자료: 공정거래위원회

포스코그룹 현황
공시대상기업집단 5위

매출액	93조 6,110억 원
순이익	2조 5,970억 원
계열사	47개

유망	★★★	상장
모멘텀	★★	비상장
관망	★	해외

포스코홀딩스
- 소액주주 77.37 / 33.6
- 국민연금 6.87 / 5.60

포스코인터내셔널 (포스코대우) — 70.7
- 포스코모빌리티솔루션 100
- 포항SRDC 51.0
- 이스틸포유 61.1
- 탄천이앤이 100
- 한국퓨얼셀 100
- 신안그린에너지 54.5
- 삼척블루파워 29.0
- 에코에너지솔루션 50.0
- NEH(엔이에이치) 100

포스코 — 100
- 엔투비 69.3
- **포스코엠텍** 48.9
- **포스코스틸리온(포스코강판)** 56.9
- 피엔알 70.0
- 포스코휴먼스 100
- 포항특수용접봉 50.0
- 큐에스원
- SN&C(에스엔엔씨) 49.0
- 포스코경영연구원

포스코이앤씨(포스코건설) — 52.8
- 게일인터내셔널코리아 29.9
- 송도개발P&C 100
- 포스코A&C 건축사사무소 100
- 우이신설경전철 27.3
- 포스코와이드(포스코오앤엠) 100
- 포스코리튬솔루션 100
- 포스코플로우(포스코터미날) 100
- 부산이앤이 70.0
- 포스코인재창조원 100

포스코퓨처엠 (★★) — 59.7
- 포스코MC머티리얼즈 60.0
- 피엔오케미칼 51.0
- 포스코GS에코머티리얼즈 51.0
- 포스코HY클린메탈 65.0
- **포스코DX(포스코ICT)** 65.4 (10.9)
- 포스코기술투자 100
- 포스코IH(포스코알텍) 100
- 포스코필바라리튬솔루션 82.0

역대 포스코그룹 회장

자료: 포스코

장인화(10대)	최정우(9대)	권오준(8대)	정준양(7대)	이구택(6대)
2024년 3월 취임	3연임 포기	문재인 정부 출범 후 사임	박근혜 정부 출범 1년 만에 사임	이명박 정부 출범 후 사임
2024. 3~현재	2018. 7~2024. 3 (5년 8개월)	2014. 3~2018. 7 (4년 4개월)	2009. 2~2014. 3 (5년)	2003~2009. 2 (6년)
전 포스코 철강부문장	전 포스코켐텍 대표	전 포스코 기술총괄 사장	전 포스코건설 사장	전 포스코 부사장
윤석열	문재인-윤석열	박근혜-문재인	이명박-박근혜	노무현-이명박

유상부(5대)	김만제(4대)	정명식(3대)	황경로(2대)	박태준(초대)
노무현 정부 출범 후 사임	김대중 정부 출범 후 사임	1년 만에 사임	김영삼 정부 출범 후 사임	중도 사임
1998~2003(5년)	1994. 3~1998(4년)	1993~1994(1년)	1992~1993(1년)	1969~1992(23년)
전 포스코	전 경제기획원 장관	전 포스코	전 포스코	전 대한중석 사장
김대중-노무현	김영삼-김대중	김영삼	노태우-김영삼	박정희-최규하-전두환-노태우

포스코그룹 미래 지향점 및 핵심 사업

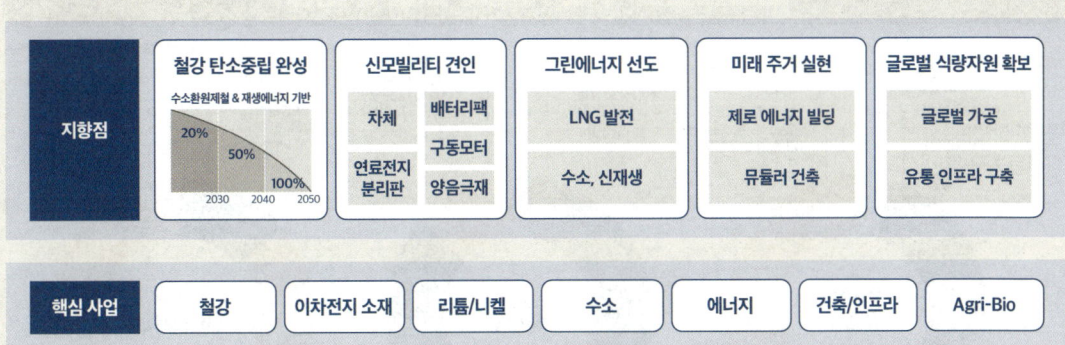

자료: 포스코그룹

최근 10년 포스코홀딩스 실적 및 포스코그룹 주요 연혁

(K-IFRS 연결 기준) 자료: 포스코홀딩스 사업보고서

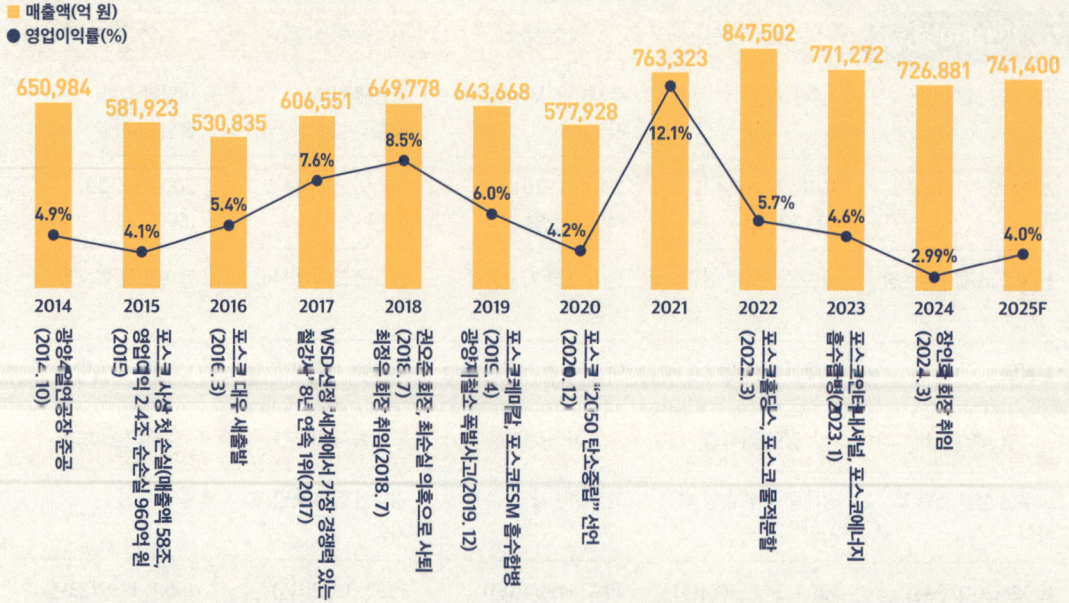

포스코그룹 주요 계열사 매출액

(2023년 K-IFRS 연결 기준, 단위 억 원) 자료: 금융감독원 전자공시

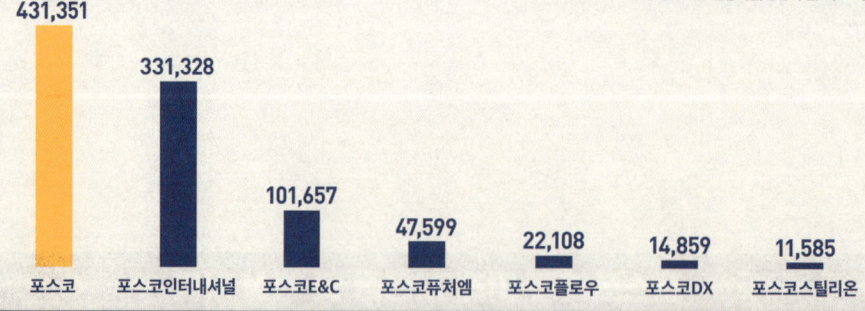

포스코그룹 주요 계열사 매출액 비중

(2024년 3분기 K-IFRS 연결 기준) 자료: 금융감독원 전자공시

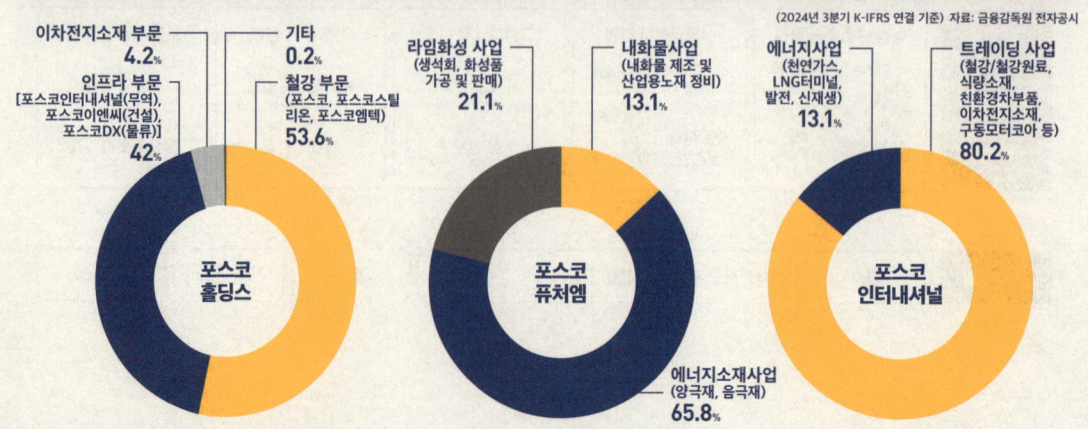

핵심 계열사 경영 현황 및 체크 포인트

포스코퓨처엠(★★) `코스피`

● **현황**
이차전지의 중간소재(전구체)와 최종소재(양극재, 음극재, 고체 전해질)를 생산한다. 포스코그룹은 2010년 9월 LS엠트론으로부터 음극재 사업부인 카보닉스를 인수해 음극재 사업을 시작했다. 매출액 비중은 에너지(양극재, 음극재 등) 65.8%, 내화물 13.1%, 기타(피치코크스 제조 등) 21.1%다(2024 상반기).

✓ **체크 포인트**
1. **이차전지 수혜**: 전기차·배터리 시장에서 퍼스트 무버로서 NCMA(니켈, 코발트, 망간, 알루미늄) 단결정 양극재, 고니켈 NCA(니켈, 코발트, 알루미늄) 양극재, 저팽창 인조흑연 음극재 등 혁신적인 소재를 생산하고 있다.
2. **생산능력 증설**: 이차전지 음극재, 양극재 공장 증설을 진행하고 있다. 2025년까지 양극재 22만 5,000톤, 음극재 9만 2,000톤을 생산한다는 계획이다.
3. **국민연금 지분 보유**: 국민연금이 지분을 보유하고 있다(5.60%, 2024 2분기).

포스코인터내셔널 `코스피`

● **현황**
무역업을 중심으로 자원 개발, 생산 가공, 인프라 개발·운용 등의 사업을 영위하고 있다. 주요 품목으로는 철강, 곡물, 화학, 이차전지 소재, 친환경차 부품, 천연가스 등이 있다. 1967년 대우실업으로 설립됐고, 2000년 대우그룹 해체 이후 무역 부문이 분사해 대우인터내셔널로 독립했다. 이후 2010년 8월 포스코그룹에 편입됐으며, 포스코대우(2016, 3), 포스코인터내셔널(2019, 3)로 사명을 변경했다.

✓ **체크 포인트**
1. **에너지 사업 강화**: 2023년 1월 포스코에너지를 흡수 합병해 LNG 사업 가치사슬을 완성했다. 이를 통해 에너지 사업 부문에서의 경쟁력을 강화하고 있다.
2. **해외 자원 개발 확대**: 호주 세넥스에너지(Senex Energy) 인수를 통해 해외 자원 개발을 확대하고 있으며, 미얀마 가스전 등 기존 자산과 시너지를 창출하고 있다.
3. **다각화된 사업 포트폴리오**: 철강, 식량, 화학 등 다양한 분야에서 사업을 영위해 안정적인 수익 구조를 구축하고 있다.

포스코스틸리온 `코스피`

● **현황**
1988년 포항도금강판으로 설립됐고, 도금강판과 컬러강판을 생산해 강건재, 가전, 자동차 시장에 공급하고 있다. 주요 제품으로는 알루미늄도금강판, 아연-알루미늄-마그네슘 합금도금강판 등이 있다. 사명을 2008년 포스코강판으로 변경했으며, 2022년 3월 다시 포스코스틸리온으로 변경했다.

✓ **체크 포인트**
1. **고부가가치 제품 생산**: 알루미늄도금강판, 아연-알루미늄-마그네슘 합금도금강판 등 고부가가치 제품을 생산하는 등 경쟁력을 확보하고 있다.
2. **해외 시장 진출**: 도금공장(미얀마 포스코)을 인수해 미얀마 내수 선점뿐 아니라 동남아 시장 진출의 교두보를 확보하고 있다.

'철강 명가'에서
'이차전지 강자'로,
포스코그룹의 진화

정권이 바뀔 때마다 예외 없이 CEO가 '날아가는' 곤욕을 치르는 그룹, 그럼에도 업력(業力) 50여 년 동안 재계 순위는 지속적으로 상승하고, 남들이 버거워하는 이차전지 신사업도 척척 해내는 대기업집단.

포스코그룹의 50여 년 역사를 요약한 단 두 문장이다. 포스코그룹은 한국 재계에서 독특한 지위를 차지하고 있다. 재계 대부분의 대기업집단이 오너 중심으로 일사불란하게 성장해온 것과 달리, 포스코그룹은 오너 없이 꾸준히 성장해왔다. 정확히 표현하면, 포스코그룹은 오너가 없는 것은 물론이고 정권이 바뀔 때마다 단 한 차례도 예외 없이 CEO가 교체돼왔다.

그럼에도 2024년 공정거래위원회 기준으로 포스코는 오너 없는 대기업집단으로는 가장 규모가 크다(대기업집단 5위). 포스코그룹의 피어그룹(Peer group)으로 분류되는 KT(12위), 한국전력, KT&G(36위) 등과 비교해도 존재감이 남다르다. 이 같은 배경으로 포스코그룹은 미국 경영대학원의 케이스 스터디로 다뤄지고 있다.

오너가 없고 심지어 CEO가 자꾸 교체돼도 오히려 잘되는 '포스코의 역설'을 어떻게 설명해야 할까? 이 궁금증을 갖고 살펴보면 포스코그룹에는 피어그룹에 없는 3가지가 있다는 사실을 확인할 수 있다.

2023년 그룹 매출액 첫 100조 돌파, 재계 '빅5' 도약

포스코그룹은 2024년 공정위가 발표한 공시대상집단 순위에서 전년과 같은 5위를 기록했다. 앞서 2023년 포스코그룹은 롯데그룹을 제치고 5위로 도약하면서 관심을 모았다. 그간 포스코그룹의 대기업집단 순위를 살펴보면, 2000년대까지 10위권에 머물다가 2013년 8위에 올랐고, 2017년 6위에 이어 2023년 롯데그룹을 제치고 5위로 상승했다. 대기업집단 순위가 꾸준히 우상향하고 있음을 확인할 수 있다.

그룹 전체 매출액 93조 6,110억 원, 순이익 2조 5,970억 원으로 전년 대비 매출액은 7.31% 감소했으나 순이익은 188.72% 급증했다. 소속된 계열사는 포스코인터내셔널(옛 포스코대우), 포스코퓨처엠(옛 포스코케미칼), 포스코켐텍, 포스코DX(옛 포스코ICT, 이상 상장사), 포스코, 포스코E&C(옛 포스코건설) 등 47개사로 전년 대비 5개 증가했다. 앞서 2023년 포스코그룹은 매출액 100조 9,960억 원으로 첫 100조 원을 돌파하기도 했다.

포스코그룹의 대기업집단 순위가 상승하는 이유는 이차전지 사업이 가시적인 성과를 내고 있는 것과 관련 있다. 포스코그룹은 이차전지 신사업에서 가장 체계적인 성과를 내고 있는 대기업집단으로 평가된다. 그룹 내 이차전지 사업을 담당하는 핵심 계열사는 포스코퓨처엠과 포스코인터내셔널로 각각 이차전지 최종·중간소재 부문, 원료·광물자원 부문을 담당하고 있다.

두 계열사의 매출액은 그룹 내에서 크게 두드러진다. 포스코그룹의 주요 계열사 매출액을 살펴보면, 포스코(사업회사) 43조 1,351억 원, 포스코인터내셔널 33조 1,328억 원, 포스코E&C 10조 1,657억 원, 포스코퓨처엠 4조 7,599억 원, 포스코플로우 2조 2,108억 원, 포스코DX 1조 4,859억 원, 포스코스틸리온 1조 1,585억 원 순이다(이하 2023 K-IFRS 연결).

그중 포스코인터내셔널과 포스코퓨처엠이 각각 2위와 4위로 상위 매출을 기록했다. 업황이 좋았던 2022년에는 포스코인터내셔널 매출액(37조 9,896억 원)이 모회사 포스코(35조 8,222억 원)를 넘어서기도 했다. 전체 이차전지 가치사슬에서 포스코그룹이 맡은 부문은 원료(리튬, 니켈, 흑연 등), 중간소재(전구체, 동박 등), 최종소재(양극재, 음극재) 등을 아우른다. 사실상 이차전지 원재료의 핵심을 생산하고 있다. 2030년까지 리튬 생산량을 42만 3,000톤으로 늘려 글로벌 '빅3' 리튬 기업으로 도약한다는 방침이다. 2030년까지 매출액 13조 6,000억 원, 상각전영업이익(EBITDA) 8조 5,000억 원을 달성하고, 이차전지 소재 사업에서 매출액 62조 원, 상각전영업이익 15조 원을 달성하겠다는 목표다. 이는 2024년 기준으로 글로벌 5위권 수준의 매출 규모다.

포스코그룹이 이차전지 사업에 나선 배경으로는 무엇보다 본업(철강)의 경쟁 격화가 꼽힌다. 잘 알려져 있다시피 포스코그룹의 본업은 철강으로, 전 세계 조강 생산량 기준 5위권

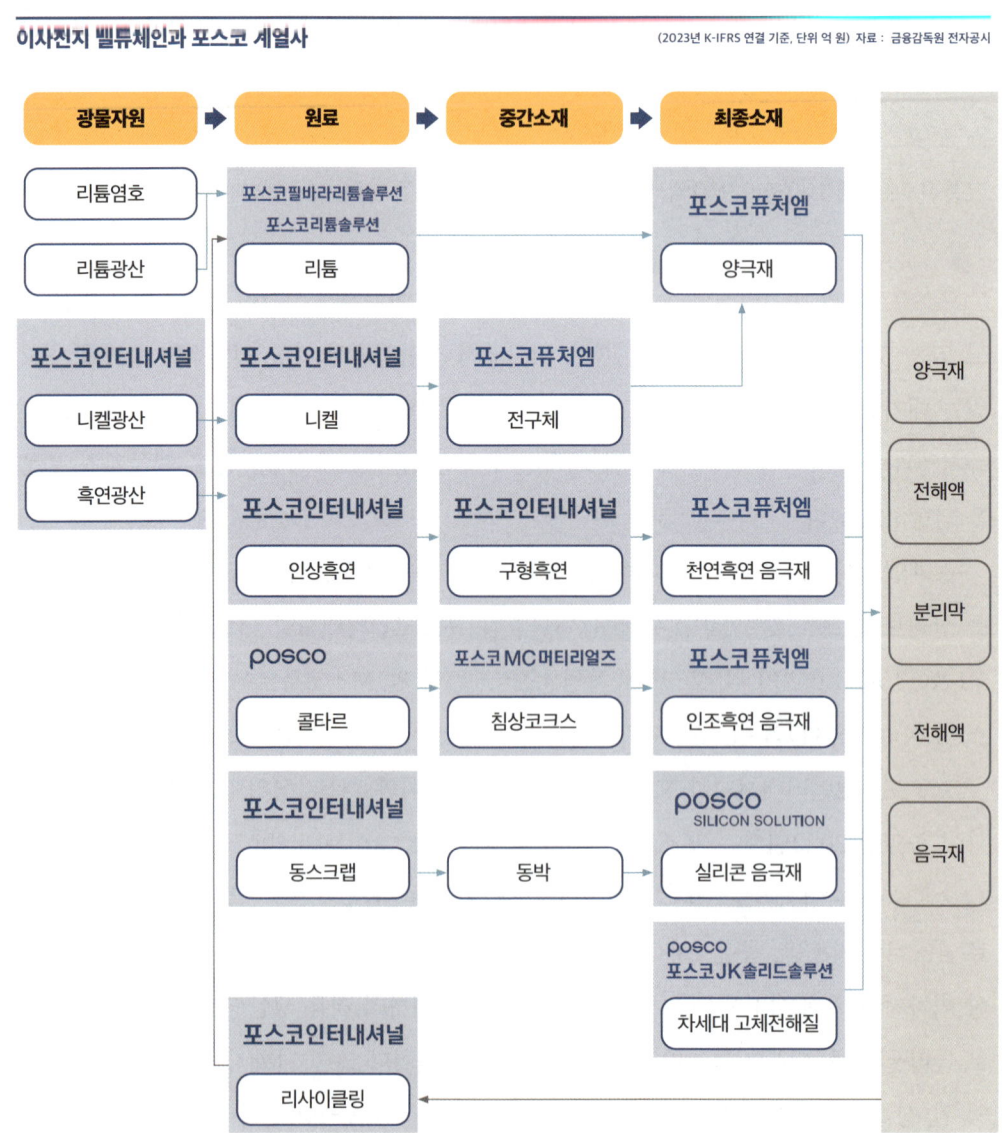

이차전지 밸류체인과 포스코 계열사 (2023년 K-IFRS 연결 기준, 단위 억 원) 자료: 금융감독원 전자공시

순위를 꾸준히 유지해왔다. 그러나 중국 철강사들이 저가 물량 공세에 나서면서 본업인 철강 경쟁력이 악화되며 7위까지 밀렸다. 철강 전문 분석기관 WSD(World Steel Dynamics)가 발표한 2023년 조강 생산량 기준 세계 철강사 순위를 살펴보면, 1위 바오우그룹(중국) 1억 3,077만 톤, 2위 아르세로미탈(룩셈부르크) 6,852만 톤, 3위 안강그룹(중국) 5,589만 톤, 4위 닛폰스틸(일본) 4,366만 톤, 5위 HBIS(중국) 4,134만 톤, 6위 샤강그룹(중국) 4,054만 톤에 이어, 포스코가 7위(3,844만 톤)를 기록했다.

중국 철강사들의 저가 물량 공세가 한창이던 2010년대 중반 포스코는 영업이익률이 5% 미만으로 떨어지기도 했다. 이 과정에서 신사업을 찾아 나섰고, 이차전지의 핵심 원료인 리튬, 니켈 분야에서 활로를 모색한 것이다. 포스코는 철강 원재료인 철광석을 매입하는 과정에서 리튬, 니켈 공급망을 자연스럽게 확보했다.

이때를 기점으로 포스코그룹은 차세대 이차전지용 소재 등 이차전지 소재 전반을 아우르는 가치사슬을 선제적으로 구축했다. 현재 포스코그룹은 고강도, 고연신 동박과 4마이크로미터(μm) 두께 극박 등 다양한 제품군을 보유하고 있고, 전고체 배터리용 음극 집전체인 니켈박 생산 기술도 확보했다. 이차전지의 핵심 원료인 리튬과 니켈의 독립적 공급망을 구축함으로써, 포스코그룹은 글로벌 이차전지 시장에서 '탈중국'이 가능한 유일한 기업집단으로 주목받는다. 2023년 기준 중국의 이차전지 생산량은 전 세계 생산량의 52%를 차지했으며, 이는 일본(22%)과 한국(16%)의 생산량을 합친 것보다 많다. 글로벌 1위 이차전지 제조기업 CATL을 포함한 BYD, ATL, 선와다(Sunwoda) 등 경쟁력 있는 기업들이 중국에 집중돼 있다. 이에 반해, 포스코그룹은 이차전지 핵심 소재인 양극재·음극재와 원료 조달에서 독자적인 공급망을 구축하며, 중국 기업들과의 소재 경쟁에서 차별화된 지위를 확보하고 있다.

이는 많은 것을 암시한다. 포스코그룹이 이차전지 소재 사업에서 눈에 띄는 성과를 낸다면 LG그룹을 넘어 '재계 빅4'로 도약할 가능성도 있다. 2024년 공정위 발표 기준으로 두 그룹의 공정자산 차이는 40조 원 규모다. 한국 재계 70여 년 역사상 처음으로 사주 없는 '재계 빅4'가 탄생할 가능성이 있다.

- 포스코인터내셔널은 포스코그룹 내 매출액 2위 계열사로서 아직 종합상사가 주력이다. 2023년 1월 포스코에너지와 합병 전까지 포스코인터내셔널의 매출액 비중은 무역 부문이 절대적이었다. 그러나 합병 후 포스코인터내셔널은 에

너지 기업으로서 위상 변화를 꾀하고 있다. 여전히 매출액 비중에서 상사(무역) 부문이 90%를 차지하고 에너지는 10%에 불과하지만(2023년 기준), 2024년을 글로벌 사업 확장의 핵심 해로 설정하고 에너지, 신재생에너지, 철강 및 친환경 소재 사업 등에 총력을 기울이며 1조 원 규모의 자금을 투자했다. 포스코인터내셔널은 고 김우중 대우그룹 회장이 1967년 설립한 대우실업이 모체다. 2000년 대우그룹이 공중 분해되면서 그해 12월 대우가 무역 부문을 인적 분할해 다시 법인으로 설립됐다. 이후 2010년 10월 포스코그룹에 편입됐다. 2016년 3월 포스코대우로 사명을 변경했고, 2019년 3월 다시 포스코인터내셔널로 사명을 변경했다.

- 포스코E&C(옛 포스코건설)는 포스코그룹의 건설사다. 건설업계에서 시공능력, 매출액, 기술력 등에서 최상위권 건설사로 평가받는 '1군 건설사'다. 국토교통부의 2024년 시공능력평가에서 7위를 기록했다. 포스코E&C는 포스코그룹의 제철소 플랜트(포항/광양제철소, 인도네시아 일관제철소)를 건설하며, 철강 플랜트 분야에서 경쟁력이 있다. IPO를 추진한 적 있으나, 2008년 글로벌 금융위기로 무산됐고, 2012년에도 재추진했지만 그룹 내부 사정과 건설 업황 등에 따라 무기한 연기됐다.

- 포스코(사업회사)는 철광석 등 원재료를 호주와 브라질에서 수입하며 글로벌 공급망을 유지하고 있다. 철강 생산 과정에서 발생하는 탄소 배출을 줄이기 위해 '수소 환원 제철'이라는 친환경 기술을 도입했다. 이 기술은 글로벌 철강업계에서 혁신적인 기술로 평가받고 있으며, 포스코는 이를 통해 2050년까지 탄소중립을 달성할 계획이다. 현재 수소 환원 기술은 초기 단계이나, 파일럿 프로젝트를 통해 점진적으로 상용화를 준비 중이다.

'정치적 외풍'에도
최상단 기술기업으로 성장,
포스코퓨처엠이 기대되는 이유

포스코그룹의 이 같은 성과는 정권이 바뀔 때마다 CEO가 교체되는 악순환 속에서 이뤄졌다는 점에서 '포스코의 역설'로 불린다. 고 박태준(1927~2011) 초대회장은 김영삼 전 대통령과의 정치적 불화로 물러났다. 이후 황경노, 정명식 회장은 임기를 채우지 못했고, 김만제, 유상부, 이구택 회장도 여러 정부 출범 직후 중도 사퇴했다. 이명박 정부 시절 취임한 정준양 회장도 정권교체 후 자진 사임했고, 박근혜 정부 시절의 권오준 회장도 마찬가지였다. 박태준 명예회장 이후로 본인의 임기를 마친 사례가 드물다. 정권에 따라 예고 없이 CEO가 물러나면 전략적 연속성이 끊겨 기업 경영에 악영향을 미칠 수밖에 없다. 그럼에도 포스코가 지속적으로 실적을 개선해온 것은 우선 '정신적 오너(박태준 초대회장)'의 보이지 않는 공이 작용했다는 평가다. 다시 말해, 포스코에는 상법상 사주는 없지만 위기나 현안이 닥칠 경우 어떻게 해야 하는가에 대한 길잡이가 존재했다는 것이다.

본업(철강)이 B2B라는 점도 긍정적으로 작용해왔다는 분석이다. 이는 한국전력(전기), KT(통신), KT&G(담배)가 B2C 사업을 영위하는 것과 큰 차이를 보인다. 재계의 한 인사는 "한국전력의 고객(일반 소비자)은 대통령 선거, 국회의원 선거에서의 표와 정확히 일치한다. 그래서 한국전력은 가격(전기 요금)을 절대 함부로 올리거나, 사업 모델을 바꾸기 어렵다. 반면, 포스코 고객은 대부분 미들맨(Middle man, 중개인)인 탓에 정치권 입장에서 그 수가 적을 뿐더러 잘 보이지도 않는다. 그 덕분에 포스코는 정치권의 눈치를 비교적 덜 볼 수 있었고, 철강 가격도 자율적으로 결정할 수 있었다. 이것이 시간이 흐르면서 지금의 큰 차이를 낳았다"라고 분석했다.

포스코가 영위하는 철강 사업이 과점(Oligopoly) 구도라는 점도 성공 비결로 꼽힌다. 재계의 한 인사는 "한국전력은 국내 유일의 전기 독점(Monopoly) 기업이며 독점은 언제나 방만 경영 문제를 낳는다. 경쟁하지 않고 안주하기 때문이다. 반면, 포스코는 사업 초기부터 세계 메이저 철강사들과 경쟁했고, 국내에서는 2004년 현대제철이 고로(Furnace) 사업에 진출하며 경쟁자가 등장했다. 혁신하지 않으면 살아남을 수 없었다. 용광로 생산성을 대폭 개선한 파이넥스 공법을 만든 것도 혁신의 산물"이라고 평가했다.

정치권의 외풍이 경영에 별다른 영향을 미치지 않는 것처럼 보일 수 있지만, 실제로는 그렇지 않다. 단적인 예로, 포스코는 포항 본사급 이전하더니 지역 주민과 정치권의 압박으로 인해 결국 실패했다. 전문가들은 포스코가 경영 논리에 따라 본사 이전을 결정할 경우 수천억 원의 비용을 절감할 수 있을 것으로 보고 있다. 정치권의 외풍이 사라진다면 포스코가 지금보다 더 나은 성과를 낼 수 있다는 의미다.

2024년 3월 취임한 장인화 회장은 이전 회장들과 결이 다르다는 평가를 받는다. 그는 김학동 포스코 부회장, 정탁 포스코인터내셔널 부회장, 정기섭 포스코홀딩스 사장, 황은연 전 포스코 인재창조원장 등 유력한 후보들을 제치고 경영 능력을 인정받아 회장으로 추천된 것으로 알려져 있다. 장 회장은 포스코 연구소에서 경력을 시작해 신사업, 재무, 마케팅 등 다양한 분야를 두루 경험했으며, 철강은 물론 신사업 분야에서도 역량을 갖춘 전문가로 평가받는다.

이차전지의 최상단 기술기업, 포스코퓨처엠

주식시장을 살펴보자. 포스코그룹에 소속된 상장사로는 포스코홀딩스(지주사), 포스코퓨처엠, 포스코스틸리온, 포스코인터내셔널, 포스코DX, 포스코엠텍 등 6개사가 있다.

- 포스코(사업회사)는 지주사 포스코홀딩스의 분할로 비상장사가 됐다. 주식 투자자 입장에서 포스코에 투자할 방법이 마땅치 않다. 포스코의 지분 100%를 보유한 포스코홀딩스에 투자하는 방법이 있기는 하지만 직접 투자는 아니다. 게

다가 포스코가 사업을 영위하는 철강 시장을 중국 철강사들이 잠식하고 있다.

- 포스코인터내셔널은 이차전지 신사업을 하지만 이차전지 가치사슬 하단에 위치해 있다. 상사 부문의 매출액이 여전히 압도적(약 90%)인데, 이 사업 부문의 이익률은 사업 특성상 매우 낮다. 포스코인터내셔널의 최근 3년(2021~2023) 평균 영업이익률은 3.18%에 불과하다. 최근 가스전 개발에서 성과가 있었지만, 시추 사업이란 불확실성과 리스크가 높다.

- 포스코스틸리온(옛 포스코강판)은 아연 도금강판, 알루미늄 도금강판, 컬러강판을 비롯한 특수 강판을 생산한다. 고부가가치 사업을 영위하고 있지만, 이 분야도 공급 과잉이 만성화된 철강업에 속해 있다.

- 포스코엠텍은 주력으로 철강 포장재 사업을 영위하고 있다. 철강 코일 포장과 함께 알루미늄 탈산제 및 페로망간 합금철 등을 생산하며, 포스코의 철강 생산 공정에서 중요한 역할을 담당한다. 다만, 철강업은 중국 기업과의 경쟁이 치열해 시장 환경이 우호적이지 않다.

- 포스코DX는 SI(시스템통합) 사업을 영위하며 포스코그룹 내부 시장을 기반으로 사업을 영위하고 있다. 신사업으로 AI, 로봇 사업을 시작했지만, 분야의 특성상 성과를 예측하기란 쉽지 않다.

포스코그룹에서 주목해야 할 회사는 포스코퓨처엠이다. 포스코퓨처엠의 투자 포인트는 이차전지 가치사슬 최상단에 자리 잡고 있다는 점이다. 이는 포스코인터내셔널 대비 강점이다. 국민연금이 지분(5.60%)을 보유하고 있다는 점도 투자 포인트다(2024 2분기). 포스코퓨처엠은 이차전지의 중간소재(전구체)와 최종소재(양극재, 음극재, 고체 전해질)를 생산한다. 이차전지는 리튬(Li) 이온이 양극(+)과 음극(-) 사이를 이동하면서 전기를 발생시키는 원리로 작동한다. 충전을 통해 여러 차례 재사용이 가능해 전기차를 비롯한 친환경 모빌리티, IT 기기와 다양한 생활가전의 에너지원으로 쓰인다. 2023년 기준 포스코퓨처엠의 매출액 비중은 양극재 66.0%, 음극재 29.3%, 기타 4.7%다. 이차전지를 주력 사업으로 하기 전까지 내

화물과 축로를 생산했다.

 이차전지 5대 구성 요소는 양극재(Cathode), 음극재(Anode), 전해액(Electrolyte), 분리막(Separator), 케이스(Case)인데, 포스코퓨처엠은 이 가운데 부가가치가 가장 큰 양극재와 음극재를 생산한다. 양극재와 음극재를 동시에 생산할 수 있는 능력을 갖춘 국내 유일한 기업이다.

NOTICE — **알고 갑시다!**

포스코퓨처엠의 이차전지 소재 전략

포스코퓨처엠은 이차전지의 핵심 소재인 음극재, 양극재, 전구체를 중심으로 포트폴리오 다각화와 생산 능력 확충에 주력하고 있다.

- 음극재: 리튬 이온 저장·방출 역할을 하며 충전 속도와 수명을 결정한다. 천연흑연, 저팽창 음극재를 공급하며, 인조흑연, 실리콘계, 리튬메탈 등 차세대 소재 개발을 추진하고 있다. 2026년까지 연 11만 3,000톤 생산능력을 확보할 계획이다.

- 양극재: 리튬 이온 이동을 담당하며 배터리의 에너지 용량과 출력 성능을 좌우한다. 고니켈(NCM, NCMA) 양극재를 중심으로 2025년까지 연 22만 5,000톤 생산 능력을 확보할 계획이다.

- 전구체: 니켈, 코발트, 망간, 알루미늄 등으로 구성된 양극재의 전(前) 물질이다. 포스코퓨처엠은 최적의 원료 조합을 연구해 품질과 경제성을 강화하고 있다.

이차전지의 구성요소　　　　　　　　　　　　　　　자료: 포스코그룹

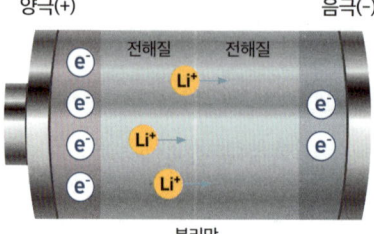

06 한화그룹

육해공 넘어 우주까지, '한국의 록히드 마틴' 성큼

(주)한화

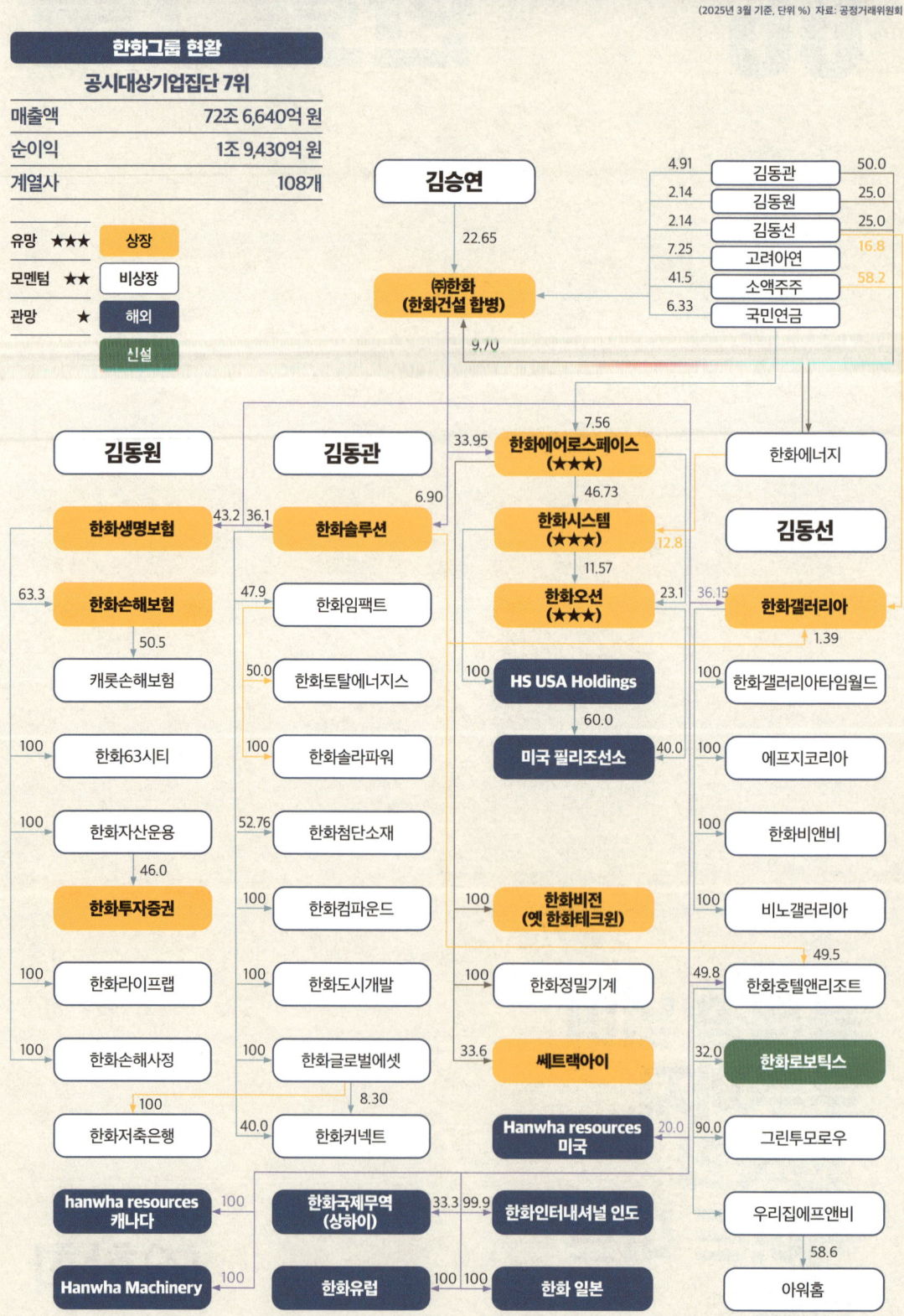

한화그룹 오너 가계도 및 핵심 관계자 지분 현황

(2024년 6월 기준) 자료: 공정거래위원회
※ 김동선 한화갤러리아 지분율(16.8%)은 2024. 9 기준

김승연 한화그룹 회장		김동관 한화그룹 부회장		김동원 한화생명 사장		김동선 한화호텔 부사장	
㈜한화	22.65%	㈜한화	4.91%	㈜한화	2.14%	㈜한화	2.14%
한화이글스	10.0%	한화에너지	50.0%	한화에너지	25.0%	한화에너지	25.0%
한화커넥트	0.7%			한화생명	0.03%	한화갤러리아	16.8%

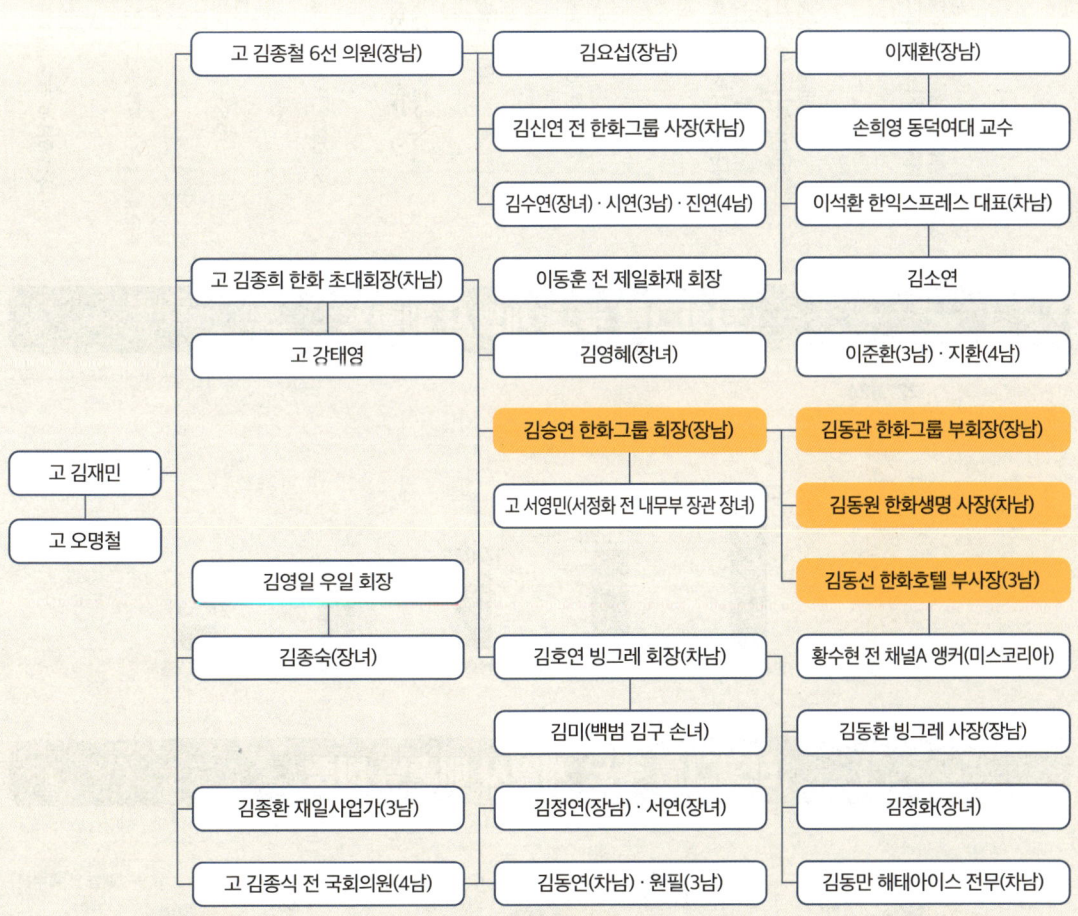

최근 10년 ㈜한화 실적 및 한화그룹 주요 연혁

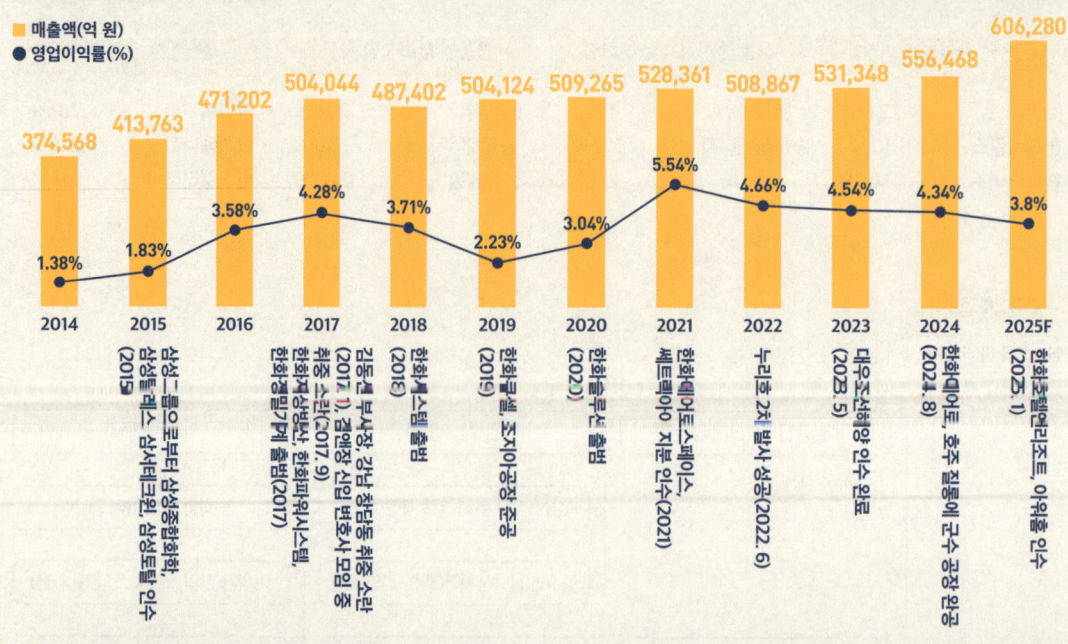

한화그룹 주요 계열사 매출액

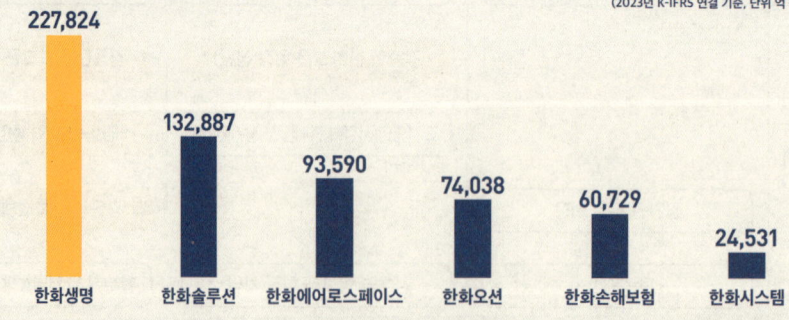

한화그룹 주요 계열사 매출액 비중

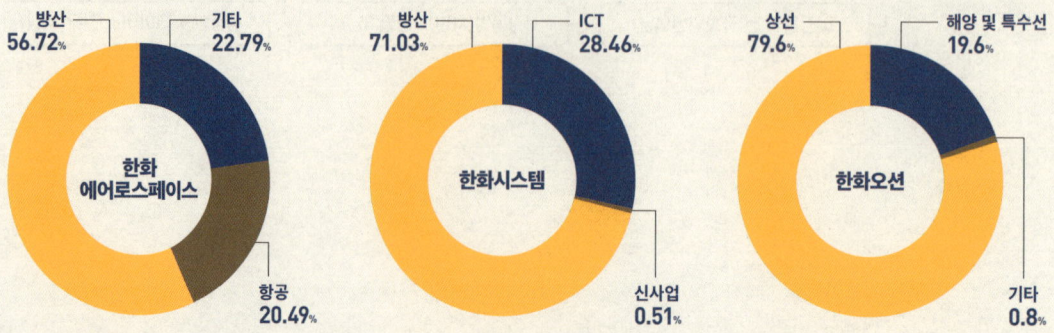

핵심 계열사 경영 현황 및 체크 포인트

한화오션(★★★) 　　코스피

● **현황**
HD현대중공업, 삼성중공업과 더불어 한국의 조선업 '빅3'다. 매출액 비중은 상선(LNGC, LPGC, 컨테이너선 등) 79.6%, 해양 및 특수선(FPSO, FLHG 포함) 19.6%, 플랜트(석유화학 플랜트 등) 0.8%다(2024 상반기). 특히 한화오션은 이지스 구축함과 호위함, 잠수함까지 제작 가능한 '특수선의 명가'로 인정받으며, 친환경 및 스마트 자율운항 선박 개발에 중점을 두고 있다. 대우해양조선을 2023년 5월 한화그룹이 인수해 한화오션으로 사명 변경했다.

✓ **체크 포인트**
1. **조선업 호황기 진입:** 조선업은 약 10년의 불황기를 지나 호황기 초입에 들어섰다. 조선업 호황은 한번 시작되면 5~10년 장기간 지속되는 경향이 있다.
2. **한화그룹과의 통합 시너지:** 대우조선해양이 한화그룹에 인수되면서 기존의 육상, 항공우주, 에너지 사업 등과 시너지가 기대되고 있다.
3. **재무구조 개선:** 한때 부채비율이 1,000%를 넘었지만 2023년 5월 한화그룹에 인수된 후로 개선되고 있다.

한화에어로스페이스(★★★) 　　코스피

● **현황**
한화오션, 한화시스템과 더불어 '한화 방산 빅3'다. 항공기 부품을 생산하다가 현재는 다양한 방산 부품을 생산하고 있다. 매출액 비중은 방산 56.72%, 항공 20.49%, 기타 22.79%다(2024 상반기).

✓ **체크 포인트**
1. **K-방산 수혜:** K-방산이 세계 시장에서 주목받으면서 덩달아 실적이 개선되고 있다.
2. **국내 방산 기업 중 가장 다변화된 수출 파이프라인 보유:** K9 자주포, 천무 다연장 로켓, 레드백 장갑차, 천궁II 발사대 등이 대표적인 수출 품목이다. 폴란드를 비롯한 유럽, 베트남, 말레이시아 등 동남아 국가에 K-9, K-21을 공급하고 있다.
3. **해외 생산거점 확보:** 2024년 8월 호주 질롱(Geelong)에 자주포와 장갑차를 생산할 현지 공장(H-ACE)을 완공했다. 한국 방산업체 최초의 해외 생산기지 설립이다.

한화시스템(★★★) 　　코스피

● **현황**
레이더를 비롯한 군사 전자장비에 특화된 한화그룹 방산 계열사다. 매출액 비중은 방산 71.03%, ICT 28.46%, 기타 0.51%다(2024 상반기). 한화오션은 해군, 한화에어로스페이스는 공군, 한화시스템은 육군 장비에 특화돼 있다.

✓ **체크 포인트**
1. **K-방산 수혜:** 폴란드에 수출된 K2 전차를 비롯해 주요 K-방산 수출품의 부품을 공급하고 있다. K-방산이 세계 시장에서 주목받으면서 실적이 개선되고 있다.
2. **우주항공청 개청 수혜:** 우주항공청 개청으로 다수의 우주개발 및 양산 사업 진행이 가속화될 것으로 전망된다.
3. **미국 필리조선소 연결 수혜:** 2024년 8월 미국 필리조선소의 지분 60%를 인수했다. 2025년부터 한화시스템의 연결 실적에 포함될 전망이다.

'다이너마이트'의 요람에서, 방산·우주 기술의 요체로 도약을 꿈꾼다

호모 사피엔스가 지금의 본성과 사회 구조를 갖는 한 영원할 수밖에 없는 것이 전쟁이다. 호모 사피엔스의 역사는 '전쟁의 역사'라고 해도 과언이 아니다. 3차 세계대전이 발발 가능성이 낮다고는 하지만, 러시아-우크라이나 전쟁, 이란과 이스라엘 극한 대치에서 볼 수 있듯이 국지전은 오히려 세계 곳곳에서 증가하고 있다. 이에 따라 각국 정부는 군비를 늘리고 있다.

이 관점에서 주목해야 하는 대기업집단이 한화그룹이다. 한화그룹은 방위산업에 특화돼 있다. 한화그룹의 '한화'라는 그룹명도 다름 아닌 '한국화약(韓國火藥)'의 약칭이다. 한국화약은 고 김종희(1922~1981) 창업 회장이 1952년 30세에 부산에서 설립했고, 다이너마이트를 생산했다. 그룹 출발이 방산인 셈이다(그러나 한화그룹은 '韓火'라는 한자를 공식적으로 사용하지 않는다). 또한, 그룹 계열사 가운데 한화에어로스페이스(옛 삼성테크윈, 항공기 부품), 한화오션(옛 대우조선해양), 한화디펜스는 '한화 방산 3사'로 각종 군사 장비를 생산하고 있다.

각국이 생존권 차원에서 군비 증강에 나서면서 가성비 높은 K-방산 무기에 대한 관심도 덩달아 높아지고 있다. 한화시스템이 개발한 중거리 지대공 유도무기 체계 '천궁'은 아랍에미리트(2022년 1조 3,000억 원), 사우디아라비아(2024년 2월 4조 2,700억 원, 8월 다기능레이다 1조 2,000억 원)를 비롯한 중동 국가들에 이어 동유럽 등 다양한 나라에 판매되면서 그 가치를 입증하고 있다. 천궁은 탐지·추적, 전자전, 요격 유도탄 연동 등 다기능 레이다(MFR) 기능을 탑재해 다양한 군사 작전에 활용될 수 있는 무기체계로 평가된다. 여기에 한화그룹이 대우조선해양(현 한화오션)을 인수하고 방산 부문을 수직 계열화하면서, '한국의 록히드마틴(Lockheed Martin)'으로 도약할 수 있을지 관심이 집중된다. 록히드 마틴은 F-35 전투기, F-22 랩터, MH-60R 시호크 등 첨단 육해공 무기를 생산하는 글로벌 1위 항공우주·방산 기업이다.

대우조선해양 인수하며 육해공 완성, '한국의 록히드 마틴' 눈앞

한화그룹은 2024년 공정위 발표 공시대상기업집단 7위를 기록했다. 전년과 같았다. 구체적으로 살펴보면, 삼성(1위), SK(2위), 현대차(3위), LG(4위), 포스코(5위), 롯데(6위) 다음이다. 그룹 전체 매출액은 72조 6,640억 원, 순이익 1조 9,430억 원으로, 매출액은 전년(53조 1,348억 원) 대비 36.75% 증가했고, 순이익은 전년(1조 6,355억 원) 대비 18.82% 감소했다. 계열사는 108개사로 전년 대비 12개 증가했다.

2023년 기준 주요 계열사 매출액을 살펴보면, 한화생명보험 22조 7,824억 원, 한화솔루션 13조 2,887억 원, 한화에어로스페이스 9조 3,590억 원, 한화오션 7조 4,038억 원, 한화손해보험 6조 729억 원, 한화시스템 2조 4,531억 원 순이다.

한화그룹의 주력 사업은 방산, 신성장 및 케미칼, 금융 세 부문으로 나뉜다. 방산 부문 계열사로는 한화에어로스페이스, 한화디펜스, 한화테크원, 한화정밀기계 등이 있다. 신성장 및 케미칼 부문 계열사로는 한화솔루션, 한화큐셀 등이 있으며, 금융 부문 계열사로는 한화생명, 한화손해보험, 한화투자증권, 캐롯손해보험, 한화저축은행 등이 있다. 이밖에 건설(한화 건설 부문, 에이치피앤디), 레저 및 기타(한화호텔앤리조트 등) 사업 부문이 있다.

여기서 눈여겨봐야 할 계열사는 한화오션이다. 한화그룹은 2023년 5월 대우조선해양을 최종 인수했다. 인수 금액은 약 2조 원으로, 한화에어로스페이스(약 1조 원), 한화시스템(5,000억 원), 한화임팩트(4,000억 원) 등 5개 계열사들의 유상증자를 통해 대우조선해양 지분 49.3%를 확보해 대주주가 됐다. 한화그룹은 10년 넘게 대우조선해양 인수를 시도했으나 여러 이유로 난항을 겪었다. 2000년대 초반 대우조선해양 인수에 나섰지만, 2008년 글로벌 금융위기로 인해 포기했다. 이후 대우조선해양이 산업은행의 관리체제로 들어가자 인수 의사를 타진하며, 2023년 5월 최종 인수했다. 대우조선해양 인수는 한화그룹에 큰 의미가 있다. 한화그룹은 방산 비즈니스가 주력인데, 한화오션이 한화그룹의 방산 수직 계열화에 날개를 달아줄 것으로 기대되기 때문이다.

한화의 한화오션 인수로 기존의 지상 방산과 우주 방산 사업이 해양까지 확장되면서, 한화그룹은 명실공히 육해공 통합 방산 기업집단으로 점프했다. 그간 한화그룹은 한화시스템

한화그룹 사업 포트폴리오

자료: 흥국증권

	사업 부문		주요 제품, 서비스	
			명칭	용도/기능
화약 제조	산업용 화약, 방산, 산업용 기계	한화 글로벌/방산/모멘텀 부문	화약 원료, 유도무기체 등	화학 제조, SOC/건설 등
	방산	한화디펜스	화력체계, 기동체계 등	군수 등
		한화시스템	레이더, 전자광학장비 등	군수, IT 서비스 등
	항공엔진	한화에어로스페이스	항공기용 엔진 등	항공엔진 등
	시큐리티	한화테크윈	영상보안 감시 장비 등	보안 경계 및 감시 등
	에너지 장비	한화건설	압축기 및 발전기 등	에너지 장비 등
	산업용 기계	한화정밀기계	칩마운터 등	산업용 기계 등
도소매업	무역	한화글로벌	석유화학 제품, 기계류 등	재화 수출입 및 개발 투자 등
		한화큐셀		
	백화점/도소매	한화솔루션 갤러리아 부문	백화점, 면세점 등	도소매 등
		한화갤러리아타임월드		
	시큐리티 제품 등	한화테크윈	CCTV, DVR 등	제품 판매 및 종합서비스 등
건설	종합건설	한화건설	건설, 부동산 개발/분양 등	주택 건설, 산업설비 등
		에이치피앤디		
	부동산 개발	한화솔루션 인사이트 부문	복합산업단지 등	부동산 개발 및 매매 등
		경기 용인테크노밸리		
레저/서비스	호텔/레저/서비스	한화호텔앤드리조트	리조트, 호텔, 음식점	관광숙박 및 급식 등
	ICT 서비스 개발/운영	한화시스템 ICT 부문	ICT 인프라 구축/운영	IT 서비스
태양광	태양광 발전	한화큐셀	웨이퍼, 셀/모듈 생산	태양광 발전 설비
		한화솔루션 큐셀 부문		
금융	생명보험	한화생명보험	생명보험, 자산관리 등	생명보험
	손해보험	한화손해보험	자동차보험, 재산보험 등	손해보험
	금융투자	한화투자증권	증권 중개 및 인수 등	금융투자
	저축은행	한화저축은행	예금, 기업여신, 개인대출 등	상호저축은행
	자산운용	한화자산운용	자산운용	자산운용
기타	기타	한화커넥트 등	기타	-

(육군), 한화에어로스페이스(공군)의 강점을 보유하고 있었지만, 해군 포트폴리오가 없다는 것이 한계로 지적됐다. 한화오션의 인수는 이러한 부족한 부분을 채워준 인수로 평가된다. 한화그룹의 해양 첨단 시스템과 레이더 기술, 한화오션의 잠수함 및 전투함 건조 기술력이 합쳐지면 신무기 사업에서 유리한 지점을 점유할 수 있게 되기 때문이다.

자율운항 선박, 친환경 에너지 분야에서의 시너지도 무시할 수 없다. 한화의 친환경 에너지저장장치(ESS, Energy Storage System) 기술을 적용해 친환경 선박을 개발할 수 있고, LNG와 수소 등 한화의 에너지 분야와 한화오션의 운송 기술 사업을 결합해 '그린 에너지 밸류체인'을 구축할 수도 있다. 이런 의미에서 한화그룹은 한화오션을 '그린 에너지 밸류체인 메이저', '국가대표 방산 기업', '해양 솔루션 리더' 등으로 표방하고 있다.

러시아-우크라이나 전쟁으로 지상 방산 특수, 우주 사업 밑그림

한화의 지상 방산 사업은 한화오션 인수 이전부터 이미 성과를 내고 있었다. 러시아-우크라이나 전쟁과 중동 분쟁 격화로 한국산 무기가 주목받으면서, K9 자주포는 한화를 글로벌 방산 '빅10'으로 이끌 대표 무기로 자리 잡았다. 2001년 튀르키예를 시작으로 2024년 7월에는 루마니아에 54문을, 12월에는 폴란드에 152문(2022년 212문)을 수출하는 등 총 10개국과 계약을 맺었다. 특히, K9 자주포는 전 세계 자주포 시장의 60%를 차지하며 독보적 지위를 차지하고 있다.

한화에어로스페이스는 K9 외에도 다연장 로켓 천무, 탄약 운반 장갑차 K10, 궤도형 장갑차 레드백 등 다양한 포트폴리오를 보유하고 있다. 천무는 폴란드와의 290문 수출 계약을 계기로 현지 합작 생산 공장을 검토 중이며, AS-21 레드백 장갑차는 2023년 호주 129대 수출을 시작으로 루마니아 등 동유럽에서의 추가 수주 가능성이 점쳐지고 있다. 한화에어로스페이스는 2024년 처음으로 매출액 10조 클럽에 진입했다(10조 1,635억 원, K-IFRS 연결). 또한, 2034년까지 글로벌 운용 항공기 대수가 3만 4,000대를 넘어설 것으로 예상되면서, MRO(유지·보수·운용) 시장 역시 연평균 5.19% 성장할 전망이다. 이러한 예상이 맞는다면 한화그룹은 미래 먹거리까지 확보한 셈이다.

한화시스템의 통신·레이다 사업도 매년 성장세를 이어가고 있다. 2024년 5월에는 이탈리아 방산 기업 레오나르도와 경공격기용 능동위상배열(AESA) 레이다 안테나 수출 계약을 체결했으며, 7월에는 LIG 넥스원이 사우디아라비아에 수출하는 지대공 유도무기 체계 '천궁-Ⅱ'에 다기능레이더(MFR)를 공급하는 계약을 맺었다. 또한, 신성장 동력인 무인 수상정과 드론 등 무인무기체계 사업도 순조롭게 진행 중이다.

한화시스템은 2024년 매출액 2조 7,676억 원, 영업이익 2,181억 원, 당기순이익 1,393억 원을 기록했다. 매출액과 영업이익 전년 대비 각각 12.90%, 134.76% 증가했다. 당기순이익은 일회성 비용으로 인해 전년 대비 60.56% 감소했다.

한화그룹의 방산 사업이 도약하게 된 계기는 2015년 삼성그룹과의 '빅딜'이었다. 당시 한화는 삼성테크윈(현 한화에어로스페이스), 삼성탈레스(현 한화시스템), 삼성종합화학(현 한화임팩트), 삼성토탈(현 한화토탈)을 총 8,400억 원에 인수했다. 그로부터 채 10년이 되지 않아 육해공을 아우르는 방산 포트폴리오를 완성한 것이다. 삼성테크윈은 한화에어로스페이스로 이름을 바꾸고, 기존 한화디펜스와 한화방산을 흡수 합병하며 통합된 방산 체계를 구축했다.

이를 바탕으로 한화그룹은 2030년 글로벌 방산 '빅10'에 진입하겠다는 목표를 세웠다. 미국 군사전문지 〈디펜스뉴스〉에 따르면, 2024년 한화의 글로벌 방산 순위는 19위에 올라 있다. 중국의 국영 항공우주 및 군사복합기업인 중국항공공업집단이 7위에 오른 것을 제외하면 아시아 기업으로는 유일하다. 업계에서는 현재의 성장 속도를 고려했을 때 한화그룹의 목표가 가능할 것이라고 보고 있다. 이 목표가 현실화된다면 한화그룹의 위상도 함께 상승할 것으로 보인다.

항공·우주 부문 사업은 첨단 분야로 그룹의 든든한 바탕이 될 수 있는 미래 동력으로 평가된다. 항공 부문은 2024년 3분기 기준으로 전체 매출의 약 17%를 담당했다. 1979년 공군 F4 전투기용 엔진 창정비(리퍼) 생산을 시작으로 45년간 항공기와 헬기, 선박 등에 탑재되는 엔진 1만 대 이상을 생산하며 기술을 축적했다. 현재는 항공 엔진 부품 및 조립 사업에 머물고 있지만, 2030년께 엔진 국산화율 100%를 달성하겠다는 목표다.

우주 사업의 경우 현재 한국항공우주연구원과 9,500억 원이 투입되는 국가 차세대 발사체 사업을 진행하고 있다. 지난 2021년 민간 우주개발 시대 개척을 위한 '스페이스 허브'를 출범했고, 2023년 누리호 발사 성공에 이어 2025년 하반기에 누리호 4차 발사를 계획하는 등 2027년까지 총 3차례의 누리호를 추가 발사할 예정이다. 2024년 4월 제주도에 한화우주센터 건설을 시작했고, 전남 순천에 건설 중인 '스페이스허브 발사체 제작센터'도 2025년 완공 예정이다.

발 빠른 세대교체 통해, 3세 경영 체제 구축 노린다

한화그룹의 지배구조는 김승연 회장이 지주사 ㈜한화의 최대주주(22.65%)이고, ㈜한화가 한화에어로스페이스(33.95%), 한화솔루션(36.1%), 한화생명보험(43.2%)를 지배하는 형태다(2024 2분기). ㈜한화가 사실상 지주사 역할을 하고 있지만, 공정거래법상 지주회사는 아니다. 10대 대기업집단 가운데 지주사 체제를 갖추지 못한 곳은 한화, 삼성, 현대차 등 3개사다. 여기에는 사정이 있다. 한화그룹은 한화생명보험, 한화손해보험, 한화투자증권을 비롯한 금융 계열사로 두고 있는데, 지주사로 전환하게 될 경우 금융 계열사 소유를 금지하고 있는 금산분리 규제를 받는다. 지주사로 전환하게 되면 금융 계열사를 2년 내 매각하거나 계열 분리해야 한다. 그러나 한화그룹에서 금융 부문이 차지하는 비중이 높다는 점이 걸림돌이다. 앞서 언급한 것처럼 그룹 계열사 가운데 매출액 1위가 한화생명이다. 한화그룹이 금융 사업을 포기하기란 쉽지 않다.

그룹을 이끌고 있는 김승연 회장은 1981년 7월 부친 김종희(1922~1981) 창업 회장이 타계하자 그해 8월 1일 29세에 한화그룹 총수에 취임했다. 김 회장의 재임 40여 년 동안 한화그룹은 재계 20위권(14위)에서 7위로 올라섰다. 지금은 김승연 회장이 한화그룹의 총수로 역할을 하고 있지만, 김동관, 김동원, 김동선 세 아들 중심의 후계 구도를 명확히 하고 있다. 이들 3형제는 사내에서 각각 DK(김동관), DY(김동원), DS(김동선)로 불린다.

장남 김동관 부회장은 한화그룹 대표이사, 한화에어로스페이스 전략부문 대표이사, 한화 전략 부문 대표이사직을 수행하며 건설 및 방산 사업을 맡고 있다. 한화오션의 경영에도 참여하고 있다. 지난 2015년부터 한화솔루션의 전신인 한화큐셀과 한화솔라원에서 임원을 맡고 있고, 2020년부터 한화솔루션 대표이사를 맡으면서 신성장 사업에 관여하고 있다. 김동관 부회장은 미국 하버드대 정치학과를 졸업했고, 미국에 인적 네트워크가 풍부한 것으로 알려져 있다.

차남 김동원 한화생명 사장은 금융 부문을 맡고 있다. 지난 2015년 한화생명 전사혁신실 부실장을 시작으로 금융 사업을 이끌고 있다. 현재 한화생명 최고 글로벌 책임자를 맡고 있다. 한화생명 지분 0.03%를 보유하고 있다.

한화그룹 3남 김동선 한화갤러리아 미래비전총괄 부사장은 레저 부문을 담당하고 있다. 한화호텔앤리조트 미래비전총괄 부사장, 한화비전 미래미전총괄 부사장도 겸임하고 있다.

2025년 1월 한화호텔앤드리조트는 급식·식자재 유통 전문 기업 아워홈을 인수했다. 이 인수는 김 부사장이 주도한 것으로 알려졌다. 이는 한화그룹의 푸드테크 사업을 강화하는 동시에 김 전략본부장의 그룹 내 지위를 보장하는 전략적 행보로 평가된다. 김 전략본부장은 아시안게임과 올림픽에서 남자 승마 부문 국가대표로 참가한 적 있고, 한국학생승마협회장을 역임했다. 한화그룹은 미래 성장산업에 김동관 부회장을 필두로 3형제가 5개 사업 부문을 골고루 맡고 있다.

한화그룹 계열사는 108개로 많은 편인데(2023. 12), 이는 한화그룹이 태양광 사업을 하면서 세액 우대를 위해 해외 기업과 합자 두자를 하는 과정에서 계열사를 많이 설립했기 때문이다. 이들은 터키, 미국, EU에 있으며 SPC(특수목적법인) 형태를 띠고 있다.

(주)한화 건설 부문(옛 한화건설)은 2024년 1월 3남 김동선 부사장이 경영진에 합류하면서 김동선 부사장 몫이 됐다는 분석이 나오고 있다. 김동선 부사장은 2024년 1월 해외사업본부장(부사장)에 선임됐다. 김동선 부사장은 2014년 한화건설에 과장으로 입사해 이라크 현지에서 근무한 적 있다. 2017년 한화건설을 퇴사해 2020년 말 한화에너지에 복귀했다. 이전까지 (주)한화 건설 부문은 장남 김동관 부회장의 몫(제조 부문)으로 분류돼왔다.

한화그룹은 2023년 말 바이오 사업을 재개했다. 그해 12월 한화는 1,100억 원을 투자해 전남 여수와 미국에 '트리스버퍼(Tris buffer)' 생산 기지를 건설한다고 밝혔다. 트리스버퍼는 바이오 시약의 일종이다. 전기장을 가해 물질을 분리하는 전기영동 실험과 유전자 DNA 확인 과정 등에 사용된다. 이로써 한화그룹은 7년 만에 다시 바이오 사업에 뛰어들게 됐다. 앞서 2014년 한화케미칼은 지난 셀트리온에 이어 국내 두 번째 바이오시밀러인 '다빅트렐(Davictrel)' 개발에 성공했다. 이는 류머티즘 관절염 치료제 '엔브렐'의 바이오시밀러다. 그렇지만 특허 연장, 미국 머크와의 수출계약 해지 등 악재를 겪으면서 바이오 사업에서 철수했다.

한화오션·에어로스페이스·시스템,
'국가대표 방산 체인' 관심↑

한화그룹에 소속된 상장사로는 ㈜한화, 한화에어로스페이스, 한화솔루션, 한화시스템, 한화생명보험, 한화손해보험, 한화투자증권, 한화오션, 한화갤러리아, 쎄트렉아이 11개사가 있다.

- 한화생명보험, 한화손해보험, 한화투자증권은 금융 계열사로 김동원(차남) 사장의 몫으로 분류된다.

- 한화갤러리아는 김동선(3남) 부사장의 몫으로 분류된다.

- 인공위성 제조사 쎄트렉아이는 한화그룹이 지분을 갖고 있기는 하지만 사실상 독자 경영을 하고 있다.

- 한화솔루션은 김승연 회장과 장남 김동관 부회장 직할 체제라는 점에서 주목할 만한 계열사다. 2023년 기준 매출액 비중을 살펴보면, 태양광(44.37%)과 케미칼(40.4%)이 양대 주력 사업으로 자리 잡고 있으며, 첨단소재(9.59%), 기타(5.64%)가 그 뒤를 잇고 있다. 태양광 사업은 한화솔루션의 핵심 성장 동력으로 평가받고 있지만, 글로벌 시장에서의 공급 과잉으로 인해 수익성을 유지하는 데 어려움을 겪고 있다. 한화솔루션은 과거 태양광 가치사슬의 최상단에 있는

폴리실리콘을 자체 생산했으나, 2020년 2월, 폴리실리콘 공급 과잉으로 가격이 급락하자 이 사업에서 철수했다. 폴리실리콘은 태양광 전지와 반도체 원료로 사용되는 고순도 다결정 실리콘으로, 태양광 패널 제조에서 필수적인 원자재다. 이로 인해 폴리실리콘 생산 철수는 태양광 가치사슬의 완결성을 약화시킨다는 지적이 있었다. 그러나 이를 보완하기 위해 한화솔루션은 2022년 OCI홀딩스와 1조 4,000억 원 규모의 폴리실리콘 장기 공급 계약을 체결했다. OCI홀딩스 말레이시아 자회사 OCIM이 2024년 7월부터 2034년 6월까지 10년간 저탄소 폴리실리콘을 공급할 예정이다. 이밖에 한화솔루션은 2022년 미국 폴리실리콘 제조업체 REC실리콘의 지분 21.34%를 인수하여 공급망 다변화를 기대했으나, 2024년 12월 30일 워싱턴주 모지스레이크 공장 생산 중단으로 계획에 차질을 빚게 됐다. 한화솔루션은 태양광 사업 비중이 적지 않은데, 만약 글로벌 태양광 시장의 핵심 사업자 중 어느 한 곳이 쓰러지거나 침체기를 버텨낸다면 도약의 계기가 될 가능성도 있다. 미국 조지아주에 '솔라허브'라는 태양광 통합단지를 건설 중이며 2025년 완공을 목표로 하고 있다.

결국, 남은 곳은 한화오션, 한화에어로스페이스, 한화시스템 3곳이다.

한화오션, 조선업 호황이 밀고 '한화 인수 시너지'가 이끈다

한화오션의 투자 포인트는 무엇보다도 조선업의 슈퍼 사이클이다. 조선업은 10~15년을 주기로 호황과 불황을 극단적으로 오가는데, 호황이든 불황이든 한번 시작되면 5~10년 단위로 장기간 지속되는 경향이 있다. 선박 제조 기간이 2~5년의 장기인 데다 일단 발주하면 취소가 어렵다. 반도체 산업처럼 핵심 기업들이 반도체 생산을 조절하면서 호황과 불황에 대응할 수 있는 것과 대조적이다. 2024년 10월 기준 조선업은 호황 초입 국면에 있는 것으로 평가된다. 한화오션은 조선업 '빅3'(HD현대중공업, 한화오션, 삼성중공업) 가운데 하나이며, 2024년 흑자 전환했다. 부채비율이 1,542%까지 감당하기 어려운 수준에 이르기도 했지만(2022), 한화그룹의 자금 지원과 실적 개선으로 2024년 3월 300% 미만으로 떨어졌다가 2024년 3분기 기준 600%를 조금 넘어섰다.

한화오션은 일반 상선과 군함을 모두 생산하며, 매출액 비중은 상선 79.6%, 해양및 특수선 19.6%, 기타 0.8%다(2024 상반기) 일반 상선 분야에서는 LNG 운반선, 원유 운반선, 컨테이너선, LPG 운반선 등 다양한 선박과 부유식 원유생산저장 하역설비(FPSO), 고정식 플랫폼, 원유시추설비 등을 제작한다.

특수선 분야에서도 두각을 나타내고 있다. 이지스 구축함, 호위함, 잠수함까지 제작 가능한 '특수선 명가'로 평가받는다. 현재 2030년까지 약 7조 원 규모의 6,000톤급 차세대 구축함 6척을 건조하는 한국형 차기 구축함(KDDX) 사업을 놓고 HD현대와 경쟁 중이다. 앞서 미 해군 함정 MRO 사업에서는 한화오션이 수주를 따냈다.

한화오션은 신성장 동력 확보를 위해 미국 법인(Hanwha Ocean USA Holdings Corp)을 설립하고, 옥포 조선소의 함정 건조시설을 증설하고 있다. 옥포 조선소는 준공 후 생산능력이 2배 이상 늘어나, 현지 생산 조건이 없는 신조 프로젝트의 납기 대응이 가능해질 전망이다. 또한, 미국 현지 조선소 인수를 통해 함정 사업 기반을 강화하고 있다.

한화에어로스페이스, 육해공 우주 종합 방산 기업 도약

한화에어로스페이스는 한화시스템, 한화오션과 더불어 K-방산의 핵심 사업자다. 한화시스템이 육군, 한화오션이 해군이라면 한화에어로스페이스는 공군에 해당한다. K-방산이 세계 시장에서 주목받으면서 덩달아 실적이 개선되고 있다.

국내 방산 기업 가운데 가장 다변화된 수출 파이프라인을 보유하고 있는 것으로 평가된다. K9 자주포, 천무 다연장 로켓, 레드백 장갑차, 천궁II 발사대 등이 대표적이다. 폴란드를 비롯한 유럽, 베트남, 말레이시아 등 동남아 국가에 K-9, K-21을 공급하고 있다.

해외 생산거점과 생산망도 확보했다. 2024년 8월 호주 질롱에 자주포와 장갑차 생산을 위한 현지 공장(H-ACE)을 완공했다. 이는 한국 방산업체 최초의 해외 생산기지 설립이다. 앞서 언급한 것처럼 한화에어로스페이스는 2015년 한화그룹에 인수되기 전까지 삼성그룹 계열사(삼성테크윈)였다. 1979년 가스터빈 엔진 창정비(리페) 사업을 시작으로 F-15K, T-50 고등훈련기 등 각종 전투기 엔진과 한국형 헬기 '수리온'의 국산화 엔진, 해군 주력 함정에 들어가는 함정용 엔진을 생산했다. 또 민간 항공기의 엔진 부품을 미국 GE(General

Electric), 영국 롤스로이스(Rolls-Royce), 미국 P&W(Pratt & Whitney)에 공급하고 있다.

한화시스템, 수출 무기에 모두 들어가는 부품 생산

한화시스템은 무기 수출 증가로 인한 직접적인 수혜가 기대된다. 천궁-II 다기능 레이다, K2 전차 사격통제시스템, 항공기 전자장비 등 무기 제어시스템이 주력 사업이라는 점에서 그렇다. 특히, 폴란드에 수출된 K2 전차 180대에 사격 제어시스템을 공급하는 계약을 체결하며 약 2,574억 원 규모의 부품을 공급했다.

2024년 6월에는 미국 필라델피아 소재 필리 조선소 지분 100%를 인수했다. 한화시스템이 60%, 한화오션이 40%를 각각 투자했으며, 총 인수 금액은 약 1억 달러(1,380억 원)였다. 이 인수를 통해 한화시스템은 미국 상선 및 방산 시장 진출의 교두보를 마련한 것으로 평가된다. 2025년부터는 필리 조선소가 연결 실적에 포함되며, 추가적인 매출 성장이 기대된다.

한화시스템의 전신 삼성탈레스는 2001년 삼성전자 방산 부문과 탈레스가 조인트벤처(JV)로 설립했다. 2015년 한화그룹에 편입됐다. 2016년 탈레스 지분 매각에 따라 한화시스템으로 사명을 변경했다. 2018년 한화그룹 SI 계열사인 한화S&C를 합병하고 ICT 사업을 추가했다. 매출액 비중은 방산이 74%, ICT가 26%를 차지하고 있다(2023). 2019년 상장했으며, 한화에어로스페이스(46.73%), 한화에너지(12.80%)가 주요 주주다(2024 상반기).

07　GS그룹

가족 경영으로
재계 9위,
신사업 성과
가시화 언제쯤?

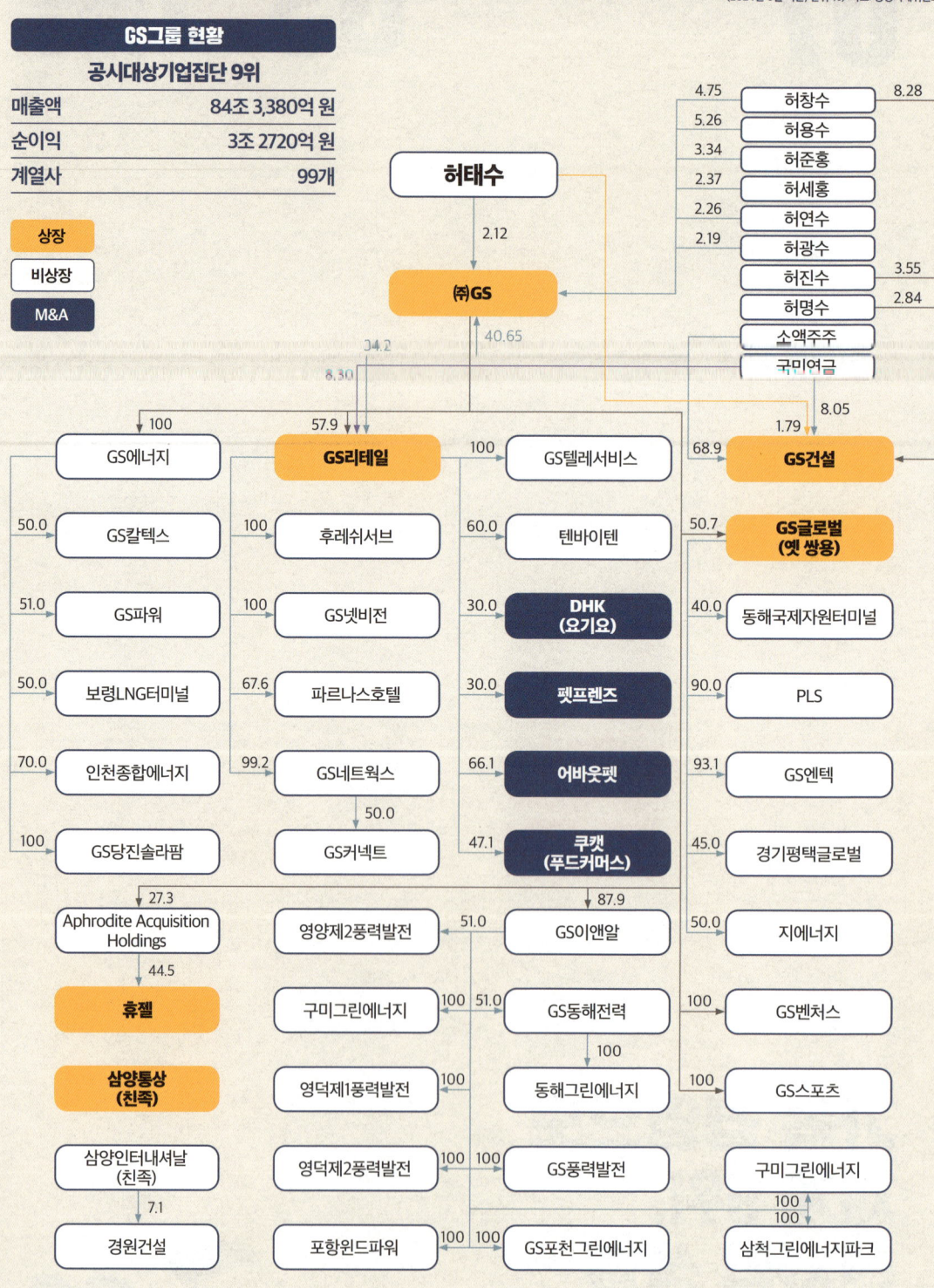

GS그룹 오너 가계도 및 핵심 관계자 지분 현황

(2024년 6월 기준) 자료: 공정거래위원회

허태수 GS그룹 회장
㈜GS	2.12%
GS건설	1.79

허창수 GS그룹 명예회장
㈜GS	4.75%
GS건설	5.95%

허동수 GS칼텍스 의장
㈜GS	1.79%
GS건설	0.02%

허연수 GS리테일 부회장
㈜GS	2.26%

허준홍 삼양통상 대표
㈜GS	3.22%

허세홍 GS칼텍스 대표
㈜GS	2.37%
GS건설	0.01%

허서홍 GS리테일 부사장
㈜GS	2.15

허윤홍 GS건설 대표
㈜GS	0.53%
GS건설	3.89%

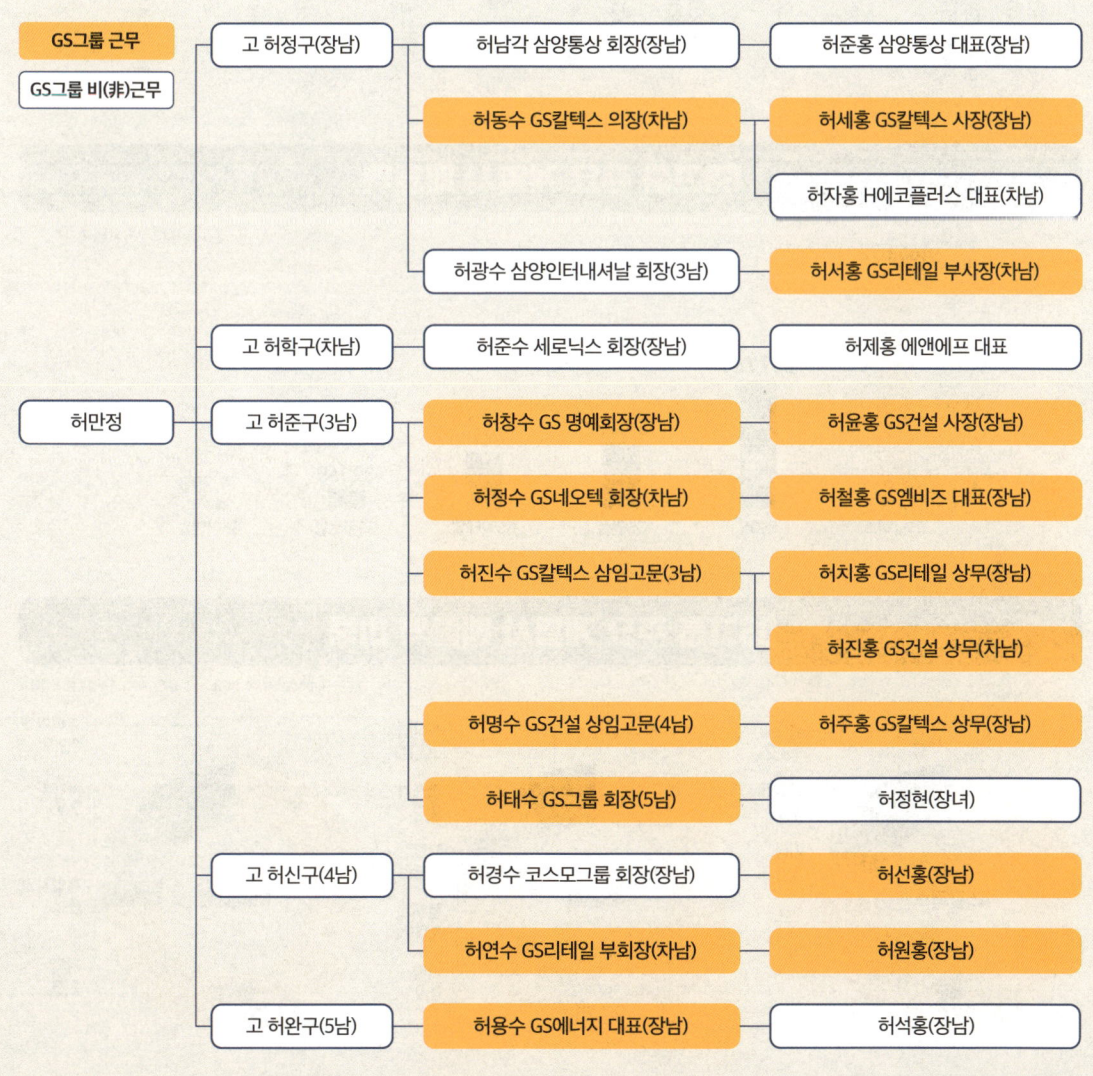

최근 10년 GS칼텍스 실적 및 GS그룹 주요 연혁

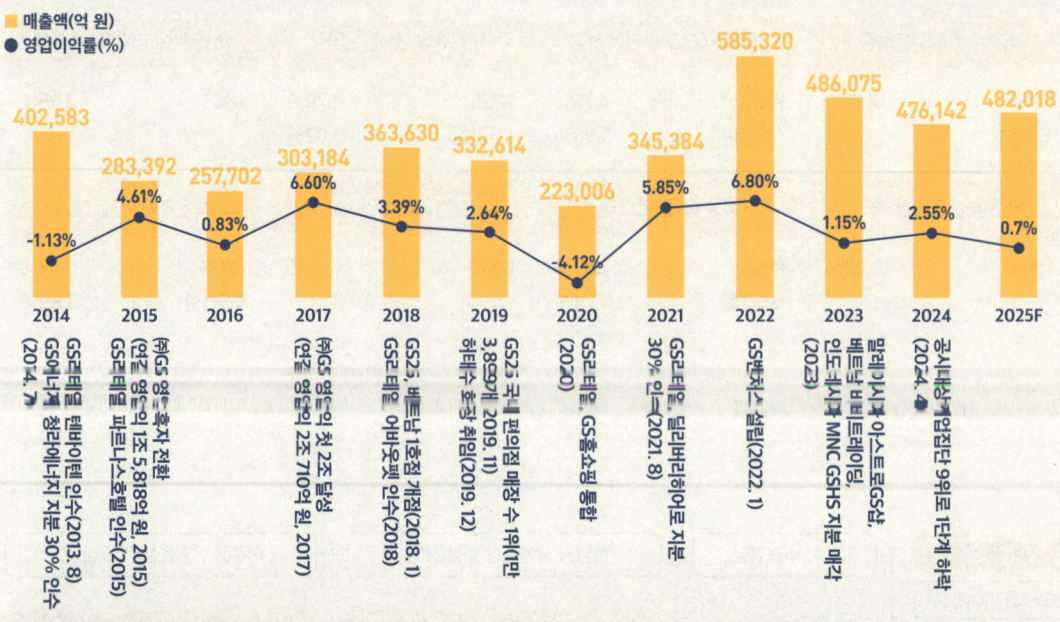

GS그룹 주요 계열사 매출액

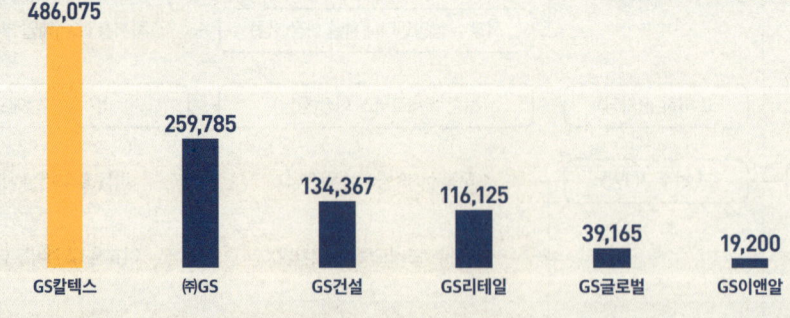

GS그룹 주요 계열사 매출액 비중

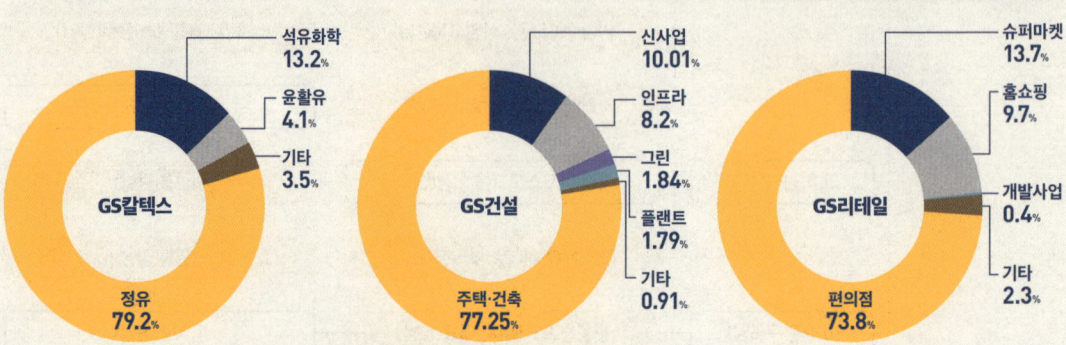

핵심 계열사 경영 현황 및 체크 포인트

GS칼텍스 [비상장]

● **현황**
SK에너지, HD현대오일뱅크, 에쓰오일과 함께 국내 정유 '빅4'다. 매출액 기준으로 SK에너지에 이어 2위를 기록하고 있다. 1967년 국내 최초 민간 정유회사로 출범했고, 정유, 윤활유, 석유화학 사업을 영위하고 있다. 전국 2,157개의 주유소와 352개의 충전소를 운영하고 있다(2024. 6). 정유 산업은 경기 변동의 영향 탓에 실적이 들쭉날쭉하다. GS그룹 매출액도 GS칼텍스 실적 변동에 영향을 받는다. GS에너지가 최대주주(50%)로 있고, 미국의 석유 기업 셰브론홀딩스(40%), 셰브론 글로벌 에너지(10%)가 지분을 보유하고 있다.

✓ **체크 포인트**
1. **유가, 환율**: 국제 유가가 상승하면 정유사 정제마진이 증가해 수익성이 개선된다. 환율이 하락하면 원유 매입 대금이 감소해 수익성이 개선된다.

GS건설 [코스피]

● **현황**
프리미엄 아파트 브랜드 '자이(Xi)'를 보유한 '1군 건설사'다. 국토교통부 발표 2024 시공능력평가에서 6위를 기록했다. 매출액 비중은 주택·건축 77.25%, 신사업 10.01%, 인프라 8.2%, 그린 1.84%, 플랜트 1.79%, 기타 0.91%다(2024 상반기 K-IFRS 연결). 현대건설, 대우건설, DL이앤씨가 피어그룹이다. 허창수 GS그룹 명예회장을 비롯한 고 허준구(고 허만정 창업주 3남) 가문 몫으로 분류된다. 1969년 12월 럭키개발로 설립됐다. 2005년 계열 분리 후 GS건설로 회사명을 변경했다.

✓ **체크 포인트**
1. **수주잔고**: GS건설은 수주업에 속해 있으며 수주잔고를 확인하면 향후 실적을 예상할 수 있다.
2. **주차장 붕괴사고**: 인천 검단 주차장 붕괴사고로 1년간 공공공사 입찰 참가자격 제한을 받았다. 2025년 5월 제한이 만료된다.

GS리테일 [코스피]

● **현황**
편의점 체인 GS25를 운영하고 있으며 CU와 더불어 국내 편의점 시장을 양분하고 있다. 국내 편의점 매장은 CU(BGF리테일) 1만 7,762개, GS25 1만 7,390개, 세븐일레븐(롯데) 1만 3,502개, 이마트24 6,600개 순이다(2023. 12). GS리테일의 매출액 비중은 편의점 73.8%, 슈퍼마켓 13.7%, 홈쇼핑 9.7%, 기타 2.7%다(2024 상반기 K-IFRS 연결). 1971년 전기공사업체 금성전공으로 설립됐고, 1980년 럭키체인을 합병하면서 유통업을 시작했다.

✓ **체크 포인트**
1. **편의점 시장 포화**: 국내 편의점이 5만 5,000여 개에 도달하면서 포화 상태에 도달하지 않았느냐는 지적이 제기되고 있다. 비용 효율화와 추가 출점이 어느 정도 가능한지 확인할 필요가 있다.
2. **M&A**: DHK(요기요), 펫프랜즈, 어바웃펫, 쿠켓(푸드커머스) 지분을 보유하고 있다. 이들 기업의 실적, 재매각 여부도 확인할 필요가 있다.

GS의 고민,
"신성장 동력 찾아라"

한국 재계에서 가족 경영(Family business) 방식을 유지하면서도 규모가 가장 큰 대기업집단이 GS그룹이다. GS그룹의 지주사 ㈜GS 지분은 허씨 일가 40여 명에게 각각 낮은 한 자릿수로 분산돼 있다. 허씨 가족 간 합의를 통해 의사 결정이 이뤄지는 말 그대로 '가족 경영' 체제를 유지하고 있다. 총수 1인이 지분을 쥐고 임직원들이 일사불란하게 움직이는 대다수 '오너 경영'과는 다른 지배구조를 가졌다.

가족 경영은 기업 안정성과 영속성에 효과적일까? GS그룹에 관한 한 이 질문에 대한 답은 '그렇다'였다. GS그룹이 2004년 7월 LG그룹에서 분리돼 20년이 흐른 지금까지 재계의 핵심으로서 자리를 유지해왔기 때문이다. 그런데 최근 들어 이 질문에 의문 부호가 붙기 시작했다. 급변하는 비즈니스 환경에 대응하는 신성장 동력 발굴에 GS그룹이 성과를 내지 못하고 있기 때문이다. GS그룹은 어떤 성장 전략으로 이 같은 위기를 극복할 수 있을까?

HD현대중공업, 한화그룹에 순위 밀리며 위기감 증폭

GS그룹은 2004년 7월 LG그룹에서 정유·주유소(LG칼텍스정유), 유통(LG유통), 건설(LG건설) 부문이 분리되면서 세상에 모습을 드러냈다(공정거래법에 의한 계열 분리는 2005년 이뤄졌다). 그로부터 20년이 지났다. GS그룹은 2024년 공정위가 발표한 공시대상기업집단 9위를 기록했다. 2023년까지 8위였다가 HD현대그룹(옛 현대중공업그룹)에 밀리며 1단계 하락했다.

GS그룹 내부에서는 2024년 대기업 순위 하락에 대해 위기감을 가진 것으로 알려졌다. 10대 대기업집단 가운데 순위가 하락한 곳은 GS그룹이 유일하다. 2020년 한화그룹에 밀려 7위에서 8위로 내려앉은 데 이어, 2024년에는 HD현대그룹에도 추월당하며 9위로 하락했다. GS그룹과 한화그룹은 일반적으로 피어그룹으로 여겨지고 있다.

2024년 GS그룹의 공정자산은 80조 8,240억 원으로 전년 대비 1.24% 감소했으며, 매출액과 순이익도 각각 84조 3,380억 원(-10.35%)과 3조 3,720억 원(-28.61%)으로 줄었다. 계열사는 99개사로 4개 증가했다. 순위 하락의 표면적 원인은 공정자산 감소지만, 근본적으로는 신성장 동력 확보 실패가 주요 원인으로 지목된다. GS그룹은 신성장 전략에서 뚜렷한 성과를 내지 못하고, 시장 변화에 적절히 대응하지 못했다는 평가를 받고 있다.

2004년 LG그룹에서 분리된 이후 GS그룹은 꾸준히 성장해왔다. 출범 당시 매출 20조 원, 자산총계 18조 원, 계열사 15곳에 불과했지만, 허창수 초대 회장 재임 기간(2005~2019) 큰 폭으로 성장했다. 보수적인 경영 스타일을 바탕으로 안정적인 성과를 이뤘다는 평가가 많았다. 그러나 현재 GS그룹은 변화된 환경 속에서 과거의 보수적인 경영 방식이 여전히 유효한지 고민에 빠져 있다. 주력 산업이 정체된 상황에서, GS그룹이 기존의 방식을 고수하며 새로운 도전 과제를 해결할 수 있을지 의문이 제기되고 있는 것이다.

허태수 회장, 신경영 나서며 성과 '워밍업'

2019년 12월, 허태수 회장은 복잡한 상황 속에서 제2대 GS그룹 총수로 취임했다. 전임 허창수 회장이 2004년 2월부터 2019년 12월까지 15년간 그룹을 이끈 후 용퇴하자, 그의 막냇동생인 허태수 회장이 뒤를 이었다. 허 회장은 보수적 경영 스타일에 변화를 시도하며 신성장 동력 발굴에 나서고 있다.

그러나 난관이 많다. 대표적인 사례로 요기요가 있다. GS리테일은 2021년 8월 요기요 운영사인 딜리버리히어로코리아(DHK) 지분 30%를 3,000억 원에 인수했고, GS홈쇼핑과의 합병을 통해 시너지를 기대했다. 그러나 배달 앱 시장의 경쟁이 치열해지면서 요기요는 배달의민족(58.7%), 쿠팡이츠(22.7%)에 밀려 2024년 8월 기준 시장 점유율이 15.1%로 하락했다. 2023년 기준 매출액도 배달의민족 3조 4,155억 원, 쿠팡이츠 7,925억 원과 비교해 2,857억 원에 그쳤다. 결국 요기요는 2024년 9월 구조조정을 단행하며 희망퇴직을 진행했다.

다른 신사업도 상황이 녹록지 않다. GS리테일은 2021년 사모펀드 IMM PE와 함께 반려동물 쇼핑몰 '펫프렌즈'를 인수하며 지분 30%(325억 원)를 확보했다. 그러나 2024년 IMM PE가 매각을 공식화하면서, GS리테일은 지분 인수와 동반 매각이라는 두 어려운 선택지에 직면했다. 지분을 인수할 경우 펫프렌즈의 연간 영업손실 153억 원을 떠안아야 하며, 매각을 선택하면 만성 적자를 기록 중인 자사 플랫폼 '어바웃펫'(2023년 영업손실 1,767억 원)과 직접 경쟁해야 하는 딜레마에 빠지게 된다. 2022년 550억 원에 인수한 푸드 스타트업 쿠캣도 2023년 69억 원의 영업손실을 기록하며 GS리테일의 부담을 가중시키고 있다.

신사업의 부진한 실적이 이어지자, 허태수 회장은 지분 매각을 통해 투자금을 회수하며 포트폴리오 재편에 나섰다. GS리테일은 2023년 한 해 동안 168억 원을 회수하며 2022년(135억 원) 대비 24.44% 증가한 실적을 기록했다. 2019년부터 누적 회수금은 444억 원에 달한다.

매각된 사업 중에는 문구 판매 업체 '텐바이텐'도 있다. 2013년 8월 GS리테일이 160억 원에 인수했으나, 2020년 코로나19 확산 이후 연속 적자를 기록했고, 2022년 자본잠식 상태에 빠졌다. GS리테일이 누적 103억 원을 빌려줬지만 상황이 나아지지 않자, 2023년 12월 텐바이텐의 지분 80%(4만 529주)를 백패커에 매각하며 20억 원을 회수했다. 해외 사업도 정리했다. 동남아시아의 홈쇼핑 법인 말레이시아 아스트로GS샵, 베트남 비비트레이딩, 인도네시아 MNC GSHS의 지분을 모두 처분했다. 이는 소비자들의 구매 채널이 온라인 전자상거래로 이동하며 영업손실이 지속된 데 따른 결정이었다. 한편, 비용 절감을 위해 어바웃펫은 서울 강서구 물류센터를 폐쇄하고, 제3자 물류(3PL) 시스템을 도입했다. 쿠캣은 오프라인 매장을 정리하고 GS25를 통해 유통을 진행하는 방식으로 전환했다.

이후 GS그룹은 대응 전략에 나섰다. 친환경 에너지, 디지털 전환, 벤처 투자 등 신사업 투자를 확대할 계획이다. GS칼텍스와 GS에너지는 바이오연료, 수소 인프라, 탄소중립 솔루션 개발에 주력하고, 디지털 전환을 통해 유통·물류·건설 등 그룹 전반의 효율성을 높이고 있다. 또한, 벤처 투자와 스타트업 협업을 강화해 신성장 동력 확보에 집중하고 있다.

가족기업에서 영속기업으로, 새로운 먹거리 발굴이 관건

GS그룹을 이끌고 있는 허태수 회장은 고 허준구(1923~2002) LG건설 명예회장의 다섯 아들 가운데 막내(5남)다. 허준구 명예회장 슬하의 5형제는 이른바 '창정진명태(허창수·정수·진수·명수·태수)'로 불린다. 고 허정구(1911~1999) 삼양통상 명예회장의 세 아들은 '남동광(허남각·동수·광수)'으로 불린다. 허태수 회장은 ㈜GS(2.12%), GS건설(1.79%) 지분을 보유하고 있다. 허태수 회장의 조부는 허만정(1897~1952) LG그룹 공동창업주다. 외동딸 허정현은 ㈜GS의 지분 0.63%를 보유하고 있다. 지분가치는 240억 원대에 이른다(2024. 9).

GS그룹의 본가에 해당하는 LG그룹은 1947년 연암 구인회(1907~1969)와 효주 허만정(1897~1952) 공동창업주의 동업으로 시작됐다. 사업 확장이나 대외 교섭 등은 구씨 가문이 맡고, 재무경리 등의 내부 살림은 허씨 가문이 맡는 것으로 역할을 분담했고, 지분이나 기업 경영권도 구씨 65% 대 허씨 35% 비율로 유지돼왔다. 그러다가 앞서 언급한 대로 허씨 가문이 2004년 LG그룹에서 LG칼텍스, LG유통 등을 이끌고 독립했다.

미국 하버드대 데이비드 랜디스(David S. Landes) 교수는 저서 《기업왕조들: 글로벌 가족기업들의 행운과 불행》(2006)에서 "가족기업은 선(善)도 아니고, 그렇다고 해서 악(惡)도 아니며 기업 성과에 따라 평가받으면 되는 것"이라고 밝힌 바 있다. 다만 "경영 환경이 급변하면서 신속한 의사 결정의 중요성이 커지고 있고 이에 따라 가족기업을 유지하기란 쉽지 않은 일이 되고 있다"며 "외부 인재 영입을 확대하고 혁신을 적극적으로 받아들이는 것이 가족기업이 영속 기업(Going concern)으로 가는 길"이라고 조언하기도 했다. GS그룹이 현 체제로 성과를 낸다면 가족기업의 새 이정표로 기록될 것이다.

허태수 표 신경영, GS칼텍스에 대한 의존도를 낮춰야

GS그룹 주요 계열사의 매출액은 정유·주유소 사업을 영위하는 GS칼텍스(48조 6,075억 원)가 압도적인 비중을 차지한다. 그 뒤로 GS건설(13조 4,367억 원), GS리테일(11조 6,125억 원), GS글로벌 3조 9,165억 원, GS이앤알 1조 9,200억 원 순이다(2023 K-IFRS 연결). 2004년 GS그룹 출범 당시와 비교해 사업 포트폴리오에 별다른 변화가 없음을 알 수 있다. 2009년 ㈜쌍용을 인수해 사명 변경한 GS글로벌이 사실상 유일한 신사업으로 손꼽을 만하지만, 아직 그룹 내 역할이 미미하다.

- GS칼텍스는 1967년 국내 최초 민간 정유회사로 출범했고, 정유, 윤활유, 석유화학 사업을 영위하고 있다. 2,157개의 주유소와 352개의 충전소를 운영하고 있다(2024. 9). GS칼텍스는 허세홍 사장이 경영을 맡고 있다. 매출액 가운데 해외 비중이 70%가 넘는다. 그런데 정유업은 경기 변동주인 탓에 실적이 들쭉날쭉하다. GS그룹 매출액도 GS칼텍스 실적 변동에 영향을 받고 있다.

- GS건설은 허창수 GS그룹 명예회장을 비롯한 고 허준구(고 허만정 창업주 3남) 가문 몫으로 분류되고 있다. 그렇다 보니 허창수 전 회장의 개인 회사 성격이 짙다. 허창수 전 회장(8.28%)과 그의 장남 허윤홍 GS건설 사장(3.89%) 합산 지분율이 가장 많은 것에서 이를 확인할 수 있다(10.14%). 이 밖에 허진수 GS칼텍스 상임고문(3.55%), 허명수 GS건설 상임고문(2.84%), 허태수 GS그룹 회장(1.79%), 허정수 GS네오텍 회장(1.51%)이 지분을 조금씩 나눠 보유하고 있다. GS건설은 건설업계에서 존재감이 크다. 2024년 시공능력평가 6위를 기록했으며, 아파트 브랜드 '자이(Xi)'를 보유하고 있다. 허윤홍 사장이 경영을 맡고 있다. 문제는 앞서 언급한 것처럼 인천 검단 주차장 붕괴사고로 LH로부터 1년간 공공공사 입찰 참가자격 제한 제재를 받았다는 점이다. 이는 단순한 사업적 손실은 물론 브랜드 평판에도 타격을 줄 것으로 전망되는 만큼 극복에 시간이 걸릴 것으로 보인다.

- GS글로벌은 무역업을 영위하고 있고, GS이앤알은 석유 유통과 자원개발 사업

을 하고 있다.

- GS리테일은 편의점 GS25 운영사이며 CU와 더불어 국내 편의점 시장을 양분하고 있다. 허연수 부회장이 경영을 맡고 있다. 편의점 시장이 포화 상태에 도달하지 않았느냐는 지적이 제기되고 있지만, GS리테일 측은 "동네 가게에서 편의점 전환을 요청하는 경우가 적지 않다. 아직 성장 여력이 크다"고 밝혔다. 그룹 계열사 가운데 GS칼텍스에 이어 매출액 2위를 기록하고 있지만, 급여, 복지 등에서는 GS칼텍스에 뒤지는 것으로 알려졌다. 합병을 완료한 GS홈쇼핑과의 화학적 결합을 위해 타운홀 미팅을 진행하고 있다. 다만, TV 시청 인구의 감소로 인해 홈쇼핑 시장 상황이 쉽지 않다.

GS그룹은 계열사 간 교류가 드문 편이다. 대부분의 재벌 그룹이 그룹 단위로 공채 시기를 맞추는 데 반해, GS그룹은 딱히 서로 기간을 맞추지 않는다.

08　CJ그룹

'문화'를
새 먹거리로
실험 나선
식음료 키 플레이어

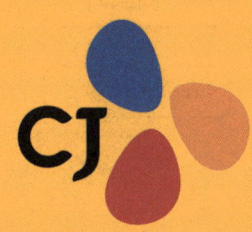

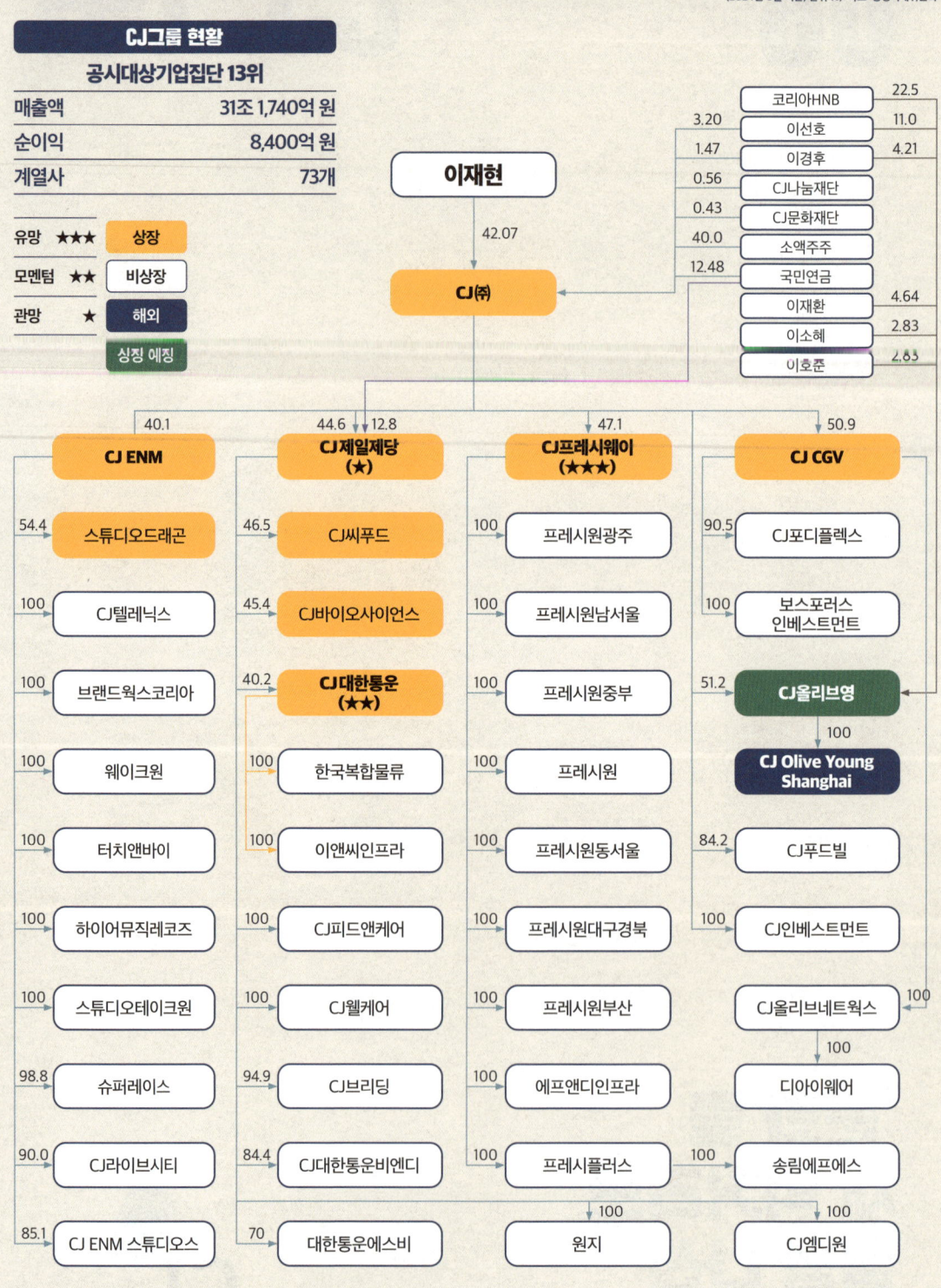

CJ그룹 오너 가계도 및 핵심 관계자 지분 현황

(2024년 6월 기준) 자료: 공정거래위원회

이재현 CJ그룹 회장		이선호 CJ제일제당 경영리더		이경후 CJ ENM 경영리더	
CJ	42.07%	CJ	3.20%	CJ	1.47%
		CJ올리브영	11.0%		

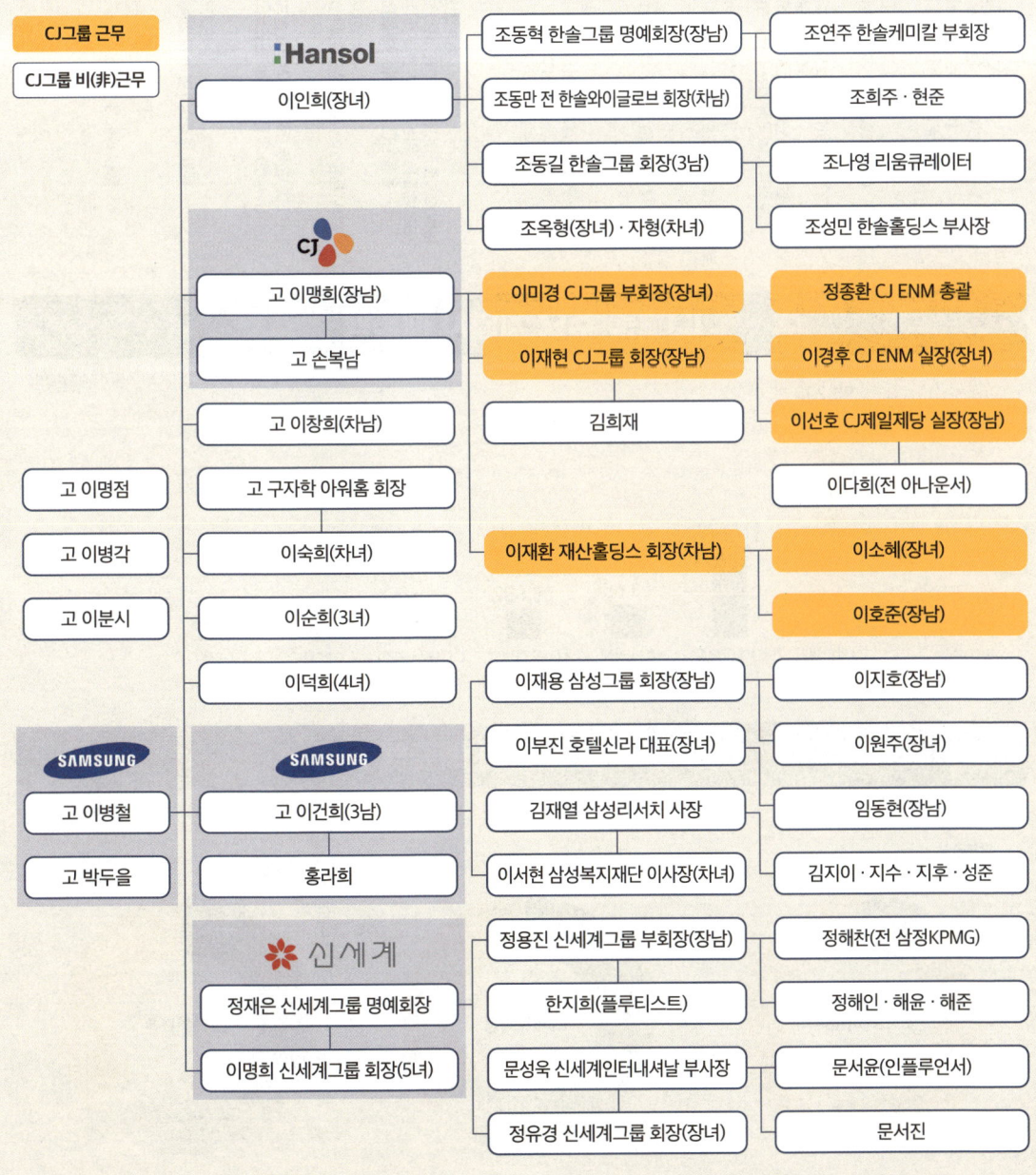

최근 10년 CJ㈜ 실적 및 CJ그룹 주요 연혁

(K-IFRS 연결 기준) 자료: CJ㈜ 사업보고서

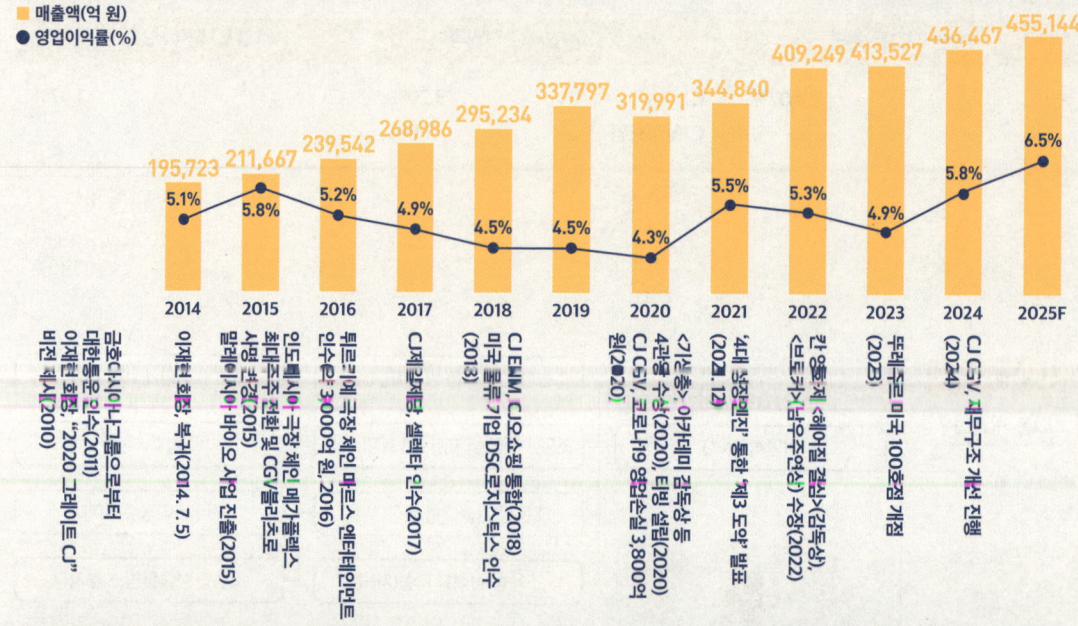

- 매출액(억 원)
- 영업이익률(%)

연도	매출액	영업이익률
2014	195,723	5.1%
2015	211,667	5.8%
2016	239,542	5.2%
2017	268,986	4.9%
2018	295,234	4.5%
2019	337,797	4.5%
2020	319,991	4.3%
2021	344,840	5.5%
2022	409,249	5.3%
2023	413,527	4.9%
2024	436,467	5.8%
2025F	455,144	6.5%

주요 연혁:
- 금호아시아나그룹으로부터 대한통운 인수(2011), 이재현 회장, "2020 그레이트 CJ" 비전 제시(2010)
- 이재현 회장, 복귀(2014. 7. 5)
- 인도네시아, 국경 체인 메가플렉스 최대주주 전환 및 CGV블리초즈 말레이시아 바이오 사업 진출(2015)
- 튀르키예 극장 체인 마르스 엔터테인먼트 인수완료(2017)
- CJ제일제당, 셀렉타 인수(2017)
- CJ ENM, CJ오쇼핑 통합(2018) 미국 물류 기업 DSC로지스틱스 인수
- <기생충>, 아카데미 작품상 등 4개상 수상(2020), 티빙 설립(2020) CJ CGV, 코로나19 영업손실 3,800억 원(2020)
- '4대 성장엔진' 통한 '제2 도약' 발표(2021. 12)
- 한일축제, <헤어질 결심>(감독상), <브로커>(남우주연상) 수상(2022)
- 쿠팡이츠 미국 100호점 개점(2023)
- CJ CGV, 재무구조 개선 진행(2024)

CJ그룹 주요 계열사 매출액

(2023년 K-IFRS 연결 기준, 단위 억 원) 자료: 금융감독원 전자공시

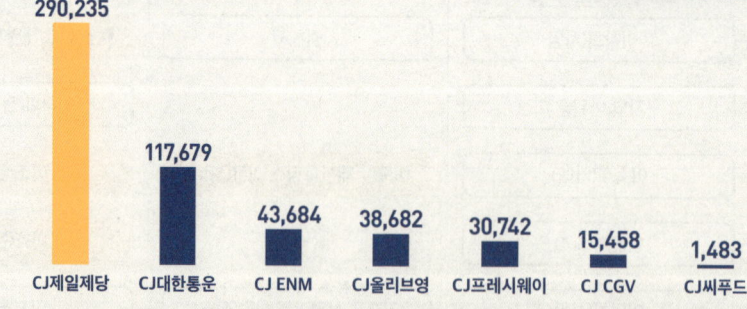

계열사	매출액
CJ제일제당	290,235
CJ대한통운	117,679
CJ ENM	43,684
CJ올리브영	38,682
CJ프레시웨이	30,742
CJ CGV	15,458
CJ씨푸드	1,483

CJ그룹 주요 계열사 매출액 비중

(2024년 상반기 K-IFRS 연결 기준) 자료: 금융감독원 전자공시

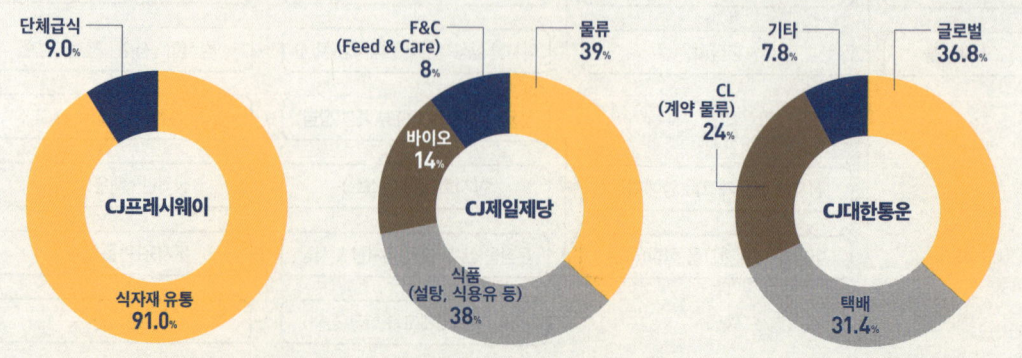

CJ프레시웨이
- 단체급식 9.0%
- 식자재 유통 91.0%

CJ제일제당
- F&C (Feed & Care) 8%
- 바이오 14%
- 식품(설탕, 식용유 등) 38%

CJ대한통운
- 물류 39%
- CL(계약 물류) 24%
- 기타 7.8%
- 글로벌 36.8%
- 택배 31.4%

핵심 계열사 경영 현황 및 체크 포인트

| CJ프레시웨이(★★★) | 코스닥

● **현황**
식자재 유통 사업을 영위하고 있으며, 국내 식자재 유통 시장 점유율 1위(7%)를 기록하고 있다. 매출액 비중은 식자재 유통 91%, 단체급식 9%다(이상 2024 상반기). 경쟁이 치열한 단체급식보다 식자재 유통에 집중하고 있다. 1988년 삼일농수산으로 설립됐고, 1999년 국내 최초로 식자재 유통을 시작했다. 2008년 CJ프레시웨이로 사명을 변경했다.

✓ **체크 포인트**
1. **식자재 시장 성장성**: B2B 식자재 유통 시장 규모는 약 55조 원이며, 2015년 37조 원에서 연 10% 수준으로 고성장하고 있다(2022, 한국식자재유통협회).
2. **대기업의 시장 침투율(Penetration rate) 개선**: CJ프레시웨이, 현대그린푸드, 신세계푸드 등 대기업의 시장 점유율이 아직 16%에 불과하다(2022, 한국프랜차이즈산업협회). 미국의 경우 소수 대기업이 식자재 시장의 절반가량을 점유하고 있다(48%). 한국 식자재 시장도 미국의 사례를 따라 대기업이 주도할 가능성이 높다.
3. **시너지 & 캡티브 마켓**: CJ그룹 계열사로서 레스토랑, 물류회사 등 계열사에 식자재를 안정적으로 공급할 수 있다.

| CJ제일제당(★) | 코스피

● **현황**
한국의 식음료 1위 기업이다. 매출액 비중은 식품(설탕, 밀가루, 식용유 등) 39%, 바이오(핵산, 아미노산 등) 14%, F&C(Feed & Care, 배합사료 등) 8%, 물류 39%다(2024 상반기 K-IFRS 연결). 1953년 8월 고 이병철 삼성 창업주가 설립했고, 국내 최초로 설탕을 독자 생산했다. 1993년 삼성그룹에서 분리됐다.

✓ **체크 포인트**
1. **글로벌 'K-푸드' 수혜**: 세계 시장에서 K-푸드 핵심 기업으로 인지도가 높다. '비비고(Bibigo) 만두'를 주력으로 한 CJ제일제당의 먹거리가 세계 시장에서 점유율을 어느 정도로 높여갈지 추이를 확인할 필요가 있다.
2. **바이오 부문 매각설**: 식품 및 사료 첨가제용 아미노산(라이신·트립토판 등) 시장에서 세계 1위 점유율을 차지하고 있다. 그러나 최근 매각 대상으로 거론되며, 매각이 성사될 경우 자금은 신사업 투자에 활용될 가능성이 크다.

| CJ대한통운(★★) | 코스피

● **현황**
한국 택배 시장 1위 사업자다. 매출액 비중은 글로벌(항공·해상 포워딩, 국제특송, 프로젝트 물류 등) 36.8%, 택배(이커머스 포함) 31.4%, CL(Contract Logistics, 계약 물류) 24.0%, 기타 7.8%다(2024 상반기 K-IFRS 연결). 1930년 조선미곡창고주식회사로 설립됐고, 1956년 유가증권시장에 상장했다. 동아그룹, 금호아시아나그룹 등을 거쳐 2011년 CJ그룹에 인수됐다. 택배 시장의 과당 경쟁으로 최근 3년(2021~2023) 영업이익률은 3% 수준이다.

✓ **체크 포인트**
1. **배송료 인상**: 택배 시장은 극심한 경쟁으로 택배비가 최저 수준으로 유지되고 있다. 물량 5만 개 이상(10구간)을 거래하는 온라인쇼핑몰 등 기업 고객 기준 극소형(80㎝, 2㎏ 이하) 택배비가 2,000원에 불과하다. 이는 낮은 수익성, 저배당 성향(약 5%)으로 이어지고 있다. 하지만 택배단가가 인상되면 실적과 수익성이 개선된다.
2. **신규 서비스**: 2025년부터 7일 배송 서비스 '매일 오네(O-NE)' 개시를 앞두고 있다. 주 7일 배송으로 고객사가 늘어나면 추가 물동량이 발생해 실적과 수익성이 개선될 수 있다.

'문화'를 주력 사업으로, 글로벌 콘텐츠 강자 노린다

한국의 대기업집단 80여 곳을 들여다보면 삼성, SK, 현대차를 필두로 하는 상속 기반(Inherited based)이 압도적 다수를 차지하고 있고(약 70%), 나머지 30%는 미래에셋을 선두로 하는 창업 기반(Self-made based)과 포스코로 대표되는 공기업 기반(Public based)으로 구성돼 있다. 이 중 상속 기반 기업들은 선대로부터 이어져 오는 주력 사업을 자발적으로 바꾸는 경우가 매우 드물다.

이유는 간단하다. 기존 사업이 잘되고 있는데, 굳이 바꿀 동기가 부족하고 사업을 새로 시작해 성공하기가 지극히 어렵기 때문이다. 이 점을 생각해보면 CJ그룹은 이례적인 대기업집단이다. CJ그룹은 상속 기반 기업이면서 '문화'라는 무형 산업을 신성장 동력으로 키워 독자적인 길을 모색하고 있다. 상속 기반의 대기업집단으로서 처음 시도하는 만큼 갖가지 시행착오가 많을 수밖에 없지만, 성과가 가시화되고 있다.

CJ그룹은 2024년 공정위가 발표한 공시대상기업집단 13위를 기록했다. 전년과 같은 순위다. 그룹 전체 매출액과 순이익은 각각 31조 1,740억 원, 8,400억 원으로 전년 대비 3.31%, 19.36% 증가했다. 계열사는 CJ제일제당, CJ ENM, CJ대한통운, CJ프레시웨이(이상 상장사), CJ올리브영, CJ올리브네트웍스(이상 비상장사) 등 73개사로 전년 대비 3개 감소했다.

CJ그룹은 1993년 삼성그룹에서 분리된 이래로 2020년까지 꾸준하게 성장했다. 1996년 제일제당그룹이란 이름으로 세상에 모습을 드러냈을 당시 재계 순위는 20위권 바깥이었다. 하지만 2003년 24위에서 '20위(2004~2015) → 19위(2016년) → 15위(2017~2018)'로 몸집을 키우며, 결국 2020년 두산그룹과 한진그룹을 제치고 13위에 올랐다. 10년 만에 11단계나 도약한 것이다. 2014~2019년 5년 동안 CJ㈜의 매출액 연평균 증가율은 11.53%에 이른다. 같은 기간 한국 경제의 성장률(약 2%)을 훌쩍 웃도는 수치다.

CJ그룹의 성과는 2010년 이재현 회장이 발표한 '2020 그레이트 CJ' 비전에서 시작됐다. 사업군을 문화(엔터테인먼트, 미디어 등), 물류, 푸드로 나누고, 이 중 문화를 주력 사업으로 키워 2020년까지 연 매출 100조 원, 영업이익 10조 원을 달성하겠다는 목표였다. 국내 대기업 가운데 문화를 주력 사업으로 내세운 사례가 없었기에 '파격적'이라는 평가가 많았다.

이재현 회장은 문화 사업이 '최초', '최고', '차별화'를 강조하는 온리원(Only One) 정신에 부합하며, 제일제당의 창업 이념인 '사업보국', '인재제일', '합리추구'와도 맞닿아 있다고 봤다. 글로벌 사업으로 성장 가능성이 크다는 점도 이유로 들었다.

'2020 그레이트 CJ' 발표 이후 CJ그룹의 첫 행보는 CJ대한통운 인수였다. 물류와 유통 네트워크를 강화해 문화 콘텐츠뿐만 아니라 식품, 생활용품 등 다양한 비즈니스 영역에서 효율성과 시너지를 확보할 수 있을 거라는 판단에서 추진된 인수였다. CJ컨소시엄(제일제당+CJ GLS)은 2011년 7월 아시아나항공과 대우건설로부터 대한통운 지분 37.6%를 1조 8,450억 원에 인수했다. 당초 인수 금액은 2조 원을 상회할 거로 예상됐지만, 대한통운의 부실채권, 우발채무를 고려해 할인 폭을 3%에서 7%로 조정하는 데 합의해 인수가를 10% 낮췄다.

CJ그룹의 대한통운 인수는 한국 재계의 M&A 역사에서 성공 사례로 기록되고 있다. 2023년 CJ그룹 주요 계열사 매출을 살펴보면, CJ제일제당이 29조 235억 원으로 가장 많았고, CJ대한통운이 11조 7,679억 원으로 2위를 기록했다. CJ대한통운은 영업이익 4,802억 원, 당기순이익 2,429억 원을 기록했다. CJ제일제당에 이어 CJ그룹의 든든한 현금 창출원으로서 자리매김한 것이다. 인수 당시 "비싸게 매입했다"라는 일부 의견도 있었지만, 이 회장은 "미래 가치를 추정해보면 비싸지 않다"고 주변을 설득했다고 한다. 결과적으로 이는 들어맞았다.

두 번째 행보는 튀르키예 영화관 사업체 인수였다. 2016년 중순 CJ CGV는 튀르키예 최대 영화 스크린을 보유한 극장 체인 마르스 엔터테인먼트그룹(Mars Entertainment Group)을 인수했다. 지분 100%를 6억 500만 유로(약 7,919억 원)에 인수하는 조건이었다. 이 가운데 CJ CGV가 3,019억 원을 투자했고, 나머지는 IMM프라이빗에쿼티(PE) 등 재무적 투자자

(FI) 3곳이 공동 투자했다. CJ CGV가 보유하게 된 지분은 38.12%였다. 마르스 엔터테인먼트그룹은 튀르키예 1위 극장사업자이자 영화 배급사로서 현지에 710개 스크린을 갖고 있으며, 시장 점유율은 42%에 달한다.

이 인수를 통해 기존에 진행하던 베트남과 인도네시아 사업에 더해, 유럽 시장 진출의 교두보를 확보했다는 평가를 받았다. 동시에 CJ CGV는 인도네시아 극장 체인 블리츠 메가플렉스(Blitz Megaplex)의 지분을 추가로 매입했다. 새로 취득한 주식은 8,610만 2,766주로, 총 347억 원 규모였다. 이에 따라 보유 지분은 기존 14%에서 40%로 확대됐으며, 이는 글로벌 영화 시장 진출을 향한 CJ CGV의 의지를 보여주는 행보로 해석됐다.

2020년 2월 CJ ENM이 투자한 영화 〈기생충〉(감독 봉준호)이 미국 아카데미상 시상식에서 감독상 등 4관왕을 수상한 것은 '2020 그레이트 CJ'의 하이라이트로 꼽힌다. 영화 〈기생충〉은 아카데미 최우수 작품상, 각본상, 국제장편영화상, 감독상을 휩쓸며 4관왕을 차지했다. 각본상은 아시아계 최초 수상이며 감독상은 대만 출신 이안(李安) 감독이 〈브로크백 마운틴〉, 〈라이프 오브 파이〉로 두 차례 수상한 데 이어 두 번째였다. '문화 사업'이라는 고독한 길을 걸어온 공로를 인정받은 셈이다.

그러나 CJ그룹은 뜻하지 않은 대형 위기를 맞았다. 2019년 말 시작된 코로나19로 직격탄을 맞은 것이다. 팬데믹은 모든 분야에 걸쳐 영향을 미쳤지만, CJ그룹이 영위하는 영화 사업(CJ CGV)에 큰 손실을 안겼다. 2020년 CJ CGV는 매출액 5,834억 원, 영업손실 3,887억 원, 당기순손실 7,516억 원을 기록했다. 앞서 2019년 CJ CGV의 당기순손실(2,391억 원)까지 포함했을 때, CJ CGV는 2023년까지 5년 연속 당기순손실을 기록했다. 이 기간(2019~2023) 누적 순손실은 1조 6,600억 원대에 이르렀다.

여기에 '유통 공룡' 쿠팡의 등장도 CJ그룹의 식음료 사업(CJ제일제당, CJ올리브영)에 도전으로 다가왔다. 쿠팡은 규모의 경제를 무기로 납품 단가 인하를 요구하면서 CJ그룹에 고민을 안겼다. 또 'OTT 공룡' 넷플릭스도 OTT 티빙(CJ ENM)을 휘청거리게 했다. 이 같은 상황들은 CJ그룹이 '그레이트 CJ 2020 비전'을 선언할 당시만 해도 예상하지 못한 변수였다.

누구도 가지 않은 길, CJ의 위기일까, 기회일까

CJ그룹이 '2020 그레이트 CJ 비전'을 발표한 지 어느덧 10여 년이 흘렀다. 이제 그 결과도 어느 정도 나와 있다. 2024년 공정위 발표에 따르면, CJ그룹의 매출은 31조 1,740억 원, 순이익은 8,400억 원으로 집계됐다. 이는 2010년 비전 발표 당시 제시했던 2020년까지 매출 100조 원, 영업이익 10조 원이라는 목표와는 거리가 있다.

하지만 재계에서는 CJ그룹의 비전에 여전히 높은 점수를 주고 있다. 특히, 한국의 상속형 대기업집단 가운데 누구도 시도하지 않은 길을 개척했다는 점에서 그 도전의 가치를 인정하고 있다. 한 재계 관계자는 "글로벌 시장에 지금의 K-브랜드를 알리는 계기를 만들었다"고 평가했다. 실제로 CJ ENM이 후원한 영화 〈헤어질 결심〉(감독 박찬욱)도 2022년 칸 영화제에서 감독상과 남우주연상을 수상하며, CJ그룹이 K-컬처를 대표하는 기업으로 자리매김했음을 보여줬다.

비록 코로나19로 큰 타격을 받았지만, 이후 흑자 전환에 성공하며 여전히 높은 성장 잠재력을 인정받고 있다. 문화 사업 육성을 통해 사업 부문별 매출이 균형을 이루는 구조를 갖춘 점도 중요한 성과로 꼽힌다.

CJ그룹은 '2020 그레이트 CJ 비전'에 버금가는 또 다른 전략도 세웠다. 지난 2022년 이재현 회장이 발표한 '2030 월드베스트 CJ'가 그것이다. 2030년까지 3개 이상 사업에서 세계 1등이 되겠다는 내용이다. 이를 추진하는 4대 성장엔진으로 문화(Culture), 플랫폼(Platform), 웰니스(Wellness), 지속성(Sustainability)을 제시하고 2025년까지 20조 원을 투자할 계획이다. 이 가운데 가장 많은 자금이 투입되는 부문은 문화(12조 원)로, 여전히 문화를 최우선으로 두고 있다. CJ그룹의 전략이 성공한다면 한국 재계 역사를 통틀어 유일하게 문화를 주력으로 하는 대기업집단이 탄생하는 셈이다.

지금의 CJ그룹 실적 부진도 회복이 예상된다. 실적 기여도가 가장 큰 CJ제일제당이 미국 시장에서 성과를 내고 있고, CJ올리브영 신규 출점도 가속화되고 있기 때문이다. 팬데믹으로 크게 위축됐던 CJ CGV도 2023년 4년 만에 영업흑자(491억 원)로 돌아섰다.

CJ프레시웨이,
성장 산업에 올라탄
식자재 1위 기업

CJ그룹의 지배구조는 '이재현 회장 → CJ㈜(42.07%) → CJ제일제당(44.6%)·CJ ENM(40.1%)·CJ프레시웨이(47.1%)·CJ CGV(50.9%)'로 이어지는 형태를 띤다. 1993년 7월 CJ그룹은 삼성그룹에서 분리된 후, 1996년 제일제당그룹이라는 이름으로 독립적인 모습을 갖췄고, 2007년에는 지주사 체제로 전환하며 현재의 CJ그룹으로 자리 잡았다.

CJ그룹의 뿌리가 되는 제일제당은 고 이병철 삼성 창업주가 1953년 8월 부산 부전동에 설립했다. 당시 이병철 회장은 일본에서 설탕 공장 설계도를 받아와 한국에 공장을 세우고 시운전을 했지만, 처음에는 설탕이 아닌 액상 밀당만 나와 애를 먹었다고 한다. 그러다 한 용접공이 "무슨 원당을 그렇게 많이 넣습니까?"라고 조언했고, 원료 배합을 조정한 끝에 마침내 새하얀 설탕이 쏟아져 나왔다고 한다. 이 일화는 CJ제일제당의 시작을 상징하는 이야기로 회자된다.

이재현 회장은 1983년 시티은행에 입사하며 사회생활을 시작했다. 그러나 이병철 회장이 "장손이 외부 기업에서 근무하는 것은 말이 되지 않는다"며 그를 불러들였고, 1985년 9월 제일제당 평사원으로 입사시켰다. 이 회장의 장모는 '김치 박사'로 알려진 고 김만조 전 연세대 교수다. 그 덕분에 CJ제일제당의 비비고 김치의 효시격인 '햇김치'가 탄생할 수 있었다고 한다. 부인 김희재 여사는 이 회장과 대학 재학 시절 만나 연애 결혼했다.

이재현 회장 슬하 이선호(장남), 이경후(장녀) 남매는 경영에 참여하고 있다. 이선호 CJ제일제당 식품성장추진실장은 CJ제일제당의 글로벌 사업을 맡고 있다. 그는 2018년 10월 이다희 전 스카이TV 아나운서와 결혼했다.

장녀 이경후 CJ ENM 실장은 CJ ENM의 브랜드 전략을 맡고 있다. 이미경 CJ그룹 부회장의 역할을 넘겨받을 것이라는 관측이 나오고 있다. 미국 콜롬비아대 불문학과를 졸업했고, 동 대학원 조리심리학 석사 학위를 받았다. 이경후 실장 남편(이재현 회장 사위)은 정종환 CJ ENM 콘텐츠·글로벌사업총괄이다. 미국 콜롬비아대에서 기술경영 학사와 석사 학위를 취득했고, 2010년 CJ㈜ 미국지역본부에 입사했다.

CJ그룹 계열사에 투자를 고민할 때 우선적으로 고려해야 할 사안은 앞서 언급한 'CJ CGV 리스크'다. CJ CGV는 코로나19로 큰 손실을 입었고, 완전 회복까지 상당한 시간이 걸릴 것으로 전망되기 때문이다. 2024년 상반기 기준 CJ CGV의 부채비율은 512%에 이르고 있다. 2020년 부채비율 1,412%에 비하면 개선됐다고 볼 수 있지만, 그래도 여전히 높은 수준이다. CJ제일제당, CJ대한통운을 비롯한 계열사들이 CJ CGV 지원에 나설 수 있다는 관측도 있는데, 이 경우 해당 계열사 주가에 악영향을 미칠 수 있다.

CJ그룹에 소속된 상장사로는 지주사 CJ㈜를 포함해 CJ제일제당, CJ씨푸드, CJ바이오사이언스, CJ대한통운, CJ프레시웨이, CJ CGV, CJ ENM, 스튜디오드래곤 등 9개사가 있는데 내부분 주가가 시시부신한 것은 이런 영향을 받고 있기 때문으로 보인다.

CJ대한통운과 CJ프레시웨이는 관심을 가질 만하다.

먼저, CJ대한통운의 투자 포인트는 수익성 개선이다. CJ대한통운의 영업이익률을 살펴보면, '2.95%(2019) → 3.02%(2020) → 3.03%(2021) → 3.40%(2022) → 4.08%(2023)'로 꾸준히 상향하고 있다. 쉽게 말해 2019년 2%대에서 2023년 4%대로 4년 만에 2배 개선됐다. ROE(자기자본이익률)를 살펴봐도 '1.33%(2019) → 3.69%(2020) → 1.54%(2021) → 5.08%(2022) → 6.24%(2023)'로 같은 기간 약 4배 상승했다(이상 K-IFRS 연결).

수익성 개선에 가장 크게 기여한 요인은 택배 단가 인상이다. CJ대한통운의 주력은 택배로, 매출액 비중이 31.4%로 글로벌(포워딩 포함) 36.8%에 이어 2위를 차지하고 있다. 이어 CL(계약물류, Contract Logistics) 24%, 기타 7.8%(건설 포함)다(2024 K-IFRS 상반기).

CJ대한통운 입장에서 택배 단가 인상은 '숙원'이었다. 1992년 현대택배(현 현대그룹 계열사)가 처음 택배 서비스를 시작했을 당시 평균 택배 단가는 5,000원대였으나, 이후 경쟁사들이 시장에 뛰어들면서 가격 경쟁이 심화됐고, 2018년에는 2,229원까지 반 토막 났다. 택배 시장의 90%를 차지하는 기업 물량을 확보하기 위한 출혈 경쟁이 원인이었다. 2019년 택배업체들이 단가 현실화를 시도하면서 평균 단가가 2,269원으로 소폭 인상됐지만, 2020년 다시 2,221원으로 하락했다. 그러다 2021년 초 택배 노동자 과로사가 사회적 문제로 부각되면서 당국이 택배 단가 인상을 암묵적으로 용인한 뒤 다시 상승 추세를 타고 있다.

이재현 회장이 전략적으로 지원하고 있다는 점도 또 하나의 투자 포인트다. 이 회장은 세계 시장에서 경쟁력을 갖춘 계열사를 최우선적으로 육성해야 한다는 지론을 가진 것으로 알려져 있다. CJ대한통운은 이에 부합하는 계열사다. CJ대한통운의 매출에서 글로벌 비중은 2013년 28%에서 2024년 상반기 36.8%로 증가하며 그룹 내 1위를 차지했다. 이론적으로 ROE가 4배 상승했다면 주가도 그에 비례해 상승해야 하지만, 여전히 과당경쟁이 심하고 글로벌 사업 부문의 수익성이 낮다는 점이 주가 상승의 걸림돌이 되고 있다. CJ대한통운의 글로벌 사업 부문 영업이익률은 1.5% 수준에 머물러 있다. 해외 부문에서 영업이익률이 개선된다면 충분히 유망한 기업이다.

CJ프레시웨이는 가능성과 한계를 동시에 갖고 있다. 우선 장기적 관점에서 성장 가능성이 큰 종목을 고른다면 CJ프레시웨이다. '갑자기 웬 CJ프레시웨이냐'고 의아해할 수도 있다. 프랜차이즈 식당과 대형 음식점에 식자재를 납품하는 기업이다 보니, 겉보기에는 상대적으로 규모와 성장성이 크지 않은 기업처럼 보일 수도 있기 때문이다. 게다가 CJ프레시웨이는 2023년 매출액 3조 742억 원을 기록했지만, 영업이익은 993억 원(영업이익률 3.23%)에 불과했다. 최근 4년(2020~2023) 평균 영업이익률도 낮은 한 자릿수에 그쳤다(3.07%).

그런데 이는 재무제표로 드러나는 겉모습이다. 시간을 가로질러 10년 후쯤 이 회사를 예상해보면, 한국에서도 손꼽히는 이익률을 자랑하는 건강, 식자재 기업이 돼 있을 가능성이 크다. 이런 추정의 근거는 이 회사가 속해 있는 식자재 유통 산업의 특성에 있다. 한국프랜차이즈산업협회에 따르면, 2023년 한국의 식자재 유통 산업에서 CJ프레시웨이, 현대그린푸드, 신세계푸드 등 대기업의 시장 점유율은 16%에 불과하다(2022, 한국프랜차이즈산업협회). 그런데 곱씹어 생각해보면, 대기업의 시장 점유율이 낮은 산업을 한국 경제에서 찾기란 쉽지 않다. 규모의 경제, 첨단 시스템에 기반한 효율화의 강점을 가진 소수의 대기업이 중소업체와 영세 기업을 밀어내고 시장을 과점하는 현상은 세계 각국에서 공통적으로 관찰되는 현상이다. 특히, 식자재 유통은 그럴 가능성이 농후한 분야다. 더욱이 미국의 식자재 유통 시장에서 대기업의 시장 점유율이 절반에 육박한다는 점을 주목해야 한다(46%).

소수 대기업이 중소기업과 영세업체를 몰아내고 경쟁에서 이기고 난 뒤 단가를 높여 수익성을 개선하는 단계를 밟아갈 가능성이 높다. 지금껏 한국 식자재 시장에서 대기업의 시장 점유율이 낮았던 이유는 취급 품목(SKU, Stock Keeping Unit)이 워낙 다양하고, 품목당 단가도 대기업이 뛰어들기에 지나치게 낮았기 때문이다. 예를 들어, CJ프레시웨이가 거래하고 싶은 식당이 100곳이 있다면 A 식당 주인은 '중국산 저가 양파' 100묶음을 주문하고, B 식당 주인은 '최상급 국산 배추' 10묶음을 주문하고, C 식당 주인은 '멕시코산 신선한 오이' 50개를 주문하는 식이다. 말하자면 요구하는 상품이 천차만별이므로 소품종 대량생산이 강점인 대기업으로서는 취약할 수밖에 없었다. CJ프레시웨이를 비롯한 국내 식자재 시장에 진출한 대기업들이 낮은 수익성을 봤던 이유가 바로 이 때문이었다.

하지만 최근 상황이 개선되고 있다. 빅데이터를 중심으로 한 신기술이 속속 도입되면서 대기업이 이런 장벽을 뛰어넘을 수 있는 여건이 마련됐기 때문이다. 이제 전국 방방곡곡을 실시간으로 검색해 어디에 무엇이 필요하고, 이를 어떻게 공급해야 하는지를 관리할 수 있는 기술을 갖추고 있다.

CJ프레시웨이는 2022년 6월 푸드테크 스타트업 마켓보로에 400억 원을 투자하고 협업을 시작하면서 이 문제 해결의 단초를 마련했다. 마켓보로는 B2B 식자재 유통 전문 서비스형 소프트웨어 '마켓봄'과 직거래 오픈마켓 '식봄'을 보유하고 있다. 마켓봄에서 자영업자들은 자신들이 필요로 하는 식자재를 모바일과 PC에서 클릭 몇 번으로 간편하게 검색할

2016년 미국 식자재 유통 시장 점유율과 2021년 한국 식자재 유통 시장 점유율 비교   자료: 한국프랜차이즈산업협회, 전자공시시스템

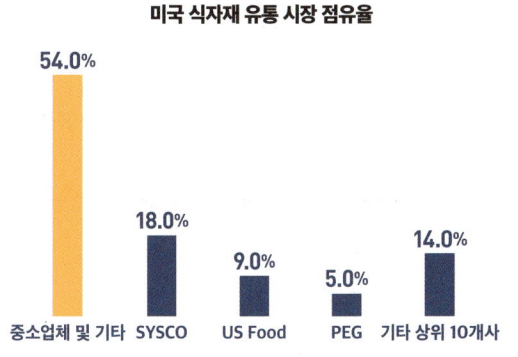

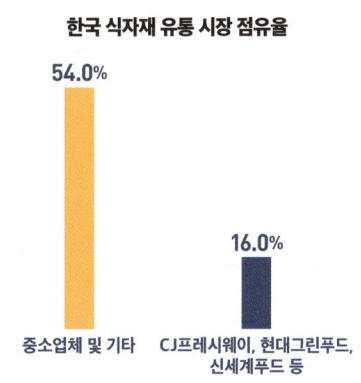

수 있다. 식봄은 마켓봄을 통해 자체 제품 코드화를 마친 유통사들에게 이커머스 판매로 연결할 수 있는 시장을 제공한다. 마켓보로는 2023년 총 거래액 6,300억 원으로 최근 3년 연평균 성장률 80%의 급성장세를 보였다.

미국 식자재 시장 점유율 1위(18%) 시스코(SYSCO)를 살펴보면 이런 추세를 확인할 수 있다(정보통신 서비스를 하는 시스코CISCO와는 다른 기업이다). 1969년 텍사스주 휴스턴에서 설립된 시스코는 경영 효율화를 통해 성장하다 1988년 3위 기업인 CFS를 인수하면서 1위가 됐다. 당시 시스코의 영업이익률은 1% 수준이었지만, 신기술 도입과 함께 시장을 장악하면서 빠르게 개선됐다. 시스코의 2023년 ROE(자기자본이익률)는 37.9%, 영업이익률은 5.0%를 기록했다. 2024년 10월 주가는 70달러를 상회하는 등 30여 년에 걸쳐 꾸준히 상승해왔다.

이런 측면에서 CJ프레시웨이는 국내 식자재 유통 기업 가운데 시스코의 경영 전략과 비즈니스 모델에 가장 근접해 있는 것으로 평가된다. 국내 식자재 유통 시장 점유율 1위(7.1%) 사업자로서, 가정간편식(HMR) 등 맞춤형 식자재 공급 강화를 위해 HMR 전문기업 송림푸드(2016년 인수)와 농산물 전처리 전문기업 제이팜스(2019년 인수)를 2023년 3월 합병했다.

CJ프레시웨이는 1인 가구의 증가, 고령화의 수혜 기업이기도 하다. 1인 가구가 늘고 고령화가 진행되면서 가정간편식(HMR) 제품 매출도 증가하는 추세다. 이러한 트렌드에 힘입어 이미 2024년 상반기 매출액 1조 5,427억 원, 영업이익 407억 원, 순이익 172억 원의 개

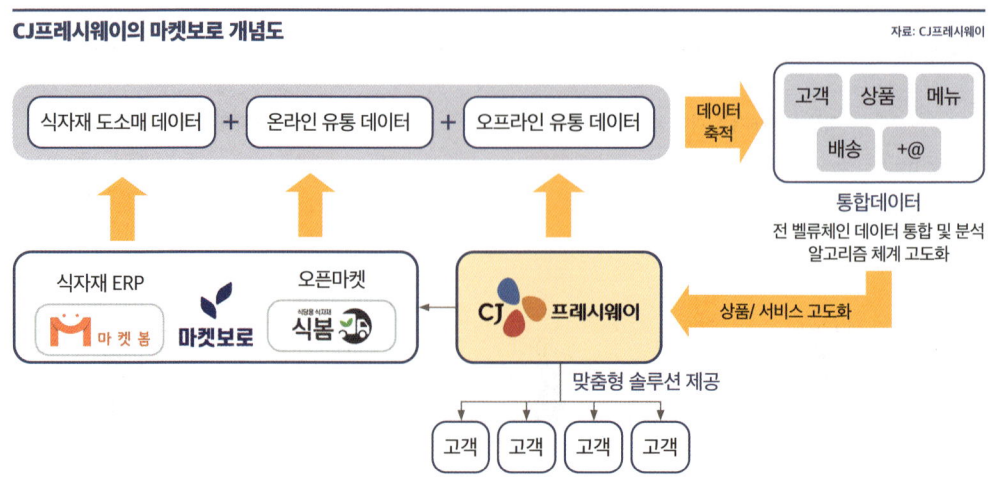

CJ프레시웨이의 마켓보로 개념도
자료: CJ프레시웨이

미국 식자재 1위 기업 시스코의 주가 추이 출처: 야후 파이낸스

선된 실적을 기록했다.

  CJ프레시웨이의 리스크는 '대기업의 골목상권 침해' 논란이다. 식자재 유통 중소기업들은 CJ프레시웨이의 영업활동이 대기업 횡포라고 반발하고 있기 때문이다. 그러나 소비자가 품질이 우수하면서도 가격 경쟁력 있는 식자재를 찾는 한, 소수의 메이저 기업이 시장을 장악한다는 것은 세계 각국의 식자재 유통 역사가 증명한다.

09 LS그룹

AI로 '전력 전선' 본업 호황, 이차전지 신사업도 뜬다

LS그룹 지배구조 및 지분 현황

(2024년 6월 기준, 단위 %) 자료: 공정거래위원회

LS그룹 현황
공시대상기업집단 16위

매출액	34조 5,680억 원
순이익	1조 1,890억 원
계열사	67개

- 유망 ★★★ / 상장
- 모멘텀 ★★ / 비상장
- 관망 ★ / 해외
- 상장 예정

지배구조

구자은 → ㈜LS (3.63%)

㈜LS 주요주주:
- 국민연금 12.58
- 자사주 15.07
- 구자열 1.87 (12.7)
- 구자철 1.94
- 구자용 2.40 (9.77)
- 구자균 1.85 (10.1)
- 구본규 1.16
- 구본혁 1.30
- 구동휘 2.99 (5.0)
- 구은민 5.28

예스코홀딩스 → ㈜LS (7.95)

㈜LS 자회사
- **LS엠앤엠** (LS니꼬동제련) 100
- **LS전선** (초고압 전력 케이블) 92.3
- **LS일렉트릭** (LS산전, ★★★) 48.5
- **예스코홀딩스**

LS엠앤엠 계열
- 지알엠 100
- 씨에스마린 100
- 토리컴 100
- LS-L&F배터리솔루션 (LLBS) 55
- LS엠트론 100
- LS에이홀딩스 100
- LS오토모티브테크놀로지 100
- LS아이앤디
- Cyprus Investments 100
- Superior Essex (SPSX) 100

LS전선 계열
- 가온전선 (중저압케이블, ★★★) 48.8
- 모보 100
- 이지전선
- 디케이씨 100
- LS이링크 50
- LS에코에너지 (LS전선아시아) 61.1
- LS마린솔루션 (옛 KT서브마린) 45.8
- LS머트리얼즈 (Cell) 95.1 / 100
- 지앤피 (G&P, 배전 케이블) 100
- Superior Essex ABL(SEABL) 100

LS일렉트릭 계열
- LS메탈 100
- LS아이티씨 100
- LS이모빌리티솔루션 100
- 지앤피우드 100
- LS네트웍스 50
- LS증권 (이베스트투자증권) 50.5
- 바이클로 100
- 케이제이모터라드 100
- MBK코퍼레이션 100
- 흥업 100

예스코홀딩스 계열
- 예스코 100
- 예스코서비스 100
- 에스코컨설팅 100
- 한성미씨건설 65
- E1 (★★) 81.8
- 이원컨테이너터미널 100
- 이원물류 100
- 넥스포에너지 80
- 넥스포쏠라 80
- 이원쏠라 100

지분 현황

(2024년 6월 기준, 단위 %) 자료: 공정거래위원회

구자은 LS그룹 회장
㈜LS	3.63%
예스코홀딩스	7.95%
LS전선	0.02%
LS전선아시아	1.14%
JS전선	2.91%

구자엽 LS전선 회장
㈜LS	0.00%

구자철 에스코홀딩스 회장
㈜LS	1.94%
LS전선	0.13%

구자열 LS이사회 의장
㈜LS	1.97%
E1	12.78%

구본규 LS전선 대표
㈜LS	1.16%

구본혁 에스코홀딩스 대표
㈜LS	1.30%

구본권 LS엠앤엠 전무
㈜LS	0.39%

구동휘 LS엠앤엠 대표
㈜LS	2.99%

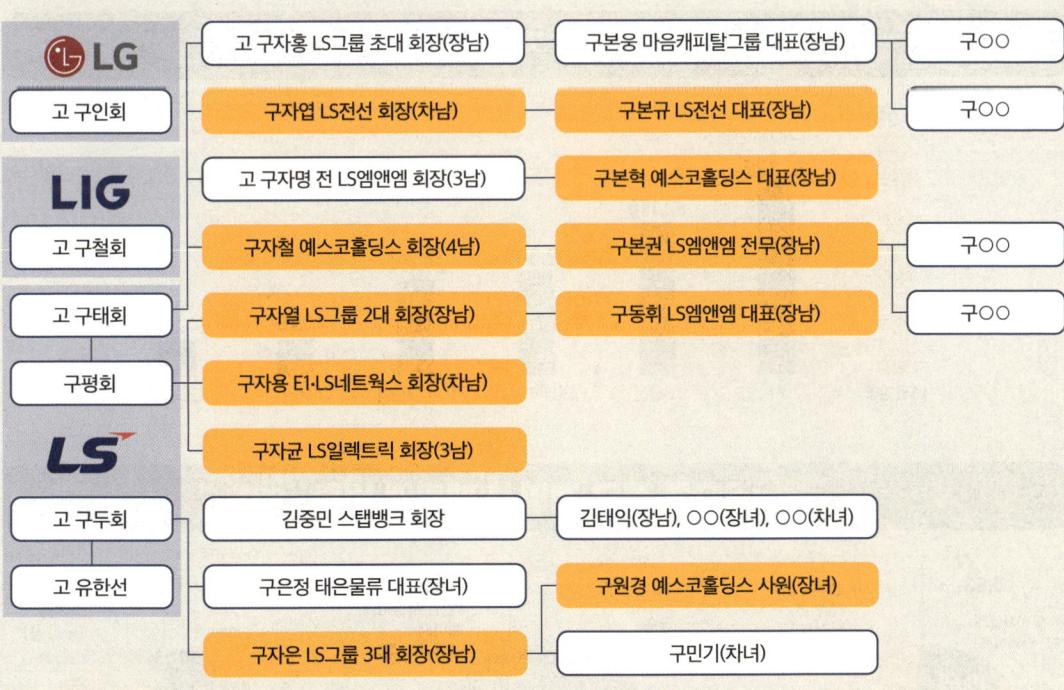

LS그룹 근무 / LS그룹 비(非)근무

- LG — 고 구인회
  - 고 구자홍 LS그룹 초대 회장(장남) — 구본웅 마음캐피탈그룹 대표(장남) — 구○○ / 구○○
  - 구자엽 LS전선 회장(차남) — 구본규 LS전선 대표(장남)
- LIG — 고 구철회
  - 고 구자명 전 LS엠앤엠 회장(3남) — 구본혁 에스코홀딩스 대표(장남)
  - 구자철 에스코홀딩스 회장(4남) — 구본권 LS엠앤엠 전무(장남) — 구○○ / 구○○
  - 구자열 LS그룹 2대 회장(장남) — 구동휘 LS엠앤엠 대표(장남)
- 고 구태회 / 구평회
  - 구자용 E1·LS네트웍스 회장(차남)
- LS
  - 구자균 LS일렉트릭 회장(3남)
- 고 구두회 / 고 유한선
  - 김중민 스탭뱅크 회장 — 김태익(장남), ○○(장녀), ○○(차녀)
  - 구은정 태은물류 대표(장녀) — 구원경 에스코홀딩스 사원(장녀)
  - 구자은 LS그룹 3대 회장(장남) — 구민기(차녀)

최근 10년 ㈜LS 실적 및 LS그룹 주요 연혁

(K-IFRS 연결 기준) 자료: ㈜LS 사업보고서

■ 매출액(억 원)
● 영업이익률(%)

연도	매출액	영업이익률	주요 연혁
2014	108,833	2.9%	구자엽 LS그룹 2대 회장 취임 (2013. 1)
2015	99,997	3.1%	LS전선아시아(현 LS아이엔시지) 설립 (2015. 5)
2016	96,213	3.7%	LS전선아시아, 코스피 상장 (2016. 9)
2017	95,151	4.3%	LS전선 하네스&모듈 분사해 LS이크코리아 설립 (2017)
2018	101,102	3.5%	LS에너지솔루션 설립 (2018)
2019	101,518	2.7%	LS전선, 주전도 케이블 세계 최초 상용화 (2019)
2020	104,443	3.2%	LS니코 → LS엠엔엠 사명 변경 (2020. 3)
2021	128,293	3.7%	LS그룹 '20기' (20기)
2022	174,913	3.2%	LS그룹 'ESG위원회' 출범 LS전기 설립 (2022. 4) LS-니코동제련 → LS엠엔엠 사명 변경 (2022. 10)
2023	244,807	3.7%	'LS 비전 2030' 발표(2023. 3) 전기차 배터리 핵심 소재 황산니켈 공장 준공 (2023. 3) LS-L&F배터리솔루션 설립 (2023. 6) 구자은 3대 회장 취임 (2023. 1)
2024	275,447	3.9%	구동휘 LS엠엔엠 COO, CEO 선임 (2024)
2025F	277,210	3.8%	

LS그룹 주요 계열사 매출액

(2023년 K-IFRS 연결 기준, 단위 억 원) 자료_ 금융감독원 전자공시

계열사	매출액
LS엠앤엠	98,037
E1	78,277
LS전선	62,170
LS일렉트릭	42,305
LS아이앤디	39,192
가온전선	14,986
예스코홀딩스	14,305

LS그룹 주요 계열사 매출액 비중

(2024년 상반기 K-IFRS 연결 기준) 자료 : 금융감독원 전자공시

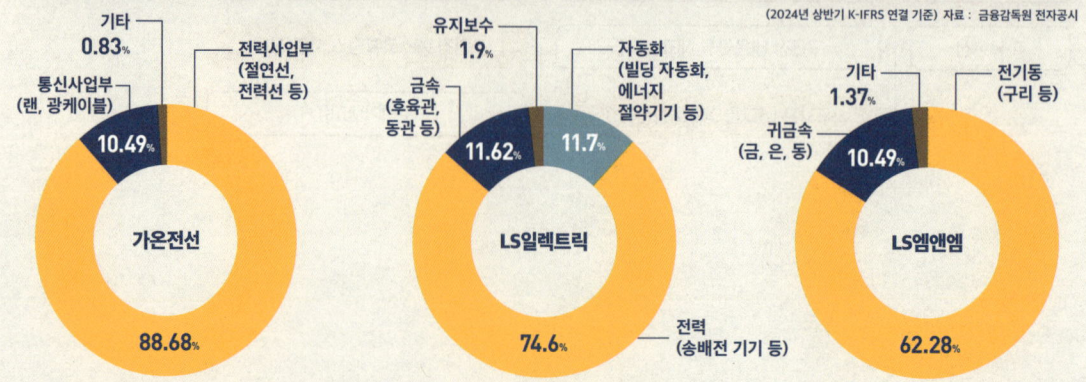

가온전선
- 기타 0.83%
- 통신사업부 (랜, 광케이블) 10.49%
- 전력사업부 (절연선, 전력선 등) 88.68%

LS일렉트릭
- 유지보수 1.9%
- 금속 (후육관, 동관 등) 11.62%
- 자동화 (빌딩 자동화, 에너지 절약기기 등) 11.7%
- 전력 (송배전 기기 등) 74.6%

LS엠앤엠
- 기타 1.37%
- 귀금속 (금, 은, 동) 10.49%
- 전기동 (구리 등)
- 62.28%

핵심 계열사 경영 현황 및 체크 포인트

LS일렉트릭(★★★) — 코스피

● **현황**
국내 전력 송·배전 1위 사업자다. 매출액 비중은 배전 85%, 송전 15%다. 신성장 동력으로 자동화 사업을 영위하고 있으며, 해당 시장에서 국내 시장 점유율 1위를 기록하고 있다. 청주 공장에서 8만여 종의 배전 관련 제품을 다품종 대량생산하고 있다. 1974년 설립됐다.

✓ **체크 포인트**
1. **산업 보조자에서 산업 중심으로:** 전력 송배전은 전통적으로 건설, 플랜트 산업의 보조자 역할이었다. 하지만 전기화가 가속화되며 각종 산업의 중심축으로 부상하고 있다.
2. **베트남, 북미 등 세계 시장 성과:** LS일렉트릭은 2020년부터 세계 시장에 본격 진출해 성과를 내고 있다. 2022~2025년 글로벌 사업 부문에서 연평균 30% 수준으로 성장할 것으로 기대된다.

E1(★★) — 코스피

● **현황**
국내 최초의 LPG(액화석유가스) 유통 사업자로, 1984년 설립돼 1997년 코스피에 상장했다. 중동과 북미 등 산유국에서 LPG를 매입해 국내 유통 및 해외 중개 수출을 하고 있다. 전남 여수, 인천, 충남 대산에 LPG 수입기지를 운영하며, 2006년 국제상사(현 PS네트웍스)를 인수했다.

✓ **체크 포인트**
1. **LPG 트레이딩 수혜:** 셰일가스를 기반으로 한 미국의 LPG 생산 및 수출량이 최대치를 경신하는 등 증가하면서 트레이딩 사업에서 수혜를 받고 있다.
2. **신재생에너지, 전기차 신사업:** 2020년 강원 정선에 태양광 발전단지를 준공했다. 2022년 4월 수소충전소를 개소했다. 2022년 5월 ㈜LS와 50:50 비율로 LS이링크를 설립해 전기차 충전 사업에 진출했다.
3. **해외 진출:** 2021년 12월 베트남에서 LPG 냉동탱크 터미널 사업을 시작했다. 2023년 7월 캐나다 블루암모니아 초기 사업 개발에 100억 원을 투자했다.
4. **정부 규제와 낮은 이익률:** 정부의 LPG 공급가격 규제로 이익률이 한 자릿수에 머물고 있다.

가온전선(★★★) — 코스피

● **현황**
주력 생산품은 중저압 케이블(중저압 전선)이며, 국내 전선 시장에서 LS전선(52.6%), 대한전선(36.8%), 가온전선(10.7%)이 '빅3'다. '빅3' 가운데 LS전선은 초고압 케이블, 가온전선은 중저압 케이블에 강점이 있다. 매출액 비중은 전력사업부 88.68%, 통신사업부 10.49%, 기타 0.83%다(2024 상반기).

✓ **체크 포인트**
1. **모기업 LS전선 실적 개선:** LS전선이 세계 시장에서 성과를 내면서 가온전선이 LS전선에 공급하는 중저압 케이블 공급량이 증가하고 있다.
2. **LS전선 '신성장 3총사'에 전선 공급:** LS전선의 계열사인 LS에코에너지(100%, 옛 LS전선아시아), LS마린솔루션(45.6%, 옛 KT서브마린), LS머티리얼즈(100%)는 '신성장 3총사'로서 실적이 개선되고 있다.

몸집 불린 LS그룹,
'전력케이블' 너머
'이차전지' 시장 노린다

LS그룹(회장 구자은)은 고 구인회(1907~1969) LG그룹 창업주의 '태평두(구태회·평회·두회)' 세 동생의 직계들이 2003년 11월 LG그룹에서 분가하며 그 모습을 세상에 드러냈다. LG그룹에 뿌리를 갖고 있다 보니 LS그룹은 '리틀 LG'라고 불릴 정도로 LG그룹의 경영 방식과 관행을 따르고 있다.

3형제의 직계 자손들이 그룹 회장을 9년씩 맡아 경영하는 것으로 알려져 있으며, 이 원칙은 잘 지켜지고 있다. 고 구자홍(1946~2022) LS그룹 초대회장은 구태회(구인회의 셋째 동생)의 장남이고, 구자열 2대 회장은 구평회(구인회의 넷째 동생)의 장남이다. 현재 그룹을 이끌고 있는 구자은 3대 회장은 구두회(구인회의 막냇동생)의 장남이다.

LS그룹의 지분은 3형제 직계가족들이 각각 40%, 40%, 20%씩 보유하고 있으며, 주요 의사결정은 이사회 의결을 통해 이뤄진다. LS그룹은 ㈜LS, 에스코홀딩스, E1이 3대 지주사 형태를 띠고 있다. 그중 예스코홀딩스는 구태회, 구두회 직계가족이 분할하고 있고, E1은 구평회 직계가족이 맡고 있다. 이처럼 다수의 대주주가 소수 지분으로 연합할 경우 의사결정이 느려지고 지분 경쟁이 벌어질 수 있다는 리스크가 있다. 하지만 LS그룹은 여기에서 예외다. LS그룹은 오히려 과감한 M&A와 세계 시장 진출로 비즈니스 환경 변화에 발 빠르게 대응하는 모습을 보이고 있다. 재계 순위도 차곡차곡 오르고 있다.

대기업집단 16위, '범(凡) LG' 가운데 GS 다음으로 최대 기업

LS그룹은 2024년 공정위가 발표한 공시대상기업집단 16위를 기록했다. 순위는 전년과 같았다. 그룹 매출액 34조 5,680억 원, 순이익 1조 1,890억 원으로 전년 대비 각각 2.08%, 1.75% 증가했다. 계열사는 ㈜LS, LS전선, LS일렉트릭, LS엠앤엠(LS MnM), LS엠트론, E1, 예스코홀딩스 등 67개사로 신사업 투자를 위한 M&A에 힘입어 전년 대비 8개 증가했다.

LS그룹의 대기업집단 순위도 꾸준히 상향하고 있다. 2003년 LG그룹에서 분리 독립했을 당시만 해도 20위 밖이었지만, 2017년 17위에 오르며 처음으로 20위권에 진입했고, 이어 '16위(2020~2021) → 17위(2022)'로 잠시 주춤했으나, 2023년 두산그룹을 제치고 다시 16위에 올랐다. LS그룹은 LG그룹에서 분리된 대기업집단 가운데 GS그룹 다음으로 '체급'이 크다.

2023년 기준 LS그룹 주요 계열사 매출액을 살펴보면, LS엠앤엠(9조 8,037억 원)이 가장 많고, E1(7조 8,277억 원), LS전선(6조 2,170억 원), LS일렉트릭(4조 2,305억 원)이 '빅4'로 분류된다. 이어 LS아이앤디(3조 9,192억 원), 가온전선(1조 4,986억 원), 예스코홀딩스(1조 4,305억 원) 순이나. LS그룹의 본업은 '전력 인프라 구축'이고, 여기에 관련된 양대 주력은 LS전선과 LS일렉트릭이다. 전력 비즈니스는 AI의 등장으로 호황을 맞고 있다. 전력을 대량 소비하는 AI의 특성상 전력 인프라 구축 사업이 급성장하고 있다.

- LS전선은 전력케이블(전선)을 생산한다. 최근에는 해저 케이블 납품부터 시공까지 일괄 제공하는 턴키솔루션(Turn-key) 비중을 높이며 통합 솔루션을 제공하고 있다. 이는 입찰 경쟁력을 높이는 데 기여할 것으로 보인다. 통합 전력케이블의 주요 원재료는 전기동(電氣銅, Electrolytic copper)이며, 칠레 코델코(Codelco), 계열사 LS엠앤엠 등으로부터 매입하고 있다. 전기동이란 글자 그대로 전기가 통하는 구리인데 구리를 전기 분해해서 순도 99.95 이상 높인 고부가가치 상품이다. 2005년 진로산업(현재 JS전선)을 인수해 선박용 케이블 분야에서 글로벌 1위로 올라섰고, 2008년 글로벌 1위 권선(捲線, 코일의 일종) 기업 수페리어에식스(Superior Essex, SPSX)를 인수하면서 글로벌 전선 3위 기업으로 올라섰다. 2009년에는 종합 케이블 메이커인 중국의 홍치전기(현재 LS홍치전선)도 인수했다. LS전선은 2008년 설립됐으며, 주식시장에 상장되지 않았다.

- LS일렉트릭은 전력·자동화·스마트에너지 기술력을 바탕으로, 송·배전 사업 지배력을 확장하고 있다. 매출액 비중을 살펴보면, 배전(85%)이 압도적이며 나머지는 송전(15%)이다. 자사를 '퓨처 스마트 에너지(Future smart energy)' 기업으로 정의하고 있다. 전력 에너지의 효율적 공급 및 수요를 위한 토털 솔루션을 제공한다는 목표를 갖고 있다. 전력 송배전과 자동화 분야 국내 1위라 탄탄하다는 평가를 받는다.

- LS에코에너지(옛 LS전선아시아)는 베트남에서 성과를 내고 있다. '베트남판 LS전선'으로 생각하면 이해가 쉽다. 베트남 전력케이블 시장 점유율 1위를 기록하고 있다. 1996년 베트남에 진출했고, 경제 성장으로 베트남 전반에 도시화가 진행되면서 전력 인프라 수요가 증가하고 있다. 희토류의 핵심에 해당하는 네오디뮴(Neodymium) 사업도 성과를 내고 있다. 향후 유럽과 북미 시장 진출에도 박차를 가하며 세계 시장에서의 입지가 확장될 것이라는 전망이 우세하다.

- LS마린솔루션(옛 KT서브마린)의 주력 사업은 해저 케이블 구축이다. 매출액 비중은 해저 케이블 설치 69.4%, 유지보수 30.5%, 기타 0.1%다(2024 상반기). 해저 케이블은 진입 장벽이 높다. 평지에 설치하는 케이블에 비해 절연, 피복 강도가 높아야 하고 심해에 설치하는 기술력이 필요하기 때문이다. 한번 설치하면 30년 이상을 사용해야 하므로 바닷물로 인한 부식이나 그물, 해양 생물로부터의 공격도 막아야 한다. 공사 난도가 높다 보니 그만큼 부가가치도 높다.

구자열 2대 회장, 수페리어 엑시스 등 M&A로 규모 키워

LS그룹의 성장 비결은 M&A로 요약할 수 있다. LS그룹은 주력 비즈니스에 해당하는 전기, 전자, 소재 분야에서 '스몰딜 M&A'를 연속 진행해왔다. 구자열 현 LS이사회 의장의 LS그룹 2대 회장 재임 기간(2013~2021)에 M&A가 활발하게 진행됐고, 그때 인수한 계열사는 JS전선, LS오토모티브, 가온전선 등 30여 개사로 LS그룹 전체 계열사의 60%가량을 차지한다. 앞서 고 구자홍 LS그룹 초대회장 재임 기간(2005~2012)에도 재계를 깜짝 놀라게 한

M&A가 진행됐다. 2008년 글로벌 권선 1위 기업 수페리어에식스를 1조 2,000억 원을 들여 인수한 것이다. "비싸게 인수했다"는 일부 의견도 있었지만, LS전선은 가온전선, JS전선 등의 자회사에 수페리어에식스를 추가함으로써 세계 시장 3위 전력 케이블 기업으로 도약했다.

M&A는 결과적으로 성장 기반이 됐지만, 시행착오와 후유증도 남겼다. 수페리어에식스 인수 직후 글로벌 금융 위기가 닥쳤고, 큰 인수대금으로 당시 LS그룹은 유동성 위기설이 나돌기도 했다. 이후 LS그룹은 2008년 금융권에서 차입한 4억 달러(약 5,100억 원) 중 일부분을 조기상환하고, 재상장을 진행해 금융비용을 완화하며 위기를 넘겼다. 이 같은 M&A는 구씨 가문 특유의 보수적 경영 방식에서 벗어나 리스크를 감수했다는 점에서 높이 평가받고 있다.

이차전지 신사업, 북미, 베트남 등 세계 시장을 뚫는다

2022년 1월 구자은 3대 회장 취임 이후 LS그룹은 이차전지(배터리) 신사업에 주력하고 있다. 황산니켈, 전구체, 양극재로 이어지는 가치사슬 구축을 통해 이차전지 비즈니스에서 성과를 낸다는 전략이다.

LS그룹은 2023년 6월 양극재 코스닥 기업 엘앤에프와 합작법인(LS-L&F배터리솔루션, 약칭 LLBS)을 설립했다. 지분율은 LS 55%, 엘앤에프 45%다. LS엠앤엠이 황산니켈을 생산하고, 황산니켈로 양극재 핵심소재인 전구체를 만든 뒤 LLBS가 이차전지 양극재를 생산하는 가치사슬을 완성한다는 전략이다. 엘앤에프는 리튬 이차전지의 핵심소재인 양극재를 생산하고 있으며, 2000년 설립 후 3개월 만에 코스닥에 상장했다. 주요 고객사로 최근 3조 8,347억 원 규모의 하이니켈(High-Nickel) 양극재 공급 계약을 맺은 테슬라가 있다. LLBS는 이차전지 전구체 공장을 새만금에 착공해 오는 2026년 양산에 들어간다. 2029년 12만 톤 생산을 목표로 하고 있다. LS엠앤엠의 제련기술을 활용해 폐배터리 회수율을 극대화하고 여기에서 원재료를 뽑아내 경쟁력을 확보한다는 전략이다.

LS전선은 KT로부터 KT서브마린(현 LS마린솔루션)을 인수해 케이블 제조에서 시공까지 사업 영역을 넓히고 세계 시장에서 성과를 내고 있다. 대표적으로 계열사 LS에코에너지가 베트남 전력 시장에서 성과를 내고 있다. 이러한 성장세가 계속된다면 수년 내 1조 클럽 진입이 예상된다. LS전선의 또 다른 계열사 LS머트리얼즈는 '차세대 이차전지'로 불리는 UC(울트라 커패서티)를 생산하고 있다. 커패시티는 '보조 배터리'라고 생각하면 무리가 없다. 전기를 저장할 수 있는 소자를 말하며, 울트라 커패시티는 용량이 큰 커패시티다. 리튬 이온 전지에 비해 출력이 높고 안정성이 크며, 사이클 수명이 길다는 장점이 있다. 비상 전력, 전력품질 유지에 쓰인다.

구자은 회장의 이러한 '이차전지 사랑'에는 사연이 있다. 구 회장은 LS엠트론 CEO 재임 시절 음극재 핵심소재인 동박 사업에 진출했다. 그러나 당시 신기자 사장이 손서희 열리지

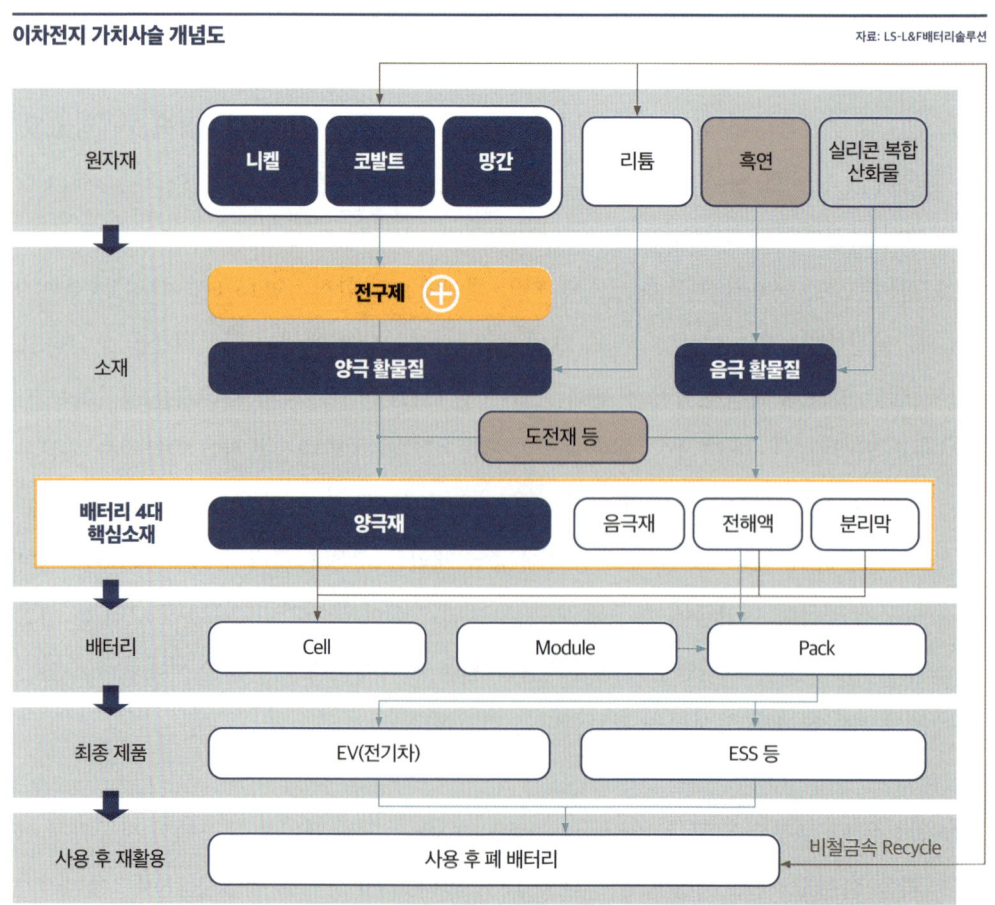

않자 결국 동박 사업부를 SK그룹에 매각했다. 그 사업부가 지금의 SK넥실리스가 됐고, 현재 글로벌 동박 시장 점유율 1위를 기록하고 있다. 또 2010년 포스코에 매각한 음극재 사업부가 포스코퓨처엠으로 이름을 바꿔 현재의 포스코그룹의 주력사가 됐다. 유동성 확보가 시급했다지만 구자은 회장에게는 뼈아픈 의사 결정일 수밖에 없다.

구자은 회장은 2023년 3월 '비전 2030'을 발표했다. 기존 주력 사업만으로는 한계가 있다고 판단하고, 2030년까지 주력 사업과 신사업을 병행하는 '양손잡이 경영' 전략을 통해 LS그룹 자산을 50조 원으로 확대할 계획이다. 이를 위해 전기차, 충전, 부품, 배터리 소재 등 미래 사업에 20조 원 이상을 투자할 예정이다.

AI로 전력 수요 증가하며 LS일렉트릭·가온전선·LS마린솔루션 호황

LS그룹은 이른바 '태평두(구태회·평회·두회)'로 불리는 구씨 3형제 일가가 ㈜LS를 지배하고(32.15%), 이어서 ㈜LS가 중간지주사 역할을 하는 LS엠앤엠(100%), LS전선(91.3%), LS일렉트릭(47.5%)에 경영권을 행사하는 지배구조를 갖고 있다.

구자은 LS그룹 회장은 2022년 1월 3대 회장으로 취임했다. 앞서 구자홍 초대 회장이 2008년 7월부터 2013년 1월까지 그룹을 이끌었고, 이후 사촌 동생 구자열 회장이 뒤를 이었다. 두 회장은 각각 9년씩 재임했다. 구자은 회장은 고 구두회(1928~2011) 명예회장의 장남으로, 2004년 LG전선의 중국 사업을 전담하며 경영 수업을 받았다. 이후 LS전선 전무, LS니꼬동제련(현 LS엠앤엠) 부사장, LS전선 대표이사, LS엠트론 대표이사를 역임했다. 한 손으로는 미래 신사업을 키우고 다른 한 손으로는 기존 주력 사업의 경쟁력을 높이는 '양손잡이 경영'이 구자은 회장의 핵심 경영 전략이다. 홍익대부고, 미국 베네딕트대학교 경영학과를 졸업했고, 시카고대 MBA(경영학석사)를 마쳤다.

구 회장의 임기 만료는 2030년께로 예상된다. '포스트 구자은'은 '본' 자 돌림(3세대)에서 등장할 것으로 예상된다. '포스트 구자은' 1순위로 꼽히는 인물은 구본규 LS전선 대표다. 구자엽 ㈜LS전선 회장 장남으로 '본' 자 돌림으로는 처음 2023년 1월 LS전선 CEO에 선임됐다. 구자은 회장 이후 첫 대주주 CEO인 셈이다. 2007년 LS전선 미국법인에 입사했고 LS산전 전무, LS엠트론 CEO 등을 역임했다. ㈜LS 지분 1.16%를 보유하고 있다. 퍼듀대에서 MBA(경영학석사)를 받았다. 구본규 대표보다 친족 서열상 위에 있는 구본웅 마음커뮤니케이션 대표는 LS그룹 외부에서 독자 경영하고 있어 그룹으로 돌아올 가능성이 낮다.

구본혁 예스코홀딩스 대표는 고 구자명(1952~2014) LS니꼬동제련 회장의 장남으로 2003년 LS전선에 입사해 LS니꼬동제련 지원본부장, 사업본부장, 예스코홀딩스 미래사업본부장 등을 역임했다. ㈜LS 지분 1.30%를 보유하고 있다. 구동휘 LS엠앤엠 CEO도 구자열 LS 의장 장남으로 '포스트 구자은' 후보군에 속한다. 2012년 우리투자증권에 입사해 2013년 LS일렉트릭 경영전략실 차장, 중국 산업자동화사업부장, ㈜LS 밸류 매니지먼트 부문장 등을 거쳤다. ㈜LS의 지분 2.99%를 갖고 있다.

이들 3세 '오너 CEO'들은 겉보기에는 '왕자' 신분이지만 험난한 가시밭길이 예고된 상황이다. LS그룹에 정통한 한 재계 관계자는 "LS그룹에는 '왕자'가 많기 때문에 경영 능력이나 자기 관리에 문제가 드러나면 곧바로 '짤릴' 수밖에 없는 구조다. 살아남기 위해 치열하게 경쟁해야 한다"고 지적하기도 한다.

전력 인프라 최강자, 가온전선과 LS일렉트릭

LS그룹에 소속된 상장사로는 ㈜LS, LS일렉트릭, 가온전선, E1, 예스코홀딩스, LS네트웍스, LS에코에너지, LS마린솔루션, LS머트리얼즈, LS증권 등 10개사가 있다.

- 예스코홀딩스는 구두회, 구태회 양가(5:5)의 몫으로 분류된다. 주요 주주를 살펴보면, 구자은(3.63%), 구은정(5.28%) 등이다. 구자은 회장은 구두회의 장남이고, 구은정은 구두회의 장녀다.

- LS증권(옛 이트레이드증권)은 LS그룹의 본업이 아니다.

- LS에코에너지(옛 LS전선아시아)는 핵심 사업장이 베트남이다 보니 베트남 정부의 정책에 영향을 받을 수 있다는 점이 강점이자 리스크로 지적된다. 사회주의 국가다 보니 정권이 바뀌지 않는다는 장점은 있지만 오히려 그것이 위협 요인으로 작용할 수도 있다. 베트남은 본질적으로 '사회주의 국가'다.

- LS머트리얼즈의 주력 생산품은 울트라 커패시티(UC, 일명 '고용량 보조 배터리')인

데, 전방 산업이 신재생에너지 산업으로 예측이 쉽지 않다는 한계가 있다.

- LS엠앤엠, LS이링크는 비상장사로 현재 상장이 추진되고 있다. 이들 두 회사 가운데 LS엠앤엠은 상장이 진행될 가능성이 높고 상장되면 주목해볼 만하다. LS엠앤엠이 금을 생산한다는 사실을 모르는 사람이 많다.

LS그룹 계열사 중 LS일렉트릭, E1, 가온전선, LS마린솔루션은 주목할 만하다. 이들은 LS 그룹의 전력·에너지·인프라를 담당하는 핵심 계열사로, 미래 신성장 동력으로 평가받기 때문이다.

LS그룹 '미래 신성장 동력' 이끄는 전력·에너지·인프라 '4사'

가온전선의 투자 포인트는 모기업 LS전선과의 시너지가 크다는 점이다. LS전선은 LS에코에너지(61.31%), LS마린솔루션(45.8%), LS머트리얼즈(43.5%)의 '신성장 3총사'를 계열사로 두고 있다. 가온전선 지분(48.8%)도 보유하고 있다. LS전선은 투자를 생각해볼 만한 회사지만 비상장사다. 이에 가온전선이 훌륭한 대안이 될 수 있다.

LS에코에너지는 앞서 언급한 대로 베트남 시장에서 성과를 내고 있다. 2023년 매출액 8,185억 원으로 전년 대비 9.05% 증가했으며, 수년 내 1조 클럽 진입이 예상된다. LS마린솔루션도 해저 케이블 설치 전문으로 LS그룹에 인수되면서 실적이 개선되고 있다. LS머트리얼즈도 UC(울트라 커패시티) 판매량이 증가하고 있다. LS전선은 1990년대부터 해외 생산거점 확보 등을 통하여 해외 시장을 확대해왔으며, 중국, 인도, 베트남, 북미, 미얀마 등으로 영역을 확장하고 있다. 최근에는 폴란드에 생산법인을 설립했다. 또, 가온전선은 2017년 LS에코에너지와 공동으로 미얀마에 생산법인(LS-Gaon Cable Myanmar Co.,Ltd)을 설립했다.

그런데 LS전선과 계열사들에 공급되는 제품이 바로 가온전선의 중저압 케이블이다. 국내 전선 시장 점유율을 살펴보면, LS전선(52.6%), 대한전선(36.8%), 가온전선(10.7%)인데, LS전선은 초고압 케이블, 가온전선은 중저압 케이블로 차별화돼 있다. 2023년 기준 매출액 비중은 전력케이블 88%, 통신케이블 12%다. 내수 대 수출 비중은 약 3대 7 수준이다. 현재 가온전선은 전송 속도가 250MHz~750MHz대인 고품질의 데이터 케이블인 '카테고리 7'을 개발 중에 있다. 광케이블의 경우 먼 거리에 쓰이는 반면, 사무실이나 아파트 등 단거리의 경우 랜 케이블에 대한 수요가 꾸준히 늘고 있다.

가온전선이 2004년 독자 개발한 ACF(Aluminum Clad Flexible) 케이블 수요도 급증하고 있다. 가온전선이 개발한 ACF(배관 배선 일체형)는 스마트 공장향 산업 자동화 분야에서 수요가 급증하고 있다. 이 가운데 가온전선은 통신 사업을 강화하며 사업 포트폴리오 확대에 나섰다. 2023년 전체 매출액에서 통신 사업이 차지하는 비중은 15%로 전년과 비슷했지만, 영업이익에서 통신 사업이 차지하는 비중은 2023년 65%까지 늘어났다.

- E1은 LPG 유통 사업자다. 주요 LPG 수입처는 싱가포르, 미국, UAE, 카타르 등이며, 수출 대상국은 싱가포르, 중국, 홍콩, 베트남, 인도, 일본 등이다. LPG 산업은 공공재적 성격을 갖고 있어, 정부는 일정 요건 이상의 자격을 갖춘 사업자에게만 시장 진입을 허가하고 있다. 현재 국내에서 LPG의 수입·저장·공급을 담당하는 기업은 SK가스와 E1 2개사뿐이다. LPG 판매는 E1을 비롯해 SK가스, SK에너지, 에쓰오일, 현대오일뱅크 등 5개사가 과점하고 있다. 내수와 해외 매출 비중은 약 45:55 수준이다. 특히, 미국의 LPG 수출량 증가가 눈에 띈다. 2023년 미국의 LPG 수출량은 5억 8,000만 배럴로, 전년 대비 14.0% 증가했다. 셰일가스 개발로 미국의 LPG 공급량이 증가하면서, E1도 LPG 트레이딩 사업에서 수혜를 받고 있다. 이와 함께, LNG·화력·수소 등으로 사업 다변화를 추진 중이다. E1 컨소시엄은 2024년 3월 평택에너지서비스(복합화력), 김천에너지서비스(열병합발전), 전북집단에너지(온수·스팀) 인수의 우선협상대상자로 선정됐다.

  E1은 고 구평회 일가의 몫으로 분류된다. 구평회 슬하의 구자열(장남), 구자용(차남), 구자균(3남) 일가가 지분을 보유하고 있다. E1의 주요 주주를 살펴보면, 구자열 12.7%, 구자균 10.1%, 구자용 9.8%, 구동휘 5.0% 등이다. 구동휘는 구자열 LS그룹 2대 회장의 외동아들이다. E1 계열사인 LS네트웍스, LS증권(옛 이트레이드증권)도 마찬가지다(2024 상반기).

- LS마린솔루션은 해저 전력 및 통신 케이블을 설치하는 사업을 영위한다. 원

래 KT그룹 계열사인 KT서브마린이었으나, 2023년 LS그룹이 인수하면서 LS서브마린으로 사명을 변경했다. 이후 LS마린솔루션으로 다시 이름을 바꾸고, LS 계열사들과의 시너지를 창출하고 있다. 해저 케이블 설치에 사용되는 포설선은 기존 2척에서 LS전선으로부터 1척(GL2030호)을 추가 인수하면서 2025년 1월 기준 총 3척이 됐다. 현재 보유 선박은 '세계로', 'GL2030', '리스판더(Responder)'(이상 포설선) '미래로'(다목적 선박)이며, 2027년 하반기까지 총 톤수 1만 3,000톤 규모의 포설선 1척을 추가 확보할 계획이다. 포설선 보유 척수는 LS마린솔루션의 매출과 정비례하며, 해저 케이블 설치가 가능한 안정적인 운항 성능을 갖춘 배를 보유하는 것이다.

LS마린솔루션은 해상풍력 관련 수혜주이기도 하다. 2023년 9월 안마 해상풍력, 2024년 11월 태안 해상풍력 프로젝트에서 해저 케이블 시공 우선협상대상자로 선정됐으며, 두 프로젝트의 본 계약 체결은 2025년, 완공 목표는 각각 2027년(안마), 2029년(태안)이다. 매출 인식 시점은 2025년부터다. 앞서 LS마린솔루션이 처음 진행한 전남 해상풍력 프로젝트(계약금 580억 원)가 2024년 11월 마무리됐다. 또한, LS마린솔루션은 LS전선으로부터 LS빌드윈을 인수하며 2025년부터 LS빌드윈의 실적이 연결 실적에 반영된다. LS빌드윈은 1997년 11월 설립돼 창호공사 및 건축물 조립 공사업을 영위하고 있으며, 2023년 매출 968억 원, 영업이익 51억 원, 당기순이익 51억 원을 기록했다. 매출의 35%가 해외에서 발생한다. 경쟁사로는 대한전선이 있으며, 포설선 및 해저 케이블 추가 확보 필요성이 커지고 있다. 이 과정에서 유상증자 가능성이 제기된다. LS마린솔루션은 1995년 4월 설립됐으며, 2002년 2월 코스닥에 상장했다.

LS일렉트릭의 투자 포인트는 생산능력(CAPA) 증설, 북미 시장의 성장으로 요약된다. LS일렉트릭은 전통적으로 전력 인프라 구축에 필요한 기기를 생산해왔다. 전체 산업으로 보면 보조자 역할이었다. 그런데 전기화가 가속화되며 각종 산업의 중심으로 부상하고 있다. 2020년 이후 세계 시장에 본격 진출하고 있다. LS일렉트릭의 글로벌 사업은 2015~2021년 연평균 매출액증가율이 3% 수준이었다. 해외 시장에 대한 이해도 부족 때문이었다. 하지만 2022~2025년 글로벌 사업 연평균 매출액증가율은 30% 수준으로 개선될 것으로 예상된다. LSE 베트남 법인은 2023년 매출액 1,214억 원, 영업이익 74억 원을 기록했다.

LS일렉트릭의 해외 실적 개선은 북미 전력 시장 호황에 힘입은 바 크다. 2024년 2분기 영업이익은 1,096억 원으로 역대 분기 최대치를 기록했다. LS일렉트릭은 해외 매출 비중을 2023년 50%에서 2030년 70%로 확대하며, 매출액 10조 원을 달성한다는 목표를 발표했다. 또 자동화 사업도 회복 국면이다.

LS일렉트릭은 2024년 중순 부산 사업장 생산능력 증설을 발표했다. 2025년 9월까지 공장 증설을 완료해 생산능력을 지금의 2배 수준으로 늘린다는 계획이다. 연간 4,000억 원 규모다. LS일렉트릭 부산사업장은 연간 2,000억 원 규모의 초고압 변압기 생산능력을 보유해왔는데, 북미 지역 수요 증가로 2026년분까지 수주를 완료했다.

10 두산그룹

**'B2C→B2B',
사업 DNA 바꾼
국내 최장수 기업**   *DOOSAN*

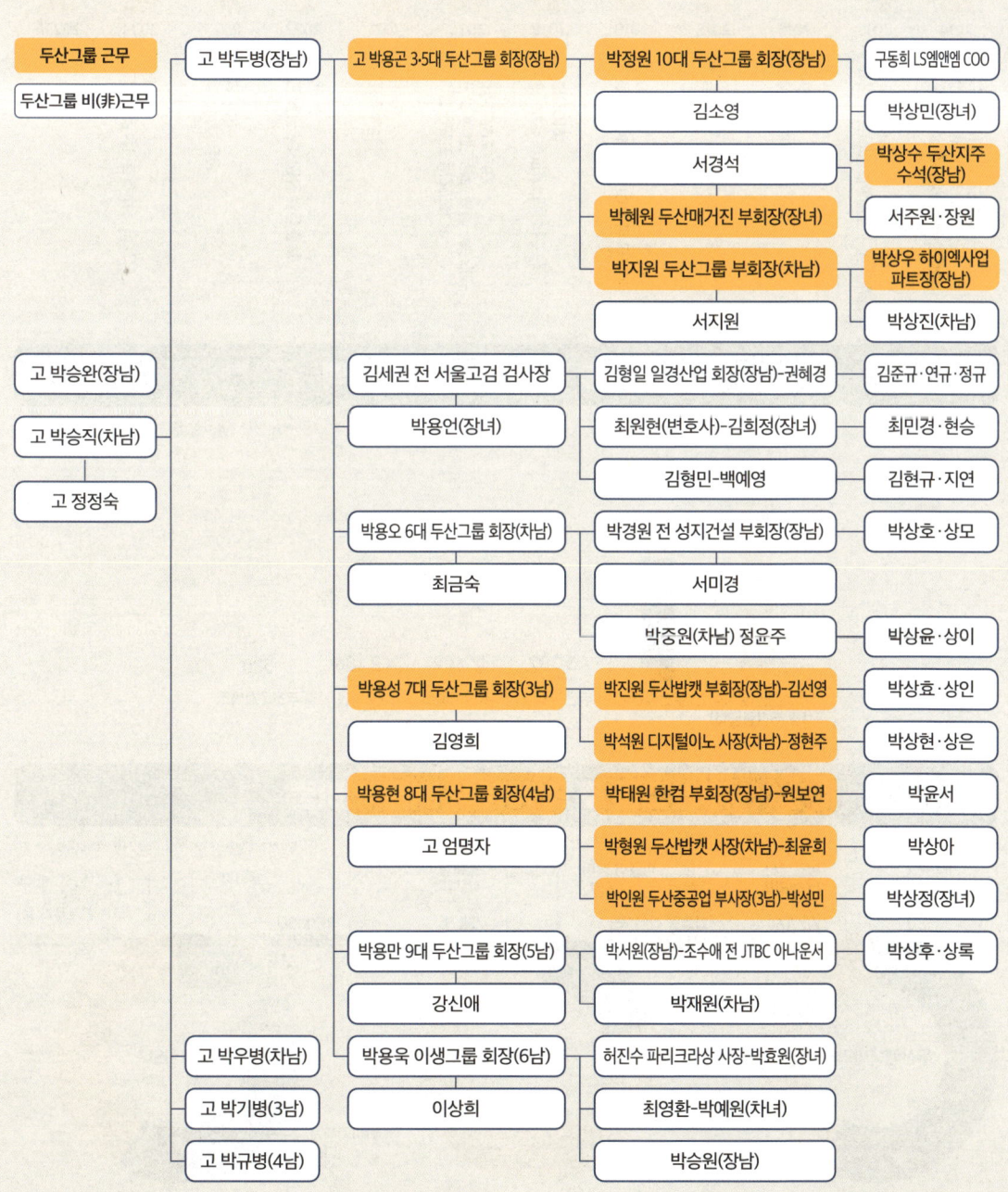

최근 10년 ㈜두산 실적 및 두산그룹 주요 연혁

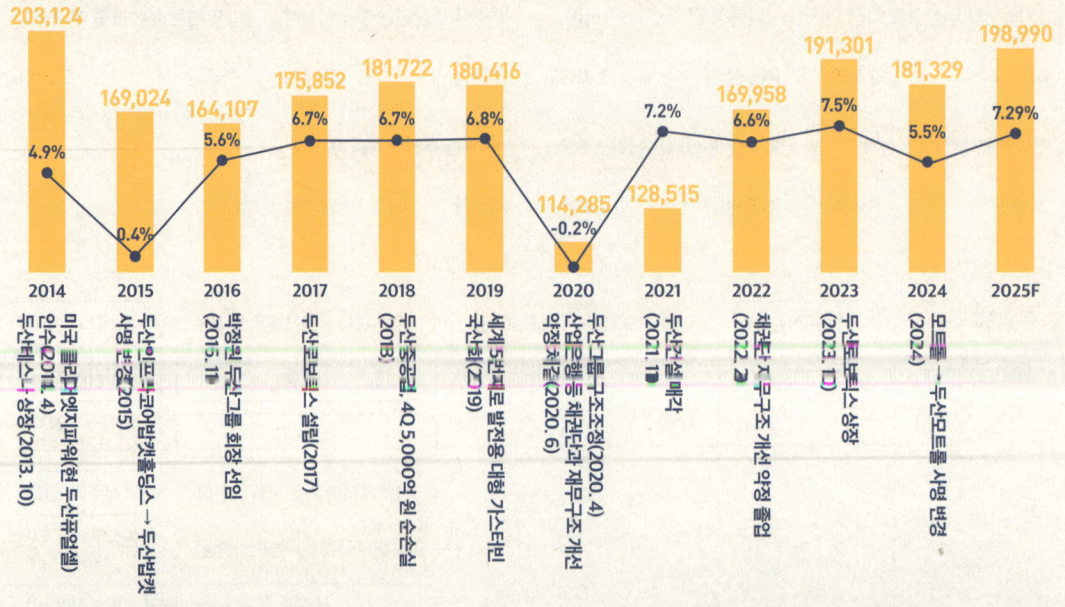

(K-IFRS 연결 기준) 자료: ㈜두산 사업보고서

두산그룹 주요 계열사 매출액

(2023년 K-IFRS 연결 기준, 단위 억 원) 자료: 금융감독원 전자공시

두산그룹 주요 계열사 매출액 비중

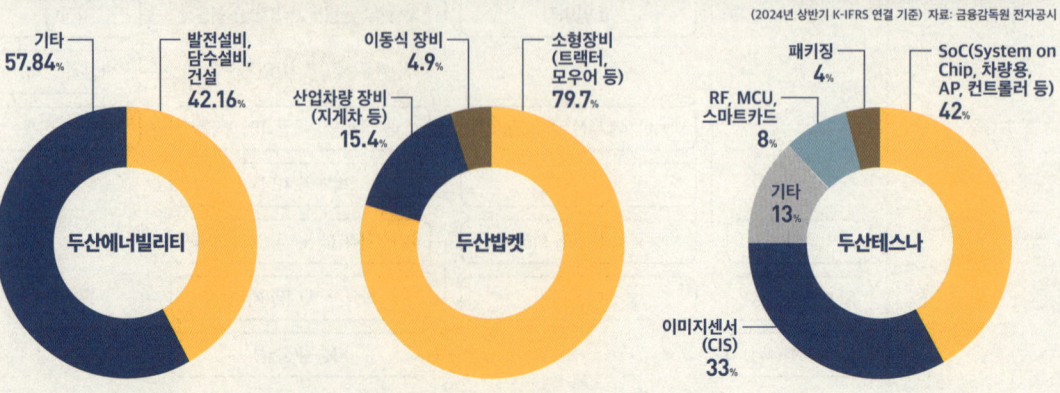

(2024년 상반기 K-IFRS 연결 기준) 자료: 금융감독원 전자공시

핵심 계열사 경영 현황 및 체크 포인트

두산에너빌리티 `코스피`

● 현황
두산그룹 계열사 가운데 매출액 1위를 기록하고 있다. 주력 비즈니스는 원자력·화력 발전소, 담수화 플랜트 건설이며, 국내 소형모듈원자로(SMR) 사업 1위다. 최근 들어 수소 플랜트, 풍력 발전을 비롯한 친환경 에너지 설비 사업도 진행하고 있다. 1962년 현대양행으로 설립됐고, 1980년 중화학공업 구조조정 정책으로 정부에 귀속돼 한국중공업이라는 공기업으로 전환했다. 이후 정부의 민영화 방침에 따라 2000년 12월 두산그룹에 인수돼 두산중공업으로 사명을 변경했다. 2022년 3월 두산에너빌리티로 사명을 다시 변경했다.

✓ 체크 포인트
1. **수주 현황:** 두산에너빌리티는 수주 기업으로 향후 실적은 수주잔고와 비례한다. 수주 기업은 사업 특성상 사업보고서에서 수주잔고 증감을 확인하면 향후 실적을 어느 정도 예측할 수 있다.
2. **지정학 리스크:** 환율 상승, 유가 상승은 두산에너빌리티의 원자재 가격을 상승시킨다. 러시아-우크라이나 전쟁 등 분쟁이 격화되면, 환율과 유가가 급등하므로 확인할 필요가 있다.
3. **생산능력 증설:** 공장 증설, 개보수는 회사의 생산능력과 실적을 개선시킨다. 공장 증설이나 개보수 계획을 발표하는지 주시할 필요가 있다.

두산밥캣 `코스피`

● 현황
두산밥캣은 중간 지주사이며, 주요 종속회사 밥캣(Bobcat)이 산업용 소형장비를 생산한다. 농업·조경용 소형 장비(Compact Equipment, 트랙터·잔디깎이 등), 산업용 차량(Industrial Vehicles, 지게차 등), 이동식 전력 및 공압 장비(Portable Power, 발전기 등) 부문으로 나눠 사업하고 있다. 매출액 비중은 소형 장비군 79.7%, 산업 차량 장비 15.4%, 전기 및 공압 장비군 4.9%다(2024 상반기). 1947년 캐나다 국경과 인접한 미국 노스다코타주 그위너에서 루이 켈러, 시릴 켈러 형제가 기계 수리점으로 설립했다. 2007년 11월 두산에 인수됐다. 인수 금액 5조 원은 당시 한국 기업의 해외 기업 M&A 사상 최대 금액이었다.

✓ 체크 포인트
1. **가동률:** 공장 가동률이 80% 이상이면 수주와 판매가 원활하다는 의미다. 사업보고서에서 공장 가동률을 확인할 필요가 있다.
2. **경기 변동:** 밥캣의 전방 산업은 개인이 아니라 기업이 대부분이며, 기업은 경기가 좋으면 밥캣 제품 구매를 늘리는 경향이 있다. 전형적인 경기 민감주로서 국내와 글로벌 경기 추이를 확인할 필요가 있다.

두산테스나 `코스닥`

● 현황
반도체 후공정의 핵심인 반도체 테스트 사업을 영위하고 있다. 매출액 비중은 이미지센서(CIS, CMOS Image Sensor) 33%, SoC(차량용, AP, 컨트롤러 등) 42%, RF(Radio Frequency)·MCU(Micro Controller Unit)·스마트 카드 IC 8%, 패키징 4%, 기타 13%다(2024 상반기). 주요 고객사는 삼성전자(국내), 지니틱스, WiPAM(이상 해외) 등이다.

✓ 체크 포인트
1. **단가:** 두산테스나의 테스트 단가는 '장비별 시간당 단가×장당 웨이퍼 또는 PKG(Chip)당 테스트 타임'으로 산정된다. 단가가 인상되면 매출액과 수익성이 개선된다.
2. **가동률:** 공장 가동률이 80% 이상이면 수주와 판매가 원활하다는 의미다. 사업보고서에서 공장 가동률을 확인할 필요가 있다.

'업의 본질' 바꾸며 B2B로, 수주업 리스크 이겨낼까

1970년대 한국 여성들에게 최고 인기 필수품은 부라더미싱이었다. 집에서 옷을 직접 수선하던 시절에 꼭 필요했다. 부라더미싱을 생산하던 일본 부라더공업(사명을 여성 소비자를 겨냥해 '시스터미싱'으로 하려 했으나 이미 등록돼 있어 '부라더미싱'으로 변경했다)은 1980년대 들어 위기에 봉착했다. 생활수준 향상과 맞벌이 가구 증가로 대다수 여성들이 옷 수선을 하지 않으면서 미싱 판매가 급감했기 때문이다.

부라더공업이 초기에 생산했던 부라더미싱 모델 사진: 부라더공업

부라더공업은 고민 끝에 대안으로 타자기를 만들기로 했다. 왜 타자기였을까? 미싱과 타자기는 얼핏 이질적으로 보이지만 '물체에 충격을 정교하게 가하는 기기'라는 점에서는 동일했던 것이다. 타자기가 불티나게 팔리면서 부라더공업은 기사회생했다.

그런데 하늘도 무심했다. 이번에는 PC가 등장하면서 타자기가 사양길에 접어들었고, 부라더공업은 또 다시 변신해야 했다. 부라더공업의 주력 생산품 변천사를 살펴보면 '미싱 → 타자기 → 팩스기기 → 프린터기(복사기) → 디지털 복합기'로 숨 가쁘게 이어진다.

　결국, 부라더공업은 살아남았다. 경쟁사들은 전멸했지만 부라더공업이 살아남은 비결은 '업(業)의 본질에 충실하면서 비즈니스 환경 변화에 대응했다'로 요약된다. 다시 말해 부라더공업은 주력 생산품을 숱하게 바꿨지만, 업의 본질인 '물체에 충격을 정교하게 가하는 기술'에서 벗어나지 않았다(미싱·타자기·팩스기기·프린터기·디지털복합기는 얼핏 전혀 이질적으로 느껴지지만 한결같이 '무언가를 두드린다'). 이처럼 업의 본질을 지키느냐, 그렇지 못하느냐는 기업 운명을 결정한다.

　미싱 이야기를 다소 길게 거론한 이유는 한국 재계의 키 플레이어 두산그룹이 '사업 DNA'를 바꾸는 대변신을 하며 비즈니스 환경 변화에 대응하고 나섰기 때문이다. 두산그룹은 OB맥주(오비맥주)로 대표되는 소비재(B2C) 비즈니스를 하다가 플랜트, 굴착기 등의 중공업(B2B)으로 본업을 바꿨다. 수년 전부터는 주력 사업을 수소로 대표되는 친환경 에너지로 전환하고 있다. '업의 본질'까지 바꾼 것이다. 한국 재계에서 비슷한 사례를 찾기 어려운 두산그룹의 모험은 성공할 것인가.

대기업집단 17위, 주력 사업은 '건설·중장비·제조'

　두산그룹은 2024년 공정위가 발표한 공시대상기업집단 17위를 기록했다. 직전 해와 같은 순위다. 그룹 매출액 10조 3,700억 원, 순이익 2,410억 원으로 전년 대비 매출액은 11.83% 증가했고, 순이익은 127.83% 감소했다. 지주사는 ㈜두산이며 계열사는 두산에너빌리티(옛 두산중공업), 두산밥캣, 두산테스나, 두산퓨얼셀, 두산로보틱스, 오리콤(이상 상장사), 한컴, 두산밥캣코리아(이상 비상장사) 등 22개사로 전년 대비 1개 감소했다.

　이 가운데 주력 계열사는 두산에너빌리티와 두산밥캣이다. 2023년 두산그룹 계열사 매출액을 살펴보면, 1위 두산에너빌리티(17조 5,899억 원)와 2위 두산밥캣(9조 7,589억 원)이 절대액을 차지하고, 이어 두산테스나(3,387억 원), 두산퓨얼셀(2,609억 원), 오리콤(2,186억 원), 두산로보틱스(530억 원) 순이다.

- 두산에너빌리티는 담수화 플랜트, 화력 발전소, 원전 설비 건설 등을 주력 사업으로 하고 있다. 최근 들어 수소 플랜트, 풍력 발전을 비롯한 친환경 에너지 설비 사업도 진행하고 있다. 1962년 현대양행으로 설립됐고, 1980년 중화학공업 구조조정의 일환으로 정부에 귀속돼 한국중공업이라는 공기업으로 전환했다. 그러다가 정부 민영화 방침에 따라 2000년 12월 두산그룹에 인수돼 두산중공업으로 사명을 변경했다. 2022년 3월 두산에너빌리티로 사명을 다시 변경했다.

- 두산밥캣은 산업용 소형장비를 생산하는 글로벌 건설기계 '빅10' 기업이다. 트랙터, 모어(Mower, 잔디깎이)를 비롯한 농업·조경용 소형장비(Compact equipment), 지게차를 비롯한 산업 차량 장비(Material handling), 컴프레서(Compressor), 제너레이터(Generator)를 비롯한 이동식 전기 및 공압 장비(Portable power) 등 3대 사업 부문으로 구성돼 있다. 매출액 비중은 소형 장비군 79.7%, 산업 차량 장비 15.4%, 전기 및 공압 장비군 4.9%다(2024 상반기). 밥캣은 1947년 미국 노스다코타주 그위너에서 루이 켈러, 시릴 켈러 형제가 기계 수리점을 설립하며 시작했다. 이후 2007년 11월 두산에 인수됐으며, 당시 인수 금액 49억 달러(약 5조 원)는 한국 기업의 해외 기업 M&A 사상 최대 금액이었다.

'OB맥주'로 대표되는 소비재 기업군에서 'B2B' 기업집단으로

1990년대 초까지만 해도 두산그룹은 B2C 사업에서 전성기를 누리고 있었다. 당시 두산그룹은 재계 10위권이었으며, 주력 계열사 동양맥주는 'OB맥주' 브랜드로 시장 점유율 70%의 압도적 1위를 기록하고 있었다. 2위 크라운맥주의 시장 점유율이 20% 정도에 불과했던 점을 고려하면 독점적 위상이라고 할 수 있다. 야구단 OB베어스(현 두산베어스)를 운영한 것도 소비재 기업으로서 소비자들을 겨냥한 주류 및 음료 사업 등 소비재 사업과의 시너지를 위한 것이었다.

두산그룹은 이밖에 병뚜껑을 만드는 삼화왕관, 코카콜라를 유통하는 두산음료를 계열사로 두고 있었고, 유가공(두산유업), 즉석 김치(두산종합식품), 출판(동아출판사, 동아인쇄공업) 사업도 함께 운영했다. 또 다른 계열사 두산상사는 글로벌 의류 브랜드 랄프 로렌(Ralph Lauren)

과 가전 브랜드 월풀(Whirlpool)의 수입사로 유명했다. 창업주 박승직(1864~1950)이 1896년 32세에 서울 종로에 포목점 '박승직 상점'으로 세상에 모습을 드러낸 이래 90여 년간 두산그룹은 전성기를 누리고 있었다.

그러나 1991년 낙동강 페놀 유출 사건이 터지며 두산그룹의 운명이 바뀌었다. 1991년 3월 14일, 4월 22일 두 차례에 걸쳐 경북 구미시의 구미 공업단지 내 두산전자(현 두산전자 BG)에서 각각 페놀 30톤과 1.3톤이 낙동강으로 유출된 사건이 터졌다. 페놀은 인체에 들어오면 신경계와 순환계를 모두 손상시키는 1급 발암물질이다. 그 여파로 그룹이 휘청거릴 정도로 여론 뭇매를 맞았다. 두산그룹 오너 일가는 가족회의 끝에 OB맥주를 비롯한 소비재 계열사들을 매각하기로 결정했다. 이후 두산중공업(현 두산에너빌리티, 2000. 12), 고려산업개발(현 두산건설, 2003), 대우종합기계(현 HD현대인프라코어, 2005), 두산밥캣(2007. 11) 등을 인수하며 지금의 B2B 기업군으로 변신했다. 한국 재계에서 이처럼 '사업 DNA'를 통째로 갈아치운 사례는 전무후무하다.

사업 전환 20년 '절반의 성공', '수주업 리스크'는 넘어야 할 과제

그로부터 약 30여 년이 지났다. 사업 DNA를 바꾼 두산그룹의 지난 30여 년을 짧게 정리한다면 '절반의 성공' 혹은 '값비싼 수업료'로 요약된다. 그 끝이 언제쯤일지도 불확실하다.

두산그룹은 최대 계열사인 두산에너빌리티가 2018년 4분기 5,000억 원의 순손실을 기록하며 어닝쇼크를 겪었고, 2020년 6월 산업은행, 수출입은행 등 채권단과 재무구조 개선 약정을 체결했다. 이후 구조조정에 나섰다. 2020년 두산타워 매각과 두산인프라코어 매각(12월), 2021년 두산건설 매각 등을 통해 재무구조를 개선했다. 이후 2023년 10월 두산로보틱스 상장과 두산에너빌리티의 1조 1,500억 원 규모 유상증자에 성공하며 재기의 발판을 마련했다. 산업은행을 포함한 채권단과의 재무구조 개선 약정도 2022년 2월부로 종료됐다. 이에 따라 두산그룹은 자율경영이 가능해졌다. 당초 예상보다 18개월 앞당겨 23개월 만에 종료한 것이다. 재무구조 개선 특별약정 체결 당시 3,939억 원에 불과하던 두산밥캣의 영업이익도 2022년 1조 716억 원으로 172.05% 증가했다.

현재 두산그룹은 대규모 신사업을 진행하고 있다. 신사업을 진행하는 계열사로는 두산퓨얼셀, 두산테스나, 두산로보틱스가 대표적이다.

- 두산퓨얼셀의 주력 사업은 연료전지로, 인산형 연료전지(PAFC, Phosphoric Acid Fuel Cell) 기술을 기반으로 발전용 연료전지 판매 및 장기유지보수(LTSA, Long Term Service Agreement) 사업을 영위하고 있다. 국내 연료전지 시장 점유율 1위(약 70%)를 기록하고 있다. 정부의 친환경 연료 지원 정책으로 수혜가 기대되고 있다. 2019년 10월 ㈜두산에서 인적 분할로 설립됐다. 2014년 퓨얼셀파워, 클리어엣지파워(CEP)를 인수하면서 연료전지 사업을 시작했다. 국내 수소 정책 강화 및 HPS(수소 발전 의무화, Hydrogen Energy Portfolio Standard) 정책 도입으로 발전용 연료전지 수요도 증가하고 있으며, 해외 국가들의 수소연료 확대 정책으로 연료전지 수출이 가시화하고 있다. 수소 연료전지(Hydrogen fuel cell) 및 선박용 연료전지(SOFC, Cores Power와 공동개발) 개발 성공으로 수소 연료전지 사용처도 확대될 전망이다.

- 두산테스나는 국내 최대 비메모리 반도체 테스트 기업이다. 반도체 후공정 분야에서 웨이퍼 테스트를 전문으로 한다. 매출액 비중은 이미지센서(CIS) 33%, SoC(차량용, AP, 컨트롤러 등) 42%, RF/MCU/스마트카드 IC 8%, 패키징 4%, 기타 13%다(2024 상반기). 주요 고객사는 삼성전자, 지니틱스, WiPAM 등이다.

- 두산로보틱스의 주력 생산품은 협동 로봇(Robot arm, 로봇팔)이다. 국내 시장 점유율 1위를 기록하고 있으며, 세계 시장에서는 유니버설 로봇(Universal Robots, 36.1%), 화낙(Fanuc, 14.0%), 테크맨 로봇(Techman Robot, 6.5%)에 이어 4위(5.4%)에 올라 있다(2023). 매출액 비중은 협동 로봇(로봇팔) 82.92%, 커피 모듈 3.56%, 기타 13.52%다(2024 상반기). 특히 협동 로봇 산업은 성장성이 크다. 한국은 물론이고 세계적으로 노동 가능 인구가 감소하면서 협동 로봇 수요가 증가하고 있기 때문이다. 미국에서 근로조건 개선을 위해 공장 노동자가 들 수 있는 물건, 박스 등의 무게를 규제하기 시작하면서 협동 로봇에 대한 관심도 커지고 있다.

- 두산에너빌리티는 두산그룹의 핵심 계열사로, 해상풍력과 차세대 원전으로 주목받는 소형모듈원자로(SMR, Small Module Reactor) 사업을 진행하고 있다. 러시아-우크라이나 전쟁 이후 에너지 수급 문제가 대두되며 원자력 발전에 대한 관심이 커졌지만, 국내 정치적 불안정성이 커지면서 원전 관련 정책의 미래가 불확실하다. 이에 두산에너빌리티는 뉴스케일파워와 같은 해외 SMR 기업과 협력하는 등 글로벌 진출을 위한 투자 및 사업 확장을 본격화하고 있다. 최근 두산로보틱스와의 합병을 통해 시너지를 강화하려고 했으나, 주주들의 반대와 주가 하락 등의 이유로 철회됐다.

- ㈜두산은 지주사이면서 자체 사업도 하고 있다. 전자BG(반도체 소재), 두타몰, DDI(Dusan Digital Innovation, 사이버 보안), FCP(Fuel Cell Power, 연료전지) 등 4대 부문이 있다.

이 같은 변신에도 두산그룹은 여전히 도전에 당면해 있다. 두산그룹이 맞닥뜨린 가장 큰 노선은 '수주업 리스크'다. 그룹 주력사인 두산에너빌리티, 두산퓨얼셀, 두산로보틱스는 수주업에 속해 있다.

두산에너빌리티는 2018년 4분기에 5,000억 원의 순손실을 기록하며 어닝쇼크를 발표했다. 직전 분기까지 양호한 실적을 기록했던 만큼, 투자자들의 충격이 컸다. 그런데 이는 수주업의 진행률(공정률) 기반 매출 인식 방식 때문이었다. 수주업은 고객의 선주문을 필요로 하며, 프로젝트 진행률에 따라 실적이 반영된다. 두산에너빌리티 역시 담수화 플랜트, 화력 발전소, 원전 설비 등의 착공에 앞서 정부나 기업과 계약을 체결한 후 공사를 진행한다. 결과적으로 2018년 4분기에는 일부 대형 프로젝트의 진행 지연과 예상보다 높은 원가 반영이 실적에 영향을 미치면서 순손실이 발생한 것이다. 특히 진행률이 낮은 프로젝트는 매출 인식이 늦어지는 반면, 자재비·인건비 등 선투입 비용은 지속적으로 발생해 현금 흐름이 악화될 수밖에 없다.

이런 구조적 한계로 인해 수주업은 '열등한 비즈니스 모델'로 평가되기도 한다. 수주업의 가장 큰 문제는 유동성 리스크다. 대형 프로젝트의 제조 기간이 길어(최대 10년 이상) 진행률에 따라 매출이 반영되다 보니, 특정 시점에서 현금 흐름이 급격히 악화될 가능성이 크다. 이는 건설업과 조선업에서 연쇄 부도가 반복되는 주요 원인이다. 저가 수주 리스크도 문제다. 계약 금액이 실제 공사 비용보다 낮아 손실이 발생하는 경우가 많다. 수주 기업은 일반적으로 경쟁 입찰을 통해 계약을 맺기 때문에, 실적 확보를 위해 지나치게 낮은 가격을 제시하는 유혹에 빠질 위험이 크다. 해외 플랜트 사업의 경우 예상보다 공사비용이 증가해 수익성이 급격히 악화되는 사례가 빈번하다.

수주 기업은 실적 예측이 어렵다는 구조적 한계도 안고 있다. 매출은 프로젝트 공정률을 기준으로 계산된다. 예를 들어, A 조선사가 100억 원 규모의 선박을 수주받아 공정을 진행했다면, 회계 기간 내 공정률이 20%라면 매출액은 20억 원(100억×0.2)이 되는 식이다. 그런데 같은 작업을 했더라도 공정률을 30%로 설정하면 매출액은 30억 원이 된다. 실제 매출의 계산은 이렇게 단순하지 않지만, 그 원리는 같다.

이에 반해 과거 두산그룹이 주력으로 영위했던 B2C는 장점이 적지 않다. 식음료 B2C 사업은 소비자가 상품을 반복 구매(Repeat purchase)한다는 장점이 있다. 예를 들어, 맥주를 좋아하는 고객은 입맛에 맞는 맥주를 오늘 마시고 내일, 모레도 마신다. 수주업에서는 이런 장점이 사라진다. 수주업은 일회성이다. 한번 플랜트를 주문한 고객사가 다시 플랜트를 주문하는 경우가 드물다. B2C 먹거리 사업은 확장성도 있다. 한국인에게 맛있는 것은 세계인에게도 통할 가능성이 크다. 오리온 초코파이가 세계 시장에서 통하는 이유가 여기에 있다. B2B 수주업에는 이런 확장성이 없다. 그 나라, 그 기업에 맞는 특정 물품만을 만들어야 한다. B2C 제조 기업은 매출액 계산도 'P(Price, 가격) × Q(Quantity, 판매량)'로 선명하다. 개당 가격이 얼마인데, 판매량이 몇 개인지를 알면 매출액을 명확하게 계산할 수 있다.

역사에 가정은 없지만, 만약 두산그룹이 1990년대 낙동강 페놀 위기를 슬기롭게 넘겨 B2C를 유지했다면 두산그룹의 역사는 달라졌을 것이다. 재계의 한 인사는 "두산그룹은 기업이 사업 DNA를 바꿀 경우 얼마나 값비싼 대가를 치러야 하는지 잘 보여준다"며 "30여 년의 시행착오에서 얻은 노하우를 얼마나 내재화하느냐에 따라 두산그룹 미래가 결정될 것"이라고 내다봤다.

구조조정 후유증과 수주 리스크, '신뢰 회복'이 먼저다

두산그룹 지주사 ㈜두산의 지분을 살펴보면, 박정원 두산그룹 회장(7.64%), 박지원 두산그룹 부회장(5.50%), 박진원 두산밥캣 부회장(3.64%), 박용성 전 두산그룹 회장(3.48%), 박용현 두산연강재단 이사장(3.44%), 박석원 두산디지털이노베이션 사장(2.98%), 박태원(2.70%), 박혜원(2.22%) 등으로 분산돼 있다(2024. 6). 두산그룹은 그간 '형제 경영' 혹은 '사촌 경영'으로 이어져 왔다.

박정원 회장은 '박승직(증조부) → 박두병(조부) → 박용곤(부친)'으로 이어지는 두산그룹 직계장손이다. 2016년 회장에 취임해 2024년 기준 8년째 재직 중이며, 2024년 3월 주주총회에서 2027년까지 회장직 연임이 확정됐다. 임기를 마치면 역대 최장수(11년) 회장 기록을 세우게 된다.

두산그룹 주㈜, 주주 신뢰 개선해야

두산그룹에 소속된 상장 계열사로는 ㈜두산, 두산에너빌리티, 두산퓨얼셀, 두산밥캣, 두산테스나, 오리콤, 두산로보틱스의 7개사가 있다. 그러나 이들 상장 계열사 가운데 투자에 적합한 유망종목이 드러나기까지는 시간이 걸릴 것으로 보인다.

가장 큰 이유는 그룹 차원의 구조조정 후유증이 아직 마무리되지 않았다는 점 때문이다. 앞서 언급한 대로 두산그룹은 2022년 2월 산업은행을 포함한 채권단과의 재무구조 개선

NOTICE 알고 갑시다!

두산그룹의 역사

두산그룹은 매헌 박승직(1864~1950) 창업주가 1896년 32세에 서울 종로에 무명, 삼베 등의 면직물을 판매하는 포목점 '박승직 상점'을 설립하면서 세상에 모습을 드러냈다. 박승직은 조선 내에서 생산되는 포목뿐 아니라 중국과 일본에서 생산되던 고가의 수입산 포목까지 취급하여 상점을 키웠다. 매헌의 장남 박두병(1910~1973)은 박승직 상점에 출근하면서 최초로 출근부 제도와 상여금 제도 등을 도입했고, 1946년 두산상회로 이름을 바꾸고 무역업으로 사업을 확장했다. 이후 음료 산업부터 소비재·건설 등에 이르기까지 모두 13개 회사를 세워 사세를 키웠다. 한국전쟁 중이던 1952년 지배인으로 일했던 일본 쇼와기린맥주를 인수해 동양맥주(현 오비맥주)를 설립했다. 1953년 두산산업, 1960년 두산건설을 설립해 사업영역을 넓히고 근대적 경영체계를 확립했다. 이후 박용곤(1932~2019), 박용오(1937~2009), 박용성, 박용현, 박용만을 거쳐 2016년 박정원 회장이 취임했다.

약정을 종료했지만, 후유증이 사라진 것은 아니다.

2002년 2월 두산에너빌리티는 조 단위 금액(1조 1,500억 원) 유상증자로 주가가 급락했다. 여기에다 두산그룹은 종종 주식시장 참여자들을 혼란스럽게 하고 있다. 다시 말해, 스스로 '신뢰의 위기'를 불러왔다는 평가다.

두산인프라코어는 2012년 미국 특수목적법인 CPL(Core Partners Limited)을 통해 국내 최초로 신종자본증권(영구채, Perpetual bond)을 발행해 자금을 조달했다. 두산은 이를 첨단 금융기법이라고 밝혔지만, 시장 반응은 달랐다. 신종자본증권은 회계상 자본으로 분류되지만, 실제로는 부채 성격이 강하기 때문이다.

신종자본증권 발행으로 두산인프라코어는 CPL에 이자를 지급해야 했다. 초반 이자율은 3.2%였으나, 2017년부터 8.25%, 2019년에는 10.25%로 급등했다. 일반적으로 이자를 지급하고 원금을 상환하지 않아도 되는 조건이라면 회계상 부채로 인정되지 않는다. 두산인프라코어는 신종자본증권 발행 시 원금 상환 조건을 '30년 만기, 연장 가능'으로 설정해 사실상 갚을 의무가 없는 자본으로 처리했다.

이 같은 자본 유치는 단기적으로는 재무제표를 개선하는 효과를 주지만, 장기적으로는 높은 이자 부담과 주주 가치를 희석시킨다. 한마디로 신종자본증권은 회계상으로는 자본으로 분류되지만 사실상 부채에 가깝다. 신종자본증권의 영어 명칭이 '영구채권(Perpetual

Bond)'인 점에서도 알 수 있듯이, 신종자본증권은 이자 지급 의무가 있지만, 원금 상환 의무가 없는 형태다. 만약 이를 부채로 분류하면, 두산인프라코어의 부채비율은 크게 높아진다.

2017년, 두산인프라코어는 신종자본증권 이자(배당) 부담이 커지자(형식상 '배당'이지만 실질적으로는 '이자'다), 5,000억 원 규모의 신주인수권부사채(BW, Bond with Warrant)를 발행해 자금을 조달했다. 일부 증권사 보고서에서는 이를 '재무구조 개선'으로 표현했지만, 시장에서는 부채로 부채를 갚는 것이 아니냐는 지적이 나왔다.

한편, 두산그룹은 2024년 두산로보틱스와 두산밥캣의 합병을 추진했으나, 주식시장 참여자들의 반발로 계획을 철회했다. 두산밥캣 주주들에게 불리한 합병비율이 문제가 됐다. 2024년 12월 무산된 두산에너빌리티와 두산로보틱스의 합병도 같은 문제가 지적됐다.

11 셀트리온

통합법인
출범했지만
바이오 시장
'흐림'

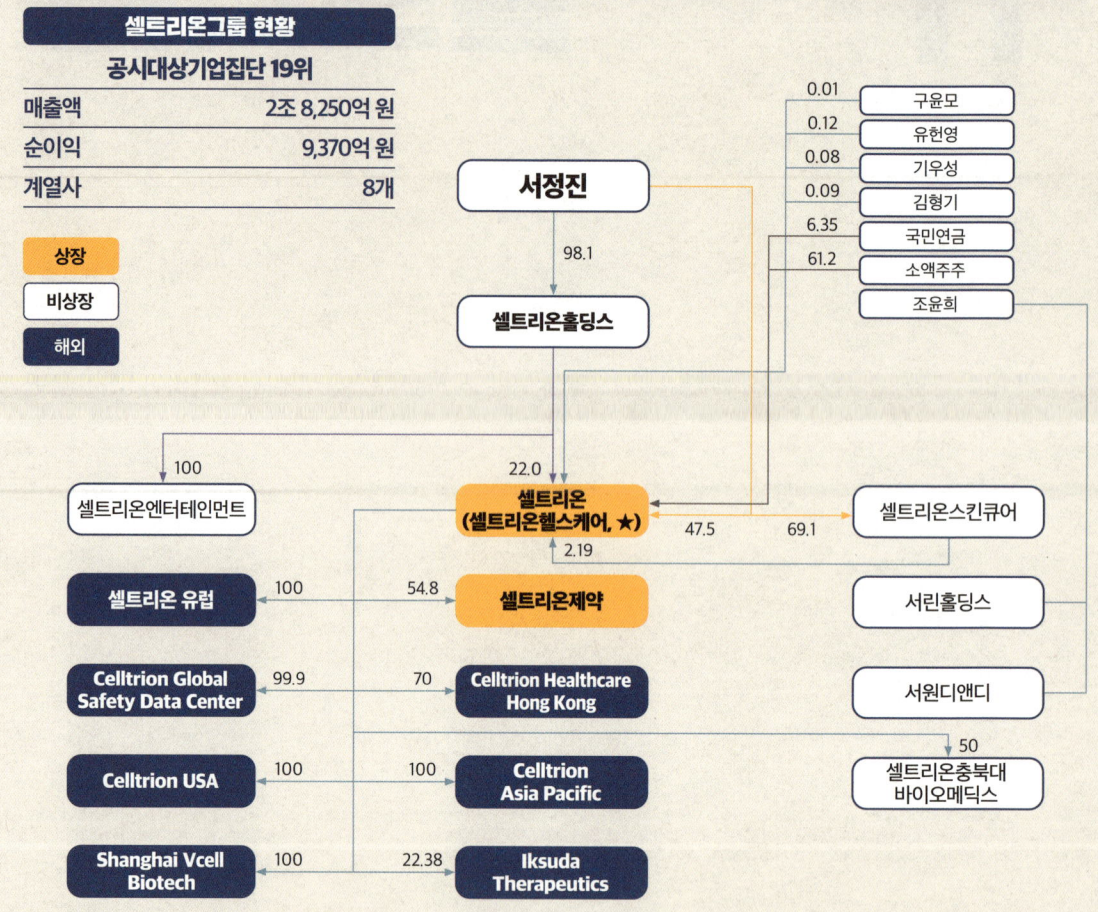

셀트리온그룹 오너 가계도 및 핵심 관계자 지분 현황

(2024년 6월 기준) 자료: 공정거래위원회

서정진 셀트리온그룹 회장
- 셀트리온홀딩스 98%
- 셀트리온 3.8%
- 셀트리온스킨큐어 69.1%

서진석 셀트리온 대표이사
- 셀트리온그룹 N/A

서준석 셀트리온 북미법인 총괄
- 셀트리온그룹 N/A

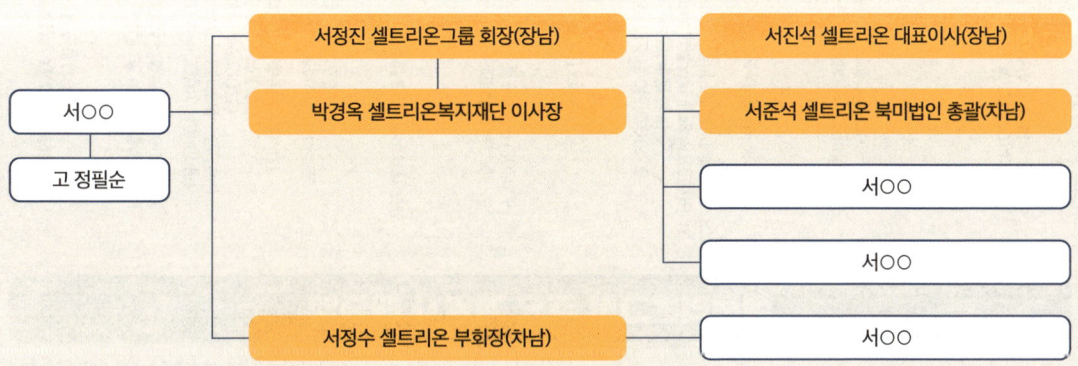

- 셀트리온그룹 근무
- 셀트리온그룹 비(非)근무

서○○ — 고 정필순
- 서정진 셀트리온그룹 회장(장남)
  - 서진석 셀트리온 대표이사(장남)
  - 서준석 셀트리온 북미법인 총괄(차남)
  - 서○○
  - 서○○
- 박경옥 셀트리온복지재단 이사장
- 서정수 셀트리온 부회장(차남)
  - 서○○

셀트리온의 바이오시밀러 개발 현황

자료: IQVIA, Regeneron(Eylea)

적응증	제품명	글로벌 시장 규모 (2023)	개발 현황	
			US	EU
자가면역질환	유플라이마(Yuflyma)	$41.0bn	허가 획득(IC 허가 신청 24. 1)	허가 승인(21.2)
	스테키마(SteQeyma)	$20.2bn	허가 신청(23. 6)	CHMP 승인 권고(24. 6)
	CT-P47(악템라 바이오시밀러)	$3.2bn	허가 신청(24. 1)	허가 신청(24. 2)
	CT-P53(오크레부스 바이오시밀러)	$7.5bn	임상 3상 진행 중	
	CT-P55(콘센틱스 바이오시밀러)	$7.7bn	임상 3상 IND 신청(24. 6)	
황반변성	CT-P42(아일리아 바이오시밀러)	$9.4bn	허가 신청(23. 6)	허가 신청(23. 11)
천식, 두드러기	Omlyclo	$4.4bn	허가 신청(24. 4)	허가 승인(24. 5)
골다공증	CT-P41(프롤리아 바이오시밀러)	$6.8bn	허가 신청(23. 11)	허가 신청(24. 3)
비소세포폐암	CT-P51(키트루다 바이오시밀러)	$28.2bn	임상 3상 IND 신청(24. 6)	

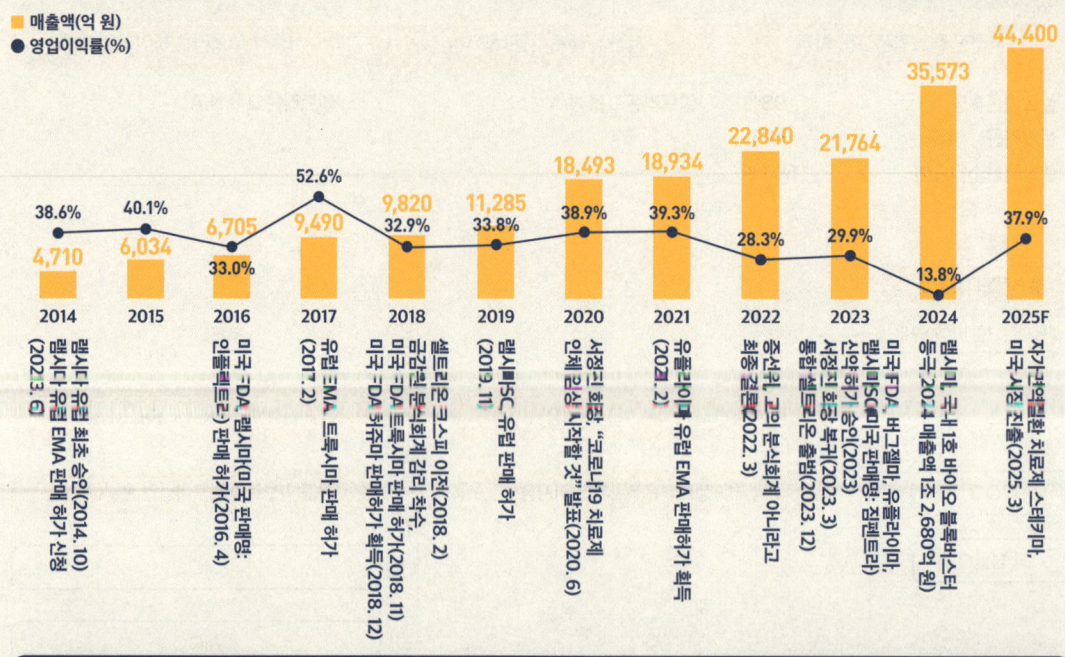

최근 10년 셀트리온 실적 및 주요 연혁

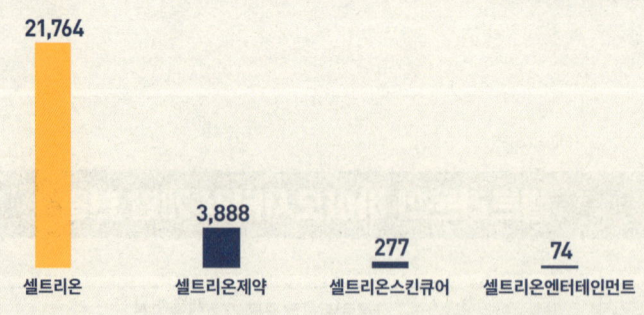

셀트리온그룹 주요 계열사 매출액

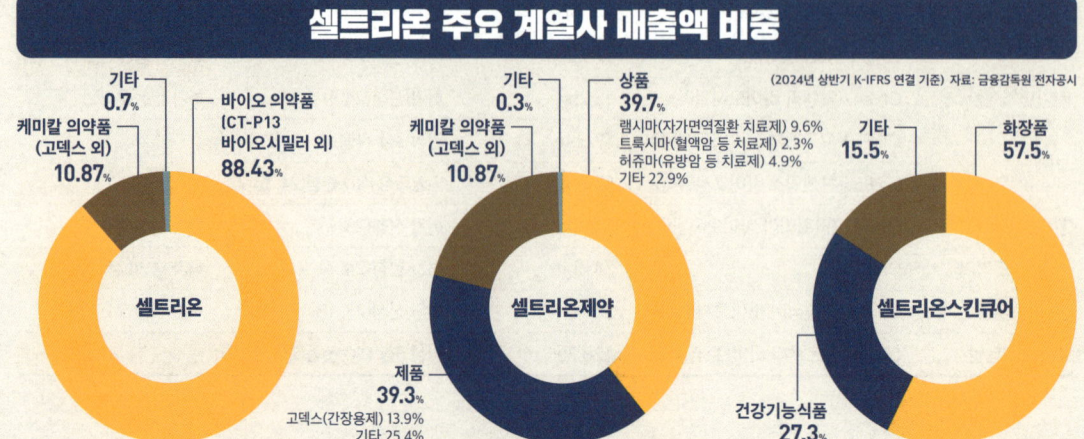

셀트리온 주요 계열사 매출액 비중

핵심 계열사 경영 현황 및 체크 포인트

셀트리온(★) | 코스피

● **현황**
한국을 대표하는 바이오시밀러 제약사. 세계 최초 단클론 항체 바이오시밀러 램시마(CT-P13)를 필두로 트룩시마(CT-P10), 허쥬마(CT-P6), 유플라이마(CT-P17), 램시마SC(CT-P13 SC), 베그젤마(CT-P16) 등 총 6종의 바이오시밀러를 허가받아 세계 110개국에서 판매하고 있다(2024. 9). 풍부한 바이오시밀러 개발 노하우를 활용해 코로나19 항체 치료제(렉키로나)를 개발했고, 2023년 10월 인플릭시맙(Infliximab) 성분 피하주사 제형인 짐펜트라(Zympentra)가 FDA 허가를 받았다. 1991년 설립됐다. 2008년 8월 코스닥에 우회 상장했고, 2018년 2월 코스피로 이전 상장했다.

✓ **체크 포인트**
1. **임상 3상 통과:** 신약 판매를 허가받으려면 임상 1상, 2상을 거쳐 3상을 최종 통과해야 한다.
2. **신약 개발:** 셀트리온은 그간의 바이오시밀러에서 벗어나 바이오 신약 개발에 나서고 있다. 바이오 신약 개발이 성공적으로 진행된다면 셀트리온 주가는 탄력받을 가능성이 크다. 바이오 신약 개발은 특성상 실패가 많고 장기간이 소요된다.

셀트리온제약 | 코스닥

● **현황**
한국의 KGMP, 미국 cGMP, 유럽 EU-GMP 기준을 통과한 제약사다. 충북 진천(케미칼 부문), 청주(바이오 부문)에 생산 공장을 운영하고 있다. 정제, 경질 캡슐제 전문의약품을 생산하고 있다. 간장질환용제 고덱스 캡슐을 필두로 다양한 질환군(제네릭 의약품 중심)을 대상으로 하는 제품군을 보유하고 있다. 모기업 셀트리온이 생산하고 있는 바이오의약품의 국내 독점 판매권을 보유하고 있다. 국내 독점 판매하고 있는 셀트리온 의약품으로 램시마(인플릭시맙), 트룩시마(리툭시맙), 허쥬마(트라스투주맙), 유플라이마(아달리무맙), 베그젤마(베바시주맙)가 있다.

✓ **체크 포인트**
1. **생산 라인 증설:** '사전 충전 주사기'를 뜻하는 프리필드시린지(PFS) 사업을 신성장 동력으로 추진하고 있다. 청주 공장에서 램시마 등 5개 바이오시밀러 PFS를 생산 중이고, 2029년까지 청주 공장에 피하주사(SC) 제형 바이오의약품 생산을 위한 PFS 생산 라인을 완공한다는 계획을 발표했다.
2. **일본 다케다제약 의약품 독자 생산:** 일본 다케다제약으로부터 도입한 고혈압 치료제(이달비) 판매가 연간 600억 원 규모에 이른다. 셀트리온은 이달비의 국내 판권을 보유하고 있으며, 2024년 생산을 본격화했다. 이에 따라 실적 개선이 예상된다.
3. **셀트리온과의 합병 이슈:** 셀트리온은 셀트리온헬스케어와 합병 후 셀트리온제약과도 순차적으로 합병하겠다고 발표했다. 하지만 셀트리온 주주 96%가 셀트리온제약의 가치 고평가를 지적하며 반대하고 있으며, 2024년 8월 합병이 무산됐다. 다시 병합이 추진될 경우 상승의 여지가 있다.

셀트리온스킨큐어 | 비상장

● **현황**
셀트리온의 바이오 기술력을 활용해 화장품, 건기식(건강기능식품) 사업을 영위하고 있다. 매출액 비중은 화장품 57.5%, 건기식 27.3%, 기타 15.5%다(2024 상반기). 원재료를 코스맥스엔비티, 코스메카코리아, 한국콜마 등으로부터 매입하고 있다. 셀트리온스킨큐어는 비상장사다.

바이오 전문 기업으로
'10대 대기업 집단'
진입할 수 있을까

셀트리온 주식은 최근 10년 한국 주식시장 역사에서 가장 화끈하게 '롤러코스터'를 탄 종목 중 하나다. 셀트리온의 주가는 2020년 12월 11일 최고가(37만 4,620원)를 정점으로 10여 년(2013. 12)만에 10배 상승했다. 주식 투자자들의 바람인 이른바 '텐베거(Tenbagger)'가 구현된 것이다. 이는 바이오라는 신성장 산업에서 국내 유일 퍼스트 무버라는 점이 주식시장 참여자들에게 받아들여진 덕분이었다. 셀트리온과 더불어 '셀트리온 3형제'로 불리던 셀트리온헬스케어, 셀트리온제약 주가도 나란히 최고가를 찍었다. "셀트리온으로 인생 역전했다"는 성공 사례가 연이어 화제가 됐다. 그러나 이후 셀트리온 3형제 주가는 하락했다. 금융감독원 산하 증권선물위원회(증선위)가 셀트리온의 회계처리에 대한 감리를 시작하면서 분식회계 의혹이 불거졌기 때문이다. 2022년 2월 증선위는 "셀트리온이 고의적으로 분식회계를 하지 않았다"고 최종 결론을 내렸지만, 주가 하락을 막기에 역부족이었다(2023년 10월 신저가 13만 1,000원).

2024년 셀트리온의 주가는 20만 원대에 도달했다. 2023년 3월 서정진 창업 회장 경영 복귀, 유플라이마와 램시마SC의 연이은 미국 FDA 판매허가 획득, 그해 12월 셀트리온 통합법인(셀트리온+셀트리온헬 스케어) 출범 등 긍정적인 요인들이 작용한 덕분이었다.

셀트리온 주식은 앞으로 어떤 길을 걷게 될까? 분식회계 논란을 해결한 셈이니 '밈주(Meme stock, SNS에서 자주 거론되는 주식)'로 뜰 것이라는 전망이 있는가 하면 제3의 길을 걷게 될 것이라는 분석도 나온다.

셀트리온은 2024년 공정위가 발표한 공시대상기업집단 19위를 기록했다. 전년 대비 13단계나 뛰어올라 재계 20위권에 진입했다. 대기업집단에 처음 이름을 올린 해가 2016년(59위)이었으니, 불과 8년 만에 재계 20위권에 진입한 것이다. 그 덕분에 서정진 회장은 자수성가형(Self-made) 기업인 가운데 김범수 카카오(대기업집단 15위) 창업주 다음으로 높은 순위에 올라섰다.

전체 그룹 매출액 2조 8,250억 원, 순이익 9,370억 원으로 전년 대비 매출액은 27.16% 감소했으나 순이익은 72.22% 증가했다. 계열사는 셀트리온(셀트리온헬스케어 통합법인), 셀트리온제약(이상 상장사), 셀트리온엔터테인먼트(비상장사) 등 8개사로 전년 대비 1개 감소했다. 셀트리온의 순위가 올라간 것은 셀트리온 통합 법인이 출범하는 과정에서 셀트리온그룹의 공정자산이 급증했기 때문이다. 공정자산이란 비금융사 자산총계와 금융사 자본총계의 합계액으로, 공정위가 공시대상기업집단 순위를 매기는 기준이다. 공정위 조사에서 셀트리온그룹의 공정자산은 25조 6,960억 원으로 전년 대비 70% 급증했다. 셀트리온이 셀트리온헬스케어와 합병하면서 영업권 인수 등 시가평가액이 반영돼 비유동자산이 급증한 덕분이다. 특히, 셀트리온헬스케어의 기업 가치가 기존 장부가액이 아니라 합병 시점의 공정가치로 재평가되면서 크게 증가했다.

세계 최초 단클론 항체 바이오시밀러 램시마 시판

셀트리온의 성공은 '선점자의 이점'으로 요약된다. 셀트리온은 바이오 의약품 산업에 퍼스트 무버로 뛰어들어 이 같은 성과를 냈다. 바이오 의약품은 앞서 바이오 기업들에서 설명한 것처럼 균주, 세균을 비롯한 생명을 가진 생물체(혹은 생물학적 제제)를 말한다. 이를테면, 메디톡스가 보툴리눔(Botulinum) 균주로 만드는 미용 주사제 '메디톡신'이 바이오 의약품이다. 이와 상대적인 개념은 합성 의약품으로 비생물체를 원재료로 만드는 의약품을 말하며, 우리가 흔히 알고 있는 전통적인 제약사가 시판하는 감기약, 해열제가 여기에 해당한다.

바이오 의약품은 합성 의약품보다 효능이 뛰어나고 부작용이 적다는 장점이 있다. 그렇지만 바이오 의약품을 개발하려면 대규모 자본이 필요하고 개발에 이르기까지 많은 시간이 걸린다는 문제가 있다. 특히, 바이오 의약품의 3가지 유형 가운데 바이오 신약은 개발비용만 20억~30억 달러 이상이 들고 개발 기간도 10~12년이나 걸린다. 바이오 신약보다 한 단계 낮은 바이오베터도 개발비만 2억~5억 달러에 개발 기간이 5~7년이다.

셀트리온은 바이오시밀러 개발에 집중했다. 바이오시밀러는 개발 기간이 5~7년 수준으로 오리지널보다 상대적으로 짧다. 게다가 제네릭(복제약)과 달리 오리지널과 비교해 안전성과 효능이 비슷해 시장에서 판로를 개척하기 쉽다. 셀트리온은 2016년 2월 세계 최초 단클론 항체 인플릭시맙 바이오시밀러 램시마(CT-P13, Infliximab)가 미국 FDA로부터 승인 권고(사실상 시판 허가)를 받으면서 바이오 역사의 새 장을 열었다. 이후 트룩시마(CT-P10), 허쥬마(CT-P6), 유플라이마(CT-P17), 램시마SC(CT-P13 SC), 배그젤마(CT-P16) 등 총 6종의 바이오시밀러를 허가받아 세계 110개국에서 파트너사를 통해 판매하고 있다(2024. 9). 바이오시밀러 개발 노하우를 활용해 코로나19 항체 치료제(렉키로나)를 개발했고, 2023년 10월에는 램시마의 피하주사 제형인 짐펜트라를 신약으로 FDA 품목 허가를 받았다. 바이오의약품 생산능력은 해외 CMO 업체 활용분을 포함하면 연간 총 27만 리터 규모, 자체 생산능력도 연간 총 25만 리터 규모에 이른다.

성장 속도도 가파르다. 최근 9년간(2014~2023) 셀트리온의 매출액 연평균 증가율은 18.54%에 달한다. 기간을 5년(2019~2023)으로 좁혀도 14.04%다. 셀트리온의 높은 매출 증가율은 '비즈니스는 타이밍이 중요하다'는 격언을 떠올리게 한다. 팬데믹의 가장 큰 수혜를 입은 회사로 평가되기 때문이다.

회계 처리 방식은 논란이 있었다. 셀트리온그룹은 셀트리온이 생산한 바이오 의약품을

바이오 의약품의 유형과 특징

구분	바이오 신약 (Biologics)	바이오시밀러(Biosimilar)	바이오베터(Biobetter)
유사성	오리지널	유사하나 동일하지 않음	오리지널보다 우수
개발 비용	20~30억 달러	1~3억 달러	2~5억 달러
개발 소요 기간	10~12년	5~7년	5~7년
규제	미국 시장에서는 바이오시밀러와 호환 가능(Interchangeable) 승인 확률이 낮아 보호됨	국가별 별도의 승인 트랙	원본 의약품과 비교해 우수한 특성을 보이지만, 새로운 약품으로서 자체적인 규제 승인 과정 필요
의약품 가격	특허 독점 기간 동안 높은 가격으로 책정	오리지널 의약품의 50~80%	안전성과 효능이 우수해 바이오시밀러 대비 20~30% 높음

셀트리온헬스케어, 셀트리온제약에 판매하면서 3사 회계 이중계상, 가공매출 논란을 불러일으켰다. 그런 이유로 서정진 회장은 셀트리온홀딩스 휘하에 셀트리온 3사를 통합하겠다는 의지를 보였다. 복귀 후 2023년 12월 해외 판매를 전담하는 셀트리온헬스케어 합병에 성공했으나, 2024년 셀트리온제약 합병에는 도달하지 못했다. 셀트리온 주주들의 반대가 완강했기 때문이다.

- 셀트리온제약은 셀트리온이 생산하고 있는 바이오의약품을 국내 독점 판매하고 있다. 국내에서 독점 판매하고 있는 셀트리온 의약품으로 램시마(인플릭시맙), 트룩시마(리툭시맙), 허쥬마(트라스투즈맙), 유플라이마(아달리무맙), 베그젤마(베바시주맙) 등이 있다. 충북 진천(케미칼 부문), 청주(바이오 부문)에 생산 공장을 운영하고 있으며, 정제, 경질 캡슐제 전문의약품을 생산하고 있다. 간장용제 고덱스 캡슐을 필두로 다양한 질환군(제네릭 의약품 중심)을 대상으로 하는 제품군을 보유하고 있다.

셀트리온그룹 주요 계열사 제품 포트폴리오
(2024년 9월) 자료: 셀트리온

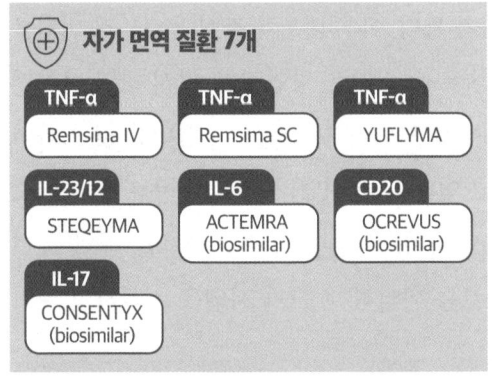

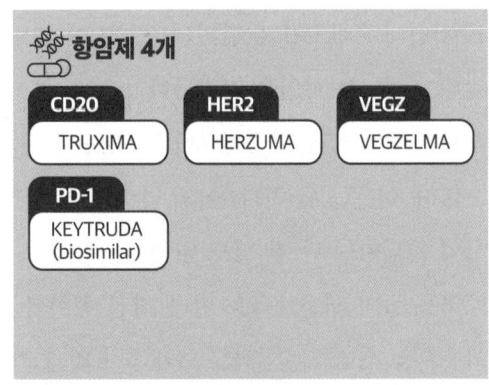

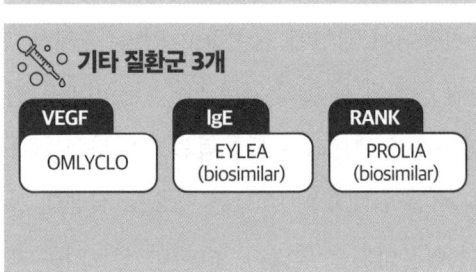

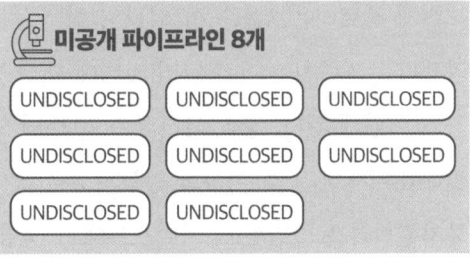

서정진 회장의 복귀, 셀트리온 부활의 신호탄 될까

셀트리온은 서정진 회장이 셀트리온홀딩스를 지배하고(98.1%), '셀트리온(셀트리온홀딩스 포함 22.0%) → 셀트리온제약(54.8%)'으로 이어지는 지배구조를 갖고 있다(2024. 6).

서정진 회장은 2023년 3월 경영 일선에 복귀했다. 2019년의 은퇴 선언을 번복한 것이다. 당시 서 회장은 "내가 은퇴한 이후 셀트리온은 전문경영인 체제로 운영될 것"이라며 "내 자식들이 최고경영자가 되는 일은 없을 것"이라고 밝혔다.

서 회장의 극적인 인생 스토리는 널리 알려져 있다. 그는 대우자동차 고문으로 일하다가 1990년대 후반 IMF 외환위기로 졸지에 실업자가 됐다. 이후 대우차 출신 동료들과 머리를 맞대고 새로운 사업을 고민하다가 1999년 넥솔(현 셀트리온)을 창업했다. 당시 창업 아이템 후보로 음식점, 인터넷 중개업, 노래방 등을 나열해 하나씩 지워나갔고, 선택한 것이 바이오였다. 이유는 단 하나 '이제 막 시장이 열리고 있다'는 점이었다. 하지만 동료 중 바이오 사업 경험자는 단 한 명도 없었다. 서 회장 역시 바이오의 '바' 자도 몰랐지만, 해외 40여 개국을 돌며 전문가들을 만나 최신 동향과 정보를 파악했다. 그가 사업을 시작하던 무렵 좌충우돌 스토리는 지금도 업계에서 회자된다.

현재 셀트리온그룹은 서 회장의 장남, 차남, 친동생이 경영에 참여하고 있다. 승계하지 않겠다는 기존의 약속과 달리 자녀에 대한 경영권 승계에 한 발짝 가까워졌다는 비판을 면하기 어렵게 됐다. 장남 서진석은 2023년 말 인사에서 셀트리온 통합법인 경영사업부 총괄대표(각자 대표) 겸 이사회 공동의장을 맡았다. 서진석 대표는 1984년 생으로 서울대 동물자원학과를 졸업했고, 카이스트에서 생명과학 박사학위를 받았다. 2014년 셀트리온 제품개발본부에 입사해 7년 만에 셀트리온스킨큐어 대표를 맡았다. 차남 서준석은 셀트리온 북미법인을 총괄하고 있다. 1987년 생으로 2017년 셀트리온에 과장으로 입사해 제조 부문 운영지원담당장을 맡았다. 서정진 회장 친동생 서정수 씨는 셀트리온 통합법인 부회장 겸 비서실장을 맡고 있다.

'레드오션'으로 변모한 바이오 시장, 생존 경쟁 치열

셀트리온그룹 계열사 중 상장사는 셀트리온과 셀트리온제약 2개사다. 그룹은 양사의 합병을 추진했으나, 2024년 8월 주주들의 반대와 합병 비율에 대한 이견으로 인해 합병 계획을 보류한 상태다. 다만, 그룹의 합병 의지가 큰 만큼 향후 셀트리온만이 상장사로 남을 가능성이 크다.

셀트리온의 향후 앞날은 '쾌청'할까? 이 질문에 '예스'라고 말하기 어려운 이유가 있다. 바이오 시장이 블루오션에서 레드오션으로 시시히 변모하고 있기 때문이다. 최근 내로라하는 대기업집단들이 바이오산업에 새로이 뛰어들고 있거나 투자를 크게 늘리고 있다. 특히, 삼성그룹(삼성바이오로직스), SK그룹(SK바이오팜, SK바이오로직스), LG그룹(LG화학)이 풍부한 자본력, 인적 자원을 기반으로 바이오산업에 본격적으로 뛰어들었다.

삼성바이오로직스는 바이오 의약품을 위탁 생산하는 CDMO(Contract Development and Manufacturing, 위탁개발) 부문에서 ADC(항체 약물 접합체) 분야와 알츠하이머 시장 진출 등 해당 사업 확장에 주력하고 있다. 최태원 회장이 SK그룹의 미래 먹거리로 바이오를 점찍은 것 또한 이미 잘 알려져 있다. SK바이오팜은 국내 최초로 혁신 신약 임상을 직접 진행하고 FDA 허가까지 받아낸 강자로 부상했다. SK바이오팜의 뇌전증 치료제 엑스코프리(XCOPRI, 성분명 세노바메이트, Cenobamate)가 그 주인공이다. 엑스코프리는 글로벌 블록버스터로 꼽히는 빔팻(라코사미드) 대비 발작 완전 소실 효과가 10배 이상 우수하다는 평가를 받고 있다. LG그룹도 미래 먹거리로 바이오를 낙점하고 힘을 싣고 있다. LG화학 생명과학본부가 바이오 사업을 맡아 2023년 처음으로 매출액 1조 원을 돌파했다. 구광모 회장이 바쁜 와중에도 충남 오송 LG화학 생명과학사업본부 R&D 시설을 빈번하게 찾고 있는 점도 바이오에 대한 LG그룹의 관심도를 잘 보여준다.

국내뿐 아니라 글로벌 바이오 시장에서도 자본력을 갖춘 대기업들이 바이오시밀러 개발에 뛰어들며 경쟁이 격화되고 있다. 미국 제넨테크(Genentech), 스위스 노바티스(Novartis), 화이자(Pfizer), 암젠(Amgen) 등도 바이오시밀러 개발에 나섰다. 통합법인 출범으로 불가피하게 예상되는 그룹 매출액 감소 등도 해결 과제다. 장기적으로 오리지널 제약사들의 특허 장벽이 견고해지면 바이오시밀러 생태계를 뛰어넘는 바이오 신약 파이프라인의 성공 여부가 셀트리온그룹의 향후 주가와 미래를 결정할 것으로 보인다.

12 S-OIL
(에쓰오일)

**아람코의
안정성이 그대로,
'단일 정유업'
유일 대기업집단**

S-OIL

에쓰오일 지배구조 및 지분 현황

(2024년 6월 기준, 단위 %) 자료: 공정거래위원회

에쓰오일 현황
공시대상기업집단 25위

매출액	35조 6,000억 원
순이익	9,520억 원
계열사	2개

- 상장
- 비상장
- 해외

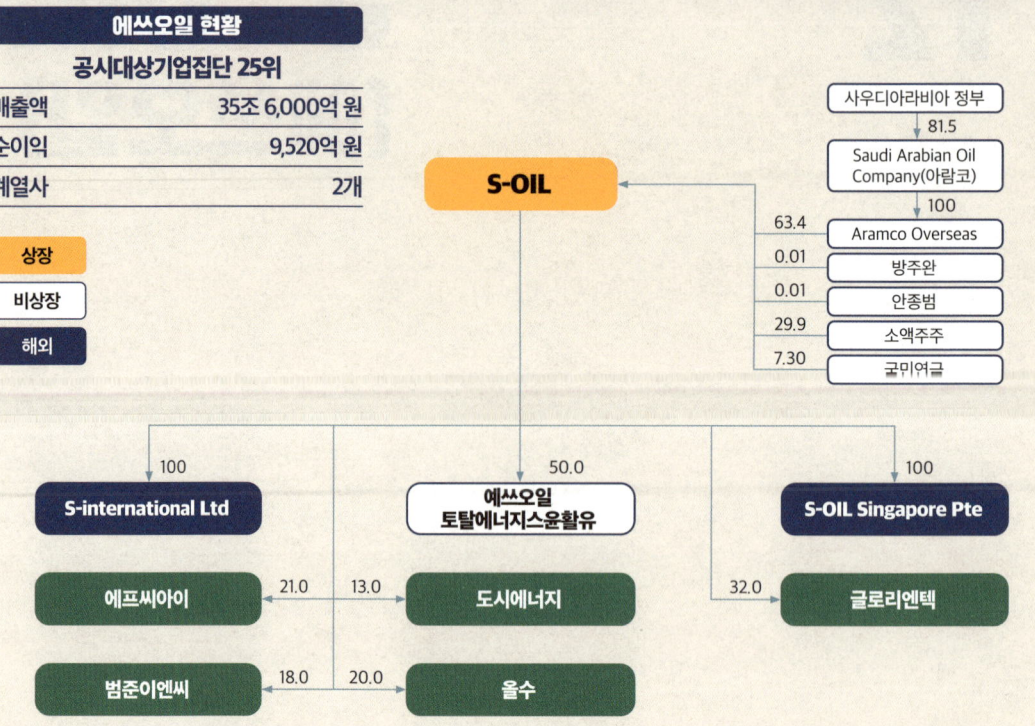

생산설비

- 공장
- 저장시설

인천, 동해, 군산, 울산, 여수, 목포

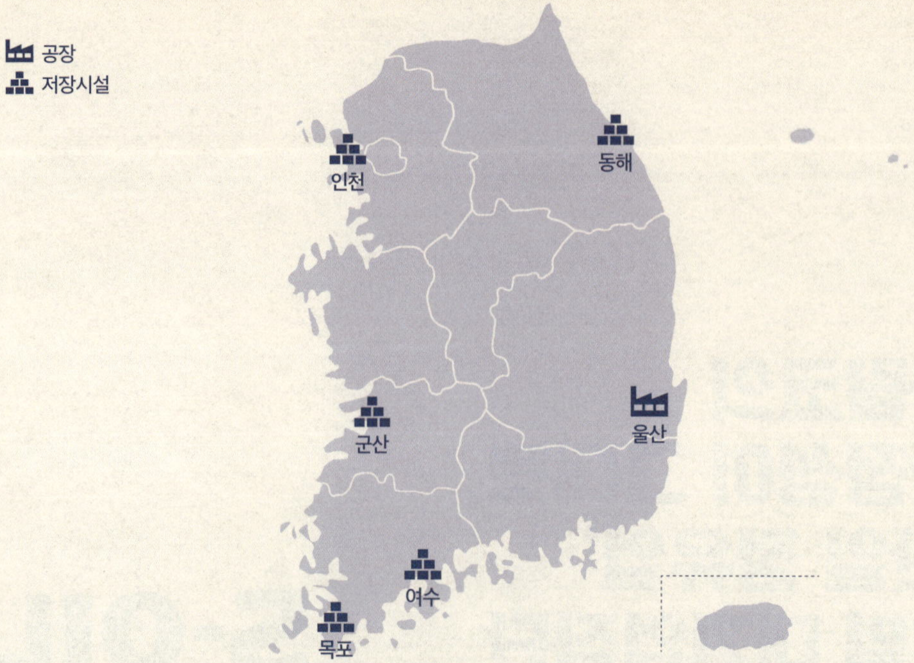

에쓰오일 역대 CEO

자료: 에쓰오일

안와르 알 히즈아지	후세인 알 카타니	오스만 알 감디
Anwar A. Al-Hezazi	Hussain A. Al-Qahtani	Othman Al-Ghamdi
N/A	임기 만료	중도 퇴임
2023. 3~현재	2019. 6~2023. 3(3년)	2016. 9~2019. 6(2년 9개월)
전 아람코아시아 사장	전 아람코쉘 대표	전 아람코 임원
킹파드대 화학공학	킹파드대 화학광학	킹파드대 MBA
윤석열	문재인-윤석열	박근혜-문재인

나세르 알 마하셔	아흐메드 알 수베이	사미르 투바이엡	알 아르나우트
Nasser D. Al Mahasher	Ahmed A. Al-Subaey	Samir A. Tubayyeb	A. K. Al-Arnaout
최장수 근무 퇴임	임기 만료	재선임 실패 퇴임	재임 중 별세
2012.3~2016. 9 (4년 6개월)	2008. 3~2012. 3 (3년)	2005. 10~2008. 2 (2년 4개월)	2003. 2~2005. 8 (2년 6개월)
전 아람코아시아 사장	전 아람코 임원	전 아름코 임원	전 아람코서비스
킹파드대 화학공학(학)	미 애리조나주립대(석)	미 버클리대 화학공학(석·박)	N/A
이명박-박근혜	노무현-이명박	노무현	노무현

석유화학 제품 계통도

자료: 한국석유공사

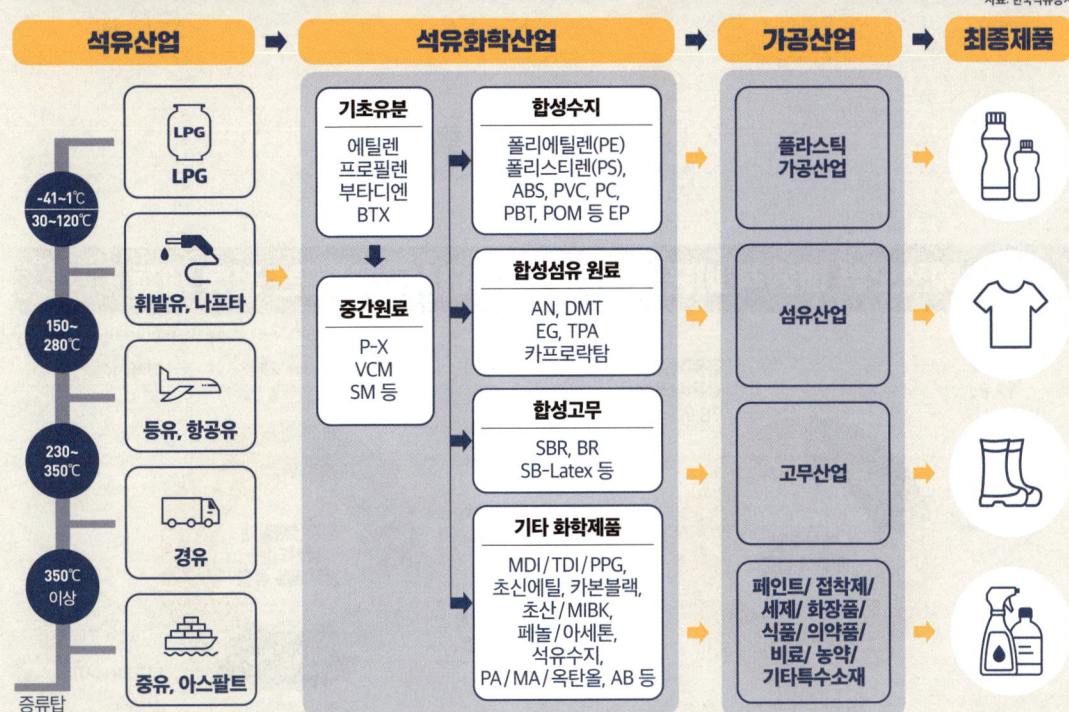

최근 10년 에쓰오일 실적 및 주요 연혁

(K-IFRS 연결 기준) 자료: 에쓰오일 사업보고서

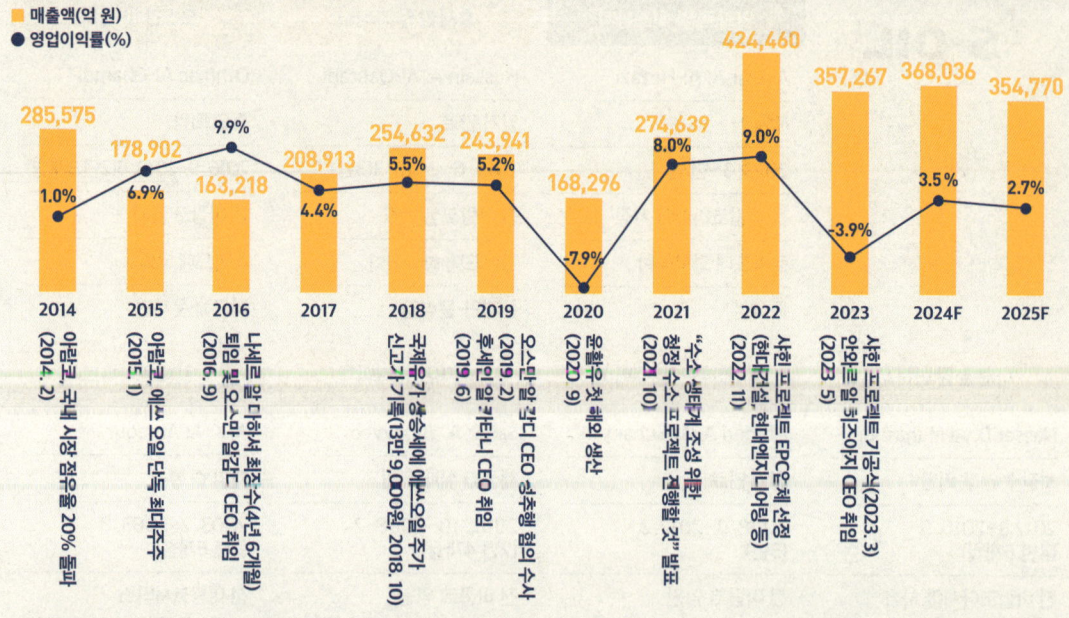

- 매출액(억 원)
- 영업이익률(%)

연도	매출액	영업이익률	주요 연혁
2014	285,575	1.0%	아람코, 국내 시장 점유율 20% 돌파 (2014. 2)
2015	178,902	6.9%	아람코, 에쓰 오일 단독 최대주주 (2015. 1)
2016	163,218	9.9%	나세르 알 마하셔 최준수(4년 6개월) 퇴임 및 오스만 알감디 CEO 취임 (2016. 9)
2017	208,913	4.4%	
2018	254,632	5.5%	국제유가 상승세에 에쓰오일 주가 신고가 기록(13만 9,000원, 2018. 10)
2019	243,941	5.2%	오스만 알감디 CEO 성추행 혐의 수사 후세인 알 카타니 CEO 취임 (2019. 6)
2020	168,296	-7.9%	울산공장 첫 해외 생산 (2020. 9)
2021	274,639	8.0%	"수소 생태계 조성 위한 청정 수소 프로젝트 진행할 것" 발표 (2021. 10)
2022	424,460	9.0%	샤힌 프로젝트 EPC 업체 선정 (현대건설·현대엔지니어링 등) (2022. 11)
2023	357,267	-3.9%	샤힌 프로젝트 기공식(2023. 3) 안와르 알 허즈아지 CEO 취임 (2023. 5)
2024F	368,036	3.5%	
2025F	354,770	2.7%	

에쓰오일 주요 계열사 매출액

(2023년 K-IFRS 연결 기준, 단위 억 원) 자료: 금융감독원 전자공시

- ㈜에쓰오일: 35,726
- 에쓰-오일토탈에너지스윤활유㈜: 3,488

에쓰오일 매출액 비중 및 원유 1배럴에서 생산되는 정유 제품

(2024년 상반기 K-IFRS 연결 기준, 단위 억 원) 자료: 금융감독원 전자공시

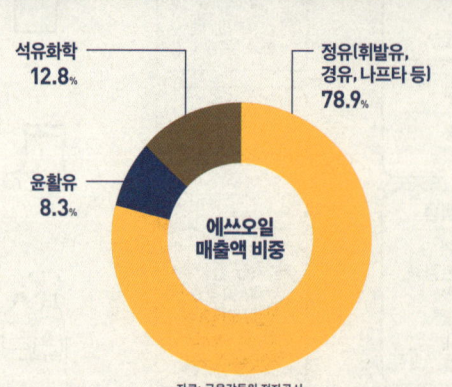

에쓰오일 매출액 비중
- 정유(휘발유, 경유, 나프타 등): 78.9%
- 석유화학: 12.8%
- 윤활유: 8.3%

자료: 금융감독원 전자공시

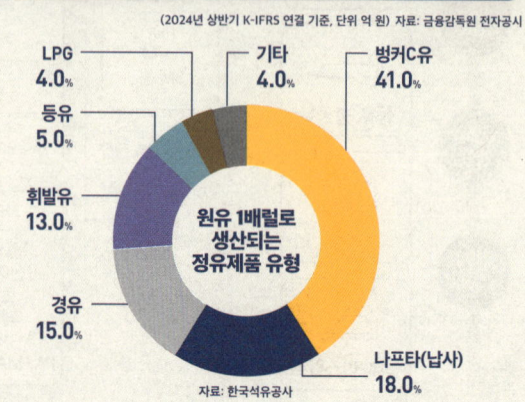

원유 1배럴로 생산되는 정유제품 유형
- 벙커C유: 41.0%
- 나프타(납사): 18.0%
- 경유: 15.0%
- 휘발유: 13.0%
- 등유: 5.0%
- LPG: 4.0%
- 기타: 4.0%

자료: 한국석유공사

핵심 계열사 경영 현황 및 체크 포인트

에쓰오일(S-oil) — 코스피

● **현황**

SK이노베이션, HD현대오일뱅크, GS칼텍스과 함께 국내 '정유 빅4'이며, 이들 기업 중 유일하게 해외 자본(사우디 아람코)에 의해 경영되고 있다. 1976년 쌍용양회가 이란국영석유공사(NIOC)와 50대 50으로 합자해 한이석유를 설립하며 시작됐다. 이란 혁명이 발발하자 1980년 쌍용이 이란 지분을 모두 사들여 사명을 쌍용정유로 변경했다. 1987년 유가증권 시장에 상장했다. IMF 외환위기로 쌍용그룹이 경영난을 겪으면서 1991년 아람코 자회사 AOC(Aramco Overseas Company B.V.)에 지분을 넘겼다. 2000년 사명을 에쓰오일(S-oil)로 변경했다.

✓ **체크 포인트**

1. **경기 변동:** 정유업은 실물 경기와 수급 불일치로 호황과 불황을 극단으로 오간다. 전쟁, 투기 자본(Speculator) 등도 정유 업황에 영향을 미친다.
2. **샤힌(Shaheen) 프로젝트:** 정유 산업의 낮은 영업이익률과 변동성을 완화하기 위해 석유화학(유화) 매출액 비중을 높이고자 진행하고 있는 프로젝트다. 에쓰오일이 샤힌 프로젝트에 투자한 금액은 9조 2,580억 원에 달한다. 이 목표가 예정대로 2026년 달성되면 에쓰오일은 종합 석유화학 기업으로 도약할 수 있다.

에쓰인터내셔널(S-인터내셔널) — 비상장

● **현황**

에쓰오일의 원유 수입과 관련된 지원을 위해 1987년 10월 서아프리카의 라이베리아 국적 법인으로 설립됐다. 2011년 7월 9일 오세아니아 사모아로 등록소재지를 변경했다. 현재 에쓰오일이 100% 지분을 보유하고 있다. 에쓰오일 경영 관리팀이 에쓰인터내셔널의 조정 업무를 담당하고 있다.

에쓰오일토탈에너지스윤활유 — 비상장

● **현황**

에쓰오일이 생산하는 윤활기유(윤활유)를 주원료로 윤활유 완제품을 생산해 국내외에 판매한다. 국내 윤활기유 판매는 에쓰오일토탈에너지스윤활유주식회사가, 해외 판매는 에쓰오일이 담당하고 있다. 에쓰오일이 지분 50%+1주를 보유하고 있고, 글로벌 에너지 기업 토탈에너지스 마케팅서비스(Total Energies Marketing Services)가 50%-1주를 보유하고 있다.

국내 유일의
해외 자본 정유사,
석유화학 기업으로 탈바꿈

'우리 몸의 70%가 물로 이뤄져 있다면 우리 소지품의 70%는 석유(Petroleum)로 이뤄져 있다'라는 말이 있다. 석유가 우리의 일상에 얼마나 광범위하게 사용되고 있는지를 보여주는 말이다. 우리가 출근하기 위해서는 옷을 입어야 하고, 스마트폰을 소지해야 하고, 가방을 챙겨야 하고, 자동차나 지하철을 타야 한다. 지금 언급한 옷, 스마트폰, 가방, 자동차, 지하철은 언뜻 서로 무관해 보이지만, 석유 없이 생산하거나 운행할 수 없다는 공통점이 있다. 원유 1톤을 정제하면 나프타(Naphtha) 0.13톤이 나오는데, 이 분량의 나프타면 셔츠 153벌, 운반용 상자 23개, 농업용 필름 2,023제곱미터, 자동차 타이어에 들어가는 튜브 22개, TV 15대를 만들 수 있다.

석유는 이처럼 우리 일상과 밀접한 관련이 있다. 반면, 신재생에너지는 아직까지 활용성과 경제성에서 석유를 따라잡기 어려운 것이 현실이다. 게다가 석유는 과거 예상과 달리 고갈되지 않았다. 석유가 30년 안에 고갈될 것이라는 전망은 1950년대부터 있었지만(이른바 피크 이론, Peak theory), 그 후 70년이 훌쩍 지난 지금도 석유는 '콸콸' 쏟아져 나오고 있다. 석유의 가채 매장량(현재 기술로 채취할 수 있는 매장량)은 오히려 증가하고 있다. 기술 발전으로 새 매장층이 속속 발견되고 있기 때문이다. 즉, 언젠가 석유는 고갈되겠지만, 그 시점이 정확히 언제인지 아무도 모른다.

이 점에서 에쓰오일(S-oil)은 주목할 만하다. 단일 정유업으로 국내에서 유일하게 대기업집단에 올라 있는 곳이 에쓰오일이다. 에쓰오일은 국내 '정유 빅4(SK이노베이션, HD현대오일뱅크, GS칼텍스, 에쓰오일)' 가운데 유일하게 해외 자본(사우디 아람코)에 의해 경영되고 있다. CEO도 2003년부터 줄곧 아랍인이다. 그래서 국내 재계에서의 역할과 위상도 독특하다.

에쓰오일은 2024년 공정위가 발표한 공시대상기업집단 25위를 기록했다. 전년 대비 2단계 하락했다. 그러나 매출액 42조 3,770억 원, 순이익 2조 1,050억 원으로, 전년 대비 각각 54.01%, 52.36% 급증했다. 러시아-우크라이나 전쟁의 여파로 국제 유가가 급등하고, 석유화학 제품 가격이 상승한 덕분이다. 그러나 실적이 급증했는데도 대기업집단 순위가 하락한 것은 상대적으로 HMM이 해운업 초호황으로 25위에서 19위로 상승하고, 현대백화점그룹이 매트리스(침대) 기업 지누스를 인수하며 24위에서 21위로 올라섰기 때문이다.

에쓰오일은 공정위로부터 '대기업집단'으로 분류되고 있지만, 사실상 에쓰오일 단일 기업이나 다름없다. 에쓰오일(상장사) 산하에 에쓰오일토탈에너지스윤활유, 에쓰오일싱가포르(S-OIL Singapore Pte) 2개사가 단출하게 있을 뿐이고, 에쓰오일 매출액이 전체 매출액의 99%를 차지한다. 2024년 상반기 매출액 비중은 정유 78.9%, 석유화학 12.8%, 윤활기유 8.3% 순이다.

에쓰오일의 연간 매출액과 영업이익률을 살펴보면 들쭉날쭉하다. 이는 정유 산업이 호황과 불황을 극단적으로 오가는 전형적인 경기 변동 산업이기 때문이고, 그 이유는 수급 불일치에서 찾을 수 있다. 석유 가격은 수요와 공급에 의해 결정되는데, 이 2가지를 예측하는 것이 사실상 불가능하다. 공급은 석유 매장량을 정확히 알 수 없기에 베일에 싸여 있고, 수요는 투기 세력(Speculator)이 개입돼 있으므로 파악이 어렵다.

그러한 상황 속에서도 5년, 10년 단위로 길게 보면, 에쓰오일의 실적은 분명히 개선되고 있다. 실제로 에쓰오일은 10년 전 30위권 밖에 머물고 있었지만, 꾸준히 상승해 20위대로 진입했다.

'아람코' 후광 아래 원유 수급 안정성 강점

에쓰오일의 실적 개선 비결은 지배구조 덕분이다. 에쓰오일의 지분구조를 따라 거슬러 올라가면 최상단에 사우디아라비아 정부가 나온다. 다시 말해, '사우디아라비아 정부 →

아람코(ARAMCO, Saudi Arabian Oil Company, 81.4%) → 아람코 해외 법인(Aramco Overseas Company, AOC 100%) → 에쓰오일(63.45%)'로 이어지는 지배구조다.

아람코는 사우디아라비아 소유의 국영기업이자 세계 최대 석유 기업이다. 아람코의 규모는 어마어마하다. 2023년 아람코의 총 매출액은 4,950억 달러(약 713조 원)로 삼성전자(258조 원)의 2.2배에 달했다. 삼성전자 2개가 합쳐도 아람코라는 단일 기업 매출액을 따라잡지 못한다는 의미다. 아람코 매출액은 사우디아라비아 GDP의 약 70%를 차지한다.

2024년 상반기 기준 아람코의 시가총액은 약 2조 달러로 삼성전자(약 3,870억 달러)의 약 5.17배 수준이다. 아람코 시가총액은 세계 각국 주식시장을 통틀어 6위로 추정된다. 1위는 엔비디아(약 3조 달러)다. 아람코 주식은 2019년 12월 사우디아라비아 수도 리야드에 위치한 타다울(Tadawul) 증권거래소에 상장됐는데, 상장 당일 시가총액 세계 1위에 등극했다. 이렇듯 에쓰오일의 뒤에는 든든한 모기업이 있다. 그 덕분에 에쓰오일은 원유를 안정적으로 공급받는다. 석유 한 방울 나지 않는 나라에서 국내 경쟁사들이 해외 원유를 확보하느라 노심초사하는 것을 고려한다면, 에쓰오일이 가진 큰 경쟁력이라고 할 만하다. 에쓰오일은 2022년 아람코와 35조 원 규모의 장기 원유 계약을 체결하기도 했다.

석유화학 부문 목표 20%, '샤힌 프로젝트' 성공할 수 있을까

이 같은 안정적인 원유 수급의 강점이 있지만, 리스크가 없는 것은 아니다. 에쓰오일의 매출액 비중을 살펴보면 정유 부문이 압도적이고(약 78.9%), 유화(석유화학) 12.8%, 윤활기유 8.3% 순으로 구성돼 있다(2024 상반기). 전체 매출액이 들쭉날쭉한 정유 부문에 의해 좌지우지되는 것이다. 따라서 에쓰오일은 유화 부문의 매출액 비중을 2030년까지 20% 이상으로 성장시키는 것을 목표로 하는 '샤힌 프로젝트'를 추진하고 있다. '샤힌(Shaheen)'은 아랍어로 '매'를 뜻하고, 매는 사우디아라비아의 국조다.

에쓰오일의 샤힌 프로젝트는 대규모 정유 및 석유화학 통합 단지를 구축하는 것을 목표로 한다. 이 프로젝트는 에쓰오일 울산 공장에서 진행되며, 고부가가치 화학제품 및 청정 연료 생산을 확대하기 위한 것이다. 샤힌 프로젝트를 통해 에쓰오일은 석유 정제 능력을 강화하고, 석유화학 제품의 포트폴리오를 다양화해 더 경쟁력 있는 글로벌 에너지 및 석유화학 기업으로 거듭나겠다는 구상을 하고 있다. 2026년까지 9조 2,580억 원을 들여 온산 국가산업단지 내에 스팀 크래커(기초유분 생산설비)를 비롯한 대단위 석유화학 생산 설비를 구축할 계획이다. 이 목표가 예정대로 달성된다면 에쓰오일은 종합 석유화학 기업으로 도약할 수 있게 된다.

샤힌 프로젝트에 투입되는 투자금 9조 2,580억 원은 에쓰오일 대주주 아람코의 한국 내 투자 중 사상 최대 규모다. 지난 2022년 11월 사우디아라비아 실권자이자 아람코의 대주주인 무함마드 빈 살만 왕세자가 한국을 방문한 시기에 맞춰 투자 결정이 이뤄졌다. 2025년 2월 기준 샤힌 프로젝트 관련 전체 EPC(설계·구매·건설) 공정 진행률은 55%를 돌파했다. 샤힌 프로젝트에는 현대건설을 비롯해 롯데건설, 현대엔지니어링, DL이앤씨가 시공사로 참여해 통합관리팀을 운영 중이다.

'원유 수급 안정성', '고배당주' 장점, '정유주' 한계 넘을 수 있을까

 에쓰오일은 외국계 기업의 특성을 고스란히 갖고 있다. 무엇보다 한국 주식시장의 대표적인 고배당주다. 에쓰오일의 배당성향(배당총액/순이익)은 35% 안팎으로 해마다 배당금 3,500억~4,500억 원을 최대주주(AOC)에게 지급하고 있다. 국내 상장사의 평균 배당성향(29%)보다 높은 수치다. 이 때문에 주식시장에서는 '에쓰오일=고배당주'로 통한다. 에쓰오일의 배당수익률(주당 배당금/주가)은 3%를 상회하며 이는 시중 은행 이자율보다 높은 수준이다. 일반적인 고배당 종목은 대규모 투자로 이어지지 않는 경우가 많지만, 샤힌 프로젝트에 10조 원 규모의 투자가 이뤄진 점으로 미뤄볼 때 에쓰오일은 여기에 해당되지 않는다. 이는 긍정적인 평가 요소다.

 2003년 이후 에쓰오일의 CEO로 부임한 인사는 7인으로 모두 아람코 출신이라는 공통점이 있다. 안와르 A. 알 히즈아지 현 CEO 이전 6인 가운데 임기(3년)를 무사히 마친 인물은 3명뿐이다. 에쓰오일의 CEO 교체가 잦았다는 점은 긍정과 부정의 요소 모두 갖는다. 우선 긍정적인 측면은 CEO의 성향과 별개로 에쓰오일이 아람코 글로벌 전략의 한 축으로서 경영되고 있다는 점이다. 앞서 설명했던 것처럼 원유 수급의 안정성을 이점으로 갖고, 부유한 모회사를 발판으로 고배당을 유지하면서도 투자에 적극적이라는 점 또한 장점으로 작용한다.

 반대로 CEO의 잦은 교체는 조직 안정성과 장기 전략 실행에 부정적 영향을 미칠 수 있다. 실제 데이터를 통해 보면, CEO가 바뀔 때마다 에쓰오일의 연간 사업 계획과 전략이 변했음을 알 수 있다. 예를 들어, 최근 10년간 에쓰오일의 R&D 투자는 불규칙적인 증감 패턴을 보였다. 한국투자증권에 따르면, R&D 비용은 2012년 500억 원에서 2016년에는 700억 원으로 증가했으나, 2018년 다시 450억 원으로 감소했다. 이러한 변동은 CEO의 교체와 관련된 잦은 전략 변경 때문으로 분석된다. 2022년 발표된 샤힌 프로젝트를 통해 이러한 우려가 줄어든 것은 사실이지만, 장기적인 측면에서 CEO의 잦은 교체는 재고해야 할 사항이다.

에쓰오일에서 가장 오래 재임한 CEO는 나세르 알 마샤다. 그는 4년 6개월(2012년 3월~2016년 9월) 최장수 기록을 세웠다. 소탈한 성격으로 친화력이 강해 한국인들에게 친근한 이미지로 남아 있다. 2016년에는 에쓰오일 CF에 카레이서로 직접 출연해 관심을 모으기도 했다.

현 히즈아지 CEO의 전임 후세인 알 카타니도 임기(2019년 6월~2023년 3월)를 무사히 마쳤다. 그는 전임 CEO 오스만 알 감디가 물러난 2019년 6월 취임해 1년간 근무하고, 3년을 추가해 2023년 3월까지 총 4년간 재임했다. A. A. 알 수베이 CEO도 3년 임기(2008년 3월~2012년 3월)를 마쳤다.

불명예 퇴임한 CEO도 있다. 앞서 언급한 오스만 알 감디 CEO가 성추행 혐의로 수사를 받다가 3년 임기를 채우지 못하고 2008년 2월 퇴임했다. 초대 CEO를 맡은 A. K. 알 아르나우트 CEO는 재임 중이던 2005년 8월 급작스럽게 별세했다. 뒤를 이은 사미르 알 투바이엡 CEO는 2008년 2월 재선임에 실패하며 2년 4개월 만에 퇴임했다. 현 안와르 알 히즈아지 CEO는 아람코 일본 대표이사를 역임했으며 '동아시아통'으로 평가된다.

잠깐! 유가(정유주) 예측, 왜 어려울까? _ 정유·유화산업의 특징

'만약 당신이 미래의 유가를 예측할 수 있다면 이 세상의 모든 것을 예측할 수 있다고 말할 수 있다. 유가를 예측하느니 당신의 운명을 예측하는 편이 낫다.' 유가를 맞춘다는 것이 얼마나 어려운지를 보여주는 격언이다. 우리는 석유를 일상적으로 접하기에 석유를 잘 안다고 생각하지만 주식시장으로 넘어가면 이 야기가 달라진다. 정유주는 매우 예측하기 어렵다.

정유주 예측은 왜 어려울까? 이유는 간단하다. 석유는 상품(Commodity)이다. 상품이란 옥수수, 구리, 은처럼 일상에서 광범위하게 쓰이는 소비재를 말하며, 이들 상품의 가격(Price)은 수요(Demand)와 공급(Supply)에 의해 결정된다. 다시 말해 '수요>공급'이면 가격은 올라가고, '수요<공급'이면 가격은 하락한다. 문제는 석유의 수요와 공급 둘 다 예측하기가 어렵다는 점이다.

공급 측면을 살펴보자. 세계 석유 매장량은 얼마나 될까? 석유는 현대인의 일상에서 광범위하게 사용되지만 신기하게도 세계의 원유 매장량이 얼마나 되는지 아무도 모른다. 막연한 추정치만 존재할 뿐이다. 석유 생산국은 자국의 석유 매장량을 부풀리는 경향이 있다. 세계에서 가장 큰 석유 단체인 석유수출국기구(OPEC)는 회원국이 발표하는 석유 매장량에 따라 원유 생산 쿼터를 배정하는데, 당연히 회원국들은 원유 매장량을 부풀리고 싶은 유혹을 받는다. 2024년 기준 OPEC 회원국을 살펴보면 이란, 이라크, 쿠웨이트, 사우디아라비아, 베네수엘라, 리비아, UAE, 알제리, 나이지리아, 가봉, 앙골라, 기니, 콩고의 총 13개국인데, 리스트 면면을 살펴보면 자국의 원유 매장량을 거리낌 없이 부풀려 발표할 의도가 엿보이는 국가들로 가득하다.

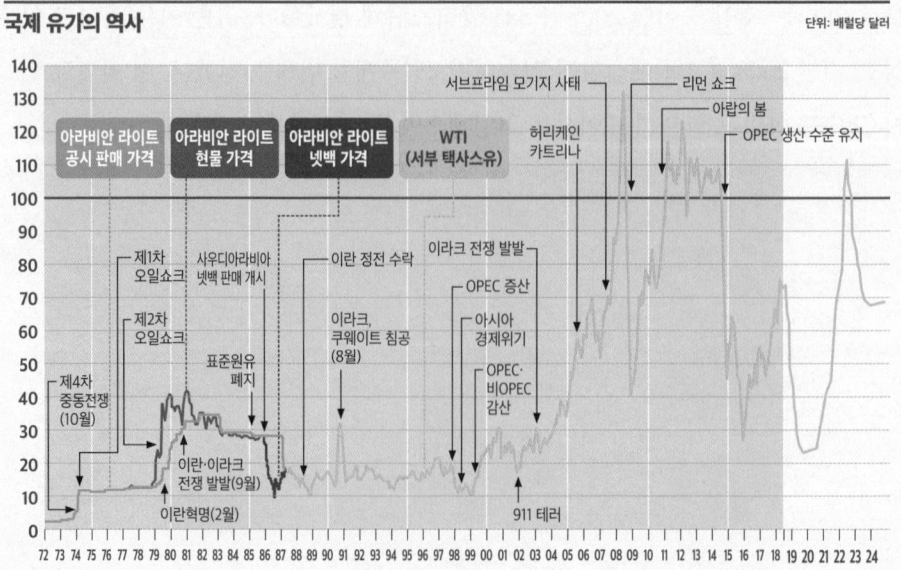

국제 유가의 역사 (단위: 배럴당 달러)

석유 생산량 상위 국가(2016)

순위	국가	생산량(배럴/일)
1	러시아	10,551,497
2	사우디	10,460,710
3	미국	8,875,817
4	이라크	4,451,516
5	이란	3,990,956
6	중국	3,980,650
7	캐나다	3,662,694
8	UAE	3,106,077
9	쿠웨이트	2,923,825
10	브라질	2,515,459

(2016년, 단위 배럴) 자료: EIA

석유 소비량 상위 국가(2015)

순위	국가	생산량(배럴/일)
1	미국	19,396,000
	EU	15,000,000
2	중국	11,968,000
3	인도	4,159,000
4	일본	4,150,000
5	사우디	3,895,000
6	브라질	3,157,000
7	러시아	3,113,000
8	대한민국	2,575,000
9	독일	2,338,000
10	캐나다	2,322,000

(2015년, 단위 배럴) 자료: BP

석유 가격 매장량 상위 국가(2017)

순위	국가	매장량(100만 배럴)
1	베네수엘라	300,878
2	사우디	266,455
3	캐나다	169,709
4	이란	158,400
5	이라크	142,503
6	쿠웨이트	101,500
7	UAE	97,800
8	러시아	80,000
9	리비아	48,373
10	미국	39,230

(2017년, 단위 100만 배럴) 자료: EIA

여기에다 중동 전쟁 등 돌발 사태가 예고 없이 발생하거나 OPEC 회원국들이 담합하면 공급은 출렁인다. 최근에는 태양광, 풍력, 바이오 에너지 등 신재생에너지아 셰일가스 등도 공급 변수로 등장하고 있다. 공급 변수가 너무 많다는 뜻이다.

수요 변수를 살펴보자. 석유의 수요 변수에는 헤지펀드, 투자은행(IB) 등 투기 세력이 개입돼 있다. 헤지펀드로 대표되는 석유 투기 세력들은 보통 수십억 달러(수조 원) 규모로 무리 지어 움직인다. 2020년대 들어서는 약 1,000억 달러(약 100조 원 이상)가 원유 투기에 투입된다는 소문이 돌기도 했다. 이밖에 달러 환율 변동, 날씨, 경기 변동도 유가에 영향을 미친다. 변수가 많을수록 예측이 어려운데, 유가는 특히 예측하기 어렵다. 아니 사실상 불가능하다고 보는 게 맞다.

게다가 수요와 공급이 유가 예측 변수의 전부가 아니다. 석유가 땅에서 채굴돼 우리 손에 쥐어지기까지 복잡한 단계를 거친다는 것도 유가 예측을 어렵게 하는 요인이다. 석유가 어떤 과정을 거쳐 우리 손에 들어오는지를 살펴보자. 석유를 활용해 일상생활에 필요한 물건의 중간 단계 물질을 만들어내는 업종이 정유, 석유화학(유화) 산업이다. 중간 단계 물질이란 나프타, 합성수지, 플라스틱 등을 말한다.

땅속에 묻혀 있던 석유가 휘발유로 가공돼 자동차 연료가 되기까지는 업스트림(Upstream)과 다운스트림(Downstream)의 2가지 과정을 거쳐야 한다. 업스트림이란 땅속에 있는 석유를 탐사, 굴착, 채굴, 생산하는 단계를 말한다. 업스트림이 끝나면 다운스트림으로 이어지는데, 다운스트림이란 원유를 수송해 가솔린, 중유 등의 석유 제품으로 정제하고 판매하는 단계를 말한다.

엑손모빌, 브리티시 페트롤리엄(BP) 등 글로벌 석유 메이저는 업스트림과 다운스트림을 함께 수행하고 있다. 이들 석유 메이저는 1950~1960년대까지만 해도 중동의 석유 자원을 독점하고 세계 석유 시장의 70%를 장악했다. 엑손모빌, BP, 쉘, 셰브론, 토탈, 코노코필립스, ENI, 렙솔YPF, 옥시덴탈, 아나다르코를 세계 10대 메이저 기업들로 분류한다. 이들 석유 메이저는 지질조사, 물리탐사, 시추탐사, 평가정 시추 등의 과정을 거쳐 석유를 생산한다.

다운스트림이란 원유를 수송해 가솔린, 중유 등의 석유 제품으로 정제하고 판매하는 단계를 말한다. 한국의 정유사는 석유 메이저나 OPEC가 생산한 석유를 선박(유조선)을 이용해 국내로 수송해 정제 과정을 거쳐 기업과 소비자에게 판매하는 다운스트림에 치중하고 있다. 한국 정유사의 원유 수입선은 사우디아라비아를 비롯한 중동 국가 위주다. 2024년 기준 중동 78.1%, 아시아 13.1%, 아프리카 5.2%, 미주 및 유럽 3.6% 비중이다. 정유사는 이런 과정을 거쳐 확보한 원유를 LPG(4%), 나프타(18%), 등유(5%), 경유(28%), 벙커C유(41%), 기타(4%)로 정제한다.

이때 원유 가격과 정제 제품 가격의 차이를 정제 마진(Refining Margin)이라고 하며, 이는 정유사의 주요 수익모델이다. 정제 마진은 원유 배럴당(1배럴=15만 8,984리터) 몇 달러로 표기되는데, 일반적으로 배럴당 4달러를 넘어야 이익을 실현할 수 있다.

정유주에 영향을 미치는 요인 중 비교적 단순한 변수가 유가와 환율이다. 국제 유가가 상승할수록, 환율이 하락할수록 정유사의 이익은 커진다. 국제 유가가 오르면 정유사의 수익은 늘어난다. 국제 유가가 최고 수준이었던 2008년 3분기에 SK에너지 영업이익은 역사적 최고점을 기록했다. 언뜻 정유사에게 원재료에 해당하는 국제 유가가 상승하면 정유사의 제품 마진이 감소할 것으로 짐작될 수 있다. 그런데 실제로는 반대다. 이런 현상이 벌어지는 이유는 국제 유가가 오르면 정유사의 정제 마진이 증가하기 때문이다. 앞서 언급했듯이 정제 마진이란 정유사가 원유를 정제해 벙커C유, 휘발유, 등유, 경유로 만들어낸 과정에서 생기는 이익을 말한다. 예를 들어, 어느 정유사의 정제 마진율이 10%이고, 이 정유사는 유가 배럴당 30달러의 마진을 얻는다고 하자. 그러면 정유사의 정제 마진은 3달러다(30달러*0.1=3달러). 그런데 유가가 배럴당 50달러로 오르면 정제 마진은 5달러로 상승한다(50달러*0.1=5달러). 정유사가 유가 인상을 제품 가격에 반영하는 과정에서 가격 인상분의 일부를 취한다고 생각해도 된다.

유가가 오를 때 정유사가 원유 매입가와 제품 판매가의 시차에 따른 이익이 발생하는 것도 정유사 수익성 개선의 또 다른 요인이다. 다시 말해, 정유사는 원유 매입 계약을 맺고 나서 수개월이 지나 실제로 원유를 받게 된다. 그런데 유가가 지속적으로 오르는 시기에는 쌀 때 샀던 원유를 비싸게 파는 셈이니 정유사 마진은 커지게 된다.

국제 유가가 오르면 정유사가 보유하고 있는 원유, 석유 제품 등 재고자산의 가치가 높아지는 것도 정유사의 수익성을 개선시킨다. 예를 들어, 국제 유가가 배럴당 30달러에서 35달러로 오르면 정유사가 보유하고 있는 원유 재고자산의 가치도 그만큼 오르게 된다. 재고자산 평가이익이 발생하는 것이다. 반대로 국제 유가가 내리면 정유사는 이에 따른 손실을 재고자산 평가손실로 기록하게 된다.

그러나 유가 상승으로 인한 정유사의 수익에는 반전점이 있다. 유가가 일반 소비자와 기업이 감당하기 어려운 수준까지 폭등하면 소비자는 자동차 사용을 자제할 것이고, 기업은 손해를 보면서까지 물건을 만들지 않게 될 것이다. 그렇게 되면 정유사의 정유 제품이 덜 팔리게 된다. 유가의 반전점은 80~90달러로 분석되고 있다. 2006~2007년 유가가 60~80달러 수준에서 안정됐던 시기에는 주가가 꾸준히 상승한 반면, 2008년에 유가가 147달러까지 치솟자 주식시장에 악재로 작용했다.

다음으로 환율이다. 환율 상승(원화 절하)은 정유사의 수익성을 악화시킨다. 한국의 정유사들은 고도화 시설 투자를 하는 과정에서 대규모의 외화 부채(달러 등 외국 화폐로 보유한 부채)를 갖고 있는데, 환율이 상승하면 정유사는 외화 부채가 증가해 대규모 환차손을 보게 된다. SK에너지는 환율이 10원 상승할 때 약 300억 원의 손실을 보는 것으로 분석되고 있다. 2007년 환율이 929.20원이었고, 2008년 10월 9일 환율이 1020.48원인 점을 고려하면 이 기간에 SK에너지는 약 3,000억 원의 손실을 본 것으로 추정된다. 반대로, 환율 하락(원화 절상)은 정유사 수익성을 개선시킨다. 환차익은 환율 하락으로 인한 손실을 상쇄하고도 남는다. 한국 정유사의 환율 하락으로 인한 대표적인 손실은 제품의 해외 수출이다. 예를 들어, 달러당 1,200원이던 환율이 1,000원으로 내리면 1,200원짜리 제품을 1,000원에 파는 셈이니 손실이 발생한다. 이렇게 정유사의 환차익이 큰 이유는 한국의 정유사가 환율 리스크를 줄이기 위한 환헤지에 관심을 갖지 않고 있기 때문이다. 한국의 정유업계는 환헤지 비율이 10% 미만으로, 원유 도입 결제 방식이나 외화 부채 가운데 헤지되지 않고 위험에 노출된 금액은 70억~80억 달러에 이른다.

환율이 하락하면 정유사는 원유 매입 대금을 결제하는 과정에서도 이익을 본다. 다시 말해, 한국의 정유사는 사우디아라비아 등 원유 국가로부터 원유를 매입하고 나서 60일, 90일 등 정해진 기간 뒤에 결제 시점의 환율을 기준으로 결제를 하는데(유전스Usance), 환율의 내림세로 인해 정유업체는 원유 대금을 갚기 위해 달러로 환전해야 할 원화 액수가 줄어든다.

13 하림그룹

**수직 계열화로
'한국판 카길'
도전하는
국내 1위
닭고기 그룹**

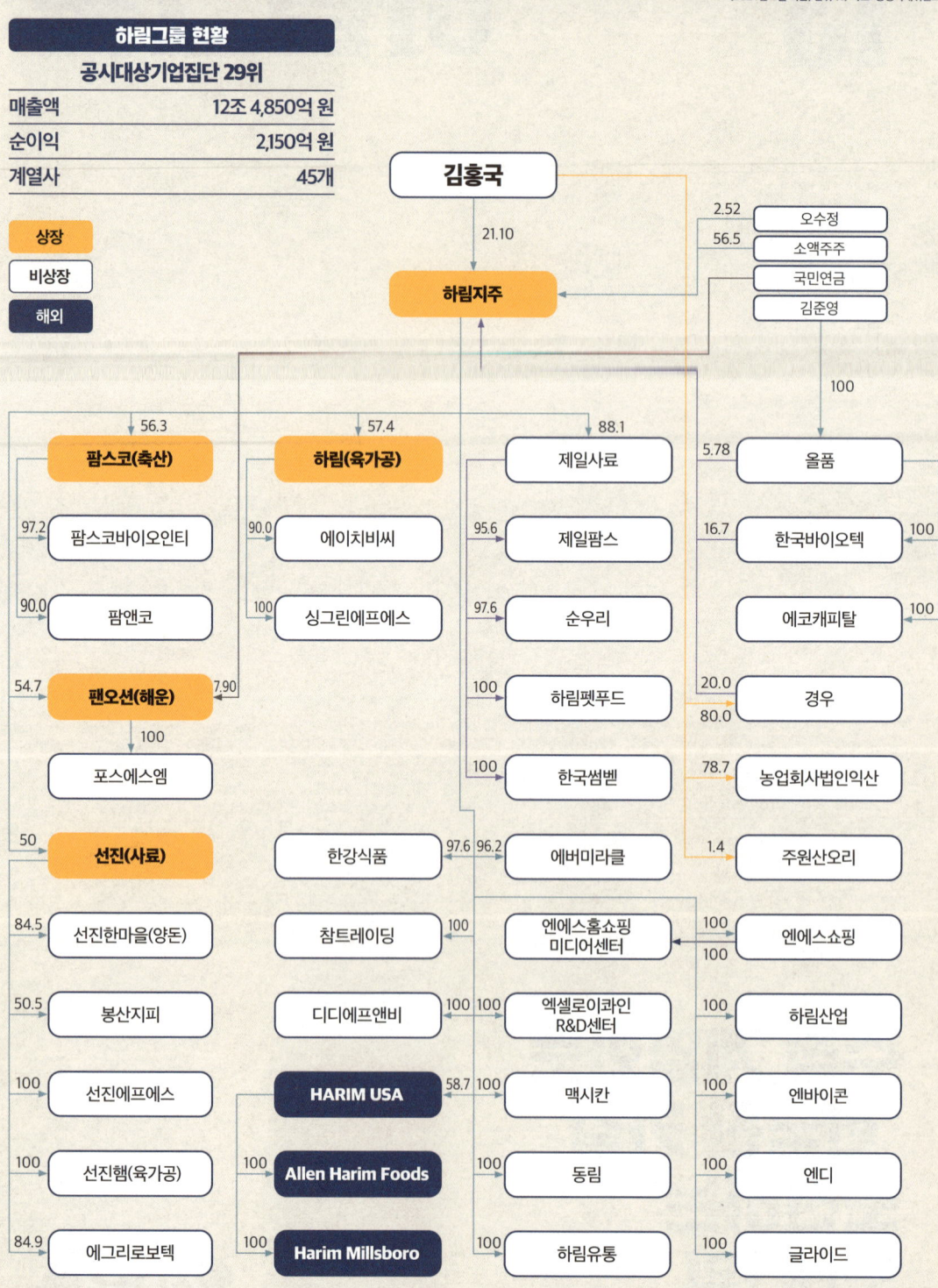

지분 현황

(2024년 6월 기준, 단위 %) 자료: 공정거래위원회

김홍국 하림그룹 회장		김준영 하림지주 과장		오수정 맥시칸 대표이사	
하림지주	21.1%	올품	100%	하림지주	2.52%
하림	1.2%	지포레	25%		
에이치비씨	8.5%	익산	11%		
익산	78.7%	JHJ	25%		

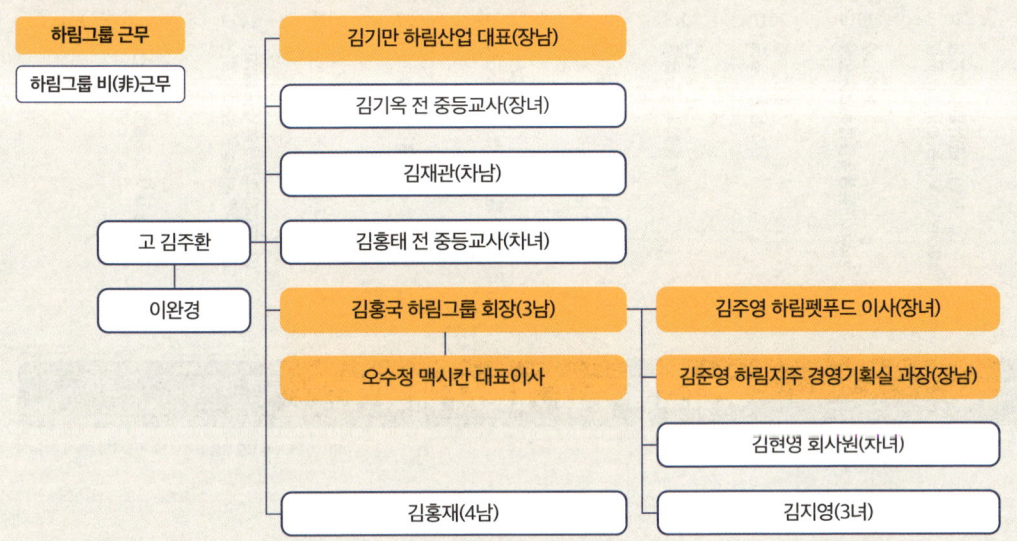

닭(육계) 라이프 사이클

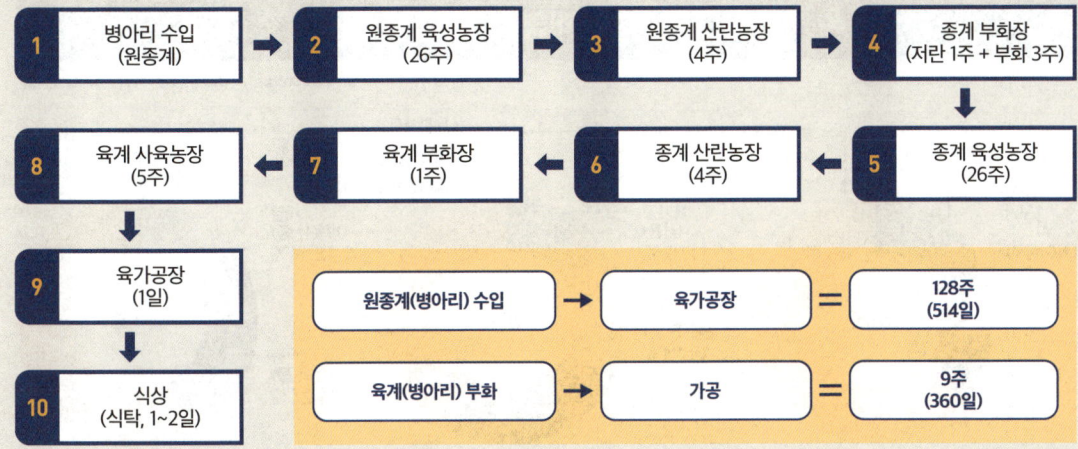

최근 10년 하림지주 실적 및 하림그룹 주요 연혁

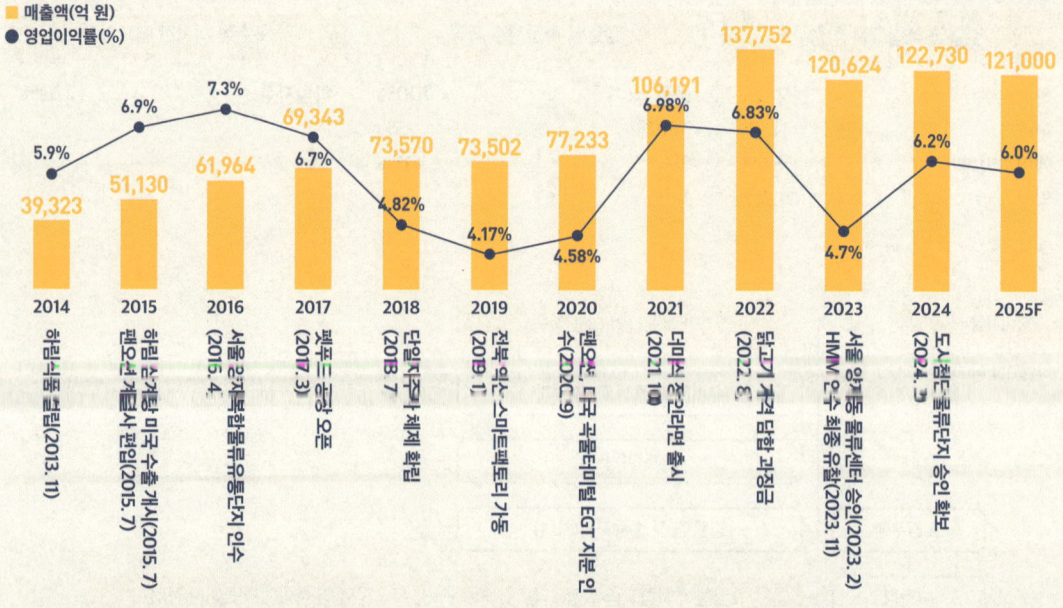

하림그룹 주요 계열사 매출액

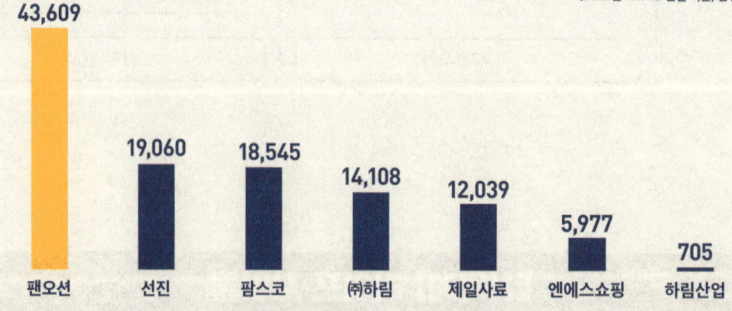

하림그룹 주요 계열사 매출액 비중

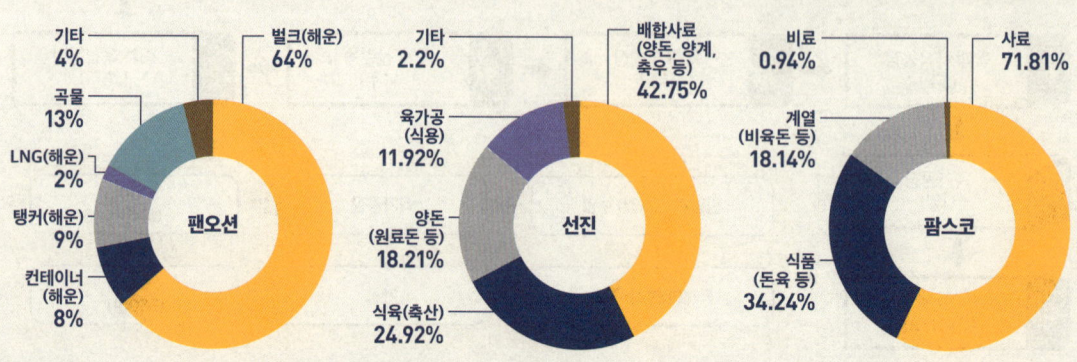

핵심 계열사 경영 현황 및 체크 포인트

팬오션   코스피

● **현황**
글로벌 벌크선(Bulk Carrier) 핵심 사업자로, 연간 1억 톤 이상의 화물을 운송하고 있다. 벌크선이란 철광석, 석탄, 곡물, 시멘트를 비롯한 건화물(Dry cargo)을 대량으로 운반할 수 있도록 설계된 선박이다. 사선 110척, 용선 169척을 포함해 총 279척을 보유하고 있다(2024. 6). 1996년 설립됐고, 2007년 9월 상장했다. 2015년 7월 하림그룹에 편입됐다.

✓ **체크 포인트**
1. **BDI**: 팬오션의 실적은 벌크선의 운임과 정비례한다. 벌크선 운임은 BDI(Baltic Dry Index, 발틱운임지수)로 확인할 수 있다. BDI가 오르면 팬오션 운임 단가가 상승하고 실적이 개선된다.
2. **원/달러 환율**: 원/달러 환율이 오르면(원화 절하) 팬오션 실적은 대체로 개선된다.
3. **중국발 수요 증가**: 팬오션의 주요 고객사는 중국 정부, 기관, 기업이다. 중국 정부가 경기 부양에 나서면 원자재 수요가 커진다. 원자재는 대부분 벌크선으로 운송된다. 중국 정부의 경기 부양 의지와 재정 정책을 분석할 필요가 있다.

선진   코스피

● **현황**
배합사료와 축산(식육)을 양대 주력 사업으로 영위하고 있다. 매출액 비중은 배합사료 42.75%, 식육 24.92%, 양돈 18.21%, 육가공 11.92%, 기타 2.21%다(2024 상반기). 1979년 8월 설립됐고, 1994년 코스닥에 상장했다. 2011년 1월 선진과 선진지주로 인적 분할돼 2011년 2월 코스피에 재상장했다. 해외 법인을 운영하면서 세계 시장에도 진출하고 있다.

✓ **체크 포인트**
1. **세계 시장 진출**: 국내 인구 감소로 해외 시장 진출에 나서고 있다. 1997년 필리핀을 시작으로 2004년 베트남, 2006년 중국, 2015년 미얀마, 2019년 인도 순으로 해외 법인을 설립하며 글로벌 기업으로 성장하는 중이다. 해외 시장에서 어느 정도 성과를 내는지 확인할 필요가 있다.
2. **신기술 혁신**: AI, 빅데이터를 도입해 생산성 개선에 나섰다. 이들 신기술이 어느 정도 성과를 내는지 확인할 필요가 있다.
3. **가축 질병 리스크**: 구제역, 조류 인플루엔자를 비롯한 가축 전염병이 발생하면 팜스코와 더불어 실적에 악영향을 받는다. 방역이 어느 정도 효과적으로 진행되는지 살펴볼 필요가 있다.

팜스코   코스피

● **현황**
주력 생산품은 돼지, 소 등 가축 사료와 육가공 식품으로 선진과 유사한 비즈니스 모델을 갖고 있다. '하이포크'라는 돼지고기 브랜드가 있다. 매출액 비중은 사료 71.81%, 돈육 34.24%, 비육돈 18.14%, 비료 0.94%다(2024 상반기 K-IFRS 연결). 종속회사로 하이포크이천농장, 팜스코인티, 팜스코바이오인티(이상 농업회사법인)를 두고 있다. 국내 4개 사료 공장(안성, 정읍, 칠곡, 제주)과 인도네시아 사료 공장 한 곳과 옥수수 건조장을 운영하고 있다. 중국, 베트남 등 해외 시장에 진출해 있다.

✓ **체크 포인트**
1. **글로벌 시장 진출**: 국내산 돈육 소비 증가로 인해 시세가 높아졌으나, 공급량의 증가 및 소비 침체로 인해 지속적으로 시세가 하락하고 있다. 대안으로 글로벌 시장 진출을 추진하고 있다.

'한국판 카길'의 씨앗
차곡차곡 뿌린다

기업은 자신이 영위하는 비즈니스의 시장 규모보다 더 커질 수 없다. 예를 들어, 어느 산업이 100억 원대의 시장 규모를 갖고 있다면 이 산업에 속한 기업은 아무리 열심히 해도 매출액 100억 원을 못 넘는다. 전체 시장 규모가 클수록 기업에 유리하다.

이 관점에서 한국의 30대 대기업집단 가운데 성장 가능성이 큰 곳 중 한 곳이 하림그룹이다. 하림그룹 김홍국 회장은 '한국판 카길(Cargill)'이 되겠다는 전략을 갖고 있다. 카길이 속해 있는 곡물·사료(유통 포함) 산업의 세계 시장 규모는 4,600억 달러(약 650조 원)로 반도체 시장 5,800억 달러(약 800조 원)에 크게 뒤지지 않는다. 카길은 이 분야 시장 점유율 1위 기업으로 2023년 매출액 1,770억 달러(약 230조 원)를 기록했다. 158년 역사상 최대 기록이었다. 미국 경제 전문지 〈포춘〉 선정 매출액 기준 글로벌 20위권으로 수익성이 양호하다 보니 비상장 기업으로 남아 있다. 자본주의 체제에서 정말로 돈 잘 버는 기업은 상장하지 않는다. 카길과 다국적 가구 리테일 기업 이케아(IKEA)가 여기에 해당한다.

하림그룹은 본업인 닭고기 사업과 직접적인 연관이 없어 보이는 HMM 인수를 시도했다가 실패하는 등, 겉으로 보기에는 전략적 방향이 다소 모호해 보일 때가 있다. 그러나 '한국판 카길'을 지향한다는 점을 고려하면, 하림그룹의 행보가 자연스럽게 이해된다. 카길 또한 농업과 식품 분야에서 시작해 해운, 금융 서비스 등으로 사업 영역을 다각화하며 글로벌 종합 기업으로 성장했기 때문이다. 하림그룹은 원료 조달부터 최종 제품 유통까지 전 과정을 아우르는 강력한 공급망 구축을 그룹 성장의 핵심으로 보고 있다.

하림그룹은 2024년 공정위가 발표한 공시대상기업집단 29위를 기록했다. 전년 대비 2단계 하락했다. 그룹 전체 매출액 12조 4,850억 원, 순이익 2,150억 원으로 전년 대비 각각 10.71%, 64% 감소했다. 계열사는 하림지주, 팬오션, 팜스코, 하림, 선진(이상 상장사), 제일사료, 맥시칸 등 45개사가 있으며, 전년 대비 5개 줄었다. 이 가운데 매출액이 가장 큰 계열사는 팬오션이다. 2023년 하림그룹의 주요 계열사 매출액을 살펴보면, 팬오션이 4조 3,609억 원으로 압도적 1위이고, 이어 선진 1조 9,060억 원, 팜스코 1조 8,545억 원, 하림 1조 4,108억 원, 제일사료 1조 2,039억 원, 엔에스쇼핑 5,977억 원, 하림산업 705억 원 순이다.

특이한 점은 '하림' 하면 먼저 연상되는 ㈜하림의 비중이 의외로 크지 않다는 사실이다. 그만큼 하림그룹은 육계 회사의 범주를 넘어선 지 이미 오래다. 하림그룹의 사업 분야를 살펴보면, 육계·식품 가공(하림, 하림산업), 해운(팬오션), 사료(제일사료), 축산(팜스코, 선진), 방송(엔에스 쇼핑) 등으로 다각화돼 있다.

병아리 직접 키우며 쌓은 노하우로 닭고기 사업 효율화

다변화된 사업 포트폴리오를 갖게 된 하림의 출발은 잘 알려진 것처럼 육계(닭고기) 사업이다. 닭고기 사업은 ㈜하림이 담당하고 있으며, 이 분야에서 독보적 경쟁력을 갖추고 있다. 종속기업들을 통해 원종계(GPS, 종계를 생산하는 닭), 종계(PS, 육계를 생산하는 닭), 육계(식용 닭)에 이르는 수직 계열화를 완성했다. 1992년 하림 치킨너겟을 선보이며 단순히 육류를 공급하는 회사에서 벗어나 다양한 가공식품을 제공하는 종합 식품 회사로서의 이미지를 강화했다. 신사업으로 추진하고 있는 가정식 간편식(HMR)도 성장 산업이다. 2024년 상반기 매출액 비중은 육계(신선육, 염지육, 부분육, 절단육 등) 60.98%, 육가공(냉장, 냉동, 상온) 16.4%, 사료 4.29%, 성계(노계) 외 4.25%, 기타 14.08%다. 매출액의 99%가 내수로 국내 시장 의존도가 높은 특징을 보인다.

김홍국 회장이 외할머니로부터 받은 병아리 10마리로 시작한 것이 오늘날 하림의 출발이라고 알려져 있다. 그가 돼지, 오리, 혹은 소가 아니라 닭을 선물 받았다는 것은 행운이라고 할 만하다. 앞서 언급한 시장 규모 면에서 치킨 시장은 타의 추종을 불허할 만큼 성장했기 때문이다. 지구상에 존재하는 닭의 수는 660억 마리로 인간과 다른 가축을 모두 합친 것보다 많다(이 점에서 지구는 '닭의 행성'이라 할 만하다). 다른 고기와 비교해 접근성이 압도적으로 높다. 김홍국 회장은 닭고기 생산 효율화에 성공하며 가파른 성장을 이뤘다.

잔인하게 들릴 수 있지만 닭고기 사업의 성패는 닭을 얼마나 더 적게 먹이면서 더 빠르게 키우는가에 달려 있다. 이를 계량화한 지표가 FCR(사료요구율, Feed Conversion Ratio)인데, 닭 1킬로그램을 키우기 위해 사용된 사료량을 의미하며 숫자가 낮을수록 투입된 사료량(원가)이 적어 효율적이라는 뜻이다. 김홍국 회장은 FCR 지수를 '1997년 2.06 → 2010년 1.6 → 2019년 1.5 → 2023년 1.43'으로 꾸준히 낮췄다. 이는 닭고기 선진국 미국보다도 개선된 수치다. FCR 0.1을 개선하면 연간 사료비 120억 원가량을 절감할 수 있다고 한다.

김홍국 회장이 FCR을 낮추는 데 성공한 것은 병아리를 직접 키우며 쌓은 노하우 덕분이다. 김 회장은 닭에 관한 한 손꼽히는 전문가다. 2000년 무렵 하림이 운영하던 양계장의 닭들이 잇따라 폐사했다. 아무리 조사를 해도 원인을 찾아내지 못해 고심하고 있다는 보고를 받은 김 회장은 양계장 관리자에게 "닭들이 있는 양계장에 들어가 바닥에 직접 누워 온도를 확인해보라"고 조언했다. 양계장 관리자가 바닥에 누워 온도를 확인하자 표준보다 고온이었다는 사실이 드러났다. 김 회장만의 경험칙으로 문제를 해결한 사례다.

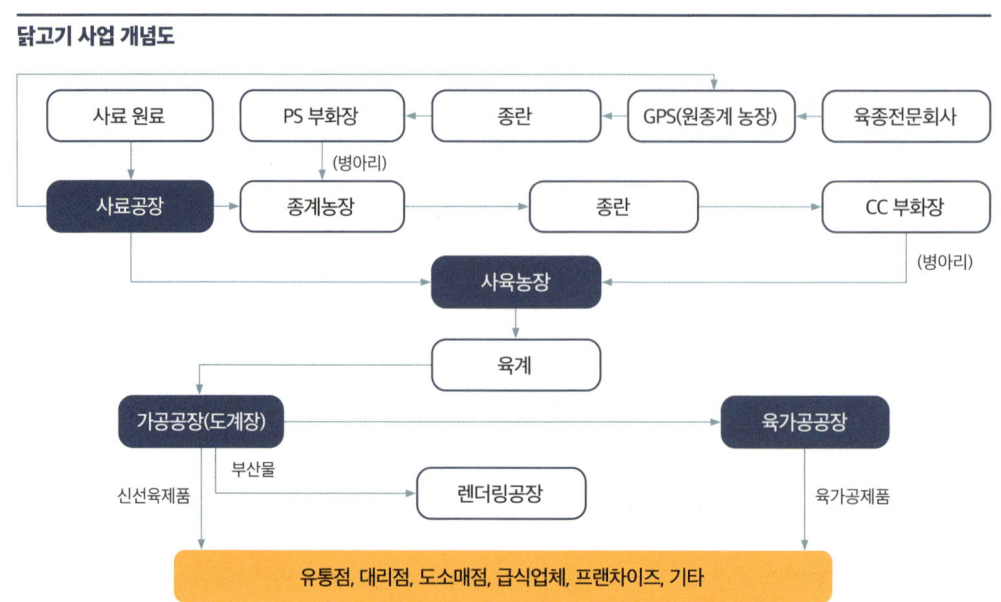

닭고기 사업 개념도

팬오션 실적에 그룹 매출액도 출렁, HMM 인수 실패도

육계 사업이 기반을 잡자 하림그룹은 본격적인 수직 계열화에 나섰다. 2007년 축산기업 선진을 인수했고, 이듬해에는 또 다른 축산기업 팜스코도 인수했다.

- 선진의 주요 사업은 사료와 축산(식육)이다. 육가공, 양돈, 축산 시스템과 관련된 기업을 종속회사로 확보해 수직 계열화를 이뤘다. 2024년 상반기 매출액 비중은 배합사료 42.75%, 식육 24.92%, 양돈 18.21, 육가공 11.92%, 기타 2.21%다. 해외 법인을 운영하면서 세계 시장에도 진출하고 있다. 본사는 경기 이천시에 있다. 사료는 경기 이천 공장과 전북 군산 공장에서 생산하고 있다. 양돈, 축우, 양계 등 배합사료를 생산하며 주요 제품으로는 자돈(젖을 뗀 돼지)의 체량을 개선해주는 사료 '빅굿UP'과 모돈(어미 돼지)용 사료 '원: 트리플 100' 등이 있다. 축산(식육)의 경우 경기 안양, 화성, 광주와 전남 나주, 경남 창녕의 HACCP 인증 시설에서 포장육, 양념육을 생산하고 있다. 현대백화점, 롯데슈퍼, 홈플러스 등에 식육 제품을 공급하고 있다. 1979년 8월 설립됐고, 1994년 코스닥에 상장했다. 2011년 1월 선진과 선진지주로 인적 분할돼 2011년 2월 유가증권시장에 재상장했다. 축산업은 최근 빈번하게 발생한 가축 질병은 물론, 미국, 캐나다, 호주 등과 체결된 FTA로 인해 시장이 위축되고 있다. 배합사료도 시장이 공급 과잉으로 포화 상태에 도달하면서 수익성이 악화되고 있다. 선진이 세계 시장에 진출하려는 것도 이 같은 배경을 갖고 있다.

- 팜스코는 선진과 사업 부문이 대체로 유사하다. '하이포크'라는 돼지고기 제품 브랜드가 있다. 매출액 비중은 사료 71.81%, 돈육 34.24%, 비육돈 18.14%, 비료 0.94%다(2024 상반기). 종속회사로 하이포크이천농장, 팜스코인티, 팜스코바이오인티(이상 농업회사법인)를 두고 있다. 국내 4개 사료 공장(안성, 정읍, 칠곡, 제주)과 인도네시아에 사료 공장 한 곳과 옥수수 건조장을 운영하고 있다. 중국, 베트남 등 해외 시장에 진출해 있다. 본사는 경기 안성에 있다.

하림그룹은 축산 및 사료 시장에서 수직 계열화를 완성한 뒤, 2015년 벌크선사 팬오션을 인수하며 사업 영역을 다각화했다. 팬오션 인수는 그룹 매출을 한 단계 도약시키는 계기가 됐다는 평가를 받고 있다.

- 팬오션은 글로벌 벌크선 업계의 핵심으로 평가되며, 연간 1억 톤 이상의 화물을 운송하고 있다. 벌크선은 철광석, 석탄, 곡물, 시멘트를 비롯한 건화물(Dry cargo)을 주로 운반하는 선박이며, 대량의 화물을 한번에 운반하도록 설계돼 있다. 사선 110척, 용선 169척을 포함해 총 279척을 보유하고 있다(2024. 6). 1996년 설립됐고, 2007년 9월 상장했다. 팬오션의 실적은 벌크선 운임과 정비례한다. 벌크선 운임은 BDI(Baltic Dry Index, 발틱운임지수)로 확인할 수 있다. BDI가 오르면 팬오션 운임 단가가 상승하고 실적이 개선된다. 또, 원/달러 환율이 오르면 (원화 절하) 팬오션 실적은 개선된다. 최근에는 중국발 수요도 다시 증가하고 있다. 중국 정부가 경기 부양에 나서면서 원자재 수요가 커지고 있다. 원자재의 대부분은 벌크선으로 운송된다.

하림그룹이 진행한 M&A가 모두 성공한 것은 아니다. M&A를 진행하는 과정에서 적지 않은 시행착오를 겪었다. 국내 1위 해운사 HMM 인수에 실패한 것이 여기에 해당한다. 하림그룹은 벌크선 중심의 해운사 팬오션에 더해 컨테이너 해운까지 확장하기 위해 HMM 인수에 나섰다. 2023년 HMM 인수전에서 동원그룹을 누르고 최종 단독 우선협상자로 선정됐지만, 최종 단계에서 계약이 불발됐다. HMM 인수에 성공했다면 하림그룹은 글로벌 종합 해운 기업으로서 재계 10위권으로 '퀀텀 점프'가 가능한 상황이었다. 하지만 HMM 인수에 실패하며, '한국판 카길'로 가는 길에 제동이 걸렸다.

2021년에는 계열사 하림산업이 가정 간편식 사업 브랜드 '더미식'을 선보이며 대대적으로 홍보에 나섰지만 성과가 아쉬웠다. 당시 김홍국 회장은 직접 시식회에 참여해 장기적으로 1조 5,000억 원의 매출 목표를 밝힌 바 있다. 가정 간편식 사업은 여전히 시장에서 자리 잡았다고 보기 어렵다. 기존의 트렌드와 정반대인 고가, 고품질 제품을 지향해 이슈 몰이에는 성공했으나, 실질적인 판매로까지 연결되지 않고 있다.

그룹 실적이 팬오션의 영향을 크게 받는다는 것도 해결해야 할 과제다. 팬오션은 해운사(벌크선사)이다 보니 경기 변동을 크게 받는다. 2024년 대기업집단 순위가 전년 대비 2단계 하락하고 그룹 실적이 부진했던 것도 팬오션의 시황이 어려웠기 때문이다. 팬오션의 2023년 실적을 살펴보면, 매출액 4조 3,609억 원, 영업이익 3,853억 원, 당기순이익 2,450억 원으로 전년 대비 각각 32.1%, 52.1%, 63.81% 감소했다. 기반 사업인 닭고기 산업도 안정적이지 않다. 하림그룹 측은 "닭고기 산업은 업황 기복이 심하고 한미 FTA로 시장이 개방되면서 완전 경쟁에 내몰려 있다"고 밝혔다. 하림그룹이 여러 시행착오에도 불구하고 사업 다변화와 수직 계열화에 적극적인 이유다.

서울 양재동 첨단물류단지 조성에는 진척이 있다. 하림그룹은 지난 2016년 물류센터 건립을 목적으로 양재동 부지를 매입했지만, 용적률 등을 놓고 서울시와 갈등을 빚어왔다. 지난 2024년 2월 서울시 승인으로 확정됐고, 2025년 착공에 들어가 2029년 완공 예정이다.

후계 구도 정리 수순,
6,000억 투자 '동북아 식품허브' 본격화

하림그룹의 지배구조는 김홍국 회장이 하림지주(21.1%)를 지배하고, 하림지주가 팜스코(56.3%), 하림(57.4%), 선진(50%)을 지배하는 구조를 갖고 있다. 하림그룹은 전형적인 가족 경영 기업이다.

김홍국 회장의 장남 김준영은 하림지주 경영지원실 과장으로 근무하고 있다. 김준영 과장은 닭고기 생산·유통 기업 올품의 지분 100%를 보유하고 있고, 올품은 하림지주 지분(5.78%)을 보유하고 있다. 또한, 올품은 한국바이오텍 지분을 100% 보유하고 있고, 한국바이오텍은 하림지주 지분(16.7%)을 보유하고 있다. 지분구조를 보면 올품이 김준영 과장의 경영 승계 지렛대로 활용될 거라는 사실을 알 수 있다.

김준영 과장은 2012년 부친 김홍국 회장으로부터 올품 지분 100%를 증여받았다. 이때 100억 원대 증여세가 부과됐다. 하림그룹 계열사들의 올품에 대한 지원도 이때부터 시작됐다. 팜스코와 포크랜드 등 5개 양돈 농장은 2012년 1월부터 2017년 2월까지 올품으로부터 동물 약품을 구매하는 방식으로, 같은 기간 선진과 제일사료 등 사료 업체도 기능성 사료 첨가제 구매 방식을 개별 구매에서 올품을 통한 통합 구매 방식으로 우회 지원했다. 이 과정에서 올품은 성장 기반을 다졌다. 올품의 영업이익은 2013년 103억 원에서 2016년 177억 원으로 증가했다.

2015년 12월 16일, 올품은 임시 주주총회 결의를 통해 김준영 과장의 지분 6만 2,500주를 주당 16만 원에 매수하고 소각했다. 이를 통해 김준영 과장은 약 100억 원을 확보하며, 김 회장으로부터 증여받은 올품 지분 100%에 대한 증여세를 해결했다. 주식 소각 후에도 김준영 과장의 지분율은 100%로 유지된다.

올품은 하림지주 지분 16.7%를 보유하고 있는 한국바이오텍의 지분도 100% 보유하고 있다. 올품을 통해 김준영 과장이 확보한 하림지주 지분은 22.5%로, 김 회장의 하림지주 지분(21.1%)보다 많다. 장녀 김주영은 하림푸드 사내이사로 근무하고 있고, 차녀 김현영과 3녀 김지영도 경영 참여가 예상되고 있다. 김홍국 회장 부인 오수정 맥시칸치킨 대표도 하림지주 지분 2.25%를 보유하고 있다. 김홍국 회장 맏형은 김기만 하림산업 대표로 백석예술대 총장을 지냈다.

하림그룹은 전북 지역 경제 활성화에 중요한 역할을 하고 있다. 전북에는 ㈜하림과 하림식품을 포함해 17개 계열사가 위치해 있으며, 총 55개 사업장에서 2,700여 개의 직접 일자리와 협력사·계약 사육 농가 등 1,200여 개의 간접 일자리 창출에 기여하고 있다.

신규 투자도 예정돼 있다. 하림은 2022년 5월 동북아 식품 허브 구축을 목표로 '하림 푸드 트라이앵글' 프로젝트에 6,000억 원 이상을 투자한다고 발표했다. 익산 제4산업단지 내 12만 790제곱미터 부지에 공유 주방 개념의 종합식품단지인 '하림푸드콤플렉스'를 건설하고 있으며, 이에 따라 1,500여 개의 직접 일자리와 500여 개의 간접 일자리가 새롭게 창출될 것으로 예상된다. 하림푸드콤플렉스는 하림그룹의 가공식품 사업 확장과 B2C 시장 경쟁력 강화를 위한 핵심 거점으로 자리 잡을 전망이다. 이를 통해 기존 육가공 중심의 사업 구조에서 나아가, 가정간편식(HMR), 프리미엄 식품, 외식업체 대상 식자재 공급 등으로 포트폴리오를 확장할 계획이다.

'대규모 유상증자' 리스크, 안정성 체크 먼저

하림그룹에 소속된 상장사는 하림지주, 선진, 팜스코, 하림, 팬오션 등 5개사가 있다. 이 가운데 국민연금이 지분을 보유하고 있는 곳은 팬오션(7.90%)이 유일하다(2024. 6). 팬오션은 하림그룹에서 매출액 1위를 기록하고 있지만, 그룹의 주력 사업이라고 보기는 어렵다. 왜 국민연금은 하림의 주력 계열사에는 투자하지 않고 있는 걸까?

우선 생각해볼 점은 '그룹 리스크'다. 하림그룹은 성장을 위해 M&A를 빈번하게 진행하고 있지만, 자금 조달을 위해 대규모 유상증자를 진행하는 경우가 적지 않다. 이는 주식 수를 늘리고 주주 가치를 떨어뜨린다. HMM 인수가 불발됐지만, 그룹 차원에서 또 다른 M&A에 나설 경우 자금 조달을 위해 상장 계열사들이 대규모 유상증자에 나설 가능성이 있다.

하림그룹이 추진하고 있는 서울 양재동 화물 터미널 건설도 부담이다. 하림그룹은 양재동 화물 터미널 건설에 의욕을 갖고 있는데, 계열사들이 자금 조달을 위해 동원될 수 있다. 양재동 화물터미널은 양재에서 한남까지 경부고속도로를 지하화하는 공사다. 업계에서는 개발 난도가 높아 지연 가능성이 크다는 전망이 나온다.

14 영풍그룹

'주식시장의 숨은 진주'
고려아연 거느린
글로벌 1위
비철금속 제련그룹

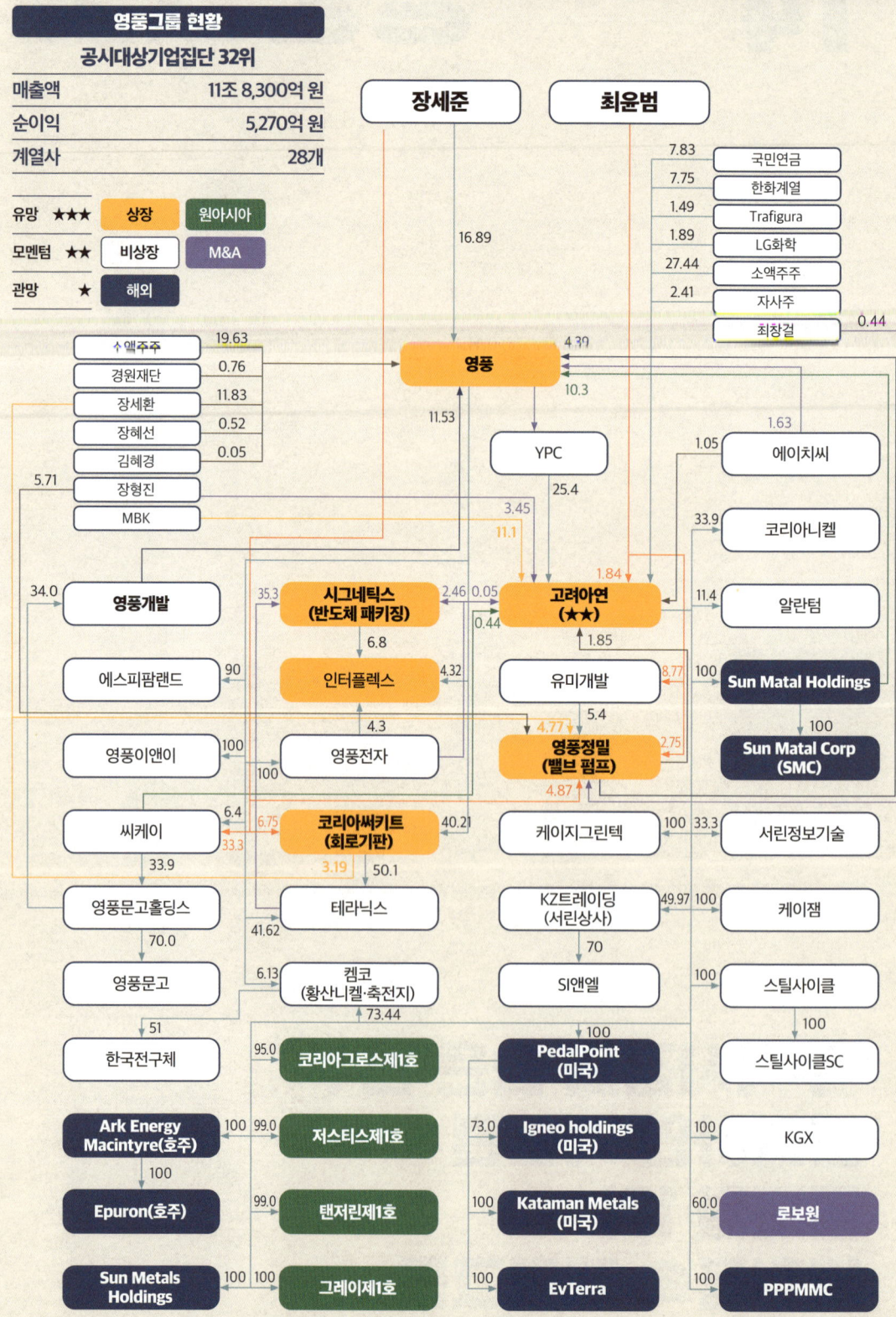

영풍그룹 장씨 오너 가계도 및 관계자 지분 현황

(2025년 3월 기준) 자료: 공정거래위원회

장형진(영풍그룹 고문)		장세준(코리아써키트 사장)		장세환(서린상사 대표)	
고려아연	3.49%	영풍	16.89%	영풍	11.83%
		고려아연	0.06%	고려아연	0.02%

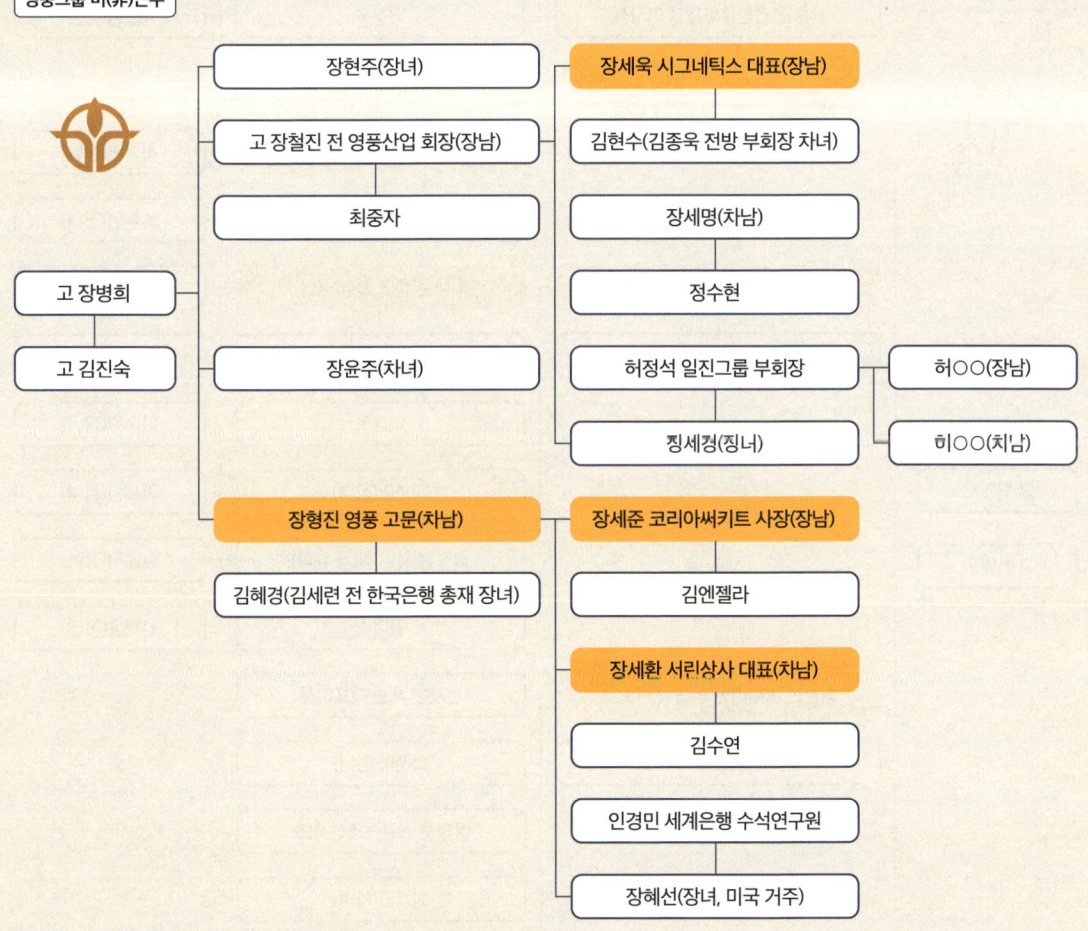

영풍그룹 최씨 오너 가계도 및 관계자 지분 현황

(2025년 3월 기준) 자료: 공정거래위원회

최윤범 고려아연 회장	최창걸 고려아연 명예회장	최창영 고려아연 명예회장	최창근 고려아연 명예회장	최내현 켐코 회장
영풍정밀 2.75%	영풍 0.27% 영풍정밀 0.44%		영풍정밀 5.4%	

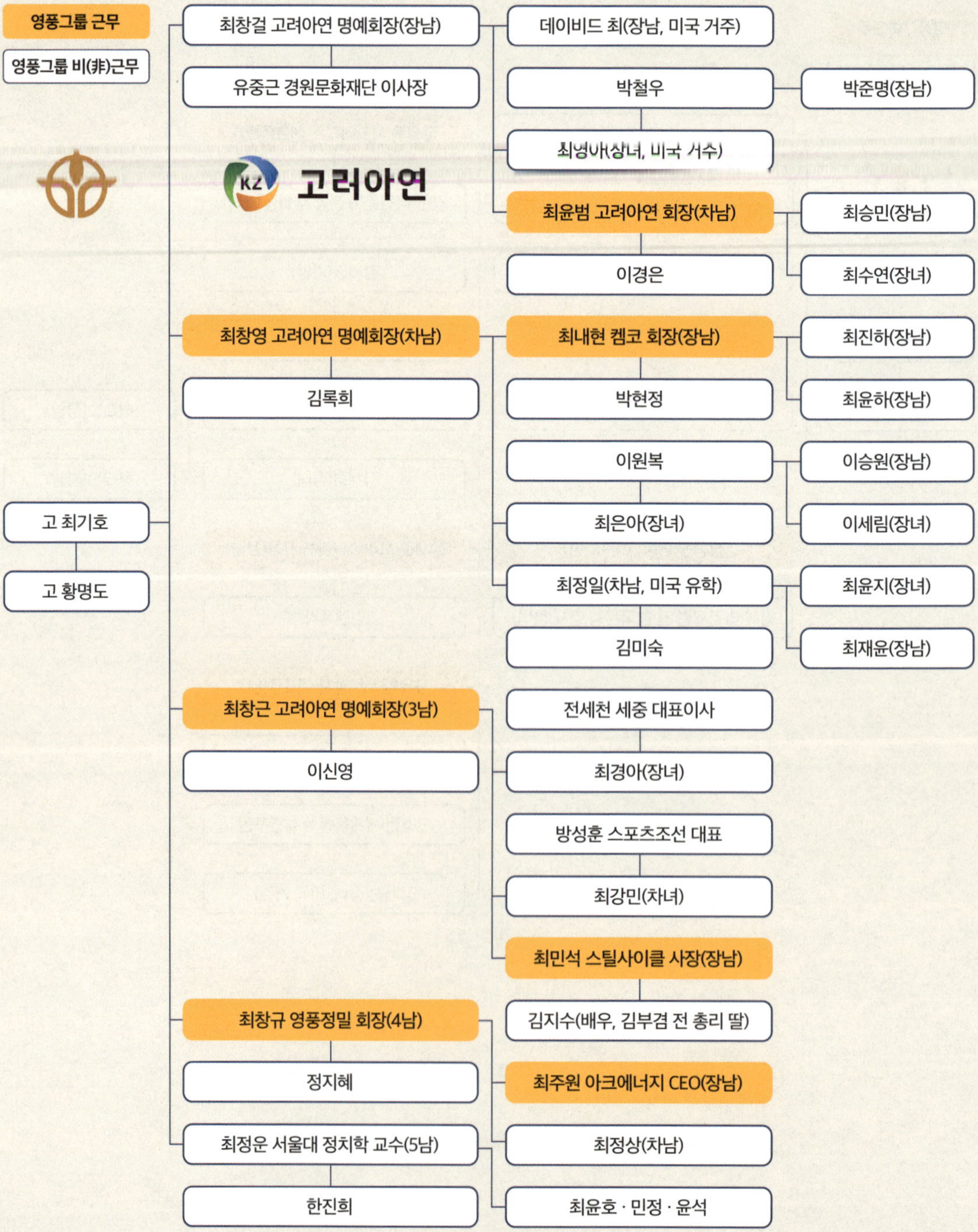

영풍그룹 근무 / 영풍그룹 비(非)근무

- 고 최기호 — 고 황명도
  - 최창걸 고려아연 명예회장(장남) — 유중근 경원문화재단 이사장
    - 데이비드 최(장남, 미국 거주)
    - 박철우 — 박준명(장남)
    - 최영아(장녀, 미국 거주)
    - 최윤범 고려아연 회장(차남) — 이경은
      - 최승민(장남)
      - 최수연(장녀)
  - 최창영 고려아연 명예회장(차남) — 김록희
    - 최내현 켐코 회장(장남) — 박현정
      - 최진하(장남)
      - 최윤하(장남)
    - 이원복 — 최은아(장녀)
      - 이승원(장남)
      - 이세림(장녀)
    - 최정일(차남, 미국 유학) — 김미숙
      - 최윤지(장녀)
      - 최재윤(장남)
  - 최창근 고려아연 명예회장(3남) — 이신영
    - 전세천 세중 대표이사 — 최경아(장녀)
    - 방성훈 스포츠조선 대표 — 최강민(차녀)
    - 최민석 스틸사이클 사장(장남) — 김지수(배우, 김부겸 전 총리 딸)
    - 최주원 아크에너지 CEO(장남)
    - 최정상(차남)
    - 최윤호 · 민정 · 윤석
  - 최창규 영풍정밀 회장(4남) — 정지혜
  - 최정운 서울대 정치학 교수(5남) — 한진희

최근 10년 고려아연 실적 및 주요 연혁

(K-IFRS 연결 기준) 자료: 고려아연 사업보고서

● 매출액(억 원)   ● 영업이익률(%)

연도	매출액(억 원)	영업이익률(%)	주요 연혁
1990			유가증권시장 상장(1990. 3)
2014	49,385	13.8%	최윤범 사내이사 신규 선임(2014)
2015	47,714	14.1%	제2제련단지 준공 (연 42만 톤, 2015)
2016	58,475	13.1%	베트남 자회사 정코옥사이드코퍼레이션 설립(2016)
2017	65,967	13.6%	켐랩 설립(2017)
2018	68,833	11.1%	아연 전해 10개열 공장 준공 아연 65만 톤(2018)
2019	66,948	12.0%	최윤범 고려아연 대표 취임(2019)
2020	75,819	11.8%	케이잼 설립(2020)
2021	99,768	11.0%	원아시아펀드 투자(2021)
2022	112,194	8.2%	트로이카 드라이브 발표(2022) 현대차, 한화, LG화학 트라피구라, 미국 이그니오 인수(2022)
2023	97,045	6.8%	경쟁, 최씨 집안 경영권 분쟁(2023) 이그니오, 미국 SDA에 투자 철화 통보(2023. 6)
2024	120,529	6.0%	영풍-MBK, 고려아연 공개매수 5.34%, 추가 확보(2024. 10)
2025F	130,000	5.4%	임시주총에서 최윤범 회장 측 경영권 방어 성공(2025. 1)

영풍그룹 주요 계열사 매출액

(2023년 K-IFRS 연결 기준, 단위 억 원) 자료: 금융감독원 전자공시
※ 연결 기준이며 자회사 매출액 포함

계열사	매출액
고려아연	97,045
영풍	37,617
코리아써키트	13,322
서린상사	5,200
인터플렉스	4,382
켐코	3,114
영풍문고	1,390

영풍그룹 주요 계열사 매출액 비중

(2024년 상반기 K-IFRS 연결 기준) 자료: 금융감독원 전자공시

고려아연
- 아연(zinc) 31.44%
- 은(silver) 28.59%
- 연(lead) 19%
- 금(gold) 8.6%
- 기타 7.31%
- 구리(copper) 5.05%

영풍
- 전자부품 63.03%
- 제련 32.9%
- 반도체 3.9%

코리아써키트
- PCB(통신기기용 단말기, 메모리모듈 등 반도체 PKG, LED TV 등 인쇄회로기판) 52.69%
- FPCB(휴대폰, 카메라 모듈 등 연성인쇄회로기판) 37.47%
- 반도체 9.04%
- 기타 0.8%

핵심 계열사 경영 현황 및 체크 포인트

| 고려아연(★★) | 코스피

● **현황**
세계 아연 시장 점유율 1위(약 6%)이며, 연간 아연 생산량 64만 톤으로 추정된다(2023). 울산광역시 울주군 온산에 제련소를 운영하고 있다. 온산제련소는 단일 제련소 기준 세계 최대 규모이자 최다 생산능력을 보유하고 있다. 이밖에 금, 은을 포함해 18종의 비철금속 100만여 톤을 연간 생산한다. 자원순환 사업, 신재생에너지 및 수소개발 사업, 이차전지 소재 사업 등 신규 사업을 확대하고 있다. 1974년 8월 설립됐고, 1990년 7월 유가증권시장에 상장했다.

✓ **체크 포인트**
1. **은 가격**: 고려아연 주가는 국제 은 가격과 거의 유사하게 움직인다. 인플레이션이 고착화하면서 국제 시장에서 금, 은, 구리 등의 상품 가격은 꾸준히 상승하고 있다.
2. **신사업**: 아연 및 연 제련 기술력을 바탕으로 한 니켈, 전구체, 동박, 금속 재활용을 포함해 이차전지 소재 사업 확산에 나섰다. 그 외, 자체 제법을 비롯한 신재생에너지 등 신사업을 본격화하고 있다. 신사업 실적이 성과를 낸다면 고려아연 실적과 주가는 오를 가능성이 크다.
3. **경영권 분쟁**: 장씨 일가와 최씨 일가가 경영권 분쟁을 벌이고 있다.

| 영풍 | 코스피

● **현황**
경북 봉화에 석포제련소를 운영하고 있으며, 단일 공장으로는 아연 생산량 기준 글로벌 3위 비철금속 제련소다. 1위 고려아연, 2위 브라질 광산업체 발레(Vale)다. 매출액 비중은 제련 32.9%, 전자부품 63.03%, 반도체 3.9%, 기타 0.34%다(2024 상반기). 1949년 11월 설립됐고, 1970년 경북 봉화군에 석포제련소를 설립하면서 제련사업에 진출했다. 1976년 6월 상장했다.

✓ **체크 포인트**
1. **아연 업황**: 아연(Zinc)의 주 용도는 철강 표면의 부식 방지를 위한 도금(Galvanizing)이며, 아연 업황은 철강업과 동행하는 흐름을 보인다.
2. **아연 가격**: 주로 런던금속거래소(LME) 기준으로 아연 가격이 결정되므로 국제 아연 가격 증감에 따라 영풍의 매출도 달라진다. 아연 가격이 상승하면 제련 수수료도 상승해 제련업체에 유리하다.

| 코리아써키트 | 코스피

● **현황**
주력 생산품은 인쇄회로기판(PCB)이다. 매출액 비중은 PCB 52.69%, 연성인쇄회로기판(FPCB) 37.47%, 반도체 패키징 9.04%다(2024 상반기).

✓ **체크 포인트**
1. **신공장 가동률**: 차세대 반도체 기판 패키징 기술인 플립칩볼그리드어레이(FC-BGA) 관련 신공장 가동률이 40% 이하로 낮게 유지되고 있다. 기존 고객사 외 신규 고객사 유치를 통해 가동률이 상승한다면 실적 개선이 가능하다.
2. **FPCB 사업 경쟁력**: 스마트폰, 웨어러블 기기 등 모바일 기기 시장의 성장세와 연동돼 있다. 주요 고객사들의 신제품 출시 계획, 글로벌 스마트폰 시장의 변화, 경쟁사들의 기술 혁신 속도에 따라 FPCB 사업 실적이 좌우될 수 있다.

고려아연,
부산물로 '은'과 '금' 생산하는
글로벌 1위 비철금속 제련기업

'장씨'와 '최씨' 두 오너 가문 사이에 경영권 분쟁이 있기 전까지 영풍그룹(장형진 전 회장, 현 고문)은 '은둔 그룹'으로 불렸다. 재계 30위권에 속하면서도 B2B 비즈니스 모델을 갖고 있다 보니 일반 소비자와의 접점이 없다시피 했기 때문이다. 영풍그룹이 홍보 필요성을 느끼지 않았던 이유다. 2025년 기준 업력 76년을 맞았지만 홍보 조직을 갖춘 건 수년 전에 불과하다. 그런데 최근 장씨와 최씨 두 동업자 집안 사이에 분쟁이 벌어지면서 주식시장에서는 영풍그룹과 고려아연에 비상한 관심이 쏠려 있다. 경영권 분쟁 과정에서 그룹의 주력사인 고려아연이 글로벌 1위 아연(Zinc) 제련 기업일 뿐만 아니라, 고부가가치 금속인 은(Silver)과 금(Gold)도 대량 생산한다는 사실이 알려지면서 주식시장 참여자들을 놀라게 했다.

영풍그룹은 2024년 4월 공정위가 발표한 공시대상기업집단 32위를 기록했다. 전년 대비 2단계 하락했다. 전체 매출액 11조 8,300억 원, 당기순이익 5,270억 원으로 전년 대비 매출액은 16.46% 감소했으나, 순손익은 흑자 전환했다. 계열사는 영풍, 고려아연, 시그네틱스, 인터플렉스, 코리아써키트, 영풍정밀(이상 상장사), 영풍전자, 켐코, 영풍문고, 서린상사(이상 비상장사) 등 28개사로 전년과 같다.

이 가운데 주력 계열사는 단연 고려아연(대표이사 회장 최윤범)이다. 2023년 영풍그룹 계열사 매출액을 살펴보면 고려아연(9조 7,045억 원)이 압도적이고, 이어 영풍(3조 7,617억 원), 코리아써키트(1조 3,322억 원), 서린상사(5,200억 원), 인터플렉스(4,382억 원), 켐코(3,114억 원), 영풍문고(1,390억 원) 순이다.

고려아연 매출액 4분의 1이 은, 10분의 1은 금

고려아연의 연간 아연 생산량은 약 64만 톤으로 추정되며, 세계 시장 점유율 1위(약 6%)를 기록하고 있다. 여기에 영풍(32만 톤)과 고려아연의 호주 손자회사인 SMC(Sun Metal Corp, 21만 5,000톤)의 생산량을 합치면, 영풍그룹의 연간 아연 생산량은 총 117만 5,000톤에 달해 글로벌 1위 그룹이다(2023). 고려아연은 울산광역시 울주군 온산에 제련소를 운영하고 있다. 철강제의 보호피막으로 사용되는 아연과 납을 중심으로 18종의 비철금속 100만여 톤을 생산한다. 핵심 사업인 제련업을 기반으로 한 자원순환 사업, 신재생에너지 및 수소개발 사업, 이차전지 소재 사업 등 신규 사업을 확대하고 있다. 1978년 8월 설립됐고, 1990년 7월 유가증권시장에 상장했다. 고려아연 주가는 은 가격과 사실상 동일하게 움직이기 때문에 고려아연 주식에 투자하려면 은 가격을 우선적으로 확인해야 한다.

고려아연의 아연 생산 과정을 들여다보면 '신비롭다'는 표현이 어울린다. 고려아연은 회사 이름(Korea Zinc)에서 알 수 있듯이 아연을 생산한다. 아연은 글자 그대로 '납(鉛)에 버금가는(亞) 금속'으로 철강 표면 도금에 주로 사용된다. 주목할 점은 아연을 생산하는 과정에서 부산물로 은과 금이 함께 추출된다는 것이다. 구체적으로, 고려아연은 네덜란드 트라피규라(Trafigura), 스위스 글렌코어(Glencore) 등 글로벌 원자재 기업들로부터 아연 정광(Zinc concentrate)과 납 정광(Lead concentrate)을 수입해 배소, 조액, 정액, 전해, 주조 과정을 거쳐 아연과 납을 생산한다. 이 과정에서 퓨머(Fumer)로 불리는 잔재 처리 시설에서 은과 금이 추가로 회수된다.

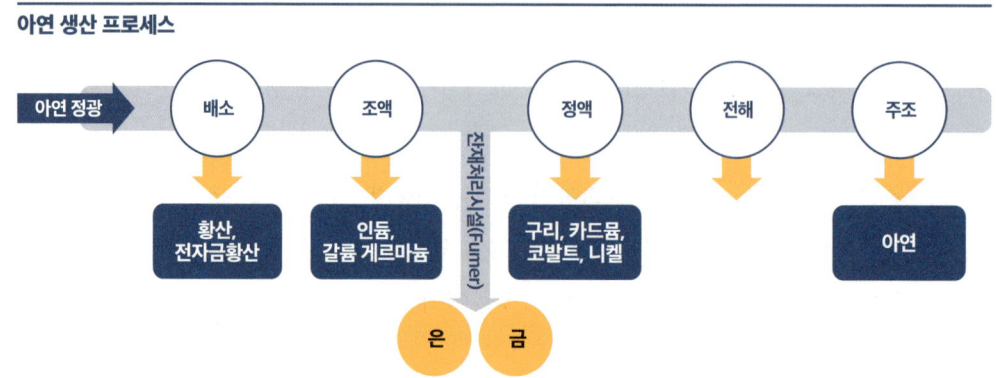

아연 생산 프로세스

2024년 상반기 고려아연의 매출액 비중은 아연이 가장 높고(31.44%), 은 28.59%, 납(연) 19%, 금 8.6%, 구리 5.05%, 기타 7.31%다. 은이 매출액의 4분의 1, 금이 10분의 1을 차지했다. 2023년 생산능력을 살펴보면, 아연 87만 톤(온산 64만 톤, 호주 SMC 27만 톤)으로 세계 시장 점유율 1위(8.4%)를 기록했다. 납 생산량도 43만 톤으로 아연과 함께 세계 시장 점유율 1위(9.3%)를 기록했다.

고부가가치를 가진 은과 금을 생산하다 보니 수익성도 꽤 높다. 최근 5년(2018~2023) 고려아연의 평균 영업이익률은 두 자릿수에 육박한다(9.69%). 성장세도 견조하다. 이 기간 고려아연의 매출액 연평균 증가율은 7.11% 수준이다.

- 영풍은 경북 봉화에 석포제련소를 운영하고 있으며, 단일 공장으로는 아연 생산량(연 40만 톤) 기준 글로벌 3위 비철금속 제련소다. 1위 고려아연, 2위 발레(Vale) 다음으로 많은 생산량을 기록했다. 2024년 상반기 매출액 비중은 제련 32.9%, 전자부품 63.03%, 반도체 3.9%, 기타 0.34%다. 1949년 11월 설립됐고, 1970년 경북 봉화군에 석포제련소를 설립하면서 제련사업에 진출했다. 1976년 6월 상장했다. 다만, 시설이 노후화돼 있다 보니 공장 가동률이 낮고 사고와 환경 요인에 취약하다.

- 코리아써키트는 영풍의 종속회사로 인쇄회로기판(PCB, Printed Circuit Board)을 생산하고 있다. PCB는 노트북이나 PC를 열어보면 보이는 납작한 판을 말하며 복잡한 선들이 연결돼 있어 부품들을 전기적으로 연결해주는 역할을 한다. 전자기기 크기를 줄이고 성능 및 생산성을 높이는 필수품이다. PCB에 열 안정성이 있는 폴리메드(Polymed)를 넣어 휘어지도록 만든 PCB를 FPCB(연성회로기판, Flexible Printed Circuit Board)이라고 한다. 코리아써키트의 매출액 비중은 PCB 52.69%, 연성인쇄회로기판(FPCB) 37.47%, 반도체 패키징 9.04%다(2024 상반기).

- 영풍정밀은 장씨와 최씨 일가의 지분 경쟁이 벌어지면서 관심을 받은 기업이다. 영풍정밀이 보유한 고려아연에 대한 지분(1.8%)이 경영권 분쟁의 '캐스팅보트' 역할을 하기 때문이다. 영풍정밀의 주력 생산품은 산업용 펌프와 밸브이며, 주요 전방 산업은 석유화학 공장이다. 펌프는 석유화학 공장의 부식과 마모

가 심한 환경에서 사용된다. 밸브는 석유화학 공장의 유체, 기체 이송용으로 사용된다. 따라서 석유화학 산업 경기에 영풍정밀 실적이 민감한 영향을 받는다. 1983년 설립됐고, 1999년 12월 코스닥 시장에 상장됐다. 경쟁사로는 효성굿스프링스, 동양화공기계가 있다.

온산산단 입주 계기
사세 불린 고려아연,
경영권 갈등 '불씨' 된 이유

고려아연의 탄생을 이야기하자면, 영풍그룹의 또 다른 주력사 영풍과 박정희 전 대통령을 빼놓을 수 없다. 영풍그룹은 북한 황해도 봉산 출신의 창업주 장병희(1909~2002)가 서울로 내려와 남대문에서 사업을 하다가 동향의 또 다른 창업주 최기호(1908~1980)를 만나 1949년 영풍기업사를 공동 설립하면서 시작됐다. 두 사람은 1950년대에 무역업으로 자본을 축적했다. 당시 무역업이라고 하면 한국전쟁 과정에서 전국에 널린 탄피를 홍콩으로 수출하고 홍콩에서 전자제품을 수입하는 것 정도였다. 그러다 1960년 일본 적산기업 연화광산을 인수해 광산업에 진출하며 큰 성공을 거뒀다.

　이를 지켜본 박정희 대통령이 "기왕이면 고부가가치 사업을 해보라"고 권유해 광물질을 제련하는 제련소를 설립했다. 1970년 경북 봉화군 석포에 설립한 영풍제련소가 바로 그곳이다. 영풍제련소는 장병희 일가가 운영했다. 이것이 성공을 거두자 1974년 울산시 울주군 온산읍에 별도 제련소를 설립했는데, 그곳이 바로 고려아연이다. 고려아연은 최기호 일가가 맡아 운영하며 영풍으로부터 자원과 인력을 지원받았다. 그러다가 세월이 흐르면서 뒤늦게 설립된 고려아연 사세가 영풍을 월등히 앞서게 됐다. 고려아연이 입주한 울산광역시 온산산업단지는 산업 기반이 잘 갖춰져 있어, 시설과 인력 확장이 용이했다. 반면, 영풍은 낙동강 상류에 위치해 각종 환경 규제에 묶여 시설 증축이 어려웠다. 이에 따라 사세를 확장한 고려아연(최씨 일가)이 독자 경영을 추진하면서 영풍(장씨 일가) 측과의 경영권 갈등이 본격화됐다.

두 사주 일가 1, 2세대는 긴밀하게 교류했다. 그러나 '오너 3세대' 최윤범 회장과 장세준 코리아써키트 부회장 체제가 들어서며 두 일가의 사이가 멀어지기 시작했다. 두 젊은 3세대 사주에게 접점이 없던 것이 원인으로 지적된다. 두 사람은 젊은 시절 각각 미국의 다른 지역에서 유학하며 교류할 기회가 거의 없었던 것으로 알려져 있다. 최윤범 회장은 미국 동부 지역에 있는 애머스트대(수학과), 컬럼비아대 로스쿨을 졸업했고, 장세준 부회장은 영동고를 졸업한 뒤 미국 서부 지역에 있는 서던캘리포니아대(USC), 페퍼다인대 경영대학원(MBA)을 졸업했다.

한편, 고려아연의 최씨 집안 장손인 데이비드 최(최윤범 회장 친형)는 미국에 거주하고 있다. 최씨 일가 오너 2세대인 회장건(장남, 서울대 경제)·진연(가남, 서울대 금속공학)·강건(3남, 서울대 자원공학)·창규(4남, 서울대 인류)·정운(5남, 서울대 외교) 5형제는 모두 서울대를 졸업했다.

장씨 vs. 최씨, 돌아올 수 없는 강 건너

두 가문의 갈등을 보면 '갈 데까지 갔다'는 표현이 정확하다. 고려아연은 영풍과 맺어온 황산 위탁 처리 계약을 2024년 6월 종료한다고 고지했다. 그런데 이렇게 되면 영풍 석포제련소는 아연 제련 과정에서 발생하는 황산을 처리하기 어렵게 된다. 이에 따라 영풍은 고려아연 측에 황산 처리 시설을 마련할 수 있도록 7년의 유예기간을 요구했다. 2024년 7월, 이에 대해 서울중앙지법은 판결 전 합의를 권유하며 조정 회부 결정을 내렸다. 이는 법원이 직접 조정에 나서기 전에 양측이 먼저 합의를 시도하라는 의미를 담고 있다. 그러나 양측의 갈등이 깊어지면서 협상을 통한 해결이 쉽지 않다. 앞서 2024년 3월 양측은 고려아연 주주총회에서 배당 증액(영풍 측), 제3자 유상증자 허용(고려아연 측)을 놓고 표 대결을 벌이기도 했다. 배당증액은 통과됐고 유상증자는 부결됐다.

두 가문의 갈등이 어느 쪽의 승리로 끝날지 예측하기 어렵다. 이에 관해서 여전히 상반된 전망이 동시에 나오는 상황에서, 양측은 소송, 진정, 가처분신청, 형사고발 등 법적 공방을 주고받고 있다. 영풍의 장씨 가문이 유리할 것으로 보는 분석에 따르면, 고려아연의 최대주주는 장씨 가문의 영풍(25.4%)이다. 법인인 영풍은 영구적으로 지분을 유지할 수 있지만, 최씨 가문은 개인 지분만 보유하고 있어서 시간이 흐르면 상속세 부담으로 불리하다.

반대로 최씨 가문이 유리하다고 보는 분석도 있다. 영풍은 석포제련소 수익성이 낮고 환경 규제에 따른 충당 부채 부담으로 시간이 흐를수록 불리할 거라는 전망이다.

두 일가 모두 고려아연 경영권 장악에 필요한 50% 이상 지분을 확보하지 못했다. 최윤범 회장의 부친 최창걸 명예회장이 중재자 역할을 할 수 있지만, 고령(1941년 생, 84세)인 탓에 거동이 불편하고 의식도 불분명한 것으로 알려졌다.

고려아연, 신사업으로 '이차전지' 드라이브

영풍그룹에 소속된 상장사로는 영풍, 고려아연, 코리아써키트, 시그네틱스, 인터플렉스, 영풍정밀 등 6개사가 있다. 이 가운데 주목할 만한 계열사는 단연 고려아연이다. 경영권 분쟁 결과와 관계없이 고려아연의 내재 가치가 여전히 크다. 영풍의 장씨 일가도 제련사업을 해오고 있기 때문에 고려아연의 경영권이 영풍에 넘어간다고 해도 문제 될 것이 없다. 장씨 일가가 아연 사업의 원조이기 때문이다.

고려아연은 2023년, 향후 10년간 제련 및 신사업에 17조 원을 투자하겠다고 발표했다. 2033년까지 매출을 현재의 2배 이상인 25조 3,000억 원까지 증가시키겠다는 목표 아래 제련사업에 5조 원, 신사업에 12조 원을 투입하겠다고 밝혔다.

그중 기존 비철금속 사업과 더불어 이차전지 신사업을 주목할 필요가 있다. 고려아연은 글로벌 비철금속 1위를 넘어 글로벌 환경 소재 기업으로 도약한다는 목표 아래 이차전지, 신재생에너지, 자원순환 등 3대 트로이카 신사업을 추진하고 있다. 그 중심에 황산니켈, 전구체, 동박을 포함하는 이차전지 소재가 있다. 특히, 2026년 완공을 목표로 한 '올인원 니켈 제련소'도 황산니켈과 전구체, 동박 등의 생산에 중점을 두고 있다. 미국 정부의 중국을 겨냥한 해외우려집단(FEOC) 관련 규정에 따라 고려아연은 중국 자본 의존도가 낮아 인플레이션 감축법(IRA)의 수혜가 예상된다.

고려아연은 자원순환 가치사슬을 구축해 배터리 제조와 폐배터리에서 발생하는 잔여물을 재활용할 계획이다. 이 계획은 미국 전자폐기물 처리 재활용 기업 이그니오 인수와도 연계돼 있다.

고려아연의 계열사 켐코(KEMCO)는 니켈 브리켓을 원재료로 한 황산니켈을 생산하고 있으며, 연간 생산능력 10만 톤에 이른다(2023). 2026년까지 18만 9,000톤을 생산한다는 목

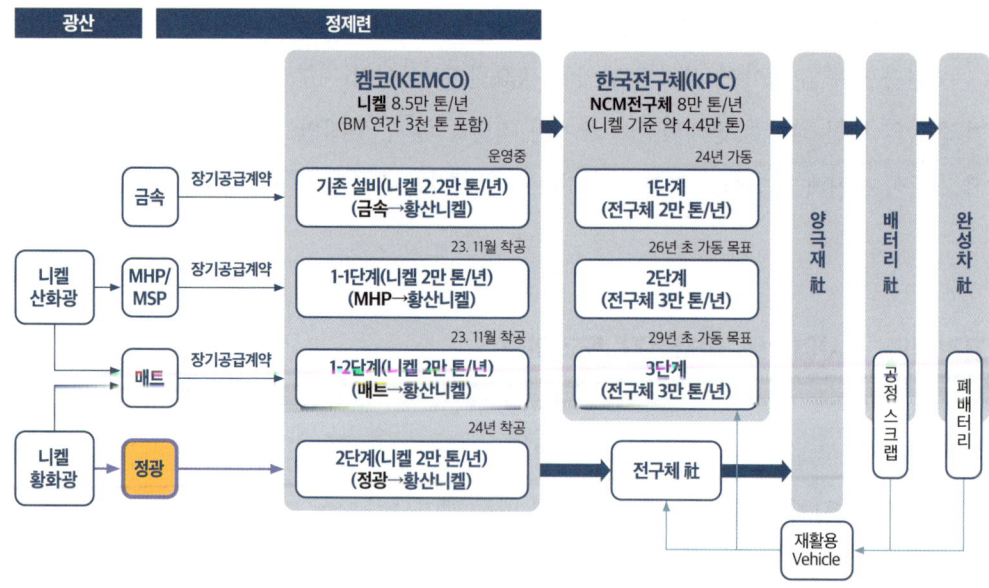

표를 갖고 있다. 이차전지 양극재의 재료가 되는 전구체도 생산하고 있다. 여기에 켐코가 LG화학과 합자해 설립한 한국전구체도 연 생산능력 2만 톤을 보유하고 있다. 동박은 고려아연의 아연, 납 정광의 부산물을 제련하는 공정을 통해 원재료를 공급하는 방식이어서 원가 경쟁력이 뛰어나다는 평가를 받는다.

15 효성그룹

구조조정, 그룹 분리로 제2 도약 나서는 스판덱스 '글로벌 넘버원'

HYOSUNG

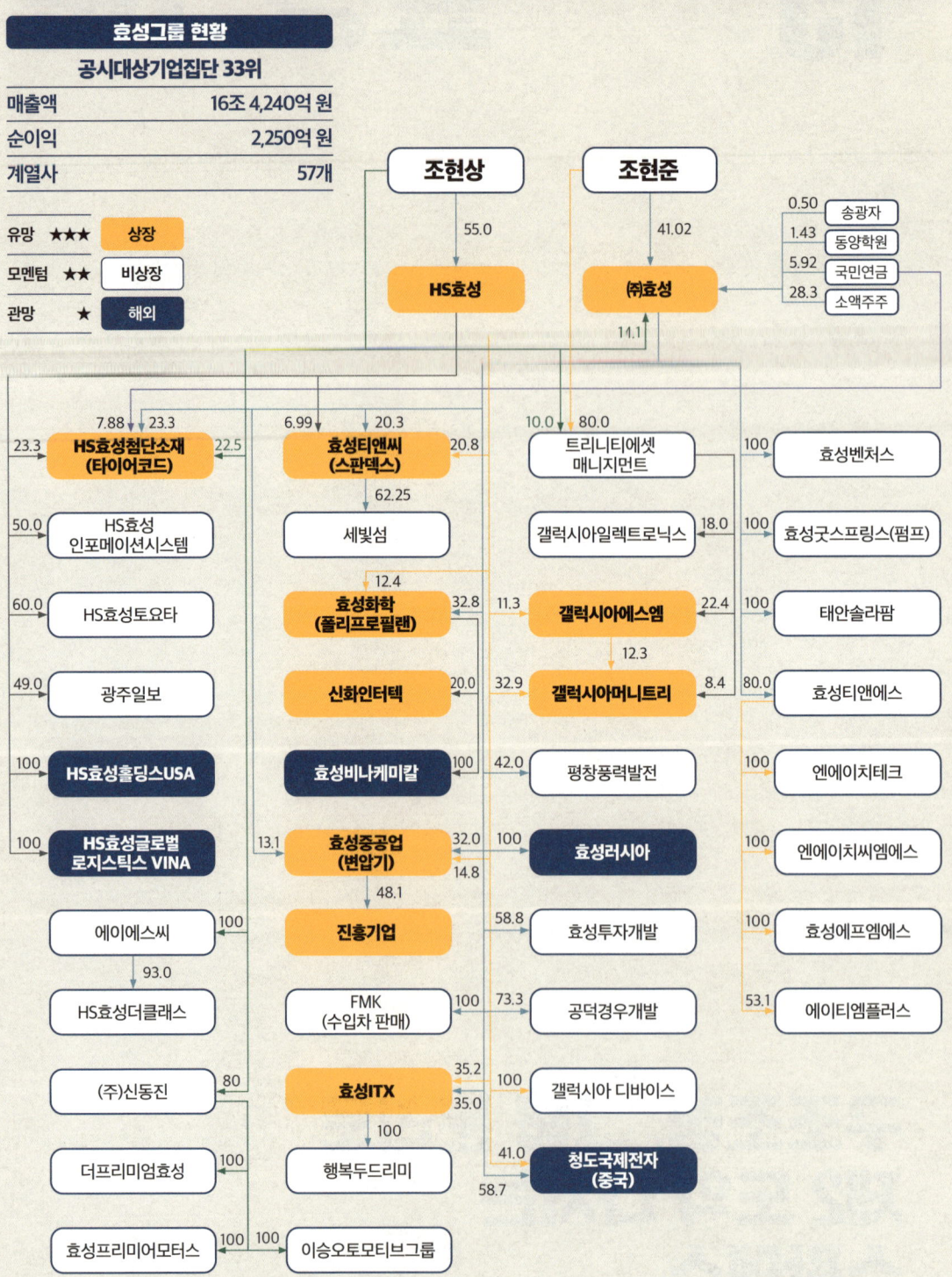

효성그룹 오너 가계도 및 핵심 관계자 지분 현황

(2024년 6월 기준) 자료: 공정거래위원회

조현준 효성그룹 회장
- ㈜효성: 33.03%
- 효성티앤씨: 20.03%
- 효성중공업: 14.3%
- 효성화학: 12.4%
- 효성티앤에스: 14.6%
- 등룡실업: 10.0%
- 공덕개발: 50.0%

조현상 효성그룹 부회장
- ㈜효성: 22.05%
- 효성중공업: 0.65%
- 효성첨단소재: 22.5%
- 효성화학: 6.16%
- 효성투자개발: 0.3%
- 갤럭시아에스엠: 0.9%
- 등룡실업: 10.0%
- 에이에스씨: 100%
- 효성토요타: 20.0%
- 트리니에셋매니지: 10.0%
- 효성티앤에스: 14.1%
- 신동진: 80.0%

조인영 (조현준 회장 장녀)
- ㈜효성: 0.13%
- 효성티앤씨: 0.06%
- 효성중공업: 0.05%
- 효성첨단소재: 0.05%
- 효성화학: 0.08%

조인서 (조현준 회장 차녀)
- ㈜효성: 0.13%
- 효성티앤씨: 0.06%
- 효성중공업: 0.05%
- 효성첨단소재: 0.05%
- 효성화학: 0.08%

조재현 (조현준 회장 장남)
- ㈜효성: 0.11%
- 효성티앤씨: 0.02%
- 효성중공업: 0.01%
- 효성첨단소재: 0.02%
- 효성화학: 0.03%

범례: 효성그룹 근무 / 효성그룹 비(非)근무

가계도

- 고 조홍제 — 고 하정옥
  - 허정호 — 조명숙(장녀)
    - 허수창(장남)-윤명근
    - 이정형-허혜창(장녀)
    - 박간-허미창(차녀)
    - 허효창(차남)-최인경
    - 심재익-허순창(3녀)
    - 정인-허미경(4녀)
  - 권병규 — 조명률(차녀)
    - 권인섭(장남)-오숙희
    - 권한섭(차남), 정호(3남), 정혜(장녀)
  - 고 조석래 효성그룹 회장(장남) — 송광자
    - 조현준 효성그룹 회장(장남) — 이미경
      - 조인영(장녀)
      - 조인서(차녀)
      - 조재현(장남)
      - 조재호(장남)
    - 조현문 변호사(차남) — 이여진
    - 조현상 HS효성 부회장(3남) — 김유영
      - 조인희(장녀)
      - 조수인(차녀)
      - 조재하(장남)
  - 조양래 한국앤컴퍼니 명예회장(차남) — 홍문자
    - 노정호-조희경(장녀)
    - 조희원(차녀)
    - 조현식 한국앤컴퍼니 고문(장남) — 차진영
    - 조현범 한국앤컴퍼니 회장(차남) — 이수연
      - 조유빈
      - 조재민
  - 조옥래(3남) — 김은주
    - 조현강(장남)-한유리
    - 홍석용-조윤경(장녀)
    - 조현우(차남)
- 고 조성제
- 고 정정윤

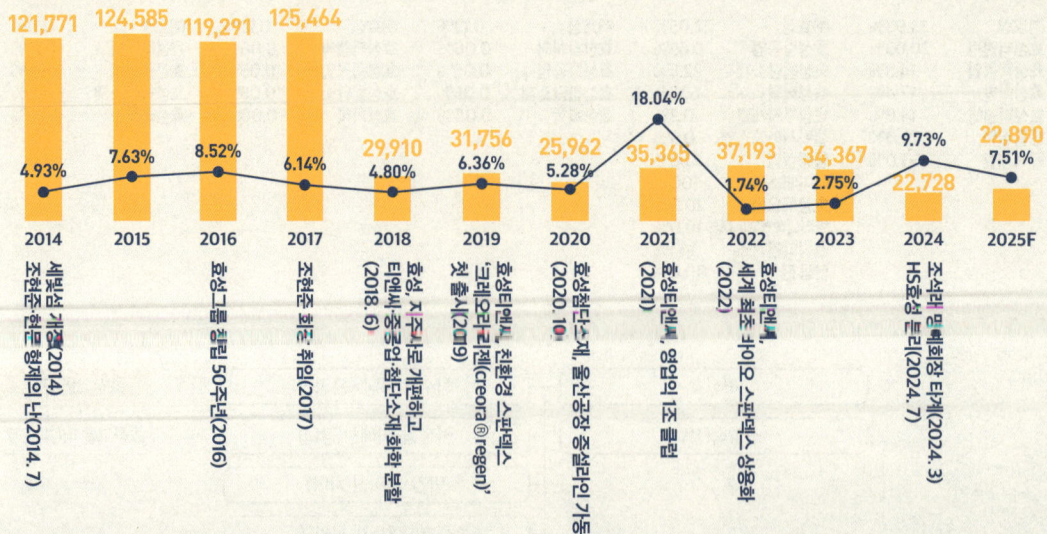

최근 10년 ㈜효성 실적 및 효성그룹 주요 연혁

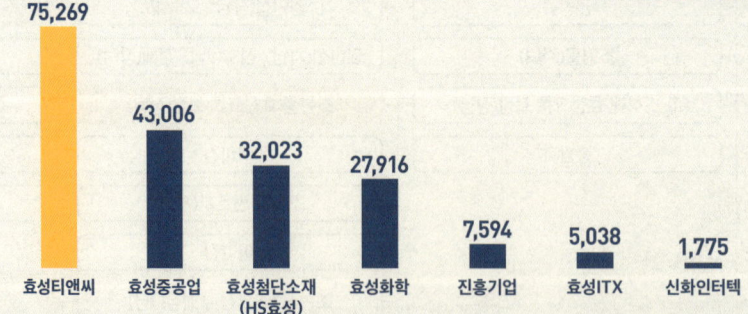

효성그룹 주요 계열사 매출액

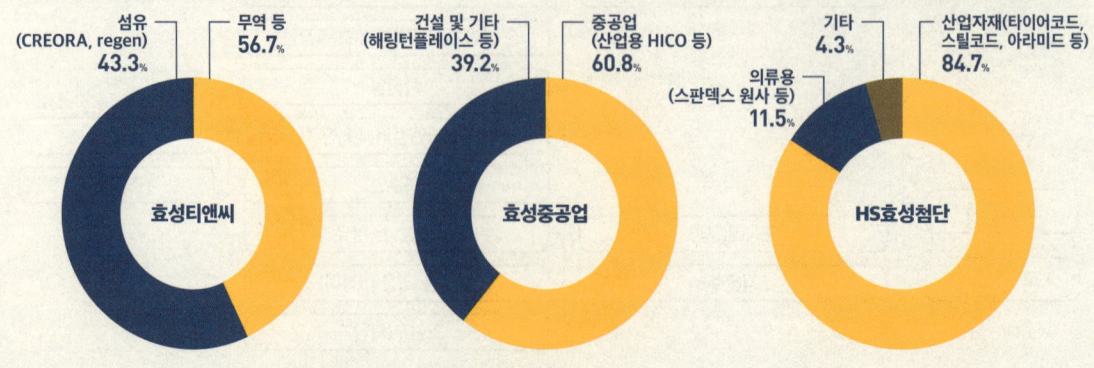

효성그룹 주요 계열사 매출액 비중

핵심 계열사 경영 현황 및 체크 포인트

효성티앤씨 [코스피]

● **현황**
효성그룹의 핵심 계열사로서 효성화학과 더불어 대표적인 소재 기업이다. 주력 생산품은 스판덱스(브랜드명 크레오라^{Creora})이며, 연간 생산량 13만 톤으로 세계 시장 점유율 1위(30%)를 차지하고 있다(2023). 1997년 독자 기술로 개발에 성공했고, 2000년 경북 구미공장에서 스판덱스 생산을 시작했다. 팬데믹 이전 시기에 해당하는 2010~2019년 연평균 9.3% 성장했고, 2020년 팬데믹 속에서도 홈트레이닝을 위한 레깅스 등 애슬레저(Athleisure, 여가용 스포츠웨어) 수요가 급증하며 두 자릿수 성장률을 보였다. 2024년 12월 계열사 효성화학으로부터 특수가스사업부를 인수했다.

✓ **체크 포인트**
1. **스판덱스**: 스판덱스는 효성티앤씨의 주력 생산품으로, 스판덱스 판매량이 효성티앤씨 매출액에 큰 영향을 미친다.
2. **생산능력 증설**: 2023년 이후 4,000억 원을 투입해 주요 생산 라인을 늘리고 있다. 생산능력 증설 계획이 예정대로 진행되는지 점검할 필요가 있다.

효성중공업 [코스피]

● **현황**
그룹 계열사 가운데 매출액 2위를 기록하고 있으며, 주력 생산품은 변압기다. 2018년 6월 ㈜효성에서 중공업(변압기)과 건설 부문을 인적 분할해 그해 7월 재상장했다. 이 밖에 차단기, 전동기, 감속기 등을 생산하고 있다. 건설 부문에서는 재건축 사업 위주의 주택 사업을 영위하고 있다.

✓ **체크 포인트**
1. **해외 수주**: 노르웨이 국영 송전회사 스타트넷(Statnett)과 초고압 변압기 공급 계약을 체결했다. 북미, 유럽, 중동 위주의 해외 수주가 지속되는지 주시할 필요가 있다.
2. **친환경 사업**: 수소 에너지, 태양광 EPC, 풍력 발전 등을 포함한 신재생에너지 분야에서 기업 실적을 확인할 필요가 있다.

효성화학 [코스피]

● **현황**
주력 생산품은 폴리프로필렌(PP)으로, 지난 2018년 60만 톤을 생산할 수 있는 베트남 공장 건립에 1조 3,600억 원을 투입하면서 실적이 급격히 나빠졌다. 당시 효성화학은 베트남 현지에 100% 자회사 효성비나케미칼을 설립하면서 산업은행을 비롯한 대주단으로부터 1조 2,000억 원의 자금을 조달했다. 그렇지만 PP 가격 하락으로 해마다 3,000억 원대 손실을 기록하며, 매각이 전망되고 있다.

✓ **체크 포인트**
1. **구조조정**: 2025년 1월 특수가스(NF3) 사업 부문을 효성티엔씨에 양도해 약 6,000억 원의 처분이익을 얻었다.
2. **업황**: 효성화학이 영위하고 있는 석유화학 사업은 업황을 예측하기 어렵고 기복이 큰 편이다.

'화학 섬유' 원천기술 보유한 강자, 다시 비상할 수 있을까

효성그룹의 전성기는 1970년대였다. 1979년 재계 순위에서 현대(1위), LG(2위), 삼성(3위), 대우(4위)에 이어 5위를 기록했으며, 국제(6위), 한진(7위), 쌍용(8위), 한화(9위), 선경(10위) 등 주요 기업들을 앞섰다. 피어그룹인 코오롱도 13위에 머물며 효성그룹보다 뒤처져 있었다. 풍부한 노동력과 섬유산업의 성장에 힘입어 효성그룹은 전성기를 누렸다.

그러나 1980년대 들어 섬유산업의 쇠퇴와 임금 상승으로 효성그룹의 위상이 흔들리기 시작했다. 1990년대에는 IMF 외환위기와 오너 형제간 경영권 분쟁이 겹치며 침체기를 겪었다. 이후 그룹은 위기 극복을 위해 사업 다각화와 글로벌 시장 개척에 집중했고, 그 결과 2000년대부터 스판덱스와 타이어코드 제품을 '글로벌 넘버원'으로 성장시켰다.

2024년 3월 조석래 회장의 타계를 계기로 다시 한번 그룹 내 변화가 감지되고 있다. 조현문 전 부사장이 화해 의사를 밝히자, 조현준 회장과 조현상 부회장이 이에 응하며 갈등이 봉합되는 모습을 보였다. 3남 조현상 부회장이 HS효성그룹으로 독립하면서 형제간 지분도 정리됐다. 이에 따라 조현준 회장이 오너십을 확보하면서 효성그룹이 향후 어떤 길을 걷게 될 것인지 관심이 쏠리고 있다.

효성티엔씨, 효성화학이 양대 화학 주력사

효성그룹(HS효성그룹 포함)은 2024년 공정거래위원회가 발표한 공시대상기업집단에서 33

위를 기록했다. 이는 전년 대비 2단계 하락한 순위다. 그룹 매출액 16조 4,240억 원, 순이익 2,250억 원으로 전년 대비 각각 2.72%, 71.84% 감소했다. 계열사는 효성중공업, HS효성첨단소재, 효성티앤씨, 효성ITX, 효성화학, 갤럭시아머니트리(이상 상장사), 효성인포메이션시스템(이상 비상장사) 등 총 57개사로 전년보다 3개 증가했다. (2024년 7월 3남 조현상이 이끄는 HS효성그룹이 독립하면서 HS효성첨단소재, HS효성인포메이션시스템, HS효성토요타, 광주일보, HS효성홀딩스USA, HS효성글로벌로지스틱스, HS효성더클래스 등 7개 계열사가 분리됐다. 이 책에서는 혈연, 지분구조, 사업 연관성 측면에서 '효성그룹' 편에 함께 다룬다.)

주요 계열사 매출액은 효성티앤씨 7조 5,269억 원, 효성중공업(4조 3,006억 원), HS효성첨단소재(3조 2,023억 원), 효성화학(2조 7,916억 원), 진흥기업(7,594억 원), 효성ITX(5,038억 원), 신화인터텍(1,775억 원) 순이다(2023 K-IFRS 연결).

여기서 주목할 만한 회사는 '화학섬유(소재) 3총사'로 손꼽히는 효성티앤씨, 효성화학, HS효성첨단소재다. 이들 기업이 생산하는 제품은 국내외 시장에서 높은 경쟁력을 갖추고 있어 미래 성장을 이끌 핵심 축으로 평가받고 있다.

- 효성티앤씨의 주력 생산품은 합성섬유 스판덱스(Spandex, 브랜드명 크레오라 Creora)로 신축성, 발한성, 내구성, 보온성이 탁월해 '섬유의 반도체'로 불리는 고부가가치 품목이다. 수영복을 비롯한 스포츠웨어, 기저귀를 비롯한 유아용품 등에 사용된다. 효성티앤씨의 스판덱스 연간 생산량은 13만 톤으로 세계 시장 점유율 1위(30%)를 차지하고 있다(2023). 1997년 독자 기술로 개발에 성공했고, 2000년 경북 구미공장에서 스판덱스 생산을 시작했다. 팬데믹 이전 시기에 해당하는 2010~2019년 연평균 9.3% 성장했고, 2020년 팬데믹 이후 홈트레이닝 붐과 함께 레깅스 등 애슬레저(Athleisure) 수요가 급증하며 두 자릿수 성장을 기록했다. 애슬레저란 '운동'을 의미하는 애슬레틱(Athletic)과 '여가'를 뜻하는 레저(Leisure)의 합성어로, 일상복에 가까운 스포츠웨어를 말한다. 한편, 효성티앤씨는 2024년 12월 효성화학의 특수가스(NF3) 사업 부문을 9,200억 원에 인수하며 사업 다각화에 나섰다. NF3는 반도체 및 디스플레이 제조 공정에서 이물질을 제거하는 필수 특수가스로, 효성티앤씨는 이 인수를 통해 글로벌 2위 특수가스 공급업체로 도약하게 됐다. 효성티앤씨는 1966년 동양나이론으로 설립됐고, 이는 효성그룹의 출발점이기도 하다.

- HS효성첨단소재의 주력 생산품은 타이어코드로 차량 타이어의 내구성, 주행성, 안정성을 높이기 위해 고무 내부에 들어가는 섬유 보강재다. HS효성첨단소재가 생산하는 폴리에스터 타이어코드는 세계 시장 점유율 1위(50%)를 기록하고 있다(2023). 전 세계 자동차 2대 가운데 1대에 HS효성첨단소재의 타이어코드가 장착되는 셈이다. 효성은 1967년 타이어코드 사업을 시작해 2002년 미쉐린(Michelin)에 장기공급 계약을 체결했다. HS효성첨단소재가 생산하는 카시트 벨트용 폴리에스터 원사도 세계 시장 점유율 1위를 기록하고 있고, '스완카페트'는 원사에서 완제품까지 생산설비를 갖춘 아시아 유일 브랜드로 인정받고 있다. 2024년 7월 HS효성그룹으로 분리 독립했다.

- 효성화학은 '소재 3총사' 가운데 유일하게 실적이 부진하다. 2024년 3분기 영업손실 1,111억 원으로 12분기 연속 영업손실을 겪고 있다. 2023년 매출액 2조 7,916억 원, 영업손실 1,888억 원, 당기순손실 3,469억 원을 기록했다. 효성화학은 지난 2018년 연간 60만 톤의 폴리프로필렌(PP)을 생산할 수 있는 베트남 공장 건립에 1조 3,600억 원을 투자하면서 실적이 급격히 나빠졌다. 당시 효성화학은 베트남 현지에 100% 자회사 효성비나케미칼을 설립하면서 산업은행을 비롯한 대주단으로부터 1조 2,000억 원의 자금을 조달했다. 하지만 PP 가격의 하락으로 해마다 3,000억 원대 손실을 기록하고 있다. 그 해법으로, 2024년 12월 특수가스 사업 부문을 9,200억 원에 효성티앤씨에 매각하는 계약을 체결했다. 이 매각을 통해 효성화학은 부채비율을 약 9,779%에서 100%대로 낮추고, 재무 건전성을 대폭 개선할 계획이다. 2024년 5월에는 베트남 법인 효성비나케미칼 정상화를 위해 아랍에미리트의 아부다비국영석유회사(ADNOC)와 공동 투자 협력을 위한 양해각서(MOU)를 체결했다. 이를 통해 베트남 공장의 수익성을 높이고, 글로벌 화학 시장에서의 경쟁력을 강화할 방침이다.

3남 조현상, HS효성으로 분가

효성그룹은 1957년 고 조홍제(1906~1984) 창업주가 설립한 효성물산에서 시작됐다. 만우

조홍제는 고 이병철 삼성 창업주와 삼성물산을 공동 경영하다가 독립해 효성물산을 설립했다. 효성(曉星)은 '민족의 앞날을 밝게 비칠 동방의 별'이란 뜻을 지녔다. '샛별'이라는 의미도 있다. 독립운동가이기도 했던 조홍제 초대회장의 정신을 엿볼 수 있는 대목이다. 그러다가 앞서 언급한 대로 1966년 동양나일론을 설립하며 효성그룹이 정식으로 출범했다.

효성그룹은 설립 이래 화학섬유 중심의 포트폴리오를 일관되게 유지하고 있다. 이는 석유화학 산업이 대규모 장치산업이어서 이질적인 신사업으로의 전환이 쉽지 않기 때문이다. 화학섬유 외에 핵심 계열사로는 효성중공업이 있다.

- 효성중공업은 그룹 계열사 가운데 매출액 2위를 기록하고 있다. 주력 생산품은 변압기다. 전력기기 전반의 수요가 전 세계적인 전기화(Electrification) 흐름과 미국 교체 수요 도래로 호황기에 진입했다. 특히, 전력기기 가운데 초고압 변압기 시황이 초강세에 도달했다. 이는 선두기업들이 과거 초고압 분야 생산능력 확보에 소홀했기 때문이다. 2018년 6월 ㈜효성으로부터 중공업(변압기)과 건설부분을 인적 분할해 그해 7월 재상장했다. 중공업 부문에서는 변압기, 차단기,

효성그룹 사업 포트폴리오 ■ 효성그룹 계열사 ■ HS효성그룹 계열사   자료: 하이투자증권

섬유/무역	중공업/건설	산업자재	화학	정보통신	IT부품
효성티앤씨 스판덱스, 나일론/폴리에스터 원사, 관련 무역사업 등	**효성중공업** 송배전설비, 신재생 에너지, 건설 사업 부문	**HS효성첨단소재** 아라미드, 탄소재료, 타이어코드, 에어백, 카페트	**효성화학** PP/DH, TPA, 포케톤, 특수가스, 나일론/폴리에스터 필름	**효성티앤에스** ATM기기, 키오스크, S/W 솔루션	**신화인터텍** LCD BLU용 광학필름
	효성굿스프링스 산업용 펌프, RO방식 해수담수화 플랜트 사업	**GST(Global Safety Textiles)** 에어백 원단		**효성인포메이션 시스템** ICT 통합 서비스	**갤럭시아 일렉트로닉스** LED 디스플레이 시스템, 건축경관 조명, LED 조명기구
	진흥기업 토목, 건축 및 주택 사업			**효성ITX** IT서비스, CRM 채널관리	
				갤럭시아 머니트리 핀테크 종합금융 플랫폼 서비스	

전동기, 감속기 등 전력기기를 생산하고 있다. 건설 부문은 재건축 사업 위주의 주택사업을 영위하고 있다.

3남 조현상은 2024년 7월 HS효성그룹으로 분가한 직후 부회장에 취임했다. 조 부회장은 브라운대에서 경제학을 전공했고, 컨설턴트(베인앤컴퍼니) 근무 경력이 있어 숫자에 밝다는 평가를 받는다. 또한, 글로벌 네트워크를 활용한 사업 확장과 신사업 발굴에 강점을 보이며, 다보스포럼 등 주요 국제 행사에도 적극적으로 참여하고 있다.

HS효성그룹의 성장 동력은 HS효성첨단소재다. 앞서 언급했듯이 HS효성첨단소재는 타이어코드 분야에서 세계적인 경쟁력을 갖추고 있다. 여기에 더해 1조 원 규모의 국내외 투자를 단행해 탄소섬유 생산능력을 연 9,000톤 수준에서 2028년 2만 4,000톤 규모로 늘릴 계획이다. 이를 통해 탄소섬유 시장에서 세계 3위에 진입한다는 전략이다.

NOTICE — **알고 갑시다!**

효성 VS. 코오롱

효성과 코오롱은 전통적으로 경쟁 관계에 있다. 사업 영역이 겹치다 보니 두 그룹은 법적 분쟁을 겪기도 했다. 2024년 2월 코오롱은 HS효성첨단소재를 상대로 타이어코드 특허 침해 소송을 미국 캘리포니아주 중부지방법원에 제기했으며, 6월에는 추가 증거를 포함한 수정 소장을 제출했다. 코오롱은 HS효성첨단소재가 2021년 자사에서 30년 넘게 근무한 인사를 상무로 영입하면서 특허 기밀을 침해했다고 주장했다.

양사의 갈등은 이 사건이 처음은 아니다. 2002년 고려합섬의 나일론필름 공장 인수를 두고 분쟁을 겪었다. 당시 고려합섬그룹 채권단은 공개입찰에서 최고가(309억 원)를 제시한 코오롱을 우선협상자로 선정했는데, 효성이 20억 원 차이로 탈락하자 이의를 제기했다. 결국, 코오롱은 고려합섬 1개 라인의 생산설비를 효성이 아닌 미국 하니웰에 매각하면서 두 기업 간 감정의 골이 깊어졌다.

그보다 앞서 1996년에도 나일론 원료인 '카프로락탐' 생산업체 카프로의 경영권을 두고도 분쟁이 있었다. 카프로는 1969년 국영기업으로 설립된 뒤 1974년 기업공개를 통해 효성티앤씨(20.0%)와 코오롱인더스트리(19.2%)가 주요 주주로 참여하면서 갈등이 시작됐다. 이 갈등은 2004년 조석래 당시 효성 회장과 이웅열 코오롱 회장이 회동해 합의하면서 일단락됐다.

그럼에도 불구하고 두 그룹 총수 일가의 관계는 비교적 우호적이라는 평가가 일반적이다. 2024년 3월 조석래 효성 명예회장의 장례식에 이웅열 코오롱 명예회장이 직접 찾아 조의를 표했으며, 2014년 이동찬 코오롱 명예회장 타계 당시에도 조현준 효성그룹 회장과 조현상 HS효성그룹 부회장이 이틀 연속 빈소를 찾았다.

위기 딛고 스판덱스, 타이어코드 글로벌 시장 1위

효성그룹의 대기업집단 순위 33위는 앞서 언급한 1979년의 재계 5위에 비하면 한참 낮아진 것이다. 공정위가 대기업집단 순위를 처음 발표한 1987년 효성그룹 순위는 16위였다. 1987년 당시 섬유산업은 단일 업종으로는 처음으로 수출 100억 달러를 달성했을 정도로 한국을 먹여 살리는 효자산업이었다. 그러다가 1990년대 들어 임금 상승과 섬유산업 사양화가 본격 진행됐고, 1997년 IMF 외환위기가 터지며 효성그룹은 위기를 겪었다. IMF 외환위기가 진행 중이던 1998년 효성그룹은 대대적인 조직 개편을 단행했다. 효성티앤씨, 효성물산, 효성생활산업, 효성중공업을 합병해 5개 PG(Performance Group)로 조직을 개편했다. 조직 통합으로 인력을 구조조정하고 비용을 절감하며 위기를 넘겼다.

위기를 넘긴 효성그룹은 2000년대 들어 글로벌 시장 개척에 나섰다. 2008년 발표한 '글로벌 엑셀런스(Global Excellence)'가 그것이다. 이 결과 효성은 스판덱스, 타이어코드, 에어백용 원단, 자동차용 시트벨트 원사 제품을 세계 1위로 만들었다. 2010년대 이후 효성그룹은 수출이 전체 매출의 약 80% 이상 차지하고 있다.

효성그룹은 살아남았지만 후유증도 있었다. 검찰 조사 결과 효성은 1999년부터 2008년까지 10년간 총 8,900억 원의 분식회계를 저지른 것으로 파악됐다. 검찰은 2003년 이후의 혐의만을 기소 대상으로 삼고, 2014년 1월 조석래 회장과 장남 조현준 사장, 이상운 부회장 등 그룹 임직원 5명을 특정범죄가중처벌법상 조세포탈과 횡령, 배임 등의 혐의로 불구속 기소했다. 조석래 회장은 2003년부터 5,000억 원대의 분식회계로 차명재산을 운영하고 법인세 1,237억 원을 내지 않은 혐의를 받았으며, 2007~2008년에는 없는 이익으로 불법 배당을 주도한 혐의도 받았다. 차남 조현문 전 부사장은 범죄 혐의가 입증되지 않아 기소 대상에서 제외됐다.

이후 2020년 12월 대법원은 조석래 명예회장의 조세포탈과 분식회계 혐의에 대해 2심 판결을 파기 환송했으며, 이에 대한 조 명예회장의 세금 포탈 행위에 대한 판단이 뒤집혔다. 2심은 조 명예회장의 탈세와 횡령에 대한 혐의에 대해 징역 3년과 함께 1,352억 원의 벌금을 선고했다. 2024년 3월 조석래 명예회장이 타계하면서 종결 처리됐다.

그룹 분리 마무리,
조현준 회장 경영능력 시험대

조현준 회장은 조홍제 창업주 장손으로 2017년 회장에 취임해 효성그룹을 이끌고 있다. 효성그룹의 지배구조는 조현준 회장이 ㈜효성 지분을 보유하고(41.0%), ㈜효성이 효성중공업(32.0%), 효성티앤씨(20.3%), 효성ITX(35.0%)를 지배하는 형태다. 조현준 회장은 주요 계열사들의 개인 지분도 갖고 있다. 효성티앤씨 20.3%, 효성중공업 14.9%, 효성화학 12.4%, 효성티앤에스 14.6%, 동륭실업 10.0%, 공덕개발 50.0% 등이 여기에 해당한다(2024. 6.).

조석래 명예회장 타계를 기점으로 3남 조현상 부회장이 HS효성그룹으로 분리 독립하면서 효성그룹은 조현준 회장의 확실한 1인 체제로 전환했다. 이에 따라 조현준 회장의 경영 능력은 지금부터가 진짜 시작이라는 평가를 받는다. 동생 조현상 부회장의 분리 독립으로 두 형제가 각자의 사업에 집중할 수 있다는 점은 분명한 장점이다. 그렇지만 HS효성첨단소재 부문을 비롯한 7개 계열사가 HS효성그룹으로 분리 독립하면서 효성그룹의 규모가 줄어든 점은 큰 도전이다. '소재 3총사' 중 하나인 HS효성첨단소재가 빠져나간 이상 조현준 회장은 효성티앤씨의 사업 강화에 나설 것으로 보인다. 만성 적자에 빠진 효성화학을 턴어라운드시키는 것도 주요 현안이다. 다만, 효성중공업이 AI 시장 성장, 신재생에너지 발전 증가, 전기차 보급 확산 등으로 호황에 진입한 것은 긍정적이다.

'효성화학 만성적자' 리스크 극복할 수 있을까

효성그룹에 소속된 상장사로는 ㈜효성, 효성티앤씨 효성중공업, 효성화학, 갤럭시아이에스엠, 진흥기업, 효성ITX, 갤럭시아머니트리(옛 갤럭시아커뮤니케이션즈), 신화인터텍 등 9개사가 있다. 계열 분리된 HS효성첨단소재는 HS효성그룹의 유일한 상장사다. 이 중에서 효성티앤씨와 HS효성첨단소재가 살펴볼 만한 기업이지만, 리스크가 만만치 않다.

- HS효성첨단소재는 HS효성그룹의 주력사이며 타이어 보강재, 산업용 원사, 카펫용 원사, 아라미드, 탄소섬유 등을 생산하고 있다. 글로벌 타이어코드 시장을 약 50% 점유율로 과점하고 있다. 그렇지만 2024년 말 HS효성그룹이 AI 등 신사업에 집중하기 위한 자금 마련을 위해 타이어 스틸코드 사업 부문의 매각을 검토하고 있다는 소식이 나왔다. HS효성그룹은 공시를 통해 "매각을 포함한 다양한 전략적 방안을 검토 중이나 구체적으로 결정된 사항은 없다"고 밝혔다.

- 효성티엔씨는 스판데스 시장에서 글로벌 경쟁력을 갖춘 기업이다. 문제는 화학섬유 비즈니스를 전망하기가 매우 어렵다는 것이다. 화학섬유 산업 또한 정유 산업과 마찬가지로 수요와 공급에 영향을 미치는 변수가 너무 많다. 여기에 그룹 차원의 위협 요인도 있다. 바로 효성화학의 만성 적자다. 효성화학의 당기순손실 금액을 살펴보면, 408억 원(2022), 3,469억 원(2023)으로 적지 않다(K-IFRS 연결).

섬유화학 이외의 사업을 하는 상장 계열사로 갤럭시아머니트리(옛 갤럭시아커뮤니케이션즈), 갤러시아에스엠, 신화인터텍, 진흥기업, 효성ITX이 있는데, 이들은 조현준 회장의 개인회사 성격을 띠고 있다.

- 갤럭시아머니트리는 사실상 조현준 회장 개인 회사다. 최대주주가 조현준 회장(32.9%)이며, ㈜효성의 지분이 없다. 전자결제, O2O사업, 간편결제 플랫폼 사업을 영위하고 있다. 신사업으로 토큰 증권에 진출했다. 매출액 비중은 전자결제 72.3%, O2O 22.5%, 기타 5.3%다(2023). 1994년 설립됐고 2007년 코스닥

에 상장했다. 상장사 중 유일하게 블록체인 기반의 항공기 엔진 신탁수익증권 거래 유통 서비스를 실시한다는 점을 인정받아 혁신금융 서비스(규제샌드박스)로 지정받았다.

- 갤럭시아에스엠도 사실상 조현준 회장 개인 회사다. 갤럭시아 에스엠 주요 주주는 트리니티에셋매니지먼트(22.41%), 조현준 회장(11.35%), ㈜신동진(6.35%)인데, 트리니티에셋매니지먼트 최대주주가 조현준 회장(80.0%)이다. 스포츠 마케팅 사업을 영위하고 있다. 매출액 비중은 스포츠 마케팅 48%, 스포츠용품 판매 52%다(이상 2024 3분기).

- 신화인터텍의 주력 생산품은 광학 필름, 차광 테이프, 열전도성 테이프, 방수 테이프를 비롯한 특수 테이프다. 디스플레이, 모바일, ICT가 전방 산업이다. 1988년 설립됐고, 2001년 12월 코스닥에 상장했다. 2013년 효성그룹에 편입됐다. 국내는 물론 중국, 대만, 터키의 해외 고객사를 확보하고 있다.

- 효성ITX의 최대주주는 조현준 회장(35.2%)이다. ㈜효성(41.02%)은 2대 주주다. 컨택센터 사업과 SI 사업 영위하고 있다. 1997년 설립됐다.

- 진흥기업은 건설사로 수주업의 한계를 갖고 있다. 토목공사, 건축 공사, 주택공사 사업을 영위하고 있다.

16 KT&G그룹

'K-담배'로
한국 넘어
글로벌 시장 '쑥쑥'

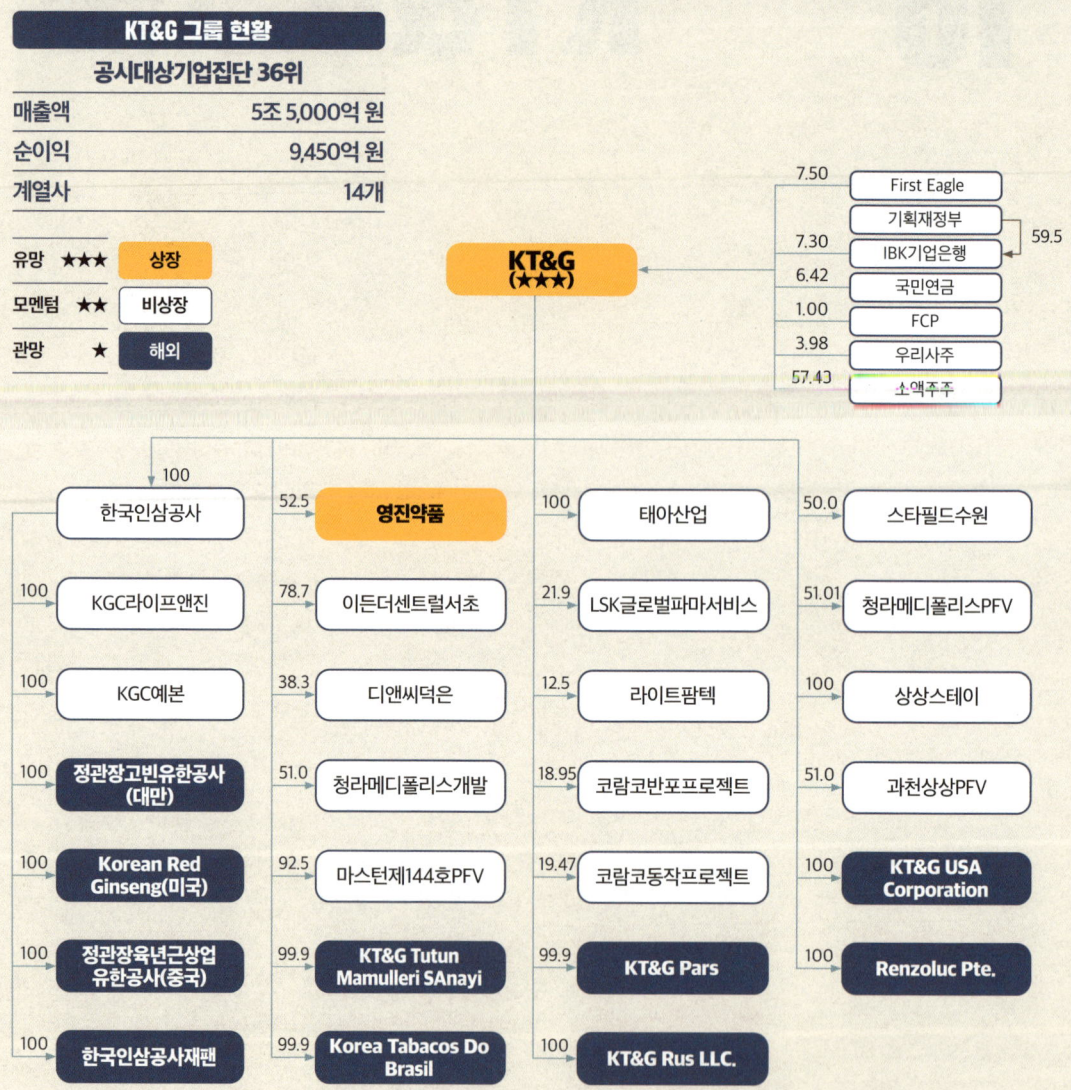

역대 KT&G CEO

자료: KT&G

방경만(11대)	백복인(8, 9, 10대)	민영진(7대)	곽영균(6대)	곽주영(민영화 초대, 5대)
2024. 3~현재	2015. 10~2024. 3 (자진 사퇴)	2010. 2~2015. 9 (자진 사퇴)	2004. 3~2010. 2	2001. 3~2004. 3
전 KT&G 총괄부문장	전 KT&G 부사장	전 KT&G 전무이사	전 KT&G 마케팅본부장	전 담배인삼공사 기획본부장
한국외국어대 경제	영남대 조경	건국대 농학	서울대 무역	부산대 기계
윤석열	박근혜 - 문재인 - 윤석열	이명박 - 박근혜	노무현 - 이명박	김대중 - 노무현

	김재홍(4대)	김영태(3대)	김기인(2대)	홍두표(담배인삼공사 초대)
	1997. 12~2000. 12	1995. 1~1997. 6	1992. 1~1995. 1	1989. 4~1992. 1
	전 담배인삼공사 부사장	전 경제기획원 차관	전 관세청장	전 한국관광공사 사장
	영남대 화학	서울대 법학	서울대 행정	서울대 사회
	김영삼 - 김대중	김영삼	노태우 - 김영삼	노태우

KT&G 주요 연혁

자료: KT&G

1883	조선 국영연초제조회사 순화국 설립
1920	조선총독부 재무국
1945	미 군정 재무국
1948	대한민국 재무부 전매국
1951	전매청 승격. 서울시 종로구 종로5가에 청사
1986. 11	충남 대전 신탄진읍(현 대전광역시 대덕구)으로 본사 이전
1987. 4	정부투자기관 한국전매공사 전환
1988	담배 시장 전면 개방
1989. 4	한국담배인삼공사로 회사명 변경
1997. 10	주식회사 전환
1999	유가증권 시장 상장. 인삼사업부문 한국인삼공사로 계열 분할
2002. 12	회사명 KT&G 변경. 정부 지분 매각으로 완전 민영화

최근 10년 KT&G 실적 및 주요 연혁

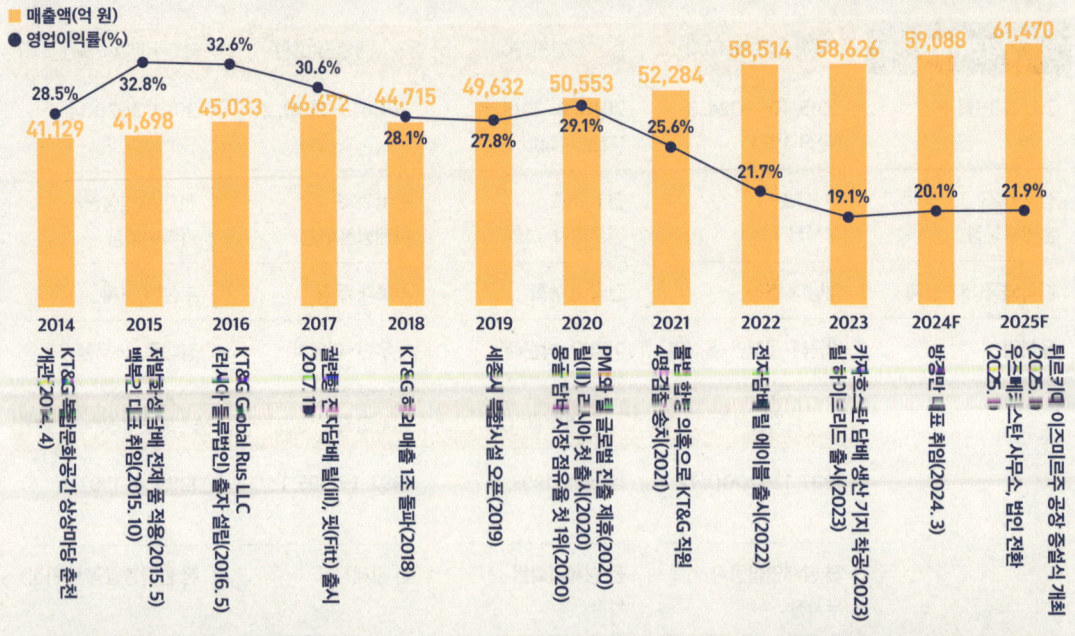

(K-IFRS 연결 기준) 자료: KT&G 사업보고서

KT&G그룹 주요 계열사 매출액

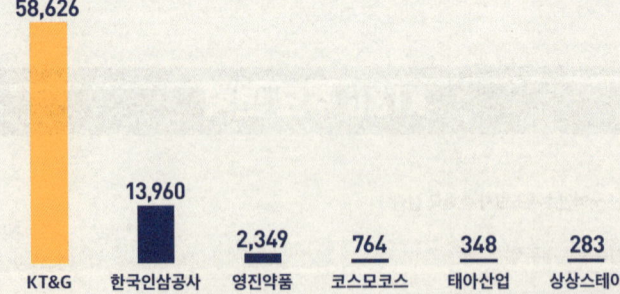

(2023년 K-IFRS 연결 기준, 단위 억 원) 자료: 금융감독원 전자공시

KT&G 주요 계열사 매출액 비중

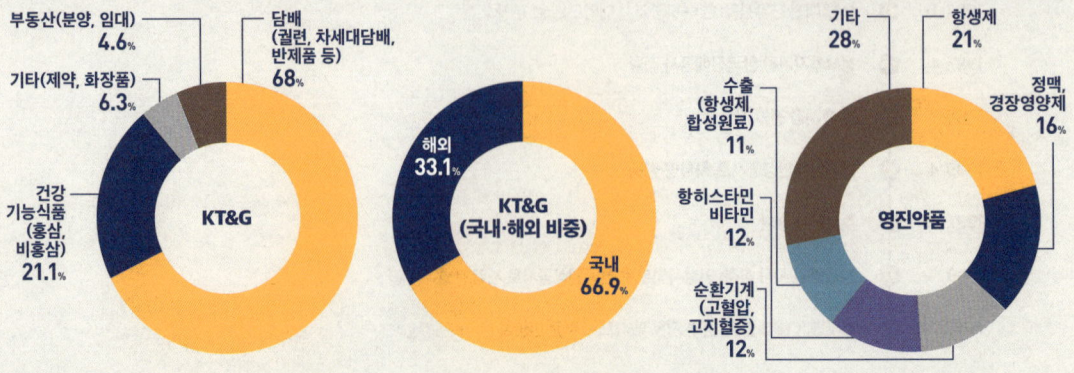

(2024년 상반기 K-IFRS 연결 기준) 자료: 금융감독원 전자공시

핵심 계열사 경영 현황 및 체크 포인트

| KT&G(★★★) | 코스피

● **현황**
한국 담배 시장 1위(약 68%) 사업자이며, 가파르게 성장하는 궐련형 전자담배 시장에서도 1위(45.8%)를 점유하고 있다(2023). 주요 제품으로 에쎄, 레종, 보헴이 있고 차세대 담배 브랜드로 릴(lil) 솔리드, 릴 하이브리드, 릴 에이블, 핏, 믹스, 에임 등을 출시했다. 일본, 이탈리아, 폴란드, 카자흐스탄, 체코, 그리스 등 134개국에 수출하고 있다(2024 상반기). 1883년 국내 최초 담배 제조소인 순화국(順和局)으로 세상에 모습을 드러냈다. 2002년 12월 정부의 지분 매각으로 민영화됐고, 회사명도 KT&G로 변경했다. 1999년 유가증권시장에 상장했다. 매출액 비중은 담배 68.0%, 건강기능식품 21.1%, 부동산 4.6%, 기타 6.3%다(2024 상반기 K-IFRS 연결).

✓ **체크 포인트**
1. **세계 시장 성과**: 내수 시장의 한계를 극복하기 위해 세계 시장에 진출해 성과를 내고 있다. 해외 매출 성과를 확인할 필요가 있다.
2. **신제품**: 릴 솔리드, 릴 하이브리드, 릴 에이블, 핏, 믹스, 에임 등 차세대 제품의 실적 추이를 확인할 필요가 있다.

| KGC한국인삼공사 | 비상장

● **현황**
'정관장 홍삼'으로 잘 알려진 국내 대표 홍삼 사업자다. 1999년 담배인삼공사에서 분리 독립했다. 정관장 홍삼은 1912년 개발된 100년 이상의 장수제품으로 6년근 홍삼을 100% 사용해 제조한다. 홍삼 농축액 제품인 '홍삼정' 시리즈가 인기를 끌고 있고, 이밖에 홍삼톤, 화애락, 황진단, 천녹, 홍이장군 등을 생산하고 있다. 회사 이름에 '공사'가 들어가 있지만 민영기업이다. 1899년 대한제국에서 황실 재정을 관리하던 궁내부 내장원 산하 삼정과(蔘政課)로 출발했다. 1999년 자회사로 분리 독립했다.

✓ **체크 포인트**
1. **신사업**: 홍삼 부문의 한계를 극복하기 위해 H&B(Health & Beauty) 사업에 진출해 있다. 화장품 사업이 어느 정도의 성과를 내는지 확인할 필요가 있다.
2. **신제품**: 찐생홍삼구미, 정관장 알파프로젝트 스탠다드 라인 등 신제품 성과를 확인할 필요가 있다.
3. **세계 시장 성과**: 미국, 중국, 일본, 대만 현지 성과를 확인할 필요가 있다.

| 영진약품 | 코스피

● **현황**
영양제 '하모닐란(Harmonilan)'으로 알려진 제약사이며, 주요 의약품으로는 트리손키트, 세프카펜, 크라모넥스(이상 항생제), 해열진통제 데노간주, 당뇨병 치료제 디아미크롱 등이 있다. 수액제도 생산한다. 팬데믹으로 실적이 급감해 4년(2020~2023) 연속 당기순손실을 기록했다. 내수 대 해외 매출 비중은 88:12 수준이다(2024 상반기). 1962년 7월 설립됐고, 1973년 6월 유가증권시장에 상장했다. 2003년 KT&G 계열사로 편입됐다.

✓ **체크 포인트**
1. **턴어라운드**: 팬데믹 쇼크를 딛고 2024년 흑자 전환했다(매출액 2,520억 원, 영업이익 82억 원, 당기순이익 12억 원).
2. **의약품 개발 및 임상 평가**: 미토콘드리아 이상 질환 치료 후보물질 KL1333의 임상 2상 중간분석 결과를 점검할 필요가 있다. 2024년 8월 독일 베링거인겔하임(Boehringer Ingelheim)의 '오페브 연질캡슐'을 정제로 변경해 개발한 제네릭(복제약)의 허가 신청을 완료했다.
3. **자금 조달 및 투자**: 2023년 말 303억 원 규모의 전환사채(CB)를 발행했다. 이 중 215억 원은 남양공장 항생동 증축 투자에 사용되고, 나머지 88억 원은 신제품 포트폴리오 강화와 R&D 투자에 활용될 계획이다.

부동의 담배 시장 점유율 1위, '고배당 성장주' 신화 이어질까

기업의 생존과 성장에 가장 큰 영향을 미치는 외생 변수는 산업(Industry)이다. 다시 말해 어느 기업의 CEO와 임직원들이 아무리 유능하고 성실해도 그 기업이 속해 있는 산업의 업황이 나빠지면 생존을 기약하기 어렵다. 1900년대 초 미국의 대중 교통수단이 우마차에서 내연기관 자동차로 바뀌자 말채찍을 생산했던 기업들이 줄줄이 역사의 뒤안길로 사라졌다.

이 관점에서 보면 국내 담배 시장 점유율 1위 기업 KT&G는 연구 대상이다. KT&G가 속해 있는 담배 산업은 해마다 위축되고 있으나 회사는 꾸준히 성장하고 있기 때문이다. 담배가 건강에 해롭다는 사회적 공감대가 형성되면서 이런저런 규제가 속속 나오고 있고, 흡연 인구 또한 꾸준히 감소하는 추세다. 이처럼 담배 산업의 업황이 나빠지면 담배를 생산하는 KT&G도 당연히 부정적 영향을 받을 수밖에 없다. 이런 비즈니스 상식이 통하지 않는 기업이 KT&G다.

KT&G의 최근 10년(2013~2023) 매출액 연평균 증가율은 5%에 육박하고(4.86%), 이 기간 평균 영업이익률도 무려 30%에 근접한다(28.10%). 여기에다 사실상 무차입 경영(부채비율 30%)으로 성장하고 있다. 이런 '노난 장사'가 따로 있나 싶다. KT&G는 어떻게 비즈니스 업계의 '중력의 법칙'을 거스르고 있는 걸까? 이 궁금증을 추적하다 보면 그간 우리가 간과했던 KT&G의 경쟁력을 발견할 수 있다.

NOTICE 　　　　　　　　　　　　　　　　　　　　　　　**알고 갑시다!**

KT&G의 역사

KT&G의 기원은 1883년 설립된 국내 최초 담배 제조소 순화국(順和局)에서 시작된다. 순화국은 개화파 주도로 인천 개항장에 설립된 관립 기구로서, 서양식 엽권연초(담배)를 제조했다. 통상사무아문주사(通商事務衙門主事) 김가진이 주임을 맡았고, 일본에 다녀온 김용원이 발기했다. 정부 산하 전매청으로 운영되다가 1987년 4월 정부 투자기관인 한국전매공사가 됐다. 1989년 4월 한국담배인삼공사로 회사명을 변경했고, 1997년 10월 주식회사로 바뀌었다. 2002년 12월 정부 지분 완전 매각으로 민영화되면서 회사명을 KT&G로 변경했다.

KT&G그룹은 2024년 공정위 공시대상기업집단 36위를 기록했다. 전년 대비 2단계 하락했다. 매출액 5조 5,000억 원, 순이익 9,450억 원으로 전년 대비 각각 6.39%, 17.78% 감소했다. 계열사는 영진약품(상장사), 한국인삼공사, 코스모코스(이상 비상장사) 등 14개사로 전년 대비 1개 증가했다. 2024년 이전까지 KT&G의 대기업집단 순위는 꾸준히 상승해왔다. 2004년 46위였다가 45위(2002~2003), 40위(2006년), 36위(2024년)로 19년 만에 10단계나 뛰어올랐다. 그렇다 보니 현재 KT&G는 정부산하 기관에서 민영화된 기업 가운데 KT그룹을 제외하고 가장 규모가 큰 대기업집단으로 자리매김했다. 그런데 앞서 언급한 대로 이 기간 KT&G를 둘러싼 업황 자체는 녹록하지 않았다.

가장 큰 위기는 1987년 한국전매공사로 전환되는 과정에서 찾아왔다. 그 이듬해 1988년 국내 담배 시장이 전면 개방되면서 상황은 더욱 어려워졌다. 미국 정부가 자국 담배사 필립모리스를 지원하며 한국 정부에 시장 개방을 압박한 결과였다. 시장이 열리자 필립모리스를 비롯해 독일의 BAT, 일본의 JTI 등 세계적인 담배 브랜드들이 대거 진출했다.

오랜 기간 정부의 보호 아래 국내 담배 시장을 독점해온 KT&G(당시 한국전매공사)는 이제 막 정부 투자기관으로 전환한 상태에서 '바람 앞의 등잔불' 같은 처지에 놓였다. 1988년 담배 시장 개방 당시 1%에 불과했던 외국산 담배 점유율은 2010년 40%대까지 상승했다. 이후 큰 변동 없이 현재 35~40% 수준에서 멈춰 있다. KT&G가 공들였던 품질 향상과 브랜드 마케팅이 빛을 발한 것이다.

2024년 2분기 기준 궐련형 전자담배의 국내 시장 점유율은 KT&G가 1위(46.6.%)이고, 이어 한국필립모리스 43.0%, BAT로스만스 10.4% 순이다. 국내 전체 담배 시장에서도 KT&G는 1위(65.0%) 사업자다. 그 뒤를 필립모리스(20.0%), BAT로스만스(10.4%)가 뒤쫓고 있다(2023). 담배 시장은 크게 궐련 담배(일반 담배)와 궐련형 전자담배로 나뉘는데, 궐련형 전자담배 시장 규모는 궐련 담배의 5분의 1이지만 그 성장세가 가파르다.

KT&G의 성과는 '전략의 승리'로 요약된다. 대표적인 제품이 초슬림형 담배다. KT&G는 글로벌 기업들이 상대적으로 외면해왔던 슬림형(7㎜ 이하) 제품 개발에 착수했고, 1996년 초슬림형 담배 에쎄(5.4㎜)를 출시하며 시장을 공략했다. 에쎄는 보통 두께의 담배 맛은 그대로 유지하면서 얇은 두께와 상대적으로 '덜 독하다'는 인식이 퍼지며 흡연자들의 인기를 끌었다. 초기 타깃으로 설정했던 여성 흡연자는 물론 남성 흡연자들까지 흡수하면서 2004년부터 20년째 국내 판매량 1위를 지키고 있다.

저발화성 담배 제조기술에 투자한 것도 성공 비결로 꼽힌다. 저발화성 담배는 궐련지 안쪽을 특수 물질로 코팅해 밴드를 형성함으로써 피우던 담배를 재떨이에 올려놓으면 산소 유입이 감소해 저절로 꺼지게 한 기능성 담배다. KT&G는 KAIST, 한국기계원 등과 협업해 지난 2013년 저발화성 기술 '블루밴드'를 적용한 더원 3종을 출시했다. 저발화성 기술을 적용한 국내 첫 제품이었다. 이후 2015년까지 전 제품으로 확대했다.

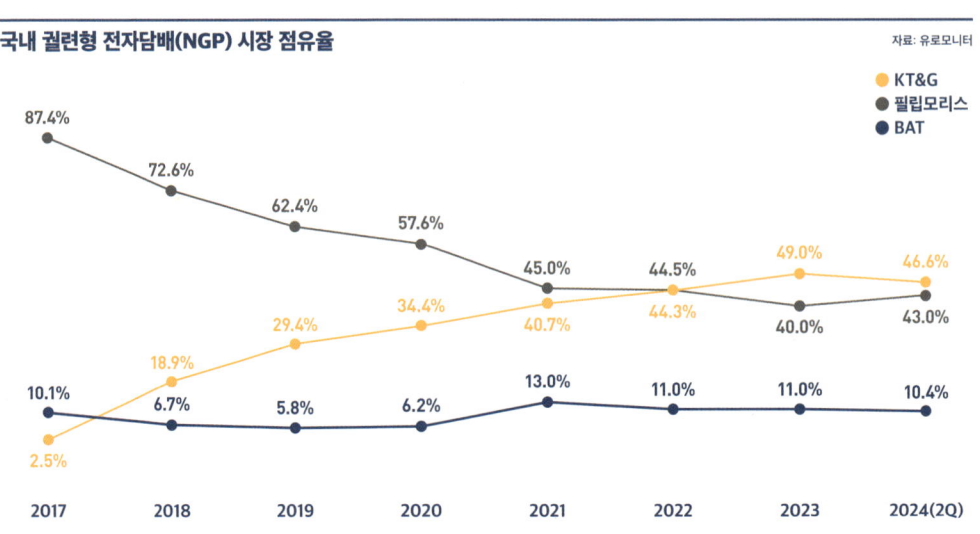

가장 결정적인 성과는 궐련형 전자담배 릴(lil)의 약진이었다. 릴은 2017년 11월 첫선을 보이면서부터 좋은 반응을 얻었다. 당시만 해도 필립 모리스의 아이코스, BAT의 글로가 궐련형 전자담배 시장을 선점하고 있던 터였으나, 스틱에 열이 닿는 면적이 넓어 풍부한 맛을 느낄 수 있다는 릴만의 차별화 포인트를 통해 흡연자들을 끌어 모았다. 2018년 5월 2세대 모델 릴 플러스(lil Plus+)를 비롯해 지금도 꾸준히 후속 시리즈를 내놓고 있다.

내수 시장 개방되자, 역발상으로 '글로벌 진출' 모색

세계 시장 진출에 성공한 것도 KT&G의 성과로 꼽힌다. KT&G는 국내 시장 개방에 따른 위기를 오히려 기회로 활용했다. 발상을 전환해 세계 시장에 진출하기로 한 것이다. 하지만 세계 시장에서 필립모리스, BAT, 임페리얼, JTI 등의 브랜드 파워가 막강하다는 현실을 고려해 틈새시장을 파고들었다. 특히 서구 국가들에 거부감을 느끼는 중동 지역과 러시아를 집중적으로 공략했다. 이 전략이 먹혀들며 해외 시장 성과가 2020년대 이후 KT&G 성장을 주도했다. 현재는 동남아, 아프리카, 미주까지 확대해 총 134개국으로 수출을 진행하고 있다(2024 상반기). 해외 매출 비중도 2023년 36.3%에서 2028년까지 50%로 끌어올린다

KT&G 해외 매출 비중 추이 자료: KT&G 사업보고서

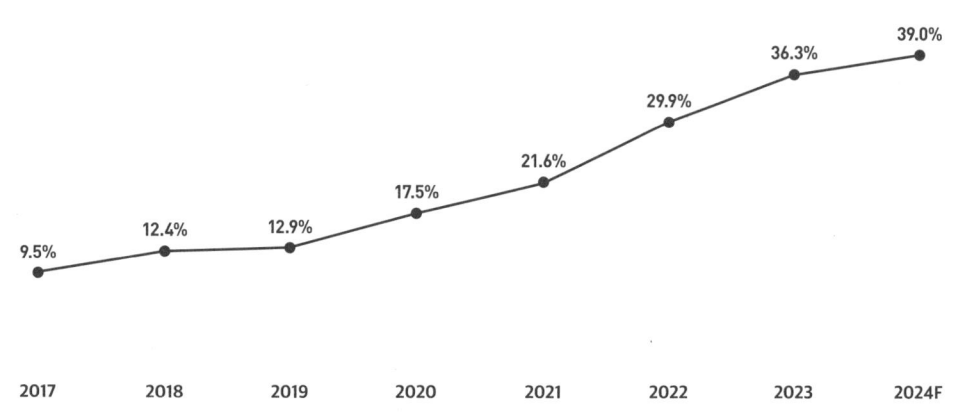

는 목표를 갖고 있다.

틈새시장 공략은 지금도 '진행형'이다. 해외 직접 투자를 통해 인도네시아, 카자흐스탄 등에 생산기지를 만들고 수출 거점으로 활용하고 있다. 2023년 해외 매출액은 1조 1,761억 원으로 전체 매출(5조 8,626억 원)의 20%가량 차지했다. 세계 시장 공략은 KT&G가 2027년 매출 10조 원, 글로벌 '빅4'라는 목표 실현의 핵심 전략이며, KT&G는 세계 시장 점유율 5위(약 2.7%)를 기록하고 있다(2023). 글로벌 담배 시장 1위 사업자는 필립모리스이고 이어 BAT, CNTC, JTI 등 '빅4'가 세계 시장을 과점하고 있다(63.7%).

KT&G는 이러한 성장에 맏고도 현금(및 현금성)과 부동산 자산이 풍부하니는 상섬이 있다. 정부산하 기관 시절 보유하고 있던 물류창고나 생산 공장이 이전하면서 남은 부지가 자연스럽게 KT&G 보유 부동산이 됐기 때문이다. 이러한 자산을 바탕으로 KT&G는 현재 부동산개발 사업에서도 성과를 내고 있다.

'시장 정체·수익성 저하·승계'는 개선점, 고배당주 찾는다면 '맑음'

KT&G의 앞날이 마냥 장밋빛은 아니다. 앞서 언급했듯이 국내 담배 시장은 해마다 축소될 수밖에 없다. 2022년 17조 6,900억 원 규모를 기록한 국내 담배 시장은 향후에도 꾸준히 감소할 것으로 전망된다. 담배가 건강에 해롭다는 공감대가 확산되면서 정부의 담배 광고 규제 또한 갈수록 강화되고 있다. 사실직 금연자도 증가하는 추세다.

KT&G의 영업이익률이 33.1%(2015), 28.0%(2018), 21.7%(2022년)에 이어 2023년 10%대로 떨어진 것도 간과할 수만은 없다. 여전히 두 자릿수 영업이익률을 기록했지만, KT&G 입장에서는 신경 쓰이는 현안이다. 자회사 한국인삼공사(KGC)는 '정관장'이라고 하는 확실한 홍삼 브랜드 파워를 가지고 있음에도 실적이 정체 상태에 놓여 있다. 2023년 매출액 1조 3,960억 원, 영업이익 1,030억 원, 당기순이익 963억 원을 기록했다. 영업이익과 당기순이익은 각각 38.81%, 68.94% 증가했지만, 매출액은 그대로였다.

KT&G를 둘러싼 잇따른 잡음도 들려온다. 사외이사들이 업무와 무관한 초호화 출장으로 논란을 빚었고, 이어 고속도로 휴게소와 군 PX 등에 KT&G 비인기 제품을 사실상 강매한다는 '갑질' 의혹도 계속되고 있다. 전국 각지 곳곳에 있는 사택도 관리가 되지 않아 거주 기간 이후에도 방치되고 있다. 이에 대해 KT&G 측은 "적법한 절차와 규칙대로 진행됐고, 일부 사건의 경우 현재와 관련이 없다"는 입장을 밝히고 있다.

'담배주=고배당주', 한국의 대표 배당주

KT&G에 소속된 상장사는 KT&G와 영진약품 단 2개사다.

- 영진약품은 팬데믹 쇼크로 인한 만성 적자를 2024년 흑자 전환으로 극복했다. 2024년 매출액 2,520억 원, 영업이익 87억 원, 당기순이익 12억 원을 기록했다. 전년 대비 매출액과 영업이익이 각각 7.2%, 179.8% 증가했다. 영진약품은 세파계 항생제(세균을 죽이거나 억제하는 약물)와 경장 영양제(의료용 액체 영양 보충제)가 주력인데, 코로나19 확산 이후 손 씻기, 마스크 착용 등 개인위생 관리가 강화되면서 감기 등 호흡기 감염 질환 발생이 줄어들면서 매출이 급감했다. 세파계 항생제가 폐렴, 인후두염, 편도염, 기관지염 등 다양한 호흡기 감염 질환 치료에 널리 사용되는 약제이기 때문이다. 그러나 2023년을 기점으로 영진약품의 실적 개선이 본격화되고 있다. 특히 2024년 상반기에는 항생제의 국내 및 해외 매출이 성장세를 보였으며, 경장 영양제 '하모닐란', 특발성 폐섬유증 치료제 '파이브로', 순환기계 제품 등 주력 품목의 판매가 호조를 이루면서 실적 회복에 탄력이 붙고 있다. 또한, 남양공장의 항생주사제동 증축을 통해 글로벌 항생제 수요 대응과 CMO(위탁생산) 사업 확대를 추진하는 등 성장 전략을 이어가고 있다.

KT&G는 관심을 가질 만하다. 우선 KT&G는 국내 주식시장에서 손꼽히는 배당주다. KT&G는 1999년 이후 2024년까지 25년 연속 배당을 했다. 또 연속 배당 기업 중 배당금을 단 한 번도 낮춘 적이 없는 국내 유일의 상장사이기도 하다.

KT&G의 배당성향(배당총액/당기순이익)을 살펴보면, 53.81%(2019), 50.83%(2020), 58.93%(2021), 57.24%(2022), 65.45%(2023)이었다. 이는 해마다 당기순이익의 절반 이상을 배당으로 지급한다는 의미다. 배당수익률(주당 배당금/주가)도 4.69%(2019), 5.78%(2020), 5.08%(2021), 6.46%(2022), 5.98%(2023)였다. 배당수익률은 은행 이자율과 유사한 개념으로, 요즘 은행 예금 이자율이 3% 수준인 것을 고려하면 '은행 보다 더 높은 이자를 지급하는 기업'이라고 해석할 수 있다. KT&G는 이 같은 국내 최고 수준의 주주 환원 정책을 이행하며 밸류업의 모범 사례로 인정받고 있다.

'담배주=고배당주' 등식은 한국만의 현상은 아니다. 다른 선진국 어느 주식시장에서든 공통된 특성이다. 미국에서 상장된 '담배 3총사'를 꼽으면 필립모리스(Philip Morris International, PMI), 알트리아(Altria Group, MO), 브리티쉬 아메리칸 토바코(British American Tobacco, BAT)가 있다. 필립모리스는 말보로, 버지니아 슬림으로 잘 알려져 있고 최근에는 전자담배 아이코스가 양호한 반응을 얻고 있다. BAT는 던힐(일반 궐련), 글로(전자담배)로 잘 알려져 있다. 알트리아는 필립모리스의 모기업이다. 더 정확히 말하면, 필립 모리스 인터내셔널은 분사돼 있고, 알트리아는 필립 모리스 USA를 포함한 다른 몇 개의 회사를 지배하고 있다. 그래서 말보로의 경우 미국 내 판권을 알트리아가 갖고, 미국 외에서는 필립 모리스 인터내셔널이 판매하고 있다. 이들 3총사의 시가배당률은 각각 5.35%, 7.46%, 7.99%에 이른다.

왜 담배회사는 배당을 많이 주는 걸까? 가장 큰 이유는 담배회사는 태생적으로 '죄악주(Sinful stock)'라는 인식을 안고 있기 때문이다. 담배주는 '죄악주 3총사(담배, 술, 도박)' 가운데 '자기 방어'가 가장 어렵다는 한계가 있다. 주류 회사는 '음료 회사'라고 주장할 수 있고, 도박 회사는 '엔터테인먼트 회사'라고 주장할 수 있는 데에 반해, 담배회사는 그럴 듯한 카테고리가 없다. 이 점을 고려하면 KT&G는 향후에도 배당을 풍부하게 지급할 가능성이 높다.

여기에 더해 KT&G는 성장주이기도 하다. KT&G의 최근 5년(2018~2023) 매출액 연평균 증가율은 5.35%에 이른다. 최근 한국의 연간 경제 성장률이 2% 내외라는 점을 고려하면 상당히 양호하다. 앞서 언급한 대로 세계 시장 진출에 성공하고 있기 때문이다. 이런 투자 포인트가 있다 보니 KT&G는 2006년 미국 출신 글로벌 기업 사냥꾼 칼 아이칸(Carl Icahn)의 적대적 흡수 합병 시도에 노출되기도 했다. 그해 2월 23일 칼 아이칸은 KT&G에 "주당 6만 원에 KT&G 주식을 공개 매수할 계획으로 오는 28일까지 협조 여부를 알려달라"는 인수제안서를 보내기도 했다. 아이칸은 3월 17일로 예정된 KT&G 정기 주주총회가 열리지 못하도록 가처분 신청도 냈다. KT&G의 경영권 방어가 성공하면서 칼 아이칸은 철수했지만, 약 1,500억 원의 차익을 실현했을 것으로 추정된다.

17 KCC그룹

"건자재 기업
아닙니다.
글로벌 실리콘
'린치핀'입니다"

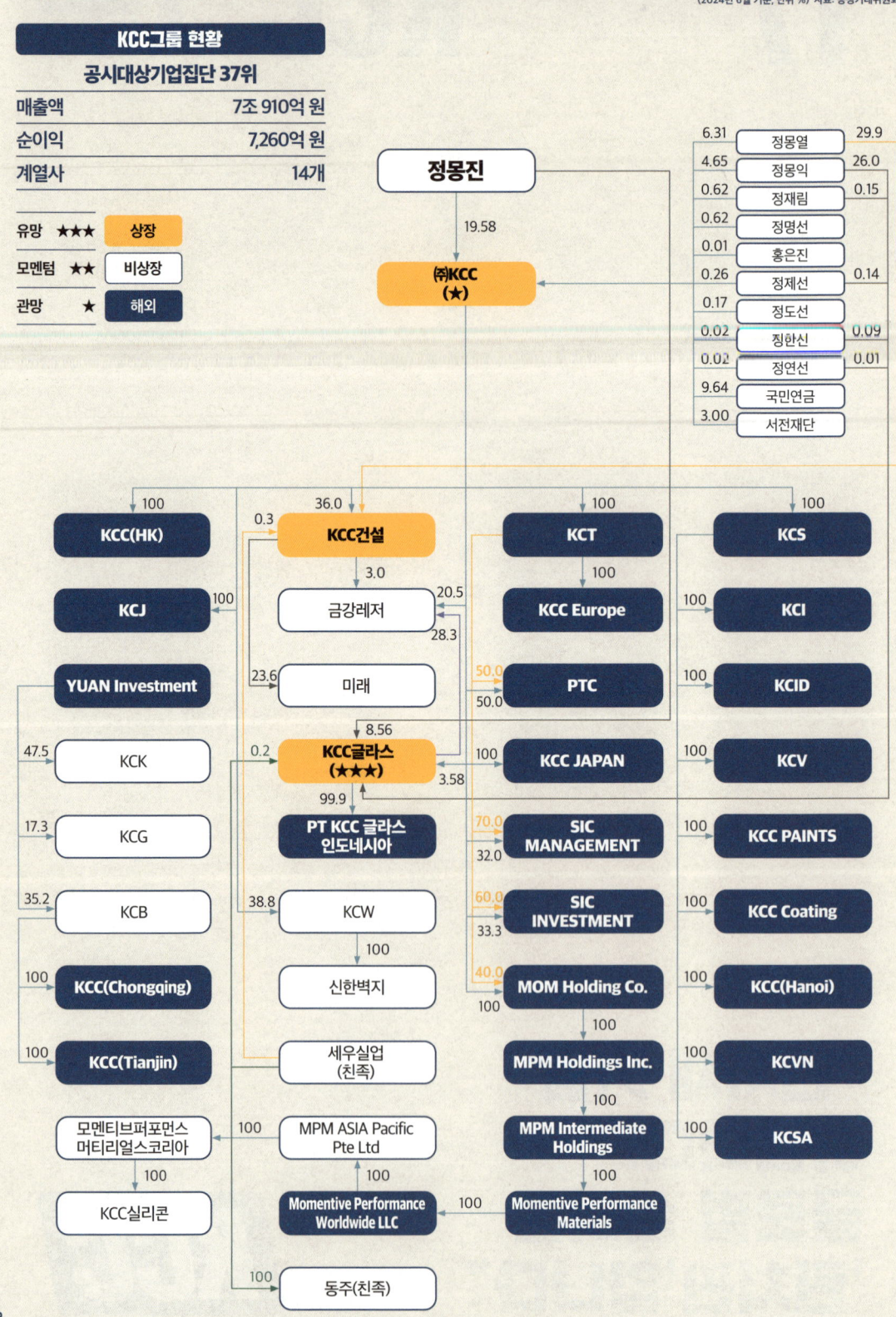

KCC그룹 오너 가계도 및 핵심 관계자 지분 현황

(2024년 6월 기준) 자료: 공정거래위원회

정몽진 KCC그룹 회장		정몽익 KCC글라스 회장		정몽열 KCC건설 회장	
KCC	19.58%	KCC글라스	26.06%	KCC건설	29.9%
KCC글라스	8.56%	KCC	4.65%	KCC글라스	2.76%

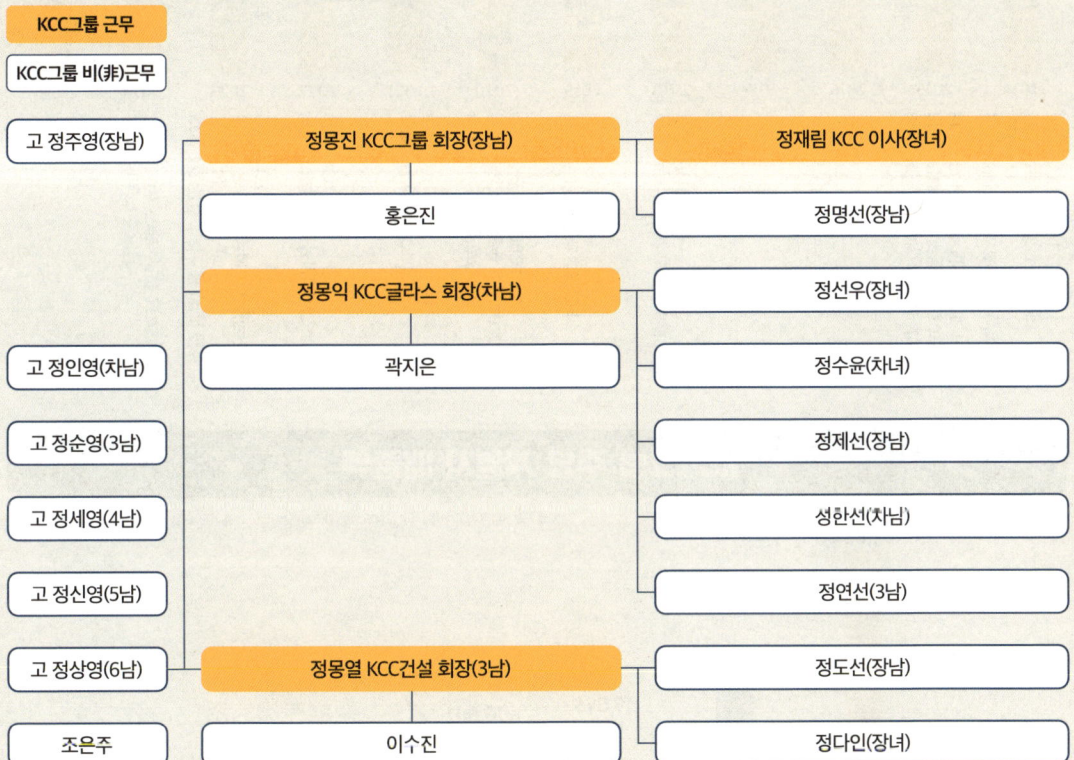

최근 10년 ㈜KCC 실적 및 KCC그룹 주요 연혁

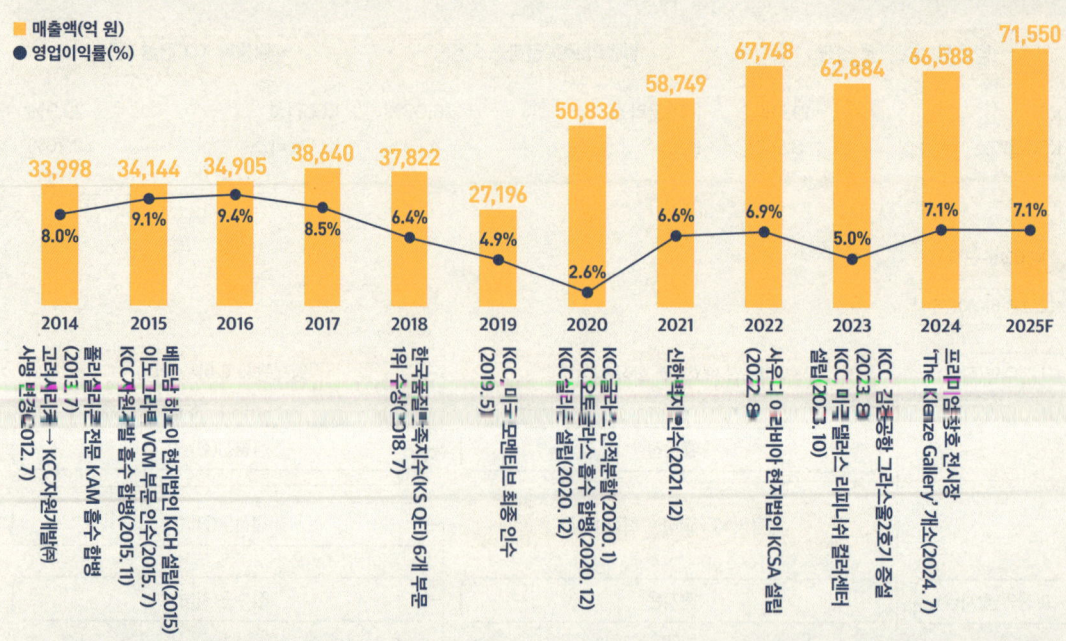

KCC그룹 주요 계열사 매출액

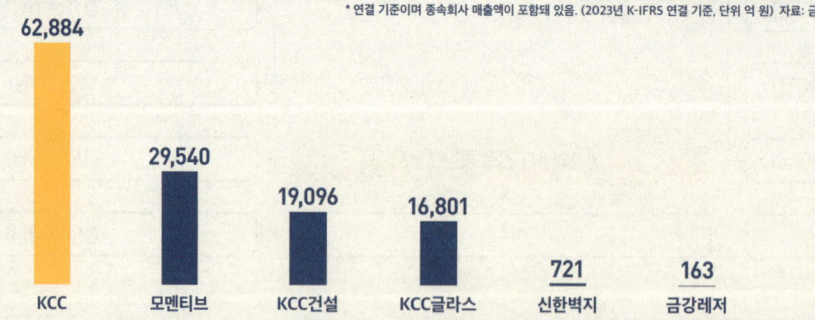

KCC그룹 주요 계열사 매출액 비중

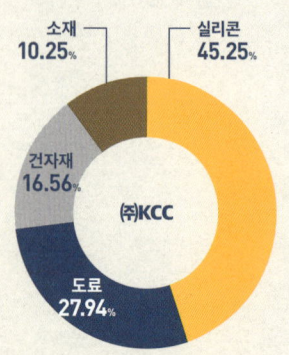
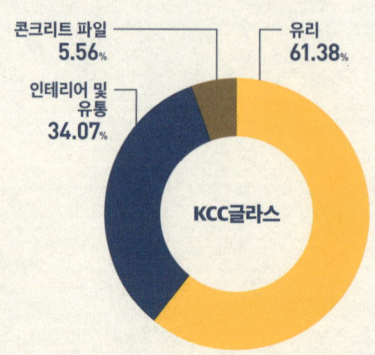
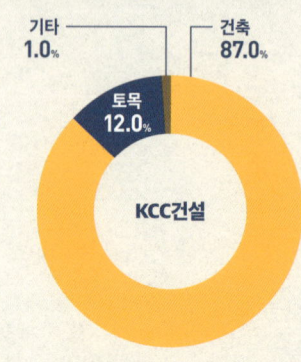

핵심 계열사 경영 현황 및 체크 포인트

㈜KCC(★) 코스피

● 현황
주력 생산품은 실리콘(Silicone)으로 전기전자, 건설, 의료, 제약, 화장품, 생활용품, 우주, 항공산업 등에 사용된다. 매출액 비중은 실리콘 45.25%, 도료 27.94%, 건자재 16.56%, 소재 10.25%다(2024 상반기). 2019년 5월 미국 실리콘 기업 모멘티브(Momentive)를 인수하면서 실리콘 비중이 급증했다. 1958년에 설립돼 1973년 한국거래소에 상장했으며, 그해 금강고려화학에서 ㈜KCC로 사명을 변경했다. 2020년 유리, 홈씨씨 및 상재 사업 부문을 KCC글라스로 인적 분할했고, 2020년 12월 실리콘 사업 부문을 주식회사 KCC실리콘으로 물적 분할해 건자재와 도료사업을 영위하고 있다. 국내 도료 시장에서 점유율 1위(약 35%)를 기록하고 있다(2024).

✓ 체크 포인트
1. **전방 산업 업황:** ㈜KCC가 생산하는 도료, 건자재 제품의 전방 산업은 건설·건축업이다. 하지만 실리콘 비중이 커지면서 건설·건축업의 영향력이 줄어들고 있다. 대신 실리콘의 전방 산업인 자동차, 전자, 플라스틱 대체품, 퍼스널 케어(개인용품)로 다양화하고 있다.
2. **부동산 정책:** 건설 경기에 큰 영향을 끼치는 정부의 부동산 정책을 확인할 필요가 있다.

KCC글라스(★★★) 코스피

● 현황
국내 1위 유리 생산 기업이다. 매출액 비중은 유리 61.38%, 인테리어 및 유통 34.07%, 콘크리트 파일 5.56%다(2024 상반기 K-IFRS 연결). 주력 생산품은 판유리이며 양대 전방 산업은 건설업과 자동차 산업이다. 현대차, 기아차 판유리를 독점 공급하고 있다. 유리 산업은 대규모 장치산업이어서 신규 진입자의 시장 진입이 어렵다. 경쟁사로는 한글라스(건축용), 한국세큐리트(자동차용)가 있다. KCC글라스의 또 다른 생산품은 PVC 바닥재. 2020년 1월 ㈜KCC에서 인적 분할해 설립됐다.

✓ 체크 포인트
1. **자동차 산업 업황:** KCC글라스의 전방 산업에 해당하는 자동차 산업의 업황을 확인할 필요가 있다. 내연기관차에서 전기차로 전환하더라도 자동차 유리는 바뀌지 않는다.
2. **건설업 업황:** KCC글라스의 또 다른 전방 산업인 건설 경기를 확인할 필요가 있다.
3. **CAPA 증설과 글로벌 진출:** KCC글라스 인도네시아 유리 공장이 2024년 10월에 본격적인 가동을 시작했다. 이는 동남아시아 최대 규모의 유리 제조 거점으로, 아세안, 오세아니아, 중동 등 해외 시장 공략을 가속화할 전망이다.

㈜KCC건설 코스피

● 현황
국토교통부의 시공능력평가 25위를 기록한 중견 건설사다(2024). 매출액 비중은 건축 87.02%, 토목 12.0%, 기타 1.0%다(2024 상반기 K-IFRS 연결). 아파트 브랜드는 '스위첸(SWItZEN)'이다. 1989년 금강에서 분리돼 금강종합건설주식회사로 창립됐다. 2005년에 사명을 ㈜KCC건설로 변경했다.

✓ 체크 포인트
1. **아파트 건설 경기:** KCC건설의 주력 사업은 건축 공사(아파트 공사)다. 향후 아파트 경기를 확인할 필요가 있다. 정부의 아파트 정책에도 관심을 가져야 한다.

'도료·건자재·실리콘' 바탕으로 첨단 산업 향해 '날갯짓' 할까

기술 혁신의 상징이자 '첨단 IT 메카'로 잘 알려진 미국 캘리포니아주 실리콘밸리. 이 지명에 '실리콘'이 들어간 이유는 반도체의 주요 소재인 실리콘 웨이퍼를 생산하거나 이를 활용하는 기업들이 이 지역에 밀집했기 때문이다. 실리콘은 반도체 원재료로 널리 알려져 있지만, 건축, 의료, 에너지, 전기전자, 제약, 화장품, 생활용품, 우주, 항공 등 다양한 산업에서 핵심 소재로 활용된다.

실리콘은 여성의 가슴 보형물 같은 의료용품부터 이차전지 음극재에 이르기까지 폭넓은 용도로 쓰인다. 이는 실리콘이 열에 강하고, 물이나 기름에 섞이지 않으며, 유연성과 독성이 낮은 특성을 지니기 때문이다. 최근에는 이차전지 산업에서 실리콘이 음극재로 주목받으면서 시장 규모가 빠르게 성장하고 있다. 이차전지 시장의 급성장과 함께 중국 실리콘

실리콘의 주요 제조공정과 전방산업

규소 → 실리카 → 메탈실리콘 → +메탄올 → 실록산(유기실리콘) → 실리콘(Silicone) → 건설, 자동차, 이차전지, 태양광, 미용

메탈실리콘 → +HCl → 실란가스(TCS) → 폴리실리콘 → 반도체

시장의 연평균 증가율은 약 15%에 달한다.

실리콘(Silicone)은 그 원료가 되는 규소(Silicon)와 다르다. 규소는 원소 기호 'Si'로 표시되는 자연 원소이며, 이를 다양한 화합물과 결합해 만든 것이 우리가 흔히 말하는 실리콘이다. 실리콘은 가공 과정에서 고무처럼 유연하고 고온에서도 변하지 않는 내열성을 갖게 된다. 그런데 이처럼 용도가 무궁무진한 실리콘 시장에서 KCC그룹이 핵심적인 역할을 하고 있다는 사실은 잘 알려져 있지 않다. 'KCC' 하면 '창호 회사' 정도만 떠올리는 사람들이 많지만, KCC그룹은 20여 년의 노력 끝에 전체 매출액의 절반 이상을 '실리콘'으로 채우는 경쟁력을 확보했다.

KCC그룹은 2024년 공정위가 발표한 대기업집단 37위를 기록했다. 전년 대비 2단계 하락했다. 그룹 매출액 7조 910억 원, 순이익 7,260억 원으로 전년 대비 각각 6.51%, 193.18% 증가했다(이하 K-IFRS 연결). 계열사는 ㈜KCC, KCC건설, KCC글라스(이상 상장사), 모멘티브, 금강레저(이상 비상장사) 등 14개사로 전년과 동일했다.

이 가운데 주력사는 지주사 역할을 하는 ㈜KCC다. 2023년 KCC그룹 주요 계열사 매출을 살펴보면, ㈜KCC가 6조 2,884억 원으로 가장 높은 매출을 기록했다. 이어 모멘티브(2조 9,540억 원), KCC건설(1조 9,096억 원), KCC글라스(1조 6,801억 원), 신한벽지(721억 원), 금강레저(163억 원) 순으로 집계됐다.

㈜KCC 해외 매출 비중 추이 자료: ㈜KCC 사업보고서

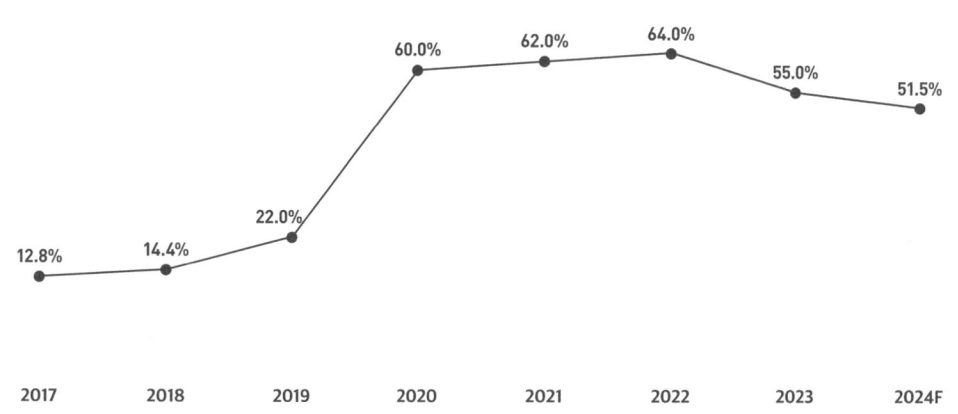

주력사 ㈜KCC는 그간 건설, 건축 현장에 쓰이는 건자재 기업으로 인식돼왔다. 그렇지만 2020년 무렵부터 실리콘이 매출액 중 절반을 넘어서기 시작했다. 2024년 상반기 ㈜KCC 매출액 비중은 실리콘 45.25%, 도료(페인트 포함) 27.94%, 건자재 16.56%, 소재 10.25% 순이다. 내수 대 수출 비중도 48대 52가량으로 명실상부 수출 기업으로 도약했다(2024 상반기).

글로벌 실리콘 3위 '모멘티브' 인수하며 사업 다각화

㈜KCC가 글로벌 실리콘 시장에서 입지를 강화할 수 있었던 결정적 계기는 2019년 미국 실리콘 기업 모멘티브(Momentive) 인수였다. 그해 5월 ㈜KCC는 7,348억 원을 투자해 MOM홀딩컴퍼니 지분 45.49%를 취득했다. MOM홀딩컴퍼니는 모멘티브 퍼포먼스 머티리얼즈(Momentive Performance Materials, 이하 '모멘티브') 인수를 위해 설립된 특수목적법인(SPC)이다. 이후 2024년 2분기, ㈜KCC는 모멘티브 잔여 지분을 4,000억 원에 추가로 인수했다.

모멘티브는 글로벌 실리콘 시장에서 다우듀폰(Dow-Dupont), 독일 바커(Wacker)에 이어 점유율 3위(약 15%)를 기록 중이다. 이 인수는 '신의 한 수'로 평가받는다. KCC의 실리콘 생산능력이 7만 5,000톤에서 단숨에 50만 톤 이상으로 확대됐으며, 인수 이듬해부터 실리콘 매출이 전체 매출의 50%를 넘어섰다.

㈜KCC와 실리콘의 인연은 20년이 넘는다. 2002년 ㈜KCC는 국내 최초로 실리콘 공장을 설립해 기존에 전량 해외에서 수입하던 산업용 실리콘 고무(실란트)와 실리콘 오일을 자체 생산하기 시작했다. 이후 2011년에는 영국 유기 실리콘 기업 바실돈(Basildon)을 인수하며 실리콘 제품군을 확장했다.

건자재와 도료 부문도 매출 비중은 축소됐지만 실적이 개선되고 있다. 이를 통해 ㈜KCC는 실리콘 부문과 건자재·도료 부문이 서로를 보완하며 안정적인 수익 모델을 구축했다는 평가를 받는다. 2023년 실리콘 부문이 중국발 공급 과잉과 유럽·북미 경기 위축으로 약 800억 원의 영업손실을 기록했을 때, 건자재와 도료 부문은 각각 전년 대비 56.1%, 181.1%의 영업이익 증가율을 보이며 부족한 매출을 상쇄했다.

실리콘 부문 올해 흑자 전환 전망, 삼성물산 지분도 안정

㈜KCC는 모멘티브 인수 과정에서 생긴 재무 부담과 유동성을 해결하는 데 집중하고 있다. 2024년 1분기 K-IFRS 별도 기준 ㈜KCC의 유동성 차입금(단기차입금+유동성장기차입금+유동성사채+기타유동금융부채)은 1조 6,890억 원이다. 하지만 현금성자산(현금및현금성자산+단기금융상품)이 1조 2,568억 원이어서 유동성에 특별한 문제는 없다.

㈜KCC는 삼성물산(9.57%)의 2대 주주로서 지분가치만 약 2조 원에 이르는 것으로 평가된다(2024. 11). ㈜KCC가 삼성물산 주식을 처음 사들인 것은 2012년 1월로 당시 비상장사이던 삼성에버랜드(현 삼성물산) 지분 17%를 사들인 것을 시작으로, 2015년 삼성물산 지분 6,743억 원어치를 매입하며 지금에 이르렀다. 미국 행동주의 펀드 엘리엇매니지먼트의 공격을 받은 삼성물산 경영권 방어를 지원하기 위한 목적으로 취득했으며, 궁극적으로 삼성그룹과의 거래 확대를 위한 KCC그룹의 포석으로 알려졌다. 이후 삼성물산과 제일모직이 합병하면서 보유 지분은 9.57%로 다소 줄었다. ㈜KCC는 HD한국조선해양(3.91%) 지분도 보유하고 있으며, 지분가치는 약 5,000억 원에 이른다. 이 두 지분을 합치면 증권가치가 2조 5,000억 원이나(2024. 11).

그렇지만 천문학적 규모의 유동성 차입금이 부담스러운 것은 어쩔 수 없다. ㈜KCC는 모멘티브 인수 과정에서 약 2조 원대의 차입금을 조달했다. 2024년 1분기에만 사채 5,783억 원을 발행해 유동성장기부채 4,000억 원 상환에 사용했다. 2024년 1분기 별도 기준 부채비율은 76.02%이고, 연결 기준으로는 141.43%다.

실리콘 부문의 흑자 전환도 현안이다. 현재 한국을 포함한 글로벌 실리콘 시장은 중국의 저가 실리콘 난립으로 경쟁이 격화된 양상이다. ㈜KCC의 2023년 실리콘 부문 실적을 살펴보면, 매출액 2조 9,520억 원, 영업손실 830억 원을 기록했다. ㈜KCC는 이에 대해 차별화와 프리미엄화를 통해 위기를 타개할 수 있을 것이라고 전망한다. 실제로 2024년에는 매출액 3조 2,620억 원, 영업이익 470억 원으로 흑자 전환이 예상된다.

- KCC그룹의 또 다른 주력사 KCC글라스는 국내 1위 유리 생산 기업이다. 매출액 비중은 유리 61.38%, 인테리어 및 유통 34.07%, 콘크리트 파일 5.56%다(2024 상반기 K-IFRS 연결). 주력 생산품은 판유리이며, 양대 전방 산업은 건설,

자동차 산업이다. 매출액에 전방 산업 노출 비중은 건설 56%, 자동차 33%, 무역 11%로 분석된다. 현대·기아차에 판유리를 독점 공급하고 있다. 유리 산업은 대규모 장치산업이어서 신규 진입자의 시장 진입이 어렵기 때문에 안정적인 산업으로 평가된다. 경쟁사로는 한글라스(건축용), 한국세큐리트(자동차용)가 있다. KCC글라스의 또 다른 생산품은 PVC 바닥재다. 2020년 1월 ㈜KCC에서 인적 분할해 설립됐다.

- KCC건설은 공시대상기업집단 37위 중견 건설사다(2024). 1989년 금강에서 기업 분할해 금강종합건설주식회사로 창립됐다. 2005년 사명을 ㈜KCC건설로 바꿨다. 국토교통부가 발표하는 시공능력평가에서 2024년 25위를 기록한 중견 건설사. 상업시설, 주거시설 등 건축뿐 아니라 도로공사, 지반 조성 등 토목공사도 진행하며, 비율은 각각 87%, 12%다. 아파트 브랜드 스위첸(SWItZEN)을 보유하고 있다.

KCC글라스,
정몽익 회장 독자 경영…
'현대차·기아' 힘입어
성장 가속

KCC그룹은 2021년 1월 별세한 고 정상영(1936~2021) 명예회장 슬하의 3형제 체제로 경영되고 있다. 장남 정몽진 KCC그룹 회장, 차남 정몽익 KCC글라스 회장, 3남 정몽열 KCC건설 회장 중심으로 운영된다. 고 정상영 명예회장은 생전에 지분 증여와 기업 분할 등으로 이들 3형제의 경영 승계 작업을 마무리했다. 장남 정몽진 회장은 1991년 고려화학에 입사했고, 2000년 금강고려화학(현 KCC) 대표이사 회장에 취임했다. 정몽진 회장의 장녀 정재림은 ㈜KCC 이사로 경영에 참여하고 있으며, 모멘티브 인수에 참여한 것으로 알려져 있다.

KCC그룹 3형제의 계열 분리는 아직 마무리되지 않았다. ㈜KCC의 지분 현황을 살펴보면, 장남 정몽진 회장이 19.58%, 차남 정몽익 KCC글라스 회장이 4.65%, 3남 정몽열 KCC건설 회장이 6.31%를 각각 보유하고 있다(2024 3분기). KCC글라스와 KCC건설도 3형제의 지분 관계가 얽혀 있는 구조로, 향후 상호 간의 지분 정리를 통해 계열 분리를 마무리할 것으로 보인다.

먼저 지분 정리에 들어간 쪽은 차남 정몽익 KCC글라스 회장 측이다. 정몽익 회장은 지난 2022년을 시작으로 해마다 ㈜KCC 지분을 매각하고 있다. 당시 8.46%였던 지분율을 꾸준히 낮춰 2024년 9월 4.14%까지 낮춘 상태다. 현행 공정거래법에 따르면, 계열 분리를 위해서는 특수관계인의 주식 보유 비중을 상호 3% 미만으로 낮춰야 한다. 지분율 3%까지 1.14%만을 남겨둔 상황이어서 정몽익 회장과 정몽진 회장의 지분 맞교환 가능성이 크다.

KCC글라스, 현대차가 세계 시장 성과 내며 덩달아 '쑥쑥'

KCC그룹에 소속된 상장 계열사로는 ㈜KCC, KCC건설, KCC글라스가 있다.

- ㈜KCC는 경제적 해자(Economic moat)를 갖고 있다. 해자란 성벽을 둘러싼 연못으로 해자가 깊고 넓을수록 경쟁자 방어에 유리하다. 대규모 장치산업을 보유하고 있어 신규 경쟁자의 진입이 쉽지 않다. 또한, 보유 증권 가치도 매력적이다. ㈜KCC는 삼성물산(9.57%)과 HD한국조선해양(3.91%)의 지분을 보유하고 있으며, 그 가치는 약 2조 5,000억 원으로 추정된다(2024. 6). 여기에 미국 증시 상장을 추진 중인 모멘티브를 100% 소유하고 있어서 상장이 성공하면 지분 가치가 상승할 가능성이 있다. 다만, 핵심 전방 산업이 경기 변동성이 큰 건설업이라는 점과 모멘티브 인수 과정에서 발생한 재무 부담과 유동성 문제는 해결해야 할 과제다. 또 중국 실리콘 경쟁사들의 품질이 빠르게 개선되고 있다는 점도 위협 요소로 작용할 수 있다.

- KCC건설은 2024년 국토부 발표 시공능력평가 순위 25위를 기록한 중견 건설사다. 그러나 경기 변동성이 큰 건설업에 속해 있다.

KCC글라스는 관심을 가질 만하다. KCC글라스는 자동차용 유리를 현대차와 기아에 독점 공급하고 있다. KCC그룹과 현대차그룹은 같은 범현대가에 속해 있어 긴밀한 협력 관계를 유지하고 있다. 현대차그룹이 글로벌 시장에서 성과를 내면서, KCC글라스의 자동차용 유리 매출도 함께 증가할 것으로 예상된다. 전기차 시대가 도래하더라도 유리 수요에는 큰 변화가 없을 전망이다. 매출 또한 빠르게 증가하고 있으며, 최근 3년(2020~2023) 연평균 매출 증가율은 33.34%에 달한다.

해외 시장 개척에도 박차를 가하고 있다. 2024년 10월, 인도네시아 중부 자바 지역 산업단지 내 48만 9,256평방미터 부지에 첫 해외 생산 공장을 준공했다. 이 공장은 연간 약 43만 8,000톤의 판유리를 생산할 수 있다. 인도네시아는 약 2억 8,000만 명의 인구를 보유한 세계 4위의 인구 대국으로, 수도 이전 등 대형 프로젝트가 진행되면서 건설 시장 성장이 기대된다.

18 코오롱그룹

패션 너머
'바이오',
'자동차 유통'
키 플레이어
워밍업

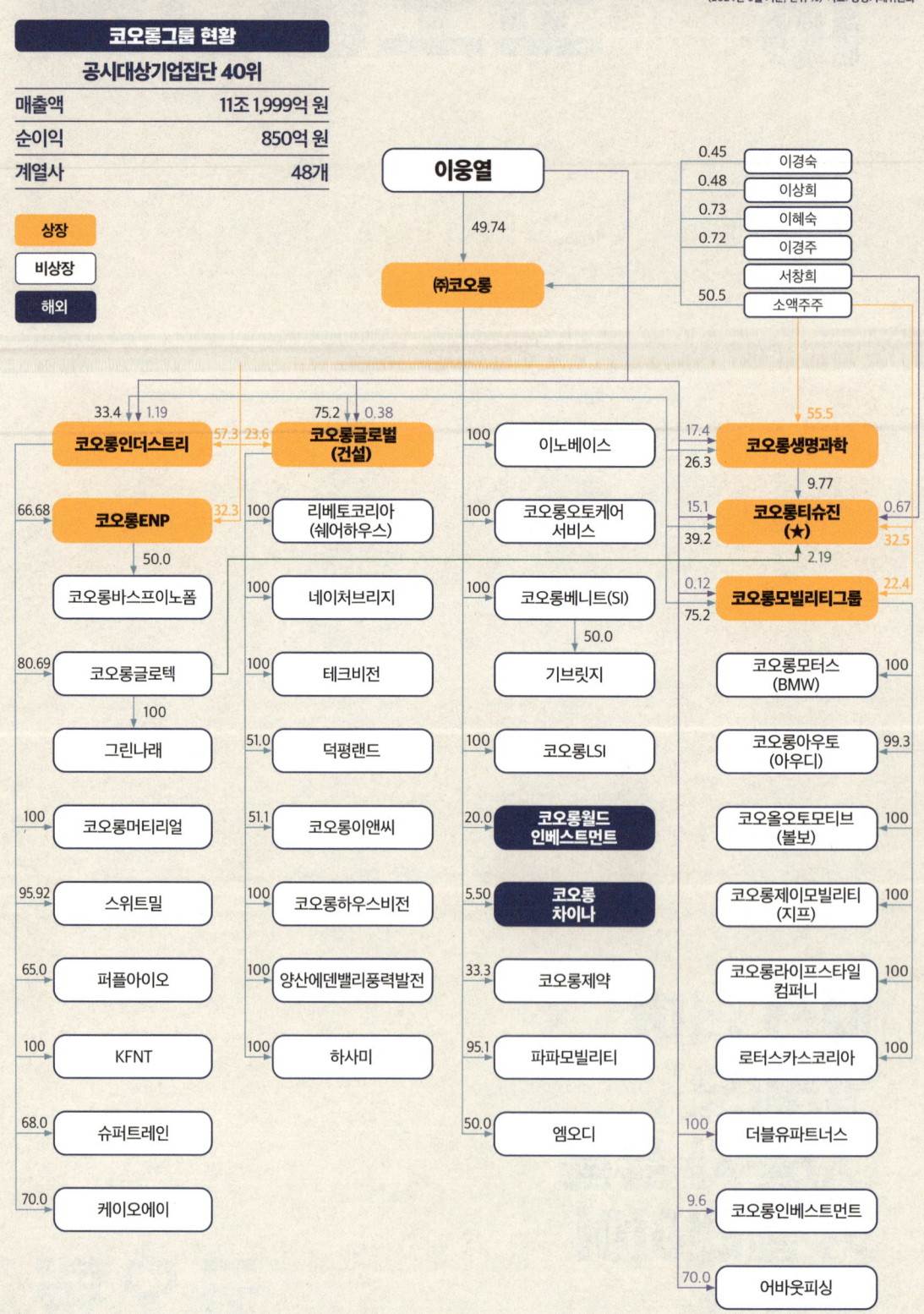

코오롱그룹 오너 가계도 및 관계자 지분 현황

(2024년 6월 기준) 자료: 공정거래위원회

이웅열 코오롱그룹 명예회장	이규호 코오롱그룹 부회장	이소윤 이웅열 명예회장 장녀	이소민 이웅열 명예회장 차녀
코오롱 49.74% 코오롱인베스트먼트 9.64% 더블유파트너스 100%	코오롱 0% 어바웃피싱 10%	어바웃피싱 10%	어바웃피싱 10%

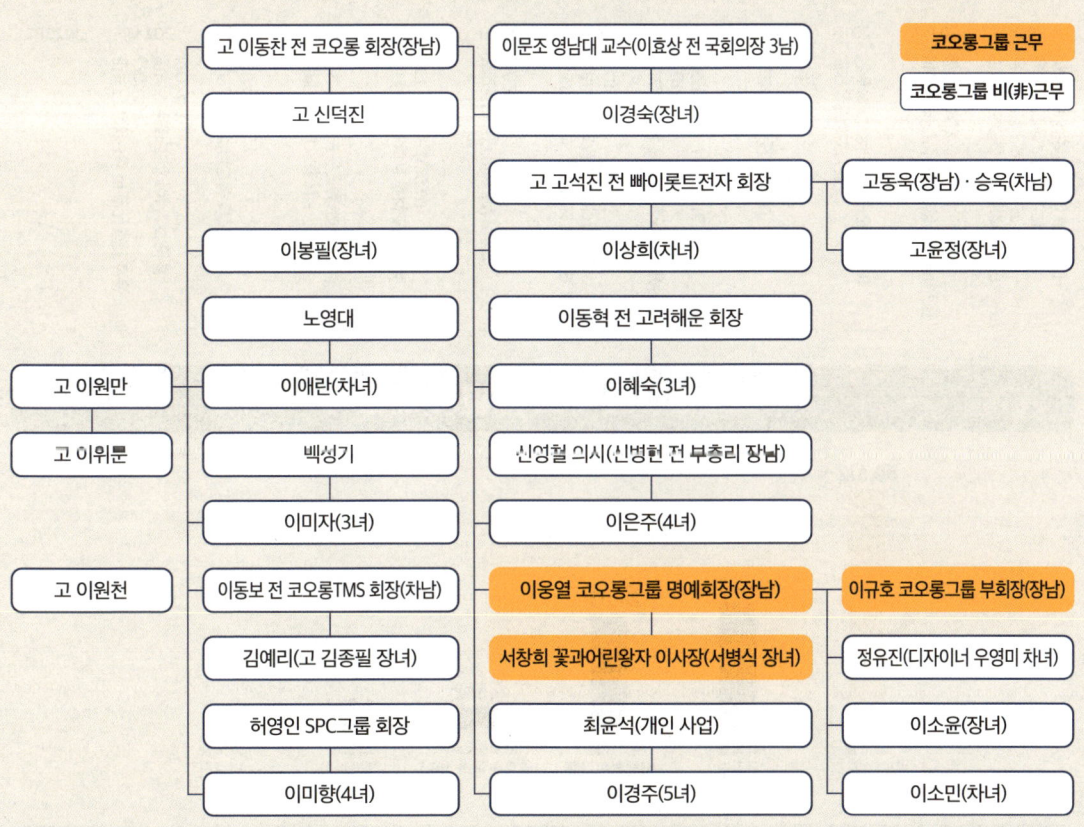

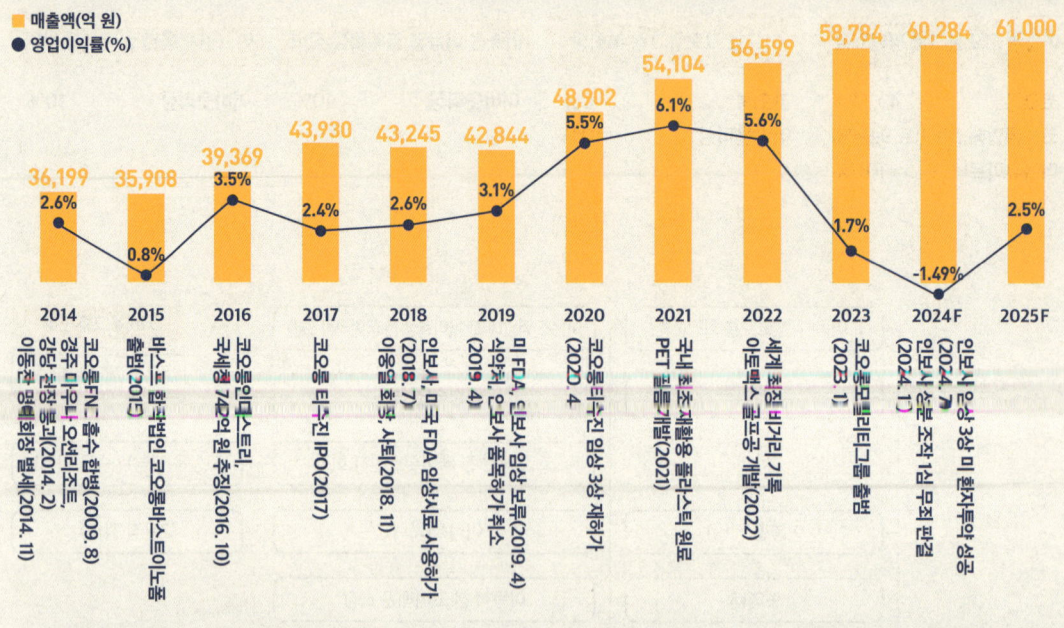

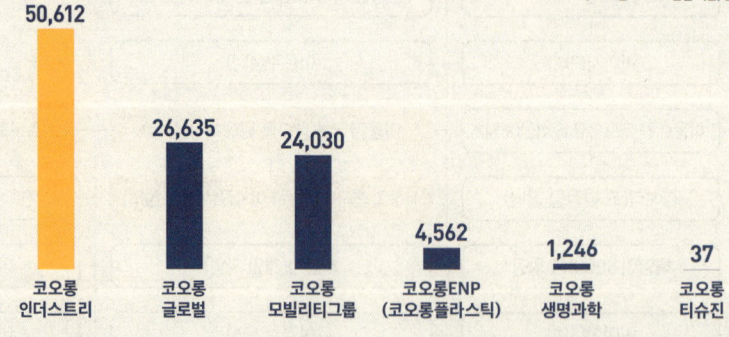

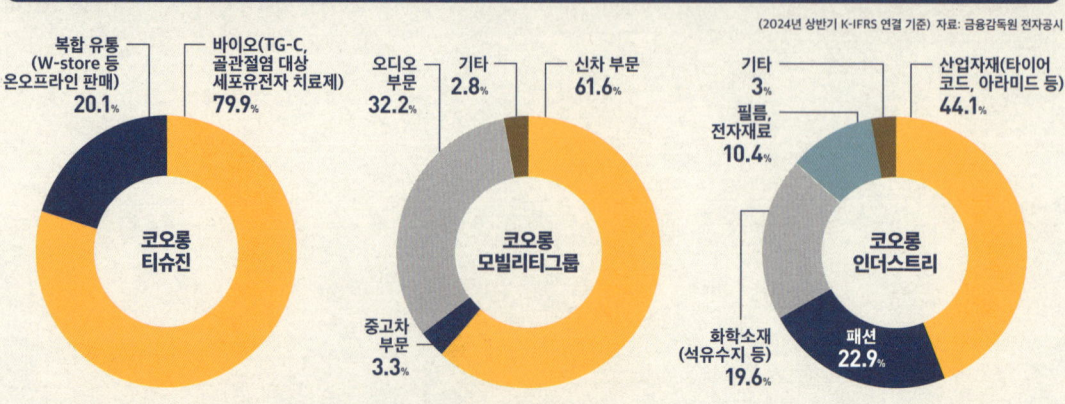

핵심 계열사 경영 현황 및 체크 포인트

코오롱티슈진(★) 코스닥

● **현황**

세계 최초 퇴행성 골관절염 치료제 TG-C(구 인보사)는 혁신적인 의약품으로 주목받았으나, 이후 논란에 휩싸이며 극과 극을 오갔다. 2017년 식약처로부터 품목허가를 받았지만, 2019년 7월 허가가 취소됐기 때문이다. TG-C의 주요 성분 중 하나가 당초 임상 계획에서 밝힌 사람의 연골세포가 아니라, 신장에서 유래한 세포였다는 점 때문이었다. 허가 과정에서 제출한 성분 정보와 실제 제품이 불일치한 사실이 밝혀지면서 품목허가가 철회된 것이다. 그러나 2024년 7월 TG-C가 미국에서 진행된 무릎 관절염 치료제 임상 3상 투약을 성공적으로 마무리하며 다시 주목받고 있다.

✓ **체크 포인트**
1. **TG-C의 품목허가:** 코오롱티슈진은 2026년 TG-C 임상 데이터를 확인하고, 2027년 1분기 내 품목허가(BLA, Biologics License Application)를 신청한다는 목표를 갖고 있다. 목표대로 진행된다면 세계 최초로 골관절염을 근본적으로 치료하는 혁신 신약이 탄생하게 된다.
2. **유상증자, 전환사채 발행:** 코오롱티슈진은 적자를 지속하다가 혁신 신약이 '터지면' 매출이 급증하고 수익성이 개선되는 전형적인 바이오 신약 기업이다. 유상증자, 전환사채(CB) 발행이 빈번해 주주 가치가 희석됐다.

코오롱인더스트리 코스피

● **현황**

코오롱그룹의 화학섬유 계열사로, 주력 생산품 타이어코드는 세계 시장 점유율 2위(약 15%)를 기록하고 있다(2024). 자동차 타이어 고무 내부에 들어가는 섬유 보강재로 전기차 시대에 더욱 중요성을 인정받고 있다. 또 다른 주력 생산품 아라미드는 '슈퍼섬유'로 불리며, 세계 시장 점유율 3위(약 7%)를 기록하고 있다. 2010년 2월 ㈜코오롱의 제조사업 부문이 분할해 설립됐다.

✓ **체크 포인트**
1. **타이어코드, 아라미드 업황:** 이 회사의 주력 생산품인 타이어코드와 아라미드는 업황 기복이 큰 편이다.
2. **수소산업 진출:** 신성장 동력으로 수소 생산, 수송, 활용 등 수소산업 전반에 걸친 가치사슬을 구축하고 있다.

코오롱모빌리티그룹 코스피

● **현황**

자동차(수입차) 유통 사업을 영위하며, 계열사로 코오롱모터스(BMW 수입 대행), 코오롱아우토(아우디), 코오롱오토모티브(볼보), 코오롱제이모빌리티(지프), 코오롱라이프스타일컴퍼니, 로터스카스코리아를 두고 있다. 2022년 코오롱글로벌의 자동차 사업 부문이 인적 분할해 설립됐다. 매출액 비중은 신차 판매 부문 61.6%, 중고차 매매 부문 3.3%, 오디오 판매 부문 32.3%, 기타 부문 2.8%다(2024 상반기 K-IFRS 연결).

✓ **체크 포인트**
1. **인증 중고차 시장 성장 여부:** 중고차 프리미엄 서비스 브랜드 '702'로 인증 중고차 사업을 추진하고 있다.
2. **A/S 서비스:** 볼보 하남 서비스센터와 롤스로이스 및 로터스 전용 서비스센터를 국내 최초로 개소했다. 중고차 유통 사업이 성장하면 A/S 서비스 성과도 개선될 수 있다.

1970년대 '리즈 시절',
'바이오 신약'으로
되찾을 수 있을까

코오롱그룹은 1970년대 효성그룹과 더불어 주력 사업에 해당하는 화학섬유 덕분에 전성기를 누렸다. 당시 코오롱은 '재계 10대 그룹'에 속해 있었다. 1974년 재계 순위를 살펴보면, 코오롱은 9위, 효성이 7위였다. LG(1위), 삼성(2위), 현대(3위), 한화(4위), 동국제강(5위), 대한전선그룹(6위), 효성(7위), 신동아(8위), 코오롱(9위), 한일(10위) 순이었다. 재계 9위를 기록했던 1974년은 코오롱그룹의 재계 순위가 가장 높았던 연도다.

고 이원만(1904~1994) 창업 회장은 1951년 재봉기 6대로 섬유·패션 피복 회사 삼경물산을 창업했고, 이 회사가 지금의 코오롱으로 발전했다. 삼경물산은 박정희 정권의 경제개발 계획과 함께 고속 성장을 이뤘다. 이 기간 한국의 산업화가 가속화되며 많은 제조업체들이 급성장했는데, 코오롱도 그러한 기업 중 하나였다. 화학섬유, 패션을 '자금원'으로 삼아 코오롱은 금융, 유통, 기계 장비, 통신을 아우르는 대기업집단으로 성장했다. 코오롱은 당시 높은 급여와 정년퇴직이 보장되는 '직장인 천국'으로 대학생들 사이에 취업 선호도 1순위를 기록하기도 했다.

한국의 소비자들에게 '코오롱=패션 기업'으로 기억되는 이유도 당시 패션 사업이 전성기를 누린 덕분이다. 코오롱이란 회사명이 '코리아(Korea)+나일론(nylon)'의 줄임말이고, 지금도 코오롱인더스트리 FnC 부문은 잭니클라우스, 캠브리지 같은 패션 브랜드 제품을 판매하고 있다.

하지만 풍부한 저임금 노동력에 기반한 화학섬유 산업은 1980년대 들어 한국 노동자들의 전반적인 임금 인상이 이뤄지면서 사양화의 길을 걸었다. 코오롱도 효성과 같은 흐름을 탔는데, 특히 코오롱그룹의 순위 하락 폭은 두드러진다. 2024년 공정위 대기업집단 순위를 보면 코오롱은 40위, 효성이 33위를 기록했다. 1970년대 전성기 당시 9위였던 것과 비교하면, 무려 31단계나 하락했다.

2023년을 기점으로 코오롱그룹은 재도약의 기반을 마련했다. 현재 코오롱그룹은 화학섬유, 패션이 사업 영역의 전부가 아니다. 코오롱은 섬유와 패션 외에도 바이오 신약, 자동차 유통(수입차 판매) 등 사업 포트폴리오를 새롭게 구성했다. 지주사 ㈜코오롱의 최근 5년(2018~2023) 매출액 연평균 증가율도 6.39%에 이른다. 완만하지만 분명히 성장하고 있다. 사업 포트폴리오를 완성하는 과정에서 코오롱그룹은 적지 않은 시행착오와 '수업료'도 치렀지만, 제2 도약의 기반은 마련됐다.

코오롱인더스트리, 타이어코드와 아라미드로 세계 시장 주도

코오롱그룹은 2024년 공정위 대기업집단 40위를 기록했다. 전년 대비 1단계 하락했다. 매출액 11조 1,990억 원, 순이익 850억 원으로 전년 대비 각각 0.68%, 74.12% 감소했다. ㈜코오롱, 코오롱인더스트리, 코오롱글로벌(이상 상장사), 코오롱에코원(비상장사) 등 계열사는 48개사로 전년 대비 1개 증가했다.

코오롱그룹 주요 계열사의 매출액을 살펴보면, 코오롱인더스트리(5조 612억 원)가 가장 많고, 이어 코오롱글로벌(2조 6,635억 원), 코오롱모빌리티그룹(2조 4,030억 원), 코오롱ENP(옛 코오롱플라스틱, 4,562억 원), 코오롱생명과학(1,246억 원), 코오롱티슈진(37억 원) 순이다(2023 K-IFRS 연결). 코오롱인더스트리, 코오롱글로벌, 코오롱모빌리티그룹 3개사가 약 75%를 차지하고 있다(코오롱모빌리티그룹은 회사명에 '그룹'이라는 명칭이 있지만 별도의 단일 기업이다).

코오롱인더스트리는 코오롱그룹의 모태로서 그룹 전성기 시절의 본업을 고스란히 간직하고 있다. 매출액 비중은 산업자재(타이어코드, 아라미드 등) 47.4%, 화학소재(석유 수지 등) 21.9%, 필름 및 전기재료 4.5%, 기타 2.6%다(2024 상반기). 코오롱인더스터리의 주력 생산품 중 하나인 '타이어코드'는 자동차 타이어 고무 내부에 들어가는 섬유 보강재로 세계 시장 점유율 2위(약 15%)를 기록하고 있다. 세계 시장 점유율 1위는 HS효성첨단소재(약 48%)

다. 두 기업의 점유율을 합치면 63%로, 한국 기업들이 글로벌 타이어코드 시장을 과점하고 있다(2024).

타이어코드는 전기차(EV) 시대에 더욱 주목받는 품목이다. 전기차는 '배터리 덩어리'라고 해도 과언이 아니다. 이 때문에 내연기관차보다 무겁다는 단점이 있다. 따라서 내연기관차 타이어보다 내구성과 경량화를 개선해야 한다. 하이브리드 타이어코드(HTC, Hybrid Tire Code)는 이러한 요구 조건에 부합하는 품목으로 수요가 증가하고 있다.

코오롱인더스트리의 또 다른 주력 생산품인 아라미드(Aramid) 실적도 개선되고 있다. 아라미드는 강철보다 5배 강하고 가벼우며, 500도 이상 고온에도 견딜 수 있는 '슈퍼섬유'도 불린다. 그래서 5세대 이동통신(5G) 케이블, 특수 타이어(UHPT), 방탄복, 우주항공 소재 등 첨단 분야에 활용된다. 코오롱인더스트리는 아라미드 글로벌 시장에서 미국 듀폰(61%), 일본 테이진(9%)에 이어 7% 점유율로 세계 3위를 기록하고 있다. 2024년 9월 7,500톤 규모의 증설을 완료해 생산능력이 1만 5,310톤으로 확장됐다.

코오롱인더스트리는 아라미드 생산 기술을 놓고 미국 듀폰과 2012년부터 6년 동안 소송전을 벌이기도 했다. 듀폰이 코오롱인더스트리를 상대로 영업 기밀을 빼냈다며 사용 중지 소송을 제기한 것이다. 코오롱은 2015년 4월 듀폰과 미국 정부에 각각 합의금 2억 5,000만 달러(약 3,250억 원)와 영업 비밀 침해 모의 혐의에 대한 벌금 8,500만 달러(약 1,000억 원)를 5년 분납하기로 합의하며 소송을 마무리했다.

아라미드에 타이어코드를 배합한 차세대 소재 투명 폴리이미드(CPI, Colorless Polyimide)도 스마트폰 시장에서의 폴더블폰 재료로 사용되면서 성장성이 부각되고 있다. 폴리이미드로 만든 필름은 수만 번 접었다가 펴도 자국이 남지 않아 '접는 스마트폰'에 활용된다. 코오롱인더스트리는 2006년 투명 폴리이미드 독자 개발에 착수해 2016년 세계 최초로 개발에 성공했다. 2018년 4월 양산 라인도 준공했다.

'바이오 신약 개발'과 '자동차 유통'으로 포트폴리오 확장

코오롱인더스트리가 본업이라면 코오롱티슈진과 코오롱모빌리티그룹은 신성장 동력이다. 코오롱티슈진은 코오롱그룹의 '아픈 손가락'이었다. 그러나 최근 '황금 백조'로 탈바꿈할 신호가 포착되고 있다.

코오롱티슈진은 바이오 신약 개발사로 1999년 6월 설립됐다. 세계 최초 퇴행성 관절염 세포 유전자 치료제 TG-C(구 인보사)를 개발하고 있다. 골관절염은 현재 근본적인 치료제가 없는 시장으로 수술 외에 이렇다 할 약물 치료법이 존재하지 않는다. 미국 FDA 품목허가를 받은 치료제가 전무한 만큼, 성공한다면 독보적인 성과다.

2024년 7월 코오롱티슈진의 TG-C는 미국 무릎 임상 3상 환자 투약을 성공적으로 마무리했다. 이에 따라 주가도 상한가로 직행했다. 그렇지만 여기까지 오기까지 코오롱티슈진은 '인보사 사태'라는 위기를 겪어야 했다.

코오롱티슈진은 2004년 9월 TG-C 관련 미국 특허를 획득한 뒤, 2006년 FDA로부터 임상 1상 시험을 승인받았다. 2015년 5월에는 FDA 임상 3상에 진입했고, 2016년에는 무릎 퇴행성관절염 환자 159명을 대상으로 임상 3상을 마쳤다. 이듬해 식품의약품안전처 품목허가를 받아 실제 치료에 활용되면서 3,700여 명에게 투약됐다. 하지만 2019년 3월 FDA 임상 3상 도중 TG-C의 주요 성분 중 하나가 당초 임상 계획에서 명시한 '사람 연골세포'가 아닌 '신장 유래 세포'였음이 드러나며 파문을 일으켰다. 그해 4월 FDA는 임상보류를 결정했고, 식약처도 7월 인보사의 품목허가를 취소했다. 이 사건은 그룹 전체에 충격을 안겼다. 그룹이 명운을 걸고 10여 년 동안 개발해온 신약이 품목 취소된 것이니만큼 엄청난 타격이었다.

그러나 2020년 4월 FDA가 코오롱티슈진의 소명을 받아들여 임상보류 조치를 해제하고 임상 3상을 다시 허가했다. 이후 FDA로부터 임상 데이터의 유효성과 안전성을 인정받아 고관절(Hip-OA)에 대해서 임상 1상 없이 곧바로 2상 연구에 진입했고, 척추 환자를 대상으로 한 임상 1상도 추가로 승인받았다. 2024년 7월 TG-C는 미국 무릎 임상 3상 환자 투약을 성공적으로 마무리했다. 임상 3상 투약 완료는 지난 2006년 FDA 임상 1상에 착수한 지 무려 18년 만의 성과다. 또 2020년 FDA의 임상보류 조치가 해제된 지 4년 만의 결실이다.

코오로이슈진의 TG-C가 다시 살아나면서 투자자와 업계의 주목을 받고 있다. 미국에서 최종 승인될 경우 국내 재출시는 물론 세계 시장 진출이 이뤄질 수 있기 때문이다. 게다가 현재 진행 중인 소송들에도 긍정적인 영향을 미칠 것으로 풀이되면서 기업 가치가 급등할 것으로 전망된다. 코오롱티슈진은 향후 2년간의 추적 관찰과 품목허가라는 최종관문을 남겨두고 있다. 회사 측은 2026년 임상 데이터를 확인하고, 2027년 1분기 내 품목허가를 신청한다는 계획이다. TG-C가 디모드(DMOAD, Disease-Modifying Osteoarthritis drug)로 인정받는다면 세계 최초로 골관절염을 근본적으로 치료하는 혁신 신약이 탄생하게 된다. 디모드란 관절 조직의 구조적 개선 또는 질병 진행 억제를 통해 임상 증세를 개선(통증 완화, 기능 개선)하는 골관절염 치료제를 이른다.

- 코오롱모빌리티그룹은 자동차 유통 사업을 영위하며, 2023년 1월 코오롱글로벌의 자동차 유통 부문이 인적 분할해 설립됐다. 코오롱글로벌의 자동차 부문(현 코오롱모빌리티그룹)이 2012년부터 2022년까지 연평균 12% 이상 성장하자 독립 법인으로 출범시킨 것이다. 코오롱모빌리티그룹은 2024년 매출액 2조 2,580억 원, 영업이익 175억 원, 당기순손실 125억 원을 기록했다. 전년 대비 매출액과 영업이익은 각각 6%, 55% 감소했고, 당기순손익은 적자 전환했다. 영국 프리미엄 스포츠카 브랜드 로터스의 국내 유일 공식 수입사이고, 로터스의 마지막 내연기관 스포츠카 에미라(Emira), 브랜드 최초의 전기 SUV 엘레트라(Eletre) 등 두 모델을 유통하기도 한다. 계열사로 코오롱모터스(BMW 수입대행), 코오롱아우토(아우디), 코오롱오토모티브(볼보), 코오롱제이(지프), 코오롱라이프스타일컴퍼니, 로터스카스코리아를 두고 있다. 코오롱아우토(99.3%)를 제외하면 코오롱모빌리티그룹은 이들 계열사 지분 100%를 보유하고 있다.

- 코오롱ENP의 주력 생산품은 엔지니어링 플라스틱으로 자동차, 전기전자, 우주항공, 레저스포츠 산업에서 기존 금속 및 세라믹 재료를 대체하는 고강도, 고내열성, 경량 재료로 주목받고 있다. 1996년 3월 설립됐고, 2011년 6월 유가증권시장에 상장했다. 경쟁사는 BGF에코머티리얼즈, 한국엔지니어링 플라스틱(비상장)이다.

'오너 외아들'
이규호 부회장 승진이
의미하는 것

코오롱그룹은 이웅열 전 회장이 ㈜코오롱의 최대주주(49.7%)이고, ㈜코오롱이 코오롱인더스트리(33.4%), 코오롱글로벌(75.2%) 등을 지배하고 있다. 이웅열 명예회장이 절반에 가까운 지분을 갖고 있어 경영권은 확고하다. 아직 외아들 이규호 부회장에게 지분을 물려주지 않고 있다(2024. 9).

코오롱에 남아 있는 불확실성은 '리더의 부재'다. 코오롱그룹 회장이 공석이다. 인보사 사태에 앞서 2018년 11월 이웅열 명예회장이 경영 일선에서 물러났기 때문이다. 기업의 총수가 부재하면 그룹 성장에 한계가 있을 수밖에 없다. 그러다가 2024년 1월 '오너 3세' 이규호 코오롱모빌리티그룹 대표이사 사장이 코오롱 전략부문 대표이사 부회장에 취임했다.

장남 승계가 일반적인 코오롱그룹에서 승계에 이변은 없을 것이라는 분석이 지배적이다. 이규호 부회장은 코오롱그룹에서 뚜렷한 실적을 내지 못했지만, 코오롱모빌리티그룹에서 성과를 거두며 경영권 승계에 한 걸음 더 다가섰다는 평가를 받고 있다. 현재 이 부회장은 코오롱그룹 지분을 보유하고 있지 않아, 향후 경영권 승계 과정에서 발생할 증여세가 그룹 전체에 부담으로 작용할 가능성이 제기된다.

이원만 코오롱 창업주는 1933년 일본으로 건너가 신문 배달부터 시작해 자수성가했다. 1937년 회사명을 아사히피복주식회사로 변경했다. 1953년 국내에 처음으로 나일론을 들여온 뒤, 1957년 대구에 한국나이론을 설립했다. 한국나이론은 1963년부터 나일론 섬유를 생산하며 이 분야 선두에 섰다. 이 창업주는 1977년 경영권을 장남 이동찬(1922~2014) 회장에게 물려줬다. 이동찬 회장은 부친과 40년 가까이 코오롱을 맡았기에 창업 1.5세대로 불린다. 이동찬 회장 장남 이웅열은 1996년 회장에 취임했다.

코오롱티슈진, 천당과 지옥을 오간 바이오 신약 개발사

코오롱그룹에 소속된 상장사로는 ㈜코오롱, 코오롱인더스트리, 코오롱ENP(옛 코오롱플라스틱), 코오롱글로벌, 코오롱생명과학, 코오롱티슈진, 코오롱모빌리티그룹 등 7개사가 있다.

- 코오롱인더스트리는 타이어코드, 아라미드와 같은 글로벌 경쟁력을 갖춘 제품을 보유하고 있다. 다만 정유화학 산업에 속해 있어 예측이 어렵다는 한계가 있다. 쉽게 말해, 정유화학 산업의 수요와 공급을 결정하는 변수가 다양해 예측이 어렵다. 코오롱ENP도 사정은 마찬가지다.

- 코오롱글로벌은 주력 사업이 건설업이다 보니 업황 기복이 심한 편이다.

- 코오롱모빌리티그룹은 '오너 3세' 이규호 부회장이 대표이사를 맡아 사세를 키우다가 2024년 3월 사임했다. 당초 코오롱모빌리티그룹은 이규호 부회장이 경영권을 승계받기 위해 사세를 키울 것으로 기대감을 모았다. 하지만 이규호 부회장이 대표이사직을 사임하면서 변수로 등장했다.

코오롱티슈진은 주목해볼 만하다. 한국 주식시장을 뒤흔들었던 2019년 '인보사 사태'를 곰곰이 복기해보자. TG-C가 품목허가 취소를 받은 것은 효능에 문제가 있어서가 아니라 '유래 세포'가 허가사항과 다르다는 이유 때문이었다. 검사 당국을 속였다는 건데, 이것도 코오롱티슈진의 착오였다는 사실이 이후에 드러났다. TG-C는 미국에서 2상 연구를 마쳤고, 한국에서는 이미 수천 명에게 사용됐다. TG-C가 미 FDA 3상을 통과한다면 코오롱티슈진의 역사는 달라질 것이다.

19 OCI그룹

'폴리실리콘'으로
태양광 너머
반도체 소재까지
넘본다

OCI

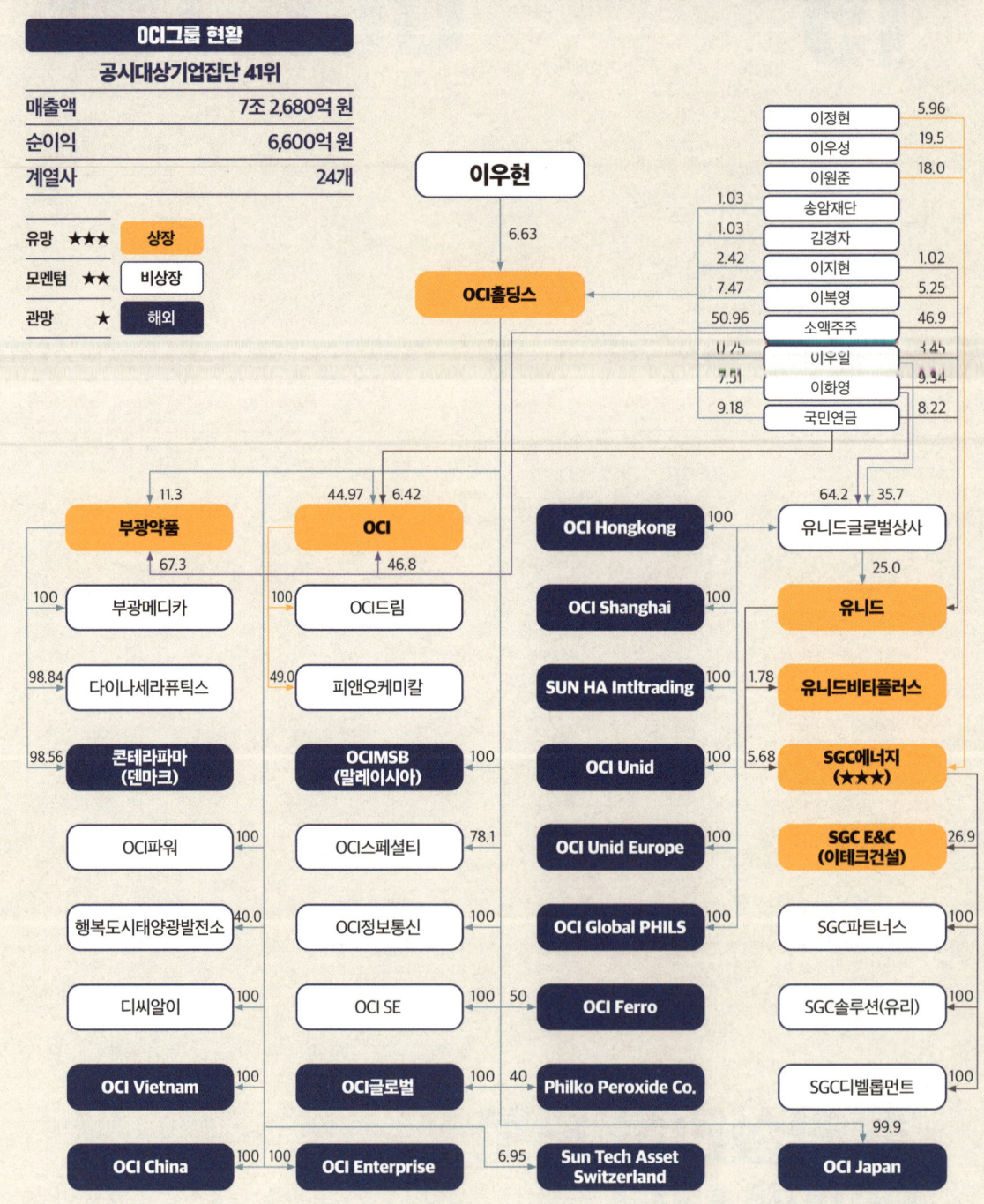

OCI그룹 오너 가계도 및 관계자 지분 현황

(2024년 6월 기준) 자료: 공정거래위원회

이우현 OCI그룹 회장		이복영 SGC에너지 회장		이화영 유니드 회장		이우일 유니드 사장	
OCI홀딩스	6.63%	OCI홀딩스	7.47%	OCI홀딩스	7.51%	OCI홀딩스	0.25%
OCI	0.52%			유니드글로벌상사	64.3%	유니드글로벌상사	35.7%

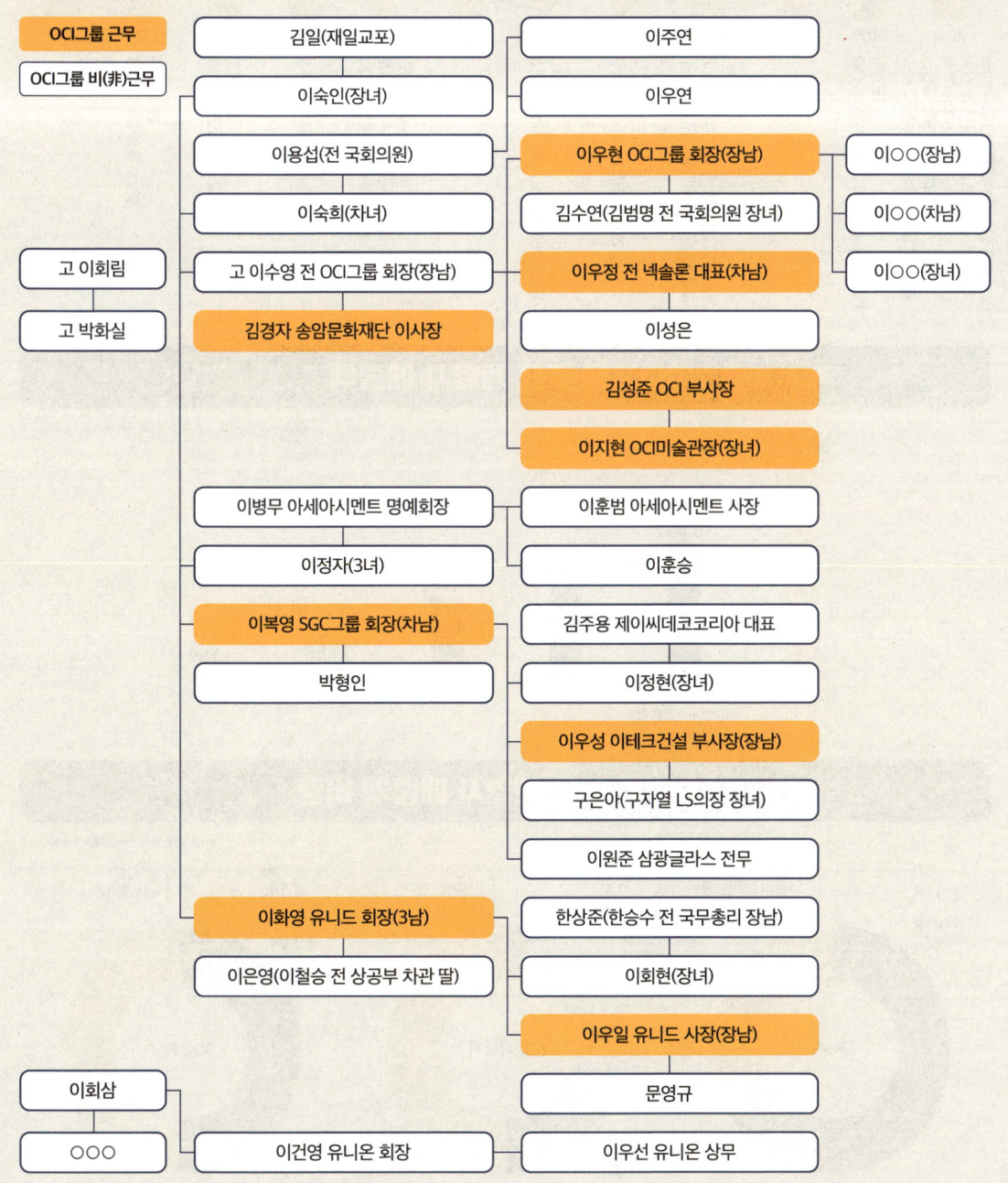

최근 10년 ㈜OCI 실적 및 그룹 주요 연혁

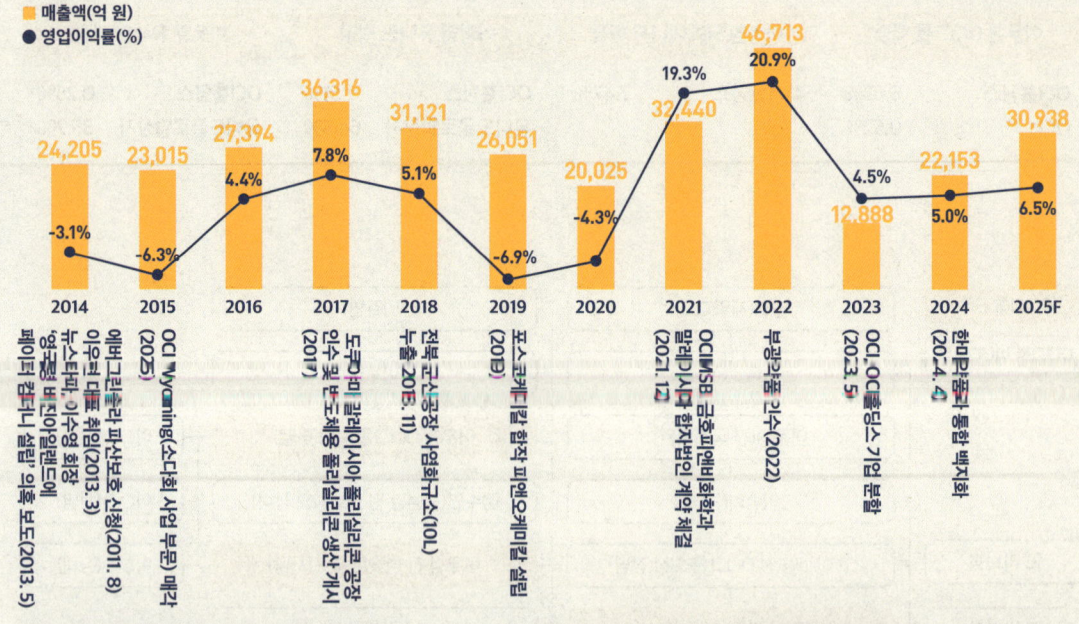

OCI그룹 주요 계열사 매출액

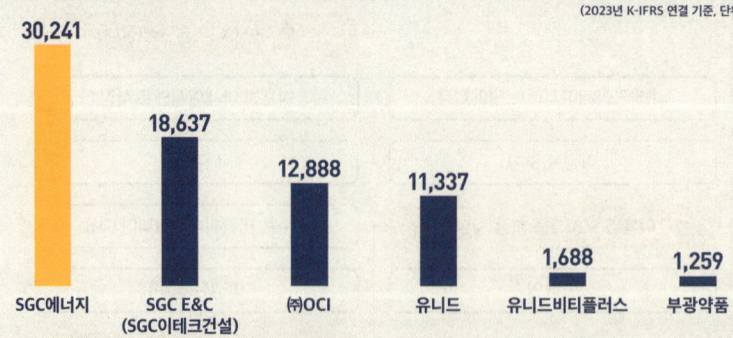

OCI그룹 주요 계열사 매출액 비중

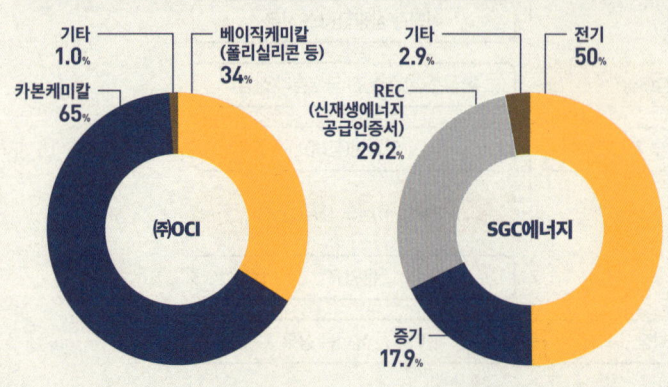
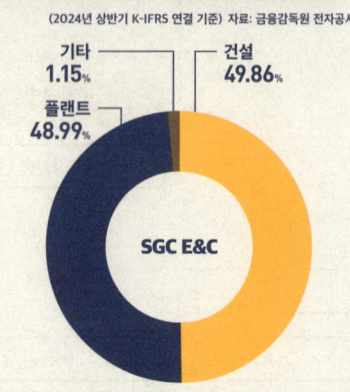

핵심 계열사 경영 현황 및 체크 포인트

㈜OCI [코스피]

● **현황**
태양광 사업을 영위하고 있으며, 주력 생산품은 폴리실리콘(Poly silicon, 다결정 실리콘)이다. 중국산 폴리실리콘보다 품질이 우수한 고순도 프리미엄 폴리실리콘을 생산하고 있다. 반도체용 폴리실리콘과 이차전지용 실리콘 음극재도 생산하고 있다. 매출액 비중은 카본케미칼(65%), 베이직케미칼(34%), 기타(1%) 순이다(2024 상반기 K-IFRS 연결). 내수 대 해외 매출 비중은 30:70이다. 1959년 설립됐고, 2009년 4월 사명을 동양제철화학에서 OCI로 변경했다. 2007년 태양광 사업에 진출했다.

✓ **체크 포인트**
1. **반도체용 폴리실리콘, 이차전지용 실리콘 음극재 신사업 성과**: 태양광 폴리실리콘에서 얻은 기술력을 바탕으로 반도체용, 이차전지용 폴리실리콘을 생산하고 있다. 태양광용 폴리실리콘 시장의 대안으로 두 신사업에서 어느 정도 성과를 내는지 확인할 필요가 있다.
2. **폴리실리콘 시장 동향**: 주력 사업인 폴리실리콘의 가격 변동과 시장 수요 추이를 꾸준히 살펴야 한다.

SGC에너지(옛 군장에너지, ★★★) [코스피]

● **현황**
열병합발전을 통해 증기와 전기를 생산한다. 증기는 20여 곳의 수요처에 공급하고, 전기는 자체 사용 후 전력거래소에 역송해 계통한계가격(SMP)으로 판매한다. 고정된 매출처에 전기 여분을 판매하는 안정적인 수익모델을 갖고 있다. 전북 군산시에 열병합발전소를 운영하고 있다. 2016년부터 화석연료와 바이오매스를 섞어 태워 발전하는 방식의 바이오매스 혼소(Co-firing) 운영을 시작했으며, 2025년까지 100% 바이오매스 발전소로의 전환을 계획 중이다. 2023년 12월 국내 민간발전소 최초로 CCU(Carbon Capture & Utilization, 탄소 포집 활용) 시설을 가동해 연간 약 10만 톤의 탄소 포집이 가능하다. 매출액 비중은 전기 50%, REC 29.2%, 증기 17.9%, 기타 2.9%다(2024 상반기 K-IFRS 연결). 2024년 10월 자회사 SGC그린파워를 사모펀드에 매각 결정했다.

✓ **체크 포인트**
1. **SMP(계통한계가격, System Marginal Price)**: 열병합발전소에서 생산한 전력을 전력거래소에 역송 전력 도매가인 SMP로 판매하고, 한국전력은 전력거래소를 통해 거래한다. 단위는 킬로와트시(kWh)로 환산한다. SMP를 확인해야 한다.
2. **신성장 동력**: 바이오매스 신사업과 CCU 사업 성과를 점검할 필요가 있다.

SGC E&C(옛 이테크건설) [코스피]

● **현황**
플랜트 사업과 건축 사업을 영위하고 있다. 플랜트 사업에서는 신재생에너지, 석유화학, LCD 및 반도체 분야 설계, 시공, 유지보수 등 다양한 건설 및 엔지니어링 서비스를 제공한다. 매출액 비중은 건설 49.86%, 플랜트 48.99%, 기타 1.15%다(2024 상반기 K-IFRS 연결). 1982년 9월 영창건설로 설립됐고, 1997년 2월 OCI 기술부를 인수한 후 1998년 6월 영창실업을 흡수 합병해 2000년 3월 이테크이앤씨로 사명을 변경했다. 2005년 4월 이테크건설로 사명을 변경했다. 2020년 11월 분할 합병을 거쳐 SGC E&C로 사명을 변경했다.

✓ **체크 포인트**
1. **수주잔고**: 전형적인 수주 기업으로 사업보고서의 수주잔고를 확인하면 향후 실적을 추정할 수 있다.
2. **신규 수주**: 2024년 사우디아라비아와 말레이시아에서 대규모 화공 플랜트 프로젝트를 수주했다. 이들 프로젝트는 설계 단계를 거쳐 본격적인 공사가 시작되기까지 시간이 소요된다. 2025년부터 실적이 반영될 것으로 예상된다.

태양광 시장을 이끌던
폴리실리콘 키 플레이어,
새 기회 엿본다

OCI는 2010년 무렵만 해도 한국 주식시장의 대장주였다. 2007년 태양광 사업 진출을 선언했고, 이듬해 태양광 기초소재인 폴리실리콘(Poly silicon)을 시장에 내놓았다. 폴리실리콘은 모래에 함유된 규소(Si)를 가공해 생산하며, 태양광 산업 가치사슬에서 부가가치가 가장 큰 기초소재다.

이 시기부터 OCI의 주가는 거침없이 상승해 5만 원대에서 2011년 말 50만 원까지 10배 급등했다. 유가가 배럴당 100달러를 넘어서며 친환경 대체 에너지인 태양광에 대한 기대감이 최고조에 달한 덕분이었다. 인류가 석유 시대를 마감하고 신재생에너지 시대로 전환할 것이라는 전망이 더해지며 투자 심리를 자극했다. 당시 폴리실리콘 가격은 킬로그램당 400달러로 시장의 열기를 반영했다.

그러나 영광은 오래가지 않았다. 2010년대 초반 글로벌 폴리실리콘 시장에서 독일 바커(Wacker, 26.0%)에 이어 점유율 2위(13.0%)를 기록하며 전성기를 구가했던 OCI는 이후 중국 태양광 기업들의 저가 공세와 유가 하락, 경제 위기라는 복합적 요인에 직면했기 때문이다. OCI의 폴리실리콘 시장 점유율은 지속적으로 하락해 2023년 말 약 4.5%까지 떨어졌다.

당연히 주가에도 영향을 미쳤다. 2025년 2월 기준 OCI의 주가는 6만 원대다. 2023년 5월 지주사 OCI홀딩스와 ㈜OCI로 분할된 후에도 시장이 좀처럼 회복되지 않고 있다. 폴리실리콘 가격도 지속적으로 하락해, 2020년 초에는 킬로그램당 3달러까지 떨어졌다. 2024년 11월 기준 중국산은 킬로그램당 7달러, OCIM(OCI 말레이시아 법인)에서 생산하는 고순도 폴리실리콘은 킬로그램당 20달러 선에 거래되고 있다.

글로벌 1위를 호령했던 독일 바커(Wacker)조차 2위(13.0%)로 밀려난 상태다. 이제 글로벌 폴리실리콘 시장 '빅5' 중 4개사가 중국 기업이다. 1위 GCL폴리(16.0%, 중국), 2위 바커(13.0%, 독일), 3위 이스트호프(11%, 중국), 4위 용샹(10.5%, 중국), 5위 신테(9%, 중국) 순이다(2023. 12). 2010년대 초반 글로벌 폴리실리콘 시장을 삼분하던 미국의 헴록(Hemlock)은 이후 시장 점유율이 크게 하락하며 자취를 감췄다.

그럼에도 OCI는 살아남았다. 2010년 태양광 초창기에 등장해 바커와 함께 시장에 남은 두 기업 중 하나다. OCI의 프리미엄 폴리실리콘은 중국 기업이 자리 잡은 시장에서 여전히 중국산보다 높은 가격을 유지하고 있다.

신사업 다각화에도 적극적이다. OCI홀딩스의 미국 태양광 발전 자회사 OCI에너지(구 OCI 솔라파워)는 2024년 8월 미국 텍사스주에서 260메가와트(MW) 규모 태양광 발전소를 현대엔지니어링에 매각했으며, 12월에는 CPS에너지와 에너지저장장치(ESS) 관련 장기 계약을 체결하며 신사업 확장에 박차를 가하고 있다. 하지만 태양광 산업 내 치열한 '치킨 게임'이 지속되고 있어, OCI가 이러한 도전을 어떻게 타개할지 주목된다.

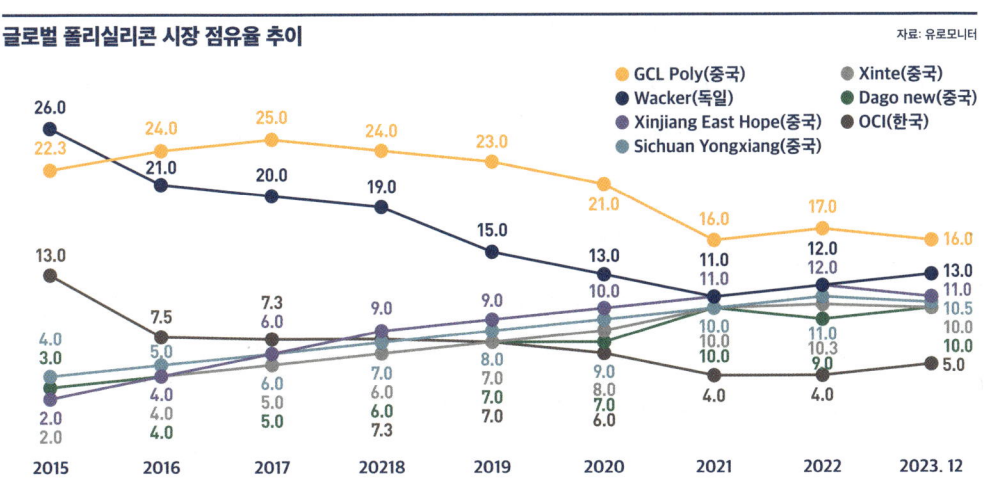

매출액 1위 OCI 에너지, 열병합발전으로 안정적 수익모델까지

OCI그룹은 2024년 공정위가 발표한 공시대상기업집단 순위에서 41위를 기록했다. 전년 대비 3단계 하락한 수치다. 그룹 매출액은 7조 2,680억 원으로 전년 대비 8.59% 감소, 순이익은 6,600억 원으로 17.37% 증가했다. 계열사는 ㈜OCI, 부광약품, 유니드, SGC에너지(옛 삼광글라스), SGC E&C(옛 SGC이테크건설, 이상 상장사), OCI파워, OCI정보통신(이상 비상장사) 등 총 24개사로, 전년 대비 3개 감소했다.

그룹 계열사 매출액은 SGC에너지가 3조 241억 원으로 가장 많고, 이어 SGC E&C(1조 8,637억 원), ㈜OCI(1조 4,888억 원), 유니드(1조 1,337억 원), 유니드비티플러스(1,600억 원), 부광약품(1,259억 원) 순이다(2023년 K-IFRS 연결). ㈜OCI의 매출이 3위로 밀린 것은 2023년 5월 OCI홀딩스와 ㈜OCI로 분할되면서 매출 규모가 축소된 영향이 크다. 여기에 폴리실리콘 사업의 고전도 주요 요인으로 작용했다.

반면, 그룹 내 매출 1, 2위를 기록한 SGC에너지와 SGC E&C는 안정적인 수익모델로 OCI그룹의 자금줄 역할을 하고 있다.

- SGC에너지는 열병합발전소 사업을 영위하고 있다. 열병합발전은 화력발전의 효율을 개선한 발전 방식으로, 전기 생산 과정에서 발생하는 폐열을 회수해 난방이나 산업용 열원으로 활용하는 발전 시스템이다. 다시 말해, 열병합발전소는 열(증기) 외에도 전기를 판매한다. 난방 등에 사용되는 증기는 20여 곳의 수요처에 공급하고, 전기는 자체 사용 후 전력거래소에 역송해 계통한계가격(SMP, System Marginal Price)으로 판매한다. 계통한계가격이란, 한국전력이 전력거래소를 통해 전력을 구매하는 일종의 전력 도매가격이다. 한국전력이라는 안정적인 매출처에 잉여 전기를 판매하는 것이므로 수익도 안정적이다. 열병합발전소는 전북 군산시에 있다. 2023년 12월부터는 국내 민간발전소 최초로 CCU(탄소 포집 활용) 시설을 가동해 연간 약 10만 톤 규모의 탄소 포집도 가능하다. CCU란 공장, 발전소, 대기 중에 있는 이산화탄소를 포집해 탄산음료, 반도체 세척 등에 재활용하는 것을 말한다. 매출액 비중은 전기 50%, REC(신재생에너지 공급인증서) 29.2%, 증기 17.9%, 기타 2.9%다(2024 상반기 K-IFRS 연결).

- SGC E&C는 플랜트 사업과 건축 공사 사업을 영위하고 있다. 플랜트 사업에서는 신재생에너지, 석유화학, LCD&반도체 등에 필요한 건설 및 엔지니어링 서비스를 제공한다. 매출액 비중은 건설 49.86%, 플랜트 48.99%, 기타 1.15%다 (2024 상반기 K-IFRS 연결). SGC E&C는 1982년 9월 영창건설로 설립됐다. 이후 1997년 2월 OCI 기술부를 인수하고, 1998년 6월 영창실업을 흡수 합병했다. 2003년 3월 이테크이앤씨로 사명을 변경했고, 2005년 5월 이테크건설로 다시 개칭했다. 2020년 11월에는 기업 분할 합병을 거쳐 SGC이테크건설로 사명을 변경했고, 이후 SGC E&C로 사명을 최종 변경하며 현재에 이르렀다.

중국 기업의 폴리실리콘 저가 공세로 시행착오

OCI그룹의 주력 계열사 ㈜OCI는 앞서 언급한 대로 '태양광 치킨 게임'에서 살아남았지만, 여전히 갈 길이 멀다. 무엇보다도 폴리실리콘에 대한 중국 경쟁사들의 저가 물량 공세가 만만치 않기 때문이다. 여기에 대응해 ㈜OCI는 프리미엄 전략을 구사하고 있다. 폴리실리콘은 초고순도(9-nine 이상) 기술력이 요구되는 제품인데, ㈜OCI는 텐나인(10-nine, 순도 99.99999999%), 일레븐나인(11-nine, 순도 99.999999999%) 초고순도 폴리실리콘을 생산하고 있다. 그런 노력 덕분에 중국산 폴리실리콘과 비교해 4배가량 높은 가격에 거래되고 있다. 킬로그램당 10달러가 ㈜OCI가 손익분기점(BEP)을 맞출 수 있는 마지노선인데, 2024년 기준 그 이상으로 거래됐다. 그렇지만 안심하기에는 이르다. 중국산 폴리실리콘 품질 또한 빠르게 개선되고 있기 때문이다.

폴리실리콘 업황은 예측이 어려운 데다, 가격 변동이 심하다는 점도 ㈜OCI에 고민거리다. 2019년과 2020년에는 가격이 손익분기점 이하인 8~9달러에 머물며, ㈜OCI는 대규모 영업손실과 구조조정을 겪어야 했다. 당시 영업손실은 1,806억 원으로, 최근 10년간 최악의 실적이었다.

중국 정부의 지원을 받은 중국 기업들의 저가 공세는 폴리실리콘 시장을 빠르게 공급 과잉 상태로 몰아넣었다. 국제에너지기구(IEA)에 따르면, 중국은 2011년부터 5년간 500억 달러를 태양광 사업에 투자하며 시장을 장악했다.

㈜OCI는 생산량 확대를 통해 가격을 낮춰 경쟁력을 확보하려 했지만, 중국 기업들의 막

글로벌 폴리실리콘 가격 추이 (단위: 달러/kg) 자료: PV인사이트

대한 정부 지원을 극복하기에는 역부족이었다. 특히, 2011년 투자했던 미국 태양광 모듈 기업 에버그린솔라가 파산보호 신청을 하며 큰 타격을 입었다.

이후 업황이 반전되며 2021년 중국 전력난과 원자재 가격 급등, 2022년 러시아-우크라이나 전쟁 발발 등으로 폴리실리콘 가격이 급등했다. 이때 ㈜OCI는 영업이익 6,000억 원을 기록하며 수익성을 회복했다. 그러나 외부 요인에 좌우되는 들쭉날쭉한 실적은 기업 안정성을 위협하는 잠재적 위험 요소다.

㈜OCI도 사업 다각화를 통해 이 같은 불확실성을 극복하려는 움직임을 보이고 있다. 태양광용 폴리실리콘 생산에서 축적한 기술력을 기반으로 반도체용 폴리실리콘 생산에 진출하며 새로운 시장을 개척하고 있다. 이차전지용 소재 생산에 나서 2024년 6월에는 전북 군산에 연간 생산능력 1,000톤 규모의 실리콘 음극재용 특수소재(SiH_4) 공장을 착공했다. 이 공장에서 생산된 소재는 2025년부터 5년간 영국의 실리콘 음극재 제조 기업 넥세온(Nexeon)에 장기 공급될 예정이다.

태양광 사업의 '치킨 게임' 대안으로 반도체, 이차전지, 제약 진출

그룹 차원에서의 사업 다변화도 적극 추진하고 있다. 2024년 1월 발표된 한미약품그룹과의 통합 계획은 OCI홀딩스가 한미사이언스 지분 27%(구주·현물출자 18.6%+신주발행 8.4%)

태양광 산업 발전 시나리오

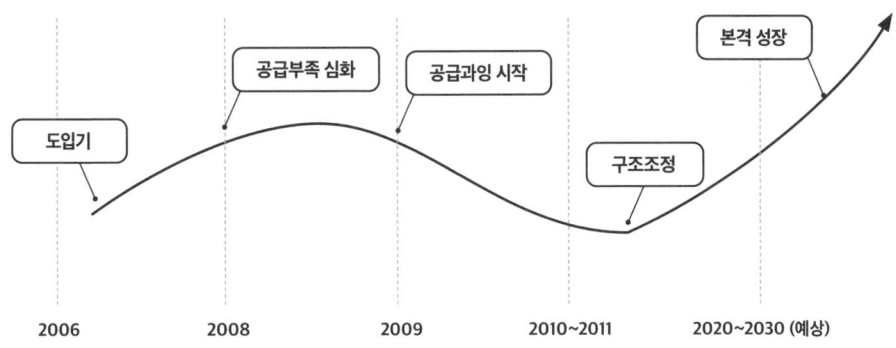

를 7,703억 원에 인수하고, 임주현 사장 등 한미사이언스 주요 주주가 OCI홀딩스 지분 10.4%를 취득하는 방식으로 진행될 예정이었다. 이종 대기업집단 간의 결합이라는 점에서 재계의 큰 관심을 모았다.

OCI그룹은 미래 신성장 동력으로 제약·바이오 사업을 점찍었기에, 한미약품의 통합 제안을 거부하기 어려웠던 것으로 보인다. 그러나 통합 계획은 2024년 4월 백지화됐다. 한미약품의 모녀(송영숙, 임주현)와 두 아들(임종윤, 임종훈) 간 경영권 분쟁이 발단이 된 것이다.

OCI그룹은 2022년 부광약품 인수를 통해 제약·바이오 시장에 본격 진출했다. OCI그룹은 부광약품 지분 773만 주(11%)를 1,461억 원에 취득하며 최대주주에 올랐다. 부광약품의 R&D 역량과 OCI그룹의 자금력을 결합해 시너지 효과를 기대했지만, 아직 효과는 미미하다. 부광약품의 규모가 작기 때문이다. 부광약품은 2022년 매출액 1,909억 원, 영업손실 2억 원, 순손실 42억 원을 기록한 전형적인 중소형 제약사다. 매출액 1조 3,315억 원 규모 한미약품과의 합병이 무산되며, R&D 시너지를 통한 글로벌 제약사로의 도약 계획도 좌절됐다. 부광약품은 2025년 내부 혁신을 통한 개량신약과 R&D 파이프라인을 강화할 예정이다.

SGC에너지, '열병합 발전'으로 안정적 수익모델

OCI그룹의 지배구조는 지주회사인 OCI홀딩스를 중심으로 운영된다. 이우현 회장이 OCI홀딩스에 경영권을 행사하고, 이어 OCI홀딩스가 ㈜OCI(44.9%), 부광약품(11.3%), OCIMSB(100%) 등의 지분을 보유하는 방식으로 그룹 전체에 대한 지배력을 행사하고 있다. 이우현 회장의 OCI홀딩스 지분율은 6.63%로 상대적으로 낮지만, 다른 주요 대주주인 둘째 숙부 이화영 유니드 회장(7.51%)과 첫째 숙부 이복영 SGC그룹 회장(7.47%)과의 협력을 통해 안정적인 경영권을 유지하고 있다. 이우현 회장은 '마지막 개성상인'으로 불리던 고 이회림(1917~2007) 창업 회장의 장손으로, 2013년 5월 OCI홀딩스 회장에 취임했다. 고 이수영 회장과 김경자 송암문화재단 이사장 사이에서 장남으로 태어났다.

이우현 회장의 지분이 낮은 이유는 상속세 때문이다. 이 회장은 지난 2017년 별세한 부친 이수영(1942~2017) 회장의 지분(133만 9,674주) 상속에 대한 세금 약 1,000억 원을 내야 했다. 약 6년 만인 2023년 연부연납과 자사주 매각으로 모두 해소했다. 2024년부터 이우현 회장은 자사주 매입 등으로 지분을 늘리고 있다.

첫째 숙부 이복영 회장은 OCI그룹 내에서 SGC에너지 소그룹을 이끌고 있다. SGC에너지, SGC E&C가 모두 그의 영향력 아래 있다. 둘째 숙부 이화영 회장은 유니드를 맡고 있다.

안정적인 현금원 SGC에너지, 반도체 세정용 특수가스 신사업

이제 주식시장을 살펴보자. OCI그룹에 소속된 상장사는 OCI홀딩스, ㈜OCI, 유니드, 유니드비티플러스, 부광약품, SGC에너지(옛 삼광글라스), SGC E&C(옛 SGC 이테크건설) 등 7개사가 있다.

- ㈜OCI는 태양광 사업의 치킨 게임이 아직 마무리되지 않았다는 한계가 있다. 태양광 사업은 이제 중국 기업의 독무대나 다름없을 정도가 됐다. 2010년 무렵 폴리실리콘 시장 점유율 1위를 기록했던 독일 바커의 앞날도 불투명하다는 분석이 나온다. 중국 기업의 저가 물량 공세가 가혹할 정도이기 때문이다. 반도체용 폴리실리콘, 이차전지용 실리콘 음극재 소재 등 ㈜OCI의 사업 다각화 추이를 지켜볼 필요가 있다.

- 유니드, 유니드비티플러스는 석유화학산업으로 업황 변수가 다양해 예측이 어렵다는 한계를 갖고 있다.

- 부광약품은 중소형 제약사라는 한계를 딛고 그룹 차원에서 신사업 성과를 내야 하는 과제를 안고 있다.

- SGC E&C는 건설업이라는 한계를 갖고 있다.

이복영 회장이 이끄는 SGC에너지는 주목할 만하다. SGC에너지는 사업 안정성이 높다는 강점이 있다. 열병합발전소의 증기는 20여 곳의 수요처에 장기 공급 계약을 맺고 있으며, 생산된 전기도 한국전력이라는 안정적 공급처를 확보하고 있다. 주식시장에서 예측 가능하다는 것은 프리미엄이 된다.

군산 열병합발전소는 현재 국내 민간 발전소 중 최초로 이산화탄소를 포집해 연 10만 톤의 드라이아이스용 액화탄산을 생산하고 있다. SGC에너지는 액화탄산 설비를 추가로 확장할 계획으로, 이를 통해 반도체 세정용 특수가스 시장 진출을 목표로 하고 있다. 예상되는 증설 규모는 연 5만~6만 톤이며, 국내 액화탄산 시장 규모가 연 9만 톤인 점을 고려할 때 최대 사업자로 자리 잡을 전망이다.

SGC에너지는 2024년 10월 자사의 바이오매스 발전소 계열사 SGC그린파워를 글랜우드프라이빗에쿼티에 매각하겠다고 발표했다. 여기서 확보된 3,222억 원의 자금은 반도체 세정제 및 배터리 재생 사업 등 새로운 사업 분야에 투자될 계획이다. 전기차용 배터리가 폐배터리로 분류된 후, 이를 에너지저장장치(ESS)로 재사용하거나 리튬, 니켈 등의 원자재를 회수하는 재활용 공정에 활용할 수 있는 기술 개발에 집중할 계획이다.

신재생에너지공급인증서(REC), 온실가스 배출권 판매 등으로 인한 추가 매출도 기대할 수 있다. 다소 정체된 탄소중립, 신재생에너지 이슈가 다시 부상한다면 수혜주가 될 것이다.

20 세아그룹

글로벌 시장 성과 내는
국내 최대
'강관, 특수강'
대기업집단

SeAH

세아그룹 지배구조 및 지분 현황

(2024년 6월 기준, 단위 %) 자료: 공정거래위원회

세아그룹 현황
공시대상기업집단 44위

매출액	9조 4,200억 원
순이익	4,840억 원
계열사	26개

- 유망 ★★★ 상장
- 모멘텀 ★★ 비상장
- 관망 ★ 해외

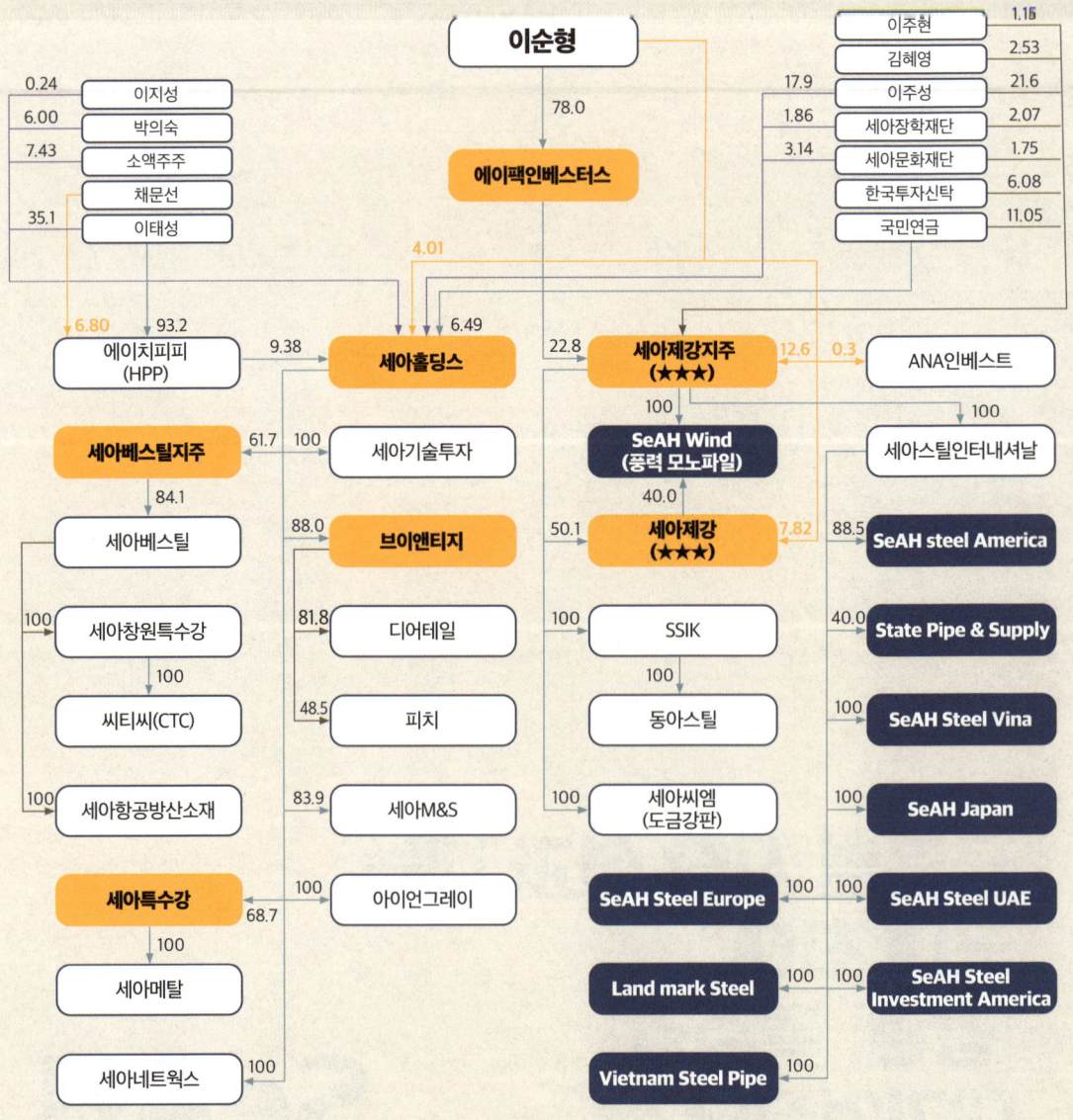

세아그룹 오너 가계도 및 관계자 지분 현황

(2024년 6월 기준) 자료: 공정거래위원회

이순형 세아그룹 회장	박의숙 세아홀딩스 부회장	이태성 세아홀딩스 대표	이주성 세아제강지주 대표
세아홀딩스 4.0% 세아제강지주 12.6% 에이팩이베스터스 78.0% ANA인베스트 5.0%	세아홀딩스 6.00%	세아홀딩스 35.12%	세아제강지주 21.63% 세아홀딩스 18.0% 에이팩인베스터스 20.1% ANA인베스트 26.2%

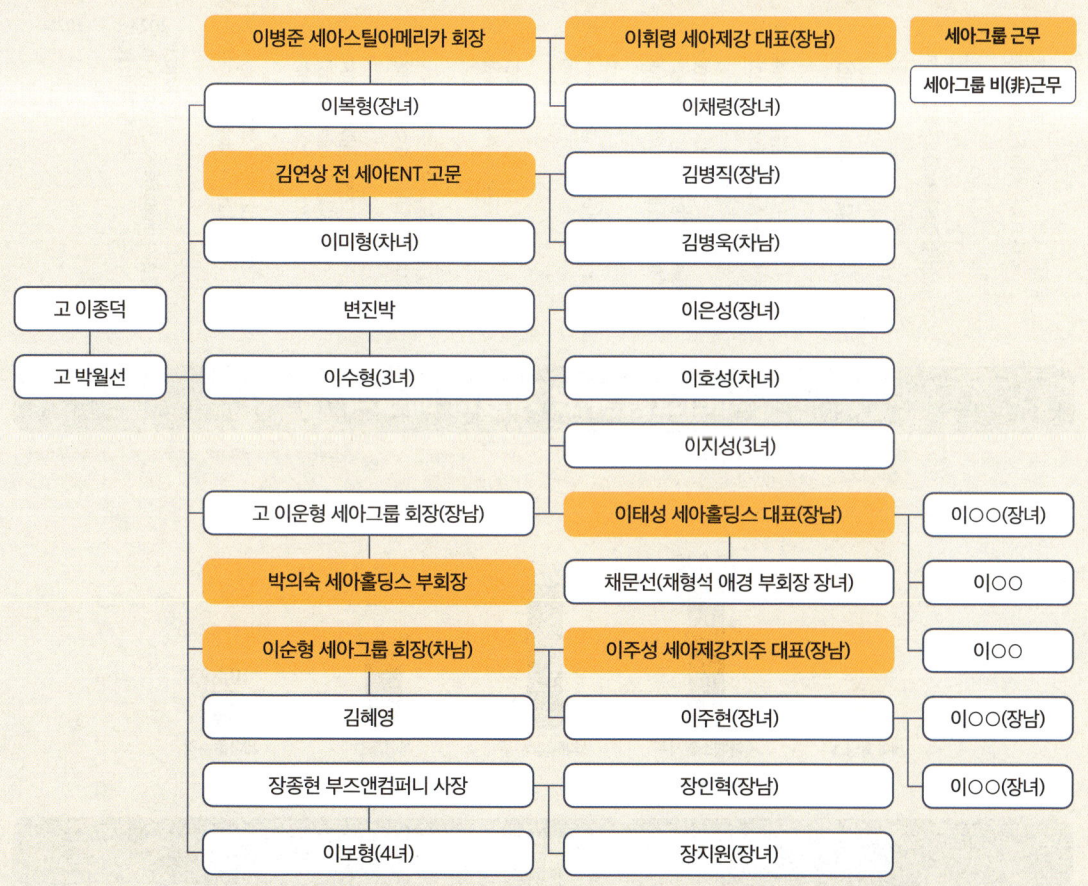

최근 10년 세아제강지주 실적 및 그룹 주요 연혁

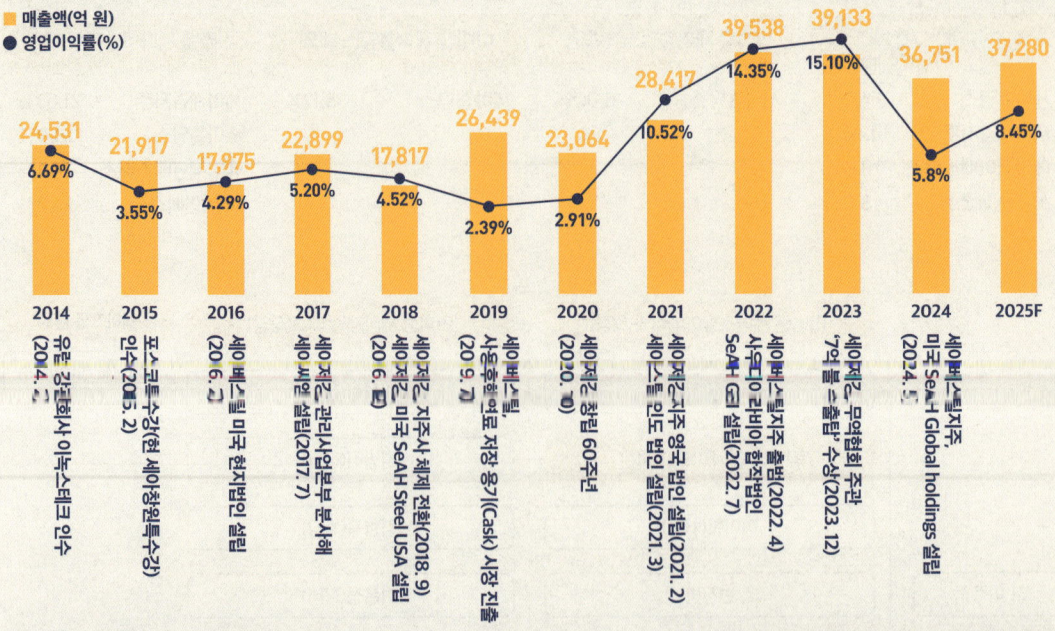

세아그룹 주요 계열사 매출액

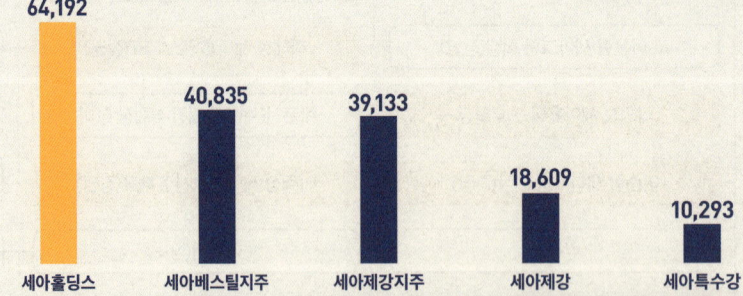

세아그룹 주요 계열사 매출액 비중

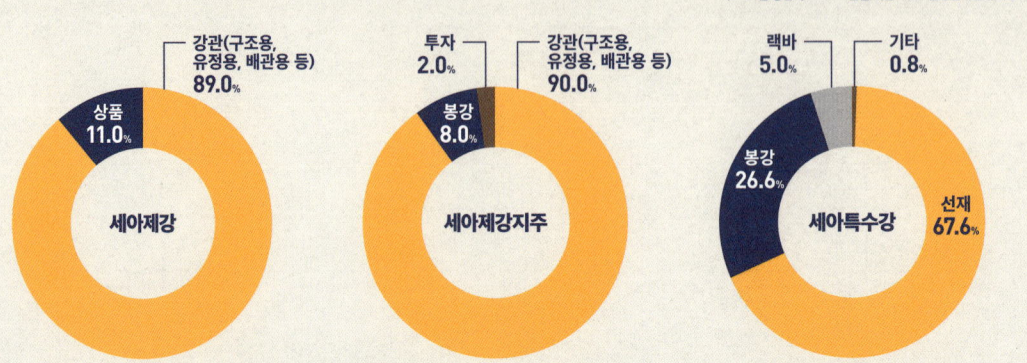

핵심 계열사 경영 현황 및 체크 포인트

| 세아제강(★★★) | 코스피

● **현황**
국내 1위 강관 사업자이며, 연간 생산능력은 160만 톤 규모다(2024). 용접 강관의 대명사인 API(미국석유협회, American Petroleum Institute) 인증관을 국내 최초로 취득했다. 강관은 구조용 건설, 플랜트 산업에서 배관용, 구조용으로 사용된다. 미국 내 유정 개발이 증가하면서 송유관, 유정관 수요가 증가하고 있다. 해외 매출 비중이 절반이 넘는다(58%, 2024 상반기 K-IFRS 연결). 1960년 이종덕 창업주가 경남 부산시 감만동에 세운 '부산철관공업'이 모태다. 2018년 9월 세아제강지주와 세아제강으로 인적 분할됐다.

✓ **체크 포인트**
1. **미국 유정 개발과 관세 정책:** 해외 매출 비중이 절반 이상으로, 주력 시장인 미국에서 유정 개발과 관련된 수요가 증가했다. 미국의 관세 정책 변화 또한 수출 경쟁력에 영향을 미칠 수 있다.
2. **중국 경기 부양과 철강 시장 동향:** 중국 정부는 철강 공급 과잉 해소를 목표로 철강 감산 정책을 발표했다(2024. 9). 이에 따라 철강 가격 상승이 기대된다.
3. **통합 시너지 효과:** 세아제강은 세아제강지주로부터 구조관 전문 계열사 SSIK의 지분 100%를 양도받았다(2024. 9). SSIK는 동아스틸을 통해 구조관 시장에서 강점을 보유하고 있으며, 통합 시너지 효과와 함께 시장 지배력이 확대될 것으로 기대된다.

| 세아제강지주(★★★) | 코스피

● **현황**
세아제강의 지주사(지분 49.6%)이자 해외 법인을 총괄하는 세아스틸인터내셔날 지분을 100% 보유하고 있다. 세아인터내셔날은 세아스틸아메리카(88.57%), 세아스틸베트남(100%), 세아재팬(100%), 세아스틸UAE(100%), 세아스틸유럽(100%) 등 8개사를 종속기업으로 두고 있다(2024. 9). 이들 해외 법인이 고속 성장하고 있다.

✓ **체크 포인트**
1. **해외 법인 실적:** 세아제강지주의 핵심 종속회사인 세아스틸인터내셔날은 8개 해외 법인을 운영하고 있다. 이들 법인의 실적은 세아제강지주의 글로벌 매출에 영향을 미친다.
2. **세아제강 실적의 영향:** 세아제강(50.08%)을 주요 종속회사로 보유하고 있으며, 세아제강 실적이 좋아지면 연결 실적도 함께 개선된다.

| 세아특수강 | 코스피

● **현황**
볼트, 너트로 대표되는 특수강 사업자다. 냉간압조용 선재(CHQ WIRE), 봉강(CD BAR), 자동차 조향장치 랙바(Rack bar)를 생산하며, 전자제품, 자동차, 굴삭기, 지게차, 항공기, 선박 등에 폭넓게 사용된다. 매출액 비중은 선재 67.6%, 봉강 26.6%, 랙바 5.0%, 기타 0.8%다(2024 상반기 K-IFRS 연결). 2019년 9월 스테인리스 와이어, 자동차부품을 생산하는 세아메탈을 인수했다. 내수 대 해외 매출 비중은 약 75:25다.

✓ **체크 포인트**
1. **전방 자동차 산업 업황:** 세아특수강의 주요 전방 산업은 자동차 산업으로, 자동차 생산량과 전기차 확대 트렌드가 수익성에 직접적인 영향을 미친다.
2. **중국산 특수강과의 경쟁:** 중국산 특수강의 저가 물량 공세는 세아특수강의 실적에 위협 요인이다.

포스코 제외,
국내 최대 순수 철강
대기업집단

한국의 철강 생태계를 살펴보면 포스코와 현대제철이 최상단에서 지배적 사업자로 자리 잡고 있고, 나머지 사업자들은 대부분 존재감이 약하거나 내수 시장을 벗어나지 못하고 있다는 사실을 발견할 수 있다. 포스코와 현대제철은 국내에서 고로(高爐) 방식으로 철강(Steel)을 생산하는 단 2곳이며, 나머지 사업자들은 철강을 가공해 열연강판, 냉연강판, 강관, 후육강관(두꺼운 강관) 등을 생산한다. 고로 방식이란 철광석(Iron ore)을 원재료로 '제선

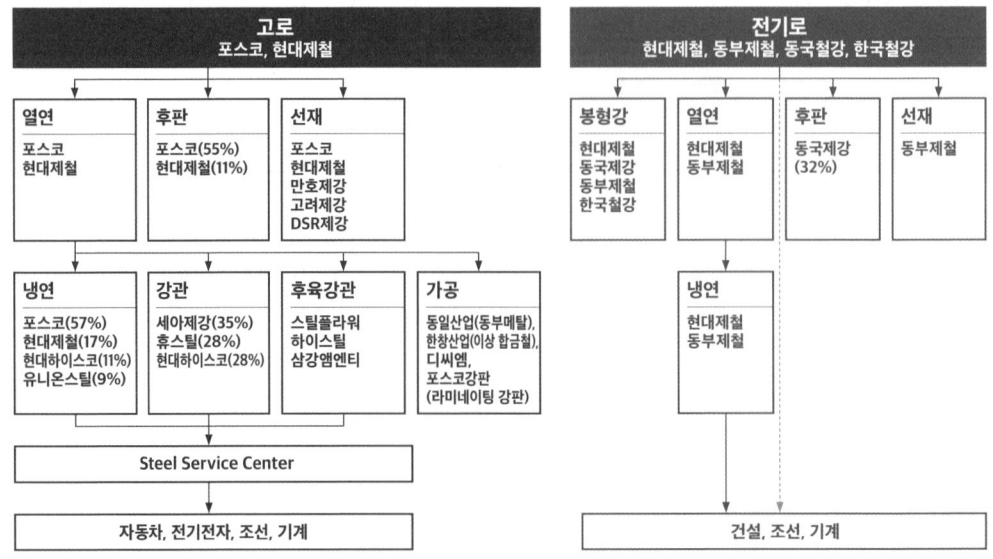

한국의 철강업 생태계

→ 제강 → 압연' 공정을 거쳐 철강을 생산하는 방식을 말하며, 고품질의 철강을 대량생산할 수 있다. 나머지 철강 사업자들은 상대적으로 적은 설비 투자로 뛰어들 수 있는 전기로 방식으로 철강을 생산한다. 전기로 방식은 고철(Scrap)을 가공해 '제강 → 압연' 공정을 거쳐 철강을 생산한다.

한국 철강업계에서 고로 사업자가 아니면서 유일하게 매출액 10조 원을 넘보며 성장하고 있는 철강 전문 대기업집단이 있다. 바로 세아그룹이 주인공이다.

공정위가 발표한 공시대상기업집단 리스트에서 철강 전문 그룹으로는 포스코(5위) 다음으로 높은 순위에 올라 있다(44위, 2024). 중국 철강사의 저가 공세를 이겨내고 세계 시장에서도 대기업집단 순위가 차곡차곡 오르고 있다. 그 비결이 뭘까?

강관은 사이즈 거대하고 부가가치↑… 특수강은 나사, 볼트 주력

세아그룹은 2024년 공정위 공시대상기업집단 44위를 기록했다. 전년 대비 2단계 하락했다. 그룹 매출액 9조 4,200억 원, 순이익 4,840억 원으로 전년 대비 각각 3.54%, 3.63% 감소했다. 계열사는 세아제강, 세아특수강(이상 상장사), 세아베스틸, 세아메탈(이상 비상장사) 등 26개사로 전년 대비 2개 감소했다. 세아그룹과 더불어 대기업집단에 올라 있는 순수 철강 전문 그룹으로는 동국제강그룹(67위)이 있다. DB그룹(35위)이 동부제철(현 KG스틸)을 운영했다가 경영난으로 2019년 KG그룹에 매각하면서, 세아그룹은 포스코(5위)를 제외하면 국내에서 가장 큰 순수철강그룹이 됐다. 계열사별 매출액을 살펴보면, 세아홀딩스 6조 4,192억 원, 세아베스틸지주 4조 835억 원, 세아제강지주 3조 9,133억 원, 세아제강 1조 8,609억 원, 세아특수강 1조 293억 원 순으로 실적을 기록했다.

지주사가 세 곳(세아홀딩스, 세아베스틸지주, 세아제강지주)이어서 혼란을 주기도 한다. 세아그룹은 특수강 사업을 하는 세아홀딩스(대표이사 이태성)와 강관 사업을 하는 세아제강지주(대표이사 이주성) 2개 부문으로 나눠 생각하면 쉽게 이해가 된다.

- 세아제강지주 계열사(세아제강, 동아스틸 등)의 주력 생산품은 강관(Steel pipe)이다. 강관은 구멍이 뚫려 있는 관을 말하는데, 세아제강지주 계열사들은 어지간

한 트럭 크기에 맞먹는 대구경 강관을 주로 생산한다. 건설, 플랜트 산업에서 배관용, 구조용으로 사용된다. 2025년 트럼프 정부 출범으로 석유 및 가스 시추 확대 정책이 예고되면서 유정관 수요 증가가 예상된다.

- 세아홀딩스 계열사(세아특수강, 세아베스틸, 세아베스틸지주 등)는 특수강을 주력으로 생산한다. 특수강은 일반 탄소강보다 내구성, 내마모성, 내열성이 뛰어난 합금강으로, 자동차, 항공, 선박, 산업기계, 건설 장비 등 다양한 분야에서 필수적인 소재로 활용된다. 전기로 공정을 통해 생산되며, 크롬, 니켈, 망간 등 합금 원소를 첨가해 강도와 탄성을 높인다. 기어, 차축, 베어링, 볼트, 너트, 엔진 부품 등 고강도가 요구되는 핵심 부품의 원재료로 사용되며, 건설, 조선, 자동차, 기계, 에너지 등 산업 전반에 광범위하게 쓰인다(우리가 살고 있는 시대를 '철기 시대 Iron age'로 부르고 있음을 기억하라).

강관이든 특수강이든 만들기 어렵지 않다고 생각할 수 있지만 실은 그렇지 않다. 외부 충격을 견뎌야 하고, 장기간 사용돼야 하기 때문에 제조 난도가 상당히 높다. 바로 이 부분이 세아그룹의 경쟁력이다. 세아제강은 용접 강관의 대명사로 불리는 API(미국석유협회, American Petroleum Institute) 인증 강관을 국내 최초로 개발했다. API 인증 강관은 미국석유협회 기준을 충족하는 강관으로 석유, 가스 산업 등에 사용되는 필수재다. 국내 대다수 철강사들이 포스코, 현대제철로부터 구매한 열연, 냉연을 단순 가공해 재판매하는 것과 차원이 다르다.

강관과 특수강의 차이는 형태와 용도에서 비롯된다. 강관은 유체 수송과 구조물에 사용되는 대형 강철 파이프로, 크기가 수 미터에 이르는 제품도 많다. 반면, 특수강은 자동차·항공·산업기계 등에 쓰이는 고강도 합금강으로, 볼트·너트 같은 소형 부품부터 엔진 부품, 차축 등 대형 부품까지 다양한 형태로 가공된다. 이러한 차이로 인해 수익성이 달라질 수 있다. 강관은 원통형 구조로 인해 일정한 강도와 내구성을 유지해야 하며, 특히 대형 강관은 제조 공정이 복잡하고 높은 기술력이 요구돼 상대적으로 부가가치가 크다.

세아제강지주·세아제강,
글로벌 시장 성과 ↑

세아그룹이 세아홀딩스와 세아제강지주의 양대 지주사로 나눠 경영되는 현 상황에는 사연이 있다. 세아그룹의 출발은 1960년 고 이종덕(1914~2000) 창업주가 부산 감만동에 정미소를 개조해 설립한 부산철관공업이다. 초기에는 소형 강관(파이프)을 생산했고, 이후 서울공장과 포항공장을 건설하며 규모를 확장해 국내 1위 강관 기업으로 성장했다. 그룹명을 세아(世亞)로 바꾼 뒤, 기아특수강(현 세아베스틸)과 포스코특수강(현 세아창원특수강) 등을 인수합병하며 사세를 키워 오늘날 국내 최대 강관 그룹으로 성장했다.

창업주의 뒤를 이은 장남 이운형(1947~2013) 회장이 그룹의 경영을 맡으며 사세를 키웠지만, 지난 2013년 해외 출장 중 66세에 심장마비로 타계했다. 이후 이운형 회장의 동생 이순형 회장이 그룹 총수를 맡고 있다. 고 이운형 회장 일가와 이순형 회장 일가가 경영을 분담하게 된 배경이다.

2018년 지배구조 개편을 통해 이순형 회장과 그의 장남 이주성이 세아제강지주를 이끌고 있다. 고 이운형 회장 장남 이태성은 세아홀딩스를 경영하고 있다. 지주사가 자연스럽게 세아제강지주와 세아홀딩스 둘로 분리됐다.

세아제강지주를 이끄는 이순형 회장과 이주성 사장 부자는 '에이팩인베스터스'라는 사실상 가족 회사를 통해 지배구조를 만들었다. 이순형 회장(78.02%)과 이주성 사장(20.1%)이 에이팩인베스터스의 지분 대부분을 갖고 있는데, 이 회사가 세아제강지주 지분 22.82%를 보유한다. 이 회장과 이 사장은 별도로 세아제강지주의 개인 지분을 각각 12.56%와 21.63% 보유하고 있다.

이러한 한 지붕 두 가족 체제를 구축한 것은 오너 3세인 이태성 사장(세아홀딩스)과 이주성 사장(세아제강지주)을 중심으로 한 계열 분리를 단행하기 위한 준비 단계라는 관측이 지배적이다. 사촌 관계인 두 사람은 2021년 말 동시에 사장으로 승진하며 사실상 경영일선에 나섰다. 다만, 세아그룹이 이른 시일 내 계열 분리에 나설 가능성은 높지 않아 보인다. 두 사장이 확고한 최대주주 지분을 보유하기 위해서는 추가 지분 확보가 필요하기 때문이다. 계열 분리를 위해서는 그룹의 규모를 지금보다 더 키워야 한다는 지적도 있다.

세아그룹의 공정자산 규모(대기업집단 일반 계열사 자산총액과 금융 계열사 자본총액)는 2024년 기준 11조 7,670억 원이다. 이와 관련해 세아그룹 측은 "그룹 분리 계획은 없다. 특수강과 강관은 시고 협임해서 시너지가 나기 때문에 입무적으로 분리하기 어려운 특성을 띠고 있다"고 밝혔다. 또 "이태성 사장과 이주성 사장은 구내식당에서 만나면 하이파이브를 할 만큼 살갑게 지낸다. 두 CEO 모두 의전이나 격식에 얽매이지 않고 수행원 없이 혼자 행사에 참석하는 등 스타일에 공통점이 많다"고 밝혔다. 두 사람의 승계 작업과 별도로 관계에 큰 문제가 없다는 뜻이다.

이태성 사장과 이주성 사장은 사촌 관계라는 점 말고도 접점이 많다. 두 사람 모두 1978년 생으로 나이가 같다. 또 미국 유학파에 경영학석사(MBA)를 졸업한 것도 유사하다. 이태성 사장은 미국 미시간대 심리학 및 언론학을 전공한 후 중국 칭화대에서 MBA를 마쳤다. 이주성 사장은 미 시카고대 경제학 및 동아시아학과를 나온 후 미 컬럼비아대에서 MBA를 마쳤다. 이태성 사장은 2005년 포스코 차이나에서 사회생활을 시작해 세아제강 일본 현지법인에서 근무하다가 2009년 세아홀딩스에 입사했으며, 이주성 사장은 2002년 외국계 컨설팅사인 액센츄어에서 직장생활을 시작해 메릴린치증권 서울지점 기업금융부에서 근무했다. 2008년 세아홀딩스 전략팀장으로 세아그룹에서 첫발을 내디뎠다.

새 먹거리 원자력 부품으로 세계 시장 진출 꿈

세아그룹은 신성장 동력에도 힘을 쏟고 있다. 수소소재와 항공방산소재 등이 대표적이다.

- 이주성 대표가 이끄는 세아제강지주는 세계 시장 진출에 힘쓰고 있다. 세아제강지주는 세아스틸인터내셔널(지분 100%)을 통해 세아스틸아메리카(89.5%), 세

아스틸베트남(100%), 세아스틸아랍에미리트(100%), 세아스틸유럽(100%) 등을 두고 있다. 영국 법인 세아윈드(SeAH Wind, 세아제강지주 60%, 세아제강 40%)의 성장도 기대된다. 세아윈드는 2021년 2월 영국 북동부 티스사이드(Teesside) 프리포트 경제특별지구에 설립된 현지 법인으로, 주력 생산품은 해상풍력터빈 하부구조물인 모노파일이다. 해저에서 해상풍력 발전기를 지탱해주는 역할을 한다. 공장 부지는 36만 제곱미터이며, 최대 길이 120미터, 직경 15.5미터, 중량 3,000톤의 모노파일을 연간 100~150개가량 생산한다. 공장 건립에 3억 파운드(한화 약 4,680억 원)가 투입됐다. 2025년 1분기부터 매출이 본격적으로 발생할 것으로 예상된다. 수주잔고가 2조 원에 이른다. 세아윈드는 강관 중심의 세아제강 제품 포트폴리오를 다변화하고, 신재생에너지 트렌드에 대응하기 위한 전략적 역할을 맡고 있다.

세아제강지주는 수소 산업용 소재 분야에도 공을 들이고 있다. 이순형 회장과 이주성 사장은 2023년 9월 국내 최대 규모의 수소산업 전문 전시회인 'H2 MEET(Mobility Energy Environment Technology) 2023'을 직접 찾았다. 부스에는 세아창원특수강 등 7개 계열사들이 참여했다. 세아창원특수강은 수소 탱크와 수소 자동차, 수소 파이프라인, 수소 배관 등에 쓰인 첨단 금속 소재를 생산한다.

- 이태성 사장이 이끄는 세아베스틸지주(세아홀딩스 61.7%)는 미국 알코닉의 한국 생산기지를 인수해 지난 2020년 세아항공방산소재를 설립했다. 이 회사는 국내에서 유일하게 보잉 등 글로벌 민항기 용도의 알루미늄 합금 소재를 공급한다. 또 항공우주 산업에 사용되는 스테인리스 및 알루미늄 소재 국산화를 위한 다양한 프로젝트를 진행하고 있다. 또 세아베스틸은 원자력 부품 소재 부문에서 보폭을 넓히고 있다. 2023년 7월 한국수력원자력의 캐스크(Cask, 사용후핵연료 운반 용기) 경쟁 입찰에서 최종 공급자로 선정됐다. 캐스크는 원자력 발전 후 발생하는 고준위 방사성 폐기물을 저장 및 처리 시설까지 안전하게 운반하는 용기다.

세아제강지주·세아제강, '해외 부문 성장'과 '두 자릿수 ROE'

주식시장을 살펴보자. 세아그룹에 소속된 상장 계열사로는 세아홀딩스, 세아베스틸지주, 세아특수강, 세아제강지주, 세아제강 등 5개사가 있다. 이 중에서 세아제강지주 계열사들을 주목할 필요가 있다.

- 세아홀딩스는 세아그룹의 또 다른 지주사인 세아제강지주와 비교해 상대적으로 매력이 떨어진다. 무엇보다 세아홀딩스는 대주주 지분율이 높아서 유통주식 수가 적다. 세아홀딩스의 대주주 지분율은 이태성(35.12%), 이주성(17.95%), 이순형(4.01%)을 포함해 80.68%에 이른다. 일일 거래량이 미미하고 거래대금도 수백만 원에 불과한 경우가 빈번하다. 수익성도 저조하다. 세아홀딩스의 최근 5년(2019~2023) 평균 ROE(자기자본이익률)는 1.14%다. 세아홀딩스가 지분을 보유한 세아베스틸지주(61.7%), 세아특수강(68.7%) 그리고 손자회사 세아베스틸의 수익성이 전반적으로 부진하기 때문이다. 세아홀딩스 계열사들의 주력 생산품인 특수강 시장에는 중국산의 저가 물량 공세가 거세지고 있다. 세아홀딩스가 주식시장에서 '영원한 저평가주'로 불리는 배경이다.

- 세아베스틸지주 계열사들은 중국산 저가 철강 공급 과잉으로 어려움을 겪고 있다. 세아베스틸(100%), 세아항공방산소재(100%)와 손자회사 세아창원특수강을 두고 있으며, 세아그룹에서 중간지주사 성격을 띠고 있다. 최대주주는 세아홀딩스(61.7%)다. 세아특수강도 사정이 비슷하다.

세아제강은 주목할 필요가 있다. 우선 수출 기업으로 해외 매출 비중이 절반을 넘는다(58%, 2024 상반기 K-IFRS 연결). 내수 시장의 한계에서 벗어났다. 여기에다 세아제강의 강관 제품은 품질 경쟁력을 갖추고 있다. 앞서 언급했듯이 세아제강은 국내 최초로 용접 강관의 대명사인 API 인증 강관을 개발했다. 중국 강관사들이 세아제강의 품질 수준에 도달하기까지는 상당한 시간이 걸릴 것으로 예상된다. 품질이 우수하다 보니 수익성도 높다. 세아제강의 최근 5년(2019~2023) ROE는 두 자릿수(13.24%)다. 또한, 앞서 설명한 영국 현지 법인 세아윈드의 지분 40%를 보유하고 있다.

세아제강지주도 지주사라는 점에 주목할 필요가 있다. 고속 성장하고 있는 해외 법인들을 계열사로 두고 있기 때문이다. 세아제강지주는 세아스틸인터내셔날 지분 100%를 보유하고 있고, 세아인터내셔날은 세아스틸아메리카(88.57%), 세아스틸베트남(100%), 세아재팬(100%), 세아스틸UAE(100%), 세아스틸유럽(100%), 세아스틸인베스트먼트아메리카(100%) 등 8개사를 종속기업으로 두고 있다. 이들 해외 법인들이 고속 성장하고 있다. 덕분에 세아제강지주의 최근 5년(2019~2023) 평균 ROE는 두 자릿수(11.19%)에 이르고 있다. 여기에 보유 중인 세아윈드 지분 100%도 가치를 더한다.

잠깐! 철강주를 움직이는 양대 변수, 환율과 원재료 가격

한국은 명실상부한 철강 대국이다. 이는 포스코 덕분이다. 포스코는 생산능력 기준으로 세계에서 네 번째로 큰 철강사다. 2023년 세계철강협회 조사에 따르면, 조강 생산량 기준으로 글로벌 철강사 순위는 1위 아르셀로미탈, 2위 바오우강철, 3위 일본제철, 4위 포스코, 5위 현대제철, 6위 허베이철강, 7위 US스틸 순으로 시장 점유율을 기록했다. 포스코는 1968년 포항종합제철로 설립됐고, 1973년 6월 9일 포항고로에서 처음으로 쇳물을 뽑아냈다. 1987년에는 광양제철소도 준공되면서 포항과 광양 양대 제철소를 보유하고 있다. 여기에 더해 현대제철이 2010년 1월 고로 가동을 시작하면서 한국의 철강업 생태계가 사실상 완성됐다.

포스코, 현대제철, 세아, 동국제강, 동부제철을 비롯한 철강주를 분석할 때는 원/달러 환율과 원재료 가격을 확인해야 한다. 원/달러 환율이 상승하면(원화 절하) 고로 사업자(포스코, 현대제철)는 불리하다. 고로 사업자는 원재료를 사실상 100% 수입하기 때문이다. 외화부채가 많은 것도 마찬가지다. 환율이 상승하면 외화부채가 증가한다. 환율이 상승하면 수출 단가가 높아진다는 장점이 있지만, 수출 비중이 높지 않다면 원재료 매입 단가가 높아진다는 단점이 있다. 이에 반해, 세아그룹에 소속된 철강계열사들은 원/달러 상승이 유리한 측면이 있다. 수출 비중이 높기 때문에 환율이 상승하면 매출과 이익이 자연스럽게 증가한다. 원재료 대부분을 포스코와 현대제철에서 매입하기 때문에 환율이 상승하더라도 원재료 매입 단가가 갑작스럽게 상승하지 않는다. 따라서 원재료 매입가격도 확인해야 한다. 원재료 매입가격이 높아질수록 국내 철강사는 불리하다.

철강의 전방 산업도 확인할 필요가 있다. 철강의 4대 전방 산업으로는 건설(40%), 자동차(20%), 가전(15%), 조선(15%)이 있다. 이 가운데 건설과 조선은 경기 변동성이 큰 산업이다. 조선은 10년을 주기로 호황과 불황 사이를 극단으로 오간다. 미래에도 철강은 대체할 만한 금속이 발견되지 않는 이상 광범위하게 쓰일 것이다. 우리가 사는 시대를 '철기 시대(Iron age)'로 부르는 이유가 여기에 있다. 지구촌에서 사용되는 구조용 재료의 90%가 철을 기본 소재로 한다. 자동차의 차체와 각종 부품, 냉장고 세탁기 등 각종 가전 전자제품, 선박, 건물의 철골, 발전소, 송전탑, 수도관, 송유관, 가스관, 하수도관, 화학 공장의 반응탑, 기관총, 군함 등 이루 말할 수 없다.

철의 쓰임새가 다양한 이유는 철이 가진 여러 강점 때문이다.

첫째, 철의 원재료인 철광석(Iron ore)은 지구상에 풍부하게 부존한다. 철은 알루미늄 다음으로 지구상에 많은 광석이다. 호주의 철광석 채굴 현장에 가보면, 지표면 바로 밑에 철광석이 다량 분포돼 있다. 따라서 광석을 채취하고 그것으로부터 철을 생산하는 데 드는 비용이 다른 재료들에 비해 저렴하다. 철광석은 일반적으로 고로 방식을 통해 선철로 제련되며, 이후 제강 공정을 거쳐 최종 철강 제품으로 가공된다.

둘째, 철은 재활용 가능하다. 낡은 철강 구조물은 해체돼 고철(Scrap)로 분해되며, 고철은 철강 제품의 원재료로 다시 사용할 수 있다. 예를 들어, 낡은 선박은 해체돼 고철로 분해된다. 고철은 주로 전기로 방식을 통해 재활용돼 철강 제품으로 가공된다. 고철을 원재료로 적용 가공하면 원가를 낮출 수 있다. 철은 다른 합금 원소들을 첨가하고 여러 종류의 열처리를 함으로써 다양한 형태로 변형할 수 있다. 필요에 따라 인장강도, 압축 강도, 인성, 온도 저항, 내식성 등을 달리한다는 점이 철의 가장 큰 강점이다.

철의 단점이라면 무겁다는 것이다. 철강은 밀도가 약 7.8로 상대적으로 높다. 이 문제를 해결하기 위해 강도가 더 높으면서도 가벼운 새로운 철강 제품이 개발되고 있다. 이런 점들을 생각해본다면 철은 앞으로도 인류 역사에서 지배적 지위를 유지할 것이다.

21 LX그룹

**출범 3년 만에
재계 40위권 진입,
'캐시카우'
확보 워밍업**

LX그룹 오너 가계도 및 관계자 지분 현황

(2024년 6월 기준) 자료: 공정거래위원회

구본준 LX그룹 회장	구형모 LX MDI 부사장	구연제 구본준 회장 장녀
LX홀딩스 20.37%	LX홀딩스 12.15%	LX홀딩스 8.78%

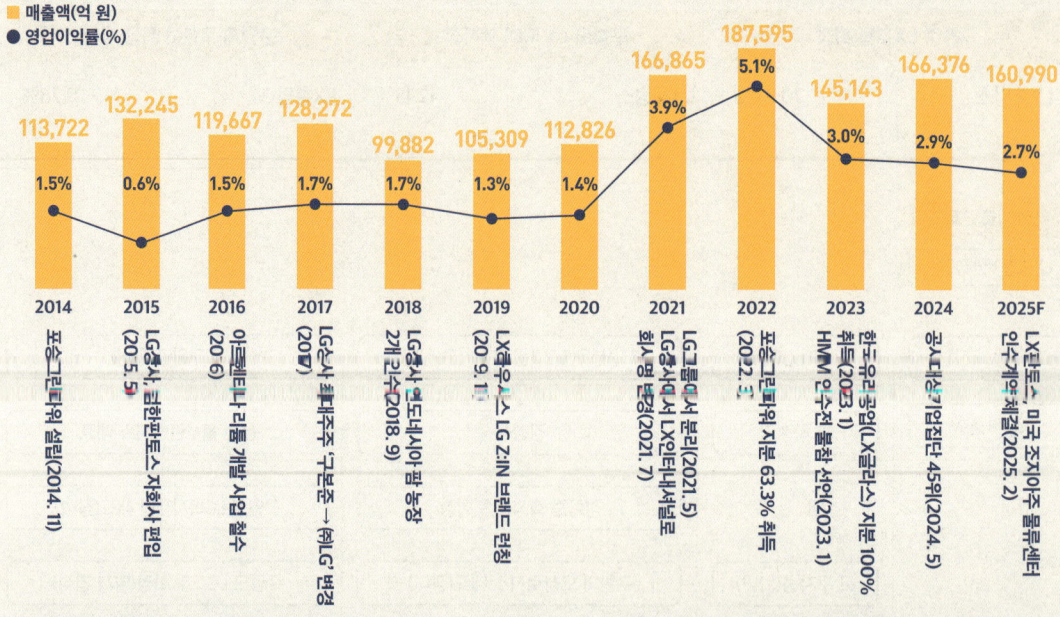

최근 10년 LX인터내셔널 실적 및 그룹 주요 연혁

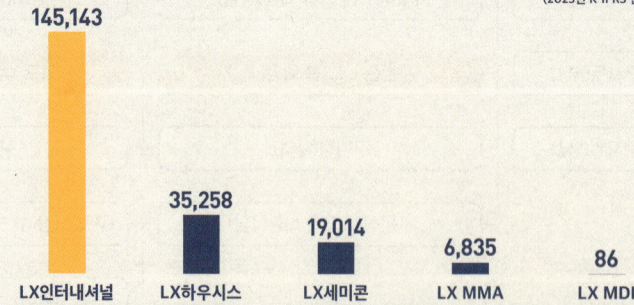

LX그룹 주요 계열사 매출액

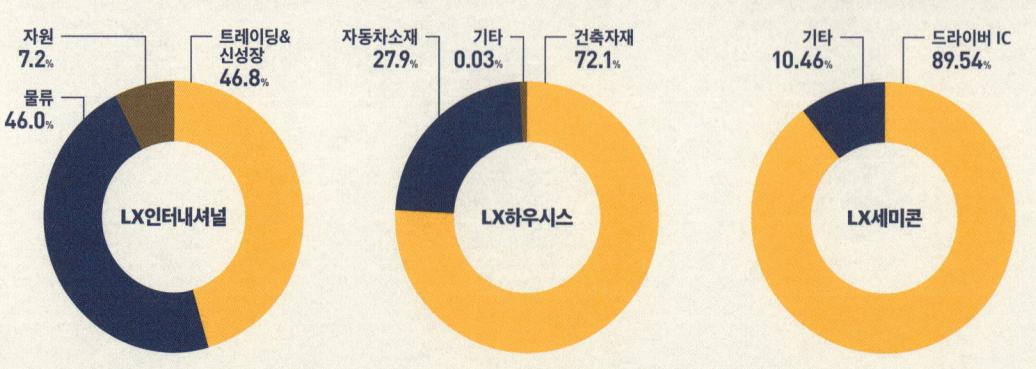

LX그룹 주요 계열사 매출액 비중

핵심 계열사 경영 현황 및 체크 포인트

LX인터내셔널 (★)   코스피

● **현황**

국제 물류(Logistic)와 트레이딩(무역)을 양대 사업으로 영위하고 있다. 매출액 비중은 물류 46%, 무역 및 신성장 46.8%, 자원 7.2%다(2024 상반기 K-IFRS 연결). 범 LG그룹 물량을 확보하는 한편, 석탄 사업을 대체할 신사업을 추진하고 있다. 2021년 LG그룹에서 분리돼 LX그룹에 편입됐으며, 같은 해 7월 LG상사에서 LX인터내셔널로 사명을 변경했다.

✓ **체크 포인트**

1. **해상 운임**: LX인터내셔널은 물류를 운송할 때 주로 컨테이너선을 이용한다. 따라서 LX인터내셔널의 실적은 컨테이너선 운임 가격과 정비례하는 경향을 보인다. 컨테이너선 운임이 오르면, LX인터내셔널도 물류 운임을 인상할 수 있어 실적이 개선되는 구조다.
2. **안정성**: 2022년 매출 최고치를 기록한 이후, 2023년 소폭 감소했으나 2024년을 기점으로 다시 성장세를 보이고 있다. 매출액 16조 6,376억 원, 영업이익 4,892억 원으로, 전년 대비 각각 14.6%, 13.0% 증가했다(2024 K-IFRS 연결). LX인터내셔널의 전체 매출 중 LG그룹 관련 매출이 42%를 차지하고 있다. 이는 매출 안정성 측면에서는 긍정적이지만, 특정 고객사 의존도를 낮추기 위한 판로 다변화가 필요한 부분이다.

LX하우시스   코스피

● **현황**

건축자재 사업을 영위하며 'LX Z:IN' 브랜드로 일반 소비자에게 알려져 있다. 자동차 소재부품과 고기능 소재도 생산한다. 매출액 비중은 건축자재 72.1%, 소재 27.9%, 기타 0.03%다(2024 상반기 K-IFRS 연결). 2009년 4월 LG화학의 산업재 사업본부가 분할해 설립됐다.

✓ **체크 포인트**

1. **부동산 경기**: LX하우시스가 생산하는 건축자재는 주로 아파트에 공급된다. 아파트 경기를 체크할 필요가 있다. 건설업은 불황과 호황의 편차에 따라 등락이 심하다.

LX세미콘   코스피

● **현황**

'디스플레이 구동 반도체'를 설계하는 국내 최대 팹리스(Fabless) 기업이다. 주력은 디스플레이 드라이버 IC(DDI, Display Driver IC) 설계로 매출액의 약 90%를 차지하고 있다. 세계 시장 점유율 2위를 기록하고 있다. 이밖에 타이밍 컨트롤러(Timing Controller, T-Con), PMIC(Power Management Integrated Circuit) 등도 설계한다. 수출 비중이 압도적이다(98.56%, 2024 상반기 K-IFRS 연결). 신성장 동력으로 MCU(Micro Controller Unit), 전력반도체, 방열기판 사업을 추진하고 있다. 2021년 5월 실리콘웍스에서 LX세미콘으로 사명을 변경했다.

✓ **체크 포인트**

1. **신성장 동력**: 팹리스 기반에서 벗어나 신사업으로 반도체 방열기판 개발에 나서고 있다. 반도체에서 열을 빠르게 배출시켜 오작동을 방지하는 장치이며 향후 성장이 기대되고 있다.
2. **DDI 시장 불투명**: TV, 모니터, 스마트폰 등 디스플레이 패널의 핵심 부품으로 쓰이는 DDI는 여전히 높은 수요를 보이지만, 전방 산업의 성장 정체로 인해 장기적인 시장 전망이 불확실하다.

LX의 몸집 불리기, '내실 다지기'로 안정성 키울 수 있을까

한국 재계 역사를 돌아보면, 대기업집단에서 독립한 기업들은 대부분 성공적으로 자리를 잡았을 뿐만 아니라, 규모를 키우는 데도 성공한 경우가 많다. LG그룹에서 분가한 GS, LS, LF가 그렇고 삼성그룹에서 분가한 신세계, CJ도 그랬다. 기업 경영에 필요한 노하우와 자원을 이미 보유하고 시작했기에 창업하고 성장시키는 데 따르는 시행착오를 피할 수 있었다.

LX그룹도 이런 전형적인 특성을 가진 대기업집단이다. 재계 '빅4'에 속하는 LG그룹에서 분가하면서도 이미 확보한 풍부한 인적·물적 자원을 바탕으로 재계 50위권에 안착했다.

LX그룹은 2024년 공정위 공시대상기업집단 45위를 기록했다. 전년 대비 1단계 하락했다. 그룹 매출액 13조 4,230억 원, 순이익 4,490억 원으로 전년 대비 각각 19.99%, 54.23% 감소했다. 계열사는 LX인터내셔널, LX하우시스, LX세미콘(이상 상장사), LX판토스, LX글라스(옛 한국유리공업, 이상 비상장사) 등 17개사로 전년 대비 2개 증가했다.

LX그룹 주요 계열사의 2023년 매출액은 LX인터내셔널이 14조 5,143억 원으로 가장 많고, 이어 LX하우시스(3조 5,258억 원), LX세미콘(1조 9,014억 원), LX MMA(6,835억 원), LX글라스(3,344억 원), 포승그린파워(601억 원), LX MDI(86억 원) 순이다(2023 K-IFRS 연결).

2021년 5월 LX그룹은 LG그룹에서 LG상사(현 LX인터내셔널), LG하우시스(현 LX하우시스), 실리콘웍스(현 LX세미콘), 판토스(현 LX판토스) 등이 계열 분리하며 탄생했다. 2004년 7월 허씨 일가의 GS그룹이 분리 독립한 이후 17년 만에 이뤄진 LG그룹의 가장 큰 계열 분리 사례다.

LX그룹은 분리와 동시에 '사이즈 키우기' 전략을 본격화했는데, 그 중심에 구본준 회장의 적극적인 M&A가 있었다. 구본준 회장은 이미 M&A 분야에서 풍부한 경험을 가진 인물이다. LG그룹 부회장 시절이던 2018년, 약 11억 유로를 투자해 오스트리아 자동차 전장부품 회사 ZKW를 성공적으로 인수하며 LG그룹 역사상 최대 규모의 M&A를 성사시켰다. 이 거래는 LG그룹이 M&A에 소극적이라는 기존의 인식을 바꾸는 전환점이 되기도 했다. 그 외에도 LG실트론(코실과 럭키소재 합작사) 인수(1990. 5), LG이노텍의 LG마이크론 합병(2009. 7), 그리고 LG반도체(현 SK하이닉스) 설립을 주도하며 '승부사'라는 별명을 얻었다. 이러한 경험을 바탕으로 구본준 회장은 2021년 LX그룹 분리 이후에도 크고 작은 M&A를 통해 그룹의 성장을 이끌었다.

- 2022년 3월, LX인터내셔널의 물류 계열사인 LX판토스는 북미 물류 기업 트래픽스(Traffix)에 약 311억 원을 투자하며 글로벌 물류 네트워크 확장을 본격화했다.

- 2022년 5월, LX세미콘은 시스템 반도체 설계 기업 텔레칩스(Telechips)의 지분 10.93%를 약 267억 원에 인수하며 차량용 반도체 신사업 진출에 나섰다.

- 2022년 10월, LX인터내셔널은 신재생에너지 기업인 포승그린파워의 지분 63.34%를 DL에너지로부터 약 950억 원에 인수했다. 포승그린파워는 경기도 평택 아산국가산업단지에 위치한 바이오매스 발전소를 운영하며, 연간 약 25만 톤의 목질계 바이오매스를 연료로 사용해 시간당 최대 43MWh의 전력을 생산한다. 이는 연간 약 10만 가구에 전력을 공급할 수 있는 규모다.

- 2023년 1월, LX인터내셔널은 약 5,904억 원을 투자해 한국유리공업(현 LX글라스)의 지분 100%를 인수했다. 1957년 설립된 한국유리공업은 국내 유리 시장 점유율 약 20%를 기록하며 2위에 자리하고 있었다. LX그룹은 계열사인 LX하우시스의 건축자재 사업과의 시너지를 극대화하기 위해 인수를 단행했다.

이 같은 적극적인 M&A는 LX그룹의 자산 규모 증가로 이어졌다. 2020년 말 분리 독립

이전 7조 원 초반이던 자산이 2021년 5월 9조 5,020억 원으로 증가했으며, 2022년 11조 2,734억 원, 2023년 11조 3,566억 원으로 늘어나며 불과 4년 만에 약 4조 원을 끌어올렸다.

글로벌 경기 침체로 M&A 잠정 보류, 내실 다지기로 전환

2023년 하반기를 기점으로 LX그룹의 규모 키우기는 주춤한 상황이다. 가장 큰 이유는 LX그룹에서 가장 큰 비중을 차지하는 LX인터내셔널이 러시아-우크라이나 전쟁, 미국발 고금리 등으로 인해 글로벌 경기가 침체되면서 실적이 악화됐기 때문이다.

LX인터내셔널은 국제 물류와 트레이드가 양대 주력인 탓에, 국제 경기 변화에 따라 실적이 큰 영향을 받을 수밖에 없다. 매출 비중은 물류 46%, 트레이딩 및 신성장 46.8%, 자원 7.2%다(2024 상반기 K-IFRS 연결). LX인터내셔널의 2023년 실적을 살펴보면, 매출액 14조 5,143억 원, 영업이익 4,331억 원, 당기순이익 1,944억 원으로 전년 대비 매출액은 22.63% 감소했고, 영업이익과 당기순이익은 각각 55.14%, 75.18% 급감했다.

계열사 중 매출액 2위인 LX하우시스도 전방 산업에 해당하는 부동산 경기 침체의 영향을 받았고, 매출액 3위 LX세미콘도 반도체 업황이 나빠지면서 실적이 악화됐다.

LX그룹이 2023년 중순 국내 1위 해운사 HMM 인수전에 의욕적으로 뛰어들었다가 그해 11월 불참을 선언한 것도 이 같은 배경 때문으로 해석된다. LX인터내셔널을 통해 HMM 매각 예비 입찰에 하림, 동원, 그리고 독일의 하파그로이드(Hapag-Lloyd)와 함께 참여했다. 하지만 그룹 계열사들의 실적이 전반적으로 부진하자 승부사 기질을 가진 구본준 회장조차 '안전 운행'을 택한 것으로 분석된다. 향후 LX그룹은 3대 주력사를 중심으로 내실 다지기에 주력할 것으로 보인다.

- LX인터내셔널(전 LG상사)은 국제 물류와 트레이딩(상사)을 양대 사업으로 영위하는 기업이다. 1976년 유가증권시장에 상장됐으며, 2021년 LG그룹에서 분리돼 LX그룹에 편입된 후 사명을 LG상사에서 LX인터내셔널로 변경했다. 매출 비중은 물류 46%, 무역 및 신성장 46.8%, 자원 7.2%다(2024 상반기 K-IFRS 연결). 자회사 LX판토스를 통해 글로벌 물류 네트워크를 운영하며, 트레이딩 부문에

서는 석탄, 철강, 곡물 등을 거래하고 있다. LX인터내셔널은 인도네시아, 중국, 호주 등지에서 석탄 사업을 진행하는 한편, ESG 경영 강화에 발맞춰 석탄 사업 비중을 점차 줄이고 있다. 대신 니켈과 리튬 등 이차전지 관련 자원 개발을 포함한 신사업으로 포트폴리오를 확대하며, 바이오매스 발전과 같은 친환경 에너지 사업도 병행하고 있다.

- LX하우시스는 건축자재 사업을 영위하고 있으며 'LX Z:IN' 브랜드로 일반 소비자에게 친숙하다. 자동차 소재부품과 고기능 소재도 생산한다. 2009년 4월 LG화학의 산업재 사업본부가 분할해 설립됐다. 매출액 비중은 건축자재 72.1%, 자동차소재 27.9%, 기타 0.03%다(2024 상반기 K-IFRS 연결). 아파트 신규 건설이 부진한 상황에 대응해 재개발, 재건축 리모델링에 주력하고 있다. 북미 주택 시장에도 건축자재를 수출하고 있다.

- LX세미콘은 디스플레이 장치에서 핵심적인 역할을 하는 반도체 칩을 설계하는 팹리스(Fabless) 기업이나. 주요 제품으로는 디스플레이 드라이버 IC(DDI, Display Driver IC), 타이밍 컨트롤러(Timing Controller, T-Con), 전력관리 IC(PMIC, Power Management Integrated Circuit) 등이 있으며, 이 중 DDI 설계가 매출의 약 90%를 차지한다. 2024년 상반기 K-IFRS 연결 기준 수출 비중이 98.56%로 압도적으로 높다. 팹리스 기업 특성상 자체 생산 설비(공장)는 보유하고 있지 않다. 매출 구성은 DDI 89.67%, 기타 10.33%로 이뤄져 있으며, 2021년 5월 사명을 실리콘웍스에서 LX세미콘으로 변경했다.

신설 법인명 LX를 국토교통부 산하 공공기관인 한국국토정보공사가 이미 영문 약칭으로 사용하고 있어 상표 침해 공방이 벌어지기도 했다. 당시 LX공사는 10여 년간 총 322억 원을 투자해 'LX' 브랜드를 구축해왔으나, LX홀딩스가 이를 사용하면서 일반 소비자에게 혼선을 초래할 우려가 있다고 문제를 제기했다. 하지만 두 기업이 LX 상호와 상표권을 공동 사용하고 사업 협력을 합의하며 큰 문제없이 마무리됐다.

'승부사' 구본준 회장의 '빌드업', 극적 성장 가능할까

LX그룹의 지배구조를 살펴보면 구본준 회장 일가가 지주사 LX홀딩스(40.63%)를 안정적으로 지배하고 있고, LX홀딩스가 LX인터내셔널(24.7%), LX하우시스(30.1%), LX세미콘(33.1%)에 경영권을 행사하는 형태를 띤다. 장남 구형모 LX MDI 부사장(12.15%), 장녀 구연제(8.78%)도 LX홀딩스 지분을 보유하고 있다. 구형모 부사장은 2021년 말 구본준 회장으로부터 LX홀딩스 주식 850만 주를 증여받았고, 2002년 9월부터 2023년 1월까지 총 17차례에 걸쳐 25억 원어치 주식을 매입해 지분을 11.92%까지 늘린 후 지금에 이르렀다.

구본준 회장은 고 구자경(1925~2019) 전 LG그룹 회장의 3남으로 LG그룹에서 전자, 화학, 반도체, LCD 등 주요 계열사 경영을 맡았다. 앞서 언급한 대로 LG그룹 근무 시절 다양한 M&A를 통해 LG그룹 성장에 큰 역할을 했다. 애플의 이른바 '아이폰 돌풍'으로 2011년 초 LG전자가 위기에 놓이자 구원투수로 복귀해 5년 6개월(2010. 10~2016. 3) 동안 LG전자 대표이사 부회장을 맡기도 했다. 2017년 구본무 회장의 건강 문제가 대두되자 구본무 회장을 대신해 LG그룹의 중요 회의를 주재하고 전략을 수립했다. 구본무 회장이 별세하면서 구광모 회장이 총수에 오르자 2018년 말 LG그룹 고문으로 물러났다.

그는 카리스마형 CEO로서 주변에 따르는 사람이 많다는 평가를 받는다. 노진서 LX홀딩스 대표이사, 박장수 LX홀딩스 최고재무책임자(CFO), 노인호 LX홀딩스 최고인사책임자(CHO), 하현회 LX인터내셔널 상근고문 등이 구본준 회장을 따라 LG그룹에서 나와 LX그룹으로 이동했다.

그룹 성장 이끄는 '안정적 캐시카우' 육성에 주력

LX그룹에 소속된 상장사로는 LX인터내셔널, LX하우시스, LX세미콘, LX홀딩스 등 4개사가 있다. 그중 LX인터내셔널은 관망해야 할 종목이다.

LX인터내셔널은 전통적으로 안정적인 배당주로 평가받는다. 최근 5년(2019~2023) 평균 배당성향(배당총액/당기순이익)이 약 25.37%에 달하며, 꾸준한 배당 정책을 유지하고 있다. 종속회사인 LX판토스(지분율 75.9%)의 기업공개 가능성이 지속적으로 거론됐으나, IPO 계획을 공식적으로 발표한 적은 없다. 2024년 12월 LX인터내셔널이 미래에셋PE로부터 LX판토스의 지분 19.9%를 약 1,950억 원에 추가 인수하며 IPO 가능성이 낮아졌다. 그러나 만약 LX판토스의 IPO가 성사된다면, LX인터내셔널의 기업 가치가 상승할 가능성이 높다.

2024년 1월 LX인터내셔널은 인도네시아 니켈 광산(PT AKP) 지분 60%를 약 1,330억 원에 인수하며 이차전지 소재인 니켈 사업에 진출했다. 이 광산은 인도네시아 술라웨시 섬 모로왈리 산업단지 인근에 위치하며, 전기차 약 700만 대에 사용될 수 있는 니켈을 보유하고 있어 이차선지 시장에서 전략적 자산으로 평가받고 있다.

LX인터내셔널의 주된 사업 모델은 고객이 지정한 A 지점에서 B 지점까지 물품을 운송하는 것으로, 주로 선박을 이용한다. 이는 물류 비용이 가장 저렴하기 때문이며, 이러한 특성 때문에 해상 운임 변동에 따라 실적이 크게 좌우된다.

LX인터내셔널은 안정적인 배당과 더불어 이차전지 소재, 물류 네트워크 확장 등 신사업을 통해 사업 다각화와 성장 가능성을 동시에 추구하고 있다.

- LX하우시스는 전방 산업이 건설업으로, 아파트 경기에 따라 실적 편차가 크다는 한계를 갖고 있다. 인테리어 시장이 침체기에 접어든 것도 아파트 경기침체의 영향이 크다.

- LX세미콘은 전방 디스플레이 산업이 업황 기복이 크다는 점을 유의해야 한다.

22 금호석유화학 그룹

**탄소나노튜브(CNT)
신사업 나서는
국내 최대 순수
석유화학 그룹**

금호석유화학

금호석유화학그룹 지배구조 및 지분 현황

(2024년 6월 보통주 기준, 단위 %) 자료: 공정거래위원회

금호석유화학그룹 현황
공시대상기업집단 51위

매출액	7조 7,730억 원
순이익	5,700억 원
계열사	14개

- 유망 ★★★
- 모멘텀 ★★
- 관망 ★
- 상장
- 비상장
- 해외
- 상장 예정

박찬구 → 7.37 → **금호석유화학(★)**

주주 지분:
- 박준경 7.89
- 박주형 1.08
- 박철완 9.39
- 김형일 0.09
- 허경수 0.06
- 박은형 0.55
- 박은경 0.55
- 박은혜 0.55
- 소액주주 51.9
- 국민연금 9.14

금호석유화학 계열:
- 금호리조트 66.7
- 금호피앤비화학 (금호리조트 33.3, 금호개발상사 100, 디앤케이켐텍 50)
- 금호미쓰이화학 50 (금호피앤비화학 100)
- 금호티앤엘 100
- 여수페트로 22.2
- 케이앤에이치특수가스 50
- 금호폴리캠 100
- 영광백수풍력발전 51.0
- 코리아에너지발전소 96.1
- 철도솔라 99.9
- 강원학교태양광 100

생산설비(4)

| 울산 | 전남 여수 | 충남 예산 | 경기 화성 |

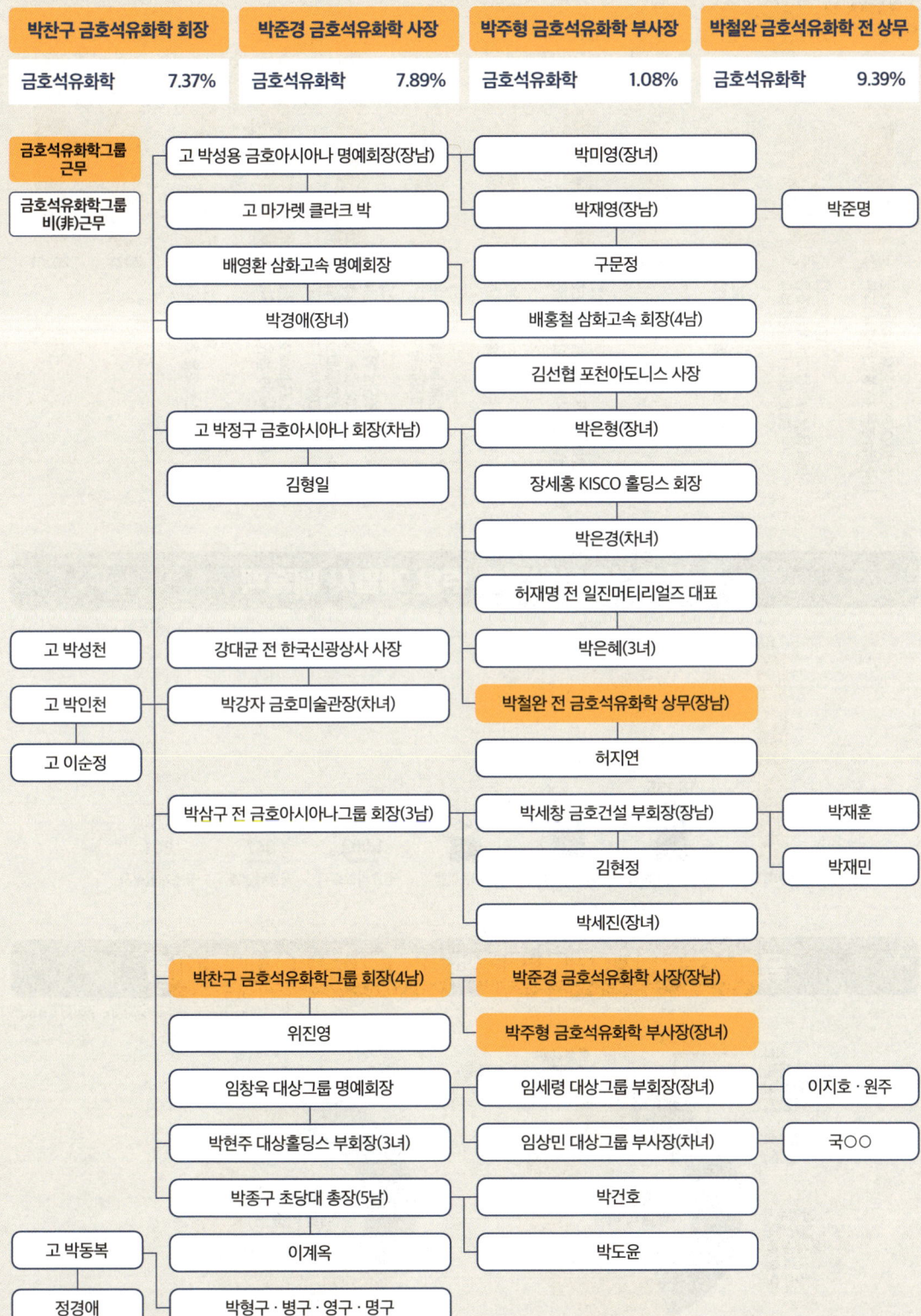

최근 10년 금호석유화학 실적 및 그룹 주요 연혁

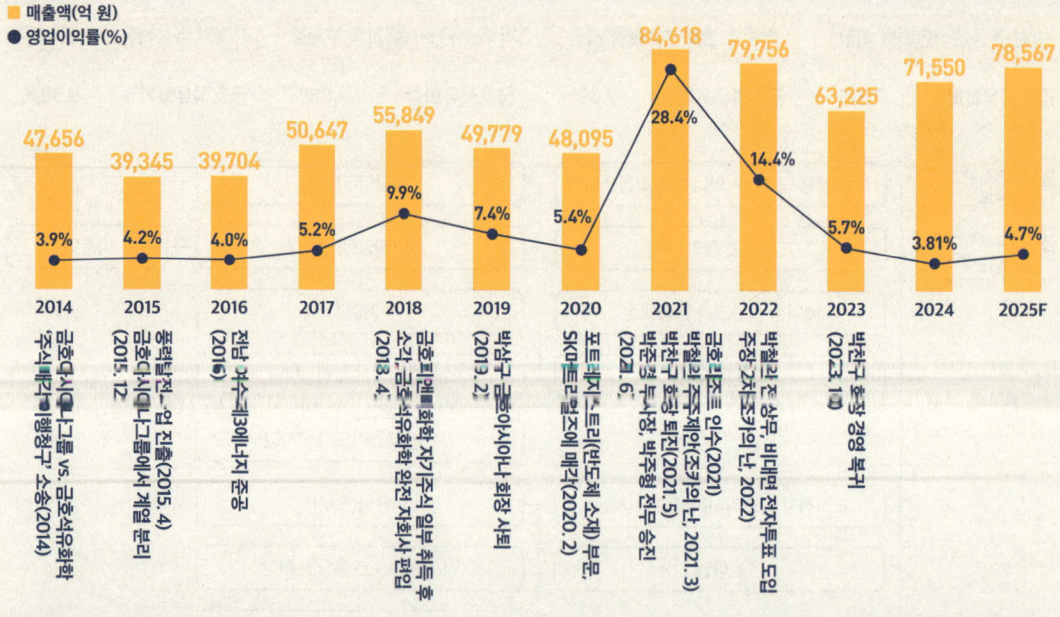

(K-IFRS 연결 기준) 자료: 금호석유화학 사업보고서

금호석유화학그룹 주요 계열사 매출액

(2023년 K-IFRS 연결 기준, 단위: 억 원) 자료: 금융감독원 전자공시

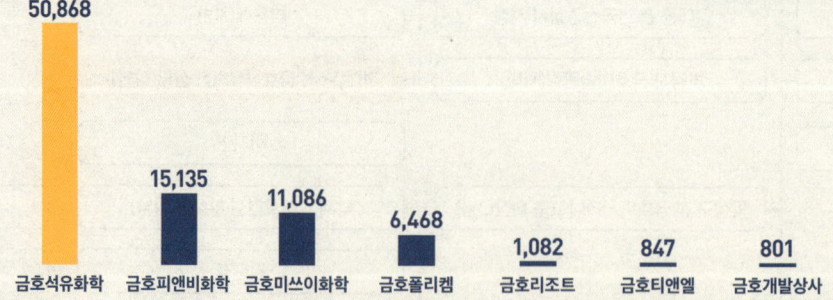

금호석유화학 제품별 매출액 비중 및 국내외 매출 비중

(2024년 상반기 K-IFRS 별도 기준) 자료: 금융감독원 전자공시

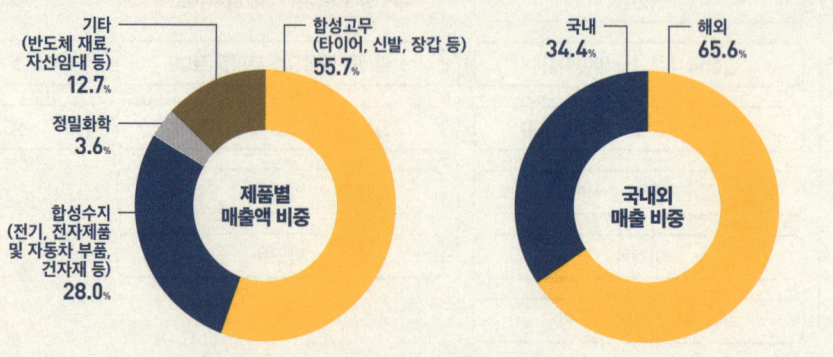

핵심 계열사 경영 현황 및 체크 포인트

금호석유화학(★) — 코스피

● **현황**
NB 라텍스(Acrylonitrile Butadiene Latex) 세계 시장 점유율 1위(약 25%)를 기록하고 있으며, 연간 생산능력은 94만 6,000톤에 이른다(2023). 롯데케미칼, LG화학, 한화솔루션(케미칼 부문)과 더불어 국내 석유화학 '빅4'로 평가된다. 매출액 비중은 합성고무 55.7%, 합성수지 28.0%, 정밀화학 3.6%, 기타 12.7%다(2024 상반기 K-IFRS 연결). 합성고무 부문의 약 절반이 NB 라텍스이며 인장강도, 내화학성이 우수한 특성을 띤다. 의료 및 수술용 장갑 등으로 활용된다. 합성수지는 자동차 타이어, 플라스틱 의자·상자 등의 원재료로 공급되고 있다. 수출 비중이 약 80%이며, 이 가운데 절반이 말레이시아, 태국을 비롯한 동남아 국가가 차지하고 있다. 1970년 한국합성고무로 설립됐고, 국내 최초로 합성고무 사업을 시작했다.

✓ **체크 포인트**
1. **업황**: 석유화학 산업은 경기 변동이 큰 편이고 예측하기 어렵다.
2. **경쟁 심화**: 중국 라텍스 기업들이 공장을 증설해 공급 과잉 국면에 접어들었다.
3. **신성장 동력**: 이차전지 소재인 CNT(Carbon Nano Tube), 전고체 배터리 소재를 개발하고 있다.

금호피앤비화학 — 비상장

● **현황**
주력 생산품은 페놀, 아세톤, MIBK(Methyl Isobutyl Ketone), 비스페놀-A(BPA), 에폭시 등이며 전기전자, 제약, 도료에 사용된다. 최근 10년(2014~2023) 연속 흑자를 기록 중이다. 축적된 현금성 자산을 바탕으로 그룹의 신사업 및 자회사 지원에 나서고 있다. 오너 3세 박준경 사장과 박주형 부사장이 사내이사로 경영에 직접 관여하고 있다.

✓ **체크 포인트**
1. **에폭시 수지 증설 효과**: 2024년 2분기 에폭시 수지 6만 톤 증설을 완료했다. 풍력발전기 블레이드와 도료 시장의 수요 증가에 따라 실적 영향을 받는다.
2. **합작 프로젝트 성과**: HBPA(Hydrogenated Bisphenol A, 에폭시 원료) 사업 확대와 D&K켐텍의 페놀폼 시장 진출 등 다각화된 합작 프로젝트들의 성과를 주시할 필요가 있다.

금호미쓰이화학 — 비상장

● **현황**
폴리우레탄의 핵심 원료인 경질우레탄폼(MDI, Methylene diphenyl diisocyanate)을 생산하고 있다. 자동차 내장재 부문, 냉장고 건축자재, 합성섬유 등에 쓰인다. 2024년 3분기 증설공사를 성공적으로 완공해 현재 61만 톤 생산 규모를 확보했다. 일본 미쓰이화학과 합작 설립했다. 금호석유화학과 일본 미쓰이화학이 각각 지분 50%씩 보유하고 있다.

✓ **체크 포인트**
1. **MDI 증설 효과**: MDI 증설로 실적이 어느 정도 개선되는지 점검할 필요가 있다.

최대 '순수' 석유화학 그룹, 신성장 동력으로 매출 안정성 확보할까

제불여형(弟不如兄). '형만 한 아우 없다'는 고사성어다. 그러나 한국 재계에서 이 말이 통하지 않는 사례가 있다. 바로 금호석유화학그룹이다. 박찬구 금호석유화학 회장은 친형 박삼구 회장이 경영하던 금호아시아나그룹에서 2015년 계열 분리했다. 금호아시아나그룹은 한때 재계 7위에 올랐던 호남 최대 기업이었다. 과거 '금호(錦湖)' 하면 '금호아시아나그룹'으로 인식되곤 했다. 그런데 이제는 '금호=금호석유화학'으로 인식하는 이들이 늘어나고 있다. 금호석유화학그룹이 실적을 개선하며 존재감이 커진 덕분이다.

금호석유화학그룹은 국내에서 가장 큰 순수 석유화학 대기업집단이다. 금호석유화학 외에 국내 주요 석유화학 기업으로 롯데케미칼, LG화학, 한화솔루션(케미칼 부문)이 있지만, 이들은 순수 석유화학 대기업집단은 아니다.

금호석유화학그룹은 2024년 공정위 공시대상기업집단 51위를 기록했다. 전년 대비 1단계 하락했다. 매출액 7조 1,550억 원, 순이익 3,986억 원으로 전년 대비 매출액은 13.17% 증가, 순이익은 20.01% 감소했다. 계열사는 유일한 상장사 금호석유화학을 포함해, 금호피앤비화학, 금호리조트, 금호미쓰이화학 등 14개사가 있으며, 전년 대비 1개 증가했다(2023년 10월, 케이앤에이치특수가스 편입).

금호석유화학그룹의 핵심 계열사 금호석유화학의 연간 매출액과 수익성을 살펴보면, 매년 편차가 크다는 사실을 확인할 수 있다. 이는 유화산업이 호황과 불황을 오가는 대표적 경기 변동 산업이기 때문이다. 그렇지만 5년, 10년 단위의 장기적 관점에서 살펴보면 금호석유화학의 실적은 꾸준히 개선되고 있다.

2015년 계열 분리 이후 2023년까지 8년 동안 금호석유화학의 매출액 연평균 증가율은 6.11%에 이르는데, 한국의 경제 성장률이 2% 안팎인 점을 고려하면 양호한 편이다. 이에 따라 금호석유화학그룹의 공정위 대기업집단 순위도 꾸준히 상승했다. 2016년 64위였고, 54위(2017년), 55위(2018~2019년), 59위(2020년), 55위(2021년), 49위(2022년)를 거쳐 2024년 51위가 됐다. 2016년 이후 8년 만에 13단계 상승했다.

비수익 부문 과감한 매각, 선택과 집중으로 몸집 불리기 나서

이 같은 성과는 그룹 총수 박찬구 회장의 '혁신 경영'에서 비롯됐다. 박찬구 회장은 고 박인천(1901~1984) 금호그룹 창업주 4남으로, 앞서 언급한 대로 2015년 12월 금호아시아나그룹에서 계열 분리했다. 금호아시아나그룹을 이끌던 친형 박삼구 회장의 대우건설과 대한통운 인수를 두고, 무리한 결정이라며 반대 의견을 제기하다 갈등을 빚었다. 계열 분리 이후 수익이 나지 않는 입종은 과감하게 정리하고 고부가가치 화학 제품 개발에 주력했다. 이른바 '선택과 집중 전략'이었다.

2020년 2월 반도체 소재 사업을 영위하는 포토레지스트(Photoresist) 부문을 SK머티리얼즈에 매각한 것은 과감한 비수익 사업 정리의 일환이었다. 본업 관련 연구개발에 집중해 '세계 일류 상품 20개 보유'라는 구체적인 목표도 세웠다. 2019년 3개 부문 제품이 '세계 일류 상품'에 선정되면서 누적 목표량을 달성했다. 세계 일류 상품은 산업통상자원부가 주관하고 대한무역투자진흥공사(KOTRA)가 인증하는 제품으로 세계 시장 점유율 5% 이상, 5위 이내에 들어가는 등의 조건을 통과해야 한다.

- 핵심 계열사 금호석유화학은 NB 라텍스(Acrylonitrile Butadiene Latex) 세계 시장 점유율 1위(약 25%)다(2024. 9). NB 라텍스는 '원유 → 나프타 → 부타디엔' 과정을 거쳐 생산되는데 인장강도, 내화학성이 우수해 다양한 분야에서 쓰이는 합성고무의 일종이다. 방호성이 요구되는 제품에 사용되며, 의료용 장갑, 일회용 장갑 등 제조에 활용된다. 천연고무 라텍스 대신 사용될 수 있어서 알레르기 반응을 줄일 수 있는 대안 소재로도 활용된다. 금호석유화학의 매출액 비중

은 합성고무 55.7%, 합성수지 28.0%, 정밀화학 3.6%, 기타 12.7%인데(2024 상반기 K-IFRS 별도), 합성고무 부문의 절반을 NB 라텍스가 차지한다. 합성수지는 자동차 타이어, 밀폐 용기 플라스틱 등의 원재료로 공급되고 있다.

NOTICE — 알고 갑시다!

석유화학 산업의 핵심, 부타디엔(Butadiene)

부타디엔은 석유화학 산업의 핵심 원료로서 다양한 파생 소재를 생성하며, 이 소재들은 전 세계 여러 산업 분야에서 광범위하게 사용된다. 부타디엔으로 만들 수 있는 제품은 크게 부타디엔 고무(BR), 스티렌-부타디엔 고무(SBR/SSBR), 니트릴 부타디엔 라텍스(NB 라텍스), 스티렌 부타디엔 라텍스(SB 라텍스)로 분류된다.

- **부타디엔 고무(BR)**: 주로 자동차 타이어의 내부 구조에서 중요한 역할을 하며, 탄성이 뛰어나고 내마모성이 강해 타이어의 수명을 연장하는 데 쓰인다. 또 스포츠용품과 같은 다양한 소비재에도 사용된다.
- **스티렌 부타디엔 고무(SBR/SSBR)**: 타이어의 트레드 부분에 사용되며, 접지력과 내구성을 높인다. 이 소재는 산업용 벨트, 호스, 신발 밑창 등의 제조에도 필요하며, 자동차 산업뿐만 아니라 일반 소비재 산업에도 중요하다.
- **니트릴 부타디엔 라텍스(NB 라텍스)**: 주로 의료용 장갑과 산업용 장갑의 제조에 사용되며, 높은 내화학성과 내유성을 지녀 의료 분야뿐 아니라 화학 취급이 많은 산업 현장에서 필수적이다.
- **스티렌 부타디엔 라텍스(SB 라텍스)**: 페인트, 코팅제, 접착제의 제조에 사용되며, 건축 및 건설 산업에서 중요한 소재로 쓰인다. 물리적 강도가 높고 내수성이 우수해 다양한 건축 자재의 성능을 향상시키는 데 활용된다.

부타디엔(Butadiene)의 가치사슬

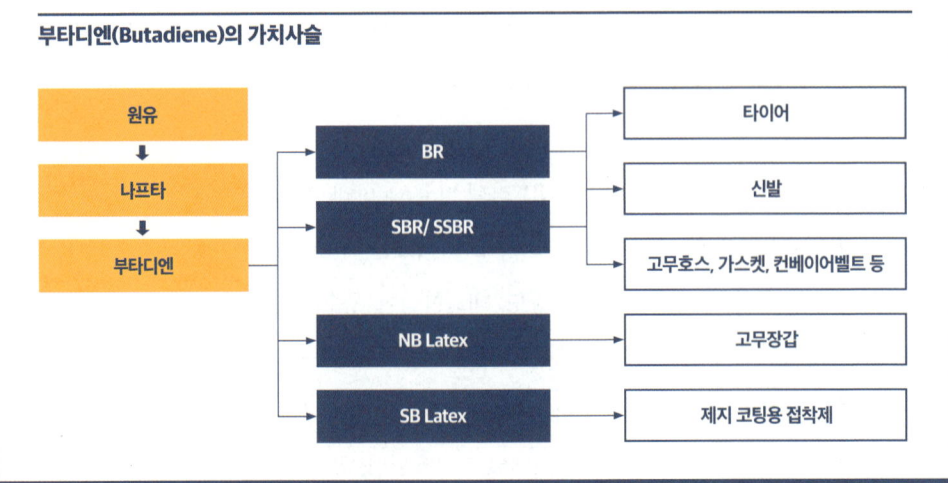

금호석유화학그룹의 꾸준한 성장과는 반대로 금호아시아나그룹은 사세가 급격히 위축됐다. 금호아시아나그룹은 2024년 대기업집단 28위를 기록했지만, 2025년에는 공정위 대기업집단에서 제외될 전망이다. 그룹 매출액의 70%가량을 차지하는 아시아나항공이 대한항공에 2024년 12월 최종 매각됐기 때문이다. 금호아시아나그룹은 금호고속, 금호건설, 금호티앤아이 등을 계열사로 두고, 그룹 전체 매출액은 3조 원 안팎으로 추정된다. 금호석유화학그룹 매출액의 3분의 1에 미치지 못하는 수준이다. 재계 순위도 100위권 근처로 떨어지게 되고, 그룹명에서 '아시아나'라는 명칭도 빼야 한다.

금호아시아나그룹의 이 같은 몰락은 무리한 인수 합병 때문이었다. 박삼구 회장은 2002년 박정구(1937~2002) 3대 회장이 급작스럽게 타계하며 그룹 경영을 맡은 이후 무리하게 몸집 불리기에 나섰다. 대우건설(2006)과 대한통운(2008)을 각각 6조 4,000억 원, 4조 1,000억 원에 인수해 단숨에 2008년 기준 재계 7위, 호남 최대 기업에 등극했다. 하지만 당시 자산 규모가 3조 원이 채 되지 않았던 금호아시아나그룹이 이 두 회사를 인수하느라 8조 원에 가까운 차입금이 발생하면서 유동성 위기를 겪었고, 사실상 '그룹 해체'가 시작됐다. 원인이 됐던 대우건설, 대한통운을 매각한 것은 물론, 기존 '알짜' 사업으로 꼽히던 금호렌터카와 금호타이어도 매각했다. 그사이 금호석유화학그룹이 범(汎) 금호가(家)를 대표하며 존재감을 높였다.

차세대 소재 CNT 앞세워 3대 신성장 산업에 집중한다

금호석유화학그룹은 들쭉날쭉한 유화 산업의 경기 변동에 대응하기 위해 신성장 동력을 키우고 있다. 미래 먹거리로 육성 중인 탄소나노튜브(CNT)는 철의 100배 수준인 인장강도와 구리의 1,000배 수준인 전기 전도성을 지닌 신소재로, 석유화학업계에서 '꿈의 소재'로 불린다. 바이오센서, 반도체, 자동차, 항공기 등은 물론 이차전지(배터리) 소재로도 폭넓게 쓰인다. 이미 2005년 탄소나노 소재 특허와 제조기술을 확보했다. 이후 삼성전자의 자회사 세메스(SEMES)의 탄소나노튜브 사업부를 인수했고, 2013년 생산 공장도 완공했다. 금호석유화학그룹은 향후 친환경 신소재 개발과 자원 재생 가치사슬을 구축해 지속 가능한 성장을 모색하고 있다.

- 금호석유화학은 울산광역시와 전남 여수 설비공장의 생산능력을 증설하고 있다. 2018년 연간 생산능력 120톤 규모를 갖춘 이후, 2024년 상반기에는 여수 율촌 산단에 연산 360톤 규모의 공장을 준공해 3배 이상의 생산능력을 추가로 확보했다. 또한, 필요할 경우 증설을 꾀할 수 있는 부지를 율촌 산단에 마련했다.

- 금호피앤비화학은 친환경 에폭시 기술 선점에 나섰다. 2023년 한국재료연구원과 '재활용 가능한 열경화성 수지 제조기술' 관련 계약을 체결했고, 풍력 터빈 블레이드용 에폭시 재활용 기술 개발에 나섰다. 이 기술을 적용하면 사용 후 재활용하기 어려운 풍력 터빈 블레이드용 수지를 분해해 다시 에폭시 수지나 탄소섬유 등의 원재료로 재활용할 수 있다. 금호피앤비화학은 해당 기술을 풍력 블레이드용 에폭시뿐 아니라 선박 구조물, 승용 및 대형 차량의 수소 저장 탱크 용으로 적용될 수 있도록 연구하고 있다.

- 금호미쓰이화학은 폴리우레탄의 핵심 원료인 MDI(Methylene Diphenyl Diisocyanate) 생산능력을 기존 연산 41만 톤에서 2024년 61만 톤 규모까지 증설하면서 친환경 원료 재생 공정 기술을 도입했다. 이를 통해 MDI 생산 과정에서 발생하는 부산물인 염산과 폐수를 원료로 재활용해 원가 경쟁력을 모두 확보할 것으로 전망된다. 금호미쓰이화학은 미래 신성장 동력 창출을 목표로 바이오 원료를 활용한 제품 개발을 본격화하고 있다. 2025년 상반기까지 고객사와 공동으로 바이오 플라스틱 인증을 위한 기술 연구를 완료한다는 전략이다.

- 금호폴리켐은 친환경 자동차에 관련된 제품 개발에 나서고 있다. 타이어 튜브, 차량 웨더스트립(Weather Strip) 등에 사용되는 특수 합성고무 EPDM(Ethylene-Propylene Diene Monomer)과 차량 벨로스(Bellows) 등에 적용되는 열가소성 엘라스토머(TPE)의 일종인 TPV(Thermoplastic Vulcanizates, 열가소성 가황물) 부문에서 경량화와 물성 개선을 진행하고 있다.

'조카의 난', '유화주'
한계 딛고 가치 상승 가능할까

금호석유화학그룹의 지배구조는 박찬구 회장이 금호석유화학(7.37%)을 지배하고, 금호석유화학이 금호리조트(66.7%), 금호미쓰이화학(50.0%), 금호피앤비화학(100%) 등에 경영권을 행사하는 형태를 띤다.

박찬구 회장 슬하의 박준경 금호석유화학 사장(장남)과 박주형 금호석유화학 부사장(장녀)이 경영에 참여하고 있고, 금호석유화학 지분도 보유하고 있다. 금호석유화학의 주요 주주를 살펴보면 박찬구 회장(7.37%), 박준경 사장(7.89%), 박주형 부사장(1.08%), 박철완 전 금호석유화학 상무(9.39%) 등이 보유하고 있다.

그중 변수는 박철완 전 상무다. 그는 박찬구 회장의 조카(고 박정구 전 금호아시아나그룹 회장 장남)이자 대주주로서, 현재 박찬구 회장과 경영권 분쟁을 벌이고 있다. 박철완 전 상무는 2021년 금호석화 배당 확대와 이사 교체 등 내용을 담은 주주제안서를 발송하면서 박찬구 회장과 표 대결을 벌였다. 이른바 '조카의 난'이었다. 결국 주주총회 표 대결에서 안건이 부결되며 박철완 상무는 상무이사직에서 해임됐다. 박철완 전 상무는 이후에도 행동주의 펀드 차파트너스자산운용에 주주 권리를 위임하며 지배구조 개선, 경영 투명성 강화 등을 요구하고 있다. 박찬구 회장이 2021년 6월 대표이사를 비롯한 등기이사에서 물러난 지 2년여 만인 2023년 10월 경영에 복귀한 것도 박철완 전 상무와의 경영권 분쟁 때문으로 해석된다. 아들 박준경 금호석유화학 사장의 경영권이 확보될 때까지 측면 지원을 위해 당분간 회장 자리를 지킬 것으로 예상된다.

NOTICE **알고 갑시다!**

금호석유화학은 왜 금호아시아나그룹에서 독립했나

금호아시아나그룹은 고 박인천 창업주가 1946년 해방 직후 택시 2대로 사업을 시작했고, 1960년대 경제개발로 황금노선으로 부상한 서울-광주 여객 사업을 주도하며 호남의 대표 기업으로 성장했다. 1984년 박인천 창업주 타계를 계기로 박성용·정구·삼구·찬구·종구 4형제가 10년씩 그룹 경영을 맡기로 암묵적으로 합의한 것으로 알려졌다. 초기에는 '형제 경영'의 원칙이 지켜졌다. 장남 고 박성용(1932~2005) 회장이 총수에 올라 12년간 경영을 맡았고, 이후 1996년 차남 박정구(1937~2002) 3대 회장이 6년 동안 그룹을 이끌었다. 그러나 2002년 박삼구 회장이 그룹 총수에 오른 이후에 상황이 달라졌다. 박삼구 회장 다음으로 박찬구 회장 차례였지만 박삼구 회장이 자신의 장남 박세창에게 경영권을 승계하려는 움직임을 보였기 때문이다. 여기에 M&A에 반발해 동생 박찬구 회장이 계열 분리 수순을 밟았다.

금호석유화학, 이차전지 소재 신사업 모색 그러나 '유화주'라는 한계

금호석유화학그룹에서 상장사는 금호석유화학이 유일하다. 금호석유화학 주식은 몇 가지 특징이 있다. 우선 금호석유화학은 배당주로 꼽힌다. 금호석유화학의 최근 5년(2019~2023) 배당성향(배당총액/당기순이익)은 연결 기준 15.3%였다. 금호석유화학은 해자도 보유하고 있다. 석유화학산업은 대규모 장치 산업이어서 신규 진입자의 시장 진입이 어렵다. 주력 생산품 NB 라텍스의 세계 시장 점유율 1위라는 점도 긍정적이다. 신성장 동력도 갖고 있고, 이차전지 소재인 CNT(Carbon Nano Tube), 전고체 배터리 소재 개발도 호재다.

하지만 '주식'으로서 금호석유화학은 고난도 종목이다. 실적이 들쭉날쭉하기 때문이다. 금호석유화학은 2021년 영업이익 2조 4,068억 원을 기록했는데, 이는 전년 대비 3.2배(224.32%) 급증한 수치였다(K-IFRS 연결). 코로나19로 의료용 고무장갑 수요가 증가한 덕분이었다. 하지만 2022년에는 1조 1,473억 원으로 반 토막 났고, 2023년에는 3,590억 원으로 전년 대비 3분의 1토막이 났다. 금호석유화학의 최근 10년 연간 영업이익을 살펴보면 편차가 크다는 것을 확인할 수 있다.

주식시장에서 환영받는 종목은 실적이 꾸준히 우상향하는 종목이다. 예측이 쉽기 때문이다. 유화주에 투자해 수익을 냈다는 사례를 보기 힘든 이유도 여기에 있다.

금호석유화학의 실적은 왜 들쭉날쭉한 걸까? 이는 금호석유화학이 속해 있는 유화(석유화학) 산업의 특성에 기인한다. 정유·석유화학 산업의 생태계는 산업군이 복잡해서 예측이 어렵다.

정유·석유화학 산업은 중동 산유국들이 석유를 채굴하는 업스트림(Upstream)에서 시작해 이를 수송과 정제하는 다운스트림(Downstream)을 거쳐 제품이 만들어진다. 이 과정에

금호석유화학 영업이익 추이 (K-IFRS 연결 기준, 단위 억 원)

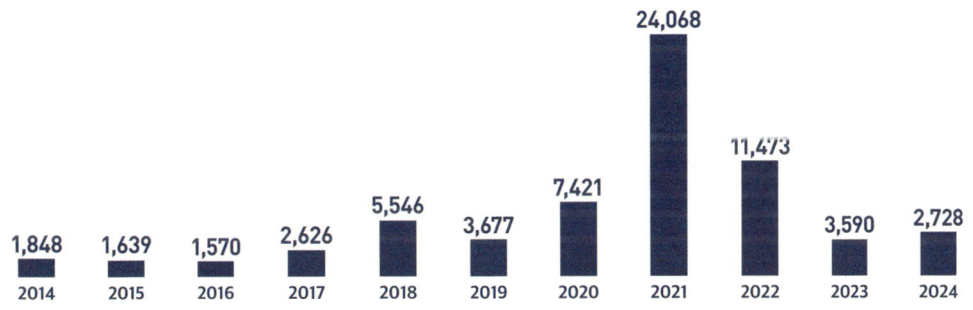

정유·석유화학 산업 생태계

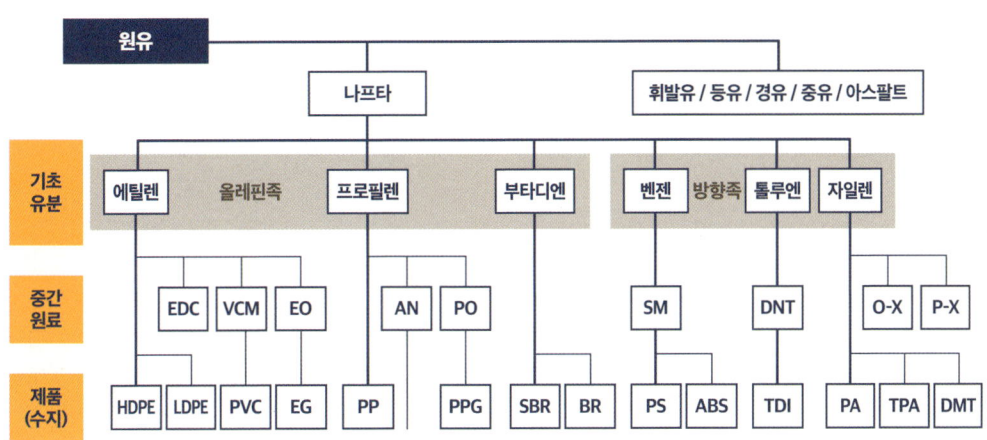

서 원유가 나프타(Nephtha)가 되고, 나프타가 에틸렌, 프로필엔, 부타디엔(이상 올레핀족), 벤젠, 톨루엔, 자일렌(이상 방향족) 등 7대 기초유분이 된다. 기초유분은 중간원료를 거쳐 일명 '수지'(제품)가 되는데, 수지의 종류는 HDPE(High Density Polyethylene, 고밀도 폴리에틸렌), LDPE(Low Density Polyethylene, 저밀도 폴리에틸렌), PVC(Polyvinyl Chloride, 폴리염화비닐)를 비롯해 세분화하면 수백 가지에 이른다.

생태계가 복잡하면 예측이나 분석이 어렵다. 제품군마다 특성이 다르고 수요 변수와 공급 변수가 다르기 때문이다.

23 동원그룹

**M&A가 끌고
신사업이 밀어
'종합 소비재 그룹'
으로 워밍업**

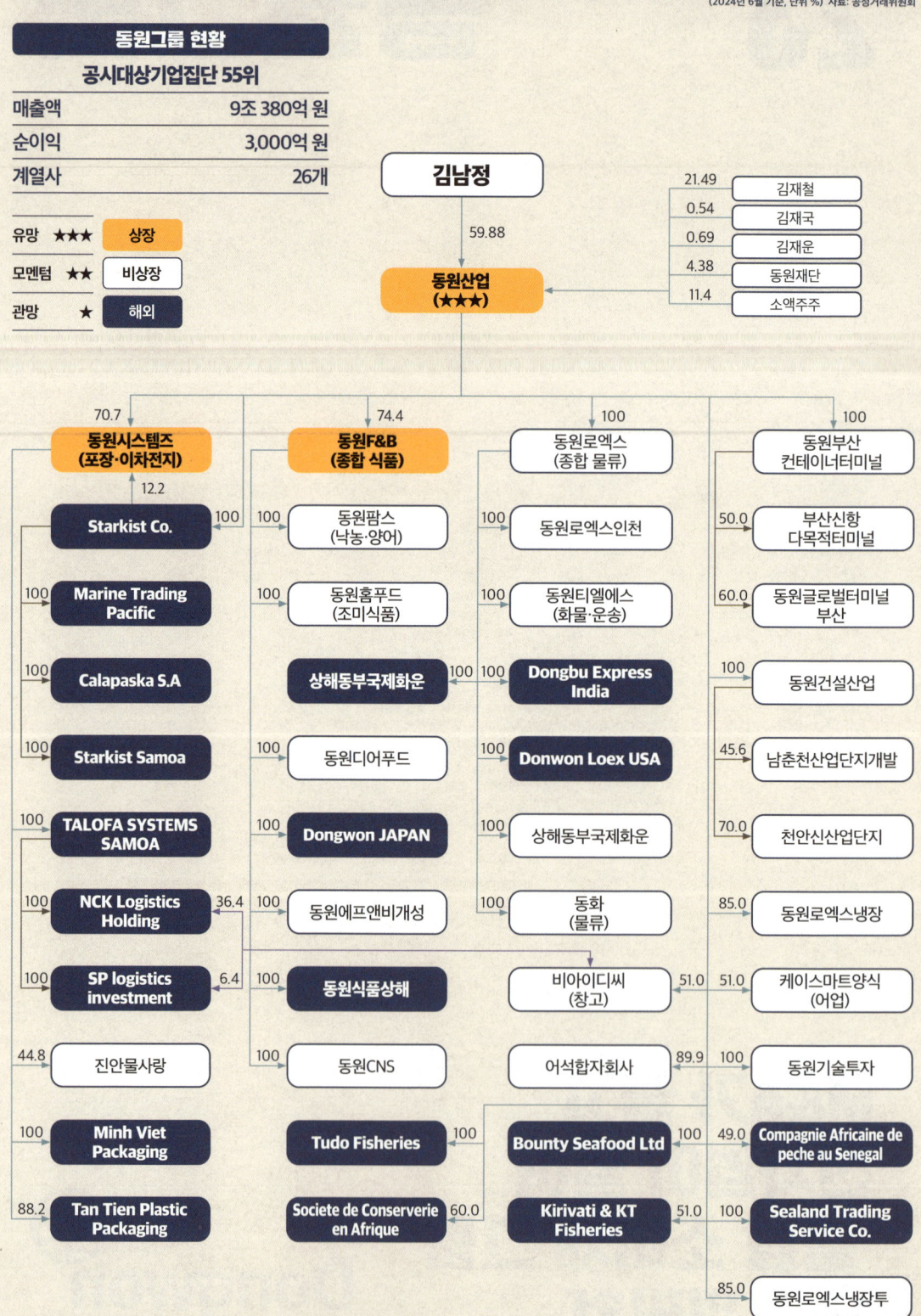

동원그룹 오너 가계도 및 관계자 지분 현황

(2024년 6월 기준) 자료: 공정거래위원회

김재철 동원그룹 명예회장	김남정 동원그룹 회장	김동찬 김남정 회장 장남
동원산업 21.49%	동원산업 59.88%	동원산업 0.0%

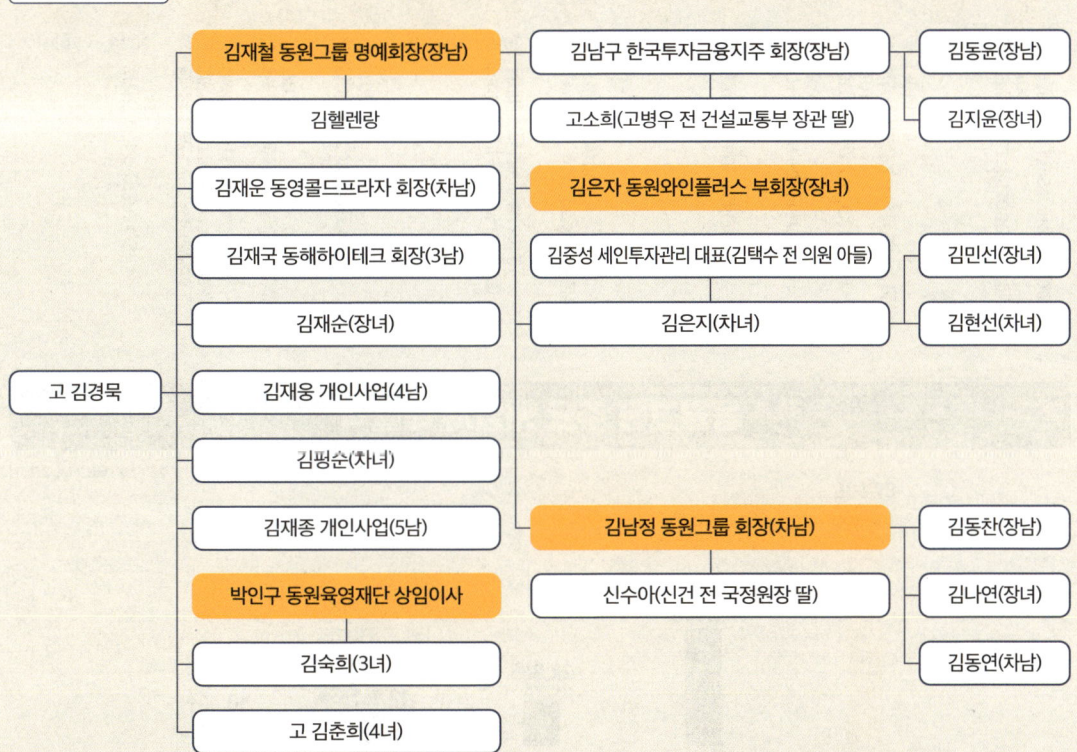

참치잡이 선박의 종류와 특징

	선망선	연승선(독항선)	트롤선
방식	네모꼴 그물로 사방으로 포위해 참치를 잡는 방식	낚싯대를 이용해 참치를 잡는 방식 (주낙 기법)	선박 후미에 자루 형태의 그물을 끌어 참치를 잡는 방식
장단점과 특징	• 장점: 어획량 많고, 수익성 높음 • 단점: 대량 남획, 어종 고갈 우려 • 특징: 어군 탐지기, 헬기 등 첨단 장비 탑재해 선박 1척당 250억 원 고비용	• 장점: 목표 어획 가능, 어종 품질 우수, 지속 가능 어업 방식 • 단점: 어획량 적고, 수익성 낮음	• 특징: 어획량이 선망선과 연승선의 중간 정도
용도	참치캔용 (가다랑어, Skipjack tuna)	횟감용 (눈다랑어, Bigeye tuna)	명태잡이에 주로 사용

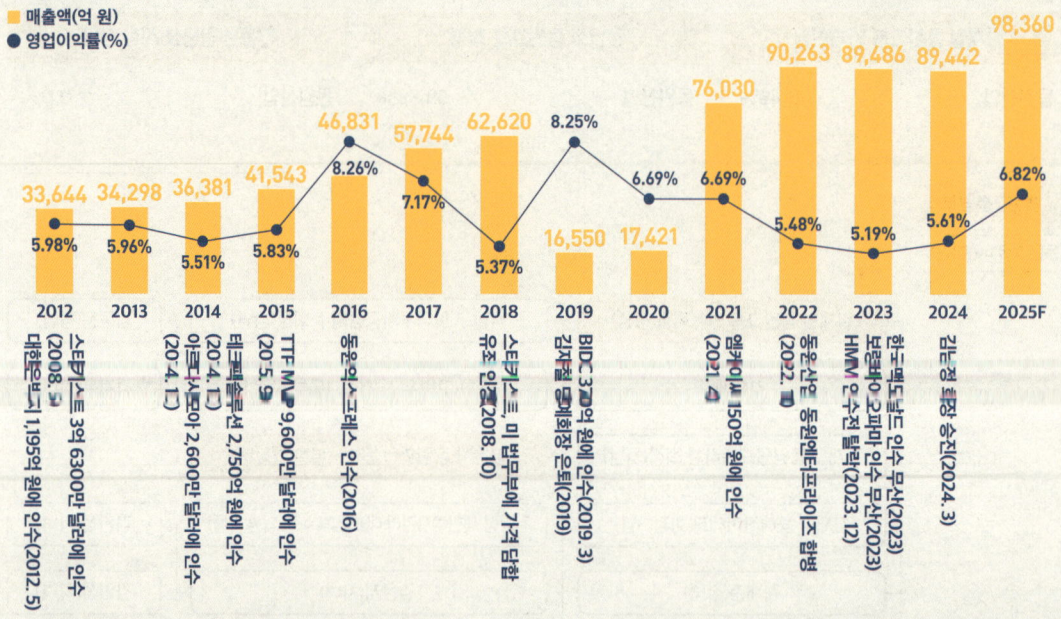

최근 10년 동원산업 실적 및 그룹 주요 연혁

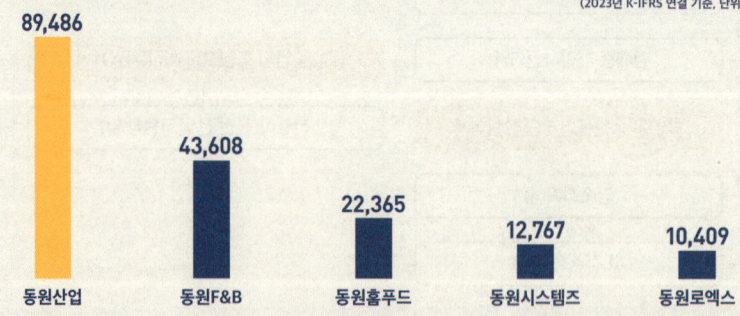

동원그룹 주요 계열사 매출액

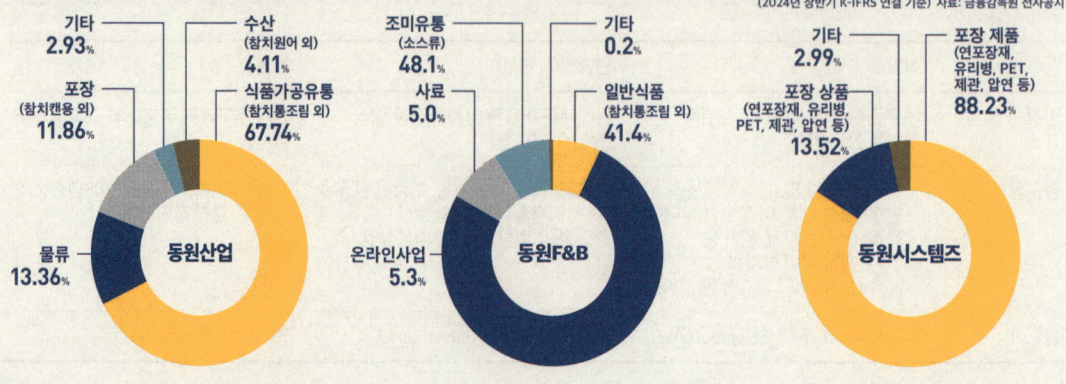

동원그룹 주요 계열사 매출액 비중

핵심 계열사 경영 현황 및 체크 포인트

| 동원산업(★★★) | 코스피

● 현황
동원그룹의 지주사이자 사업회사다. 국내 1위 원양어업 기업으로 국내 참치 시장 점유율 1위(44.01%)를 기록하고 있다(2023 한국원양어업협회 원양산업통계연보, 수출금액 기준). 선망선 10척을 포함해 총 38척의 국내 최대 참치잡이 선박을 보유하고 있다(2024. 12). 1969년 4월 설립됐고, 1989년 3월 유가증권시장에 상장했다. 동원그룹의 지주사이며 동원F&B(74.4%), 동원시스템즈(70.7%), 동원로엑스(100%) 등의 지분을 보유하고 있다(2024. 9). 2022년 동원엔터프라이즈와 합병해 동원그룹 지주사가 됐다.

✓ 체크 포인트
1. **M&A 모멘텀:** HMM 인수전에 다시 뛰어들 가능성이 있다. HMM 인수에 성공한다면 지주사이자 사업회사인 동원산업의 기업 가치가 뛰어오를 것이다.
2. **스타키스트 상장:** 미국 참치통조림 1위 업체 스타키스트 지분 100%를 보유하고 있다. 2023년 HMM 인수 위한 자금 조달 방안으로 스타키스트 상장을 검토했으나 최종 무산됐다.
3. **조업 규제:** 환경단체의 동물권 목소리가 높아지면서 참치 국제기구의 조업 규제가 강화되고 있다.

| 동원F&B | 코스피

● 현황
'동원참치'로 친숙한 참치통조림을 생산한다. 생수 신사업을 추진하고 있고, 해외 시장까지 겨냥한 매운맛 '동원불참치'를 신제품으로 선보였다. 국내 참치 캔 시장 점유율은 동원참치(82%), 사조해표(13%), 오뚜기(5%) 순이다(2023). 동원산업이 잡아온 참치를 가공해 만든 통조림 제품(동원참치)을 비롯해 각종 선물세트, 음료, 해초류, 치즈류 등을 생산하고 있다. 2023년 처음으로 매출액 4조 원을 돌파했다. 2000년 11월 동원산업에서 분할 설립돼 같은 달 유가증권시장에 상장했다.

✓ 체크 포인트
1. **신사업, 신제품:** 매운맛 '동원불참치'를 선보였다. 신성장 동력으로 생수 신사업도 추진하고 있다.
2. **해외 매출:** 세계 시장에서 K-푸드에 대한 관심이 높아지면서 수출에 나섰다. 아직 해외 매출 비중(3%)이 낮지만, 수출 제품 확대 및 현지 맞춤형 제품 개발, 한식 소스류 수출 등 다양한 전략을 펼치고 있다. 2025년까지 소스류로 200억 원의 해외 매출을 달성한다는 계획이다.

| 동원시스템즈 | 코스피

● 현황
식품 포장 사업을 영위하고 있다. 페트병, 알루미늄박, 연포장재, 성형용기, 유리병 등을 생산해 동원그룹 계열사에 공급하고 있다. 1980년 전자부품을 생산하는 '성미전자'로 설립됐다가 경영난에 빠져 1993년 동원그룹에 인수됐다. 1994년 코스피에 상장했다. 신사업으로 이차전지 원통형 배터리 캔, 양극박, 셀파우치 등을 생산하고 있다. 삼성SDI에 이차전지용 알루미늄박을 공급하고 있다.

✓ 체크 포인트
1. **신규 공급처 확보:** 이차전지 양극박, 배터리 캔, 셀파우치의 신규 공급처를 확보하면 실적이 개선된다.
2. **본업 강화:** 펫푸드 파우치, 레토르트 파우치, 식품 캔 등 고부가가치 제품 중심의 수출을 적극적으로 확대하고 있다.

탄탄한 '참치 사업' 딛고, 물류·이차전지까지 거머쥘까

동원그룹은 소비자 사이에 '참치 회사'로 알려져 있다. 동원그룹의 주력 생산품 동원참치가 워낙 널리 알려져 있기 때문이다. 실제로 틀린 말은 아니다. 조사업체 닐슨에 따르면, 2023년 국내 참치통조림 시장 점유율은 동원F&B 82%, 사조해표 13%, 오뚜기 5%다.

참치 수출도 동원그룹이 1위를 차지했다. 한국원양어업협회의 〈2023년 원양산업통계연보〉에 따르면, 수출액 기준 시장 점유율은 동원산업 44.01%, 신라교역 16.21%, 사조씨푸드 12.91%, 사조산업 6.02%다. 사조그룹에 속한 사조씨푸드와 사조산업을 합산(19.11%)해도 동원산업 점유율의 절반에도 미치지 못한다.

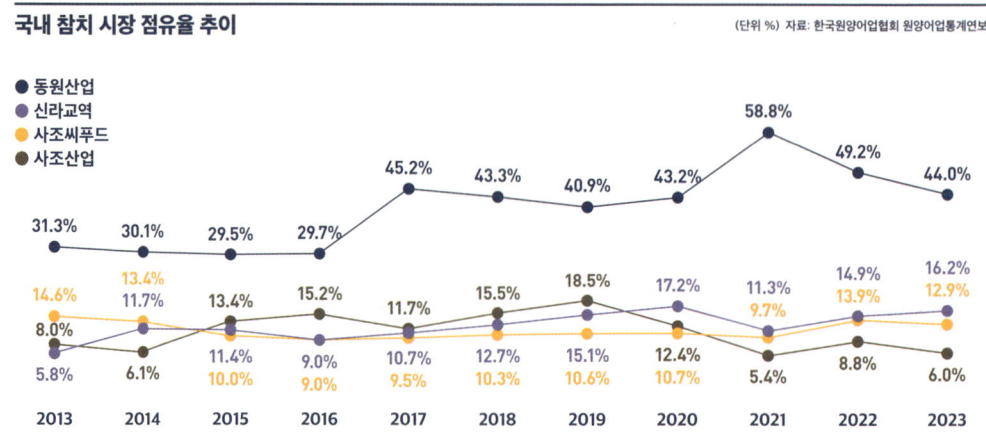

국내 참치 시장 점유율 추이 (단위 %) 자료: 한국원양어업협회 원양어업통계연보

동원그룹은 본업(참치)의 경쟁력을 바탕으로 수산(동원산업), 식품 가공(동원F&B, 스타키스트), 포장(동원시스템즈), 물류(동원로엑스, BIDC, 동원로엑스, 동원부산컨테이너터미널) 등을 아우르는 '종합 소비재 기업'으로 도약하고 있다.

동원그룹은 2024년 공정위 공시대상기업집단 55위를 기록했다. 전년 대비 1단계 하락했다. 그룹 매출액 9조 380억 원, 순이익 3,000억 원으로 전년 대비 각각 29.63%, 23.03% 감소했다(2023 K-IFRS 연결). 계열사는 동원산업, 동원F&B, 동원시스템즈(이상 상장사), 동원로엑스, 스타키스트(이상 비상장사)를 포함해 모두 26개사로 전년 대비 1개 감소했다. 공정자산(비금융사 자산총계+금융사 자본총계) 총액은 9조 3,830억 원이다. 김재철 명예회장이 1969년 35세 참치 어선 1척으로 창업한 지 불과 반세기 만에 한국 재계의 중추로 자리 잡은 것이다.

동원그룹 주요 계열사 매출액은 동원산업이 8조 9,486억 원으로 가장 많고, 이어 동원F&B 4조 3,608억 원(동원홈푸드 2조 2,365억 원), 동원시스템즈 1조 2,767억 원, 동원로엑스 1조 409억 원 순이다(2023 K-IFRS 연결).

그중 동원산업은 동원그룹의 핵심 사업회사이자 지주사다. 2022년 11월 동원엔터프라이즈와 합병하면서 사업회사이자 지주사가 됐다. 동원산업은 참치 시장 점유율 1위를 기록하고 있으며, 가장 많은 참치 선박을 보유하고 있기도 하다. 여기에 원양어업, 가공, 유통을 아우르는 공급망 통합 관리가 더해져 시장에서의 우위를 점하고 있다. 동원산업은 선망선 10척, 참치 연승선 12척, 지원선 1척, 트롤선 1척, 운반선 2척 등 국적선 26척을 보유하고 있다. 여기에다 합작 선망선 1척, 해외 자회사 선망선 7척, 해외 자회사 운반선 3척, 해외 자회사 채낚이선 1척을 포함해 총 38척의 선박을 보유하고 있다(2024. 6). 남태평양, 인도양, 대서양 등 세계 곳곳에서 조업이 이뤄진다.

선망선은 초대형 그물(어망)을 바다에 둘러쳐 포위한 다음 하단에 있는 조임줄을 조여 참치를 어획하는 선박이다. 참치잡이 선박 가운데 생산 효율성이 가장 높으며, 대표적인 참치 선박 유형이다. 어군 탐지기(Sonar), 헬기, 첨단 통신장비(MVSAT, Inmarsat) 등 고가 장비가 장착돼 1척당 선박 가격이 약 250억 원에 이른다. 참치통조림용 가다랑어(Skipjack tuna)를 주로 어획한다. 동원산업은 국내 최대 선망선단(18척)을 운영하고 있다. 중서부 태평양에서 주로 조업하고 있으며, 연간 20만 톤의 참치를 어획하고 있다. 연승선은 낚싯대를 바다에 띄워 참치를 잡는 선박으로 어획량이 적지만 어획 어종의 품질이 우수하다는 장점이 있다. 횟감용 눈다랑어(Bigeye tuna)를 주로 어획한다. 참치 연승선의 척당 연간 생산량은 약

동원산업 조업 구역

자료: 2024. 2Q 동원산업 사업보고서

400톤 수준이다. 트롤선은 바다 심해에 그물을 내려 끌어당기는 방식으로 어획하는 선박으로 주로 남극 근처에서 크릴(새우의 일종)을 어획하고 있다. 크릴은 오메가3와 불포화 지방산이 풍부해 미래의 식량자원으로 주목받고 있다. 트롤선의 연간 생산량은 약 2만 7,000톤 수준이다.

동원산업의 참치 조업 효율성은 세계 최고 수준을 유지하고 있는데, 이는 김재철 명예회장 때부터 이어져 온 무형 자산이다. 김재철 명예회장은 부산수산대(국립부경대학교) 졸업 후 선장으로 근무할 당시 '참치를 잘 잡아' 창업을 권유받았고, 앞서 언급한 대로 1969년 35세 때 투자를 받아 동원산업을 창업했다. 귀항할 때마다 '참치 만선(滿船)'으로 순식간에 투자금을 돌려줬다는 일화도 있다.

- 동원F&B는 동원산업에 이어 동원그룹의 핵심 계열사다. 동원산업이 잡아 온 참치를 가공해 소비자에게 친숙한 통조림 제품(동원참치)을 비롯해 선물세트, 음료, 해초류, 치즈류 등을 생산하고 있다. 2023년 처음으로 매출액 4조 원을 돌파했다. 동원F&B의 매출액은 동원산업 매출액의 절반에 육박하며 동원산업의 참치 어획량, 참치가격의 변동성을 보완하는 역할도 한다.

| NOTICE | 알고 갑시다! |

수많은 물고기 중 왜 '참치'일까

바다의 수많은 물고기 가운데 '참치'의 부가가치가 큰 이유는 3가지 특성 때문이다. 우선, 참치는 '크다'. 동원산업이 어획하는 참치 한 마리의 평균 무게는 200킬로그램으로 멸치, 고등어를 잡는 것에 비해 생산성이 탁월하다.

바다에는 고래와 같이 참치보다 몸집이 더 큰 개체도 있다. 하지만 몸무게가 200킬로그램이 넘어가면 움직임이 둔해져 육질에 지방질이 많다. 고래는 '기름 덩어리'라고 봐도 된다. 향유(Sperm)라고 불리는 기름도 고래에서 나온다. 한국 원양 업체가 바다에서 어획하는 어종 유형을 살펴보면 참치가 1위(58%)이고, 이어 오징어(15%), 명태(7%), 새우(5%), 꽁치(4%), 기타(12%) 순이다.

둘째, 참치는 육질이 양호하다. 참치는 시속 160킬로미터로 바다를 총알처럼 움직인다. 참치가 서식하는 해수면은 먹이가 부족하기 때문에 멸치, 꽁치를 낚아채기 위해 고속으로 유영할 수밖에 없다. 따라서 비곗살이 적고 온통 근육 살이다. 건강한 근육질과 지느러미를 갖게 됐고, 이게 사람들에게는 '건강식'이다. 참치에는 DHA(뇌 활성화), 아미노산(간 기능 강화), EPA(불포화 지방산, 혈전 예방), 철분(빈혈 예방), 비타민(유아 영양), 핵산(노화 방지)이 풍부하다. 참치를 '바다의 쇠고기'로 부르는 이유도 여기에 있다.

끝으로, 참치는 성격이 예민해 인공 사육이 불가능하다. 그간 참치를 인공적으로 사육하고자 하는 시도가 숱하게 진행됐다. 특히, '참치 왕국' 일본에서 숱한 모험가들이 일확천금의 꿈을 품고 참치 인공양식을 시도했지만, 번번이 실패했다. 인공 사육에 성공했다는 보도가 드물게 나오고 있으나 대량 인공 사육에 성공했다는 소식은 없다.

참치 수요는 늘 공급을 초과한다. 최근에는 13억 중국인들이 참치 맛을 알기 시작했다는 소식도 들린다. 참치의 정식명칭은 다랑어(Tuna)이며, 참치 종류로는 가다랑어(참치통조림용), 눈다랑어(참치 횟감용), 참다랑어, 황다랑어, 새치 등이 있다.

스타키스트 등 M&A로 기업 규모 UP, 이차전지 등 신사업 나서

동원그룹은 양대 주력사 동원산업과 동원F&B에서 나오는 풍부한 현금흐름을 바탕으로 M&A에 나서 규모를 키워왔다. 그 대표적인 사례가 미국 피츠버그에 본사를 둔 글로벌 1위 참치통조림 회사 스타키스트(Starkist) 인수다. 2008년 동원그룹이 3억 6300만 달러(약 4,000억 원)에 인수했다. 글로벌 금융위기 한창인 시기였던 데다 스타키스트가 적자 상태여서 '적절하지 않은 시점에 비싸게 샀다'는 지적이 제기되기도 했지만, 반년 만에 3,000만 달러 영업 흑자로 돌아섰다. 스타키스트는 김재철 회장이 원양어선에서 일하던 시절 참치를 잡아 납품했던 회사였다.

한국투자증권도 1982년 한신증권을 인수한 것이 지금에 이르렀다(2003년 동원금융지주 설립 후 분리). 1993년에는 경영난에 빠진 전자부품사 성미전자를 인수했고, 현재 동원그룹의 포장재와 알루미늄박을 생산하는 동원시스템즈로 발전했다.

2017년 동부익스프레스(현 동원로엑스)를 인수하며 본격적으로 물류 사업에도 뛰어들었다. 이후 자동차 부품 물류 사업 확대를 위해 2024년 4월 '넥스트로(NEXT Lo)'를 출범했다. 넥스트로는 현대모비스와 자동차 부품 물류 분야에서 협업하고 있다.

2023년에는 국내 1위 해운사 HMM 인수전에서 최종입찰까지 참여했지만, 하림그룹에 우선협상대상자 지위를 넘겼다. HMM은 2024년 공시대상기업집단 20위, 공정자산 25조 5,080원으로, 동원그룹이 인수에 성공했더라면 재계 10권으로 도약할 수 있었다. 동원그룹은 HMM 인수를 위해 서울 강남 사옥 매각까지 검토할 만큼 적극적이었다.

동원그룹은 앞서 보령바이오파마, 한국맥도날드 인수전에서도 쓴잔을 맛봤다. 하지만 HMM 인수 우선협상대상자에 선정됐던 하림의 최종 협상이 결렬되면서 동원그룹이 HMM 인수전에 다시 뛰어들 기회를 얻었다는 분석도 나온다. 동원그룹의 한 관계자는 "HMM에 관심을 갖고 지켜보고 있다. 상황을 주시하고 있다"고 밝혔다.

M&A 행보와 별도로 동원그룹은 이차전지, 연어 양식 등 신사업에도 적극적으로 나서고 있다. 신사업에 가장 적극적인 계열사는 동원시스템즈다.

- 동원시스템즈는 캔을 제조하며 쌓은 기술력으로 이차전지 원통형 배터리 캔, 양극박, 셀파우치를 개발하고 있다. 2019년 이차전지 케이스 개발을 시작으로, 이차전지 알루미늄 양극박 신사업에도 진출했다. 그 결과 현재 삼성SDI에 이차전지용 알루미늄박을 공급하고 있다. 양극박은 양극재를 지지하는 소재로 전자가 이동하는 통로 역할을 하면서 이차전지의 용량과 전압을 결정한다. 배터리 경량화를 위해서는 양극박이 얇아져야 하는데, 지나치게 얇으면 기계적 강도가 약해져 활물질을 안정적으로 지탱하기 어렵다. 따라서 배터리 성능을 극대화하려면 양극박 두께, 활물질 조성, 압축 공정의 최적화가 필요하다. 동원시스템즈는 업계에서 최적화된 수준으로 평가되는 9마이크로미터 양극박을 개발해 2024년 3월부터 양산을 시작했다. 2021년 자회사였던 엠케이씨를 흡수 합병해 원통형 배터리 캔 사업도 하고 있다. 현재 46파이(지름 46mm) 원통형 배터리 캔까지 개발했다. 46파이 배터리는 기존 21700 배터리(지름 21mm, 높이 70mm) 대

비 용량이 5배 이상 커, 차세대 에너지 저장 장치로 주목받고 있다. 2024년 8월 본격 양산을 시작했다. 1980년 설립됐고, 1994년 유가증권시장에 상장했다. 주력 생산품은 음식료 포장재로, 동원그룹 계열사에 공급하고 있다.

- 동원F&B는 충북 음성에 네 번째 생수 공장 증설을 계획하고 있다. 생수 공장 증설 관련 취수 허가를 받았고, 2025년 상반기까지 건축허가를 마치고 착공할 계획이다. 네 번째 공장이 가동되면 국내 생수 업계 2위 사업자로 올라서게 된다. 국내 생수 시장에서 매출 및 취수량 1위는 광동제약이 판권을 보유한 제주삼다수다. 그 뒤로 아이시스, 스파클, 백산수, 동원샘물 등이 잇고 있다. 닐슨코리아와 각 업체가 추산한 국내 생수 시장 점유율은 삼다수 40.3%, 아이시스 13.1%, 탐사수(쿠팡 PB 브랜드) 13%, 백산수 8.3%, 동원샘물 3.2%다(2023). 동원그룹이 넉넉한 현금을 보유하고 있다는 점에서 향후 삼다수 판권 인수 가능성도 제기된다. 동원그룹이 삼다수 판권을 확보하면 동원샘물의 점유율을 끌어올릴 수 있을 것이다. 또 동원F&B는 2024년 초 스코빌지수(Scoville scale)가 약 3886SHU인 '동원불침치'도 출시했다. 스코빌지수란 고추, 후추 등에 들어 있는 매운맛 성분인 캡사이신과 피페린 등의 농도를 수치화한 것으로 3000SHU가 넘으면 매운맛으로 분류된다. K-푸드의 매운맛 열풍을 반영한 제품이다. 2024년 4월 선보인 간편 비빔밥인 '양반 비빔드밥'도 글로벌 레디밀(Ready-Meal) 시장을 겨냥한 전략상품이다. 일본과 유럽, 동남아시아 등 수출국 확대를 준비 중이며, 올해 연간 매출 300억 원 달성을 목표로 하고 있다. 수출에도 많은 노력을 기울이고 있다. 다수의 세계 박람회에 꾸준히 참가해 K푸드를 홍보하는 한편 국가별 맞춤 K-푸드를 발굴, 출시할 계획이다. 현지 생산, 유통이 가능하도록 해외 법인의 M&A도 검토하고 있다. 2027년까지 글로벌 매출 비중을 20% 이상으로 끌어올리는 것이 목표다. 현재 해외 매출 비중은 3% 수준이다.

- 동원산업은 육상 연어 양식을 신사업으로 추진하고 있다. 연어는 전 세계적으로 수요가 꾸준히 증가하고 있는 어종으로, 동원산업이 연어 양식 단지를 조성하게 되면 국제 조업 환경의 영향에서 벗어나 연어를 지속 가능한 방식으로 생산할 수 있다.

대주주 비율 높은 '동원산업', 스타키스트 주목

동원그룹의 지배구조는 김남정 회장이 동원산업(59.9%) 최대주주이고, 동원산업이 동원 F&B(74.4%), 동원시스템즈(70.7%), 동원로엑스(100%) 등을 지배하는 형태다(2024. 6). 동원그룹을 이끌고 있는 김남정 회장은 김재철 창업 회장의 차남이다. 2014년 동원그룹 부회장에 취임했고, 2019년 김재철 명예회장 퇴임 이후 그룹을 이끌고 있다. 2024년 3월 회장으로 승진했다.

김남정 회장은 소탈한 성격과 친화력으로 신입사원부터 임원까지 다양한 의견을 적극적으로 수렴하는 것으로 알려져 있다. 장남 김남구는 분가해 현재 한국투자금융지주 회장으로 있다.

동원산업, 안정적 실적 개선에 M&A 모멘텀 확보

주식시장을 살펴보자. 동원그룹에 소속된 상장사로는 동원산업, 동원F&B, 동원시스템즈 등 3개사가 있다.

- 동원F&B는 해외 매출 비중을 늘려야 하는 과제를 안고 있다. 해외 매출 비중이 약 3%에 불과하다(2024. 6). 인구 절벽이 눈앞에 다가오는 시점에서 개선돼야 할 부분이다. K-푸드 열풍에 힘입어 현지 맞춤형 제품 개발, 한식 소스 수출 등

다양한 전략을 펼치며 실적 개선에 나섰다. 2025년까지 소스류로 200억 원의 해외 매출을 달성한다는 계획이다.

- 동원시스템즈는 이차전지 신사업(원통령 배터리 캔, 양극박, 셀파우치)을 추진하고 있다. 하지만 이차전지 분야는 전기차 시장 캐즘과 함께 공급 과잉 우려가 제기되고 있다. 앞서 OCI의 태양광 신사업에서 언급했듯이 신사업은 태동기와 도입기를 지나면 공급 과잉과 구조조정의 단계로 진입한다. 여기서 생존해야만 '살아남은 자의 기쁨'을 누릴 수 있다.

주력사인 동원산업은 눈여겨볼 필요가 있다. 실적이 꾸준히 우상향하고 있다는 점이 눈에 띈다. 예측이 가능하다는 의미다. 또 동원그룹이 HMM 인수전에 다시 나설 수도 있다. 동원그룹은 M&A로 성장해온 만큼 관련 노하우를 풍부하고 갖고 있다. 만약 동원그룹이 HMM 인수에 성공한다면 지주사이자 사업회사인 동원산업의 기업 가치가 뛰어오를 것이다.

다만, 대주주 지분이 많이 거래량이 적다는 점은 생각해볼 부분이다. 동원산업의 대주주 지분율이 김남정 회장(59.9%)을 포함해 87.78%에 이른다. 그렇다 보니 1일 거래량이 수천 주에 불과해 거래대금이 수억 원인 경우가 많다. 여기에 더해, 친환경과 동물권 목소리가 높아지면서 참치 국제기구의 조업 규제가 강화되고 있다는 점도 생각해볼 부분이다.

NOTICE | **알고 갑시다!**

동원산업의 역사

동원산업은 김재철 명예회장이 1969년 4월 서울 명동 상업은행빌딩 401호에서 자본금 1,000만 원으로 설립했다. 동원산업은 창업 초기부터 신규 어장 개척, 첨단어법 도입 등으로 빠르게 성장했다. 창업 석 달 후 국내 최초로 500톤급 탑재 모선식 참치 연승선 '제31동원호'를 도입했고, 1973년에는 가나에 첫 해외기지를 설치했다. 1979년에 헬리콥터 탑재식 선망 어선 '코스타 데 마필호'를 도입했다. 1982년 국내 최초의 참치통조림인 '동원참치'를 출시하며 사세가 커졌다. 1991년에는 서울 서대문에 동원참치회 1호점을 열었으며, 외식사업에 진출한 뒤 2000년에는 식품사업본부를 '동원F&B'로 분할시켰다.

CHAPTER 3

수주 기업

건물 짓고 배 만드는 '중후장대' 산업

01 _____ HD현대그룹

02 _____ DL그룹

03 _____ 중흥그룹

04 _____ HDC그룹

01 HD현대그룹

**기술 기업으로
변신 도모하는
'글로벌 1위 조선사'**

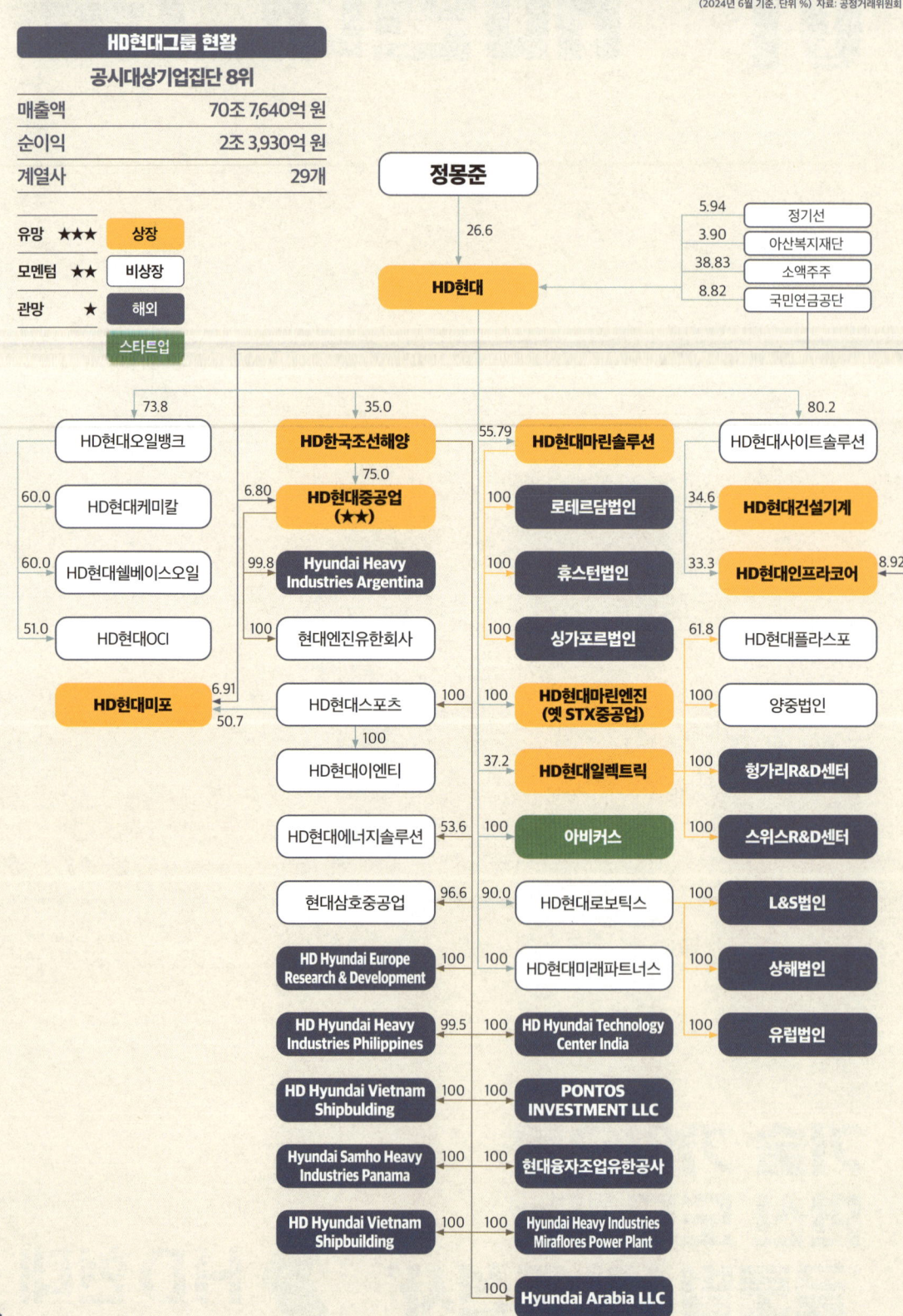

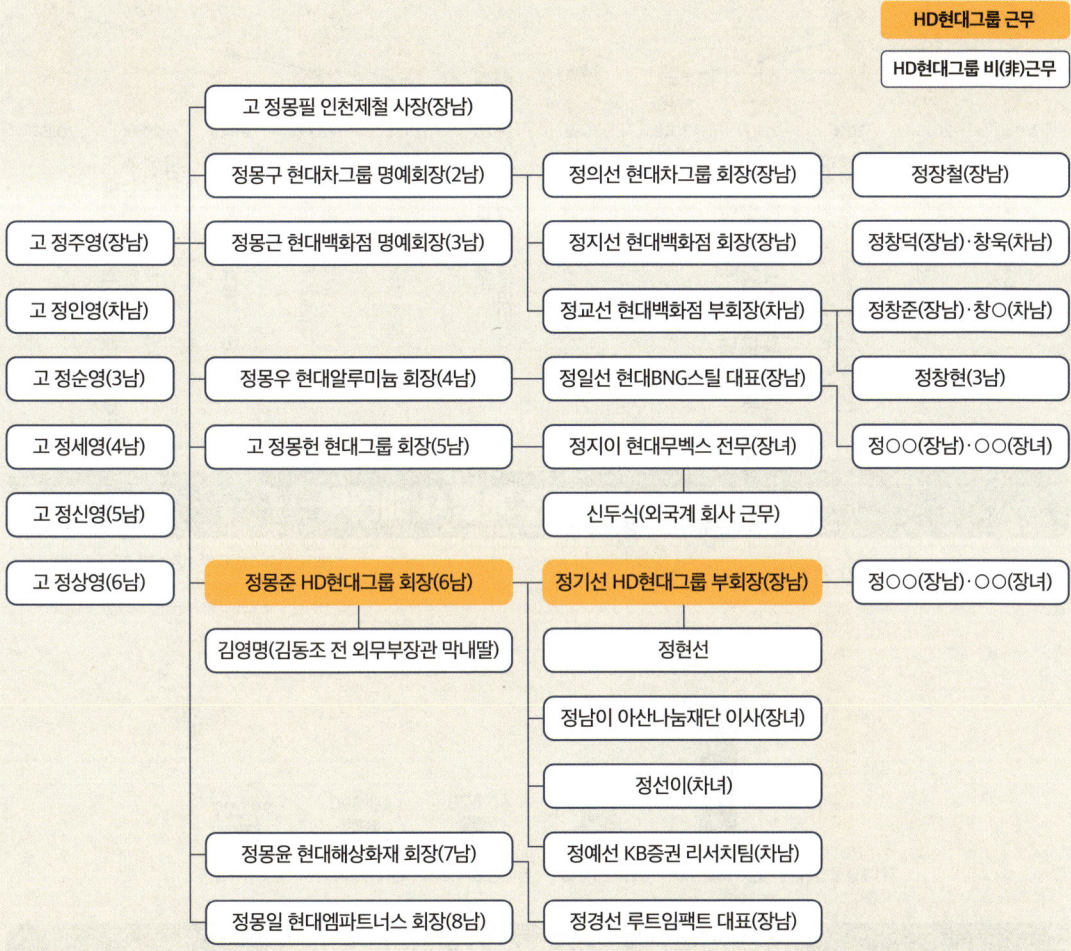

최근 10년 HD한국조선해양 실적 및 그룹 주요 연혁

(K-IFRS 연결 기준) 자료: HD한국조선해양 사업보고서

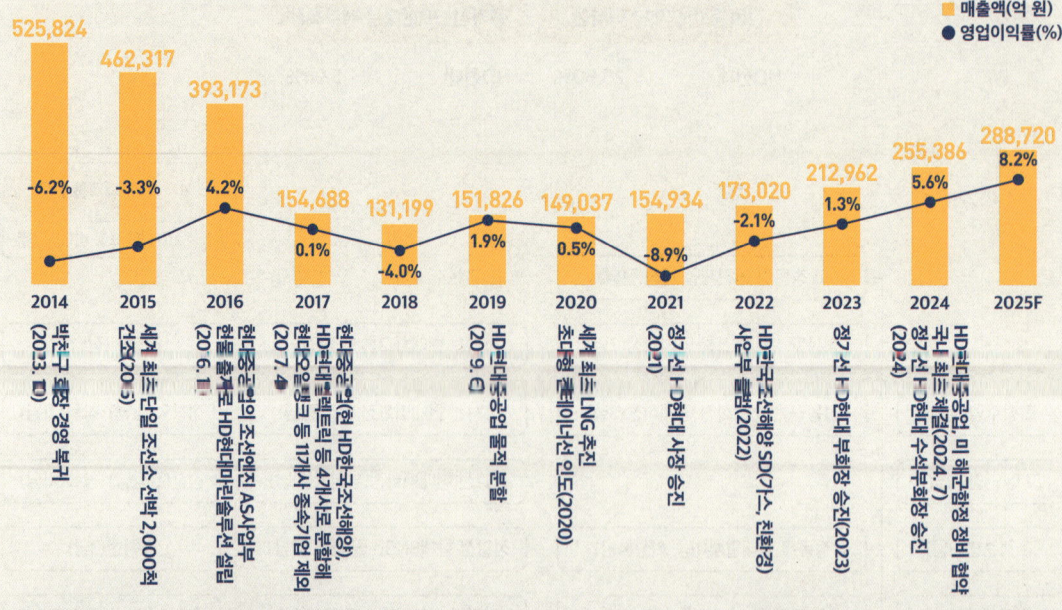

■ 매출액(억 원)
● 영업이익률(%)

연도	매출액(억 원)	영업이익률(%)	주요 연혁
2014	525,824	-6.2%	
2015	462,317	-3.3%	
2016	393,173	4.2%	세계 최초 단일 조선소 선박 2,000척 건조(2016)
2017	154,688	0.1%	현대중공업, 현대일렉트릭 등 4개사로 분할해 현대오일뱅크 등 11개사 중손기업 재편(2017.4)
2018	131,199	-4.0%	현대중공업(현 HD한국조선해양), HD현대미포조선 분할(2017.4)
2019	151,826	1.9%	HD현대중공업 물적 분할(2019.6)
2020	149,037	0.5%	세계 최초 LNG 추진 초대형 컨테이너선 인도(2020)
2021	154,934	-8.9%	정기선 HD현대 사장 승진(2021)
2022	173,020	-2.1%	HD한국조선해양 SD(기술, 친환경) 사업부 출범(2022)
2023	212,962	1.3%	정기선 HD현대 부회장 승진(2023)
2024	255,386	5.6%	HD현대중공업 국내 최초 체결(2024.7), 정기선 HD현대 수석부회장 승진(2024)
2025F	288,720	8.2%	HD현대중공업 미 해군함정 정비 협약(2024.7) 박선구 회장 경영 복귀(2023.11)

HD현대그룹 주요 계열사 매출액

(2023년 K-IFRS 연결 기준, 단위 억 원) 자료: 금융감독원 전자공시

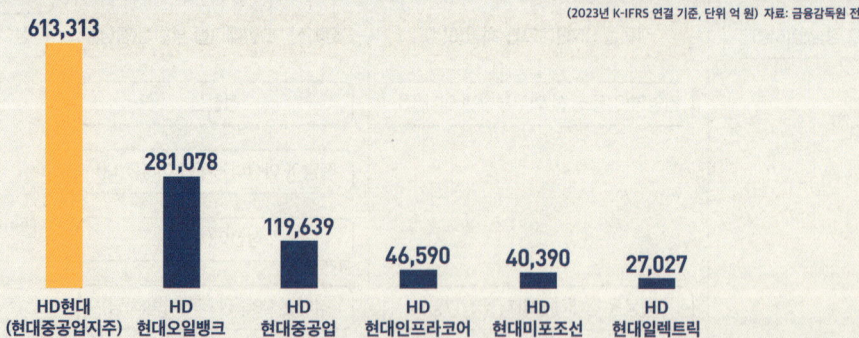

계열사	매출액
HD현대(현대중공업지주)	613,313
HD현대오일뱅크	281,078
HD현대중공업	119,639
HD현대인프라코어	46,590
HD현대미포조선	40,390
HD현대일렉트릭	27,027

HD현대그룹 주요 계열사 매출액 비중

(2024년 상반기 K-IFRS 연결 기준) 자료: 금융감독원 전자공시

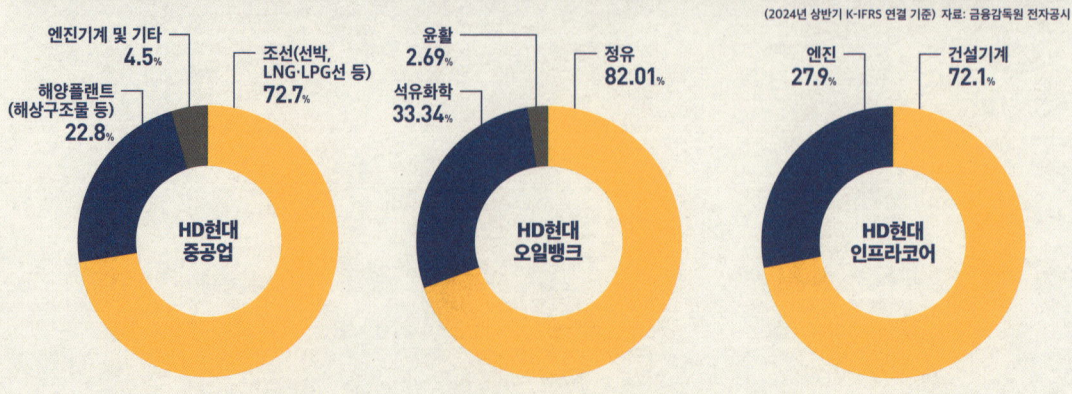

HD현대중공업
- 조선(선박, LNG·LPG선 등) 72.7%
- 해양플랜트(해상구조물 등) 22.8%
- 엔진기계 및 기타 4.5%

HD현대오일뱅크
- 정유 82.01%
- 석유화학 33.34%
- 윤활 2.69%

HD현대인프라코어
- 건설기계 72.1%
- 엔진 27.9%

핵심 계열사 경영 현황 및 체크 포인트

HD현대중공업(★★) `코스피`

● **현황**
명실상부 글로벌 1위 조선사다. 1983년 건조량 기준 글로벌 1위 조선사에 오른 이후 부동의 1위를 기록하고 있다. HD현대중공업과 함께 삼성중공업, 한화오션(옛 대우조선해양)이 조선 '빅3'다. 1973년 설립됐고, 2019년 6월 한국조선해양에서 물적 분할됐다.

✔ **체크 포인트**
1. **수주잔고**: 전형적인 수주 기반 산업으로, 수주잔고를 확인하면 향후 실적을 비교적 정확하게 예측할 수 있다. 수주잔고가 많을수록 안정적인 매출과 수익을 기대할 수 있다.
2. **업황**: 조선업은 글로벌 경기와 해운 수요에 크게 의존하며, 업황에 따라 실적이 극과 극을 오간다. 해운 시장의 회복, 친환경 선박 수요, 원유 및 LNG 운송 수요 증가는 긍정적 요인으로 작용한다.

HD현대오일뱅크 `비상장`

● **현황**
에쓰오일, SK에너지와 함께 국내 정유 '빅3'다. 국내 최초 민간 정유·석유화학 기업으로 전국 2,500여 개의 주유소 및 충전소를 운영하고 있으며, 하루 69만 배럴의 원유 정제 능력을 보유하고 있다(2024). 3차례 IPO를 시도했지만 실패했다. 1964년 설립됐고, 1968년 영국 로열더치쉘(약칭 쉘)과 합자해 극동쉘석유가 됐다. 1977년 쉘이 철수하고 현대그룹이 지분을 인수했다. 이후 경영권이 몇 차례 바뀌었다가 2010년 HD현대그룹이 인수했다.

✔ **체크 포인트**
1. **업황**: 정유업은 국제 유가, 정제 마진, 환율 등 외부 변수에 따라 실적이 크게 변동한다. 유가와 정제 마진 상승 시 이익이 늘지만, 하락하면 재고자산 평가손실 등으로 타격을 받는다.
2. **신사업**: 이산화탄소 포집 저장을 거친 청정 수소 '블루 수소'를 생산하고 있다. 곡물을 활용한 플라스틱 대체 물질 개발과 20메가와트 규모 수소연료전지 신사업에 나서고 있다.

HD현대인프라코어 `코스피`

● **현황**
굴착기, 적하기(Wheel Loaders, 휠로더), 엔진 등을 생산하는 건설 중장비, 기계 장비 기업으로 두산그룹 계열 두산인프라코어로 운영되다가 2020년 9월 HD현대그룹에 인수됐다. HD현대그룹에 같은 업종의 현대건설기계가 있지만, 각각 독자 경영되고 있다. 1937년 조선기계제작소로 설립됐다가 1976년 대우그룹에 편입됐고, 이후 2005년 두산그룹이 인수했다. 북미, 유럽 지역에 수출하고 있다.

✔ **체크 포인트**
1. **수주잔고**: HD현대인프라코어는 수주 기업으로, 대형 수주가 이뤄지면 향후 실적이 개선된다.
2. **포트폴리오 다각화**: 기존 시장의 한계를 극복하기 위해 수소 엔진을 비롯한 신시장 진출을 추진하고 있다. 2025년 하반기부터 트럭용 수소 엔진 양산을 목표로 하고 있다.

조선·정유·산업기계 '3박자', 그룹 매출 '70조 클럽' 진입

국가 간 무역이 활발해지면서 그 중요성이 강조되는 산업이 조선·해운업이다. 현재 세계 각국을 오가는 물동량의 70%가 바다를 통해 이뤄진다. 항공 운송도 활용되지만 운임이 비싸고 대량 적재가 어려운 탓에 반도체나 전자제품 같은 고부가가치 제품을 제외하면 대부분 선박 물류를 이용한다. 이 같은 이유로 전 세계 160여 개국은 선박을 통해 대량의 물품을 교역하고 있다. 이러한 대형 선박을 만드는 글로벌 1위 조선사가 바로 HD현대중공업이다.

현대중공업, 50년 가까이 부동의 조선 1위

영국 조선·해운 시황 분석기관 클락슨리서치(Clarksons Research)에 따르면, 2023년 3월 CGT(표준화물선환산톤수, Compensated Gross Tonnage) 기준 글로벌 조선·엔진 시장 점유율 1위 기업은 HD현대중공업(1,008만 CGT)이다. 이어 2위 삼성중공업, 3위 한화오션(옛 대우조선해양) 순으로, 세계 1~3위를 한국 조선사가 채우고 있다.

  HD현대중공업은 설립 21년 차였던 1983년 건조량 기준으로 세계 1위 조선사에 올랐고, 이후 2024년까지 약 40년 동안 그 지위를 꾸준히 유지하고 있다. CGT는 선박 건조 시 작업량을 말하며, 선박 화물 총중량(Gross Tonnage)에 선종별 계수를 곱해 산출한다. CGT 기준으로 중국선박집단(CSSC)이 HD한국조선해양을 앞섰다는 일부 보도가 있지만, 기술력과 브랜드를 종합적으로 고려하면 여전히 HD한국조선해양이 글로벌 1위라는 데 큰 이견이 없다. CSSC는 여러 국영 조선소가 모인 그룹이며, HD현대그룹 집계에 따르면 단일 조선소 기준으로 HD현대중공업이 수주잔량 세계 1위를 유지하고 있다. 다시 말해, 그룹 전체 수주잔량에서 CSSC가 앞서지만, 기술력과 품질에서 HD한국조선해양이 글로벌 1위로 평가된다(2025. 1).

HD현대중공업의 주력 생산품은 FPSO(부유식 생산 및 저장 설비, Floating Production Storage and Off-loading), VLGC(Very Large Gas Carrier, 대형 액화가스 운반선), 초대형 컨테이너선 등 고부가가치 선박이 주를 이룬다. 경쟁자로 떠오른 중국 조선사들은 과거에는 주로 부가가치가 낮은 벌크선(Bulk carrier) 위주로 생산했지만, 최근에는 고부가가치 선박 시장에도 나서고 있다. LNG선, 컨테이너선 등에서 점유율을 높이며 경쟁력을 키우고 있으나, 기술적 난도가 높은 특수 선박 분야에서는 HD현대중공업이 앞서 있다.

대표적인 예가 FPSO다. 화물을 운송하는 역할만 하는 일반 선박과 달리, FPSO는 해상에 고정된 상태에서 원유를 채굴하고 정유 제품을 생산·보관한 뒤, 이를 다른 선박으로 이송하는 해상 복합 설비다. 그래서 '바다 위의 작은 도시'로 불리며, 첨단 기술이 집약된 만큼 제작 난도가 높다. 조선업계에서도 고급 기술력을 갖춘 기업만이 생산할 수 있는데, HD현대중공업이 이 분야에서 글로벌 시장을 선도하고 있다.

2023년 수주잔량 기준 글로벌 조선사 순위를 살펴보면, 1위 HD현대중공업(1,430만 CGT), 2위 삼성중공업, 3위 한화오션, 4위 현대미포조선, 5위 현대삼호중공업으로 한국 조선사들이 싹쓸이하고 있다. 이들 '빅5'가 글로벌 선박 수주의 절반가량을 차지하고 있다. HD현대중공업의 경쟁력은 선박 엔진을 자체 생산할 수 있다는 점이다. 한국에서 선박 엔진을 자체 생산하는 조선사는 HD현대중공업과 한화오션 단 2곳뿐이다. 선박 엔진은 대형엔진(2행정)과 중형엔진(4행정)으로 나뉘는데, HD현대중공업은 두 엔진 부문에서 각각 30~40%의 시장 점유율을 기록하며 세계 1위를 기록하고 있다(2023).

이는 의미가 크다. 선박용 엔진을 자체 생산한다는 것은 외부에 의존하지 않고 선박을 온전하게 건조할 수 있다는 의미로, 선주(船主)에게 선박 인도 납기일을 차질 없이 맞출 수 있다는 장점을 갖기 때문이다.

HD현대중공업의 선박 엔진 기술력은 조선업 외 매출원 확대에도 기여했다. HD현대중공업은 국내 주요 조선사 중 가장 다양한 사업 포트폴리오를 갖추고 있으며, 2024년 상반기 K-IFRS 연결 기준 매출 비중은 조선(72.68%), 엔진·기계(22.82%), 해양플랜트(3.94%), 기타(0.56%) 순이다. 반면, 한화오션은 조선(68.54%)과 해양특수선(31.46%)을 중심으로 조선업에 집중된 구조를 갖고 있으며, 삼성중공업 역시 조선 사업 비중이 89.6%에 달한다.

HD현대중공업은 생산설비 규모에서도 경쟁사 대비 이른바 '넘사벽'이다. HD현대중공업은 11개의 드라이도크(Drydock)를 보유하고 있다(군산 1개 포함), 이밖에 HD현대미포조선(4개), HD현대삼호(3개)도 드라이도크를 보유하고 있다(2025. 1). 삼성중공업(3개), 한화오션(2개), 한진중공업(4개)과 비교하면, HD현대중공업의 규모를 실감할 수 있다(2023). 드라이도크란 쉽게 말해 선박을 생산하는 공간(작업장)인데, 바다와 연결된 장소에 있다. 평소에는 갑문(Dock Gate)을 막아 바닷물이 없는 상태에서 선박을 완성하고, 선박이 완성되면 갑문을 열어 선박을 바다로 내보낸다. 건선거(乾船渠)라고도 한다. 우리가 흔히 접하는 조선소의 풍경이 바로 드라이도크다. 갑문이 없는 플로팅도크(Floating dock)에 비해 구축비용이 많이 드는 탓에 조선소 규모를 결정하는 기준으로 사용된다. 그 배경으로 현대중공업의 조선소가 있는 울산은 한반도 최대의 공업 도시이자 부자 동네로 성장하기도 했다.

현대오일뱅크·현대중공업 양대 주력사, 업황 따라 실적 들쭉날쭉

HD현대중공업을 핵심 계열사로 두고 있는 HD현대그룹은 '글로벌 1위, 국내 1위' 조선 그룹이다. 2024년 공정위 공시대상기업집단 8위를 기록했다. GS그룹을 끌어내리고 전년 대비 1단계 상승했다. 그룹 매출액 70조 7,640억 원, 순이익 2조 3,930억 원으로, 매출액은 전년 대비 5.79% 감소했으나 순이익은 10.89% 증가했다. 계열사는 HD현대중공업, HD현대미포조선, HD현대건설기계, HD현대일렉트릭(이상 상장사), HD현대오일뱅크, HD현대엔진, HD현대삼호중공업(이상 비상장사) 등 29개사로 전년 대비 3개 감소했다.

그런데 HD현대그룹에서 매출액이 가장 큰 곳은 HD현대중공업이 아니다. HD현대그룹 주요 계열사 매출액은 HD현대오일뱅크(28조 1,078억 원), HD현대중공업(11조 9,639억 원), HD현대인프라코어(4조 6,590억 원), HD현대미포조선(4조 390억 원), HD현대일렉트릭(2조

7,027억 원) 순이다(2023 K-IFRS 연결).

HD현대오일뱅크가 HD현대중공업보다 매출이 큰 이유는 단순하다. 정유업의 특성상 원유 구매와 제품 판매로 인한 거래 규모가 크기 때문이다. 조선업을 주력으로 하는 HD현대중공업은 선박 건조에 시간이 많이 소요돼 매출 인식이 상대적으로 느리게 이뤄진다. 거래 규모와 매출 인식 속도의 차이로 인해 현대오일뱅크의 매출이 더 크게 나타나는 것이지 더 우량하다는 의미는 아니다.

HD현대그룹의 정유 사업을 대표하는 현대오일뱅크는 HD현대그룹이 지난 2010년 아부다비 국제석유투자회사로부터 인수한 이래 오늘날 HD현대그룹의 핵심 계열사가 됐다. 2023년에는 러시아-우크라이나 전쟁 여파로 국제 유가가 크게 오른 데 힘입어 사상 최대 실적을 내기도 했다. 2023년 매출액은 34조 9,550억 원이었으며, 그룹 전체 매출액의 57%를 차지했다. 특히 영업이익은 2조 7,898억 원으로 그룹 이익의 82%를 담당했다. 2023년 실적만 놓고 보면, HD현대그룹은 '조선 그룹'이기보다 '정유 그룹'처럼 보이기도 한다.

그러나 부자자의 관점에서 HD현대그룹을 볼 때는 HD현대오일뱅크와 HD현대중공업이 포함된 업종을 염두에 둬야 한다. 이유는 업황이 극단으로 오간다는 점 때문이다. 정유와 조선은 대표적인 경기 변동주다. 정유업과 조선업은 수요와 공급의 불일치로 호황과 불황을 극단으로 오간다. HD현대그룹의 가장 큰 리스크로 거론되는 부분이다. HD현대그룹은 이 문제를 해결하기 위해 고민해왔고, 최근 그 해법을 모색하고 있다. 특히 AI를 필두로 하는 신기술을 조선업에 적용하면서, 여기서 얻은 기술을 토대로 조선업을 넘어 첨단 기술 기업으로 거듭나겠다는 전략이다.

2020년 그룹 지주사 ㈜HD현대는 60억 원을 출자해 선박 자율운항 스타트업 '아비커스(Avikus)'를 사내벤처 1호로 설립했다. 최근 부산시가 추진하고 있는 해상택시에 자율운항 솔루션을 제공하는 등 자율운항 기술 개발에 상당한 성과를 이룬 것으로 평가된다. 아비커스는 지금까지 5차례 유상증자를 통해 340억 원가량의 자금을 확보하는 등 HD현대그룹의 전폭적인 지원을 받고 있다. 정기선 수석부회장도 서울 강남에 있는 아비커스 사무실에 자주 방문하는 것으로 알려졌다. 대외 환경 변화에 둔감하다는 평가를 받아온 HD현대그룹이 신기술 스타트업을 설립하고 적극 지원에 나서면서 향후 변화가 기대되고 있다.

현대중공업, 정주영 '500원 지폐 거북선' 이야기의 모델

고 정주영 회장의 '현대중공업 신화'는 잘 알려져 있다. 정주영 회장은 1968년 조선업 진출을 결심했다. 하지만 거의 모든 사람이 반대했다. 어느 정부 관료는 "현대가 조선 사업에 성공하면 내가 손가락에 불을 켜고 하늘로 올라가겠다"고 말하기도 했다. 참모들의 반대도 만만치 않았다. 그렇지만 정주영 회장은 그런 생각에 전혀 동의하지 않았다. 그의 자서전 《시련은 있어도 실패는 없다》에는 이런 회고가 담겨 있다.

> "백이면 백 사람이 약속이나 한 듯이 반대를 합창했다. 한 사람도 내 편이 없었다. 건설만 하던 현대가 바다를 항해하는 선박을 과연 만들 수 있겠느냐는 것이었다. 나는 생각이 달랐다. 조선이라고 해서 공장 짓는 것과 다를 바가 뭐가 있나. 철판 잘라 용접하고 엔진 올려놓고 하는 일은 모두 우리가 건설 현장에서 하던 일이 아닌가? 이미 우리는 아주 정밀한 기술을 요구하는 원자력 발전소도 건설했었다. 큰 철 탱크 속 엔진실에 터빈 화력 발전소를 집어넣는 일이었다. 어렵게 생각하면 한없이 어려운 일이지만 쉽게 여기면 또 쉬운 것이 세상일이다."

1971년 7월 우여곡절 끝에 조선사업 계획을 완성했지만, 여전히 우려와 반대의 목소리가 높았다. 당시 한국 조선업계의 세계 시장 점유율은 1%에도 미치지 못했다. 조선소 건설의 성패를 좌우하는 핵심 요소는 단연 '외자' 확보였다. 현대는 영국 최고의 은행으로 꼽히던 바클리스(Barclays) 은행과 4,300만 달러(약 510억 원)의 차관 도입을 협의했지만, 바클리스 측은 현대의 조선 능력과 기술 수준이 부족하다며 보증을 거절했다. 그때 정 회장은 앞서 소개한 '거북선이 그려진 500원 지폐'를 통해 선박 컨설팅 기업인 A&P 애플도어의 찰스 롱바텀 회장의 보증을 이끌어내는 데 성공했다.

"정주영 사장, 당신의 성공을 기원하겠소."

그 이후 우여곡절 끝에 현대중공업은 울산에 조선소 건설에 들어갔다. 그리고는 1972년 3월 23일 오후 2시, 울산 미포만 백사장에서 정 회장과 주한 각국 대사, 울산 시민 등 5,000여 명이 모인 가운데 현대중공업 울산조선소 기공식이 열렸다. 정 회장은 이날 "세계 조선사상 전례가 없는 최단 공기 내에 최소 비용으로 최첨단 초대형 조선소와 두 척의 유조선을 동시에 건설하겠다"는 사업 계획을 밝혔다.

2년여 뒤인 1974년 6월 28일, 현대중공업 울산조선소 준공식 겸 1, 2호선 명명식이 텔레비전을 통해 생중계됐다. 국내외 우려를 깨끗이 씻어내고 세계 무대에 성공적으로 데뷔하는 순간이었다. 그리고 이 기공식 이후 11년 만인 1983년, 현대중공업은 건조량 기준 글로벌 1위 조선사가 됐다.

30여 년 만에 오너 경영 체제, '경기 변동주' 한계 벗어날까

HD현대그룹의 지배구조를 살펴보면, 정몽준 아산복지재단 이사장이 지주사 ㈜HD현대 지분(26.6%)을 보유하고 있고, ㈜HD현대가 HD한국조선해양(35.0%), HD현대오일뱅크(73.9%), HD현대사이트솔루션(80.2%) 등에 경영권을 행사하는 형태다. HD한국조선해양은 중간지주사이자 HD현대중공업(78.0%)의 최대주주다.

HD현대그룹 경영권은 '오너 3세' 체제로 넘어가는 과정에 있다. 정몽준 이사장의 장남 정기선 ㈜HD현대 대표이사 겸 HD한국조선해양 대표이사 수석부회장이 경영 전면에 나섰다. 2021년 말 ㈜HD현대 및 한국조선해양 대표이사 사장으로 승진한 뒤 2년 만인 2023년 부회장으로 승진했다. 지난 2009년 현대중공업 재무팀 대리로 입사했다가 잠시 회사를 떠났지만, 2013년 재입사하고 이후 9년 만에 부회장직에 올랐다. 정기선 수석부회장은 HD현대그룹을 신기술과 AI 등이 결합된 최첨단 기술기업으로 변신시키겠다는 비전을 발표했다. 2023년 말 HD현대그룹은 수소 가치사슬 구축과 자율운항 기술 고도화, 스마트 건설기계 등을 미래 신성장 동력으로 제시하기도 했다.

업계에서는 정기선 부회장이 '글로벌 1위 조선사'로서 입지를 굳건히 하고 조선해양·해양 에너지·산업기계 등 3대 핵심 사업의 미래 비전을 실현시킬 수 있을지에 관심을 집중하고 있다. 앞서 소개한 것처럼 정기선 수석부회장은 사내벤처 1호 기업인 자율운항 스타트업 '아비커스'에 각별한 관심을 두고 있다. 틈날 때마다 사무실에 도넛을 사 들고 찾아갈 만큼 미래 먹거리 발굴에 집중하는 모습이다.

다만 정기선 수석부회장의 지분 승계는 과제로 남아 있다. 정기선 수석부회장은 그룹 지주사 ㈜HD현대의 최대주주인 정몽준 이사장(26.6%)에 이어 2대 주주다. 지분율이 6.12%에 그친다(2024. 9). 이외 몇몇 계열사 지분을 보유하고는 있지만 여전히 미미한 수준이다. 가장 정상적인 지분 확보 방법은 아버지에게서 물려받는 것이다. 하지만 정 이사장이 월드컵 4강 신화에 힘입어 대통령 선거 후보에 출마했던 정치 경력이 있는 터라, 자칫 문제가 될 수 있는 편법적인 지분승계 가능성은 낮다는 평가다. 문제는 세금이다. 정몽준 이사장의 ㈜HD현대 지분(26.6%)은 시가 약 1조 5,000억 원으로 평가된다(2024. 11). 이를 증여한다면 최고세율 60%(최대주주 할증)가 적용돼 증여세만 어림잡아 9,000억 원대에 이른다. 수년간 나눠 낸다고 해도 상당한 부담이다. 이러한 배경 아래 ㈜HD현대는 고배당 정책을 실행하고 있다. 주식담보대출, 연봉 인상을 통한 방법도 거론되지만 지분 취득을 위한 현실적인 방법은 아니다. ㈜HD현대는 2024년까지 별도 기준 당기순이익 70% 이상을 배당하기로 했다.

조선·해운은 대표적 경기 변동주, '업황 사이클' 먼저 확인하라

HD현대그룹에 소속된 상장 계열사로는 ㈜HD현대(지주사), HD한국조선해양(중간지주사), HD현대중공업, HD현대미포, HD현대마린엔진(옛 STX중공업), HD현대마린솔루션(옛 HD현대글로벌서비스), HD현대건설기계, HD현대인프라코어, HD현대일렉트릭, HD현대에너지솔루션 등 10개사가 있다.

비조선업에 속하는 상장사로는 HD현대에너지솔루션, HD현대건설기계, HD현대인프라코어, HD현대일렉트릭 등 5개사가 있다.

- HD현대에너지솔루션은 태양광 모듈을 중심으로 국내외에서 태양광 발전 사업을 적극적으로 추진하고 있다. 국내에서는 CJ제일제당 인천·진천 공장에 지붕형 태양광 발전소를 구축하고 있으며, 해외에서는 포르투갈 MCA와 130MW 규모의 태양광 모듈 공급 계약을 체결하는 등 글로벌 시장 공략에도 속도를 내고 있다. 다만 태양광 시장은 중국발 과잉 공급으로 어려움을 겪고 있다.

- HD현대일렉트릭은 전력기기 및 에너지솔루션을 중심으로 사업을 전개하고 있다. 국내에서는 전남 진도군 해상풍력단지 조성에 참여하며, GE 베르노바와 협력해 대형 해상풍력터빈을 생산할 예정이다. 해외에서는 미국 시장을 겨냥해 4,000억 원을 투자, 초고압 변압기 생산능력을 증설하고 있다.

- HD현대건설기계는 중대형 건설장비를 생산하며, 글로벌 건설경기 변동에 직접적인 영향을 받는다. 최근 건설 수요 둔화와 원자재 가격 하락으로 매출 감소가 나타나고 있다.

- HD현대인프라코어는 소형부터 대형까지 다양한 건설장비와 엔진을 생산한다. 건설경기에 따른 영향을 받지만, 엔진 사업을 통해 일부 리스크를 분산할 수 있다.

조선업에 속해 있는 상장사로는 지주사와 중간지주사인 ㈜HD현대, HD한국조선해양을 제외하고 HD현대중공업, HD현대미포, HD현대마린엔진, HD현대마린솔루션 등 4개 사가 있다. 그런데 이들 조선업 관련 상장사에 투자하려면 경기 변동성이 큰 조선업의 특성을 제대로 이해하고 투자해야 한다.

- HD현대중공업의 주력 분야인 조선업은 건조 기간이 길어 매출 인식이 느리고, 경기 변동에 민감해 안정적인 수익 실현이 쉽지 않다.

- HD현대미포는 중소형 선박 특화 조선소로, 대형 선박에 비해 수주 단가가 낮고, 시장 경쟁이 심화되고 있다.

- HD현대마린엔진이 주력하는 선박 엔진 시장은 조선 수주에 따라 변동성이 크며, 친환경 엔진으로의 전환 압박이 투자 리스크로 작용한다.

- HD현대마린솔루션이 주력하는 선박 기자재 시장은 선박 수주에 종속적이며, 규모의 경제를 이루기 어려워 수익성이 제한적이다.

잠깐! | 경기 변동주에 어떻게 성공 투자할 것인가 _ 조선·해운주의 특징

조선·해운주는 업황이 극과 극을 오가는 대표적인 경기 변동주다. 경기 변동주에는 조선·해운주 말고도 건설, 정유·유화, 반도체 등이 있다. 경기 변동주는 투자 난도가 높다. 업황에 따라 주가가 크게 출렁이므로 시점을 잘 맞추면 고수익을 낼 것 같지만, 현실적으로 경기 변동주에 투자해 수익을 내기란 쉽지 않다. '세기의 펀드 매니저' 피터 린치는 자신의 저서 《월가의 영웅》에서 "경기 변동주는 대부분 대형주이기에 투자자들이 안전하다고 생각하며 매수했다가 돈을 날리는 대표적인 주식 유형"이라고 설명했다.

다행이라면 조선·해운주는 이 가운데 난도가 비교적 낮은(성공 투자 확률이 높은) 종목이라는 점이다. 조선·해운업은 '지상 최대의 도박판'으로 불린다. 지구상 최대의 도박판은 미국 라스베이거스에 있는 것이 아니라 바다에 있다는 말이 있을 정도다. 사이클이 극과 극을 오가고, 극소수이기는 하지만 시점을 잘 맞춰 고수익을 거둔 인물이 등장하기 때문이다. 가장 큰 이유는 조선·해운주는 업황 사이클이 일단 호황에 접어들면 쉽게 꺾이지 않고 수년에 걸쳐 진행된다. 이는 건설, 정유·유화, 반도체와 차별화되는 부분이다.

이게 무슨 말인지 살펴보자. 조선·해운주를 이해하려면 우선 조선·해운업의 특성을 알아야 한다. 조선·해운업의 4대 키 플레이어는 조선사, 조선기자재업체, 해운사, 선주, 선박 해체업자로 구성돼 있고, 이들은 조선·해운업의 호황, 불황에 따라 수익성에 큰 영향을 받는다.

조선·해운업 산업 생태계

```
┌─────────────┐   선박공급   ┌─────────┐   선박폐기   ┌─────────┐
│   조선사    │ ──────────→ │  선주   │ ──────────→ │ 해체업자 │
└─────────────┘             └─────────┘             └─────────┘
      ↑                          ↓ 선박임대
  기자재 공급                    
┌─────────────┐             ┌─────────┐
│  조선기자재  │             │ 해운사  │
└─────────────┘             └─────────┘
    조선업계                   해운업계
```

4대 핵심 사업자 가운데 최초의 트리거(Trigger)는 해운사다. 경기가 바닥에 있다가 호황으로 돌아선다고 가정해보자. 그러면 소비자의 제품 구매가 늘어나며 제조 기업들은 물건을 수출하기 위해 해운사에 제품 운반을 맡긴다. 호황이 계속되면 해운사는 기존의 선박으로 운송 수요를 감당하기 어려워져 조선사에 선박을 주문한다. 그때 조선사가 뜬다. 다시 말해, 조선사는 선박 수주가 늘면서 실적이 개선된다. 해운사와 조선사가 덩달아 실적이 좋아지는 기간은 수년 동안 이어진다. 이게 조선·해운업의 가장 큰 특징이다.

그 이유는 선박이란 게 하루아침에 뚝딱 만들어질 수 없기 때문이다. 선박은 주문에서 건조까지 2~3년이 걸린다. 선박 공급이 수요에 맞춰 탄력적으로 증가하기 어렵다는 뜻이다. 경제학 용어로 풀어쓰면 공급이 극단적으로 비탄력적이다. 이때 급등하는 것이 중고선 선가(Used ship price)다. 이 시기에 중고

선 선가가 신조선가를 훌쩍 뛰어넘기도 한다. 또한, 투기 세력(Speculator)까지 개입해 선박 가수요가 발생한다. 그러면 해상 운임이 폭등하면서 해운사는 실적이 가파르게 개선되고 주가도 급등한다.

선박 해체업자는 이 시기에 유일하게 불황을 겪게 된다. 해운사나 선주는 배를 조선사에 주문하더라도 2~3년이 지나야 배를 인도받을 수 있기 때문에 선박 부족에 시달리게 되는데, 이 문제를 부분적으로나마 해결하기 위해 낡고 수명이 오래된 배도 해체시키지 않고 사용하기 때문이다. 오래된 배가 해상을 떠다니는 것이다.

이러한 호황은 경기침체 신호가 보이면 극적으로 바뀐다. 호황이 언제였나 싶게 갑자기 운임이 급락하고 조선·해운업계 전체가 일순간 아수라장으로 변한다. 해운사와 선주가 주문했던 신규 선박이 대거 인도되기 때문이다. 경기침체로 해운사가 물동량 감소로 어려움을 겪는 상황에서 신규 선박까지 인도받으면 해상 운임이 폭락한다. 당연히 선박 가격도 폭락한다. 해운사는 그럼에도 선원 급여를 비롯한 고정비를 지출해야 한다. 고정비를 만회하기 위해 해운사는 해상 운임을 손익분기점 이하로 낮추기도 하지만, 상황을 더욱 악화시킬 뿐이다. 이 과정에서 부실 해운사가 대거 정리된다. 흥미롭게도 선박 해체업자는 이 시기에 호황을 누린다. 해운사나 선주가 현금 유동성이 부족해지면서 고철 값이라도 받기 위해 해체업자에게 선박 해체를 요청하기 때문이다. 정리해보면, 조선·해운업계는 호황과 불황이 반복되면서 해운사 → 조선사 → 조선기자재 → 해체업자 순으로 수혜를 누린다.

조선·해운의 업황이 불황기에 접어들면 회복이 쉽지 않다. 조선·해운업은 길게는 10년 이상 인고의 시간을 견뎌야 한다. 바다 위를 둥둥 떠다니는 그 많은 선박들이 정리돼야 하기 때문이다. 여기에 비하면 호황은 2~3년으로 상대적으로 짧은 편이다.

조선·해운업계에서 벌어지는 호황과 불황의 시점을 잘 맞춘다면 큰돈을 벌 수 있다. 조선·해운업의 역사를 돌이켜보면 그런 사례가 적지 않다. 그리스 선박왕 아리스토텔레스 오나시스(1906~1975)는 해운업 불황기에 선박을 매입했다가 호황기에 선가가 폭등하면 선박을 매도했다. 불황기에서 호황기 사이의 기간에는 선박을 해운사에 임대해 임대 수입을 얻었다. 그는 대부호 반열에 올라 '선박왕'이라는 칭호를 얻고, 존 F. 케네디 대통령 부인 재클린 케네디를 아내로 맞이했다. 한국 주식시장에서 조선·해운업 시황을 맞춰 고수익을 얻은 인물로는 권혁 시도상선 회장, 이재완 타이거자산운용 대표가 있다. 조선·해운업에 투자해 성공한 사례가 있다는 사실은 조선·해운업이 그나마 투자 난도가 낮다는 사실을 보여준다.

한국 조선업의 슈퍼 사이클은 2007~2011년의 약 4년간 진행됐다. 2011년 현대중공업 주가는 50만 원을 찍기도 했다(현대중공업은 2019년 6월 한국조선해양에서 물적 분할됐다). 이후 10년 가까이 조선업은 불황의 터널을 지나왔다. 2022년 들어 회복 조짐을 보였다. 조선사의 향후 실적을 예상할 수 있는 지표는 수주잔고다. 글자 그대로 일감이 얼마나 남아 있는지를 보여주는 지표이며, 해당 기업의 사업보고서에 들어가면 확인할 수 있다.

02　DL그룹

**M&A로 확장,
SMR로 가속,
'AI 전력'
키 플레이어 워밍업**

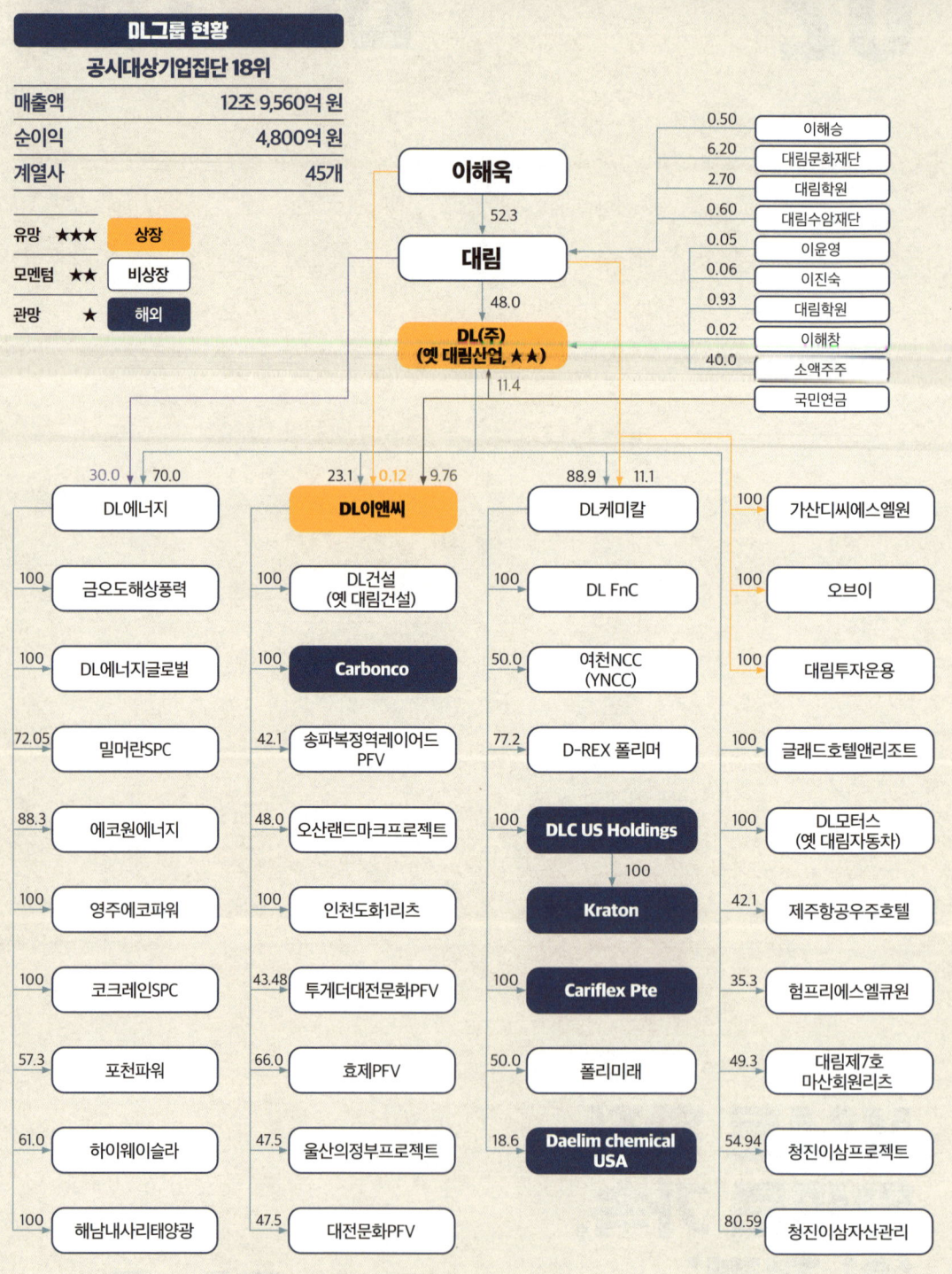

DL그룹 오너 가계도 및 관계자 지분 현황

(2024년 6월 기준) 자료: 공정거래위원회

이해욱 DL그룹 회장	이해승 이준용 명예회장 차남	이해창 켐텍 대표
대림 52.3%	대림 0.5%	DL(주) 0.02%

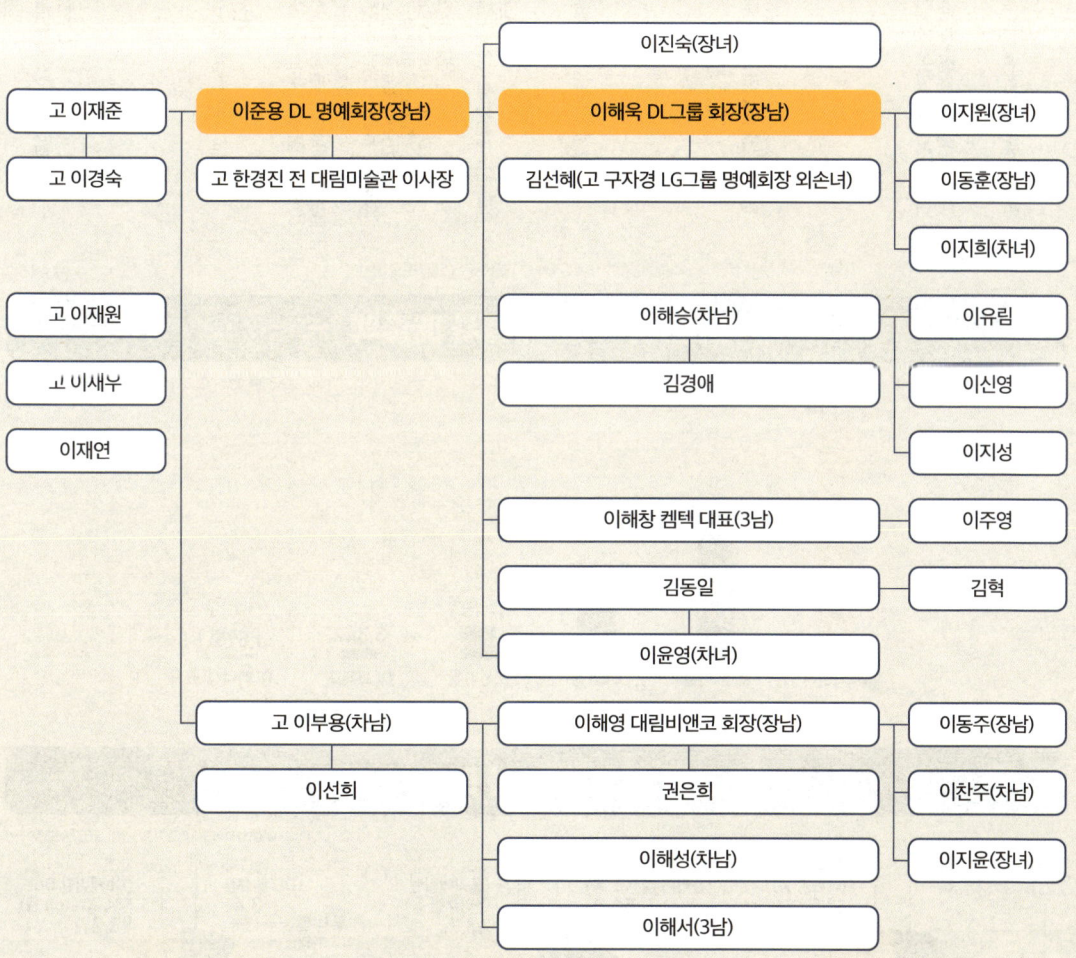

최근 10년 DL㈜ 실적 및 그룹 주요 연혁

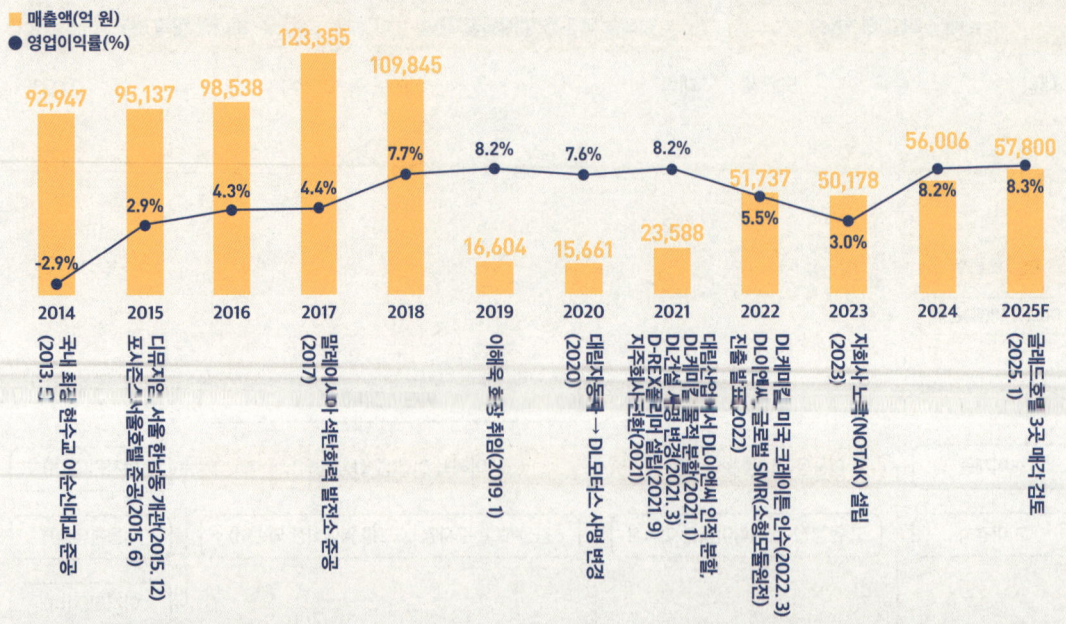

DL그룹 주요 계열사 매출액

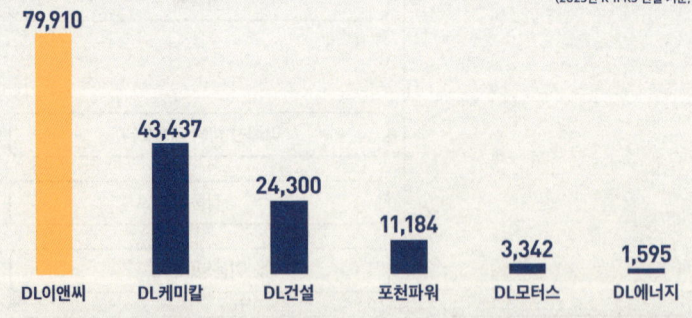

DL그룹 주요 계열사 매출액 비중

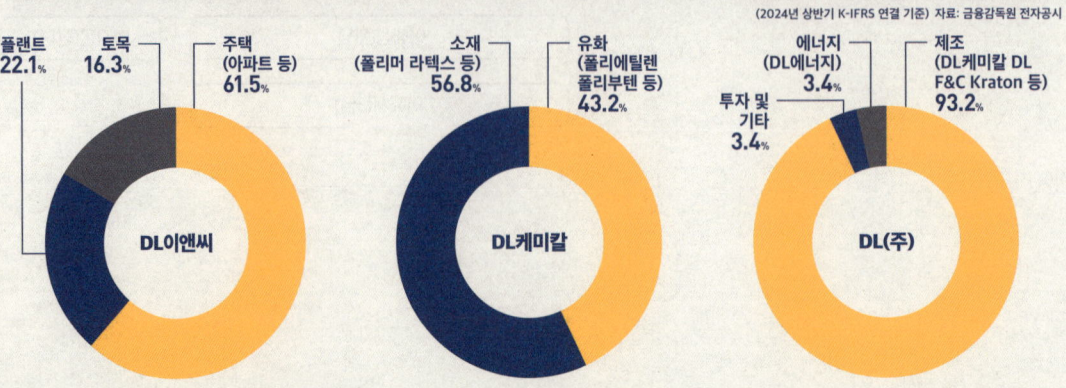

핵심 계열사 경영 현황 및 체크 포인트

| DL이앤씨 | 코스피

● **현황**
아파트 브랜드 'e편한세상'과 '아크로(ACRO)'로 알려진 1군 건설사. 2024년 건설교통부 발표 시공능력평가 순위 5위를 기록했다. 매출액 비중은 주택(아파트 포함) 61.5%, 플랜트 22.1%, 토목 16.3%다(2024 상반기 K-IFRS 연결). SMR(소형원자로모듈, Small Modular Reactor) 신사업에도 진출했다. 2021년 1월 대림산업에서 DL이앤씨로 사명을 변경했다.

✓ **체크 포인트**
1. **수주잔고**: DL이앤씨가 속해 있는 건설업은 수주업으로, 수주잔고를 통해 향후 실적을 추정할 수 있다.
2. **SMR**: 아파트 업황 부진의 대안으로 2022년 SMR 사업에 진출했다. SMR 사업의 성과를 확인할 필요가 있다.
3. **러시아-우크라이나 전쟁**: 트럼프의 집권으로 종전이 예상되는 가운데, 인프라 재건과 관련해 수혜 가능성이 있다.

| DL케미칼 | 비상장

● **현황**
2021년 1월, DL그룹에서 물적 분할로 설립된 석유화학 기업이다. LG화학, SKGC(SK지오센트릭, 옛 SK종합화학), 롯데케미칼, 한화토탈과 더불어 석유화학 '빅4'로 꼽힌다. 주력 생산품은 폴리부텐(PB, Polybutene), 폴리에틸렌, EPO(에틸렌 프로필렌 중합체) 등이다. 폴리부텐은 윤활유 첨가제 등으로 사용되며, 폴리에틸렌은 중포백 및 필름 제조에 활용된다. 1975년 당시 비료 생산 공기업이던 한국종합화학이 전남 여천에 호남에틸렌을 설립하면서 시작됐다. 1979년 롯데그룹과 공동으로 호남석유화학과 호남에틸렌을 인수했으며, 1987년 대림산업이 이 두 기업을 합병했다.

✓ **체크 포인트**
1. **업황**: DL케미칼이 속해 있는 석유화학 산업은 실물 경기 영향을 크게 받는다.
2. **크레이튼 턴 어라운드**: 2022년 인수한 미국 석유화학 기업 크레이튼(Kraton, 지분율 100%)의 실적이 개선되면 DL케미칼의 실적도 개선된다.

| DL㈜ [★★] | 코스피

● **현황**
DL그룹의 지주사이며, 그룹의 양대 주력사인 DL이앤씨(건설, 23.1%), DL케미칼(석유화학, 88.9%) 지분을 보유하고 있다. DL에너지(70.0%), 글래드앤리조트(100%) 등의 지분도 보유하고 있다(2024 2분기). DL케미칼 실적에 크게 영향 받는다. 1939년 10월 대림산업으로 설립됐고, 1976년 2월 코스피에 상장했다. 2021년 1월 DL이앤씨, DL케미칼 등을 분할하고 순수 지주사로 전환했다.

✓ **체크 포인트**
1. **석유화학 업황과 건설업 업황**: DL㈜은 순수 지주사로서, 양대 주력사인 DL이앤씨, DL케미칼의 실적에 영향 받는다. DL이앤씨가 속해 있는 건설업 업황과 DL케미칼이 속해 있는 석유화학 업황을 확인할 필요가 있다.

'캡티브 마켓' 없이,
아파트 시장 성장으로
'건설그룹 1위' 도약

대한제국 시절이던 1899년 9월, 제물포에서 노량진까지 7개 역으로 연결된 경인철도(京仁鐵道)가 우여곡절 끝에 완공됐다. 대한민국 최초이자 당시 최첨단 교통시설에 해당하는 철도가 깔리자 역사를 중심으로 상권이 형성됐다. 이후 일제 치하였던 1939년 경의선 복선화 계획이 구체화되면서 개발에 속도가 붙기 시작했다. 부평역 주변도 마찬가지였다.

정미소에서 일하던 한 젊은 청년이 이를 눈여겨봤다. 1939년 10월, 그는 지인들과 공동 출자해 건자재를 판매하는 부림상회를 창업했다. 공사가 활발하게 벌어지면서 그에 필요한 건자재 사업이 잘될 것이라고 판단한 것이다. 그의 예상대로 건자재 사업은 날개를 달았다. 이 청년이 바로 고 이재준(1917~1995) DL그룹 창업 회장이다.

부림상회는 1947년 대림산업으로 회사 이름을 바꾸고 건설업에 뛰어들었다. 건자재 사업을 하며 건설업을 지켜보면서, 건설업에 더 큰 사업 기회가 있다는 사실을 발견한 것이다. 이 또한 마찬가지로 그에게 큰 성공을 가져다주었다.

DL그룹은 비즈니스 환경 변화를 발 빠르게 포착하며 성장해왔다. '1호'와 '최초' 기록이 많은 것도 이런 배경에서 비롯됐다. 1973년 사우디 정유공장 보일러 설치 공사를 수주하며 세운 국내 최초의 중동 진출 기록도, 2000년 2월 국내 최초 아파트 브랜드 'e편한세상'을 선보이며 아파트 브랜드 시대를 연 것도 DL그룹 역사의 한 면이다. 그 결과 DL그룹은 한때 재계 10위권에 올라서기도 했다. DL그룹은 1987년 공정위 대기업집단 9위까지 기록했다.

1987년은 공정거래위원회가 공시대상기업집단을 최초로 발표한 해였다. 당시 순위를 살펴보면 현대(1위), 대우(2위), 삼성(3위), LG(4위), 쌍용(5위), 한진(6위), SK(7위), 한화(8위), 대림(현 DL, 9위), 롯데(10위) 순이다. 이 같은 역사를 가진 DL그룹이 최근 다시 한번 비즈니스 전략을 업그레이드하고, 지배구조 개편에 나서고 있어 향후 성과에 관심이 쏠리고 있다.

'건설업' DL이앤씨 중심의 매출 구조, 대안은 석유화학 신사업

DL그룹은 2024년 공정위 공시대상기업집단 18위를 기록했다. 전년과 같았다. 그룹 매출액 12조 9,560억 원, 순이익 4,800억 원으로 전년 대비 각각 5.21%, 41.89% 감소했다. 계열사는 DL(주), DL이앤씨(이상 상장사), DL건설, DL케미칼, DL에너지(이상 비상장사) 45개사로 전년 대비 4개 증가했다.

현재 DL그룹은 공정위 대기업집단 리스트에서 건설업을 주력으로 하는 기업 중에서 가장 높은 순위에 올라 있다. DL이앤씨는 국토교통부의 2024년 시공능력평가 순위에서 삼성물산, 현대건설, 대우건설, 현대엔지니어링에 이어 5위를 기록했다. 전년 대비 1단계 상승했다. 대우건설을 제외한 건설사들이 캡티브 마켓의 이점을 활용한 그룹 계열사라는 점을 고려하면, DL그룹의 경쟁력이 높다는 점을 짐작할 수 있다.

DL그룹이 이처럼 성장할 수 있었던 비결은 비즈니스 환경 변화를 발 빠르게 포착한 데 있었다. 그러나 DL그룹은 국내 건설업 저성장이라는 도전을 맞았다. 도로, 다리, 댐이 깔릴 만한 곳은 대부분 깔렸고, 아파트 시장도 인구 절벽으로 이전의 고성장을 기대하기 어려워진 것이다. 이는 국내 건설사들에게 공통된 도전이지만 'e편한세상' 브랜드를 가진 DL그룹에는 특별한 과제로 다가오고 있다.

DL그룹 주요 계열사의 매출액을 보면 DL이앤씨가 7조 9,910억 원으로 그룹 전체 매출의 약 60%를 차지하고 있다. 이어 DL케미칼이 4조 3,437억 원, DL건설 2조 4,300억 원, 포천파워 1조 1,184억 원, DL모터스 3,342억 원, DL에너지 1,595억 원 순이다(2023 K-IFRS 연결).

2024년 상반기 기준 DL이앤씨의 매출 비중은 주택(아파트 포함) 61.5%, 플랜트 22.1%, 토목 16.3% 순으로 나타나며, 주택사업이 여전히 핵심 비즈니스임을 보여준다. 문제는 아파트 경기 부진이다. 전문가들은 향후 국내 아파트 시장이 급격히 개선되기 어렵다고 전망하고 있다.

플랜트 시장 공략하고 M&A를 통해 위기 탈출 모색 나서

DL그룹은 새로운 전략을 통해 이러한 상황에 극복하려는 움직임을 보이고 있다. 그중에서도 주목할 계열사는 DL케미칼이다. DL케미칼은 DL그룹의 주력 사업인 건설업 부진에 대한 대안이다. 이 회사는 2021년 1월 대림산업(현 DL)의 석유화학 부문이 물적 분할돼 설립된 계열사다.

DL케미칼은 2022년 3월 미국 석유화학 기업 크레이튼(Kraton)을 인수했다(지분율 100%). DL그룹이 크레이튼 인수에 지출한 금액은 약 3조 원으로, DL그룹 역사상 최대 규모다. 크레이튼의 주력 생산품은 스티렌 블록 코폴리머(SBC, Styrenic Block Copolymer)로 미국과 유럽 시장에서 생산능력 기준 1위를 차지하고 있다. 스티렌 블록 코폴리머는 위생용 접착제와 의료용품 소재, 자동차 내장재, 5G 통신케이블 등에 활용되는 첨단 기술 소재다. 이에 따라 DL케미칼은 범용 석유화학 중심에서 고부가가치 창출이 가능한 합성고무, 친환경 접착 소재 바이오 케미칼까지 사업 영역을 확대했다. 인수 이후 연속 적자를 내다가 2024년 1분기에 매출액 6,953억 원, 영업이익 556억 원을 거두며 성장 가능성을 보여주고 있다.

생산능력 증설도 진행했다. DL케미칼은 2023년 12월 증설을 통해 폴리부텐(PB, Polybutene) 공장의 생산 규모를 10% 늘렸다. 글로벌 점유율 1위인 폴리부텐은 DL케미칼의 수익성을 책임지고 있다.

또한, 우량 자회사 카리플렉스(Califlex)의 싱가포르 신공장 건설을 위해 2022년 5,000억 원을 투자했다. 카리플렉스는 음이온 중합 기술로 이소프렌 라텍스(Isoprene Latex)를 생산하는 세계 유일의 사업자로 글로벌 이소프렌 라텍스 시장 점유율 1위를 차지하고 있다. 불순물이 적고 투명도가 높아 수술용 장갑, 주사액 마개 등 고부가가치 의료용품 소재로 인기가 높다. 2024년 6월 완공됐고, 시험 생산 진행 후 2025년 상반기부터 본격 상업 생산에 돌입한다.

DL그룹의 간판 계열사인 DL이앤씨도 SMR(소형모듈원자로) 신사업에 나서고 있다. 2022년 SMR 사업 진출을 공식 선언한 이후, DL이앤씨는 첨단 에너지 기술 분야에서 선도적인 입지를 구축하기 위해 지속적으로 투자하고 있다. SMR은 기존 대용량 발전 원자로에 대비되는 개념으로, 300MWe 이하의 전기 출력을 가진 소형 원자로를 의미한다. 이 기술은 AI 혁명으로 인한 막대한 전력 수요에 대응할 수 있는 또 다른 대안으로 주목받고 있으며, 이산화탄소를 배출하지 않으면서도 안정성, 유연성, 경제성이 높은 에너지원으로 평가되고 있다.

　DL이앤씨는 2024년 1월 2,000만 달러(한화 약 268억 원)를 들여 엑스에너지 전환사채를 인수하며, SMR 사업의 글로벌 시장 진출에 속도를 내고 있다. 엑스에너지는 물 대신 고온 가스를 냉각재로 사용하는 4세대 SMR 기업으로, 미래 에너지 시장에서 높은 가능성을 가진 기업으로 평가된다. 다만, 국내 정치적 격변으로 인한 정책 변화 가능성은 SMR 사업의 향방에 새로운 변수가 될 수 있다. 만약 새 정부가 에너지 정책의 우선순위를 재조정할 경우 SMR 사업의 정책적 지원과 시장 환경이 변할 가능성도 배제할 수 없다.

DL그룹 석유화학 가치사슬(2024. 12)

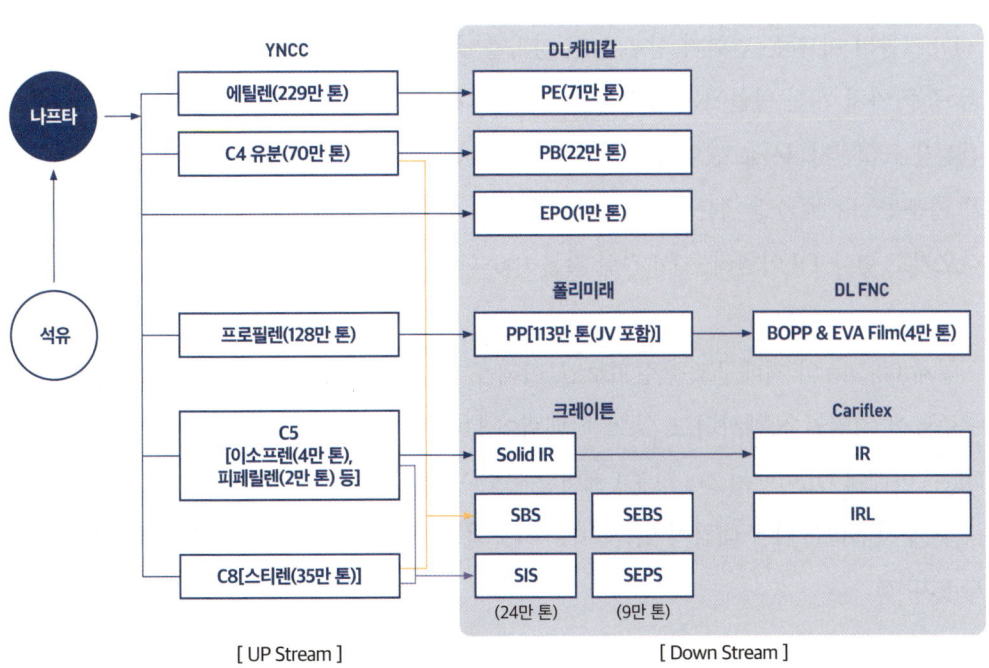

건설보다 'DL케미칼' 성과에 미래 먹거리 달려 있다

2019년 1월 이해욱 회장이 취임하며 기존의 건설업을 바탕으로 석유화학, 에너지로 확대하는 사업 포트폴리오를 재편하고 있다. 이해욱 회장은 이준용 명예회장 장남으로 1995년 대림엔지니어링 대리로 입사해 2007년 대림코퍼레이션 대표이사 사장, 2011년 대림산업 대표이사 부회장에 선임됐다. 이후 2021년 1월 DL그룹은 대림산업을 지주회사 DL㈜로 변경하고, 대림산업의 건설 부문과 석유화학 부문을 각각 DL이앤씨와 DL케미칼로 분할했다. DL그룹의 3대 중간지주사는 DL이앤씨(건설), DL케미칼(석유화학), DL에너지(에너지)다.

DL그룹의 이 같은 변화가 향후 어떤 성과를 낼 것일지는 두고 봐야 한다. 다만, DL그룹의 주주 가치 개선 방안에는 긍정적인 의견이 나오고 있다. 2024년 10월 DL이앤씨가 DL건설을 100% 자회사로 편입하고 자사주를 소각한다는 계획을 공시하자 증권가에서는 "더블 카운팅(이중 계상) 문제를 해소했다", "주당 가치가 증가해 주주에게 이익"이라는 반응이 나오기도 했다. DL이앤씨는 DL건설 지분 100%를 보유하고 있다.

현재 DL그룹의 지배구조를 살펴보면, 이해욱 회장이 최상위 지주사 대림(52.3%)의 최대주주로서 경영권을 행사하고 있으며, 대림이 DL㈜(48.0%)을 실질적으로 지배하고 있다. DL㈜ 아래에 DL이앤씨(23.1%), DL케미칼(88.9%), DL에너지(70.0%)가 위치해 있다(2024. 6). 즉, 지주사 DL㈜ 위에 대림이 있는 '이중 지주회사' 구조로, 향후 두 회사가 합병할 가능성도 있다.

DL케미칼, 미국 크레이튼 인수로 '사이즈 ↑'

DL그룹에 소속된 상장사는 DL㈜, DL이앤씨 2개사다. DL㈜은 지주사임에도 관심을 가질 만하다. 투자 포인트는 계열사 DL케미칼(88.9%)이다.

DL그룹의 전략을 살펴보면, 그룹의 주력 사업을 건설(DL이앤씨)에서 석유화학으로 바꾸기로 하지 않았나 싶을 만큼 과감하다. 그만큼 DL케미칼에 대한 투자가 공격적이다. 그룹 역사상 최대 규모(약 3조 원)을 투입해 2022년 3월 미국 석유화학 기업 크레이튼을 인수한 것이 그 증거다. 그간의 주력 사업이던 건설업이 향후에도 업황이 개선되기 어려울 것이라는 전망이 나오는 것을 보면 이 전략은 상식에 부합한다. DL이앤씨는 아직 매출액에서 내수 비중(87.3%)이 압도적이다.

그런데 DL케미칼은 비상장사이고 DL케미칼 최대주주가 DL㈜이다. DL케미칼이 성과를 낸다면 주식시장에서 수혜를 누릴 수 있는 종목은 DL㈜이 될 수밖에 없다. 또한, DL케미칼은 사업회사이자 중간지주사인데 계열사로 DL FNC(100%), YNCC(여천NCC, 50.0%), D-REX 폴리머(77.2%), 크레이튼(100%), 카리플랙스(100%), 폴리미래(50.0%), 대림케미칼 USA(18.6%), 이편세(상해)무역유한공시(100%), DLC US Holdings(100%) 등 9개사를 두고 있다(2024. 6). 이들 계열사들의 실적이 개선된다면 DL케미칼 실적도 함께 개선된다.

이와 맞물려, 최근 4년(2019~2023) 매출액 연평균 증가율도 31.85%로 '고성장'이라는 표현이 어색하지 않다. 미국 크레이튼 인수(2022. 3), 미국 카리플랙스 인수(2020. 3), 친환경 소재기업 D-REX 폴리머 설립(2021. 9) 등으로 규모를 키운 덕분이다. 2023년에는 당기순손실 1,210억 원을 기록했는데, 크레이튼을 100% 자회사로 둔 DLC US 홀딩스가 손손실을 기록한 영향이 컸다. 다행히 크레이튼은 2024년 1분기 흑자 전환했다. 다만 DL㈜이 지주사이므로 가치 평가 시 할인(Discount)을 염두에 둘 필요는 있다.

DL케미칼이 속한 석유화학 산업은 경기 변동에 민감하게 반응하며, 실물 경제의 흐름에 큰 영향을 받는다.

03 중흥그룹

**대우건설 품고,
해외 시장 '앞으로'
지주사 전환
마무리**

중흥그룹 지배구조 및 지분 현황

(2024년 12월 기준, 단위 %) 자료: 공정거래위원회

중흥그룹 현황
공시대상기업집단 21위

매출액	15조 300억 원
순이익	8,300억 원
계열사	53개

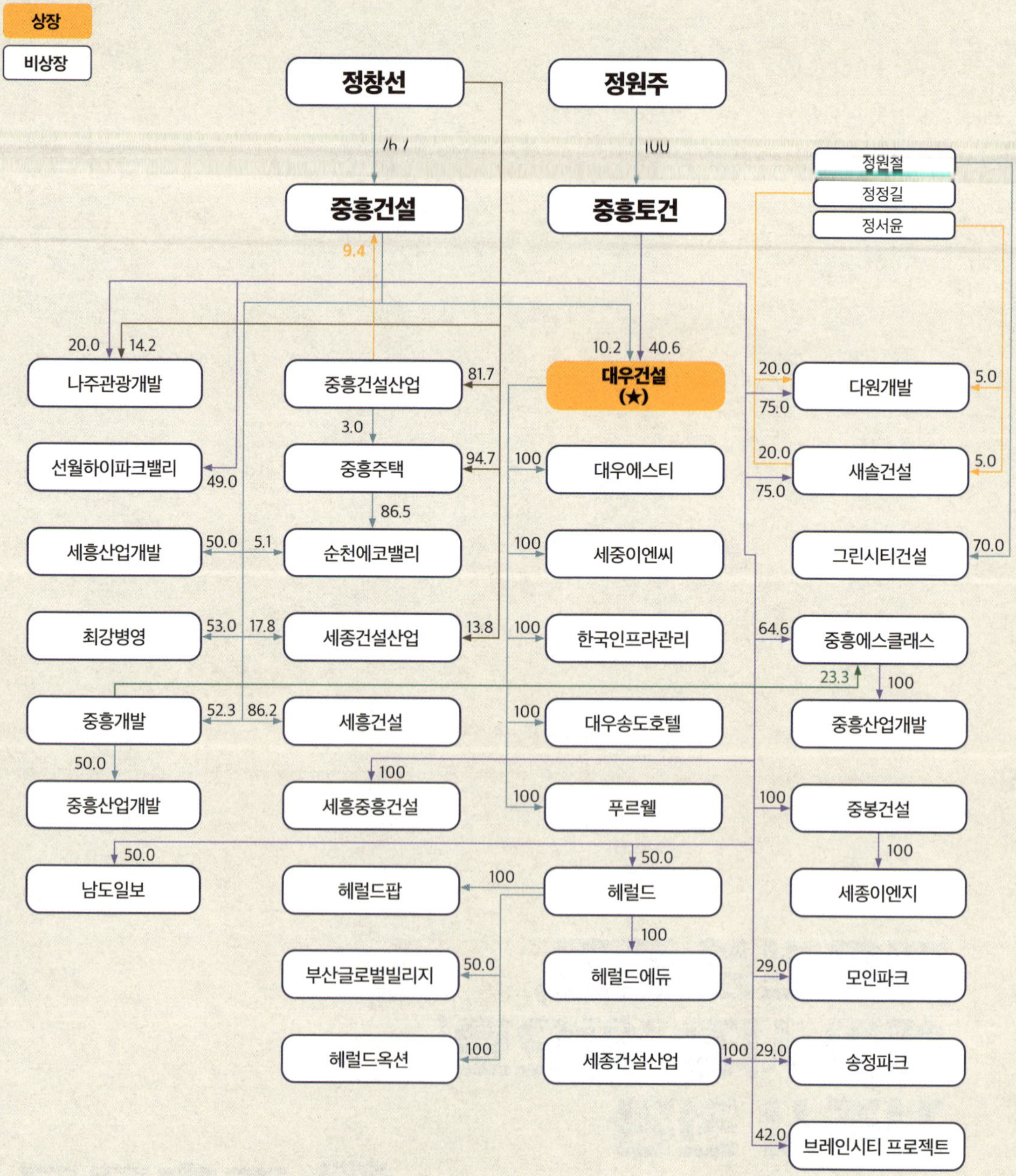

- 상장
- 비상장

지배구조도

정창선 → (76.7) → **중흥건설**
정원주 → (100) → **중흥토건**
정원철, 정정길, 정서윤

- 중흥건설 → 나주관광개발 (20.0)
- 중흥건설 → 중흥건설산업 (14.2)
- 중흥건설 → 대우건설 (9.4)
- 중흥토건 → 대우건설 (40.6) / (10.2)
- 중흥건설산업 → 중흥주택 (81.7) / 3.0
- 중흥주택 → 순천에코밸리 (94.7)
- 중흥토건 → 대우에스티 (100)
- 중흥토건 → 다원개발 (20.0), 새솔건설 (20.0)
- 다원개발 ↔ 새솔건설 (75.0 / 5.0)
- 선월하이파크밸리 ← (49.0)
- 세흥산업개발 → 순천에코밸리 (50.0 / 5.1)
- 순천에코밸리 (86.5)
- 대우에스티 → 세중이엔씨 (100)
- 그린시티건설 (70.0)
- 최강병영 → 세종건설산업 (53.0 / 17.8)
- 세종건설산업 → 한국인프라관리 (13.8 / 100)
- 한국인프라관리 → 중흥에스클래스 (64.6)
- 중흥에스클래스 → 중흥산업개발 (100) / 23.3
- 중흥개발 → 세흥건설 (52.3 / 86.2)
- 세흥건설 → 대우송도호텔 (100)
- 중흥개발 → 중흥산업개발 (50.0)
- 세흥중흥건설 (100)
- 푸르웰 (100)
- 푸르웰 → 중봉건설 (100)
- 중봉건설 → 세종이엔지 (100)
- 남도일보 (50.0)
- 헤럴드팝 ← 헤럴드 (100)
- 헤럴드 (50.0)
- 헤럴드 → 헤럴드에듀 (100)
- 헤럴드에듀 → 모인파크 (29.0)
- 부산글로벌빌리지 (50.0)
- 헤럴드옥션 (100)
- 세종건설산업 → 송정파크 (100 / 29.0)
- 브레인시티 프로젝트 (42.0)

중흥그룹 오너 가계도 및 관계자 지분 현황

(2024년 6월 기준) 자료: 공정거래위원회

정창선 중흥그룹 회장		정원주 중흥그룹 부회장		정원철 시티건설 회장	
중흥건설	76.7%	중흥토건	100%	그린시티건설	70%
중흥주택	94.7%				
세종건설산업	13.8%				
나주관광개발	14.2%				

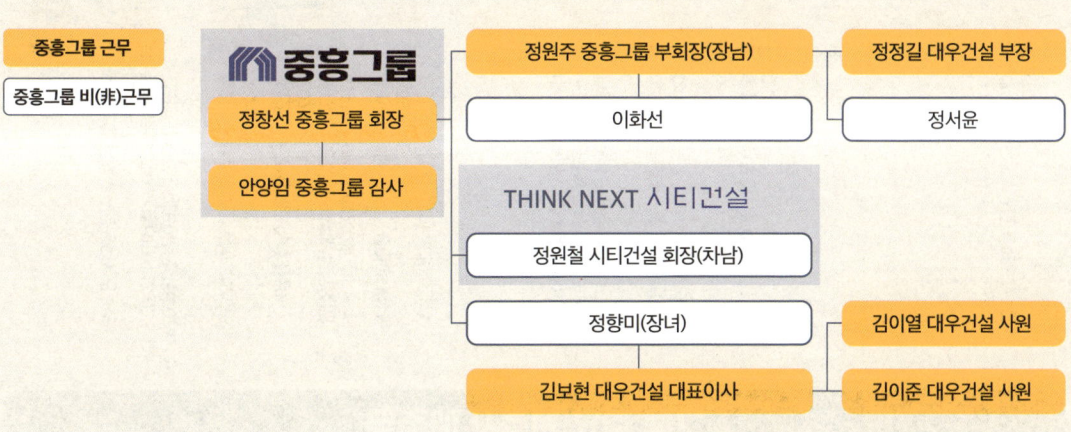

대우건설 연혁

자료: 대우건설 사업보고서

1973	(주)대우 건설 부문으로 설립
2000	IMF 외환위기로 대우그룹 워크아웃 후 대우건설로 분리
2001	한국자산관리공사(KAMCO), 대우건설 지분 매입
2002	대우건설 워크아웃 졸업
2006. 6	금호아시아나그룹, 6조 6,000억 원에 대우건설 인수(72.1%)
2010. 10	한국산업은행, 대우건설 지분(50.75%) 3조 2,000억 원에 인수
2018	호반건설, 대우건설 인수협상 대상자로 선정됐다가 철회
2021. 12	중흥건설, 대우건설 2조 1,000억 원 규모 인수 계약 체결
2023. 5	정원주 중흥그룹 회장, 대우건설 회장 취임

최근 10년 중흥토건 실적 및 그룹 주요 연혁

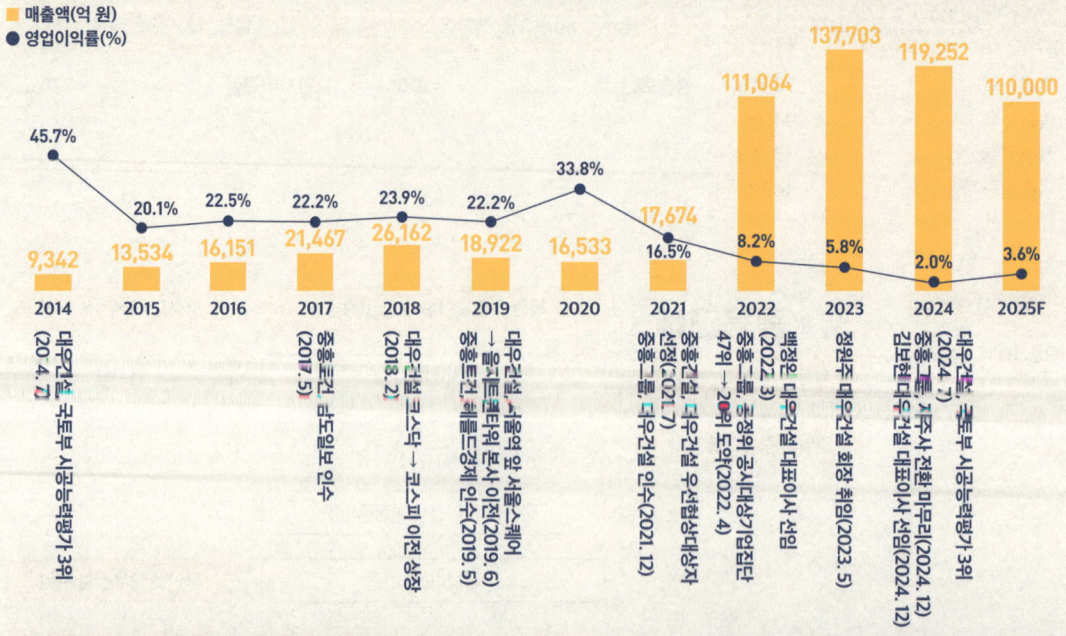

그룹 주요 계열사 매출액

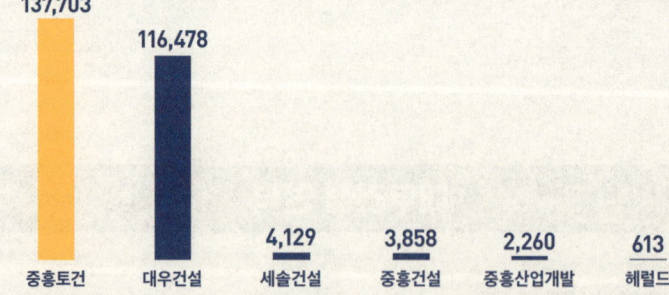

중흥그룹 주요 계열사 매출액 비중

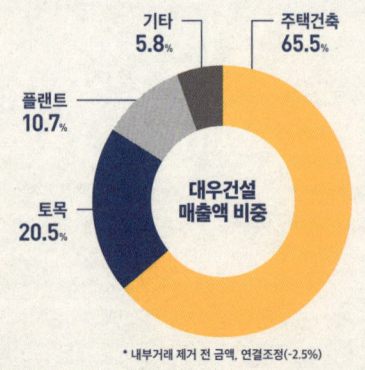
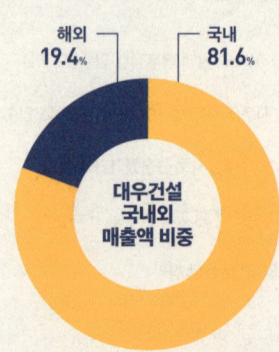
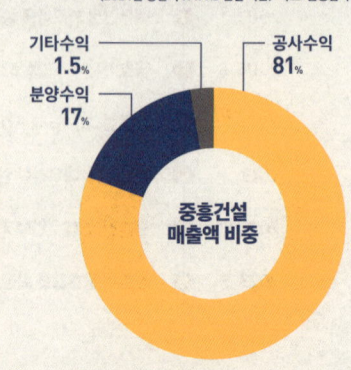

핵심 계열사 경영 현황 및 체크 포인트

대우건설(★) `코스피`

● 현황
대한민국의 대표적인 1군 건설사다. 2024년 국토교통부 시공능력평가 순위에서 삼성물산, 현대건설에 이어 3위를 기록했다. 아파트 브랜드 '푸르지오'를 보유하고 있다. 1973년 설립돼 대우그룹 계열사로 유지되다가 2000년 대우그룹이 해체되면서 한국자산관리공사, 금호아시아나그룹 등으로 주인이 바뀌었다. 2021년 12월 중흥그룹에 편입됐다.

✓ 체크 포인트
1. **수주잔고**: 대우건설은 수주업에 속해 있으며, 수주잔고를 확인하면 향후 실적을 예상할 수 있다.
2. **시너지 및 세계 시장 성과**: 중흥그룹에 편입되면서 11년 동안(2010~2021)의 주인 없는 시대를 마감했다. 중흥그룹 편입 이후 세계 시장 개척에 주력하고 있다.

중흥토건 `비상장`

● 현황
중흥그룹의 핵심 계열사이며, 정원주 부회장이 지분 100%를 보유하고 있다. 2024년 12월 중흥그룹 지주사로의 전환을 마무리했다. 대우건설(40.60%)을 비롯해 새솔건설(75.05%), 중봉건설(100%), 중봉홀딩스(100%), 헤럴드(52.8%) 등을 계열사로 두고 있다(2024. 6). 토목공사, 건축공사, 조경공사 등을 영위하고 있다.

✓ 체크 포인트
1. **수주잔고**: 수주업에 속해 있으며, 수주잔고를 확인하면 향후 실적을 예상할 수 있다.
2. **대우건설 실적**: 대우건설을 종속회사로 두고 있으며, 연결 실적에 대우건설의 실적이 반영된다.

중흥건설 `비상장`

● 현황
중흥그룹의 모태가 되는 건설사이며, 1983년 중흥주택으로 설립됐다. 중흥토건과 함께 중흥그룹을 지배하는 지주사 역할을 했으나, 2024년 12월 중흥토건 중심의 지주사 체제로 전환되면서 중흥건설은 주택건설 및 부동산 개발 등 전문 사업회사로서의 역할에 집중할 전망이다. 아파트 브랜드 '중흥S-클래스'를 보유하고 있다. 정창선 창업 회장이 지분 76.7%를 보유하고 있으며, 세흥사업개발(50.0%), 중흥개발(52.3%) 등을 계열사로 두고 있다(2024. 6).

✓ 체크 포인트
1. **수주잔고**: 수주업에 속해 있으며, 수주잔고를 확인하면 향후 실적을 예상할 수 있다.

대우건설 인수로
대기업집단 20위로 도약,
'건설업계의 다크호스'

공정위가 해마다 발표하는 공시대상기업집단에서 건설그룹 1위는 줄곧 DL그룹의 몫이었다. 1939년 '국내 1호 건설사' 대림산업(현 DL이앤씨)이 쌓아온 80여 년의 결과물이었다. 그런데 최근 이 순위가 바뀔 시그널이 있다. 중흥그룹이 대우건설을 인수한 후 시너지를 내면서 대기업집단 순위 기준이 되는 공정자산(비금융사 자산총계+금융사 자본총계)이 가파르게 증가하고 있기 때문이다. 중흥그룹은 업력 40여 년의 상대적으로 젊은 건설사지만 성장 속도가 가파르다.

중흥그룹은 2024년 공정위 공시대상기업집단 21위를 기록했다. 전년 대비 1단계 하락했다. 2024년 공정위가 발표한 대기업집단 리스트에서 건설그룹을 정리해보면, DL그룹이 18위로 가장 순위가 높고 두 번째가 중흥그룹(21위)이다. 그 뒤를 부영(26위), HDC현대산업개발(31위), 호반건설(34위), 태영(42위), 한라(57위), 대방건설(60위), 반도홀딩스(83위)가 추격하고 있다. 2023년 중흥그룹의 매출액은 15조 300억 원, 순이익은 8,300억 원으로 전년 대비 매출액은 7.55% 증가했지만, 순이익은 38.32% 감소했다. 계열사는 53개사로 전년 대비 1개 감소했다.

DL그룹과 중흥그룹의 대기업집단 순위를 매기는 기준이 되는 공정자산(비금융사 자산총계+금융사 자본총계) 차이는 1조 8,340억 원이었다(DL그룹 26조 7,690억 원, 중흥그룹 24조 9,350억 원). 여기에 더해 중흥그룹의 공정자산이 계속 가파르게 증가하고 있다. 2020년까지만 해도 9조

2,070억 원이었다가 대우건설 인수를 계기로 '19조 8,800억 원(2021) → 20조 2,920억 원(2022) → 23조 3,210억 원(2023) → 24조 9,350억 원(2024)'으로 그 상승세가 뚜렷하다.

한국 대표 건설사 대우건설 인수로 도약의 발판 마련

중흥그룹은 2021년 12월 대우건설 지분 50.75%를 2조 1,000억 원에 인수하는 계약을 체결한 이후로 대기업집단 순위가 2021년 47위에서 2022년 20위로 27단계 급상승했다. 대우건설은 한국을 대표하는 1군 건설사다. 1군 건설사라 함은 국토교통부가 해마다 발표하는 시공능력평가 순위 10위권에 포함되는 건설사라는 의미다. 대우건설은 2024년 국토교통부 시공능력평가 순위에서 삼성물산, 현대건설에 이어 3위를 기록했다.

대우건설은 1973년 대우실업이 영진토건을 인수하면서 그 모습을 드러냈고(대우건설 창립연도), 1981년 대우실업과 합병하면서 ㈜대우가 됐다. 한 시대를 풍미했던 이른바 '주대우'가 바로 이곳이다. 2000년 대우그룹이 해체되면서 대우건설은 한국자산관리공사, 금호아시아나그룹, KD산업은행 등으로 여러 차례 주인이 바뀌며 워크아웃 시기를 보내기도 했다. 2010년 KDB산업은행이 주 채권단이 됐고, 2022년 중흥그룹의 품에 안겼다. 하지만 이렇게 복잡한 과정을 겪은 와중에도 대우건설은 1군 건설사로서의 지위를 변함없이 유지해왔다.

대우건설을 오늘날의 위치에 올려놓은 일등 공신은 대형 토목공사다. '대우건설' 하면 '산업 역군'과 '모래바람'이 떠오르는 이유도 이 때문이다. 대우건설은 지금까지 500여 건에 이르는 해외사업 프로젝트를 수행하며 글로벌 건설사로서의 위상을 다졌다. 국내에서는 총 8.2km 구간의 거가대교와 같은 랜드마크급 공사를 성공적으로 수행하며 기술력을 입증했다. 해외에서는 '예술품'이라는 평가를 받은 카타르 이링(E-Ring) 고속도로 프로젝트가 대표적이다. 수도 도하(Doha) 남부의 기존 도로를 4.5km 확장하고 4km 구간을 신설하는 공사로, 총 왕복 8~14차선 규모다. 또한, 3개 층 교차로 2곳과 2개 층 교차로 1곳이 포함된 복잡한 설계로 유명하다.

전남 신안의 천사대교도 대우건설의 기술력을 입증한 사례다. 이 교량은 단일 구간에 현수교와 사장교 형식이 공존하는 국내 유일의 사례로, 총 길이 10.8킬로미터(교량구간 7.22킬로미터)에 달해 우리나라에서 네 번째로 긴 해상교량이다. 대우건설이 시공한 구간은 길이 1,004미터에 높이가 다른 두 개의 주탑(195미터, 135미터)을 세운 세계 최대 고저주탑(高低住塔) 형식의 사장교로, '2020 올해의 토목구조물 대상'을 수상하며 그 기술력을 인정받았다.

정창선 회장, 저평가 우량부지 '선구안'으로 사세 'UP!'

중흥그룹은 대우건설 인수 이전에도 '건설업계의 다크호스'로 불려왔다. 이 같은 성장은 정창선 창업 회장이 주도했다. 정창선 창업 회장은 1961년 19세에 미장공으로 건설업에 발을 들였다. 광주 건설 현장에서 이른바 '노가다' 일을 하다가 서울로 올라가 근무했고, 능력을 인정받아 반장으로 승진했다. 다시 광주로 돌아간 그는 1983년 41세에 중흥주택을 설립하며 중흥그룹을 창업했다. 2010년까지만 해도 시공능력평가 100위권 바깥에 있었지만(104위), 2012~2016년 세종시에 총 13개 단지, 1만 3,000가구에 이르는 대단지 아파트 분양에 성공하며 급성장했다.

당시 세종시 부지는 LH가 공급한 공공택지지구로서, 부동산 경기가 나빠지면서 대형 건설사들이 위약금을 물고 포기했다. 그렇지만 정창선 회장은 세종시의 미래 가치를 확신하고 오히려 부지를 적극적으로 매입했다. 경쟁 건설사들이 포기한 부지여서 수의계약으로 매입할 수 있었는데, 이후 세종특별자치시 이전이 본격화하면서 지가가 급등했다.

세종시 아파트 단지의 성공을 계기로 중흥그룹의 아파트 브랜드 '중흥S-클래스'도 전국적으로 알려졌고, 중흥그룹은 지방 건설사에서 전국구 건설사로 뛰어올랐다. 남들이 관심을 갖지 않는 저평가 우량 부지를 발견하며 성장의 발판을 마련한 셈이다.

중흥토건 중심
지주사 전환,
대우건설 '건설주의 한계'
벗어날까

중흥그룹은 2022년 2월 대우건설과의 기업결합 승인을 계기로 화학적 결합과 시너지를 모색했으며, 성과를 내고 있다. 그해 5월 대우건설 노사는 임금인상 10%에 합의했다. 이는 대우건설 창사 이래 가장 높은 임금인상률이며, 중흥그룹이 직원 처우개선 약속을 이행한 첫 조치였다. 기본 연봉 인상에 그치지 않고 현장 근무지 처우 개선도 병행 추진했다. 이에 따라 기업결합 당시의 갖가지 우려도 해소되는 분위기다. 대우건설의 한 직원은 "초기에는 서먹했지만 중흥그룹이 프로젝트를 신속하게 진행하는 등 강점이 있다는 점이 알려지면서 협업하는 분위기가 무르익고 있다"고 내부 분위기를 소개하기도 했다. 아울러 중흥그룹의 사실상 사주이자 경영을 책임지고 있는 정원주 부회장(정창선 창업 회장 장남)이 2023년 5월 대우건설 회장에 취임하며 힘을 싣고 있다.

하지만 대우건설도 부동산(아파트 포함) 경기침체를 피하지는 못하고 있다. 대우건설의 2024년 1~3분기(1~9월) 실적을 살펴보면, 매출액 7조 8,566억 원, 영업이익 2,819억 원, 순이익 2,283억 원으로 전년 동기 대비 각각 11.4%, 51.8%, 44.6% 감소했다(K-IFRS 연결). 이 기간 신규수주도 연간 목표(11조 5,000억 원)의 64% 수준인 7조 4,000억 원으로 미흡한 편이다. 대우건설은 이에 대한 해법을 세계 시장에서 찾고 있다. 이라크 알포(Al faw)항 해군기지(약 2조 원), 리비아 인프라 복구공사(약 1조 원), 투르케미니스탄 비료 플랜트(약 1조 원) 등의 대형 수주를 노리고 있다.

중흥그룹은 2024년 12월 중흥토건 중심의 지주사 전환 작업을 마무리했다. 과거 중흥그룹은 정창선 회장이 최대주주(76.7%)로 있는 중흥건설과 장남 정원주 부회장이 최대주주(100%)로 있는 중흥토건으로 지배구조가 이원화돼 있었다. 이를 중흥토건 중심으로 일원화한 것이 지주사 전환의 골자다. 지주사 체제가 출범하면서 상호출자 규제가 해소되고 정원주 부회장의 지배력이 공고해질 것으로 예상된다.

그동안 중흥그룹은 '포괄적 주식교환'을 통해 자회사 편입 작업을 진행하며 지배구조 개편을 추진해왔다. 중흥토건은 중봉건설 지분 100%와 중흥에스클래스 지분 64.6%를 보유하고 있으며, 중봉건설은 세종이엔지를, 중흥에스클래스는 중흥산업개발을 각각 100% 자회사로 편입하며 수직계열 체계를 구축했다. 또한 중봉홀딩스와 세종중흥건설의 흡수합병을 완료하고, 나주관광개발과 선월하이파크밸리 등 계열사 지분율을 50% 이상으로 끌어올렸다. 공정거래법에 따라 지주사는 비상장 자회사의 지분을 50% 이상 확보해야 하는데, 이 기준에 따라 자회사 지분을 취득했다. 이 과정에서 중흥토건은 계열사들로부터 1조 원 이상의 자금을 차입한 것으로 알려졌다.

정원주 부회장, 대우건설 해외 시장 개척 나서

중흥그룹은 지주사 전환이 마무리되면서 재계 10위권에 진입할 가능성이 있다는 평가를 받고 있다. 이는 순수 건설그룹으로서 이정표가 될 전망이다.

중흥그룹의 경영을 책임지는 정원주 부회장은 슬하에 1남 1녀를 두고 있으며, 장남 정정길 대우건설 전략기획팀 부장은 2021년 23세에 중흥건설에 입사해, 2023년 대우건설로 자리를 옮겼다. 중흥그룹에서 대우건설 인수를 추진할 당시부터 인수단에 근무했다. 중흥그룹의 한 관계자는 "대우건설 인수 전부터 자산총액 10조 원을 넘어 상호출자제한기업집단으로 지정될 것을 대비해 상호출자 해소 등의 지배구조 개편을 꾸준히 준비해왔다"며 "중흥토건이 대우건설을 인수하면서 지주사 요건을 충족해, 이를 중심으로 지주사 전환을 원활하게 마무리할 수 있었다"고 밝혔다.

중흥그룹 계열사 가운데 상장사는 대우건설이 유일하다. 대우건설은 대형 우량주로 편안하게 투자하기에 적합한 종목으로 보일 수 있지만, 대우건설이 '건설주'라는 점을 기억해야 한다. 대우건설이 꾸준히 견실하게 성장하고 있다고 해도 건설업은 수주업 리스크를 안고 있다.

> **잠깐!** 　**건설주 성공 투자가 어려운 4가지 이유**

건설업을 이해하기 위해서는 이 산업이 '수주업'이라는 사실을 알아야 한다. 수주업은 물품 제조에 앞서 반드시 고객의 선주문을 필요로 하는 업종이다. 건설사는 아파트나 건물 공사를 하기에 앞서 땅 주인 등과 계약을 맺는다. 그러고 나서 공사에 들어간다. 수주업에 속하는 업종으로는 건설업, 조선업, 기계업, 항공기 제조업 등이 있다.

수주업의 특징은 '제품의 사이즈'가 매우 크다는 것이다. 아파트, 선박, 댐, 항공기를 떠올려보면 쉽게 이해된다. 규모가 크기 때문에 공사 기간이 장기간이고 대규모 자금을 투입해야 한다. 일반 제조업과 대비되는 부분이다. 제조 기업은 소비자(고객)로부터 선주문을 받지 않는다. 제조 기업은 소비자(고객)의 수요와 기호를 예측할 뿐이며, 이를 기반으로 제품을 대량생산한다. 또한, 제조업이 만들어내는 제품의 크기는 상대적으로 작은 편이며, 대량생산을 하고, 제품의 생산 기간이 짧다. 껌, 의류, 노트북, 스마트폰 등을 생각해보면 제조업의 이런 특징이 쉽게 이해된다. 수주업을 주문 생산(MTO, Make To Order) 산업이라고도 하는데, 이는 일반 제조업을 계획 생산(MTS, Make To Stock) 산업으로 분류하는 것과 대비된다.

수주업은 이 특징 때문에 '유동성 리스크'와 '저가 리스크'라는 두 한계를 태생적으로 갖는다.

'유동성 리스크'란 수주 기업이 제품 제조 과정에서 운영 자금이나 현금이 부족해 경영상의 위기를 맞을 수 있는 리스크를 말한다. 이는 수주 기업이 장기간에 걸쳐 제품을 생산·공급하는 특성에서 비롯된다. 조선사의 선박은 주문에서 인도까지 2년가량이 소요된다. 건설사의 경우 아파트나 건물의 공사 기간은 짧게는 1년이며, 최근 들어 건물의 대형화되면서 공사 기간이 늘어나는 추세다. 댐 공사는 10년이 걸리기도 한다. 이렇게 공사에 장기간이 소요되면 닥치는 문제가 어느 순간 현금이 부족해지는 유동성 위기다. 2008년 글로벌 금융위기 당시의 조선사의 연쇄 부도, 부동산 침체기의 건설사 연쇄 부도도 이런 배경에서 비롯된 것이다. 조선업과 건설업에서 주기적으로 대규모 워크아웃이 발생하고 구조조정이 벌어지는 이유가 여기에 있다.

'저가 수주 리스크'는 선박이나 건물의 계약 금액(도급 금액)이 실제 공사 금액을 밑돌면서 손실이 발생하는 위험이다. 이런 일이 벌어지는 이유는 건설사 조선사가 건물이나 선박의 최종 제조 원가를 계약 시점에 정확하게 예측할 수 없기 때문이다. 조선사나 건설사가 계약 당시에 고객에게 제시하는 선박이나 건물은 아직 만들어지기 전의 상태로, 최종적으로 제품을 만들 때까지 실제로 소요되는 금액을 예측하기란 어렵다. 제품 제조 기간에 발생하는 환율 변화, 원자재 가격의 변화 때문이다. 따라서 계약 체결 이후 실제 제품 제조 금액이 계약 금액을 초과하면 수주 기업은 고스란히 손실을 보게 된다.

수주 기업은 원가 계산 방식도 일반 제조 기업과 다르다. 수주 기업은 개별원가계산(Job-order

costing) 방식을 채택한다. 개별원가계산이란 직접비와 간접비를 구분하고 부문별로 계산하는 방식을 말한다. 이에 반해 일반 제조 기업은 종합원가계산(Process costing) 방식을 채택하고 있는데, 이는 직접비와 간접비를 구분하지 않고 부문별로 계산하지도 않는 방식을 말한다.

여기에 더해 건설사는 같은 수주업인 조선사에 없는 리스크를 몇 가지 더 떠안고 있다.

우선, 표준화(Standardization)가 대단히 어렵다. 건설사는 아웃도어 산업(Outdoor industry) 산업이다. 아웃도어 산업이란 제품의 생산이 정해진 공간이 아니라 야외에서 이뤄지는 산업을 말한다. 건설사는 건물이나 아파트, 댐을 짓기 위해 도심으로, 바다로, 해변으로 가야 한다. 그리고 그곳에서 공사를 진행해야 한다. 그렇다 보니 그 지형의 특성에 맞는 원재료를 매입하고 개별 공법을 적용해야 한다.

조선업은 인도어 산업(Indoor industry)이어서 이 같은 리스크가 없다. 인도어 산업이란 제품의 생산이 정해진 공간(공장)에서 이뤄지는 산업을 말한다. 조선사의 선박건조는 드라이도크(Dry dock)로 불리는 공간에서 작업이 이뤄진다. 덕분에 조선사는 표준화가 가능하다.

건설업은 규제 리스크도 크다. 건설사가 건설 공사를 수행하는 장소인 부동산은 공공재적 성격이 강하다. 이에 따라 건설업은 건물의 인허가, 수주 과정에서 정부의 규제를 받게 된다. 이때 비자금이 조성될 환경이 구조적으로 조성된다. 건설사는 비자금 조성이 쉬운데, 이는 건설업이 원가 산정이 어렵다는 사실과 관련 있다. 같은 10층이라 할지라도 지반이 튼튼한 곳에서 짓는 경우와 지반이 허약한 곳에서 짓는 경우의 원가가 다를 수밖에 없다. 이 부분을 악용해 대기업은 계열 건설사를 비자금 조성 통로로 종종 활용해왔다. 건설사가 공사 원가의 적정성을 파악하기 어렵다는 점을 악용하기 때문이다. 여기에 더해 기계, 기구, 노동력 등의 효율적인 관리와 운영이 어렵고, 산업 재해와 안전사고가 발생할 위험이 높은 산업이 건설업이다. 이는 건설사의 공사 원가를 높이는 요인으로 작용하고 있다.

이런 요인으로 건설주에 투자하려면 '할인(Discount)'을 고려해야 하는 게 합리적이다. 한국의 신용평가사들은 예외 없이 건설업의 위험을 '높은 수준'으로 평가한다. 건설주에 투자해 수익을 냈다는 사례를 접하기 어려운 이유도 여기에 있다. 호재가 발생하더라도 투자자가 이후 향방을 예측하기 어렵다. 하지만 2010년대 들어 건설업 리스크가 상당 부분 해소됐다. 한 건설사 임원은 "새 IFRS 회계기준 도입 이후 공사 미수금, 공사진행률, 미청구공사 잔액 등이 상세히 공개되고, 예정 원가 공개가 도입되면서 건설 회계가 더욱 투명해졌다"고 밝혔다.

건설업은 구조적으로 다양한 리스크를 안고 있는 업종이다. 따라서 단순한 호재나 주가 흐름만을 보고 접근해서는 안 된다. 철저한 선별과 신중함이 필요하다. 워런 버핏은 주식 투자를 야구에 비유하곤 한다. 그는 "투자가 야구보다 좋은 이유는 스윙을 할 필요가 없다는 것이다. 당신이 원하는 공이 오지 않으면 방망이를 휘두르지 않으면 된다. 원하는 공이 올 때까지 기다리면 된다"라고 말한 바 있다.

04　HDC그룹

광운대 역세권 개발
대변신 나선
'압구정 현대아파트
신화'

HDC

HDC그룹 지배구조 및 지분 현황

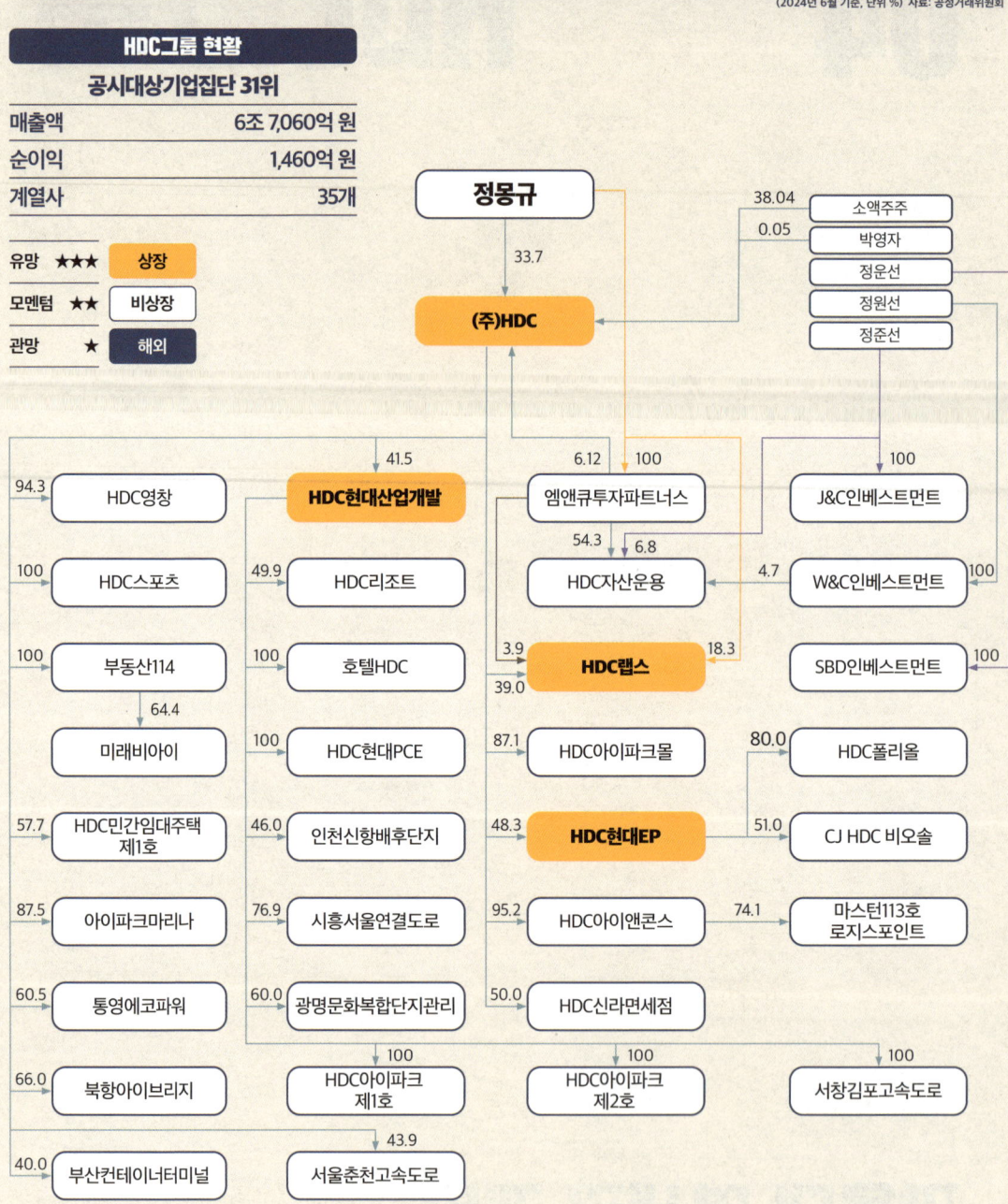

HDC그룹 오너 가계도 및 관계자 지분 현황

(2024년 6월 기준) 자료: 공정거래위원회

정몽규 HDC그룹 회장		정준선 카이스트 교수		정원선 정몽규 회장 차남		정운선 정몽규 회장 3남	
(주)HDC	33.7%	HDC랩스	0.3%	W&C인베스트먼트	100%	SBD인베스트먼트	100%
HDC랩스	18.3%	J&C인베스트먼트	100%	HDC자산운용	8.3%	HDC자산운용	13.0%
엠앤큐투자파트너스	100%						

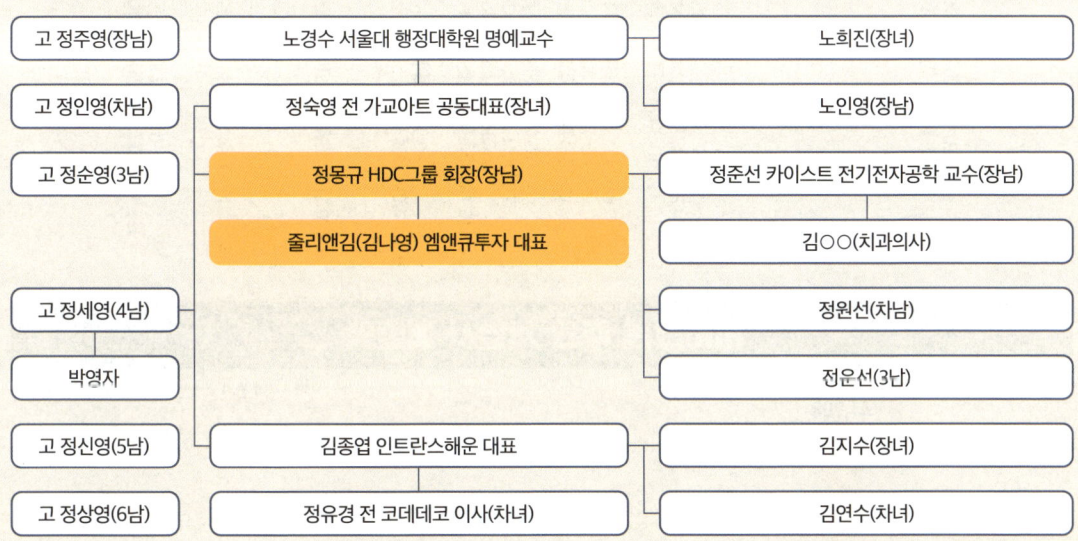

HDC현대산업개발 연혁

자료: HDC현대산업개발 사업보고서

1976	현대건설 주택사업부 독립 후 한국도시개발 설립
1977	한라건설 설립
1986. 11	한국도시개발과 한라건설 합병해 현대산업개발 설립
1999. 1	현대역사(현 HDC아이파크몰) 설립
2000. 1	현대엔지니어링플라스틱(현 HDC현대EP) 설립
2000. 6	아이투자신탁운용(현 HDC자산운용) 설립
2001. 3	아파트 브랜드 '아이파크(IPARK)' 출시
2003. 10	주거용·상업용 건축물 브랜드 '아이파크'로 통합
2018. 2	HDC현대산업개발로 분할 및 사명 변경

최근 10년 ㈜HDC 실적 및 그룹 주요 연혁

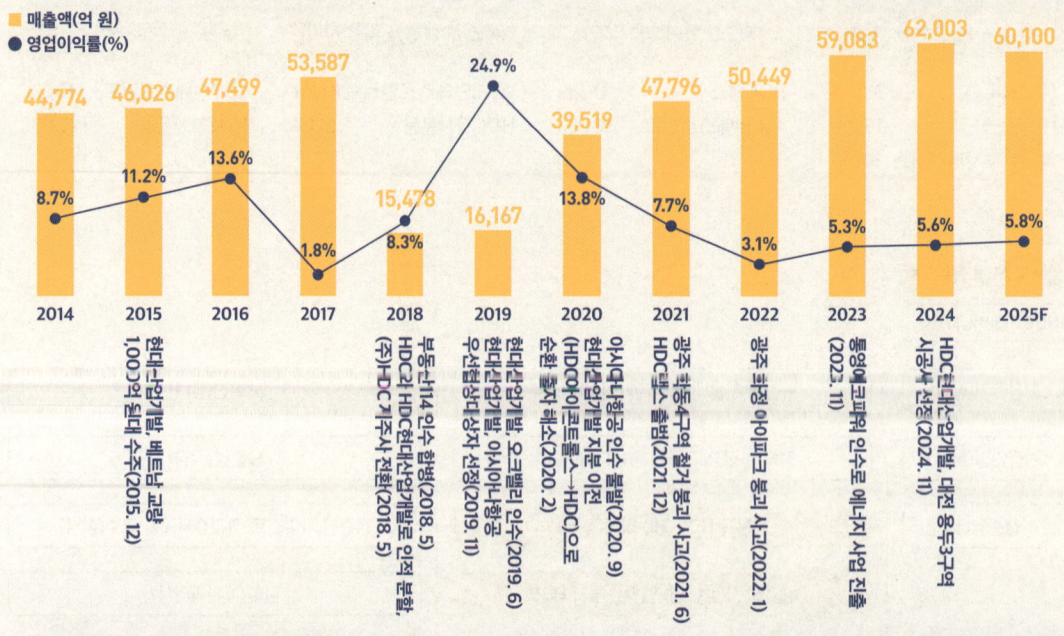

(K-IFRS 연결 기준) 자료: ㈜HDC 사업보고서

HDC그룹 주요 계열사 매출액

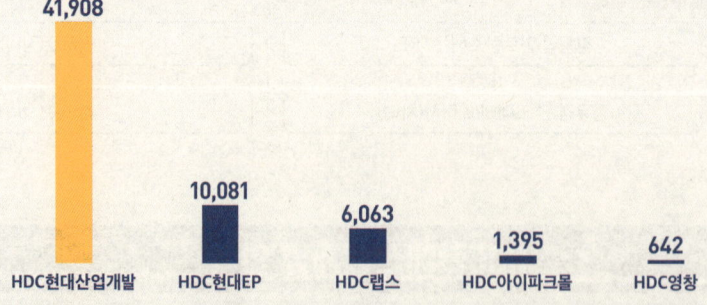

(2023년 K-IFRS 연결 기준, 단위 억 원) 자료: 금융감독원 전자공시

HDC그룹 주요 계열사 매출액 비중

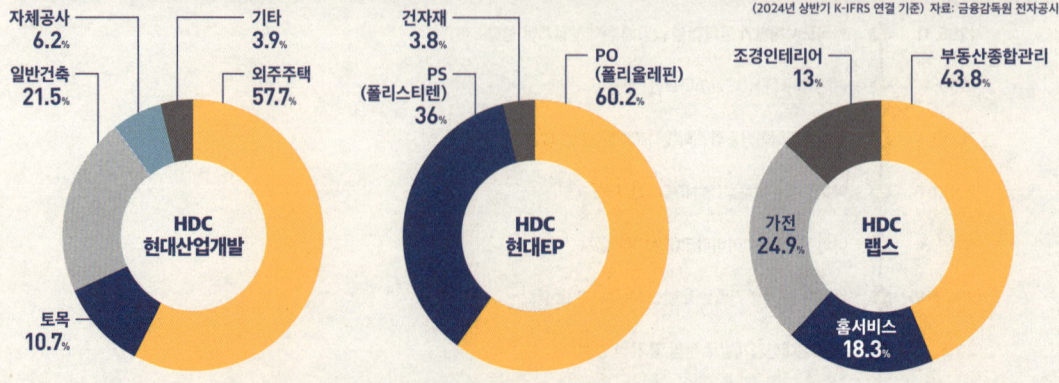

(2024년 상반기 K-IFRS 연결 기준) 자료: 금융감독원 전자공시

핵심 계열사 경영 현황 및 체크 포인트

HDC현대산업개발 *코스피*

● **현황**

HDC그룹의 핵심 계열사이자, '아이파크(IPARK)' 브랜드를 보유한 1군 건설사다. 2024년 국토부 시공능력평가 10위를 기록했다. 1970년대 압구정 현대아파트를 시공하며 '프리미엄 주거공간의 대명사'로 자리 잡았다. HDC그룹 전체 매출의 약 70%를 차지하는 핵심 사업 부문이다. 2021년 6월 광주 학동 철거 건물 붕괴 사고, 2022년 1월 광주 화정 아파트 외벽 붕괴 사고 등을 계기로 안전 교육을 강화하고, 스마트 통합플랫폼 I-SAFETY 2.0을 도입해 안전·보건 관리 체계를 강화하고 있다. 서울 광운대 역세권 개발(일명 '서울원 아이파크')은 HDC현대산업개발에 호재로 작용하고 있다.

✓ **체크 포인트**
1. **광운대 역세권 개발 사업:** 서울시 노원구 월계동에 위치해 있는 광운대역 인근 물류 부지를 주상복합단지로 개발하는 사업을 진행하고 있다. 2028년 말 완공되면 HDC그룹의 재무구조가 개선될 전망이다.
2. **부동산 업황:** HDC현대산업개발의 주력 아파트 사업은 경기에 민감하고 정부 정책의 영향을 크게 받는다.
3. **통영에코파워:** 전력 수급 안정화를 위해 HDC그룹이 진행하는 민자 사업으로, 2024년 8월 가스복합화력발전소의 상업 운용을 시작했다. 통영에코파워가 정상 가동되면 HDC 연결 실적이 개선되고 배당 수입이 증가한다. HDC현대산업개발이 지분 60.5%를 보유하고 있다.

HDC랩스 *코스피*

● **현황**

홈서비스, 건설 솔루션, 리얼티(부동산 투자·관리) 사업을 영위하고 있다. 홈서비스 부문은 HDC현대산업개발 아이파크에 홈네트워크 시스템을 공급하고 있다. 건설 솔루션 부문은 SOC(Security Operation Center, 보안운영센터), 인테리어, 조경 등 전문공사를 담당하고 있다. 리얼티 부문은 부동산 종합관리 솔루션인 FM(Facility management, 시설관리), PM(Property management, 자산관리) 사업을 영위하고 있다. 2021년 12월 HDC아이콘트롤스와 HDC아이서비스가 합병해 설립됐다. 포스코건설을 비롯한 종합건설사의 협력회사로 등록돼 수주 기회를 확대하고 있다.

✓ **체크 포인트**
1. **전방 건설·부동산 업황:** HDC랩스의 홈서비스, 건설 솔루션, 리얼티의 전방 산업은 건설, 부동산 업황과 직접적으로 관련 있다. 이들 산업의 업황을 먼저 확인할 필요가 있다.
2. **시니어 하우징:** 아이너싱홈 운영 노하우를 바탕으로 시니어 주거시설 개발 및 건축 자재 공급 등 다양한 방식으로 시장 진출을 모색하고 있다.

HDC현대EP *코스피*

● **현황**

폴리프로필렌(Polypropylene, PP), 폴리에틸렌(Polyethylene, PE) 등을 원재료로 매입해 자동차, 전기전자, 소비재 및 건설 산업용 용도에 특화돼 있는 플라스틱 소재를 생산한다. 2000년 1월 설립돼 2006년 7월 유가증권시장에 상장했다.

✓ **체크 포인트**
1. **전방 산업 석유화학 업황:** HDC현대EP의 전방 산업은 석유화학 산업으로 유가, 환율, 금리의 영향을 많이 받는다.

'압구정 현대아파트 신화',
스마트시티 개발로
재도약 노린다

HDC현대산업개발은 '압구정 현대아파트 신화'를 만든 주역이다. 압구정 현대아파트는 1970년대 정부의 강남 개발 정책으로 건설돼, 산업화의 상징이자 프리미엄 주거공간의 대명사로 자리매김했다. 이 성공을 발판 삼아 HDC현대산업개발은 단숨에 1군 건설사로 도약했고, 지금도 '아파트 경기의 바로미터'로 주목받는다. 그 덕분에 정부의 대규모 아파트 공급 발표 시 HDC현대산업개발의 주가가 급등하기도 한다.

HDC현대산업개발의 대표 브랜드인 '아이파크'는 프리미엄 아파트의 대명사로 자리 잡았으나, 붕괴 사고를 계기로 HDC현대산업개발은 품질관리와 안전 강화에 주력하며, 과거의 신뢰를 회복하기 위해 다각적인 노력을 기울이고 있다. 과거의 영광을 되찾을 수 있을지 HDC그룹의 행보가 주목받고 있다.

HDC그룹은 2024년 공정위 공시대상기업집단 31위를 기록했다. 전년 대비 2단계 하락했다. 그룹 매출액 5조 9,083억 원, 영업이익 3,126억 원으로 전년 대비 각각 17.11%, 97.22% 증가했다(이하 2023 K-IFRS 연결). 계열사는 HDC(주), HDC현대산업개발, HDC현대EP, HDC랩스(이상 상장사), HDC아이파크몰, HDC영창, HDC아이앤콘스(이상 비상장사) 등 35개사로 전년과 동일했다.

이 가운데 주력사는 HDC현대산업개발이다. 2023년 HDC그룹 주요 계열사 매출액을 살펴보면, HDC현대산업개발이 4조 908억 원으로 압도적 1위다. 그룹 전체 매출액의 약 70%를 차지했다. HDC현대산업개발의 실적에 따라 HDC그룹 전체 매출액이 출렁인다.

이어 HDC현대EP 1조 81억 원, HDC랩스 6,063억 원, HDC아이파크몰 1,395억 원, HDC영창 642억 원 순이다.

HDC현대산업개발이 보유한 아파트 브랜드 '아이파크'는 아파트 브랜드 평가에서 항상 상위권을 유지한다. 2024년 '아파트 브랜드 평판 조사'에 따르면, 아이파크는 힐스테이트(현대건설), 자이(GS건설), 푸르지오(대우건설)에 이어 4위를 기록했다. HDC현대산업개발의 2024년 상반기 매출액 비중은 주택(아파트 포함) 57.7%, 일반건축(상업시설 등) 21.5%, 기타 20.8%다. 주력이 아파트 공사임을 알 수 있다.

HDC현대산업개발은 국토교통부가 발표한 시공능력평가 순위에서 10위를 기록했다. 1위 삼성물산, 2위 현대건설, 3위 대우건설, 4위 현대엔지니어링, 5위 DL이앤씨, 6위 GS건설, 7위 포스코이앤씨(옛 포스코건설), 8위 롯데건설, 9위 SK에코플랜트(옛 SK건설) 10위 HDC현대산업개발 순으로 평가됐다. 대중의 인식보다 낮은 평가지만, 2023년 시공능력평가 11위를 기록한 것보다는 1단계 상승했다.

서울 압구정동 현대아파트는 1970년대 후반 1차 건설이 시작돼 1987년까지 총 14차에 걸쳐 약 15만 평 대지에 6,335세대기 지어졌다. 당시 단독주택에 익숙하던 한국인들에게 아파트의 편의성을 처음으로 알렸으며, 대치동 은마아파트와 함께 아파트 투기 열풍의 시발점이 되기도 했다.

HDC현대산업개발은 1976년 현대건설의 주택사업부가 분리되며 '한국도시개발'이라는 이름으로 설립됐다. 이후 1986년 한라건설과 합병해 현대산업개발로 재출범했으며, 1999년 현대그룹에서 분리돼 2018년 지주회사 체제로 전환하면서 현재의 이름을 갖게 됐다.

HDC현대산업개발의 대표 브랜드 '아이파크'는 2001년 3월 출시돼 성공을 거뒀으며, 현재는 쇼핑몰에도 활용될 만큼 브랜드 파워를 확장했다. 서울 용산역에 위치한 복합 쇼핑몰 '아이파크몰'은 대표적인 사례로, 아이파크 브랜드의 영향력을 보여준다.

학동 아파트 붕괴로 잃은 신뢰, '광운대역' 개발로 반전 이룰까

하지만 HDC현대산업개발은 2021년 6월 발생한 광주 학동 철거 건물 붕괴 사고로 위기를 맞았다. 6월 9일, 광주 학동 제4구역 재개발 현장에서 5층 건물이 해체 과정 중 붕괴되면서

9명이 사망하고 8명이 부상당하는 참사가 발생했다. 하지만 불과 7개월 후인 2022년 1월, 광주 화정 아파트 외벽 붕괴 사고까지 발생하면서 HDC현대산업개발의 위기가 더욱 커졌다.

학동 사고로 인해 HDC현대산업개발은 16개월의 영업정지 처분을 받았으며, 부실시공으로 추가 8개월, 하수급인 관리의무 위반으로 8개월의 영업정지 처분을 받았다. 하수급인 관리의무 위반에 대한 처분은 4억 원의 과징금 납부로 대체됐다. 2024년 예정됐던 '학동 사건' 항소심 재판은 2025년 2월 21일 열렸으며, 부실시공 사실을 인정하고 책임자들(재하도급 업체 굴착기 운전자, 하청업체 현장소장, 철거 감리자 이상 3명)이 징역 2년 6개월에서 1년 6개월의 형을 선고받았다. 광주 화정 아이파크 붕괴 사고 현장은 2024년 6월부터 본격적인 철거 작업에 들어갔으며, 복구까지 2~3년이 걸릴 것으로 예상된다.

서울 광운대역세권 개발(일명 '서울원 아이파크')은 HDC현대산업개발에 호재다. 사업비 4조 5,000억 원 규모의 이 초대형 프로젝트는 2023년 3월 공사를 시작해 2024년 10월 착공에 들어갔다. 광운대역 인근 14만 8,166제곱미터 부지에 최고 49층 규모의 아파트와 오피스텔 주거단지를 비롯해 호텔, 사무실, 쇼핑센터 등 복합시설이 조성될 예정이다. 여기에 수도권광역급행열차(GTX) C노선 등 교통 호재까지 더해지며 지역 개발 기대감이 높아지고 있다.

HDC현대산업개발은 이 프로젝트를 단순한 부동산 개발을 넘어 도시 개발 사업의 새로운 모델로 만들겠다는 의지를 보이고 있다. 이와 함께 공릉역세권 개발 사업(약 2,000억 원), 청라의료복합타운 개발 사업(2조 4,000억 원), 잠실 스포츠마이스 복합공간 조성 사업(2조 1,600억 원)도 동시에 진행 중이다.

이들 사업이 2028년 말 완료되면, 현재 1조 2,500억 원 규모의 토지는 1조 원의 현금 수익과 4조 2,000억 원 규모의 부동산 자산으로 전환될 것으로 예상된다. 특히, 광운대역세권 개발에서 나오는 분양 수입만으로 외부 차입 없이 공릉역세권, 청라의료복합타운, 잠실 스포츠마이스 복합공간 사업을 동시에 추진할 수 있을 전망이다.

HDC그룹의 통영에코파워 신사업도 호재다. 통영에코파워 사업은 전력 수급의 안정화를 위해 HDC그룹이 진행하는 민자 사업으로 HDC(60.5%), 한화에너지(26.5%), 한화(13%)가 대주주로 참여하고 있다. 성과가 가시화되면서 2024년 HDC현대산업개발의 신용등급이 신용평가 3사(한기평·한신평·나기평)로부터 'A/부정적'에서 'A/안정적'으로 상향됐다.

내수 한계 극복하고
'가격 협상력' 높여야

HDC그룹의 지배구조는 '정몽규 회장 → HDC(33.7%) → HDC현대산업개발(41.5%) · HDC현대EP(48.3%) · HDC랩스(39.0%)'로 이어지는 형태다. HDC그룹을 이끌고 있는 정몽규 회장은 1999년 부친 고 정세영(1928~2005) 현대자동차 의장과 함께 HDC현대산업개발을 현대그룹에서 분리해 HDC그룹을 세웠다. 정세영 의장은 고 정주영 현대그룹 창업주의 동생이며 현대자동차 경영을 성공적으로 이끌면서 '포니 신화'를 만들었다.

정몽규 회장은 M&A를 통해 석유화학, 유통, 악기 제조, 에너지 사업에 진출했다. 2019년 11월 아시아나항공 인수우선협상대상자로 선정됐으나, 2020년 무산됐다. 이후 광주광역시 화정 아파트 붕괴 사고 이후 HDC현대산업개발 회장직에서 물러났다.

정몽규 회장은 슬하에 준선(카이스트 교수), 원선, 운선 세 아들이 있다. 아직 3형제 모두 그룹 경영에 참여하지 않고 있다. 장남 정준선(카이스트 교수)은 HDC랩스(0.3%)와 개인 투자회사인 J&C인베스트먼트(100%)의 지분을 보유하고 있다. 차남 정원선은 W&C인베스트먼트(100%), 3남 정운선은 SBD인베스트먼트(100%)와 HDC자산운용(13.0%)의 지분을 각각 보유 중이다.

HDC현대산업개발, 매출액의 사실상 100%가 내수

HDC그룹에 소속된 상장사로는 HDC㈜, HDC현대산업개발, HDC랩스, HDC현대EP 등 4개사가 있다.

- HDC현대산업개발은 건설업의 한계를 극복하기 위해 2024년 6월 신사업으로 데이터센터 개발과 운영사업을 추진 중이다. HDC그룹의 데이터 운영 및 기술 경쟁력을 통해 포트폴리오를 다각화할 계획이다. HDC현대산업개발은 매출액의 절대에(약 98%)이 국내에서 발생하고 있다. 매우 필벽은 나사오는 민실이니. 국내 건설사들이 세계 시장 진출을 서두르는 이유가 여기에 있다. 해외 시장에서 성과를 낸다면 주식시장 참여자들의 관심을 끌 수 있다. 건설사에 투자 시 부동산 업황, 현재 진행 중인 공사, 수주잔고 등을 살펴볼 필요가 있다.

- HDC랩스는 홈서비스, 건설 솔루션, 리얼티 사업을 영위하고 있으며, 전방 산업은 리스크가 높은 부동산, 건설이다. 여기에다 최근 4년(2020~2023) 연평균 영업이익률이 낮은 한 자릿수에 그쳤다(3.28%). 가격 협상력을 개선할 필요가 있다.

- HDC현대EP는 플라스틱 소재를 생산하는 석유화학 기업이다. 석유화학 산업은 변수가 너무 다양해 예측이 어렵다는 한계를 갖고 있다. 최근 4년(2020~2023) 연평균 영업이익률이 낮은 한 자릿수에 그쳤다(3.44%).

CHAPTER 4

유통·물류 기업

오프라인 → 온라인 '패러다임 시프트'로 지각 변동

01 ──────────────────────────────── 롯데그룹
02 ──────────────────────────────── 신세계그룹
03 ──────────────────────────────── 한진그룹
04 ──────────────────────────────── 현대백화점그룹
05 ──────────────────────────────── 쿠팡
06 ──────────────────────────────── SM그룹
07 ──────────────────────────────── 이랜드그룹
08 ──────────────────────────────── 애경그룹

01 롯데그룹

**이차전지 소재·
바이오 기업으로
사업 다각화 나선
'유통 공룡'**

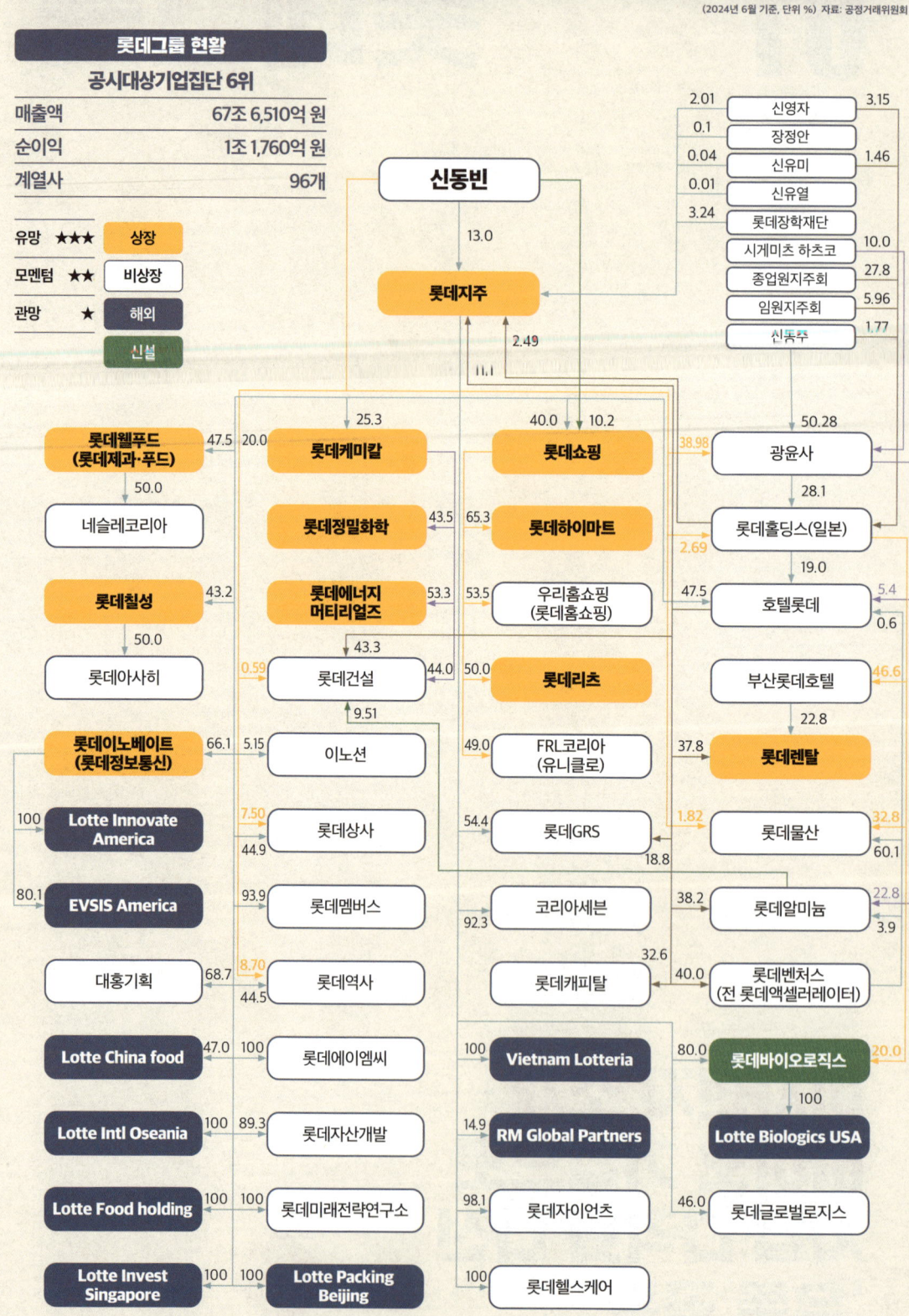

롯데그룹 오너 가계도 및 관계자 지분 현황

(2024년 6월 기준) 자료: 공정거래위원회

신동빈 롯데그룹 회장		신영자 롯데복지재단 이사장		신유열 롯데지주 미래성장실장		신동주 SDJ 회장	
롯데지주	13.0%	롯데지주	2.01%	롯데지주	0.01%	광윤사	50.28%
롯데쇼핑	10.2%						
롯데벤처스	19.99%						
롯데상사	7.5%						
한국후지필름	9.8%						

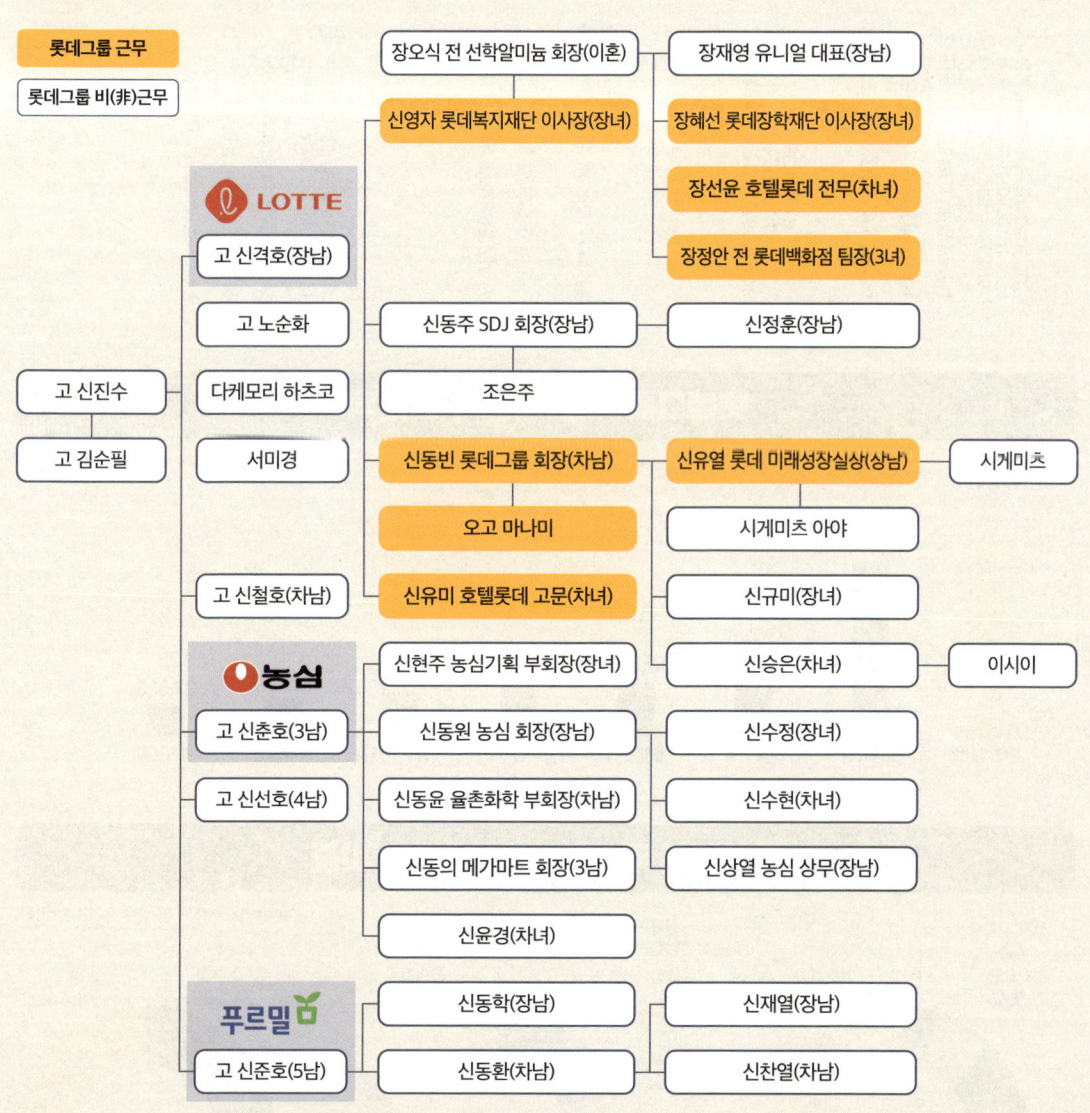

최근 10년 ㈜롯데지주 실적 및 그룹 주요 연혁

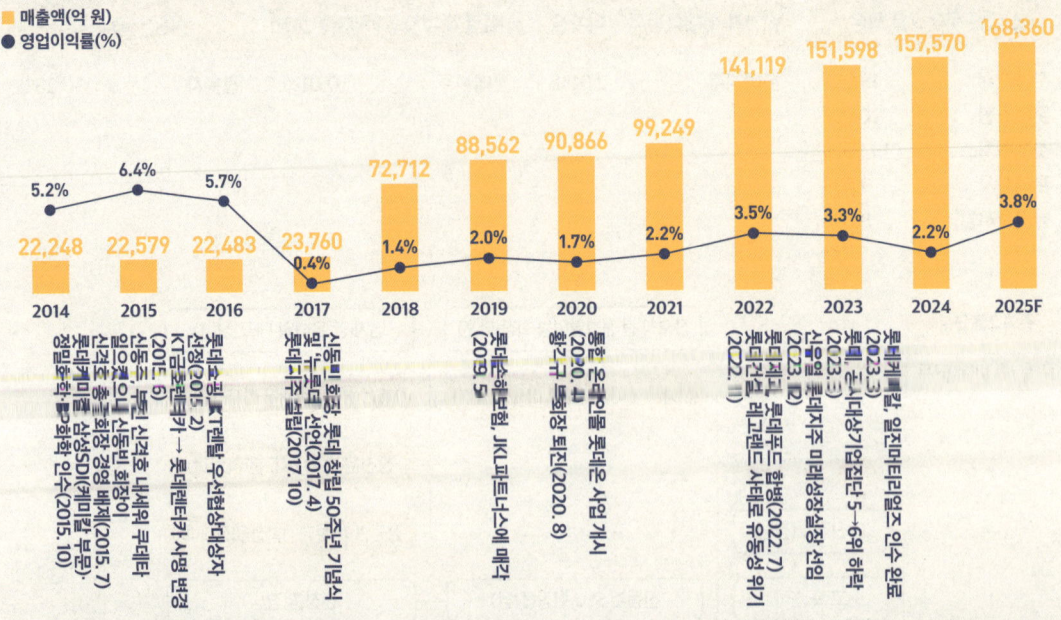

롯데그룹 주요 계열사 매출액

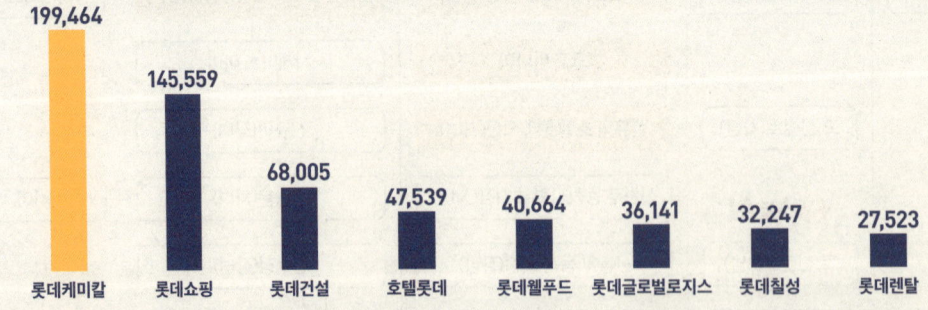

롯데그룹 주요 계열사 매출액 비중

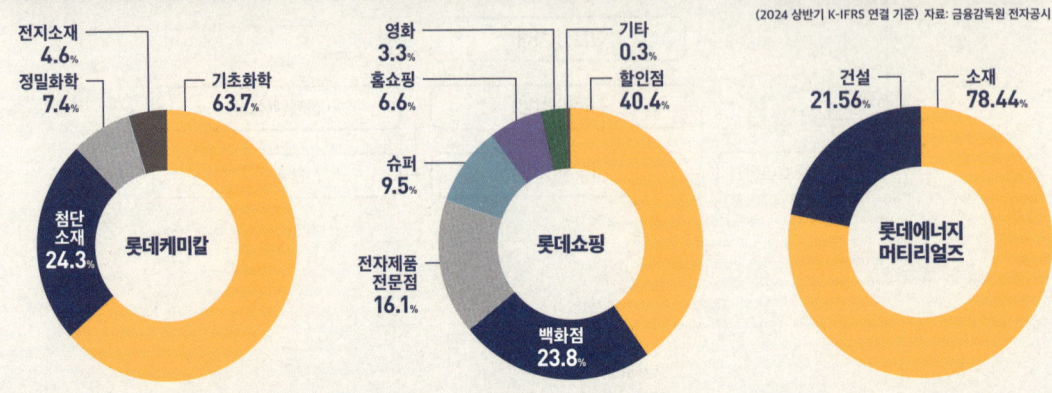

핵심 계열사 경영 현황 및 체크 포인트

롯데케미칼 [코스피]

● **현황**

LG화학, 금호석유화학, 한화솔루션과 함께 국내 석유화학 '빅4'다. 전남 여수, 충남 대산, 울산광역시에 주요 생산시설을 보유하고 있으며, 에틸렌, 프로필렌 등 기초 유분과 폴리에틸렌(PE), 폴리프로필렌(PP) 등 범용 플라스틱을 생산한다. ABS, 폴리카보네이트(PC) 등 고기능성 합성수지와 같은 스페셜티 제품군에서도 경쟁력을 갖추고 있다. 2015년 삼성SDI 케미칼 부문(현 롯데첨단소재), 삼성정밀화학(현 롯데정밀화학), 삼성BP화학(현 롯데이네오스화학)을 인수했다. 현대케미칼(롯데케미칼 40%, 현대오일뱅크 60%), GS에너지와의 합작 조인트벤처 등으로 사업 다각화를 추구하고 있다.

✓ **체크 포인트**

1. **유가, 환율, 금리**: 석유화학 산업은 유가, 환율, 금리 등 외부 환경에 민감하게 반응한다. 유가가 완만하게 상승하면 원재료 비용 부담이 커지지만, 시장 상황에 따라 제품 가격에 전가할 수 있어 수익성이 개선될 수도 있다. 환율이 상승(원화 절하)하면 롯데케미칼의 매출액이 늘어날 가능성이 크다. 다만, 원재료 수입 비용도 증가하기 때문에 수익성에는 변동성이 있다. 현재 롯데케미칼의 해외 매출 비중은 약 70%다. 금리 상승은 차입금에 대한 이자 부담을 높이며, 설비 투자에도 제약을 줄 수 있는 요인이다.
2. **롯데건설 재무 불안정**: 종속기업 롯데건설(44.0%)의 재무 상태 악화는 롯데케미칼의 부담으로 작용하고 있다. 2022년 부동산 경기 침체와 레고랜드 사태 등으로 PF 우발채무 문제가 불거졌고, 이를 지원하기 위해 롯데케미칼은 5,000억 원의 단기 대여와 2,000억 원의 유상증자에 참여했다. 이것이 신용도 하락과 재무 안정성 악화로 이어졌다.

롯데쇼핑 [코스피]

● **현황**

한국 오프라인 유통업의 핵심 사업사다. 롯데백화점은 국내 백화점 29개 지점, 해외 백화점 4개(베트남 3개, 인도네시아 1개) 지점, 아울렛 22개 지점, 쇼핑몰 6개 지점을 포함해 총 63개 영업점을 운영하고 있다. 여기에 더해 국내에서 할인점 111개와 창고형 매장 6개를 운영하고 있으며, 해외에서 인도네시아 48개, 베트남 16개를 포함해 총 64개의 할인점을 운영하고 있다(2024. 9). 매출액 비중은 할인점 40.4%, 백화점 23.8%, 전자제품 전문점 16.1%, 슈퍼 9.5%, 홈쇼핑 6.6%, 영화 3.3%다(2024 상반기 K-IFRS 연결). 1970년 협우실업주식회사로 설립됐고, 1979년 롯데쇼핑이 출범했다. 1988년 롯데백화점으로 사명을 변경했다.

✓ **체크 포인트**

1. **이커머스 대응**: 쿠팡으로 대표되는 이커머스에 맞서 오프라인 경쟁력을 어떻게 확보할 수 있는지 살펴야 한다. 디지털 전환 전략으로 '스마트 스토어'를 도입하고, 온라인과 오프라인을 결합한 옴니채널(Omni Channel)을 강화하고 있다.
2. **글로벌 성과**: 베트남, 인도네시아를 중심으로 동남아에 오프라인 쇼핑 사업에 나서며 외형 성장을 이뤘다. 백화점 부문은 신규 개장 초기 비용으로 인해 이익이 낮은 편이지만, 대형 마트 부문은 꾸준히 성장하고 있다.

롯데에너지머티리얼즈 [비상장]

● **현황**

롯데케미칼이 2023년 2월 일진머티리얼즈를 인수한 뒤 사명을 롯데에너지머티리얼즈로 변경했다. 주력 생산품은 동박(Elecfoil)으로, 이차전지뿐 아니라 TV, 컴퓨터, 스마트폰 등 전자제품과 전기차(xEV), 에너지저장장치(ESS)에도 폭넓게 사용된다. 현재 말레이시아와 스페인에 생산시설을 보유하고 있으며, 특히 말레이시아 사라왁 쿠칭에는 연간 5만 톤 규모의 시설을 구축하기 위해 6,000억 원을 투자했다(2028년 완공 예정).

✓ **체크 포인트**

1. **이차전지 업황**: 이차전지 산업이 공급 과잉과 캐즘을 겪고 있다.
2. **신사업**: 전고체 전해질 신사업을 진행하고 있다. 2017년까지 1,200톤을 생산한다는 목표를 갖고 있다. LFP 양극재 신사업도 진행하고 있다. 2024년 말 1,000톤을 시험 생산하고 2028년부터 양산할 계획이다.

위기의 '뉴 롯데',
배터리 소재·바이오로
반전 꾀한다

2023년 공정위 공시대상기업집단 리스트에서 롯데그룹이 6위로 한 단계 밀려난 것은 한국 재계에 이슈였다. 포스코그룹이 롯데그룹을 제치고 5위로 올라섰기 때문이다. 2007년 5위에 오른 이래 2022년까지 15년 동안 이 순위를 유지해왔던 롯데그룹에는 충격적인 '사건'이었다. 이에 대해 재계의 반응은 엇갈렸다.

한쪽에서는 이러한 순위 하락이 롯데그룹의 현재 상황을 그대로 반영하고 있으며, '재계 5위'로서의 존재감이 흔들리고 있다는 평가를 내렸다. 반면, 다른 쪽에서는 2022년 롯데건설이 강원중도개발공사 회생 사태(일명 레고랜드 사태)로 인해 어려움을 겪은 것이 반영된 일시적 부진에 불과하며, 추진 중인 혁신과 구조조정의 성과가 곧 나타날 것이라는 긍정적인 전망을 제시했다.

롯데그룹의 향후 전망은 어떨까? 결론부터 말하자면 롯데그룹에는 긍정과 도전이 혼재돼 있다. 롯데그룹은 2024년에도 공정위 공시대상기업집단 6위를 유지했다. 매출액은 67조 6,510억 원으로 전년 대비 5.79% 감소했지만, 순이익은 1조 1,760억 원으로 흑자 전환에 성공했다. 이는 2022년 기록했던 150억 원의 순손실과 비교해 유의미한 성과로 평가된다. 다만 재계에서는 롯데그룹이 2023년에 이어 2024년에도 6위를 기록하면서 '롯데=재계 빅5'라는 인식이 상당히 흔들리고 있다고 보고 있다.

롯데그룹은 '재계 빅5'의 상징성을 되찾아야 하는 과제를 안고 있다. 이에 따라 '뉴 롯데(New Lotte)' 전략을 본격적으로 추진하겠다는 방침이다. 뉴 롯데의 핵심 요지는 기존 유통 중심 사업에서 벗어나 바이오, 이차전지(배터리), 모빌리티 등 신성장 산업으로의 전환이다. 2022년에 발표한 화학, 식품, 인프라 등 핵심 산업군에 대한 5년간 37조 원 투자 계획도 이에 대한 뒷받침이다.

'뉴 롯데' 핵심 사업자 롯데케미칼, '산 넘어 산'

롯데그룹의 전략적 변화 중심에는 롯데케미칼이 있다. 롯데케미칼은 2023년 2월 일진머티리얼즈(현 롯데에너지머티리얼즈)를 인수하며 이차전지 소재 사업에 본격 진출했고, 친환경 소재와 첨단 산업으로 사업 포트폴리오를 다변화하고 있다. 현재 롯데정밀화학, 롯데건설, 현대케미칼, 여수페트로 등을 종속회사로 둔 그룹 최대 계열사로 자리 잡았고, 그룹의 신성장 동력 확보 전략의 핵심 축을 담당하고 있다.

2023년 롯데그룹 주요 계열사 매출액을 보면, 롯데케미칼(19조 9,464억 원)이 1위를 기록했고, 이어 롯데쇼핑(14조 5,559억 원), 롯데건설(6조 8,005억 원), 호텔롯데(4조 7,539억 원), 롯데웰푸드(4조 664억 원), 롯데글로벌로지스(3조 6,141억 원), 롯데칠성(3조 2,247억 원), 롯데렌탈(2조 7,523억 원) 순이다. 롯데쇼핑의 매출 비중이 감소하면서, 그룹의 무게중심이 기존 유통 중심에서 화학 중심으로 이동하고 있음을 잘 보여준다. 롯데쇼핑은 2021년 이후 롯데케미칼에 매출 순위에서 밀려났는데, 이는 유통업의 위기뿐 아니라 그룹의 사업 구조 전환 전략과도 깊은 관련이 있다.

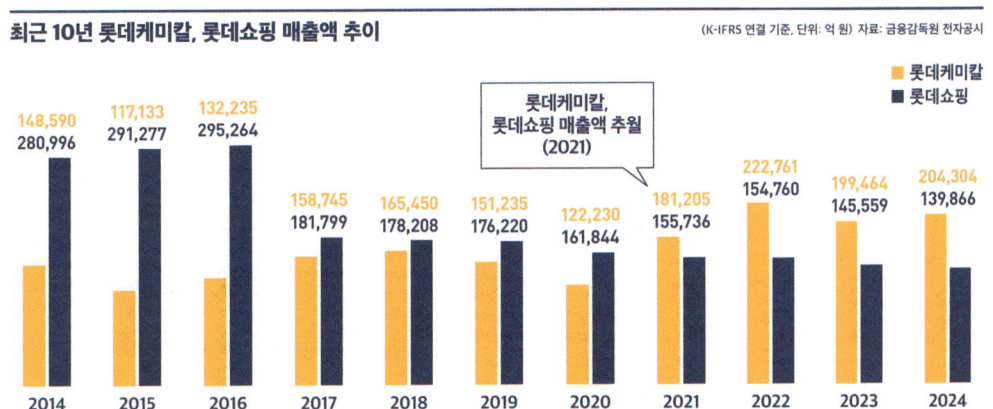

최근 10년 롯데케미칼, 롯데쇼핑 매출액 추이 (K-IFRS 연결 기준, 단위: 억 원) 자료: 금융감독원 전자공시

이전까지 롯데그룹의 중심은 단연 롯데쇼핑이었다. 롯데그룹은 1967년 롯데제과 설립으로 국내에서 비즈니스를 시작한 이래 58년 동안 숱한 변화 속에서도 롯데쇼핑으로 대표되는 유통을 주력 사업으로 일관되게 유지했다. 그렇지만 롯데쇼핑이 코로나19로 직격탄을 맞고, 유통 중심이 오프라인에서 '쿠팡'으로 대표되는 온라인으로 이동하면서 위기감이 확산됐다. '뉴 롯데'는 이런 비즈니스 트렌드를 반영하고 있다.

- 롯데케미칼은 '뉴 롯데' 실행에 적합한 펀더멘털을 보유하고 있다. 롯데케미칼은 2023년 ESG 비전 전략 'GREEN PROMISE 2030'을 발표하며 에너지 효율화와 재생에너지 사업을 추진, 친환경 비즈니스에 적극적인 모습을 보이고 있다. 국내 7개 사업장에서 건물 지붕, 주차장 유휴 공간을 활용해 태양광 발전 설비를 설치하고, 재생에너지를 생산하는 등 친환경 리사이클 구축에 노력을 기울이고 있다. 또한, 롯데케미칼의 종속회사로 편입된 롯데에너지머티리얼즈(옛 일진머티리얼즈)는 리튬이온 이차전지의 핵심 소재인 동박을 주력으로 생산하고 있다. 전기차 캐즘을 극복한다면 향후 높은 성장성이 기대되는 회사다. 최근 AI 가속기용 동박 공급에 성공하며 사업 다변화도 꾸준히 진행하고 있다.

롯데케미칼 업황 부진, 성과 가시화까지 시간 필요

'뉴 롯데'의 또 다른 축은 2023년 설립된 롯데바이오로직스다. 무엇보다 신동빈 회장의 장남 신유열 롯데지주 부사장이 주도하고 있다. 그룹 오너의 자제가 근무하고 있는 계열사는 주목할 필요가 있다. 신유열의 직함은 롯데지주 미래성장실장 겸 롯데바이오로직스 글로벌전략실장이다(2024. 11).

- 롯데바이오로직스는 2023년 12월 글로벌 제약사 브리스톨마이어스스큅(BMS)으로부터 미국 뉴욕주 시러큐스(Syracuse)의 바이오의약품 공장을 인수 완료해 ADC(항체-약물 접합체, Antibody-Drug Conjugate) 생산에 들어갔다. 인수 금액은 1억 6,000만 달러(약 2,080억 원)였다. ADC는 종양 세포를 선택적으로 공격하는 표적 항암 치료제로 바이오 기술 분야에서 주목받고 있다. 롯데바이오로직스는

2023년 매출액 2,285억 원, 영업이익 265억 원, 당기순이익 567억 원을 기록했다. 2022년에 신규 설립된 것을 고려하면 실적이 양호한 편이다.

- 롯데이노베이트(옛 롯데정보통신)는 모빌리티 부문을 주도하고 있다. 롯데건설, 롯데렌탈과 함께 정부가 추진하고 있는 K-UAM(한국형 도심항공교통)에 컨소시엄으로 참여하고 있다. 롯데그룹이 보유한 오프라인 거점을 기반으로 지상과 항공을 연계한 국내 교통 인프라 구축을 진행하고 있다. 유통·호텔 등 운영 점포와 연계 복합 충전스테이션 설치 등 충전 인프라 사업도 확대할 계획이다. 자율주행셔틀 사업도 병행한다.

그렇다고 그간의 주력 사업이던 유통 부문(롯데쇼핑)이 '뉴 롯데' 전략에 참여하지 않는 것은 아니다. 롯데쇼핑은 고용유발 효과가 큰 대규모 복합몰을 개발하고 핵심 지점 리뉴얼을 차례로 진행하는 등 롯데백화점, 롯데쇼핑에서 새 쇼핑 문화를 선도한다는 계획이다. 식품 사업에서는 와인과 위스키를 중심으로 성장하는 포트폴리오를 확대하고 대체육, 건강기능식품 등 미래 먹거리와 신제품 개발 등에 투자하고 있다.

'뉴 롯데'는 성공을 거둘 수 있을까? 다시 말해, 언제쯤 롯데그룹이 '재계 빅5'로 복귀할 수 있을까? 업계에서는 적어도 당분간은 '빅5' 복귀가 쉽지 않을 것으로 보고 있다. 공시대상기업집단 순위는 공정자산(비금융사 자산총계+금융사 자본총계)을 기준으로 매겨진다. 롯데그룹은 2024년 129조 8,290억 원으로 6위를 기록했으며, 5위 포스코그룹(136조 9,650억 원)과 약 7조 1,360억 원 차이가 났다. 이는 작은 차이가 아니다.

롯데그룹은 2023년 3월 롯데에너지머티리얼즈(자산총계 2조 4,300억 원)를 인수하면서 공정자산이 불어났다. 하지만 신사업 성과가 여전히 미진하고, 주력사 롯데케미칼의 본업(석유화학)이 불황에 진입한 탓에 상황이 녹록하지 않다. 롯데케미칼은 2024년 매출액 20조 4,304억 원, 영업손실 8,941억 원, 당기순손실 1조 8,256억 원을 기록했다. 3년 연속 적자다. 게다가 롯데건설마저 레고랜드 사태로 재무상태가 악화되면서 계열사 지원을 받는 상황에 내몰렸다. 이에 반해 포스코그룹은 신사업 성과가 본격화하면서 이익 증가 폭이 크다 (이익 증가 → 이익잉여금 증가 → 자산 증가).

지배구조 리스크,
유통·석유화학 침체…
돌파구 찾을까

롯데그룹의 지배구조는 '미완성'이다. 한국 롯데와 일본 롯데 간 복잡한 지분 관계와 역사적 배경, 그리고 핵심 계열사들의 지분구조 때문이다. 롯데그룹은 신동빈 회장이 롯데지주(13.0%)를 지배하고, 롯데지주가 롯데케미칼(25.3%), 롯데쇼핑(40.0%), 롯데칠성(43.2%), 롯데웰푸드(47.5%), 롯데이노베이트(롯데정보통신, 66.1%) 등에 경영권을 행사하는 지배구조를 가졌다(2024. 6). 겉으로 보면 일반적인 대기업집단의 지배구조와 크게 다르지 않다. 하지만 속을 들여다보면 조금 복잡하다.

지금의 지배구조는 2017년에야 갖춰졌다. 그해 10월 롯데그룹은 롯데제과, 롯데쇼핑, 롯데칠성, 롯데푸드의 분할과 흡수 합병을 통해 롯데지주를 설립했다. 앞서 4월 신동빈 회장이 롯데 창립 50주년을 맞아 '뉴 롯데'를 선언하고 지배구조를 개선하겠다고 밝힌 뒤 진행된 일이다. 이전까지만 해도 롯데그룹은 일본 광윤사에서 시작해 '일본롯데홀딩스 → 호텔롯데'로 이어지는 복잡한 순환출자 구조를 갖고 있었다. 이는 롯데가 애초 일본에서 사업을 시작했다가 한국으로 사업장을 옮기면서 자연스럽게 형성된 구조였다.

신동빈 회장이 2017년 롯데지주를 설립한 것은 친형 신동주 SDJ코퍼레이션 회장과의 경영권 분쟁 때문이었다. 신동빈 회장은 신동주 회장과 여러 차례 경영권 분쟁을 겪어왔다. 신동주 회장은 2016년부터 2024년까지 모두 10차례에 걸쳐 일본롯데홀딩스 주주총회에서 자신의 경영 복귀와 신동빈 회장 해임을 안건으로 올려왔다. 이는 모두 부결됐다. 이처럼 신동주 회장과의 경영권 분쟁이 반복되면서 지배구조 개선 필요성이 제기됐고,

2017년 롯데지주가 설립됐다.

　롯데그룹은 순환출자를 모두 해소했다. 그렇지만 지배구조는 여전히 완결되지 않았다. 이는 '광윤사 → 일본롯데홀딩스(28.1%) → 호텔롯데(19.0%) → 롯데지주(11.1%)'로 이어지는 또 다른 축 때문으로, 2024년 9월 기준 호텔롯데가 롯데지주의 지분 11.1%를 보유한 탓에 롯데지주는 그룹 내 모든 계열사의 최대주주가 아니다. 이로 인해 롯데지주를 중심으로 한 완전한 지주사 체계를 갖췄다고 보기 어렵다.

　지배구조 최상단에 있는 광윤사(일본)의 지분구조를 보면, 신동주 SDJ코퍼레이션 회장이 50.28%, 신동빈 회장이 38.98%, 고 신격호 회장의 부인 시게미츠 하츠코가 10.0%를 보유하고 있다. 즉, 신동주 회장은 일본롯데홀딩스의 직접 지분(1.77%)과 광윤사를 통한 간접 지분(14.14%)을 합해 약 15.91%의 영향력을 행사하고 있다. 다만, 일본롯데홀딩스의 나머지 지분이 종업원지주회(27.8%), 임원지주회(5.96%), 신영자(3.15%), 신동빈(2.69%) 등 신동빈 회장의 우호 지분으로 구성돼 있어 광윤사를 일정 부분 견제하고 있다. 이에 대해 롯데 측은 "신동주 씨의 롯데홀딩스 지분 28.1%로는 어떤 영향력도 행사할 수 없는 상황"이라고 밝혔다.

　결국 롯데그룹의 지배구조 개선은 호텔롯데 IPO가 쥐고 있다. 호텔롯데가 상장되면 일본롯데홀딩스 지분을 희석시키면서 신동주 회장의 영향력에서 벗어날 수 있고, 호텔롯데가 일본 기업 아니냐는 의심에서도 벗어날 수 있다. 더욱이 롯데지주 중심의 지배구조도 안정화시킬 수 있다. 호텔롯데는 롯데캐피탈(32.6%), 롯데물산(32.8%), 롯데건설(43.1%), 롯데상사(32.6%), 롯데렌탈(37.8%), 롯데알미늄(38.2%), 대홍기획(20.0%), 롯데벤처스(40.0%) 등의 지분을 보유하고 있다.

　그러나 호텔롯데의 IPO는 이런저런 이유로 연기되고 있다. 롯데그룹은 2015년 8월 '호텔롯데 상장T/F'를 결성하고 기업공개를 추진했지만, 비자금 수사(2016), 사드 사태(2017), 코로나19(2020)로 번번이 좌절됐다. 특히 코로나19로 호텔롯데 실적이 급감하면서 상장이 사실상 무기 연기됐다. 재계에서는 호텔롯데의 실적이 회복될 때 다시 상장이 추진될 것으로 보고 있다.

　한편, 신동빈 회장의 장남 신유열 롯데지주 부사장의 '3세 경영'도 굳히기에 들어섰다는 평가다. 신유열 상무는 1986년생으로 일본 게이오기주쿠대를 졸업했고, 미국 콜럼비아대 MBA(경영학석사)를 받았다. 이후 노무라 증권 등에서 실무 경험을 쌓았다.

NOTICE | **알고 갑시다!**

롯데그룹의 역사

롯데그룹은 고 신격호(1921~2020) 창업 회장이 1948년 27세에 일본에서 설립했다. 신격호 회장의 일본 이름은 시게미츠 다케오(重光武雄)다. 그는 앞서 2차 세계대전이 한창이던 1942년 21세에 일본으로 밀항해 유학 생활을 하다 사업을 시작했다. 다양한 시행착오 끝에 1948년 ㈜롯데를 설립하고 풍선껌으로 대박을 터뜨리며 첫 성공을 거뒀다. 이후 초콜릿, 아이스크림, 제과 사업으로 영역을 넓히며 사세를 키웠다.

한국 사업을 시작한 것은 1960년대 초반 신격호 회장이 박정희 대통령으로부터 "모국에 투자해달라"는 요청을 받은 것이 계기가 됐다. 1965년의 한일 국교 정상화 이후, 한국 롯데를 설립해 일본 롯데보다 더 큰 기업으로 키웠다. 신격호 회장은 일본 경제가 절정에 달했던 1988년 포브스 선정 세계 부호 4위에 올랐다. 지금까지 이 기록을 깬 한국인 부호는 없다. 당시 신격호 회장의 재산은 80억 달러로 2024년 가치로 환산하면 약 112조 원에 이른다.

롯데그룹의 석유화학 · 유통 양대 본업 개선 지켜봐야

롯데그룹에 소속된 상장사로는 롯데지주, 롯데케미칼, 롯데쇼핑, 롯데에너지머티리얼즈, 롯데렌탈, 롯데웰푸드(롯데제과+롯데푸드), 롯데이노베이트(옛 롯데정보통신), 롯데정밀화학, 롯데칠성음료, 롯데하이마트, 롯데위탁관리부동산투자회사 등 11개사가 있다(2024. 9).

- 롯데케미칼은 2023년 ESG 비전 전략 'GREEN PROMISE 2030'을 발표하며 친환경 비즈니스 전환에 주목했다. 국내 7개 사업장에서 건물 지붕과 주차장 등 유휴 공간을 활용해 태양광 발전 설비를 설치하고, 재생에너지를 생산하는 등 에너지 효율화와 탄소 감축을 위한 노력을 기울이고 있다. 이는 석유화학 중심의 사업 구조에서 친환경 소재와 지속 가능성을 강조한 전략적 행보다. 그러나 석유화학 업황의 변동성이 크고, 본업의 실적이 글로벌 경제 상황과 원자재 가격에 크게 의존한다는 점은 한계로 지적된다. 여기에다 종속회사 롯데건설(44.0%)의 재무 불안정 리스크까지 떠안고 있다. 롯데건설은 2022년 9월 강원도가 강원중도개발공사의 기업회생신청을 선언하면서 촉발된 이른바 '레고랜드 사태'로 위기를 겪었다. 롯데건설은 레고랜드 사태가 터지면서 둔촌주공

PF(프로젝트 파이낸싱)의 만기가 도래한 3조 원대 ABCP(자산유동화기업어음·Asset Backed Commercial Paper)를 갚아야 했다. 둔촌주공PF의 ABCP는 평소대로라면 차환(借換)하면 됐지만 레고랜드 사태로 불가능해진 것이다. 이 결과 롯데건설은 2022년 한 해 동안에만 차입금 4조 4,606억 원을 조달했고, 상당 부분을 모기업 롯데케미칼이 부담했다. 롯데월드타워를 담보로 급한 불은 껐지만, 롯데건설의 재무 불안정이 완전 해소되기까지 당분간 시간이 소요될 것이다.

- 롯데정밀화학은 업황의 기복이 큰 전통적인 산업 소재 시장에서 신성장 동력을 어떻게 확보할 것인가라는 도전에 직면해 있다.

- 롯데쇼핑, 롯데하이마트는 유통 중심이 오프라인 매장에서 이커머스로 빠르게 전환되는 현실에 어떻게 대응하느냐 하는 과제가 남아 있다.

- 롯데렌탈, 롯데웰푸드, 롯데칠성은 내수시장의 한계를 어떻게 극복할 것인가라는 노선을 대면하고 있다.

- 롯데에너지머티리얼즈의 주력 생산품은 이차전지용 동박이다. 차세대 동박으로 불리는 니켈도금박을 개발 완료했다. 니켈도금박은 황화물계 전고체용 배터리에 들어가는 전극 집전체로 우수한 전기 전도성과 부식에 강한 특징이 있다. 신규 사업으로 LFP용 양극재를 2024년부터 생산하고 있으며, 고체 전해질은 파일럿 공장에서 개발을 진행 하고 있다. '일진'에서 '롯데'로 브랜드가 강화되면서 시너지가 기대된다. 그렇지만 이차전지 공급 과잉과 전기차 캐즘 리스크가 있다.

- 롯데이노베이트는 신사업 성공이 얼마나 어려운지를 보여준다. 롯데이노베이트는 1996년 12월 롯데 계열사들의 SI(시스템 통합) 구축 사업을 목적으로 설립됐다. 2024년 3월 사명을 롯데정보통신에서 롯데이노베이트로 변경한 것을 계기로 A·B·C(인공지능·빅데이터·클라우드)로 표현되는 첨단 ICT 비즈니스를 시작했다. 2021년 인수한 칼리버스는 장기간의 투자 육성이 필요하다. 한국과 세

계의 비즈니스 역사를 돌이켜보면 첨단 사업이 꽃을 피우기까지는 시간과 인내가 필요하다는 사실을 발견하게 된다.

롯데그룹은 2024년 8월 비상경영체제에 돌입했다. 이는 6년 만의 결정으로, 양대 주력 사업인 석유화학(롯데케미칼)과 유통(롯데쇼핑) 부문의 사업 다각화와 신사업 동력 마련에 박차를 가하고 있다.

02 신세계그룹

**쿠팡 도전 맞은
오프라인
'키 플레이어'**

신세계그룹 지배구조 및 지분 현황

(2024년 6월 기준, 단위 %) 자료: 공정거래위원회

신세계그룹 현황
공시대상기업집단 11위

매출액	36조 6,090억 원
순이익	6,590억 원
계열사	53개

- 유망 ★★★ / 상장
- 모멘텀 ★★ / 비상장
- 관망 ★ / 해외
- 신설 M&A

지분 구조

정유경 → 신세계 (18.56%)
정용진 → 이마트 (18.56%)
이명희, **국민연금** → 신세계, 이마트 (10.0%, 10.0%)

신세계 → 이마트 (11.7), 이마트 → 신세계 (7.90)

신세계 계열
- 신세계인터내셔날 (15.1, 38.9, 9.20)
- 신세계DF(면세점) 100
  - 신세계DF글로벌 100
- 광주신세계 62.8 (신세계 60.0)

신세계인터내셔날 하위
- 신세계톰보이 95.3
- 신세계센트럴시티 (20.0)
- 시그나이트파트너스 50.0 (30.0, 20.0)
- PP SA 100
- 기이가 무역(상하이) 50
- Sinsegyae Intl Vietnam 100
- 신세계사이먼 25.0
- 서울고속버스터미널
- 신세계동대구복합환승센터
- 마인드마크

광주신세계/기타 신세계 계열
- 신세계라이브쇼핑 76.1
- 신세계까사 97.9
- 대전신세계 100
- 인천신세계 93.8
- 신세계의정부역사 27.6
- 퍼셀 36.9 (70.5)
- Emart Hon Kong Trading 61.0
- 스튜디오329 100 (55.1)

이마트 계열
- SSG닷컴 24.4 (45.6)
  - W컨셉 100
- SCK컴퍼니(스타벅스) 67.5
  - 에메랄드SPV 100
  - 아폴로코리아 80
  - 지마켓(이베이코리아) 100
  - 이마트24 100
  - 신세계L&B 100
  - 신세계야구단(SSG랜더스) 100
- Emart America 100
- PK Retail Holdings 100

이마트 → 신세계푸드/신세계I&C
- 신세계푸드 46.9
  - 세린식품 100
- 신세계I&C 35.7
  - 플그림 80.0
- 신세계건설(자진상장폐지) 70.5
  - 포항프라이머스피PFV 83.0
- 신세계프라퍼티 99.9
- 신세계동서울PFV 5.0
- 조선호텔앤리조트 100
- Emart Europe 100

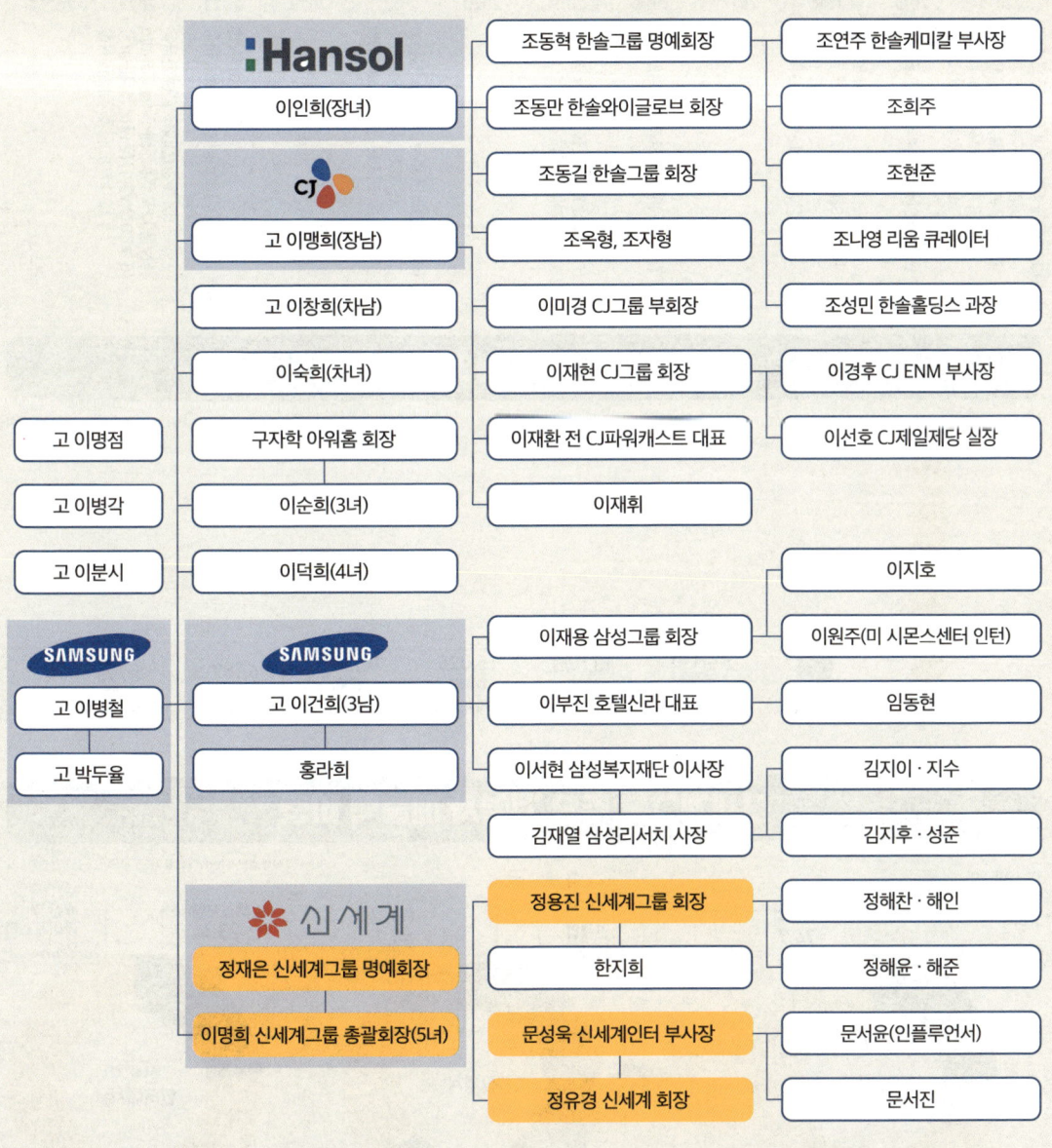

최근 10년 이마트 실적 및 그룹 주요 연혁

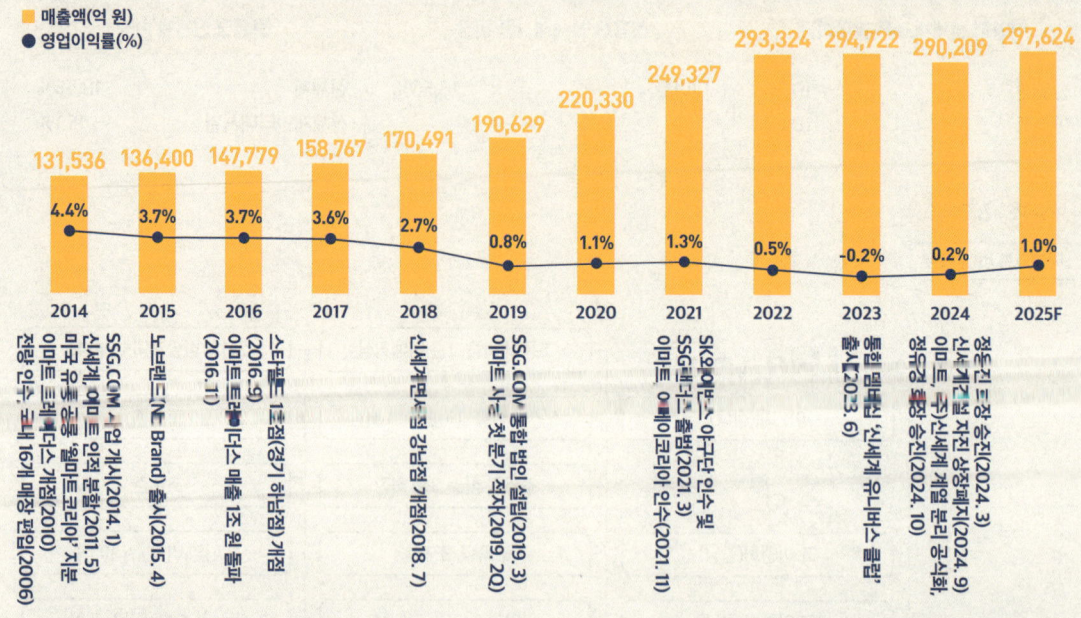

신세계그룹 주요 계열사 매출액

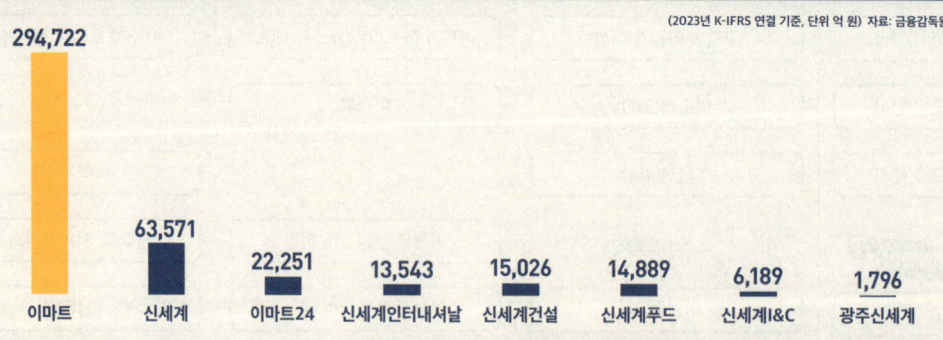

신세계그룹 주요 계열사 매출액 비중

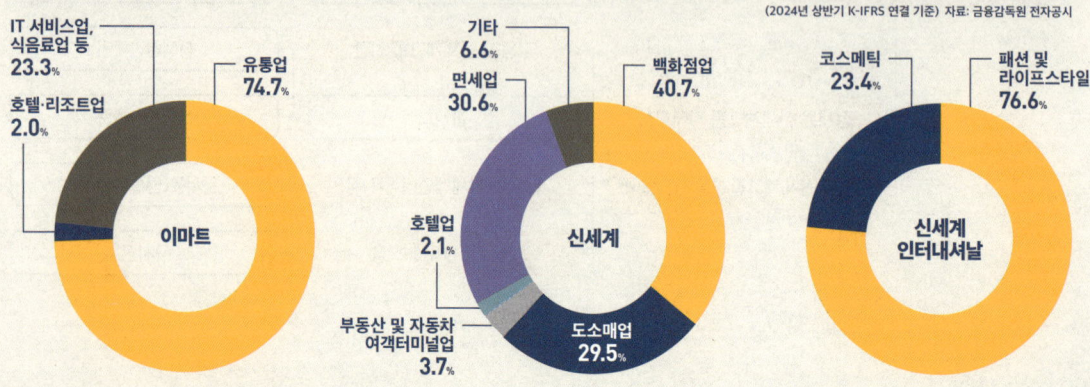

핵심 계열사 경영 현황 및 체크 포인트

이마트　　코스피

● **현황**
국내 대형 할인점 1위 사업자로, 전국에 대형마트(창고형 할인점 포함) 153개, 슈퍼마켓 249개, 편의점 6,437개, 복합쇼핑몰 7개를 운영하고 있다(2024. 9). 2011년 5월 신세계의 대형마트 부문을 인적 분할해 설립했다. 종속기업으로 조선호텔앤리조트, 신세계푸드, 이마트24, 신세계프라퍼티 등이 있다. 매출액의 약 99%가 내수에서 발생했으며, 해외에서는 미국과 동남아, 몽골 시장을 중심으로 사업을 진행하고 있다.

✓ **체크 포인트**
1. **인구 절벽**: 저출산, 고령화로 인한 인구 감소는 대형 마트의 주요 소비층인 가구 단위 구매력 약화로 이어질 가능성이 높다. 이는 장기적으로 매출 감소와 수익성 악화로 이어질 수 있다.
2. **규제 리스크**: 정부의 골목상권 보호, 중소기업 적합업종 이슈로 여러 규제를 받고 있다. 대형마트 영업시간 제한, 의무휴업일 확대 등의 규제도 있다.

신세계　　코스피

● **현황**
롯데백화점, 현대백화점과 더불어 국내 프리미엄 백화점 '빅3'다. 전국에 13개 백화점을 운영하고 있다(위탁경영 포함, 2024. 9). 1995년 동화백화점으로 설립됐고, 1985년 유가증권시장에 상장했다. 자회사로 대구신세계, 신세계인터내셔날, 센트럴시티 등이 있다. 매출액 비중은 신세계백화점 40.7%, 신세계DF 30.6%, 신세계인터내셔날 20.3%, 기타 8.4%다(2024 상반기).

✓ **체크 포인트**
1. **인구 절벽 위기**: 국내 인구 감소로 인해 장기적으로 내수 시장이 위축될 가능성이 있다. 특히 출산율 저하와 고령화가 심화되면서 백화점 주요 고객층인 중·장년층의 소비 여력이 축소될 위험이 있다.
2. **소비 침체**: 소비 침체는 프리미엄 백화점 시장에도 영향을 미치고 있으며, 단기적으로 매출 감소로 이어질 수 있다.
3. **원화·위안화 환율**: 연결 자회사 신세계DF(면세점)의 주요 고객은 중국 단체 관광객이다. 원화 대비 위안화 가치가 상승하면 중국 관광객의 방문이 증가하며, 신세계DF의 매출과 실적이 개선된다.

신세계인터내셔날　　코스피

● **현황**
신세계그룹의 패션·코스메틱 전문 계열사로 패션, 코스메틱, 라이프스타일(JAJU) 브랜드를 수입·유통하고 있다. 패션 부문에서는 조르지오 아르마니, 셀린느, 갭 등 해외 유명 브랜드를 국내에 직수입해 판매하며, 코스메틱 부문에서는 자사 브랜드 비디비치를 백화점·면세점 위주로 유통한다. 또 딥티크, 바이레도 등 글로벌 향수를 수입 판매한다. 매출 구성은 패션·라이프스타일 76.6%, 코스메틱 23.4%로 이뤄져 있으며, 매출의 99%가 내수에서 발생했다(2024. 9). 1980년 한국유통산업연구소로 설립된 후, 1996년 신세계에서 독립해 신세계인터내셔날로 사명을 변경했으며, 2011년 유가증권시장에 상장했다.

✓ **체크 포인트**
1. **인구 절벽**: 국내 인구 감소로 인한 내수 시장 축소가 우려된다. 중장기적으로 매출 감소를 방지하기 위해 신성장 동력을 확보해야 한다.
2. **해외 시장 확대**: 내수 시장의 한계를 극복하기 위해 해외 시장을 개척하고 있다. 뷰티 브랜드 '비디비치(Bidibici)'는 팬데믹 이전에 중국에서 '리틀 샤넬'로 인기를 끌었으며, 미국, 동남아 시장에서 성과를 내고 있다.
3. **온라인 채널 강화**: 디지털 전환과 소비 트렌드 변화에 따라 온라인 판매 채널을 확대해야 한다. MZ 세대를 겨냥한 소셜 미디어 마케팅, 라이브 커머스 활용, 그리고 디지털 중심의 소비자 경험 제공이 중요한 과제가 되고 있다.

한국의 '월마트' 명성
되찾을 수 있을까

1993년 11월 12일, 서울 도봉구 창동에 문을 연 이마트 1호점은 한국 비즈니스 역사의 한 획을 그었다. 이마트 창동점은 국내 최초 할인점으로 이명희 신세계그룹 회장이 미국에서 목격한 '월마트'에서 힌트를 얻어 개점했다. 반응은 첫날부터 엄청났다. 개점 첫날에만 방문 고객 수가 2만 6,800여 명이었으며, 매출액 1억 800만 원을 기록했다. 상품들이 가지런히 정리되지 않고 산더미처럼 쌓여 있는 '창고형' 방식이었지만, 오히려 이는 한국 소비자들의 그동안 충족되지 않았던 욕구(Unmet needs)를 만족시키기에 충분했다.

이마트의 등장은 한국 비즈니스 중심축을 제조업에서 유통업으로 이동시키는 계기가 됐다. 과거에는 제품 생산이 중요했으므로 제조업이 주도했지만, 대형 할인점이 등장하면서 '바잉 파워(Buying power)'를 활용해 제조 기업의 상품 매입 단가를 낮출 수 있게 됐다. 이 결과 2000년대 들어 제조 기업들이 무더기로 부도를 겪거나 인수 합병이 되기도 했다. '하선정 액체육젓'으로 이름을 알렸던 하선정종합식품이 CJ제일제당에 인수됐고, 파스퇴르도 hy(한국야쿠르트)에 인수됐다.

이후 2020년 무렵까지 20여 년 동안 이마트는 전성기를 누렸다. 이마트는 워런 버핏으로 대표되는 가치투자의 관점에 완벽하게 부합하는 종목으로 주목받았다. 누구나 쉽게 이해할 수 있는 단순한 비즈니스, '할인점 1위'라는 난공불락의 '해자', '반복구매'의 이점을 가진 소비재 기업이었기 때문이다. '워런 버핏의 평생 동반자'로 잘 알려진 찰스 멍거(Charles Munger, 1924~2023) 부회장도 2007년 5월 버크셔 해서웨이 주주총회에서 "한국 기업 가운데 신세계(이마트)를 주목하고 있다. 이마트는 미국 코스트코와 유사한 강점을 갖고 있다"고 밝히기도 했다. 주가 상승도 끝이 보이지 않을 것 같았다. 적어도 2018년 초까지는 그랬다. 이마트는 2011년 5월 신세계에서 분할 상장 당시 24만 원에서 지속적으로 상승해 2018년 3월 최고점(32만 3,500원)을 찍었다.

그러나 이제 이마트는 도전에 당면해 있다. 유통 주도권이 오프라인에서 온라인으로 넘어갔기 때문이다. 정확히 말하면, 김범석 의장이 2010년 8월 창업한 쿠팡이 유통 1위로 올라서면서 이마트의 입지가 흔들리고 있다. 이에 따라 주가는 2024년 6월 최저점(5만 4,800원)을 기록했다. 이후 지속적인 내부 체질 개선과 정용진 회장의 책임경영 강화, 홈플러스 기업회생 신청에 따른 반사 수혜로 2025년 3월 8만 4,000원대로 회복했다.

신세계그룹은 2024년 공정위 공시대상기업집단 11위를 기록했다. 전년과 순위가 같다. 그룹 매출액 36조 6,090억 원, 순이익 659억 원으로 전년 대비 각각 3.55%, 58.23% 감소했다. 계열사는 신세계, 이마트, 신세계인터내셔날(이상 상장사), SSG닷컴, SCK컴퍼니(스타벅스, 이상 비상장사) 등 53개사로 전년 대비 1개 감소했다. 신세계그룹의 재계 순위는 2017년 18위에서 11위로 7단계 도약했고, 이후 순위도 그대로 유지되고 있다. 2017년 순위가 뛰어오른 것은 그 직전 해 신세계백화점 대구점, 신세계 하남점, 신세계 김해점을 개점한 덕분이다.

신세계그룹 계열사의 매출액을 살펴보면, 이마트가 29조 4,722억 원으로 가장 크며,

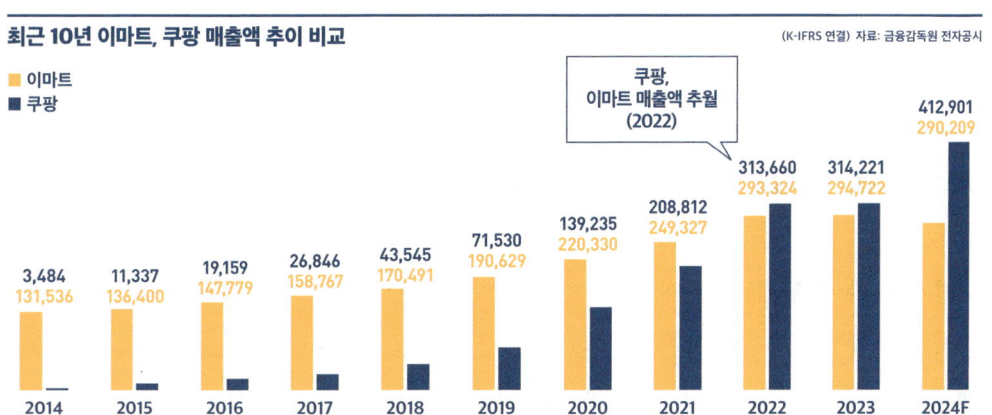

최근 10년 이마트, 쿠팡 매출액 추이 비교
(K-IFRS 연결) 자료: 금융감독원 전자공시

신세계(6조 3,571억 원)의 약 4.64배에 달한다. 이어 이마트24가 2조 2,251억 원, 신세계건설 1조 5,026억 원, 신세계푸드 1조 4,489억 원, 신세계인터내셔날 1조 3,543억 원, 신세계 I&C 6,189억 원, 광주신세계 1,796억 원 순이다(2023 K-IFRS 연결). 즉, 할인점 부문(이마트, 이마트24) 매출액이 그룹 실적을 좌우하고 있다.

영업이익률 급감, 최근 10년 매출액 증가율도 정체

이마트는 앞서 언급한 것처럼 쿠팡이 급성장에 고전하고 있다. 이마트의 지난 10년(2013~2023) 매출액 연평균 증가율은 3.36%(K-IFRS 별도)로 2023년 이마트의 영업이익률이 처음으로 -0.2%를 기록했다. 신세계건설의 실적 부진, 계열사 적자 폭 확대, 대형마트 실적 하락의 영향이 컸다. 이마트의 영업이익률은 2014년 4.43%였지만, 이후 '3.89%(2016) → 3.77%(2017) → 2.71%(2018)'로 점진적으로 하락하다가 2019년 0.79%로 떨어졌다. 그 해 2분기에는 사상 첫 분기 적자를 기록했다(영업손실 299억 원, 순손실 251억 원). 그나마 2020년 영업이익률 1.1%로 회복했지만 2022년부터 다시 하락했다.

이마트의 실적 부진은 쿠팡의 급성장과 함께 자주 거론된다. 쿠팡의 실적이 개선될수록 이마트 실적이 나빠졌기 때문이다. 쿠팡의 최근 5년(2017~2022) 매출액 연평균 증가율이 63.50%인 반면, 같은 기간 이마트의 매출액 연평균 증가율은 6.79%에 그쳤다. 이마트는 설립 이래 오프라인 채널 중심의 복합문화공간으로 확장했으나, 급변하는 온라인 쇼핑 트렌드에 대한 대응이 상대적으로 더뎠다는 평가를 받고 있다. 온라인 전략에서도 이마트가 신선식품 중심의 접근을 취한 반면, 쿠팡은 공산품 위주의 대량 판매로 다양한 수요를 충족시키는 데 집중했다.

월마트, 까르푸 국내 진출 막아선 '유통 강자'의 위기

업력 60년의 신세계그룹이 왜 '14년 차 스타트업' 쿠팡에 맥없이 흔들리고 있는 걸까? 단순히 유통의 대세가 오프라인에서 온라인으로 이동했기 때문이라고 보는 것은 단편적인 생각이다. 미국의 경우, 월마트(오프라인)는 아마존(온라인)과 다른 전략으로 실적과 주가를 개선하고 있다. 월마트는 아마존의 등장으로 한때 흔들렸지만, 오프라인 매장의 물리적 인프라를 적극 활용해 옴니채널과 물류 혁신에 집중하며 경쟁력을 유지하는 데 성공했다.

우선 신세계그룹 경영진이 쿠팡의 등장을 과소평가했다는 지적이 나온다. 쿠팡이 2014년 매출 3,000억 원을 기록했을 당시, 신세계 경영진은 "온라인 쇼핑은 소비자가 직접 물건을 확인할 수 없기 때문에 한계가 있다"고 평가한 것으로 알려졌다.

이마트가 과거 성공 경험에 안주했다는 분석도 제기된다. 1993년 11월 서울 창동에 1호점을 연 이마트는 2010년대 중반까지 20여 년간 전성기를 누렸다. 1990년대 중반, 글로벌 유통 강자인 월마트와 까르푸가 국내 할인점 시장에 진출했지만, 이마트의 공세에 밀려 10여 년 만에 철수했다. 이마트는 2006년 4월 월마트코리아의 지분과 국내 16개 매장을 인수하며, 국내 유통 1위 입지를 더욱 공고히 했다.

유통업계의 한 관계자는 "이마트가 월마트와 까르푸를 이긴 것은 이마트가 잘했다기보다 두 외국계 기업이 한국 시장에 현지화하지 못했기 때문이다"라고 지적했다.

2019년 첫 분기 적자, 이베이코리아 인수한 강희석 대표 교체

신세계그룹이 본격적으로 대응에 나선 시점은 2019년 2분기, 사상 첫 분기 적자를 기록한 직후였다. 같은 해 12월 그룹 경영진은 이마트 CEO로는 처음으로 외부 인사(강희석)를 영입했다. 강희석 대표는 취임 이후 2021년 11월 이베이코리아(G마켓)를 인수하며 이마트의 이커머스 진출을 본격화했다. 그러나 강 대표는 취임 2년을 앞둔 2023년 11월 퇴진했다. 이베이코리아 인수 이후 그룹 재무 상태가 악화된 것이 원인으로 알려졌다.

이후 신세계그룹은 다양한 이벤트와 전략을 동시다발적으로 추진하고 있다. 2022년 6월에는 그룹의 온라인·오프라인 멤버십을 통합한 '신세계 유니버스 클럽'을 출시했다. 이 서비스는 SSG닷컴, G마켓 등 온라인 플랫폼과 신세계백화점·면세점, 이마트, 스타벅스 등 오프라인 혜택을 통합 제공한다.

그러나 '쿠팡 와우' 가입자 수가 약 1,100만 명에 달하는 것과 비교해, '신세계 유니버스 클럽'은 전신인 스마일클럽 기준 약 400만 명 수준으로 가입자 수가 쿠팡의 3분의 1에 불과하다.

'계열 분리'에
'인구 절벽'까지,
위기가 기회 될까

신세계그룹의 모태가 되는 신세계백화점의 시작은 1930년 오픈한 서울 명동 미츠코시 경성점(현 신세계백화점 본점)으로 거슬러 올라간다. 미츠코시 경성 백화점은 지상 4층, 지하 1층으로 조선 최초의 근대적 백화점이었다. 1963년 삼성그룹이 인수하며 신세계백화점으로 상호 변경했다. 그러다가 1997년 삼성그룹에서 공식 계열 분리됐다.

신세계그룹의 지배구조는 크게 '신세계 계열'과 '이마트 계열'로 나뉜다. 신세계 계열은 정유경 회장이 이끌고 있으며, 신세계의 최대주주(18.56%)다. 주요 계열사로는 신세계인터내셔날(38.9%), 신세계DF(100%), 광주신세계(62.8%) 등이 있다. 이마트 계열은 정용진 회장이 맡고 있으며, 이마트의 최대주주(18.56%)다. 주요 계열사로는 SSG닷컴(45.6%), 신세계푸드(46.9%), SCK컴퍼니(스타벅스 운영사, 67.5%), 신세계I&C(35.7%) 등이 포함된다. 정용진, 정유경 회장의 모친인 이명희 총괄회장은 신세계와 이마트의 지분을 각각 10.0%씩 보유하고 있다. 2024년 10월 이마트는 ㈜신세계와 계열 분리했고, 정유경 신세계 총괄 사장은 회장으로 승진했다. 이를 통해 백화점 부문과 이마트 부문의 원활한 계열 분리와 각각의 새로운 성장을 도모한다는 계획이다.

정용진 회장은 사회관계망서비스(SNS)를 통해 소비자들과 대화하며 '소통하는 오너 경영인'이라는 수식어가 붙기도 하지만, 동시에 발언이 논란을 불러일으키는 일도 있다. 2024년 9월 기준 정용진 회장의 인스타그램 팔로워는 84만 명으로 국내 재계 총수 가운데 가장 많은 팔로워를 보유하고 있다. 정용진 회장의 인스타그램에는 '경력단절 엄마들을 위한 일자리를 만들어달라', '스타필드 주차가 너무 힘들다' 등의 댓글을 통해 오너와 대중이 직접 소통하는 창구로 사용되고 있다.

신세계그룹, '인구 절벽 위기' 등 숱한 과제 어떻게 극복할까

한국이건, 미국이건 주식시장 참여자들을 열광시키는 단 하나의 주제가 있다면 그것은 '성장'이다. 어느 기업이 지금은 적자라 할지라도 미래 성장이 기대된다면 용서받는다. 아니 열광한다. 테슬라가 그랬고, 엔비디아가 그랬고, 미국 나스닥에 상장한 쿠팡이 그랬다.

신세계그룹이 성장하기 위해 극복해야 할 과제는 무엇일까? 신세계그룹에 소속된 상장사로는 신세계, 이마트, 광주신세계, 신세계I&C, 신세계푸드, 신세계인터내셔널 등 7개사가 있다. 신세계건설은 2024년 9월 자진 상장폐지를 결정했다. 상장폐지일은 2025년 2월 22일이다. 그 외 6개 상장사는 '내수 절벽'이라는 공통된 과제를 안고 있다. 매출 중 내수 비중이 절대적인 뎃에 글로벌 시장에서 성과를 내야 한다

신세계그룹에서 매출액이 가장 많은 이마트는 내수 비중이 99.84%에 이른다. 이 말은 곧 100% 내수 시장에 의존하고 있다는 의미다(2024 상반기). 신세계의 내수 비중도 98% 선이다. 신세계푸드, 신세계I&C, SSG닷컴(쓱닷컴)은 사실상 100%다.

한국의 30대 대기업집단들을 살펴보면, 예외 없이 현실로 다가온 한국 인구 절벽 위기에 대해 어떤 식으로든 대응 전략을 실행하고 있다. 신세계그룹과 동일한 유통업을 영위하고 있는 롯데그룹은 어려움 속에서도 또 다른 한 축 석유화학(롯데케미칼)을 주력으로 키우려는 움직임을 보이고 있으며, DL그룹도 본업인 건설 외에 SMR(소형원자로모듈) 사업으로 세계 시장 진출을 노리고 있다.

신세계그룹이 세계 시장 진출에 소극적이었던 것은 아니다. 이마트는 과거 중국 시장에 진출해 중국인들에게 '이마이더'로 불리며 주목받는 성과를 냈다. 그러나 2017년을 기점으로 모든 점포를 철수했다. 매장 위치 선정과 가격 경쟁력 등 후발 주자의 한계를 극복하지 못했다는 것이 업계의 평가다.

이마트는 몽골, 동남아시아, 미국 등 글로벌 시장에 진출에 적극적으로 나서고 있다. 몽

골에서는 울란바토르에 1호점을 개점한 이후 꾸준히 확장해 현재 5호점을 운영 중이다. 라오스에도 1호 매장을 열었으며, 베트남에서는 2015년 호찌민에 첫 매장을 개설한 뒤 꾸준히 늘려 현재 7개 매장을 운영하고 있다(2024. 9). 미국 시장에서는 2018년 굿푸드홀딩스를 인수하며 본격적인 시장 확대에 나섰고, 2020년 뉴 시즌스 마켓(New Seasons Market)을 추가로 인수했다. 이어 2022년에는 이마트가 인수한 굿푸드홀딩스의 자회사 브리스톨 팜스가 프리미엄 식품매장 '브리스톨 팜스 뉴 파운드 마켓(Bristol Farms New Found Market)'을 선보이는 등 현지 시장 공략을 강화하고 있다. 이 같은 글로벌 시장 진출이 얼마나 성과를 내느냐에 따라 신세계그룹의 미래가 결정될 것으로 보인다.

신세계그룹에도 억울한 사정이 있다. 이마트가 정부의 규제 리스크에 과도하게 노출돼 있다는 것이다. 이마트는 '골목상권', '중소기업 적합업종' 이슈가 나올 때마다 주요 타깃이 되곤 한다. 그러나 이는 이마트뿐만 아니라 모든 대형 마트에 해당하는 문제다.

오프라인 유통업 규제 일지

자료: 국회의안정보시스템

일시	명칭	내용	비고
2010년	유통산업발전법 개정	전통상업보존구역에 대형마트, SSM 신규 출점 제한	개정
2011년	유통산업발전법 개정	전통상업보존구역 지정범위 확대(기존 500m에서 1km로)	개정
2012년	유통산업발전법 개정	영업시간 제한(0~8시), 의무휴업(매월 1일 이상 2일 이내) 도입	개정
2013년	유통산업발전법 개정	영업시간 제한 연장(0~10시), 의무휴업일자 명시(매월 2회)	개정
2013년	유통산업발전법 개정	대규모, 준대규모점포 영업개시 30일 전까지 개설계획 예고 의무	개정
2015년	유통산업발전법 개정	전통상업보존구역 관련 조항 유효기간 연장(~2020년)	개정
2016년	유통산업발전법 개정	대규모, 준대규모점포 개설예고 영업개시 60일 전까지로 강화	개정
2018년	유통산업발전법 개정	대형마트 의무휴업 헌법재판소 합헌 결정	-
2018년	편의점 거래 공정화를 위한 자율규약	인근 다른 참여사의 직영점 또는 가맹점이 운영 중인 경우 출점 자제	자율규약
2021년	유통산업발전법 개정	대형마트 및 준대규모점포 매장이 통신판매하는 경우 의무휴업 및 영업시간 제한의 대상에서 제외 등	발의
2021년	편의점 거래 공정화를 위한 자율규약	자율규약 유효기간 연장, 10년 이상 운영 편의점 계약 갱신, 분쟁조정위원회 설치	개정
2022년	유통산업발전법 개정	대형마트 영업이 제한되는 0~10시 동안 새벽배송 허용, 대형마트 의무휴업일 평일로 변경	검토, 부분 시행

월마트는 오프라인 매장의 강점을 유지하면서도 디지털 전환을 과감하게 도입하며 반등에 성공했다. 픽업 디스카운트 프로그램과 퇴근 배송 프로그램 등 오프라인 자산을 적극 활용한 옴니채널 전략으로 온라인 시장에서도 성공했다. 2024년에는 챗GPT-4와 AI 챗봇을 활용한 공급망 관리, 얼굴 인식 시스템을 통한 고객 감정 분석, AR·VR 기술을 이용한 가상 체험 서비스 등 최신 기술을 과감히 도입했다. 또한, 심보틱(Symbotic)의 자동화 시스템과 자율 로봇을 활용한 물류 혁신으로 운영 효율성을 극대화했다. 고물가 고금리에 따른 고소득층 신규 고객 확보도 성공적이었다. 이마트도 정용진 회장이 강조한 본업 경쟁력을 구축하기 위해서는 이러한 첨단 기술을 도입하고, SSG닷컴과의 통합적 운영을 통해 온·오프라인의 경계를 허물어야 한다.

이마트는 '고래잇 캠페인'을 중심으로 본업 경쟁력 강화와 차별화된 오프라인 경험을 제공할 계획이다. 푸드 마켓과 스타필드 마켓을 두 축으로 단순한 제품 판매를 넘어서는 쇼핑 경험과 월마트 같은 매장 AI 자동화를 위한 투자도 병행한다. 이마트가 현재의 위기를 극복하기 위해서는 트레이더스와 프리미엄 매장 확장을 통해 고객층을 다변화하고 해외 시장 진출 진략을 더욱 정교화해야 한다. 신세계와 이마트의 주가도 2025년 들어 다시 상승하고 있다. 앞서 언급한 것처럼 지속적인 내부 체질 개선, 정용진 회장과 정유경 회장의 책임경영 강화, 홈플러스 기업회상 신청에 따른 반사 수혜 등의 영향이다. 그러나 주주 가치 상승과 투자자들의 신뢰를 꾸준히 이어가기 위해서는 쿠팡 등 강력한 경쟁자의 부상과 내수 시장의 한계에 대한 명확한 대응책을 제시하고, 본업 경쟁력을 확보하는 것이 무엇보다 중요하다.

03 한진그룹

대한항공-아시아나항공 합병, '메가 항공사'로 도약

HANJIN GROUP

한진그룹 지배구조 및 지분 현황

(2024년 6월 기준, 단위 %) 자료: 공정거래위원회

한진그룹 현황
공시대상기업집단 14위

매출액	19조 7,220억 원
순이익	1조 3,23억 원
계열사	34개

유망 ★★★ 상장
모멘텀 ★★ 비상장
관망 ★ 해외
상장 예정

조원태 → 5.78 → **한진칼**

한진칼 주주구성:
- 호반건설 17.8
- 델타에어 14.9
- 사우회 1.09
- 정석인하학원 1.90
- 이명희 2.64
- 조현민 5.73
- 조승연 0.50
- 소액주주 34.4

한진칼 지분:
- 대한항공(★★★) 26.1
- 한진 24.2

대한항공 계열 (100% 지분)
- Hanjin Intl Corp
- Hanjin Intl Japan
- Terminal One MGMT
- Global Logistics System Asia Pacific
- Hanjin Central Asia, LLC
- Total Aviation Service LLC
- Hanjin Intermodal America
- Qingdao Hanjin Luhai Intl Logistics
- JV LLC
- Hanjin Global Logistics Hongkong
- Hanjin Global Logistics Shanghai

대한항공 → 진에어(★★★) 54.9
진에어 ← 한진칼 6.31
대한항공 → 한국공항 59.5
한국공항 → 에어코리아 100

진에어/한국공항 하위:
- 케이비에이비에이션 100
- 한국글로발로지스틱스 95.0
- 왕산레저개발 —
- 항공종합서비스 100
- 싸이버스카이 100
- 아이에이티 100
- 한진정보통신 99.3

한진 계열
- 한진인천 컨테이너터미널 100
- 한진부산 컨테이너터미널 65.3
- 한진평택 컨테이너터미널 68.0
- 인천글로벌물류센터 100
- 한진울산신항운영 51.0
- 오리엔트스타 한진로직스 50.0
- 서울복합물류자산관리 37.6
- 포항항7부두운영 28.0
- 세계혼재항공화물(친족)
- 태일통산(친족)

한진칼 직접 소유
- 정석기업 48.3
- 토파스여행정보 94.4
- 칼호텔네트워크 100
- 한진관광 100
- 부산글로벌물류센터 51
- 휴데이터스 46.1
- 서울복합물류프로젝트 37.6
- 한국티비티 33.3
- Wikiki Resort Hotel 100
- WAC항공서비스(친족) 100
- 태일캐터링(친족)

한진그룹 오너 가계도 및 핵심 관계자 지분 현황

(2024년 9월 기준) 자료: 공정거래위원회

조원태 한진그룹 회장	에밀리 리 조 한진 사장	이명희 정석기업 고문	조승연(조현아) 전 대한항공 부사장
한진칼 5.78%	한진칼 5.73%	한진칼 2.64%	한진칼 0.50%

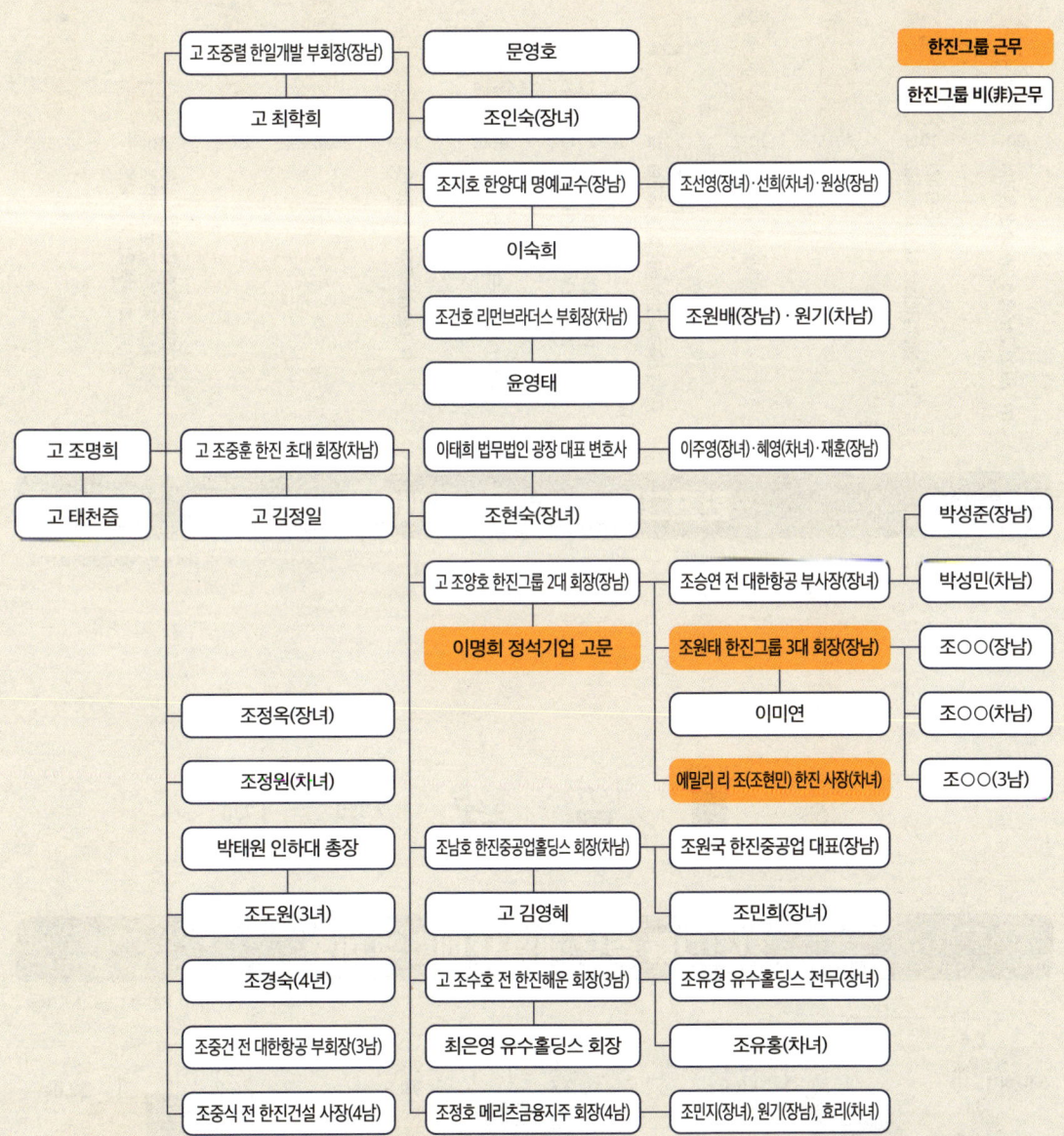

최근 10년 대한항공 실적 및 한진그룹 주요 연혁

(K-IFRS 연결 기준) 자료: 대한항공 사업보고서

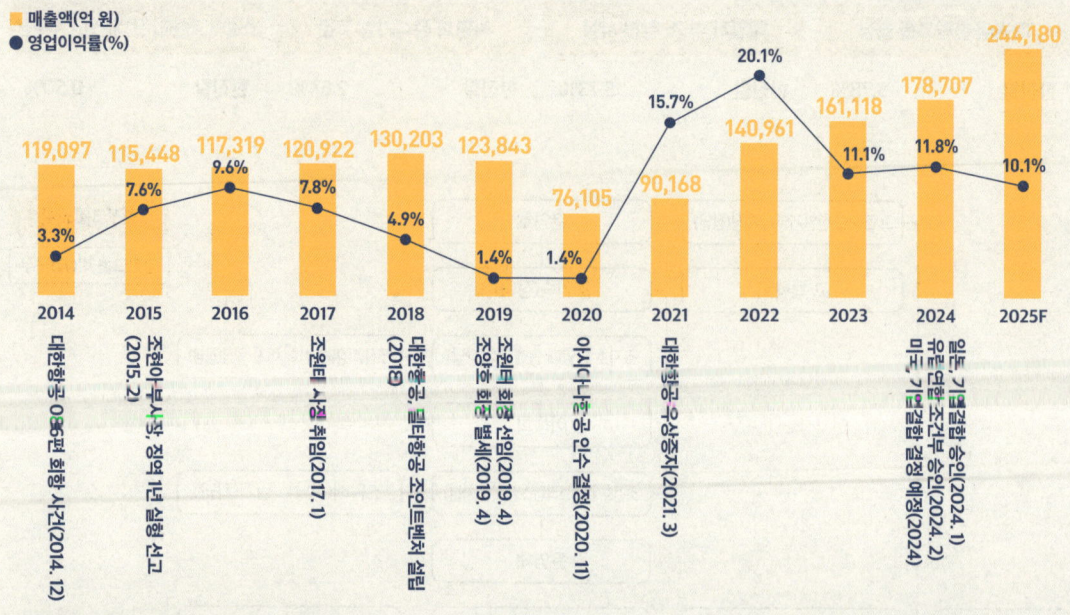

한진그룹 주요 계열사 매출액

(2023년 K-IFRS 연결 기준, 단위 억 원) 자료: 금융감독원 전자공시

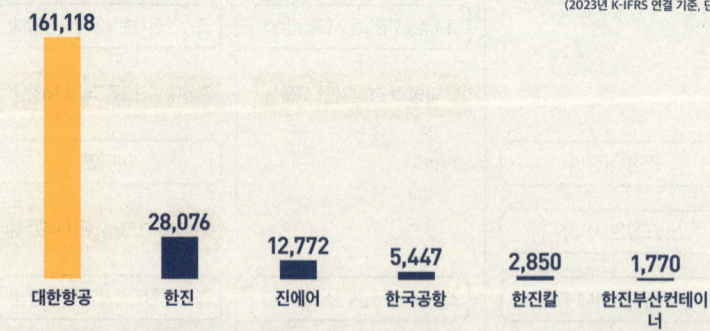

한진그룹 주요 계열사 매출액 비중

(2024년 상반기 K-IFRS 연결 기준) 자료: 금융감독원 전자공시

핵심 계열사 경영 현황 및 체크 포인트

대한항공(★★★) `코스피`

● **현황**

국내 1위이자 '글로벌 톱티어(Top-tier)' FSC(대형항공사, Full Service Carrier)로 여객기 136대, 화물기 23대를 보유하고 있다. 단거리부터 중장거리까지 다양한 노선으로 국내 10개 도시와 해외 32개국 89개 도시에 취항하고 있다(2024. 11). 2018년 델타항공과 미주노선 JV(조인트벤처)를 설립해 노선을 다각화했다. 1962년 설립했고, 1966년 3월 유가증권시장에 상장했다.

✓ **체크 포인트**

1. **아시아나항공 합병**: 2024년 12월 12일, 아시아나항공 지분 63.88%를 인수해 아시아나항공을 자회사로 편입했다. 이 합병으로 '규모의 경제'를 실현해 비용 절감과 경영 효율성을 강화하고, 효율적인 노선 배치가 가능해질 전망이다. 양사의 합병은 13개국으로부터 조건부 승인을 받았으며, 미국 당국의 승인도 완료됐다. 이에 따라 세계 12위 대형 항공사가 탄생하게 됐다.
2. **유가, 환율**: 유가가 내릴수록 운송료가 절감돼 대한항공 실적이 개선된다. 환율도 내릴수록(원화 절상) 실적이 개선된다. 반대의 경우도 성립된다. 원/달러 환율이 10원 오를 때마다 약 280억 원의 외화평가손실이 발생한다.
3. **신규 노선 확대**: 노선이 늘어날수록 실적이 개선된다.

한진 `코스피`

● **현황**

한진그룹의 종합 물류 기업으로 육상운송, 항만하역, 해운, 택배, 렌터카, 유류 판매 사업을 영위하고 있다. 18개국에 37개 거점을 운영하고 있다(2023. 12). 국내 최초 정기 연안 해송 사업(1983), 택배 사업(1992) 기록을 갖고 있다. 1996년 세계 주요 도시 간 국제 특송 사업을 시작했다. 1945년 설립했다.

✓ **체크 포인트**

1. **택배 단가 인상**: 한진 택배 부문의 매출액은 'P(Price, 택배 단가)×Q(Quantity, 택배 건수)'로 이뤄져 있다. 택바 단가가 조금만 개선돼도 매출액은 가파르게 증가한다.
2. **해외 물류망 확장**: 각국에 물류 거점을 확대할 때마다 실적이 개선된다. 2024년 22개국 42개 거점을 확보했다.

진에어(★★★) `코스피`

● **현황**

한진그룹의 저비용항공사(LCC, Low Cost Carrier)로 제주항공, 티웨이항공과 더불어 국내 'LCC 빅3'에 속한다. 보잉 737-800 19대, 보잉 737-900 3대, 보잉 737-8 3대, 보잉 777-200 4대 등 총 29대의 여객기를 보유하고 있다(2024. 6). 2019년 12월 유가증권시장에 상장했다.

✓ **체크 포인트**

1. **통합 LCC 출범**: 대한항공과 아시아나항공이 합병됨에 따라 진에어도 아시아나항공의 에어부산, 에어서울과 통합될 예정이다. 이를 통해 규모의 경제, 노선 효율화로 실적 개선이 가능하다.
2. **신규 항공기 도입**: 항공기 보유 대수는 진에어 실적과 정비례한다.
3. **신규 노선**: 대한항공으로부터 B737-8 항공기 4대를 임차해 국제선 노선에 배치했다. 이를 통해 일본과 동남아시아 지역 수요를 충족시키고, 특히 인천~다카마쓰, 인천~보홀 등 신규 노선을 확장하고 있다.

여행객·화물 호황 발판으로
팬데믹 전보다
더 높은 성장세 노린다

워렌 버핏은 '투자의 귀재'라는 수식어답게 투자하는 종목마다 고수익을 냈지만, 그에게도 뼈아픈 손실을 안겨준 종목이 있다. '항공주'가 바로 그것이다. 버핏은 항공주에 투자해 수익을 낸 적이 단 한 번도 없다.

1989년 그는 US에어 전환우선주(CPS, Convertible Preferred Shares)에 3억 5,800만 달러(약 5,000억 원)를 투자했다. 전환우선주란 주가가 일정 가격 이상이 되면 보통주로 전환할 수 있는 우선주를 말한다. 이 주식은 전환가가 60달러였지만 단 한 번도 60달러에 도달하지 못했을 뿐 아니라, 1995년에는 주가가 매입가의 4분의 1로 급락했다. 이후 그는 간신히 본전 수준으로 매도했다. 그는 이때 "날개 달린 주식은 매입하면 안 된다"는 명언을 남겼다. 항공기는 특성상 하늘에 떠 있기만 해도 돈이 들어간다는 것이 그의 논리였다.

그런 그가 항공주에 다시 한번 투자했다. 2019년 아메리칸항공, 델타항공, 사우스웨스트항공, 유나이티드항공 지분을 각각 10% 안팎으로 매수한 것이다. 투자 배경과 관련해, 그는 주주들에게 보내는 서한에서 "항공 산업은 내가 30년 전 매입했던 당시와 달리 우호적 환경으로 변모했다"고 밝혔다. 그렇지만 이번에는 코로나19 쇼크가 닥쳤고, 그는 이들 4개 항공주를 전량 '손절'했다. 손실액은 50억 달러(약 7조 원)로 추정된다.

버핏의 항공주 '손절'은 그의 인생에서 가장 큰 실수의 하나로 기록된다. 그가 항공주를 매도한 후로 주가가 급등했기 때문이다. 이후 항공업은 호황을 맞았고, 저비용항공사(LCC, Low Cost Carrier)가 등장하는 등 규모가 더욱 커지고 있다. 결과적으로 그가 2019년 항공주를 사들이며 언급했던 투자 포인트가 옳았음이 드러난 것이다. 만약 버핏이 항공주를 그대로 들고 있었다면, 그는 고수익은 물론이고 다시 한번 '투자의 귀재'로 칭송받았을 것이다.

항공업은 어떤 변화를 맞이하고 있고, 항공사의 미래는 어떻게 전개될까? 아시아나항공과의 합병을 눈앞에 둔 대한항공을 살펴보면 이 궁금증의 실마리가 보인다.

한진그룹은 2024년 공정위가 발표한 공시대상기업집단 14위를 기록했다. 전년과 순위가 같았다. 그룹 매출액 19조 7,220억 원, 순이익 1조 3,230억 원으로 전년 대비 매출액은 12.22% 증가했고, 순이익은 38.74% 감소했다(이하 K-IFRS 연결). 계열사는 대한항공, 진에어, 한진칼, 한진, 한국공항(이상 상장사), 정석기업, 칼호텔네트워크 등 34개사로 전년과 동일했다.

한진그룹 계열사 가운데 매출액이 가장 많은 곳은 단연 대한항공이다. 2023년 기준 한진그룹 계열사의 매출액을 살펴보면, 대한항공이 16조 1,118억 원으로 압도적 1위고, 이어 한진 2조 8,076억 원, 진에어 1조 2,772억 원, 한국공항 5,447억 원, 한진칼 2,850억 원, 한진부산컨테이너 1,770억 원 순이다.

대한항공이 한진그룹의 실적을 좌우했다고 해도 과언이 아니다. 대한항공의 주력 사업인 항공업은 2010년 무렵을 기점으로 극적인 변화를 맞았다. 2010년 무렵까지만 해도 항공사들은 돈을 벌지 못했다. 미국 항공업계는 만성적자, 파산, 매각이 일상처럼 반복됐다. 2011년 임직원 7만 8,000여 명을 거느린 미국 3위 항공사 아메리칸에어라인(AA)이 파산보호신청을 했고, 앞서 2008년에는 저비용항공사 스카이버스, ATA항공도 파산을 선언했다.

항공사들이 이처럼 돈을 벌지 못했던 이유는 천문학적인 항공기 구매비용과 유가 급등락이 크게 작용했기 때문이다. 앞서 언급한 대로 항공기는 하늘에 떠 있는 것만으로도 돈이 들어가는데, 유가가 급등하면 치명적이다. 여기에다 항공기 가격도 천문학적이다. 대한항공이 향후 도입 예정인 보잉 B777-9의 대당 가격이 4억 2,220만 달러(약 6,140억 원)다. 이렇게 고가인 항공기를 매입하려면 항공사는 금융리스(부채를 조달해 매입하는 방식) 혹은 운용리스(빌려 쓰는 방식)를 써야 하는데, 새 IFRS16 회계원칙에 따르면 금융리스를 사용하든 운용리스를 사용하든 부채가 급증한다. 어떤 방식이든 항공사 재무 상태를 나쁘게 만드는 것이다.

미국 항공시장, '빅3 체제'로 개편되며 업황 극적 개선

그런데 항공사 적자를 낳는 근본 원인이 경쟁(Competition)이라는 사실을 아는 사람은 많지 않다. 천문학적 투자비와 고유가에도 운임을 인상하면 이를 만회할 수 있는데, 항공업계가 완전 경쟁에 놓이다 보니 운임을 올리지 못했던 것이다. 미국 항공업계는 2010년 무렵 이 문제를 극적으로 해결했다. 해법은 M&A를 통한 경쟁사 줄이기였다.

2010년 미국 유나이티드항공은 콘티넨탈항공을 합병했고, 그해 델타항공은 업계 6위 노스웨스트항공을 합병했다. 또 2013년에는 US에어웨이즈가 아메리칸항공을 합병했다. 이 결과 미국 항공업계는 유나이티드, 델타, 아메리칸항공의 '빅3' 체제로 재편됐고, 그 후 흑자로 돌아섰다. 실은 워렌 버핏이 4대 항공주를 매입한 시점도 바로 이 무렵이었다. 코로나19로 그의 예측이 단기적으로 빗나갔지만 버핏은 상황을 정확히 봤던 것이다.

대한항공도 미국 항공업계가 걸었던 길과 유사한 흐름을 따르고 있다. 대한항공의 2023년 실적을 살펴보면, 매출액 16조 1,180억 원, 영업이익 1조 7,901억 원, 당기순이익 1조 1,291억 원으로 코로나19 이전 수준을 가뿐히 넘어섰다. 증권가에서는 대한항공이 2024년 매출액 17조 9,000억 원, 영업이익 2조 원, 당기순이익 1조 2,800억 원으로 전년 대비 각각 10.92%, 17.88%, 22.39% 증가할 것으로 예상하고 있다.

실적이 개선되면서 대한항공의 재무 상태도 나아지고 있다. 2024년 1분기 기준 대한항공 부채비율은 213.7%로 금융당국이 권고하는 200% 미만에 근접한 상태다. 대한항공의 부채비율 추이를 살펴보면, 2016년에는 1,000%를 넘기도 했지만(1,222%) '871.4%(2019년) → 660.6%(2020년) → 288.4%(2021년) → 212.0%(2022년)'에 이어 2023년 209.6%로 떨어

글로벌 항공 '빅5' M&A 현황

자료: 국회의안정보시스템

	항공사	M&A 대상	연도
1	델타항공	노스웨스트항공	2008년
2	아메리칸항공그룹	US Airways	2013년
3	유나이티드항공	콘티넨탈항공	2010년
4	루프트한자그룹		
5	에어프랑스-KLM그룹	KLM	2004년

졌다. 이에 따라 한국신용평가는 대한항공의 신용등급을 'BBB+/긍정적'에서 'A-/안정적'으로 상향했고, 2025년 1월 다시 'A-/긍정적'으로 조정했다.

대한항공의 실적과 재무 상태 개선은 무엇보다 항공시장의 성장과 밀접한 관련이 있다. 글로벌화가 가속화되면서 각국 간 무역이 활발해지고, 중산층의 증가로 여행 수요가 폭발적으로 확대되고 있다. 팬데믹 쇼크 기간을 제외하면, 글로벌 항공시장은 지난 30여 년간 연평균 3~4%의 꾸준한 성장을 이어왔다.

대한항공의 2024년 상반기 매출 비중은 국제 여객 58%, 화물 26.7%, 국내 여객 3.0%, 기타 8.6%, 항공기 제조·판매 3.7%다. 여객 사업이 회복된 가운데서도 화물 부문이 전체 매출의 4분의 1 이상을 기록하며, 상당한 비중을 차지하고 있다. 대한항공이 운송하는 화물은 반도체를 비롯한 IT 부품, 전자제품, 의약품 등 고부가가치 제품이 대부분이다. 최근 중국발 전자상거래 화물이 증가하고 반도체 화물 특수까지 겹친 데다, 운임도 인상되고 있다.

최근 10년 대한항공 부채비율 추이 (K-IFRS 연결 기준) 자료: 대한항공 사업보고서

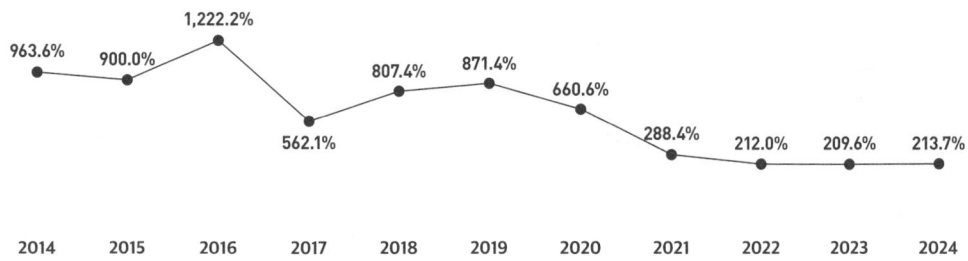

대한항공·진에어, '아시아나항공 합병 시너지'로 점프 기대

아시아나항공과의 합병이 성사되면서 대한항공은 가격 전가력(Pricing Power)과 규모의 경제를 실현하며 한 차원 높은 항공사로 도약할 것으로 전망된다. 이는 미국 항공업계가 M&A를 통해 '빅3' 체제로 전환하며 고수익 산업으로 자리 잡은 것과 동일한 맥락이다. 일본과 EU의 승인에 이어 미국의 승인까지 완료되며, 2024년 12월 12일 대한항공은 아시아나항공의 지분 63.88%를 인수해 자회사로 편입했다. 아시아나항공 인수로 일시적인 부채 증가가 예상되지만, 수익성 개선 효과가 이를 상쇄할 것으로 보인다. 조원태 회장이 "아시

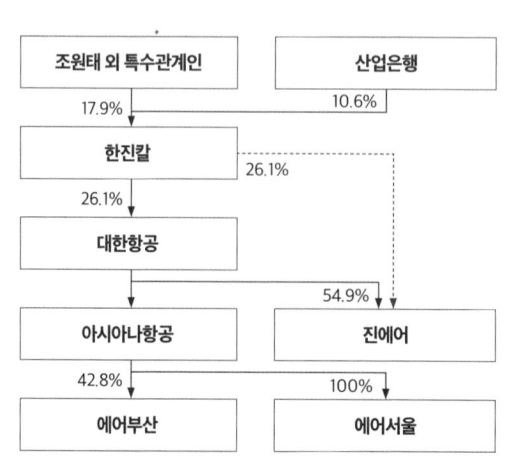

대한항공-아시아나항공 합병 개념도   자료: 대한항공

아나항공 인수에 100%를 걸었다. 무엇을 포기하든 성사시키겠다"고 강조한 이유가 여기에 있다.

한진그룹의 지배구조는 '조원태 회장 → 한진칼(5.78%) → 대한항공(26.1%)·한진(24.1)'으로 이어지는 구조다.

조원태 회장은 고 조중훈(1920~2002) 회장의 장손으로 지난 2019년 4월 부친 조양호(1949~2019) 회장이 타계하자 회장에 올랐다. 팬데믹이 닥치자 여객기를 화물사업에 활용하는 역발상으로 실적을 개선했다. 조 회장의 한진칼 지분은 5.78%로 경영권을 유지하기에 안정적이지 않다. 누나 조승연(개명 전 조현아) 전 대한항공 부사장과 경영권 분쟁을 겪기도 했다. 동생 에밀리 리 조(조현민) 한진 부사장, 어머니 이명희 전 일우재단 이사장, 대한항공 사우회가 우호 지분으로 분류되고 있다.

'아시아나' 합병 시너지 크지만, 유가, 환율 불안은 리스크

한진그룹에 소속된 상장사는 한진칼(지주사), 대한항공, 진에어, 한국공항, 한진 등 5개사다. 이 가운데 대한항공, 진에어를 주목할 필요가 있다. 앞서 언급한 대로 대한항공과 아시아나항공 합병이 성사되면서 대한항공, 진에어는 큰 수혜를 받게 될 것으로 예상된다. 대한항공이 산업은행에 제출한 통합 계획안에 따르면, 대한항공은 우선 아시아나항공을 자회사로 인수해 운영한다. 대한항공의 지주사 한진칼에는 손자회사가 된다. 아시아나 자회사로 에어부산과 에어서울을 두게 된다. 이후 2년가량 대한항공과 아시아나항공은 별도 법인으로 운영되다가 '대한항공' 브랜드 하나로 합쳐질 계획이다. 단순 합산만으로 단숨에 세계 12위 항공사로 도약하게 된다.

통합 대한항공(대한항공+아시아나항공)의 시너지 효과는 연간 3,000억~4,000억 원 정도로 추산되고 있다. 중복노선의 효율화, 연결편 강화, 조인트벤처(JV) 효과 증대 등으로 수익성을 제고할 수 있다. 비용 측면에서도 시설, 인력, 항공기재, 터미널, 판매조직 등에서 규모의 경제가 발생해 운영 효율이 높아진다. 재무구조 개선과 신용등급 향상으로 금융비용도 절감할 수 있다.

진에어(대한항공 계열사), 에어서울, 에어부산(이상 아시아나항공 계열사)도 2년간 별도 독립회사로 운영하다가 통합될 예정이다. 진에어, 에어서울, 에어부산이 통합되면 단순 합산 기준으로 여객기 58대를 보유하게 되며, LCC 시장 점유율이 59.8%로 확대된다. 이는 현재 LCC 1위인 제주항공(42대)을 넘어서는 규모로, 아시아에서 두 번째로 큰 LCC가 될 전망이다. 규모의 경제와 노선 효율화를 통해 '메가 LCC'로 성장할 가능성이 크다. 결국, 국내 LCC 업계는 대한항공 계열의 통합 LCC(진에어+에어서울+에어부산), 제주항공, 티웨이항공, 이스타항공 등으로 재편될 것으로 보인다.

문제는 유가와 환율이다. 이 양대 변수는 항공사의 실적과 수익성에 큰 영향을 미친다. 유가와 환율이 내릴수록 항공사 실적과 수익성은 개선된다. 반대의 경우도 성립된다. 유가와 환율이 오를수록 항공사 실적과 수익성은 나빠진다. 대한항공의 매출액 중 30~40%가 연료비이며, 이 연료는 해외에서 전량 수입된다. 유가 상승이 대한항공 실적에 치명적이라는 사실을 짐작할 수 있다. 또한, 원/달러 환율이 상승하면 항공사는 원유를 더 비싸게 매입해야 한다. 환율이 10원 상승하면 대한항공의 비용(연료비) 부담이 약 300억 원씩 증가한다. 게다가 항공사는 항공기를 매입하느라 외화부채가 많다. 환율이 상승하면 외화부채가 덩달아 늘어난다는 의미다. 원/달러 환율이 10원 오를 때마다 대한항공은 280억 원의 외화평가손실이 발생한다.

04 현대백화점 그룹

**M&A로
글로벌 시장 공략하는
'오프라인 유통
키 플레이어'**

HYUNDAI

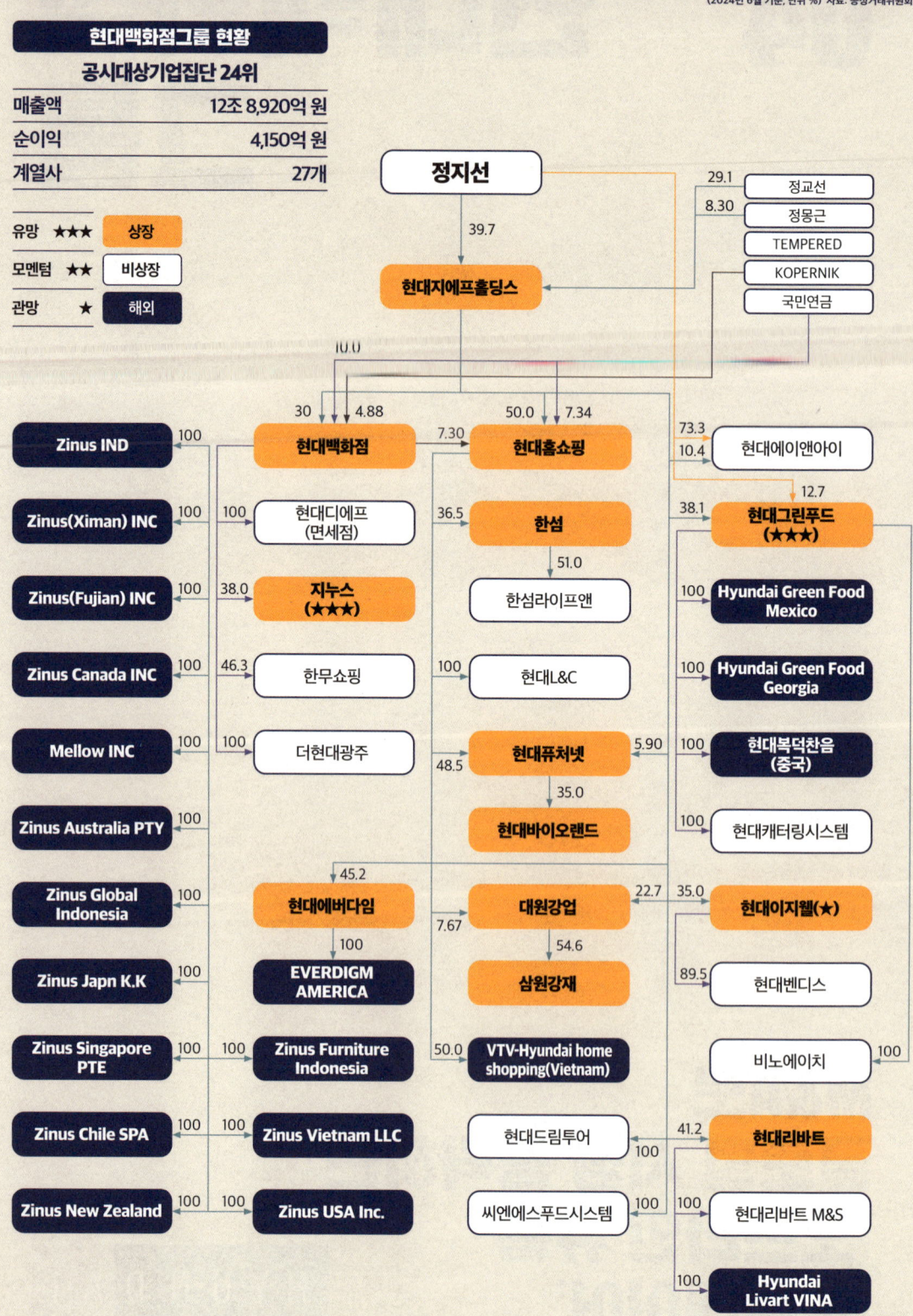

현대백화점그룹 오너 가계도 및 핵심 관계자 지분 현황

(2025년 2월 기준) 자료: 공정거래위원회

정몽근 현대백화점 명예회장		정지선 현대백화점 회장		정교선 현대홈쇼핑 회장	
현대지에프홀딩스	8.30%	현대백화점	1.77%	현대지에프홀딩스	29.1%
		현대에이앤아이	81.9%		

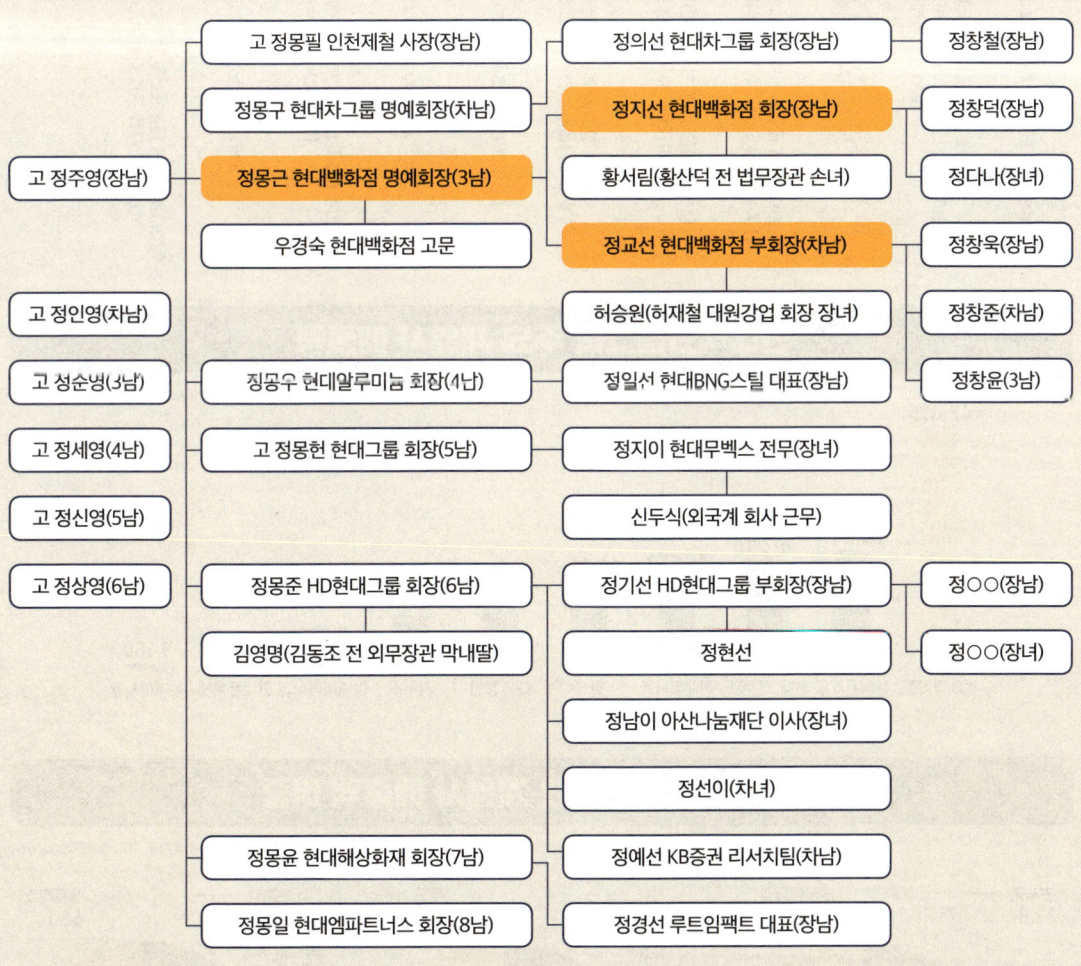

최근 10년 현대백화점 실적 및 그룹 주요 연혁

(K-IFRS 연결 기준) 자료: 현대백화점 사업보고서

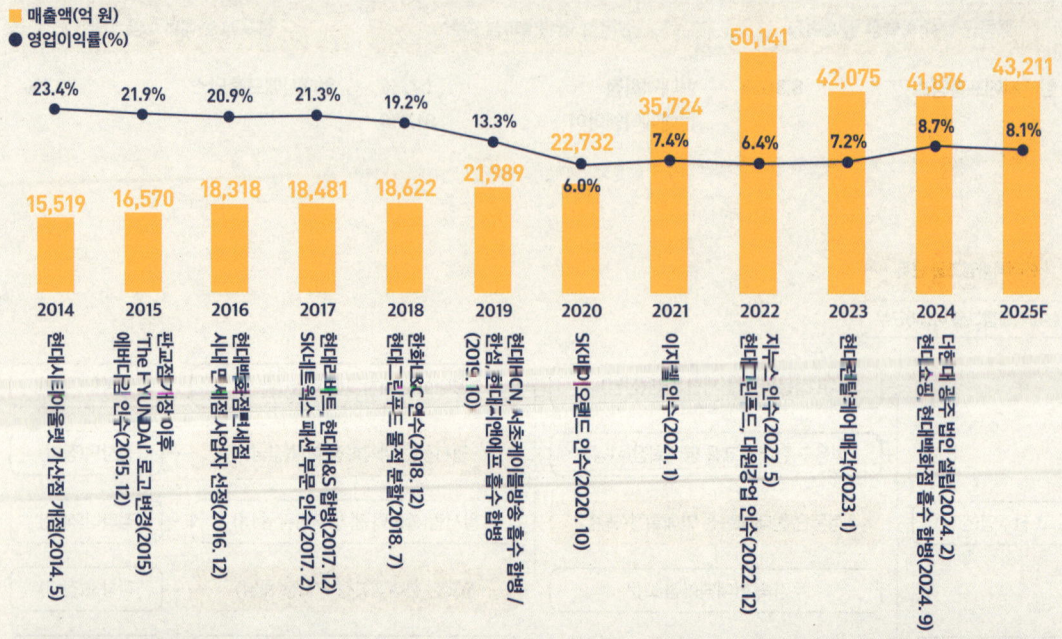

현대백화점그룹 주요 계열사 매출액

(2023년 K-IFRS 연결 기준, 단위: 억 원) 자료: 금융감독원 전자공시

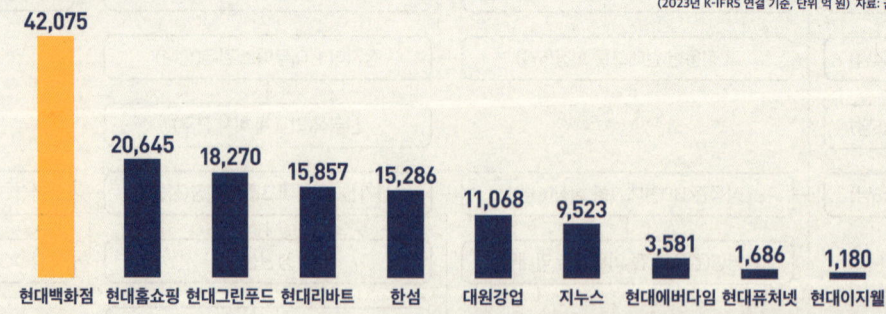

현대백화점그룹 주요 계열사 매출액 비중

(2024년 상반기 K-IFRS 연결 기준) 자료: 금융감독원 전자공시

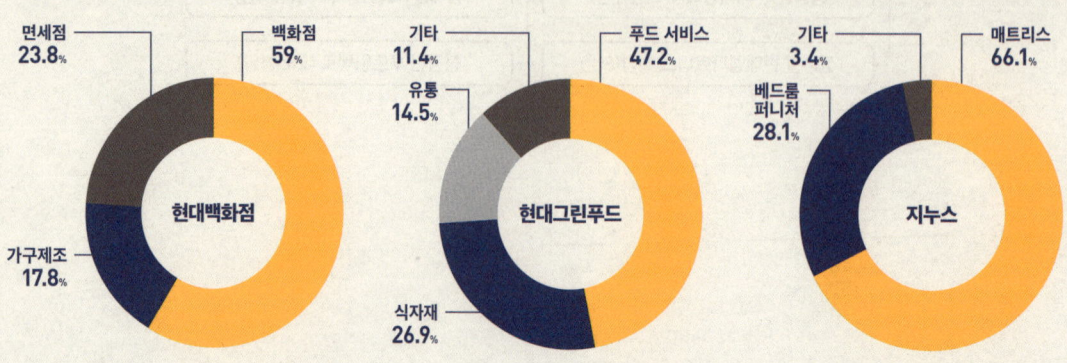

핵심 계열사 경영 현황 및 체크 포인트

현대백화점   코스피

● **현황**
롯데백화점, 신세계백화점과 더불어 국내 백화점 '빅3'다. 국내에서 총 16개의 백화점과 8개의 아울렛을 운영하고 있다(2024. 6). 2002년 11월 1일 현대그린푸드의 백화점 사업 부문이 분할 설립돼 당해 11월 25일 상장했다. 2021년 2월 '더 현대 서울'을 여의도에 개점해 랜드마크로 안착시켰다.

✓ **체크 포인트**
1. **내수 경기**: 백화점은 프리미엄 산업으로 경기 영향에 덜 받는 편이지만, 경기 부진이 장기화하면서 백화점도 상당한 영향을 받고 있다.
2. **종속회사 실적**: 종속회사로 둔 현대디에프(100%), 지누스(38.0%) 실적이 현대백화점 연결 실적에 영향을 미친다.

현대그린푸드(★★★)   코스피

● **현황**
CJ프레시웨이, 삼성웰스토리와 더불어 식자재 유통 '빅3'다. 1971년 금강개발산업으로 설립됐고, 현대건설로부터 금강휴게소를 인수하면서 본격적으로 식자재 사업을 시작했다. 2023년 3월 현대지에프홀딩스(지주사)와 현대그린푸드(사업회사)로 인적 분할했다. 2011년 해외 단체급식 시장에 진출했고, 현대차그룹의 해외사업장 단체급식을 기반으로 성장했다. 미국, 멕시코, UAE, 쿠웨이트, 중국 등 7개 국가에 90여 개 사업장을 운영하고 있다(2024). 해외 단체급식 매출액은 2012년 110억 원에서 2023년 1,150억 원으로 11년 만에 945.45% 증가했다.

✓ **체크 포인트**
1. **글로벌 확장**: 글로벌 단체급식 시장에서 거래처가 증가하면 현대그린푸드 실적이 개선된다.
2. **국내 시장 확장**: 국내 식자재 시장에서 대기업(CJ프레시웨이, 삼성웰스토리, 현대그린푸드, LG아워홈, 신세계푸드)의 점유율은 약 15%로 증가하는 추세에 있으며, 나머지는 영세 도매상이 차지하고 있다(2024). 대기업의 시장 점유율 추이를 주시할 필요가 있다.

지누스(★★★)   코스피

● **현황**
매트리스(침대), 가구 기업으로 북미, 호주, 유럽 등 해외 시장에서 '아마존 매트리스'로 불리며 인기를 끌고 있다. 1979년 진웅기업으로 설립됐고, 한때 '텐트' 한 품목으로 북미지역 점유율 65%까지 달성하며 성장 가도를 밟다가 2005년 유동성 위기로 상장 폐지됐다. 2005년 북미 OEM 매트리스 시장에 진출했으며, 2014년 미국 아마존에 입점하며 매출이 급증했다. 2022년 현대백화점그룹에 인수됐다.

✓ **체크 포인트**
1. **카테고리 확장**: 매트릭스, 프레임 등 침실가구에서 거실, 서재, 야외 공간 제품군으로 품목을 확대하고 있다.
2. **판로 다변화**: 2018년 호주 진출을 시작으로 일본(2019), 싱가포르, 인도네시아, 베트남(이상 2020)에 진출했다.
3. **트럼프발 멕시코 관세 부과 이슈**: 미국 트럼프 대통령의 멕시코 관세(25%) 부과 방침과 미국 상무부(DOC)의 미국향 인도네시아 매트리스 관세율 재판정 등으로 북미 매트리스 시장을 공략하는 지누스의 가격 경쟁력이 재고될 여지가 있다.

유통 부진에도 성과 가시화, 해외 시장 '먹거리'로 다각화 노린다

1852년 5월의 어느 날, 프랑스 파리 한복판에 인류 역사상 듣도 보도 못한 멋지고 장대한 외관의 가게가 문을 열었다. 세계 최초 백화점 봉 마르쉐(Bon Marché)였다(봉 마르쉐는 지금도 영업하고 있다). 화려한 쇼윈도에 이끌려 고객이 입구에 들어서는 순간부터 소비 욕망에 불을 지르도록 정교하게 설계된 백화점은 한때 현대 자본주의 상징으로 여겨졌다. 그러나 이커머스가 유통 시장을 빠르게 잠식하면서 오프라인 백화점 위상이 예전 같지 않다는 분석이 나오고 있다. 롯데, 신세계와 더불어 국내 '백화점 빅3'로 불리는 현대백화점그룹은 이 같은 녹록지 않은 환경에도 '사이즈'를 키우고 있다.

현대백화점그룹은 2024년 공정위 공시대상기업집단 24위를 기록했다. 전년 대비 3단계 하락했다. 그룹 매출액 12조 8,920억 원, 순이익 4,150억 원으로 전년 대비 각각 7.18%, 14.39% 감소했다. 계열사는 현대백화점, 현대홈쇼핑, 한섬, 지누스(이상 상장사), 현대백화점면세점, 한무쇼핑(이상 비상장사) 등 27개사로 전년 대비 1개 감소했다.

주요 계열사 매출액은 현대백화점(4조 2,075억 원)이 가장 많고, 이어 현대홈쇼핑(2조 645억 원), 현대그린푸드(1조 8,270억 원), 현대리바트(1조 5,857억 원), 한섬(1조 5,286억 원), 대원강업(1조 1,068억 원), 지누스(9,523억 원), 현대에버다임(3,581억 원), 현대퓨처넷(1,686억 원), 현대이제웰(1,180억 원) 순이다(이하 2023 K-IFRS 연결).

매트리스 기업 지누스 8,947억 인수, 그룹 사상 최대 M&A

현대백화점그룹은 1999년 현대그룹에서 계열 분리된 후, 2000년 정식 출범했다. 2003년 처음으로 공시대상기업집단에 이름을 올렸으며, 당시 순위는 32위였다. 이후 약 20년 동안 꾸준히 성장해 현재 20위권에 자리 잡고 있다. 이 기간은 온라인 유통이 급성장하며 오프라인 유통업계가 큰 어려움을 겪은 시기였다는 점에서 현대백화점그룹의 도약은 주목할 만하다. 이러한 성과의 배경에는 무엇보다 잇따른 M&A 성공이 있었다.

그룹 출범 당시 현대백화점그룹의 주력 사업은 백화점, 홈쇼핑, 단체급식에 국한돼 있었다. 그러나 2010년 6월, 현대백화점그룹은 '비전 2020'을 선언하며 본격적으로 M&A 시장에 뛰어들었다. 백화점, 홈쇼핑, 단체급식만으로는 성장의 한계가 명확하다고 판단했기 때문이다.

현대백화점그룹의 첫 M&A는 2012년 가구 전문기업 리바트와 의류 회사 한섬 인수였다. 두 기업의 인수는 단순한 확장이 아니라, 현대백화점그룹의 사업 구조를 바꾸는 분기점이 됐다. 그 결과 현대리바트와 한섬은 그룹 계열사 매출 순위에서 각각 4위와 5위를 차지하며 핵심 사업으로 자리 잡았다. 이 M&A 성공을 기점으로 현대백화점그룹은 더욱 공격적인 인수합병 전략을 펼치기 시작했다.

2015년에는 건설장비 기업 에버다임(현 현대에버다임)을, 2018년에는 인테리어 기업 한화L&C(현 현대L&C)를 인수하며 사업 다각화에 속도를 냈다. 이어 2020년 SK바이오랜드(현 현

현대백화점의 M&A 역사

자료: 현대백화점그룹

2012	리바트(현 현대리바트, 가구업) 한섬(패션·뷰티업)
2015	에버다임(현 현대에버다임, 건설장비업)
2018	한화L&C(현 현대L&C, 인테리어업)
2020	SK바이오랜드(현 현대바이오랜드, 바이오업)
2021	이지웰(현 현대이지웰, 복지업)
2022	지누스(가구업) 대원강업(자동차 부품업)

대바이오랜드)를, 2021년 복지몰 전문 기업 이지웰(현 현대이지웰)을 인수하며 사업 영역을 확장했다. 특히 2022년에는 그룹 역사상 최대 규모인 8,947억 원을 투자해 매트리스 업체 지누스를 인수했으며, 같은 해 자동차 부품 업체 대원강업의 지분도 추가 매입했다.

현대백화점그룹은 매년 굵직한 M&A를 단행하며 외연 확장에 숨 가쁘게 나섰다. 이를 통해 기존 주력 사업인 오프라인 유통에 더해 패션·뷰티, 리빙, 디지털·IT, 바이오·헬스 등으로 사업 포트폴리오를 다각화했다.

현대백화점그룹은 본업에서도 눈에 띄는 성과를 내고 있다. 2021년 2월 서울 여의도에 문을 연 초내형 백화점 '더현대 서울'은 여의도의 새로운 랜드마크로 자리 잡았다. 개점 당시 오프라인 상권 침해에 대한 우려가 있었지만, 개점 1년 만에 매출 8,005억 원을 기록하며 이를 불식시켰다. 2023년에는 매출 1조 41억 원으로, 개점 후 불과 33개월 만에 매출 1조 원을 돌파해 한국 백화점 역사에 새로운 기록을 세웠다. 이 같은 성공은 MZ 세대 등 젊은 층을 겨냥한 차별화된 내부 디자인과 꾸준한 팝업스토어 운영이 주요 요인으로 꼽힌다.

서울 압구정동에 위치한 현대백화점 본점도 꾸준한 성과를 이어가고 있다. 현대백화점 전국 16개 매장 중 매출 순위 4위이며, 전국 백화점 순위로는 8위다. 압구정 본점은 현대백화점그룹의 역사가 깃든 상징적인 공간으로, 1985년 한국의 고도 경제성장기 동안 서울 강남 한복판에 세워졌다. 산뜻하고 고급스러운 외관으로 완공된 이곳은 '현대백화점=강남 고급 백화점'이라는 이미지를 확립하는 데 크게 기여했다. 그러나 건물 층고가 낮아 활용성이 떨어지고, 영화관과 문화센터가 부족하다는 한계도 지적된다. 증축 계획이 서울시의 승인 문제로 번번이 무산되면서 개선 작업이 어려움을 겪고 있다.

현대백화점은 노후화된 지점의 경쟁력을 강화하기 위해 적극적인 리뉴얼과 효율화 작업에 나섰다. 압구정 본점과 판교점 등 주요 지점은 2023년 약 2,600억 원을 투자해 대대적인 리뉴얼을 진행했으며, 신도림 디큐브시티점은 2025년 6월 폐점할 예정이다.

정지선, 정교선 형제 경영 유지
지누스는 글로벌 시장 성장세,
현대그린푸드는 내수 점유율↑

현대백화점그룹의 성장 가능성은 어느 정도까지일까? '백화점 빅3' 가운데 롯데그룹, 신세계그룹은 2024년 공시대상기업집단에서 각각 6, 11위를 기록했다. 24위를 기록한 현대백화점그룹은 여전히 경영 안정성과 사업 확장이라는 과제를 안고 있다. 2023년 3월 정몽근 명예회장의 차남 정교선 부회장이 현대백화점 사내이사에서 물러나면서 두 형제의 분리 경영 이야기가 있었지만, 지난 2023년 단일 지주회사 체제를 구축하면서 계열 분리 가능성이 불식됐다. 현대백화점그룹이나 계열사들이 업계에서 차지하는 위상이 불안정하고, 그룹이 성장 과정이라 계열 분리가 시기상조라는 분석도 있다. 현재 현대백화점그룹은 장남 정지선 회장과 정교선 부회장 형제가 함께 경영하고 있다. 백화점 등 유통 부문은 정지선 회장이, 식품 등 비유통 사업은 정교선 부회장이 맡고 있다.

현대백화점그룹의 지배구조를 살펴보면, 정지선 회장이 지주사 현대지에프홀딩스의 최대주주(39.7%)다. 현대지에프홀딩스가 중간지주사 성격의 현대백화점(30%), 현대홈쇼핑(50.0%)을 지배하는 형태를 띠고 있다. 현대백화점은 현대디에프(100%), 지누스(38.0%), 한무쇼핑(46.3%)을 계열사로 두고 있고, 현대홈쇼핑은 한섬(36.5%), 현대퓨처넷(48.5%)을 계열사로 두고 있다. 정지선 회장은 개인 지분으로 현대에이앤아이(81.9%)를 보유하고 있다.

현대백화점그룹을 창업한 정몽근 명예회장은 정주영 현대그룹 창업 회장의 3남이다. 부인 우경숙 현대백화점 고문은 현대백화점그룹의 성장에 큰 역할을 한 인물이다. 우 고문은 현대그룹 회장 비서실에서 평사원으로 있을 때 정 명예회장과 결혼했다. 당시만 해도 다른 현대가 며느리들과 다름없는 전형적인 전업주부였다. 그러다가 1990년 현대백화점 상무 직급을 달고 현대백화점의 신상품 개발 담당 업무를 맡으면서 경영에 본격 참여했다. 우 고문은 PB(자체브랜드) 개발에 많은 공을 들였다. 벨라지, 시그너스 등 중저가 브랜드는 물론 고급화에도 힘써 중상류 브랜드인 아르모니아를 정착시켰다. 1996년에는 이탈리아 하이패션 브랜드 '지비에르돈나'를 압구정점에 유치하는 등 해외 명품 브랜드를 유치하는 데도 수완을 발휘했다. 우 고문이 현대백화점 경영에 발을 들여놓았을 무렵에는 라이벌 신세계나 롯데도 재계의 딸 이명희 현 신세계그룹 회장, 신영자 롯데쇼핑 사장이 백화점 경영에 깊숙이 관여하는 등 백화점 업계에 '여풍(女風)'이 거세게 불 때였다. 당시 세간에서는 이들을 백화점 업계의 '여성 트리오'로 부르기도 했다.

내수 기업에서 수출 기업으로 영역 확장, 성장주 3대장

현대백화점그룹에 소속된 상장사는 현대지에프홀딩스(지주사), 현대백화점, 현대홈쇼핑, 현대퓨처넷, 한섬, 현대리바트, 현대에버다임, 현대바이오랜드, 현대이지웰, 지누스, 현대그린푸드, 대원강업, 삼원강재 등 총 13개사다.

현대백화점그룹은 세계 시장 진출에 적극적인 전략을 펼치고 있어서, 계열 상장주에 프리미엄을 부여할 만하다. 이는 그룹 차원에서 인구 절벽으로 인한 내수 시장의 한계를 극복하는 과정에서 얻은 성과다. 특히, 글로벌 시장에서 주목받는 기업으로는 식자재 유통기업 현대그린푸드와 매트리스 및 가구 전문기업 지누스가 있다.

현대그린푸드는 UAE(아랍에미리트), 쿠웨이트, 중국 등 7개 국가에서 90여 개 사업장을 운영하고 있다(2024). 2011년 아랍에미리트를 시작으로 2012년 중국, 2016년 멕시코, 2022년 미국 시장에 진출했고, 현대차그룹의 해외사업장 단체급식을 기반으로 성장했다. 현재는 현대차그룹 외에도 다수 고객사를 확보하고 있다. 해외 단체급식 매출액은 2012년 110억 원에서 2023년 1,150억 원으로 11년 만에 945.45%(약 10배) 증가해 전체 매출액의 약 6%를 차지하고 있다.

본업으로 영위하는 국내 식자재 시장은 성장 가능성이 크다. 현대그린푸드는 CJ프레시웨이, 삼성웰스토리와 함께 식자재 '빅3' 기업으로 꼽힌다. 국내 식자재 유통 시장 규모는

2023년 기준 약 62조 원으로 추정되며, 이 중 기업형 식자재 유통 시장은 약 8조 8,000억 원으로 전체의 약 14%를 차지한다. 나머지 대부분은 영세 사업자들이 점유하고 있다.

미국의 경우, 대기업이 식자재 시장 점유율의 절반 이상을 차지한다는 점을 고려할 때 국내에서도 대기업의 시장 점유율이 점차 확대될 것으로 예상된다. 다만 현대그린푸드의 식자재 시장 점유율 추이와 업계 1위 여부는 지속적으로 살펴볼 필요가 있다.

1971년 금강개발산업으로 설립된 이후, 현대건설로부터 금강휴게소를 인수하며 본격적으로 식자재 사업에 진출했다. 현대그린푸드는 2023년 3월 지주사인 현대지에프홀딩스와 사업회사인 현대그린푸드로 인적 분할되며 독립적인 사업 체제를 구축했다.

지누스도 주목할 만한 성장 잠재력을 가진 매트리스 및 가구 기업이다. 북미, 호주, 유럽 등 해외에서 인기를 끌고 있다. 특히, 세계 최대 전자상거래 업체 아마존의 매트리스 부문에서 부동의 1위를 기록하며, 일명 '아마존 매트리스'로 불린다.

1979년 진웅기업으로 설립돼 텐트를 생산하며 시작했다. 한때 북미 텐트 시장 점유율 1위를 기록했으나, 경영난으로 2005년 상장폐지의 아픔을 겪었다. 이후 텐트의 압축·포장 기술과 경량 소재 가공 노하우를 활용해 매트리스를 소형 박스에 포장해 판매하는 혁신을 만들었고, 이를 통해 글로벌 시장에서 성공을 거뒀다. 2014년에는 미국 아마존에 입점해 히트 상품으로 자리 잡았다.

2022년 현대백화점그룹에 인수된 이후, 제품 확장과 판로 확장의 두 전략을 진행하고 있다. 제품 확장은 기존의 매트리스, 프레임 등 침실 가구에서 거실, 서재, 야외 공간 제품군으로 품목을 확대하는 것을 목표로 추진하고 있다. 판로 확장은 북미 중심 시장에서 벗어나 세계로 시장을 넓히는 전략이다. 2018년 호주 진출을 시작으로 일본(2019년), 싱가포르, 인도네시아, 베트남(이상 2020년) 등 다양한 국가로 진출하며 글로벌 성장을 이어가고 있다.

현대이지웰 또한 주목할 만한 내수주다. 현대백화점그룹 편입 이후 시너지를 발휘하며 성장하고 있다. 현대이지웰의 주력 사업은 '선택적 복지몰'로, 이 분야 시장 점유율 1위를 기록 중이다. 선택적 복지몰을 도입한 기업의 직원들은 호텔 이용, 교육 수강, 영화 감상 등 다양한 복지 혜택을 누릴 수 있다. 현대이지웰은 2021년 3월 현대백화점그룹에 편입됐다.

편입 이후 현대이지웰의 상품 거래액은 2021년 6,325억 원에서 2022년 7,600억 원, 2023년 8,428억 원으로 매년 두 자릿수 성장을 기록하고 있다. 고객사 수도 2021년 3월

2,100여 곳에서 2023년 12월 기준 2,500여 곳으로 19% 증가했으며, 복지몰 이용 직원 수도 같은 기간 220만 명에서 300만 명으로 36% 늘어났다.

이러한 성과는 그룹 편입 이후 계열사 간 시너지 효과 덕분이다. 현대이지웰은 현대백화점그룹의 자원을 활용해 복지몰 내 카테고리 경쟁력을 강화하고 있다. 현대백화점의 공식 온라인몰 '더현대닷컴'을 연동하고, 현대홈쇼핑, 현대그린푸드, 한섬, 현대리바트, 지누스 등 계열사의 인기 상품을 입점시켰다. 복지몰 내 운영 상품 수는 업계 최다인 190만 개다.

2022년 6월 현대리바트의 침대, 식탁, 소파를 비롯한 가구 제품과 지누스의 인기 매트리스를, 2023년 2월 한섬의 타미힐피거 등 해외 패션 브랜드를 복지몰에 추가했다. 2024년 4월 현대그린푸드의 케어푸드 전문 브랜드 '그리팅'을 새롭게 선보이며 선택적 복지몰의 품목을 지속적으로 확장하고 있다.

05 쿠팡

**창업 11년 만에
대기업집단 진입,
로켓배송이 바꾼
유통 패러다임**

coupang

쿠팡 지배구조 및 지분 현황

(2024년 6월 기준, 단위 %) 자료: 공정거래위원회

쿠팡 현황
공시대상기업집단 27위

매출액	39조 5,510억 원
순이익	2조 3,050억 원
계열사	13개

- 유망 ★★★ 상장(미국)
- 모멘텀 ★★ 비상장
- 관망 ★ 손자회사
- 풀필먼트

풀필먼트
경기(27) · 서울 인천(8) · 충청(15) · 경상(12) · 전라(2)

김범석 쿠팡 의장 인맥 지도

김범석 쿠팡Inc. 이사회 의장	강한승 쿠팡 대표이사	손정의 소프트뱅크 창업자	김한준 알토스벤처스 대표

COMPANY
- 강한승 | 쿠팡 대표, 전 김앤장 변호사, 고려대 법대
- 홍용준 | 쿠팡로지스틱스서비스(CLS) 대표, 서울대 법대

INDUSTRY
- 손정의 | 소프트뱅크 창업자, 초기 투자자
- 김한준 | 알토스벤처스 대표, 초기 투자자

SCHOOL
- 케빈 워시 | 쿠팡 이사, 전 미연방준비제도 이사, 하버드 로스쿨
- 빌 에크먼 | 하버드 MBA, 초기 투자자

김범석(미국명 Bom Kim): 1978년 10월생 → 부친(현대건설) 근무차 미국 이민 → 하버드대 정치학과 졸업 → 하버드 비즈니스스쿨(MBA) 중퇴(2009) → 보스턴컨설팅 컨설턴트(2002) → 빈티지미디어컴퍼니 창업(2004) → 쿠팡 설립(2010) → 쿠팡 이사회 의장(2020. 12~현재)

숫자로 보는 쿠팡

자료: 쿠팡

0	심야 0시 이전에 주문하면 다음날 새벽 혹은 다음날 안에 배송해주는 서비스 일명 '로켓배송'으로 2014년 개시
1	국내 이커머스 시장 점유율 1위(26.4%) 2위 네이버(23%), 3위 신세계(SSG닷컴&지마켓, 10.0%), 4위 11번가(7%)
11	설립 11년 만에 대기업집단에 진입 | 한국 재계 역사상 최단 기간 기록 | 2010년 설립 2021 공정거래위원회 공시대상기업집단 60위 진입
18	오전 11시 59분 이전에 주문하면 그날 오후 6시(18시) 이전까지 배송하는 서비스 일명 '로켓 프레시'
27	2024 공시대상기업집단 27위 첫 재계 20위권 진입
182	260개 기초 자치단체 중 70%에 해당하는 182곳에 로켓배송 서비스(2024. 4) 2027년까지 230여 기초 자치단체로 확대 예정
7,890	쿠팡 와우멤버십 월이용료(2024. 4) | 쿠팡 와우멤버십 회원에 로켓배송, 쿠팡플레이 무제한 스트리밍, 쿠팡이츠 무제한 무료배달, 로켓프레시 새벽배송, 할인쿠폰, 와우멤버 전용 특별 할인 혜택 제공
70,000	고용 인용 7만 명 돌파 삼성전자(12만 732명)에 이어 고용 규모 2위(2023)
432,160	고객 1인당 매출액(2024. 3Q)
14,000,000	와우 멤버십 회원 1,400만 명 돌파(2023. 12)
22,500,000	프로덕트 커머스 활성 고객 수(2024. 3Q) 전년 동기 대비 11%↑
31,290,000	월간 활성 이용자 수(2024. 6)

최근 10년 쿠팡 실적 및 그룹 주요 연혁

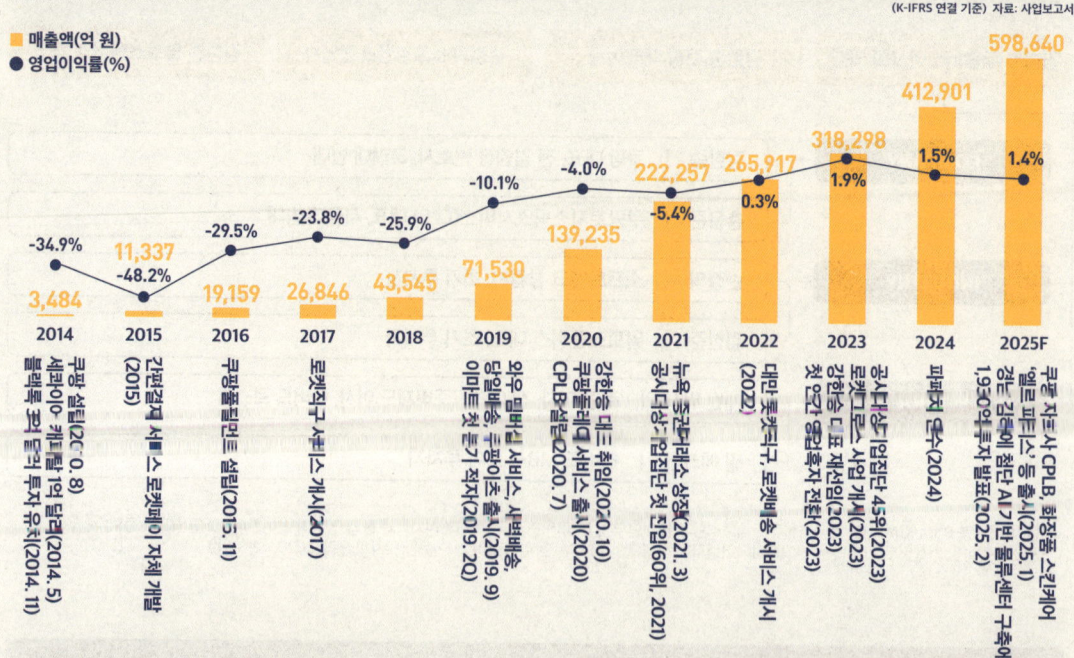

쿠팡 주요 계열사 매출액

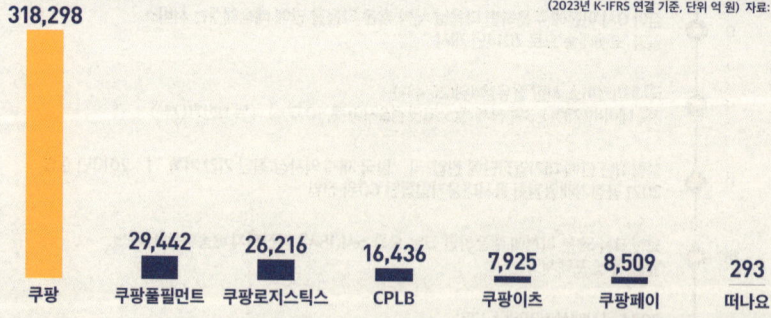

이커머스, 배달앱, OTT 시장 점유율

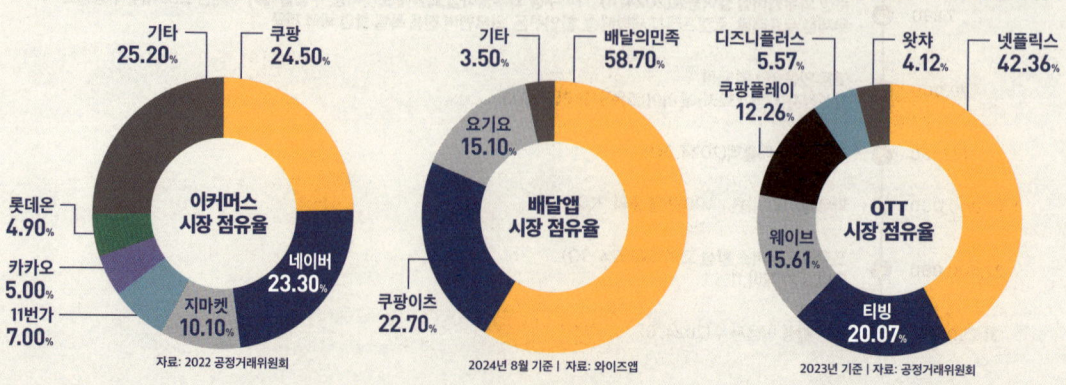

핵심 계열사 경영 현황 및 체크 포인트

쿠팡(CPNG) `NYSE`

● **현황**
국내 최대 이커머스 기업이자 유통 1위 기업이다. 김범석 의장이 2010년 8월 서울에서 설립했고, 2014년 로켓배송(익일 배송)을 시작하며 급성장했다. 2022년 이커머스 시장에서 거래액 기준 40조 원을 넘어서며 네이버를 제치고 1위에 올랐다. 2023년에는 매출액 기준으로 이마트를 제치며 온오프라인 통합 유통 1위로 올랐다. 쿠팡의 모기업(지분율 100%)은 coupang Inc.이며, 미국 뉴욕증권거래소(NYSE)에 상장돼 있다.

✓ **체크 포인트**
1. **와우 멤버십**: 쿠팡 와우 멤버십은 로켓배송, 로켓프레시 새벽배송, 쿠팡플레이 무제한 이용과 쿠팡이츠 무료배달 등 쿠팡그룹의 서비스를 통합 이용할 수 있는 유료 회원권이다. 와우 멤버십 회원이 증가하면 자연스럽게 쿠팡 그룹 매출액도 증가한다.

쿠팡풀필먼트서비스(CFS) `비상장`

● **현황**
쿠팡풀필먼트는 쿠팡의 자체 물류 센터로 쿠팡그룹에서 쿠팡 다음으로 매출액이 많다. 2016년 설립됐고, 2017년 첫 풀필먼트가 지어졌다. 단순한 창고에서 한발 더 나아가 소비자의 주문을 받아 상품을 포장, 출고하는 모든 과정을 수행한다. 배송에 소요되는 비용, 인력, 시간을 줄여준다.

✓ **체크 포인트**
1. **풀필먼트 확대**: 2026년까지 3조 원을 투지해 신규 풀필먼트센터(통합물류센터)를 늘려 2027년까지 사실상 '전국 인구 100% 로켓배송'을 실현한다는 목표를 갖고 있다.

쿠팡이츠 `비상장`

● **현황**
쿠팡이츠는 음식 배달(Delivery) 사업을 영위하며, 배달의민족(배민), 요기요와 함께 '배달 빅3'로 꼽힌다. 2019년 5월 서비스를 시작했으며, 배달 시장의 후발 주자로 등장했다. 2023년에는 요기요를 제치고 시장 점유율 2위(22.7%)를 기록하며 빠르게 성장했다. 모기업 쿠팡의 급성장으로 인한 수혜가 기대된다.

✓ **체크 포인트**
1. **와우 멤버십 시너지**: 쿠팡 와우 멤버십 회원 증가에 따라 쿠팡이츠 매출도 동반 상승할 가능성이 크다.
2. **서비스 개선**: 가맹점주, 배달 파트너들과의 관계가 개선될 경우 시장 점유율이 높아질 수 있다.

단 11년 만에
대기업집단 진입,
쿠팡의 '로켓 질주'
어디까지?

쿠팡은 롯데와 신세계를 제치고 2023년 유통업계 1위에 올라섰다. 2021년 창업한 지 단 11년 만에 대기업집단에 진입하며 신기록을 세운 데 이어, 한국 비즈니스 역사의 한 페이지를 다시 썼다. 2010년 창업한 스타트업이 이뤄낸 성과로는 믿기 어려운 기록이다.

쿠팡의 성공 이면에는 한국인의 일상과 유통업의 패러다임을 근본적으로 바꾼 '파괴적 혁신(Disruptive Innovation)'이 자리 잡고 있다. 더 나아가 쿠팡의 놀라운 성장세는 여전히 '진행형'이다. 국내 유통업계를 넘어 글로벌 시장에서도 두각을 나타낼 수 있을지, 그리고 AI와 데이터 기반의 새로운 혁신을 통해 어떤 변화를 만들어낼지 관심이 집중되고 있다.

쿠팡은 2024년 공정위 공시대상기업집단에서 27위를 기록하며 전년 대비 18단계 상승했다. 그룹 매출액 39조 5,510억 원, 순이익 2조 3,050억 원으로, 전년 대비 매출은 26.09% 증가했고, 순이익은 약 115배(11,426.47%) 급증했다(K-IFRS 연결).

2023년 기준 주요 계열사의 매출액은 쿠팡 30조 6,640억 원, 쿠팡풀필먼트 2조 9,442억 원, 쿠팡로지스틱스 2조 6,216억 원, CPLB(Coupang Private Label Brands) 1조 6,436억 원, 쿠팡이츠 7,925억 원, 쿠팡페이 8,509억 원, 떠나요 293억 원 순이다.

공정위의 발표가 숫자로만 나열돼 감이 오지 않을 수 있지만, 그 이면에는 중요한 의미가 담겨 있다. 쿠팡은 국내 '재계 30대' 대기업집단에 진입하며, 하림(29위), SM(30위), 영풍(32위), 효성(33위)보다 높은 순위에 있다. 2010년 창업한 스타트업이 70년 넘는 역사의 대기업(영풍 1949년 창업, 코오롱 1957년 창업)보다 빠르게 성장한 것이다.

쿠팡은 2021년(60위)에 대기업집단으로 처음 지정됐으며, 창업 11년 만에 대기업 반열에 올랐다(2022년 두나무가 10년 만에 대기업집단 44위에 오르며 이 기록을 경신했다). 이후 쿠팡의 순위는 '53위(2022) → 45위(2023) → 27위(2024)'로 급상승했다.

현재 쿠팡은 매출액 기준 국내 '유통 1위' 기업이다. 신세계그룹(19위), 네이버그룹(23위)이 대기업집단 순위로는 앞서 있지만, 이는 대기업집단 기준이 공정자산(비금융사 자산총계+금융사 자본총계)으로 평가되기 때문이다. 매출액을 살펴보면, 쿠팡그룹 39조 5,510억 원, 신세계그룹 36조 6,090억 원, 네이버그룹 10조 7,610억 원 순이다. 롯데그룹은 유통과 더불어 케미칼 부문을 양대 사업으로 영위하고 있어서 쿠팡과 단순 비교가 어렵다. 하지만 롯데그룹의 유통을 담당하는 롯데쇼핑의 2023년 매출액은 14조 555억 원으로 쿠팡에 미치지 못한다.

시장 점유율 기준으로도 '쿠팡 1위'는 증명된다. 공정위의 '2022년 국내 온라인 쇼핑, 오픈마켓 현황'에 따르면, 온라인 쇼핑 시장 규모는 150조 4,000억 원(거래금액 기준)이며, 시장 점유율은 쿠팡 24.50%, 네이버 쇼핑 23.30%, 지마켓(옛 이베이코리아) 10.10%, 11번가 7.00%, 카카오 5.00%, 롯데온 4.90%, 티몬(큐텐 계열사) 2.53%, 위메프 1.60% 순이다.

'쿠팡 이펙트', 로켓배송으로 한국인 삶을 바꾼다

쿠팡의 최근 5년(2017~2023) 매출액 연평균 증가율도 47.75%로 기록적인 수준이다. 일반적으로 매출액 증가율이 연평균 20% 초과하면 성장 기업으로 불리는데, 쿠팡은 이를 훨씬 상회하는 '초고속 성장 기업'이다.

쿠팡의 이 같은 '퀀텀 점프'는 IT 기반 온라인의 힘에서 비롯됐다. 인류 역사를 돌이켜보면, 신기술은 경제와 산업의 패러다임을 바꿔왔다. 하지만 쿠팡의 성공을 신기술의 힘으로만 요약하기에는 부족하다. IT와 온라인 신기술을 기반으로 하는 기업은 이전에도 숱하게 명멸했지만 쿠팡만큼 성과를 내지는 못했다.

쿠팡에는 '전략의 승리'가 있었다. 쿠팡이 한국 재계 판도를 바꾼 결정적 계기는 2014년 3월 시작한 '로켓배송' 서비스다. 로켓배송이란 오늘 주문하면 내일 물건을 받아볼 수 있는 서비스다. 김범석 의장이 소비자 피드백을 받아본 결과 "제품을 빨리 받아보고 싶다"는 내용이 압도적으로 많다는 점을 발견하고 시작했다.

로켓배송을 실행하기 위해 쿠팡은 국내 이커머스 업계 최초로 직접 물류 배송 시스템을 도입했다. 제품을 직접 매입해 소비자에게 배송하는 방식이다. 당시 국내 이커머스 기업들은 직접 배송의 장점을 알면서도, 막대한 투자비 부담 때문에 쉽게 도입하지 못했다. 이 때문에 유통업계에서는 "무모한 시도다", "막대한 물류비용 탓에 오래 버티지 못할 것"이라는 회의적인 전망이 제기됐다. 쿠팡은 이러한 예상을 깨고 로켓배송을 통해 독보적인 입지를 구축했다. 대량 직구매 방식의 '바잉 파워(Buying Power)'를 활용해 매입 단가를 낮춘 것이 주효했다. 제품 가격을 낮추는 것이 곧 경쟁력이기 때문이다.

여기에 이때 쿠팡은 또 하나의 결정적인 이점을 활용했다. 쿠팡은 물품 구매 대금을 판매자(Seller)에게 즉시 지급하지 않고, 2~3개월 후에 지급해 '부(負)의 순운전자본(Net Working Capital)'을 발생시킨다. 즉, 소비자가 신용카드로 결제한 대금은 3~5일 내에 현금으로 회수되지만, 판매자에 대한 지급은 약 50일 후로 미뤄지면서 발생하는 잉여 현금이다. 이렇게 되면 쿠팡은 은행에서 굳이 이자를 내고 대출받을 필요가 없다.

쿠팡 판매자 커뮤니티를 보면, 이 문제가 가장 큰 불만 사항으로 자주 거론된다. 이에 대한 대안으로 쿠팡은 판매자들에게 외상매출채권담보대출(일명 '외담대')을 제공하고 있다. 외담대란, 쉽게 말해 쿠팡이 판매자로부터 물품을 구매한 뒤 어음을 발행하면 판매자가 이를 담보로 은행에서 대출을 받을 수 있는 제도다. 은행은 어음 만기 시 쿠팡으로부터 변제받는다. 이밖에도 쿠팡은 대금 지급을 지원하기 위해 '셀러론' 등 판매자 지원 대책을 마련하고 있다.

물품 직매입을 통한 부의 순운전자본은 쿠팡에게 플라이휠(Flywheel) 효과를 가져다주었다. 플라이휠 효과는 비즈니스의 작은 성공이 차곡차곡 쌓여 추진력을 받고, 그 추진력을 통해 저절로 비즈니스가 성장하는 효과를 일으키는 것을 말한다. 쿠팡은 '부의 운전자본 발생 → 배달(쿠팡이츠)·물류(풀필먼트) 등 투자 → 와우 멤버십 고객 증가 → 매출액 증가'라는 플라이휠 효과를 누리며 가파르게 성장했다.

매출액이 증가하자 '규모의 경제'가 실현되면서 쿠팡의 가장 큰 과제였던 흑자 전환도 실현됐다. 쿠팡은 2022년 3분기 매출 6조 8,380억 원, 영업이익 1,038억 원을 기록하며 처음으로 영업 흑자 전환에 성공했다. 이후 연속 흑자를 이어가다 2024년 2분기 약 342억 원의 적자를 기록했지만, 3분기 다시 1,481억 원의 흑자로 돌아섰다. 쿠팡의 재무 건전성은 꾸준히 개선되고 있다.

쿠팡은 한국인의 일상 전반을 변화시켰다. 직장인들은 출근 전에 쿠팡에서 밀키트(Meal-kit)를 주문해 아침을 해결하고, 사무실에서도 필요한 물품을 로켓배송으로 주문한 뒤 퇴근한다. 다음날 아침, 현관문을 열면 쿠팡 새벽배송이 도착해 있다. 워킹맘들도 주말이나 퇴근 후 오프라인 매장을 들르는 데 시간을 허비하지 않는다. 이런 변화를 경험하며 자란 자녀들에게도 쿠팡 서비스는 자연스러운 일상이 됐다. 쿠팡이 변화시킨 한국인의 생활상을 상징하는 '쿠팡 이펙트(Coupang Effect)'라는 신조어도 등장했다. 다만, 쿠팡이 앞으로 한국 경제와 소비자 일상에 얼마나 더 큰 영향을 미칠지는 지켜볼 필요가 있다는 전망도 나온다.

재계 관계자들의 관심은 쿠팡의 계열사와 부가 서비스 성장에 집중되고 있다. 배달 서비스 '쿠팡이츠'와 OTT 플랫폼 '쿠팡플레이'가 쿠팡의 핵심 성장 동력으로 부상하고 있기 때문이다. 특히, 배달앱 쿠팡이츠의 성장세가 두드러진다. 와이즈앱의 2024년 8월 배달앱 시장 점유율 조사에 따르면, 쿠팡이츠(22.70%)는 배달의민족(58.70%)에 이어 2위를 기록했다. 3위는 요기요(15.10%)다. 쿠팡이츠의 성장은 와우 멤버십 회원 증가 덕분이다. 2024년 상반기 와우 멤버십 회원은 1,400만 명을 넘어섰다. 쿠팡 와우 멤버십에 가입하면 쿠팡이츠 무제한 무료배달을 비롯해 무료 로켓배송, 쿠팡플레이 무제한 스트리밍, 로켓프레시 새벽배송, 할인쿠폰, 와우멤버 전용 특별할인 혜택을 받을 수 있다.

OTT 서비스 쿠팡플레이도 급성장하고 있다. 콘텐츠진흥원의 OTT 시장 점유율 조사에 따르면, 1위 넷플릭스(34.9%), 2위 티빙(21.9%), 3위 쿠팡플레이(20.7%), 4위 웨이브(12.9%) 순으로 집계됐다(2024. 10).

쿠팡 계열사(혹은 부가 서비스)가 급성장하다 보니 당연히 부작용과 갈등도 커졌다. 2022년 11월 CJ제일제당은 햇반, 비비고, 만두 등 주요 제품의 쿠팡에 대한 공급을 중단하기도 했다(2024년 8월 공급 재개). 즉석밥 브랜드 햇반 공급 가격을 두고 쿠팡과 합의점을 찾지 못했기 때문이다. CJ제일제당은 공급 가격 협상과정에서 쿠팡이 무리하게 낮은 가격을 요구했다고 주장했다. 반면, 쿠팡은 CJ제일제당이 과도한 요구를 했다고 맞섰다. 쿠팡과 제조사 간의 갈등은 CJ제일제당이 처음이 아니다. 앞서 농심, LG생활건강, 동서식품과도 유사한 갈등을 빚었다.

이는 미국에서 아마존(Amazon)이 '이커머스 공룡'으로 급성장하면서 기존 유통사들이 파산하거나 몰락한 것과 유사한 형태를 띤다. 아마존은 1995년 7월 제프 베이조스가 31세에 자신의 집 창고에서 창업한 이래 미국의 소비자들에게 편리함을 제공하면서 세계 최대 이커머스 기업으로 성장했다. 하지만 아마존의 영광으로 경쟁사들은 뒤안길로 사라졌다. 아마존이 책, 의류, 의약품, 부동산중개 등 신사업에 진출할 때마다 경쟁사들이 파산보호신청을 하거나 주가가 폭락하는 현상을 일컫는 이른바 '아마존 이펙트(Amazon effect)'라는 신조어도 그렇게 생겨났다.

쿠팡이 아마존과 유사한 비즈니스 모델을 갖고 있지만, 한국 경제에 신냄 생태계를 건강하게 만드는 효과도 있다. 이른바 '메기 효과'다. 단적으로 로켓배송(당일·익일 배송)이 본격화되면서 기존의 CJ대한통운, 한진 등 택배사들도 속도와 정확성을 개선하는 스마트 물류 시스템을 도입하게 됐다. 그러나 무엇보다 쿠팡이 한국 경제에 공헌한 부문 1순위는 고용이다. 2023년 기준 쿠팡그룹의 고용 인원은 7만여 명으로, 삼성전자(12만 732명)에 이어 2위다. 쿠팡은 중장년층 일자리 창출에도 적극적이다. 쿠팡풀필먼트서비스(CFC)는 서울시와 MOU(업무협약)를 맺고 물류 현장관리, 자동화설비 유지보수, 안전관리 등을 업무를 수행하는 중장년 인력을 채용하고 있다. 중소기업, 스타트업 살리기도 쿠팡이 한국경제에 기여하고 있는 부분이다. 창업 관련 사이트에 들어가 보면 쿠팡에 먹거리나 제품을 공급해 매출액 순식간에 수십억 원에 도달했다는 사례도 심심치 않게 확인할 수 있다.

쿠팡의 비즈니스 경쟁 구도

쿠팡(이커머스)	쿠팡이츠(배달)	쿠팡플레이(OTT)	쿠팡트레블(여행)	로켓설치
• 네이버 • 신세계 (SSG.COM, 지마켓) • 11번가	• 배달의 민족(배민) • 요기요	• 넷플릭스 • 티빙 • 디즈니플러스	• 야놀자 • 여기어때	• 삼성전자 • LG전자

'한국판 아마존' 쿠팡,
가보지 않은 길을 간다

쿠팡은 2010년 8월 김범석 의장이 서울에서 창업했다. 김 의장은 중학생 때 현대건설 해외 주재원인 아버지를 따라 미국으로 건너가 하버드대 정치학과 졸업 후 경영대학원(MBA)을 중퇴하고 보스턴컨설팅그룹에서 커리어를 시작했다. 재학 시절 잡지 〈커런트〉 등을 창업하고 매각했던 경험을 바탕으로 한국에 들어와 쿠팡을 설립했다.

'로켓배송'으로 대규모 적자를 겪었지만, 손정의 소프트뱅크 회장으로부터 10억 달러, 20억 달러를 연이어 투자받으며, 성공의 발판을 마련할 수 있었다. 비전과 경영 능력을 가진 경영자, 그리고 그 경영자를 알아본 투자자가 오늘의 성취를 만든 셈이다. 김범석 의장은 투자금을 풀필먼트(물류센터) 증설에 쏟아부었고, 미국 뉴욕 증시에 상장하면서 '잭팟'을 터트렸다.

쿠팡은 2021년 3월 미국 뉴욕증권거래소(NYSE)에 상장했다. 정확히 말하면, 한국의 쿠팡 지분 100%를 가진 모기업 coupang inc.가 NYSE에 상장했다. 쿠팡에 투자하려면 국내 주식시장이 아닌 미국 주식시장에서 coupang inc.를 매입해야 한다. 나머지 쿠팡 계열사들은 모두 비상장사다.

상장 당시 기업 가치 약 100조 원(900억 달러)을 기록하며, 미국 역사상 아시아 기업으로는 최대 규모의 IPO로 평가받았다. 상장 첫날 공모가(35달러) 대비 약 41% 상승한 49.25달러로 마감하며, 글로벌 투자자들의 뜨거운 관심을 받았다. 다만, 이후 주가는 약세를 거듭하며 공모가 이하로 하락했다. 최근 쿠팡의 수익성과 성장세가 개선되면서 주가도 회복세를 보이고 있다.

'로켓배송' 무기로 글로벌 사업 확장, 성패 가른다

쿠팡의 주가가 계속해서 오르기 위해서는 풀어야 할 숙제들이 있다. 로켓배송과 물류센터 확장으로 인한 비용 부담을 줄이는 등 수익 모델을 만들어야 한다. 최근에는 물류 시스템 효율을 개선하고 쿠팡페이나 쿠팡이츠 같은 신규 서비스로 수익성을 키우는 데 힘을 쏟고 있다.

글로벌 시장에서의 성과도 중요한 변수다. 일본과 대만 진출 사례는 쿠팡이 해외 진출의 기회와 한계를 동시에 보여준다. 쿠팡은 2021년 일본에 진출했지만, 넓은 배송 면적, 수신자 확인 같은 현지 물류 문화 등을 이기지 못하고 2년 만에 철수했다. 반면, 대만에서는 2022년 첫 풀필먼트 센터를 열고 본격적인 로켓배송 서비스를 시작했다. K-뷰티, K-푸드 같은 한국 상품이 대만 소비자들에게 좋은 반응을 얻었고, 쇼핑 앱 다운로드 수 1위를 기록하며 성공적으로 자리 잡았다.

이 두 사례는 쿠팡이 글로벌 시장에서 뭘 해야 하고 뭘 피해야 할지 명확히 보여준다. 일본의 실패 경험은 현지 고객의 정서와 문화를 이해하는 것이 얼마나 중요한지 알려준다. 그에 반해 대만에서의 성공은 물류 인프라에 투자하고 현지 소비자가 원하는 걸 제대로 짚어내는 게 얼마나 효과적인지 증명했다.

앞으로 쿠팡이 글로벌 무대에서도 제대로 자리 잡으려면 더 섬세하고 현지화된 전략이 필요하다. 국내에서 이뤄낸 성공을 해외에서도 재현할 수 있다면, '한국판 아마존'이라는 수식어가 더 이상 과장이 아닌 현실이 될 것이다.

06 SM그룹

M&A로 '쑥쑥'
재계 20위권 눈앞,
M&A는
현재 진행형

SM그룹

SM그룹 지배구조 및 지분 현황

(2024년 6월 기준, 단위 %) 자료: 공정거래위원회

SM그룹 현황
공시대상기업집단 30위

매출액	5조 6,420억 원
순이익	670억 원
계열사	58개

범례
- 유망 ★★★ / 상장
- 모멘텀 ★★ / 비상장
- 관망 ★ / 해외
- 상장 추진

지배구조도

- **우오현** → 삼라마이다스 (74.0)
- 우기원, 우연아, 소액주주, 국민연금, 삼라재단 → 삼라마이다스 (25.99)
- 삼라재단 → 삼라 (18.87)
- 우연아 → 삼라 (3.24)
- 삼라마이다스 → 국일제지 (89.1), SM상선 (41.4), 동아건설산업 (48.5), 삼라 (17.5 / 68.8 / 19.6)
- 삼라 → 남선알미늄 (30.0 / 67.7)
- SM상선 → SM상선경인터미널 (100), 경남기업 (29.5), 동아건설산업 (29.0)
- 동아건설산업 → 경남기업 (65.9), SM중공업 (28.2)
- 국일제지 → SM화진 (62.4), SM상선경인터미널 (100)
- SM화진 → SM화진인터내셔널 (100)
- SM상선경인터미널 → STX건설 (100)
- SM바로코사 → SM바로코사 경인 (100), SM바로코사 부산 (100), SM중공업 (86.2 / 32.3), SM인더스트리 (9.84)
- 경남기업 → SM중공업 (10.0)
- SM중공업 → SM스틸 (14.1)
- SM스틸 → SM인더스트리 (12.0 / 39.5 / 30.1)
- SM인더스트리 → 삼환기업 (52.1 / 21.7), 티케이케미칼 (32.8 / 22.7 / 8.0)
- 남선알미늄 → 남선홀딩스 (100)
- 남선홀딩스 → 우방 (20.8)
- 우방 → 삼환기업 (37.7), 남선알미늄 (32.5)
- 티케이케미칼 → 우방산업 (68.8), 케이엘홀딩스 (34.1 / 15.0)
- 케이엘홀딩스 → 대한해운 (62.8 / 15.7 / 6.17)
- 한통엔지니어링 (100)
- 태길종합건설 (100)
- STX건설 → 네옴산업개발 (72.0), 새롬성원산업 (67.8), STX건설W (10.0)
- SM Line corp (India) (100)
- SM Logistics (Shanghai) (100)
- SM Line SHA (China) (34.7 / 100)
- SM백셀 → SM신용정보 (48.9 / 21.1)
- SM신용정보 → SMAMC투자대부 (97.1), 플러스매니지먼트, 농업법인제주플러스 (90.0)
- SM하이플러스 → 탑스텐동강시스타 (100), 서남바이오에너지 (100 / 29.0), SM레저산업 (100)
- 대한해운 → 대한상선 (16.6 / 11.4 / 34.1 / 54.4 / 20.6 / 70.5)
- 대한상선 → 한덕철광산업 (100), 대한해운LNG (25.2)
- ADM21 VINA (100)
- 한국선박금융 (14.1)
- KLC SM (65.8)
- 창명해운 (100)

SM그룹 오너 가계도 및 핵심 관계자 지분 현황

(2024년 9월 기준) 자료: 공정거래위원회

우오현 SM그룹 회장	
삼라마이다스	74.01%
한통엔지니어링	100%
삼라	68.8%
우방산업	68.8%
에스엠스틸	39.45%
삼환기업	21.7%
동아건설산업	17.5%
에스엠인더스트리	8.0%

우기원 하이플러스 대표이사	
삼라마이다스	25.99%
삼라	3.24%

우연아 삼라농원 대표	
삼환기업	32.56%

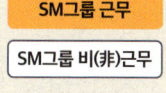

SM그룹 근무
SM그룹 비(非)근무

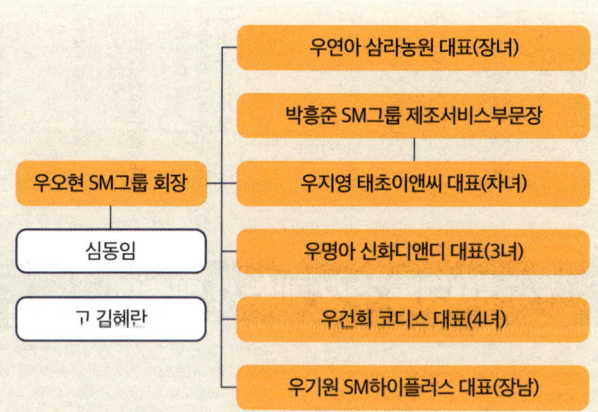

우오현 SM그룹 회장
― 심동임
― 고 김혜란

- 우연아 삼라농원 대표(장녀)
- 박흥준 SM그룹 제조서비스부문장
- 우지영 태초이앤씨 대표(차녀)
- 우명아 신화디앤디 대표(3녀)
- 우건희 코디스 대표(4녀)
- 우기원 SM하이플러스 대표(장남)

국제해상운송화물 유형(2019)

자료: 클락슨

원유 및 석유 정제품	34.0%
컨테이너 화물	16.0%
기타 벌크	13.0%
철광석	10.0%
석탄	10.0%
기타 건화물	9.0%
곡물	4.0%
LPG, LNG	3.0%
기타	1.0%

최근 10년 대한해운 실적 및 그룹 주요 연혁

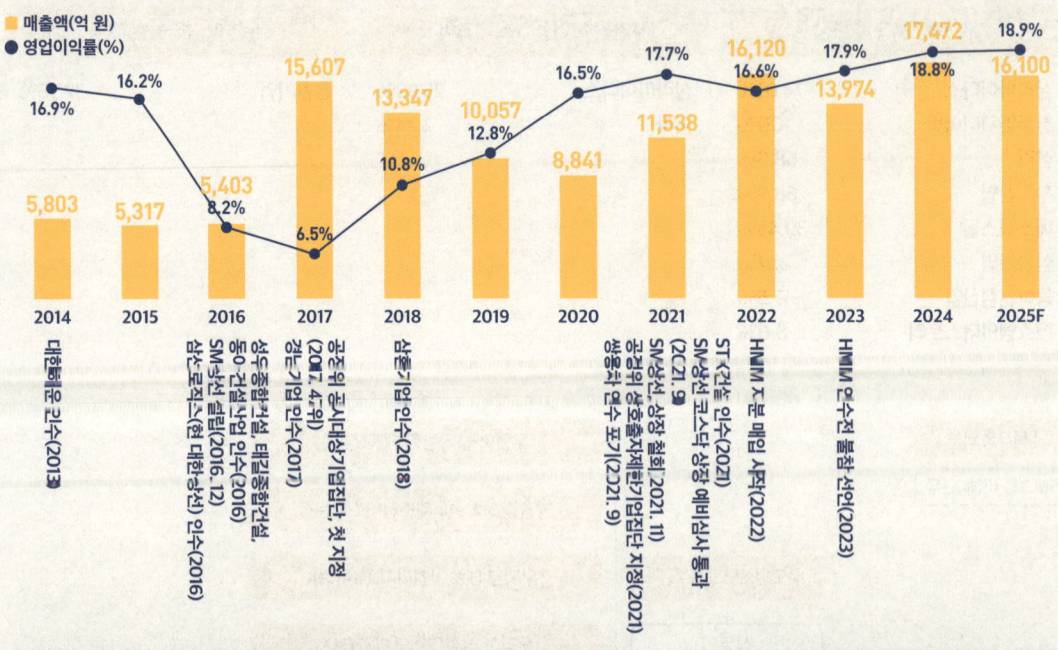

SM그룹 주요 계열사 매출액

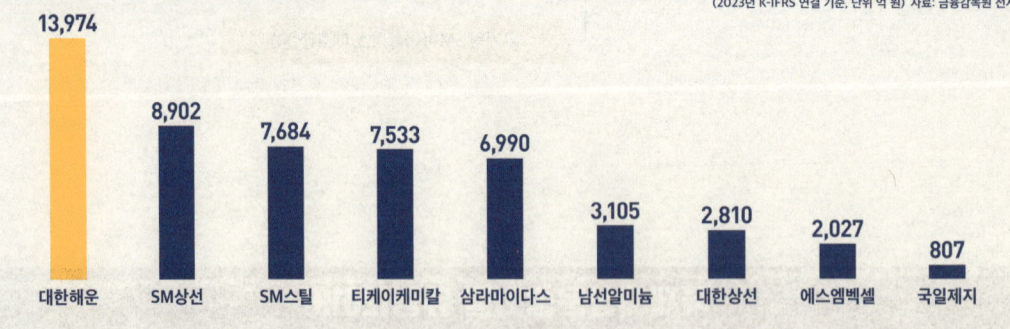

SM그룹 주요 계열사 매출액 비중

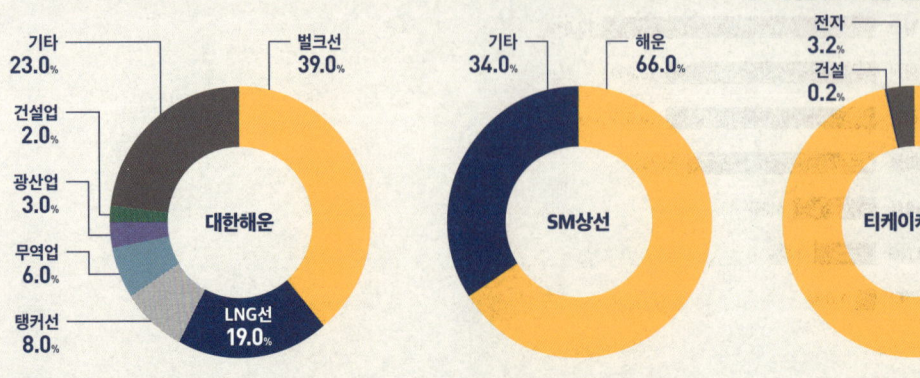

핵심 계열사 경영 현황 및 체크 포인트

대한해운 | 코스피

● **현황**
국내 벌크선 해운업계의 핵심 사업자로, 주로 철광석, 석탄, 곡물 등 건화물(Dry Cargo)을 운송한다. 천연가스를 운송하는 LNG선과 원유를 운반하는 초대형 유조선(VLCC)도 보유하고 있다. 2024년 6월 기준, 벌크선 24척, LNG선 3척, VLCC 4척 등 총 31척의 선박을 운용 중이며, 주요 고객사는 한국가스공사, 포스코 등이다. 1968년 설립됐고, 1992년 상장 후 2013년 SM그룹에 인수됐다.

✓ **체크 포인트**
1. **BDI(발틱운임지수, Baltic Dry Index):** 벌크선의 운임 추이를 알려주며, 해운 업황을 보여주는 대표 지수다. 벌크선의 화물운임, 용선료 등을 종합해 발표한다. 최근 글로벌 경기 둔화와 무역 활동 감소로 하락 추세에 놓여 있다.

SM상선 | 비상장

● **현황**
국내 대표적인 컨테이너 선사로, 2024년 12월 기준 총 16척의 컨테이너선을 보유하고 있다. 이 중 6척은 6,500TEU(20피트 컨테이너 1개 기준)급, 4척은 4,300TEU급, 1척은 1,700TEU급이며, 사선 12척과 용선 4척으로 구성돼 있다. 주요 운항 노선은 미주와 아시아 지역이다. 주요 고객사는 삼성전자, LG전자, 미국 GE, 월마트, 달러 트리(Dollar Tree), 하버 프레이트(Harbor Freight) 등이며, 주요 운송 품목은 TV, 냉장고 등 고부가가치 전자제품이다. 한진해운을 인수한 후 사명을 SM상선으로 변경했다. 2016년 12월 설립됐다. 2021년 11월 코스닥 상장 추진을 철회했다.

✓ **체크 포인트**
1. **SCFI(상하이컨테이너운임지수, Shanghai Containerized Freight Index):** 컨테이너선 업황을 보여주는 대표 지수이며, 중국 상하이항에서 출항하는 컨테이너선 15개 항로의 운임을 종합해 산출한다.
2. **실물 경기:** 컨테이너선사는 고부가가치 전자제품을 운송하다 보니 경기 영향을 크게 받는다. 경기 호황기에 컨테이너선 수요가 증가하고 운임이 상승한다.

티케이케미칼 | 코스닥

● **현황**
폴리에스터 원사, 스판덱스 원사, 펫칩(Pet-chip, 플라스틱병 원재료)을 비롯한 석유화학 제품을 생산한다. 국내 펫칩 시장에서 롯데케미칼(59.2%)에 이어 점유율 2위(36.2%)를 기록하고 있다(2021). 주요 고객사는 포스코인터내셔널, 효성티앤씨, 제주시개발공사, 동원시스템즈, 삼양패키징 등이다. 건설업과 터치스크린 제조업도 영위하고 있다. 매출액 비중은 섬유화학 96.5%, 전자제품 3.0%, 건설 0.5%다(2024. 6). 2007년 동국무역의 화학 부문을 영업양수 받아 설립됐고, 2011년 코스닥에 상장했다.

✓ **체크 포인트**
1. **업황:** 석유화학 산업은 수요 공급 불일치로 업황 기복이 심한 편이다.

M&A로 재계 20위권 눈앞 뒀지만, '그룹 리스크' 극복 과제

M&A는 기업이 규모를 빠르게 확장하는 유용한 전략이지만, 성공 확률은 30%가 채 되지 않는다(하버드비즈니스리뷰, 2011). 한국 재계의 역사를 돌이켜보면, M&A에 나섰다가 '승자의 저주'에 빠져 허무하게 무너지거나 공중 분해된 사례를 심심치 않게 볼 수 있다. 가깝게는 금호아시아나그룹이 그랬고, 멀게는 웅진그룹, LIG그룹, 진로그룹이 그랬다.

그런데 M&A를 기반으로 성장을 거듭해 재계 20위권 진입을 눈앞에 둔 대기업집단이 있다. 본업과 이질적인 기업을 연이어 인수하면서도 'M&A 저주'와는 거리가 멀다. 그 주인공은 SM그룹으로, 1980년대 지방 건설사(삼라건설)로 시작해 M&A로 30여 년 만에 해운, 건설, 화학, 레저, 철강, 금융 등을 거느린 대기업집단으로 성장했다.

SM그룹은 2024년 공정위 공시대상기업집단 30위를 기록했다. 전년과 순위가 같았다. 그룹 매출액 5조 6,420억 원, 순손실 670억 원으로 전년 대비 매출액은 27.24% 감소했고, 순손익은 적자 전환했다(이하 K-IFRS 연결). 계열사는 대한해운, 티케이케미칼, 에스엠벡셀(이상 상장사), 삼라마이다스, 삼라, 동아건설산업(이상 비상장사) 등 59개사로 전년 대비 3개 감소했다.

SM그룹에서 매출액 비중이 가장 큰 부문은 해운이다. 2023년 기준 주요 계열사 매출액은 대한해운(1조 3,974억 원)이 가장 많고, 이어 SM상선(8,902억 원), SM스틸(7,684억 원), 티케이케미칼(7,533억 원), 삼라마이다스(6,990억 원), 남선알미늄(3,015억 원), 대한상선(2,810억 원), 에스엠벡셀(2,027억 원) 순이다. 해운업이 그룹 전체 매출액에서 약 40%를 차지하고 있다.

이 점은 해운업의 경기 변동성에 따라 그룹 전체가 영향을 받을 가능성이 크다는 사실을 보여준다. 하지만 한국 수출입 물동량의 99.7%가 해운을 통해 이뤄진다는 점을 고려하면, 국내외 물류 시장에서 SM그룹의 입지를 강화할 기회는 충분하다.

해운업에 힘입어 SM그룹의 대기업집단 순위도 가파르게 상승했다. 2017년 공정위 대기업집단에 처음 이름을 올릴 당시 49위였으나, 이후 37~38위를 오르내리다 34위(2022년)에서 30위(2023~2024년)로 상승했다. SM그룹 바로 위에 있는 하림그룹과의 공정자산 차이도 불과 2,570억 원밖에 되지 않는다. SM그룹은 2021년부터 공정자산 10조 원을 넘어서면서 공정위 상호출자제한기업집단에 지정돼 있다. 2024년 공정위 발표에 따르면, SM그룹의 공정자산은 17조 790억 원이다. 상호출자제한기업집단은 자산총액이 국내총생산(GDP)의 0.5% 이상으로, 2024년 기준 자산총액 10조 4,000억 원 이상인 대기업집단이 해당한다. 대상 대기업집단은 출자 제한 및 공정거래 감시 대상이 된다.

일시적 위기 빠진 우량기업 SM상선, 대한해운 싸게 인수

SM그룹은 1988년 우오현 창업 회장이 36세의 나이에 광주에서 설립한 삼라건설에서 시작됐다. 그는 2000년대부터 본격적으로 M&A를 추진하며 그룹을 확장해왔다. 2004년 진덕산업을 시작으로 C&우방(2010), 신창건설(2011), 대한해운, 학산건설, 산본건설(이상 2013), 성우종합건설, 태길종합건설, 동아건설산업(이상 2016), 경남기업(2017), 삼환기업(2018), STX건설(2021) 등 주요 기업들을 인수했다. 2~3년 간격으로 꾸준히 M&A를 추진했다.

본업(건설)과 무관한 기업도 가리지 않다 보니 현재 SM그룹은 해운, 건설, 화학, 레저, 철강, 금융 등으로 사업 영역이 다방면에 걸쳐 있다. 언뜻 문어발인 것 같지만 인수 대상 기업들을 살펴보면 공통점이 있다. '펀더멘털은 튼튼하지만 일시적 위기에 빠졌던 기업'이라는 점이다. SM그룹은 '우량한 기업이 시장에 저렴하게 매물로 나올 경우에 한해 인수한다'는 원칙을 갖고 투자해왔다. 어느 면에서 보면 '투자의 대가' 워렌 버핏의 가치투자와 유사한 점도 있다. 우오현 회장은 한 매체와의 인터뷰에서 "기업을 인수할 때 다른 건 생각 안 하고 딱 두 가지만 본다. 싼값에 우량한 기업을 인수해서 회생시킬 수 있느냐와 인수 뒤 직원들을 해고하지 않아도 운영할 수 있는 경쟁력을 갖고 있느냐다"라고 인수 철학을 밝혔다.

우오현 회장의 이 같은 원칙이 빛을 발한 대표적 사례는 SM상선, 대한해운, 대한상선으로 대표되는 해운사 인수다. 특히, 2022년 SM상선 인수는 SM그룹에 현금 1조 원 규모의 '잭팟'을 안겨줬다. 그해 SM상선은 매출액 2조 2,615억 원, 영업이익 1조 833억 원, 순이익 1조 558억 원으로 말 그대로 '초대박'을 냈다(영업이익률 47.9%). 때마침 해운업 호황기에 접어들면서 운송 수요가 급증한 것이다. 영업활동을 통해 벌어들인 '실제 현금 다발'을 의미하는 영업현금흐름(CFO, Cash Flow From Operating Activities)이 무려 1조 1,222억 원에 달했다.

그때로부터 6년 전(2016) SM그룹이 한진해운 미주·아시아노선 부문(현 SM 상선)을 인수하며 지출한 금액은 370억 원에 불과했다. 해운업 불황으로 파산 상태에 있던 해당 사업 부문을 서울지방법원 파산6부로부터 인수하면서 저렴한 가격에 매입할 수 있었다. SM그룹은 이를 바탕으로 2016년 12월 SM상선을 설립했다. 그 후 4년이 지난 2020년 해운업(컨테이너)이 호황으로 돌아서며, 2022년 현금 1조 원을 벌어들였다. 우오현 회장의 선구안이 빛을 발한 순간이었다.

대한해운도 마찬가지였다. 2013년 인수 당시 1,000억 원대 적자를 냈지만, 이듬해부터 흑자로 돌아서 꾸준하게 이익을 내고 있다. 2023년 매출액 1조 6,120억 원, 영업이익 2,677억 원, 당기순이익 1,723억 원을 기록했다.

HMM 지분 매입해 3대 주주까지 올랐다가 인수전 불참

SM그룹의 M&A가 모두 성공한 것은 아니다. 대표적인 사례가 HMM 인수 실패다. HMM은 컨테이너선 69척을 보유한 국내 1위 해운사이자, 공시대상기업집단 순위 20위에 올라 있는 초우량 기업이다. 과거 한진그룹 계열사로 글로벌 4위 컨테이너선사에 오르기도 했지만, 해운업 불황 속 공적자금이 투입되며 계열 분리됐다. 주요 주주는 KDB산업은행 30.87%, 한국해양진흥공사(해진공) 30.38%, 국민연금 5.0% 등이다.

HMM 인수는 SM그룹이 재계 순위를 크게 끌어올릴 수 있는 절호의 기회였다. 그런 이유로 SM그룹은 2022년 HMM이 매물로 나오자 지분 매입에 적극적으로 나섰다. 우오현 회장과 사주 일가를 포함한 계열사 12곳이 약 1조 원을 투입해 HMM 지분 6.56%를 확보하며, 산업은행과 한국해양진흥공사에 이어 3대 주주까지 올라섰다. 그러나 SM그룹은 2023년 8월 HMM 인수 예비입찰에 불참하며 사실상 인수전에서 철수했다. 같은 해 12월,

KDB산업은행과 한국해양진흥공단은 하림그룹을 HMM 인수 우선협상대상자로 선정했다.

예비입찰에 불참한 주된 이유로 인수 금액 부담이 거론된다. SM그룹이 HMM을 인수하려면 약 3조 5,000억 원이 필요했지만, 동원 가능한 현금이 이에 미치지 못한 것으로 보인다. 여기에 더해, 대주주인 KDB산업은행과 한국해양진흥공단이 1조 원 규모의 영구채를 보통주로 전환하겠다는 계획을 발표하면서, SM그룹은 인수 의사를 철회할 수밖에 없었다.

HMM 지분 확보 후 HMM 주가가 급락한 것도 최종 인수를 어렵게 만든 요인이었다. HMM의 주가는 2022년 초 3만 2,000원대에서 연말 2만 원대로 약 40% 하락했으며, 이는 SM그룹의 재무적 부담을 가중시켰다. 더불어, HMM 인수 조건 역시 SM그룹에 불리하게 작용했다. 인수 계약 조건에는 5년간 지분 매각 금지, 정부 측 사외이사 지명 권리, 과도한 현금배당 제한 등이 포함됐다. SM그룹은 이러한 계약 조건의 완화를 요구했으나, 채권단이 수용하지 않았다.

HMM은 여전히 '무주공산' 상태에 있다. 하림그룹이 2024년 2월 인수 우선협상대상자 지위를 상실하며 최종적으로 인수에 실패했기 때문이다. 재매각 가능성 또한 당분간 낮다. 산업은행과 한국해양진흥공사가 보유한 1조 6,800억 원 규모의 영구채가 2025년 말까지 보통주로 전환될 예정이기 때문이다. 영구채 전환 후 HMM의 발행주식 총수가 10억 주로 증가하면, 인수에 필요한 자금 규모가 급격히 커질 수밖에 없다.

SM그룹은 앞서 2021년에도 쌍용차 인수전에 참여했으나 철회했다. 이후 쌍용차는 KG그룹이 인수해 현재의 KG모빌리티로 사명을 변경했다. 이 외에 STX조선, 대우조선해양건설, 한진중공업 인수에 나섰으나 여러 이유로 성사되지 못했다.

한편, SM그룹의 사실상 지주사인 삼라마이다스는 2008년 동국그룹의 합성사업 부문을 300억 원에 인수해 티케이케미칼로 통합했다. 하지만 티케이케미칼은 2023년 매출 4,163억 원, 영업손실 320억 원, 당기순손실 89억 원을 기록하며 SM그룹의 아픈 손가락으로 남아 있다.

SM그룹의 주력 계열사인 SM상선은 2021년 IPO를 추진했으나, 해운업이 피크아웃(성장세 정점 이후 하락) 국면에 접어들면서 계획을 보류했다. 같은 해 9월 상장 예비심사를 통과했지만, 11월 업황 부진을 이유로 상장을 철회하며 추후 재추진 의사를 밝혔다.

얽히고설킨 지배구조,
'그룹 안정성' 위해 개선해야

SM그룹은 어디까지 규모를 키울 수 있을까? 한국 대기업집단을 상속형 기업과 자수성가형 기업으로 나눌 때, SM그룹(30위)은 자수성가형 기업 중에서도 독특한 위치를 차지하고 있다. 카카오(15위, 김범수), 중흥건설(20위, 정창선), 부영(22위, 이중근), 네이버(23위, 이해진), 미래에셋(박현주), 하림(김홍국)과 함께 자수성가형 기업으로 꼽히지만, M&A에 가장 적극적인 기업으로 평가받는다.

한 재계 관계자는 "자본주의 경제가 발전할수록 매물로 나오는 기업이 많아질 수밖에 없다"며 "M&A 전략으로 성장해온 SM그룹에 유리한 환경이 조성되고 있다"고 분석했다.

SM그룹의 복잡한 지배구조는 성장의 걸림돌로 지적된다. 우오현 회장은 그룹의 사실상 지주사인 삼라마이다스(74.0%)의 최대주주로서, 삼라마이다스를 통해 SM상선(41.4%)과 동아건설산업(48.5%)에 경영권을 행사하고 있다. 또한, SM스틸(40.9%)을 거쳐 SM인더스트리, 티케이케미칼, 케이엘홀딩스, 대한해운, 대한상선으로 이어지는 또 다른 지배구조도 있다.

한때 185개에 달했던 순환출자 고리가 현재 대부분 정리됐다고 평가받지만, 여전히 복잡한 계열사 간 지분구조가 그룹의 효율성을 저해하고 있다. 특히, 해운사인 대한해운과 SM상선의 지주사가 달라 시너지 효과를 극대화하는 데 한계가 있다.

승계 구도 또한 SM그룹의 큰 숙제로 남아 있다. 우 회장은 1남 4녀를 두고 있으며, 자녀들은 각기 다른 계열사를 경영 중이다. 장녀 우연아는 삼라농원 대표, 차녀 우지영은 태초이앤씨 대표, 3녀 우명아는 신화디앤디 대표, 4녀 우건희는 코니스 대표를 맡고 있다. 장남

우기원은 하이플러스 대표로 활동 중이다. 장녀, 차녀, 3녀는 본처 신동임의 자녀들이며, 장남과 4녀는 사실혼 배우자 고 김혜란 전 이사의 자녀들이다.

우기원 부사장은 김 전 이사의 지분을 상속받을 가능성이 크다. 실제로 그는 삼라마이다스(25.99%)와 ㈜삼라(3.24%) 지분을 2세들 중 유일하게 보유하고 있다(2024. 11). ㈜삼라는 그룹의 핵심 자산과 주요 계열사 지분을 보유하고 있어, 향후 우 부사장의 승계를 위해 삼라마이다스와 통합이 예상된다. 이 과정에서 삼라마이다스의 자산 규모가 ㈜삼라보다 더 큰 상태에서 합병이 이뤄져야 우 부사장의 통합법인 지분율을 높일 수 있다. 이 경우, 과거 삼라마이다스의 부실기업 M&A가 문제로 지적될 가능성도 있다.

우기원 부사장이 경영 중인 SM하이플러스는 SM벡셀(48.9%), SM자산개발(32.25%), SM중공업(32.25%), SM신용정보(21.06%), 대한해운(20.56%), 탑스텐동강시스타(100%) 등 알짜 계열사들의 지분을 보유하고 있다. 그는 1992년 생으로, 2017년 25세에 SM그룹 건설 계열사 라도의 대표이사로 취임하며 본격적으로 경영에 참여했다. 한편, 본처 소생인 장녀 우연아 대표는 삼환기업의 최대주주(32.56%)로 있다.

우오현 회장은 임원급 채용 시 식섭 수 시간에 길쳐 인터뷰를 진행하는 것으로 알려져 있다. 고등학생 시절에는 집안 사정으로 양계장을 운영했으며, 1971년 병아리 10마리로 시작해 7년 만에 닭 2만 마리를 키우는 양계장으로 확장했다. 이때 모은 종잣돈으로 1988년, 36세에 SM그룹의 모태인 삼라건설을 설립했다. 삼라건설의 이름은 '삼라만상(森羅萬象, 우주의 온갖 사물과 현상)'에서 유래했다.

삼라건설은 아파트 분양으로 성과를 내며 성장했으며, 1990년대 중반 경기 과열 조짐에 따라 우 회장은 부채를 줄이고 보수적으로 경영했다. 덕분에 1997년 IMF 외환위기 때 별다른 피해를 입지 않았고, 오히려 수도권 헐값 택지를 매입해 2000년대 초 고양시, 구리시, 용인시, 인천 등 수도권과 서울에 삼라마이다스 아파트를 세우며 사세를 확장했다. 2004년 경기 과열이 다시 나타나자 아파트 사업을 사실상 중단했고, 2008년 부동산 침체기에 위기를 피했다. 이러한 행보로 인해 우 회장이 경제 흐름을 읽는 뛰어난 안목을 지녔다는 평가를 받고 있다.

M&A를 통한 고성장, 위험에 대한 보수적인 접근 필요하다

SM그룹에 소속된 상장사에 투자하려면 '그룹 리스크'를 고려해야 한다. 앞서 언급했듯이 SM그룹은 M&A를 통해 성장해왔으며, 이 과정에서 계열사 자금을 동원해 'M&A 실탄'으로 활용해왔다. 2022~2023년 HMM 인수 추진 과정에서도 대한해운을 비롯한 12개 계열사가 동원됐다. 게다가 주력 산업이 해운업(대한해운, SM상선)이다 보니 업황 변동성이 크다.

SM그룹에 소속된 상장사로는 대한해운, 티케이케미칼, 국일제지, 남선알미늄, 에스엠벡셀 등 5개사가 있다.

- 대한해운은 국내 벌크선(해운사) 업계 핵심 사업자로 주로 철광석, 석탄, 곡물 등의 건화물(Dry cargo)을 운송한다. 매출액 비중을 살펴보면, 벌크선(39.0%)이 가장 높고, 이어 LNG선(19.0%), 탱커선(8.0%), 무역업(6.0%), 광산업(3.0%), 건설업(2.0%), 기타(23.05%) 순이다(2024 상반기 K-IFRS 연결). LNG선으로 천연가스를 운송하며 탱커선으로는 원유를 운송하고 있다. 벌크선 24척, LNG선 3척, VLCC 4척 등 총 31척의 선박을 보유하고 있다(2024. 6). 주요 고객사로는 한국가스공사, 포스코 등이 있다. 1968년 설립됐고, 1992년 상장했다. 2013년 SM그룹에 인수됐다. 벌크선이 주력 사업이므로 대한해운의 향후 실적과 주가를 분석하려면 BDI(발틱운임지수) 추이를 확인해야 한다. BDI는 석탄, 곡물, 시멘트 철광석 등의 원자재를 1만 5,000톤급 이상의 벌크선에 싣고 세계 26개 주요 해상노선을 운항하는 화물운임과 운송료를 종합해 산정한다. 1985년 1월 4일의 BDI를 1,000으로 놓고 산출하고 있다. BDI가 높아질수록 대한해운의 실적은 개선된다.

- 티케이케미칼은 중국산 저가 제품과의 경쟁으로 어려움을 겪고 있다. 2020년 영업손실 208억 원, 2023년 영업손실 320억 원을 기록했다(K-IFRS 연결). 여기에다 석유화학 산업은 수요 공급 불일치로 업황 기복이 심한 편이다. 폴리에스터 원사, 스판덱스 원사, 펫칩(Pet-chip, 플라스틱병 원재료)을 비롯한 석유화학 제품을 생산한다. 국내 펫칩 시장에서 롯데케미칼(59.2%)에 이어 점유율 2위(36.2%)를 기록하고 있다(2021). 매출액 비중은 섬유화학(96.5%)이 압도적이고, 이어 전자제품 3.0%, 건설 0.5% 순이다(2024. 6).

- SM벡셀은 한 자릿수의 낮은 수익성을 보이고 있다. 매출액 비중을 살펴보면, 자동차 부품과 배터리가 6대 4가량이다. 자동차 부품 부문은 완성차 업체의 가격 인하 압력으로 수익성을 개선하기 어렵다. SM벡셀이 생산하는 전지는 일차전지(한번 쓰고 버리는 전지)로 수익성이 낮다.

- 국일제지는 경영 정상화 여부를 지켜볼 필요가 있다. 국일제지의 주력 생산품은 박엽지(담배용지)인데, 무리한 신사업 투자로 2023년 4월 기업회생 절차에 들어갔다. SM그룹 계열사 삼라마이다스가 지분 89.1%를 인수해 SM그룹에 편입됐다.

- 남선알미늄의 매출액 비중은 자동차 부품과 알미늄이 5대 5가량이다. 자동차 부품 부문에서는 범퍼를 생산하고 있다. 알루미늄 부문에서는 알루미늄 창호, PVC 창호 등을 생산하고 있다. 알루미늄 시장은 중국산 유입으로 저가 경쟁이 벌어지고 있고, 자동차 부품업은 완성차 업체의 가격 인하 압박으로 수익성이 낮다.

07 이랜드그룹

**'이대 앞 2평 신화'
중국 시장 뚫어
제2 도약 나선다**

이랜드그룹 지배구조 및 지분 현황

(2024년 6월 기준, 단위 %) 자료: 공정거래위원회

이랜드그룹 현황
공시대상기업집단 48위

매출액	4조 5,920억 원
순이익	1,220억 원
계열사	31개

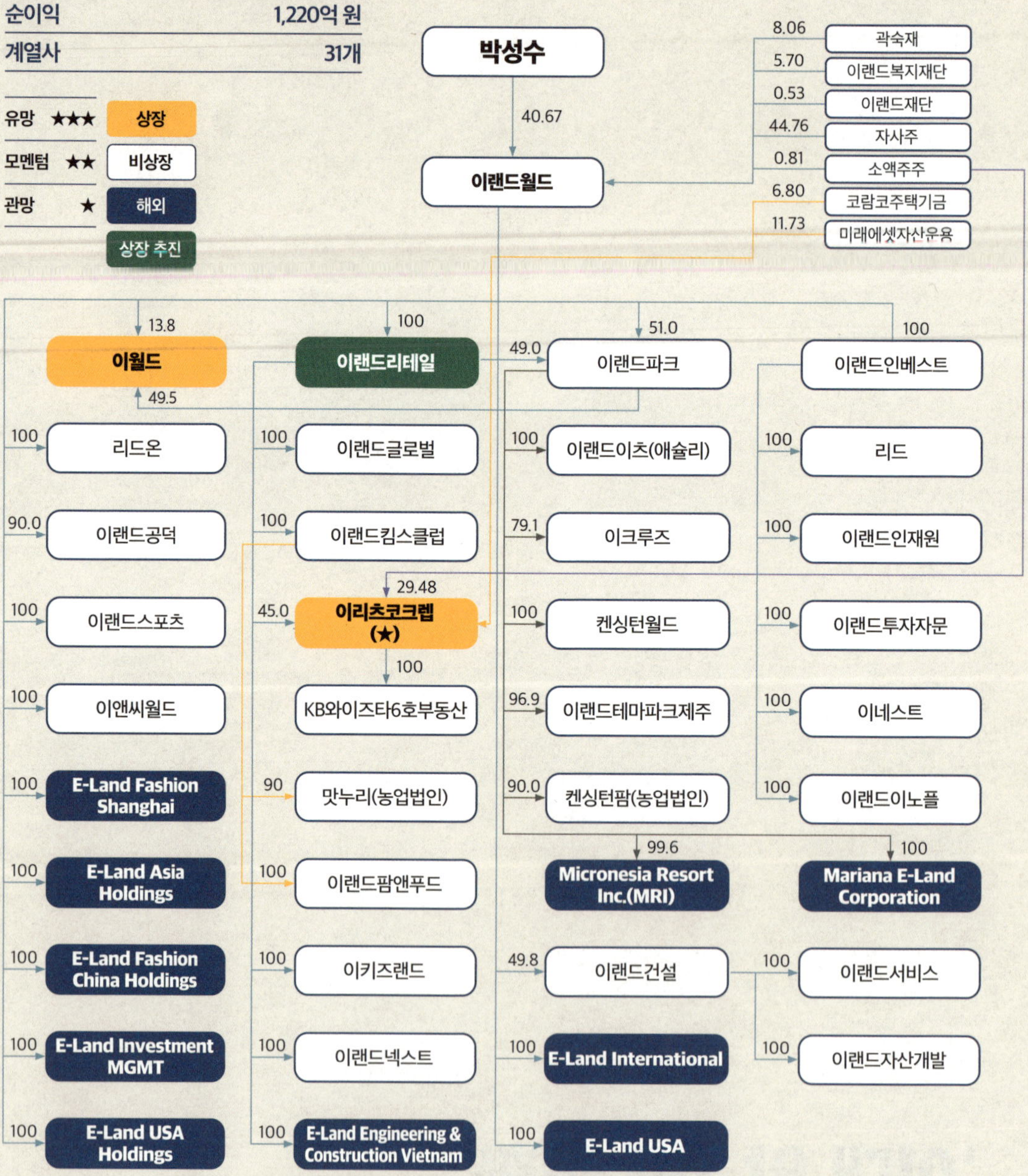

- 유망 ★★★
- 모멘텀 ★★
- 관망 ★
- 상장
- 비상장
- 해외
- 상장 추진

박성수 → 40.67 → **이랜드월드**

이랜드월드 주주:
- 곽숙재 8.06
- 이랜드복지재단 5.70
- 이랜드재단 0.53
- 자사주 44.76
- 소액주주 0.81
- 코람코주택기금 6.80
- 미래에셋자산운용 11.73

이랜드월드 →
- 13.8 → 이월드
- 100 → 이랜드리테일
- 49.0 → 이랜드파크 (51.0 ←이랜드리테일)
- 100 → 이랜드인베스트

이월드 → 49.5 → 이랜드리테일

- 이월드 100 → 리드온
- 이월드 90.0 → 이랜드공덕
- 이월드 100 → 이랜드스포츠
- 이월드 100 → 이앤씨월드
- 이월드 100 → E-Land Fashion Shanghai
- 이월드 100 → E-Land Asia Holdings
- 이월드 100 → E-Land Fashion China Holdings
- 이월드 100 → E-Land Investment MGMT
- 이월드 100 → E-Land USA Holdings

- 이랜드리테일 100 → 이랜드글로벌
- 이랜드리테일 100 → 이랜드킴스클럽
- 이랜드킴스클럽 45.0 → 이리츠코크렙(★) 29.48
- 이리츠코크렙 100 → KB와이즈타6호부동산
- 이랜드리테일 90 → 맛누리(농업법인)
- 이랜드리테일 100 → 이랜드팜앤푸드
- 이랜드리테일 100 → 이키즈랜드
- 이랜드리테일 100 → 이랜드넥스트
- 이랜드리테일 100 → E-Land Engineering & Construction Vietnam

- 이랜드파크 100 → 이랜드이츠(애슐리)
- 이랜드파크 79.1 → 이크루즈
- 이랜드파크 100 → 켄싱턴월드
- 이랜드파크 96.9 → 이랜드테마파크제주
- 이랜드파크 90.0 → 켄싱턴팜(농업법인)
- 켄싱턴팜 99.6 → Micronesia Resort Inc.(MRI)
- 이랜드파크 49.8 → 이랜드건설
- 이랜드파크 100 → E-Land International
- 이랜드파크 100 → E-Land USA

- 이랜드인베스트 100 → 리드
- 이랜드인베스트 100 → 이랜드인재원
- 이랜드인베스트 100 → 이랜드투자자문
- 이랜드인베스트 100 → 이네스트
- 이랜드인베스트 100 → 이랜드이노플
- 이랜드이노플 100 → Mariana E-Land Corporation
- 이랜드건설 100 → 이랜드서비스
- 이랜드건설 100 → 이랜드자산개발

생산설비

- 호텔(5)
- 리조트(12)
- 콘도(4)
- 테마파크(1)
- 공장(4)

이랜드그룹 오너 가계도 및 핵심 관계자 지분 현황

(2024년 9월 기준) 자료: 공정거래위원회

박성수 이랜드그룹 회장		박성경 이랜드그룹 부회장		곽숙재 박성수 회장 부인	
이랜드월드	40.67%	이랜드월드	N/A	이랜드월드	8.06%

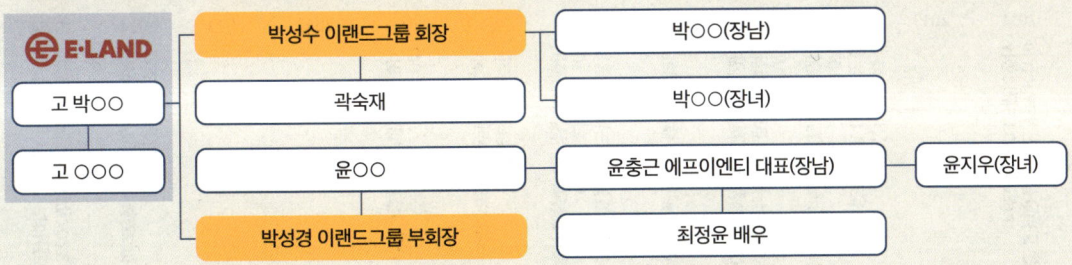

이랜드그룹 주요 인수·합병(M&A) 일지

(단위 억 원) 자료: 이랜드그룹

계열사	시기	내용	인수가
이랜드리테일	2010. 3	화성산업 유통 부문(동아백화점 5개점+동아마트 2개점) 인수	2,680억 원
		그랜드마트 강서점 인수	1,052억 원
	2010	인도 '무드라 라이프스타일' 인수	500~550억 원
		이탈리아 '벨페' 인수	111억 원
		이탈리아 '라리오' 인수	50억 원
		영국 '피터스콧' 인수	57억 원
	2011	이탈리아 '만다리나덕' 인수	700억 원
	2011. 5	광주 밀리오레 인수	200억 원
이랜드월드	2012. 2	이탈리아 '코치넬리' 인수	500억 원
이랜드파크	2013. 1	K-SWISS 인수	1,815억 원
	2013	베어스타운·돔아트홀·전주코아 등 인수	258억 원
	2014	풍림리조트 인수	300억 원
	2015	이에셋투자개발 지분 취득	200억 원
		글로리콘도 콘도미니엄 사업부 양수	200억 원
		광림레저개발 인수	300억 원
이랜드레저서비스	2010. 3	C&우방랜드 지분 취득	120억 원

최근 10년 이랜드월드 실적 및 그룹 주요 연혁

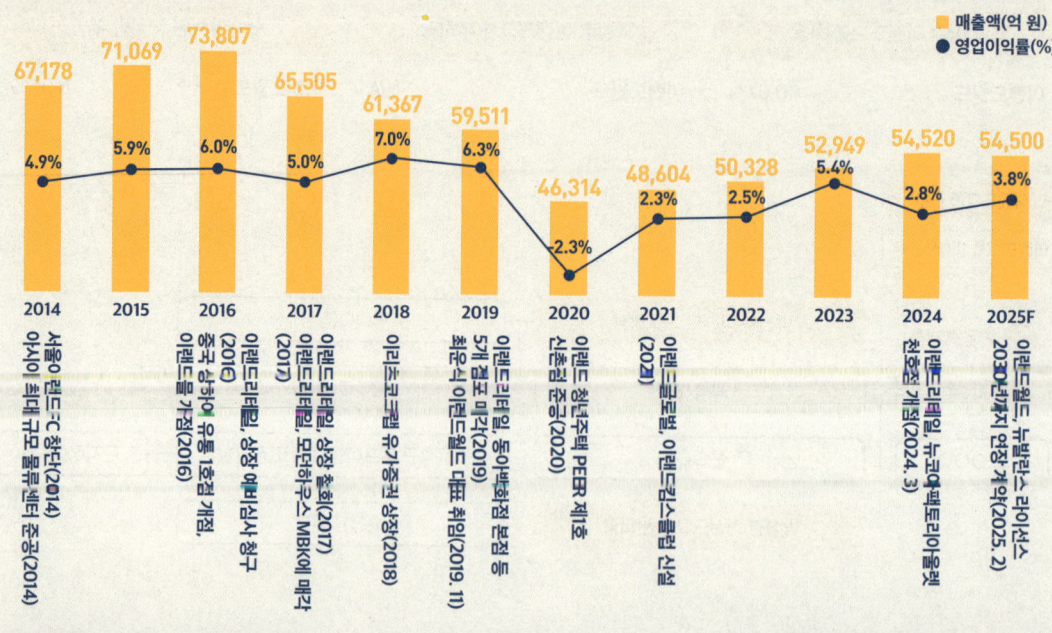

이랜드그룹 주요 계열사 매출액

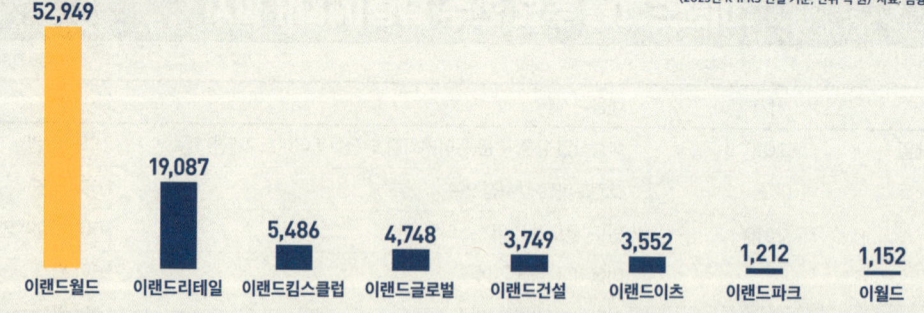

이랜드그룹 주요 계열사 매출액 비중

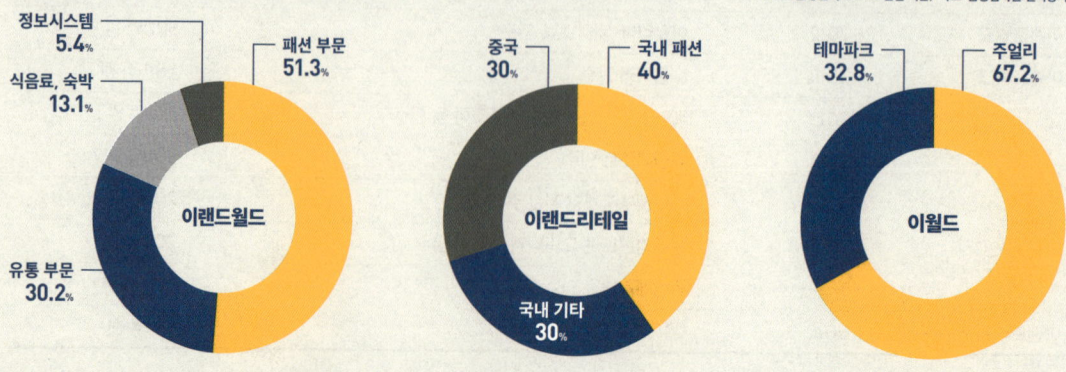

핵심 계열사 경영 현황 및 체크 포인트

이랜드월드 [비상장]

● 현황
이랜드그룹의 사업형 지주회사로 주력 사업은 패션이다. 글로벌 스포츠용품 브랜드 뉴발란스(New Balance, 한국 및 중국 사업권)와 독자 개발 SPA(제조·유통 통합생산, Specialty-retailer Private-label Apparel) 브랜드 스파오(SPAO)로 실적을 개선하고 있다. 뉴발란스와 스파오는 중국 시장에서도 인기를 끌고 있다. 1982년 설립됐다. 이 밖에 패스트 패션 브랜드 미쏘(MIXXO), 한식 뷔페 체인 자연별곡, 패밀리 레스토랑 체인 애슐리(ASHLEY) 등 150여 개 브랜드를 보유하고 있다.

✓ 체크 포인트
1. **중국 시장 성과:** 이랜드월드의 뉴발란스와 스파오는 중국 시장에서 성과를 내고 있다. 2024년 중국 시장 매출은 1조 6,000억 원으로 추정되며, 이는 2023년 대비 21.5% 증가한 수치다. 이랜드월드는 2025년까지 중국 시장 매출 규모를 한국 시장보다 확대할 계획이다. 뉴발란스 사업권 계약은 당초 2025년 만료 예정이었으나, 2025년 2월 재계약을 통해 2030년까지 연장됐다.
2. **자회사 이랜드리테일 실적 개선:** 이랜드월드는 이랜드리테일의 지분 100%를 보유하고 있으며, 이랜드리테일의 실적이 개선되면 연결 실적에 반영돼 그룹 전체의 재무 안정성과 성장성에 긍정적인 영향을 미친다. 2024년 6월 이랜드리테일은 천안 풍세산업단지 내 물류센터 리파이낸싱 등을 통해 현금 유동성을 확보했다.

이랜드리테일 [비상장]

● 현황
2001아울렛, 뉴코아아울렛, NC백화점, 동아백화점 등을 운영하고 있다. 국내 아울렛 시장 점유율 1위, 점포 수 1위를 기록하고 있다. 식품 할인점 킴스클럽도 운영하고 있다. 2022년 10월 이랜드리테일의 일부 사업을 이랜드글로벌, 이랜드킴스클럽으로 물적 분할했다. 1978년 12월 한신교육개발로 설립됐고, 1978년 뉴코아로 사명 변경했다가 2009년 이랜드월드의 유통사업 부문과 합병해 현재의 이랜드리테일이 됐다.

✓ 체크 포인트
1. **IPO 이슈:** 재무구조 개선을 위해 2017년부터 IPO를 추진해왔지만, 증시 침체 등으로 무산됐다. 시점을 특정할 수 없으나 IPO 재추진 가능성이 있다.

이월드 [코스닥]

● 현황
테마파크, 주얼리 사업을 영위하고 있다. '이월드(E-World)'라는 이름의 유럽식 테마파크를 1995년 대구광역시에 개장했다. 주얼리 부문의 브랜드로는 LLOYD(로이드), OST(오에스티), CLUE(클루), GRACE(그레이스) 등이 있다. 매출액 비중은 주얼리 67.2%, 테마파크 32.8%다. 2005년 설립됐다.

✓ 체크 포인트
1. **실물 경기:** 이월드의 주력 사업인 테마파크와 주얼리 비즈니스는 경기 영향을 크게 받는다. 주얼리는 대표적인 임의소비재(경기소비재, Consumer discretionary)로, 사람들은 경기가 좋을 때 테마파크에 방문하고 주얼리를 구매하는 경향이 있다.
2. **주얼리 사업:** 주얼리 사업이 매출의 과반을 차지하지만, 중저가 주얼리 시장 침체로 인해 감소세를 보이고 있다. 이에 대한 대안으로 '파인 주얼리(Fine Jewelry, 고급 보석)' 시장 공략에 나서고 있다.

2022년부터 연속 흑자행진, 중국 시장에서 '제2 도약' 노린다

이랜드그룹은 한국 재계와 소비자들에게 두 가지 모습으로 기억된다. 하나는 1980년 이화여대 앞 '잉글랜드'라는 작은 옷가게에서 시작해 거대 유통·패션 그룹으로 성장한 '2평 성공신화'이며, 다른 하나는 공격적인 M&A로 몸집을 키운 만큼 크고 작은 후유증을 겪으며 위기를 맞았다는 점이다.

이랜드그룹은 2000년대 중반부터 공격적인 인수합병을 통해 빠르게 사업을 확장했지만, 이 과정에서 재무 부담이 급격히 증가하며 부채비율이 300%를 넘어섰다. 이에 따라 2016년부터 티니위니, 모던하우스 등 주요 자산을 매각하며 재무구조 개선과 안정화를 위한 대대적인 구조조정을 단행했다. 현재 이랜드그룹은 중국 패션 시장의 진출 성공과 혁신적인 재고관리 시스템 도입을 통해 제2의 도약의 발판을 마련한 것으로 평가된다.

이랜드그룹은 2024 공정위 공시대상기업집단 48위를 기록했다. 전년 대비 2단계 하락했지만, 실적은 개선됐다. 그룹 매출액 4조 5,920억 원, 순이익 1,220억 원으로 전년 대비 각각 10.52%, 75.71% 증가했다(이하 K-IFRS 연결). 계열사는 이랜드리테일, 이랜드파크, 이랜드이츠, 이랜드인베스트(이상 비상장사), 이월드, 이리츠코크렙(이상 상장사) 등 31개사로 전년 대비 2개 감소했다. 2020~2021년 2년 연속 대규모 순손실을 마감하고 2022년부터 흑자로 돌아섰다.

주요 계열사의 매출을 살펴보면, 지주사이자 사업회사인 이랜드월드가 5조 2,949억 원으로 그룹 전체 매출의 절반을 차지한다. 이어 이랜드리테일(1조 9,087억 원), 이랜드킴스클럽(5,486억 원), 이랜드글로벌(4,748억 원) 순이다(2023 K-IFRS 연결). 사업 부문별 매출 비중은 패션 50%, 유통 40%, 기타 10%로, 패션 중심의 이랜드월드와 유통을 담당하는 이랜드리테일이 그룹의 양대 주력 계열사임을 알 수 있다.

이랜드월드, 뉴발란스·스파오 '쌍두마차' 실적 견인

이 가운데 실적 개선을 이끈 주역은 이랜드월드다. 2023년 매출액 5조 2,949억 원, 영업이익 2,884억 원, 당기순이익 160억 원을 기록하며, 전년 대비 매출과 영업이익이 각각 5.21%, 129.65% 증가했다. 당기순손익은 흑자로 전환하며 실적 개선에 큰 역할을 했다.

특히, 이랜드가 독점 판매권을 가진 미국 스포츠용품 브랜드 뉴발란스(New Balance)와 독자 SPA(제조·유통 통합생산, Specialty retailer·Private label·Apparel) 브랜드 스파오(SPAO)가 실적 개선을 주도했다.

뉴발란스는 2024년 매출액 1조 원을 돌파했다. 전년 대비 11% 증가했다. 이랜드가 2008년 국내 독점판매 계약을 맺을 당시만 해도 뉴발란스의 매출액은 250억 원에 불과했다. 그러다가 '5,000억 원(2020) → 6,000억 원(2021) → 7,000억 원(2022년) → 9,000억 원(2023년)'으로 급성장했다. 뉴발란스 993 시리즈, 530 시리즈를 비롯한 스포츠화가 인기를 끌었다. 일부 제품의 경우에는 '리셀(재판매)'되는 등 완판 행진을 이어갔다. 뉴발란스 530 라인은 2010년 출시 이후 생산이 중단됐으나, 이랜드월드가 미국 본사에 한국 시장에 맞는 색상을 제안하며 2020년 10년 만에 재출시됐고, 이른바 '어글리 슈즈' 붐을 타고 큰 성공을 거뒀다.

뉴발란스는 중국에서도 큰 인기를 얻고 있다. 이랜드월드는 중국 현지에 이랜드패션상하이(E-Land Fashion Shanghai)와 이랜드패션차이나홀딩스(E-Land Fashion China Holdings) 등 법인을 설립해 뉴발란스를 판매하고 있다. 뉴발란스 키즈는 중국 시장에서 효자 상품으로 자리 잡으며, 출시 5년째인 2018년 매출 1,000억 원을 돌파한 데 이어, 2023년에는 2,000억 원을 넘어섰다.

스파오 역시 큰 인기를 끌고 있다. 2023년 매출액은 4,800억 원으로, 전년 대비 20% 증가했다. 가장 큰 비결로 효율적인 재고 관리가 꼽힌다. 의류 제품의 성패를 좌우하는 재고를 줄이기 위해, 스파오는 '2일 생산기법'으로 불리는 혁신적인 재고관리 시스템을 도입했다. 이 시스템은 공장에서 이틀 내로 제품을 생산해 주말에 매장 판매를 시작하고, '히트' 조짐이 보이면 글로벌 생산기지에서 추가 생산을 시작해 5일 이내에 매장에 진열하는 방식이다.

고물가 상황에서도 가격을 동결하거나 낮추는 전략으로 소비자 부담을 덜어준 것도 성공 요인으로 꼽힌다. 스파오는 중국에서도 성장세를 이어가며, 2023년 119개였던 매장을 2024년 140개로 확대 운영하고 있다.

외식사업도 흑자 전환에 성공했다. 중저가 외식 브랜드 '애슐리'를 운영하는 이랜드이츠는 2023년 매출 3,552억 원, 영업이익 177억 원, 당기순이익 263억 원을 기록하며 전년 대비 각각 40.1%, 195.0%, 202.3% 증가했다. 성공 요인으로는 200여 종의 다양한 메뉴를 합리적인 가격에 제공하고, 매장 형태를 '애슐리 퀸즈'로 통합해 샐러드바와 한식, 바비큐, 초밥 등 차별화된 메뉴 구성을 강화한 점이 꼽힌다. 외식 트렌드 변화에 맞춘 메뉴 혁신과 고객 중심의 매장 운영 역시 흑자 전환에 기여한 것으로 분석된다.

하지만 또 다른 주력사 이랜드리테일은 여전히 팬데믹 후유증에서 여전히 벗어나지 못하고 있다. 2023년 매출액은 1조 9,087억 원으로 전년 대비 18.11% 증가했으나, 영업이익은 551억 원으로 17.52% 감소했고, 당기순손실도 839억 원을 기록했다. 주요 사업인 2001아울렛, 뉴코아아울렛, 킴스클럽 등 오프라인 유통점이 팬데믹 이후 지속된 경기 침체와 소비 트렌드 변화로 부진을 겪은 탓이다. 그러나 2025년에는 흑자 전환이 예상되며 실적 회복에 대한 기대감을 키우고 있다.

중국 시장에서의 실패 복기해 '제2 도약' 안착

이 같은 성과를 얻기까지 이랜드그룹은 수업료를 치러야 했다. M&A로 급성장하다 중국 시장에서 시행착오를 맛보며, 그룹 전체가 유동성 위기에 몰렸기 때문이다.

2000년대 초반까지 이랜드그룹은 '중국 진출 교과서'로 손꼽혔다. 1994년 중국 시장에 진출한 이랜드는 연간 5,000명의 현지 직원을 채용하고, 8,000여 개의 패션 매장을 운영하며 '선점자의 이점'을 톡톡히 누렸다. 이 시기 이랜드는 적극적인 M&A를 통해 규모를 빠르게 확장했다. 이랜드그룹은 2004년 뉴코아, 2006년 카르푸(Carrefour) 인수를 통해 국내 유통 시장에서 입지를 강화했다. 이후 2010년 대구 동아백화점과 서울 그랜드백화점 강서점을 인수하며 유통망을 더욱 넓혔다.

글로벌 패션·제화 사업도 공격적으로 확대했다. 2011년 만다리나덕(Mandarina Duck)과 엘칸토, 2012년 코치넬레(COCCINELLE), 2013년 케이스위스(K-Swiss)를 인수하며 글로벌 시장에서의 입지를 다졌다. 또, 2016년 제주·청평 풍림리조트를 인수하며 리조트 사업에도 진출했다.

이랜드그룹은 M&A에 필요한 자금을 외부 차입으로 조달했다. 자금 부담이 상당했지만, 2014년까지는 통제 가능한 수준이었다. 당시 중국 패션 사업이 순조롭게 성장하고 있었기 때문이다. 그러나 2015년부터 문제가 본격화됐다. 국내 패션 사업 실적이 악화되면서 재무 불안정이 시작됐고, 여기에 중국 시장마저 흔들리기 시작했다. 중국 패션 시장의 중심이 'SPA' 브랜드로 빠르게 이동했지만, 이랜드는 변화에 대응하지 못했다. 그 결과, 2010년 2조 5,000억 원 수준이던 순차입금이 2015년 말 4조 5,000억 원으로 급증했다.

이랜드그룹은 위기 대응을 위해 2017년부터 대대적인 재무구조 개선에 나섰다. 같은 해 5월, 이랜드리테일은 모던하우스 지분 100%를 MBK파트너스에 7,130억 원에 매각하며 급한 불을 껐다. 이후 2019년 동아백화점 본점을 포함한 5개 매장을 2,680억 원에 매각하고, 티니위니 브랜드도 처분했다. 동시에 이랜드리테일의 상장 계획을 발표하며, 공모 자금을 통해 재무구조를 개선하겠다는 전략을 세웠다.

이랜드그룹 재무구조 개선 현황

자료: 이랜드그룹

시기	내용	규모	결과
2015. 7	뉴코아아울렛 동수원점·인천점 등 매각 후 재임대	9,100	완료
2016. 3	이랜드리테일 IPO 결정	-	연기
	킴스클럽 매각 결정	-	티니위니 매각으로 선회
2016. 8	홍대입구역·합정역 인근 부지 및 마곡상가 부지 매각	2,500	매각 완료
2017. 1	티니위니 매각	8,770	매각 완료
2017. 5	모던하우스, MBK파트너스에 매각	7,130	매각 완료
2019	동아백화점 본점 등 5개 매장 매각	2,680	매각 완료

이러한 구조조정을 통해 이랜드그룹은 위기를 극복하는 데 성공했다. 그런데 단순히 생존하는 데 그치지 않고, 실패를 복기하고 학습하며 중국 시장에서 '제2의 도약'을 이뤄냈다. 이는 중국 시장에서 실패한 후 철수한 다른 한국 대기업들과 대조적이다.

2023년은 중국 시장 재도약의 원년으로 평가된다. 핵심 전략은 '한국화'다. 과거 이랜드는 중국 시장에서 현지화(Localization)에 주력했으나, 2023년부터 한중 패션 사업의 완전한 통합을 추진했다. 과거에는 양국 법인이 별도로 운영돼 제품, 광고, 매장 구성 등이 달랐지만, 이제는 모든 것을 한국과 동일하게 운영하고 있다. 예를 들어, 스파오는 2023년부터 중국 매장을 한국 매장과 똑같이 꾸몄다. 이 변화는 중국 소비자들에게 '패션 선진국 한국과 동일한 매장'이라는 이미지를 부각하며 긍정적인 반응을 얻었다. 세련된 매장 디자인과 트렌디한 상품 디스플레이를 통해 현지 소비자에게 높은 호감을 불러일으킨 것이다.

이 전략은 K-브랜드로서의 입지를 강화하는 동시에, 이랜드월드의 매장 설계와 출점 효율성을 높이는 효과를 가져왔다. 2023년의 변화는 이랜드가 중국 시장에서 다시 한번 성장 궤도에 오를 수 있는 중요한 기반이 됐다는 평가다.

이랜드월드가 완전한 정상화에 도달하기까지는 과제가 남아 있다. 하지만 재무구조 개선은 눈에 띄는 성과로 평가된다. 2024년 3분기 기준 이랜드월드의 부채비율은 211%(K-IFRS 연결)로 감소했다. 이는 유휴 자산 매각과 효율적 자금 운용의 결과로, 향후 글로벌 시장 확

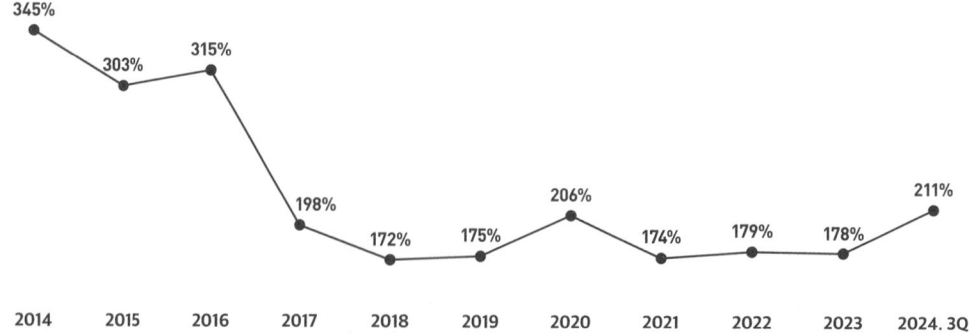

이랜드월드 부채비율 추이　　　　　　　　　　　　　　　(K-IFRS 연결 기준) 자료: 이랜드월드 사업보고서

2014	2015	2016	2017	2018	2019	2020	2021	2022	2023	2024. 3Q
345%	303%	315%	198%	172%	175%	206%	174%	179%	178%	211%

장과 신규 투자에 긍정적인 요인이 될 것으로 보인다.

　이랜드그룹은 14억 인구를 가진 중국 시장에서 제2 도약에 성공하며 성장의 기폭제 역할을 하고 있다. 한국 재계를 돌아보면, 이마트, 롯데백화점, 롯데마트 등 많은 대기업이 중국 시장에 도전했지만 실패했다. 중국은 '14억의 거대 시장'이라 불리지만, 쉬운 시장이 아니다. 오리온이 먹거리로 중국에서 성공했다면, 이랜드는 한중 사업 통합과 K-브랜드 이미지 강화를 통해 패션으로 유일하게 중국 시장에서 성공을 거둔 한국 대기업으로 자리매김했다. 이러한 성과는 이랜드가 글로벌 시장에서 꾸준히 성장할 수 있는 기반을 마련했음을 보여준다.

　이랜드월드는 뉴발란스 라이선스를 2030년까지 연장하는 계약을 2025년 2월 뉴발란스와 체결했다. 뉴발란스는 재계약과 함께 한국 지사를 설립해 2027년 1월 1일부터 운영한다. 두 회사는 한국이 뉴발란스의 핵심 글로벌 시장으로 자리매김할 수 있도록 협력할 계획이다.

제2 도약 이랜드, 안정성 추구한다면 '리츠 주'로 가치 UP

이랜드그룹은 박성수 창업 회장이 사업형 지주사인 이랜드월드(지분율 40.67%)를 통해 그룹사에 경영권을 행사하는 지배구조를 가졌다. 이랜드월드는 이랜드리테일(100%), 이월드(13.8%), 이랜드파크(51.0%), 이랜드인베스트(100%)를 소유하고 있다. 비상장사인 이랜드월드는 사실상 박성수 회장 일가가 지분 100%를 보유하고 있으며, 자사주 비율도 44.7%로 절반에 가깝다. 소액주주 지분은 1% 미만에 불과하다(2024. 6).

박성수 창업 회장은 '은둔의 경영자'로 알려져 있다. 광주일고와 서울대 건축공학과를 졸업할 무렵, 그는 희귀병인 근육무력증에 걸려 수년간 투병 생활을 했다. 완치 후 취업 시기를 놓치면서 1980년 서울 이화여대 앞에 2평 규모의 보세 옷가게 '잉글랜드'를 열며 장사에 뛰어들었다. 이 가게는 패션의 중심지 영국에서 영감을 받아 이름 지었고, 이랜드그룹의 시작이 됐다.

당시 이대 앞 상권은 유행의 중심지였으며, 여대생 감각을 반영한 옷들이 인기를 끌었다. 이를 기반으로 박 회장은 1986년 가게 이름을 이랜드로 바꾸고 법인화를 단행했다. 이후 브렌따노, 헌트, 언더우드 등 브랜드를 잇달아 성공시키며 국내 패션 시장에 큰 영향을 미쳤다. 특히, 프랜차이즈 방식을 국내 최초로 도입해 1993년 전국에 가맹점 2,000여 개를 운영하는 성과를 냈다.

박 회장의 부인 곽숙재 씨는 이랜드 창업 초기부터 함께했던 직원이었다. 슬하에 1남 1녀가 있으나 경영에는 참여하지 않는다. 박 회장의 여동생 박성경 부회장은 이화여대 섬유예술과를 졸업한 뒤 이랜드의 의류 디자인을 맡아 성과를 냈으나, 이랜드그룹의 지분은 보유하고 있지 않다. 박 부회장의 장남 윤충근은 엔터테인먼트 사업을 운영하며 그룹과 무관한 길을 걷고 있다. 박성수 회장은 2019년 1월 여동생 박성경 부회장과 함께 경영 일선에서 물러났지만, 여전히 직원들과 직간접적으로 소통하고 있는 것으로 알려졌다.

고배당 상장 리츠주, 이리츠코크렙

이랜드그룹에 소속된 상장사는 이월드와 이리츠코크렙 2개사다. 이 중 이리츠코크렙은 배당주로 꼽힌다.

이리츠코크렙은 국내 주식시장에서 유일한 CR리츠(기업구조조정 리츠, Corporate Restructuring REITS) 주식이다. CR리츠는 투자자들로부터 자금을 모아 부동산에 투자해 운영하고 그 수익을 투자자에게 돌려주는 리츠(REITS, Real Estate Investment Trust)의 일종인데, 기업 구조조정으로 미분양된 부동산을 매입 운용한다는 특징이 있다. 리츠는 수익률이 예금보다 높고 안정성이 있다는 장점이 있다.

이랜드리테일이 지분 45.0%를 보유하고 있고, 이밖에 미래에셋자산운용(11.7%), 코람코주택기금(6.80%), 소액주주(29.48%)가 지분을 보유하고 있다. 이리츠코크렙은 NC백화점 야탑점, 뉴코아아울렛 일산점, 뉴코아아울렛 평촌점을 비롯한 리츠 자산을 포함해 총 5개의 수도권 아울렛을 보유하고 있다. 꾸준히 고배당 정책을 유지하고 있는데, 이는 모기업 이랜드리테일에 배당이 지급되는 것과 관련 있다. 스폰서인 이랜드리테일이 해당 자산에 책임 임차인으로 있는 만큼 공실 우려 없이 임대료 수익을 얻을 수 있기 때문이다.

이리츠코크렙은 2018년 코스피에 상장했고, 2023년까지 연평균 220억 원의 배당금을 지급했다. 이 가운데 이랜드리테일이 수령한 연평균 배당금은 137억 원이다. 2023년 이랜드리테일은 이리츠코크렙으로부터 배당금 112억 원을 수령했는데, 시가배당률로 환산하면 7.2%다. 이는 동일한 대기업 스폰서 리츠인 롯데리츠(5.91%), SK리츠(5.28%)를 포함해 21개 상장 리츠 가운데 최고 수준으로 평가된다.

- 이월드는 테마파크, 주얼리 사업을 영위하고 있는데, 양대 사업 모두 수익성을 개선해야 하는 과제를 안고 있다. 2020년(-154억 원), 2021년(-138억 원), 2023년(-94억 원)의 당기순손실을 기록했다. 경기침체의 영향이 크다. 주얼리 부문의

브랜드로는 LLOYD(로이드), OST(오에스티), CLUE(클루), GRACE(그레이스) 등이 있다. 매출액 비중은 테마파크 32.8%, 주얼리 67.2%다(2024. 6).

NOTICE — **알고 갑시다!**

리츠(REITs, Real Estate Investment Trusts)는 무엇인가

리츠 주식은 부동산 자산에서 발생하는 수익을 투자자에게 배당하는 구조로, 부동산 투자와 주식 투자의 장점을 결합한 금융 상품이다. 리츠 주식은 높은 배당 수익과 안정적인 투자를 원하는 투자자들에게 적합하며, 부동산 자산에 소액으로 간접 투자할 수 있다는 점에서 매력적이다. 하지만 금리 변화와 부동산 경기 변동에 민감하다는 점을 고려해야 하며, 투자 전에 리츠의 자산 구성, 공실률, 배당 안정성 등을 꼼꼼히 분석할 필요가 있다. 주된 특징은 다음과 같다.

1. 배당 수익
리츠는 부동산투자회사법에 따라 배당가능이익의 90% 이상을 주주에게 배당해야 법인세 감면 혜택을 받을 수 있다. 따라서 소득의 90% 이상을 배당금으로 분배하는 경향성이 있다. 일반 주식보다 배당 수익률이 높아, 주로 안정적인 현금 흐름을 원하는 투자자들에게 적합하다. 국내 리츠의 평균 배당 수익률은 약 5~7%로, 이는 예금 금리나 일반 주식의 평균 배당 수익률을 상회한다.

2. 부동산 간접 투자
리츠 주식을 보유하면 직접 부동산을 매입하지 않고도 상업용 건물, 물류센터, 주거용 부동산 등 다양한 자산에 간접적으로 투자할 수 있다. 특히, 전문적인 자산 관리팀이 부동산 운영과 임대 관리를 맡기 때문에 투자자는 관리 부담 없이 안정적인 수익을 기대할 수 있다. 또한, 소액 투자로도 부동산에 투자할 수 있는 기회를 제공한다.

3. 안정성과 변동성
리츠는 부동산 자산에서 발생하는 임대료나 매각 수익을 기반으로 하기에 일반 주식보다 상대적으로 안정적이다. 그러나 부동산 경기 변동이나 금리 상승이 임대 수익과 자산 가치에 영향을 미칠 수 있어, 외부 부동산 상황에 따라 변동성이 생길 수 있다.

4. 금리 민감도
리츠는 일반적으로 레버리지(부채)를 활용해 부동산 자산을 매입한다. 금리가 상승하면 리츠의 이자 비용이 증가해 수익성이 떨어질 수 있다. 반대로 금리가 하락하면 이자 부담이 줄고, 부동산 시장에 유입되는 자금이 증가하면서 리츠의 자산 가치와 배당 매력이 높아질 수 있다.

5. 포트폴리오 다변화
리츠는 투자 자산의 유형과 지역에 따라 다각화가 가능하다. 상업용 부동산, 물류센터, 데이터센터, 주거용 건물 등 다양한 자산에 투자할 수 있으며, 특정 지역이나 국가의 리스크를 회피하기 위해 글로벌 리츠에도 투자할 수 있다. 특히, 데이터센터나 물류센터 같은 특화된 리츠는 높은 성장 가능성을 지니고 있어 투자자들에게 매력적이다.

6. 유동성과 접근성
리츠 주식은 증권거래소에서 일반 주식처럼 자유롭게 거래된다. 이는 직접 부동산에 투자할 때와 달리, 리츠는 높은 유동성을 제공해 필요 시 신속하게 매도할 수 있다. 또한, 소액 투자자도 쉽게 투자할 수 있다는 장점이 있다.

7. 투자 자산의 유형
리츠는 투자 자산에 따라 여러 유형으로 나뉜다. 상업용 리츠는 쇼핑몰, 오피스, 리조트, 주거용 리츠는 아파트, 주거용 건물에, 물류 리츠는 물류센터, 데이터센터 같은 산업용 자산에 투자한다. CR리츠(기업구조조정 리츠)는 미분양 부동산이나 구조조정이 필요한 부동산을 매입해 운영한다.

08 애경그룹 (AK홀딩스)

**'생활용품' 팔아
'항공기' 띄우고
글로벌 'K-뷰티'
도전한다**

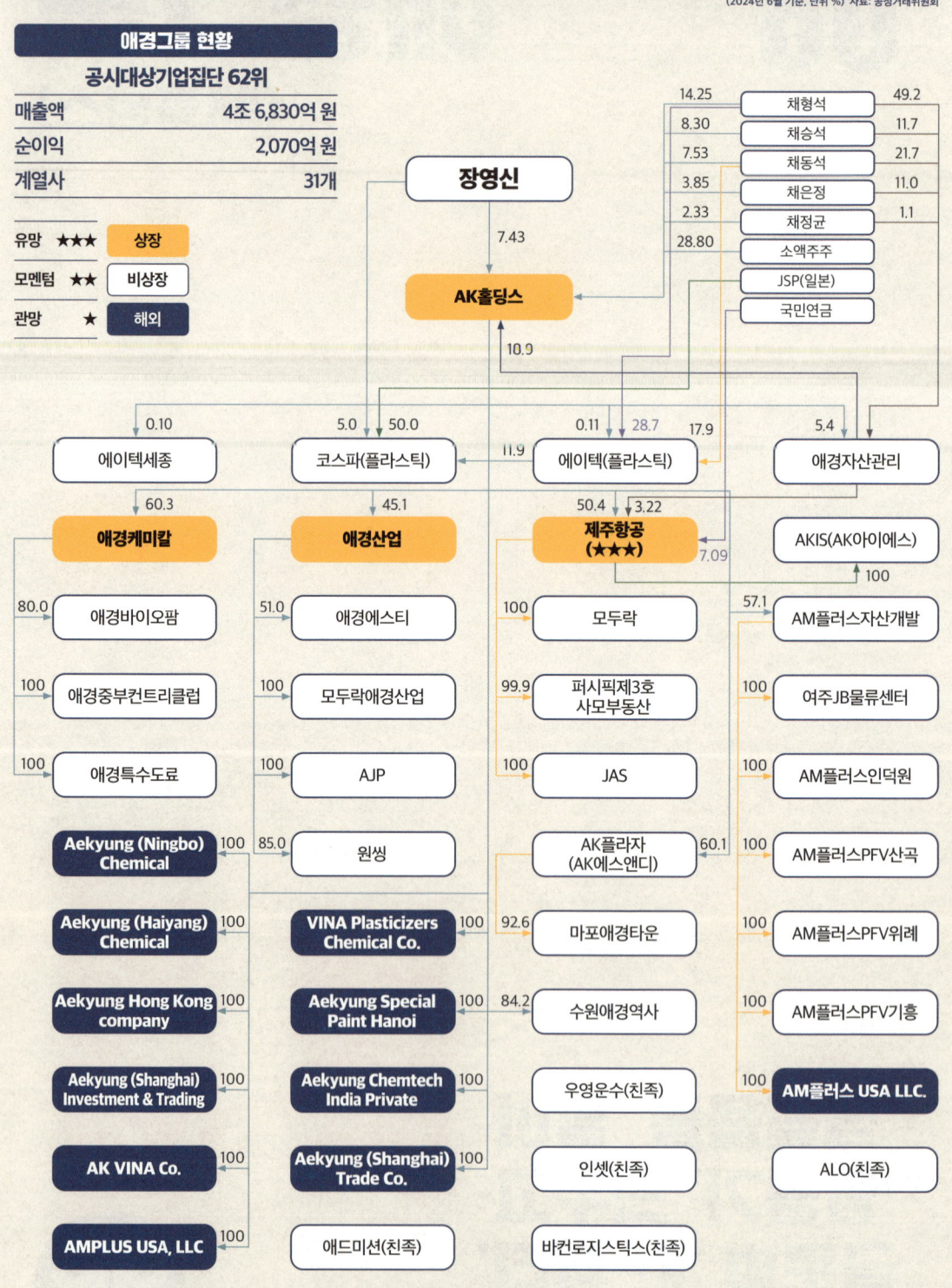

애경그룹 오너 가계도 및 핵심 관계자 지분 현황

(2024년 6월 기준) 자료: 공정거래위원회

장영신 AK홀딩스 회장		채형석 AK홀딩스 총괄부회장		채동석 AK홀딩스 부회장		채승석 전 애경개발 사장		채은정 애경산업 부사장	
AK홀딩스	7.4%	AK홀딩스	14.3%	AK홀딩스	7.5%	AK홀딩스	8.3%	AK홀딩스	3.9%
애경자산관리	5.4%	애경케미칼	0.6%	애경케미칼	0.6%	애경케미칼	0.5%	애경케미칼	0.2%
에이텍	0.1%	애경바이오팜	0.4%	애경바이오팜	0.4%	애경바이오팜	0.7%	애경바이오팜	0.2%
에이텍세종	0.1%	AK플라자	0.1%	AK플라자	0.1%	AK플라자	0.1%	AK플라자	0.1%
코스파	5.0%	애경자산관리	49.2%	애경자산관리	21.7%	애경자산관리	11.7%	애경자산관리	11.0%
		에이텍	28.7%	에이텍	17.9%	에이텍	3.3%	코스파	5.0%
		에이텍세종	28.7%	에이텍세종	17.9%	에이텍세종	3.3%	애드미션	6.7%
				코스파	5.0%	코스파	5.0%		

- 애경그룹 근무
- 애경그룹 비(非)근무

- 고 채몽인 창업주
- 장영신 AK홀딩스 회장
  - 채○○
    - 채형석 AK홀딩스 총괄부회장(장남)
      - 이태성 세아그룹 부사장
      - 채문선(장녀)
      - 채수연(차녀)
      - 채정균(장남)
  - 안용찬 전 제주항공 부회장
  - 채은정 애경산업 부사장(장녀)
      - 허희수 SPC그룹 부사장
      - 안리나(장녀)
      - 안세미(차녀)
  - 채동석 AK홀딩스 부회장(차남)
  - 이정은
      - 채문경(장녀)
      - 채수경(차녀)
  - 채승석 전 애경개발 사장(3남)

애경그룹 연혁

자료: AK홀딩스 사업보고서

- 1945. 9 — 대륭양행 설립
- 1979. 4 — 애경화학(현 애경케미칼) 설립
- 1985. 4 — 애경산업 설립
- 1993. 9 — 애경백화점(현 AK플라자) 개점
- 2005. 1 — 제주항공 설립
- 2012. 9 — AK홀딩스 설립
- 2012. 9 — 애경유화(현 애경케미칼) 상장
- 2015. 11 — 제주항공 상장
- 2018. 3 — 애경산업 상장

최근 10년 애경그룹 실적 및 그룹 주요 연혁

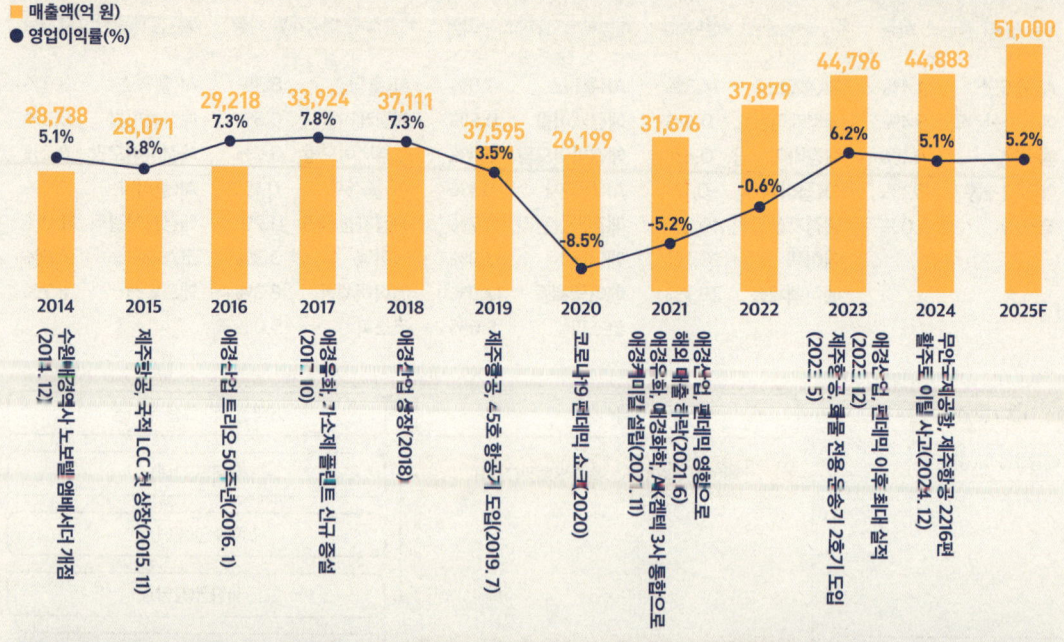

애경그룹 주요 계열사 매출액

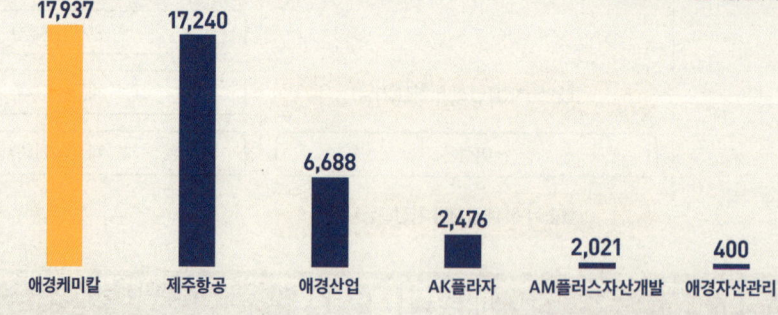

애경그룹 주요 계열사 매출액 비중

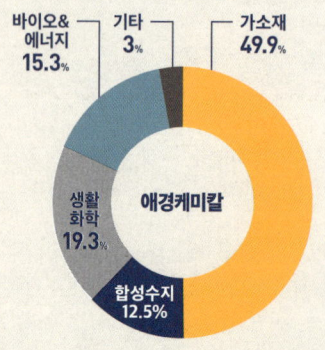
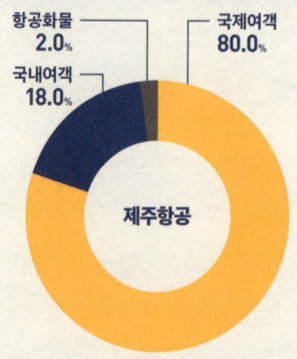
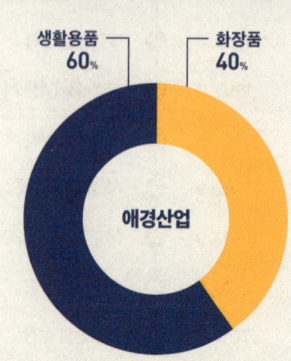

핵심 계열사 경영 현황 및 체크 포인트

애경케미칼 [코스피]

● **현황**
플라스틱을 유연하게 하는 가소제와 그 원료인 PA(무수프탈산), UPR(불포화 폴리에스터 수지), 이소시아네이트 경화제, 계면활성제, 바이오디젤 등을 생산한다. 가소제는 연간 58만 톤을 생산하며 국내 1위, 글로벌 4위를 기록하고 있으며, 무수프탈산도 연간 21만 톤을 생산하며 국내 시장 점유율 1위를 차지한다. 이 두 제품을 포함한 가소제 사업부 매출 비중이 전체의 절반가량을 차지한다. 신사업으로 차세대 소듐 이온 전지(SIB) 음극재용 하드카본을 개발하고 있으며, 아라미드 핵심 소재인 TPC 공장을 설립 중이다. 2021년 11월 애경유화, 애경화학, AK켐텍의 합병으로 설립됐다.

✓ **체크 포인트**
1. **중국 기업과의 경쟁**: 중국 기업의 PA 생산 확대로 2020년 LG화학이 여수 공장을 철수했고, 이에 따라 애경케미칼의 독점적 지위가 강화됐다.
2. **신성장 동력**: 소듐 이온 전지 음극재용 하드카본이 14개 배터리 업체에서 성능 테스트 중이며, 2025년부터 설비 투자가 예정돼 있다. 또한, 2026년 1월부터 아라미드 핵심 원료 TPC가 공급될 예정으로, 3,000~4,000억 원의 추가 매출이 기대된다.

제주항공(★★★) [코스피]

● **현황**
국내 LCC(저비용항공사, Low Cost Carrier) 1위 사업자이며 41대의 항공기를 보유하고 있다. 국제선 시장 점유율 31%, 국내선 시장 점유율 65%를 기록하고 있다(이상 2023. 12). LCC 최초로 화물 전용기를 도입해 사업을 확대했다. 호텔 사업체 홀리데이 인 익스프레스 서울 홍대, 장애인 표준사업장 모두락, 지상조업 서비스 제이에이에스 등의 자회사를 통해 사업 다각화를 진행하고 있다.

✓ **체크 포인트**
1. **대한항공-아시아나항공 합병**: 대한항공·아시아나항공 기업 결합 이후 LCC 3사(진에어, 에어부산, 에어서울) 통합이 추진되면 경쟁 완화로 국제선 운임이 상승할 가능성이 있으며, 이는 제주항공에 긍정적 영향을 줄 것으로 예상된다.
2. **중단거리 노선 경쟁 완화**: 경쟁사들이 장거리 노선에 집중하면서 제주항공이 주력하고 있는 중단거리 노선의 경쟁력이 개선되고 있다.
3. **유가, 환율**: 항공사의 비용 중 연료비는 약 35%로 가장 비중이 높다. 유가와 환율이 오르면 연료비가 증가한다.
4. **제주항공 여객기 참사**: 2024년 12월 29일, 제주항공 7C2216편 여객기의 무안국제공항 사고로 탑승객 181명 중 179명이 사망하는 참사가 발생했다. 항공철도사고조사위원회가 사고 원인을 조사하고 있다.

애경산업 [코스피]

● **현황**
화장품과 생활용품을 주력으로 하는 생활뷰티 선도 기업이다. 매출액 비중은 생활용품 60%, 화장품 40%다(2024 상반기). 해외 매출 비중은 약 40%다. 화장품 부문은 에이지투웨니스(AGE20'S), 루나(LUNA) 등의 브랜드를 보유하고 있다. 생활용품 부문은 리큐(LiQ), 2080, 케라시스 등의 브랜드로 세제, 치약, 샴푸 등을 생산하고 있다.

✓ **체크 포인트**
1. **중국 의존도**: 화장품 수출의 약 80%를 중국이 차지하고 있어서 중국 소비 환경에 큰 영향을 받는다.
2. **비중국 시장 확대**: 일본에서 '루나' 브랜드의 오프라인 채널 확장, 미국에서 AGE20'S의 온라인 침투율 증가 등 비중국 사업 확대를 통한 수출 다변화를 추진 중이다. 후발 주자이지만 안정적인 브랜드 파워를 기반으로 점진적인 성장이 기대된다.

'제주항공'으로
재계 진입,
'애경케미칼'로
미래 먹거리 찾는다

치약, 치솔, 비누, 샴푸, 물티슈. 이들 제품군의 공통점은 '소비자는 언제든 떠날 준비가 돼 있다'로 요약된다. 품질이 비슷하고 가격이 조금이라도 저렴한 또 다른 제품이 나오면 소비자는 순식간에 '사라져버린다.' 경제학 용어로 풀어 쓰면, 수요의 가격 탄력성(Price elasticity of demand)이 매우 높은 상품들이다.

그런데 이 제품군을 팔아 한국 재계에 당당히 진입한 대기업집단이 있다. 치약, 비누 등 생필품 기반으로 지금은 거대 규모의 항공사까지 운영하고 있다. 게다가 최근에는 K-뷰티로 글로벌 시장에서도 두각을 나타내고 있다. AK홀딩스를 지주사로 둔 애경 그룹이 그 주인공으로, 팬데믹 위기를 극복하고 제2의 도약에 나서면서 향후 행보에 관심이 집중되고 있다.

애경그룹은 2024년 공정위 공시대상기업집단 62위를 기록했다. 전년 대비 1단계 올라섰다. 그룹 전체 매출액 4조 6,830억 원, 순이익 2,070억 원으로 전년 대비 매출액은 20.94% 증가했고, 순이익은 54.56% 감소했다(이하 K-IFRS 연결). 계열사는 애경케미칼(화학), 애경산업(생활용품, 뷰티), 제주항공(이상 상장사), AK플라자(유통, 옛 AK에스앤디), 애경자산관리 등 31개사로 전년 대비 3개 감소했다. 주요 계열사 매출액은 애경케미칼(1조 7,937억 원)과 제주항공(1조 7,240억 원)이 가장 많고, 이어 애경산업(6,688억 원), AK플라자(2,476억 원), AM플러스자산개발(2,021억 원), 애경자산관리(400억 원) 순이다(2023).

이 가운데 애경그룹을 대기업집단으로 도약시킨 계열사는 국내 1위 LCC(저비용항공사, Low Cost Carrier) 제주항공이다. 애경그룹은 지난 2005년 제주특별자치도와 합자해 제주항공(당시 제주에어)을 설립했다. 고 채몽인(1917~1970) 애경그룹 창업주가 제주도 출신인 것이 영향을 미쳤다. 초기에는 제주도와 합자하는 방식이었지만, 이후 유상증자를 거치며 현재 애경그룹이 최대주주(50.4%)로 책임 경영을 하고 있다. 2대 주주는 국민연금(6.08%)이며, 국내 LCC 시장 점유율 27%를 기록하고 있다.

애경그룹의 제주항공 사업 진출은 성공적인 사례로 평가된다. 제주항공이 AK홀딩스의 계열사가 되면서 애경그룹의 규모가 커졌고, 2019년 공정거래위원회 대기업집단에 처음으로 이름을 올렸기 때문이다(62위). 제주항공은 팬데믹으로 인한 충격으로 2019년부터 2022년까지 대규모 적자를 기록했으나, 2023년에는 매출액 1조 7,240억 원, 영업이익 1,698억 원, 순이익 1,343억 원으로 흑자 전환에 성공했다. 국내 저비용항공사(LCC) 중 최초로 국제선에 취항했고, 2015년 11월 코스피에 상장하며 국내 LCC 업계를 이끌고 있다.

현재 제주항공은 화물 전용 운송기 2대를 포함해 총 42대의 항공기를 보유하고 있으며, 이는 국내 LCC 중 가장 많은 규모다. 최근 도입한 차세대 항공기 보잉 737 MAX 8 기종(2대 보유)은 기존 보잉 737과 동일한 형태와 부품을 활용할 수 있어 인력 및 인프라를 그대로 사용하면서도 연료 효율이 15% 개선되고 항속 거리가 약 1,000킬로미터 늘어난 기종이다.

제주항공은 최근 항공화물 운송에도 나서며 국내 LCC 중 유일하게 화물 전용 운송기를 보유하고 있다. 팬데믹을 계기로 여객 중심의 수익구조에서 벗어나 안정적인 매출을 기대할 수 있는 항공 운송 분야에 꾸준한 관심을 가져왔다. 화물 운송의 매출 비중은 아직 작지만, 2023년 3분기 화물 운송량은 4,690톤으로 전년 대비 60% 증가했다. 한때 아시아나항

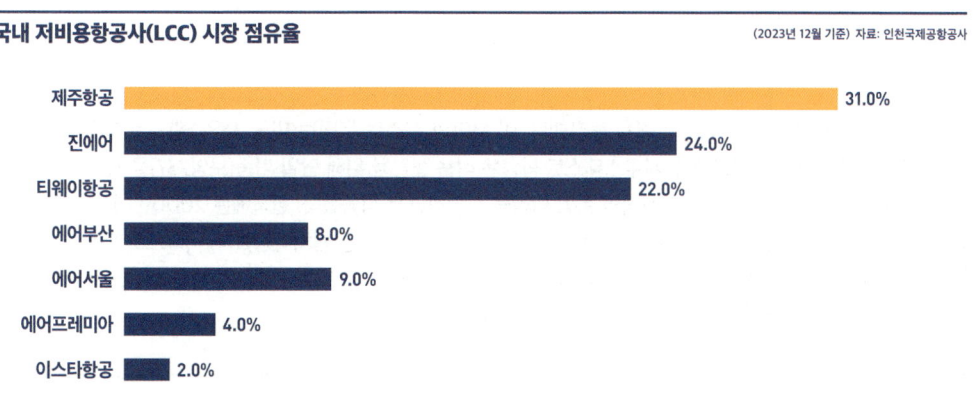

국내 저비용항공사(LCC) 시장 점유율 (2023년 12월 기준) 자료: 인천국제공항사

항공사	점유율
제주항공	31.0%
진에어	24.0%
티웨이항공	22.0%
에어부산	8.0%
에어서울	9.0%
에어프레미아	4.0%
이스타항공	2.0%

공 화물사업부 인수에 관심을 보였으나 무산됐다.

다만, 2024년 12월 29일 무안국제공항에서 발생한 7C2216편 사고는 제주항공에 큰 충격을 안겼다. 이 사고로 탑승객 181명 중 179명이 목숨을 잃는 참사가 발생했으며, 항공철도조사위원회에서 사고 원인을 조사하고 있다. 사고 이후 제주항공은 안전 관리 체계를 전면 재점검하고, 재발 방지를 위한 구체적인 방안을 마련하고 있다. 단기적으로는 이 사고

NOTICE | **알고 갑시다!**

저비용항공사(LCC)의 특징은 무엇일까

LCC는 항공산업에서 새롭게 주목받는 형태의 항공사다. 기내 서비스를 최소화하고, 짧은 지상 대기 시간으로 비용을 절감해 저렴한 항공 서비스를 제공한다. 수하물, 기내 식사, 좌석 선택 등도 부가서비스로 유료화해 추가 수익을 창출하며, 온라인 직접 판매를 통해 판매수수료까지 절감한다. 여기에 반대되는 개념은 FSC(풀서비스항공사, Full-Service Carrier)이며 기내식, 좌석선택, 수하물 처리 등이 기본 요금에 포함된다. 이코노미, 비즈니스, 퍼스트 클래스 등 다양한 좌석을 운용한다. 또한, 국제선 장거리 노선에 강점을 갖고 있으며, 다양한 허브 공항을 통해 연결편을 제공하는 특징이 있다.

LCC(저비용항공사), FSC(대형항공사) 비교

LCC(저비용항공사)	FSC(풀서비스 대형항공사)
제주항공, 진에어 등 6개사	대한항공, 아시아나항공
단거리, 중거리 운항	단거리, 중거리, 장거리 운항
탑승권 직접 판매	탑승권 직간접 판매 병행
탑승 요금 저렴	탑승 요금 고가
여객 운송 위주	여객, 화물 운송
거점 운영(Point to Point)	터미널 방식(Hub and Spoke)

LCC는 1970년대 미국에서 처음 등장했다. 이 분야의 퍼스트 무버는 미국 사우스웨스트 항공으로 1971년 텍사스에서 설립됐다. 사우스웨스트 항공은 비용 절감을 위해 단일 기종(보잉737)을 사용하고, 비핵심 공항을 이용하는 등 혁신적인 운영 방식을 도입하면서 성공했다. 한국에는 2000년대 초반 등장했다. 제주항공은 2005년 설립하면서 사우스웨스트 항공 모델을 벤치마킹했다. 이후 2008년 진에어, 2010년 티웨이항공이 차례로 설립됐다. LCC는 성장 산업이다. 2023년 1분기 사상 처음으로 국내 LCC들이 19.3% 점유율로 국제선 이용객 수에서 FSC를 추월했다.

로 인해 주가가 큰 폭으로 하락하고, 고객 신뢰도에도 타격을 입을 가능성이 크다. 그러나 항공 산업의 특성상 중장기적으로는 수요가 꾸준히 유지될 것으로 전망되며, 참사를 계기로 안전성 강화와 서비스 개선에 성공한다면 점진적인 회복을 기대할 수 있다.

제주항공과 함께 애경그룹 미래를 이끌어갈 계열사로는 애경케미칼이 꼽힌다.

- 애경케미칼은 애경유화를 모태로 하고 있고, 고부가가치 석유화학 제품, 친환경 소재, 에너지 등 미래 먹거리로 주목받고 있다. 애경케미칼은 지난 2021년 애경유화, 애경화학, AK켐텍 3사가 합병해 출범했다. 애경유화는 1970년 설립된 삼경화성이 모태다. 삼경화성은 국내에서 가장 오래된 PA(무수프탈산, Phthalic Anhydride) 공장을 운영해왔다. 애경유화는 글로벌 PA 시장 점유율 1위를 기록하고 있다. 석유화학 사업은 고 채몽인 창업주가 애정을 갖고 진행했다. 삼경화성은 1972년 연 8,400톤 규모의 무스프탈산 생산을 기반으로 수직계열화를 진행했고, 1994년 사명을 애경유화로 변경했다. 최근에는 이차전지 소재, 친환경 건축자재 및 가소제 사업에 나섰다. 베트남 가소제 생산·판매 법인인 VPCHEM 지분 50%를 인수했고, 북미, 유럽 시장에도 진출해 있다. 북미·유럽 지역 판매 비중이 2020년 25%에서 2023년 44%까지 증가했다.

AK플라자는 만성적자, 백화점·석유화학·생활용품는 1위 못해

애경그룹의 과제는 주요 제품군이 해당 시장에서 1등을 하지 못하고 있다는 점이다. 애경산업은 덴탈케어 브랜드 '2080' 등을 포함한 생활용품을 제조·유통하고 있지만, 이 시장에서 1위는 LG생활건강이며, 애경산업은 2위에 머물러 있다. AK플라자도 백화점 업계에서 '2군급'으로 평가된다. 1군급 백화점은 롯데, 신세계, 현대백화점이다. 이 한계를 극복하기 위해 애경그룹은 신시장 개척을 서두르고 있다.

- 애경산업은 화장품 사업에 진출해 에이지투웨니스(AGE20'S), 루나(LUNA) 등 화장품 브랜드를 운영하고 있다. 특히, 중국과 일본 시장에서 좋은 반응을 얻어

실적 개선으로 이어지고 있다. 2023년 기준 화장품 매출의 67%가 해외에서 발생했으며, 일본 매출은 전년 대비 4배 성장했다. 2023년 애경산업 실적은 매출액 6,689억 원, 영업이익 619억 원으로 전년 대비 각각 9.58%, 58.66% 증가했다. 매출 비중은 생활용품이 62%, 화장품이 38%를 차지하며, 생활용품 부문의 비중이 높다.

- AK플라자는 애경그룹 계열사 중 가장 힘든 시간을 보내고 있다. 롯데, 신세계, 현대백화점에 이어 백화점 '빅4'에 진입하기도 했지만 명품 시장에 밀리며 고전하고 있다. 최근 온라인 쇼핑몰 AK몰을 큐텐(Qoo10) 자회사인 인터파크커머스에 매각했다. 이커머스 사업에서 철수하고 오프라인 유통에 집중하기 위한 결정이었다. 또한, 명품 브랜드 대신 식음료 중심의 NSC(Neighborhood Shopping Center) 전략을 도입했다. NSC는 인구 2만 명 단위를 대상으로 한 근린형 쇼핑센터로, 지역 밀착형 서비스를 강화한 매장이다. AK플라자는 2023년 매출액 2,476억 원, 영업손실 269억 원, 당기순손실 440억 원으로 매출액은 전년 대비 소폭(0.1%) 증가했지만, 영업손실과 당기순손실은 각각 41.27%, 39.84% 확대됐다.

경영진 위기에도, LCC 시장 재편 속 제주항공 도약 기회

애경그룹을 이끄는 장영신 회장은 남편 고 채몽인 창업주가 1970년 갑작스럽게 타계한 뒤, 1972년 8월부터 경영에 참여했다. 이후 주방세제 트리오를 히트시키며 애경그룹의 기반을 닦았다는 평가를 받는다. 그러나 자녀 문제가 잇따랐다. 현재 그룹 경영 전반을 책임지고 있는 장남 채형석 AK홀딩스 총괄부회장은 수십억 원대 회사자금 횡령 혐의로 구속됐으나, 2009년 4월 징역 2년 6개월에 집행유예 4년을 선고받았다. 차남 채동석 AK홀딩스 부회장 역시 애경산업의 가습기 살균제 관련 소비자 분쟁으로 곤욕을 치렀다. 막내 채승석 전 애경개발 대표는 2020년 9월 프로포폴 불법 투약 혐의로 실형을 선고받아 법정 구속됐으며, 검찰 수사 도중 사표를 제출했다.

'장영신 일가 → 애경자산관리(100%) → AK홀딩스(18.9%)·애경케미칼(60.3%)·애경산업(45.1%)·제주항공(50.4%)·AK플라자(60.1%)'로 이어지는 지배구조도 복잡한 편이다. 애경자산관리의 최대주주는 채형석 총괄부사장(49.17%)이다. 이어 채동석 부회장(21.69%), 채승석 전 애경개발 사장(11.66%), 채은정 전 애경산업 부사장(11.02%), 장영신 회장(5.39%) 순으로 보유하고 있다. 채형석 총괄부회장의 장남 채정균도 지분(1.07%)을 갖고 있다.

제주항공, 대한항공-아시아나항공 기업결합으로 중복노선 ↓

애경그룹에 소속된 상장사로는 AK홀딩스(지주사), 애경케미칼, 애경산업, 제주항공의 4개 사가 있다.

- 애경케미칼은 석유화학 사업을 영위하고 있는데, 중국 기업이 이 시장을 빠르게 잠식하고 있다. 다만, 애경케미칼의 주력 사업인 PA 생산을 중국 기업이 확대하면서 2020년 LG화학이 여수산업단지에 있는 PA 공장을 사실상 철수한 후, PA 시장에서 애경케미칼의 독점적 지위가 강화됐다.

- 애경산업은 K-화장품으로 실적이 개선되고 있지만, 애경그룹의 AK플라자 지원에 동원되고 있다. AK플라자의 대규모 적자가 발생하자 2024년 11월 애경산업이 A플라자에 500억 원을 대여했다.

제주항공은 주목할 만하다. 무안국제공항에서의 여객기 참사가 있었지만, LCC는 장기적으로 성장 가능성이 큰 산업이다. 2023년 1분기에는 국내 저비용항공사들이 국제선 이용객 수에서 처음으로 대형항공사를 추월했다. 또한, 대한항공과 아시아나항공의 합병도 제주

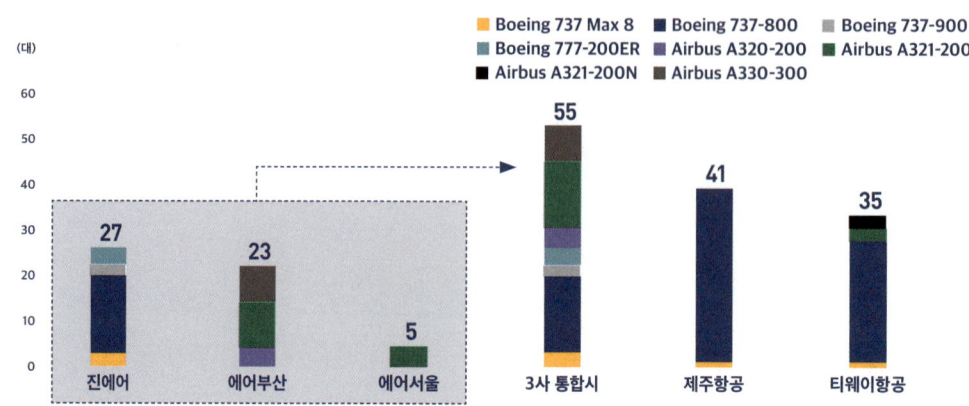

대한항공-아시아나항공 통합 이후 LCC 항공기 보유 대수 변화

항공에 불리하게만 작용하지는 않을 것이다.

대한항공과 아시아나항공의 합병에 따라 계열사인 LCC 3사(진에어, 에어부산, 에어서울)도 통합될 전망이다. 이들 3사가 통합되면 중복노선 조정으로 인해 LCC 업계의 경쟁이 완화될 가능성이 크며, 이는 제주항공에 긍정적인 영향을 미칠 수 있다. 물론 대한항공 산하 LCC 3사가 통합되면 제주항공은 시장 점유율 2위로 내려앉는다. 통합 LCC가 총 55대의 항공기를 보유하게 됨으로써 업계 1위에 오를 가능성이 크기 때문이다. 그럼에도 대한항공과 아시아나항공의 통합은 LCC 업계 전반에 긍정적인 효과를 가져올 것으로 예상된다.

CHAPTER 5

IT · 서비스 기업

**스마트폰과
이커머스 뜨며
덩달아 뜬다**

01 _____ KT그룹
02 _____ 카카오
03 _____ 네이버
04 _____ 넥슨
05 _____ 하이브
06 _____ 넷마블

01 KT그룹

**민영화 20여 년,
AI+ICT로 도약 나선
국내 1위 통신사업자**

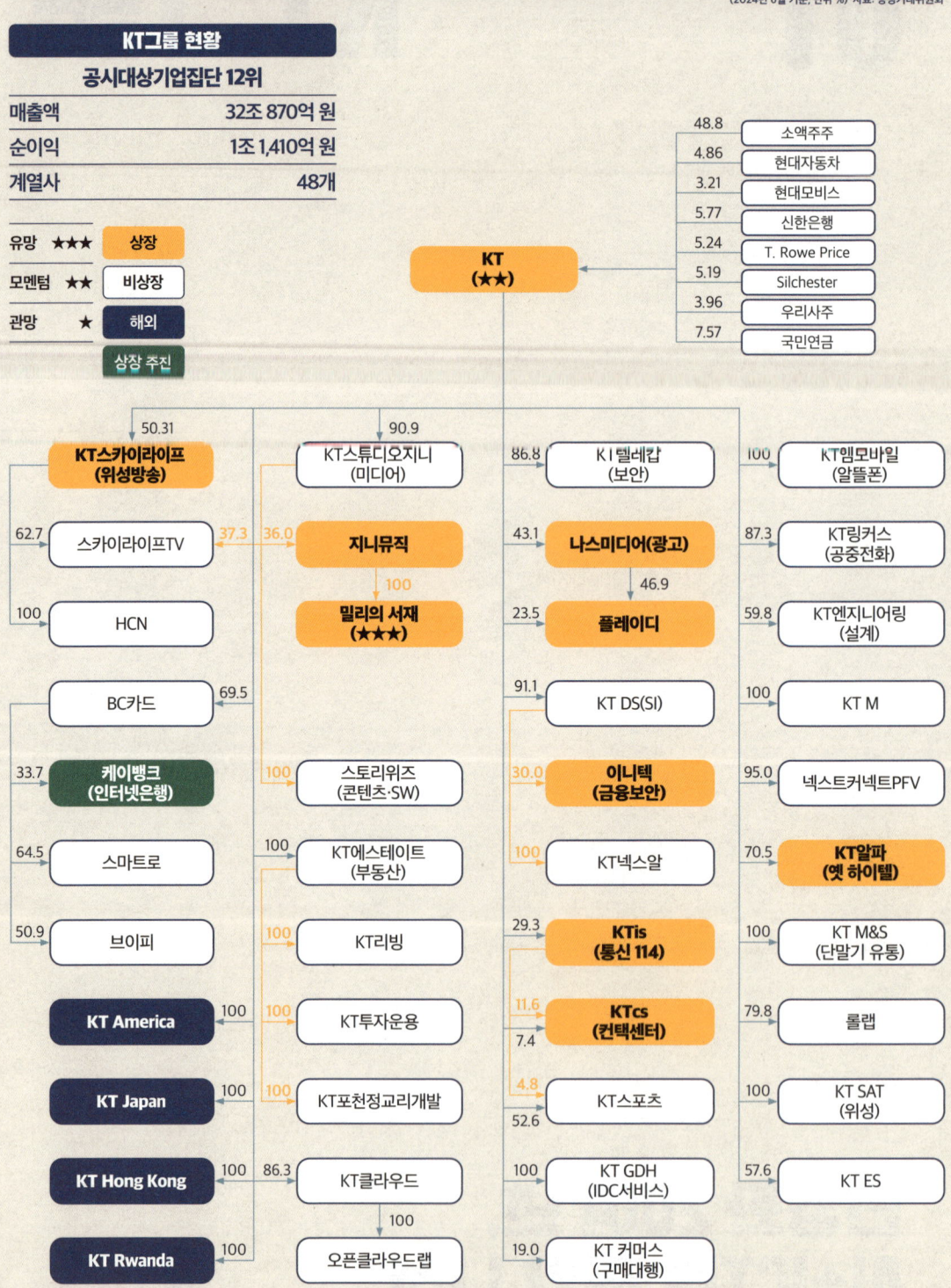

역대 KT그룹 CEO

김영섭(9대)	구현모(8대)	황창규(6~7대)	이석채(4~5대)
2023. 3~현재	2020. 3~2023. 3 (3년)	2014. 1~2020. 3 (6년 2개월)	2009. 1~2013. 11 (4년 10개월)
전 LG CNS 대표	전 KT	전 삼성전자 사장	전 정보통신부 장관
윤석열	문재인 - 윤석열	박근혜 - 문재인	이명박 - 박근혜

남중수(3대)	이용경(민영화 초대~2대)	이상철(7대)	이계철(5, 6대)
2005. 8~2008. 11 (3년 3개월)	2002. 8~2005. 5 (3년)		1996. 12~200
전 KTF 사장	전 KTF	전 KTF 대표	전 정보통신부 차관
노무현 - 이명박	김대중 - 노무현	김대중	김대중 - 김영삼

이준(4대)	조백제(3대)	이해욱(2대)	이우재(초대)
1995~1996	1993~1995	1988~1993	1981~1988
예비역 육군 대장(육사 19기)	전 서강대, 중앙대 교수	전 체신부 장관	예비역 육군 준장(육사 13기)
김영삼	김영삼	노태우	전두환

KT그룹 주요 연혁

- 1885 조선 고종, 한성전보총국 설립
- 1947. 7 체신부 설립 및 산하 전무국(電務局) 운영
- 1981. 12 한국전기통신공사(KT), 체신부에서 분리돼 공사 설립
- 1982 전화회선 450만 개 돌파
- 1982. 2 한국통신데이타(데이콤, 현 LG유플러스) 설립
- 1984. 11 한국이동통신서비스 설립
- 1994. 12 체신부 → 정보통신부 개편
- 1995. 8 무궁화 1호(위성방송) 발사
- 1996. 1 무궁화 2호 발사
- 1997 정부투자기관 → 정부출자기관 전환
- 1998. 12 유가증권 시장 상장
- 1999. 9 무궁화 3호 발사
- 2001. 12 한국통신 → KT로 CI 변경
- 2002. 5 정부, KT 지분 전략 매각으로 KT 완전 민영화
- 2009. 6 자회사 KTF 합병
- 2010. 4 금호렌터카(현 롯데렌터카) 인수
- 2020. 3 구현모 CEO 취임
- 2023. 8 김영섭 CEO 취임

최근 10년 ㈜KT 실적 및 그룹 주요 연혁

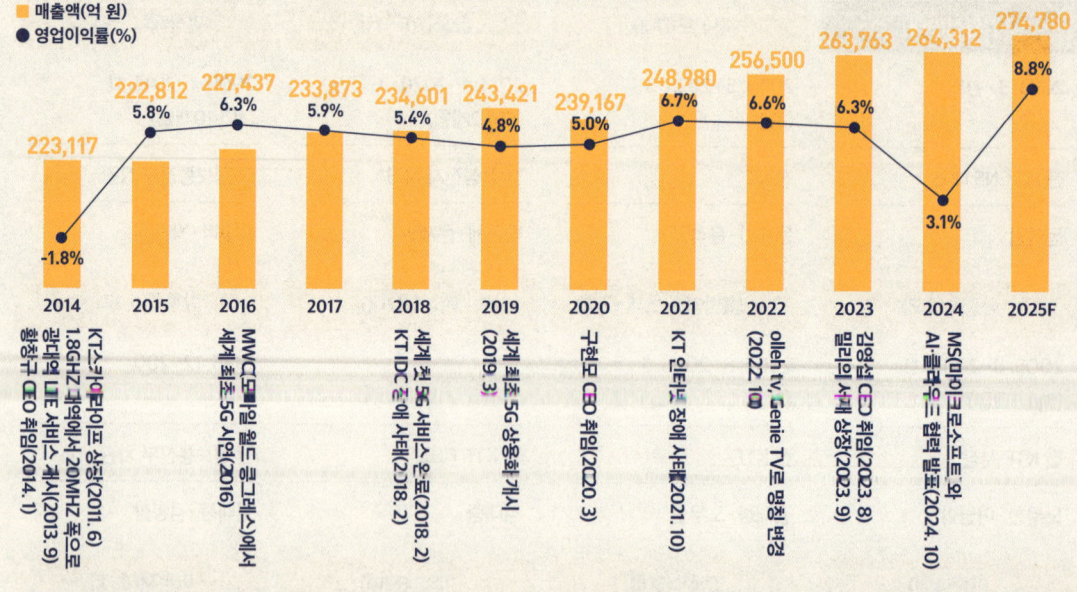

(K-IFRS 연결 기준) 자료: ㈜KT 사업보고서

KT그룹 주요 계열사 매출액

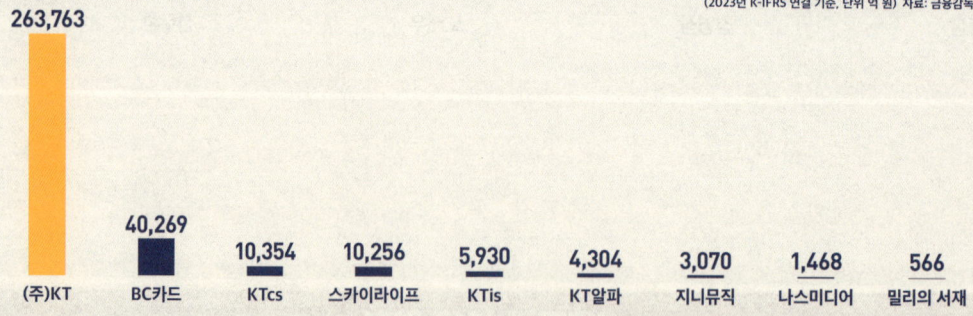

(2023년 K-IFRS 연결 기준, 단위 억 원) 자료: 금융감독원 전자공시

KT그룹 주요 계열사 매출액 비중

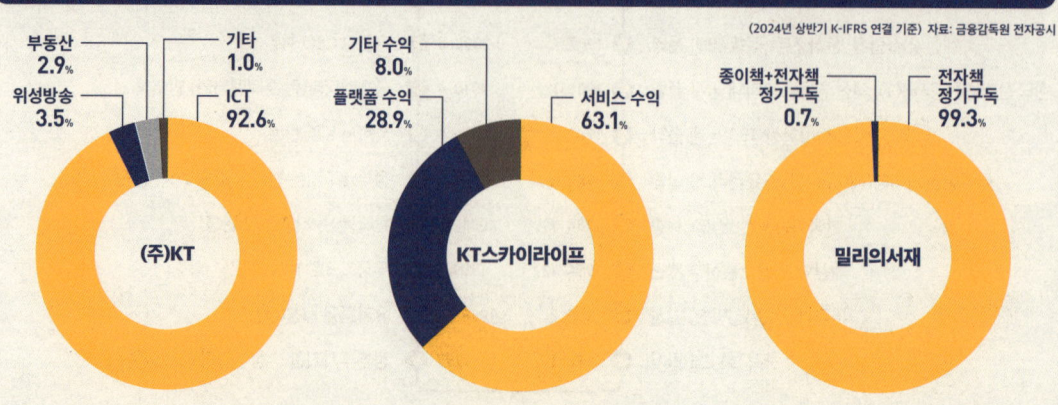

(2024년 상반기 K-IFRS 연결 기준) 자료: 금융감독원 전자공시

핵심 계열사 경영 현황 및 체크 포인트

| KT(★★) | 코스피

● 현황
국내 1위 통신사업자이며 IPTV(Internet Protocol TV), 초고속인터넷, 유선전화 등 3개 시장에서 국내 점유율 1위를 기록하고 있다. 이동통신 시장에서는 SK텔레콤에 이어 시장 점유율 2위를 기록하고 있다(2024. 9). 신성장 사업으로 AICT(AI+ICT, 인공지능·정보통신기술 융합)를 추진하고 있다. 1981년 12월 한국전기통신공사(현 KT)가 체신부에서 분리돼 공사로 설립되면서 시작됐다. 실제 출발은 1885년 한성전보총국으로까지 거슬러 올라간다. 2002년 5월 정부가 KT 지분을 전량 매각하면서 민영화됐다.

✓ 체크 포인트
1. **AI 신사업**: AI 서비스 사업부를 전면에 내세우고, AI 기술력 향상과 수익 확대에 주력하고 있다. AI 기반 고객 서비스와 신사업 영역 개척에 집중하며 AICT 기업으로 도약을 추진 중이다. 2024년 9월 마이크로소프트와 AI·클라우드·IT 분야 사업 5개년 전략적 파트너십을 공식 체결했다.
2. **B2B 사업**: B2B 서비스 매출이 성장세에 있다. B2B 인터넷 브로드밴드와 B2B 데이터 분야의 성장이 두드러진다.

| KT스카이라이프 | 코스피

● 현황
국내 유일 위성방송 사업자이며, 무궁화 위성을 통해 전국에 방송 서비스를 제공하고 있다. 자회사 스카이라이프 TV를 통해 ENA, ENA 플레이, ENA 드라마, ENA 스토리 등 채널을 운영하면서 콘텐츠를 생산하고 있다. 2001년 1월 설립됐고, 2011년 6월 유가증권 시장에 상장했다.

✓ 체크 포인트
1. **콘텐츠 사업**: ENA 채널을 중심으로 콘텐츠 역량을 강화하고 있다. 드라마 제작은 축소하고 '나는 SOLO', '지구마불 세계여행' 등 자체 예능 제작에 집중하고 있으며, 광고 매출 증가와 IP 판권 판매 및 수익 확대를 추진하고 있다.

| 밀리의서재(★★★) | 코스닥

● 현황
구독형 독서 플랫폼으로 전자책 관련 멀티미디어 콘텐츠를 제공하고 있다. 가입자 840만 명, 유료 구독자 약 90만 명을 확보했다(2024. 12). 2016년 설립됐고, 2017년 10월 구독 서비스를 시작했다. 2023년 9월 코스닥에 상장했다. 밀리의서재가 제공하는 콘텐츠는 20만 권으로 교보문고(22만 권) 다음으로 많다(2024. 12).

✓ 체크 포인트
1. **전자책 시장 성장**: 국내 종이책 시장은 성장 정체 상태지만 전자책은 두 자릿수로 성장하고 있다. 2023년 국내 전자책(웹툰, 웹소설 포함) 시장은 1조 5,000억 원 규모이며, 전년 대비 15.7% 증가했다. 2020~2023년 3년 매출액 연평균 증가율은 32.6%에 이른다.
2. **B2B 부문 성장세**: 기존의 B2C에 더해 B2B 매출이 증가세에 있다. KT, LG유플러스의 5G 고가 요금제 고객에게 번들링(Bundling)으로 밀리의서재 서비스를 제공하고 있다.
3. **신사업(밀리로드)**: 누구나 자유롭게 글을 쓰고 작가가 될 수 있는 창작 플랫폼 밀리로드를 2023년 5월 개시했다. 전자책과 종이책을 동시에 출간하는 통로로 활용하고 있다.

국내 1위 통신사업자…
IPTV, 초고속인터넷, 유선전화
3개 시장 1위

"대통령님, 첫째도 초고속인터넷, 둘째도 초고속인터넷, 셋째도 초고속인터넷입니다. 초고속인터넷을 통해 IT 경제를 일으키십시오. 한국 경제가 빠르게 회복될 겁니다."

1997년 7월 4일 오후 서울 청와대 경내였다. 손정의(손 마사요시) 일본 소프트뱅크 회장이 이렇게 조언하자 김대중 대통령은 감탄하는 표정을 지어 보였다. 김대중 대통령은 IMF 경제 위기로 한국 경제가 백척간두에 선 시점에 대통령에 취임한 터였다. 한국 경제를 어떤 방식으로 반등시킬 것인가를 고민하던 김대중 대통령은 손정의 회장을 청와대로 초청했다. 김대중 대통령은 손 회장의 조언에 깊은 인상을 받았고, 이후 초고속인터넷 보급을 강력히 추진했다. 이는 한국이 IMF 경제 위기를 극복하고 오늘의 ICT 강국으로 도약하게 된 계기가 됐다(정확히 말하면, 손정의 회장은 '초고속인터넷' 대신에 '브로드밴드'라는 표현을 썼다).

후일 손정의 회장은 "한국의 산업혁명이라 할 수 있는 새마을운동이 전국에 고속도로가 깔리면서 성공했듯이 한국에는 정보 고속도로가 필요한 시점이었기에 김대중 대통령에게 브로드밴드의 중요성을 조언했다"고 밝혔다.

그렇다면 초고속인터넷의 실무를 담당한 곳이 어디였을까? 바로 KT였다. 당시 이계철 KT 사장은 강창희 정보통신부 장관과 머리를 맞대고 전국에 초고속인터넷 보급을 늘리는 사업을 진행해 혁혁한 성과를 냈다. 한국이 OECD 회원국 가운데 초고속인터넷 보급률(47.31%) 1위에 올라 있는 배경이다(2022).

이 같은 성과는 당시 KT가 공기업이었기 때문에 가능했다. KT는 1981년 12월 한국전기통신공사(현 KT)가 체신부에서 분리되면서 공식 출범했다. KT의 더 오래된 기원은 조선 말기로 거슬러 올라간다. 1885년 고종황제가 한성전보총국을 설립하고 '덕률풍(德律風, 텔레폰의 영어 발음)'을 관리했다는 기록이 있다. KT는 원래 정부의 전화와 전신 업무를 담당하는 조직이었다. KT가 태생적으로 정부 정책과 깊은 연관이 있었음을 알 수 있다. 이후 김대중 정부가 KT 민영화를 추진했으며, 2002년 5월 정부가 보유한 지분 전량을 매각하면서 KT는 완전히 민간 기업으로 전환됐다.

공유지의 비극 해소하며 '한국=통신 강국'에 기여

당시 KT의 경영 우선순위는 수익성보다는 공익성이었다. KT는 민간 기업이 수익성 문제로 주저하는 사업에 적극 나서면서 '공유지의 비극(Tragedy of the commons)'을 완화하는 데 기여했다. 이런 노력 덕분에 당시 KT는 국민에게 친근한 이미지로 각인됐다. 시골 마을에서 전화 회선을 수리하러 온 KT 직원이 "전화국에서 왔습니다"라고 인사하면 노인들이 시원한 물을 건네는 광경도 흔했다.

1990년대에 무궁화 위성 1, 2, 3호 발사에 성공하면서 위성통신과 위성방송 시대를 열었고, 2008년에는 한국, 중국, 미국, 대만을 연결하는 국제 해저 광케이블을 구축했다. 이처럼 KT는 정부 정책을 충실히 수행하며 자연스럽게 규모를 확장했다.

KT는 정부산하기관에서 출발한 대기업집단 중 가장 큰 규모로 성장했다. KT와 유사한 기업으로 한국전력이 있지만 한국전력은 여전히 공기업이다. 2010년대 초반 공정거래위원회에서 대기업집단으로 지정됐다가 정부의 직접적인 규제와 감독을 받는다는 점이 고려돼 제외된 적 있다. 앞서 언급했듯이 KT는 민간 기업들이 수익성 문제로 인해 주저하는 사업을 적극 수행하면서, 결과적으로 민간 기업이 쉽게 경쟁할 수 없는 강점을 갖추게 됐다. 전국 산간 오지까지 초고속인터넷망과 IPTV 회선을 보유한 기업은 KT가 유일하다.

KT그룹은 2024년 공정위 공시대상기업집단 순위에서 전년과 동일하게 12위를 기록했다. 매출액은 32조 870억 원, 순이익은 1조 1,410억 원으로, 전년 대비 매출액은 3.32% 증가했으나 순이익은 26.25% 감소했다(K-IFRS 연결). 계열사는 총 48개사로 전년보다 2개 증가했다. 주요 계열사로는 KT스카이라이프, 나스미디어, 지니뮤직(이상 상장사)과 BC카드, KT텔레캅, KT링커스(이상 비상장사) 등이 있다.

KT와 비슷한 역사를 가진 대기업집단으로 KT&G가 있다. 공시대상기업집단 순위는 36위다. KT는 2004년 대기업집단 순위 5위를 기록한 적 있으며, 최근 한 연구소가 발표한 국가경제공헌도 순위에서 10위를 기록하기도 했다. KT의 또 다른 피어그룹으로는 포스코가 거론되지만, 포스코는 정부산하기관이 아닌 민간 법인으로 출발했다는 점에서 차이가 있다.

2023년 주요 계열사 매출액 비중은 KT가 26조 3,763억 원으로 가장 크며, 이어 BC카드 4조 269억 원, 스카이라이프 1조 256억 원, KTcs 1조 354억 원, KTis 5,930억 원, KT알파 4,304억 원, 지니뮤직 3,070억 원, 나스미디어 1,468억 원 순이다.

KT의 성장 과정은 '정부 정책' 없이 이해하기 어렵다. KT는 정부의 정보통신망 구축 지원과 규제 완화 등 정책적 지원을 통해 시장에서 우위를 확보할 수 있었다. 초고속인터넷

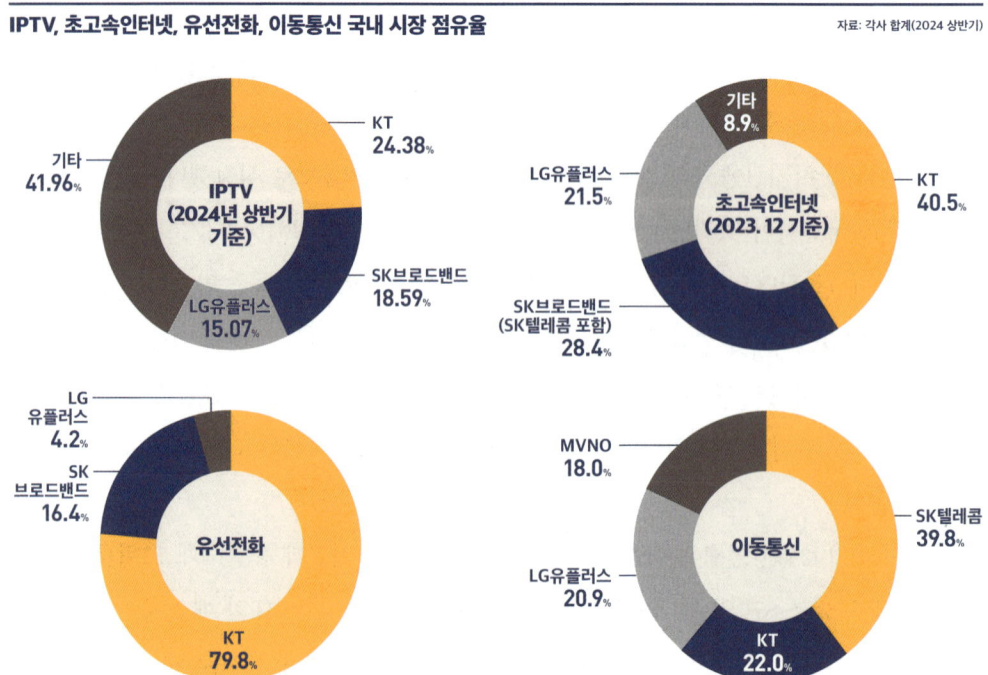

IPTV, 초고속인터넷, 유선전화, 이동통신 국내 시장 점유율   자료: 각사 합계(2024 상반기)

보급 초기 정부의 디지털 전환 정책에 따라 KT는 대규모 인프라 구축을 주도했고, 이를 바탕으로 40.9%의 시장 점유율로 1위를 유지하고 있다(2024. 9).

IPTV 시장에서도 KT는 정부의 방송·통신 융합 정책과 발맞춰 24.38%의 점유율로 선두를 달리고 있다. SK브로드밴드(18.59%)와 LG유플러스(15.07%)를 앞선다(2024. 6). 유선전화 시장에서도 KT는 공기업 시절 독점적 지위를 바탕으로 79.8%의 압도적인 점유율을 유지하고 있다.

이동통신 시장에서는 KT가 22.0%의 점유율로 SK텔레콤(39.8%)에 이어 2위를 기록하고 있다(2024. 9). SK텔레콤이 시장 우위를 유지하는 것은 KT가 운영했던 한국이동통신(현 SK텔레콤)이 1994년 SK그룹에 인수되면서 이동통신 네트워크 인프라를 빠르게 확장해왔기 때문이다. KT는 1997년 PCS 사업에 본격 진출했다.

이러한 상황에서 KT는 새로운 도약을 준비하고 있다. 2024년 들어 기존 통신 사업자에서 AI와 IT를 결합한 'AICT(AI+ICT)' 기업으로의 전환을 선언한 것이다. 이는 각 사업 부문의 시장 점유율 정체를 극복하기 위한 전략적 선택으로, KT는 기존 통신 서비스에 AI를 접목해 경쟁력을 강화하는 데 주력하고 있다. 2024년 9월에는 마이크로소프트와 AI·클라우드·IT 분야에서 5개년 전략적 파트너십을 공식 체결했으며, 디지털 혁신을 위한 체질 개선으로 4,500명 규모의 인력 재배치를 실시했다.

이 전환의 핵심은 'AI Ops(AI Operations, 개발 환경)', 'AI Assistant(AI 보조)', 'AI Agent(AI 에이전트)' 등 3대 혁신 동력이다. KT는 2024년 11월 기업사업 조직 통합과 전략·사업컨설팅 부문 신설 등 조직을 개편하고, 4년 내 AI·IT 매출 비중을 20%까지 확대한다는 목표를 설정했다. 이를 위해 인공지능 데이터센터(AIDC), GPU 팜, AI 콜센터(AICC), 클라우드 서비스 등 신사업을 적극 추진하고 있으며, 전국 14개 데이터센터를 AI 특화 센터로 전환했다.

밀리의서재,
전자책 힘입어
두 자릿수 성장

KT는 정부 정책의 수행자로서 한국 경제에 기여해왔지만 이면을 들여다보면 고민이 엿보인다. 특히 성장에 주력해야 한다는 지적을 받고 있다. KT의 최근 5년(2018~2023) 매출액 연평균 증가율은 2.37%다. 그나마 이는 전임 구현모 CEO 재임 기간(2020. 3~2023. 3)의 성과 덕분이고, 기간을 최근 10년(2013~2023)으로 넓혀서 보면 1.14%다. 한국 경제 성장률(약 2.0%)에 미치지 못한다. 왜 이렇게 KT의 성장이 더딘 걸까?

먼저 생각할 수 있는 이유는 임기제 CEO의 한계다. 2002년 5월 민영화 이후 역대 KT의 CEO 5인(이용경, 남중수, 이석채, 황창규, 구현모) 가운데 4명이 연임에 실패했다.

민영화 이후 첫 CEO였던 이용경 전 대표는 임기 만료를 앞두고 연임 의사를 밝혔다가, 2005년 6월 이를 철회하고 후보 공모에 참여하지 않았다. 이후 남중수 당시 KTF 대표가 2005년 8월 대표이사에 취임했으며, 2008년 2월 주주총회에서 재선임되며 KT 민영화 이후 첫 연임 CEO가 됐다. 그러나 그해 2월 이명박 정부가 출범한 직후 자리에서 물러났다. 뒤를 이어 2009년 1월 이석채 회장이 취임했고, 3년 후인 2012년 3월 주주총회에서 재선임되며 2015년 3월까지 임기를 보장받았다. 하지만 2013년 2월 박근혜 정부 출범 이후 사퇴했다.

2014년 1월 취임한 황창규 회장은 2017년 3월 주주총회에서 재선임되며 유일하게 연임에 성공했다. 구현모 전 대표는 2020년 3월 취임해 통신 3사 최초로 매출 25조 원 시대를 여는 성과를 냈다. 이 같은 성과를 바탕으로 연임 의사를 밝혔지만, 2023년 2월 윤석열 정부 출범 이후 사퇴했다.

KT 내부 현황도 살펴볼 필요가 있다. KT의 1인당 매출액은 8억 8,340만 원으로, SK텔레콤(17억 9,900만 원)과 LG유플러스(12억 51만 원)의 절반 수준이다(2023). 이는 과거 공기업 시절 정부의 고용 확대 지침을 충실히 이행하며 많은 인력을 보유했던 결과로 이해할 수 있다. 민영화 이후 KT가 인건비 부담을 줄이기 위해 구조조정을 단행했음에도, 1인당 매출은 크게 증가하지 않았다.

단순히 인력을 줄이는 것만으로 해결이 어렵다는 점도 고민이다. KT는 유선전화와 초고속인터넷 부문에서 안정적인 점유율을 유지하고 있지만 해당 부문의 성장성이 낮다. 무선 부문에서도 SK텔레콤과 LG유플러스에 전체 매출이 앞서 있지만 그 뒤에는 여전히 1인당 매출의 아쉬움이 자리한다. 이 차이는 단순한 구조조정의 문제가 아니라 본질적인 사업 구조와 시장 특성의 차이에서 비롯된다.

이런 상황에서 2023년 8월 취임한 김영섭 대표는 KT의 새로운 방향성에 대한 기대를 모으고 있다. 그는 공기업 출신 CEO라는 과거 이미지를 벗어나, 민간 기업 LG CNS에서 조직 개편과 인사 혁신을 이끌었던 경험을 높이 평가받았다.

김 대표는 KT의 신성장 동력으로 'AICT'를 추진하고 있다. AI와 ICT를 융합해 다양한 비즈니스에서 혁신적인 결과를 창출하겠다는 계획이다. 이를 위해 미국 MS와 전략적 제휴를 맺었다. 불필요한 부문은 과감하게 매각하거나 사업 전환을 진행하고 있다. KT 광고대행 계열사 플레이디의 매각도 이 맥락에서 진행하고 있다.

김 대표의 'AICT' 전략이 주목받는 이유가 있다. AI는 글로벌 확장이 가능해 KT의 과제로 여겨져온 글로벌 시장 진출의 돌파구가 될 수 있기 때문이다. KT그룹은 해외 매출 비중이 낮아 개선이 필요하다는 지적을 받아왔다.

밀리의서재, 전자책 최대 업체로 성장

KT그룹에 소속된 상장사로는 ㈜KT, 스카이라이프, KTcs, KTis, 케이티알파(KT알파), 나스미디어, 플레이디, 지니뮤직, 이니텍, 밀리의서재 등 10개사가 있다.

- ㈜KT의 해외 매출액 비중은 0.6%다(2023). 이는 GS리테일(0.2%)과 더불어 100대 상장사 가운데 해외 매출 비중이 낮은 편이다. ㈜KT가 해외 매출 비중이 낮은 이유는 ㈜KT가 영위하는 ICT 사업이 글로벌 시장에 진출하기가 어렵기 때문이다. ICT는 현지화는 물론, 각국 정부의 규제 리스크를 뚫어야 한다. ㈜KT는 이에 대한 대안으로 AI 신사업에 승부를 걸고 있다. AI 부문은 글로벌 시장 진출이 가능하다는 점에서 KT의 신성장 동력이 될 수 있다.

- 해외 매출 비중이 낮기로는 KT 계열사들도 마찬가지다. KTcs, KTis, 케이티알파(KT알파), 나스미디어, 플레이디, 지니뮤직, 이니텍이 여기에 해당한다. 하지만 KT가 AI 신사업에 성공하고 글로벌 시장에서 성과를 낸다면 동반 성장이 가능하다.

밀리의서재는 살펴볼 만하다. 밀리의서재는 구독형 독서 플랫폼으로 전자책 관련 멀티미디어 콘텐츠를 제공하고 있다. 밀리의서재만의 투자 포인트는 이 회사가 영위하는 전자책 시장이 신성장 산업이라는 점이다. 국내 종이책 시장의 연평균 성장세는 1% 미만이지만 전자책 시장은 두 자릿수로 성장하고 있다. 2023년 국내 전자책(웹툰, 웹소설 포함) 시장 규모는 1조 5,000억 원이며, 전년 대비 15.7% 증가했다. 2020~2023년 3년 매출액 연평균 증가율은 32.6% 수준에 달한다. 이 같은 시장 성장에 힘입어 밀리의서재도 구독자 90만

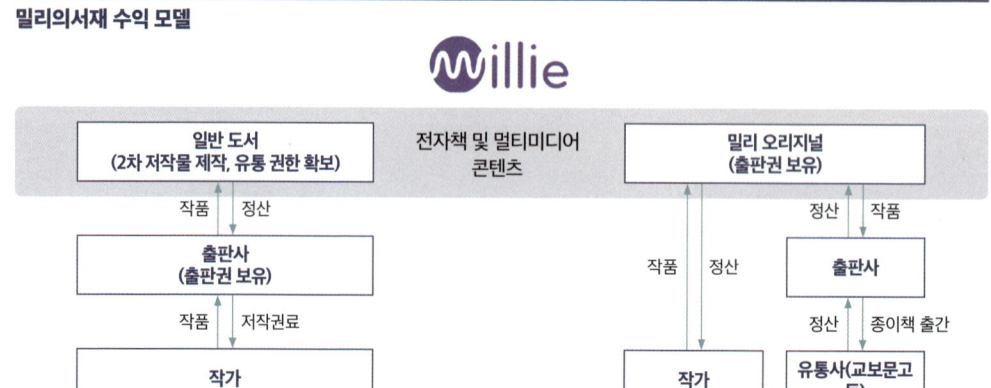

밀리의서재 수익 모델

명을 확보했다(2024. 12). 국내에서 향후 10년 정도는 성장이 가능할 것으로 보인다.

밀리의서재는 2016년 설립됐고, 2017년 구독 서비스를 시작했다. 2023년 9월 코스닥에 상장했다. 밀리의서재가 제공하는 콘텐츠는 20만 권으로 교보문고를 제외한 경쟁사 대비 가장 많은 수준이다(2024. 12).

일반 도서는 2차 저작권을 확보하고 출판사에 콘텐츠 수익의 일부를 정산해준다. 오리지널 작품은 밀리의서재가 출판권을 보유해 직접 종이책으로 출판하기도 하며, 종이책 제작 유통을 출판사에 위탁해 수익을 나누는 방식으로 운영하기도 한다.

B2B 부문이 새롭게 성장하고 있다는 점도 긍정적이다. 기존의 KT, LG유플러스가 5G 고가 요금제 고객에게 번들링으로 밀리의서재 서비스를 제공하고 있다. 밀리의서재는 신사업으로 누구나 자유롭게 글을 쓰고 작가가 될 수 있는 창작 플랫폼 밀리로드를 2023년 5월 열었다. 멍디, 영글음, 문보영, 허철웅 등 유망작가가 참여하고 있다. 또 플랫폼을 활용해 오리지널 전자책을 출시하고 종이책으로 출판하면서 종이책 시장에도 진출해 있다. 밀리의서재는 2023년 7월 허규형 작가의 《나는 왜 자꾸 내 탓을 할까》를 전자책으로 출판해 베스트셀러를 만들었고, 8월에는 종이책을 출판해 3개월 만에 2만 부를 판매했다.

02 카카오

'자수성가형'으로 가장 높은 순위(15위) 오른 ICT 그룹

kakao

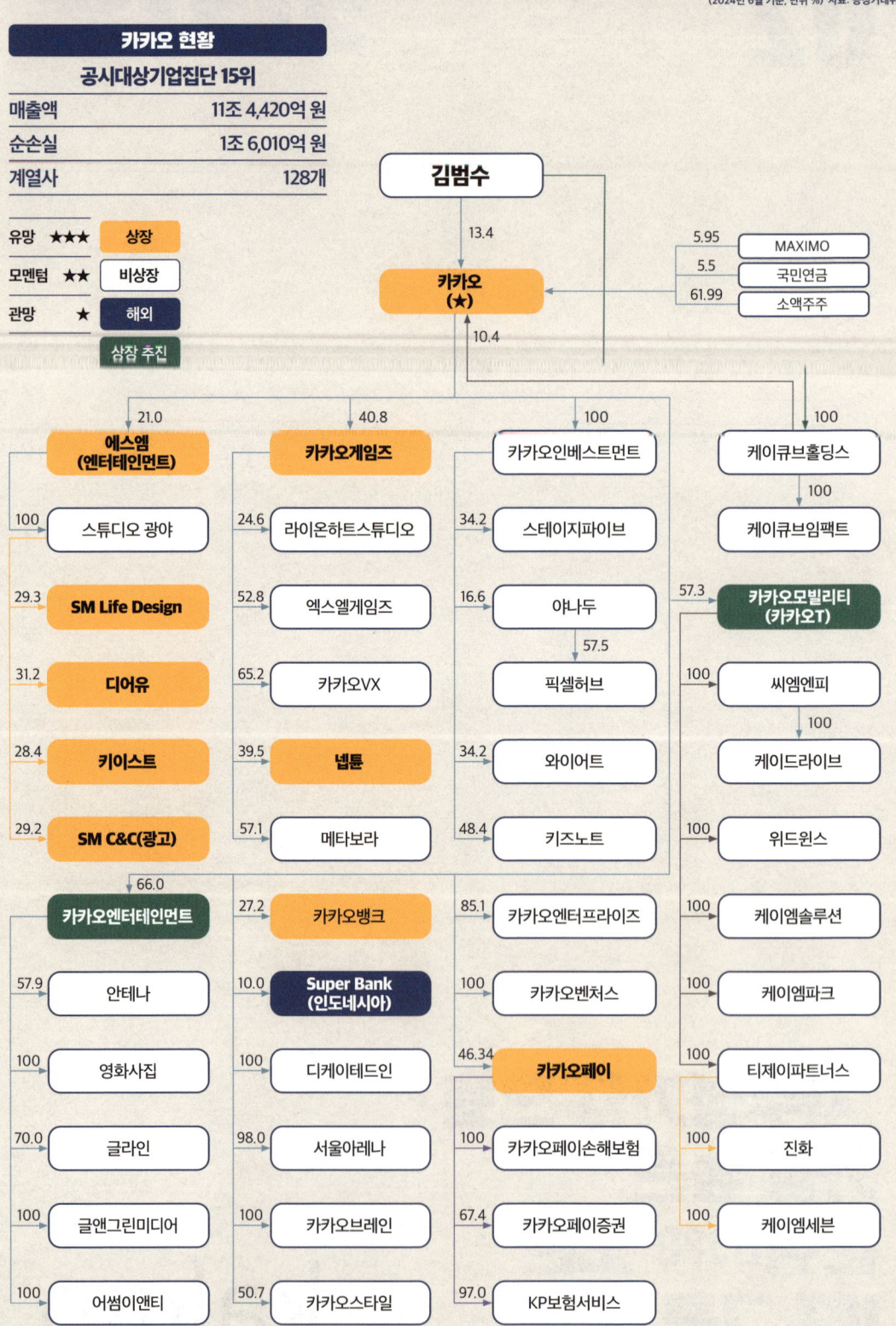

카카오 김범수 위원장 인맥 지도

(2024년 6월 기준, 단위 %) 자료: 공정거래위원회

| 김범수 카카오 창업주 | 정신아 카카오 대표이사 | 천양현 코코네 회장 | 조창걸 한샘 창업주 |

COMPANY
- 정신아 | 카카오 대표, 전 보스턴컨설팅 컨설턴트, 미시간대 MBA
- 윤호영 | 카카오뱅크 대표, 전 다음 경영지원부문장, 한양대(경영)
- 장윤중 | 카카오엔터테인먼트 대표, 전 소니뮤직
- 한상우 | 카카오게임즈 대표, 전 텐센트코리아 대표
- 탁영준 | SM엔터테인먼트 대표
- 신원근 | 카카오페이 대표, 전 베인앤컴퍼니, 삼성전자
- 류긍선 | 카카오모빌리티 대표

INDUSTRY
- 남궁훈 | 전 카카오 대표, 김범수 창업주와 함께 한양대 앞 PC방 근무
- 이해진 | 네이버 의장, 삼성SDS 입사 동기, 서울대 컴퓨터공학(86)
- 조창걸 | 엔씨소프트 의장, 서울대 공대 동문

SCHOOL
- 김택진 | 엔씨소프트 의장, 서울대 공대 동문
- 천양현 | 코코네 회장, 초중고 동문

김범수 카카오 창업주: 1966년 출생 → 서울 자양초, 건국대 사대부고(1986), 서울대 산업공학과 졸업(1990) → 삼성SDS 입사(1992. 3) → 한게임 창업(1999) → 네이버컴 공동대표(2000. 7) → NHN 공동대표(2001. 11) → 아이위랩(현 카카오) 대표(2010. 2) → 카카오 이사회 의장(2015. 9) → 사임(2021. 6) → 카카오 경영쇄신 위원장(2023. 11) → 건강상의 이유로 사임(2025. 3)

카카오 연혁

자료: 카카오 사업보고서

1998. 6	서울 한양대 앞 대형 PC방 '미션넘버원' 창업
1998. 11	서울 삼성동에 한게임 설립
2004. 4	한게임, 네이버컴과 합병 후 NHN 설립
2006. 11	아이위랩(iwelab) 설립
2010. 3	카카오톡 출시
2011	카카오 게임하기, 선물하기, 플러스 친구, 이모티콘 등 서비스 출시
2011	공정위 공시대상기업집단 첫 진입(65위)
2014. 10	다음커뮤니케이션과 합병 후 다음카카오로 사명 변경
2015. 9	카카오로 사명 변경
2017. 7	카카오, 코스닥 → 코스피 이전 상장

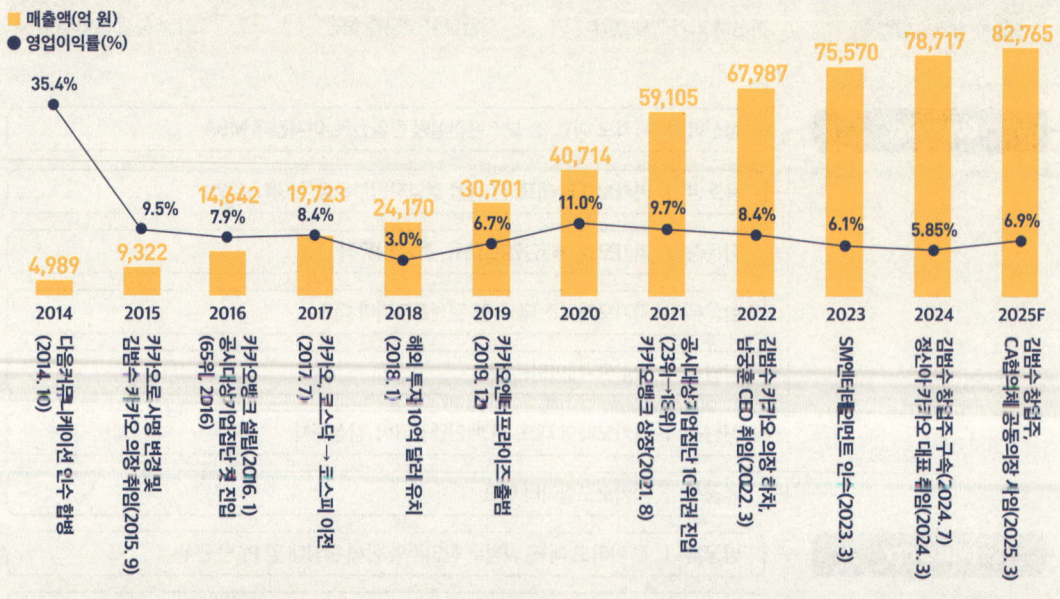

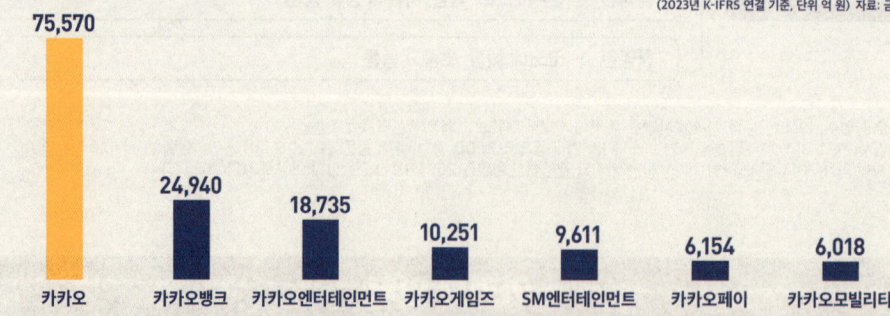

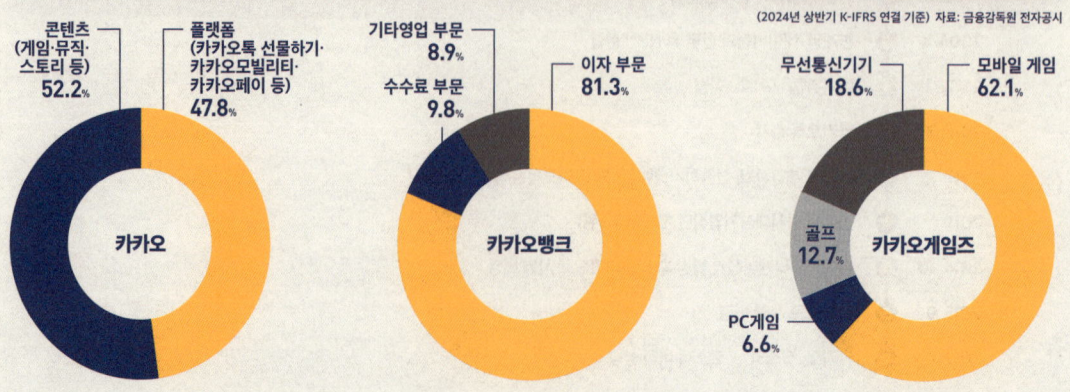

핵심 계열사 경영 현황 및 체크 포인트

카카오 [★]   코스피

● **현황**

'국민 메신저' 카카오톡을 운영하는 ITC 기업이다. 다음(포털), 카카오T(모빌리티), 멜론(뮤직) 서비스도 제공하고 있다. 김범수 카카오 창업주가 2006년 11월 설립한 아이위랩에 기원을 두고 있다. 2010년 3월 카카오톡을 내놓았고, 그해 9월 카카오로 사명을 변경했다. 2014년 10월 다음과 합병했고, 2017년 7월 코스닥에서 코스피로 이전 상장했다.

✓ **체크 포인트**

1. **AI 신사업**: 대화형 AI 서비스 카나나의 CBT(Closed Beta Testing)를 2025년 1분기 진행 예정이다. 카나나가 성공하면 카카오 실적과 주가에 긍정적 영향을 미칠 가능성이 크다.
2. **계열사 줄이기**: 카카오의 계열사는 128개(2024. 6)에서 116개(2025. 2)로 줄었지만, 여전히 많다는 지적을 받고 있다. 이에 카카오는 계열사 줄이기에 들어갔다.

카카오뱅크   코스피

● **현황**

케이뱅크, 토스뱅크와 더불어 정부 인가를 받은 국내 인터넷 은행 '빅3'다. 2015년 11월 예비인가를 받았고, 2016년 1월 설립돼 2017년 7월 영업을 시작했다. 비대면 주택담보 대출, 간편 송금, 26주 적금, 모임 통장 등으로 기존 오프라인 은행과 차별화에 성공했다. 월간 활성 이용자 수 1,788만 명, 고객 2,403만 명, 수신 53조 4,000억 원, 여신 42조 6,000억 원을 기록했다(2024. 6).

✓ **체그 포인드**

1. **고평가 논란**: 카카오뱅크는 2021년 8월 유가증권 상장 당시 PBR(주가순자산배수) 7.3배를 부여받았는데, 고평가라는 지적을 받았다. 국내 1위 금융지주사 KB금융지주의 PBR이 약 0.5배다.
2. **해외 시장 성과**: 인도네시아 디지털 은행 슈퍼뱅크에 지분 투자했다(10%). 슈퍼뱅크는 동남아 최대 슈퍼앱 그랩(Grab)과 제휴하고, 차별화된 상품과 서비스를 앞세워 사업 개시 5개월 만에 250만 고객을 확보했다.

카카오게임즈   코스닥

● **현황**

게임 개발과 퍼블리싱 사업을 영위하고 있다. '가디언 테일즈'(2020), '오딘: 발할라라이징'(2021), '우마무스메'(2022), '에버소울', '아키에이지 워'(이상 2023)를 잇따라 성공시켰다. 이밖에 인기 게임으로 '배틀그라운드', '검은사막', '패스 오브 엑자일', '아키에이지'(이상 PC게임), '달빛조각사'(모바일 게임)를 보유하고 있다. 2013년 8월 (주)엔진으로 설립됐고, 2020년 9월 코스닥 상장했다.

✓ **체크 포인트**

1. **신작 흥행**: 신작 게임의 흥행 여부가 게임사 주가에 큰 영향을 미친다. 신작 게임에 대한 정보와 기존 게임에 대한 평가를 확인할 필요가 있다.
2. **예측 불확실성**: 게임 산업은 드라마, 영화, 음악 콘텐츠와 더불어 신작의 흥행 여부를 예측하기 쉽지 않다.

국내 최초 재계 15위 진입한 'IT 스타트업', '총수 리스크' 흔들

한국 대기업집단 중 자수성가형 기업인으로 가장 높은 순위에 올라 있는 인물은 서정진 셀트리온 회장이나 박현주 미래에셋 회장이 아니다. 바로 김범수 카카오 창업주다.

김범수 창업주가 이끄는 카카오그룹은 2024년 공정위 공시대상기업집단 순위에서 15위를 기록하며, 셀트리온(19위, 서정진), 미래에셋(22위, 박현주), 네이버(23위, 이해진), 하림(29위, 김홍국)을 앞질렀다. 1987년 공정위 공시대상기업집단 발표가 시작된 이래 자수성가형 기업으로는 가장 높은 순위다. 또한, 카카오는 ICT(정보통신기술) 그룹 중에서 KT(12위) 다음 순위를 차지하고 있다. 이는 제조업 중심의 한국 경제가 첨단 ICT 산업 중심으로 변화하고 있음을 상징적으로 보여주는 시그널로 평가된다.

그러나 카카오는 다양한 도전에 직면하고 있다. 김범수 창업주의 구속(2024. 7)과 2021년 8월 상장한 카카오뱅크의 고평가 논란 등이 대표적이다. 이 같은 상황에서 카카오가 향후 어떤 길을 걷게 될지 관심이 쏠리고 있다.

카카오그룹은 매출액 11조 4,420억 원, 순손실 1조 6,010억 원으로 전년 대비 매출액은 8.14% 증가했고, 순손익은 적자 전환했다(2023 K-IFRS 연결). 계열사는 카카오, 카카오뱅크, 카카오게임즈, 카카오페이, SM엔터테인먼트(이상 상장사), 카카오모빌리티, 카카오엔터테인먼트(이상 비상장사) 등 128개사로 전년 대비 19개 감소했다.

카카오그룹이 그간 얼마나 가파르게 성장했는지는 카카오그룹의 대기업집단 순위를 살펴보면 금방 확인할 수 있다. 카카오그룹은 2016년 공정위 대기업집단 순위 65위에 처음 이름을 올렸고, 이후 '50위(2017) → 39위(2018~2019) → 23위(2020) → 18위(2021)' 과정을 거쳐 2022년 15위에 등극했다. LS(16위), 두산(17위), DL(옛 대림산업, 18위) 같은 수십 년의 역사를 가진 대기업집단을 단기간에 앞선 것이다. 게다가 향후 성장도 기대된다. 최근 5년(2018~2023) 카카오의 매출액 연평균 증가율은 42.5%다.

'PC→모바일 변혁'에 과감한 베팅, '선점자의 이점' 시장 장악

카카오그룹 주요 계열사의 2023년 매출액은 카카오(7조 5,570억 원)가 압도적인 1위다. 이어 카카오뱅크(2조 4,940억 원), 카카오엔터테인먼트(1조 8,735억 원), 카카오게임즈(1조 251억 원), SM엔터테인먼트(9,611억 원), 카카오페이(6,154억 원), 카카오모빌리티(6,018억 원) 순이다.

매출액 1위를 차지하고 있는 카카오의 성공 스토리를 살펴보면 신기술이 얼마나 세상을 요동치게 하고 있는지 실감할 수 있다. 비즈니스의 세계에서 '선점자의 이점'이 기업의 성패에 얼마나 결정적인지 확인할 수 있다.

카카오의 전신은 2006년 11월 설립된 아이위랩(iweLab)으로, 직원 10명가량의 소규모 스타트업이었다. 아이위랩은 창업 이후 4년 가까이 글자 그대로 '돈만 까먹었다.' 김범수 창업주는 이런저런 아이템들을 시도했지만, 성과 없이 존폐를 고민하는 상황까지 내몰렸다. 이 무렵 내놓은 것이 2010년 3월 선보인 모바일 메신저 카카오톡이었다. 카카오톡은 출시 하루 만에 앱 시장 1위에 오르며 가입자 3만 명을 끌어모았고, 김 창업주는 "될 것 같다"는 직감으로 밀어붙였다. 그때 결단이 지금의 성공으로 이어졌다.

카카오톡은 2011년 4월 가입자 1,000만 명을 돌파했고, 2012년에는 5,000만 명을 넘어섰다. 단숨에 한국 국민 모두가 사용하는 서비스로 도약한 것이다. 2019년에는 '카카오 게임하기'로 수익 모델 찾기에 나섰고, 이어 카카오톡 선물하기, 플러스 친구, 이모티콘 등을 내놓으며 초우량 기업으로 탈바꿈했다. 중국 샤오미 창업주 레이쥔이 언급한 "태풍 길목에 서면 돼지도 날 수 있다"는 격언을 잘 보여주는 사례다.

카카오의 성장에 날개를 달아준 것은 인터넷은행 카카오뱅크였다. 카카오는 금융감독원의 인가를 받아 카카오뱅크를 설립하며, 금융업 진출로 IT 기업으로서의 강점을 더욱 강화했다. 카카오뱅크는 2015년 11월 예비인가를 받았고, 2016년 1월 설립돼 2017년 7월 영업을 시작했다.

카카오그룹이 인터넷은행 인가 배경을 한마디로 정리하면 '운이 좋았다.' 한국 재계에서는 은산분리(銀産分離) 원칙에 따라 산업자본의 은행 소유가 엄격히 제한된다. 산업자본이 은행을 소유하면 금융 특혜를 받아 공정경쟁을 해칠 수 있기 때문이다. 그런데 정부는 인터넷은행이 등장하면 기존 은행들이 경쟁에서 살아남기 위해 더 나은 서비스를 제공한다고 보고 카카오뱅크, 케이뱅크, 토스뱅크 3곳의 인터넷은행만을 허가했다. 국민 메신저 카카오톡이 보여준 혁신 서비스를 높게 평가한 것이니.

카카오뱅크는 100% 비대면 주택담보 대출, 간편 송금, 26주 적금, 모임 통장 등으로 기존 오프라인 은행과 차별화에 성공했다. 월간 활성 이용자 수 1,788만 명, 고객 2,403만 명, 수신 53조 4,000억 원, 여신 42조 6,000억 원을 기록했다(2024. 6). 카카오뱅크에 이어 카카오페이, 카카오페이손해보험, 카카오페이증권을 잇따라 설립하면서 카카오그룹의 한 축이 금융업이 됐다.

김범수 창업주 구속되며 카카오 미래 불투명해져

이러한 카카오의 성과를 만드는 데 김범수 창업주가 결정적인 역할을 했다는 점에 대해서는 이견이 없다. PC에서 모바일로의 변화 흐름을 읽어내 사업으로 연결시켰고, 장기간의 적자를 버텨낸 것도 그의 결단이었다. 또한, 다음커뮤니케이션과 합병해 주식시장에 진입했으며, 카카오뱅크를 유가증권시장에 상장(2021. 8)시켜 인터넷은행 1위로 끌어올렸다. 그러나 이러한 성과가 최종적으로 어떤 결실을 맺을지는 지켜봐야 한다는 지적이 있다. 김 창업주가 SM엔터테인먼트 시세조종 혐의로 구속되면서 카카오그룹의 미래가 시계 제로에 진입했기 때문이다. 김 창업주는 2024년 11월 보석으로 석방됐다.

김범수 창업주는 2024년 7월 23일, SM엔터테인먼트 인수 과정에서의 시세조종 혐의로 구속됐다. 그는 2023년 2월 SM엔터테인먼트 인수 과정에서 경쟁사 하이브의 공개매수를 방해하기 위해 주가를 12만 원 이상으로 끌어올렸다는 혐의를 받고 있다. 재판 결과에 따라 카카오그룹의 기반이 송두리째 흔들릴 가능성이 있다. 김범수 창업주가 벌금형 이상을 받을 경우, 카카오그룹은 카카오뱅크, 카카오페이손해보험, 카카오페이증권 등 금융 계열사의 대주주 자격을 상실할 수도 있다. 이렇게 되면 카카오그룹의 사세가 위축되고, 대기업집단 순위도 하락할 가능성이 있다. 신규 금융업 진출 역시 어려워질 전망이다.

2000년대 이후 한국 정치의 민주화가 진행되면서 퇴출된 대기업집단을 살펴보면, 정권과의 관계보다 경영자의 잘못된 의사결정이 핵심 요인임을 알 수 있다. 대표적인 사례로 금호아시아나그룹이 있다. 대우건설의 무리한 인수로 인해 그룹이 사실상 해체됐다.

이러한 위기 속에서 카카오는 발 빠르게 경영 혁신과 개혁을 추진하고 있다. 2024년 2월 그룹 내 컨트롤타워 역할을 할 'CA협의체'를 새롭게 구성했다. CA협의체에는 카카오, 카카오게임즈, 카카오모빌리티, 카카오뱅크 등 13개 주력 계열사가 참여하며, 그룹 내 이해관계를 조율하고 의사결정을 통합하는 역할을 맡는다. 김범수 창업주는 CA협의체 공동의장으로 참여했으나 건강상의 이유로 2025년 3월 사임했다. 김 창업주 사임으로 CA협의체는 정신아 대표 단독 의장 체제로 운영될 예정이다.

'총수', '고평가' 리스크에도, 카카오 신성장 동력 프리미엄 여전하다

카카오는 조직 개편을 통해 경영 혁신을 추진하고 있다. 이에 따라 김범수 창업주의 기존 인맥과 무관한 인사들이 주요 경영진을 채우고 있다. 정신아 카카오 대표이사는 '김범수 인맥'과 무관한 첫 CEO로 평가받는다. 정 대표는 미국 미시간대 MBA를 졸업하고 보스턴컨설팅그룹 컨설턴트를 거쳐 2024년 3월 카카오 대표이사에 취임했다. 그동안 김범수 인맥으로 분류되던 남궁훈, 임지훈 전 카카오 대표 등이 자리를 떠났으며, 홍은택 전 대표만 카카오 고문직을 유지하고 있다(2024. 6). 그들을 대신해 장윤중 카카오엔터테인먼트 대표, 한상우 카카오게임즈 대표 등이 채우고 있다.

카카오그룹의 지배구조는 '김범수 → 카카오(13.3%) → 에스엠엔터(21.0%)·카카오게임즈(40.8%)·카카오인베스트먼트(100%)·카카오모빌리티(57.3%)·카카오엔터테인먼트(66.0%)'로 이어진다. 김 위원장은 부인 형미선 씨와의 사이에 장남 김상빈, 장녀 김예빈을 두고 있다.

카카오뱅크 IPO 고평가, 적정가 도달까지 시간 걸릴 듯

카카오그룹에 소속된 상장사로는 카카오, 넵튠, 디어유, SM엔터테인먼트, SM컬쳐앤콘텐츠(SM C&C), SM라이프디자인그룹(SM Life Design), 카카오게임즈, 카카오페이, 카카오뱅크, 키이스트 등 10개사가 있다.

- 카카오게임즈는 게임 개발사이며, 신작 게임의 흥행 여부에 따라 실적이 크게 출렁인다. 그러나 신작이 소비자(이용자)에게 공개되기 전까지 성공 여부를 예측하기란 매우 어렵다. 많게는 수백억 원을 투자해 게임을 개발했지만, 출시 후 소비자에게 외면받는 경우도 적지 않다. 이렇게 되면 게임사의 존립마저 흔들릴 수 있다. 이 점에서 게임 개발은 영화 제작과 유사하다. 영화가 흥행할지 예측하기 어려운 것처럼, 게임도 출시 전까지 성공 여부를 장담하기 어렵다. 다만 영화가 스타 감독, 배우, 시나리오 작가에 의존하는 경향이 있듯이, 게임 산업에서도 유명 개발자나 검증된 IP(지식재산권), 대형 퍼블리셔의 마케팅 역량이 흥행을 좌우하는 핵심 요소로 작용한다. 카카오게임즈는 '가디언 테일즈'(2020), '오딘: 발할라라이징'(2021), '우마무스메'(2022), '에버소울', '아키에이지 워'(이상 2023)를 잇따라 성공시켰다. 이밖에 인기 게임으로 '배틀그라운드', '검은사막', '패스 오브 엑자일', '아키에이지'(이상 PC게임), '달빛조각사'(모바일 게임)를 보유하고 있다. 2013년 8월 (주)엔진으로 설립됐고, 2020년 9월 코스닥 상장했다.

- 넵튠도 카카오게임즈와 동일하게 게임 사업을 영위하고 있다. 9개의 자회사를 두고 게임 퍼블리싱에 주력하고 있다. 자회사 트리플라의 게임 '고양이 오피스'가 센서타워 APAC 어워즈 2024 최고의 타이쿤 게임 부문에 선정되는 등 성과를 거두고 있다.

- SM엔터테인먼트는 대한민국을 대표하는 종합 엔터테인먼트 기업으로, K-POP 산업을 선도해왔다. 소속 아티스트로는 동방신기, 슈퍼주니어, 소녀시대, 엑소, 레드벨벳, NCT, 에스파 등이 있으며, 글로벌 시장을 겨냥한 다양한 콘텐츠 제작 및 IP 비즈니스를 전개하고 있다. 또한, 음악 제작뿐만 아니라 콘서트, 팬덤 플랫폼, 버추얼 아티스트 등 다양한 영역으로 사업을 확장하며 지속적인 성장을 이어가고 있다. 다만 연예인(혹은 아이돌 그룹)의 흥행 여부에 따라 실적이 크게 좌우되며, 흥행을 사전에 정확히 예측하기 어렵다는 한계가 있다.

- 디어유는 팬 플랫폼 비즈니스를 영위하며 SM엔터테인먼트, 키이스트와 유사한 속성을 갖고 있다.

- 카카오뱅크는 2021년 8월 코스피 상장 당시 고평가 논란이 있었다. IPO 주관사였던 KB증권은 카카오뱅크에 PBR(주가순자산배수) 7.3배를 적용해 공모가를 3만 9,000원으로 산정했다. 이는 국내 주요 금융지주사인 KB금융지주의 PBR(0.5배)에 비해 10배 이상 높은 수준이었다. 당시 카카오뱅크의 몸값은 "전통 은행이 아니라 국민 플랫폼 카카오와의 시너지를 낼 수 있다"는 기대감에 기반해 책정됐다. 그러나 상장 후 카카오뱅크의 주가는 지속적인 하락세를 보이며, 2024년 12월 기준 2만 3,000원대에 머물러 있다. 이는 공모가 대비 약 40%가량 낮은 수준으로, 고평가 논란의 타당성을 보여준다. 일부 애널리스트들은 IPO 당시 카카오뱅크의 목표 주가를 7만~8만 원대에 제시하며 긍정적 평가를 내렸지만, 결과적으로 시장의 반응은 이를 뒷받침하지 못했다. 현재 카카오뱅크의 적정 주가는 PBR 1배를 기준으로 약 1만 1,000원, PER(주가수익비율) 10배를 기준으로 약 6,600원으로 추정된다. 이는 여전히 현재 주가(2만 3,000원)보다 낮은 수준이다. IPO 당시 높은 공모가 책정과 시장 기대를 과도하게 반영한 결과, 카카오뱅크는 투자자들에게 실망을 안긴 사례로 평가받고 있다. 향후 카카오뱅크가 실적 개선을 통해 공모가에 근접할 수 있을지는 불확실하다. 일부 증권사는 목표 주가를 하향 조정하며 3만 원대 수준을 제시하고 있지만, 이는 여전히 카카오뱅크의 현재 실적과 시장 평가에 비해 낙관적이라는 의견이 많다.

- 카카오페이는 결제 서비스를 제공하며 사업성이 양호하지만, 2019년 이후 5년 연속 영업손실을 기록하며 흑자 전환이 과제로 남아 있다. 다만 종속회사인 카카오페이손해보험(100%)과 카카오페이증권(67.4%)의 실적 개선이 기대되며, 2025년 이후 이익 구조로 전환할 가능성이 있다. 또한, 신세계그룹이 SSG페이(쓱페이)와 스마일페이의 지분 매각을 검토 중인 만큼, 카카오페이가 이를 인수하거나 협력할 가능성도 거론된다. 카카오페이가 확보할 경우 온·오프라인 결제 시장에서의 경쟁력을 한층 강화할 수 있다.

- SM C&C는 광고회사인데 수익성 개선이 과제다. 최근 3년(2021~2023) 영업이익률이 낮은 한 자릿수를 기록했다(1.26%).

- SM라이프디자인은 SM엔터테인먼트의 굿즈 인쇄, 영화 콘텐츠 배급, 물류 등을 담당하고 있다. 자회사 비컨홀딩스를 통해 전국 14개 업장에서 캐주얼 다이닝에서 파인 다이닝까지 외식사업을 영위하고 있다. 모기업 SM엔터테인먼트의 실적에 영향을 크게 받는 편이다.

남은 것은 모회사인 카카오다. 카카오의 강점은 신성장 산업에 속해 있다는 점이다. 카카오톡을 비롯해 카카오가 영위하는 ICT 사업은 여전히 신성장 산업으로 분류되며, 샤오미 창업주 레이쥔이 언급한 '태풍의 길목'에 서 있다.

여기에 더해, 카카오는 '카나나(Kanana)'라는 AI 신사업에 도전하고 있다. 카나나는 이용자와 상호작용하는 AI로, '카나(kana)'와 '나나(nana)'라는 두 형태로 나뉜다. '카나'는 그룹 단위의 협업과 의사소통을 돕는 협력형 AI, '나나'는 개인 맞춤형 비서 역할을 수행하는 개인형 AI다. 카카오는 2025년 1분기에 카나나의 비공개 베타 서비스를 진행할 예정이다.

또한, 최근 카카오는 오픈AI와 전략적 협업을 체결하며 AI 서비스 고도화에 나섰다. 이를 통해 챗GPT 기술을 카카오톡 등 주요 서비스에 접목하고, AI 기반의 차세대 서비스 개발을 추진할 계획이다. 이번 협업은 카카오의 AI 경쟁력을 한층 강화할 것으로 기대된다.

하지만, 앞서 지적했듯이 카카오의 주요 리스크로는 김범수 창업주의 재판 결과와 계열사 수가 지나치게 많다는 점이 꼽힌다. 특히, 김 창업주의 재판 결과는 카카오의 미래에 중요한 변수로 작용할 가능성이 크다. 무죄가 확정된다면 그동안의 불확실성이 해소되면서 카카오 계열사들의 주가에도 긍정적인 영향을 미칠 수 있다.

현재 카카오는 계열사 축소 등 사업 구조 재편을 통해 계열사 수 문제를 해결하는 데 집중하고 있다. 포털 사업부 다음(Daum)의 분사 추진도 이 맥락에서 진행되고 있다.

03 네이버

**본업 정체에
웹툰, 리셀, AI
전 방위 신사업 나선
'ICT 1세대'**

NAVER

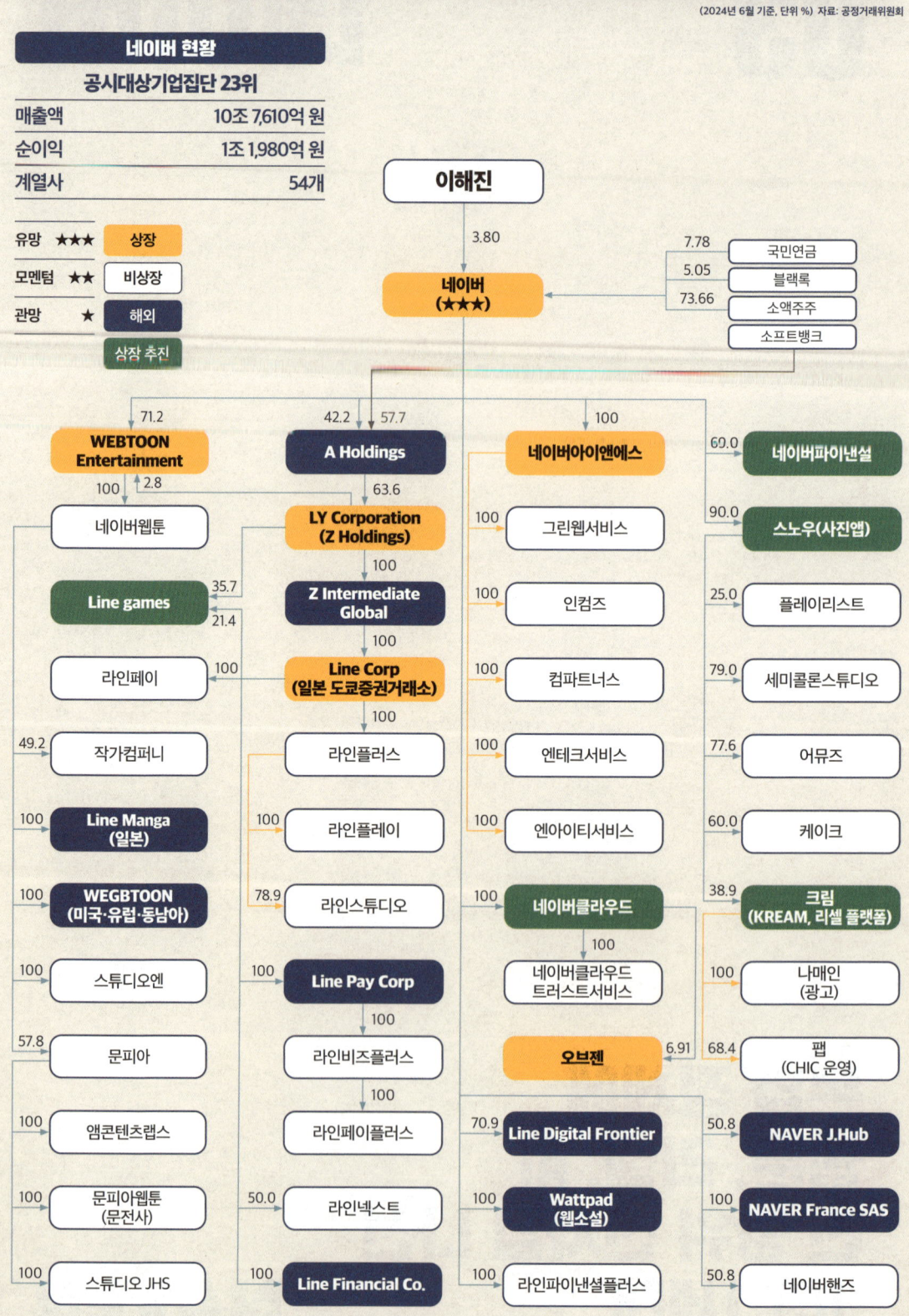

네이버 이해진 GIO 인맥 지도

- 이해진 네이버 GIO
- 신주호 일본 라인 공동대표
- 김준구 웹툰엔터네인먼트 대표
- 김범수 카카오 위원장

COMPANY
- 최수연 | 네이버 대표, 하버드대 로스쿨, 서울대 언론정보
- 신중호 | 일본 라인(Line Japan) 공동대표, 첫눈(1noon) 창업
- 김준구 | 웹툰엔터테인먼트 대표, 전 네이버, 서울대 응용화학부
- 김창욱 | 크림·스노우 대표, 전 티켓몬스터 이사
- 한성숙 | 전 네이버 대표, 전 엠파스 본부장

INDUSTRY
- 김범수 | 카카오 위원장, 삼성SDS 입사 동기, 서울대 컴퓨터공학(86)

FAMILY
- 이시용 | 전 삼성생명 대표, 부친, 용문고 성균관대 경제학
- 이영란 | 부인
- 이승주 | 아들, 가수(예명 로렌), 1995년생
- 이연주 | 딸

이해진 네이버 GIO: 1967년 출생 → 서울대 컴퓨터공학과(1990) → 삼성SDS(1992) → 네이버컴 창업(1999) → NHN 공동대표(2001) → NHN 최고전략책임자(CSO) → NHN재팬(현 라인) 이사(2007) → 네이버 이사회 의장(2013) → 네이버 글로벌투자책임(GIO, 2017. 3)

미국 웹툰 시장 점유율

(2022년, 단위 %) 자료: 데이터아이

- 네이버웹툰 (2024. 4 나스닥 상장) 70.5%
- 만타코믹스 9.7%
- 타파스 8.0%
- 태피툰 3.9%
- 기타 7.9%

최근 10년 네이버 실적 및 그룹 주요 연혁

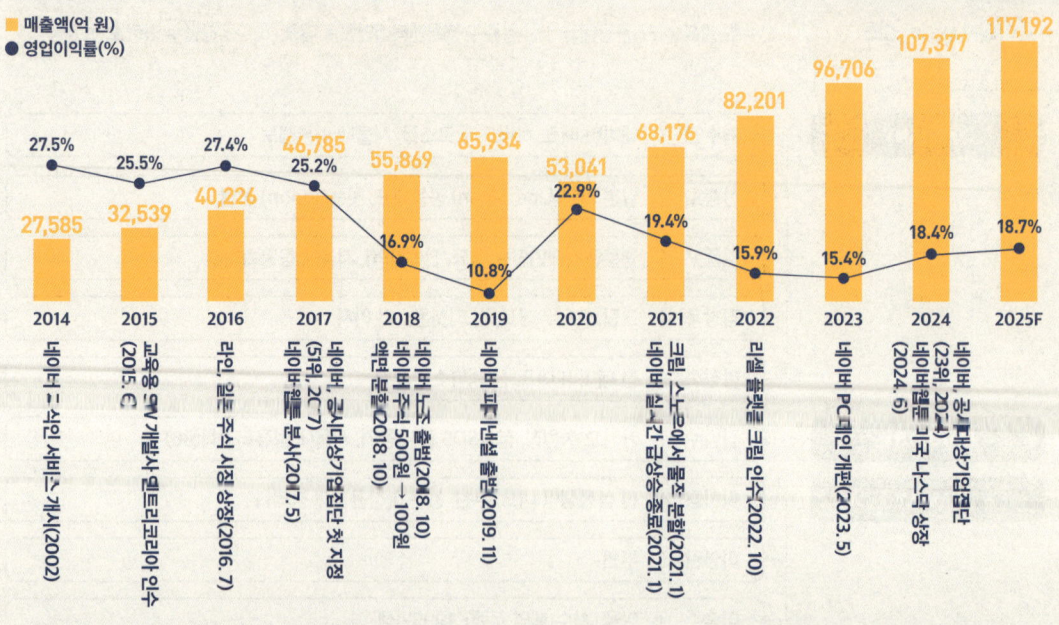

네이버 주요 계열사 매출액

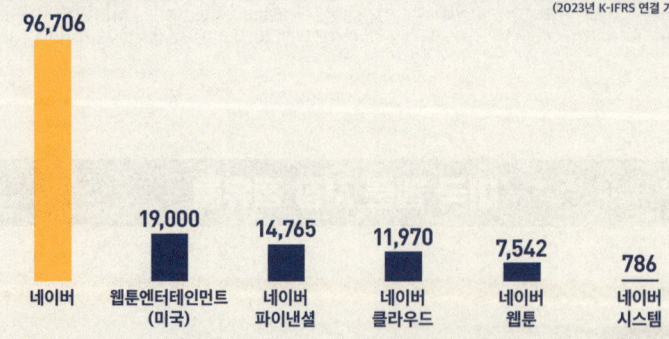

네이버 매출액 비중 및 국가별 지식재산권 등록 현황

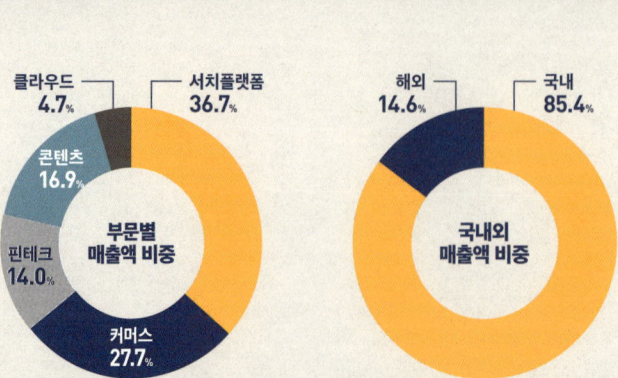
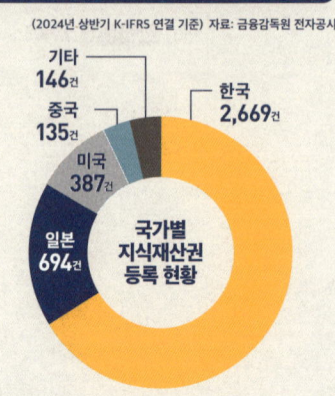

핵심 계열사 경영 현황 및 체크 포인트

네이버(★★★) `코스피`

● **현황**

국내 포털 시장을 과점하고 있는 '국민 포털' 사업자다. 국내 포털 시장 점유율 1위(54.73%)로, 글로벌 포털 사업자 구글(37.2%)을 앞서고 있다(2024. 9). 1999년 6월 후발 주자로 시작했지만, 2002년 '지식IN' 서비스로 다음, 네띠앙, 드림위즈 등을 물리치며 포털 1위로 올라섰다. 포털 1위를 기반으로 수익 모델을 서치플랫폼(검색), 이커머스, 핀테크, 클라우드로 확장했다. 2008년 11월 코스피에 상장했다.

✓ **체크 포인트**

1. **AI 신사업**: 초거대 AI 모델 하이퍼클로바X(HyperCLOVA X)를 기반으로 검색, 광고, 쇼핑 등 서비스 경쟁력을 강화하고 있으며, 기업용 솔루션(B2B) 사업 확대가 기대된다.
2. **글로벌 콘텐츠 플랫폼 성장**: 글로벌 웹툰 자회사 웹툰엔터테인먼트는 북미, 일본, 동남아시아 등에서 이용자를 늘리며, 2023년 월간 활성 사용자(MAU) 1억 명을 돌파했다. 글로벌 콘텐츠 시장에서 확장 가능성을 입증하고 있다.
3. **자회사 상장 및 기업 가치 증대**: 네이버파이낸셜, 네이버클라우드, 스노우가 IPO를 추진 중이며, 특히 2024년 6월 상장한 웹툰엔터테인먼트가 기대감을 높이고 있다.
4. **쇼핑 및 이커머스 사업 확대**: 스마트스토어와 네이버페이를 중심으로 국내 이커머스 시장을 선도하고 있으며, 이를 기반으로 글로벌 진출도 추진 중이다.

웹툰엔터테인먼트(WEBTOON Entertainment Inc.) `NASDAQ`

● **현황**

웹소설, 웹코믹을 생산하고 있으며, 150여 개국에서 1억 7,000만 명의 월간 활성 사용자(MAU)를 확보했다(2024. 3). 2015년 2월 네이버 사내 독립법인(CIC, Company In Company)으로 출범했고, 2017년 5월 네이버웹툰으로 분사했다. 2024년 6월 미국 나스닥에 상장했다. 국내 웹툰 기업 네이버웹툰의 지분 100%를 보유하고 있다.

✓ **체크 포인트**

1. **성장성**: 글로벌 웹툰 시장은 2030년까지 연평균 40% 성장할 것으로 예상된다.
2. **정부 지원**: 문화체육관광부는 웹툰을 K-콘텐츠로 집중 육성한다는 방침을 정하고 지원에 나섰다.

네이버파이낸셜 `비상장`

● **현황**

금융서비스 플랫폼으로 간편 결제 서비스 '네이버페이'를 운영하고 있다. 2019년 11월 네이버에서 분사했다. 결제 이외에 충전, 적립, 송금 서비스도 제공하고 있다. 신사업으로 대출비교 서비스, 대출 안심케어 서비스, 자산관리 서비스를 시작했다.

✓ **체크 포인트**

1. **IPO 준비**: 국내 최대 간편 결제 플랫폼 중 하나로 평가받으며, 상장 시 높은 기업 가치가 기대된다. 그러나 대기업 계열사들의 '쪼개기 상장'에 대한 부정적 여론을 의식해 상장 논의가 중단된 상태다.
2. **글로벌 진출**: 일본, 대만, 베트남 시장에서 결제 플랫폼 사업을 진행하고 있다. 알리페이플러스, 유니온페이와 제휴해 중국, 일본, 동남아, 유럽, 미국 등 65개국 이상에서 결제가 가능하다.
3. **신사업**: 신용카드, 증권, 보험 이용자를 대상으로 온라인 금융 플랫폼 사업을 준비하고 있다. 대출을 포함한 종합자산관리 사업도 준비하고 있다.

'ICT 1세대' 첫 대기업집단, 다시 뜨거워진다

2021년만 해도 네이버는 한국 주식시장에서 '뜨거운 종목'이었다. 그해 7월 30일, 주가는 46만 5,000원으로 사상 최고점을 기록하며 시가총액 상위권에 이름을 올렸다. 그러나 이후 성장 둔화 우려와 글로벌 경제 불확실성 등의 영향으로 주가가 하락세로 돌아섰다. 2024년 간신히 20만 원대를 회복했지만, 과거의 영광과는 거리가 있다.

네이버의 존재감 약화는 사용자 행태 변화에서도 드러난다. 과거에는 검색과 정보 획득 플랫폼이 중심이었으나, 오늘날 많은 사용자가 유튜브와 같은 동영상 기반 플랫폼으로 이동하고 있다. 이는 네이버가 더는 독보적인 위치를 유지하지 못하는 이유를 단적으로 보여준다.

그렇지만 네이버는 여전히 탄탄한 펀더멘털을 바탕으로 성장을 모색하고 있다. 네이버는 한국 최초로 IT 스타트업에서 시작해 대기업집단에 포함됐으며, 이 과정에서 '혁신 DNA'를 갖췄다는 평가를 받고 있다. 대표적으로 네이버웹툰은 북미와 일본 등 글로벌 시장에서 성과를 인정받아 2024년 6월 27일 미국 나스닥에 상장했다(WEBTOON Entertainment Inc.). 리셀 플랫폼 크림(KREAM)도 차별화된 사업 모델과 빠른 성장세로 네이버의 혁신 역량을 보여주고 있다. 이와 함께 AI, 핀테크, 이커머스 등 다양한 분야에서 신사업을 통해 미래 성장 동력을 마련하고 있다.

특히, AI 기술을 활용한 혁신적인 서비스에 중점을 두고 있다. 네이버웹툰은 웹툰 작가들의 작업 부담을 줄이고 제작 효율성을 높이기 위해 AI 도구 '웹툰 AI 페인터'와 캐릭터 추출 및 스타일 모방 도구 '웹툰 AI 에디터'를 개발했다. 네이버쇼핑도 하이퍼클로바X 기반의 AI 쇼핑 앱을 도입해, 고객 맞춤형 패션 아이템 추천 서비스를 2025년 3월 선보였다.

현재 네이버는 글로벌 AI 시장에서 경쟁력을 강화해야 하는 과제를 남겨두고 있다. 오픈AI·구글 등 빅테크와의 경쟁 속에서 하이퍼클로바X의 차별성을 확보하고, 한국어 중심 AI의 한계를 넘어 글로벌 시장에서도 입지를 넓히는 것이 중요하다. 네이버가 이러한 과제를 어떻게 극복하고 성과를 낼지 주목된다.

네이버는 2024년 공정위 공시대상기업집단 23위를 기록했다. 전년과 순위가 같았다. 그룹 매출액 10조 7,610억 원, 순이익 1조 1,980억 원으로 전년 대비 각각 9.01%, 33.87% 증가했다(이하 K-IFRS 연결).

계열사는 네이버, 라인(일본, 이상 상장), 네이버파이낸셜, 네이버웹툰, 크림 등 44개사로 전년 대비 3개 감소했다. 계열사 가운데 매출액이 가장 큰 곳은 사업회사 네이버다. 2023년 기준 네이버그룹 주요 계열사들의 매출액은 네이버(9조 6,706억 원)가 압도적 1위이고, 이어 네이버파이낸셜(1조 4,765억 원), 네이버클라우드(1조 1,970억 원), 네이버웹툰(7,542억 원) 순이다.

실적 양호하지만 본업 '검색' 정체 → 주가 ↓

네이버의 존재감이 예전 같지 않다는 지적이 나오고 있지만, 주가와 달리 실적은 안정적인 흐름을 보이고 있다. 2024년 전체 매출액 10조 7,377억 원, 영업이익 1조 9,793억 원, 당기순이익 1조 9,320억 원을 기록했다. 사상 처음으로 매출액 10조 원을 돌파했다. 전년 대비 각각 11.03%, 32.94%, 96.14% 증가했다.

최근 5년(2018~2023) 매출액 연평균 증가율은 11.6%로 두 자릿수를 기록하며, 대기업집단 순위도 꾸준히 상승하고 있다. 네이버는 2017년 공정위 대기업집단 리스트에 처음 51위로 이름을 올린 이래 28단계 상승하며 2023년 23위를 기록했다. 7년 만에 엄청난 도약을 이뤄낸 셈이다. 이처럼 지표만 놓고 보면 네이버의 전망은 여전히 탄탄해 보인다.

그럼에도 불구하고 네이버가 주식시장에서 저평가되고 있는 가장 큰 이유는 본업에서의 성장성이 불확실해 보이기 때문이다. 다시 말해, 네이버의 본업에 해당하는 검색 서비스가 성장 한계에 도달했다는 지적 때문이다. 네이버의 매출액 비중은 검색 플랫폼 36.7%, 커머스(네이버쇼핑, 크림 등) 27.7%, 핀테크(네이버페이) 14%, 콘텐츠(네이버웹툰, 스노우 등) 16.9%, 클라우드 4.7%다(2024. 6). 여전히 검색 플랫폼 비중이 가장 높지만 2020년까지 절반을 훌쩍 넘었던 것에 비하면 축소됐다. 검색 플랫폼은 2020년 이후 매출액 연평균 증가율이 사실상 '제로' 상태다. 이 자리를 커머스, 콘텐츠, 핀테크가 채워주고 있다.

수익성이 나빠진 것도 우려를 낳고 있다. 네이버의 2023년 영업이익률은 15.4%로 수치상으로는 나쁘지 않지만, 2010년대 중반까지 20%대를 훌쩍 넘었던 것과 비교하면 격세지감이다.

리셀 플랫폼 '크림', 사진 앱 '스노우' 등 MZ 겨냥 신사업 진출

이 같은 환경 변화에 대응하는 네이버 전략 1순위는 분사, M&A 등을 통한 새로운 시장으로의 진출이다.

- 리셀(Resell) 플랫폼 크림(KREAM)은 나이키, 아디다스 등 브랜드의 '희소템'을 개인 간 거래(C2C) 방식으로 사고팔 수 있는 플랫폼이다. 판매자가 원하는 가격에 물품을 등록하면, 구매자가 입찰하거나 즉시 구매하는 형태로 거래가 이뤄진다. 크림은 이러한 혁신적인 모델을 통해 국내 리셀 시장에서 점유율 1위를 차지하고 있다. 2023년 10억 달러 이상의 가치를 뜻하는 유니콘 기업으로 인정받았으며 기업공개를 추진하고 있다. 2020년 네이버 자회사 스노우의 스니커즈 거래 플랫폼으로 시작했고, 2021년 물적 분할했다. 태국 리셀 플랫폼 사솜(Sasom), 말레이시아 리셀 커뮤니티 스니커라(SneakerLah)에 투자하는 등 글로벌 시장 공략에도 적극적이다. 그러나 아직 자본잠식 상태에 있고, 2024년 네이버파이낸셜로부터 단기차입금 250억 원을 지원받았다.

- 사진앱 스노우(SNOW)는 네이버가 2015년 개발한 앱으로, MZ 세대의 인기를 끌고 있다. 2016년 네이버에서 분사했다. 2023년 최태원 SK 회장이 관심을 표명한 에픽(EPIK) 앱의 'AI 이어북'도 스노우가 개발했다. 졸업사진 분위기의 프로필(사진)을 합성해주는 'AI 이어북'은 한국은 물론이고, 미국 시장에서 큰 인

기를 얻고 있다.

네이버웹툰은 2024년 6월 미국 나스닥(NASDAQ)에 상장했다. 정확히 말하면 네이버웹툰 모기업 웹툰엔터테인먼트(WEBTOON Entertainment)가 주식 코드명 'WBTN'으로 미국 나스닥에 상장했다. 나스닥에서 네이버웹툰의 시가총액은 16억 6,000만 달러(약 2조 3,000억 원)를 오르내리고 있다(2024. 12). 2023년 네이버웹툰의 연간 거래액은 1조 8,000억 원에 달한다. 네이버는 이 같은 신사업으로 2025년까지 해외 매출 비중을 50%로 끌어올린다는 목표를 갖고 있다.

네이버웹툰은 성장 산업이다. 글로벌 시장조사기관 스페리컬 인사이트&컨설팅에 따르면 세계 웹툰 시장은 2030년까지 연평균 40.8% 성장할 것으로 예상된다. 이에 따라 시장 규모는 2021년 47억 달러(약 6조 2,500억 원)에서 2030년 601억 달러(약 80조 원)로 크게 성장할 전망이다. 스페리컬 인사이트&컨설팅은 보고서에서 네이버웹툰이 한국, 일본, 대만, 미국 등에서 수익과 사용자 기준 최대 규모 웹툰 플랫폼으로 자리 잡았다며, 2024년 1분기 1억 7,000만 명의 월간 활성 이용자(MAU)를 통해 수익화 초기 단계에 진입했다고 분석했다. 네이버웹툰은 미국 시장에서 점유율 1위를 기록하고 있다. 미국 시장조사업체 데이터에이아이(Data.ai)의 2022년 미국 웹툰 시장 점유율 조사에 따르면, 네이버웹툰은 70.5%로 압도적 1위를 차지했다. 이어 만타코믹스 9.7%, 타파스 8.0%, 태피툰 3.9%, 기타 7.9% 순이다.

네이버는 AI 신사업도 진행하고 있다. 하이퍼클로바X 기반 AI 검색 서비스 '큐:(Cue:)'를 출시해 대화형 검색 방식을 도입했다. 기존 키워드 검색과 달리 AI가 질문에 맞춰 답변을 생성하며, 2023년 9월부터 베타 서비스로 제공되고 있다. 그러나 글로벌 시장에서의 확장 가능성은 불투명하다. 구글이 검색 시장을 장악하고, MS가 챗GPT를 적용한 빙(Bing) 검색을 강화하는 등 경쟁이 치열하기 때문이다. 다국어 AI 모델 경쟁에서 하이퍼클로바X가 차별성을 확보할 수 있을지가 관건이다.

가족 경영 없는
'혁신 DNA' 기업,
네이버가 신사업 주도한다

네이버가 IT 스타업에서 시작해 대기업집단에 등극하는 과정에서 '혁신 DNA'를 내재화했고 여전히 이를 유지하고 있다는 점에는 이견이 없다. 네이버는 2000년 무렵 닷컴 붐에 힘입어 'IT 스타트업'으로 세상에 등장해 가장 먼저 대기업집단에 진입한 기록을 갖고 있다. 창업 당시 프리챌, 네띠앙, 라이코스 코리아보다 후발 주자로 시작했지만, 2002년 '지식IN 서비스'로 판도를 뒤엎고, 연이어 네이버 카페와 블로그의 성공으로 지금의 압도적 포털 1위로 성장했다. 당시 이를 주도했던 이해진 GIO(최고투자책임자)를 비롯한 임직원들도 여전히 네이버에 남아 있다. 네이버그룹의 동일인은 이해진 GIO이지만, 네이버 지분이 낮은 한 자릿수(3.70%)에 불과하고, 가족 경영을 하는 것도 아니어서 흔히 말하는 '재계 총수'와는 차이가 있다.

이해진 GIO는 삼성SDS에 근무하다 1999년 네이버컴을 창업했다. 부친은 이시용 전 삼성생명 대표이며, 외아들 이승주는 가수(예명 로렌)로 활동하고 있다. 이해진 의장의 인맥으로는 최수연 네이버 대표, 신중호 일본 라인 공동대표, 김준구 웹툰엔터테인먼트 대표 등이 꼽힌다. 김범수 카카오 창업주와는 삼성SDS에서 같이 근무했다.

네이버, 여전히 성장산업에 있는 '혁신 DNA' 보유

한국 주식시장에서 상장된 네이버그룹 계열 상장사는 사업회사 네이버가 유일하다. 네이버웹툰의 모기업인 웹툰엔터테인먼트는 미국 나스닥에, 일본 라인(Line)은 도쿄증권거래소에 상장돼 있다.

네이버는 여전히 '혁신 DNA'를 유지하고 있다. 1999년 설립된 네이버는 20여 년간 숱한 도전을 겪었지만, 지속적인 혁신으로 대기업집단에 이름을 올렸다. 2002년 지식인 서비스로 경쟁 포털을 압도하며 1위 포털로 올라섰고, 2011년 모바일 메신저 라인을 일본에서 성공적으로 출시하며 글로벌 시장에서도 입지를 강화했다.

현재 네이버는 AI 기술을 활용한 서비스 혁신에 주력하고 있다. 2025년 상반기 중 AI 개인화 추천 및 출처 표시가 가능한 검색 서비스 'AI 브리핑'을 도입할 예정이며, 이를 통해 사용자 체류 시간 증가와 콘텐츠 노출 최적화를 기대하고 있다. 또한, AR 내비게이션, VR 실내 투어 등 공간 지능 기술이 적용된 네이버 지도와 AI 기반 웹툰 제작 도구, 고객 신체 사이즈 스캔을 활용한 패션 추천 서비스 등도 계획 중이다. 별도의 AI 쇼핑 앱 출시와 함께 배송 서비스도 강화해 실적과 주가 개선을 목표로 하고 있다.

고무적인 것은 글로벌 시장에서 성과가 확대되고 있다는 점이다. 네이버의 해외 매출 비중은 2022년 8.2%에서 2023년 14.1%, 2024년 상반기 14.6%로 증가했다. 특히, 일본 시장에서는 라인이 모바일 메신저를 넘어 결제와 콘텐츠 플랫폼으로 자리 잡아 네이버의 해외 매출 성장에 큰 역할을 하고 있다. 라인을 필두로 한 LY Corporation(구 Z홀딩스)은 일본 디지털 시장에서 강력한 입지를 유지하며, 네이버의 글로벌 확장 전략에서 핵심적인 역할을 하고 있다. 다만, LY Corporation은 네이버와 소프트뱅크가 50:50 지분으로 공동 경영하는 구조로, 일본 정부의 지분 매각 압박 등에서 볼 수 있듯이 불확실성을 안고 있다.

한국 시장의 인구 감소와 포화 상태를 고려할 때, 글로벌 시장 진출은 네이버에 필수 과제다. 온라인 광고와 콘텐츠 플랫폼 산업은 꾸준히 성장 중이기 때문이다. 시장조사기관 이마케터(Emarker)에 따르면, 세계 온라인 광고 시장 규모는 2018년 2,804억 달러에서 2024년 6,769억 달러(약 972조 원)로 성장할 전망이다. 이는 네이버가 글로벌 광고 및 콘텐츠 시장에서 더 많은 기회를 확보할 수 있음을 보여준다.

네이버 계열사들의 IPO 움직임도 주목할 만하다. 네이버는 과거 계열사 상장을 자제했지만, 2024년 웹툰엔터테인먼트가 미국 나스닥에 상장한 것을 시작으로 네이버파이낸셜,

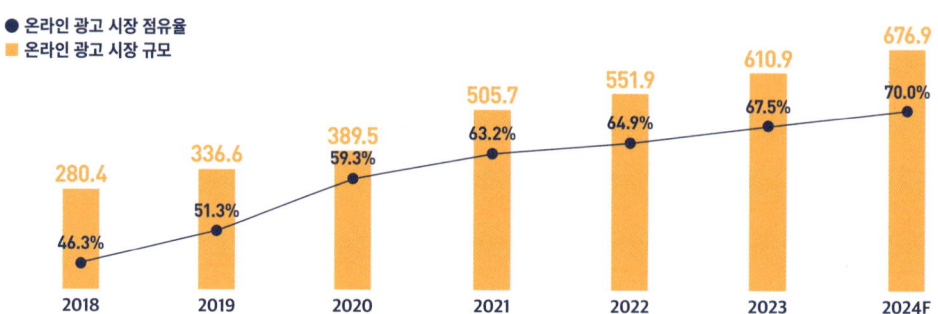

세계 온라인 광고시장 규모 및 전체 광고 시장에서 차지하는 비중 추이 (단위: 10억 달러)

네이버클라우드, 스노우(사진 앱) 등 계열사들이 상장을 준비 중이다. 일반적으로 종속회사 상장은 이중 계상(Double Counting) 문제를 일으킬 수 있다. 그러나 네이버는 한국 주식시장에 네이버(주) 단 하나의 상장사가 있는 구조로, 이중 계상의 영향을 최소화하고 있다.

- 웹툰엔터테인먼트는 2023년 매출액 1조 9,000억 원, 당기순손실 2,000억 원을 기록했다. IPO로 조달한 자금을 통해 흑자 전환에 성공한다면, 네이버 실적과 주가에도 긍정적인 영향을 미칠 것으로 기대된다.

- 크림(KREAM)은 상장을 추진 중이지만, 아직 구체적인 일정이 공개되지 않았다. 네이버의 손자회사다. 크림의 지배구조는 '네이버 → 스노우(90.6%) → 크림(38.9%)'으로 이어진다(2024 2분기).

- 라인게임즈는 상장을 추진하고 있지만, 최대주주가 아닌 탓에 실적은 네이버 연결 실적에 포함되지 않는다. 라인게임즈의 사실상 최대주주는 일본 소프트뱅크다. 네이버는 '네이버 → A홀딩스(42.2%) → 라인야후(63.6%) → 라인게임즈(35.7%)'의 지배구조로 라인게임즈를 간접 지배하고 있다(2024 2분기).

04 넥슨

선점 우위와 개발 역량으로 일군 '게임의 제왕', 멀티 플랫폼 도전

넥슨 지배구조 및 지분 현황

(2024년 6월 기준, 단위 %) 자료: 공정거래위원회
※ 오너 일가 지분율은 2024. 9 기준

넥슨 현황
공시대상기업집단 2위

매출액	4조 2,420억 원
순이익	1조 4,760억 원
계열사	19개

- 유망 ★★★ 　상장
- 모멘텀 ★★ 　비상장
- 관망 ★ 　해외

지배구조도

- 유정현 → NXC (34.0)
- 기획재정부 → NXC (29.2)
- 김정민 → NXC (17.5), 와이즈키즈 (50.0)
- 김정윤 → NXC (17.5), 와이즈키즈 (50.0)
- 박용현 → NXC (3.37)
- 소액주주 → NXC (29.4)
- PIF(사우디)

NXC →
- 코빗 (61.8)
- 넥슨(Nexon Co. 일본) (48.7)
- 넥슨게임즈 (넷게임즈+넥슨GT) (10.23)
- NXMH B.V. (벨기에) (100)
- 와이즈키즈(친족 100)

넥슨(Nexon Co. 일본) → NXC (1.72)

- 넥슨 → 넥슨코리아 (100)
- 넥슨 → 넥슨게임즈 (14.5)
- 넥슨코리아 → 넥슨게임즈 (60.0)
- 넥슨코리아 → 엔미디어플랫폼 (100)
- 넥슨코리아 → 데브캣 (55.5)
- 넥슨코리아 → 니트로스튜디오 (100)
- 넥슨코리아 → 미띵스 (100)
- 넥슨코리아 → 넥슨블록 (100)
- 넥슨코리아 → 넥슨커뮤니케이션즈 (100)
- 넥슨코리아 → 넥슨네트웍스 (100)
- 넥슨코리아 → 넥슨스페이스 (100)
- 넥슨코리아 → TDF(임원)

- 넥슨게임즈 → 중앙판교개발 (99.9)
- 넥슨게임즈 → 엔진스튜디오 (100)
- 엔진스튜디오 → 네오플 (100)
- 네오플 → Nexon US Holdings (100)
- Nexon US Holdings → Big Huge Games (100)
- Nexon US Holdings → PixelBerry Studios (100)
- Nexon US Holdings → Reasonable Holdings, Inc (100)
- Reasonable Holdings, Inc → 9293 TITANS LLC (60.3)
- Reasonable Holdings, Inc → NXC US, Inc (100)
- NXC US, Inc → FGX Mobility Ltd (100)
- VALTUM STATHEROS FUND → NXC US, Inc (100)
- NXGP Sarl → FGX Mobility Ltd (100)
- FGX Mobility Ltd → NXC II, LLC (98.4)

- NXMH B.V. → NXMH AS (98.1)
- NXMH AS → STOKKE AS (100)
- STOKKE AS → 스토케코리아 (100)
- NXMH B.V. → Bitstamp Holdings N.V (99.95)
- Bitstamp Holdings N.V → NX Pet holdings (99.8)
- NX Pet holdings → White bridge Pet Brands (100)
- White bridge Pet Brands → Grizzly Pet Product (100)
- White bridge Pet Brands → NAPP Manufactruing (100)
- 9293 TITANS LLC → 9293 TITANS III, LLC (45.9)
- 9293 TITANS III, LLC → FGX Mobility Ltd. (98.4)
- NXC II, LLC → 9293 TITANS V, LLC (81.4)

- 와이즈키즈 → NX프로퍼티스 (100)
- Embark Studios (스웨덴) (100)
- Nexon. Co. (일본 자회사) (100)
- NIS Credit Opportunities (91.5)
- COLLAB II-GE C (60.0)
- NIS Indra Fund Ltd (100)
- VALTUM FUND (63.49)
- NXMH CIV (100)

넥슨 오너 가계도 및 핵심 관계자 지분 현황

(2024년 6월 기준) 자료: 공정거래위원회

유정현 NXC 이사회 의장		김정민 고 김정주 창업주 장녀		김정윤 고 김정주 창업주 차녀	
NXC	34.0%	NXC	17.5%	NXC	17.5%
		와이즈키즈	50.0%	와이즈키즈	50.0%

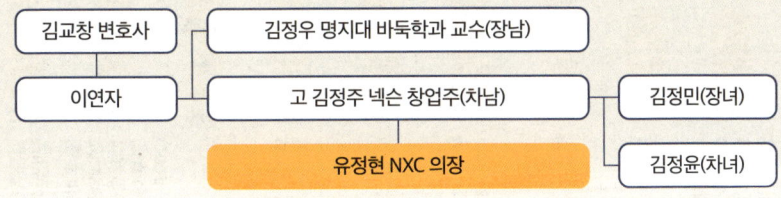

넥슨그룹 근무 / 넥슨그룹 비(非)근무

김교창 변호사 — 이연자
├─ 김정우 명지대 바둑학과 교수(장남)
└─ 고 김정주 넥슨 창업주(차남) — 유정현 NXC 의장
    ├─ 김정민(장녀)
    └─ 김정윤(차녀)

넥슨 주요 게임

게임명	플랫폼	장르	넥슨게임즈 개발	출시시점 (국내 기준)	서비스 지역
퍼스트 버서커: 카잔	PC, 콘솔	하드코어 액션 RPG		2025. 3. 28	한국, 글로벌
이그 레이디스	PC, 콘솔	PvPvE 서바이벌 슈터		2025	한국, 글로벌
슈퍼바이브	PC	MOBA 배틀로얄		2025. 1	한국, 일본
퍼스트 디센던트	PC, 콘솔	슈팅	O	2025. 1. 9	한국, 글로벌
낙원: 라스트 파라다이스	PC	생존 탈출게임		N/A	한국, 글로벌
프로젝트 오버킬	PC, 모바일	3D 액션 RPG		N/A	N/A
던전앤파이터: 아라드	PC, 모바일, 콘솔	오픈월드 액션 RPG	O	N/A	한국, 글로벌
빈딕투스: 디파잉 페이트	PC, 콘솔	액션 RPG		N/A	한국, 글로벌
프로젝트 DX	PC, 콘솔	MMORPG	O	N/A	한국, 글로벌
FC 온라인	PC	스포츠(축구)		2018. 5. 17	한국
카트라이더: 드리프트	PC, 모바일, 콘솔	글로벌 레이싱게임		2023. 1. 12	한국, 대만
히트2	모바일	MMORPG	O	2022. 8	한국, 일본, 대만 등
블루 아카이브	모바일	서브컬처	O	2021. 11. 9	한국, 일본, 중국, 글로벌
V4	모바일	MMORPG	O	2019. 11. 7	한국
엘소드	PC	액션 RPG		2007. 12. 27	한국
서든어택	PC	FPS 슈팅게임	O	2005. 8. 23	한국
메이플스토리	PC	MMORPG		2003. 4. 29	한국, 미국 등
바람의나라	PC	MMORPG		1996. 4. 5	한국

최근 10년 NXC(엔엑스씨) 실적 및 그룹 주요 연혁

(K-IFRS 연결 기준) 자료: 네이버 사업보고서

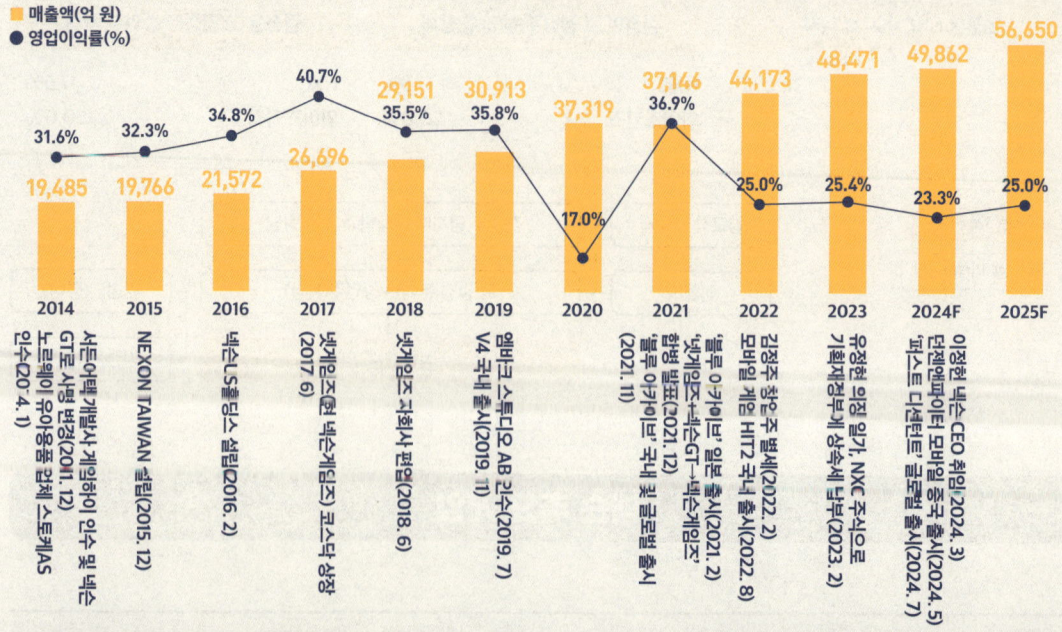

넥슨 주요 계열사 매출액

(2023년 K-IFRS 연결 기준, 단위 억 원) 자료: 금융감독원 전자공시

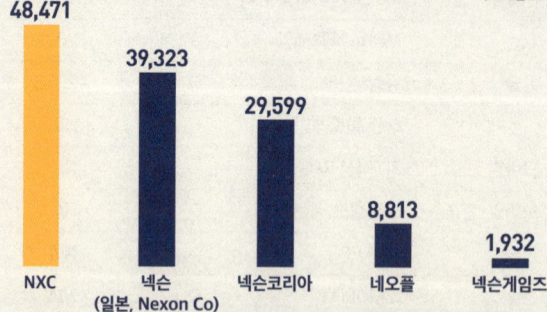

넥슨게임즈 매출 비중 및 넥슨 지역별, PC·모바일 매출 비중

(2024년 상반기 K-IFRS 연결 기준) 자료: 금융감독원 전자공시

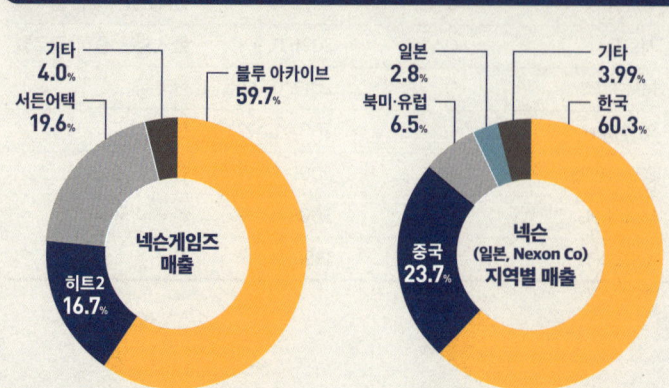
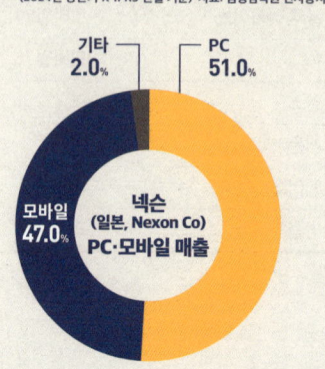

핵심 계열사 경영 현황 및 체크 포인트

| NXC | 비상장

● **현황**

넥슨의 최상위 지주사이며, 주요 종속기업으로 일본 도쿄증권거래소에 상장된 중간지주사 넥슨(Nexon Co. 48.6%), 벨기에 소재 NXMH B.V.(100%), 가상화폐 거래소 코빗(61.8%) 등을 보유하고 있다. 고 김정주 창업주(1968~2022. 2)가 생전에 NXC 지분 98%를 보유했으나, 별세 이후 상속세로 인해 직계가족 지분이 축소됐다. 현재 지분구조는 유정현 NXC 이사회 의장(33.3%), 장녀 김정민(17.1%), 차녀 김정윤(17.1%)으로 재편됐다(2024. 9).

✓ **체크 포인트**
1. **종속기업 실적**: NXC의 실적은 일본 주식시장에 상장된 종속기업 넥슨(Nexon Co., 48.7%)의 영향을 받는다.
2. **경영진**: 2022년 김정주 창업주 사망 이후, 유정현 NXC 의장, 이재교 NXC 대표, 이정헌 넥슨 대표 체제로 전환됐다.

| 넥슨(Nexon Co.) | 도쿄증권거래소

● **현황**

국내 1위 게임사로, 2011년 12월 일본 도쿄증권거래소에 상장됐다. 김정주 창업주가 1994년 창업해 세계 최초 온라인 게임 '바람의나라'를 비롯해 '메이플스토리', '카트라이더' 등 다수 히트작을 배출하며 국내 최대 게임사로 성장시켰다. 한국 게임업계를 대표하는 3N(넥슨, 넷마블, 엔씨소프트) 중 매출액 1위를 기록하고 있다. 주요 히트작으로 '바람의나라'(1996), '메이플스토리'(2003), '카트라이더'(2004), '블루 아카이브'(2021), '히트2'(2022), '던전앤파이터'(2022), '프라시아 전기'(2023) 등이 있다. 김 창업주는 '아시아의 디즈니'를 목표로 글로벌 확장에 나섰고, 그 취지로 일본 증시에 상장했다. 종속기업 넥슨코리아(100%)를 통해 넥슨게임즈(60.0%), 네오플(100%), 데브캣(55.5%) 등 계열사에 경영권을 행사하고 있다.

✓ **체크 포인트**
1. **종속기업 실적**: 넥슨의 실적과 주가는 종속기업 넥슨코리아(100%) 실적에 영향을 받는다. 넥슨코리아는 넥슨게임즈, 네오플, 데브캣 등을 종속회사로 두고 있다.

| 넥슨게임즈 | 코스닥

● **현황**

넥슨그룹의 주요 게임 개발사이며, 넥슨그룹 계열사 가운데 유일하게 한국 주식시장(코스닥)에 상장돼 있다. 주요 게임으로 '블루 아카이브'(2021), '히트2'(2022), '서든어택'(2005)을 보유하고 있으며, 2024년 7월 출시된 '퍼스트 디센던트'가 좋은 반응을 얻고 있다. 넷게임즈와 넥슨GT가 2022년 합병해 넥슨게임즈로 출범했다. 넷게임즈는 2017년 6월 코스닥에 상장했다.

✓ **체크 포인트**
1. **신작**: '퍼스트 디센던트'의 성공적인 시즌2 업데이트 이후, 서브 컬처 게임(프로젝트 RX) 등 새로운 게임 출시가 예정돼 있다. 서브 컬처 게임은 특정 장르나 커뮤니티를 주제로 한 게임을 의미한다.
2. **'퍼스트 디센던트' 성과**: 2024년 7월 출시 후 스팀(Steam) 글로벌 최고 매출 1위를 기록하는 등 성과를 거뒀다. 출시 이후 개발인력 증원을 통해 라이브 서비스 강화에 주력하고 있으며, 최근 선보인 시즌2 업데이트가 유저들로부터 좋은 반응을 얻고 있다.

국내 최대 게임그룹,
'선점자의 이점' 발판
빠른 다각화 강점

불과 70여 년 전만 해도 세상에 존재하지 않았던 산업, 그렇지만 이제는 공정위가 발표하는 공시대상기업집단 3곳을 배출했고 향후에도 가파른 성장이 예상되는 산업. 게임 산업(game industry)을 따라 다니는 수식어다.

게임 산업은 1962년 미국 MIT에 재학 중이던 스티븐 러셀(Stephen Russell)이 개발한 세계 최초의 디지털 비디오 게임 '스페이스 워(Space War)'에서 시작됐다. 당시 러셀은 두 우주선이 미사일을 발사해 상대편을 격추하는 단순한 게임을 개발했다. 하지만 이 작은 시도가 훗날 천문학적 규모의 부를 창출하는 게임 산업의 씨앗이 될 것으로 예상한 이는 드물었다. 그는 특허를 내지도 않았고 오픈 소스로 공개한 탓에 큰 이익을 얻지 못했지만, 그의 도전은 훗날 막대한 부를 낳는 거대한 산업의 출발점이 됐다.

이러한 게임 산업의 흐름은 한국 시장에서도 유사하게 나타났다. 세계 게임 산업의 태동기부터 시작된 변화가 국내에도 빠르게 확산됐고, 초기 시장을 선점한 넥슨그룹이 국내 1위 게임사로 자리매김하며 그 중심에 섰다. 넥슨은 1994년 설립돼 세계 최초의 온라인 게임(MMORPG) '바람의나라'(1996)를 출시하며 게임의 역사에 한 획을 그었다. 넥슨이 내놓은 게임들은 당시 존재하지 않았던 새로운 개념을 도입하며 '최초', '최고', '최대'라는 타이틀을 얻었고, 이는 한국 게임 산업이 세계 시장으로 뻗어 나가는 계기가 됐다.

넥슨그룹은 2024년 공정위 공시대상기업집단에서 43위를 기록했다. 이는 전년과 같은 순위다. 그룹 전체 매출액 4조 2,420억 원, 순이익 1조 4,760억 원으로 전년 대비 매출액은

28.24% 줄어든 반면, 순이익은 247.49% 증가했다(이하 K-IFRS 연결).

최상위 지주사는 NXC이며, 주요 계열사로는 넥슨(Nexon Co.), NXMH B.V.(벨기에, 이하 NXMH), 코빗 등 19개사가 있다. 넥슨은 일본 도쿄증권거래소에 상장돼 있는데, 고 김정주(1968~2022) 창업주가 넥슨을 '아시아의 디즈니'로 키우겠다는 취지에서 한국 주식시장 대신 일본 주식시장을 선택했다고 한다. 국내에는 손자회사 넥슨게임즈가 상장돼 있다.

2024년 공정위 대기업집단에 포함된 게임사는 넥슨을 포함해 넷마블(46위), 크래프톤(63위)을 포함한 3곳뿐이다. 이 가운데 넥슨이 단연 '왕중왕'이다. 넷마블 매출액의 절반 이상이 생활가전 계열사 코웨이(Coway)가 담당하고 있다는 점을 고려하면, 넥슨이 국내 최대 게임사라는 데 이견이 없다.

넥슨그룹의 주요 법인 매출액을 살펴보면, NXC 4조 8,487억 원, 넥슨 3조 9,323억 원, 넥슨코리아 2조 9,599억 원, 네오플 8,813억 원, 넥슨게임즈 1,932억 원이다(2023).

넥슨그룹은 수익성과 성장성 두 측면에서 모두 탁월하다. NXC의 최근 5년(2019~2023) 평균 영업이익률이 30%에 육박하고(28.01%), 연평균 매출액 증가율도 두 자릿수에 이른다(10.70%). 해외 매출액 비중이 약 50%선을 유지하고 있어서 인구 절벽 문제도 일찌감치 해결했다. 한국의 대기업집단 가운데 이 같은 '모범생'을 찾기란 쉽지 않다.

넥슨그룹은 이 같은 양호한 실적을 바탕으로 비게임 사업도 진행하고 있다. NXC가 지분 100%를 보유하고 있는 벨기에 브뤼셀 소재 계열사 NXMH는 프리미엄 유아용품, 반려동물 사료 사업을 영위하고 있다. NXMH의 매출은 최근 5년간 꾸준히 증가해, 2018년 1조 2,516억 원에서 2022년 3조 9,323억 원으로 약 214.18% 성장했다.

일본 도쿄증권거래소에 상장돼 있는 넥슨도 실적이 양호하다. 2023년 실적을 살펴보면 매출액 4,234억 엔(약 3조 9,323억 원), 영업이익 1,347억 엔(약 1조 2,516억 원)으로 전년 대비 각각 19.71%, 23.59% 증가했다. '던전앤파이터'를 비롯한 이미 출시된 게임이 양호한 실적을 낸 데 이어, '더 파이널스', '히트2' 등 신규 출시작이 성과를 냈기 때문이다.

선점자의 이점 누리며 시장 변화에 발 빠르게 대응

그간 넥슨이 히트시킨 게임은 '바람의나라', '메이플스토리', '던전앤파이터', '카트라이더' 등 열 손가락으로 세기에 부족할 정도로 많다. 특히, 지난 2008년 중국 시장에 진출한 '던전앤파이터'는 넥슨의 현금 창출원으로 자리매김했다. 2022년 기준 '던전앤파이터'는 단일 타이틀만으로 글로벌 누적 이용자 수 8억 5,000만 명, 누적 매출 180억 달러(약 21조 원)를 기록했다. 2023년 대한민국 게임대상에서 최우수상을 차지한 '데이브 더 다이버'를 비롯해 '더 파이널스', '프라시아 전기' 등 신작들도 국내는 물론 해외 게이머들에게 큰 호응을 얻어내며 넥슨의 역대급 매출에 기여하고 있다.

넥슨이 국내 게임 1위로 올라선 것은 앞서 언급한 대로 무엇보다 선점자의 이점 덕분이다. 1989년 어느 날, 일본 도쿄의 한 게임기 가게 앞에 많은 이들이 인산인해를 이루고 있었다. 이들 모두 한 회사의 게임기를 사기 위해서였다. 지금도 유명한 게임사 '닌텐도'의 게임기였다. 당시 일본에서 유학 중이던 고 김정주 넥슨 창업주는 이 광경을 유심히 바라봤다. 한국에서 접하지 못했던 장면이기 때문이기도 했지만, 닌텐도가 당대 게임업계를 호령할 수 있었던 이유가 자국 내에서의 압도적인 지지와 인기 덕분이었음을 실감했기 때문이다. 김정주 창업주는 한국에 돌아와 1994년 넥슨을 창업했는데, 이 시기는 국내에 온라인 게임이 막 등장한 시점이었다. 김정주 창업주가 직접 제작에 참여한 '바람의나라'는 세계 최초 온라인 게임이자 넥슨 실적을 도약시킨 일등공신으로 평가받는다.

시장 변화를 발 빠르게 읽어낸 순발력도 넥슨의 성공 비결로 꼽힌다. 2007년 스티브 잡스가 이끄는 애플이 아이폰을 내놓으며, 휴대폰 시장의 대세가 피처폰에서 스마트폰으로 이동하자 넥슨은 지체하지 않고 기존의 PC게임을 모바일 게임 중심으로 재편했다. 반면, 넥슨과 경쟁하던 엔씨소프트는 모바일 게임 전환에 소극적이었던 탓에 두 회사의 입지가 뒤바뀌며 격차도 벌어졌다.

넥슨은 2023년부터 '글로벌'과 '멀티플랫폼'을 양대 성장 전략으로 내세우며 시장 변화에 적극 대응하고 있다. 기존 PC·모바일 게임에 집중하던 넥슨은 콘솔 시장까지 공략하며, 아시아를 넘어 북미·유럽 시장 확장을 본격화하고 있다.

2023년 출시된 '데이브 더 다이버'는 닌텐도 스위치를 포함한 콘솔 플랫폼으로 출시돼 누적 판매량 500만 장을 돌파했다(2014. 12). 특히, 게임 평론 사이트 메타크리틱(Metacritic)에서 국내 게임 최초로 'Must Play' 타이틀을 획득하며 높은 평가를 받았다. 루트슈터 장르 '퍼스트 디센던트'와 FPS 게임 '더 파이널스' 역시 PC, 콘솔 크로스 플랫폼을 지원하며 글로벌 시장에서 좋은 반응을 얻고 있다.

 2024년 7월 출시된 '퍼스트 디센던트'는 북미와 유럽 시장에서 흥행에 성공하며 넥슨의 글로벌 전략을 강화하는 역할을 했다. 2025년에는 '프로젝트 오버킬', '환세취호전 온라인' 등 신작을 PC와 모바일 동시 플레이 방식으로 개발해 멀티플랫폼 전략을 더욱 강화할 계획이다.

창업주 유고에도 탄탄, 게임주는 '글쎄…'

2022년 갑작스럽게 타계한 김정주 창업주 일가는 '수재 집안'이다. 김정주 의장의 부친 김교창은 변호사였고, 친형 김정우도 명지대 바둑학과 교수다. 큰이모는 이순자 숙명여대 교수, 둘째 이모는 이성미 전 미술사학회장, 막내 외삼촌은 이성규 서울대 명예교수다. 큰 이모부는 김재익(1980~1983) 전 청와대 경제수석으로 아웅산 테러로 사망했다. 둘째 이모부는 한승주 전 외무부 장관이다.

김정주 의장의 타계 이후 NXC 지분은 유정현(부인) 33.3%, 김정민(장녀) 17.1%, 김정윤(차녀) 17.1%로 정리됐다(2024. 12). 상속 과정에서 발생한 6조 원대의 상속세 중 일부는 NXC 지분을 물납하는 방식으로 정부에 넘어갔다. 그럼에도 NXC 지분 상속으로 김정민, 김정윤 자매는 미국 경제전문지 〈포브스〉가 선정한 '2024년 세계 최연소 억만장자'에 각각 5위와 6위에 이름을 올렸다. 〈포브스〉는 두 자매의 2024년 순자산가치를 각각 14억 달러(약 1조 9,000억 원)로 평가한 바 있다.

김정주 창업주의 갑작스러운 유고에도 넥슨그룹 경영에는 별다른 문제가 없어 보인다. 전문경영인 중심의 조직 문화가 이미 자리 잡았기 때문이다. 넥슨코리아를 이끌고 있는 이정헌 대표는 지난 2003년 넥슨에 신입사원으로 입사해 사업본부장, 사업총괄 부사장 등을 거쳐 2018년 넥슨코리아 대표에 취임했다. 개발자 출신이 아님에도 넥슨코리아 대표로 있는 동안 매출액을 연평균 20% 이상 꾸준히 증가시키고 있다.

성장성 높다지만, '게임 관련주' 투자 왜 고난도인가

넥슨그룹은 향후에도 성장 가능성이 높다. 김정주 창업주의 부재에도 게임 개발 능력이 이미 조직 내부에 내재화돼 있기 때문이다. 김정주 창업주 타계 이후 출시한 '퍼스트 디센던트'의 성공이 이를 잘 보여준다.

그러나 넥슨그룹에 대한 투자를 망설이게 하는 요인도 있다. 넥슨그룹 주식이 예외 없이 게임 관련주라는 점 때문이다. 게임 관련주는 투자 난도가 높기로 악명 높다. 워렌 버핏이 게임 관련주에 투자했다는 이야기를 찾아보기 어려운 이유도 여기에 있다. 버핏은 예측이 어려운 종목을 피하는 투자 철학으로 잘 알려져 있으며, 한국 주식시장에는 게임 관련주보다 예측이 쉬운 종목들이 널려 있다.

게임 관련주는 신작 게임의 흥행 여부에 따라 실적이 크게 출렁인다. 문제는 신작 게임이 출시되기 전까지 흥행 여부를 예측하기가 어렵다는 점이다. 조직의 능력 또한 외부자의 시선으로 객관적으로 검증할 수 없다는 어려움도 있다. 이런 속성은 영화나 음악 콘텐츠 관련주와 닮아 있다. 게임 관련주에 투자하고 싶다면 게임매니아이며 신작 게임을 직접 경험하고 판단할 안목과 능력이 있는지 먼저 자문하는 것이 좋다.

넥슨그룹 관련주는 투자할 만한 종목이 마땅치 않은데, 넥슨그룹에 소속돼 있으면서 한국 주식시장에 상장돼 있는 계열사는 넥슨게임즈가 유일하기 때문이다. 지주사 NXC는 비상장사이고, 넥슨(Nexon Co.)은 일본 도쿄증권거래소에 상장돼 있다.

- 넥슨게임즈는 '블루 아카이브'(2021), '히트2'(2022), '서든어택'(2005)을 주요 라인업으로 보유하고 있으며, 2024년 7월 출시된 '퍼스트 디센던트'가 스팀(Steam) 글로벌 최다 매출 1위를 기록하며 히트작으로 떠올랐다. 서브컬처 게임

게임 개발 및 출시 프로세스

브레인스토밍 → 시장조사 → 프로그래밍 → 디버깅 → CBT (Closed Beta Test) → OBT (Open Beta Test) → 출시

과 대규모 멀티 플랫폼 타이틀 개발에 주력하고 있으며, 북미와 유럽 등 글로벌 시장에서 입지를 강화하고 있다. '퍼스트 디센던트'의 성공을 바탕으로 새로운 IP 개발에 박차를 가하고 있다. 다만, 신작 기대치 대비 실적이 부진할 경우 주가 하락 가능성을 유의해야 한다. 2022년 3월 넷게임즈와 넥슨지티(Nexon GT)가 합병해 넥슨게임즈로 새롭게 출범했으며, 앞서 2017년 6월 넷게임즈가 코스닥에 상장했다.

05 하이브

**엔터테인먼트
비즈니스
국내 최초
대기업집단**

HYBE

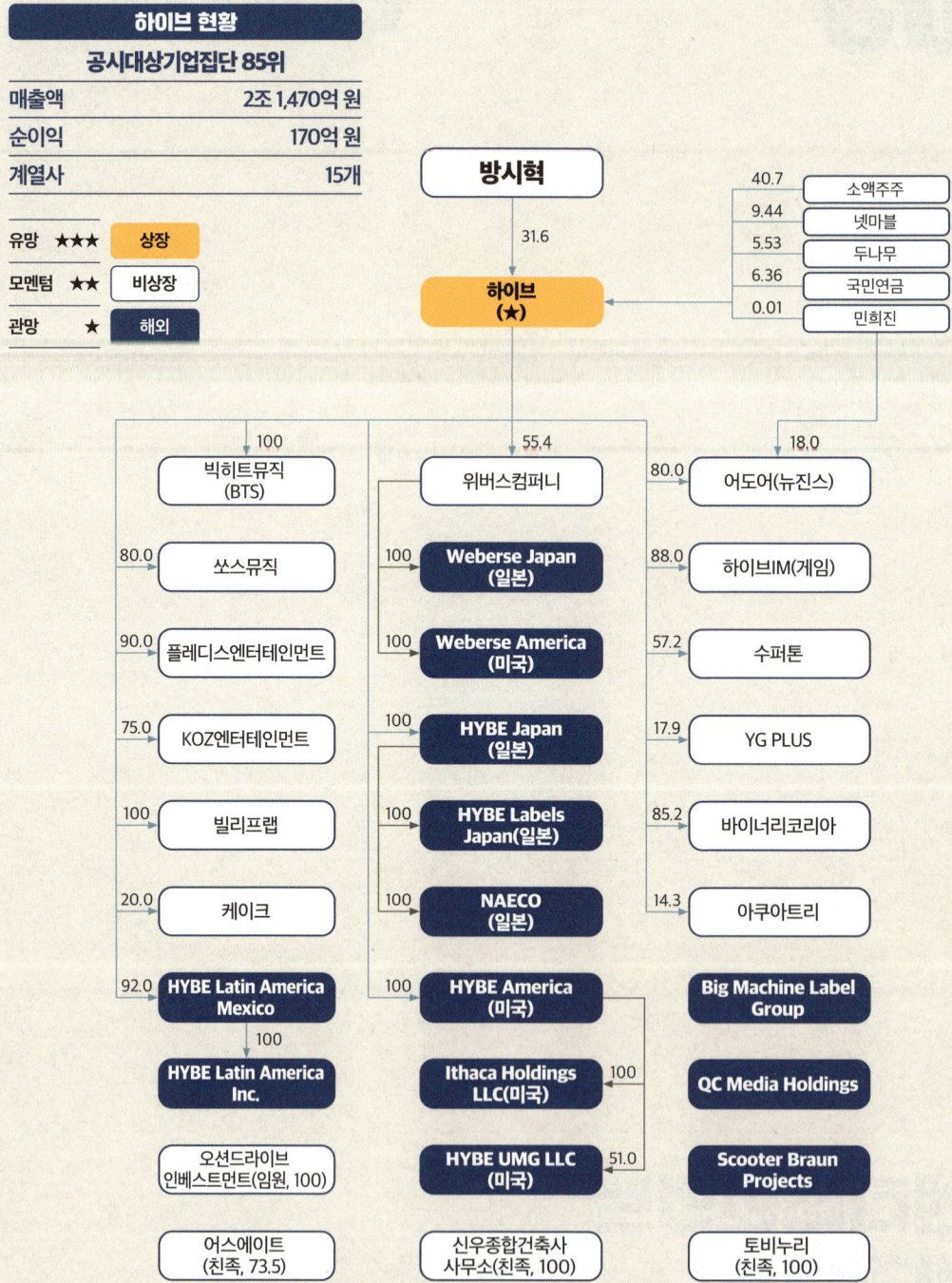

하이브 방시혁 의장 인맥 지도

방시혁 하이브 의장 | **이재상 하이브 CEO** | **박진영 JYP CEO** | **방준혁 넷마블 의장**

COMPANY
- 이재상 | 하이브 CEO, 전 구글 GCAS 글로벌 BM
- 소성진 | 쏘스뮤직 대표, 빅히트 창업 동업자
- 한성수 | 플레디스엔터테인먼트 제작총괄
- 김태호 | 하이브 COO 겸 빌리프랩 대표, 전 플러스 대표이사
- 박태희 | 하이브 CCO, 전 우아한형제들 홍보실장
- Scott Samual Braun, 하이브 아메리카 CEO

INDUSTRY
- 박진영 | JYP엔터테인먼트 대표
- 방준혁 | 넷마블 의장
- 송치형 | 두나무 회장, 하이브 주요 주주

SCHOOL
- 유영석 | 작곡가 겸 프로듀서, 경기고 동문

FAMILY
- 방극윤 | 전 근로복지공단 이사장, 부친

방시혁 하이브 이사회 의장: 1972년 서울 생 → 경기고(1991)·서울대 미학과(1997) 졸업
→ JYP엔터테인먼트 수석작곡가(1997~2005) → 빅히트엔터테인먼트 설립 및 대표이사 취임(2005) → 방탄소년단 데뷔(2013. 6)
→ 하이브 대표이사 퇴임(2021. 7 → 하이브 이사회 의장(2020. 5~현재)

하이브 소속 아티스트 라인업

	2018	2019	2020	2021	2022	2023	2024	2025
BTS				재계약		입대		
TXT		데뷔						
세븐틴					재계약		입대	
프로미스나인	데뷔							
르세라핌					데뷔			
뉴진스					데뷔			
&Team(일본)					데뷔			
BOYNEXTDOOR						데뷔		
엔하이픈			데뷔					
투어스							데뷔	
아일릿							데뷔	
KATSEYE(미국)							데뷔	
한국 남자								데뷔
일본 남자								데뷔
라틴 남자								데뷔

최근 10년 하이브 실적 및 그룹 주요 연혁

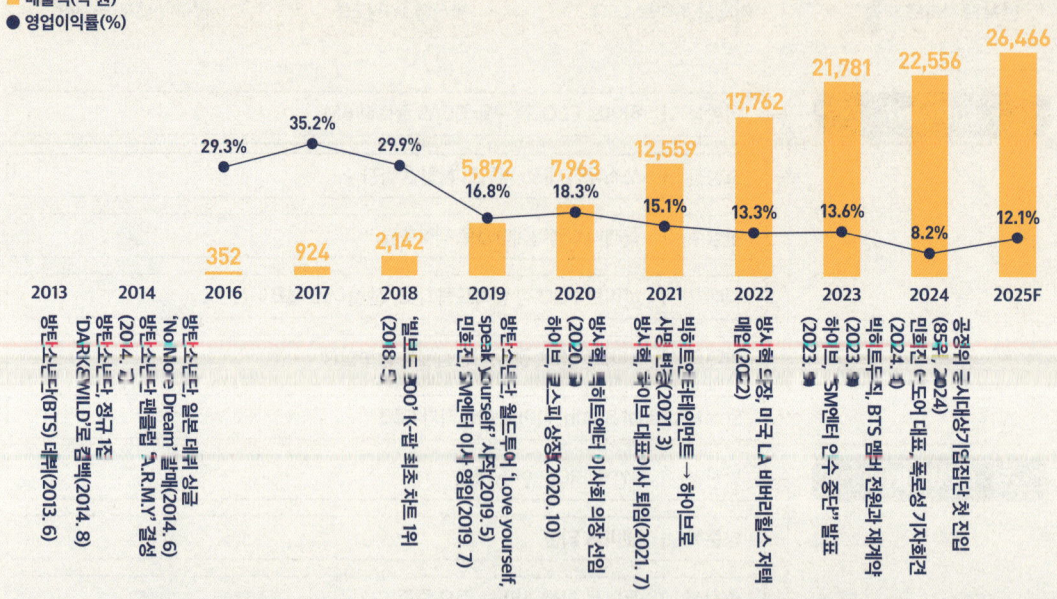

하이브 주요 계열사 매출액

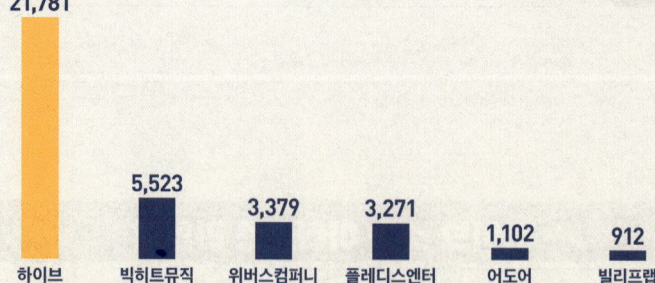

하이브 항목별·지역별 매출액 비중 및 지적재산권 현황

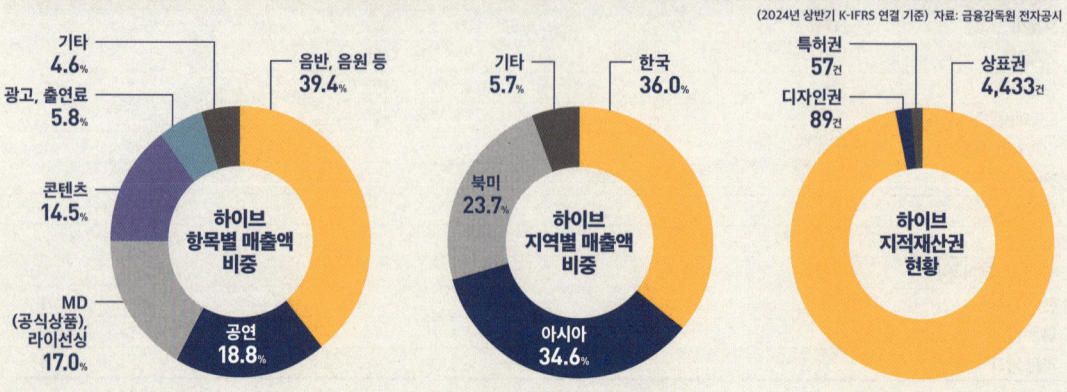

핵심 계열사 경영 현황 및 체크 포인트

하이브(★) `코스피`

● **현황**
국내 1위 엔터테인먼트 기업이자 글로벌 시장에서 한국을 대표하는 '엔터 기업'이다. 2005년 방시혁 의장이 창업했고, BTS를 성공시키며 사세를 급속도로 키웠다. 멀티 레이블(일종의 독립 계열사) 시스템을 갖추고 있다. 산하 레이블로는 빅히트뮤직(BTS, 투모로우바이투게더 등), 쏘스뮤직(여자친구, 르세라핌 등), 플레디스엔터테인먼트(세븐틴, 투어스 등), 빌리프랩, 스타십엔터테인먼트(몬스타엑스, 아이브 등), 어도어(뉴진스), KOZ엔터테인먼트 등이 있다.

✓ **체크 포인트**
1. **신인 아티스트**: 2024년 투어스(TWS), 아일릿, 캣츠아이를 데뷔시켰고, 2025년 한국, 일본, 라틴아메리카에서 각 지역 팬덤에 특화된 남성 그룹을 데뷔시킬 계획이다.
2. **위버스(Weverse)**: 하이브의 글로벌 팬덤 플랫폼으로 새 수익 모델 가능성을 보여주고 있다. 2024년 전 세계적으로 150만 다운로드를 기록했고, 월간 활성 사용자 수가 약 980만 명에 달한다. 아티스트와 팬의 소통을 지원하는 커뮤니티 기능을 넘어 아티스트의 독점 콘텐츠 및 실시간 라이브 방송, 정식 앨범을 비롯한 인증상품 등을 판매한다.

빅히트뮤직 `비상장`

● **현황**
하이브 소속 레이블로서 하이브그룹에서 하이브 다음으로 높은 매출액을 기록하고 있다. 오늘의 하이브를 있게 한 BTS가 빅히트뮤직 소속이다. 이밖에 소속 아티스트로 투모로우투게더, 이현(솔로 가수)이 있다. 2021년 7월 하이브에서 물적 분할을 통해 설립됐다.

✓ **체크 포인트**
1. **BTS 완전체 활동 재개**: 2023년 9월 BTS 멤버 전원과 재계약을 체결했고, 병역 의무를 마치는 2025년 6월 이후 완전체 활동이 예정돼 있다.

어도어(Ador) `비상장`

● **현황**
2021년 11월 하이브 소속 레이블 쏘스뮤직의 레이블 사업 부문이 물적 분할해 설립됐다. 2022년 8월 걸그룹 뉴진스(NewJeans)를 데뷔시켰다. 민희진 전 대표이사가 모기업 하이브와 경영권을 놓고 갈등을 빚었다. 이 과정에서 민희진 전 대표가 CEO에서 물러나자, 뉴진스는 2024년 9월 어도어 측에 민희진 대표의 복귀를 요구하고, 어도어와 전속 계약 해지를 선언했다.

✓ **체크 포인트**
1. **뉴진스 전속 계약**: 뉴진스는 2024년 11월 어도어와 전속계약 해지를 선언한 후, 팀명을 'NJZ'로 변경해 활동을 이어가겠다는 의지를 보이고 있다. 현재 어도어와 법적 분쟁이 진행 중이다.

'BTS' 신화 창조한 대기업집단, '포스트 BTS' 노린다

소비자에게 무형의 즐거움을 주는 대표적인 서비스 산업으로 게임, 음악, 영화가 있다. 그중 게임과 영화는 100여 년 전만 해도 세상에 없었다. 영화는 에디슨의 키네토스코프(Kinetoscope), 뤼미에르 형제의 시네마토그래프(Cinématograph) 같은 기술 덕에 탄생했고, 게임은 20세기 중반 컴퓨터 기술의 발전과 함께 새로운 여가 활동으로 자리 잡았다.

음악은 조금 달랐다. 음악 자체는 인류의 역사만큼 오래됐지만, '산업'으로 자리 잡은 건 1877년 에디슨이 축음기를 발명하면서부터다. 축음기 덕에 음악은 공연장에서만 즐길 수 있는 취미에서 벗어나, LP 음반, CD, MP3 플레이어 같은 기술의 발전에 따라 점점 더 대중적인 '소비재'로 변모했다.

그러다 음악 산업을 근본적으로 뒤흔든 스마트폰이 발명됐다. 2007년 아이폰이 등장한 이후 음악 소비 방식은 과거와 완전히 달라졌다. 스트리밍 서비스가 대중화되면서 사람들은 언제 어디서나 음악을 들을 수 있었고, 음악 시장도 덩달아 급성장했다.

이런 변화의 틈을 잘 비집고 들어간 것이 바로 한국 음악 산업이다. 팬덤을 앞세워 한국 음악 산업은 글로벌 무대에서 두각을 나타냈다. 하이브가 그 대표적인 예다. BTS를 앞세운 하이브는 팬덤을 기반으로 한 콘텐츠 사업을 통해 대기업집단에 진입하는 성과를 거뒀다. 한국 엔터 산업 역사상 최초의 성과였다.

BTS 히트시키며 IPO → 대기업집단 진입 '신화'

하이브는 2024년 공정거래위원회가 발표한 공시대상기업집단에 처음 85위로 이름을 올렸다. 하이브그룹은 매출액 2조 1,470억 원, 순이익 170억 원(K-IFRS 연결)을 기록했다.

하이브그룹은 상장사인 하이브를 중심으로 어도어, 위버스컴퍼니, 쏘스뮤직, 플레디스엔터테인먼트 등 비상장사를 포함해 총 15개의 계열사를 보유하고 있다. 주요 계열사의 매출액은 하이브가 2조 1,781억 원으로 전체 매출의 큰 부분을 차지하고 있으며, 이어 빅히트뮤직(5,523억 원), 위버스컴퍼니(3,379억 원), 플레디스엔터테인먼트(3,271억 원), 어도어(1,102억 원), 빌리프랩(912억 원) 순이다(2023).

한국 재계 70여 년 역사상 엔터테인먼트 전문 그룹이 대기업집단에 이름을 올린 것은 '사건'이라고 할 만하다. 불과 한 세대 전까지만 해도 엔터테인먼트 기업이 대기업집단에 진입하는 것은 상상조차 어려운 일이었다.

하이브가 대기업집단에 진입할 수 있었던 가장 큰 비결은 단연 BTS(RM, 진, 슈가, 제이홉, 지민, 뷔, 정국)의 전 세계적인 성공이다. 물론 방시혁 의장(창업주)의 음악적 재능과 탁월한 경영 능력도 그 뒤를 단단히 받쳤다.

BTS는 2020년 9월 1일 디지털 싱글 '다이너마이트(Dynamite)'로 빌보드 '핫100' 정상에 오르며 한국 대중음악사에 새로운 이정표를 세웠다. 이는 출시 10여 일 만에 거둔 성과로, 이후 '다이너마이트'는 빌보드 차트에서 총 3주간 1위를 기록하고, 4주 동안 2위에 머무르며 글로벌 메가 히트곡으로 자리 잡았다. 이어 BTS는 '세비지 러브'(1주), '라이프 고스 온'(1주), '버터'(10주), '퍼미션 투 댄스'(1주), '마이 유니버스'(1주) 등을 통해 총 17번의 '핫100' 1위에 오르며 전 세계 팬들의 사랑을 받았다. 이처럼 한국 대중음악사에서 BTS만큼 세계적인 인기를 누린 아이돌 그룹은 전무하다.

그들의 시작은 2013년 6월 13일, 첫 싱글 앨범 '2 COOL 4 SKOOL'이었다. 당시에는 신인 그룹에 불과했지만, 꾸준히 자신들만의 음악과 메시지를 통해 인기를 쌓아 올려 마침내 세계 음악 시장의 중심에 섰다.

BTS는 2018년 한 해 동안 5,700만 달러(약 669억 원)의 수익을 기록하며, 이듬해 미국 경제지 〈포브스〉가 선정한 '2019 세계 최고 수입 엔터테이너' 순위 43위에 올랐다. 이는 남성 그룹으로는 역대 최고 기록으로, 그들이 글로벌 음악 시장에서 얼마나 강력한 영향력을 보유했는지 보여준다. 1위는 미국 팝스타 테일러 스위프트(Taylor Swift)로, 그녀는 1억 8,500만 달러(약 2,171억 원)의 수익을 거둔 것으로 집계됐다.

BTS의 이러한 수익은 무엇보다 글로벌 투어의 성공에 힘입었다. 2018년 5월, BTS는 미국 3개 도시에서 공연 티켓 30만 장을 완판하며 4,400만 달러(약 516억 원)의 수익을 올렸다. 드론 쇼, AR, 대형 LED 스크린, 비주얼 이펙트 뷰(VEV), 4K/HD 멀티뷰 스크리닝 등 최신 기술이 동원돼 몰입감과 전달력이 극대화되도록 꾸며졌다.

또한, BTS의 월드 투어와 무대 뒷이야기를 담은 다큐멘터리 영화 《번 더 스테이지: 더 무비》와 2018년 서울 콘서트 실황을 기록한 《러브 유어셀프 인 서울》도 동행에 성공했다. 두 영화는 2019년 전 세계(한국 제외)에서 1,850만 달러(약 137억 원)의 수익을 기록하며, BTS의 글로벌 팬덤을 다시 한번 입증했다. 더군다나 현대차, 코카콜라 같은 글로벌 기업과의 광고 계약도 이어지며 BTS의 영향력은 음악뿐만 아니라 다양한 산업으로 확장됐다.

2020년 이후 빌보드 차트인 K-POP

연도	가수	최고 순위	곡명
2020	BTS	57	Black Swan
	BTS	4	On
	블랙핑크	33	How You Like That
	BTS	1	Dynamite
	블랙핑크	59	Lovesic Girls
	BTS	1	Life Goes On
	BTS	13	Blue & Gray
	BTS	22	Stay
2021	BTS	1	Butter
	BTS	1	Permission To Dance
	BTS	1	My Universe
2022	BTS	13	Yet To Come
	정국(BTS)	22	Left And Light
	BTS	10	Bad Decision
	블랙핑크	22	Pink Venom
	블랙핑크	25	Shut Down
	진(BTS)	51	The Astronaut
2023	제이홉(BTS)	60	On The Street
	지민(BTS)	30	Set Me Free Pt.2
	피프티피프티	17	Cupid
	지민(BTS)	1	Like Crazy
	슈가(BTS)	58	해금
	BTS	48	Take Two
	뉴진스	48	Super Shy
	정국(BTS)	1	Seven
	뷔	51	Slow Dancing
	정국(BTS)	5	3D
	정국(BTS)	44	Too Much
	정국(BTS)	5	Standing Next To You
2024	지민(BTS)	12	Who
	스트레이키즈	49	Chk Chk Boom
	로제(블랙핑크)	8	APT

BTS의 대성공은 빅히트엔터테인먼트(현 하이브)가 겪던 재정적 어려움은 물론, 모든 시행착오를 말끔히 씻어내는 전환점이 됐다. 방시혁 의장은 2005년 빅히트엔터테인먼트를 창업했지만, 초창기에는 수백억 원대 적자에 시달리며 고전을 면치 못했다. 그는 한 인터뷰에서 당시를 회상하며 이렇게 말했다. "정말 크게 고꾸라져 접어야겠다는 생각도 했다. 빚이 100억이 넘었다. 그런데 부사장이 '어차피 이 빚 못 갚는다. 이 팀 1년 더 해봤자 빚이 크게 늘어나진 않는다. 못 갚는 건 똑같다'라고 하더라."

그렇게 마지막이라는 심정으로 BTS를 데뷔시켰고, 결과는 성공이었다. BTS의 성공을 발판 삼아 하이브는 급성장했고, 2020년 10월 코스피 상장에 성공하며 엔터테인먼트 업계의 새로운 역사를 썼다. 방시혁 의장의 성공 스토리는 이후에도 계속됐는데, 2022년 미국 LA 베벌리힐스의 고급 저택을 매입했다는 보도가 나오기도 했다.

스마트폰, SNS 대중화로 '엔터 산업' 본격화, 스타 시스템 구축

BTS의 성공 요인은 다양하게 분석된다. '다이너마이트'처럼 100% 영어 가사로 구성해 발매 전부터 글로벌 시장을 겨냥한 것이 주요했다는 분석부터, 멤버들의 뛰어난 가창력과 안무, 무대 장악력, 그리고 '아미(A.R.M.Y)'라 불리는 두터운 팬덤까지 다양한 요소가 성공 요인으로 꼽힌다.

하지만 이것만으로 BTS의 성공을 온전히 설명하기에는 부족하다. 한국 음악사를 돌아보면, BTS에 버금가는 가창력과 안무, 무대 매너를 가진 아이돌 그룹이나 스타들은 이미 존재했다. 그러나 그들 중 누구도 자신들이 속한 엔터테인먼트 회사를 대기업집단의 반열에 올려놓지는 못했다.

BTS가 한 세대 전에 데뷔했다면 지금과 같은 성공을 거둘 수 있었을까? 이 질문에 대해 단언하기는 어렵다. 당시의 음악 시장은 지금과는 전혀 다른 환경에 놓여 있었기 때문이다. 기술의 발전, 글로벌 시장의 확대, 그리고 스트리밍 플랫폼의 대중화 같은 새로운 요소들이 BTS의 성공을 가능하게 한 중요한 조건이 됐음을 간과할 수 없다.

무엇보다도 한 세대 전에는 스마트폰과 SNS가 존재하지 않았다. 피처폰 시대에는 음악을 감상하기 위해 버튼을 여러 번 클릭하고, MP3 파일을 다운로드하는 번거로운 과정을 거쳐야 했다. 이러한 불편함 탓에 음악 시장은 지금보다 훨씬 작았다.

더 거슬러 올라가 100여 년 전만 해도 축음기는 부유층만이 누릴 수 있는 사치품이었고, 음악 시장은 극도로 협소했다. 그 이전으로 돌아가면 축음기조차 없던 시대가 있었다. 이 시기의 음악인들은 자신의 목소리가 도달할 수 있는 물리적 한계에 갇힌 채 활동할 수밖에 없었다.

1800년대 영국의 소프라노 가수 엘리자베스 빌링턴(Elizabeth Billington, 1765~1818)은 당대 '슈퍼스타'였다. 빌링턴은 풍부한 성량으로 유럽 전역에서 명성을 떨쳤다. 1794년 그녀가 이탈리아 나폴리에서 공연한 뒤 2주 후 베수비오 화산이 폭발하자, 사람들은 그녀의 노래가 화산 폭발을 불러일으켰다고 농담할 정도였다.

1801년 번년에서 빌턴 그녀의 공연은 대성황을 이뤘고, 1만 파운드(현재 가치로 약 1억 5,000만 원)의 수익을 거뒀다. 이는 당시 영국 농장 근로자 연간 수입의 500배에 해당하는 액수로, 영국 신문들이 대서특필할 정도로 화제가 됐다. 하지만 빌링턴의 수익은 '물리적 한계'에 갇혀 있었다. 그녀는 이후 사생활을 적나라하게 다룬 비공식 전기《그녀의 정부들》로 소소한 수익을 추가했을 뿐이다.

빌링턴의 음악성과 기량은 2018년의 BTS와 충분히 견줄 만했지만, 수익 구조에서 큰 차이가 있었다. 모바일, 인터넷, 음악 스트리밍 같은 신기술이 존재하지 않았기 때문이다. 빌링턴의 수익은 그녀의 목소리가 도달할 수 있는 물리적 반경에 제한됐다. 반면 BTS는 신기술의 혜택을 완벽히 누렸다. 스마트폰과 스트리밍 서비스의 대중화는 음악 소비 방식을 혁신하며 시장 규모를 비약적으로 확장시켰다. 이는 BTS가 글로벌 팬덤과 함께 전례 없는 성공을 이루는 데 중요한 기반이 됐다.

하이브는 모바일 대중화로 완전히 새로 세팅된 음악 산업의 사실상 '퍼스트 무버'였다. 방시혁 의장이 하이브를 창업한 해는 2005년으로, 그로부터 2년 후 아이폰이 등장했다. 그리고 BTS가 2013년에 데뷔했다. 음악 산업이 근본적으로 바뀌는 절묘한 시점에 하이브가 BTS로 시장에 진입한 것이다.

이후 방시혁 의장은 한국 음악 산업의 고질적인 문제로 여겨져 온 스타 1인에 의존하는 문제를 해결했다. 멀티 레이블을 통한 스타 양성 시스템이 그것이다.

하이브는 6~8개의 레이블을 통해 스타를 체계적으로 양성하고 있다. 레이블은 일종의 독립 계열사로, 아티스트의 발굴부터 마케팅, 프로모션까지 독자적으로 진행한다. 하이브 산하 레이블로는 빅히트뮤직(BTS, 투모로우바이투게더), 쏘스뮤직(LESSERAFIM), 플레디스엔터테인먼트(세븐틴, 뉴이스트), 빌리프랩, 어도어(뉴진스), KOG 엔터테인먼트 등이 있다.

멀티 레이블 체제를 통해 하이브는 여러 명의 스타를 동시에 양성하며 빠르게 준비된 아티스트를 늘려왔다. 이 과정에서 과감한 M&A를 통해 국내뿐만 아니라 미국, 일본 등 해외에서도 레이블을 운영하며 글로벌 입지를 강화했다. 하이브의 이러한 스타 양성 시스템은 한국 엔터테인먼트 기업의 강력한 경쟁력으로 평가받는다. 일각에서는 이를 '공장 시스템'이라고 비판하기도 하지만, 아티스트 육성과 시장 확대라는 측면에서 그 효과를 부정하기 어렵다.

하이브는 BTS 덕분에 대기업집단에 진입했지만, 이제는 BTS 없이도 실적이 흔들리지 않는 기업으로 성장했다. 2023년 하이브는 매출 2조 1,780억 원, 영업이익 2,956억 원, 당기순이익 1,834억 원을 기록했다. 이는 BTS 멤버들의 군 복무로 활동이 없던 시기임에도 전년 대비 각각 22.62%, 26.04%, 282.08% 증가한 수치다.

2024년 5월, 미국 음악 전문지 〈빌보드(Billboard)〉는 '빌보드 박스스코어' 반기보고서를 통해 하이브가 톱 프로모터 7위에 올랐다고 발표했다. 이는 월드투어 공연 매출 기준 순위로, 한국 엔터테인먼트 회사 중 유일하게 10위권에 이름을 올렸다.

그사이 BTS는 활동하지 않았지만, 하이브의 다른 아이돌 그룹들이 성과를 냈다. 대표적으로 세븐틴은 18회의 공연으로 약 55만 2,000명의 관객을 모아 티켓 매출 6,750만 달러(약 934억 원)를 기록하며 K팝 가수 중 최고 금액을 달성했다. 엔하이픈 또한 두 번째 월드투어와 서울 공연을 통해 약 19만 8,000명의 관객을 동원하고 티켓 매출 3,550만 달러(약 490억 원)를 거뒀다.

하이브의 체계적이고 정교한 시스템은 스타들의 지속적인 성과를 가능하게 한다. 이 때문에 아티스트들도 하이브와의 관계를 유지하려 하고, 2023년 9월 BTS가 하이브와 재계약을 맺은 것도 이와 무관하지 않다.

이 같은 하이브의 성공은 단순한 스타 양성 시스템을 넘어선다. 방시혁 의장은 이를 개선하며, '레이블 → 솔루션 → 플랫폼'으로 이어지는 독창적인 비즈니스 구조를 구축했다.

- 레이블 영역: 아티스트 양성과 음악 콘텐츠 제작을 담당.
- 솔루션 영역: 레이블에 비즈니스 솔루션을 제공하며, 공연, 영상, 콘텐츠, IP, 게임 등 다양한 사업을 전개.

- 플랫폼 영역: 자회사 위버스(Weverse)를 통해 하이브의 모든 콘텐츠와 서비스를 연결하고 확장.

이러한 구조는 하이브만의 차별화된 경쟁력을 보여준다. BTS에 의존했던 과거에서 벗어나, 독자적인 시스템과 다각화된 비즈니스로 글로벌 엔터테인먼트 시장에서 선도적 위치를 확고히 하고 있다.

방시혁 의장 체제 굳건, 그러나 투자에 앞서 생각해봐야 할 '3가지'

하이브그룹의 지배구조는 방시혁 의장이 지주사 겸 사업회사 하이브의 최대주주(31.6%)이고, 하이브가 위버스 컴퍼니(55.4%), 하이브 재팬(100%), 하이브 아메리카(100%) 등에 경영권을 행사하는 형태를 띠고 있다. 방시혁 의장은 2021년 7월 하이브 대표이사에서 물러나 이사회 의장직만 유지하고 있다. 방 의장의 지분 가치는 약 2조 5,447억 원으로 국내 재계 총수 가운데 최태원 SK그룹 회장(2조 1,152억 원), 구광모 LG그룹 회장(2조 202억 원)보다 앞섰다(2024. 5).

   방 의장은 경기고, 서울대 미학과를 졸업했다. 중학교 시절 밴드 활동을 했고, 서울대 재학 중 작곡 활동을 했다. JYP엔터테인먼트에서 프로듀서와 수석 작곡가로 일했다. 부친은 방극윤 전 근로복지공단 이사장이다.
   방 의장의 대표적인 인맥으로는 박진영 JYP엔터테인먼트 프로듀서, 방준혁 넷마블 의장, 송치형 두나무 회장, 소성진 쏘스뮤직 대표, 한성수 플레디스엔터테인먼트 제작 총괄 등이 있다.
   방준혁 넷마블 의장은 넷마블이 하이브의 2대 주주(9.44%, 2024. 9)로 자리 잡는 데 기여하며, 하이브와의 협력 관계를 공고히 하고 있다. 두 사람은 사촌으로 알려졌지만, 실제로는 사업하면서 교류를 시작한 것으로 전해진다. 송치형 두나무 회장과의 관계도 주목할 만하다. 두나무는 하이브의 주요 주주(5.53%)로, 2022년 하이브와 합작법인 레벨스를 설립해 NFT 사업에 진출했다. 이는 하이브의 비즈니스 다각화 전략을 뒷받침한 중요한 협력 사례로 꼽힌다. 박진영 JYP엔터테인먼트 프로듀서와도 깊은 인연이 있다. 방 의장은 1994년 대학 재학 중 유재하 음악경연에서 동상을 받은 후, 박진영 프로듀서의 제안을 받아 JYP에서 근무하며 음악적 역량을 키웠다. 이 경험이 하이브의 창업과 성공에 중요한 밑거름이 됐다.

하이브 소속 레이블의 주요 인물들도 방 의장의 인적 네트워크를 뒷받침한다. 소성진 쏘스뮤직 대표는 걸그룹 '여자친구'와 '르세라핌'을 성공적으로 기획하며 하이브의 성장을 견인했다. 그는 2002년까지 SM엔터테인먼트 소속 아티스트 매니저로 일했으며, 방 의장이 빅히트를 창업할 당시 동업자로 합류했다.

한성수 플레디스엔터테인먼트 제작 총괄은 가수 보아의 매니저 출신으로, 보이그룹 '세븐틴'을 시작했다. 또한, '뉴튠비', '애프터스쿨', '오렌지카라멜', '아이즈원' 등의 아티스트 기획과 매니지먼트를 맡으며 업계에서 독보적인 입지를 다져왔다.

하이브에게 제기되는 '아티스트' 고평가, '신곡' 리스크

하이브그룹에 소속된 상장사는 하이브가 유일하다. 하이브는 시대적 흐름을 타고 있는 주식임이 분명하다. 여전히 K-팝이 지구촌을 사로잡고 있기 때문이다. 그렇지만 하이브에 투자하기에 앞서 생각해봐야 할 3가지 리스크가 있다.

우선 '아티스트 리스크'다. 엔터 기업에 소속된 스타(아티스트)의 성공이나 실패, 일탈이 엔터 기업 실적에 큰 영향을 미치고, 때로는 운명을 좌우하기도 한다. 앞서 언급한 대로 소비자에게 무형의 즐거움을 제공하는 3대 서비스 산업으로 게임, 영화, 엔터(음악)가 있는데, 게임과 영화에 비해, 엔터 산업은 스타 의존도가 높다는 특징이 있다. 이 때문에 엔터주는 본질적으로 변동성이 크고, 투자 난도가 높다.

이른바 '민희진 사태'는 이러한 아티스트 리스크의 단면을 잘 보여준다. 민희진 사태는 민 전 어도어 대표가 자신이 경영을 맡은 하이브 계열사(레이블) 어도어의 경영권을 탈취하려 했다는 의혹을 둘러싼 사건이다.

2024년 4월 하이브는 민희진 대표가 어도어 경영권 탈취 의혹이 있다며 감사권을 발동했다. 하이브는 민 대표를 배임 혐의로 경찰에 고발하고, 민 대표 해임을 위한 임시 주주총회를 열겠다고 밝혔다. 그러자 민희진 대표는 같은 해 4월 22일 기자회견을 열고 "방시혁 의장은 (경영에서) 손을 떼야 한다. 실력이 없어서가 아니라 의장이 주도하게 되면 알아서 기는 사람이 생긴다. 하이브 레이블 산하 빌리프랩 소속 그룹 '아일릿'이 뉴진스를 표절했다고 매도하는 게 아니라 우리 포뮬러(공식)를 너무 모방했다는 것"이라며 거세게 반발했다. 기자회견장에 보인 민희진 대표의 직설적인 화법과 감정이 실린 태도는 세계적인 화제를 불러일으켰다.

결국, 2024년 11월 29일 어도어 소속 걸그룹 뉴진스는 어도어와 계약 해지를 선언했고, 하이브의 주가는 6% 급락했다. 전일에도 3.78% 하락해, 이틀간 시가총액이 약 10% 감소했다. 민 전 대표는 현재 하이브의 사내이사를 맡으며, 하이브와 불편한 동거를 이어가고 있다(2024. 12). 이 과정에서 하이브의 내부자들이 아이돌의 외모를 원색적으로 비하하는 내부 문서가 공개돼 파문이 벌어지기도 했다. 더욱이 세븐틴의 멤버 승관은 이 파문을 접하고 SNS에 "우리(아티스트)는 당신들의 아이템이 아니다. 맘대로 쓰고 누린다고 생각하지 않았으면 좋겠다"는 심경을 밝히기도 했다. 하이브의 스타 관리 시스템이나 의사결정 과정이 겉보기와 달리 허점이 있음을 보여준다.

엔터주가 상시적으로 고평가주라는 사실도 생각해볼 점이다. 하이브의 그간 연평균 PER(Price Earnings Ratio)을 살펴보면, 56.35배(2020), 96.79배(2021), 137.13배(2022), 51.84배(2023)로 상시적으로 고평가 상태라는 사실을 알 수 있다. PER이란 기업의 시가총액을 당기순이익으로 나눈 값으로 낮을수록 저평가된 것이다. PER이 50배라면 투자자가 이 기업을 통째로 매입하면 원금을 회수하기까지 50년이 걸린다는 의미다. 어마어마한 고평가다. 연평균 PBR(Price Book-value Ratio)을 살펴봐도 4.78배(2020), 5.13배(2021), 2.59배(2022), 3.33배(2023)로 마찬가지로 상시적인 고평가 상태에 있다. PBR은 기업의 시가총액을 자본총계로 나눈 값으로, 낮을수록 저평가된 것이다. PBR 1배를 표준으로 본다. 고평가된 주식은 모멘텀이 사라지거나 사건이 발생하면 급락할 위험이 상존한다.

신곡 (흥행) 리스크도 있다. 신곡 리스크란 새 음반이 나오기 전까지는 음반의 흥행을 예측하기가 어렵다는 것을 말한다. 게임, 영화 산업이 공통적으로 갖고 있는 리스크다.

하이브는 경이로운 수준으로 글로벌 확장과 혁신을 이뤘지만, 동시에 '도덕적 해이' 징후를 보인다는 우려도 있다. 방시혁 의장은 하이브 IPO에 앞서 사모펀드들과 손잡고, 상장

직후 가파르게 오른 하이브 주식을 대량 매각해 막대한 이득을 챙겼다. 반면, 이를 뒤늦게 매수한 개인 투자자들은 큰 손실을 입었다는 비판이 제기됐다.

하이브는 선점자로서 장점이 분명하다. 하지만 한국 비즈니스 역사를 돌아보면, 선점자의 단점이나 허점을 보완한 후 패기를 앞세워 후발 주자가 1위 자리를 차지한 사례가 적지 않다. 하이브 역시 이 가능성이 없다고 장담할 수 없다.

06 넷마블

'흙수저' 게임사에서
50대 대기업집단으로,
넷마블의 반란

netmarble

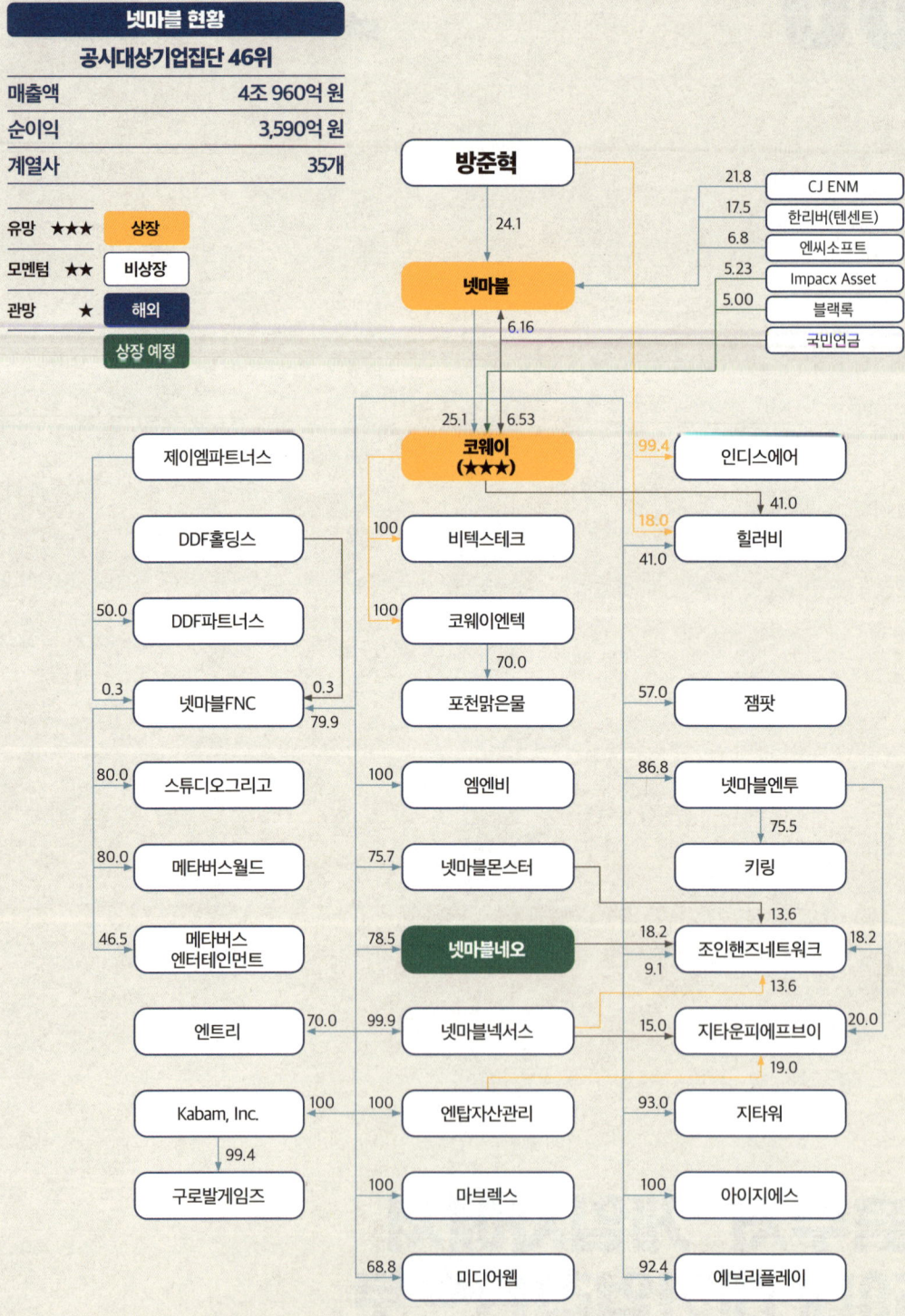

방준혁 넷마블 의장 인맥 지도

방준혁 넷마블 의장 | **권영식 넷마블 대표** | **서장원 코웨이 대표** | **방시혁 하이브 의장**

COMPANY
- 권영식 | 넷마블네오 대표, 전 넷마블 각자대표
- 서장원 | 코웨이 대표, 전 법무법인 세종 변호사
- 김병규 | 넷마블 대표, 전 삼성물산 법무팀
- 김순태 | 코웨이 CFO, 비렉스테크 대표 겸 코웨이엔텍 이사
- 전현정 | 코웨이 경영지원본부 전무, 전 넷마블 인사실장
- 설창환 | 넷마블 기술서비스담당 부사장, 전 CJ ENM 게임서비스 개발실장
- 박세진 | 코웨이 커뮤니케이션본부 상무, 전 넷마블게임즈 커뮤니케이션담당 상무

INDUSTRY
- 김택진 | 엔씨소프트(넷마블 지분 6.8% 보유)
- 방시혁 | 하이브 회장
- 윤상현 | CJ ENM 대표

FAMILY
- 신혜영 | 부인

방준혁 넷마블 의장: 1968년 서울 출생 → 고교 중퇴(1985) → 넷마블 창업(2000) → CJ인터넷 사장(2004~2006) → CJ E& 게임부문 총괄 상임고문(2011) → 넷마블 이사회 의장(2018. 3~현재), 코웨이 이사회 의장(2020. 2~현재)

넷마블 주요 출시 게임

자료: 넷마블

게임 명	플랫폼	장르	퍼블리싱	출시시점(국내 기준)	서비스 지역
The RED: 피의 계승자	모바일, PC	MMORPG	넷마블네오	2025. 2H	한국
일곱 개의 대죄: ORIGIN	모바일, PC	오픈월드RPG		2025. 2H	글로벌
몬길: STAR DIVE	모바일, PC	액션RPG		2025. 2H	글로벌
데미스 리본	모바일, PC	수집형RPG	넷마블에프앤씨	2025. 2H	글로벌
나 혼자만 레벨업: 어라이즈	스팀, 콘솔	액션RPG	넷마블네오	2025. 2H	글로벌
킹 오브 파이터 AFK	모바일, PC	수집형 AFK RPG	넷마블네오	2025. 1H	글로벌
왕좌의 게임: 킹스로드	모바일, PC	오픈월드RPG	넷마블네오	2025. 1H	글로벌
세븐나이츠 리버스	모바일, PC	턴제RPG	넷마블넥서스	2025. 1H	글로벌
아스달 연대기: 세 개의 세력	모바일, PC	MMORPG	넷마블F&C	2024. 4	한국, 대만, 홍콩, 마카오
세븐나이츠 키우기	모바일	방치형RPG	넷마블넥서스	2023. 7	글로벌
나 혼자만 레벨업: 어라이즈	PC, 모바일	액션 RPG	넷마블네오	2024. 5	한국, 글로벌
일곱 개의 대죄: Grand Cross	모바일, PC	RPG	넷마블F&C	2020. 3	글로벌
Jackpot world	모바일	소셜카지노	스핀엑스	2018. 3	글로벌
Lotsa Slots	모바일	소셜카지노	스핀엑스	2018. 3	글로벌
Cash Frenzy	모바일	소셜카지노	스핀엑스	2018. 3	글로벌
Marvel Contest of Champions	모바일	액션 대전 RPG	카밤	2014. 12	글로벌

최근 10년 넷마블 실적 및 그룹 주요 연혁

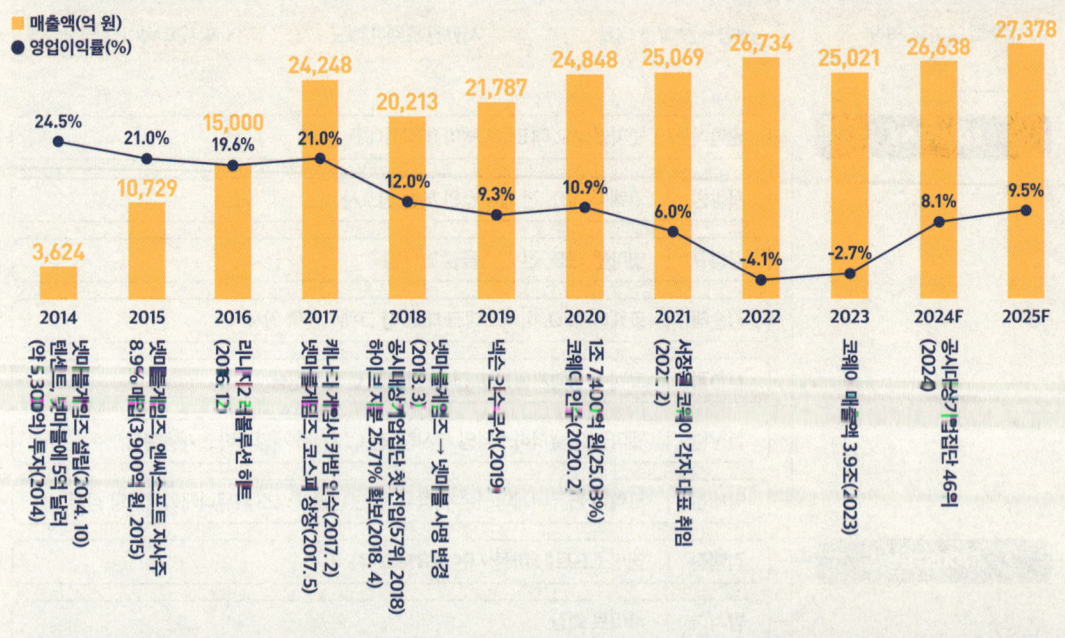

넷마블 주요 계열사 매출액

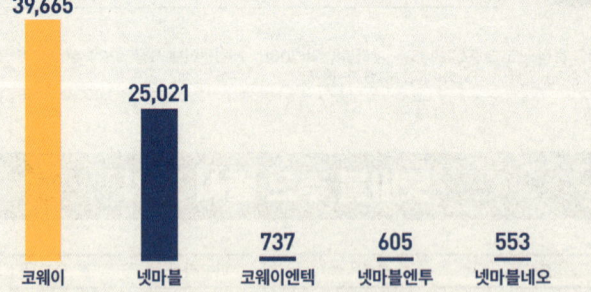

넷마블 지역별·품목별 매출액 비중 및 코웨이 매출액 비중

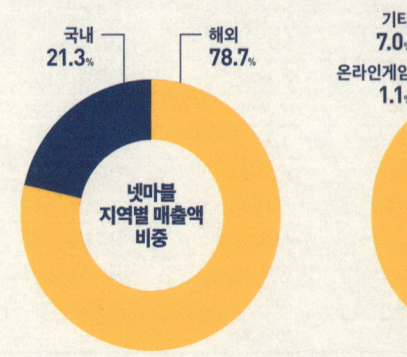
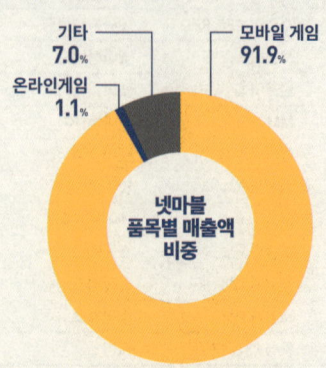
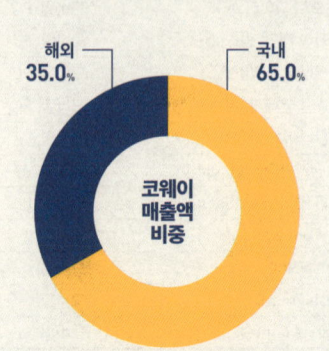

핵심 계열사 경영 현황 및 체크 포인트

넷마블 [코스피]

● **현황**

넥슨, 크래프톤, 엔씨소프트와 더불어 한국 게임업계 핵심 사업자다. 2000년 방준혁 의장이 자본금 1억 원, 임직원 8명으로 설립했다. 온라인 게임 퍼블리싱(일종의 판매대행)을 도입했다. 2010년대 게임 트렌드가 모바일로 이동하자 '다함께 차차차'(2012. 12)를 비롯한 다수 모바일 게임을 유통해 사세를 키웠다. 2020년 2월 코웨이의 지분(25.08%)을 인수하며 계열사로 편입했다. 서장원 코웨이 대표는 2015년 넷마블에 입사해 투자전략 및 커뮤니케이션 담당 부사장을 역임했고, 코웨이 인수에 핵심 역할을 했다.

✓ **체크 포인트**

1. **신작 게임:** 2025년에 '킹 오브 파이터 AFK', 'RF 온라인 넥스트', '세븐나이츠 리버스', '왕좌의 게임: 킹스로드', '일곱 개의 대죄: Origin' 등의 신작을 출시할 예정이다. 여기에 'The RED: 피의 계승자' 등 기대작도 예고돼 흥행 여부에 관심을 둘 필요가 있다.

코웨이 (★★★) [코스피]

● **현황**

국내 정수기 시장 1위 기업으로, 2024년 1분기 기준 약 685만 개의 렌탈 및 멤버십 계정을 확보하고 있다. 말레이시아, 미국, 중국, 베트남, 일본 등 9개국에 현지 법인을 운영 중이며, 해외 실적도 꾸준히 개선되고 있다. 정수기 외에도 공기청정기, 비데 등을 생산하며, 말레이시아 정수기 시장 점유율 1위(약 30%)를 기록 중이다. 2022년 매출 1조 원을 돌파한 이후에도 연평균 6~8% 성장을 이어가고 있으며, 미국·태국·베트남·인도네시아 등에서도 실적이 상승세다. 1989년 5월 윤석금 웅진그룹 창업주가 설립해 정수기 업계 최초로 렌탈 개념을 도입하며 성장했다. 2001년 코스피 상장 후, 2013년 MBK파트너스에 매각됐으며, 2020년 넷마블에 인수됐다.

✓ **체크 포인트**

1. **글로벌 시장 성과:** 말레이시아 현지 법인의 성과를 기반으로 태국, 미국 시장 개척에 주력하고 있다.
2. **종속회사 실적:** 종속회사로 수처리 사업을 영위하는 코웨이엔텍, 가구류를 생산하는 비렉스테크를 통해 사업을 확장하고 있다.

넷마블네오 [비상장]

● **현황**

넷마블의 게임 개발 계열사다. 주요 게임으로 '나 혼자만 레벨업: 어라이즈', '제2의 나라: CROSS WORLDS', '리니지2 레볼루션'이 있다. 2021년 IPO를 자진 철회했다가 2025년 재도전에 나섰다. 금융투자협회가 운영하는 장외거래플랫폼(K-OTC)에서 거래되고 있다.

✓ **체크 포인트**

1. **기업공개:** 2024년 5월 '나 혼자만 레벨업: 어라이즈'을 히트시킨 여세를 몰아 IPO 재도전에 성공할 경우, 신작 게임 개발에 탄력이 붙을 것으로 예상된다.

게임 발판 삼아 코웨이 인수, 글로벌 공략 '가속 페달'

넷마블그룹은 '순도 100% 흙수저' 게임 회사가 얼마나 성공할 수 있는지 보여주는 대표 사례다. 넷마블그룹을 창업한 방준혁 의장은 1968년 서울에서 태어나 경제적으로 어려운 유년 시절을 보냈다. 서울의 한 고등학교를 중퇴한 뒤 직장 생활을 거쳐 넷마블을 설립했다.

2024년 기준 넷마블은 게임 전문 그룹 중 넥슨(42위)에 이어 두 번째로 높은 대기업집단 순위(46위)를 기록하고 있다. 방준혁 의장만큼 소박한 배경에서 시작한 대기업집단 총수를 찾기란 쉽지 않다. 업계에서는 과감한 도전과 고정관념을 깨는 발상 전환을 그의 성공 비결로 꼽는다.

후발 주자로서 '모바일 혁명'에서 기회 잡아 1위 등극

2024년 기준 넷마블그룹은 공정위 공시대상기업집단에서 46위를 기록했다. 이는 전년 대비 5단계 하락한 순위다. 매출액 4조 960억 원, 순이익 3,590억 원으로, 전년 대비 매출액은 5.61% 증가하고 순손익은 흑자 전환했다. 계열사는 넷마블, 코웨이(이상 상장사), 넷마블F&C, 넷마블네오, 넷마블넥서스 등 총 35개사로 전년보다 2개 늘었다.

주요 계열사 매출액은 코웨이가 3조 9,665억 원으로 가장 많고, 넷마블이 2조 5,021억 원으로 그 뒤를 잇는다. 이어 코웨이엔텍(737억 원), 넷마블엔투(605억 원), 넷마블네오(553억 원) 순이다(2023 K-IFRS 연결). 특이한 것은 넷마블그룹 내에서 가장 큰 매출을 기록한 계열사가 게임사가 아닌 코웨이라는 점이다. 넷마블과의 매출 격차는 약 1조 5,000억 원에 달한다.

2019년 코웨이 인수 당시만 해도 두 계열사의 매출 격차는 지금처럼 크지 않았다. 2019년 기준 코웨이 매출은 3조 189억 원, 넷마블 매출은 2조 1,787억 원으로, 약 8,000억 원 정도 차이가 났다. 그러다 불과 4년 만에 두 계열사 간 매출 격차가 2배 이상으로 확대된 것이다. 이 변화는 넷마블그룹이 직면한 현실적 과제와 앞으로의 전략적 고민을 잘 드러낸다.

먼저, 넷마블그룹이 어떻게 성장했는지 살펴보자. 넷마블그룹은 게임 시장의 선두주자가 아니었다. 방준혁 의장은 서울 구로구에서 경제적으로 어려운 환경에서 태어나 고등학교를 중퇴하고 중소기업에 취업해 자금을 마련했다. 1998년 인터넷 영화 사업에 도전했으나 실패를 겪었다. 더욱이 1999년 위성인터넷 사업으로 재기를 노렸으나, 셋톱박스 등 인프라 비용을 해결하지 못해 또 한번 실패를 경험했다.

같은 해, 게임사 아이팝소프트가 경영 위기에 처했다는 소식을 듣고, 투자자를 모집하는 등 외부에서 지원하며 인연을 맺었다. 이를 계기로 아이팝소프트 사외이사로 새롭게 되면서 처음으로 게임 사업에 발을 들였다. 이후 2000년 아이팝소프트가 또다시 위기에 처하자 방 의장은 CEO로 취임하고, 회사 이름을 넷마블게임즈로 바꾸었다. 설립 당시 자본금은 1억 원, 임직원 수는 8명에 불과했다. 그가 창업했던 당시 게임업계의 상황을 보자.

게임 비즈니스는 막 태동하던 시기였고, 넷마블은 그 흐름 속에서 후발 주자로 출발했다. 앞서 장인경 대표가 이끄는 마리텔레콤은 1993년 말 국내 최초 MUD(Multi User Dungeon, 여러 이용자가 함께 참여하는 텍스트 기반 게임) 온라인 게임 '단군의 땅'을 개발했고, 이듬해 1994년 8월 PC통신 나우콤을 통해 일반에 공개했다. 서울대 전자공학과 출신인 장인경 대표는 ETRI 연구원과 삼성전자 상품기획과장으로 근무한 뒤, 1989년 마리텔레콤을 창업해 한국 게임 산업 발전에 지대한 영향을 미쳤다.

고 김정주 창업주가 설립한 넥슨은 1994년 12월 창립 후, 1996년 '바람의나라'로 성공을 거뒀다. 1997년 김택진 대표가 설립한 엔씨소프트도 1998년 11월 첫 게임 '리니지'를 출시하며 게임업계에 파란을 일으켰다.

이런 상황에서 방준혁 의장은 온라인 게임 퍼블리싱(Publishing)이라는 새로운 비즈니스 모델을 도입했다. 이전의 영화 관련 사업 경험과 미국 할리우드 영화 배급 시스템에 착안

한 것이었다. 게임 퍼블리싱이란 게임 개발사로부터 게임 판권을 확보해 이를 유통·배급하고 마케팅하는 것으로, 쉽게 말해 게임의 '판매 대행'과 유사한 개념이다.

또한, 온라인 게임에 부분 유료화 시스템과 지금은 보편화된 문화상품권 결제 방식을 업계 최초로 도입했다. 이를 통해 넷마블은 사세를 크게 확장했다. 넷마블 게임 포털은 설립 3년 만인 2003년에 회원 수 2,000만 명을 돌파하며 업계 1위로 올라섰다.

두 번째 도약은 모바일 혁명에 과감히 뛰어들면서 이뤄졌다. 2007년 스티브 잡스가 아이폰을 내놓으면서 게임의 대세는 PC에서 모바일로 급격히 이동했다. 방준혁 의장 또한 이 흐름을 놓치지 않고 과감히 뛰어들었다. 지금이야 '휴대폰=스마트폰'이 당연하게 여겨지지만, 당시만 해도 스마트폰이 피처폰을 완전히 대체할지, 아니면 반짝 유행에 그칠지를 두고 논쟁이 이어졌다. 잘 알려져 있듯이 LG그룹은 스마트폰 인기를 '찻잔 속의 태풍'으로 평가절하했다가 모바일 사업을 접어야 했다.

넷마블은 적극적으로 대응한 결과, 2012년 12월 '다함께 차차차'의 성공을 시작으로 '모두의 마블'(2013), '몬스터 길들이기'(2013), '세븐나이츠'(2014), '레이븐'(2015), '마블 퓨처파이트'(2015) 등 굵직한 히트작을 잇달아 출시하며 게임 산업의 핵심 사업자로 자리 잡았다. 국내 게임업계 '빅3'를 의미하는 3N(넥슨, 넷마블, 엔씨소프트)이라는 용어도 이 무렵에 탄생했다. 게다가 2016년 12월 출시한 '리니지2 레볼루션'이 출시 14일 만에 매출액 1,000억 원, 1개월 만에 누적 매출액 2,060억 원을 기록하며 업계에 강렬한 인상을 남겼다.

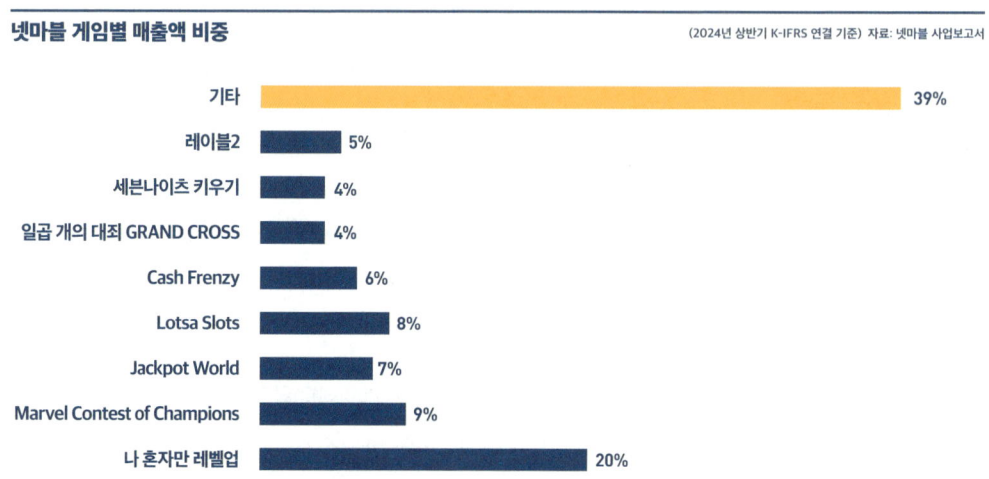

넷마블 게임별 매출액 비중 (2024년 상반기 K-IFRS 연결 기준) 자료: 넷마블 사업보고서

2017년은 넷마블 최고의 해였다. 그해 매출액 2조 4,248억 원, 영업이익 5,096억 원을 기록하며 넥슨을 제치고 1위에 올라섰다. 같은 해 5월 코스피에 상장했고, 상장 당시 국내 게임업계는 물론 IT업계를 통틀어 최고액인 시가총액 14조 원을 기록하며 큰 주목을 받았다.

'국내 정수기 1위' 코웨이 인수로 안정적 자금원 확보

넷마블의 세 번째 도약은 코웨이 인수다. 넷마블은 2020년 2월 코웨이 지분 25.08%를 1조 7,400억 원에 매입해 코웨이를 계열사로 편입시켰다. 넷마블은 당초 고 김정주 창업주의 넥슨 매각 의사를 확인하고 넥슨 인수를 시도했으나, 김 창업주가 의사를 철회하면서 그 대안으로 코웨이 인수를 결정했다. 그런데 인수가 결과적으로 넷마블그룹의 경영 안정성과 성장에 크게 기여했다.

- 코웨이는 1989년 5월 윤석금 웅진그룹 창업주가 설립했으며, 정수기 업계에서 처음으로 대여 개념을 도입해 사세를 키웠다. 그러나 웅진그룹이 경영난을 겪으며 2013년 1월 사모펀드 MBK파트너스에 매각됐고, 2020년 넷마블의 품에 안겼다. 인수 후 코웨이는 꾸준히 실적을 개선하며 자금원 역할을 하고 있다. 특히, 말레이시아를 비롯한 글로벌 시장에서 꾸준한 성과를 거두고 있다. 코웨이는 2006년 말레이시아에 현지 법인을 설립하고, 수돗물에 석회 성분이 많다는 점을 고려해 한국식 관리 서비스를 도입하며 시장 점유율을 확대했다. 또 2010년에는 할랄 인증을 획득해 무슬림이 다수인 현지 시장에 성공적으로 안착했다. 2024년 3분기 기준 코웨이의 대여 계정 수는 314만 개로 전년 동기 대비 5.3% 증가했다. 태국 시장에서도 2022년 매출 793억 원을 기록하며 좋은 성과를 이어가고 있다.

그렇다고 넷마블그룹에 고민이 없는 것은 아니다. 코웨이가 꾸준히 좋은 성과를 내는 것과 달리, 정작 본업인 게임 부문에서 부진을 면치 못하고 있기 때문이다. 넷마블은 2022년 1분기부터 2024년 1분기까지 8분기 연속 순손실을 기록했는데, 이는 기대했던 게임 신작들이 연이어 흥행에 실패했기 때문이다. 그런 탓에 코웨이 매출이 넷마블 매출을 크게 앞서는 상황이 벌어진 것이다. 다행히 2024년 2분기부터 흑자 전환에 성공해 실적을 회복하고 있다. 2024년 5월 출시한 '나 혼자만 레벨업: 어라이즈'가 글로벌 시장에서 흥행한 덕분이다. 2025년에도 줄줄이 기대작 출시가 예정된 만큼 이들 성과가 넷마블의 미래에 상당한 영향을 끼칠 것으로 보인다.

'코웨이' 중심의 게임회사?
코웨이 글로벌 성장세 ↑

넷마블그룹의 지배구조를 살펴보면, 방준혁 의장이 넷마블 최대주주(24.1%)이며, 그 외 주요 주주는 CJ ENM(21.7%), 한 리버 인베스트먼트(HAN RIVER INVESTMENT, 17.5%), 엔씨소프트(6.80%) 순이다(2024. 9). 한 리버 인베스트먼트는 중국 1위 게임 기업 텐센트의 계열사다. 앞서 2014년 넷마블은 텐센트로부터 5억 달러(약 5,300억 원)를 투자 유치했다. 현재까지 텐센트의 경영 간섭은 없는 것으로 알려져 있다.

넷마블그룹에 소속된 상장사는 넷마블과 코웨이 2개사다. 넷마블의 주력 사업은 게임이며, 신작이 성공해야 실적이 개선되는 구조라 예측이 어렵다.

하지만 코웨이는 주목할 만하다. 코웨이는 글로벌 시장에서 꾸준히 성과를 내며 안정적 수익을 가져다주는 '채권형 주식'으로 진화하고 있다. 이는 국내 기업들이 당면한 인구 절벽 문제에 대한 대안을 제시하는 좋은 사례로 평가된다. 현재 코웨이는 말레이시아, 태국, 미국을 비롯한 9개국에 현지 법인을 두고 있으며, 최근 5년(2018~2023) 동안 매출액 연평균 증가율이 25%에 달할 정도로 빠르게 성장하고 있다.

말레이시아 법인의 매출액은 2015년 978억 원에서 2022년 1조 916억 원으로 증가하며 처음으로 1조 원을 돌파했다. 영업이익은 2,020억 원(영업이익률 18.5%)을 기록했다. 이러한 성과는 2007년 말레이시아 시장에 진출한 이후 철저한 현지화 전략의 성공 덕분이다. 대부분의 말레이시아 정수기 업체가 관리 서비스 없이 소비자가 직접 필터를 교체하는 방식으로 운영하는 데 반해, 코웨이는 특유의 '코디' 서비스를 도입해 고객 계정을 빠르게 늘렸다.

태국 법인 매출액도 2018년 131억 원에서 2022년 793억 원으로 505% 증가했으며, 인도네시아 법인 매출액은 2019년 3억 원에서 2022년 112억 원으로 급성장했다. 베트남 법인 매출액도 2021년 31억 원에서 2022년 64억 원으로 2배 이상 증가했다. 여기에 미국 법인 매출액도 2018년 805억 원에서 2022년 1,998억 원으로 성장하며 글로벌 성과를 이어가고 있다.

CHAPTER 6

금융 기업

한국 자본주의 발전의 '보이지 않는 혈맥'

01 _____ KB금융그룹

02 _____ 신한금융그룹

03 _____ 하나금융그룹

04 _____ 우리금융그룹

05 _____ 농협

06 _____ 미래에셋그룹

07 _____ DB그룹

08 _____ 두나무

09 _____ 교보생명그룹

01 KB금융그룹

자본력·
안정적 사업 포트폴리오
갖춘
국내 1위 금융그룹 ★b KB금융그룹

KB금융그룹 지배구조 및 지분 현황

(2024년 6월 기준, 단위 %) 자료: 공정거래위원회

KB금융그룹 현황

매출액	77조 4,828억 원
순이익	4조 5,634억 원
계열사	60개

- 상장
- 비상장
- 해외

주주현황 (KB금융지주 ★)

지분율	주주
8.22	국민연금
6.37	JP모건
6.02	블랙록
2.29	우리사주
74.6	소액주주

계열사 지분 구조 (지분율 100%)

KB증권 계열
- KB증권 → KBFG증권 미국
- KB증권 → KB증권 홍콩
- KB증권 → KB증권 베트남
- KB국민카드
- KB자산운용
- KB캐피탈
- KB생명보험
- KB부동산신탁
- KB인베스트먼트

KB국민은행 계열
- KB국민은행 → KB캄보디아은행
- KB국민은행 → 국민은행(중국) 유한공사
- KB국민은행 → KB마이크로파이낸스 미얀마
- KB국민은행 → KB부코핀은행 (인도네시아)
- KB부코핀은행 → PT Bukopin Finance
- KB부코핀은행 → PT Bank Syariah Bukopin
- KB저축은행
- KB신용정보
- KB데이타시스템

KB국민은행 → 보험/기타 계열
- KD리이프 (KB생명+푸르덴셜)
- KB손해보험
- KB손해사정
- KB손보씨엔에스
- Leading Insurance Services
- KBFG Insurance China
- KB Insurance Indonesia
- KB골든라이프케어
- KB헬스케어

역대 KB금융지주 회장

자료: KB금융지주

양종희(7대)	윤종규(4~6대)	임영록(3대)	어윤대(2대)	황영기(초대)
N/A	자진 퇴임	국민은행 주전산기 교체 징계로 자진 사퇴	연임 중 중도 퇴임	우리은행 손실 중 징계로 자진 사퇴
2023. 11~현재	2014. 11~2023. 11 (9년)	2023. 7~2014. 10 (1년 3개월)	2010. 7~2013. 7 (3년)	2008. 7~2009. 9 (1년 2개월)
전 KB금융 부회장	전 KB금융지주 CFO, 국민은행장	전 재정경제부 2차관	전 고려대 총장	전 우리금융 회장, 삼성증권 대표
서울대 국사(학), 전주고	성균관대 경영(학), 광주상고	서울대 국문(학), 경기고	미시간대 경영(박), 고려대 경영(학)	서울대 무역(학), 서울고
윤석열	문재인 - 윤석열	문재인	이명박	이명박

양종희 KB금융지주 회장 인맥 지도

양종희 KB금융지주 회장 | **이재근 KB국민은행장** | **윤종규 전 KB금융지주 회장** | **손태승 전 우리금융지주 회장**

COMPANY
- 이재근 | KB금융 글로벌 부문장, 전 주택은행, 서강대 수학
- 이환주 | KB국민은행장, 전 KB라이프생명 대표, 성균관대 경영
- 김재권 | KB국민카드 대표, 전 KB금융지주 CFO
- 정문철 | KB라이프 대표, 전 KB국민은행 부행장, 전주고, 서울대 경영
- 윤종규 | 전 KB금융지주 회장, 전 KB금융지주 부사장, 성균관대 경영

INDUSTRY & REGION
- 진옥동 | 신한금융지주 회장, 호남(전북 임실), 덕수상고, 중앙대(석사)
- 임종룡 | 우리금융지주 회장, 호남(전남 보성), 전 기획재정부 차관

SCHOOL
- 손태승 | 전 우리금융지주 회장, 전주고

양종희 KB금융지주 회장: 1961년 전주 출생 → 전주고(1980)·서울대 국사학과 졸업(1987) → KB국민은행(2001) → KB금융지주 경영관리부장(2010) → KB금융지주 부사장(2015) → KB손해보험 대표(2016~2020) → KB금융지주 글로벌 보험총괄 부회장(2020. 12) → KB금융지주 회장(2023. 11~현재)

최근 10년 KB금융지주 실적 및 그룹 주요 연혁

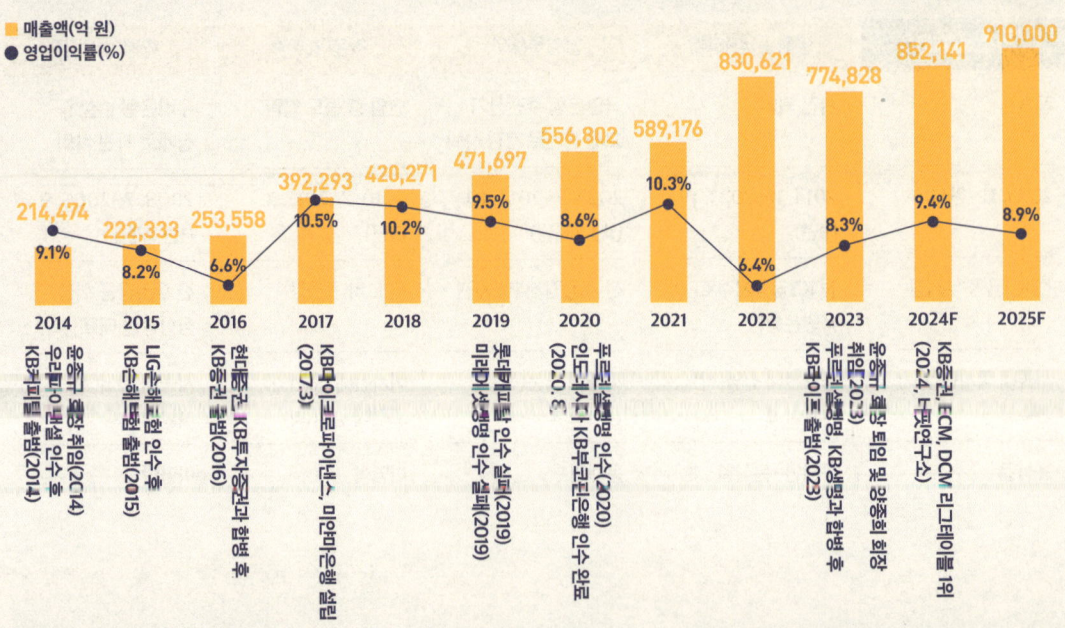

KB금융그룹 주요 계열사 매출액

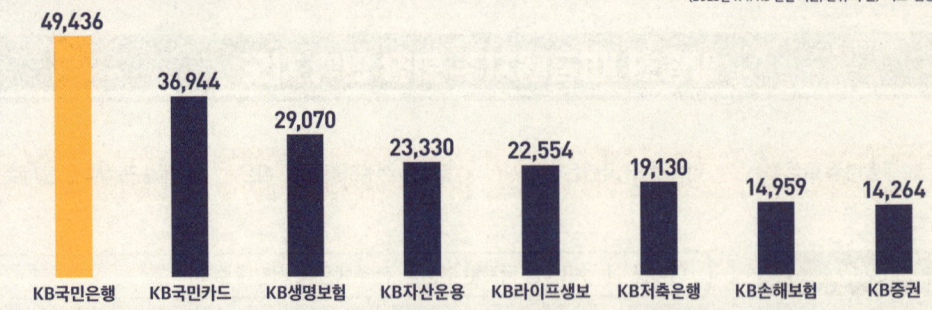

KB금융 매출액 비중, KB금융지주 계열사별 순이익 비중, KB국민카드 매출액 비중

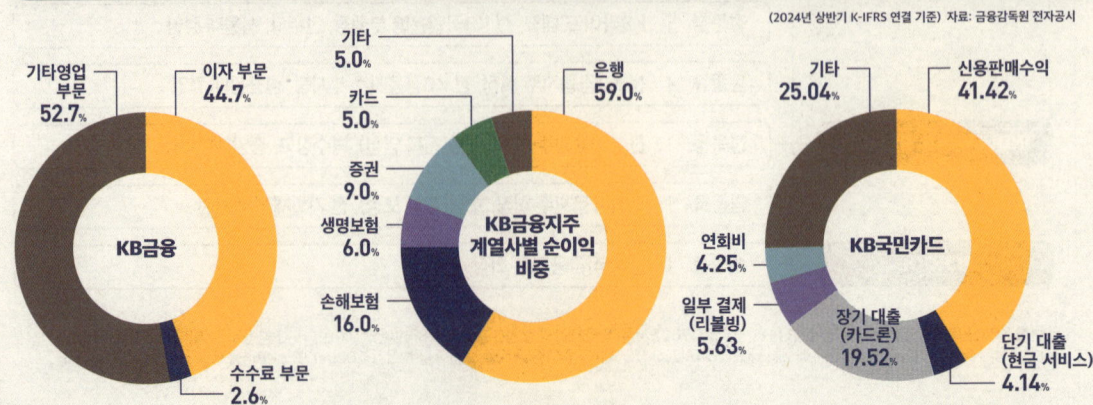

핵심 계열사 경영 현황 및 체크 포인트

KB금융지주(KB금융, ★) — 코스피

● **현황**

KB국민은행, KB증권, KB라이프, KB국민카드 등 주요 금융 계열사를 거느린 국내 최대 금융지주회사다. 자산 규모 기준으로 국내 1위다. 전체 수익 중 약 60~70%를 KB국민은행이 담당하고 있으며, 카드·보험·증권 등 비은행 부문을 중심으로 수익 다변화 전략을 펼치고 있다. KB국민은행은 2001년 11월 IMF 외환위기 극복을 위해 국민은행과 주택은행이 일대일 대등 합병해 탄생했다. 2008년 금융지주회사 체제로 전환한 뒤, 국내 유가증권시장(코스피)과 미국 뉴욕증권거래소(NYSE, 티커 KB)에 동시에 상장돼 있다.

✓ **체크 포인트**

1. **순이자마진(NIM, Net Interest Margin):** 은행이 대출을 통해 벌어들인 이자 수입에서 예금자에게 지급한 이자 비용을 빼고 자산총계로 나눈 값이다(이자수익-이자비용/자산총계). 순이자마진이 높을수록 은행 수익성은 개선된다.
2. **글로벌 진출:** 국내 인구 절벽이 눈앞에 다가오면서 글로벌 시장에 진출하고 있다. 인도네시아에 현지 법인 KB뱅크(옛 부코핀은행)를 설립했고, 캄보디아, 태국에도 현지 법인을 설립했다. 인도네시아 KB뱅크는 부실자산 정리 등의 영향으로 5년 연속(2020~2024) 순손실을 기록하고 있다.

KB국민카드 — 비상장

● **현황**

신한카드, 삼성카드와 더불어 국내 카드 '빅3'다. 1980년 9월 국민은행 신용사업부로 시작했고, 1987년 9월 국민신용카드로 분사했다. 1982년 국내 최초로 마스터카드 발행, 1990년에는 국내 두 번째 비자카드 발행 기록을 갖고 있다. 2024년 상반기 기준 점유율은 15.7%로, 신한카드, 삼성카드, 현대카드에 이어 4위를 기록했다. KB금융지주가 지분 100%를 보유하고 있다.

✓ **체크 포인트**

1. **카드 수수료율:** 이용자가 카드를 결제할 때 카드사가 가맹점으로부터 받는 수수료 비율을 의미하며, 금융위원회가 3년마다 경제 상황과 카드 가맹점, 카드사 경영 현황을 종합해 권고한다.

KB라이프 — 비상장

● **현황**

KB금융지주의 생명보험사이며, 2023년 KB생명이 푸르덴셜생명과 합병해 KB라이프로 사명을 변경했다. 앞서 2004년 KB금융지주가 한일생명을 인수하면서 KB생명보험이 출범했다. 삼성생명, 한화생명, 교보생명, NH농협생명, 신한라이프, 미래에셋생명과 더불어 생명보험 '빅7'다.

✓ **체크 포인트**

1. **신사업:** 인구 절벽이 현실로 다가오면서 KB라이프는 '시니어 신사업'을 추진하고 있다. 2016년 요양 전문회사 KB골든라이프케어를 설립하고, 시니어 케어 사업을 진행하고 있다. 2023년 9월, 금융당국으로부터 자회사 편입을 승인받았다. 이는 생명보험업계 최초로 요양사업에 진출한 사례로, 사업 간 시너지가 기대된다.

자기자본·순이익에서
'5대 금융지주사 왕중왕'

1997년 외환위기 후 은행 M&A 현황

"국민은행은 주택은행과 대등 합병을 결정했습니다. 새 은행을 신설해 두 은행을 흡수하는 방식으로 진행하겠습니다. 은행 이름은 정해지지 않았고, 합병 비율도 실사를 통해 결정하겠습니다."

2000년 12월 22일, IMF 외환위기의 후유증으로 한겨울의 칼바람이 유난히 매섭게 느껴지던 서울 남대문로 한국은행 기자실. 예고에 없던 기자회견이 갑작스럽게 공지되고 단상에 오른 김상훈 국민은행장이 비장한 표정으로 입을 열었다. 단상 옆 김정태 주택은행장은 쏟아지는 카메라 플래시에 애써 환한 표정을 지어 보였다. KB국민은행은 이렇게 '전광석화'를 연상케 하며 탄생했다. 새 은행의 이름, 합병 비율도 정해지지 않았다.

두 은행이 합병을 결정한 것은 IMF 외환위기 후유증을 극복하기 위한 어쩔 수 없는 선택이었지만 반대 여론이 만만치 않았다. 공통적으로 소매 위주의 영업을 하다 보니 두 은행 점포의 60%가 500m 이내 거리에 있었다. 합병하게 되면 인력 구조조정, 중복 점포 폐쇄, 유사 상품 정리가 불을 보듯 뻔했고 조직 통합도 쉽지 않아 보였다. 두 은행 노조원들은 머리띠를 두르고 거리로 나섰다.

그로부터 20여 년이 지났다. KB국민은행을 모태로 하는 KB금융지주는 이제 KB증권, KB라이프(KB생명+푸르덴셜생명), KB국민카드, KB손해보험, KB자산운용 등 60개 계열사를 둔 국내 1위 금융그룹으로 도약했다. 2024년 매출액(영업수익) 85조 2,141억 원, 영업이익 8조 542억 원, 당기순이익 5조 286억 원으로 전년 대비 각각 9.86%, 12.00%, 14.14% 증가했다(이하 K-IFRS 연결).

KB금융지주는 명실상부 한국에서 가장 큰 금융그룹이다. 이는 숫자로 증명된다. 2024년 1분기 기준 국내 5대 금융지주사의 자본총계(자기자본)는 KB금융이 59조 2,073억 원으로 1위이고, 이어 신한금융지주 56조 7,656억 원, 하나금융지주 41조 1,568억 원, 농협금융지주 34조 4,976억 원, 우리금융지주 33조 9,243억 원 순이다.

자본총계는 금융사의 경쟁력과 펀더멘털을 파악하는 핵심 지표다. 금융사는 자본(Equity) 1원을 확보하면 이것의 약 10배인 부채(Debt) 10원을 조달해 기업이나 개인에게 대출해 이자수익을 얻을 수 있기 때문이다. 자본의 사소한 차이가 결과적으로 큰 실적(이자

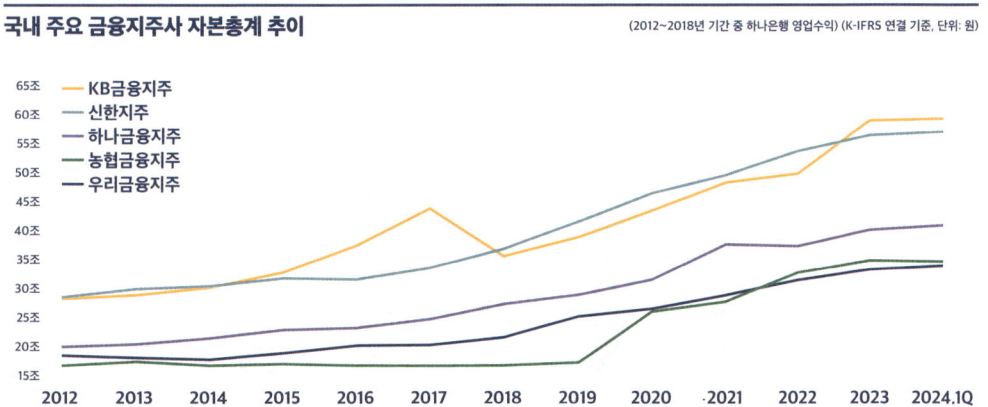

국내 주요 금융지주사 자본총계 추이 (2012~2018년 기간 중 하나은행 영업수익) (K-IFRS 연결 기준, 단위: 원)

수익) 차이를 낳는다는 것을 알 수 있다. 자본총계를 놓고 KB금융은 신한금융과 치열하게 경쟁하고 있다. KB금융은 2013년까지만 해도 신한금융에 근소한 차이로 뒤져 있었지만, 2014년부터 앞서 나갔다. 이후 2018년 다시 신한금융에 추월당했으나, 2023년 재역전하며 우위를 되찾았다.

KB금융은 순이익 기준으로도 업계 1위를 유지하고 있다. 2023년 5대 금융지주사의 당기순이익을 살펴보면 KB금융은 4조 5,634억 원으로 1위를 기록했으며, 신한금융(4조 4,780억 원)과 치열한 경쟁을 이어가고 있다. 2022년 신한금융이 4조 755억 원의 순이익으로 KB금융(3조 9,314억 원)을 앞선 사례도 있지만, 2023년 리테일 금융과 기업 대출 확대, 이자수익 증대로 다시 선두를 탈환했다.

금융지주사의 핵심인 은행 부문에서도 KB금융지주가 사실상 1위를 차지하고 있다. KB국민은행은 점포 수에서 농협을 제외하고 시중은행 가운데 1위를 기록하고 있다. 2024년 12월 기준 시중은행의 점포 수는 농협은행(1,063개), 국민은행(800개), 신한은행(693개), 우리은행(659개), 하나은행(602개) 순이다. 최근 영업 효율화 전략에 따라 은행들이 점포 수를 축소하고 있지만, KB국민은행은 여전히 주요 은행 중 두 번째로 많은 점포를 운영하며 고객 접근성과 영업 네트워크 측면에서 강점을 유지하고 있다. 다만, 금융 환경이 급변하면서 디지털 채널을 통한 비대면 서비스가 확산되고 있어, 점포 수만으로 은행의 경쟁력을 평가하는 데는 한계가 있을 수 있다. 점포 수가 많더라도 운영 효율성과 수익성, 자산 규모와 같은 핵심 지표에서 우위를 점하지 못하면 경쟁력이 떨어질 수 있다.

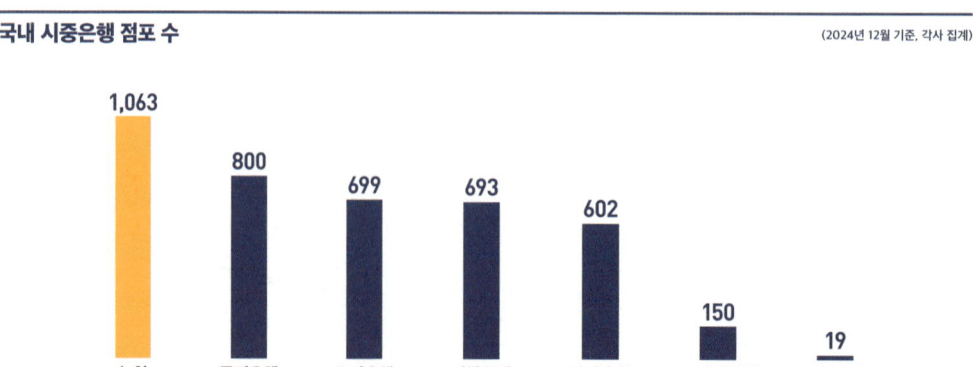

국내 시중은행 점포 수 (2024년 12월 기준, 각사 집계)

그럼에도 KB금융지주가 은행 부문에서 강세를 보이는 이유는 다양한 성과 지표에서 고른 경쟁력을 유지하고 있기 때문이다. KB국민은행은 국내 시중은행 중 가장 많은 자산을 보유하고 있으며, 순이익 또한 업계 선두권을 유지하고 있다.

KB금융지주의 강점은 이뿐만이 아니다. CEO 선출 과정에서도 원숙한 경지에 도달했다는 평가를 받는다. 2023년 말 KB금융지주는 윤종규 회장 후임 선임 과정에서 윤석열 대통령의 서울대 법대 1년 후배인 허인 전 KB국민은행장 대신 양종희 부회장을 선임하면서도 무리 없이 CEO 인사를 마무리했다. 이 과정에서 KB금융지주는 놀랍도록 깔끔하고 세련된 회장 선임 장면을 보여줬다. 지난 역사에서 정치적 외풍에 흔들린 경험을 바탕으로, 과거의 시행착오를 복기하며 치밀하게 플랜을 가동한 결과로 평가된다.

세계적인 경영학자 짐 콜린스는 "일류 기업이 삼류 기업으로 추락하는 주요 원인 중 하나가 후계자 문제"라고 지적했다. KB금융지주는 체계적인 승계 절차와 안정적인 지배구조를 통해 이러한 리스크를 효과적으로 관리하고 있다. 또 적극적인 주주 환원 정책과 선진적인 지배구조 운영을 통해 다른 금융지주사들보다 앞서가는 모습을 보이고 있다.

현대증권, LIG손해보험 등 M&A 잇따라 성공하며 몸집 키워

KB금융그룹의 성과는 크게 보면 '전략의 승리'로 평가되지만, 운도 따라줬음을 부인하기 어렵다. KB국민은행의 전신인 국민은행과 주택은행은 2000년 합병 이전까지 소매금융에 주력했다. 당시 메이저로 불리던 이른바 '조상제한서(조흥·상업·제일·한일·서울은행)'가 기업금융에 치중하자 상대적으로 경쟁이 덜한 소매금융을 공략했기 때문이다. 그런데 IMF 외환위기로 대기업들이 줄줄이 나가떨어지면서 대기업을 주요 고객사로 하던 '조상제한서'가 부실 폭탄을 맞은 데 비해 국민은행과 주택은행은 상대적으로 그 피해가 덜했다.

그 후 2008년 KB금융지주가 공식 출범하며 M&A에 적극적으로 나섰다. 2014년 우리파이낸셜을 인수해 KB캐피탈을 출범시켰고, 이듬해 LIG손해보험을 인수해 KB손해보험을 출범했다. 2014년 11월 윤종규 회장 취임 이후에는 더 적극적인 행보를 이어갔다. 2016년 현대증권과 KB투자증권을 합병해 KB증권을 출범했다. 또한, 신한금융지주가 오렌지라이프를 인수하자 2020년 푸르덴셜생명을 인수하고, 2023년 KB생명과 통합해 KB라이프를 출범하며 몸집을 재빨리 키웠다.

비은행 부문 성장과 인도네시아 KB뱅크 적자는 과제

하지만 KB금융그룹이 모든 면에서 만사형통한 것은 아니다. 높은 은행 부문 비중을 낮추고 비이자수익을 확대하는 것이 국내 금융지주사들의 주요 화두로 떠오르고 있기 때문이다. 비이자수익은 금리나 경기 변동에 덜 민감하고, 안정적인 수익 창출이 가능하다는 점에서 금융지주사에 대한 평가에서 중요한 요소로 간주된다. KB금융그룹은 비은행 부문의 이익 기여도가 '안정적'이라는 평가를 받고 있지만, 여전히 추가적인 개선이 필요하다.

2023년 기준 5대 금융지주사의 비은행 이익 기여도를 살펴보면, 신한금융(37.9%)과 하나금융(36.4%)이 각각 1, 2위를 차지했고, KB금융(34.0%)이 3위를 기록했다. 농협금융(27.4%)과 우리금융(22.3%)이 그 뒤를 이었다. 이 수치는 KB금융이 비은행 부문에서 상대적으로 안정적인 구조를 유지하고 있음을 보여주지만 주요 경쟁사 신한금융에 확실한 우위를 점하기 위해서는 더 많은 개선이 요구된다.

KB금융그룹의 비은행 부문은 증권(KB증권), 생명보험(KB라이프), 카드(KB국민카드) 사업으로 구성돼 있다. KB금융그룹의 계열사 순위를 가리키는 은어로 이른바 '은증생카(은행·증권·생명보험·카드)'가 있다. 이 중 은행을 뺀 계열사의 성과가 비은행 이익 기여도를 좌우한다. KB증권과 KB라이프는 디지털 전환과 고객 기반 확대를 통해 꾸준히 성장하고 있으며, KB국민카드도 업계 최고 수준의 수익성을 유지하며 안정적인 역할을 하고 있다.

인도네시아 KB뱅크(옛 부코핀 은행)의 흑자 전환을 앞당기는 것도 KB금융의 중요한 과제다. KB금융은 인도네시아 KB뱅크를 동남아 시장 공략의 교두보로 삼고 적극 지원하고 있지만, 현재까지 손실을 면치 못하고 있다. 2024년 1분기 기준 순손실은 529억 원으로, 전년 동기(336억 원)보다 적자 폭이 오히려 확대됐다. 이에 대해 이재근 행장은 "2025년까지 인도네시아 KB뱅크를 흑자 전환하겠다"고 밝혔으며, 부실 채권 등 단기적인 어려움을 극복하고 사업 기반을 다질 경우 장기적인 성장 가능성이 크다는 분석도 나온다.

인도네시아는 아세안 10개국 중 국토 면적이 가장 넓고, 인구는 약 2억 7,700만 명으로 세계 4위에 달한다. 인구와 경제 규모 면에서 인도네시아는 동남아 시장의 중심지로 꼽힌다. 특히 금융 서비스 접근성이 낮은 지역이 많아, 디지털 금융과 리테일 뱅킹(소매금융)에서의 성장 잠재력이 크다. KB금융은 이러한 잠재력을 바탕으로 현지화 전략을 강화하고 디지털 금융을 확대해 시장 점유율을 높인다는 계획이다.

'만년 저평가' 금융주, KB금융은 다를까

양종희 회장의 취임은 KB금융그룹의 경영 안정성과 독립성의 이정표로 평가받고 있다. 내부 출신인 양 회장이 회장직에 오른 것은 KB금융이 외부 정치적 입김보다는 내부 역량과 연속성을 기반으로 미래를 설계하는 방향을 선택했음을 보여준다.

내부 출신으로 첫 KB금융 회장인 양 회장은 30여 년간 KB금융에서 경력을 쌓으며, LIG손해보험(현 KB손해보험) 인수를 성공적으로 이끌어 비은행 부문의 성장을 주도했다. 이는 KB금융이 안정적인 수익구조를 갖추는 데 중요한 역할을 했다.

양 회장은 전주 태생으로 전주고를 졸업해 진옥동 신한금융지주 회장(전북 임실), 임종룡 우리금융지주 회장(전남 보성)과 함께 호남 인맥으로 분류된다. 학연으로는 손태승 전 우리금융지주 회장과 전주고 동문이다. 1989년 주택은행에 입행해 금융권과 첫 인연을 맺었다. 2015년 LIG손해보험(현재 KB손해보험) 인수에 성공하고 KB금융지주 부사장으로 파격 승진했다.

한국 주식시장의 금융주는 왜 '만년 저평가'일까

주식시장은 얼핏 무질서해 보이지만 알고 보면 놀라울 정도로 합리적이다. 한국 주식시장의 특징 중 하나는 금융주가 현저하게 저평가돼 있다는 점이다. 2024년 한 해 동안 한국 주식시장에서 KB금융지주의 PBR(Price Book-value Ratio)은 0.5배를 오르내렸다. 신한금융지주, 하나금융지주 PBR은 0.4배를 오르내렸고, 우리금융지주는 0.3배 수준이었다.

PBR은 기업의 시가총액을 자본총계로 나눈 값으로 1배 미만이면 시가총액이 자본총계에 미치지 못한다는 의미다. 같은 기간 해외 주식시장의 대형 금융주 PBR을 살펴보면 미국 1.55배, 대만 1.0배, 중국 0.82배, 유럽 0.71배였다. 한국 금융주가 얼마나 주식 투자자들에게 얼마나 홀대당하고 있는지 확인할 수 있다.

한국 금융주는 글로벌 선진 주식시장과 비교해 가장 저평가된 업종으로 꼽힌다. 한국 금융주의 PBR이 낮은 현상은 어제오늘의 일이 아니다. 삼성KPMG 보고서에 따르면, 코스피 200 금융과 KRX 은행주 지수는 2010년대 후반부터 PBR 1배 미만을 기록하고 있다. 이를 투자 포인트로 보고 금융주를 매입한 투자자 관점에서는 '금융주의 영구적 저평가'에 대한 우려가 클 수밖에 없다.

왜 한국 주식시장 금융주는 저평가되고 있는 걸까? 경영 성과 부진, 정부 규제, 배당 미흡 등이 거론되고 있지만, 무엇보다 '불확실성'이 가장 큰 요인으로 분석된다. 인구 절벽으로 국내 시장이 줄어들고 있는 데다 인터넷 은행을 필두로 한 비즈니스 환경 변화로 전통의 금융지주사가 도전을 맞고 있다는 것이다.

KB금융지주는 국내 1위 지주사로 이 문제를 고스란히 떠안을 수밖에 없다. KB금융지주는 국내 금융지주사 가운데 '왕중왕'이고, 전국에 800여 개 오프라인 은행 점포를 갖고 있다. 카드, 보험사, 저축은행, 자산운용사를 갖고 있음에도 PBR이 0.5배에 불과하다. '인터넷 사이트' 하나만 보유한 카카오뱅크 PBR이 1.5배를 훌쩍 넘는 것과 대조적이다. 시장 참여자들의 눈높이가 '미래 성장'에 맞춰져 있음을 확인할 수 있다.

KB금융지주는 이 문제를 해결하기 위해 '전력 질주'하고 있다. 무엇보다도 아시아 시장 진출에 사활을 걸고 있다. 인도네시아 부코핀은행 인수도 그런 측면에서 진행된 사업이다. 그렇지만 인도네시아 시장에서 KB금융지주가 흑자 전환에 이르기까지 갈 길이 멀어 보인다. 캄보디아, 태국, 중국에서의 성과도 아직 두드러지지 않고 있다. 미국, 유럽에도 현지 법인이 있지만, 해외 교민을 상대로 하는 수준이다.

또 다른 전략으로, KB금융지주는 배당을 대폭 확대하고 있다. 2024년 말, KB금융지주는 자본비율이 13%를 초과하는 초과 자본을 이듬해 주주 환원 재원으로 활용하겠다는 기업 가치 제고 계획을 발표했다. 이에 따라, KB금융지주는 2024년 총 8,200억 원 규모의 자기주식을 매입·소각했으며, 주주 환원율이 41%를 넘어섰다.

KB금융지주의 이 같은 노력이 어떤 결실을 거둘지는 시간이 말해줄 것이다. 시장 참여자들에게 금융지주사의 미래가 밝다는 것을 확인시켜주는 시점이 금융지주사의 PBR이 뛰어오르는 시점이 될 것으로 보인다.

02 신한금융그룹

밑는 구석
'글로벌 성과'로
'금융사 1위'
노린다

 신한금융그룹

역대 신한금융지주 회장

(2024년 6월 기준, 단위 %) 자료: 공정거래위원회

진옥동(4대)	조용병(3대)	한동우(2대)	라응찬(1대)
2023. 3~현재	2017. 3~2023. 3 (6년)	2011. 3~2017. 3 (6년)	2001. 8~2010. 10 (10년 2개월)
1961년 전북 임실	1957년 경남 함안	1948년 부산	1938년 경북 상주
전 신한은행장	전 신한은행장	전 신한생명 부회장	전 신한은행장
덕수상고, 방송통신대 경영(학사), 중앙대 경영(석사)	대전고, 고려대 법학(학사), 핀란드헬싱키대 MBA	부산고, 서울대 법학(학사)	선린상고
윤석열	박근혜 - 문재인 - 윤석열	이명박 - 박근혜	김대중 - 노무현 - 이명박

진옥동 신한금융지주 회장 인맥 지도

진옥동 신한금융지주 회장 | **정상혁 신한은행장** | **조용병 전 신한금융지주 회장** | **김동연 경기도지사**

COMPANY
- 정상혁 | 신한은행장, 전 신한은행 그룹장, 서울대 국제경제
- 박창훈 | 신한카드 대표, 전 신한카드 마케팅부장, 연세대 정치외교
- 이선훈 | 신한투자증권 대표, 전 신한투자증권 부사장, 호주 스웬빈대
- 이영종 | 신한라이프 대표, 전 신한금융 본부장, 서울대 경영
- 전필환 | 신한캐피탈 대표, 전 일본 SJB은행 부사장, 성균관대 행정
- 조용병 | 전 신한금융지주 회장, 전 신한은행장, 고려대 법학
- 라응찬 | 신한금융지주 초대 회장

INDUSTRY
- 샤토 야스히로 | 전 미즈호파이낸셜 그룹 회장
- 기타오 오시타카 | 일본 SBI홀딩스 사장

SCHOOL
- 김동연 | 경기도지사, 덕수상고
- 조재연 | 전 대법관, 덕수상고
- 주형환 | 전 산업통상자원부 장관, 덕수상고
- 김동수 | 전 수출입은행장, 덕수상고

진옥동 신한금융지주 회장: 서울 덕수상고 졸업(1981) → 기업은행(1980) → 신한은행(1986) → 방송통신대 경영(1993) → 중앙대 대학원 석사(경영, 1996) → 신한은행 일본 오사카 지점(1997) → 신한은행 여신심사부 부부장(2002) → 신한은행 일본 오사카지점장(2008) → 일본 SH캐피탈 사장(2011) → 일본 SBJ은행 부사장(2014) → SBJ은행 법인장(2016) → 신한은행 부행장(2017. 1) → 신한금융지주 부사장(2017. 3) → 신한은행장(2018. 12) → 신한금융지주 회장(2023. 3~현재)

최근 10년 신한금융지주 실적 및 그룹 주요 연혁

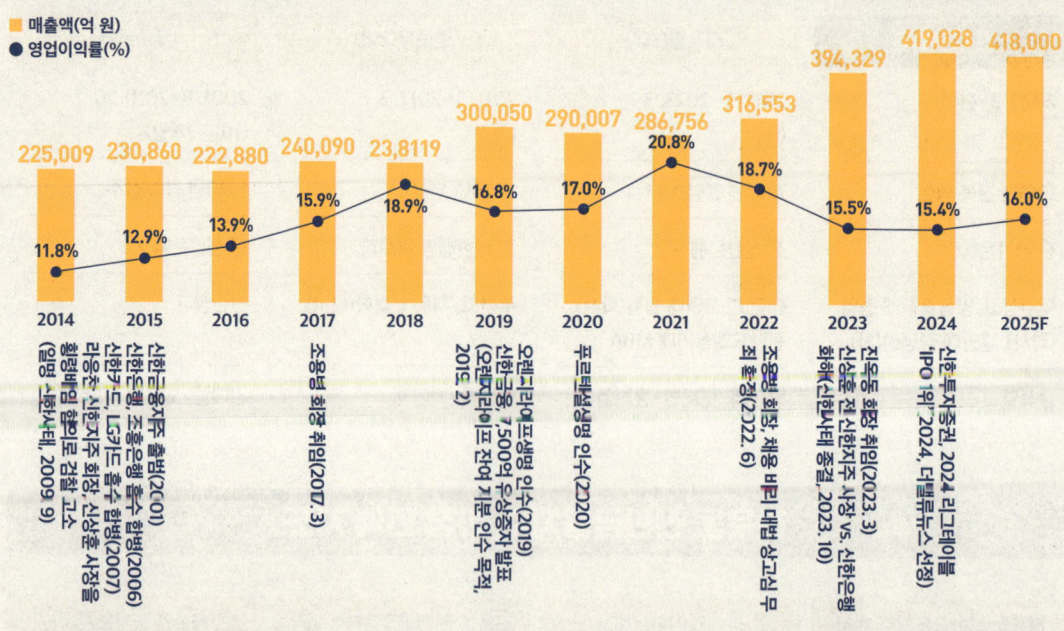

신한금융그룹 주요 계열사 매출액

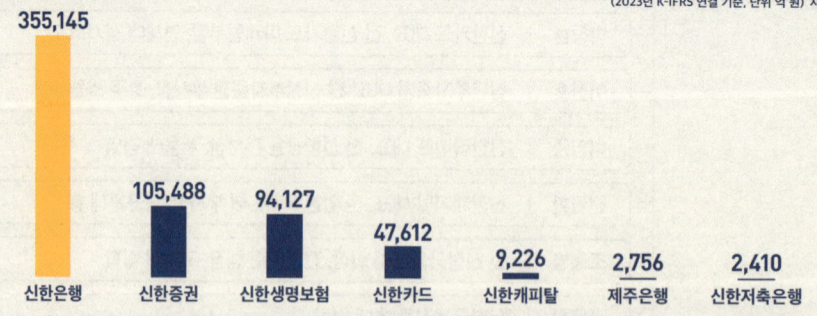

신한금융지주 계열사별 이익 기여도, 신한은행 매출 비중, 신한투자증권 매출 비중

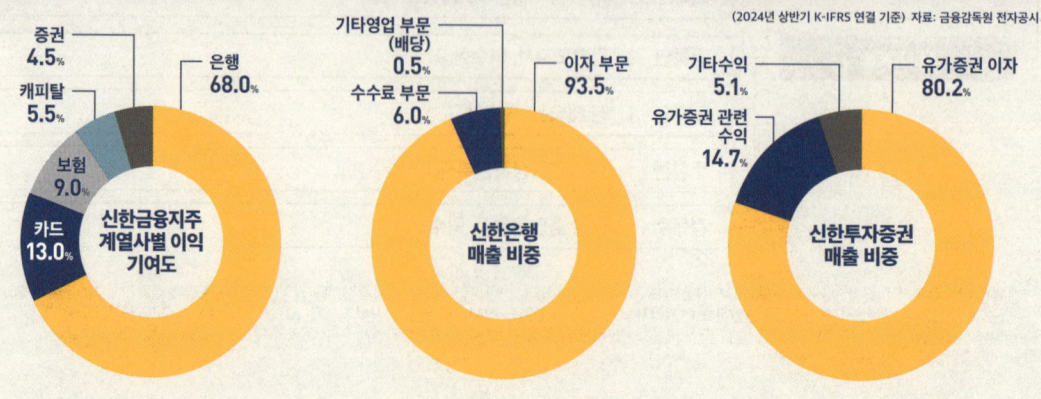

핵심 계열사 경영 현황 및 체크 포인트

신한금융지주(신한지주, ★★) [코스피]

● **현황**
2001년 9월 설립된 대한민국 최초의 금융지주회사다. 신한은행을 비롯해 신한카드, 신한투자증권, 신한라이프, 신한캐피탈 등 다양한 금융 계열사를 자회사로 두고 있다. 국내 5대 금융지주 중 하나로, KB금융지주와 함께 선두를 다투는 '빅2'로 평가받는다. 안정적인 자본 건전성과 수익성을 바탕으로 비은행 부문 강화와 글로벌 확장을 지속 추진하고 있다.

✓ **체크 포인트**
1. **포트폴리오 다각화**: 은행 부문 외에도 카드, 증권, 보험, 캐피탈 등 비은행 계열사의 수익 기여도를 확대하고 있다. 특히 신한카드(국내 1위), 신한투자증권, 신한라이프의 경쟁력 강화와 계열사 간 시너지를 통해 지주 차원의 종합 금융 서비스 체계를 구축하고 있다.
2. **글로벌 전략**: 신한은행 외에도 신한카드 동남아 진출, 증권의 해외 IB 투자 확대 등을 통해 전 계열사 단위의 글로벌화를 추진하고 있다.
3. **주주 환원**: 지속적인 ROE 개선 노력과 함께 안정적 배당 성향, 자사주 매입 등 주주환원 정책을 강화하고 있다.

신한은행 [비상장]

● **현황**
국내 시중은행 가운데 KB국민은행과 함께 '빅2'다. 1982년 7월 재일교포 고 이희건(1917~2011) 명예회장이 설립했고, 2003년 조흥은행을 인수하며 사세를 불렸다. 5대 금융지주사 가운데 가장 많은 현지 법인 10곳(미국, 캐나다, 유럽, 중국, 카자흐스탄, 캄보디아, 일본, 베트남, 멕시코)을 운영하고 있다(2024. 6).

✓ **체크 포인트**
1. **글로벌 성과**: 2030년까지 해외 시장에서 40% 이상의 이익 기여도를 달성하겠다는 목표를 밝혔다. 아시아 시장에서는 디지털 기반의 리테일 사업(소매금융)에 주력하고 있으며, 선진금융 시장에서는 IB(투자은행) 및 기업금융에 집중하는 투 트랙 전략으로 글로벌 경쟁력을 제고하고 있다.
2. **순이자마진**: 순이자마진은 이자수익에서 이자비용을 차감한 순이자이익을 운용자산 총액으로 나눈 값으로 은행 수익성을 나타내는 대표 지표다. 은행이 자산을 얼마나 효율적으로 운용하는지 보여준다. 신한은행은 2024년 2분기 기준 순이자마진율 1.60%로 KB국민은행(1.84%)에 이어 2위를 기록했다.

신한카드 [비상장]

● **현황**
국내 카드 시장 점유율 1위(19.8%) 사업자다(2024. 6). 신한지주가 2007년 LG카드를 인수한 후 신한카드로 사명을 변경했다. 전신 LG카드는 1985년 12월 익스프레스크레디트카드로 설립됐고, 2001년 LG카드로 사명을 변경했다.

✓ **체크 포인트**
1. **글로벌 성과**: 카자흐스탄, 인도네시아에 현지 법인을 설립해 성과를 내고 있다. 카자흐스탄 3대 핵심 도시인 알마티, 아스타나, 쉼켄트에서 자동차 금융과 신용 대출 등을 중심으로 사업하고 있으며, 현지 230여 개 금융사 가운데 5위에 올라 있다(2024).

'금융지주 1위' 놓고
KB금융과 경쟁,
'비은행 이익 기여도' 1위

한국의 5대 금융그룹 중 시작은 소박했으나 '창대하게' 성장한 곳이 신한금융그룹이다. 그 모태인 신한은행은 5대 시중은행 중 가장 늦은 1982년에 설립됐다. 재일교포 고 이희건 (1917~2011) 명예회장은 은행법상 최저 자본금인 250억 원을 가까스로 마련해 단 3개 지점으로 은행을 시작했다. 이 은행이 한국 금융그룹 '빅2'로 도약할 것이라 예상한 이는 드물었다. 신한금융이 기대 이상의 성과로 오늘날의 위치에 오른 것은 '전략의 승리'였다. 하지만 결정적 순간마다 유리한 시장 환경을 전략적으로 활용한 점이 성장의 중요한 요인으로 작용했다.

신한금융은 국내 5대 금융지주사 가운데 KB금융과 함께 '빅2' 반열에 올라 있다. 정확히 말하면 KB금융이 1위, 신한금융이 2위다. 하지만 1, 2위 간 격차가 크지 않고, 순위가 역전되는 일이 종종 벌어지고 있다.

신한금융은 2023년 매출액(영업수익) 39조 4,329억 원, 영업이익 6조 1,008억 원, 당기순이익 4조 4,780억 원을 기록했다(이하 K-IFRS 연결). 전년 대비 매출액과 영업이익이 각각 24.68%, 3.30% 증가했고, 당기순이익은 5.83% 감소했다. 계열사는 신한지주, 제주은행(이상 상장사), 신한은행, 신한캐피탈, 신한자산운용(이상 비상장사) 등 52개사가 있다.

이 실적을 기준으로 하면 신한금융은 KB금융에 이어 '넘버2'다. KB금융은 2023년 매출액 77조 4,828억 원, 영업이익 6조 4,353억 원, 당기순이익 4조 5,634억 원을 기록했다. 매출액 차이가 38조 원으로 상당해 보이지만, 금융사는 상대적으로 매출액보다 이익이 더 중요하다. 양사의 영업이익(3,345억 원), 당기순이익(854억 원) 격차는 근소하다. 2022년 당기순이익은 신한금융(4조 7,555억 원)이 KB금융(3조 9,314억 원)을 9,241억 원 앞서기도 했다.

신한금융은 자본총계 기준으로도 KB금융에 이어 2위다. 2024년 1분기 자본총계를 살펴보면, 신한금융(56조 7,656억 원)은 KB금융(59조 2,073억 원)과 2조 4,417억 원 차이를 보이고 있다. 자본총계는 금융사의 경쟁력과 펀더멘털을 파악하는 핵심 지표다. 금융사는 자기자본을 기반으로 레버리지를 활용해 대출을 실행하며, 이 과정에서 이자수익을 창출한다. 따라서 자본 규모의 차이는 대출 여력과 이자수익 창출에 직접적인 영향을 미칠 수 있다.

2018~2022년, 5년 동안은 신한금융이 KB금융보다 자본총계에서 앞선 적이 있다. 2013년 이전에도 신한금융은 KB금융을 앞선 적이 있다. 신한금융이 압도적으로 앞서는 부분도 있다. 2023년 신한금융의 비은행 이익 기여도는 43.0%로 KB금융(34%)을 앞서며 1위를 기록했다. KB금융 입장에서도 신한금융은 위협적이다.

'시중은행 1위' 조흥은행 인수 후 '퀀텀 점프'

지금의 신한금융을 1982년 설립 당시와 비교해보면, '경천동지'라는 표현이 아깝지 않다. 모태가 된 신한은행은 설립 당시만 해도 임직원이 279명으로 대부분 경력 사원이었다. 당시 은행 메이저로 불리던 이른바 '조상제한서'(조흥·상업·제일·한일·서울은행)에 비해 브랜드도, 자본도 부족하다 보니 신입을 뽑기 어려웠기 때문이다.

그런데 신한은행은 그해 7월 7일 출범 첫날 본점 영업부에 고객 1만 7,520명이 방문해 신규 가입 예금 5017좌, 예금액 357억 4,800만 원을 맡기는 진기록을 만들어냈다. 이는 고 이희건 명예회장의 발상의 전환 덕분이었다. 신한은행 임직원들은 서울의 전통 시장들을 방문해 나무 궤짝으로 동전함을 만들어 동전을 바꿔주며 시장 상인들에게 통장 개설을 권유했다. 이는 파격이었다.

당시만 해도 시중은행의 행원들이 은행 밖으로 나가 고객을 직접 찾아 나선다는 것은 상상하기 어려웠다. 관료주의적 문화 속에서 행원들은 넥타이를 맨 채 지점에 앉아 고객이 찾아오는 것을 당연한 일로 받아들였다. 이러한 혁신적인 접근을 계기로 '신한+평범한 사람들의 비범한 조직'이라는 별칭이 붙여졌다.

그러던 신한금융이 '퀀텀 점프'한 계기가 있었다. 2003년 조흥은행 인수였다. 정부가 공적자금 회수를 위해 조흥은행을 매물로 내놓자 신한은행이 인수해 2006년 합병했다. 조흥은행 인수는 '신의 한 수'로 평가받는다. 당시 조흥은행은 국내 최대 은행이자 최고(最古) 은행이었다(조흥은행은 1897년 한성은행의 역사를 계승한다). 덕분에 신한은행의 설립 일자는 1982년에서 1897년으로 85년 앞당겨졌고, '국내 최초 은행' 타이틀도 거머쥐게 됐다. 신한은행 홈페이지를 보면 조흥은행의 모든 역사가 기록돼 있다. 신한은행 광교 영업부에는 'Since 1897' 문구가 표기돼 있다. 한성은행 설립 2년 뒤인 1899년 고종황제의 명으로 대한천일은행이 설립됐고, 지금의 우리은행으로 명맥이 이어지고 있다.

신한금융의 '금융지주 1위' 도약은 가능할까? 이에 동의하는 사람들은 신한금융의 양호한 글로벌 성과를 그 근거로 꼽는다. 국내 금융업계는 내수 시장의 한계로 글로벌 시장에서 성과를 내는 것이 주요 과제로 부상했다.

신한금융지주는 글로벌 시장에서 성과를 내고 있다. 해외 법인 당기순이익은 2023년 4,824억 원에서 2024년 7,589억 원으로 38.1% 증가하며, 5대 금융지주사 중 1위를 기록했다. 특히, 신한베트남은행이 실적을 견인했다. 2023년 2,328억 원이었던 순이익은 2024년 2,640억 원으로 13.4% 증가했다. 이는 신한금융의 글로벌 전략이 안정적인 성장 기반 위에서 순항하고 있음을 보여준다.

재일교포 자본 신한금융, '리레이팅' 기대 요인 3가지

신한금융그룹을 이끄는 진옥동 회장은 2023년 3월부터 제4대 회장으로 재임하고 있다. 진 회장은 2008~2017년 9년간 일본에서 근무하며 신한은행 일본법인 SBJ은행 출범을 주도했고, SBJ은행 부사장, 법인장을 지낸 바 있다. 라응찬(1대, 2001. 8~2010. 10), 한동우(2대, 2011. 3~2017. 3), 조용병(3대, 2017. 3~2023. 3) 회장에 이어 신한금융지주를 이끌고 있다.

그런데 지금까지 재직한 회장들의 이력을 보면, 이들에게는 공통점이 있다. 역대 회장들이 일본 오사카 지점에서 근무한 경력을 가지고 있다는 점이다. 이는 신한금융이 재일교포 자본으로 설립된 역사적 배경과 깊은 관련이 있다. 신한은행은 2009년 9월 일본 현지 법인인 SBJ은행을 설립해 아시아계 은행으로는 최초로 일본에서 현지 법인을 운영하고 있다.

신한금융의 주요 주주로 '재일교포'가 있다는 점도 이채롭다. 2024년 1분기 기준 신한금융의 주요 주주를 살펴보면, 국민연금 8.04%, 미국계 사모펀드 블랙록(Black rock) 5.71%, 우리사주 5.13%와 더불어 재일교포 모임 간친회(懇親會) 멤버가 17%가량을 보유하고 있다. 간친회는 5,000여 명이 개별적으로 신한금융의 지분을 보유해 신한금융 사업보고서에는 나와 있지 않다.

신한금융 설립을 주도한 고 이희건 명예회장은 1932년 15세에 일본에 건너가 재일동포 민족금융기관인 오사카흥은을 설립하는 등 고 신격호 롯데그룹 창업주와 더불어 일본에서 가장 성공한 재일교포 중 한 명으로 꼽힌다. 1988년 올림픽 당시 재일한국인후원회장을 맡아 100억 엔(약 900억 원)을 기부해 무궁화 훈장을 받기도 했다.

신한금융, 금융주 리레이팅 1순위 전망 나오는 이유

신한금융그룹에 소속된 상장사는 신한금융지주와 제주은행 2개사다. 제주은행은 이름 그대로 제주에서 영업하는 지방은행으로, 사업 확장에 한계가 있다. 반면, 신한지주는 한국 주식시장에서 금융주 리레이팅(Re-rating)이 이뤄질 경우 가장 먼저 주목받을 가능성이 높다.

그 이유는 앞서 언급한 대로 신한지주가 5대 금융지주사 가운데 글로벌 시장 확대 측면에서 두드러진 성과를 내고 있기 때문이다. 신한지주가 2024년 해외에서 거둔 순이익은 7,589억 원으로 압도적 1위다. 이는 전년 대비 38.1% 증가한 수치다. 2024년 순이익 중 해외 비중은 16.8%로, 전년(12.6%) 대비 4.2%포인트 증가했다.

신한은행은 5대 시중은행 중 가장 많은 해외 현지 법인 10개를 운영하고 있다(미국, 캐나다, EU 2개소, 중국, 카자흐스탄, 캄보디아, 일본, 베트남, 멕시코, 2023. 10). 특히, 신한베트남은행의 실적이 가파르게 성장하고 있으며, 베트남에 진출한 외국계 은행 중 선두를 유지하고 있다. 신한카드도 카자흐스탄과 인도네시아에서 현지 법인을 운영하며 좋은 성과를 내고 있다. 카자흐스탄에서는 알마티, 아스타나, 쉼켄트 등 3대 핵심 도시를 중심으로 자동차 금융 및 신용 대출 사업을 운영하며, 현지 230여 개 금융사 중 5위를 기록했다(2023). 이는 한국 금융주가 저평가되는 주요 원인 중 하나인 미래 성장의 불확실성을 일부 해소하는 긍정적인 신호로 볼 수 있다.

신한금융지주 배당성향 및 자사주 매입율

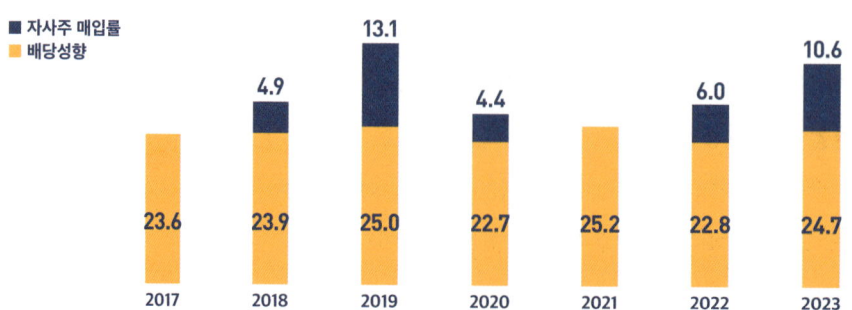

또한, 신한지주는 밸류업(Value-Up) 프로그램을 통해 주주 가치를 높이는 데 적극적이다. 2024년 발표된 밸류업 계획에 따라, 2027년까지 자사주 5,000만 주(총 발행주식의 약 10%)를 소각할 예정이다. 2024년 한 해 동안 자사주 7,000억 원어치를 매입했으며, 배당성향도 꾸준히 상향하고 있다. 최근 5년(2019~2023) 평균 배당성향은 24.76%에 달하며, 이는 투자자들에게 안정적인 배당 수익을 제공하고 있다.

신한은행이 KB금융지주를 넘어 국내 금융지주사 1위 자리에 오른다면, 신한지주는 '1위 프리미엄'을 누릴 가능성이 크다. 1위와 2위 간의 존재감 차이는 어느 산업에서든 큰 영향을 미치기 때문이다.

신한금융지주의 PBR(주가순자산비율)이 KB금융지주 대비 낮게 형성된 이유는 과거 '넘버2' 핸디캡뿐 아니라 2019년 초 진행된 7,500억 원 규모의 유상증자와 관련이 있다.

당시 신한지주는 오렌지라이프생명보험 잔여 지분 인수를 위해 유상증자를 단행했으나, 주주 가치가 희석되면서 2019년 3월 20일 기준 2만 1,850원으로 주가가 하락하며 최근 10년간 최저치를 기록했다. 이 때문에 시장에서는 신한금융지주의 가치를 재평가해야 한다는 의견이 나오고 있다.

03

하나금융그룹

**비은행 강화,
밸류업으로
도약 준비하는
'금융 빅3'**

하나금융그룹

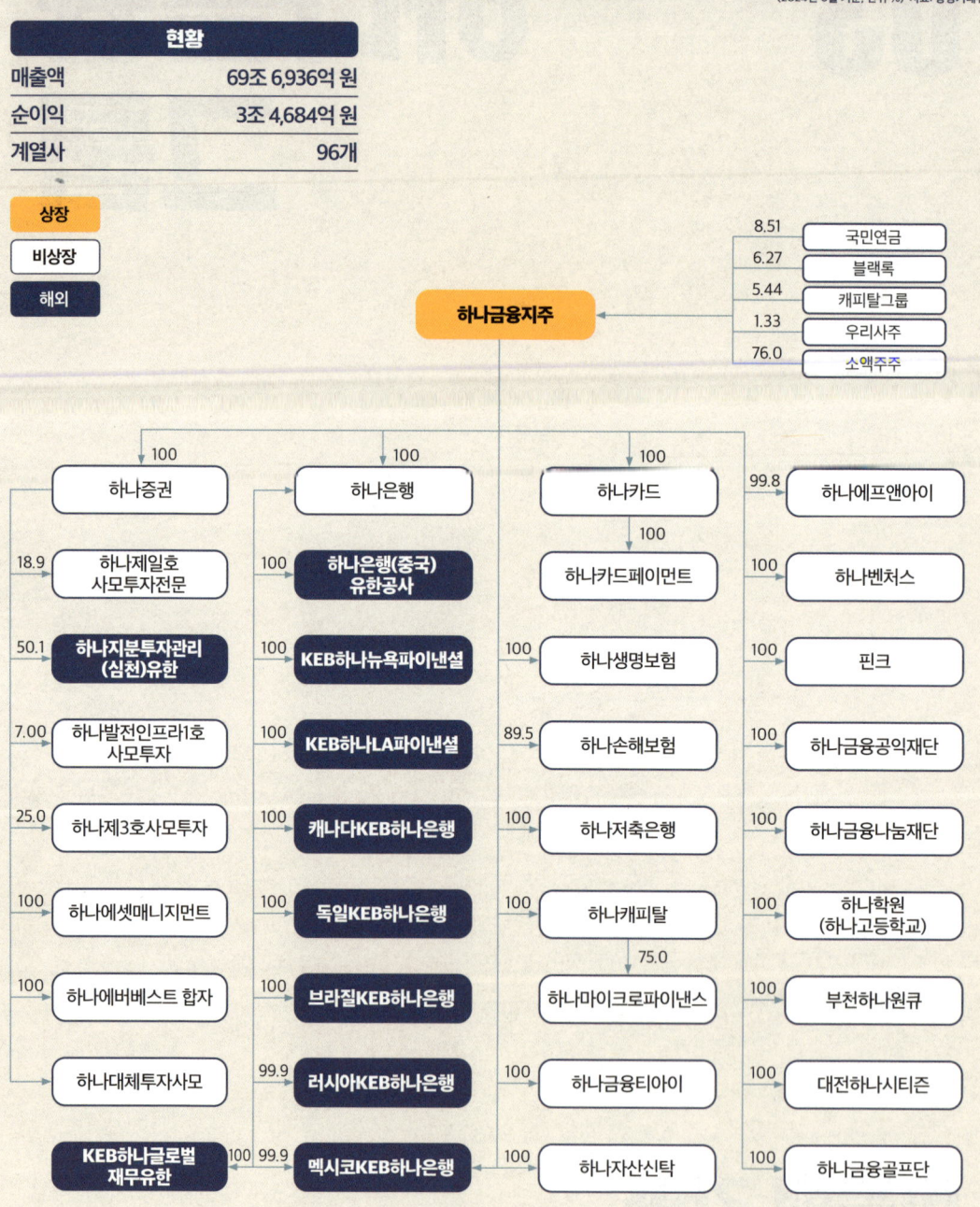

역대 하나금융지주 회장

(2024년 6월 기준, 단위 %) 자료: 공정거래위원회

함영주(3대)
- 2022. 3~현재
- 1956년 / 충남 부여
- 전 서울은행
- 강경상고, 단국대 회계(학사)
- 문재인 - 윤석열

김정태(2대)
- 2012. 3~2022. 3(10년)
- 1952년 / 부산
- 전 서울은행
- 경남고, 성균관대 행정(학사)
- 이명박 - 박근혜 - 문재인

김승유(초대)
- 2005. 12~2012. 3(6년 4개월)
- 1943년 / 충북 청주
- 전 한국투자금융 부사장
- 경기고, 고려대 경영(학사)
- 노무현 - 이명박

함영주 하나금융지주 회장 인맥 지도

자료: 하나금융지주

	함영주 하나금융지주 회장	이호성 하나은행장	김정태 전 하나금융지주 회장	김승유 전 하나금융지주 회장

COMPANY

이승열	|	하나금융 부회장, 외환은행 출신 첫 행장, 서울대 경제
강성묵	|	하나금융 부회장 겸 하나증권 대표, 서강대 사회
이호성	|	하나은행장, 대구상고 졸업, 전 한일은행, 대구상고
성영수	|	하나카드 대표, 전 하나금융 부사장, 전 상업은행, 고려대 행정
남궁원	|	하나생명 대표, 전 하나은행 그룹장, 전 외환은행, 서울대 경제
김정태	|	전 하나금융지주 회장, 전 서울은행, 성균관대 행정
김승유	|	전 하나금융지주 초대 회장

INDUSTRY

김태오	|	DB금융지주 회장, 전 하나금융지주 부사장, 연세대 경영
최현만	|	전 미래에셋그룹 회장, 전남대 정치외교
박종복	|	전 WSC제일은행장, 경희대 경제, 청주고

SCHOOL

윤석금	|	웅진그룹 회장, 강경상고

함영주 하나금융지주 회장: 1956년 충남 부여생 → 강경상고 졸업(1975) → 서울신탁은행(1980. 9) → 단국대 회계학과 졸업(1985) → 서울은행 수지지점장(2002. 11) → 하나은행 분당중앙지점장(2004. 3) → 하나은행 남부지역본부장(2006.1) → 하나은행 부행장보(2008.1) → KEB하나은행 초대은행장(2015. 9) → 하나금융지주 회장(2022. 3)

최근 10년 하나금융지주 실적 및 그룹 주요 연혁

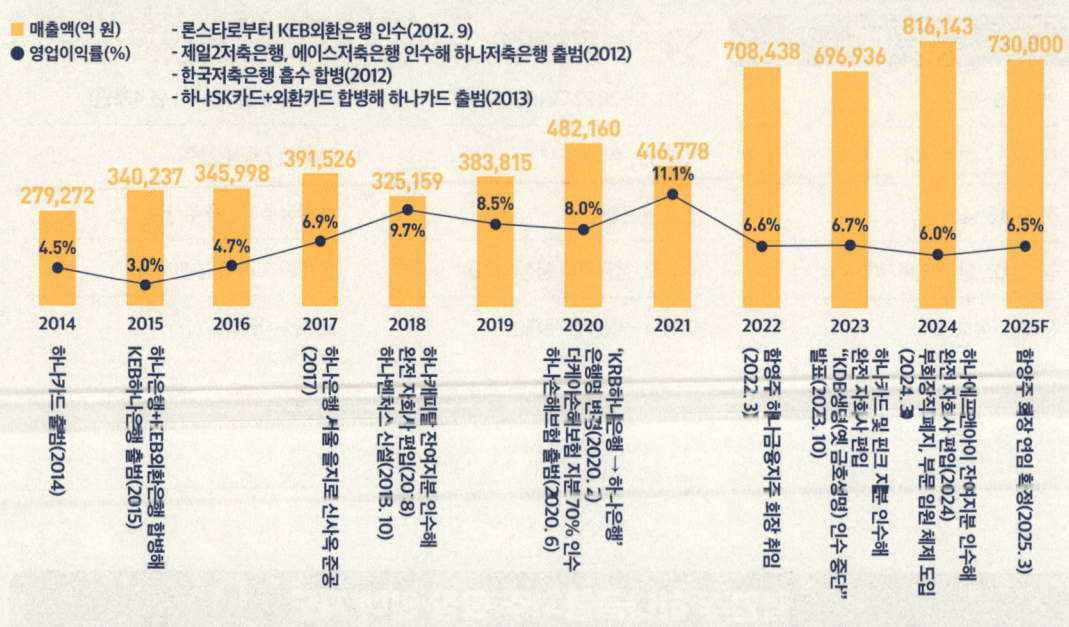

하나금융그룹 주요 계열사 순손익

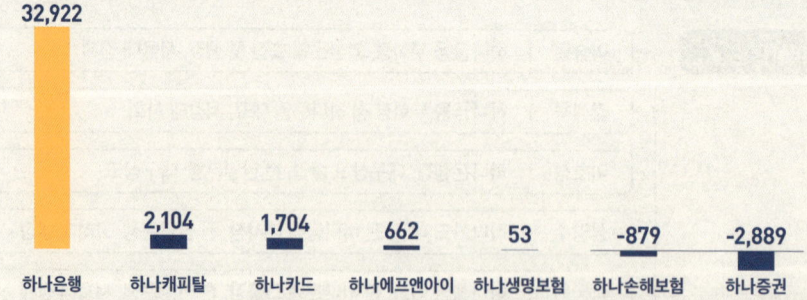

하나금융그룹 주요 계열사 영업수익(매출액) 비중

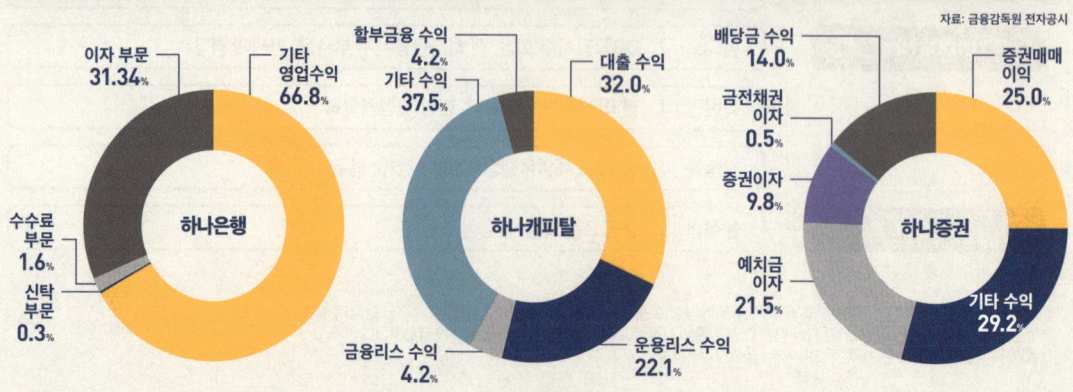

핵심 계열사 경영 현황 및 체크 포인트

하나금융지주 [코스피]

● **현황**
KB금융지주, 신한금융지주와 더불어 국내 금융지주 '빅3'다. 1971년 6월 단자회사 한국투자금융으로 출범했고, 1991년 7월 시중은행(하나은행)으로 전환했다. 충청은행(1998년 6월), 보람은행(1999년 1월), 서울은행(2002년)을 차례로 인수하거나 흡수 합병하면서 사세를 키웠다. 2012년 9월 론스타로부터 외환은행을 인수하면서 사세가 급격히 확장했다. 비은행업 경쟁력 강화, 글로벌 시장 성과, 디지털 혁신 등 3대 전략을 진행하고 있다.

✓ **체크 포인트**
1. **비은행 경쟁력 강화**: 하나금융지주는 비은행 이익 기여도가 낮은 편이다(17.3%, 2024. 3분기). 이 문제를 해결하는 것이 과제로 대두되고 있다.
2. **주주 환원**: 국내 금융지주사들이 배당 확대와 자사주 매입 등 주주 가치 제고에 나서는 가운데, 하나금융지주의 참여 여부가 주식시장의 관심사로 떠오르고 있다.

하나은행 [비상장]

● **현황**
하나금융지주의 핵심 계열사이며 원화예수금 기준으로 KB국민은행, 신한은행, 농협은행에 이어 국내 시중은행 4위를 기록하고 있다(2024 1분기). 1971년 6월 한국투자금융으로 설립됐고, 1991년 7월 시중은행으로 전환했다.

✓ **체크 포인트**
1. **순이자마진(NIM, Net Interest Margin)**: 순이자수익은 이자수익에서 이자비용을 차감한 값을 운용 자산총계로 나눈 값으로, 은행 수익성을 나타내는 대표 지표다.
2. **AI 신기술**: 하나은행은 금융권 최초 수출환어음 매입 업무에 자체 개발한 AI 신기술을 도입했다. 또 부동산 빅데이터 기반 AI 스타트업과 MOU를 체결해 실시간 인공지능 시세 조회 서비스 계약을 체결했다.

하나증권 [비상장]

● **현황**
미래에셋, KB, NH투자, 한국투자, 삼성, 메리츠, 신한증권과 더불어 자기자본 5조 원이 넘는 증권사 중 한 곳이다(2024 3분기). 1968년 12월 한국투자공사로 출범했고, 여러 차례 M&A를 거쳐 2005년 하나금융그룹에 편입됐다. 2022년 회사명을 하나금융투자에서 하나증권으로 변경했다.

✓ **체크 포인트**
1. **흑자 전환**: 2023년 당기순손실 2,889억 원을 기록했으나, 2024년 3분기 512억 5,700만 원으로 흑자 전환했다(K-IFRS 연결).

M&A, 디지털 금융으로
'은행 편중', '넘버 3' 극복할까

'시작은 미약했지만 그 끝은 심히 창대한 금융그룹.' 하나금융그룹은 국내 금융지주 '빅5 금융그룹(KB, 신한, 하나, 우리, 농협)' 가운데 가장 작은 규모로 출발했다. 그 시작은 1971년 6월 설립된 단자회사 한국투자금융(일명 '한투')이다. 박정희 정권의 경제개발계획에 따라 기업들이 우후죽순으로 생겨나면서 자금 수요가 급증하자, 기존 은행 외에 기업들에게 단기 자금을 제공하자는 취지로 정부가 허가한 신종 금융 업태였다. 국내 금융지주사들의 출발이 대부분 제1금융권(은행)인 것과 차이가 있다. 당시 한투는 자본 규모나 인력 면에서 제1금융권과 비교가 되지 않을 정도로 작았고, '조상제한서(조흥은행·상업은행·제일은행·한일은행·서울은행)'로 서열화된 금융업계에서 단자회사로서 괄시받기도 했다.

하지만 50여 년이 지난 지금, 하나금융그룹은 한국 자본시장에서 금융지주사 중 '빅3'로 자리 잡았다. 2023년 K-IFRS 연결 기준 하나금융지주는 자기자본(자본총계) 37조 4,189억 원으로, 신한지주(51조 1,304억 원)와 KB금융지주(49조 6,429억 원)에 이어 금융지주사 중 3위를 기록했다.

영업수익(매출액) 기준만 보면 하나금융지주가 2위다. 2023년 영업수익은 KB금융지주(88조 8,959억 원)에 이어 70조 8,438억 원으로, 우리금융지주(42조 3,727억 원)와 신한지주(35조 4,133억 원)를 크게 앞질렀다.

하나금융지주는 상장사 1개사(하나금융지주)를 비롯해 하나증권, 하나카드, 하나손해보험, 하나생명보험 등 45개의 계열사를 두고 있다. 불과 반세기 만에 금융업계에서 눈부신 성장을 이루며 한국 금융의 중심으로 자리매김한 것이다.

하나금융그룹이 이처럼 도약할 수 있었던 비결은 'M&A' 덕분이다. 한국투자금융은 설립 20년 만인 1991년 7월 하나은행으로 전환한 후, 충청은행(1998. 6), 보람은행(1999, 1), 서울은행(2002)을 차례로 인수 합병하며 빠르게 규모를 확장했다.

2012년 9월 외환은행을 론스타로부터 인수한 것은 하나금융그룹을 현재의 금융지주사 '빅3'로 끌어올린 전환점이 됐다. 외환은행 인수로 하나금융그룹의 자산 규모는 99조 원에서 165조 원으로 약 2배 가까이 증가했다. 2015년 9월 하나은행과 외환은행이 통합해 KEB하나은행으로 출범하면서, 1,004개 지점을 확보하며 국민은행(1,197개)에 이어 지점 수 기준 업계 2위로 도약했다.

이뿐만 아니었다. 당시 하나은행은 해외 지점이 4개에 불과했는데, 외환은행 해외 지점(12개)을 인수하면서 국내 은행 가운데 가장 많은 해외 지점(16개)을 보유하게 됐다. 하나금융그룹이 지금의 '해외 지점에 강한 금융지주사'로 탈바꿈한 배경이다. 2024년 9월 기준 하나금융그룹의 해외 네트워크는 26개국 114개로 국내 금융그룹 가운데 가장 많다. 하나은행의 외환은행 인수가 '신의 한 수'로 평가되는 배경이다.

하나금융그룹의 이 같은 성장을 주도한 인물은 김승유 전 회장이다. 그는 1971년 한국투자금융 설립 원년에 신입사원으로 입사해 1997년부터 2005년까지 하나은행장으로 근무했다. 그는 하나은행이 지주사로 변신한 2005년 12월 하나금융지주 초대 회장을 맡아 2012년 3월까지 6년 4개월 동안 3연임했다. 그는 여러 난관에도 불구하고 외환은행 인수를 성공적으로 이끌었다. 회장 재임 기간은 이명박 대통령 재임 기간(2008. 2~2013. 2)과 겹친다. 이명박 전 대통령과 고려대 경영학과 동기(61학번)인 탓에 당시 '금융권 4대 천왕'으로 불리기도 했다.

매출액 은행 편중, 사업 다변화 과제 극복해야

하나금융그룹은 '포스트 김승유'에 접어들면서 이런저런 도전을 맞고 있다. 현재 하나금융그룹이 대면한 가장 큰 도전은 '은행 일변도'의 비즈니스 구조다. 다시 말해, 하나금융그룹은 은행을 제외하면 규모나 경쟁력에서 내세울 만한 비은행 부문을 찾기 어렵다는 한계가 있다.

하나금융지주의 순이익 중 은행 부문이 차지하는 비중은 2024년 상반기 기준 81%를 넘는다. 그룹 전체 순이익의 대부분이 은행 사업에서 창출된다는 의미다. 같은 기간 KB금융지주(60%)와 신한지주(65%)와 비교하면, 하나금융지주의 비은행 이익 기여도가 낮고, 은행 의존도가 높다는 것을 알 수 있다. 쉽게 말해, 하나금융그룹은 증권(하나증권), 카드(하나카드), 보험(하나생명보험, 하나손해보험) 부문이 상대적으로 취약하다.

이에 따라 하나금융그룹의 핵심 과제는 '비은행 부문 강화'로 요약된다. 2025년 1월 함영주 하나금융 회장이 신년사에서 "보험, 카드, 자산운용 등 비은행 부문의 경쟁력을 강화하고 지속 가능한 성과를 창출할 것"이라고 밝힌 것도 같은 맥락이다. 그러나 상황이 우호적이지 않다. 2023년 10월 하나금융지주는 "KDB생명(옛 금호생명) 인수를 중단한다"고 발표했다. 하나금융지주는 KDB생명 매각의 우선협상대상자로 선정돼 실사까지 진행했지만, 가격과 조건이 맞지 않아 결렬됐다. KDB생명은 KDB칸서스밸류PEF가 최대주주로, 산업은행과 칸서스자산운용이 공동 설립했다. KDB생명 인수에 성공했다면 하나생명은 중위권 생보사로 도약하며 그룹 내 시너지를 낼 수 있었지만, 결국 인수가 무산됐다.

하나금융지주 계열사 순이익 기여도  (2023년 1Q K-IFRS 연결 기준, 단위 %) 자료: 하나증권 사업보고서

하나금융지주, 디지털 플랫폼 혁신으로 KB·신한과의 격차 좁힐까

하나금융그룹을 이끌고 있는 함영주 회장은 김승유(2005~2012), 김정태(2012~2022) 전 회장에 이어 2022년 3월 3대 회장에 취임했다. 김정태 회장이 여러 사정으로 연임을 포기하면서 함영주 회장이 뒤를 잇게 됐다. 함 회장은 1956년 충남 부여 태생으로 강경상고를 졸업했다. 1980년 서울은행(서울신탁은행)에 입행해 금융업에 첫발을 내디뎠다. 2002년 서울은행이 하나은행에 인수되면서 하나금융에 합류했고, 2015년 KEB하나은행 초대 은행장을 맡아 외환은행과의 성공적인 화학적 결합을 이끌었다.

전임 회장들이 카리스마와 장기 집권을 통해 그룹을 이끌었다면, 함영주 회장은 부드러운 리더십을 기반으로 조직 문화를 변화시키고 있다는 평가를 듣는다. 함 회장은 자신을 '시골 촌놈'이라 부르며 격의 없이 소통하고, 임원 및 부서장과의 '시네마 포럼' 등 문화 활동을 통해 수평적 리더십을 실천하고 있다.

함영주 회장은 2025년 1월 차기 회장 후보로 단독 추대됐고, 3월 주주총회에서 연임이 확정됐다. 현재 함 회장은 그룹의 미래 방향성을 '글로벌 확장'과 '비은행 부문 강화'로 설정하고, 이를 실현하기 위해 노력하고 있다. 취임 이후 "하나금융의 글로벌 네트워크를 강화하고 해외 수익 비중을 40%까지 확대하겠다"는 구체적인 목표를 제시했다. 또한, 보험, 카드, 자산운용 등 비은행 부문을 성장시키기 위해 적극적인 M&A를 검토하며, 이를 통해 은행 중심의 수익구조를 다변화하겠다는 의지를 보이고 있다.

'디지털', '글로벌', '비은행', 하나금융지주의 세 가지 미래 축

하나금융그룹에 소속된 상장사로는 하나금융지주가 유일하다. 하나금융지주의 우선 과제는 앞서 언급한 대로 '비은행 이익 기여도 늘리기'다. 비은행 이익 기여도가 낮은 배경은 2012년 9월 외환은행을 인수하면서 은행의 비중이 급증했기 때문이다. 하나금융지주는 외환은행과의 화학적 결합에 상당한 시간을 소요했으며, 2020년 2월 'KEB하나은행'을 '하나은행'으로 변경하며 결합 과정을 마무리했다. 화학적 결합에만 약 10년이 걸린 셈이다.

글로벌 시장에서 성과를 내는 것도 하나금융지주의 당면 과제다. 현재 하나은행은 중국, 미국, 캐나다, 독일, 브라질 등 9개국에 해외 법인 또는 지점을 운영하고 있으며, 대부분이 2012년 외환은행 인수 당시의 해외 네트워크에서 출발했다. 최근에는 베트남, 인도네시아, 말레이시아 등 동남아 시장에도 진출하며 글로벌 확장을 이어가고 있다.

무엇보다 하나금융지주는 KB금융지주와 신한금융지주에 이어 '넘버3'라는 위치를 극복해야 한다. 이를 해결하기 위한 차별화 전략으로 디지털 금융에 집중하고 있다. 하나벤처스 신설(2018년 10월), 핀테크 스타트업 핀크(Finnq) 지분 인수 및 완전 자회사 편입(2022년 7월) 등이 대표적이다. 핀크는 모바일 앱을 통해 계좌 개설, 송금, 결제, 투자 등 다양한 서비스를 제공하며 디지털 금융 혁신의 전면에 있다.

하나금융지주는 최근 글로벌 투자자들의 주목을 받으며 긍정적인 모멘텀을 확보하고 있다. 2024년 들어 주요 글로벌 지수 중 하나인 '밸류업 지수(Value-Up Index)'에 편입되면서 해외 기관 투자자들의 관심이 커졌다. 특히, 세계 최대 투자운용사 중 하나인 더캐피탈그룹(The Capital Group Companies)가 하나금융지주에 대한 지분을 추가로 확보하며, 시장에서는 하나금융지주의 성장 가능성을 재평가하고 있다.

이 같은 호재가 얼마나 성과로 이어지느냐에 따라 하나금융지주의 미래 실적과 주가가 결정될 것으로 보인다. 디지털 금융, 글로벌 확장, 비은행 부문 강화라는 세 축이 성공적으로 결합할 경우, 하나금융지주는 한국 금융시장 내 입지와 글로벌 시장에서의 경쟁력을 한층 더 강화할 수 있을 것이다.

04 우리금융그룹

'한 지붕 두 가족'에
흔들리는
'기업금융 명가'

우리금융그룹 지배구조 및 지분 현황

(2024년 6월 기준, 단위 %) 자료: 공정거래위원회

현황

매출액	41조 9,863억 원
순이익	3조 4,990억 원
계열사	37개

- 상장
- 비상장
- 해외

우리금융지주 지분 현황:
- 우리금융자사주 5.97
- 우리은행자사주 2.92
- 국민연금 6.03
- 노비스1호(유) 5.57
- 블랙록 6.07

우리금융지주 계열사 지분구조

- 우리투자증권(포스증권) 100
- 우리은행 100
- 우리금융캐피탈 100
- 우리카드 100
- 인도네시아 우리소다라은행 90.75
- 우리자산신탁 98.7
- 우리파이낸스인도네시아 84.5
- 우리아메리카은행 100
- 우리자산운용 100
- 투투파이낸스미얀마 100
- 중국우리은행 100
- 우리금융에프앤아이 100
- 우리신용정보 100
- 러시아루이은행 100
- 우리에프아이에스 100
- 브라질우리은행 100
- 캄보디아우리은행 100
- 우리금융경영연구소 100
- 베트남우리은행 100
- 한국비티엘투융자회사 99.9
- 우리글로벌자산운용 100
- 홍콩우리은행 100
- 우리프라이빗에쿼티자산운용 100
- 우리금융저축은행 100
- 유럽우리은행 100
- 우리펀드서비스 100

역대 우리금융지주 회장

임종룡 (2대)
- 2023. 3~현재
- N/A
- 1959년 / 전남 보성
- 전 금융위원장, 기재부 1차관
- 연세대 경제, 영동고
- 윤석열

손태승 (재출범 1대)
- 2019. 1~2023. 3 (4년 2개월)
- 라임 펀드 불완전 판매 중징계로 연임 포기
- 1959년 / 광주광역시
- 전 우리은행 상무
- 성균관대 법학, 전주고
- 문재인 - 윤석열

이순우 (5대)
- 2013. 6~2014. 12 (1년 6개월)
- 민영화 완료되며 퇴임
- 1950년 / 경북 경주
- 전 우리은행장
- 성균관대, 대구고
- 박근혜 - 문재인

이팔성 (4대)
- 2008. 6~2013. 4 (4년 10개월)
- 박근혜 정부 등장하며 퇴진
- 1944년 / 경남 하동
- 전 한일은행 상무
- 고려대 법학, 진교농고
- 이명박 - 박근혜

박병원 (3대)
- 2007. 3~2008. 5 (1년 2개월)
- 금융위 불신임으로 퇴진
- 1952년 / 부산
- 전 재경부 1차관
- 서울대 법학, 경기고
- 이명박

황영기 (2대)
- 2004. 3~2007. 3 (3년)
- 파생상품 손실 금감원 징계로 퇴임
- 1952년 / 경북 영덕
- 전 삼성전자 상무
- 서울대 무역, 서울고
- 노무현

윤병철 (초대)
- 2001~2004. 3 (4년)
- 3연임 앞두고 자진 사퇴
- 1937~2016, 경남 거제
- 전 하나은행장
- 부산대 법학, 하청고
- 김대중

우리금융지주 비은행 기여도

(2023년 1Q 기준) 자료: 우리금융지주 사업보고서

- 은행 90.0%
- 카드 5.0%
- 캐피탈 4.0%
- 종금 1.0%

최근 10년 우리금융지주 실적 및 그룹 주요 연혁

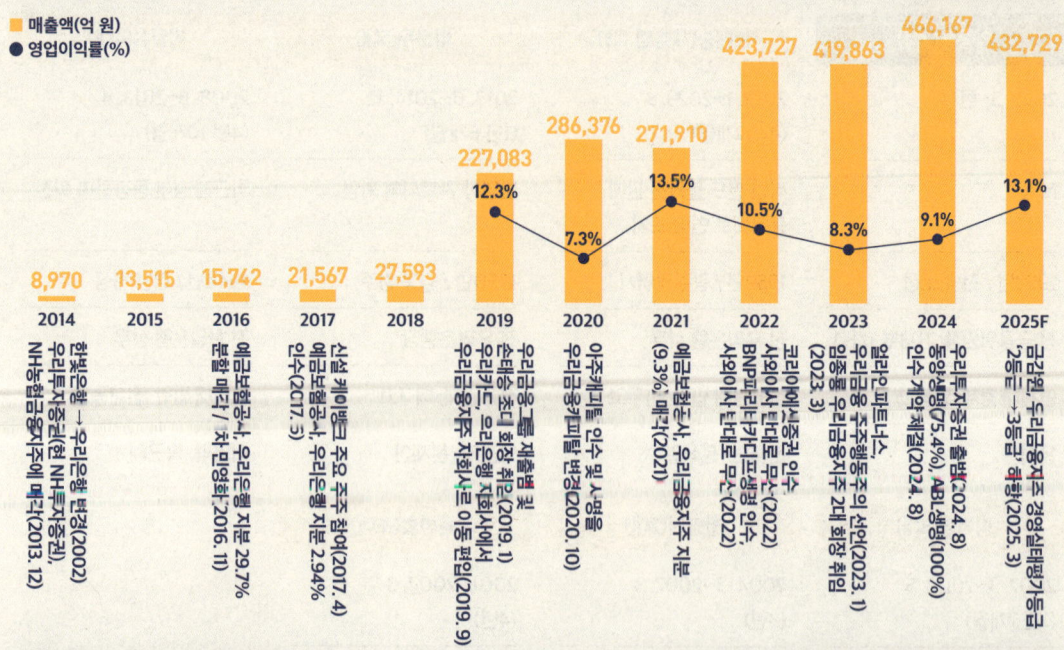

우리금융그룹 주요 계열사 매출액

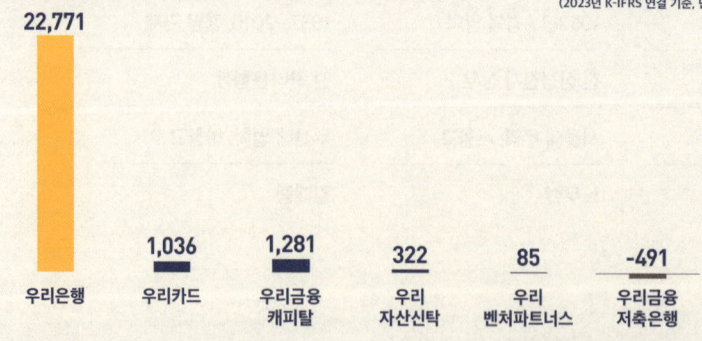

우리은행 영업수익(매출액) 비중, 우리카드 매출액 비중, 우리종합금융 자금운용 비중

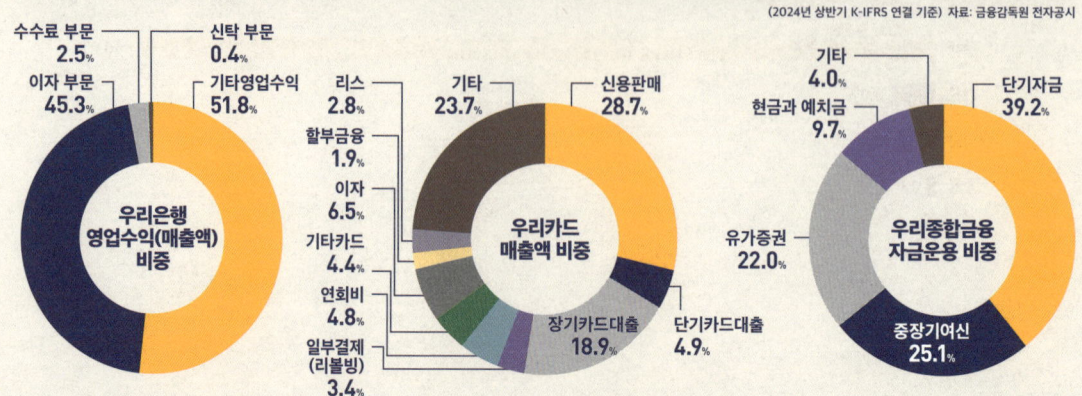

핵심 계열사 경영 현황 및 체크 포인트

우리금융지주 | 코스피

● **현황**
KB금융, 신한금융, 하나금융에 이어 국내 금융지주 '빅4'다. 1998년 IMF 외환위기 당시 구조조정의 일환으로 한일은행과 상업은행이 합병해 출범한 한빛은행(현 우리은행)을 모태로, 2001년 4월 정부의 공적자금 투입을 통해 우리금융지주가 설립됐다. 이후 우리은행을 중심으로 금융지주 체제를 운영해오다가, 2014년 효율성 강화를 위해 지주회사를 우리은행에 통합했다. 그러나 금융지주 체제의 필요성이 다시 대두되면서, 2019년 1월 우리금융지주가 재출범해 현재의 체제를 갖추게 됐다. 2024년 8월 비은행 부문 강화를 목표로 우리투자증권이 출범했다.

✓ **체크 포인트**
1. **비은행 이익 기여도 개선**: 비은행 계열사의 이익 기여도가 10% 수준으로 4대 금융지주사 가운데 낮은 편이다. 2024년 8월 동양생명과 ABL생명 인수 계약을 체결하고 금융당국의 인허가 절차를 기다리고 있다.

우리은행 | 비상장

● **현황**
국민은행, 신한은행, 하나은행에 이어 시중은행 '빅4'다. 1998년 7월 한일은행과 상업은행이 합병해 한빛은행으로 출범했다. 2002년 5월 우리은행으로 행명을 변경했다. 우리은행의 기원은 1899년 고종황제의 명으로 설립된 대한천일은행이다. 이런 배경으로 서울 중구 소공로 우리은행 본점 지하에 은행사 박물관을 운영하고 있다. 베트남을 비롯한 동남아시아 시장을 공략하고 있다.

✓ **체크 포인트**
1. **경영 혁신 및 주주 환원**: 한일은행, 상업은행 출신 간 파벌 해소와 화학적 결합, 내부 통제 강화가 과제로 제기된다. 상대적으로 낮은 주주 환원율을 개선하는 것도 과제다.

우리카드 | 비상장

● **현황**
2013년 4월 우리은행에서 분사해 설립됐다. 국내 7대 전업 카드사 가운데 시장 점유율 하위권을 기록하고 있다. 신한카드(옛 LG카드), 삼성카드, KB국민카드, 현대카드(이상 빅4), 롯데카드, 우리카드, 하나카드 순으로 카드 시장을 점유하고 있다.

✓ **체크 포인트**
1. **내실 경영 강화 및 신상품 출시**: 2024년 6월 해외여행 특화 카드 '위비트래블 체크카드'를 출시해 양호한 반응을 얻고 있다.
2. **디지털 전환 및 소상공인 지원**: 디지털 전환을 통해 고객 편의성을 높이고, 소상공인 지원 프로그램을 통해 시장 점유율과 브랜드 신뢰도를 높이고 있다.

'비금융 기여도',
'기업대출 하락',
흔들리는 기업금융 명가

"이대로 가면 우리 둘 다 문 닫을 수밖에 없습니다. 합병하는 것만이 살 길입니다."(이관우 한일은행장)

"맞는 말씀입니다. 모든 것을 비우고 생존의 길을 찾기로 하지요."(배찬병 상업은행장)

IMF 외환위기로 대기업들이 속절없이 무너지고 직장인들이 거리로 나앉던 1998년 7월의 어느 날, 이관우 한일은행장과 배찬병 상업은행장이 서울 청계천 인근 어느 안가에 마주 앉았다. 두 행장은 피로감이 역력했고 눈은 충혈돼 있었다.

그럴 만도 했다. 모든 은행이 위태로웠지만, 이 두 은행은 그 정도가 특히 심했다. 그간 대마불사로 여겨지던 대기업들이 허무하게 부도가 나고 있었는데, 두 은행의 주력 비즈니스가 '기업금융(Corporate finance)'이었기 때문이다. 위기가 심각하다 보니 한일은행의 주거래 기업인 삼성, 포스코와 상업은행의 주거래 기업인 LG, 롯데 같은 국내 굴지 대기업도 안전하지 않다는 소문이 파다했다.

며칠 뒤 7월 31일 오전, 두 행장은 서울 명동 은행회관에서 합병을 공식 발표했다. 그 결과, 자산 규모 105조 원에 달하며 세계 80위권에 해당하는 초대형 은행 한빛은행이 탄생했다. 이는 지금의 우리금융지주로 이어지는 출발점이었다.

그로부터 20여 년이 훌쩍 지났다. 우리금융그룹은 KB금융, 신한금융, 하나금융과 더불어 한국의 금융·자본시장을 움직이는 금융지주사 '빅4'로 자리매김했다.

우리은행만 해도 임직원 1만 3,000여 명에 국내 점포 769곳(해외 68곳 별도)을 둔 매머드급 조직이다. 우리금융그룹은 우리은행, 우리종합금융(이상 상장사), 우리카드, 우리자산신탁 등 37개 계열사를 두고 있다(2023. 12). 자기자본(자본총계) 기준 KB금융지주(58조 8,460억 원), 신한금융지주(56조 3,220억 원), 하나금융지주(40조 2,000억 원), 농협금융지주(34조 9,000억 원)에 이어 5위(33조 3,975억 원)를 기록하고 있다(2023 K-IFRS 연결).

국내 금융지주사 매출액(영업수익)은 KB금융지주(92조 4,815억 원)에 이어 신한금융지주(74조 5,329억 원), 농협금융지주(72조 8,790억 원), 하나금융지주(72조 8,438억 원), 우리금융지주(44조 6,000억 원) 순이다(2023 K-IFRS 연결).

우리금융그룹의 강점은 기업금융이다. 그룹의 출발점이 되는 한일·상업은행이 기업금융을 기반으로 했던 전통을 그대로 잇고 있다. 국내 1위 기업 삼성전자의 주거래은행이 우리은행이다. 또 LG, 포스코, 롯데, 한화, GS 등 국내 대기업집단 80여 곳 가운데 30여 곳의 주거래은행이 우리은행으로 추정된다. 서울 시내를 걷다 보면 서초동 삼성사옥, 여의도 LG 트윈타워, 역삼동 GS타워를 비롯해 대기업 사옥에 유독 우리은행 지점이 눈에 띄는 이유이기도 하다.

한국 경제를 움직이는 키 플레이어들을 고객사로 둔 금융지주 '빅4'. 겉으로 보이는 우리금융그룹의 위상은 화려하다. 하지만 속을 들여다보면, 곳곳에서 도전을 맞이하고 있음을 확인할 수 있다.

기업대출 '1위 → 4위', 서울시 금고 104년 만에 신한은행에 내줘

2023년 1분기 기준 우리은행의 기업대출 규모는 4대 시중은행 가운데 4위다. 1위 KB국민은행(158조 3,565억 원), 2위 신한은행(147조 5,226억 원), 3위 하나은행(142조 4,469억 원)에 이어 우리은행은 4위(130조 3,692억 원)다. 우리은행은 2011년까지만 해도 기업대출 1위였지만, 2012년에 KB국민은행에 1위 자리를 내줬고, 2016년에는 신한은행에도 밀려 3위로 내려앉았다. 그리고 2021년에는 하나은행에 자리를 내주며 4위로 밀려났다.

우리은행은 1위 KB국민은행과의 기업대출금 격차가 27조 9,800억이고, 3위 하나은행과의 격차도 12조 777억 원이다. 3위 하나은행을 따라잡기도 버거운 수준이 된 것이다. 금융업계의 한 임원은 "기업금융 시장은 이제 KB국민은행과 신한은행의 리딩뱅크 양강 구도로 봐도 무리가 없다"는 의견을 밝혔다. 이 같은 위상 변화는 기업금융 현장에도 고스란히 반영되고 있다.

2018년 5월, 서울특별시는 서울시 1금고 운영권을 우리은행에서 신한은행으로 교체했다. 국내 최고(最古) 은행이라는 강점 덕분에 100년 넘게 서울시 금고를 운영해오던 우리은

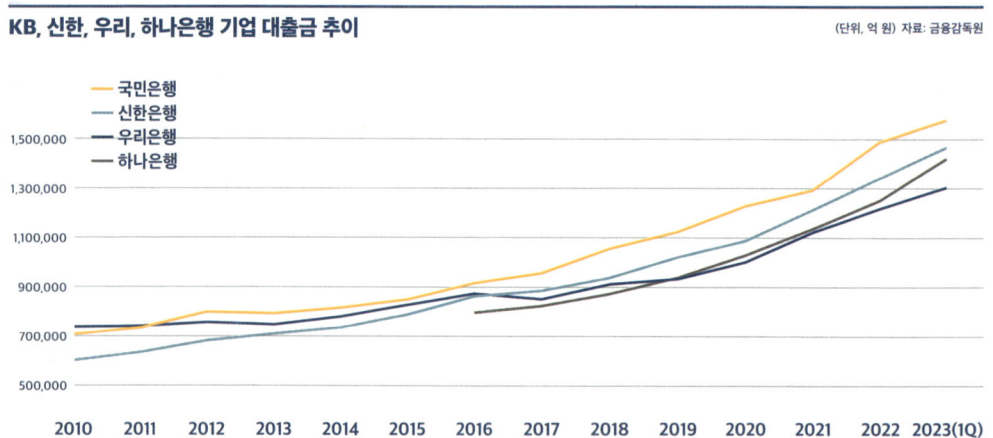

KB, 신한, 우리, 하나은행 기업 대출금 추이 (단위: 억 원) 자료: 금융감독원

서울시 자치구 금고 운영 은행 현황 (2023. 6 기준)

	우리은행	신한은행	국민은행
BEFORE	종로구, 중구, 중랑구, 성북구, 서대문구, 마포구, 양천구, 강서구, 금천구, 영등포구, 관악구, 송파구, 강동구, 은평구, 구로구, 동작구, 도봉구, 동대문구 (총 18개)	용산구, 성동구, 강북구, 강남구, 서초구 (총 5개)	광진구, 노원구 (총 2개)
AFTER	종로구, 중구, 용산구, 중락구, 성북구, 서대문구, 마포구, 양천구, 강서구, 금천구, 영등포구, 관악구, 송파구, 강동구 (총 14개)	성동구, 강북구, 강남구, 서초구, 은평구, 구로구 (총 6개)	광진구, 노원구, 도봉구, 동작구, 동대문구 (총 5개)

행이 탈락했다는 사실은 금융권에 충격을 안겼다. 우리은행은 1899년 대한제국 고종 황제의 명으로 설립된 대한천일은행에서 시작됐다.

이는 시작에 불과했다. 2022년 5월 우리은행은 4년 만에 재개된 서울시 금고 운영자 심사에서 서울시 1금고는 물론이고 2금고 운영권도 신한은행에 내줬다. 서울시 금고는 1, 2금고를 통틀어 규모가 47조 7,000억 원으로 광역단체 가운데 가장 커서 상징성과 홍보 효과가 높다.

그해 10월에는 서울시 산하 자치구 금고 4곳(도봉, 구로, 은평, 서울시 제2금고)의 선정 심사에서도 우리은행은 탈락했다. 서울시와 산하 자치구 금고는 4년마다 재선정되는데, 앞서 언급한 대로 2018년 104년 만에 서울시 금고에 탈락한 데 이어 2022년 4곳에서 탈락하면서 위상이 추락한 것이다. 이에 따라 우리은행이 유지하고 있는 서울시 산하 자치구 금고는 18개였다가 송파·양천·서대문·관악구를 포함해 14개로 줄었다(2024. 9). 다음 재선정 시기는 2026년 5월이다.

'내부 통제 강화' 과제 대두

금융계에서는 우리은행에 이 같은 '사건'이 벌어지고 있는 일차적 원인이 횡령, 펀드 부실 판매, 전산 장애 사건 등으로 대변되는 내부 통제 부실로 보고 있다. 2022년 4월에 일어난 우리은행 직원의 690억 원대 횡령 사건이 대표적이다.

우리금융그룹 사건·사고 일지

2016	신입 행원 공채 과정에서 국정원 직원, 금융감독원 자녀를 외부 요청으로 추천 채용
2018. 9	전산 장애로 우리은행 외 타행과 거래 전면 중단, 제1금융권 역대 최대 전산 장애
2020. 2	라임펀드 손실 가능성 인지하고도 고객에게 판매 파문
2020. 4	고객에게 DLF펀드 위험 부담을 언급하지 않은 채 판매해 금융감독원이 사모펀드 신규 판매 영업정지 6개월 처분
2022. 4	기업개선부 전 모 차장, 700억 원대 횡령 혐의로 긴급 체포
2024. 8	손태승 전 회장의 730억 원대 친인척 부당대출 공시

당시 기업개선부 차장 전모 씨가 2012년 6월부터 2020년 6월까지 8년 동안 8회에 걸쳐 690억 원대 자금을 횡령한 혐의로 긴급 체포됐다. 전 씨는 E 가전사로부터 입금된 계약금이 분쟁으로 우리은행에 묶이자 서류를 위조해 자신의 계좌로 빼돌렸다. 전 씨는 외부 기관에 파견 간다고 허위 보고 후 13개월간 무단결근을 한 것으로 확인됐다.

무려 8년 동안 직원 1명이 무려 690억 원을 횡령하고, 13개월간 무단결근했는데도 실태 파악조차 되지 않았다는 사실이 드러나면서 우리은행이 '구멍가게' 수준의 경영을 해왔다는 지적이 제기됐다. 이 직원은 10년 넘게 동일 부서에서 동일 업체를 담당하고, 이 기간 명령 휴가 대상에 단 한 번도 선정되지 않았다.

이뿐만 아니다. 앞서 2020년 우리은행은 타임시산운용 관련 펀드의 손실 가능성을 인지하고서도 펀드를 계속 판매했음이 드러나기도 했다. 2016년에는 우리은행 신입 행원 공채 과정에 150명 가운데 10%에 해당하는 임원이 국정원 직원 자녀, 금융감독원 간부 요청 등의 사유로 추천 채용된 것으로 밝혀졌다. 이 같은 사건과 사고가 우리금융그룹의 '기업금융 명가'로서의 위상에 타격을 가했다는 것이다.

2024년 우리은행 경남 지역 영업점 직원이 고객 자금 약 100억 원을 횡령한 사건이 발생해 준법 감시 체계의 문제점이 드러났고, 8월에는 손태승 전 회장 친인척에게 총 730억 원의 부당 대출이 이루어진 사실이 뒤늦게 공시됐다. 이에 금감원은 10월 우리금융지주와 우리은행에 대한 정기 검사에 착수, 8월 계약을 체결한 동양생명과 ABL생명 인수가 무산될 가능성도 나오고 있다. 인수가 무산되면 비은행 강화 계획도 차질이 생길 수 있다. 2025년 3월 금융감독원은 우리금융지주의 경영실태평가등급을 2등급에서 3등급으로 하향했다.

합병 20여 년째 '50대 50' 인사, '저평가 해소' 갈 길 먼 이유

우리금융지주는 한일은행과 상업은행 출신 간 화학적 결합을 이뤄야 한다는 과제를 안고 있다. 두 은행이 하나로 통합된 지 20여 년이 훌쩍 지났지만, 현재까지도 계열사 CEO 인사에서 한일·상업은행 출신이 50:50 비율로 유지되고 있다.

2023년 3월, 외부 출신인 임종룡 신임 회장이 취임하며 "인사와 평가 등에서 잘못된 관행을 혁신하겠다"는 의지를 밝혔지만 이후에도 인사 배분은 기존 방식을 답습하며 실질적 변화가 없었다. 임 회장은 우리종합금융, 우리자산운용, 우리카드 등 계열사를 방문하며 혁신 의지를 다졌지만 구체적 결실이 나오기까지는 시간이 필요할 것으로 보인다. 한 금융업계 관계자는 "금융시장은 언뜻 무질서해 보이지만 알고 보면 놀라울 정도로 냉정하다"며 "우리금융그룹이 기업금융 명가로의 위상을 되찾기 위해서는 뼈를 깎는 혁신이 필요하다"고 지적한다.

우리금융지주는 2019년 1월 재출범했다. 앞서 언급했듯이 우리금융지주는 1998년 IMF 외환위기 당시 공적자금이 투입됐고, 2001년 1월부터 2014년 12월까지 14년 동안 우리금융지주가 운영됐다. 이 기간 초대 윤병철(2001~2004), 2대 황영기(2004. 3~2007. 3), 3대 박병원(2007. 3~2008. 5), 4대 이팔성(2008. 6~2013. 4), 5대 이순우(2013. 6~2014. 12) 회장이 재임했다.

이 기간 정부는 우리금융지주의 경영 정상화와 민영화를 추진하며, 수차례에 걸쳐 지분을 매각했다. 2014년 11월 정부 지분이 완전히 처분된 후 우리금융지주는 우리은행에 흡수 합병됐다. 경영이 안정화되자, 2019년 1월 우리금융지주가 다시 출범했다.

우리금융지주가 재출범하면서 초대 회장으로 취임한 손태승 회장은 2019년 1월부터 2023년 3월까지 4년 3개월간 재임했다. 그러나 라임자산운용 사모펀드의 불완전판매(부당권유 등)와 관련해 금융위원회로부터 문책경고에 해당하는 중징계를 받으며 연임을 포기했다. 이후 2023년 3월, 임종룡 전 금융위원장이 2대 회장으로 취임했다.

우리금융지주, 저평가 해소까지 갈 길 멀다

우리금융그룹에 소속된 상장사는 우리금융지주가 유일하니. 인도네시아 우리소다라은행과 우리파이낸스인도네시아는 현지 주식시장에 상장돼 있다.

우리금융지주는 KB금융, 신한금융, 하나금융을 포함한 금융지주 '빅4' 가운데 가치평가(Valuation) 지표인 PBR 기준으로 가장 낮다. KB금융지주의 PBR은 0.5배, 신한금융과 하나금융지주는 각각 0.4배 수준인 반면, 우리금융지주는 0.3배 수준으로 상대적으로 낮다. 2019년 1월 재출범 당시 주가는 1만 5,000원, 시가총액은 10조 원대였으나, 현재까지도 그 수준을 크게 벗어나지 못하고 있다(이상 2024. 10).

우리금융지주가 이런 평가를 받는 이유는 명확하다. 2023년 4대 금융지주의 주주 환원 정책을 살펴보면, 우리금융지주의 배당과 자사주 소각이 가장 저조하다. 2023년 상반기(1~6월) 분기 배당을 많이 한 금융지주사는 신한금융지주(5,465억 원), KB금융지주(3,920억 원), 하나금융지주(3,462억 원) 순이다. 우리금융은 이 수준에 한참 못 미치는 1,307억 원이다.

자사주 매입도 가장 소극적이었다. KB금융지주가 두 차례에 걸쳐 5,717억 원을 소각해 가장 많았고, 신한금융(2,859억 원), 하나금융(1,500억 원) 순으로 자사주를 소각했다. 그러나 같은 기간 우리금융은 1,000억 원 수준에 그쳤다. 주주 환원율(배당+자사주/순이익)도 가장 낮다. KB금융, 신한금융의 주주 환원율은 30%를 넘고, 하나금융이 24.55%로 뒤를 이었다. 우리금융은 14.99%다.

우리금융지주의 비은행 이익 기여도도 낮은 편이다. 우리금융지주의 비은행 이익 기여도는 10% 안팎으로 4대 금융지주사 가운데 가장 낮다. 여기에다 앞서 언급한 대로 주력 사업(기업금융)의 약화, 인사 관행도 우리금융의 저평가에 한몫하고 있다. 2023년 1월 행동주의 펀드 얼라인파트너스자산운용이 우리금융지주를 상대로 주주행동주의에 나서기도 했다.

우리금융지주가 혁신과 개선의 노력을 전혀 보이지 않는 것은 아니다. 2024년 8월 우리투자증권을 출범시키면서 '증권사 없는 금융지주사'라는 핸디캡을 일정 부분 해소했고, 같은 시기에 동양생명(75.4%)과 ABL생명(100%) 인수 계약을 체결하면서 '보험사 없는 금융지주사'라는 약점도 극복할 가능성이 높아졌다. 또 우리금융지주가 '기업금융 명가'의 맥을 잇고 있다는 점도 여전히 금융업계에서 인정받고 있다. 이러한 혁신과 개혁 행보가 얼마나 실질적인 성과를 내느냐에 따라 우리금융지주의 향후 주가 흐름을 결정할 것으로 보인다.

05 농협

**정부가 이끌고,
녹색 혁명이 밀어
'재계 10위' 도약**

역대 농협중앙회 회장

강호동(7기·25대)
2024. 3~현재

1963년 / 경남 합천

전 율곡농협 조합장

대구미래대 세무회계,
경남 합천고

윤석열

이성희(6기·24대)
2020. 1~2024. 3
(4년)

1949년 / 경기도 성남

전 낙생농협 조합장

장안대 세무회계,
효성고

문재인 - 윤석열

김병원(5기·23대)
2016. 3~2019. 12
(3년 9개월)

1953년 / 전남 나주

전 농협양곡 대표

광주대 경영,
광주농고

박근혜 - 문재인

최원병(4기·21~22대)
2007. 12~2016. 3
(8년 4개월)

1946년 / 경북 경주

전 안강농협 조합장

위덕대,
포항 동지상고

노무현 - 이명박 - 박근혜

정대근(3기·18~20대)
1999. 3~2007. 11
(8년 8개월)

1944년 / 경남 밀양

전 삼랑진농협 조합장

부산공고

김대중 - 노무현

원철희(2기)
1994. 3~1999. 3
(5년)

1938년 / 충남 아산

전 대통령경제비서관

서울대 법학과, 배재고

김영삼 - 김대중

한호선(민선 1기)
1988. 3~1994. 3
(6년)

1936년 / 강원 원주

전 서울농협 전무

고려대 농학과, 원주농고

노태우 - 김영삼

농협 연혁

자료: 농협중앙회

1958. 4	농업협동조합 설립
1961. 8	국가재건최고회의 농협-농업은행 통합 의결
1981. 1	축산업협동조합 분리
1983. 9	상호부금을 479개 단위조합에서 시범 실시
1988. 12	중앙회장, 조합장 직선제를 골자로 하는 농협법 개정
1990. 4	한호선 민선 1기 농협중앙회장 당선
1995. 2	과실 봉지 생산 자회사 농협아그로 설립
1995. 4	농산물 유통 자회사 농협유통 설립
1996. 6	서울 창동 농산물도매시장 기공
1998. 3	서울 양재동 농산물 물류센터 개장
2000. 7	농협중앙회, 축협중앙회아 인삼협동조합중앙회 흡수 합병
2012. 3	농협중앙회, 신경분리 통해 NH농협금융지주와 농협경제지주 출범

최근 10년 농협경제지주 실적 및 농협 주요 연혁

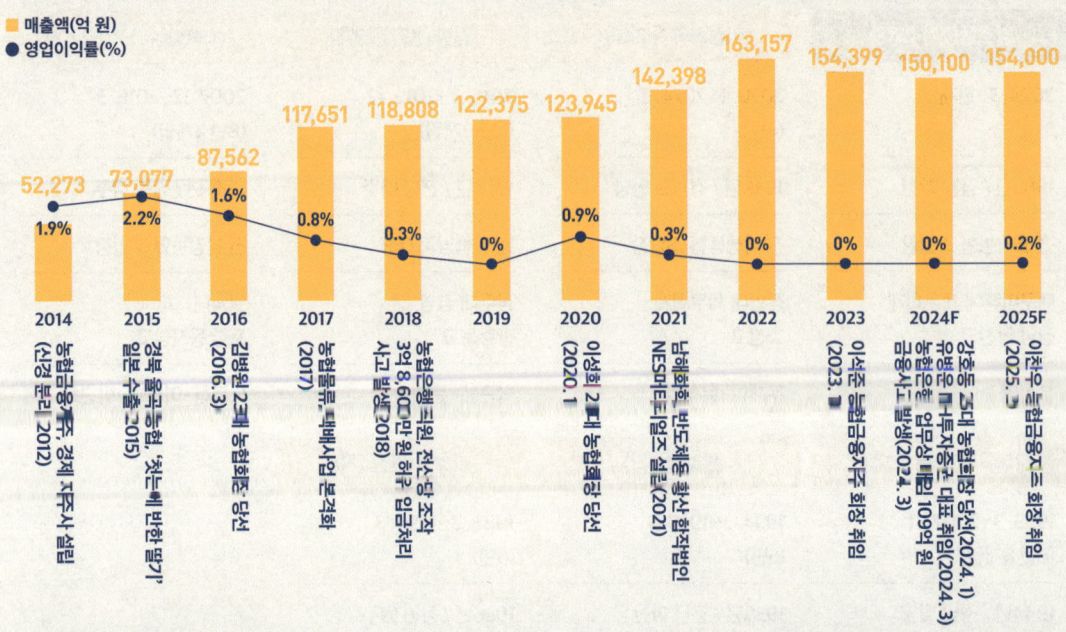

농협중앙회 주요 계열사 매출액

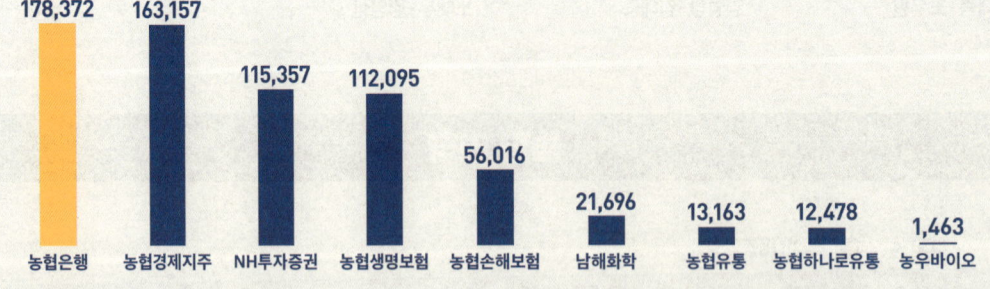

농협중앙회 주요 계열사 매출액 비중

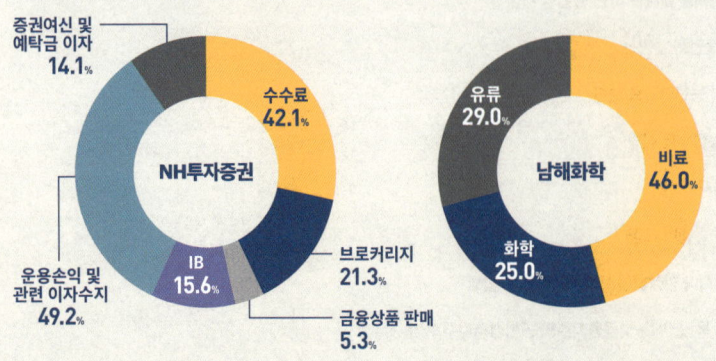
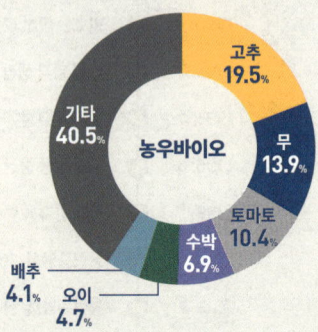

핵심 계열사 경영 현황 및 체크 포인트

NH투자증권   코스피

● **현황**
미래에셋증권, KB증권, 한국투자증권과 더불어 국내 증권사 '빅4'다. 농협금융지주가 2014년 6월 우리투자증권을 인수하고, NH농협증권과 합병해 2015년 1월 NH투자증권으로 출범했다. 서울 여의도 랜드마크로 불리는 파크원 프로젝트를 성공적으로 이끌었다. 해외에 7개 현지 법인과 1개 사무소를 운영하고 있다(2024. 6).

✓ **체크 포인트**
1. **주주 환원 정책**: 국내에서 손꼽히는 배당주다. 최근 4년(2021~2024) 평균 배당성향(배당금/당기순이익)은 52.31%로 증권업계 최고 수준이며, 같은 기간 평균 배당수익률(주당 배당금/주가)은 7.66%다.
2. **회사채 주관**: NH투자증권은 회사채 주관에 강점이 있다. 2024년 버핏연구소 리그테이블 조사에서 회사채 부문 2위를 기록했다. 1위는 KB증권이다.

남해화학   코스피

● **현황**
국내 1위 비료 생산 기업으로 시장 점유율 약 50%를 기록하고 있다. 해외 매출액 비중은 약 20%다(2024). 종속기업 NES머티리얼즈(지분율 70%)는 2021년 7월 설립됐고, 2024년 9월 반도체 세정용 황산을 첫 생산했다. NES머티리얼즈에서 생산되는 황산은 반도체 웨이퍼 생산 과정에서 발생하는 오염물질 제거용으로 사용된다. 관계기업으로 농약 원재료를 생산하는 닛소남해아그로(지분율 25%)와 실리카를 생산하는 토소남해실리카(지분율 20%)가 있다.

✓ **체크 포인트**
1. **반도체 세정용 황산 신사업**: NES머티리얼즈의 황산 생산이 자리 잡으면 실적이 개선될 전망이다.

농우바이오(★★)   코스닥

● **현황**
국내 종자 시장 점유율 1위(약 20%) 기업이다. 배추, 무, 고추, 수박을 비롯한 채소 종자를 생산하고 있다. 인도, 중국, 미국, 튀르키예, 인도네시아, 미얀마 등 6개 해외 법인을 운영하고 있다. 수출 비중은 약 34.4%이며, 꾸준히 비중이 증가하고 있다(2024. 6).

✓ **체크 포인트**
1. **성장성**: 글로벌 종자 시장은 2022년 670억 달러에서 2032년 1,196억 달러로 연평균 5.4% 증가할 것으로 예상되고 있다. 이 가운데 채소 종자 시장은 약 150억 달러(약 20조 원)로, 종자 시장의 약 20~25%를 차지하고 있다(2024).
2. **시장 확장**: 수출 비중이 약 34.4%를 차지하며, 향후 동남아시아, 중동, 아프리카 등으로 시장이 확대될 전망이다. 기후 변화와 식량 안보 문제가 심화되면서, 고온·건조 환경에서도 잘 자라는 내재해성 품종에 대한 수요가 증가하고 있다.

'재계 빅10' 매머드 조직, 대기업집단 유일 '협동조합'

4.2%(100명 가운데 4.2명). 한국 전체 인구에서 차지하는 농업 종사자 비율이다(2023). 인구수로는 220만 명으로 100명 가운데 5명이 채 되지 않는다. 1960년대 초 박정희 정권이 경제개발을 막 시작할 무렵만 해도 한국 인구의 압도적 다수(약 80%)를 차지했던 것에 비하면 격세지감이다. 우리 주변을 둘러봐도 농업에 관련된 이런저런 것들은 알게 모르게 경제개발과 도시화 물결에 존재감이 축소됐음을 느낄 수 있다.

그런데 이 같은 변화에도 오히려 규모를 지속적으로 키워온 농업인 조직이 있다. 바로 농업협동조합중앙회(이하 농협중앙회)다. 농협중앙회의 규모는 '매머드급'이다. 농협중앙회는 한국 재계의 '빅10'에 속해 있다. 농협중앙회 밑에 신세계그룹, CJ그룹, KT그룹이 있다. 또 농협중앙회는 국제협동조합연맹(ICA·International Co-operative Alliance)에 가입된 회원 조직 가운데 글로벌 10위를 기록하고 있다(2023). 농업 분야만 놓고 보면, 프랑스에 이어 세계에서 두 번째로 크다. 농협중앙회장은 ICA 당연직 이사에 자동 선출된다. 이처럼 도시화 물결에도 생존 능력을 보여준 농협중앙회가 다시 한번 도약이 기대되고 있다. 그간의 도시화 물결이 역풍이었다면 이번에는 4차 산업혁명과 글로벌 'K-푸드' 순풍을 맞고 있기 때문이다.

농업중앙회는 2024년 공정위가 발표한 공시대상기업집단 10위를 기록했다. 이는 전년과 같은 기록이다. 매출액 55조 6,260억 원, 순이익 3조 5,770억 원으로 전년 대비 각각 20.39%, 0.40% 감소했다(이하 K-IFRS 연결). 계열사는 농협은행, 농협손해보험, 농협유통(이상 비상장사), NH투자증권, 남해화학, 농우바이오(이상 상장사) 등 54개사로 전년과 동일했다.

농협중앙회가 현재에 이르기까지에는 정부 지원을 빼놓을 수 없다. 그간 역대 정권은 농업에 관해서는 보수, 진보를 막론하고 호의적이었다. '농민=표심(票心)'이 작용하기도 했지만 집권층 상당수가 '농민의 아들'이다 보니 농업에 호의적일 수밖에 없었다(1960년대 한국 인구의 절대 다수가 농업 종사자였다).

농업은 '식량 안보'의 관점에서도 중요하기에 일반 상품과는 다른 차원에서 다뤄졌다. 정부가 쌀, 보리를 농민으로부터 비싼 값에 구매해주는 이중곡가제(二重穀價制)가 여기에 해당한다. 이 제도는 정부에 막대한 적자를 안겨주고 있지만, 1969년 시작된 이래 반세기 넘게 중단되지 않고 있다.

농협은행도 '특별법' 덕분에 탄생할 수 있었다. 은행업은 원래 은행법 제8조에 따라 허가를 받아야 사업을 영위할 수 있지만, 정부는 특별법을 만들어 은행업 허가 없이 농협은행을 허가했다. 농업은행과 농업협동조합은 별도로 운영되다가 1961년 통합돼 지금의 농협중앙회가 됐다.

농협금융지주, 농협에서 매출액 비중 압도적(75%)

농협중앙회는 농협금융지주와 농협경제지주의 양대 조직으로 운영된다. 2012년 3월 농협중앙회에서 신용 부문(농협금융지주)이 분리되면서 이 같은 모습을 갖추게 됐다.

양대 지주사 가운데 농협금융지주는 농협중앙회 매출액에서 압도적 비중을 차지하고 있다(약 75%). 모기업에서 떨어져 나온 조직이 훨씬 더 큰 셈인데, 이는 농협은행 때문이다. 농협은행은 농협금융지주의 핵심 계열사로서 매출액이 농협경제지주 전체 매출액보다 많다. 농협금융지주 계열사로는 농협은행 외에도 NH투자증권, 농협생명보험, 농협손해보험 등이 있다. 금융지주사의 3대 사업에 해당하는 은행, 증권, 보험을 모두 보유하고 있다.

이 가운데 증권(NH투자증권)은 유일하게 인수한 사업 부문이다. 농협금융지주는 2014년 6월 우리투자증권을 인수해 NH농협증권과 합병했고, 2015년 1월 NH투자증권으로 재출범했다. NH투자증권의 성장은 정영채 전 대표이사를 빼놓고 설명하기 어렵다. 정영채 대표는 2018년 3월부터 2024년 2월까지 6년 재임 기간 동안 서울 여의도 랜드마크인 파크원 프로젝트를 성공시킨 것을 비롯해 다양한 성과를 냈다. 덕분에 2020년과 2022년 두 차례에 걸쳐 각각 2년 임기로 연임했다. 농협손해보험과 농협생명보험은 각각 1961년, 1965년 시작한 화재공제, 생명공제가 그 출발점이다.

역대 농협금융지주 회장은 1대 신충식 회장과 6대 손병환 회장을 제외하면 모두 관료 출신이다. 농협금융지주의 업무가 정부와 연관성을 갖고 있다 보니 자연스럽게 관료 출신이 CEO를 맡아왔다.

'K-푸드' 힘입어 베트남, 미국 등 글로벌 진출 박차

농협경제지주는 농협금융지주와 함께 농협의 양대 축을 이루며, 농협중앙회의 의사 결정에 따라 운영된다. 농협금융지주가 NH농협은행, NH투자증권, NH농협생명보험 등 금융 부문을 담당하는 반면, 농협경제지주는 농축산물의 유통·가공·판매를 맡고 있으며, 농림축산식품부와 협력해 농축산물 가격 안정 정책을 추진하는 등 공기업적 성격을 지닌다.

최근 농업 혁신과 K-푸드 열풍이 맞물리며 농협경제지주의 역할이 더욱 강조되고 있다. 유전자 혁명과 녹색 혁명으로 농업이 미래 유망 산업으로 주목받는 가운데, 글로벌 식품 시장에서도 K-푸드에 대한 관심이 급증하고 있기 때문이다.

대표적인 유통 계열사인 농협유통과 농협하나로유통은 이마트, 롯데마트, 홈플러스와 경쟁하며 유통 시장에서 영향력을 확대하고 있다. 또한, 상장 계열사인 남해화학과 농우바이오도 농업 혁신을 목표로 독자적인 입지를 구축하고 있다.

농협경제지주는 글로벌 시장 진출에도 적극적이다. 2024년에는 카자흐스탄과 인도네시아에서 스마트팜 실증사업을 추진하며, 첨단 농업 기술 보급과 현지 적응성 검증에 주력하고 있다. 이를 통해 농업 생산성을 높이고, 기술 수출과 현지 농업 협력 확대를 도모할 계획이다.

앞서 2023년 4월에는 베트남 시장 공략을 위해 현지 사무소를 개설했다. 베트남은 인구 1억 명 규모로 한국과 식문화가 유사해 농식품 수출에 유리한 시장으로 평가된다. 같은 해 6월 프랑스 파리에서 열린 '2023 K-Food Fair Paris'에서는 젓갈 대신 매실 등으로 맛을 낸 '비건김치'를 선보이며 유럽 시장의 주목을 받았다.

미국 시장 진출도 진행 중이다. 소비자 유형별 분석과 유통 채널별 수출 전략을 마련하며 본격적인 확장을 이어가고 있다. 2022년 4월 전국 8개 농협김치공장을 통합해 '한국농협김치' 브랜드를 출범시킨 이후, 같은 해 9월 미국 시장에 첫 수출을 시작했다. 초도 물량 15톤을 로스앤젤레스 한인마트에 공급한 데 이어, 판촉 행사와 마케팅을 확대하며 현지 시장 공략을 강화하고 있다. 최근 품질 표준화와 생산 효율성을 높인 농협의 식품들이 K-푸드 붐과 맞물려 해외 시장에서 성과를 내고 있다. 농협경제지주는 2024년 12월 기준 6개국에서 8개 네트워크를 운영하고 있다.

농협경제지주는 농협금융지주와 달리 총괄 회장 없이 농업경제대표이사와 축산경제대표이사가 각각 농업과 축산 부문을 총괄하는 체제로 운영된다. 역대 농협경제지주 CEO는 내부 인사가 맡아왔으며, 현재 농업경제부문은 박서홍 대표가, 축산경제부문은 안병우 대표가 맡고 있다. 박서홍 대표는 2024년 3월 취임했다. 고려대 사회학과를 졸업했고, 농협경제지주 자재부장, 농협중앙회 식품가공본부장 등을 역임했다. 안병우 축산경제대표와 함께 농협경제지주를 이끌고 있다. 안 대표는 평택고와 서울대 수의학과를 졸업했다.

변화의 중심에 선 농협중앙회, 성장 산업 '종자'에 미래 건다

농협중앙회장은 4년 단임제로, 1961년 출범 당시 정부가 임명했으나 1988년 민주화의 흐름 속에서 민선 제도가 도입됐다. 초기에는 조합장 전체가 참여하는 직선제로 선출됐고, 회장 연임 제한은 없었다. 그러나 직선제로 선출된 초대 한호선 회장을 비롯해 2기 원철희, 3기 정대근 회장이 모두 임기 중 비리 혐의로 구속되면서, 2009년부터 회장 임기는 단임제로 제한되고 선출 방식도 간선제로 변경됐다. 이후 법 개정으로 2007년부터 다시 직선제로 돌아왔다. 농협중앙회장 선거는 1차 투표에서 과반 득표자가 당선되며, 과반을 얻지 못하면 1, 2위 후보 간 결선 투표가 진행된다.

농협중앙회장은 법적으로 비상근 명예직이지만 중앙회 산하 계열사의 대표 인사권, 예산권, 감사권 등을 통해 농업경제와 농협금융의 경영 전반에 큰 영향력을 행사한다. 역대 민선 회장은 1기 한호선(1988. 3~1994. 3, 6년), 2기 원철희(1994. 3~1999. 3, 5년), 3기 정대근(1999. 3~2007. 11, 8년 8개월), 4기 최원병(2007. 12~2016. 3, 8년 4개월), 5기 김병원(2016. 3~2019. 12, 3년 9개월), 6기 이성희(2020. 1~2024. 1, 4년)다. 현 강호동 회장은 2024년 3월 취임했으며, 낙생농협 조합장을 역임했다.

농우바이오, 성장 산업에 올라탄 국내 종자 시장 1위 기업

농협중앙회에 소속된 상장사로는 NH투자증권, 남해화학, 농우바이오의 3개사가 있다.

- NH투자증권은 잘하고 있지만, 경쟁사들을 앞서야 한다는 과제를 안고 있다. NH투자증권의 성장을 이끌었던 정영채 대표가 2024년 3월 퇴임한 것도 생각해볼 점이다.

- 남해화학은 본업인 비료 사업의 수익성을 개선해야 하는 과제를 안고 있다. 최근 5년(2019~2023) 연평균 영업이익률이 1.78%에 불과한데, 이는 농협중앙회 소속 계열사로서 농업인의 이익을 우선시해야 하는 특성과 관련 있다. 농업인이 남해화학의 주요 고객인 동시에 비료를 구매하는 소비자이기 때문이다. 남해화학은 이 같은 저조한 수익성을 극복하기 위해 신사업에 진출했다. 2021년 7월 NES머티리얼즈(지분 70%)를 설립하고, 2024년 9월 반도체 세정용 황산을 첫 생산했다. 황산은 반도체 웨이퍼 생산 과정에서 발생하는 오염물질 제거 용도로 사용된다. 그러나 남해화학의 매출 규모가 조(兆) 단위에 이르는 만큼, 신사업이 의미 있는 무게감을 갖기까지 시간이 걸릴 것으로 보인다. 남해화학은 2023년 K-IFRS 연결 기준 매출액 1조 5,904억 원, 영업이익 167억 원, 당기순이익 120억 원을 기록했다. 이는 전년 대비 매출액 약 27%, 영업이익 약 74%, 당기순이익 약 75% 감소한 수치다. 남해화학의 해외 매출 비중은 2024년 기준 약 20%를 차지하고 있다.

농우바이오는 눈여겨볼 만하다. 농우바이오가 속한 종자 산업이 유망 산업이기 때문이다. 농우바이오는 배추, 고추, 무, 수박 등 다양한 채소 종자를 생산하며, 국내외 시장에서 주목받고 있다.

글로벌 시장조사 업체 마켓앤마켓(MarketsandMarkets)에 따르면, 세계 종자 시장은 2017년 476억 2,000만 달러에서 2019년 554억 4,000만 달러로 성장했으며, 2024년에는 799억 5,000만 달러에 이를 것으로 전망된다. 시장 규모 또한 매출액 연평균 성장률 7.6%를 기록하며, 꾸준한 성장세를 보이고 있다. 이 중 채소 종자 시장은 2024년 기준 약 150억 달러

(약 20조 원) 규모로, 전체 종자 시장의 약 20~25%를 차지한다.

국내 종자 시장도 꾸준히 성장하고 있다. 통계청에 따르면, 국내 종자 시장 규모는 2017년 5,209억 원에서 2019년 6,119억 원으로 확대됐고, 2024년에는 9,155억 원으로 성장할 것으로 전망된다. 연평균 매출액 성장률은 8.4%로, 세계 시장보다 오히려 빠른 성장세를 보이고 있다.

농우바이오는 국내 종자 시장에서 점유율 1위(약 20%)를 기록하고 있다. 특히 농협중앙회 계열사라는 점에서 안정성이 높다. 종자 시장은 지적 재산권으로 보호받으며, 신규 기업이 시장 진입이 매우 어렵다. 한국종자협회에 등록된 회원사 중 자체 육종시설과 연구 능력을 갖춘 회사는 농우바이오, 팜한농, 코레곤, 아시아종묘, 사카타코리아, 디기만 등 10개 미만에 불과하다.

이 같은 강점을 바탕으로 농우바이오는 글로벌 시장 개척에 적극 나서고 있다. 농우바이오의 수출 비중은 약 34.4%(2024. 6)로 꾸준히 증가하는 추세다. 국내 시장에서는 소비자(농업인)를 의식해야 하는 특성상 가격 정책이 제한적이지만, 글로벌 시장에서는 더 유연한 전략을 펼칠 수 있어 수익성이 양호한 편이다.

농우바이오의 영업이익률은 2019년 3.24%, 2020년 3.23%에서 2021년 5.14%, 2022년 8.34%, 2023년 6.59% 개선세다. 이는 해외 매출액 증가와 비례한다. 농우바이오는 해외 법인 7곳을 중심으로 70개국에서 약 120개의 거래처를 통해 유통 및 신규 거래처 확보에 나서고 있다(2024).

- 미국 법인: 할라피뇨 고추가 매출의 약 90%를 차지하고 있으며, 품종 다양화를 위해 새로운 포트폴리오를 개발 중이다.
- 인도 법인: 옥수수, 무, 고추, 토마토 등을 주요 품목으로 판매하며, 기존 생식용 단옥수수 중심에서 품목군 확대를 위한 연구개발을 진행하고 있다.
- 인도네시아 법인: 주로 B2B 거래를 담당하는 생산기지 역할을 하면서도, 고추, 토마토, 오이 등 고부가가치 품종을 중심으로 B2C 시장 확대를 추진 중이다.
- 튀르키예 법인: 지리적 이점을 활용해 유럽, 아프리카, 중앙아시아 등 다양한 기후 조건에 맞는 고추, 토마토, 오이 품종을 연구하며 매출 확대를 모색하고 있다.

06 미래에셋 그룹

'브로커리지→펀드'
변화 읽고 도약한
'증권 지존'

MIRAE ASSET

미래에셋그룹 지배구조 및 지분 현황

(2024년 6월 기준, 단위 %) 자료: 공정거래위원회

현황
공시대상기업집단 22위

매출액	22조 8,690억 원
순이익	1조 2,150억 원
계열사	30개

- 상장
- 비상장
- 해외

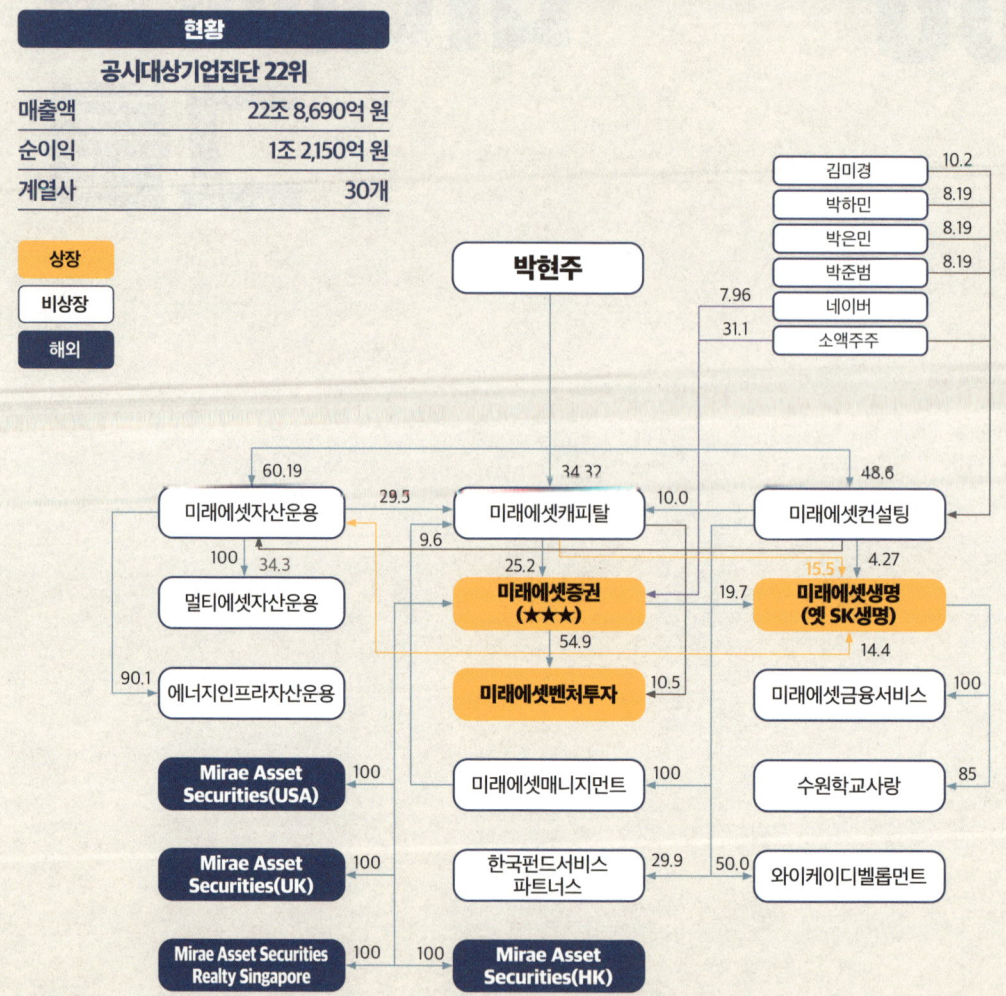

해외 사업장(11개국)

홍콩, 영국, 그리스, 미국, 싱가포르, 베트남, 인도네시아, 인도, 브라질, 몽골, 중국

미래에셋그룹 오너 가계도 및 핵심 관계자 지분 현황

(2023. 12 기준) 자료: 공정거래위원회

박현주 미래에셋그룹 회장		박하민 GFT벤처스 파트너		박준범 미래에셋벤처투자 심사역	
미래에셋자산운용	60.2%	미래에셋컨설팅	8.19%	미래에셋컨설팅	8.19%
미래에셋컨설팅	48.6%				
미래에셋캐피탈	34.3%				

미래에셋그룹 근무 / 미래에셋그룹 비(非)근무

- 박태성 전 미국 워싱턴대 의대 교수(장남)
- 송○○ — **송성원 미래에셋생명**
- 박현민(장녀) — 송하경
- 고 박하장
- 고 김유례
- **박현주 미래에셋그룹 회장(차남)** — **박하민 미래에셋자산운용(장녀)**
- 김미경 — 데이비드 백(백준기 전 중앙대 부총장 아들)
- **MIRAE ASSET**
- 오규택 중앙대 경영학부 교수 — **박은민 미래에셋(차녀)**
- 박정선 명지전문대 유아교육과 교수(차녀) — **박준범 미래에셋벤처투자 심사역(장남)**

미래에셋그룹 연혁

자료: 미래에셋증권

1997. 7	미래에셋벤처캐피탈 설립
1997. 8	미래에셋투자자문 설립
1998. 12	미래에셋자산운용, 국내 최초 뮤추얼 펀드 '박현주 1호' 출시
1999. 12	미래에셋증권 설립
2001. 2	미래에셋증권, 국내 최초 랩어카운트 상품 판매
2001. 2	국내 최초 개방형 뮤추얼 펀드 '미래에셋 인디펜던스 주식형' 출시
2004. 2	국내 최초 적립식펀드 출시(일명 직립형 3억 만들기 펀드)
2004. 6	국내 최초 부동산펀드 판매
2005. 2	국내 최초 해외 직접 운용 펀드 출시
2005. 6	미래에셋생명보험 출범
2006. 2	미래에셋증권, 코스피 상장
2010. 2	미래에셋증권, 국내 최초 모바일 트레이딩 서비스(MTS) 출시
2015. 7	미래에셋생명, 코스피 상장

최근 10년 미래에셋증권 실적 및 그룹 주요 연혁

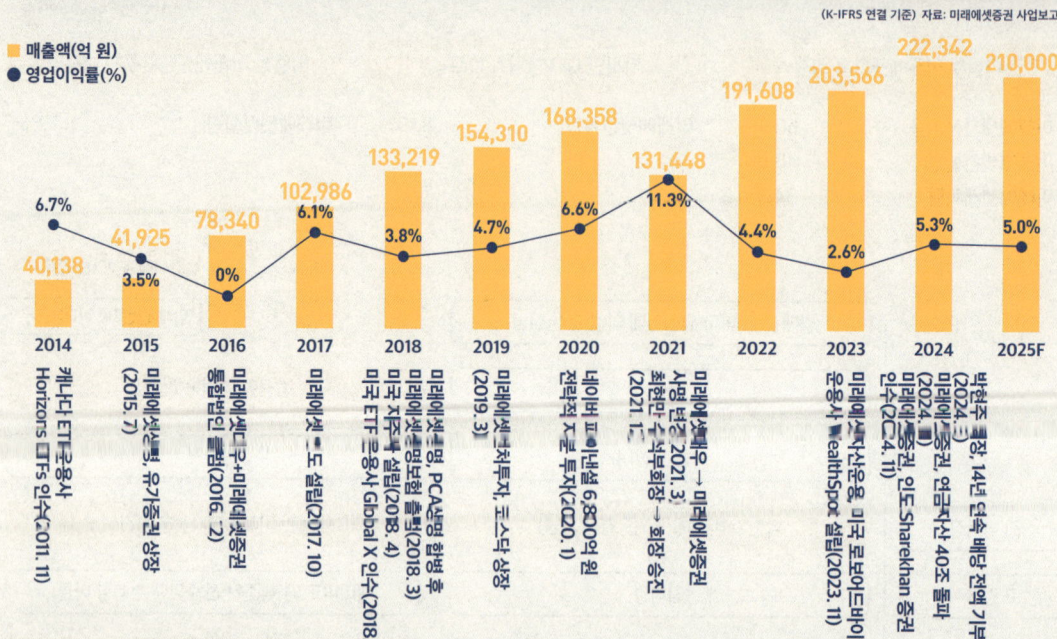

미래에셋그룹 주요 계열사 매출액

미래에셋그룹 주요 계열사 영업수익(매출액) 비중

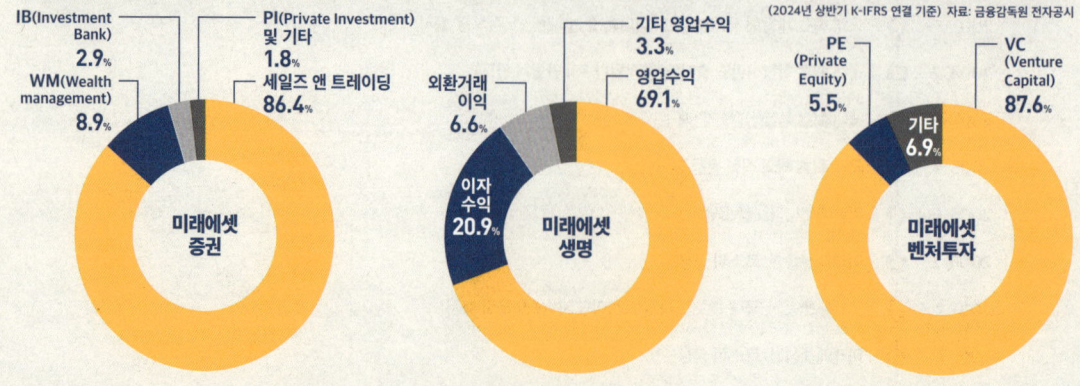

핵심 계열사 경영 현황 및 체크 포인트

미래에셋증권(★★★) — 코스피

● **현황**
국내 유일 자기자본 10조 원에 육박하는 '증권 지존'이다(9조 7,909억 원, 2024 3분기 K-IFRS 별도). 미국, 홍콩, 베트남, 인도네시아 등 11개국에 해외 법인을 두고 있으며, 국내 증권사 가운데 가장 많다(2023. 12). 2024년 11월 인도 증권사 쉐어칸(Sharekhan)을 인수 완료해 해외 실적이 개선될 것으로 전망된다. 2016년 대우증권을 인수해 미래에셋대우로 사명을 바꿨다가, 2021년 미래에셋증권으로 다시 변경했다.

✓ **체크 포인트**
1. **증시 변동성**: 증권업 특성상 투자 심리, 시장 변동에 민감하게 반응한다.
2. **연금 자산**: 인구 고령화로 국내 연금 시장이 커지고 있다. 미래에셋증권은 연금자산 40조 원을 돌파했고, 전체 퇴직연금 사업자 42개 회사 중 원리금 비보장 상품 부문에서 약 20% 점유율로 1위를 차지하고 있다(2024. 11).

미래에셋생명 — 코스피

● **현황**
삼성생명, 한화생명, 교보생명(이상 빅3)에 이어 NH농협, 신한라이프와 더불어 생명보험 '빅6'다. 1988년 대전생명보험으로 설립됐고, 1997년 SK그룹이 인수했다가 2005년 미래에셋그룹에 편입됐다. 2021년 3월 국내 보험사 최초로 제판분리(상품 제조와 판매 분리)를 실시했으며, 보장성 보험과 변액보험 중심의 투 트랙 전략을 추진하고 있다.

✓ **체크 포인트**
1. **시장 축소**: 인구 절벽으로 국내 생명보험 시장은 축소되고 있다. 이에 반해 인구 고령화로 변액연금보험 시장은 커지고 있으며, 미래에셋생명은 이 부문에 강점을 지니고 있다.
2. **제판 분리**: 2021년 국내 보험사 최초로 제판 분리를 도입해 보험 판매 채널의 독립성과 효율성을 높이려는 시도를 했다. 이 전략이 운영 효율 개선과 비용 절감, 수익성 개선에 얼마나 기여했는지 체크할 필요가 있다.

미래에셋벤처투자 — 코스닥

● **현황**
초기 단계의 스타트업에 투자해 IPO, M&A 등으로 수익을 내는 VC(Venture Capital)이며 1999년 설립됐다. 투자조합 운영에 따른 관리보수, 투자 회수에 따른 성과 보수, 투자조합에 직접 투자한 출자금에서 얻어지는 투자 수익이 3대 수익 모델이다. 다수의 기업에 분산 투자해 안정적 성과를 내는 전략을 갖고 있다.

✓ **체크 포인트**
1. **시장 변동성**: VC 업황은 증권 시장의 흐름과 동행하는 추세를 보인다. 투자 심리, 시장 심리에 크게 영향받는다.

한국 재계 사상
증권 전문 그룹 최초의
대기업집단

미래에셋그룹은 한국 재계 역사상 최초로 증권 전문 그룹으로 대기업집단에 지정된 기록을 보유하고 있다. 이후 지속적인 성장과 함께 기업 순위도 꾸준히 상승하고 있다. 2004년 공시대상기업집단에 처음 41위로 이름을 올렸다.

미래에셋그룹은 한국 재계의 대기업집단을 창업 기반과 상속 기반 두 가지로 나누었을 때 창업 기반으로는 두 번째 순위에 올라 있는 금융 그룹이기도 하다(2024년 22위). 첫 번째는 카카오다(15위). 미래에셋그룹이 이 같은 진기록을 가진 대기업집단으로 자리매김한 비결로는 한국 경제가 성장하고 국민 소득이 개선되는 과정에서 발생한 소비자의 '충족되지 않은 욕구(Unmet needs)'를 채워줬다는 점이 꼽힌다. 국내 최초 뮤추얼 펀드, 국내 최초 랩어카운트 출시를 비롯한 다양한 '최초' 기록이 여기에 해당한다. 이런 배경에서 미국 하버드경영대학원은 2010년 4월 박현주 회장과 미래에셋을 케이스 스터디로 다뤘다.

미래에셋그룹은 2024년 공정위 공시대상기업집단 22위를 기록했다. 전년 대비 2단계 하락했지만, 2004년 첫 진입(41위)과 비교하면 20년 만에 19단계 도약했다. 영업수익(매출액) 22조 8,690억 원, 순이익 1조 2,150억 원으로 전년 대비 매출액은 8.08% 증가했고, 순이익은 15.27% 감소했다(이하 K-IFRS 연결).

계열사는 미래에셋증권, 미래에셋생명, 미래에셋벤처투자(이상 상장사), 미래에셋캐피탈, 미래에셋자산운용(이상 비상장사)을 포함해 30개사로 전년 대비 6개 감소했다. 해외 사업장도 미국, 영국, 브라질, 홍콩, 싱가포르, 인도네시아, 베트남, 몽골, 인도(이상 해외 법인), 베이징, 상하이, 호치민(해외 사무소) 등 13개국에 두고 있다(2024. 12).

미래에셋그룹의 주요 계열사 매출액은 미래에셋증권이 20조 3,594억 원으로 가장 많고, 이어 미래에셋생명 5조 534억 원, 미래에셋자산운용 1조 1,448억 원, 미래에셋캐피탈 3,453억 원, 미래에셋벤처투자 2,170억 원, 미래에셋컨설팅 1,705억 원 순이다. 특히 미래에셋증권은 그룹 매출액의 74.6%를 차지하며 압도적인 비중을 보였다.

미래에셋증권은 어떤 비즈니스로 돈을 벌고 있는 걸까? 2024년 상반기 기준 미래에셋증권의 영업수익(매출액) 비중은 세일즈 앤 트레이딩(Sales &Trading) 86.4%, WM(Wealth Management) 8.9%, IB(Investment Bank) 2.9%, PI(Principle Investment) 및 기타 1.8%다. 그중 세일즈 앤 트레이딩 부문이 압도적이지만, 순이익 비중을 살펴보면 사정이 달라진다. 같은 기간 미래에셋증권의 순이익 비중은 WM(Wealth Management) 52.1%, 세일즈 앤 트레이딩 30.3%, IB 17.6%다. PI 및 기타 부문은 적자를 기록했다.

순이익에서 세일즈 앤 트레이딩이 차지하는 비중이 절반에 미치지 못한다는 점을 알 수 있다. 세일즈 앤 트레이딩이란 증권사가 직접 시장에서 거래를 수행하거나 고객에게 금융 상품을 판매하는 활동을 말하는데, 대표적으로 브로커리지(Brokerage, 주식 중개)가 있다. 브로커리지는 주식 투자자들이 주식을 사고팔 때 증권사가 받는 수수료를 의미한다. 그러나 증권사 간 수수료 인하 경쟁으로 인해 이익이 거의 발생하지 않는 '레드 오션'이다.

2000년대 초까지만 해도 브로커리지는 증권사 매출액의 상당 부분을 차지하며 주된 수입원이었지만, 최근 상황은 크게 달라졌다. 과거 증권사들이 브로커리지에 의존하던 시기에는 직원들이 고객(주식 투자자)에게 잦은 매매를 유도하면서 손실을 초래하는 일이 빈번했다. 이러한 행태로 인해 당시 주식 투자자들은 증권사에 대해 불신이 컸고, 그 직원들에 대한 전반적인 인식도 부정적이었다.

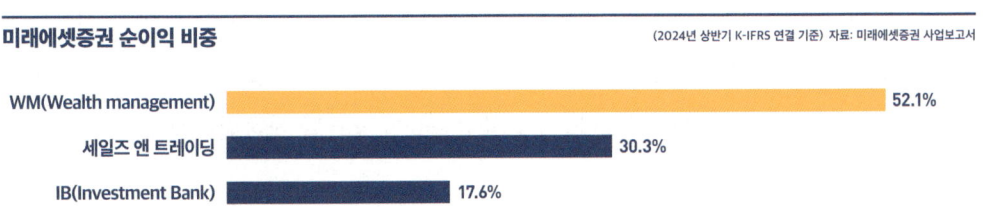

미래에셋증권 순이익 비중 (2024년 상반기 K-IFRS 연결 기준) 자료: 미래에셋증권 사업보고서

하지만 당시 박현주 회장은 주변 사람들에게 "한국의 증권업이 미래 유망 산업으로 뜰 것"이라며 증권업의 성장 가능성을 확신했다. 그리고 그의 예측은 한 세대 만에 현실이 됐다. 브로커리지에 의존하던 전통적인 수익 구조에서 벗어나, 자산관리, 투자은행(IB), 글로벌 투자 등 복합 금융 비즈니스로 확장하며 증권업은 질적으로 성장했다. 흥미로운 사실은 이러한 산업의 변화를 누구보다 앞서 실현해낸 인물이 바로 박현주 회장 자신이라는 것이다.

'브로커리지 → 펀드' 시장 변화 읽으며 대우증권까지 인수

박 회장은 1997년 6월 미래에셋투자자문과 미래에셋벤처캐피탈을 설립하면서 지금의 미래에셋그룹을 시작했다. 미래에셋증권은 1999년 설립했다. 당시 동원증권(현 한국투자증권)에 같이 근무하던 최현만 서초지점장, 구재상 압구정지점장 등 이른바 '박현주 사단' 8명이 함께했다. 박 회장은 앞서 1986년 27세에 동양증권(현 유안타증권)에 입사해 제도권 증권에 처음 발을 내디뎠고, 1988년 동원증권으로 옮겨 32세에 전국 최연소 지점장으로 부임했다. 이듬해 전국 증권사 지점 가운데 영업실적 1위를 달성했고 임원(이사)으로 승진했다.

박 회장이 창업하던 때는 IMF 외환위기를 비롯한 '초대형 사건'으로 흔들렸지만, 크게 보면 경제가 성장하고 국민 소득이 증가하면서 고객들이 돈 굴릴 곳을 찾고 있던 변화의 시기였다. 하지만 다수 증권사들은 여전히 하늘에서 비가 내려주기만을 기다리는, 이른바 '천수답(天水畓) 농사'에 안주하고 있었다. 앞서 말한 브로커리지 비즈니스가 바로 이 천수답 농사에 해당한다.

박 회장은 여기에서 소비자들의 '충족되지 않은 욕구'를 발견하고, 1998년 '박현주 1호 펀드'로 알려진 국내 최초 뮤추얼 펀드를 내놓았다. 이 펀드는 판매 개시 3시간 만에 500억 원어치가 완판됐으며, 평균 90%에 달하는 수익률을 기록하며 큰 성공을 거뒀다.

2000년대 초반에는 디스커버리 펀드와 인디펜던스 펀드를 선보이며 또 한번 시장에서 주목을 받았다. 이들 펀드는 공모·개방형으로, 누구나 투자할 수 있고 환매일에 제약이 없어 기존의 폐쇄형 펀드와 차별화됐다. 이 금융상품들이 오늘날 한국인들에게 친숙한 투자 상품인 '펀드'의 출발점이 됐다.

미래에셋증권이 업계 지존으로 올라선 계기는 2016년 대우증권 인수였다. 대우증권은 대우그룹 계열사로 2000년대 무렵까지 부동의 업계 1위였다. 1999년 대우그룹 해체로 2000년 산업은행으로 경영권이 넘어갔다. 박현주 회장은 대우증권이 매물로 나오자 1년 동안 준비한 끝에 2016년 12월 대우증권 인수 우선협상대상자로 선정됐다. 2021년 초 회사 이름을 미래에셋대우에서 미래에셋증권으로 변경했다. 대우증권 인수로 미래에셋증권은 자본력과 브랜드에서 압도적 1위로 발돋움했다.

박현주 회장은 '기부왕'이기도 하다. 그는 2023년 12월 미래에셋컨설팅 주식의 최대 25%까지 미래에셋희망재단에 기부하기로 약정했다. 미래에셋희망재단은 1998년 설립된 재단법인으로 국내 대학생 등을 대상으로 학업 및 자기계발을 위한 장학금 지원 등 사회공헌 사업을 진행하고 있다. 박 회장은 향후 미래에셋캐피탈과 미래에셋자산운용 주식도 가족 간 협의를 통해 기부하겠다고 밝혔다.

인재 양성 시스템도 눈에 띈다. 2023년 6월 미래에셋그룹 CEO를 대상으로 해외 연수 프로그램 '글로벌 AMP(Advanced Management Program)'를 시작했다. 김미섭 미래에셋증권 부회장, 최창훈 미래에셋자산운용 부회장 등 8인이 연수 대상지로 선정됐고, 미국 하버드대, 스탠퍼드대에서 2개월간 연수를 받았다.

박현주 회장은 2024년 7월 'AIB(Academy of International Business) 서울'에서 '올해의 국제 최고경영자상'을 수상했다. 아시아 금융인으로 처음이고 한국인으로서는 1995년 고 최종현 SK그룹 2대 회장 수상 이후 두 번째다.

글로벌 성과 두각에도
'금융시장 변동성' 크다

미래에셋그룹은 '은행은 인수하지 않는다'는 원칙을 갖고 있다. 미래에셋증권 관계자는 "은행은 보수적이어야 살아남고, 증권은 위험을 무릅써야 살아남는다. 은행을 인수하면 자칫 은행의 보수성이 미래에셋그룹의 증권 비즈니스에 리스크로 작용할 우려가 있다"고 귀띔했다.

미래에셋그룹의 지배구조는 '박현주 회장 → 미래에셋컨설팅(48.6%) → 미래에셋캐피탈(10.0%) → 미래에셋증권(25.2%) → 미래에셋생명(19.7%)'으로 이어진다(2024 3분기). 지주사 성격을 띠는 미래에셋컨설팅의 지분을 살펴보면, 박현주 회장 본인이 48.63%, 부인 김미경 씨가 10.24%를 보유하고 있으며, 자녀 박하민, 은민, 준범 씨도 각각 8.19%씩 보유하고 있다. 박 회장은 "2세 경영은 없다"며 전문경영인 체제를 강조해왔다. 다만, 박 회장의 자녀들이 미래에셋 지분을 보유하고 있고, 관련 업계에 근무하고 있다는 점이 변수다.

미래에셋증권, 글로벌 시장에서 성과 가시화

미래에셋그룹에 소속된 상장사는 미래에셋증권, 미래에셋생명, 미래에셋벤처투자 3개사다.

- 미래에셋벤처투자는 창업 초기 단계의 스타트업에 투자해 IPO, M&A 등을 통

해 투자금을 회수하는 벤처캐피탈로서 사업 특성상 투자 실패 위험이 뒤따르고, 향후 실적을 예측하기가 쉽지 않다. 미래에셋벤처투자는 다수의 기업에 분산 투자해 수익을 안정적으로 유지하는 데 강점을 보유하고 있다. 2005년부터 2024년까지 20년 연속 흑자를 기록하고 있다.

- 미래에셋생명은 삼성생명, 한화생명, 교보생명, NH농협생명, 신한라이프에 이어 국내 6위 생명보험사다. 국내 생명보험 업계에서 순위를 높이고, 인구 절벽으로 시장이 축소되는 국내 비즈니스 환경의 대안을 찾아야 하는 과제를 갖고 있다.

미래에셋증권은 주목할 가치가 있다. 그 이유는 글로벌 시장에서 성과를 내고 있다는 점 때문이다. 국내 증권 시장이 인구 절벽으로 점차 축소되는 상황에서, 이는 강점이다.

미래에셋증권은 창업 4년째였던 2003년 홍콩에 자산운용사를 설립하며 본격적인 글로벌 시장 진출을 시작했다. 이후에도 글로벌 진출에 집요한 노력을 기울이며, IMF 외환위기로 어려운 상황에서도 해외 법인을 단 한 곳도 철수하지 않았다. 이러한 꾸준한 노력은 박현주 창업 회장의 현재 직함 GSO(글로벌전략책임자, Global Strategy Officer)에서도 잘 드러난다.

20여 년에 걸친 글로벌 시장 공략이 성과를 내고 있다. 이 점이 미래에셋증권의 경쟁력을 뒷받침하는 핵심 요소로 자리 잡고 있다.

미래에셋증권은 현지 해외 법인 12개(미국, 영국, 그리스, 몽골, 홍콩, 브라질, 인도, 싱가포르, 인도네시아, 베트남, 중국), 사무소 4개를 운영하며 해외에 진출한 국내 14개 증권사 가운데 가장 많은 해외 네트워크를 보유하고 있다(2024. 11). 해외 법인의 수익성도 양호하다. 2024년 상반기 미래에셋증권의 해외 법인 세전 이익은 600억 원으로 총 세전 이익의 11.78%를 차지했다. 법인별로는 홍콩, 런던, 미국 법인이 총 275억 원의 순이익을 거뒀고, 브라질, 베트남, 인도네시아, 인도 법인이 총 307억 원, 기타 지역 법인이 총 17억 원을 기록했다.

이 같은 결실을 맺기까지 미래에셋증권은 '가시밭길'을 걸어왔다. 2003년 홍콩에 자산운용사를 설립하며 글로벌 시장에 첫발을 내디딘 이후, 2018년까지 무려 15년간 적자를 기록했다. 2019년에 들어서 손익분기점을 넘기며 실적이 개선됐다. 5년의 성과를 이루기 위해 그 이전 15년의 인내와 노력이 필요했던 셈이다.

IMF 외환위기 당시, 미래에셋증권은 해외 법인 철수를 심각하게 고민하기도 했다. 하지만 박현주 창업 회장은 "글로벌 시장 진출은 미래에셋의 존재 이유"라며 직원들을 독려했고, 이는 오늘의 성과를 만드는 기반이 됐다.

미래에셋증권은 글로벌 자본시장에서 가장 주목받는 인도 시장에서 괄목할 만한 성과를 내고 있다. 2022년 4월 온라인 트레이딩 플랫폼 'm.Stock'을 출시한 후, 불과 2년 6개월 만인 2024년 8월 기준 현지 온라인 증권사 중 9위, 전체 15위에 오르며 인도에서 가장 빠르게 성장하는 증권사로 자리 잡았다.

또 2024년 11월 인도 증권사 쉐어칸(Sharekhan) 인수를 완료하며 통합법인 미래에셋쉐어칸을 출범시켰다. 쉐어칸은 2000년 설립된 인도 10위권 증권사로, 310만 명 이상의 고객, 120여 개의 지점, 그리고 4,400명 이상의 비즈니스 파트너를 보유하고 있다. 이를 통해 2025년에는 글로벌 사업에서 연간 1,000억 원 이상의 이익 증가가 예상된다.

미래에셋증권은 국내 증권사 중 유일하게 자기자본(자본총계) 10조 원에 근접한 '증권 지존'이다. 2024년 9월 K-IFRS 별도 기준 미래에셋증권의 자기자본은 9조 7,909억 원이다.

미래에셋증권 해외법인 현황

자료: 미래에셋증권

세계 11개 지역에 진출해 Brokerage·Seles&Trading·IB 등 지역 및 국가적 특성에 따라 비즈니스 수행 중
13개 해외법인, 3개 해외 사무소

11월 해외주식 보유액이 40조 원을 기록하며 같은 해 6월(30조 원) 대비 10조 원 증가했다. 이 중 약 14.6조 원은 고객들의 해외주식 평가이익에 따른 것이다. 이에 따라 고액 자산가도 크게 늘었다. 미래에셋증권에서 해외주식 평가금액 1억 원 이상을 보유한 고객은 6만 1,005명으로, 전년 대비 64% 증가했다. 특히 2024년 새롭게 1억 원 이상 자산가가 된 고객 중 60%가 해외주식 투자로 자산을 불린 것으로 나타났다. 현재 이들 고액 자산가가 보유한 자산은 미래에셋 전체 해외주식의 87%를 차지한다.

연금 부문 역시 두드러진 성과를 보였다. 2024년 11월 6일 기준 미래에셋증권의 연금자산은 40조 원을 넘어섰다. 같은 해 11월 말 기준으로 연금 자산 중 개인연금의 75%, 퇴직연금의 68%가 펀드 및 ETF를 통해 해외 자산에 투자되고 있다.

07 DB그룹

**'중후장대에 올인'
시행착오 끝내고
제2 도약 워밍업**

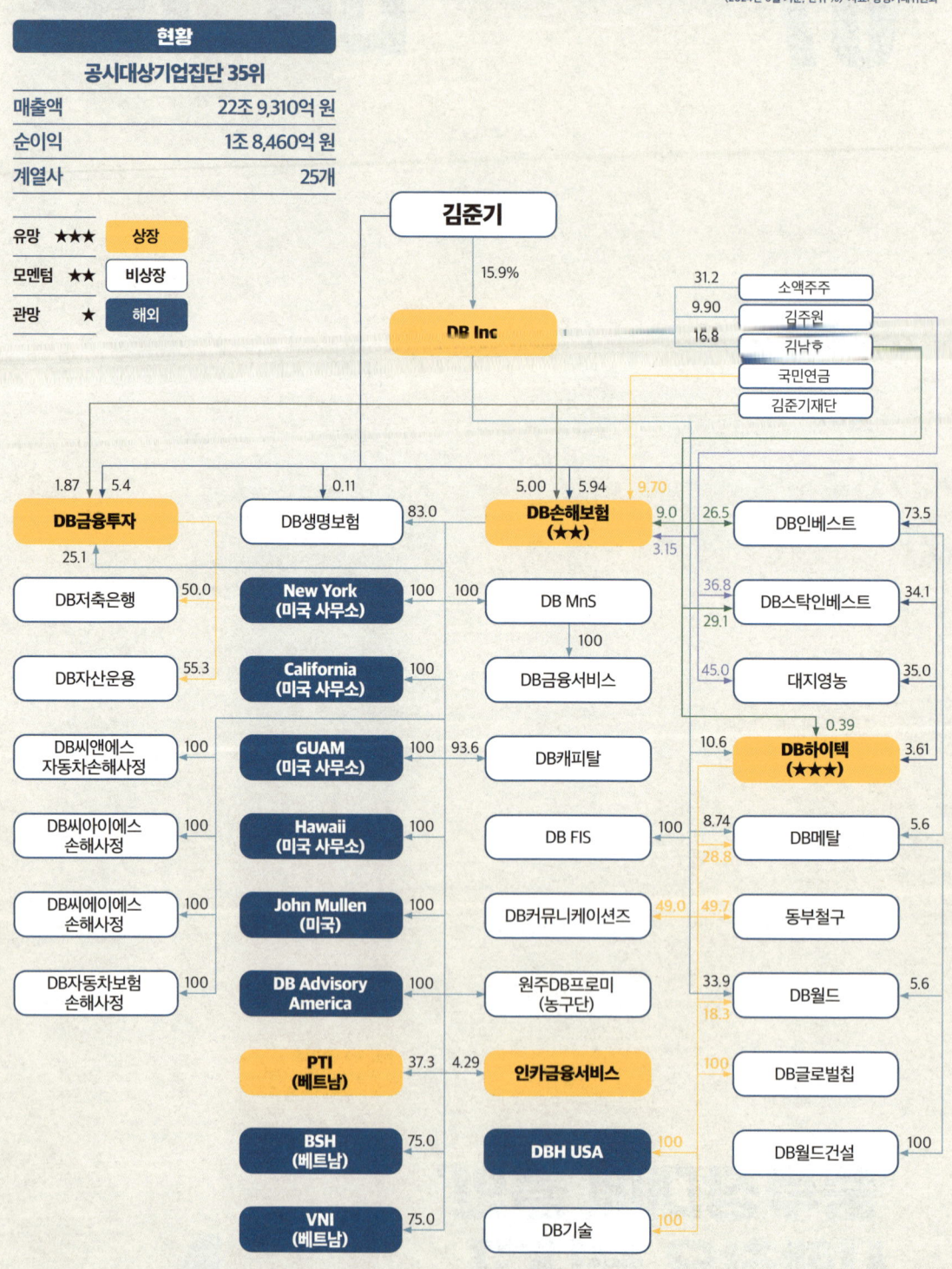

DB그룹 오너 가계도 및 관계자 지분 현황

(2024년 6월 기준) 자료: 공정거래위원회

김준기 DB그룹 창업 회장

DB Inc.	15.9%
DB하이텍	3.6%
DB인베스트	73.5%
DB스탁인베스트	34.1%
DB저축은행	14.1%
DB금융투자	5.4%
DB손해보험	5.9%
DB생명보험	0.1%
DB스탁인베스트	34.1%

김남호 DB그룹 회장

DB Inc.	16.8%
DB메탈	24.3%
DB월드	4.8%
DB금융투자	0.9%
DB손해보험	9.0%
DB저축은행	0.4%
DB스탁인베스트	29.1%
DB인베스트	26.5%

김주원 DB그룹 부회장

DB하이텍	0.4%
DB Inc.	9.9%
DB손해보험	3.2%
DB저축은행	0.4%
DB스탁인베스트	36.8%
대지영농	80.0%

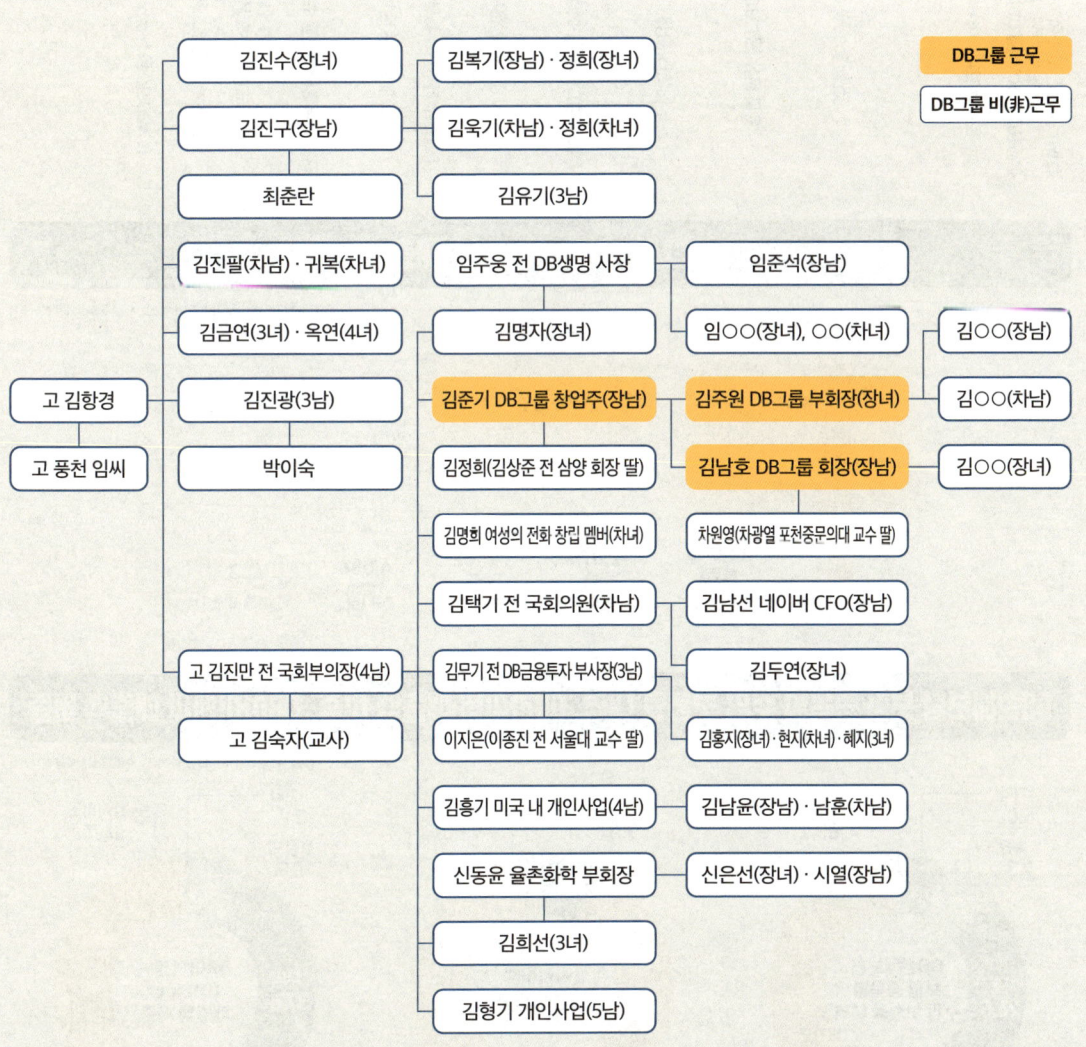

최근 10년 DB그룹 실적 및 그룹 주요 연혁

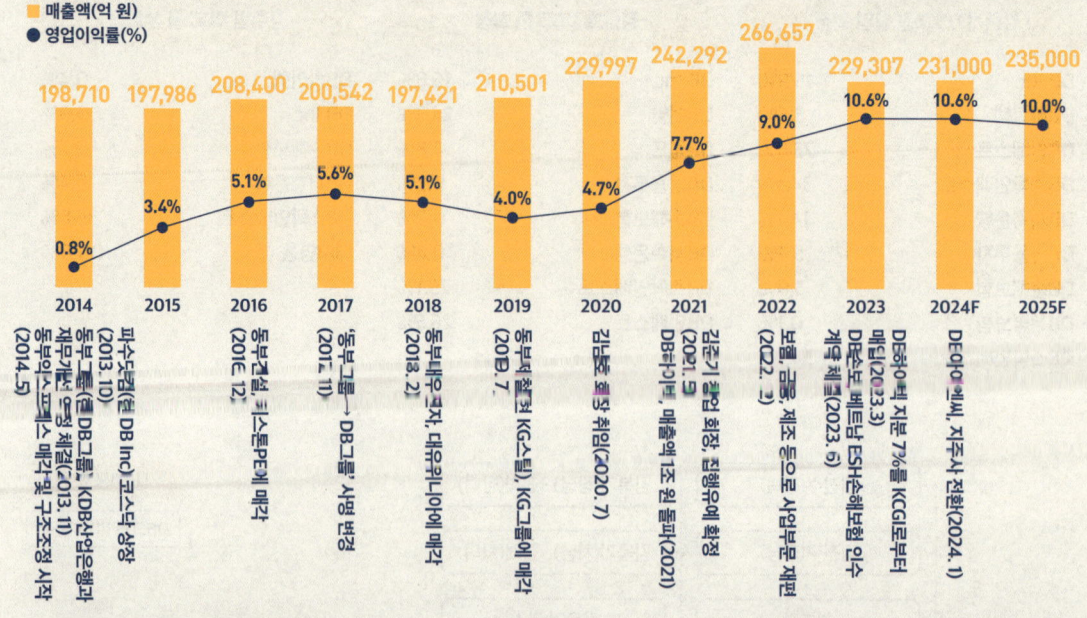

DB그룹 주요 계열사 매출액

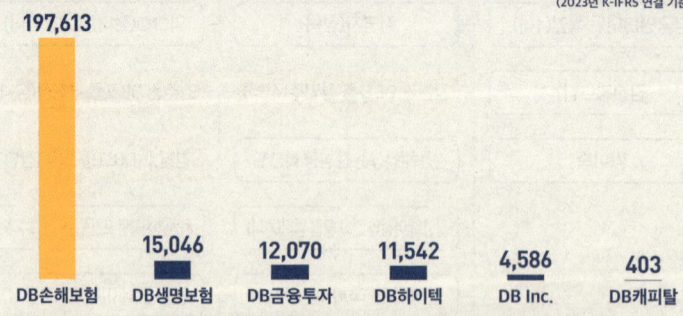

DB손해보험 보험 종목별 수입 보험료 내역, DB하이텍 매출액 비중, DB아이엔씨 매출액 비중

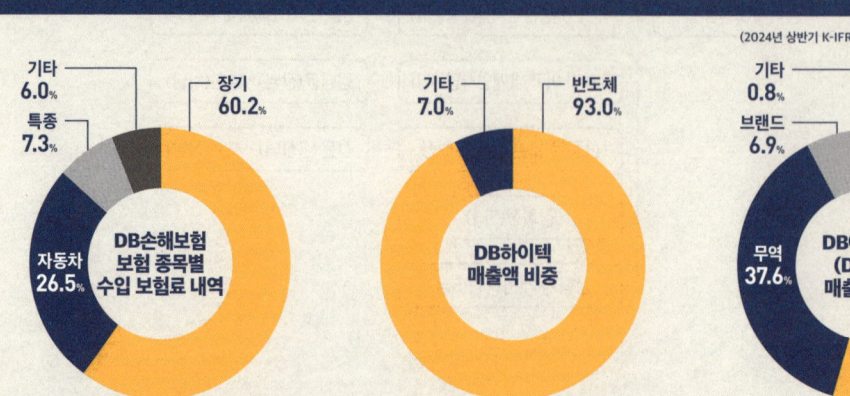

핵심 계열사 경영 현황 및 체크 포인트

DB손해보험(★★) 코스피

● **현황**

삼성화재와 더불어 한국 손해보험 '빅2'다. 1962년 한국자동차보험공사로 설립됐고, 1973년 코스피에 상장했다. 1983년 DB그룹에 편입됐다. 1996년 동부화재, 2017년 DB손해보험으로 사명을 변경했다. 베트남을 비롯한 동남아시아는 물론 미국 시장에서도 성과를 내고 있다.

✓ **체크 포인트**
1. **동남아시아, 미국 시장 성과:** DB손해보험은 국내 손해보험사 가운데 글로벌 시장에서 성과를 내고 있다. DB손해보험이 동남아시아 시장과 미국 시장에서 추가로 성과를 내는지 점검할 필요가 있다.
2. **배당 정책과 주주 환원:** DB손해보험의 최근 4년(2021~2024) 배당수익률(배당금/주가)이 6.7%로 양호하다. 여기에 추가적인 밸류업 정책을 발표할 가능성이 있다.

DB하이텍(★★★) 코스피

● **현황**

국내 대표적인 반도체 파운드리(Foundry) 기업이다. 파운드리란 팹리스(Fabless) 기업이 만든 반도체 설계를 바탕으로 반도체를 생산하는 기업을 말한다. 김준기 DB그룹 창업 회장이 1997년 동부전자로 설립했고, 17년 만인 2014년 흑자 전환했다. 이 기간 DB그룹은 산업은행과 재무개선 약정을 체결하고 계열사 매각 등의 구조조정에 들어갔지만, DB하이텍은 유지했다. 2021년 처음 매출액 1조 원을 돌파했다(1조 2,146억 원, K-IFRS 연결).

✓ **체크 포인트**
1. **반도체 업황:** 반도체 업황은 수요와 공급 불일치로 변동성이 크고 예측이 어려운 편이다.
2. **제품 업그레이드:** 반도체 사업은 기술 발전을 따라잡아야 한다. DB하이텍은 SiC, GaN 등 고부가가치 및 고성장 제품 라인업을 확대할 계획이다.

DB아이엔씨(DB Inc.) 코스피

● **현황**

SI(시스템 통합) 사업을 영위하는 사업회사이자 DB그룹 제조부문 지주사다. 1977년 3월 설립됐고, 1993년 1월 코스피에 상장했다. 2024년 1월 지주사로 전환했다. 금융, 보험 분야 IT 서비스에 강점이 있으며, 실손보험 청구 자동화 시스템 '실손24'를 성공적으로 구축했다. AI 분야 신성장동력을 확보해가고 있다. 종속회사로 DB FIS, DB커뮤니케이션즈가 있다(2024. 6).

✓ **체크 포인트**
1. **계열사 편입:** 2024년 1월 DB그룹 제조부문 지주사가 됐고, DB그룹 계열사 지분을 순차적으로 인수할 것으로 보인다. 계열사 주가가 오르면 DB아이엔씨 입장에서는 고가에 매입하는 셈이 된다. 그렇지만 자회사 주가가 과도하게 하락하면 지주사 요건이 해소되는 만큼 변수가 적지 않다.
2. **본업(SI) 성장성:** DB아이앤씨가 영위하는 SI 사업은 디지털 전환과 신기술 등장으로 급성장하고 있다. 기업들은 경영 효율성과 비용 절감을 위해 클라우드, AI, 자동화 기술을 적극 도입하고 있다. 이 업무를 지원하는 비즈니스가 SI다.

'건설', '제철' 그룹사가 '금융' '반도체' 중심의 그룹사로 변신한 이유

"주베일 해군기지 건설을 맡은 미륭건설 최고경영자가 맞습니까? 너무 젊어 보여 믿기 어렵군요."

1975년 4월의 어느 날 사막 열사(熱沙)의 뜨거운 바람이 몰아치는 사우디아라비아 동부 주베일 항구의 막사. 이곳에서 김준기 미륭건설(현 동부건설) 대표를 맞이한 주베일 미 육군 공병단 장교는 깜짝 놀란 듯한 표정을 지어 보였다. 자신들이 발주한 4,500만 달러(약 620억 원) 공사를 수주한 건설사의 최고경영자가 이제 막 30대에 들어선 젊은이였기 때문이다.

김준기 DB그룹 창업 회장은 창업 4년 차인 만 30세에 미 육군공병단 지중해사령부가 발주한 주베일 해군기지 공사를 수주하며 주목받았다. 당시 수주 금액 4,500만 달러는 국내 건설사의 해외 수주 사상 최대 규모였다. 이를 계기로 한국 건설사들의 중동 진출이 본격화되면서 이른바 '중동 신화'가 시작됐다. DB그룹은 이 성과를 바탕으로 사업을 확장해 2000년대 초반 20대 대기업집단에 진입하기도 했다. 경영자의 차별화된 전략과 도전 정신이 기업 성장을 이끌 수 있다는 사례로 평가된다(2001, 15위).

그러나 이후 철강·건설 경기 침체와 반도체 사업 부진 등 악재가 겹치며 그룹의 제조 계열사들은 큰 위기를 맞았다. 한때 전성기를 누리던 DB그룹은 사업 구조를 재편해야 했고, 이를 극복하기 위해 체질 개선과 신사업 발굴에 나섰다. 현재는 시행착오 끝에 금융을 중심으로 제2 도약의 발판을 마련했다는 평가를 받고 있다. DB그룹은 향후 어떤 행보를 준비하고 있을까?

DB그룹은 2024년 공정위 발표 공시대상기업집단 35위를 기록했다. 전년 대비 13단계 상승했다. 순위가 13단계 급상승한 이유는 K-IFRS 회계의 보험부채 평가방법이 원가에서 시가 기준으로 변경되면서 보험 계열사(DB손해보험, DB생명보험 등)의 공정자산(자본총계)이 증가했기 때문이다. 그룹 전체 매출액 22조 9,307억 원, 순이익 1조 8,461억 원으로 전년 대비 매출액은 14.01% 감소했고, 순이익은 7.95% 증가했다(이하 K-IFRS 연결).

계열사는 DB손해보험, DB아이엔씨, DB하이텍, DB금융투자(이상 상장사), DB생명보험, DB캐피탈(이상 비상장사) 등 25개사로 전년 대비 4개 증가했다. 계열사의 매출액 비중은 DB손해보험(19조 7,613억 원)이 압도적이고, 이어 DB생명보험 1조 5,046억 원, DB금융투자 1조 2,070억 원, DB하이텍 1조 1,542억 원, DB아이엔씨 4,586억 원, DB캐피탈 403억 원 순이다(2023 K-IFRS 연결). 특이한 점은 계열사 목록에 앞서 언급한 '주베일 신화'의 주인공 동부건설(옛 미륭건설)이 보이지 않는다는 점이다. 게다가 건설사가 아닌 DB손해보험을 비롯한 금융 계열사가 주력을 이루고 있어 '동부' 하면 떠오르는 기업 이미지와는 차이가 있다.

구조조정 거치며 '금융', '반도체' 양대 부문 재편

이 같은 변화의 계기는 2014년 시작된 구조조정에서 비롯됐다. DB그룹은 중동 주베일 프로젝트의 성공을 기반으로 급성장하며 2001년 재계 순위 15위까지 올랐다. 당시 DB그룹은 철강·금속·화학(동부제철, 동부메탈, 동부특수강), 전자·IT·반도체(동부대우전자, 동부하이텍), 금융(동부화재, 동부생명보험) 등 다양한 산업 분야를 아우르는 재계 핵심이었다.

영위했던 사업을 살펴보면, 대부분 초기 투자비가 많이 드는 '중후장대형' 산업들이 주를 이뤘다. 이는 김 창업 회장의 "중후장대 산업을 육성해 국가 경제에 기여해야 한다"는 신념에서 비롯된 것으로, 그룹의 사업 방향을 결정지었다.

하지만 동시다발적으로 그룹을 키우느라 투자비가 과도하게 소모되며 유동성 위기를 겪었다. 특히 DB하이텍을 비롯한 반도체 계열사는 끝이 보이지 않는 투자비로 그룹의 자금줄을 옥죄었다. DB그룹은 2014년 동부익스프레스 지분 처분을 시작으로 혹독한 구조조정에 들어갔다. 2015년 동부건설이 법정 관리에 들어가면서 계열 분리가 진행됐고, 2019년에는 워크아웃 절차를 밟은 동부제철(현 KG스틸)도 산업은행을 거쳐 KG그룹에 매각됐다.

현재 DB그룹이 보험·금융과 제조 양대 부문으로 재편된 것은 2014년 진행된 구조조정의 결과다. 2015년 53개에 이르던 계열사는 2023년 12월 기준 25개로 대폭 줄어들었다. 또한, 동부건설 매각으로 '동부' 상표권을 상실하면서, 2017년 11월 그룹명을 동부그룹에서 DB그룹으로 변경하기도 했다.

DB그룹의 구조조정에 대한 평가는 엇갈린다. 금호아시아나그룹, 웅진그룹, 진로그룹처럼 유사 위기를 겪고도 사세가 기울지 않고 살아남았다는 점에서 긍정적으로 평가하는 견해가 있다. DB그룹 측은 "정부 지원 없이 구조조정을 완결했다. 매각된 계열사들이 이후 우량 기업으로 성장한 것을 보면 당시 전략이 옳았다"고 평가하다. 반면, 동시다발적인 계열사 확장이 유동성 위기의 원인이었다는 비판도 있다. 하지만 구조조정 이후 계열사들의 실적이 전반적으로 개선되면서, DB그룹은 현재 제2의 도약을 준비할 수 있었다.

주력사 DB손해보험은 2023년 매출액 19조 7,613억 원, 영업이익 2조 4,885억 원을 기록했다. 매출은 전년(18조 9,320억 원) 대비 증가했으나, 영업이익(2조 7,260억 원)은 소폭 감소했다. 그럼에도 DB손해보험은 삼성화재(20조 8,247억 원)에 이어 손해보험사 매출 2위를 유지하며 업계 선두권을 지켰다. 특히 운전자보험 부문에서는 독보적인 1위를 차지하며, 2023년에만 신계약 154만 1,562건을 체결했다. 연간 운전자보험 신계약이 100만 건을 초과한 국내 보험사는 DB손해보험이 유일하다.

DB손해보험의 사업에서 자동차 보험은 중요한 비중을 차지하고 있다. 2024년 6월 기준

DB손해보험 보험 종목별 수입 보험료와 지출 보험금 비중

(2024년 상반기 K-IFRS 연결 기준) 자료: 금융감독원 전자공시

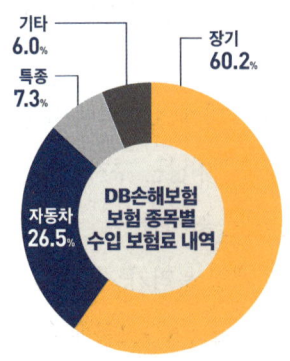

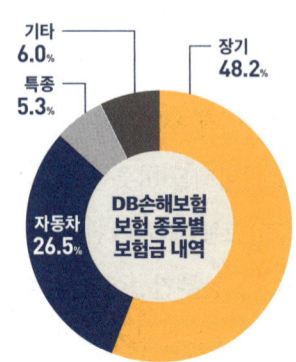

자동차 보험은 전체 수입 보험료의 26%, 보험금 지급 내역 중 43.1%를 차지했다. 여기서 수입 보험료는 고객이 납입한 보험료, 보험금은 보험사가 고객에게 지급한 금액을 의미한다. 하지만 자동차 보험은 손해율이 높아 수익성이 낮은 사업으로, 보험사 입장에서는 반드시 운영해야 하지만 비중을 점차 줄이고, 수익성이 높은 장기보험을 키우는 방향으로 전략을 조정하고 있다. 실제로 DB손해보험의 주요 수익원인 장기보험(건강보험, 연금보험 등)이 전체 수입 보험료의 60.2%, 보험금 지급 내역에서도 48.2%로 가장 큰 비중을 차지하고 있다.

DB손해보험을 비롯한 손해보험사들은 자동차 보험을 고객 유입의 발판으로 삼고, 장기보험, 실손보험 등 수익성이 높은 상품으로 연결하는 전략을 펼치고 있다. 결국, 자동차 보험은 유지하되 손해율 관리를 철저히 하면서, 장기적으로는 수익성이 높은 상품을 중심으로 포트폴리오를 조정하는 것이 핵심 방향이다.

국내 손해보험 시장은 '승자독식' 시대에 진입하며, 이른바 '손해보험 빅4(삼성화재, DB손해보험, 현대해상, 메리츠화재)'의 수익성이 크게 개선되고 있다. 2023년 말 기준, 이들 빅4가 차지하는 손해보험 시장 점유율은 85.3%에 달해 시장을 독과점하고 있다.

DB하이텍, 만년 적자에서 '황금알 낳는 거위' 점프

제조 부문에서는 DB하이텍의 실적 개선이 두드러지고 있다.

- DB하이텍은 8인치 웨이퍼를 기반으로 반도체를 생산하는 전문 파운드리 기업으로, 삼성전자, 미디어텍, 실리콘웍스, 실리콘마이터스 등 주요 고객사로부터 전력반도체(PMIC), 카메라이미지센서(CIS), 각종 센서를 주문받아 생산한다. 2023년에는 매출액 1조 1,542억 원, 영업이익 2,654억 원, 당기순이익 2,641억 원을 기록했다. 이는 전년 대비 각각 30.86%, 65.16%, 52.51% 감소한 수치다. 다만 반도체 시장의 저조한 흐름 속에서도 선방했다는 평가를 받고 있다. 2022년에는 매출액 1조 6,695억 원, 영업이익 7,619억 원, 당기순이익 5,562억 원을 기록하며 창사 이래 최대 실적을 달성했으며, 영업이익률은 45.64%를 기록했다.

DB하이텍은 DB그룹에는 '애증의 계열사'로 불린다. DB하이텍은 1997년 동부전자로 설립됐고, 17년이 지난 2014년에야 처음으로 흑자를 기록했다. 그사이 김준기 창업 회장은 '반도체 사랑'으로 험난한 길을 걸었다. 김 창업 회장의 반도체 사업에 대한 애정은 재계에서도 유명하다. 그는 1997년 IMF 외환위기 속에서도 동부전자를 설립했으나, 곧 사업을 접어야 했다. 이후 2002년 아남반도체를 인수하며 다시 반도체 사업에 도전했고, 동부전자와 합병(2004), 동부한농과 합병(2007년)을 통해 사업 규모를 키웠다. 하지만 실적 부진이 계속됐고, 2013년까지 단 한 번도 흑자를 내지 못했다.

이 같은 재무구조 악화가 그룹 전체에 위기를 초래했다. 동부그룹은 2013년 산업은행과 사전적 구조조정 약정을 맺었고, DB하이텍은 구조조정 수신 대상에 됐니. 산업은행이 DB하이텍 매각을 추진하기도 했지만 실패했다. 김 창업 회장은 사재 3,500억 원을 출연하면서 DB하이텍을 끝까지 지켰다. 결국, 동부제철(현 KG스틸), 동부익스프레스(현 동원로엑스), 동부팜한농(현 팜한농) 등 주요 계열사를 매각했지만 DB하이텍은 남았다.

2014년 흑자 전환에 성공한 DB하이텍은 이후 안정적인 성장세를 이어가며 2021년 매출액 1조 원을 돌파했다. 김 창업 회장은 2017년 개인적인 사건으로 법적 처벌을 받았으나, 이후 미등기 임원으로 그룹 경영에 복귀해 지주사 DB아이엔씨와 DB하이텍에 이름을 올렸다. 그의 반도체 사업에 대한 열정은 DB하이텍의 역사를 통해 엿볼 수 있다.

DB손해보험,
성장 산업 올라타
글로벌 시장서 성과 낸다

DB그룹의 현안으로는 제조부문 지주사 전환이 꼽힌다. DB아이엔씨는 2024년 1월 DB그룹의 제조부문 지주사로 전환됐다. 그전까지 지주사가 없었고, DB아이엔씨의 종속회사로는 DB FIS와 DB커뮤니케이션즈 2개사뿐이다.

DB아이엔씨의 제조부문 지주사 전환 이전까지 DB그룹 지배구조를 살펴보면, 김준기 창업 회장 일가가 그룹을 지배하는 형태였다. 금융부문 역시 '김남호 회장 → DB손해보험(9.0%) → DB금융투자(25.1%) → DB엘엔에스(100%)'로 이어진다.

공정거래법에 따르면 특정 기업 자산총계가 5,000억 원이 넘고 자회사 지분가치가 전체 자산의 50% 이상일 경우 지주사로 전환하도록 하고 있다. 2023년 12월 기준 DB아이엔씨 자산총계는 8,794억 원인데, 이 중 DB하이텍 지분(18.6%) 가치가 약 4,696억 원으로 53.4%를 차지하고 있다. 이에 공정위는 2024년 5월 DB그룹에 DB아이앤씨의 지주사 전환을 통보했다. 지주사로 전환된 이후에는 상장 자회사 지분을 30% 이상 의무적으로 보유해야 한다.

DB아이엔씨가 지주사 행위 규제 요건(자회사 지분 30% 이상 보유)을 충족하기 위해서는 2026년까지 DB하이텍 지분 11%가량을 더 사들여야 한다. 지분 추가 매입에 소요되는 비용이 수천억 원대임을 고려하면 DB하이텍의 주가 상승이 그룹 입장에서는 부담으로 다가올 수 있다. 투자자라면 기억해야 할 대목이다.

DB아이엔씨의 지분을 살펴보면, 김남호 회장(16.8%), 김준기 창업 회장(15.9%), 김주원(9.90%) 순으로 보유하고 있다(2024. 6). DB그룹을 이끌고 있는 김남호 회장은 김준기 창업회장 장남으로 2020년 7월 그룹 회장직에 올랐다.

DB손해보험은 '안정성', DB하이텍은 '지주사 이슈' 약점

DB그룹에 소속된 상장사로는 DB아이엔씨(DB Inc), DB손해보험, DB하이텍, DB금융투자 등 4개사가 있다. 베트남 허기 법인 PTI는 베트남 주식시장에 상장돼 있다. 인가금융서비스는 DB손해보험이 지분 4.29%를 보유하고 있지만 종속기업이 아니다.

- DB금융투자는 국내 중소형 증권사이며 차별화 포인트를 만들어야 하는 과제를 안고 있다.

- DB아이엔씨는 2024년 1월 제조부문 지주사로 전환했으며, 동시에 본업으로 시스템 통합(SI) 사업을 영위하고 있다. 보험 계열사와의 협력을 통해 실손 보험 청구 자동화 시스템 '실손24'와 클라우드 기반 보험 플랫폼 '예스슈어(Yes, Sure)'를 개발하며 성과를 내고 있다. 하지만 제조부문 지주사로 전환 후 계열사 지분 매입으로 인해 자금 소요가 늘어날 가능성이 있다.

DB하이텍은 기술력 확보라는 투자 포인트가 있다. 1997년 설립 이후 2014년에야 흑자전환했으나, 대부분의 경쟁사가 경영난을 겪으면서 현재 조 단위 매출을 기록하는 국내 유일 파운드리 기업으로 자리 잡았다. 파운드리 사업은 고객사 확보가 관건인데, DB하이텍은 삼성전자, 미디어텍, 실리콘웍스, 실리콘마이터스 등 다양한 고객사로부터 전력반도체(PMIC), 카메라이미지센서(CIS), 각종 센서를 주문받아 생산하고 있다. 특히 AI와 웨어러블 등 신기술의 부상으로 신규 수요가 증가하며 성장 가능성이 높다. DB하이텍은 고객사와 상생할 수 있는 MPW(멀티 프로젝트 웨이퍼) 프로그램을 운영하며 높은 가동률과 수율을 유지하고 있다.

다만, 앞서 지적했듯이 DB아이엔씨가 지주사 행위 규제 요건(자회사 지분 30% 이상 보유)을 충족하기 위해서는 2026년까지 DB하이텍 지분 11%를 추가로 매입해야 한다. 이는 수천억 원의 비용을 투입해야 하는데, 주가 상승이 그룹에 부담으로 작용할 수 있다.

DB손해보험은 성과를 내고 있다. 가장 큰 이유는 동남아시아와 미국 등 글로벌 시장에서 두드러진 실적을 기록하고 있다는 점이다. 2024년 상반기 해외 부문 순이익 1위를 기록했다. 괌, 하와이, 뉴욕, 캘리포니아에 위치한 미국 지점(존 뮬런)의 순이익은 627억 원, 원수보험료(보험사가 대리점 등을 통해 보험계약을 체결하고 보험계약자로부터 받아들인 보험료)는 3,207억 원으로, 전년 동기 대비 28.4% 증가했다. 2023년 해외 원수보험료는 5,715억 원으로 업계 1위를 차지했다.

베트남 시장에서도 두각을 나타내고 있다. 2015년 인수한 PTI(우정통신보험)는 2024년 기준 현지 시장 점유율 3위로 성장했으며, VNI(베트남국가항공보험)와 BSH(사이공하노이보험)의 지분을 각각 75% 인수해 최대주주가 됐다. 세 회사의 시장 점유율을 합산하면 베트남 손해보험 시장에서 압도적인 입지를 확보하게 된다.

손해보험(Property Insurance) 시장의 성장 가능성도 주목할 만하다. 생명보험은 인구 고령화로 인해 보험금 지급 부담이 증가하는 반면, 손해보험은 현대 사회의 다양한 리스크 증가로 성장이 기대된다. 2025년 1월 미국 캘리포니아주 로스앤젤레스 산불로 인한 1,000억 원대 보험금 지급 가능성이 제기되면서 단기적인 손실 우려가 제기되기도 한다. 하지만 대규모 재해 이후 보험료 인상과 리스크 분산 전략을 통해 손해율을 관리하고 수익성을 개선할 가능성도 있다. 또 이 사례를 계기로 DB손해보험이 미국 시장에서 인지도를 높이며, 글로벌 재보험 시장에서 위상을 강화할 기회를 얻을 수 있다. 다만 DB손해보험은 금융주 특성상 시장 변동성과 투자 심리에 민감하게 반응할 수 있다.

08 두나무

**최단기간
대기업집단 진입한
'블록체인 유니콘'** 두나무

두나무 지배구조 및 지분 현황

(2024년 6월 기준, 단위 %) 자료: 공정거래위원회

현황
공시대상기업집단 53위

매출액	1조 230억 원
순이익	8,180억 원
계열사	12개

- 상장
- 비상장
- 해외

비즈니스

- 가상자산 (업비트)
- 상장 주식 (증권플러스)
- 비상장 주식 (증권플러스 비상장)
- 메타버스 (세컨블록)

송치형 두나무 의장 인맥 지도

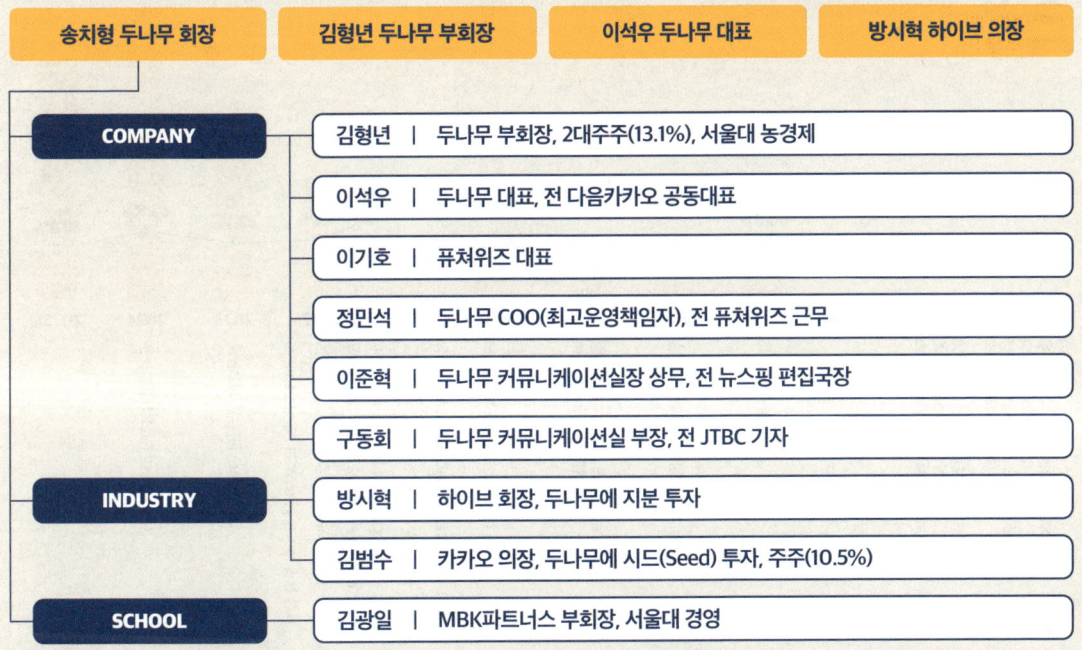

COMPANY	김형년	두나무 부회장, 2대주주(13.1%), 서울대 농경제
	이석우	두나무 대표, 전 다음카카오 공동대표
	이기호	퓨쳐위즈 대표
	정민석	두나무 COO(최고운영책임자), 전 퓨쳐위즈 근무
	이준혁	두나무 커뮤니케이션실장 상무, 전 뉴스핑 편집국장
	구동회	두나무 커뮤니케이션실 부장, 전 JTBC 기자
INDUSTRY	방시혁	하이브 회장, 두나무에 지분 투자
	김범수	카카오 의장, 두나무에 시드(Seed) 투자, 주주(10.5%)
SCHOOL	김광일	MBK파트너스 부회장, 서울대 경영

송치형 두나무 회장: 1979년 충남 공주 생 → 충남과학고(1998)·서울대 졸업(컴퓨터공학·경제학 복수전공) → 다날(병역특례) → 이노무비 → 두나무 창업(2012) 두나무 회장 겸 이사회 의장(2024. 12)

최근 10년 두나무 실적 및 그룹 주요 연혁

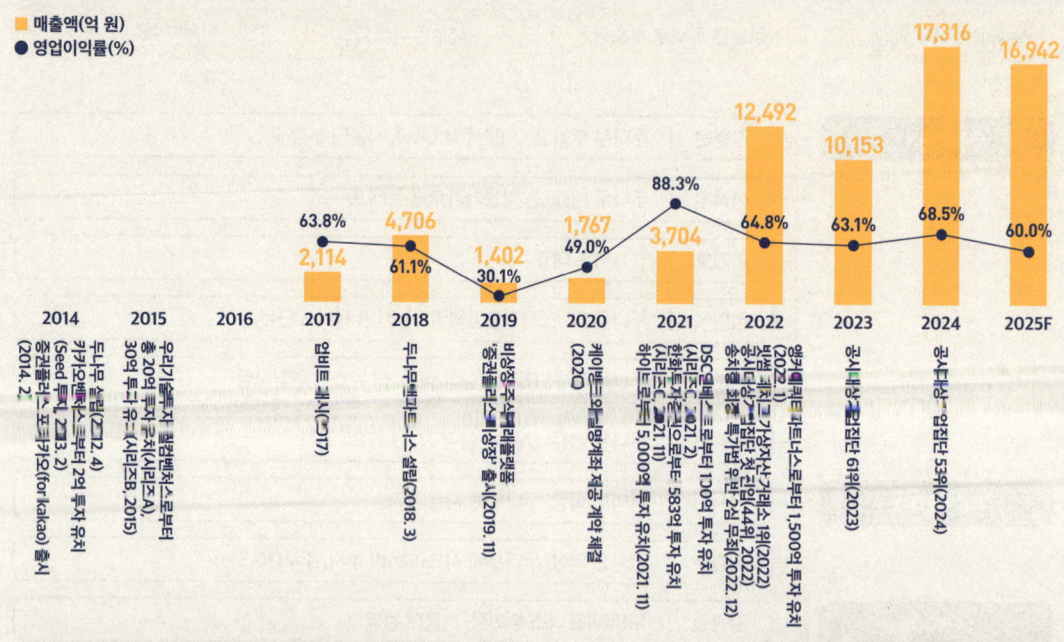

두나무 주요 계열사 매출액

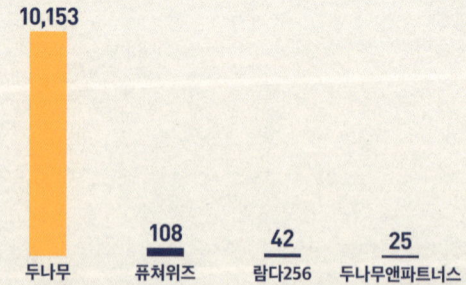

두나무 매출액 비중, 지적재산권 내역, 가상자산 거래소 시장점유율

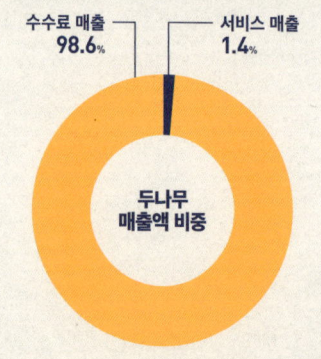
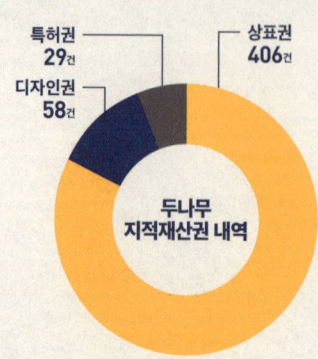
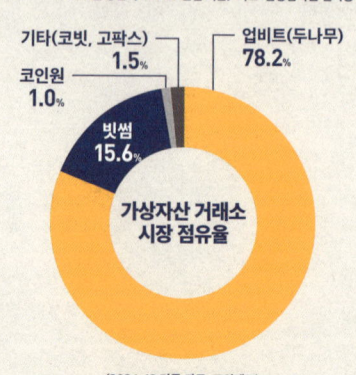

핵심 계열사 경영 현황 및 체크 포인트

두나무 [비상장]

● **현황**
2012년 4월 설립돼 10년 만인 2022년 대기업집단에 진입했다. 한국 재계 역사상 최단기간 대기업집단 진입이다. 2017년 '업비트(UPbit)'를 출시하며 가상화폐 후발 주자로 시장에 뛰어들었지만, 대규모 투자 유치를 기반으로 UI(사용자 편의성)를 개선하며 2022년 1위 사업자로 나섰다. 가상자산 시장 점유율이 압도적 1위다(78.2%, 2024. 12, 코인게코). 2025년 국내 주요 IPO 후보로 언급되고 있다.

✓ **체크 포인트**
1. **신사업 다변화:** 수수료 위주의 수익 모델에 다변화를 추진하고 있다. NFT(대체불가능토큰) 등 신사업을 진행하고 있다.
2. **비트코인 자산:** 두나무는 자체 비트코인 1만 4,641개(시가 약 1조 2,000억 원, 2024. 8)를 보유하고 있다. 관련법에 의해 매도 금지돼 있지만 재무제표에 평가손익은 기록되고 있다. 회원들이 위탁해 보관 중인 비트코인도 16만 4,851개다.

퓨쳐위즈 [비상장]

● **현황**
핀테크, IT 서비스 사업을 영위하고 있다. 증권 화상강의 솔루션, 주식 위험관리 솔루션, 모의투자 솔루션 등을 개발했다. 두나무 내부에서 업비트와 증권플러스 시스템 구축 및 유지 관리 업무를 맡고 있다. 2002년 김형년 두나무 부회장이 설립했고, 2017년 두나무가 지분율 100%를 확보했다.

✓ **체크 포인트**
1. **신사업:** 두나무 산하의 캡티브 마켓(내부 시장)에서 벗어나 자금세탁 방지 솔루션, 화상강의 등 IT 신사업에 나서고 있다.

람다256 [비상장]

● **현황**
블록체인을 기반으로 NFT, 서비스형 뱅킹(BaaS, Banking as a Service) 플랫폼, 신원인증 기술, 데이터 추적 기술 사업을 영위하고 있다. 2018년 두나무의 블록체인 기술 연구소 조직으로 시작됐다. BaaS 플랫폼 루니버스(Luniverse)와 퍼블릭체인 인프라 서비스 '노딧(Nodit)'을 출시했다. 블록체인 데이터의 활용도를 극대화하기 위한 데이터 분석 플랫폼 '클레어(Clair)'를 선보일 예정이다.

✓ **체크 포인트**
1. **루니버스 출시:** 람다256(Lambda256)이 제공하는 루니버스 기반 NFT는 이더리움 등 퍼블릭 메인넷 대비 낮은 가스비(Gas Fees)와 빠른 처리 속도를 제공하며, 사용자 친화적인 환경을 통해 전문 지식 없이도 쉽게 NFT 기술을 활용할 수 있도록 한다. 퍼블릭 메인넷의 높은 비용과 사용상의 불편함을 해결했다는 평가를 받고 있다.

계열사 12개로
대기업집단에 오른
국내 1위 가상자산 사업자

신기술은 인류 역사를 바꿔왔다. 제임스 와트(1736~1819)가 1765년에 발명한 증기기관은 산업혁명을 촉발하며 인류를 농경 사회에서 자본주의 사회로 전환시켰다. 이후 반도체, 컴퓨터, 인터넷, 스마트폰 등 신기술이 등장할 때마다 새로운 비즈니스가 생겨나며 인류 역사는 급격히 변화했다.

오늘날 세상을 다시 한번 바꾸고 있는 신기술이 블록체인(Blockchain) 기술이다. 블록체인은 분산형 데이터 저장 기술로, 모든 참여자에게 데이터가 실시간으로 공개되기 때문에 특정인이 데이터를 위변조할 수 없다. 이 기술을 기반으로 탄생한 주요 비즈니스가 가상자산(가상화폐, Cryptocurrency)이며, 이 기회를 잡아 불과 창업 10년 만에 대기업집단으로 성장한 스타트업이 두나무다.

한국 재계 역사에서 이처럼 단기간에 대기업집단에 진입한 사례는 없었다. 이는 유통업계 1위로 올라선 쿠팡의 대기업집단 진입 기록(창업 11년 차 진입)을 넘어선 것이다.

'증권 정보사'로 창업, 가상화폐 사업에서 '뉴비즈니스' 기회 포착

두나무는 2024년 공정위 공시대상기업집단 53위를 기록했다. 전년 대비 8단계 뛰어올랐다. 매출액 1조 230억 원, 순이익 8,180억 원으로 전년 대비 매출액은 19.62% 감소했고, 순이익은 319.63% 증가했다. 계열사는 두나무, 두나무앤파트너스, 람다256, 퓨처위즈 등

12개사로 전년 대비 1개 감소했다. 두나무에는 상장사가 없다.

두나무의 성공 비결은 블록체인이라는 신기술이 만들어낸 새로운 비즈니스, 즉 가상화폐 거래소 사업에 과감하게 뛰어들었다는 점에 있다. 널리 알려져 있듯이, 가상화폐는 2008년 10월 사토시 나카모토(Satoshi Nakamoto)라는 가명을 사용한 개발자가 비트코인(Bitcoin) 백서를 발표하면서 처음 세상에 등장했다. 그는 블록체인 기술을 기반으로 국가나 중앙 기관의 통제를 받지 않고 안전하게 거래 및 관리될 수 있는 가상화폐(비트코인)가 가능하다고 주장했다.

비트코인은 블록체인 기술을 바탕으로 발행 총량이 2,100만 개로 제한돼 있다. 2024년 말까지 약 1,900만 개가 채굴됐으며, 나머지 200만 개는 수십 년에 걸쳐 서서히 채굴될 것으로 전망된다.

사토시 나카모토는 화폐의 본질을 꿰뚫고 있었다. 화폐의 정의는 간단하다. 한 사회의 구성원들이 "이것이 화폐다"라고 믿고 받아들이는 순간, 그것은 화폐로 기능하게 된다. 더 나아가 그 믿음을 공유하는 구성원이 많아질수록 화폐의 가치는 더욱 공고해진다. 화폐의 실체나 형태는 중요하지 않다. 원시 시대에는 조개껍질이 화폐였고, 오늘날에도 태평양 미크로네시아 연방의 야프 섬에서는 '라이 스톤(Rai stone)'이라는 거대한 돌을 화폐로 사용하기도 한다.

화폐는 끊임없이 변화해왔다. 과거에는 실물 화폐(상평통보, 조개껍질 등)가 주를 이뤘지만, 신용카드와 계좌이체의 등장 이후 화폐는 '숫자'라는 추상물로 인식되기 시작했다. 이 변화 속에서 등장한 것이 바로 비트코인이다. 비트코인은 적절한 시점에 적합한 신기술(블록체인)을 바탕으로 순식간에 화폐로 인정받으며, 새로운 금융 패러다임을 만들어냈다.

'후발 주자'로서 시장 진입, 단 6년 만에 1위 올라서

두나무는 가상화폐 비즈니스의 선점자는 아니었다. 두나무는 송치형 회장(창업주)이 2012년 4월 33세에 창업했다. 그는 서울대 공대(컴퓨터공학, 경제학 복수전공)를 졸업하고, 코스닥 상장사 다날에 병역특례 근무를 거쳐, 컨설팅 기업 이노무브에 근무하다 두나무를 창업했다. 첫 사업 아이템은 증권정보 제공으로, 카카오의 투자를 받아 2014년 2월 증권플러스

서비스를 개시했다.

이 무렵 가상화폐 사업자가 국내에 하나둘씩 등장하기 시작했다. 국내 최초 가상화폐 거래소는 코빗이며, 2013년 4월 세계 최초로 원화-비트코인 거래를 시작했고, 그해 7월 설립됐다. 그리고 2014년 2월 코인원(전 디바인랩)이 설립됐고, 8월 비트코인 거래소를 오픈했다. 빗썸은 그해 1월 엑스코인이라는 이름으로 서비스를 시작했다.

송 회장은 이 같은 가상화폐의 가능성을 보고 주력 사업으로 정했다. 2017년 10월 가상화폐 거래소 업비트(Upbit)를 출시했다. 당시 가상화폐 거래소 시장의 압도적 1위는 빗썸이었다. 2016년 가상화폐 거래소 시장 점유율은 빗썸(75%), 코인원(15%), 코빗(8%), 기타(2%) 순이었다.

그렇지만 그로부터 6년이 지난 2022년 업비트는 빗썸을 제치고 시장 점유율 1위를 기록했다. 가상자산 조사 업체 코인게코(CoinGecko)에 따르면, 2024년 12월 업비트의 (원화) 시장 점유율은 78.2%로 압도적 1위이고, 2위가 빗썸(19.3%)이다. 코인원, 코빗, 고팍스는 1% 안팎을 유지하고 있다.

두나무가 후발 주자로 뛰어들었음에도 국내 최대 가상화폐 거래소로 도약할 수 있었던 비결은 과감한 투자 유치와 발 빠른 시장 대응에 있었다. 2015년 두나무는 우리기술투자와 퀄컴벤처스로부터 총 20억 원(시리즈 A)을 유치한 데 이어, 같은 해 30억 원(시리즈 B)을 추가로 투자받았다. 2017년에는 한화투자증권, 글로벌브레인, 에이티넘인베스트, 코오롱인베스트로부터 총 130억 원을 유치하며 시스템 개선에 집중했다.

두나무가 유치한 자금은 당시 코인 거래의 불편함으로 지적됐던 거래 지연과 계좌 관리의 복잡성을 해결하는 데 쓰였다. 송치형 회장이 직접 개발자로 참여한 것도 시스템 개선에 크게 기여했다. 이후 2021년 2월 DSC인베스트먼트로부터 100억 원, 한화투자증권으로부터 583억 원의 시리즈 C 라운드 투자를 유치하며 빠르게 성장했다. 같은 해 11월에는 하이브가 5,000억 원을 투자했고, 2022년 1월에는 앵커에퀴티파트너스로부터 1,500억 원을 조달했다. 2023년 12월까지 두나무가 유치한 총 투자금은 7,365억 원에 이른다.

2020년 케이뱅크와의 실명계좌 제공 계약도 신규 투자자 유입의 결정적 계기가 됐다. 가상자산에 관심이 많은 20~30대 젊은 층이 주로 이용하는 케이뱅크와의 협력으로 두나무는 빠르게 시장 점유율을 높였다. 업비트의 누적 가입자 수는 2018년 249만 명에서 2021년 890만 명으로 가파르게 증가했으며, 2022년 이후 국내 최대 가상화폐 거래소로 자리 잡았다.

시장 변화에도 빠르게 대응했다. 2021년 금융위원회가 특정금융정보법(특금법)을 시행하며 가상화폐 사업자 신고를 의무화하자, 두나무가 가장 먼저 신고를 완료했다. 이후 금융위원회는 두나무(업비트)를 포함한 5개 거래소(빗썸, 코인원, 코빗, 고팍스)를 공식 가상화폐 사업자로 허가했다.

이러한 성과를 바탕으로 2022년, 두나무는 공정거래위원회 공시대상기업집단에 44위로 처음으로 진입했고, 2024년에는 53위를 기록하며 빠른 성장을 이어가고 있다.

시장 점유율 굳건, 다만 수수료 위주 수익구조 다변화 과제

업계에서는 향후 가상화폐 시장 구도가 크게 바뀔 가능성은 낮다고 보고 있다. 가상화폐 시장이 이미 안정적으로 자리 잡았고, 두나무가 보유한 '해자(Moat)'가 공고하기 때문이다. 다만 두나무가 풀어야 할 과제로는 거래소 수수료에 의존하는 수익구조에서 벗어나 NFT 및 신사업에서 구체적인 성과를 내야 한다는 점이 시작되고 있다.

두나무의 지배구조는 송치형 회장이 최대주주(25.5%), 김형년 부회장이 2대 주주(13.1%)이며, 그 외에 카카오인베스트먼트(10.5%), 우리기술투자(7.20%), 한화투자증권(5.94%) 순으로 구성돼 있다. 두나무는 비상장사이며, 계열사 역시 모두 비상장사로 현재까지 IPO 계획은 없는 것으로 알려져 있다. 증권가에서 두나무 상장설이 꾸준히 제기되고 있지만 두나무 측은 "IPO 추진 계획이 없다"는 입장이다.

09 교보생명그룹

지주사 전환으로
저출산 고령화
극복 나선
'생보 맏형'

교보생명그룹 지배구조 및 지분 현황

(2024년 9월 기준, 단위 %) 자료: 공정거래위원회

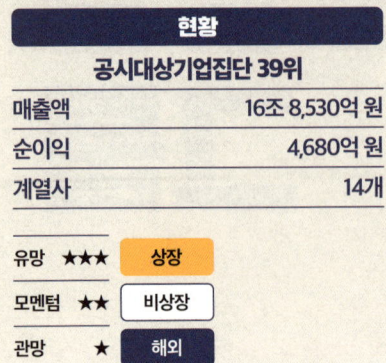

현황
공시대상기업집단 39위

매출액	16조 8,530억 원
순이익	4,680억 원
계열사	14개

- 유망 ★★★ 상장
- 모멘텀 ★★ 비상장
- 관망 ★ 해외

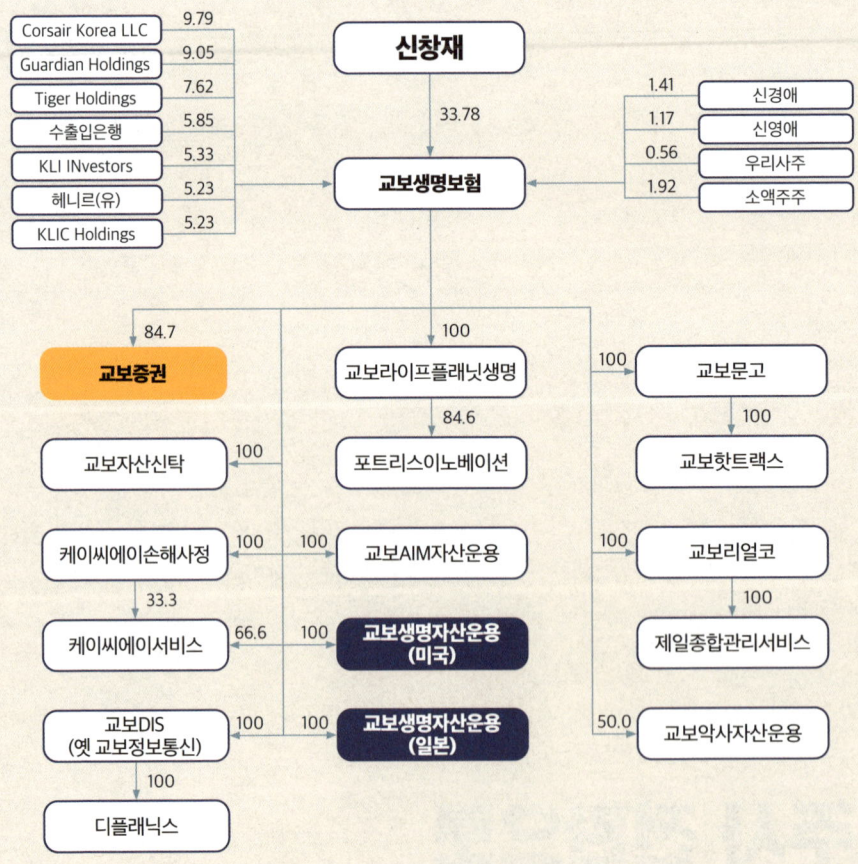

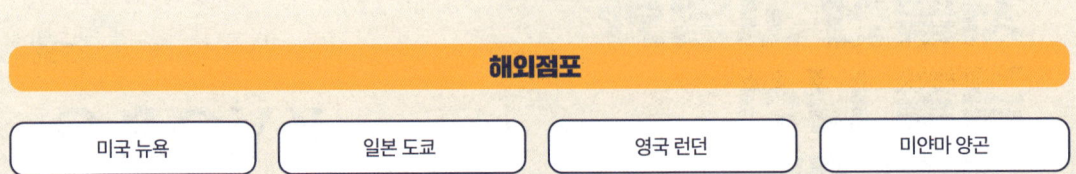

해외점포

- 미국 뉴욕
- 일본 도쿄
- 영국 런던
- 미얀마 양곤

교보생명그룹 오너 가계도 및 핵심 관계자 지분 현황

(2024년 12월 기준) 자료: 공정거래위원회

신창재 교보생명그룹 회장	신영애 고 신용호 장녀	신경애 고 신용호 차녀
교보생명보험 33.78%	교보생명보험 1.41%	교보생명보험 1.71%

- 교보생명그룹 근무
- 교보생명그룹 비(非)근무

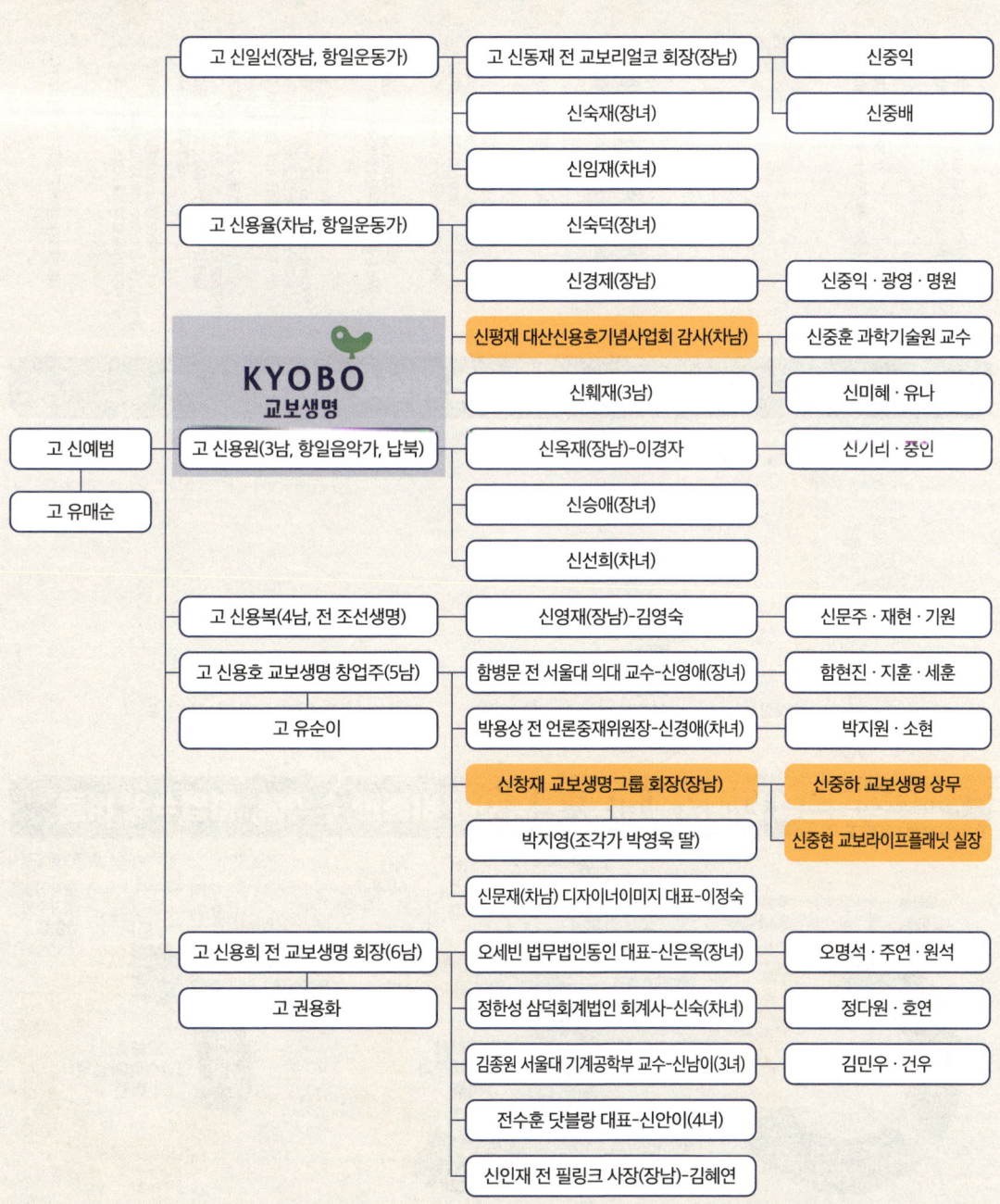

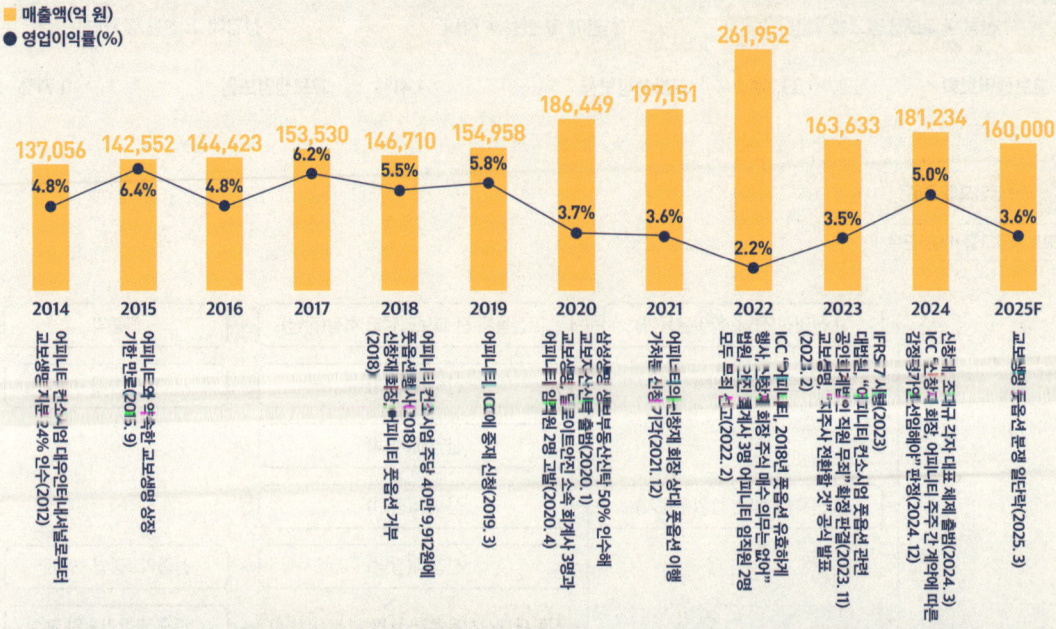

최근 10년 교보생명보험 실적 및 그룹 주요 연혁

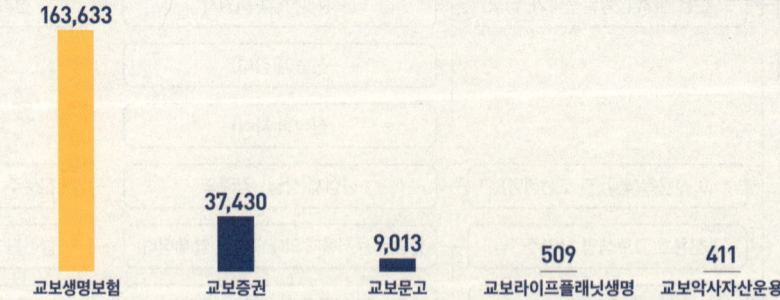

교보생명보험그룹 주요 계열사 매출액

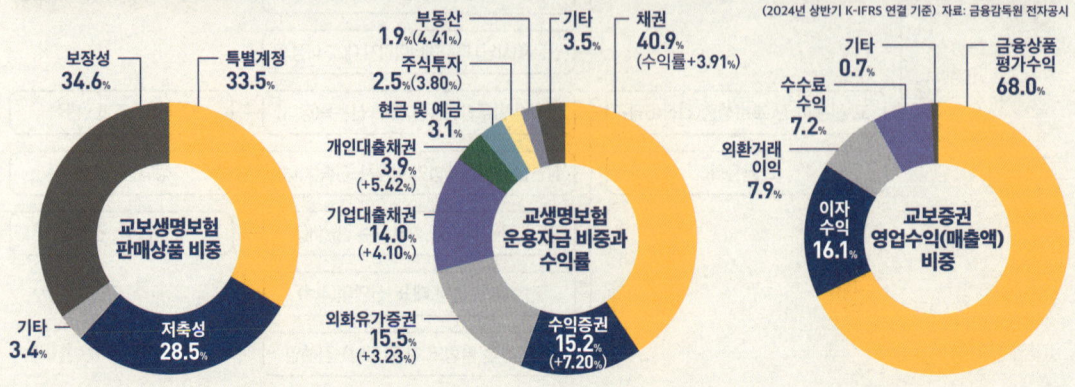

교보생명보험 판매상품 비중, 운용자금 비중과 수익률, 영업수익 비중

핵심 계열사 경영 현황 및 체크 포인트

교보생명보험 `비상장`

● **현황**
삼성생명, 한화생명과 더불어 국내 생명보험 '빅3'다. 세계 최초로 교육보험을 출시했고, 지금도 교육보험 상품 비중이 경쟁사 대비 높은 편이다. 저출산으로 잠재적 보험 가입자가 감소하고 있고, 고령화로 보험금 지급액이 증가하면서 경영에 불리한 환경이 조성되고 있다. 대응 전략으로 지주사 전환과 디지털 강화를 추진하고 있다.

✓ **체크 포인트**
1. **풋옵션 분쟁 해소:** 2025년 3월 교보생명 지분을 보유한 어피니티 컨소시업과의 풋옵션(주식을 정해진 가격에 팔 권리) 분쟁이 일단락됐다.
2. **금융지주사 전환:** 종합금융그룹으로 도약하기 위해 금융지주 전환을 추진하고 있다. 어피니티 컨소시업과의 풋옵션 분쟁이 일단락되면서 지주사 전환이 탄력을 받을 것으로 예상된다.

교보증권 `코스피`

● **현황**
1949년 대한증권으로 설립된 대한민국 1호 증권사다. 일제강점기에 금익증권을 경영한 송대순을 비롯한 40여 명이 1947년 한국증권구락부(클럽)을 만들어 증권시장 재건을 논의했고, 1949년 대한증권이 설립됐다. 송대순이 초대 사장을 맡았고, 김도연 초대 재무장관의 결정으로 증권업 면허 1호를 취득했다. 경영난으로 신일기업, 라이프주택개발 등으로 경영권이 변경됐고, 1994년 4월 교보생명그룹에 편입됐다. 1999년 11월 코스닥에 상장했고, 2002년 7월 코스피로 이전했다.

✓ **체크 포인트**
1. **사업 다각화:** 수익성 낮은 브로커리지(중개업) 비중을 줄이고, IB(투자은행), WM(자산관리) 부문을 늘리는 혁신을 진행하고 있다.
2. **종투사 인가:** 2029년까지 종투사(종합금융투자사업자) 인가를 받아 대형 증권사로 도약한다는 전략을 추진하고 있다.

교보문고 `비상장`

● **현황**
한국을 대표하는 오프라인 서점으로, 1980년 설립됐다. 전국에 40개 오프라인 매장을 운영하고 있으며 본점 매장은 서울 종로구 교보생명빌딩 지하 1층에 있다. 2003년 서울 서초구에 국내 최대 규모의 강남점을 열었다.

✓ **체크 포인트**
1. **실적 개선:** 출판 시장의 중심이 온라인으로 이동하면서 오프라인 서점을 차별화하고 수익성을 개선해야 하는 과제를 안고 있다.
2. **전자책 구독 서비스 강화:** 교보eBook과 SAM(전자책 구독 서비스)을 통해 전자책 시장에서 입지를 다지고 있다. 디지털 콘텐츠 수요 증가에 따라 구독 서비스의 확대와 사용자 경험 개선을 통한 추가 수익 창출이 중요한 과제로 부상하고 있다.

저출산, 저금리, IFRS17 '3대 도전', 대응 전략은
지주사 전환, 디지털 강화

1900년대 초, 미국에서 교통수단이 우마차에서 내연기관 자동차로 급격히 전환되자 말 채찍 생산업자들이 일거에 사라졌다. 그들은 이전보다 더 열심히 일하고 채찍에 구슬을 삽입하는 등 혁신을 시도했지만, 결국 말 채찍 산업의 붕괴를 막을 수 없었다.

기업 운명에 '산업'이 얼마나 큰 영향을 미치는지를 보여주는 사례는 말 채찍뿐 아니다. 카메라 필름(코닥), 피처폰(노키아), 비디오 테이프(VHS), 종이 사전(브리태니커), 브라운관 TV(소니) 등 셀 수 없이 많다. 하루가 멀다 하고 신기술이 쏟아지는 현대 자본주의 경제에서는 이러한 변화가 더욱 가속화된다.

변화의 위기를 겪고 있는 또 다른 사례가 한국의 생명보험(Life Insurance) 산업이다. 한국의 생명보험사(생보사)는 저출산 및 고령화, 저금리, IFRS17이라는 3대 변수와 대면하고 있다. 이 3가지 모두 생명보험업계에 불리하다.

우리는 모두 미래의 시체이며 결국 죽는다(생명보험의 탄생 배경이다). 그런데 현대인은 과거에 비해 더 오래 살다가 죽는다. 생보사 입장에서는 당초 예상보다 보장 기간이 길어지면서 보험금 지급액이 증가한다는 의미다. 여기에다 저출산으로 시장이 축소되고 있다. 또 저금리 시대가 고착화되면서 생보사가 보유한 채권 이자가 감소하고 있고(생보사는 고객으로부터 받은 보험료의 절반가량을 채권으로 운용한다), IFRS17 도입으로 재무구조와 경영 전략을 다시 짜야 한다.

국내 유일의 생명보험 기반 대기업집단으로 꼽히는 교보생명그룹은 이 3대 변수에 가장 크게 노출돼 있다는 평가를 받고 있다. IFRS17에 취약한 저축성 보험 비중이 높기 때문이다. 이에 대응해 교보생명그룹은 지주사 전환을 통한 경영 효율성 강화, 디지털 전환을 통한 비용 절감 및 수익성 개선, 헬스케어 및 자산관리 등으로의 사업 다변화를 추진하고 있다.

'IFRS17' 시행되며 부채↑, 수익성↓

교보생명그룹은 2024년 공정위 공시대상기업집단에서 39위를 기록하며 전년 대비 14단계 상승했다. 매출액 16조 8,530억 원, 순이익 4,680억 원으로 각각 35.27%, 90.08% 감소했다(이하 K-IFRS 연결). 계열사는 유일 상장사인 교보증권을 비롯해 교보생명, 교보악사자산운용, 교보라이프플래닛생명, 교보문고 등 총 14개사로, 전년 대비 3개 늘었다.

교보생명그룹의 전체 매출액 대부분은 교보생명에서 발생한다. '교보생명그룹=교보생명보험'으로 봐도 무방하나. 주요 계열사의 매출액을 보면, 교보생명보험이 16조 3,633억 원으로 가장 많고, 이어 교보증권 3조 7,430억 원, 교보문고 9,013억 원, 교보라이프플래닛생명 509억 원, 교보악사자산운용 411억 원 순이다.

교보생명그룹의 2024년 대기업집단 순위가 전년 대비 14단계 상승한 이유는 2023년 1월 시행된 IFRS17(International Financial Reporting Standards 17) 회계 제도로 보험부채 평가 방식이 변경되면서 자산 규모가 증가했기 때문이다. IFRS17은 보험사가 가입자에게 돌려줘야 하는 보험부채를 원가가 아니라 시가(공정가치)로 평가하는 것이 핵심이다. 손익도 당장의 현금 흐름이 아니라, 계약 전체 기간에 걸쳐 나눠 인식한다. 이 기준을 적용하면, 생명보험사의 부채는 줄어들고 자본은 증가한다. 이에 따라 공시대상기업집단을 매기는 기준이 되는 교보생명그룹 공정자산(비금융사 자산총계+금융사 자본총계)이 대폭 증가했다.

하지만 IFRS17 시행으로 교보생명의 손익계산서에 부정적인 영향이 있었다. 보험사는 미래에 지급할 보험금을 적립금으로 쌓아야 하는데, IFRS17은 재무제표 작성 시점의 금리를 기준으로 적립금을 산정하도록 한다. 과거에는 계약 시점의 금리로 부채를 평가했기 때문에 저금리 환경에서 판매된 확정 금리형 저축성 보험 비중이 높은 보험사는 새 회계 기준 도입 이후 상대적으로 불리한 영향을 받을 가능성이 크다. 교보생명의 일반계정에서 저축성 보험이 차지하는 비중은 52.5%로, 한화생명(31.3%)과 신한라이프(14.8%)보다 월등히 높다(2023).

진짜 문제는 따로 있다. 교보생명의 수익성은 IFRS 17 시행 이전부터 도전을 맞고 있었다. 2017년 영업이익률이 6.2%로 정점을 찍은 이후, 2018년 5.5%, 2019년 5.8%, 2020년 3.7%, 2021년 3.6%로 지속적으로 하락했고, 2022년에는 2.2%까지 떨어졌다. 2023년 3.7%로 반등했지만, 이는 IFRS 17 도입에 따른 수익성 지표 조정과 계약 서비스 마진(CSM)을 반영한 결과일 뿐 저출산, 고령화, 저금리 등 구조적 문제로 실적 개선에는 여전히 한계가 있다.

2024년 상반기 기준 교보생명보험의 보험 종목별 수입 보험료 내역을 살펴보면, 보장성(36.9%), 저축성(34.0%), 특별계정(28.0%) 순으로 많다. 보장성 보험이 수익에서 큰 비중을 차지하고 있다는 의미다. 그런데 이 기간 교보생명이 보험계약자에게 지급하는 보험금 내역은 특별계정(38.3%), 저축성(34.0%), 보장성(26.3%) 보험 순으로 많다. 보장성 지출이 가장 적다는 사실을 알 수 있다. 즉 보장성 보험을 늘려야 수익성을 개선할 수 있는데, 교보생명은 저축성 보험이 높은 비중을 차지하고 있다.

게다가 교보생명은 그간 삼성생명, 한화생명과 더불어 '생보 빅3'로 불렸지만, 신한라이프가 ING생명, 오렌지 라이프를 인수하며 그 뒤를 바짝 따라붙고 있다.

교보생명보험 보험 종목별 수입 보험료 및 보험금 지급 내역
자료: 금융감독원 전자공시

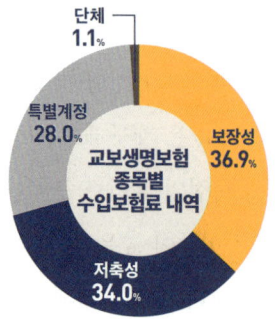
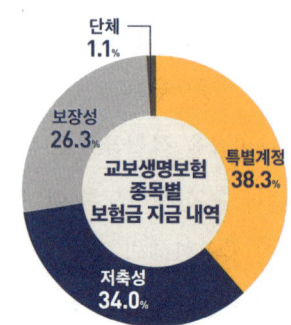

지주사 전환, 디지털 전환으로 위기 돌파 나서

교보생명그룹은 워렌 버핏이 말하는 '해자'를 보유하고 있다. 고 신용호(1917~2003) 창업회장은 교육을 보험에 접목한 '교육보험'을 국내 최초로 내놓으며 업계 정상에 올랐고, 신창재 회장은 2000년 무렵 만성적자와 조 단위 자산 손실로 빈사 상태에 빠진 회사를 경영혁신을 통해 흑자로 전환시킨 경험이 있다. 교보생명은 글로벌 신용평가사 피치(Fitch)로부터 'A+(안정적·Stable)' 신용등급을 받았으며, 2023년 한국능률협회컨설팅(KMAC) 선정 '한국에서 가장 존경받는 기업'(생명보험 부문)으로 뽑히기도 했다.

현재 위기에 대응하는 교보생명그룹의 전략은 지주사 전환을 통한 기업공개와 디지털 전환으로 요약된다. 교보생명은 2023년 2월 지주사 설립을 공식 발표하며, 이를 통해 사업 포트폴리오 다변화, 신성장 동력 발굴, 관계사 간 시너지 창출을 이루겠다는 목표를 밝혔다. 2025년은 교보생명그룹 입장에서 지주사 전환 원년이 될 것으로 보인다. 그간 지주사 전환 발목을 잡아온 어피니티 컨소시엄과의 풋옵션(특정 가격에 주식을 팔 권리) 분쟁이 일단락 됐기 때문이다.

2025년 3월 어피니티 컨소시엄을 구성하고 있는 4대 회사 가운데 어피니티 에쿼티 파트너스와 싱가포르 투자청(GIC)이 교보생명 지분 13.55%를 제3의 기관에 매각하기로 했다. 어피니티 에쿼티 파트너스는 교보생명 지분 9.5%를 일본계 SBI그룹에 매각하는 주식 매매계약을 체결했다. GIC도 교보생명 지분 4.5%를 신한투자증권과 한국투자증권이 만든 특수목적법인(SPC)에 매각했다. 두 회사의 매각 단가는 투자 원금(주당 24만 5,000원, 액면분할 전 기준)보다 소폭 낮은 주당 23만 4,000원 수준으로 알려졌다. 어피니티 컨소시엄을 구성하는 나머지 두 곳은 EQT파트너스, IMM프라이빗에쿼티(PE)다.

지난 2012년 어피니티 컨소시엄은 '2015년 9월까지 교보생명이 상장하지 않을 경우 풋옵션을 행사할 수 있다'는 조건으로 교보생명 지분 24%를 인수했다. 그러나 2015년을 지나 2018년까지 교보생명이 IPO에 실패하자 어피니티 컨소시엄은 그해 9월 2조 원대 규모(1주당 40만 9,912원)의 풋옵션을 행사했다. 이에 대해 신창재 회장은 행사가가 과도하게 높다며 거부했고, 결국 양측이 법적 공방에 돌입했다. 7년 만에 분쟁이 일단락된 셈이다.

교보생명그룹은 디지털 전환에도 강한 의지를 보이고 있다. 교보생명이 2022년 출시한 통합 앱을 이용하면 보험은 물론, 공연 정보, 퇴직연금, 대출, 신탁 등 다양한 서비스를 한 번에 이용할 수 있다. 2024년 초에는 실손보험 청구 간소화 서비스를 업계 최초로 시행함으로써 기존에는 가입자가 실손보험금을 청구할 때 일일이 종이 서류를 발급받아 제출해야 했으나, 이후에는 앱을 통해 간편하게 청구할 수 있도록 했다. 또 2024년 12월 디지털 고객창구를 도입하는 한편 보험업계 최초로 챗GPT를 보험 업무에 적용했다. 이 창구는 디지털 기기에 능숙하지 않은 고객도 쉽게 이용할 수 있도록 설계해 고객 대기 시간을 단축시켰다.

교보생명보험,
풋옵션 분쟁 일단락으로
지주사 전환 탄력

신창재 회장은 고 신용호 창업주 장남으로, 경기고와 서울대 의대를 졸업한 뒤 서울대 산부인과 교수로 근무하다가 부친 권유로 1996년 교보생명 부회장에 취임하며 경영에 참여했다. 2000년 5월부터 교보생명 대표이사 회장을 맡고 있다. 앞서 언급한 대로 가업을 물려받을 당시 교보생명은 경영난에 처해 있었으나, 신 회장은 혁신을 통해 회사를 회생시켰다. 부인 박지영은 조각가 박영옥 씨의 딸이다.

슬하에 장남 신중하와 차남 신중현을 두었다. 장남 신중하는 2024년 12월 교보생명 정기 인사에서 경영 임원으로 승진해 디지털혁신과 경영전략을 총괄하고 있다. 1981년 생으로, 미국 뉴욕대와 콜롬비아대 MBA(경영학 석사)를 졸업하고 크레디스위스 서울지점, KCA손해사정, 교보DTS 등에 근무했다. 부인 임효재는 고 임현철 한불화장품 부회장의 장녀다. 차남 신중현은 교보라이프플래닛생명 디지털혁신실장으로 근무하고 있으며, 미국 콜롬비아대와 영국 런던비즈니스스쿨 MBA를 졸업했다.

교보생명은 신용호 창업주가 1958년 동업자 7명과 함께 '태양생명보험'이라는 명칭으로 발기인 대회를 열며 세상에 모습을 드러냈다. 어떤 보험 상품을 내놓을지를 고민하던 중, 한국 부모들이 자녀 교육을 위해 큰 어려움을 겪는 모습을 보고 생로병사 가운데 유일하게 보험에서 빠져 있던 '생(生)' 부문에 교육보험을 접목한 상품을 내놓았다. 정규 교육을 받지 못했으나 독서를 즐겼던 경험을 바탕으로 국내 최대 오프라인 서점인 교보문고도 설립했다.

교보증권, 종투사 전환 나선 '국내 1호 증권사'

교보생명그룹에 소속된 상장사로는 교보증권이 유일하다. 교보증권은 1949년 11월 22일 대한증권으로 설립된 대한민국 1호 증권사이자 국내 증권업계의 '맏형'이다. 1956년 증권거래소(현 한국거래소) 설립을 주도했다. 그렇지만 이제는 '중소형주'로 분류돼 있다. 교보증권은 대응 전략으로 종투사(종합투자금융사) 인가를 추진하고 있다.

종투사 제도란 증권사를 비롯한 금융사가 K-IFRS 별도 기준 자기자본 3조 원 이상을 갖춘 경우에 한해 헤지 프로젝트 등 신사업, 신용 공여 업무 할 수 있도록 금융위원회가 허가하는 것을 말한다. 헤지펀드 업무를 포함하는 프라임브로커리지서비스(PBS)가 가능해지고, 자본 건전성 규제도 완화된다. 2025년 3월 현재 국내 60여 개 증권사 중 종투사 인가를 받은 곳은 미래에셋증권, KB증권, NH투자증권, 하나증권, 한국투자증권, 삼성증권, 메리츠증권 등 9곳이다.

문제는 종투사 요건이 K-IFRS 별도 기준 자기자본 3조 원 이상이라는 점이다. 교보증권의 자기자본은 1조 9,729억 원이다(2024 3분기). 교보증권은 유상증자, 이익잉여금 적립 등을 통해 자기자본을 늘려 2029년까지 종투사 인가를 받는다는 목표를 세웠다. 교보증권이 종투사 인가를 받으면 교보생명그룹의 지주사 전환도 탄력을 받게 된다. 종투사는 자본시장법 적용을 받으며, 자본시장법은 금융지주사 요건과 상당 부분 겹친다.

대한민국 2025 재계 지도

초판 1쇄 발행 2025년 4월 11일
초판 2쇄 발행 2025년 5월 30일

지은이	더밸류뉴스 특별취재팀 (대표 저자 이민주)
펴낸이	김형필
디자인	김희림
도표	김수미
펴낸곳	북인어박스
주소	경기도 하남시 미사대로 540 (덕풍동) 한강미사2차 A동 A-328호
등록	2021년 3월 16일 제2021-000015호
전화	031) 5175-8044
팩스	0303-3444-3260
이메일	bookinabox21@gmail.com

ⓒ 더밸류뉴스 특별취재팀, 2025

이 책은 저작권법에 따라 보호를 받는 저작물이므로
저자와 출판사의 허락 없이 내용의 전체 또는 일부를 인용하거나 발췌하는 것을 금합니다.

책값은 뒤표지에 있습니다.
ISBN 979-11-985632-6-2 03320

북인어박스는 인생의 무기가 되는 책, 인생의 지혜가 되는 책을 만듭니다.
출간 문의는 이메일로 받습니다.